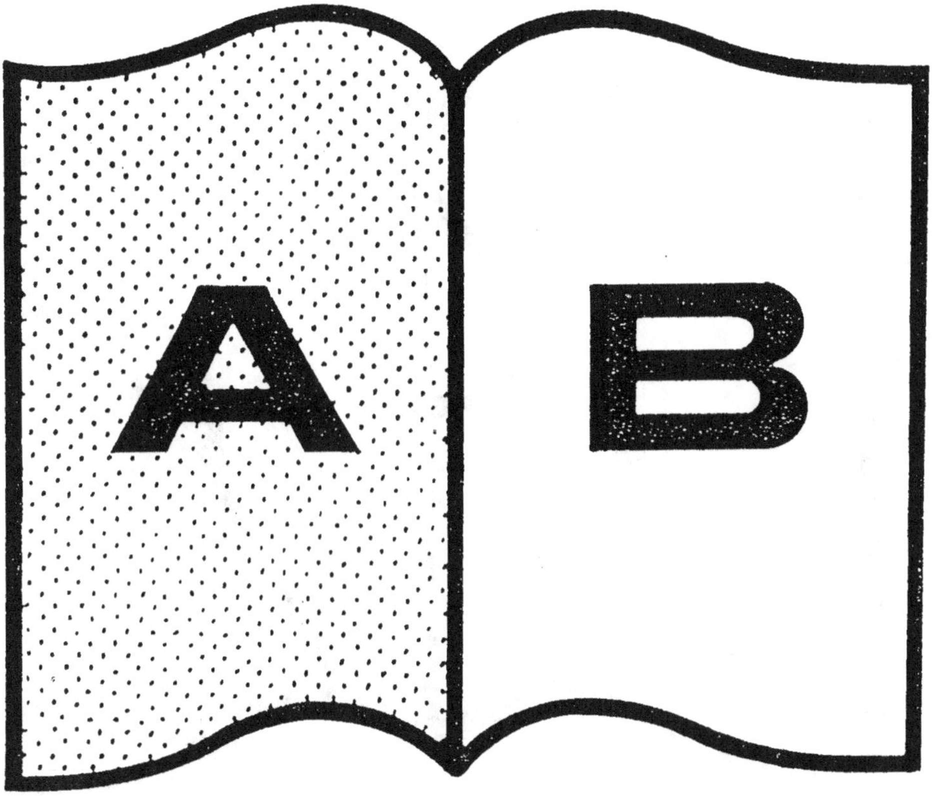

Contraste insuffisant

NF Z 43-120-14

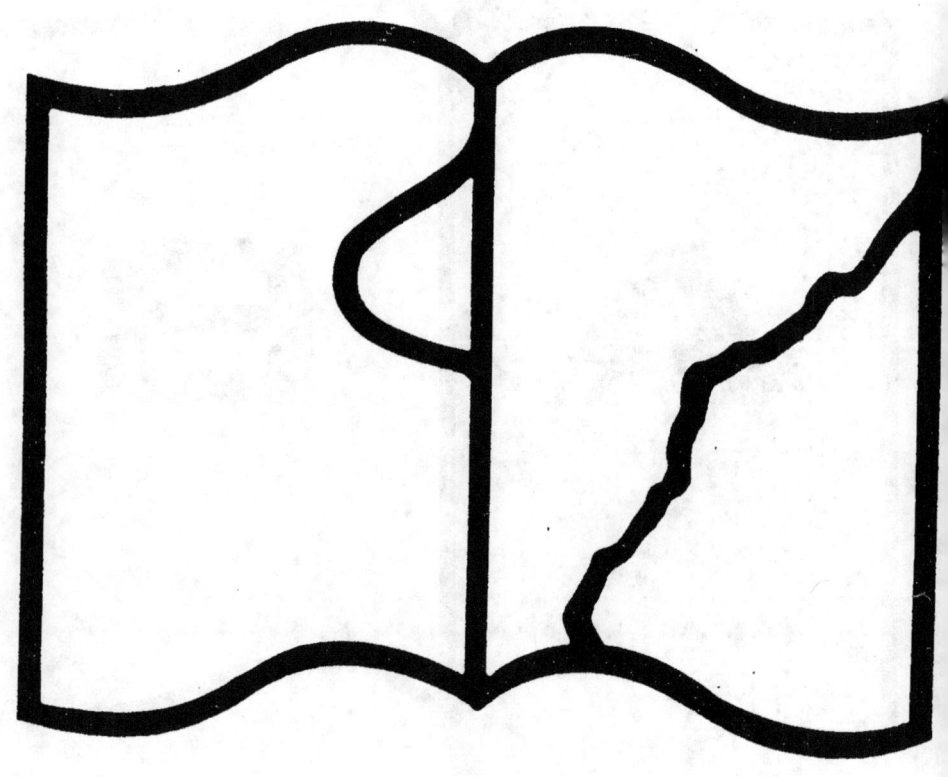

Texte détérioré — reliure défectueuse

NF Z 43-120-11

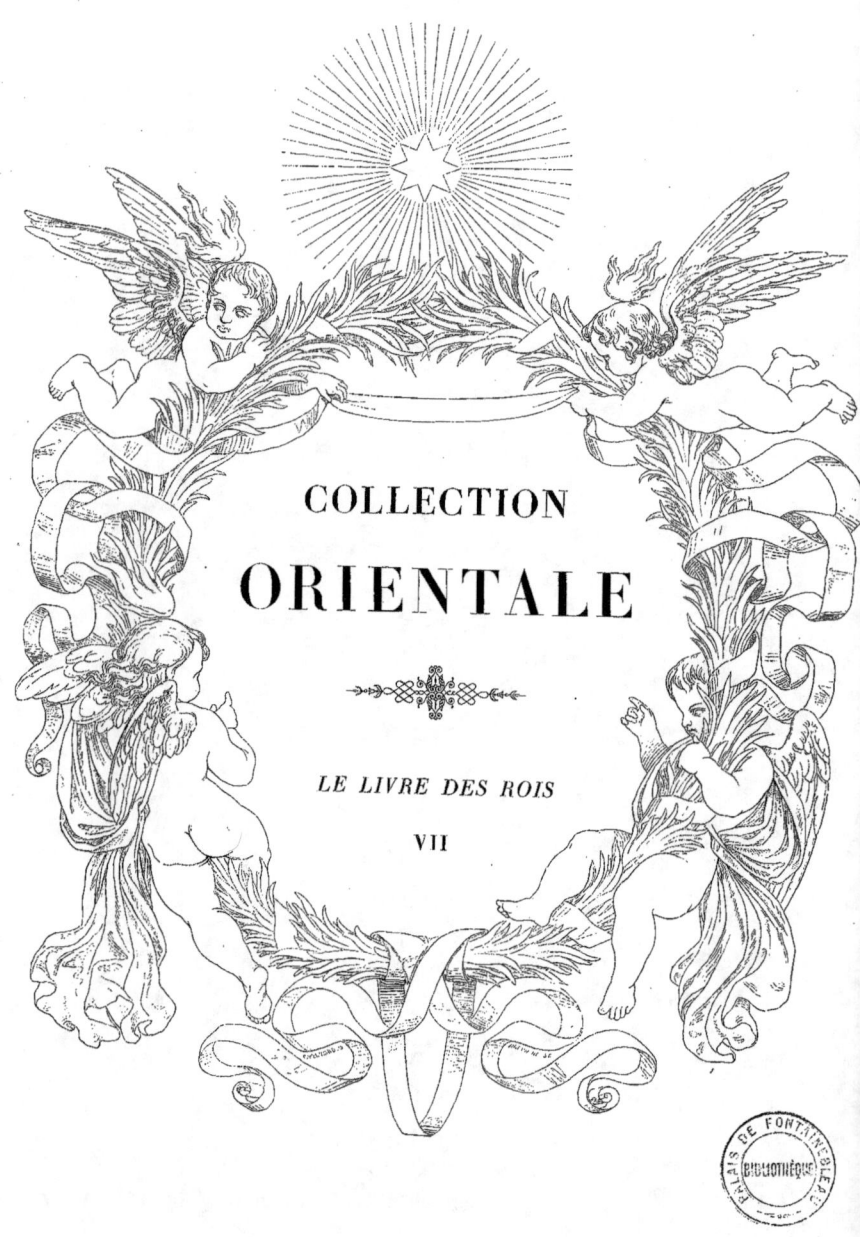

COLLECTION ORIENTALE

LE LIVRE DES ROIS

VII

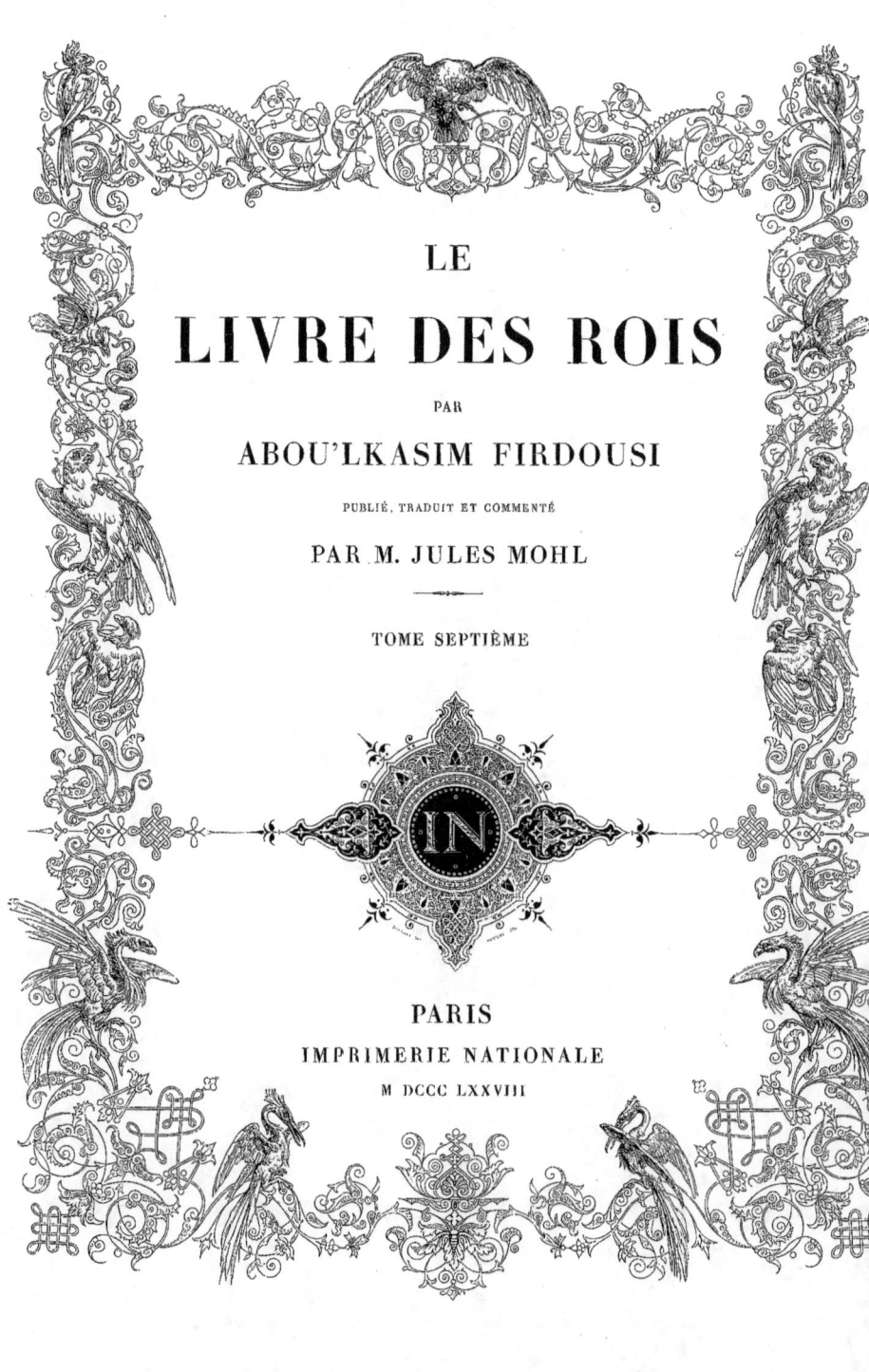

LE
LIVRE DES ROIS

PAR

ABOU'LKASIM FIRDOUSI

PUBLIÉ, TRADUIT ET COMMENTÉ

PAR M. JULES MOHL

TOME SEPTIÈME

PARIS
IMPRIMERIE NATIONALE
M DCCC LXXVIII

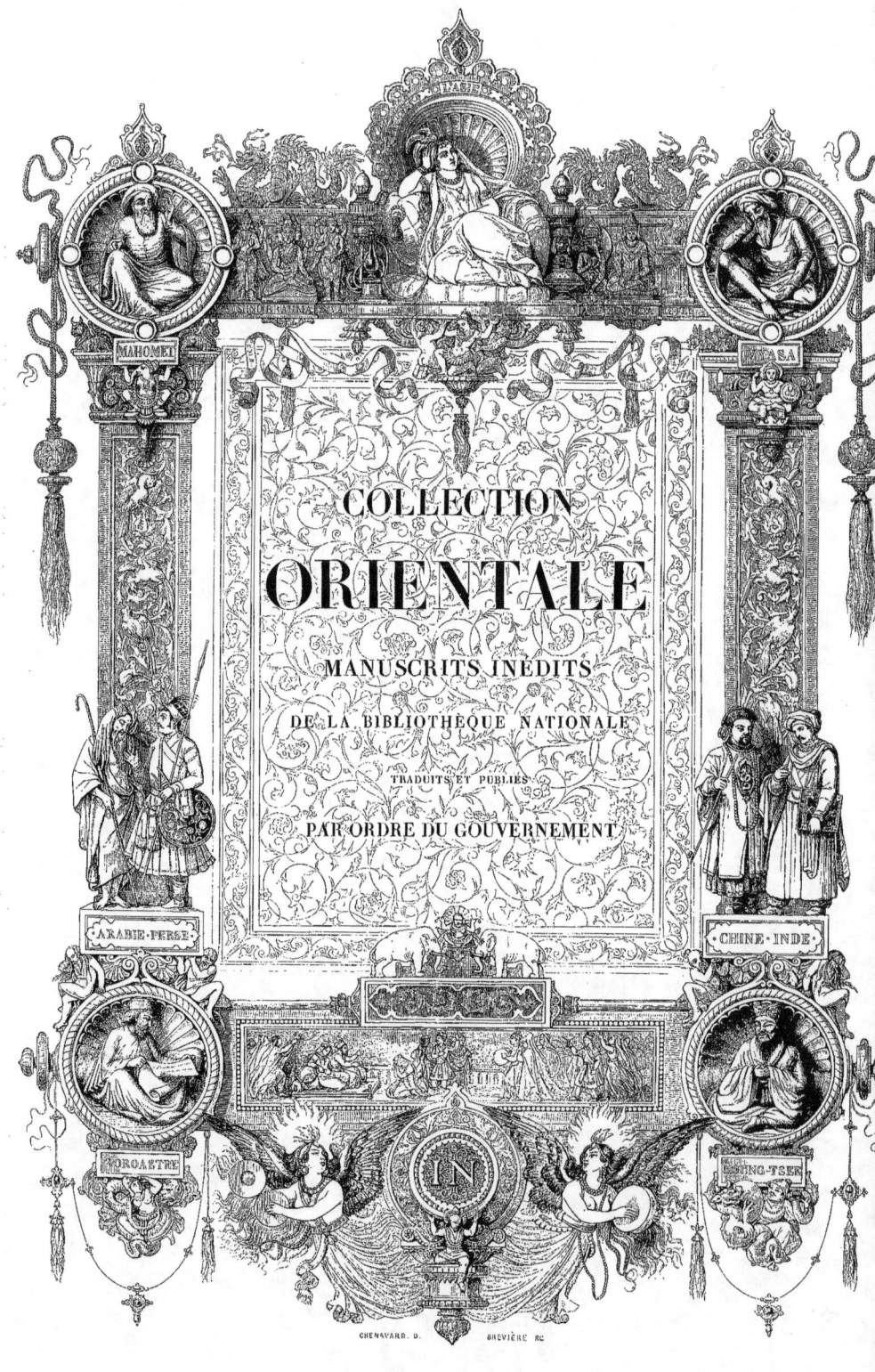

PRÉFACE

PRÉFACE.

Les deux tiers environ de ce volume, texte et traduction, étaient imprimés lorsque la mort de M. Mohl, en privant l'érudition d'un de ses plus dignes représentants, est venue interrompre une des entreprises les mieux faites pour honorer les lettres orientales. Chargé du soin de terminer cette belle publication, peut-être aurais-je décliné une tâche aussi périlleuse si je ne l'avais considérée comme l'acquittement d'une dette envers celui qui fut mon maître et mon prédécesseur au Collége de France. Qu'il me soit permis de rappeler ici, en quelques lignes, la vie et les travaux de l'éminent traducteur de Firdousi; retracer une vie si dignement remplie, c'est, en quelque sorte, faire l'histoire des études orientales depuis plus d'un demi-siècle.

Jules Mohl naquit à Stuttgard, le 25 octobre 1800, d'une famille qui occupait une position importante dans l'administration[1]. Après avoir terminé ses études au gymnase de cette ville, il entra à l'Université de Tübingen avec l'intention de se consacrer au ministère évangélique. Mais, malgré les succès qu'il obtint dans ses cours de théologie, succès attestés par le prix qu'il remporta au concours de 1821, il comprit bientôt que la carrière de pasteur ne lui offrait qu'un terrain trop limité. Paris l'attirait par l'éclat que d'illustres maîtres, Silvestre de Sacy, Abel Rémusat, Saint-Martin, jetaient sur les travaux relatifs à l'Orient. Séduit aussi par l'attrait de la société française sous la Restauration, par l'accueil qu'elle faisait aux promesses de talent, il renonça sans hésitation à la chaire qui lui était offerte dans son pays natal, et devint un simple auditeur du Collége de France et de l'École des langues orientales. Il se lia bientôt d'une étroite amitié avec des savants distingués, entre autres Ampère, Eugène Burnouf et Abel Rémusat. L'accueil empressé qu'il reçut chez ce dernier le décida d'abord à étudier la littérature chinoise; c'est à cette époque qu'il édita, sous la direction de son illustre maître, la traduction latine du *Chi-king* et du *Y-king*, due à deux missionnaires français.

En 1826, M. Mohl fut chargé par le Gouvernement de publier et de traduire le *Livre des Rois*, que le public ne connaissait encore que par des imitations prétentieuses et infidèles. Il se mit à l'œuvre avec enthousiasme et, comme préparation à ce grand travail, il fit paraître en 1829, de concert avec M. Olshausen, des *Recherches sur la religion de Zoroastre*[2]. Il se rendit ensuite en Angleterre pour explorer la riche collection de manuscrits orientaux conservée au British Museum et à la Bibliothèque Bodléyenne d'Oxford. Pendant le cours de ces visites, souvent renouvelées, il fut mis en relation avec plusieurs hommes d'État et savants distin-

---

[1] Les éléments de cette courte biographie sont empruntés au rapport annuel de M. E. Renan, *Journal asiatique*, juillet 1876, et à notre leçon d'ouverture intitulée *La Poésie en Perse*; Paris, E. Leroux, 1877 (Bibliothèque orientale elzévirienne), un volume in-18.

[2] Paris, 1829, un volume in-8°.

gués de la Grande-Bretagne et, de ces relations soigneusement entretenues, il sut tirer de grands avantages pour ses études et pour les progrès de l'érudition. Le premier volume du *Schah-Nameh* parut en 1838 et, depuis cette époque, M. Mohl ne cessa, pendant près de quarante ans, de poursuivre ce vaste travail. « Le choix de « l'ouvrage, dit judicieusement M. E. Renan, était parfaitement « justifié si l'on ne considère que l'immense importance du texte, « son intérêt littéraire et scientifique. Plus les recherches de litté- « rature et de mythologie comparée se sont assises sur des prin- « cipes arrêtés, plus on a vu ce que c'est qu'une épopée nationale, « comment les fables anciennes se transforment et s'evhémérisent, « plus aussi on a estimé le *Schah-Nameh* et plus on en a fait une « des bases des études de haute critique. » Bien qu'il n'ait pas été donné au savant éditeur de parfaire son œuvre, ni d'y ajouter l'appareil critique et les extraits de *Namehs* indispensables à l'in- telligence du texte, souvent obscur, de Firdousi, on y retrouve pourtant la trace des travaux considérables qu'il avait accumulés autour du vieux document persan. Le texte adopté présente, à de rares exceptions près, une des rédactions les plus anciennes et les plus respectables; les interpolations en sont écartées avec une sagacité qui ne se laisse jamais surprendre, et, s'il n'a pas été constamment possible de remonter jusqu'à la rédaction primi- tive, on voit que rien n'a été négligé pour s'en rapprocher autant que l'incertitude des copies le permettait. Quant à la traduction, elle est telle qu'on pouvait l'attendre du tempérament de celui qui l'a écrite : énergique et nette, dépourvue d'ornements, elle repro- duit fidèlement l'abondance un peu uniforme de l'original et en conserve la saveur archaïque. L'école de 1830, malgré certaines exagérations dont le temps a fait justice, a rendu un service signalé aux littératures étrangères en proscrivant le faux système de traduction qui prévalut en France jusqu'à la fin du xviiie siècle. On constate l'influence de cette sage réforme dans la version du *Livre des Rois* : Keï Khosrou, Rustem, Nouschirwan y parlent le

PRÉFACE

langage des guerriers et des monarques iraniens, sans que le traducteur les affuble jamais du costume et du ton déclamatoire si chers aux Bitaubé et aux Lebrun.

Mais à côté, au-dessus peut-être de ce monument d'un labeur infatigable, il faut placer la belle série de rapports où M. Mohl a, pendant trente années, consigné et apprécié les progrès accomplis par les études orientales dans le champ immense de leur culture. Nul n'était mieux préparé à cette tâche difficile : en relation de travail ou d'amitié avec les savants les plus accrédités, entretenant des rapports réguliers avec les universités d'Allemagne et d'Angleterre, avec les sociétés scientifiques de l'Europe et de l'Inde, il recevait tout de première main et trouvait le temps de tout lire. C'est dans ces archives de l'orientalisme qu'il a mis le meilleur de son esprit et de son cœur : indulgent sans faiblesse, sévère seulement contre les œuvres frivoles, il excelle à resserrer le lien qui unit des travaux en apparence isolés et sans parenté. Aucune conquête de l'érudition n'échappe à sa vigilance : le passé de l'Orient et ses transformations contemporaines, ses religions, ses idiomes, tout ce qui éclaire l'histoire de l'humanité relève de son jugement équitable, de sa critique toujours élevée et impersonnelle. Le *Journal asiatique* devint, grâce à son habile direction, le terrain neutre où toutes les opinions pouvaient se produire, pourvu qu'elles fussent consciencieusement élaborées et discutées avec convenance. C'est par cette hauteur de vues, par cette impartialité d'appréciation que ces rapports annuels méritent le nom d'annales de la littérature orientale. Destinés d'abord à un auditoire restreint, ils sont devenus la propriété du monde savant et, à ce titre, ils devraient être détachés de la collection du *Journal asiatique* pour être mis entre les mains de tous ceux qui s'intéressent aux progrès de la haute culture intellectuelle.

J. Mohl avait été élu membre de l'Académie des inscriptions et belles-lettres en 1847; trois ans plus tard, il occupa au Collége de France la chaire de persan devenue vacante par la mort

PRÉFACE

d'Amédée Jaubert et, en 1852, il succéda à Eugène Burnouf comme inspecteur de la typographie orientale à l'Imprimerie nationale. Les événements de 1870, que sa profonde expérience avait su prévoir depuis longtemps, interrompirent fatalement les travaux que sa verte vieillesse poursuivait avec une ardeur presque juvénile. Aussi attaché à sa patrie d'adoption qu'à son pays natal, il fut doublement frappé par les malheurs de l'invasion et par les insinuations perfides de la calomnie. Un deuil de famille, survenu en 1875, altéra gravement sa santé déjà ébranlée par les commotions politiques; le mal fit des progrès rapides que ne purent conjurer ni les efforts de la science, ni les soins empressés de la compagne dévouée « qui avait fait le bonheur de sa vie par « les qualités rares du cœur et de l'esprit. » Après quelques jours de souffrances il rendit le dernier soupir, le 4 janvier 1876, associant, dans ses adieux suprêmes, au nom de ses plus chères relations, celui de la Société asiatique qu'il aimait d'une affection paternelle.

Les qualités qui distinguaient sa critique littéraire, M. Mohl les apportait dans le commerce de la vie. L'amour du vrai, l'horreur du charlatanisme et de l'intrigue donnaient à son abord ce je ne sais quoi de réservé et de brusque qui ne permettait pas d'apprécier du premier coup d'œil tout ce qu'il y avait en lui de bonté naturelle et de chaleureuse sympathie. Mais ses anciens élèves se rappelleront toujours avec reconnaissance avec quelle indulgence il accueillait leurs premiers essais, avec quel empressement il appelait sur leurs publications les encouragements de l'État et ceux, plus précieux encore, du public. A l'Institut, au Collège de France, à la Société asiatique, il n'était préoccupé que des intérêts de la science, ou, s'il s'en laissait distraire quelquefois, c'était pour soulager une infortune cachée, pour créer des ressources à de jeunes savants étrangers qui venaient chercher en France l'appui que leurs travaux n'avaient pas trouvé dans leur pays natal. « Le grand titre de M. Mohl à la reconnaissance des savants,

« dit l'éminent secrétaire de la Société asiatique, est, avant tout,
« l'influence qu'il a exercée. Il sut présider à nos études avec une
« solidité de jugement et un esprit philosophique qui seuls peuvent
« donner de la valeur à des travaux épars et sans lien apparent. Ce
« lien, il le créait par sa judicieuse et savante critique; son autorité
« aidait les amis de la vérité à distinguer le mérite sérieux des
« succès faciles qu'on trouve souvent auprès du public en flattant
« ses goûts superficiels. Par là il a occupé dans nos études une
« place de premier ordre; le vide qu'il a laissé ne sera pas de sitôt
« rempli. »

Le dernier volume du *Livre des Rois* a souffert des interruptions de travail auxquelles M. Mohl n'avait pu se soustraire dans les dernières années de sa vie. Heureusement trente-sept cahiers étaient déjà tirés et d'autres se trouvaient en préparation à l'Imprimerie nationale lorsque je fus chargé d'achever une œuvre si tristement interrompue. Le texte persan avait été composé et relu, à l'exception des derniers cahiers; grâce à cette heureuse circonstance, les retouches que j'ai dû lui faire subir n'ont été ni très-nombreuses ni très-importantes. N'ayant pas à ma disposition les copies réunies par mon prédécesseur, et qui ont été dispersées à la vente de sa riche bibliothèque, j'ai adopté de préférence, dans les passages douteux, les leçons du texte imprimé par Macan, qui, dans cette partie surtout, est d'une correction satisfaisante. Ma part dans cette collaboration, en ce qui concerne la traduction, commence au paragraphe intitulé : « Complainte de Barbed » et, à l'exception de deux ou trois feuillets qui ont pu être retrouvés, elle se poursuit jusqu'à la fin de l'ouvrage. M. Mohl avait l'intention bien arrêtée de joindre à son édition un vocabulaire aussi complet que possible de la langue de Firdousi; dès le début il avait pris l'engagement de publier des fragments considérables du *Guerschasp-Nameh*, du *Bahman-Nameh*, et d'autres contes épiques, nés de l'inspiration du *Schah-Nameh* et nécessaires à l'intelligence complète de ce poëme. Grande a été notre déception de ne trouver dans les papiers de notre prédécesseur aucune trace du travail complémentaire auquel il se proposait de donner ses soins depuis 1838. Peut-être l'étendue de ces recherches ne lui a-t-elle pas permis de les mener de front avec ses autres travaux; toutefois on peut constater, par les notes qu'il inscrivait en marge de son dictionnaire de Richardson, que cette préoccupation ne l'avait jamais abandonné et qu'il espérait réaliser tôt ou tard les promesses qu'il avait faites au public dans la belle introduction du tome premier.

Comme compensation à cette lacune, que M. Mohl seul aurait pu combler, on s'est efforcé de donner à la table analytique les développements que comporte un ouvrage qui dépasse le cercle restreint des orientalistes et s'adresse à tout le public lettré. Cette table a été rédigée, sous ma direction, par la même plume laborieuse qui vient de terminer l'index des *Prairies d'or*. Le lecteur y trouvera non-seulement tous les noms propres mentionnés, même incidemment, dans le texte, mais encore l'inventaire des richesses de Firdousi, les épisodes saillants de son poëme, tout ce qui a rapport à la religion, aux mœurs et coutumes, à l'industrie et aux arts du vieil Iran, le tout rangé sous certaines rubriques spéciales, de nature à faciliter les recherches. Les variantes, malheureusement assez nombreuses dans la transcription des noms propres, y sont relevées avec soin et ramenées, à l'aide de renvois, à la forme ordinairement employée par le traducteur. C'est à ces conditions seulement, et même au prix de quelques redites inévitables, qu'un index peut être consulté avec sûreté et répondre aux exigences très-diverses des lecteurs.

Fidèle à la méthode suivie par mon prédécesseur au cours de son travail, je crois devoir donner ici un aperçu des faits historiques les plus importants que renferme ce volume. Il s'étend depuis l'avènement de Chosroës II (Khosrou Parviz) jusqu'à la mort de Yezdeguerd II, avec qui finit la monarchie sassanide et l'existence politique de la Perse; il va donc de l'année 590 à

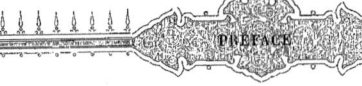

l'année 651 de l'ère chrétienne et comprend les règnes suivants :

Khosrou Parviz	Chosroës II	pages 6 à 355
Kobad ou Schiroui	Cavades II (Siroës)	357 à 405
Ardeschir, fils de Schirouï	Artaxerxes III	407 à 411
Guraz ou Férayin	Schahr-Barz	413 à 417
Pourandokht, reine		419 à 421
Azermidokht, reine		423 à 424
Farrukhzad		425 à 427
Yezdegerd	Isdegertes III	429 à 503

Le règne si long et si accidenté de Chosroës II, ses brillants succès suivis de revers inouïs, les rapports fréquents de ce monarque avec la cour de Byzance, sa politique cauteleuse à l'égard de ses sujets chrétiens ou mazdéens, fourniraient matière à un curieux parallèle entre les traditions nationales de l'Iran et les documents occidentaux. Cette étude, si utile qu'elle soit pour l'histoire encore mal connue des Sassanides, M. Mohl se l'était interdite dans les deux volumes précédents consacrés à cette dynastie; je dois donc me borner à signaler brièvement les passages où l'écart est le plus sensible entre la tradition indigène et les faits recueillis par les écrivains byzantins. — D'après Théophylacte (Sim. iv, 7) et Théophanes (C. p. 223), Hormizdas IV, ou Hormuzd, aurait été privé de la vue, et bientôt après mis à mort par l'ordre de son fils Chosroës; la tradition populaire disculpe ce dernier de l'accusation de parricide, et elle en charge la mémoire de ses deux oncles, Bendouï et Gustehem (Bindoës et Bostam). D'après les Grecs, le meurtre en question aurait précédé immédiatement l'avénement de Chosroës II; d'après Firdousi, il aurait eu lieu seulement après l'insurrection de Bahram, le Varanes VI des Grecs. Pour ceux-ci, Bahram n'est qu'un usurpateur enhardi à la révolte par l'anarchie qui désolait l'empire après la chute d'Hormizdas; mais pour le poëte persan, Bahram est le dernier représentant de la réaction arsacide, et avec lui finit la dernière convulsion de la féodalité parthe, écrasée par la dynastie issue de Sassan.

Les noms étrangers, et à plus forte raison ennemis, s'altèrent vite dans la tradition populaire; on ne doit donc pas être surpris que Firdousi ne connaisse les trois empereurs, Maurice, Phocas et Héraclius Ier, que sous un seul et même nom : Kaïsar, César. Son patriotisme ne veut pas insister sur le prix de l'alliance accordée à Chosroës par l'empereur Maurice; il paraît ignorer la cession de l'Arménie et de la Mésopotamie orientale, avec les deux places importantes de Martyropolis et Daras. Il ne distingue pas non plus entre les deux campagnes entreprises par le roi de Perse contre l'usurpateur Bahram, l'une dans les plaines de l'Adiabène, l'autre, plus décisive, près de Schiz. Cependant la mention d'une localité connue sous le nom d'*Aderbadgan* semble indiquer qu'il place ces événements dans l'ouest de la province moderne d'Azerbaïdjan. Le général grec Narsès, qui contribua si énergiquement à la restauration du trône légitime, n'est même pas nommé dans le *Schah-Nameh*, ce qui peut s'expliquer également par une exagération du sentiment national. Firdousi célèbre les exploits de Khosrou Parviz avec les mêmes procédés descriptifs, et presque dans les mêmes termes qu'il a employés pour les héros Keyanides et Achéménides. Il ne nous apprend rien de précis touchant les succès remportés par les Perses sur Phocas, et ensuite sur Héraclius, pendant vingt années. Le refus par Chosroës de céder la vraie Croix est le seul souvenir que le poëte ait gardé de la conquête de Syrie et de la prise de Jérusalem par ce souverain. Même indécision, même absence de renseignements positifs sur la glorieuse revanche d'Héraclius, depuis la bataille de Sarus jusqu'à la fuite du grand roi dans les murs de Ctésiphon. En revanche, pour les derniers épisodes de ce règne si exceptionnellement long, notamment l'insurrection de la noblesse sous la conduite de Farrukhzad et de Tokhar, la fuite de Khosrou, sa déchéance au profit de son fils Siroës, pour tous ces faits de l'histoire intérieure, la tradition indigène nous semble plus digne de confiance que les récits de Théophanes et d'Évagrius.

Il est un autre point sur lequel ces deux sources d'information suivent une direction diamétralement opposée. Au dire des chroniques grecques, Chosroës, pendant son séjour à Constantinople, avait presque entièrement abjuré la religion de Zoroastre ; il professait une vénération particulière pour la Vierge et pour certains saints du calendrier orthodoxe. Évagrius[1] va jusqu'à donner le texte d'une sorte d'ex-voto adressé par le roi perse à saint Serge, pour le remercier des succès militaires qu'il doit à ses prières, et aussi de la fécondité de la princesse Sira (Schirin). Le caractère apocryphe de ces documents mérite à peine d'être signalé ; malheureusement on ne peut accorder plus de crédit aux fières déclamations que Firdousi met dans la bouche du roi lorsqu'il refuse la restitution de la Croix aux ambassadeurs d'Héraclius, ou qu'il raille les superstitions chrétiennes avec une ironie digne de Julien. Dans l'un comme dans l'autre récit on sent le parti pris, l'antagonisme de race et de religion. Pour l'historien impartial, le rôle politique de Chosroës II se laisse aisément déterminer. Tenu à de grands ménagements envers les empereurs romains auxquels le rattachaient des liens de parenté et la raison d'État, le monarque iranien fut obligé d'user d'habiles tempéraments à l'égard du christianisme, et de concilier sagement les exigences de sa politique avec le respect qu'il devait au culte national et à la conscience religieuse de ses sujets.

Les quatre ou cinq années qui s'écoulèrent entre la mort de Chosroës II et l'avènement du dernier roi sassanide, Yezdeguerd III, furent une période d'anarchie et d'usurpation que le souvenir national a volontairement laissée de côté, et sur laquelle l'historiographie grecque et arménienne ne parait avoir recueilli que des données rares et incertaines. Reconnaissons aussi, en toute sincérité, que l'épopée persane n'ajoute rien à ce que les sources

---

[1] *Hist. ecclés.*, VI, 21, et Théophylacte Simocatta, V, 13, 14.

étrangères nous enseignent sur les trente dernières années de la monarchie des Perses. Du règne éphémère de Kobad, qu'il nomme plus volontiers Schirouï (Siroës), le poëte n'a retenu que l'épisode tragique du meurtre de Chosroës et une sorte d'élégie romanesque sur la mort de Schirin. Mais d'autres faits, d'une authenticité moins contestable, ne paraissent pas lui avoir été transmis; tels sont la paix désastreuse conclue entre Byzance et la Perse, le meurtre des princes sassanides, massacrés par ordre de Kobad, et la peste qui emporta ce triste prince après avoir dépeuplé ses États. La tradition, en négligeant involontairement ou de parti pris des événements de cette importance, s'est montrée assez scrupuleuse sur l'ordre de succession au trône qu'elle assigne à ces princes, et que nous trouvons à peu près le même chez les chroniqueurs chrétiens et chez les historiens musulmans[1]. Parmi ces fantômes de rois et de reines à peine dignes de mention, on remarque un usurpateur étranger au sang royal, c'est le *Schahr-barz* de la chronique de Bar Hebræus, qui me semble pouvoir être identifié avec le Guraz de Firdousi. Le sens de « sanglier » que la chronique syriaque donne à ce nom, et qui s'est conservé en persan moderne, est une preuve de plus en faveur de cette identification, d'ailleurs confirmée par les faits historiques que le poëte mentionne d'accord avec les historiens étrangers. Les contradictions que présentent son récit et celui d'un chroniqueur arménien[2] sur la mort de ce personnage, ne paraissent pas assez importantes pour détruire cette conjecture.

On ne saurait trouver une meilleure preuve de la confiance exclusive accordée par Firdousi aux traditions populaires, que le récit inégal, confus, mais souvent émouvant et passionné, qu'il nous a laissé de la conquête de la Perse par les armées musulmanes. Deux épisodes de cette grande invasion captivent son

---

[1] Il est juste pourtant d'ajouter que les historiens persans ont fait de fréquents emprunts au poëme de Firdousi.

[2] Voir le mémoire de M. Patkanian dans le *Journal asiatique*, 1866, p. 222.

attention : d'une part, la lutte entre Rustem, chef de l'armée iranienne, et le général arabe Saad, fils d'Abou Wakkas ; en second lieu, les malheurs du roi Yezdeguerd, chassé de son royaume, trahi par ses partisans et assassiné au fond d'un moulin, à l'instigation d'un de ses officiers. Mais à côté de ces détails d'une vérité saisissante, que de lacunes encore, que d'oublis au détriment même de l'épopée nationale ! La conquête de Hirah et de la Mésopotamie, qui ouvrit aux Arabes les portes de l'Iran, la victoire du Pont, la seule rencontre importante où *l'étendard du forgeron* mena l'armée royale à la victoire, la bataille de Nehavend, qui rétablit la fortune des Arabes, tous ces faits de premier ordre sont passés sous silence. Enfin la bataille de Kadessyah, qui est à elle seule un poëme épique, se résume ici en quelques pourparlers suivis d'une lutte corps à corps entre les deux généraux, et le récit de cette lutte est aussi dénué de couleur locale qu'il est contraire à la vérité historique. Faut-il attribuer d'aussi graves omissions à l'âge avancé et à la fatigue du poëte, au découragement où le jetait l'indifférence du sultan Mahmoud ? Nous préférons n'y voir, comme M. Mohl, qu'un témoignage de plus de sa bonne foi et du soin avec lequel il se tenait fermement sur le terrain des souvenirs nationaux, leur demandant toutes ses inspirations et dédaignant les informations de provenance étrangère.

En terminant cette analyse rapide des derniers chants du *Schah-Nameh*, je ne puis que rappeler le vœu exprimé dans la préface du tome V. Autant les auteurs musulmans, Thabari, Hamdallah Mustôfi, Mirkhond, etc., ont puisé à cette source, autant elle a été négligée, du moins pour les basses époques, par les savants européens qui ont publié des fragments de ce poëme, ou par ceux qui ont fait, comme M. G. Rawlinson, une étude approfondie de la Perse antéislamique. Nul doute qu'un examen plus attentif du *Livre des Rois* ne démontre qu'il n'est pas moins précieux pour l'histoire de la dernière monarchie zoroastrienne que pour la reconstitution des âges héroïques de l'Iran. Même en faisant une large part aux lacunes, aux redites, aux défaillances de mémoire du poëte, l'érudition européenne reconnaîtra aisément toute la valeur de ses souvenirs pour reconstruire l'histoire politique, sociale et religieuse de la Perse pendant les quatre derniers siècles qui ont précédé la conquête musulmane. Rapprochés des documents arabes de première main, tels que le texte original de Thabari, le *Livre des Conquêtes* de Beladori, les *Prairies d'or* de Maçoudi et quelques autres ouvrages de même valeur, les récits du poëte de Thous fourniront à la critique moderne une mine d'autant plus riche qu'elle a été moins exploitée jusqu'à ce jour.

BARBIER DE MEYNARD.

14 février 1878.

LE

LIVRE DES ROIS

کتاب شاهنامه

پادشاهی خسرو پرویز
سی و هشت سال بود

آغاز داستان

چو گستم ویندوی باذرگشسپ	بر افکند مردی سبک با دو اسپ
که در شب بنزدیک خسرو شود	از ایران بآگاهی نو شود
فرستاده آمد بر شاه نو	گذشته شبی تیره از ماه نو
ز آشوب بغداد گفت آنچه دید	جوان شد چو برگ گل شنبلید
چنین گفت کان کو زراه خرد	بتیزی و بمدانشی بگذرد
نترسد ز کردار چرخ بلند	شود زندگانیش نا سودمند
گریی بد که گفتی خوش آید مرا	خور و خواب در آتش آید مرا
ولیکن پدر چون بخون یافت دست	در ایران نکردم سرای نشست

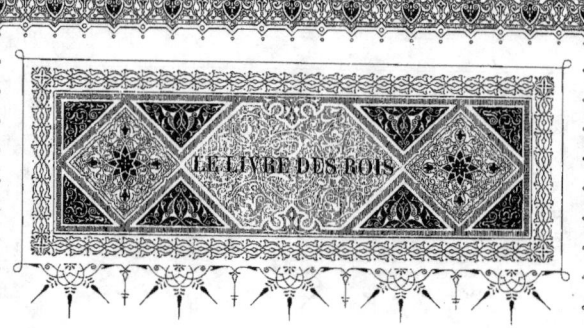

KHOSROU PARVIZ.

(Son règne dura 38 ans.)

COMMENCEMENT DU RÉCIT.

Gustehem et Bendouï envoyèrent en toute hâte un cavalier avec un cheval de rechange, pour qu'il se rendît dans la nuit à Aderguschasp auprès de Khosrou, pour qu'il se rendît auprès de lui avec ces grandes nouvelles de l'Iran. Le messager arriva auprès du jeune roi lorsque la première nuit de la nouvelle lune fut passée, et, pâle comme la fleur du fenugrec, il lui raconta ce qu'il avait vu des troubles de Baghdad. *Khosrou* répondit : « Celui qui dévie par em-« portement et manque de sagesse de la voie de la raison, et ne « s'inquiète pas de ce qu'amène la roue *du ciel* sublime, passera une « vie sans bonheur; le malheur dont tu me parles a beau être à mon « avantage, il convertit pour moi en feu le sommeil et le manger. « Puisque mon père avait levé la main pour verser mon sang, je ne

م اوراکنون چون یکی بنده ام	من هرچه گوید نپوشنده ام
م اندر زمان داغ دل با سپاه	بکردار آتش بیامد زراه
سپاهی بد از بردع واردبیل	همی رفت با نامور خیل خیل
از ارمینیه نیز چندی سپاه	همی تاخت چون باد با او براه
چو آمد بمغداد ازو آگهی	که آمد خریدار تخت مهی
همه شهر ازو آگهی آرام یافت	جهانجوی از آرام شان کام یافت
پذیره شدندش بزرگان شهر	کسی را که از مهتری بود بهر
نهادند بر پیمشگه تخت عاج	نهادند م طوق و پیرمایه تاج
بمهر اندرون رفت خسرو بدرد	بمرد پدر رفت با باد سرد
چه گویم ازین گنبد تیزگرد	که هرگز نیاساید از کار کرد
یکی را همی تاج شاهی دهد	یکی را بدریا بماهی دهد
یکی را برهنه سر و پای و سفت	نه آرام خواب و نه جای نهفت
یکی را دهد توشهٔ شهد و شیر	بپوشد بدیبا و خز و حریر
سرانجام هر دو چاک اندرند	بتارک بدام هلاک اندرند
اگر خود نژادی خردمند مرد	نبودی ورا روز سنگ و نبرد
ندیدی جهان از بنه به بدی	اگرکه بدی مرد اگر مه بدی
کنون رنج در کار خسرو برم	بخواننده آگاهی نو برم

بر تخت نشستن خسرو و پوزش پدر خواستن او

چو خسرو نشست از بر تخت زر	برفتند هرکس که بودش هنر
گرامایگانرا همه خواندند	بر آن تاج نو گوهر افشاندند
بویدچنین گفت کین تاج و تخت	نماید مگر مردم نیکبخت
مبادا مرا پیمشه جز راستی	که بامدادی آرد همی کاستی
ابا هرکسی رای ما راستیست	زپیمداد کردن سر ما تهیست
زیزدان پذیرفتم این تخت نو	همی روشن و مایه ور بخت نو

« pouvais pas rester dans l'Iran; mais aujourd'hui je suis envers lui
« comme un esclave, j'obéirai à chaque parole qu'il dira. »

Il se mit sur-le-champ en route, le cœur ulcéré, marchant rapidement comme le feu, avec une armée tirée de Berda et d'Ardebil, qui suivait le *prince* illustre, un corps après l'autre. D'autres troupes, venant d'Arménie, étaient avec lui, courant comme le vent. Lorsqu'on sut à Baghdad qu'il arrivait pour réclamer le trône du pouvoir, toute la ville s'apaisa à cette nouvelle, et cet apaisement combla les vœux de l'homme qui ambitionnait la possession du monde. Les grands de la ville, tous ceux qui avaient part au pouvoir allèrent à sa rencontre; on plaça sur l'estrade le trône d'ivoire, on posa dessus le collier et la couronne précieuse, et Khosrou entra dans la ville tristement, et se rendit chez son père en soupirant.

Que dire de cette voûte à la rotation rapide, qui ne se repose jamais de son labeur? Elle donne à l'un la couronne de la royauté, et jette l'autre aux poissons de la mer; l'un est nu de la tête, des pieds et des épaules, et n'a ni repos pour dormir, ni lieu pour se cacher; *le ciel* nourrit l'autre avec du miel et du lait, et l'habille de brocart, de fourrures et de soie; mais à la fin tous les deux se trouvent dans la poussière et la tête prise dans les lacs de la mort. Si l'homme de sens n'était pas né, s'il n'avait jamais vu des jours de combat et de lutte, s'il n'avait jamais connu ce monde, cela aurait mieux valu pour lui, fût-il un homme humble ou un homme puissant. Maintenant je vais m'occuper du sort de Khosrou et donner au lecteur des récits tout nouveaux.

KHOSROU MONTE SUR LE TRÔNE ET DEMANDE PARDON À SON PÈRE.

Lorsque Khosrou s'assit sur le trône d'or, tous les hommes de valeur se présentèrent devant lui; on appela tous les grands, et ils répandirent des joyaux sur cette couronne nouvelle. Il dit au *Grand Mobed* : « Cette couronne et ce trône n'arrivent entre les mains que
« d'un homme favorisé par la fortune. Puissé-je agir toujours avec
« droiture! car l'injustice amène la perte. Mes intentions envers tous
« sont droites et il n'y a pas d'injustice dans ma tête. C'est de Dieu

```
شما نیز دلها بفرمان نهید                بهرکار با ما سه پیمان نهید
از آزردن مـردم بی‌پارسا               ودیگر کشیدن سراز پاد شما
سوم دور بودن زچیز کسان              که دردش بود سوی آنکس رسان
که درگاه وبیمگه کسمرا بسوخت         بمایه چیزی دلش برفروخت
کنون دست ازین هست باید همی           ره راستی جست باید همی
دگر هرچه با مردی برخورد              مر آنرا پذیرنده باشد خرد
نماند مـرا با کسی داوری              اگر تاج من جست ار انگشتری
کرا گوهر تـن بـود با نـژاد           نگوید سخن با کسی جز بداد
نباشد شمارا جز از ایمنی              نبازم بـکـردار آهـرمـنـی
هر آنکس که بشنید گفتار شاه          همی آفرین خواند بر تاج وگاه
برفتند شادان از این تخت اوی         بسی آفرین رفت بر بخت اوی
سپهبد فرود آمد از تخت شاد          همه شب زهرمز همی کرد یاد
چو پنهان شد آن چادر آبنوس           بگفت آمد از دور بانگ خروس
جهانگیر شد تا بنزد پدر              نهانش پر از درد وخسته جگر
چو دیدش بنالید وبردش نماز           همی بود پیشش زمانی دراز
بدو گفت کای شاه با اختیار           زنوشین روان در جهان یادگار
تو دانی که گر بودی پشت تو           بسوزی نخستی کس انگشت تو
نگر تا چه فرمای اکنون مـرا          غم آمد ترا دل پر از خون مـرا
گرایدون که فرمان دهی بر درت         یکی بنده ام پاسبان سرت
بجویم کـلاه ونخواهم سپـاه           ببرم سر خویش در پیش شاه
بدو گفت هرمز کای کم خرد             همین روز سختی زمن بگذرد
نه آنکس که این کرد ماند دراز        بما بگذرد هرچه رنجست وآز
مرا نزد تو آرزوبد سه چیز            بر این بر فزونی نخواهم نیز
یکی آن که شبگیر هر بامداد           کسی گوش مارا بآواز شاد
ودیگر سواری زگرد نکشان              که از رزم دیرینه دارد نشان
```

« que j'ai reçu ce trône nouveau, et cette belle et haute fortune nou-
« velle. Préparez vos cœurs à l'obéissance, et promettez-moi de vous
« abstenir en toute occasion de trois choses : de faire du mal à un
« homme vertueux, ensuite de vous révolter contre le roi, enfin de
« toucher au bien de qui que ce soit, car la douleur que cet homme
« éprouve atteindra celui qui l'a désolé dans un temps quelconque et
« qui a vendu son âme pour un bien sans valeur. Il faut donc main-
« tenant renoncer à tout cela et suivre la route de la droiture. Ensuite
« la raison doit rechercher tout ce qui convient à l'esprit d'humanité.
« Je n'en veux à personne, pas même à ceux qui auraient cherché à
« s'emparer de mon trône et de mon anneau. Quand on est de noble
« race et de haute naissance on ne doit parler à qui que ce soit que
« selon la justice. Quant à vous, jouissez de toute sécurité, car je ne
« m'adonnerai pas aux œuvres d'Ahriman. » Tous ceux qui entendirent ces paroles se mirent à bénir son trône et sa couronne; ils
partirent heureux de le voir sur le trône et bénissant sa fortune.

Le roi descendit du trône joyeusement, et pensa toute la nuit à
Hormuzd. Quand le voile d'ébène *de la nuit* eut disparu et qu'on entendit de loin le chant du coq, le maître du monde se rendit auprès
de son père, l'âme pleine de douleur, le cœur tout blessé. En le
voyant, il gémit et l'adora; il se tint debout devant lui pendant longtemps, puis il dit : « Ô roi infortuné, héritier de Nouschirwan! Tu
« sais que, si j'avais pu être ton soutien, personne ne t'aurait piqué
« le doigt avec une aiguille; maintenant, réfléchis à ce que tu veux
« m'ordonner. Le chagrin s'est abattu sur toi, mon cœur est gonflé
« de sang. Si tu me donnes des ordres, je suis un esclave qui se tient
« à ta porte pour garder ta tête. Je ne recherche pas la possession du
« diadème, je ne demande pas *le commandement de* l'armée, j'offre au
« roi ma tête. »

Hormuzd lui dit : « Ô homme de peu de raison! mes jours de
« malheur passeront aussi. Ceux qui m'ont réduit à cet état ne vivront
« pas longtemps, et leurs efforts et leurs convoitises passeront devant
« moi. Je te demande trois choses et ne te demande que cela. D'abord,
« qu'à l'aube de chaque jour tu viennes réjouir mon oreille du son de
« ta voix; ensuite que tu m'envoies un cavalier parmi ceux qui portent

سخن گوید وکرده باشد شکار	بر من فرستی که از کارزار
که از پادشاهان گذارد سخن	همان نیز داننده مرد کهن
بدان درد و تخی سر آرد مرا	نبشته یکی دفتر آرد مرا
پرستنده و ناهال تواند	سوم آرزو آن که حال تواند
بریحان برای بری سوگ خشم	نمیند ازین پس جهان را چشم
مباد آنکه بر چشم تو سوگوار	بدو گفت خسرو که ای شهریار
که بدخواه تو دور باد از جهان	نباشد وگرچه بود بد نهان
که بهرام چوبینه شد پهلوان	ولیکن نگه کن بروشن روان
سواران وگردان خنجر گذار	سپاه است با او فزون از شمار
بگیتی نمیابم جای نشست	اگر ما بگستم باز ه دست
ز گفتار وکردار نا خردیست	مدان تو ز گستم کمین ایزدیست
که برماه خواند گذشته سخن	دگر آن که باشد دبیر کهن
بداند همان نیز آئین برم	سواری که پرورده باشد برم
تو با درد پژمان مباش اندکی	ازین هر زمان نو فرستم یکی
همان با خرد صبر پیوند باد	دل تو بدین درد خرسند باد
نکرد آشکارا بکس راز خویش	بگفت این وگریان بیامد زپیش
برین داستان زد یکی هوشمار	پسر مهربان تر بد از شهریار
به از پیر نستوه گشته کهن	جوان زیان چرب و شیرین سخن
بفرجام م خاک دارد بسر	هنرمند و م مردم بی هنر

آگاهی شدن بهرام چوبینه از کور شدن هرمزد ولشکر کشیدن جنگ خسرو پرویز

چه آمد بر آن نامور شهریار	چو بشنید بهرام کز روزگار
ببرد این چراغ دو نرگس بباغ	نهادند بر چشم روشنش داغ
بمای اندر آمد سر تخت اوی	پسر بر نشست از بر تخت اوی

« haut la tête, qui connaisse nos vieilles luttes, pour qu'il me parle
« de batailles, un homme qui ait aimé la chasse; de même un vieillard
« savant, qui puisse parler des rois, qui m'apporte un livre et m'en-
« lève ainsi les douleurs et les peines. Mon troisième vœu est que
« les yeux de tes oncles maternels, qui sont tes serviteurs et non pas
« tes égaux, ne voient plus le monde, et que tu venges sur eux ma
« douleur. »

Khosrou répondit : « Ô roi! périsse quiconque ne plaint pas *l'état*
« *de* tes yeux, et que tes ennemis disparaissent du monde, quand
« même leurs crimes seraient restés secrets. Mais, réfléchis dans ton
« esprit lucide, que Bahram Djoubineh a été Pehlewan; il a avec lui
« une armée innombrable de cavaliers et de héros qui frappent avec
« l'épée. Si je mets la main sur Gustehem, je ne trouverai plus de lieu
« de refuge dans le monde. Ne crois pas qu'il soit fou, et qu'en pa-
« roles et en actions il soit insensé. Quant aux vieillards lettrés qui
« sauraient lire au roi les vieilles histoires et aux cavaliers accoutu-
« més aux combats et experts en tout ce qui regarde les fêtes, je t'en
« enverrai toujours de nouveaux. Puisses-tu être un peu moins triste
« dans tes douleurs; puisse ton cœur endurer ces peines et la patience
« s'allier à ta raison ! »

Ayant ainsi parlé, il partit en pleurant et ne communiqua à personne ses pensées secrètes. Le fils était plus tendre que le roi, et un
sage a dit là-dessus : « Un jeune homme affable et doux de paroles
« vaut mieux qu'un vieillard querelleur et affaibli par l'âge; mais la
« tête de l'homme de valeur et celle du vaurien sont à la fin égale-
« ment recouvertes par la poussière. »

BAHRAM DJOUBINEH APPREND QUE HORMUZD A ÉTÉ AVEUGLÉ ET SE MET EN MARCHE CONTRE KHOSROU PARVIZ.

Bahram apprit quel sort avait frappé le roi, qu'on avait brûlé ses
yeux brillants et que ces flambeaux qui ressemblaient à deux narcisses
dans un jardin étaient éteints, que son fils était monté sur le trône et
que la fortune du père était abaissée. Le vaillant Bahram en fut confondu; il pâlit et se livra à ses pensées. Il fit porter dehors les tim-

LE LIVRE DES ROIS

ازآن ماند بهرام یل در شگفت   بمژمرد واندیشه اندرگرفت
بفرمود تا کوس بیرون برند   درفش بزرگی بهامون برند
بنه بر نهاد وسپه بر نشست   بپیکار خسرو میانرا ببست
سپاهی بکردار کوهی روان   همی رفت گستاخ تا مهروان
چو آگاه شد خسرو از کار اوی   همی گشت از آن تیز بازار اوی
فرستاد بیمدار کار آگهان   که تا باز جویند کار جهان
بکار آگهان گفت راز از نخست   زلشکر همی کرد باید درست
که با اویکی اند لشکر بچنگ   کزو گردد این کار ما با درنگ
دگر آن که بهرام در قلبگاه   بود پیشتر یا میان سپاه
چگونه نشیند به هنگام بار   بروتین کمند هیچ رای شکار
برفتند کار آگهان از درش   نیامد آگه از کار او لشکرش
برفتند و دیدند و باز آمدند   نهانی بر او فراز آمدند
که لشکر بهر کار با او یکیست   اگر نامداریست اگر کودکیست
هر آنگه که لشکر براند براه   بود یکزمان در میان سپاه
زمانی شود بر سوی میمنه   گهی بر چپ و گاه سوی بنه
همه مردم خویش دارد براز   بیمگانکانش نیاید نیاز
بکردار شاهان نشیند بیار   ابا یوز در دشت جوید شکار
یکی دوربین مرد جویای کار   نماند چنو نامدار و سوار
جز از رسم شاهان نراند همی   همه دفتر دمنه خواند همی
چنین گفت خسرو بدستور خویش   که کار دراز است مارا بپیش
چو بهرام بر دشمن اسپ افگند   بدریا دل اژدها بشکند
دگر آن که آئین شاهنشهان   بمام و خت از شهریار جهان
سوم کش کلیله است گوئی وزیر   چنو رای زن کس ندارد دبیر
وز آنپس ببندوی و گستهم گفت   که ما با غم و رنج گشتم جفت
چو گردوی و شاپور و چون اندیان   سپهدار ارمنیه رادمان

KHOSROU PARVIZ

bales, il donna l'ordre de porter dans la plaine le drapeau du pouvoir ; il fit préparer les bagages, monter à cheval ses troupes, revêtit son armure pour combattre Khosrou, et son armée, semblable à une montagne mouvante, s'avança jusqu'aux bords du Nahrewan, bravant le roi.

Lorsque Khosrou eut des nouvelles de sa marche, il devint inquiet de ses menées violentes, envoya des émissaires actifs pour observer ce qui se passait, et leur dit : « Avant tout il faut tirer au clair le « secret de cette armée, si elle est du même avis *que Bahram* sur la « guerre, ce qui pour nous ferait traîner en longueur cette affaire ; « ensuite il faut observer si Bahram, quand il se place au centre de « l'armée, se tient en avant ou au milieu des troupes, comment il « s'assoit quand il donne audience, et s'il se livre à la chasse pendant « sa marche. »

Les émissaires partirent de la cour, sans que l'armée du roi s'en fût aperçue ; ils partirent, observèrent, revinrent, se rendirent en secret auprès de Khosrou et dirent : « L'armée est en toute chose de « son avis, tant les grands que les petits ; pendant qu'il fait marcher « les troupes, il est toujours au milieu d'elles ; tantôt il est avec l'aile « droite, tantôt avec l'aile gauche, quelquefois auprès des bagages. « Il tient en bon ordre tous ses hommes et n'a pas besoin d'étrangers. « Quand il donne audience, il est assis comme les rois et il chasse « dans les plaines avec des guépards. Aucun homme à vue longue « et à haute ambition n'est plus illustre, ni plus vaillant que lui ; il « ne sort jamais des coutumes royales, il lit en entier le livre de « *Calilah et* Dimnah. »

Khosrou dit à son Destour : « Nous avons devant nous une affaire « longue, car Bahram, quand il lance son cheval contre un ennemi, « effraye les dragons dans la mer ; ensuite il a appris du maître du « monde, *mon père*, des manières de roi des rois ; enfin on dirait qu'il « a pris pour Vizir le livre de Calilah, qui est un conseiller savant « comme personne n'en possède. »

Ensuite il dit à Bendouï et à Gustehem : « Nous sommes devenus « les compagnons du chagrin et des peines. » Guerdouï, Schapour, Endian et Radman, le chef de l'Arménie, des grands pleins d'intelli-

LE LIVRE DES ROIS

نشستند با شاه ایران بـراز
بزرگان فرزانـه ورزم سـاز
چنین گفت خسرو بدان مهتران
که ای سرفرازان و جنگـاوران ۱۰۵
هر آن مغز کو را خرد روشنست
ردانش بگرد تنش جوشنست
کس آنرا نبرّد مگر تیغ مرگ
شود موم از آن رگ پولاد ترگ
کنون من بسال از شما کهترم
برای جوانی جهان نسپرم
بگوئید تا چاره کار چیست
بری خستگیها بی آزار کیست
بدو گفت موبد کانوشه بدی
تهی مغز را فرّ و توشه بدی ۱۱۰
چو پیدا شد این راز گردنده دهر
خرد را بجمشید بر چار بهر
چو نیمی ازو بهره پادشاست
که فرّ و خرد پادشا را سزاست
دگر بهره مردم پارسا
سدیگر پرستنده پادشا
چو نزدیک باشد بشاه جهان
خرد خویشتن زو ندارد نهان
کنون از خرد بارهٔ ماند خرد
که دانا ورا بهر دهقان شمرد ۱۱۵
خرد نیست با مردم نا سپاس
نه اذراکه اونیست ایزدان شناس
اگر بشنود شهریار این سخن
که گفتنست بیدار مرد کهن
چشم دل اندر سخن بنگرد
ازو برخورد چون بدل بگردد
بدو گفت شاه این سخن گر بزرگ
نویسم جز این نیست آئین و فرّ
سخن گفتن موبدان کوهرست
مرا در دل اندیشهٔ دیگریست ۱۲۰
که چون این دو لشکر برابر شود
سر نیزها بر دو پیکر شود
نباشد مرا ننگ کز قلبگاه
برابر شوم پیش روی سپاه
خواهم بـآواز بهرام را
سپهدار خود کام بد نام را ۱۲۵
یکی زاشتی روی بنمایش
نوازمش بسیار و بستایمش
اگر خود پذیرد سخن به بود
که چون او بدرگاه بر که بود
وگر جنگ جوید منم جنگجوی
سپه را بروی اندر آرم روی
بزرگان برو آفرین خواندند
ورا شهریار زمین خواندند
همه کاردانان بر آن داستان
که او سخن گفتند هم داستان

gence et d'ardeur guerrière, tinrent en secret une séance avec le roi
de l'Iran. Khosrou dit à ces grands : « Ô vous, hommes vaillants et
« portant haut la tête! Ceux dont le cerveau est plein de lumière sont
« défendus par leur sagesse comme par une cuirasse que rien ne peut
« briser, si ce n'est l'épée de la mort, dont les coups traversent l'acier
« du casque comme de la cire. Je suis votre inférieur en âge et ne
« puis me charger *du gouvernement* du monde en raison de ma jeu-
« nesse. Dites quel est le remède à employer, car qui de nous ne
« souffre pas de ces blessures? »

Le *Grand* Mobed répondit : « Puisses-tu être heureux! Puisses-tu
« être la lumière et le soutien des pauvres d'esprit! Dès que le mys-
« tère de ce monde qui tourne a paru (dès la création), l'intelligence
« a été divisée en quatre parts. Presqu'une moitié a été donnée aux
« rois, car il leur faut de la majesté et de la raison; une autre part
« est le lot des hommes purs; une troisième est la part des serviteurs
« du roi, car, puisqu'ils se tiennent près du maître du monde, son in-
« telligence ne se cache pas devant eux; enfin il reste une petite part
« d'intelligence que les sages attribuent aux cultivateurs. Mais l'homme
« ingrat et celui qui ne connaît pas Dieu n'ont pas d'intelligence. Si
« le roi veut écouter cette parole qu'a dite un sage vieillard et s'il veut
« y réfléchir dans son âme, il en profitera quand il l'aura fait entrer
« dans son esprit. »

Le roi dit : « Si j'écrivais ces paroles en lettres d'or, je ne leur ferais
« que l'honneur qui leur est dû. Les paroles des Mobeds sont des
« perles, mais j'ai dans le cœur d'autres soucis. Quand les deux armées
« seront en présence, quand les pointes des lances s'élèveront au-
« dessus des Gémeaux, ne me blâmera-t-on pas si je sors du centre
« de l'armée et si je m'avance vers l'ennemi? si j'appelle à haute voix
« Bahram, ce Sipehdar insoumis et de mauvais renom? si je lui
« montre un visage de paix? si je le reçois bien et si je le couvre
« de louanges? S'il accepte mes propositions, ce sera bien, car qui
« est comparable à lui dans ma cour? S'il veut la guerre, je suis prêt
« pour la lutte et nous mènerons notre armée contre la sienne. »

Les grands lui rendirent hommage et l'acclamèrent roi du monde;
tous les hommes qui avaient de l'expérience applaudirent à ses

LE LIVRE DES ROIS

همی‌گفت هرکس که ای شهریار / زتو دور بادا بد روزگار
ترا باد پیروزی و فرّهی / بزرگی و دیهیم شاهنشهی ۱۳۰
چنین گفت خسرو که این باد ویس / شکست و جدائی مبیناد کس
سپه را ز بغداد بیرون کشید / سرا پردهٔ نو بهامون کشید
دو لشکر چو تنگ اندر آمد زراه / از آن سو سپهبد ازین سوی شاه
چو شمع جهان شد ز خم اندرون / بپخشاند زلف شب تیره گون
طلایه بیامد ز هر دو سپاه ۱۳۵ / که دارد زبدخواه لشکر نگاه
چو از خنجر روز بگریخت شب / همی تاخت ترسان دل و خشک لب
تبیره برآمد ز هر دو سرای / بدان رزم خورشید بد رهنمای
بگستردم و بدوی فرمود شاه / که تا بر نهادند از آهن کلاه
چنین با بزرگان روشن روان / همی راند تا چشمهٔ نهروان
طلایه به بهرام شد تاگزیر / که آمد سپه بر دو پرتاب تیر ۱۴۰
چو بشنید بهرام لشکر براند / جهان دیدگانرا بر خویش خواند
نشست از بر ابلق مشك دم / جهنده سرافراز رو ئینه سم
سلیحش یکی هندوی تمغ بود / که در زر چون آتش میغ بود
چو برق درخشان همی راند اسپ / بدست چمش رمن ایزدگسپ
چو هفتاد گشسپ و بلاد سینه نیر / برفتند پر کمن و دل پر ستیز ۱۴۵
سه ترك دلاور رخ آقانمان / بر آن کمن بهزام بسته میان
پذیرفته هرسه که چون روی شاه / ببینم دور از میان سپاه
اگر کشته گر بسته اورا برت / بیارم تنازان بر لشکرت
زیك روی خسرو دگر پهلوان / میان اندرون نهروان روان
نظاره بر آن از دو رویه سپاه / که تا پهلوان چون رود پیش شاه ۱۵۰

رسیدن خسرو پرویز با بهرام چوبینه بهمدیگر

رسیدند بهرام و خسرو بهم / کشاده یکی روی و دیگر دژم

paroles, et chacun s'écria : « Ô roi! puisse le mauvais sort rester loin
« de toi, puissent la victoire et la gloire, la puissance et le diadème
« impérial être à toi! » Khosrou dit : « Ainsi soit-il! Puissions-nous
« n'être ni vaincus ni désunis! » Il emmena l'armée de Baghdad et fit
dresser l'enceinte neuve de ses tentes dans la plaine.

Lorsque les deux armées s'approchèrent, d'un côté celle du Sipehbed, de l'autre celle du roi, et lorsque la lampe du monde fut prise
dans le lacet et que la nuit noire secoua ses boucles, les deux armées envoyèrent des rondes pour garder les troupes contre l'ennemi.
Au moment où la nuit, tremblante et les lèvres desséchées, s'enfuit
devant le glaive du jour, on entendit résonner le tambour des deux
grandes tentes et le soleil devint le guide pour le combat. Le roi
ordonna à Bendouï et à Gustehem de mettre leurs casques de fer
et s'avança avec ses grands à l'esprit serein jusqu'à la source du Nahrewan.

Une ronde avertit à l'instant Bahram qu'une troupe était arrivée
à deux portées de flèche; aussitôt Bahram envoya des troupes, appela
près de lui des hommes expérimentés, monta sur un cheval blanc, à
crinière noire, se cabrant, portant haut la tête, à sabots d'airain. Il
était armé d'une épée indienne, dont le coup frappait comme la
foudre. Il lança son cheval comme un éclair brillant; à sa gauche était
le vil Ized Guschasp, et Hamdan Guschasp et Yelan Sineh l'accompagnaient, remplis de haine et le cœur plein d'ardeur. *Avec eux* marchaient trois vaillants Turcs du pays du Khakan, résolus de servir
la haine de Bahram, et ayant promis tous les trois, que s'ils voyaient
le roi loin de son armée, ils l'amèneraient en courant au camp de
Bahram, mort ou captif.

C'est ainsi que se trouvaient d'un côté Khosrou, de l'autre le Pehlewan, et au milieu d'eux coulait le Nahrewan; les armées regardaient
attentivement des deux côtés pour voir comment Bahram s'appro-
cherait du roi.

ENTREVUE ENTRE KHOSROU PARVIZ ET BAHRAM DJOUBINEH.

Khosrou et Bahram se rencontrèrent, l'un le visage ouvert et l'autre

نشسته جهاندار بر خنگ عاج   زرر وزیاقوت بر سرش تاج
ردیبای زربفت جمی قبای   چوگردوی پیش اندرون رهنمای
چوبندوی وگستم بر دست شاه   چوخرّاد برزین زرّین کلاه
همه غرقه در آهن وسیم وزر   زیاقوت بمدا نه زرّین کمر ۱۵۵
چوبهرام روی شهنشاه دید   شد از خشم رنگ رخش ناپدید
وزآنپس چنین گفت با سرکشان   که این روسپی زادهٔ بدنشان
زیستی وکندی مردی رسید   توانگر شد وگرد گه برکشید
پدید آمدش مشک برگرد عاج   فریدونی شه گشت با گرز وتاج
بماموخت آئین شاهنشهان   بزودی سرآید برو برجهان ۱۶۰
سمه را با آئین نوشین روان   همی راند این شاه تمره روان
ببیمید لشکرشرا سر بسر   که تا کمست زیشان یکی نامور
سواران نبیم همی رزمجوی   که با من بروی اندر آرند روی
ببیمد کنون کار مردان مرد   تنگ اسپ وشمشیر وگرد نبرد
همان زۀ گویال ویاران تمر   خروش یلان وده ودار وگمر ۱۶۵
ندارد بر آورده که پمل پای   چو من با سپاه اندر آیم زجای
از آواز ما کود ریزان شود   هژبر دلاور گریزان شود
بحر بدریا بر افسون کم   بمایان سراسر پر از خون کم
بگفت ویرانگفت ابلق زجای   توگفتی شد آن باره پران های
یکی تنگ آوردگاهی گرفت   بدو مانده بد لشکر اندر شگفت ۱۷۰
زآوردگه شد سوی نهروان   همی بود بر پیش فرّخ جوان
تنی چند با او زایرانیان   همه بسته بر جنگ خسرو میان
چنین گفت خسرو که ای سرکشان   زبهرام چوبین که دارد نشان
بدوگفت گردوی کای شهریار   نگه کن بدان گرد ابلق سوار
قبایش سپید وحمایل سپاه   همی راند ابلق ممان سپاه ۱۷۵
جهاندار چون دید بهرامرا   بدانستش آغاز وفرجامرا

avec une mine sombre. Le maître du monde était assis sur son cheval couleur d'ivoire, une couronne d'or et de rubis sur la tête et vêtu d'une tunique de brocart d'or de Chine. Guerdouï le précédait comme guide, Bendouï, Gustehem et Kharrad, fils de Berzin, portant un casque d'or, l'accompagnaient, couverts de fer, d'or et d'argent, et de ceintures où l'or disparaissait sous les rubis. Lorsque Bahram vit le visage du roi des rois, il pâlit de colère et dit à ses grands : « Ce mi-« sérable fils de courtisane s'est élevé de sa bassesse et de sa stupidité « jusqu'à l'état d'homme, il est devenu fort et fait le fier ; un duvet « noir pousse sur son visage blanc ; il devient un roi Feridoun avec « la massue et la couronne ; il a appris les manières impériales, mais « sa vie s'évanouira subitement. Ce roi, à l'âme obscure, conduit son « armée à la façon de Nouschirwan. Regardez ses troupes d'un bout à « l'autre, et voyez s'il y a parmi eux un seul homme illustre. Je n'y « aperçois pas de cavaliers avides de combats, qui oseraient se pré-« senter en face de moi. Il va voir maintenant à l'œuvre des hommes « vaillants, il verra le conflit des chevaux, les épées et la poussière des » combats, le choc des massues et la pluie de flèches, les cris des braves « et les coups donnés et reçus. Un éléphant n'ose tenir sur le champ « de bataille quand je m'ébranle avec mon armée, les montagnes se » fendent quand j'élève la voix, et le lion, plein de cœur, s'enfuit. Je » jette un charme sur la mer avec mon épée, je couvre de sang les « plaines. »

Il parla ainsi et lança son cheval blanc ; on aurait dit que ce destrier était un aigle royal qui volait. Il choisit un étroit champ de bataille, et l'armée le regarda avec étonnement. De là, il revint vers le Nahrewan et s'avança vers le fortuné prince, accompagné de quelques Iraniens, tous armés pour le combat contre Khosrou.

Khosrou dit : « Ô vous qui portez haut la tête ! qui de vous recon-« naît Bahram Djoubineh ? » Guerdouï répondit : « Ô roi, regarde « l'homme monté sur un cheval blanc, en tunique blanche, avec un « baudrier noir et courant au milieu de la troupe. » Lorsque le maître du monde vit Bahram, il comprit *sa nature* parfaitement et dit : « Cet homme sombre à haute taille, assis sur ce cheval blanc qui « relève la tête ? » Guerdouï répondit : « C'est lui, un homme qui n'a

بدوگفت کمین دو درنگ دراز	نشسته بر آن ابلق سرفراز
چنین گفت کردوی کاری همان	نبردست هرگز بنیکی گمان
بدوگفت کز پهلو کوژ پشت	بمرسی سخن پاسخ آرد درشت
هم آن خوك بینی وخواب دیده چشم	دل آگنده دارد توگوئی بخشم
بدیده ببینی مر اورا بدست	که او در جهان دشمن ایزدست
نه بم همی در سرش کهتری	نماید کسیرا بفرمانبری
وز آنپس ببندوی وگستم گفت	که بگشایم این داستان از نهفت
که گر حر نماید بنزدیك بار	تو بار گران سوی پشت حر آر
چو بفریفت چوبینه را نرهٔ دیو	کجا بمند او راه گیهان خدیو
هر آن دل که از آرشد دردمند	نمایدش پند بزرگان پسند
جز از جنگ چوبینه را رای نیست	بدلش اندرون دادرا جای نیست
چو در جنگ رفتی بسر شد سخن	نگه کرد باید زسر تا بمن
که داند که در جنگ بپروزیست	از آن واز این لشکر افروز کیست
بدین گونه آراسته لشکری	چو بهرام برخاقان و مهتری
دژ آگاه مردی چو دیو ستر گ	سپاهی بکردار غرنده گرگ
گرایدون که باشید همداستان	نمیاید مرا ننگ ازین داستان
بپرسش یکی پیشدستی کم	از آن به که در جنگ سستی کم
اگر زور بر اندازه یابم سخن	نو آئین بدیهاش گردد کهن
زگیتی یکی گوشه اورا دم	سپاسی بدادن برو برنهم
همه آشتی گردد این جنگ ما	بدین رزمگه کردن آهنگ ما
مرا زآشتی سود مندی بود	خرد بی گمان بی گزندی بود
چو بازارگانی کند پادشا	ارو شاد گردد دل پارسا
بدوگفت گستم کای شهریار	انوشه بزی تا بود روزگار
همی گوهر افشانی اندر سخن	تو دانائری هرچه خواهی بکن
تو پدر دادی و بنده بیدادگر	تو پیر مغز واورا پر از باد سر

« jamais eu une pensée de bien. » Khosrou dit : « Si tu fais une ques-
« tion à ce Pehlewan au dos courbé, il te donnera une réponse rude.
« On dirait que cet homme au museau de sanglier et aux yeux moitié
« fermés a le cœur rempli de colère; regarde ses yeux et tu verras
« que c'est un mauvais homme et l'ennemi de Dieu dans le monde.
« Je ne vois pas en lui *une trace* de soumission, et il n'obéira jamais
« à personne. »

Puis il dit à Bendouï et à Gustehem : « Je tirerai au clair cette
« affaire. Quand l'âne ne veut pas venir vers la charge, porte la lourde
« charge vers le dos de l'âne. Puisque Djoubineh a été perverti par le
« Div, comment pourrait-il reconnaître la voie de Dieu? Un cœur
« malade d'ambition n'écoute plus les conseils des grands. Il ne nous
« reste qu'à combattre Djoubineh, car il n'y a pas de place dans son
« âme pour la justice; mais, une fois que l'on entame la lutte, les pa-
« roles ne sont plus de mise, et il faut réfléchir à tout, depuis le
« commencement jusqu'à la fin; car qui sait qui sera victorieux dans
« la lutte, et qui, de ce côté ou de l'autre, couvrira son armée de
« gloire? *Nous avons devant nous* une armée si bien ordonnée, avec un
« chef ardent pour le combat comme Djoubineh, un homme cruel
« comme le Div terrible, avec des troupes comme des loups qui
« hurlent.

« Si vous êtes de mon avis, je ne crois pas me déshonorer si je lui
« fais des avances par des questions *de politesse;* cela vaudra mieux
« que si je faiblissais dans le combat. Si je reçois de lui des paroles
« mesurées, ses méfaits inouïs s'oublieront, je lui donnerai un coin
« du monde et lui imposerai de la reconnaissance par mes libé-
« ralités. Alors cette lutte et ces préparations pour le champ de ba-
« taille se tourneront en paix; la paix me profitera et ma prudence
« aura empêché des malheurs. Quand un roi agit comme un mar-
« chand, le cœur des hommes purs se réjouit. » Gustehem lui dit :
« Ô roi! puisses-tu vivre jusqu'à la fin des temps. Tes paroles sont
« des perles que tu répands, tu es le plus sage *des hommes,* fais ce
« que tu trouves bon. Tu es plein de justice, mais *Bahram,* cet es-
« clave est dépourvu de justice, ta tête est remplie de cervelle et la
« sienne est pleine de vent. »

چو بشنود خسرو بـبـیـمـود راه   خرامان بیـامد بـمـمش سمـاه

بـپـرسید بـهـرام یـلـرا زدور   هـمی جست هنگـامـهٔ رزم سور

بـهـرام گفت ای سـرافـراز مـرد   چگـونست کـارت بـدشت نـبرد

تو درگاه را همچو بـیـمـرایـهٔ   هـان تخت و دیـهـمـرا مـایـهٔ ٢٠٥

ستون سمـاهی بـهـنـگـام رزم   چو شمع درفشان بـوی روز بـزم

جهانـجوی گردی ویـزدان پرست   مداراد دارنده باز از تـو دست

سگالـمـده ام روزگـار تـرا   بـخوبی بـسـیـمـده کـار تـرا

تـرا با سمـاه تـو مـهـان کـم   ز دیدار تـو رامش جـان کـم

سپهدار ایرانت خـواهـر بـداد   کـم آفـریـنـنـده را بـر تـو یـاد ٢١٠

تختهاش بشنـید بـهـرام گرد   عنان ابلق مشکـدم را سپرد

م از پیشت آن باره بـردش نـمـاز   هـمی بـود پـمـش زمـانی دراز

چنین داد پاسخ پس ابلق سوار   که من خـرتم شاد و بـه روزگـار

تـرا روزگـار بـزرگی مـبـاد   نـه بـیداد دانی زشـاهی نـه داد

الان شاه چون شهـریـاری کنـد   ورا مـرد بـد بـخـت یـاری کـنـد ٢١٥

تـرا روزگـاری سکـالـیـده ام   بـنـوی کـمـدیـت مـالـمـده ام

بـزودی یـکی دار سـازم بـلـنـد   دو دستش بـمـمم بـخـم کـنـد

بـمـاویـزمـت زان سـزاوار دار   بـمـمنی زم تـلـخی روزگـار

چو خسرو زبـهـرام پاسخ شنـید   رخش گشت همچون گل شمبلید

چنین داد پاسخ کـه ای نـاسپـاس   همی نگسلانـد بـآشیـن شـاه ٢٢٠

چو مـهـان بخـوان تـو آیـد زدور   نگوید چنین مـرد یـزدان شنـاس

تـو مـهـان خـود را بـدار افـگنی   تـو دشـنـام سازی بـهـنـکام سور

نـه آئـیـن شـاهان بـود زیـن نشان   ازیـن سان تـو بنـیـاد کـار افگـنی

نـه تازی چنـین کـرد و نـه پـارسی   نـه آن سـواران گـردنـکـشـان

ازیـن ننگ دارد خـردمـند مـرد   اگر بـشـمـری سال صد بـاری ٢٢٥

                                                       تـو گـرد در نـاسپـاسی مـگـرد

KHOSROU PARVIZ

Khosrou, ayant entendu ces paroles, se mit en route et s'avança majestueusement, précédant son escorte. Il adressa de loin à Bahram les questions *d'usage*, il désirait convertir en fête la bataille imminente, disant : « Ô toi qui portes haut la tête! que fais-tu sur un « champ de bataille ? Tu es l'ornement de la cour, tu es le fondement « du trône et de la couronne, le soutien de l'armée à l'heure de la « lutte et le flambeau brillant au jour de la fête. Tu es un héros plein « d'ambition et un adorateur de Dieu; puisse le Seigneur ne jamais « retirer sa main de toi! J'ai réfléchi sur ton sort, j'ai pesé ta position « avec bienveillance; je te donnerai l'hospitalité à toi et à ton armée, « ta vue fera la joie de mon âme. Je te nommerai Sipehdar de l'Iran, « comme c'est justice; je prierai Dieu le Créateur pour toi. »

Le vaillant Bahram écouta ce discours; il rendit la bride à son cheval blanc à queue couleur de musc, salua le roi du haut de son destrier et se tint devant lui pendant longtemps. Ensuite cet homme monté sur le cheval blanc répondit : « Je suis content, heureux et pros- « père, mais toi, puisses-tu ne jamais arriver au pouvoir, car tu ne « sauras user de la royauté ni justement ni injustement. Quand le roi « des Alains se fait empereur, il n'y a que des malheureux qui se « fassent ses partisans. Moi aussi j'ai réfléchi sur ton sort, et je viens « d'assouplir un lacet qui t'est destiné; je ferai préparer en toute hâte « un gibet élevé, je te lierai en roulant mon lacet autour de tes deux « mains, je te suspendrai à ce gibet dont tu es digne, et je te ferai « goûter l'amertume du sort. »

A cette réponse de Bahram, la joue de Khosrou pâlit comme la fleur du fenugrec, il comprit que le cœur de cet homme ne renoncerait pas au trône ni au diadème par respect pour lui. Il répondit : « Ô ingrat! ce n'est pas ainsi que parle un homme qui connaît Dieu. « Quand un hôte arrive de loin à ta table, tu l'accables d'injures au « moment de la fête; tu suspends au gibet ton hôte, et c'est ainsi que « tu veux jeter les fondements de ta fortune? Telle n'est pas la coutume « des rois, et les cavaliers qui portent haut la tête n'agissent pas ainsi. « Si tu remontes à trente siècles, tu ne trouveras pas un Arabe ni un « Perse qui ait fait cela. Un homme de sens en serait honteux; garde-toi « de ce qui est indécent. Quand un hôte te donne de bonnes paroles,

چو مه‌ات آواز فرخ دهد | بر این گونه بر دیو پاسخ دهد
بترسم که روز بد آمدن پیش | که سرگشته رائی همی رای خویش
ترا چاره بر دست آن پادشاست | که زنده است جاوید وفرمان رواست
گنه کار یزدانی و ناسپاس | تن اندر نگوهش دل اندر هراس ۲۳۰
مرا چون الان شاه خوانی همی | زگوهر بیکسو نشانی همی
مگر ناسزا ام به شاهنشهی | نه زیباست بر من کلاه مهی
چو کسری نیا و چو هرمز پدر | کرا دانی از من سزاوارتر
ورا گفت بهرام کای بدنشان | بگفتار و کردار چون بی‌مهان
نخستین زمان گشادی سخن | سرشت نو و داستانها کهن ۲۳۵
ترا با تختهای شاهان چه کار | نه فرزانه مردی نه جنگی سوار
الان شاه بودی کمین کهتری | م از بندهٔ بندگان کهتری
گنه‌گار بی‌بر توئی در جهان | نه شاهی نه زیبا سری از مهان
بشاهی مرا خواندند آفرین | نه آنک ز بی بر زمین بر زنی
دگر آنک گفتی که بد اختری | فریبد ترا شاهی و مهتری
از آن گفتم ای ناسزاوار شاه | که هرگز مبادی تو در پیشگاه ۲۴۰
که ایرانیان بر تو بر دشمنند | بکوشند و بخت زبی بر کنند
بدرند بر تنت بر پوست ورگ | سپارند کوشنت بمرز و بسگ
بدو گفت خسرو که ای بدکنش | چرا گشتهٔ تند و بر تر منش
که آهوست بر مرد گفتار زشت | ترا اندر آغاز بود این سرشت ۲۴۵
ز مغز تو بگسست روشن خرد | خنگ نامور کو خرد پرورد
هر آن دیو کاید زمانش فراز | زبانش بگفتار گردد دراز
نخواهم که چون تویکی پهلوان | بتیزی تمه گردد و با توان
سزد گر ز دل خشم بیرون کنی | نجوئی و بر تیزی افسون کنی
ز دارندهٔ دادگر یاد کن | خرد را بدین یاد بنیاد کن ۲۵۰
یکی کوه داری بمیش اندرون | که گر بنگری برتر از بیستون

« il faut être un Div pour répondre de cette façon. Je crains que tes
« mauvais jours n'approchent, car tu te conduis comme un insensé.
« Ton salut est entre les mains de ce roi qui est éternel et le maître *de*
« *tout;* mais tu es un pécheur et irrévérent envers Dieu; tu es exposé
« au blâme et ton cœur tremble. Quand tu m'appelles roi des Alains,
« tu indiques mal ma descendance. Suis-je donc indigne d'être roi des
« rois; est-ce que le diadème du pouvoir ne me convient pas, à moi
« dont le grand-père était Kesra, et le père, Hormuzd? Qui donc con-
« nais-tu ayant plus de droit que moi? »

Bahram répondit : « Ô homme destiné au malheur, qui parles et
« agis comme les fous! D'abord tu parles d'hôte, mais ton lignage est
« nouveau et tu t'appuies sur des histoires vieillies. Qu'as-tu de com-
« mun avec les discours des rois? Tu n'es ni un sage, ni un cavalier
« vaillant. Tu étais roi des Alains, maintenant tu es sujet, tu es le
« plus infime esclave des esclaves. Tu fais le mal dans le monde et
« ne portes pas de fruit, tu n'es pas roi, ni digne d'être le chef des
« grands. On m'a acclamé roi et je ne te permettrai pas de prendre
« pied sur la terre. Ensuite, si j'ai dit que ton étoile est mauvaise,
« que la royauté et la qualité de maître ne te conviennent pas, je l'ai
« dit, ô prince indigne (puisses-tu ne jamais t'asseoir sur le trône!),
« parce que les Iraniens sont tes ennemis; ils lutteront contre toi et
« te déracineront; ils déchireront la peau et les veines de ton corps,
« ils livreront ta chair aux guépards et aux chiens. »

Khosrou lui dit : « Ô malfaiteur! comment es-tu devenu si colère
« et si insolent? Des paroles viles sont une honte pour un homme,
« mais ta nature était vile dès l'origine. La raison a abandonné ton
« cerveau; heureux l'homme illustre qui se nourrit de raison, mais
« tout Div qui sent approcher sa fin devient vantard dans ses discours.
« Et pourtant je ne désire pas qu'un Pehlewan comme toi s'anéantisse
« et se perde lui-même, par suite de ses violences. Ne pourrais-tu pas
« débarrasser ton cœur de cette haine, renoncer à cette ébullition et
« conjurer toi-même ta colère? Pense à Dieu, le dispensateur de la
« justice, et fais de cette pensée l'appui de ton intelligence. Tu as de-
« vant toi une montagne, regarde-la, elle est plus haute que le mont
« Bisoutoun, et faire un roi de toi, c'est demander des fruits à l'épine

كز از تو يكى شهريار آمدى / مغيلان بى بر ببار آمدى
ترا دل پر انديشهٔ مهتريست / ببينم تا راى يزدان چيست
ندانم كت آموخت اين بدنى / ترا با چنين كيش آهرمنى
هر آن كس كه تخن با تو گويد همى / بگفتار مرگ تو جويد همى
بگفت و فرود آمد از خنگ عاج / ز سر برگرفت آن بها گير تاج
بناليد و سر سوى خورشيد كرد / ز يزدان و دلش پر ز اميد كرد
چنين گفت كاى روشن دادگر / درخت اميد از تو آيد بَبَر
تودانى بميش من اين بنده كيست / كزين ننگ بر تاج بايد گريست
گر اين پادشاهى ز تخم كيان / خواهد شدن تا نبندم ميان
پرستنده باشم بآتشكده / نخواهم خورش جز ز شير و ز ره
ندارم به گنج اندرون زر و سيم / بگاه پرستش بموئم كليم
و رايدون كه اين پادشاهى مراست / پرستنده باشم با داد و راست
تو بيروز گردان سر ماه مرا / ببنده مده تاج و گاه مرا
اگر كم دل بام اين تاج و اسپ / بيارم دوان پيش آذرگشسپ
هم اين يارَه و طوق و اين گوشوار / هم اين جامهٔ زر و گوهر نگار
همان نيمزد به بدره دينار زرد / فشار برين گنبد لاژورد
پرستندگان را درم صد هزار / فرسم چو برگردم از كارزار
ز بهر ميان هر كه گردد اسير / بميش من آرد كشش دستگير
پرستندهٔ فرخ آتش كم / دل موبد و همبد خوش كم
ز بيداد شهرى كه ويران شدست / گذرگاه گوران و شيران شدست
به كوشم كه آباد گردد زنو / نمانَد كه ماند پر از خار و خو
بگفت اين و از خاك بر پاى خاست / سپهديده گوينده بود راست
ز جاى نمايش بيامد چو گرد / بمهرام چوبينه آواز كرد
كه اى دوزخى بندهٔ ديو نز / خود دور و دور از تو آئين و فر
سنگاره ديويست با خشم و زور / كزين گونه چشم ترا كرد كور

« stérile. Ton cœur ne rêve que le pouvoir, mais nous verrons ce que
« sera la volonté de Dieu. Je ne sais qui a été ton maître dans toute
« cette méchanceté et qui t'a enseigné une pareille foi en Ahrimann,
« mais ceux qui t'ont tenu de pareils discours veulent amener ta
« mort par leurs paroles. »

Il dit, et descendit de son cheval blanc, qui ressemblait à l'ivoire,
ôta de sa tête sa précieuse couronne, soupira, se tourna vers le soleil,
remplit son cœur d'espérance en Dieu, et dit : « Ô maître lumineux
« de la justice, tu feras porter fruit à l'arbre de l'espoir. Tu sais ce
« qu'est cet esclave devant moi; il faudrait pleurer de honte sur la
« couronne. Si la race des Keïanides devait perdre cette royauté, si
« je ne pouvais plus porter la ceinture *royale*, je deviendrais serviteur
« dans le temple du feu, je me nourrirais de lait et de légumes, je
« n'aurais plus ni or ni argent en ma possession, je me vêtirais de
« bure dans le lieu des prières. Mais, si cette royauté est à moi, je serai
« ton serviteur et agirai selon la justice et la droiture. Rends victo-
« rieuse mon armée, ne donne pas ma couronne ni mon trône à un
« esclave. Si j'obtiens ce que désire mon cœur, j'accourrai à Adergu-
« schasp faire l'offrande de cette couronne et de ce cheval, de ces
« bracelets, de cette chaîne, de ces boucles d'oreille et de cette robe
« brodée d'or et de perles. Je répandrai trois caisses de dinars d'or
« sur la coupole de lapis-lazuli, j'enverrai aux desservants du temple,
« cent mille dirhems quand je reviendrai de la bataille. Tout prison-
« nier fait sur les Bahramiens, tout captif qu'on m'amènera, j'en ferai
« un serviteur du feu béni, et je réjouirai le cœur des Mobeds et des
« Hirbeds. Je travaillerai à rebâtir toute ville qui aura été dévastée
« injustement et sera devenue un lieu de passage pour les lions et
« les onagres; je ne la laisserai pas remplie d'épines et de mauvaises
« herbes. »

Il dit, et se releva de la poussière, et cet homme opprimé se redressa après avoir prié; il partit, rapide comme le vent, du lieu
de ses dévotions, et adressa à Bahram Djoubineh ces paroles : « Ô
« homme de l'enfer, esclave d'un Div odieux, homme dépourvu de
« raison, dépourvu de bonnes manières et de majesté! C'est un Div
« cruel, irascible et violent qui t'a aveuglé ainsi. Tu as reçu la colère

LE LIVRE DES ROIS

چجای خرد خشم وکین یافتی	زدیوان همی آفرین یافتی
ترا خارسان هارسانی نمود	یکی دوزخی بوستانی نمود
چراغ خرد پیش چشمت بمرد	زجان ودلت روشنائی بمرد
نمودست جز جادوی پرفریب	که اندر بلندی نمودت نشیب ۲۸۰
بشاخی همی بازی امروز دست	که برگش بود زهر ویارش کیست
نجستست هرگز تبار توا بی	نباشد چو پنده بر آفرین
ترا ایزد این برز وآئین نداد	نداری زگرگین ممیلاد یاد
که خرچنگرا نیست پر عقاب	نه پرد عقاب از بر آفتاب
ایا مرد بدبخت وبیمداد گر	بنابودنی برگمانی مبر ۲۸۵
بیزدان پاک وبختت وگلاه	که گرمن بیایم ترا یی سپاه
اگر برزنم بر تو بر باد سرد	ندیدی مرا زنده اندر نبرد
تنها شمردم چندی درشت	بیمروز گر باز هشتم پشت
اگر من سزاوار شاهی نیم	مبادا که در زیر دستی زیم
چنین داد بهرام پاسخ باز	که ای بی خرد رین دیوساز ۲۹۰
پدرت این جهاندار دین دوست مرد	که هرگز نزد بر کسی باد سرد
چنین مردرا ارج نشناختی	بخواری زتختت اندر انداختی
پس او جهاندار خواهی بدن	خردمند وبیمدار خواهی بدن
تو ناپاک ودشمن ایزدی	نبینی زنیکی دهش جز بدی
گرایدون که هرمز نه بر داد بود	زمین وزمان زو بفریاد بود ۲۹۵
تو فرزند اوئی نمائی سزا	بر ایران ونیران شده پادشا
ترا زندگانی نباید نه تخت	یکی دخمه بس که دوری زبخت
همان کین هرمز کم خواستار	دگر کاندر ایران مم شهریار
کنون تازه کن بر من این داستان	که از راستان کیست هم داستان
که تو داغ بر چشم شاهان نهی	کسی کو نهد نیز فرمان دهی ۳۰۰
از آن پس بمائی که ماهی مراست	زخورشید تا پشت ماهی مراست

KHOSROU PARVIZ

« et le goût de la vengeance, au lieu de la raison, et ce sont les Divs
« qui t'ont acclamé roi. Tu prends un hallier pour une ville, un enfer
« pour un jardin; le flambeau de la raison s'est éteint devant tes yeux
« et a enlevé la lumière à ton âme et à ton cœur. Il n'y a qu'un ma-
« gicien trompeur qui ait pu t'amener par les grandeurs à un abîme.
« Tu étends aujourd'hui la main vers une branche dont la feuille
« est du poison, dont le fruit est la coloquinte. Jamais ta famille n'a
« eu une pareille ambition, et celui qui l'aura ne recueillera pas des
« bénédictions. Dieu ne t'a pas accordé cette haute position ni ce droit;
« ne penses-tu donc pas à Gourguin, fils de Milad? Le crabe n'a pas
« les ailes de l'aigle, et l'aigle ne vole pas par-dessus le soleil. Ô homme
« injuste et à la fortune mauvaise, ne porte pas ta pensée sur ce qui
« ne doit pas s'accomplir. Je jure par Dieu le tout saint, par le trône
« et la couronne, que, si je te trouve isolé de ton armée, je n'aurai
« qu'à te frapper d'un souffle froid, pour que tu sois mort même avant
« de m'avoir vu t'attaquer. J'ai entendu bien des paroles dures de toi,
« mais mon soutien est celui qui accorde la victoire, et si je ne suis
« pas digne de la royauté, à Dieu ne plaise que je supporte *la honte*
« *de vivre en sujet.* »

Bahram lui répondit : « Ô homme insensé, vil et possédé du Div!
« Ton père était un pieux maître du monde, et n'a jamais jeté un
« souffle froid sur quelqu'un; mais tu n'as pas compris la valeur d'un
« pareil homme, tu l'as ignominieusement privé du trône, et tu pré-
« tends être maître du monde après lui, tu prétends être un homme
« de raison et de sens. Mais tu es un être impur et ennemi de Dieu,
« dont les bienfaits se changeront en malheurs pour toi. Même si Hor-
« muzd n'avait pas été un roi juste, et si la terre et l'époque avaient
« été remplies de plaintes contre lui, tu es son fils et indigne d'être
« roi d'Iran et d'Aniran. Tu n'as droit ni à la vie, ni au trône; un
« tombeau te suffit, ô malheureux! parce que je veux venger Hormuzd,
« et parce que c'est moi qui suis roi d'Iran. Maintenant explique-moi
« quel homme de bien peut approuver que tu brûles les yeux des
« rois, ou que tu donnes des ordres à ceux qui les brûlent. Tu verras
« que désormais la royauté est à moi, que tout est à moi, depuis le
« soleil jusqu'au dos du poisson *qui supporte la terre.* »

بدو گفت خسرو که هرگز مباد / که باشد بدرد پدر بنده شاد
نبشته چنین بود و بود آنچه بود / سخن بر سخن چند خواهی فزود
تو شاهی همی سازی از خویشتن / که گر مرگت آید نمایی کفن
بروی اسپ و برگستوان کسان / یکی خسروی بارزو نارسان ۳۰۵
نه خان و نه مان و نه بوم و نژاد / یکی شهریاری ممان پر زیاد
بدین لشکر و چمز و نام دروغ / نگهبری بر تخت شاهی فروغ
زتو بیمش بودند کمداوران / جهانجوی با گرزهای گران
نجستند شاهی چو کهتر بدند / نه اندر خور تخت و افسر بدند
همی هر زمان سر فرازی بخشم / همی آب شرمت بماید بچشم ۳۱۰
زمانه بخشم آردت هر زمان / جوشد همی بر بدت بدگمان
جهاندار شاهی زداد آفرید / اگر از هنر وز نژاد آفرید
بدانکس دهد کو سزاوارتر / خردارتر و پرهیزگارتر بی آزارتر
الهی شاه مارا پدر کرده بود / که بر ما زدام تو آزرده بود
که من ایزدم داد شاهنشهی / بزرگی و تخت و کلاه مهی ۳۱۵
پذیرفتم این از خدای جهان / شناسنده آشکار و نهان
بدستوری هرمز شهریار / که او داشت تاج ز پدر یادگار
از آن موبدان موبد و خردان / بزرگان و کار آزموده ردان
بدان دین که آورده بود از بهشت / خود یافته پیمبر سر زردهشت
که پیغام ایزد بلهراسپ داد / پذیرفت وز آنمس بگشناسپ داد ۳۲۰
هر آنکس که مارا نمودست رخ / دگر آنکه زو یافتستم گنج
همه یکسر اندر پناه منند / اگر دشمن ار نیکخواه منند
همه بر زن و زاده بر پادشا / نخوانیم کسرا مگر پارسا
زشهری که ویران شد اندر جهان / بجائی که درویش باشد نهان
توانگرکنم مرد درویش را / پراگنده و مردم خویش را ۳۲۵
همه خارستانها کم چون بهشت / پر از مردم و چارپایان و کشت

KHOSROU PARVIZ

Khosrou dit : « A Dieu ne plaise que même un esclave se réjouisse
« des douleurs d'un père. C'était écrit, et il est arrivé ce qui *devait*
« arriver; mais tu veux accumuler paroles sur paroles, tu t'attribues
« toi-même la royauté, et, quand arrivera la mort, tu n'auras pas
« même un linceul. Sur ce cheval et avec ces caparaçons *dignes* d'un
« grand seigneur, tu es un roi impuissant; tu n'as ni maison, ni héri-
« tage, ni pays, ni haute naissance; tu es un roi qui n'est rempli que
« de vent. Malgré cette armée, ces richesses et ce titre mensonger,
« tu ne brilleras pas sur le trône de la royauté. Il y a eu avant toi
« des hommes vaillants et ambitieux, armés de lourdes massues, mais
« ils n'ont pas prétendu à l'empire, parce qu'ils étaient sujets et
« n'avaient pas droit au trône ni au diadème. Tu lèveras toujours la
« tête avec colère, toujours les larmes de honte rempliront tes yeux,
« le sort t'en voudra toujours, et tes ennemis bouillonneront d'envie
« de te faire du mal. Dieu en créant un roi le choisit pour sa justice,
« ou il le choisit pour ses hauts faits et pour sa grande naissance; il
« donne la royauté au plus digne, au plus intelligent et au plus inno-
« cent.

« Si mon père m'a nommé roi des Alains, c'est qu'il était inquiet
« pour moi de tes embûches; mais maintenant Dieu m'a donné l'em-
« pire, la puissance, le trône et la couronne de la royauté; je les ai
« reçus du maître du monde, qui connaît ce qui est public et ce qui
« est secret. *Je les ai reçus* par ordre du roi Hormuzd, qui, lui-même,
« avait hérité la couronne de son père, et par le Grand Mobed, par les
« sages, les grands et les nobles expérimentés dans les affaires. Selon
« la loi sainte, apportée du ciel par le vieux et sage Zerdouscht, qui
« a remis le message de Dieu à Lohrasp, lequel l'a accepté et transmis
« à Guschtasp, tous les hommes sont sous ma protection, qu'ils m'aient
« fait de la peine, ou qu'ils m'aient donné des trésors, qu'ils soient
« mes ennemis ou mes amis; tous sont maîtres de leurs femmes et
« de leurs enfants, et je les appelle tous des hommes purs. Partout où
« se trouve un homme pauvre, venant d'une ville qui a été dévastée,
« je l'enrichirai, que ce soit un homme perdu ou un homme maître
« de lui-même. Je convertirai les halliers en paradis, je les remplirai
« d'hommes, de bétail et de moissons. Jusqu'à ce que je quitte ce

LE LIVRE DES ROIS

نمانم یك خوی اندر نهان | بمادام تا زیی جهان جهان
بمائیم و دلرا ترازو کنیم | بسخیم ونیرو بمازو کنیم
چو هرمز جهاندار با داد بود | زمین وزمانه بدو شاد بود
پسر بی گمان از پدر تخت یافت | کلاه وکمر یافت وهم بخت یافت ۳۳۰
توئی پرگناه وفریبنده مرد | که جستی ز هرمز نخستین نبرد
نبد هیچ بد جز بفرمان تو | وگر زیر تنبل ومکر ودستان تو
گر ایزد بخواهد من از کین شاه | کم بر تو خورشید روشن سماه
کنون تاجرا در خور کار کیست | چو من تا سزایم سزاوار کیست
بدو گفت بهرام کای مرد گرد | سزا آن بود کز تو شاهی ببرد ۳۳۵
چو از دخت بابك بزاد اردشیر | نه اشكانیانرا بد آن دار وگیر
نه چون اردشیر اردوانرا بکشت | بنمرود وتختش اندر نهشت
کنون سال چون پانصد اندر گذشت | سر وتاج ساسانیان سرد گشت
کنون تخت ودیهیمرا روز ماست | سر وکار با بخت پیروز ماست
چو بنیم چهر تو وتخت تو | سماه وکلاه وتخت تو ۳۴۰
بمازیم بدین کار ساسانیان | چو آفتخته شمری که گردد زیان
ز دفتر همه نام شان بستریم | سر تخت ساسان بی بسپریم
بزرگی مر اشكانیانرا سزاست | اگر بشنوی مرد دانندهٔ راست
چنین پاسخ آورد خسرو بدوی | که ای بیهده مرد پیکار جوی
اگر پادشاهی ز تخم کمان | بخواهد شدن توکئی زیی میان ۳۴۵
همه رازیان از بنه خود که اند | دو روییند واز مردمی برچه اند
زری بود نا پاك دل ماهیار | کزو تیره شد تخم اسفندیار
همان اری آمد سماه اندکی | که شد با سماه سکندر یکی
ممانها بمستند با رومیان | گرفتند ناگاه تخت کمان
نمامد جهان آفرینرا پسند | اریشان بدیشان رسید آن گزند ۳۵۰
وز آنس بمستند ایرانیان | بکینه یکایك کمر بر میان

« monde instable, je tirerai de l'oubli par des récompenses tout
« homme de mérite, je le pèserai dans la balance de mon cœur et for-
« tifierai son bras. Puisque Hormuzd gouvernait le monde avec jus-
« tice et que la terre et l'époque étaient heureuses sous lui, le fils a
« dû hériter du trône de son père, hériter de sa couronne, de sa cein-
« ture et de sa fortune. Mais toi, tu es un homme plein de crimes et
« de fourberies, tu as attaqué Hormuzd, toi le premier, et tout le mal
« est venu de tes ordres, de tes fraudes, de tes ruses et de tes ma-
« chinations. S'il plaît à Dieu, je rendrai noir pour toi le soleil bril-
« lant, pour venger le roi. Maintenant, qui a droit au trône? et, si je
« n'en suis pas digne, qui donc le mérite? »

Bahram répondit : « Ô homme vaillant! Celui qui t'enlève le trône
« le mérite. Est-ce que les Aschkanides ne possédaient pas le pouvoir
« *royal*, lorsque la fille de Babek mit au monde Ardeschir? Et Arde-
« schir ne devint-il pas puissant, et le trône ne tomba-t-il pas entre
« ses mains lorsqu'il eut tué Ardewan ? Cinq cents ans ont passé de-
« puis, la tête et la couronne des Sâsânides se sont affaiblies, le jour
« est venu où je m'empare du trône et du diadème, et ma fortune
« victorieuse est aujourd'hui dominante. Quand je vois ton visage et
« ta fortune, ton armée, ton diadème et ton trône, j'étends la main
« sur le pouvoir des Sâsânides, comme un lion apprivoisé qui devient
« féroce. J'effacerai leurs noms du livre, je foulerai aux pieds le trône
« de Sâsân; car le pouvoir appartiendrait aux Aschkanides, si l'on
« écoutait les hommes qui savent la vérité. »

Khosrou dit : « Ô homme insensé et avide de combats! Si un roi
« doit être de la race des Keïanides, est-ce que tu en es? Que sont au
« fond tous les gens de Reï? ce sont des hommes à deux faces, et quels
« hommes sont-ils? C'est de Reï qu'est venu Mahiar, au cœur impur,
« qui a détruit la famille d'Isfendiar; c'est de Reï qu'est sortie une
« petite armée, qui s'est réunie aux troupes d'Iskender, s'est alliée
« aux Roumis et s'est emparée subitement du trône des Keïanides;
« mais le Créateur n'a pas approuvé, et ce sont les gens de Reï qui
« ont attiré le malheur sur les Iraniens, qui, à partir de là, se sont
« tous combattus les uns les autres. Le maître du monde, toujours
« secourable, a placé alors le diadème royal sur la tête d'Ardeschir,

نهاد آن زمان داور دستگیر	کلاه کی بر سر اردشیر
که از تخم شاهی جهاندار بود	بتاج کیان او سزاوار بود
سخن گفتن ما همه باد گشت	کنون نام آن نامداران گذشت
جهان جهانرا جهاندار کیست ۳۵۵	کنون مهتریرا سزاوار کیست
که بیج کمانرا زبن برکم	بدو گفت بهرام جنگی مم
که دانندهٔ یاد آرد با باستان	چنین گفت خسرو که آن داستان
سلیح بزرگی نباید سمرد	که هرگز بنادان ویمراه وخرد
که دارنده از چیز گشتست مست	که چون بار خواهی نباید بدست
که گر بیمیانرا نشانی به بن	چه گفت این خردمند شیرین سخن
بکرد در نا سیماسان میگرد ۳۶۰	بفرجام کار آیدت رنج ودرد
نهان زآشکارت ندادست بار	پدرم آن بدااندیشه زود ساز
سلیح کیان بمییانرا سمرد	که مرد بزرگش بسی بود وخرد
شدی مهتر اندر زمین کیان	ترا کرد سالار گرد نکشان
زبد گوهر آمد ترا بدکنش ۳۶۵	دلاور شدی تیز ویرتر منش
سرت مست شد بار گشتی زراه	بدان تخت سیمین وآن مهر شاه
همان تخت سیمین ترا دام گشت	کنون نام جوبینه بهرام گشت
سپهبد شدی شاه خواهی شدن	بر آن تخت بر ماه خواهی شدن
بر آمد که با دیوگشتی تو جفت	سخن زبن نشان مرد دانا نگفت
نزیبد همی بر تو جز سرزنش ۳۷۰	بدو گفت بهرام کای بدکنش
همی ناسزا جویی این پیشگاه	توپیمان یزدان نداری نگاه
سخن زبن نشان کی بود در نهان	نه داغ بر چشم شاه جهان
بگفتار با تو بدل با منند	همه دوستان بر تو بر دشمنند
م آن کاندر ایران وچمن لشکرست	بدین کار خاقان مرا یاورست
زدشمن نماید جا بر شکست ۳۷۵	که با داد ومهربم ویا تیغ ودست
نماند کزین پس بود نام کی	بزرگی من از پارس آرم بری

« qui était digne de la couronne des Keïanides, car il était un maître
« du monde de race royale. Est-ce que le nom de ces hommes
« illustres est oublié? est-ce que mes paroles ne sont que du vent?
« Qui est-ce maintenant qui est digne du pouvoir? qui est le maître
« de ce monde instable? » Le vaillant Bahram répondit : « Moi, qui
« arracherai la racine des Keïanides. »

Khosrou reprit : « Voici une sentence que les sages répètent
« d'après les anciens : Il ne faut jamais confier l'épée du pouvoir à
« un ignorant, à un homme égaré ni à un homme infime, car, quand
« tu voudras la reprendre, tu ne pourras pas la ressaisir, parce que
« le détenteur de ce trésor s'en est enivré. Qu'a dit un homme intel-
« ligent, aux paroles douces? Si tu places au pinacle un homme de
« rien, tu n'en tireras à la fin que de la peine et du chagrin. Tiens-
« toi loin des ingrats. Mon père, en homme inconsidéré et irréfléchi
« dans l'action, qui ne distinguait pas entre les apparences et le fond
« de ton âme, a confié à des gens de rien l'épée des Keïanides, lui qui
« avait autour de lui tant d'hommes grands et petits! Il t'a donné le
« commandement des hommes qui portent haut la tête, et tu es devenu
« le chef du pays de Kaschan. Tu étais vaillant, ardent et ambitieux,
« mais ta mauvaise nature t'a rendu malfaisant. Ce trône d'argent et
« le sceau royal t'ont enivré et tu as quitté la vraie voie. Alors ton nom
« de Djoubineh (l'homme au bâton) s'est changé en Bahram (Mars),
« et ton trône d'argent est devenu un piège pour toi. Sur ce trône, tu
« as voulu t'élever au-dessus de la lune; tu étais Sipehbed et tu as
« voulu être roi. Aucun homme de sens n'a pu te conseiller ainsi, et
« je crois que tu t'es associé à un Div. »

Bahram lui dit : « Ô homme malfaisant! Tu n'es bon qu'à dire des
« injures. Tu ne tiens aucun compte des lois de Dieu et tu réclames
« le trône, toi qui en es indigne. Tu brûles les yeux du roi du monde;
« comment chose pareille pourrait-elle rester secrète? Tous tes amis
« sont réellement tes ennemis; en paroles, ils sont avec toi, dans leur
« cœur ils sont avec moi. Le Khakan me soutient dans cette entre-
« prise, et de même, toute l'armée qui occupe le pays entre l'Iran et la
« Chine; car je suis un homme juste et tendre, j'ai une épée et une
« main, et aucun ennemi ne me vaincra. Je transplanterai le siège du

LE LIVRE DES ROIS

برافرازم اندر جهان دادرا / کـم تــازه آئــیـــن مـیـلادرا
من از تخمهٔ نامور آرشم / چو جنگ آورم آتش سرکشم
نبیره جهانجوی گرگین مـم / همان آتش تیز بریزم مم
بایران بر آن رای بد ساوه شاه / که نه تخت ماند نه مهر وکلاه ۳۸۰
کنـد با زمین راست آتشکده / نه نوروز ماند نه جشن سده
همه بنده بودنـد ایرانیـمان / بریـن بـوم تا مـن ببستـم میـان
تو خودکامه را گر ندانی شمار / برو چار صد بار بشمر هزار
زیبلان جنگـی هـزار ودویست / که گفتی که بر راه بر جای نیست
مزیـت گرفت آن سپــاه بـزرگ / مـن از بیس خروشان چو شیر سترگ ۳۸۵
چنان دان که کس بی هنر در جهان / بخیره نجوید نشست مهـان
همی بوی تاج آید از مغفرم / همی تخت عـاج آیـد از خـــفرم
اگر با تـو یک بیشه کمین آورد / ز تــخـــت بـــروی زمـیـــن آورد
بد و گفت خسرو که ای شوم پی / چرا یاد گرگمن نکردی بـری
که اندر جهان یاد تختش نبود / بزرگی واورنگ وبختش نبود ۳۹۰
ندانست کـس نام تـو در جهان / فرومـایـه بـودی تـو انـدر نـهان
بیامد گرانمایه مهران ستاد / بشاه زمانـه نشان تــو داد
زخاك سماهت چنان برکشید / شد آن روز بر چشم تو ناپیدید
ترا داد گنـج وسلـــیــح وسـمــاه / درفش تهمتن درفشان چو ماه
نبد خواست یزدان که ایران زمین / بویرانی آرند گردان چمن ۳۹۵
ترا بود در جنگ شان پارمند / کلاهت بـرآمـد بابـر بـلـنـد
چو دارندهٔ چرخ گردان بخواست / که آن پادشارا بود کـار راست
هنر زان همی خویشتن را نهی / که هرگـز مبـادت مـی و بیـهی
گر ابی پادشاهی زخم کمان / بخواهد شدن تو چه بندی میان
چو اسکندری باید اندر جهان / که تیمر کند بخت شاهنشهان ۴۰۰
تو با چهرهٔ دیو و با رنگ خاك / مبادی بگیتی جز اندر مغاك

« pouvoir du Farsistan à Reï, je ne laisserai pas même subsister le
« nom des Keïanides; je ferai fleurir la justice dans le monde entier,
« je relèverai les coutumes de Milad. Je suis de la race de l'illustre
« Arisch; quand je fais la guerre je suis un feu irrésistible. Je suis le
« petit-fils de Gourguin, qui ambitionnait la possession du monde; je
« suis la flamme ardente du feu de Berzin.

« Le roi Saweh ne voulait laisser dans l'Iran ni trône, ni sceau, ni
« diadème, il voulait raser jusqu'à terre les temples du feu, ne laisser
« célébrer ni le jour du Naurouz, ni la fête de Sedeh, et tous les Ira-
« niens furent des esclaves jusqu'à ce que j'eusse pris les armes pour ce
« pays. Si tu ne connais pas le nombre de ces maîtres insolents, va et
« compte jusqu'à quatre cent mille, et douze cents éléphants de guerre;
« on aurait dit que les chemins ne leur suffisaient pas. Cette grande
« armée fut battue, et je l'ai poursuivie comme un lion féroce. Sache
« qu'un homme qui n'a pas fait de grandes choses ne prétend pas
« follement au trône des rois; mais mon casque exhale un parfum
« de couronne, et mon épée me donnera le trône d'ivoire, pendant
« qu'une mouche qui t'attaquerait te précipiterait en bas du trône. »

Khosrou répondit : « Ô homme dont les traces portent malheur!
« Pourquoi ne t'es-tu pas souvenu, à Reï, de Gourguin, qui ne pensait
« pas au trône, qui n'avait ni pouvoir, ni gloire, ni haute fortune.
« Personne dans le monde ne connaissait ton nom, tu étais de basse
« condition et inconnu, lorsque le noble Mihran Sitad est arrivé et a
« parlé de toi au roi de l'époque. C'est ainsi qu'il t'a tiré de la pous-
« sière obscure; mais tu as oublié tout cela. Le roi t'a donné des tré-
« sors, des armes, des troupes et le drapeau de Rustem, brillant
« comme la lune. Dieu n'a pas voulu que le pays d'Iran fût converti
« en désert par les héros de la Chine; il t'a aidé dans le combat
« contre eux, et ton casque s'est élevé jusqu'aux nues les plus
« hautes. Lorsque le maître des sphères qui tournent a décidé que
« ce royaume redevînt prospère, c'est toi qui t'en es attribué l'hon-
« neur. Puisses-tu ne jamais acquérir ni puissance, ni bonheur! Et si
« ce royaume doit échapper à la race des Keïanides, pourquoi prends-
« tu les armes? Il faut un Iskender pour obscurcir la fortune des rois
« des rois; mais toi, avec ton visage de Div, avec ta couleur de pous-

زی راهی وکار کرد تو بـود   که شد روز بر شاه ایران کـمود
نـمشتی هـمی نـام مـن بـر دردم   زگهتی مـرا خواستی کـرد کـم
بدیرا توانـدر جهـان مـایـهٔ   م از بـرهـان بـرتـریـن پـایـهٔ
هرآن خون که شد درجهان ریخته   توباشی بدان یکسر آویختـه ۴۰۵
نمانی شب تـیـره آنـرا بخـواب   که جـوئی هـمه روز در آفتاب
ایا مـرد بـد بخـت بـمـدادگـر   هـمه روزگـارت بـکـژی مـبر
زخشنودی ایـزد انـدیشـه کـن   خردمندی وراستی پیمـشه کـن
که این بر من وتوهمی بگذرد   زمانه دم ما هـمـی بـشـمـرد
که گوید که کژی به از راستی   چرا دل بـکـژی بـمـراستی ۴۱۰
چوفرمان کی هرچه خواهی تراست   یکی بهره زین پادشاهی تـراست
بدین گیتی انـدر بـوی شـادمان   تن آسان ودور از بد بدگمان
وگر بگذری زین سرای سپـنج   گه بـاز گـشـتـن نـمـایـی بـرنج
نشاید کزین کـم کنیـم او فزرون   که زردشت گوید بزند انـدرون
که هرکس که برگرد داردین پاك   زیزدان نـدارد بـدل تـرس وبـاك ۴۱۵
بسالی هـمی بـایـدش داد پـنـد   چوپندش نمانـد ورا سـودمـند
بـبایدش کـشـتـن بـفـرمـان شاه   فگندن تن پرگنـاهـش بـراه
چو بر شاه گمتی بـود بـدگمـان   بمایـدش کشـتـن م انـدر زمـان
برِ زند م بی گمان خون تو   همن جوید این بخـت وارون تو
کنون زندگانیمت ناخوش بـود   وگر بگذری جایت آتش بود ۴۲۰
وگر دیـر مـانی بـربنی م نـشان   سر از شاه واز داد یزدان کشان
پشیمانی آیـدت زین کـار بیش   زگفتار ناخوب وکردار خـویـش
توبـمـاری وپنـد داروی تـست   بکـوشم هـمی تا شـوی تندرسـت
وگر چهره شد بر دلـت کـام ورشك   تخـن گـوی تا دیگر آرم پزشـك
پزشك تـو پنـدست ودارو خـرد   مگر آر تاج بـدست بـسـتـرد ۴۲۵
بـمـروزی انـدر چنین کـس شدی   زانـدیـشـهٔ گـنـج سرکـش شـدی

« sière, puisses-tu ne jamais rester que dans les bas-fonds. C'est
« par ta perversité et par tes manœuvres que le jour s'est mis en
« deuil pour le roi d'Iran. Tu as fait frapper des dirhems à mon
« nom et tu as voulu par là me faire priver de la vie. Tu es l'élément
« du mal dans le monde, tu occupes la plus haute place parmi les
« pervers. Tout le sang qui a été versé sur la terre, c'est toi qui en es
« responsable; mais tu ne trouveras pas endormi dans la nuit sombre
« celui que tu as traqué toute la journée à la lumière du soleil. Ô
« homme infortuné et injuste, n'emploie pas ta vie entière à des actes
« pervers! Pense à te réconcilier avec Dieu, fais œuvre de raison et de
« droiture, car ce monde passera sur toi et sur moi, et le temps
« compte nos respirations. Qui voudrait dire que la perversité vaut
« mieux que la droiture? Pourquoi as-tu donc livré ton cœur à la
« perversité? Si tu veux, tu posséderas tout ce que tu désires, tu auras
« une part de ce royaume, tu vivras heureux dans ce monde, libre
« et garanti contre les attaques de tes ennemis, et quand tu quitteras
« cette demeure passagère, tu ne seras pas en peine au moment du
« retour à *Dieu*. Il faut faire ni plus ni moins que ce que Zerdouscht
« dit dans le Zend : Si quelqu'un s'écarte de la foi pure et n'a pas dans
« son cœur la crainte et la terreur de Dieu, il faut lui donner des avis
« pendant une année, et s'il n'en profite pas, il faut le tuer sur l'ordre
« du roi et jeter sur la route son corps souillé de crimes; mais s'il a
« de mauvaises intentions contre le roi de la terre, il faut le tuer à
« l'instant même. Aussi ton sang sera certainement versé, c'est à cela
« que doit aboutir ton sort misérable; ta vie sera désormais malheu-
« reuse, et, après ta mort, ta place sera le feu.

« Si tu continues à suivre ta voie et à détourner ta tête du roi et de
« la justice de Dieu, tu auras à te repentir de tes actions, de tes viles
« paroles et de tout ce que tu as fait. Tu es malade et mes avis sont
« ta médecine; je ferai tous mes efforts pour te guérir, et si l'avidité
« et l'envie sont trop puissantes dans ton cœur pour *que tu m'écoutes*,
« dis-le, et je t'amènerai un autre médecin; mais ton médecin doit
« être le conseil, et ton remède la raison, qui peut-être arrachera
« de ton cœur l'ambition du trône. La victoire a fait de toi un
« homme, mais le souci des trésors t'a converti en rebelle. Tu as en-

شنیدی که فغفان شد ناسپاس   زدیو وزجادو جهان پر هراس
چو زو شد دل مهتران پر ز درد   فریدون فرخنده با او چه کرد
سپاهت همه بندگان منند   بدل زنده ومرده آن منند
زتو لختگی روشنی یافتند   بدینسان سر از داد برتافتند ۴۳۰
چو من گنج خویش آشکارا کنم   دل جنگیان پیر مدارا کنم
چو پیروز گشتی تو بر ساوه شاه   بر آن بر نهادند یکسر سپاه
که هرگز نمیماند ازآنیس شکست   چو از خواسته سیر گشتند ومست
نباید که بر دست من بر هلاك   شوند این دلیران بی ترس وباك
نخواهم که جنگ سپاه گران   همه نامداران وکندا وران ۴۳۵
شود تا شود بوم ایران تهی   شکست اندر آید بتخت مهی
که بد شاه هنگام آرش بگوی   سرآید مگر بر من این جست وجوی
چنین گفت بهرام کانگاه شاه   منوچهر بد با سپاه وکلاه
بدو گفت خسرو که ای بد نهان   چو دانی که او بود شاه جهان
ندانی که آرش ورا بنده بود   بهرمان ورایش سرافگنده بود ۴۴۰
دگر چو کیخسرو کمینه خوی   که چون رستمی بود شاگرد اوی
توانست رسم جهان را گرفت   م آنیس تخت کیانرا گرفت
م آنیس شاهان نگه داشتی   یکی چشم بر تخت نگماشتی
بدو گفت بهرام که ز ره داد   تو از تخم ساسانی ای بدنژاد
که ساسان شبانی وشبانزاده بود   نه بابك شبانی بدو داده بود ۴۴۵
بدو گفت خسرو که ای بدکنش   نه از تخم ساسان شدی پرمنش
دروغست گفتار تو سر بسر   سخن گفتن کز نماشد هنر
نواز بی بنان بودی وبدکنان   نه از تخم ساسان رسیدی بنان
بدو گفت بهرام کاندر جهان   شبانی ساسان نگردد نهان
ورا گفت خسرو چو دارا بمرد   نه تاج بزرگی بساسان سپرد ۴۵۰
اگر بخت گم شد کجا شد نژاد   نماید زگفتار بمداد داد

« tendu parler de l'impiété de Zohak, comment il a rempli le monde
« de terreur par les Divs et les magiciens, et comment, lorsqu'il eut
« désolé le cœur des grands, Féridoun, le fortuné, l'a traité.

« Or, tous les hommes de ton armée sont, dans leur cœur, mes
« esclaves, ils sont à moi dans la vie et la mort. Tu leur as donné
« un peu de gloire, et c'est ainsi qu'ils ont détourné la tête de la jus-
« tice; mais quand je montrerai mes trésors, je remplirai les cœurs
« des braves de bonne volonté pour moi. Lorsque tu as été victorieux
« du roi Saweh, toute l'armée a cru qu'elle était invincible, rassasiée
« et enivrée comme elle était par son butin. Il ne faut pas que ces
« braves sans peur et sans frayeur périssent de ma main, et je ne veux
« pas que ces grandes armées, tous ces hommes illustres et vaillants
« se combattent jusqu'à ce que le pays d'Iran soit dépeuplé et que le
« trône du pouvoir soit brisé. Dis-moi qui était roi du temps d'Arisch;
« cela me débarrassera peut-être de tes prétentions. »

Bahram dit : « Minoutchehr était alors roi, maître de l'armée et
« du diadème. » Khosrou répliqua : « Ô homme de mauvaise nature, si
« tu sais que Minoutchehr était roi du monde, comment ne sais-tu
« pas qu'Arisch était son esclave, courbant la tête sous les ordres et la
« volonté du roi. Puis, quand il y eut un roi comme Keïkhosrou, le
« vindicatif, et un serviteur comme Rustem, celui-ci aurait pu saisir le
« pouvoir et s'emparer de la majesté du trône des Keïanides; mais il a
« respecté le droit des rois et n'a pas jeté un seul regard sur le trône. »

Bahram répondit : « La vérité est, ô homme de mauvaise race, que
« tu es de la famille des Sâsânides, et que Sâsân était pâtre et fils de
« pâtre, et que ce n'est pas même Babek qui, *le premier*, lui avait
« confié un troupeau. » Khosrou lui dit : « Ô malfaiteur! Ton orgueil
« ne peut venir de ce que tu descendrais de Sâsân; toutes tes paroles
« sont des mensonges; mais, proférer des paroles fausses est un dés-
« honneur. Tu sors de gens de rien et de malfaiteurs, tu ne sors
« point de la race de Sâsân. » Bahram dit : « Le fait que Sâsân a été
« pâtre ne sera jamais oublié dans le monde. » Khosrou répondit :
« Lorsque Dara mourut, il ne pouvait pas laisser le trône du pouvoir
« à Sâsân; la fortune avait disparu, mais comment la naissance aurait-
« elle pu disparaître? Les paroles ne rendent pas juste ce qui est

بدین هوش وابن رای وابن فـرّهی ⋮ چوئی همی تخت شاهـنـشـهی
بگفت وبخندید وبرگشت ازوی ⋮ سوی لشکر خویش بنهاد روی
زخاقانیان آن سه ترك سترك ⋮ که ارغنده بودند برسان گرك
کجا گفته بودند بهرام را ⋮ که ما روز جنگ از پی نام را
اگر مرده گر زنده بالای شاه ⋮ بنزد تو آریم پیش سپاه
ازیشان سواری که ناپاك بود ⋮ دلاور بد و تند و بی باك بود
همی راند پیش هجوی ودژم ⋮ کمندی بمازو درون شست خم
چو نزدیکتر گشت با خنگ عاج ⋮ همی بود یازان بسر مایه تاج
بمنداخت آن تاب داده کمند ⋮ سر تاج شاه اندر آمد ببند ۳۵۰
یکی تیغ گستم زد برکمند ⋮ سر شاه را زان نیامد گزند
بزودی کمان را بزه کرد گرد ⋮ بتیر از هوا روشنائی ببرد
بدان ترك بدساز بهرام گفت ⋮ که جز خاك تیره مبادت نهفت
که گفتت که با شاه جنگ آزمای ⋮ ندیدی مرا پیش او بر بمای
پس آمد بلشکرگه خویش باز ⋮ روانش پر از درد و تنش پر گداز ۳۵۵

پند دادن گردیه برادر خود بهرام را

چو خواهرش بشنید کامد زراه ⋮ برادرش برگشت از پیش شاه
بمنداخت آن نامدار افسرش ⋮ بماورد فرمانبری چادرش
بیامد به پیش برادر دوان ⋮ دلی خسته از درد و تیره روان
بدو گفت کای مهتری جنگجوی ⋮ چگونه شدی پیش خسرو بگوی
گر اواز جوانی شود تیز و تند ⋮ مگردان تو در آشتی رای کند ۳۷۰
خواهر چنین گفت بهرام گرد ⋮ که اورا زشاهان نمايد شمرد
نه جنگی سواری نه بخشنده‌ئی ⋮ نه دانا سری یا درخشنده‌ئی
هنر بهتر از گوهر نامدار ⋮ هنرمند باید تن شهریار
چنین گفت داننده خواهر بدوی ⋮ که ای تیز هش مهتر ناجوی

« injuste, et c'est là la sagesse, l'intelligence et la dignité avec les-
« quelles tu réclames le trône des rois des rois ! »

Ayant ainsi parlé, il sourit, se détourna de Bahram et se dirigea
vers son camp. Mais il y avait les trois Turcs audacieux, sujets du
Khakan, avides *de proie* comme des loups, qui avaient dit à Bahram
que, pour acquérir de la renommée, ils amèneraient au jour du
combat le corps du roi, mort ou vivant, devant lui, sur le front de
l'armée. L'un d'eux, un cavalier de race impure, courageux, colère
et ne connaissant pas la peur, s'élança, sombre et avide de combat,
un lacet de soixante tours pendu à son bras; arrivé près du cheval
couleur d'ivoire, il visa la noble couronne de Khosrou, lança son
lacet roulé et prit dans le nœud coulant le haut de la couronne du
roi. Gustehem coupa avec son épée le lacet, et la tête du roi ne reçut
pas d'atteinte. Le vaillant *Turc* banda à l'instant son arc et y plaça
une flèche qui éclipsait la lumière du ciel, mais Bahram dit à celui
qui allait faire une mauvaise action : « Puisses-tu être enterré sous
« la terre sombre ! Qui t'a dit de combattre le roi ? N'as-tu pas vu que
« j'ai été debout devant lui ? » Puis il s'en retourna à son camp, l'âme
pleine de douleur et le corps en feu.

GORDIEH DONNE DES CONSEILS À SON FRÈRE BAHRAM.

Lorsque la sœur de Bahram apprit que son frère paraissait sur la
route, de retour de son entrevue avec le roi, elle ôta son beau diadème, une servante lui apporta son voile et elle courut au-devant de
son frère, le cœur percé de douleur et l'esprit assombri. Elle lui dit :
« Ô prince avide de combats! Comment t'es-tu comporté devant le
« roi ? Dis-le-moi. Si, par l'effet de sa jeunesse, il est emporté et vio-
« lent, ne te laisse pas entraîner à rendre impossible l'œuvre de la
« réconciliation. » Le vaillant Bahram dit à sa sœur : « Il ne faut pas le
« compter parmi les rois. Ce n'est ni un cavalier prêt au combat, ni
« un homme généreux, ni une tête sage, ni un homme brillant. La
« valeur vaut mieux qu'une naissance illustre, et il faut qu'un roi soit
« vaillant. »

Sa sœur, pleine de sagesse, lui dit : « Ô homme puissant, brusque

LE LIVRE DES ROIS

ترا چند گویم سخن نشنوی ۴۷۵ بیمش آوری تندی و بدخوی
نگر تا چه گوید سخنگوی بلخ که باشد سخن گفتن راست تلخ
هر آنکس که آهوی تو با تو گفت همه راستیها کشاد از نهفت
مکن رای ویرانی شهر خویش زگیتی چو بردآشتی بهر خویش
برین رای بر یکی داستان زد کسی کجا بهره بودش ز دانش بسی
که خرشد که خواهد زگاوان سرو ۴۸۰ بگاواره گم کرد گوش از دو سو
نگوهش مخواه از جهان سر بسر نبود از تجارت کسی تاجور
اگر نیستی این جوان در میان نبودی من از داغ تمره روان
پدر زنده و تخت شاهی جای نهاده تو اندر میان پیش پای
ندانم سرانجام این چون بود همیشه دو چشمم پر از خون بود
جز از دود و نفرین نجوئی همی ۴۸۵ گل زهر خمره ببوی همی
چه گویند چو بیمه بدنام گشت همه نام بهرام دشنام گشت
برین نمز م خشم یزدان بود روانست بدوزخ برزدان بود
نگر تا جز از هرمز شهریار که بد در جهان مر ترا خواستار
چو آن تخت وآن کالهٔ ساوه شاه بدست آمدت برنهادی کلاه
چو زو نامور گشتی اندر جهان ۴۹۰ جوئی همی تخت شاهنشهان
همه نیکوئیها ز یزدان شناس مباش اندر این تاجور ناسپاس
برزیّ که کردی چنین گش مشو هنرمند بودی منی فش مشو
بدل دیورا یار کردی همی بمزدان گنه گار گردی همی
چو آشفته شد هرمز و بردمد بگفتار آنمن گشسپ پلمد
چوا ورا چنان سختی آمد بروی ۴۹۵ ز بردع بیامد پسر کیمه جوی
ترا اندر آن صبر بایست کرد نبود بندهرا روزگار نبرد
بمایست رفتن بر شاه نو بکام وی آراستن گاه نو
نکردی جوان جز برای تو کار ندیدی دلت جز به از روزگار
تن آسان بدی شاد و بیدار بخت چرا کردی آهنگ این تاج و تخت

« et avide de renom. Quoi que je puisse te dire, tu ne m'écoutes pas,
« tu ne montres que colère et mauvaise humeur. Réfléchis à ce que
« dit cet homme éloquent de Balkh : C'est une chose amère que d'en-
« tendre la parole sincère de tout homme qui nous dit nos défauts
« et qui dévoile toute la vérité. Ne fais pas de plans qui convertiraient
« en désert ton pays, lorsque tu as ta part dans le monde. Un homme
« très-sage a raconté qu'il y avait un âne qui, voulant porter des
« cornes de bœufs, perdit au milieu du troupeau ses deux oreilles.
« Ne t'expose pas au blâme du monde entier, car personne de ta
« famille n'a porté une couronne. Si ce jeune homme n'était pas
« entre *toi et la couronne*, mon esprit ne serait ni blessé ni assombri;
« mais le père vit, le trône de la royauté est debout et tu te places
« entre *le père et le fils*, debout devant eux. Je ne sais comment cela
« finira, et mes yeux sont toujours inondés de sang. Tu ne recher-
« ches que les angoisses et les malédictions, tu aspires follement le
« parfum d'une fleur vénéneuse. On dira que Djoubineh a perdu son
« renom et que le nom de Bahram est devenu une injure; Dieu sera
« en colère contre toi et ton âme sera emprisonnée dans l'enfer.

« Pense donc que tu n'as eu dans le monde d'autre protecteur que
« le roi Hormuzd. Lorsque le trône et le butin du roi Saweh sont
« tombés entre tes mains, tu as porté haut ton casque, et lorsque, à
« l'aide de *Hormuzd*, tu es devenu illustre dans le monde, tu re-
« cherches le trône du roi des rois. Comprends donc que tout bien
« vient de Dieu, et ne sois pas injuste envers ce roi couronné. Ne sois
« pas si fier du combat que tu as livré; tu as été vaillant, ne sois pas
« arrogant. Tu as fait du Div l'ami de ton cœur, tu es devenu rebelle
« envers Dieu. Lorsque Hormuzd a éclaté en colère contre les paroles
« du vil Ayîn Guschasp, et qu'il a été frappé par ce grand malheur
« *d'être aveuglé*, son fils vint de Berda pour le venger, et tu aurais dû
« te tenir tranquille dans cette affaire; ce n'était pas le moment pour
« un serviteur de susciter une guerre; il fallait te rendre auprès du
« jeune prince et arranger le nouveau trône selon sa volonté. Alors
« le jeune homme n'aurait agi que selon tes conseils et le sort ne
« t'aurait apporté que des bienfaits; tu aurais été tranquille et heu-
« reux, et la destinée aurait veillé sur toi; pourquoi donc vouloir

تو دانی که از تخمهٔ اردشیر / بیایند شاهان برنا و پیر
اما گنج و یا لشکر بیشمار / بایران که خواند ترا شهریار
اگر شهریاری بگنج و سپاه / توانست کردن بایران نگاه
نبودی جز ساوه سالار چین / که آورد لشکر بایران زمین
ترا پاک یزدان برو برگماشت / بد او زایران و نیران بگاشت
جهاندار تا ایی جهان آفرید / بلند آسمان از برش برکشید
ندیدند هرگز سواری چو سام / نزد پیش او شیر درزنده گام
چو نوذر شد از بخت بیدادگر / بمای اندر آورد رای پدر
همه مهتران سام را خواستند / همی تخت پیروزه آراستند
بدان مهتران گفت هرگز مباد / که جان سپهبد کند تاج یاد
که خاک منوچهر که منست / بی تخت نوذر کلاه منست
بدان گفتم ایی ای برادر که تخت / نیابد مگر مرد پیروز بخت
که دارد کف راد و فرّ نژاد / خردمند و روشن دلی پر زداد
ندائر که بر تو چه خواهد رسید / که اندر دلت شد خرد ناپدید
بدو گفت بهرام کاینست راست / بر این راستی پاک یزدان گواست
ولیکن کنون کار از این درگذشت / دل و مغز من پر ز تیمار گشت
اگر مه شوم گرد دم سر بمرگ / که مرگ اندر آید بمولاد ترگ

رای زدن خسرو پرویز با سپهبداران و موبدان خود

وز آن روی شد شهریار جوان / چو بگذشت شاد از پل نهروان
همه مهتران را ز لشکر بخواند / سزاوار بر تخت شاهی نشاند
چنین گفت کای نیک دل مهتران / جهاندیده و کار کرده سران
بشاهی نخستین مرا ایی سراست / جز آزمایش نه اندر خورست
بجای کسی نیست ما را سپاس / اگر چند هستیم نمکی شناس
شما را زما هیچ نمکی نمود / که چندین غم و رنج باید فزود

« t'emparer de cette couronne et de ce trône? Tu sais qu'il existe des
« princes jeunes et vieux de la famille d'Ardeschir, qui ont des trésors
« et des armées innombrables; qui donc, dans l'Iran, te donnerait le
« nom de roi? Ce n'est que si tu étais roi avec un trésor et une ar-
« mée que tu pourrais gouverner ce pays. Il n'y a eu que Saweh, le
« commandant des armées de la Chine, qui ait osé attaquer l'Iran,
« et Dieu, le saint, te l'a livré et a détourné de l'Iran et du reste du
« monde le mal qu'il pouvait faire. Depuis que le Seigneur a créé le
« monde, qu'il a tiré de son sein le ciel sublime, on n'a jamais vu un
« cavalier comme Sam, devant lequel un lion féroce n'aurait pas osé
« se montrer; mais lorsque le sort a voulu que Newder se livrât à
« des actes injustes, foulant aux pieds les avis de son père, et que tous
« les grands voulurent proclamer Sam et préparèrent pour lui le
« trône de turquoises, il leur dit : Malheur à un Sipehbed qui pense-
« rait au trône! La poussière des pieds de Minoutchehr est ma place et
« le pied du trône de Newder est ma couronne. Ô mon frère, je te dis
« cela, parce qu'on n'obtient un trône que quand on a une fortune
« victorieuse, une main noble, une naissance illustre, de l'intelli-
« gence et un cœur serein, plein de justice. Je ne sais ce qui t'arri-
« vera, car la raison a disparu de ton esprit. »

Bahram lui dit : « Tout cela est vrai, et Dieu est témoin de cette
« vérité; mais cette affaire est allée trop loin, et mon cœur et mon
« cerveau sont remplis de soucis. Je serai roi ou je livrerai ma tête à
« la mort, qui pénètre à travers l'acier du casque. »

KHOSROU TIENT CONSEIL AVEC SES SIPEHDARS ET SES MOBEDS.

De l'autre côté, le roi du monde s'en retourna, et, ayant passé
sain et sauf le pont du Nahrewan, il convoqua tous les grands de
l'armée et fit asseoir devant le trône royal ceux qui y avaient droit. Il
leur dit : « Ô grands, qui me voulez du bien! ô chefs expérimentés
« et éprouvés dans les affaires! Voici le commencement de mon exer-
« cice du pouvoir, et je ne puis faire encore que des essais; je n'ai
« encore droit à la reconnaissance de personne, si bien intentionné
« que je sois. Je n'ai pas encore pu vous donner du bonheur, pendant

نیاگان مارا پرستنده اید	بسی شور وتلخ جهان دیده اید
بخواهم کشادن یکی راز خویش	نهان دارم از لشکر آواز خویش
سخن گفتن من به ایرانیان	نباید که بیرون برند از میان
کزین گفتن اندیشهٔ من تباه	شود چون بگویند پیش سپاه
من امشب سگالیده ام تاختن	سپه را بجنگ اندر انداختن
که بهرامرا دیدم اندر سخن	سواریست اسپ افگن وکارکن
ندیدم خردمندی اندر سرش	نه اندر سر نامور لشکرش
جز از رزم ساوه نگوید سخن	همی نوکند روزگار کهن
همی کودکی بی خرد دانم	به گرز وبه شمشیر ترسانم
نداند که من شب شبیخون کم	برزم اندرون ترس بیرون کم
اگر یار باشمد با من بجنگ	چو شب تیره گردد نسازم درنگ
چو شوید بعنبر شب تیره روی	بیفشاند آن کیسوی مشکبوی
شما بر نشیند با ساز جنگ	همه گرز وخنجر گرفته بچنگ
بدان بر نهادند یکسر سپاه	که یکتن نگردد زفرمان شاه
چو خسرو بیامد بمرده سرای	زبیگانه مردم بپرده جای
بیاورد گستهم وبندوی را	جهاندیدهٔ گرد گردوی را
همین کارزار شبیخون بگفت	که با او مگر یار باشند وجفت
بدو گفت گستهم کای شهریار	چرائی چنین ایمن از روزگار
توبا لشکر اکنون شبیخون کنی	زدلها مگر مهر بیرون کنی
سپاه تو با لشکر دشمنند	ابا او همه یکدل ویکتنند
زیکسو نیمره زیکسو نیما	به مغز اندرون کی بود کیمیا
ازین سو برادر وز آن سو پدر	همه پاک بسته یک اندر دگر
پدر چون کند با پسر کارزار	بدین آرزو کام دشمن مخار
نبایست گفت ای سخن با سپاه	چو گفتی کنون کار کردی تباه
چنین گفت گردوی این خود گذشت	گذشته همه باد باشد بدشت

KHOSROU PARVIZ

« que je suis obligé de vous accabler de soucis et de fatigues. Vous
« avez été les serviteurs de mes aïeux, vous avez vu bien des troubles
« et éprouvé bien des amertumes dans le monde. Je vais vous dévoiler
« un secret et ne donnerai pas connaissance à l'armée de ce que je
« vais dire; et, vous non plus, ne divulguez pas parmi les Iraniens ce
« que je dirai, car si l'on répète dans l'armée mes paroles, on déjouera
« mon dessein, qui est de faire cette nuit une attaque, de lancer l'ar-
« mée sur l'ennemi. J'ai vu Bahram et lui ai parlé; c'est un cavalier
« habile à manier son cheval, propre au combat, mais je n'ai pas
« trouvé de l'intelligence dans sa tête, ni dans celle des chefs de son
« armée renommée. Il ne parle que de sa guerre contre Saweh, il
« ravive toujours cette vieille histoire. Il me prend pour un enfant
« sans raison et croit m'effrayer avec sa massue et son épée. Il ne se
« doute pas que je fais des attaques de nuit, que je me dépouille dans
« la lutte de toute timidité. Si vous voulez m'aider dans ce combat,
« je ne le retarderai pas, aussitôt que la nuit sera devenue sombre.
« Dès que la nuit inondera d'ambre gris sa face noire et qu'elle fera
« flotter ses boucles parfumées de musc, vous monterez à cheval dans
« votre armure de combat, la massue et l'épée en main. » Toute l'armée promit que pas un seul homme ne désobéirait au roi.

Khosrou rentra dans sa tente, congédia tous les étrangers et fit
entrer Gustehem, Bendouï et le vaillant et expérimenté Guerdouï,
et leur parla de ce combat nocturne, exprimant l'espoir qu'ils l'y
aideraient et l'accompagneraient. Gustehem lui dit : « Ô roi ! Com-
« ment peux-tu avoir cette confiance en la fortune ? Tu vas faire avec
« ton armée une attaque de nuit et peut-être tu y perdras l'attache-
« ment de tous les cœurs. Tes troupes sont d'accord avec celles de
« l'ennemi; elles sont unies de cœur et de corps. D'un côté sont les
« petits-fils et de l'autre les grands-pères; comment useraient-ils de
« ruse entre eux ? D'un côté est un frère, de l'autre un père, tous
« étroitement liés ensemble; comment le père se battrait-il contre le
« fils ? Ne tente pas ton ennemi par cette entreprise. Il ne fallait pas
« en parler à l'armée; tu en as parlé et déjà ton affaire est perdue. »

Guerdouï dit : « Il est trop tard. Tout notre passé, la puissance, les
« trésors, l'objet des désirs, l'armée, deviendront comme le vent qui

LE LIVRE DES ROIS

توانائی و گنج و کام و سپاه
بدین رزمگاه اندر امشب مباش
که من بیگمانم کزین راز ما
بدان لشکر اکنون رسید آگهی
چو بشنید خسرو پسند آمدش
گزین کرد از آن سرکشان مرد چند
چو هرّاد برزین و گستهم شمیر
چو بندوی خرّاد لشکر فروز
چنین نیز هرکس که بد درخورش
تلی بود پر سمره وجای سور
برفتند آراسته دل بجنگ
وز آن روی بنشست بهرام گرد
سپهبد بپرسید از آن سرکشان
فرستیم هرکس که دارید خویش
گر ایشان بیایند و فرمان کنند
سپه ماند از بردع وارد بمل
اریشان برزم اندرون نیست باک
شنیدند گردنکشان این سخن
زلشکر گزیدند مردی دبیر
بیامد گوی با دلی پر زراز
بگفت آنچه بشنید از آن مهتران
از ایرانیمان پاسخ ابدون شنید
یکی ما زخسرو نگردیم باز
مباشید ایمن بدان رزمگاه
چو پاسخ شنید آن فرستاده مرد

سر مرد برنا بمهد زراه
همان تا شود گنج و لشکر بلاش
وزین ساختن در نهان ساز ما ۵۵۰
نباید که توسر بدشمن دهی
بدل رای او سودمند آمدش
که باشند بر نیک و بد یارمند
چو شاپور و چون اندیان دلیر
چو نستوه لشکرکش نیموسوز ۵۵۵
نگهبان گنج و سپاه و سرش
بر آنجا شد و دید لشکر زدور
بدان جای کردند گردان درنگ
بزرگان لشکر برفتند وخرد
که آمد زخویشان شما را نشان ۵۶۰
که باشند یکدل بگفتار و کمش
بپیمان روانها گروگان کنند
وز ارمینیه سست پی یک دو خیل
چه مردان بردع چه یکشت خان
که بهرام جنگاور افگند بُن ۵۶۵
سخنگوی و داننده و یادگیر
همی بود پویان شب دیرباز
بدین نامداران و کنداوران
که تا رزم لشکر نماید پدید
بترسیم کمین کار گردد دراز ۵۷۰
که خسرو شبیخون کند با سپاه
سوی لشکر پهلوان شد چوگرد

« souffle sur la plaine, et les têtes des jeunes se détournent de la vraie
« route. Ne reste pas cette nuit dans ce camp, n'attends pas jusqu'à ce
« que le trésor et l'armée soient perdus; car je ne doute pas que notre
« secret et nos préparatifs cachés ne soient déjà connus dans l'armée
« de Bahram, et il ne faut pas livrer ta tête à l'ennemi. »

Khosrou approuva ce discours et son esprit reconnut l'utilité de cet avis. Parmi ces hommes indomptables il en choisit quelques-uns qui lui seraient dévoués dans la bonne et la mauvaise fortune, comme Kharrad, fils de Berzin, et Gustehem le lion, comme Schapour et le vaillant Endiân, comme Bendouï, fils de Kharrad, la gloire de l'armée, et Nestouh, le destructeur des armées, dont le feu consumait les héros, et, avec eux, tous ceux qui pouvaient le servir et être les gardiens de son trésor, de son armée et de sa vie. Il y avait une colline couverte de verdure et un lieu propre à une fête; Khosrou y alla, il pouvait y voir de loin son armée, et son escorte s'y rendit, le cœur préparé au combat, et elle resta dans ce lieu.

De l'autre côté, Bahram, le héros, monta à cheval, et les grands et les petits de son armée arrivèrent. Le Sipehbed demanda aux chefs : « Avez-vous des nouvelles de vos parents ? Vous tous qui avez *dans* « *l'autre camp* des parents fidèles à leur parole et à leur foi, envoyez « *quelqu'un auprès d'eux*. S'ils viennent *auprès de moi* et m'obéissent, et « s'ils engagent leur âme comme garante de leur traité, il ne restera à « *Khosrou* que les troupes de Berda et d'Ardebil et un ou deux corps « d'Arméniens lâches, que nous n'avons pas à craindre dans le com- « bat, car les gens de Berda ne sont qu'une poignée de poussière. »

Ces hommes qui portaient haut la tête écoutèrent les paroles de Bahram et dirent qu'il avait touché le but. Ils choisirent dans l'armée un homme lettré, éloquent, instruit et observateur Le héros se rendit, l'âme remplie de son secret, auprès des *Iraniens* illustres et vaillants, marchant pendant la longue nuit et leur répétant les paroles des grands. Les Iraniens lui répondirent : « Aussi longtemps « que les armées ne se battront pas, aucun de nous ne quittera Khos- « rou, et nous craignons que cet état ne soit de longue durée. Mais « ne vous croyez pas en sécurité dans votre camp, car Khosrou « fera une attaque de nuit avec son armée. » L'envoyé repartit avec

7.

شنیده سخنها همه بازگفت / نه برآشکارا که بر راز گفت
چو بهرام از آن کار آگاه شد / که لشکر مر او را نکوخواه شد
بفرمود تا آتش برافروختند / بهر جای شمعی همی سوختند ۵۷۵

شبیخون کردن بهرام چوبینه بر لشکر خسرو وگریختن خسرو پرویز

دلشکر گزین کرد بهرام شیر / سپاهی جهانگیر و گرد و دلیر
چو کردند با او دبیران شمار / سپه بود شمشیر زن شش هزار
رها قانمان آن سه ترک سترگ / که بودند برسان ارغنده گرگ
جنگاوران گفت چون رخم کوس / برآید بهنگام بانگ خروس
شما بر خروشید و اندر نهید / سرانرا زخون بر سر افسر نهید ۵۸۰
بشد تیز لشکر بفرمان گو / سه ترک سرافراز شان پیشرو
بر لشکر شهریار آمدند / جفا پیشه و کمنه دار آمدند
خروش آمد از گرز و گوپال و تیغ / از آهن زمین گشت و از گرد میغ
همی گفت هرکس که خسرو کجاست / که امروز پیروزی و دست ماست
بمالا همی بود خسرو بدرد / دو دیده پر از خون و رو لاژورد ۵۸۵
فروماند از کار و گیتی شگفت / از آن کار اندیشه اندر گرفت
چنین تا سپیده دم آمد ز کوه / شد از زخم شمشیر لشکر ستوه
چو شد دامن تیره شب ناپدید / همه رزمگه کشته و خسته دید
بگردنکشان گفت یاری کنید / برین دشمنان کامکاری کنید
که پیروزگر پشت و یار من ست / کنون زخم و شمشیر کار من ست ۵۹۰
بیامد دمان تا بر آن سه ترک / چه ترک آن دلاور سه گرگ سترگ
یکی تاخت تا پیش خسرو رسید / پرنداوری از میان برکشید
همی خواست زد بر سر شهریار / سپهر بر سر آورد شاه سوار
بزیر سپر تیغ زهراب گون / بزد تیز و انداختش سرنگون

cette réponse, rapide comme la poussière, pour le camp du Pehlewan, et rapporta non pas en public, mais en secret, tout ce qu'il avait
entendu. Bahram, ayant appris ainsi que l'armée était bien disposée
pour lui, fit allumer des feux et placer partout des flambeaux.

BAHRAM DJOUBINEH FAIT UNE ATTAQUE DE NUIT CONTRE LES IRANIENS ET KHOSROU PARVIZ S'ENFUIT.

Bahram, le lion, choisit dans son armée une troupe propre à conquérir le monde, brave et vaillante. Lorsque les scribes lui en firent
l'énumération, il y avait six milles hommes armés d'épées, et, parmi
les sujets du Khakan *qui s'y trouvaient*, étaient les trois Turcs féroces,
qui ressemblaient à des loups dévorants. Il dit aux héros : « Lorsque
« vous entendrez battre les timbales à l'heure où chante le coq, vous
« pousserez un cri, vous attaquerez les ennemis et vous couronne-
« rez la tête des chefs d'un diadème de sang. » La troupe partit avec
ardeur sur l'ordre du héros, précédée par les trois Turcs, qui portaient haut la tête; elle marcha sur l'armée du roi, elle marcha
pleine de colère et de vengeance. On entendit le bruit des massues,
des masses d'armes et des flèches, la terre était convertie en fer et
les nuages en poussière; chacun dit : « Où est donc Khosrou, car
« aujourd'hui la victoire et la primauté sont à nous? » Mais Khosrou
était sur la colline, en détresse, les yeux remplis de sang et le visage
blême, découragé par cet événement qui confondait le monde, et
perdu dans ses réflexions sur ce qui se passait. Il resta ainsi jusqu'à
ce que parût, au haut des montagnes, l'aurore, effrayée par les coups
d'épée des armées.

Lorsque le pan de la robe sombre de la nuit eut disparu, Khosrou vit le champ de bataille couvert de morts et de blessés; il dit
aux hommes qui portaient haut la tête : « Venez à mon aide, agissez
« contre nos ennemis, car celui qui donne la victoire est ma force et
« mon protecteur, et maintenant les coups et l'épée sont mon affaire. »
Il courut jusqu'auprès de ces trois Turcs, que dis-je, des Turcs,
les trois loups féroces. L'un d'eux lança son cheval, arriva en face
de Khosrou, tira son épée damasquinée et voulut frapper le roi sur

خروشید کای نامداران جنگ	زمانی دگر کرد کرد باید درنگ
سپاهش همه روی برگاشتند	جهانجوی را خوار بگذاشتند
بپندوی وگستم گفت آن زمان	که اکنون شدم زین سخن بدگمان
رسیده مرا هیچ فرزند نیست	همان از در تاج پیوند نیست
اگر من شوم کشته در کارزار	نماند کسی تاجرا یادگار
بدو گفت بندوی کای سرفراز	جهانرا بفز تو آمد نماز
سپه رفت اکنون تو آیدرمه ایست	که کس در زمانه ترا یار نیست
بگردوی گفت آن زمان شهریار	کز ایدر برو تازیان با تخوار
ازین ماندگان بر سواری هزار	وزآن رزمگاه آنچه یابی بیار
سرا پرده و دیبه وگنج و تاج	همان برده و بدره و تخت عاج
بزرگان بنه بر نهادند وگنج	فراوان ببردن کشیدند رنج
هما نگه یکی اژدهافش درفش	پدید آمد وگشت گیتی بنفش
پس اندر همی راند بهرام گرد	بخنگ از جهان روشنائی ببرد
رسیدند بهرام وخسرو بهم	دلاور دو جنگی دو شمردژم
چو پیلان جنگی بر آشوفتند	همی بر سر یکدگر کوفتند
همی گشت بهرام چون شمر نر	سلیحش نمامد بدوکار گر
بر ین گونه تا خور زگنبد بگشت	از اندازه آویزش اندر گذشت
تخوار آن زمان پیش خسرو رسید	که گنج و بنه سوی آن پل کشید
چو بشنید خسرو بگستهم گفت	که ما را کسی نیست در جنگ جفت
که ما دد تنم این سپاه بزرگ	بپیمش اندرون پهلوان سترگ
اگر چند یاور مرا داد فرّ	چو یاران نباشند پیم سر
هزیمت بهنگام بهتر زجنگ	چو تنها شدی نیست جای درنگ
همی راند ناکار دیده جوان	بدین گونه بر تا پل نهروان
پس اندر همی راند بهرام تیز	سری پر زکینه دلی پر ستیز
چو خسرو چنان دید بر پل بماند	جهاندیده گستهمرا پیش خواند

la tête; mais le vaillant prince couvrit sa tête du bouclier, frappa un coup rapide sous le bouclier *du Turc* avec son épée tranchante et le jeta par terre, la tête en bas. Puis il s'écria : « Ô hommes illustrés « par les combats! Ce n'est pas le moment de nous arrêter. » Mais tous se détournèrent et abandonnèrent honteusement le prince.

Alors il dit à Bendouï et à Gustehem : « Maintenant j'ai mauvaise « opinion de cette affaire. Je n'ai pas de fils en âge d'homme, ni un « parent propre à occuper le trône, et, si je suis tué dans la bataille, « il ne restera pas un héritier pour la couronne. » Bendouï lui dit : « Ô homme qui portes haut la tête! Le monde a besoin de ta majesté. « L'armée est partie, ne reste pas ici, car dans cette calamité tu ne « trouves pas d'aide. » Khosrou dit à Guerdouï : « Pars en toute hâte « avec Tokhar. Prends un millier de cavaliers parmi ceux qui restent « encore et emporte du camp ce que tu trouveras de tentes, de bro-« carts, de trésors, de couronnes, de caisses d'or, d'esclaves et le « trône d'ivoire. » Les grands rassemblèrent les bagages et les trésors, et se fatiguèrent à les emporter.

Dans ce moment, on vit paraître un drapeau à figure de dragon qui colorait le monde de son reflet violet. Derrière lui courait le vaillant Bahram, qui enlevait dans le combat la lumière au monde. Bahram et Khosrou se rencontrèrent, deux guerriers pleins de courage, deux lions irrités. Ils s'attaquèrent comme des éléphants de guerre, ils se frappèrent l'un l'autre sur la tête; Bahram se démenait comme un lion, mais ses armes n'entamèrent pas l'armure *de Khosrou*, et ce combat continua à outrance jusqu'à ce que le soleil disparût de la voûte du ciel. Alors Tokhar revint auprès du roi et lui dit qu'il avait conduit le trésor et les bagages jusqu'au pont. Khosrou l'écouta et dit à Gustehem : « Personne ne nous aide dans ce « combat. Nous sommes dix contre une grande armée, commandée par « le Pehlewan audacieux. Le Seigneur m'a donné la dignité royale; « mais, n'ayant personne qui nous aide, nous allons partir. Il y a des « moments où la fuite vaut mieux que le combat, et quand on est seul « il ne faut pas s'attarder. » Le jeune homme sans expérience courut jusqu'au pont du Nahrewan, suivi par Bahram, dont la tête était pleine de haine et le cœur plein de témérité.

چنگ اندرون ترجمان مرا	بمارید گفت این کمان مرا
بر آن کار گستم دستور بود	کمانش ببرد آن که گجور بود
بتیر از هوا روشنائی بمود	کمان برگرفت آن سپهدار گرد
ببك چوبه با سر همی دوخت ترك	همی تیر بارید چون تگرگ
کمانی چنگ اژدهای بزیر	پس اندر همیتاخت بهرام شمیر
بر آن اسپ برگستوانی نداشت	بدست اندرون جز کمانی نداشت
دو زاغ کمانرا بزه بر نهاد	چو خسرو چنان دید برگشت شاد
که شد کار آن باره یکبارگی	یکی تیر زد بر بر بارگی
بیچارگی دست بر سر گرفت	پیاده بهمد سپر بر گرفت
جهانجوی که داشت اورا بمرد	یلان سینه پیش اندر آمد چو گرد
پیاده یلان سینه از پل بجست	م اندر زمان اسپ ویرا بخست
هر آنکس که بودند پیر و جوان	سینه باز گشت از پل نهروان
پل نهروان سر بسر باره کرد	چو بهرام برگشت خسرو چو گرد
پر از درد دل دیدگان پر ز خون	همی راند غمگین سوی طیسفون
بانبوه اندیشگان در نشست	در شارسانرا آهن ببست
بدروازه بر یاسمانان نشاند	زهر برزنی مهتری را بخواند

گریختن خسرو بروم و کشته شدن پدر او هرمزد

دو دیده پر از خون و خسته جگر	وز آن جایگه شد بنزد پدر
همی بود پیمش زمانی دراز	چو روی پدر دید بردش نماز
که اورا گزیدی توای شهریار	بدو گفت کان پهلوان سوار
سپاهی بماورد بسیار مر	بیامد چو شاهان که دارند فر
بدو برنبد پند من سودمند	بگفتم سخن هرچه آمد زیبند
که هرگز مبادا روان نام اوی	همه جنگ و بیرخاش بد کام اوی
فراوان کس از اختر آزرده شد	بنا کام رزمی گران کرده شد

Khosrou, voyant cela, s'arrêta sur le pont, appela Gustehem, qui connaissait le monde, et lui dit : « Apportez-moi mon arc, qui est « mon interprète dans la bataille. » Son trésorier le lui apporta, et Gustehem était en cette affaire le lieutenant du roi. Le vaillant prince prit l'arc et y plaça une flèche dont l'éclat effaçait la lumière de l'air; il fit pleuvoir une grêle de flèches, et à chaque coup il clouait le casque à la tête d'un ennemi. Bahram, le lion, s'élança sur lui, un arc à la main, *un destrier semblable à* un dragon sous lui; il ne tenait en main que l'arc, et son cheval n'avait pas d'armure. Khosrou vit cela avec plaisir, il attacha la corde aux deux bouts de l'arc, et frappa d'une flèche la poitrine du destrier, qui succomba du coup; le Sipehbed, se trouvant démonté, saisit son bouclier et porta dans son désespoir la main à son front. Yelan Sineh accourut rapide comme la poussière, mais le prince Keïanide, qui savait que c'était un brave, blessa aussitôt son cheval, et Yelan Sineh, à pied, s'enfuit du pont; tous les Turcs, jeunes et vieux, quittèrent le pont du Nahrewan, et, lorsque Bahram se fut aussi retiré, Khosrou démolit entièrement le pont. Ensuite il courut, rempli de chagrin, jusqu'à Thisifoun, le cœur plein de douleur, les yeux pleins de larmes de sang; il fit fortifier les portes de la ville par des *barres de* fer et s'assit assiégé par une foule de soucis; il fit venir un des notables de chaque rue et plaça des gardes à toutes les portes.

KHOSROU S'ENFUIT VERS LE ROUM, ET SON PÈRE HORMUZD EST ASSASSINÉ.

De là, il se rendit chez son père, les yeux pleins de larmes de sang et le cœur blessé. En voyant son père, il lui adressa ses hommages et se tint devant lui pendant longtemps. Il lui dit : « Ce vaillant « Pehlewan que tu as choisi, ô roi, est venu auprès de moi avec la « pompe d'un roi et a amené une armée nombreuse. Je lui ai donné « tous les avis que j'ai pu, mais mes conseils n'ont fait aucune impression, il n'avait envie que de combats et de luttes. Puisse son nom « périr à tout jamais! Une grande bataille s'est engagée contre mon « gré, et les astres ont fait périr bien des hommes. Toute mon armée

زمین بازگشتند یکسر سپاه
همی شاه خواندند بهرام را
پس من کنون تا پل نهروان
چو شد کار بیمرگ برگزیدم
نگه کردم اکنون بسود و زیان
گرایدون که فرمان دهد شهریار
بدو گفت هرمزد بدین رای نیست
ترا رفتن آنجا جز از رنج نیست
نماشند یاور ترا تازیان
نیمندد دل در نژاد تو نیز
بدین کار پشت تو یزدان بود
چو بگذاشت خواهی همی مرز و بوم
تنهای این بندهٔ چاره جوی
بجائی که دینست و م خواستست
فریدونمان نیز نیست خویش تواند
چو بشنید خسرو زمین بوسه داد
بمندوی و گردوی و گستهم گفت
بسازید و یکسر بنه بر نهید
بگفت این و از دیده آواز خاست
یکی سرد تمره برآمد ز راه
چو بشنید خسرو هنگاه زود
برون رفت تازان بمانند گرد
درفشی کجا پیکرش اژدهاست
بمیمد یال و بر و روی را
همی راندند آن دو تن نرم نرم

ندیدند گفتی مرا جز براه ۶۴۵
ندیدند از آغاز فرجام را
بماورد لشکر چو کوه روان
بدام بلا در نمایخم
که باشند یاور مگر تازیان
سواران تازی بسمرام بکار
که اکنون ترا بای بر جای نیست
که آنجا سلیج تن رنج نیست ۶۵۰
چو از تو نماند سود و زیان
بدشمن سپارند م از بهر جمز
هم آواز تو بخت خندان بود
از ایدر برو تازیان تا بروم
چو رفتی یکایک بقیصر بگوی ۶۵۵
سلیج و سپماه وی آراستست
چو کارت شود تخت پیش تواند
بسی آفرین ها برو کرد یاد
که ما با غم و رنج گشتم جفت
بروم ایران بدشمن دهید ۶۶۰
که ای شاه نیک اختر داد راست
درفشی درفشان میان سپاه
باسب اندر آمد بکردار دود
درفشی پس پشت او لاژورد
که چو پیمه بر نهروان کرد راست ۶۶۵
نگه کرد گستهم و بندوی را
خروشید خسرو بآواز گرم

« m'a abandonné; on aurait dit que mes hommes ne me voyaient
« qu'en passant devant moi. Ils acclameront Bahram comme roi, ils
« ne savent pas où les conduira ce commencement. Bahram me
« suivit jusqu'au pont de Nahrewan avec une armée qui ressemblait
« à une montagne mouvante, et quand mes affaires furent désespérées
« je me suis enfui pour n'être pas pris dans les piéges de la destruc-
« tion. J'ai réfléchi sur ce qui pouvait nous être utile ou nuisible, j'ai
« pensé que les Arabes pourraient nous soutenir, et, si le roi le per-
« met, j'amènerai les cavaliers arabes à notre aide. »

Hormuzd répondit : « Ce plan n'est pas bon, car tu n'as mainte-
« nant rien sur quoi tu puisses t'appuyer; aller chez les Arabes est
« peine perdue, puisqu'il n'y a là ni armes pour les hommes, ni tré-
« sors. Ils ne t'aideront pas, car tu ne peux leur faire ni du bien ni
« du mal; ils ne respecteront pas ta haute naissance et te livreront
« pour de l'argent à ton ennemi. Puisse Dieu être ton soutien dans
« cette affaire, puisse la fortune être ton amie et te sourire. Si tu te
« décides à quitter ce pays, cours rapidement vers Roum, et, quand
« tu y seras arrivé, répète au Kaisar toutes mes paroles suppliantes.
« C'est un pays où il y a de la religion et des richesses et où les armes
« et les troupes sont en bon ordre; de plus, ces princes descendent de
« Feridoun, ils sont tes parents et viendront au-devant de toi, si tu
« es dans le malheur. » Khosrou écouta ces paroles, baisa la terre
devant Hormuzd, et prononça beaucoup de bénédictions sur lui.

Ensuite il dit à Bendouï, Guerdouï et Gustehem : « Les chagrins
« et les fatigues sont devenus nos compagnons; préparez les bagages
« et faites-les charger, abandonnez le pays d'Iran à notre ennemi. »
Ayant dit cela, il entendit la voix de la vigie qui criait : « Ô prince à
« l'étoile heureuse et plein de justice! une poussière noire s'élève sur
« la route, on voit un drapeau brillant au milieu des troupes. »

Aussitôt que Khosrou entendit ce cri, il monta à cheval, rapide
comme la fumée, et quitta la ville en courant comme la poussière,
suivi du drapeau couleur de lapis-lazuli, de ce drapeau à figure de
dragon, que Djoubineh avait porté haut aux bords du Nahrewan.
Il secouait ses bras et son corps, et en tournant la tête il aperçut
Gustehem et Bendouï, qui, tous les deux, cheminaient doucement,

8.

LE LIVRE DES ROIS

که ای ناسزایان چه پیش آمدست — که بدخواه تان چو خویش آمدست

وگرنه چنین نرم راندن چراست — که بهرام نزدیك پشت شماست

بدو گفت بندوی كای شهریار — دلت را بمهرام رنجه مدار ۴۷۰

که او گرد مارا نبیند براه — که دوریست از ایدر درفش سپاه

چنینست بارانترا گفت وگوی — که مارا چنین تاختن نیست روی

که چوبیمه آید بایوان شاه — هم آنگه که بهرمز دهد تاج وگاه

نشیند چو دستور بر دست اوی — بدریا رسد كارگر شست اوی

بقمصر یکی نامه از شهریار — نویسند کین بندهٔ نابكار ۴۷۵

گریزان برفتست ازین مرز و بوم — نمایدكه آرام گیرد بروم

هر آنكه كه او خویشتن کرد راست — نژندی وکژی ازین بهر ماست

چو آید بدان مرز بندش کنید — دل شادمان پر گزندش کنید

بدین بارگاهش فرستید باز — ممانید تا گردد او سرفراز

ببمدند م در زمان پای شاه — فرستند گریان بدین بارگاه ۴۸۰

چو بشنید خسرو دلش خیره گشت — زگفتار ایشان رخش تیره گشت

چنین داد پاسخ که از بخت بد — سزد زین نشان كر چه بر ما رسد

تخت ها درازست وكاری درشت — بمیزدان کنون باز هشتم پشت

براند اسپ وگفت آنچه از خوب و زشت — جهاندار بر تارك ما نبشت

بماشد نگردد باندیشه باز — مبادا كه آید بدشمن نماز ۴۸۵

چو او بر گذشت آن دو بیدادگر — ازو باز گشتند پر کینه سر

زراه اندر ایوان شاه آمدند — پر از رنج و دل پر گناه آمدند

زدر چون رسیدند نزدیك تخت — رهی از كیان باز کردند تخت

فکندند ناگاه بر گردنش — بماویختند آن گرامی تنش

شد آن تاج وآن تخت شاهنشهان — تو گفتی که هرمز نبد در جهان ۴۹۰

چنینست آئین گردندهٔ دهر — گهی نوش بار آورد گاه زهر

اگر مایه اینست سودش مجوی — که در جستنش رنجت آید بروی

doucement. Il leur cria avec une voix de colère : « Ô hommes indignes !
« Que s'est-il donc passé que nos ennemis puissent arriver comme s'ils
« étaient des nôtres? Dans tous les cas, pourquoi allez-vous si len-
« tement, puisque Bahram est derrière vous? » Bendouï répondit :
« Ô roi, ne te mets pas en peine de Bahram; il ne peut pas voir la
« poussière que nous faisons lever sur la route, puisque son drapeau
« sombre est encore loin. Mais voici ce que disent tes amis : Nous
« n'avons pas de raisons de courir comme toi, car si Djoubineh entre
« dans le palais du roi, il donnera à l'instant à Hormuzd la couronne
« et le trône, il s'assiéra à côté de lui comme Destour, et jettera dans
« la mer un hameçon qui produira son effet. Ils écriront au nom du
« roi une lettre au Kaisar, pour dire que ce vil esclave (toi) s'est enfui
« de ce pays, et qu'il ne faut pas qu'il reste tranquille dans le Roum;
« car chaque fois qu'il a pu faire ses volontés, il nous a causé du
« dommage et des embarras. S'il arrive donc dans votre pays, liez-
« le et remplissez de douleur son cœur joyeux; renvoyez-le à cette
« cour et n'attendez pas jusqu'à ce qu'il soit devenu puissant. On
« enchaînera alors les pieds du roi et on le renverra à cette cour ver-
« sant des larmes. »

Le cœur de Khosrou fut troublé par ces paroles, et son visage devint sombre par l'effet de leurs discours. Il répondit : « Il se peut
« que notre mauvaise destinée nous envoie quelque chose de sem-
« blable. Il y aurait beaucoup à dire, et notre position est difficile;
« mais nous mettons notre confiance en Dieu. » Il poussa son cheval,
en disant : « Le bonheur ou le malheur que le maître du monde a
« inscrit sur notre front arrivera, et nos soucis ne le changeront pas.
« Plût à Dieu que nos ennemis n'obtiennent pas ce qu'ils désirent. »
Aussitôt qu'il se fut éloigné, ces deux scélérats s'en retournèrent
pleins de haine; ils entrèrent dans la salle d'audience du roi, remplis de colère et le cœur prêt à tout crime; ayant franchi la porte, et
étant arrivés auprès du trône, ils détachèrent la corde d'un arc, la
jetèrent rapidement autour du cou du *roi* vénérable et l'étranglèrent.
C'est ainsi que périrent cette couronne et ce trône du roi des rois;
on aurait dit que Hormuzd n'avait jamais vécu. Telle est la coutume
de ce monde changeant, tantôt il porte comme fruit du miel, tantôt

چو شد گردش روز هرمز بمای   تهی ماند آن تخت وفرخنده جای
هانگاه برخاست آوای کوس   رخ خونیان گشت چون سندروس
درفش سپهبد هانگه زراه   پدید آمد اندر میان سپاه   ۶۹۵
چو پیشه گستم وبندوی تیز   گرفتند از آن گاه راه گریز
چنین تا خسرو رسید ایدون مرد   جهانجوی چون دیدشان روی زرد
بدانست کایشان دلی پر زراز   چرا از جهاندار گشتند باز
برخساره شد چون گل عنبلید   نکرد آن سخن بر دلیران پدید
بدیشان چنین گفت کز شاه راه   بگردید کامد بتنگی سپاه   ۷۰۰
بمابان گزیند وراه دراز   مدارید یکسر تن از رنج باز

رفتن خسرو بروم

چو بهرام رفت اندر ایوان شاه   گزین کرد از آن لشکر کیمه خواه
زره دار وشمشیر زن شش هزار   بدان تا شوند از پس شهریار
چنین لشکر نامبردار وگرد   ببهرام پور سماوش سپرد
وز آن روی خسرو بمابان گرفت   همی از بد دشمنان جان گرفت   ۷۰۵
چنین تا بممش رباطی رسید   سر تمغ دیوار او ناپدید
کجا خواندندیش یزدان سرای   پرستشگهی بود فرخنده جای
نشستنگه سوگواران بدی   بدو در سکوبا ومطران شدی
چنین گفت خسرو بمزدان پرست   که از خوردنی چیست ایدر بدست
سکوبا بدو گفت کای نامدار   فطبرست با ترّه جوبمار   ۷۱۰
گرایدون که شاید بدیسان خوری   مبادت جز از توشه این پرورش
زاسپ اندر آمد سبک شهریار   هم آن که بودند با او سوار
جهانجوی با این دو خسرو پرست   گرفت از پی باز برسم بدست
نشستند بر نرم ریگ کبود   بشتاب خوردند آنچه که بود
چنین گفت پس با سکوبا که می   نداری توای پیر فرخنده پی   ۷۱۵

du poison. Puisque telle est sa nature, n'y cherche pas des jouissances, car cette recherche ne te donnera que de la peine.

Lorsque la rotation des jours de Hormuzd fut terminée, ce trône et ce lieu béni restèrent vides; on entendit le son des timbales, la joue des meurtriers devint blanche comme de la sandaraque, le drapeau du Sipehbed parut sur la route au milieu de son armée, Gustehem et Bendouï, ces deux malfaiteurs, s'enfuirent du palais en toute hâte et coururent rejoindre Khosrou. Quand le prince les vit avec leurs visages pâles, il comprit pourquoi ces hommes au cœur plein de mystères avaient quitté le maître du monde. Ses joues devinrent *blanches* comme la fleur du fenugrec, mais il ne laissa rien apercevoir à ces hommes hardis. Il leur dit : « Quittez la grande route, car « une armée s'approche de nous; prenez le désert et cette longue « route, et ne laissez pas fléchir vos corps sous la fatigue. »

KHOSROU ARRIVE AU ROUM.

Lorsque Bahram fut entré dans la salle d'audience du roi, il choisit dans son armée, qui demandait vengeance, six mille hommes couverts de cottes de maille et prêts à frapper de l'épée, pour les envoyer à la poursuite du roi. Il confia cette illustre et vaillante armée à Bahram, fils de Siawusch. De son côté, le roi était entré dans le désert pour soustraire sa vie aux atteintes de son ennemi. Il courut ainsi jusqu'à ce qu'il fût arrivé près d'un lieu fortifié, dont les murs étaient si hauts qu'on n'en voyait pas les créneaux; on l'appelait la Maison de Dieu : c'était un lieu de prières, un lieu béni, un séjour de pénitents, où il y avait des prêtres et un métropolitain. Khosrou dit au serviteur de Dieu : « Qu'as-tu sous la main que je puisse manger? » Le prêtre lui dit : « Ô homme illustre, nous avons du pain azyme « et du cresson du ruisseau, si ce dîner peut te convenir; puisse un « pareil repas n'être qu'un en-cas pour toi ! »

Le roi et les cavaliers qui l'accompagnaient descendirent à l'instant de cheval, et le prince ambitieux de la possession du monde et ses deux serviteurs prirent en main le Barsom pour dire les prières; puis ils s'assirent sur du sable doux et bleu et mangèrent en toute

LE LIVRE DES ROIS

بدوگفت ما می زهرما کنـم
بـتـوز هـنـگام گـرما کـنـم
کنون هست لختی چو روشن گلاب
بسرخی چو بیجاده در آفـتـاب
م آنگه بماورد جامی نـبـیـد
که شد رنگ خورشید زو ناپدید
بخورد آنزمان خسرو از می سه جام
می وبان کشکین که دارد بنام
چو مغزش شد از باده سرخ گرم
بناگه بخفت از بر ریگ نـرم ۷۲۰
نهاد از بـر ران بـخـدوی سـر
روانش پر از درد وخسته جگر
همان چون بخواب اندر آمد سروش
سکوبای مهتر بیامد بر ش
که از راه گردی بر آمد سپاه
در آن گرد تیره فراوان سپاه
چنین گفت خسروکه بد روزگار
که دشمن بدین گونه شد خواستار
نه مردم بکارست و نه بارگی
فراز آمد آن روز بیچارگی ۷۲۵
بدوگفت بندوی بس چاره ساز
که آمد سپهبد بـتـنـگی فراز
بدوگفت خسروکه ای نیکخواه
مرا اندرین کار بنمای راه
بدوگفت بندوی کای شهریار
ترا چاره سازم بدین روزگار
ولـمـکن فدا کـرده بـاشم روان
بپمش جهانگیر شاه جوان
که هرکوکند بر در شاد کشت
نیابد بدان گیتی اندر بهشت ۷۳۰
بدوگفت خسروکه دانای چمن
یکی خوبتر داستان زد بـر بن
چو دیوار شهـر انـدر آیـد زپای
کلاته نباید که ماند جـای
چو ناچیز خواهد شدن شارسان
مباد بر پای بیمارسان
توگر چاره دانی اکنون بساز
م از پاك یـزدان نـه بی نماز
بدوگفت بندوی کمین تاج زر
مرا ده م این گوشوار وکـمـر ۷۳۵
م این لعل زربفت چینی قبای
چو من پوشم ایدرا تو ایدر مپای
برو با سپاهت م اندر شتاب
چوکشتی که ملاح راند بر آب
بکرد آن جوان هرچه بندوی گفت
وز آنجایگه گشت با باد جفت
همی راند گستم با او چوگرد
سـری پـر زکـمـنـه دلی پـر زدرد
چو خسرو برفت از بر چاره جوی
جهاندیده سوی سقف کرد روی ۷۴۰

hâte ce qui s'y trouvait. Ensuite le roi dit au prêtre : « N'aurais-tu pas « du vin, ô vieillard dont les traces du pied sont bénies? » Il répondit : « Nous faisons du vin de dattes, nous le préparons au mois de « temouz (juillet), pendant les chaleurs. Il nous en reste un peu, « brillant comme de l'eau de rose et rouge comme du corail au soleil. » Il apporta une coupe et du vin qui éclipsait la couleur du soleil. Le roi en but à l'instant trois coupes et mangea de ce pain qu'on appelle pain d'orge. Son cerveau étant échauffé par le vin rouge, il s'endormit instantanément sur le sable moelleux, en plaçant sa tête sur la cuisse de Bendouï, l'âme toute endolorie et le cœur blessé.

A peine sa tête était-elle plongée dans le sommeil, qu'un des chefs des prêtres s'approcha et lui dit : « On voit sur la route venir « une poussière noire, et, au milieu de ce nuage de poussière, on « voit beaucoup de troupes. » Khosrou dit : « Quel malheur que nos « ennemis soient si acharnés! Ni mes hommes, ni mes chevaux ne « peuvent se mouvoir, c'est aujourd'hui que commence notre dé- « tresse. » Bendouï, l'homme fertile en expédients, dit : « Le Sipehbed « est déjà tout près d'ici. » Le roi répondit : « Ô mon ami, montre- « moi la voie à suivre dans cet état de choses. » Bendouï dit : « Ô roi! « je vais te préparer un moyen de salut. Mais c'est ma vie qui sera « la rançon du maître du monde, le jeune roi; car quiconque fait « échec au roi n'entrera pas au paradis dans l'autre monde. »

Khosrou lui répondit : « Un sage de la Chine a dit quelque chose « de mieux là-dessus. Quand le mur d'une ville tombe, le faubourg ne « peut pas rester debout; quand une grande ville disparaît, l'hôpital « ne peut pas rester sur pied. Si tu connais un moyen de salut, pré- « pare-le maintenant, et Dieu, le tout saint, te mettra au-dessus de « tout besoin. » Bendouï répondit : « Donne-moi cette couronne d'or, « ces boucles d'oreilles, cette ceinture et cette tunique chinoise cou- « leur de rubis et brochée d'or, et ne reste pas ici pendant que je « les revêts; pars en toute hâte avec ton escorte, cours comme une « barque que le marinier pousse sur l'eau. »

Le jeune homme fit ce que Bendouï lui avait dit, et partit de ce lieu comme s'il était compagnon du vent, et Gustehem courut avec lui rapidement comme la poussière, la tête pleine du désir de la

که اکنون شمارا بدین برزکوه	بمیاید بدین تا پدید ازکروه
خود اندر پرستشگه آمد چوکرد	بزودی در آهنمین تخت کرد
بپوشید پس جامهٔ زرنگار	بسر بر نهاد افسر شهریار
بدان بام شد کش نبود آرزو	سپه دید گرد اندرش چار سو
همی بود تا لشکر رزمساز	رسیدند نزدیک آن دژ فراز ۷۴۵
ابر پای خاست آنگه از بام زود	تن خویشتن را بلشکر نمود
بدیدندش از دور با تاج زر	چه با طوق و با گوشوار و کمر
همی گفت هرکس که اینی خسروست	که با تاج و با جامه های نوست
چو بندوی شد بیگمان کان سپاه	همی باز نشناسد اورا زشاه
فرود آمد و جامهٔ خویش تفت	بپوشید و پی باک بر بام رفت ۷۵۰
چنین گفت کای رزمسازان نو	کرا خواهد اندر شما پیمش رو
که پیغام دارم زشاه جهان	بگویم شنیده بپیمش همان
چو پور سماوش بدیدش بپام	هم پیمشرو گفت بهرام نام
بدو گفت گوید جهاندار شاه	که من تخت پیغام از رنج راه
سواران همه خسته و کوفته	زراه دراز اندر آشوفته ۷۵۵
بدین خانهٔ سوگواران برنج	فرود آمدسم ابا یار پنج
چو پیدا شود چاك روز سفید	کم دل زكار جهان نا امید
بیائیم با تو براه دراز	بنزدیك بهرام گردنفراز
برین برکه گفتم نجوم زمان	اگر یارمندی کند آسمان
نماگان ما هرکه بودست پیش	نگه داشتندی م آئین وکیش ۷۶۰
اگرچه بدی بخت شان دیرساز	بگفتم نه برداشتندی نماز
کنون آنچه مارا بدل راز بود	بگفتیم چون بخت بدساز بود
زرخشنده خورشید تا تیرهٔ خاك	نباشد مگر رای یزدان پاك
چو سالار بشنید ازو داستان	بگفتار اوگشت همداستان
دگر هرکه بشنید گفتار او	پر از درد شان شد دل از کار او ۷۶۵

vengeance, le cœur rempli de douleur. Aussitôt que Khosrou eut quitté son sauveur, cet homme expérimenté se tourna vers le chef du monastère et lui dit : « Il faut que vous vous retiriez sur le haut de la « montagne, hors de la vue de la foule. » Lui-même courut au sanctuaire, ferma en toute hâte la porte de fer, revêtit la robe brodée d'or, plaça sur sa tête la couronne du roi, monta, fort inquiet, sur la terrasse du toit, et vit que des troupes entouraient la maison des quatre côtés. Il attendit jusqu'à ce que l'armée, prête pour le combat, fût établie auprès des murs, puis il se mit soudain debout sur le toit et se montra aux troupes, qui le virent de loin avec la couronne d'or, avec le collier, les boucles d'oreille et la ceinture de Khosrou, et chacun dit : « Voici le roi avec sa couronne et son beau cos- « tume. »

Lorsque Bendouï fut persuadé que l'armée l'avait pris pour le roi, il descendit, se hâta de reprendre ses propres habits et remonta tranquillement sur la terrasse. Il dit : « Ô jeunes guerriers, à qui puis-je « m'adresser comme à votre chef? Car j'ai un message du roi du « monde, dont je veux m'acquitter devant lui. » Le fils de Siawusch, qui l'aperçut sur la terrasse, lui dit : « Je suis le chef, mon nom est « Bahram. » Bendouï répondit : « Le roi, maître du monde, te fait dire : « Je suis très-souffrant des fatigues de la route, mes cavaliers sont « tous blessés, endoloris et épuisés par cette longue marche, et je me « suis arrêté à cette maison de pénitents avec cinq compagnons. Aussi-« tôt que paraîtra la blanche aube du jour, j'écarterai de mon cœur « tout espoir dans les affaires du monde, et j'irai avec toi faire cette « longue route jusqu'auprès de Bahram, qui porte haut la tête. Je ne « demanderai pas un plus long délai que celui que j'ai indiqué, si le « ciel se montre secourable. Tous mes ancêtres, tous les rois qui « m'ont précédé, ont observé les règles de la dignité et de la religion, « et n'ont jamais refusé, pendant leur longue bonne fortune, au plus « humble, ce dont il avait besoin. Maintenant que la fortune a tourné « contre moi, j'ai dit tout le secret de mon cœur, et rien ne se fait « que selon la volonté de Dieu, le tout saint, *partout*, depuis le soleil « brillant jusqu'à la terre sombre. »

Le chef de l'armée écouta ces paroles et consentit, et tous ceux qui

فرود آمد آنشب بدانجا سپاه	همی داشتی راه خسرو نگاه
دگر روز بندوی بر بام شد	بدیوار بر سوی بهرام شد
چنین گفت کامروز شاه از نماز	همانا نباید بکاری فراز
چنین هم شب تیره بیدار بود	پرستنده پیش جهاندار بود
همان نیمز خورشید بر شد بلند	زگرما نباید که باید گزند ۷۷۰
بیاساید امروز و فردا پگاه	همی راند اندر میان سپاه
چنین گفت بهرام با مهتران	که کاریست این هم سبك هم گران
چو بر خسرو این کار گیرم تنگ	مگر تیز گردد بیاید جنگ
بتنها تن او خود یکی لشکرست	جهانگیر و بیدار و کندآورست
وگر کشته آید ز دشت نبرد	بر آرد زما نیز بهرام گرد ۷۷۵
همان به که امروز باشیم نیز	وگر خوردنی نیست بسیار چیز
مگر کو بر این همنشان خوشمنش	بیاید این جنگ و بی سرزنش
چنان هم همی بود تا شب زکوه	در آمد بگرد اندر آمد گروه
سپاه اندر آمد بهر پهلوی	همی سوختند آتش از هر سوی

بردن بهرام سیاوش بندوی را پیش بهرام چوبینه

چو روی زمین گشت خورشید فام	سخنگوی بندوی بر شد ببام ۷۸۰
بهرام گفت ای جهاندیده مرد	بدانگه که برخاست از دشت گرد
چو خسرو شما را بدیدش برفت	سوی روم با لشکر خویش تفت
کنون گر تو یزدان شوی چون عقاب	وگر بر تر آری سر از آفتاب
نبینی همی شاه را جز بروم	که اکنون کهن شد بدان مرز و بوم
کنون گرد دهیدم جهان زینهار	بیاید بر پهلوان سوار ۷۸۵
بگوهر سخن هرچه پرسد زمن	زکی و بیشی آن انجمن
وگر نه بموشم سلیح نبرد	بجنگ اندر آرم خورشید گرد
چو بشنید بهرام از و این سخن	دل مرد برنا شد از غم کهن

avaient entendu le discours *de Bendouï* furent émus de pitié. L'armée s'établit pour la nuit, en faisant bonne garde pour que Khosrou ne s'échappât pas. Le lendemain, Bendouï parut sur le toit, alla sur le mur du côté de Bahram, et lui dit : « Aujourd'hui le roi fait ses prières « et ne s'occupera pas d'affaires, il n'a pas dormi cette nuit et l'a passée « en dévotions devant le maître du monde. Maintenant le soleil s'est « levé dans toute sa puissance, et il ne faut pas que Khosrou souffre « de la chaleur; il se reposera aujourd'hui, et demain, au grand matin, « il se rendra à ton armée. » Bahram dit aux grands : « C'est une af- « faire peut-être sans importance, peut-être très-grave. Si nous pres- « sions trop Khosrou, il pourrait se mettre en colère et venir se battre. « Il vaut à lui seul une armée, il est ambitieux, prudent et vaillant, « et s'il était tué, sur le champ de bataille, Bahram nous mettrait « tous à mort. Il vaut donc mieux attendre encore un jour, quoique « nous n'ayons que peu de vivres, et espérer qu'il se rende de cette « manière librement, sans combat et sans querelle. » Il resta ainsi jus- qu'à ce que la nuit descendît de la montagne, et que son armée *d'étoiles* fût réunie autour d'elle; alors les troupes se répandirent de tous les côtés et allumèrent partout des feux.

BAHRAM, FILS DE SIAWUSCH, AMÈNE BENDOUÏ DEVANT BAHRAM DJOUBINEH.

Lorsque la face de la lune fut devenue brillante comme le soleil, l'éloquent Bendouï monta sur la terrasse et dit à Bahram : « Ô toi qui « connais le monde! Lorsque la poussière de votre armée s'est élevée « dans la plaine et que Khosrou vous a vus, il est parti en toute hâte « vers le Roum avec son escorte, et aujourd'hui, si tu volais comme « l'aigle, si tu levais ta tête plus haut que le soleil, tu ne verrais le roi « que dans le Roum, car il y a longtemps qu'il a atteint ce pays. Main- « tenant, si vous m'accordez la vie sauve, je me rendrai auprès du « vaillant Pehlewan et lui dirai tout ce qu'il voudra savoir de cette « cour, les petites choses et les grandes, sinon je revêtirai mon armure « de guerre et ferai voler jusqu'au soleil la poussière du combat. »
A ces paroles, le cœur du jeune *Sipehbed* devint vieux de chagrin.

بیماران چنین گفت کاکنون چه سود / اگر من بر آرم زبندوی دود
هان به که اورا بر پهلوان / برم من برین گونه روشن روان ۷۹۰
بگوید بدو هرچه داند زشاه / اگر سر دهد یا ستاند کلاه
ببندوی گفت ای بد چاره جوی / تو این داوریها ببهرام گوی
فرود آمد از بام بندوی شمیر / همی راند با نامداران دلیر
چو بشنید بهرام کامد سپاه / سوی روم شد خسرو کینه خواه
زیور سماوش برآشفت سخت / بدو گفت کای بدتن شوربخت ۷۹۵
نه کار تو بود آن که فرمودمت / همی بمهر خمره بستودمت
جهانجوی بندویرا پیش خواند / همه خشم بهرام بر وی براند
بدو گفت کای بدتن وبدکنش / فریبنده مرد از در سرزنش
سپاه مرا خمره بفریفتی / زبد گوهر خویش نشکیفتی
تو با خسرو شوم گشتی یکی / جهاندیده کردی ازکودکی ۸۰۰
کنون آمدی با دلی پر سخن / که من نوکم روزگار کهن
بدو گفت بندوی کای سرفراز / زمن راستی جوی و تندی مساز
بدان کان شهنشاه خویش منست / بزرگمش ورادیش پیش منست
فدا کردمش جان وبایست کرد / توگر مهتری گرد کژی مگرد
بدو گفت بهرام من زین گناه / که کردی نخواهت کردن تباه ۸۰۵
ولیکن تو مکشته بر دست اوی / شوی زود وخوانی مرا راستگوی
نهادند بر پای بندوی بند / ببهرام دادش زبهر گزند
همی بود تا خور شد اندر نهفت / بیامد پر اندیشه دل بخفت

رای زدن ایرانیمان وبهرام از بهر پادشاهی
وبر تخت نشاندن اورا

چو خورشید خنجر کشید از نیام / پدید آمد آن مطرف زرد فام
فرستاد وگردنکشانرا بخواند / بر افگنده تاجداران نشاند ۸۱۰

KHOSROU PARVIZ

Il dit à ses amis : « Quel avantage y aurait-il maintenant, si je tuais
« Bendouï? Il vaut mieux que je l'amène sain et sauf au Pehlewan,
« pour qu'il lui dise ce qu'il sait du roi, et que le Pehlewan lui fasse
« grâce de la vie ou lui arrache sa tiare. » Il dit à Bendouï : « Ô mau-
« vais homme, plein de ruses, plaide cette cause devant Bahram. »
Bendouï, le lion, descendit de la terrasse et se mit en marche courageusement avec les grands.

Lorsque Bahram apprit que l'armée était arrivée et que Khosrou
était parti pour le Roum, méditant vengeance, il se mit en colère
contre le fils de Siawusch, et lui dit : « Ô méchant homme, à la for-
« tune mauvaise! Tu n'as pas fait ce que je t'avais ordonné, j'avais
« follement loué un homme sans mérite. » Il fit appeler Bendouï et
déversa sur lui toute la colère qu'il éprouvait contre Bahram, et lui
dit : « Ô mauvais homme, ô malfaiteur, fourbe, propre seulement à
« faire naître des querelles! tu as dupé mon armée dans ta folie, ta
« mauvaise nature ne t'a pas permis de rester tranquille. Tu t'es uni
« à ce vil Khosrou, tu as fait de cet enfant un homme d'expérience,
« et maintenant tu viens avec un esprit plein de paroles *mensongères*,
« annonçant que tu feras revivre l'ancien état des choses. » Bendouï
dit : « Ô homme qui portes haut la tête! ne cherche en moi que de
« la droiture et n'agis pas précipitamment. Sache que ce roi des rois
« est mon parent, que sa grandeur et sa noblesse sont tout pour moi.
« Je lui ai dévoué ma vie, comme c'est mon devoir, et, puissant
« comme tu es, ne te laisse pas aller à l'iniquité. » Bahram répondit :
« Je ne veux pas te mettre à mort pour ce crime, mais c'est lui qui te
« tuera bientôt et tu reconnaîtras que j'ai dit vrai. » On chargea de
chaînes les pieds de Bendouï et *Bahram* le remit au fils de Siawusch
pour le préserver de tout danger. Bahram resta ainsi jusqu'à ce que
le soleil fût caché, puis alla se coucher rempli de soucis.

LES IRANIENS DÉLIBÈRENT AVEC BAHRAM SUR LA ROYAUTÉ, ET DISCUTENT S'ILS DOIVENT LE PLACER SUR LE TRÔNE.

Lorsque le soleil eut tiré du fourreau son épée et que sa robe jaune
eut paru, Bahram envoya convoquer les hommes qui portaient haut

بمك سوى كرسى زرين نهاد
چنين گفت از انمس بمانك بلند
زشاهان زختال بدتر كسى
كه از بهر شاهى پدررا بكشت
دگر خسرو آن مرد بمداد وشوم
كنون تا پديد آيد اندر جهان
كه زيبا بود جستن تخت را
كه داريد كاكنون ببندد ميان
بدارندهٔ آفتاب بلند
شنيدند گردنكشان اين سخن
نجنبيد كس سر زگفتار راست
كجا نام او بود شهران گراز
چنين گفت كاى نامدار بلند
بدى گر نبودى تو آن ساوه شاه
از آزادگان بندگان خواست كرد
زگيتى مردى تو بستى ميان
سپه چار بار از يلان صد هزار
بميكوبه تمر توگشتمند باز
كنون تخت ايران سزاوار تست
كسى كو بميهد زفرمان تو
بفرمانش آريم اگرچه كوست
بگفت اين وبنشست برجاى خويش
بدو گفت كمن پير دانش پژوه
بگويم كه او از چه گفت اين سخن
چو اين نيكوشنمها زتو ياد كرد

چو شاهان پيروز بنشست شاد
كه هركس كه هست ارشما ارجمند
نمايد پديد از جوئى بسى
وز آن كشتن ايرانش آمد بهشت
پدررا بكشت آنگهى شد برو ۸۱۵
يكى نامدارى زتخم مهان
كلاه وكبر بستن وبخت را
بجاى آورد راه ورسم كيان
كه باشم شمارا بدين يارمند
كه آن نامور مهتر افگند بن ۸۲۰
يكى پير سر بود بر پاى خاست
گوى پير سر مهترى سرفراز
توئى تا بدى در جهان سودمند
كه آمد بدين مرز ما با سپاه
كس اورا نبد در جهان همنبرد ۸۲۵
كه اين رنج بگذاشت از ايرانيان
همه گرد وشايسته كارزار
بر آسود ايران زگرم وگداز
بيرى برگوا بخت بمدار تست
وگر دور ماند زبيمان تو ۸۳۰
وگر داستانرا همه خسروست
خراسان سپهبد بيامدش پيش
كه چندين سخن گفت پيش گروه
جهانجوى داننده مرد كهن
دل انجمن زين سخن شاد كرد ۸۳۵

KHOSROU PARVIZ

la tête et fit asseoir sur un tapis ces *chefs* couronnés; il fit placer à part un siége d'or et s'y assit, heureux et comme un roi victorieux. Puis il dit d'une voix forte : « Tout homme honorable parmi vous *sait* que l'on
« aurait beau chercher, on ne trouverait pas un roi pire que Zohak,
« qui a tué son père pour s'emparer du trône, et s'est mis en posses-
« sion de l'Iran par ce meurtre, ni *pire* que Khosrou, cet homme in-
« juste et vil, qui a tué son père et est parti pour le Roum. Mainte-
« nant, avez-vous quelqu'un qui soit en état de maintenir la voie et
« les coutumes des Keïanides, jusqu'à ce que paraisse dans le monde
« un illustre rejeton des rois, qui serait digne de prétendre au trône,
« au diadème, à la ceinture et à la fortune des rois? Je jure par le
« maître du soleil sublime que je vous aiderai en cela. »

Les grands écoutèrent le discours que cet homme puissant et illustre avait prononcé. Personne ne contredit ses paroles droites, et un vieillard, dont le nom était Schehran Guraz se leva, un homme vaillant et âgé, un grand qui portait haut la tête. Il dit : « Ô glorieux
« et puissant Bahram! Pendant toute ta vie tu as été le bienfaiteur
« du monde. Sans toi, ce Saweh eût été notre roi, Saweh, qui a en-
« vahi nos frontières avec une armée, qui a voulu faire des esclaves
« de *nous*, hommes libres. Personne n'était en état de le combattre;
« toi seul, dans le monde, t'es armé bravement, et cette calamité a
« été épargnée aux Iraniens. Quatre fois des armées de cent mille
« hommes, tous braves et propres au combat, ont reculé devant tes
« flèches de simple bois, et l'Iran a été sauvé de ses angoisses et de la
« ruine. Aujourd'hui, il convient que tu occupes le trône de l'Iran; la
« fortune, qui a toujours veillé sur toi, rend cela évident, et si un Ira-
« nien refuse de t'obéir, ou s'il se tient à l'écart et ne veut pas te re-
« connaître, nous te l'amènerons d'après tes ordres, si vaillant qu'il
« puisse être, et sa renommée fût-elle celle d'un Chosroës. »

Ayant ainsi parlé, il se rassit à sa place, et le Sipehbed Khorasan s'avança vers Bahram, disant : « Ce vieillard, qui est à la recherche
« de la sagesse et qui vient de parler si longuement devant l'assem-
« blée, je me demande sur quoi cet homme ambitieux, savant et âgé
« s'appuie dans son discours! Quand il dit tout ce bien de toi, le cœur
« de l'assemblée s'en réjouit. Mais il y a une belle parole que vous,

LE LIVRE DES ROIS

ولیکن یکی داستانست نغز
که زردشت گوید باستا وزند
بمیرد بمکسال پندش دهید
سر سال اگر باز ناید براه
چو بر دادگر شاه دشمن شود
خراسان بگفت ای ولیرا بِبَست
از آمس فرخ زاد بر پای خاست
چنین گفت کای مهتر سودمند
اگر داد بهتر بود کس مباد
اگر بر پسندست گفتار ما
بهرام گفتا کانوشه بدی
برین گاه بنشین که زیبد ترا
انوشه بزی شاه تا جاودان
بگفت ای و بنشست مرد دلیر
چنین گفت اکنون که چندین
بگفتند وگفته هه کس شنید
سرانجام اگر راه جوئی بداد
همان دیر تا خسرو سرفراز
زکار گذشته بیموزش گرای
که تا زنده باشد جهاندار شاه
وگر بیم داری ز خسرو بدل
بشهر خراسان تن آسان بزی
بیموزش یک اندر دگر نامه ساز
نه برداشت خسرو پی از جای خویش
سخن گفت پس راد فرخ بداد

مگر بشنود مردم پاک مغز
که هرکس که از کردگار بلند
همان مایهٔ سودمندش دهید
بیایدش کشتن بفرمان شاه
سرش زود باید که بی تن شود ۸۴۰
بیامد چنائی که بودی نشست
وز آن انجمن سر برآورد راست
سخن گفتن داد به یا پسند
که باشد زگفتار بمداد شاد
بدین نیست پیروزگر یار ۸۴۵
جهانرا بدیدار توشه بدی
ز تو پاک شد بد ز هر کشورا
ز تو دور دست و زیان بدان
خزروان خسرو برآمد چو میر
سرایندم برنا و مرد کهن ۸۵۰
ترا بیشتر راه باید گزید
همویی سر افگن بکردار باد
نکوبد باندیشه راه دراز
سوی تخت گستاخ مگدار پای
سپهبد نباشد سزاوار گاه ۸۵۵
بی از پارس و از طیسفون برگسل
که آسانی و مهتری را سزی
مکر خسرو آید براه توباز
که تا راد فرخ نهد پای پیش
که ای نامداران فرخ نژاد ۸۶۰

« hommes à l'esprit pur, voudrez peut-être écouter et que Zerdouscht
« prononce dans le Zendavesta, la voici : Quiconque s'écarte du Créa-
« teur tout-puissant, donnez-lui pendant un an des conseils et four-
« nissez-lui ce dont il a besoin; si, au bout de l'année, il n'est pas re-
« venu à la vraie voie, il faut le tuer sur l'ordre du roi; mais, quand
« il devient l'ennemi du roi distributeur de la justice, il faut se hâter
« de lui trancher la tête. » Ayant ainsi parlé, Khorasan ferma ses
lèvres et retourna à la place où il avait été assis.

Ensuite Ferroukhzad se leva et se tint debout devant l'assemblée,
la tête haute. Il dit : « Ô homme puissant et bienfaiteur du pays !
« Vaut-il mieux parler avec justice ou avec complaisance ? Si la jus-
« tice vaut mieux, maudit soit qui approuverait des paroles iniques;
« et si nos paroles n'étaient que des complaisances, Dieu, le victo-
« rieux, ne nous viendrait pas en aide. » Puis il dit à Bahram : « Puisses-
« tu être heureux ! puisse ta vue être la nourriture du monde ! assois-
« toi sur ce trône dont tu es digne, car tu as délivré du mal tous les
« Kischwers. Vis heureux à jamais, ô roi, et que la main et la langue
« des méchants restent loin de toi ! » Ainsi parla le vaillant homme,
puis il se rassit, et le chef du pays des Khazars, Khosrou, se leva
comme un lion, disant : « Maintenant, que les jeunes et les vieux ont
« tant parlé avec éloquence et que tous ont écouté ce qui a été dit,
« c'est à toi de choisir ta voie future, et si, à la fin, tu te décides dans
« un esprit de justice, envoie un dromadaire rapide comme le vent,
« et ne tarde pas, pour que le roi qui porte haut la tête n'ait pas à
« faire, plein de soucis, cette longue route. Demande pardon pour
« le passé, et ne dirige pas tes pas audacieux vers le trône, car, aussi
« longtemps que vit le roi maître du monde, aucun Sipehbed ne peut
« prétendre au trône. Si, dans ton cœur, Khosrou t'inspire des
« craintes, quitte le Farsistan et Thisifoun, et vis tranquille dans le
« pays de Khorasan, où tu jouiras de la sécurité et du pouvoir que
« tu mérites; écris lettre sur lettre pour t'excuser, et il faut espérer
« que le roi reviendra vers toi. »

Khosrou n'avait pas encore quitté sa place, que déjà le noble
Farrukh s'avançait; il commença à parler selon la justice, disant :
« Ô vous, hommes illustres et de haute naissance ! J'ai entendu les

شنیدم سخن گفتن مهتران
نخستین سخن گفتن بنده وار
خردمند نیسندد این گفتگوی
خراسان سخن پرمنش وار گفت
فرخزاد بفزود گفتار تند
چهارم خزروان سالار بود
که تا آفرید این جهان کردگار
رفقنای تازی نخست اندر آی
که جمشید برترمنشرا بکشت
پراز درد شد مردم پارسا
دگر آن که بدگوهر افراسیاب
بزاری سر نوذر نامدار
سدیگر که آمد سکندر زروم
چو دارای شمشیرزنرا بکشت
چهارم چو نایاکدل خوشنواز
چو بیروز شاهی بلند اختری
بکشتند همه تالمیان ناگهان
کس اندر جهان این شگفتی ندید
که بگریخت شاهی چو خسرو زگاه
بگفت این وبنشست گریان زدرد
جهاندیده سیمار بر پای جست
چنین گفت کمین مایه ور پهلوان
کنون تا کسی از نژاد کیان
هان به که این برنشیند بخت
سر جنگیان کمین تنها شنید

که هستند از ایران گزیده سران
که تا پهلوانی شود شهریار
کز آن کم شود مردم را آب روی
نگویم که این با خرد بود جفت
دل مردم پیر خرد کرد کند ۸۶۵
که گفتار او با خرد یار بود
پدید آمد این گردش روزگار
که بمدادگر بود وناپاک رای
بمبداد بگرفت گیتی مشت
که اندر جهان دیو شد پادشا ۸۷۰
زتوران بدین سوی بگذاشت آب
بشمشیر ببرید وبرگشت کار
بایران وویران شد این مرز وبوم
خور وخواب ایرانمان شد درشت
که کم کرد ازین بوم ویرنام ونیاز ۸۷۵
جهانگیر واز شهریاران سری
نگون شد سرتخت شاهنشهان
که اکنون بنوی بایران رسید
سوی دشمنان شد زدست سپاه
زگفتار اوگشت بهرام زرد ۸۸۰
ممان بسته وتیغ هندی بدست
بزرگست وبا داد وروشن روان
بیاید ببندد کمر بر میان
که گردست وجنگاور ونیکبخت
بزد دست وتیغ از میان برکشید ۸۸۵

« discours des grands, des chefs, élite de l'Iran; d'abord des paroles
« serviles pour faire un roi d'un Pehlewan; mais aucun homme de
« sens ne peut approuver de pareils discours, car ils déshonorent
« les hommes. Khorasan a parlé comme un homme impérieux, mais
« je ne dirai pas que ce soit conformément à la raison. Farrukhzad a
« renchéri sur lui en paroles vives et a assourdi le cœur des hommes
« intelligents; le quatrième qui a parlé était le chef de l'armée, chef
« du pays des Khazars, et son discours était entièrement d'accord avec
la raison.

« En comptant depuis le temps où Dieu a créé le monde et où
« la rotation du sort a commencé, Zohak, l'Arabe, a été le premier
« *roi* injuste et aux intentions impures, lui qui a tué Djemschid à
« l'âme sublime, et s'est emparé du monde par un crime. Les hommes
« purs furent remplis de douleur qu'un Div régnât sur le monde.
« Le second était Afrasiab, homme de mauvaise race, qui a passé du
« Touran de ce côté de l'eau (de l'Oxus), qui a tranché misérable-
« ment la tête à Newder avec l'épée et a tout ruiné. Le troisième était
« Sikender, qui est arrivé du Roum dans l'Iran, a désolé ce pays, a
« fait périr Dara, qui était prêt à frapper de l'épée, et a empêché les
« Iraniens de jouir de la nourriture et du sommeil. Le quatrième était
« Khouschnewaz, au cœur impur, qui a enlevé à ce pays sa gloire
« et son bien-être, et lorsque les Heïtaliens eurent tué inopinément
« un roi comme Pirouz, à l'étoile puissante, maître du monde et chef
« des rois, le trône des rois des rois fut abaissé. Mais personne n'a
« vu dans le monde une chose aussi étonnante, une chose inouïe
« comme celle qui arrive aujourd'hui dans l'Iran, qu'un roi tel que
« Khosrou s'enfuie de son trône et aille chez nos ennemis pour échap-
« per à son armée. »

Ayant ainsi parlé, il se rassit, pleurant de douleur, et son discours fit pâlir Bahram. Sinar, un homme plein d'expérience, se
leva tout armé, une épée indienne en main, et dit : « Ce noble Peh-
« lewan est puissant, juste et d'un esprit brillant. Il vaut mieux qu'il
« s'asseye sur le trône, jusqu'à ce qu'un rejeton des Keïanides vienne
« armé pour le combat, car il est vaillant, il sait se battre et la fortune
« lui est propice. » Le chef de l'armée, entendant ces paroles, saisit

چنین گفت کز تخم شاهان زنی اگر باز یابند در برزنی
ببرّم سرشرا بشمشیر تیز رجانش بنر آرم دم رستخیز
نماند که کس تاجداری کند ممان سواران سواری کند
شنیدند گردان آهرمنی که سالار نا پاک کرد آن منی
کشیدند شمشیر و برخاستند یکی نو سخن گفتن آراستند ۸۹۰
که بهرام شاهست و ما کهتریم سر دشمنان را ببی بسپریم
کشیده چو بهرام شمشیر دید خردمندی و راستی برگزید
چنین گفت کان کو رجای نشست بر آید بمارد بشمشیر دست
ببرّم م اندر زمان دست اوی هشیوار گردد سر مست اوی
بگفت این و از پیش آزادگان بیامد سوی گلشن شایگان ۸۹۵
پراکنده گشت آن بزرگ انجمن همه رخ پر آژنگ و دل پر شکن

بر تخت نشستن بهرام چوبینه

چو پیدا شد آن چادر قمر گون درخشان شد اختر بچرخ اندرون
چو آواز دارنده پاس خاست قلم خواست بهرام و قرطاس خواست
بیامد دبیری خردمند و راد دوات و قلم پیشش دانا نهاد
بدو گفت عهدی زایرانیان بباید نبشتن بری پرنیان
که بهرام شاهست و پیروز بخت سزاوار تاجست و زیبای تخت ۹۰۰
نجوید جز از راستی در جهان چه بر آشکارا چه اندر نهان
نبشته شد و شمع بر داشتند شب تیره باندیشه بگذاشتند
چو پنهان شد آن چادر لاژورد جهان شد ز دیدار خورشید زرد
بیامد یکی مرد پیروز بخت نهاد اندر ایوان بهرام تخت ۹۰۵
برفتند ایوان بسماک عاج بماویختند از برگاه تاج
بر تخت زرّین یکی زیرگاه نهادند و یس برگشادند راه
نشست از برگاه بهرام شاه بسر بر نهاد آن کیانی کلاه

son épée et la tira, disant : « Si l'on trouve dans une maison *de la ville*
« une femme de race royale, je lui couperai la tête avec cette épée
« tranchante, je ferai passer sur sa vie le souffle de la mort; je n'atten-
« drai pas qu'un prétendant au trône paraisse et montre sa bravoure
« au milieu des cavaliers. »

Lorsque les braves, *remplis de l'esprit* d'Ahriman, virent cette résolution de leur chef impie, ils tirèrent les épées, se levèrent et parlèrent sur un nouveau ton, s'écriant : « Bahram est roi et nous
« sommes ses sujets; nous foulerons aux pieds la tête de ses ennemis. »
Quand Bahram vit ces épées nues, il montra de la prudence et de la
droiture, et dit : « Si quelqu'un se lève de sa place et touche son
« épée, je lui couperai à l'instant la main et ferai rentrer la raison
« dans sa tête ivre. » Il dit, quitta les nobles de l'Iran et entra dans
le jardin royal, et cette grande assemblée se dispersa, les visages
froncés, les cœurs brisés.

BAHRAM DJOUBINEH MONTE SUR LE TRÔNE.

Lorsque le rideau couleur de poix parut, que les astres brillèrent
à la voûte du ciel et que l'on entendit la voix des gardes de nuit,
Bahram demanda un roseau et du papier. Un scribe intelligent et
noble arriva; Bahram plaça devant ce savant l'encrier et le roseau, et
lui dit : « Il faut écrire sur cette soie une déclaration des Iraniens, que
« Bahram est roi, que sa fortune est victorieuse, qu'il est digne du
« trône et l'ornement de la couronne, qu'il ne cherche dans le monde
« que la droiture, dans ses actes publics et en secret. » Ceci fut écrit,
puis on alluma des bougies, et on passa la nuit sombre dans les inquiétudes.

Lorsque ce voile couleur de lapis-lazuli eut disparu et que le monde
fut doré par l'aspect du soleil, un homme à la fortune victorieuse
vint et fit placer une *estrade de* trône dans la salle de Bahram; on
balaya la salle jusqu'à ce qu'elle fût propre comme de l'ivoire, on
suspendit la couronne au-dessus du trône, on plaça un siège sur
l'estrade d'or, puis on ouvrit la salle. Le roi Bahram s'assit sur le
trône et posa sur sa tête la couronne des Keïanides; le scribe apporta

دبیرش بیاورد عهد کمان / نبشته بر آن پر بها پرنیان
گوای نبشتند یکسر مهان / که بهرام شد شهریار جهان ۴۱۰
بر آن نامه چون نام کردند یاد / بر وبر یکی مهر زرین نهاد
چنین گفت کمی پادشاهی مراست / بریں بر شما پاک یزدان گواست
چنین هم بماناد سالی هزار / که از تخمهٔ من بود شهریار
پسر بر پسر بر چنین ارجمند / بماناد با تاج و تخت بلند
آذر مه اندر بد و روز هرمز / که از شیر پردخته شد پشت گور ۴۱۵
ستاره بجای بلند آفتاب / بر آمد وز آن شد جهان چون سراب
چو از سروبن باغ گردد تهی / بگیرد گیا جای سرو سهی
چمن گفت از آنیس بایرانیان / که برخاست پرخاش و کین از میان
کسی کو بدین نیست همداستان / اگر کژ باشند اگر راستان
بایران مباشید بیش از سه روز / چهارم چو از چرخ گیتی فروز ۴۲۰
بر آید همه نزد خسرو شوید / بریں بوم و بر بیش ازین مغنوید
از آنیس بایران چو ریشان کسی / نماند نماند بر و رجان بسی
نه از دل برو خواندند آفرین / که پردخته از تو مبادا زمین
هر آنکس که با شاه بپیوسته بود / بر آن پادشاهی دلش خسته بود
برفتند از آن بوم تا مرز روم / پراگنده گشتند از آزاد بوم ۴۲۵

گرختن بندوی از بند بهرام

همی بود بندوی بسته چو یوز / بزندان بهرام هفتاد روز
نگهبان بندوی بهرام بود / که از بند او نیک باکام بود
ورا نمز بندوی بفریفتی / ببند اندر از چاره نشکیفتی
که از شاه ایران مشو نا امید / اگر تیره شب روز گردد سفید
اگر چه شود بخت او دیرساز / شود بخت فیروز با خوشنواز ۴۳۰
جهان آفرین بر تن کی قباد / ببخشود و گیتی بدو بازداد

la déclaration royale, écrite sur un satin de grand prix, et tous les
grands la signèrent et reconnurent Bahram pour roi du monde.
Quand ils eurent signé leurs noms sur cette pièce, Bahram y apposa
son sceau d'or, puis il dit : « Cette royauté est à moi, Dieu le saint
« vous en est témoin. Puissent pendant mille ans régner des rois
« issus de ma race, puisse un noble fils après l'autre garder cette
« couronne et ce trône puissant. »

Ceci se passait au mois d'Ader et au jour de Hour, lorsque le lion
dévore le dos de l'onagre. Les astres se montraient à la place du
puissant soleil et leur *scintillement* couvrait le monde comme d'un
mirage. Quand le cyprès disparaît du jardin, l'herbe prend la place
de l'arbre élancé.

Ensuite Bahram dit aux Iraniens : « Il y a au milieu de nous de la
« lutte et des haines. Ceux qui n'approuvent pas ce qui se fait, qu'ils
« soient pervers ou honnêtes, ne doivent pas rester dans l'Iran plus de
« trois jours; ils partiront le quatrième jour, aussitôt que le soleil qui
« éclaire le monde aura paru, pour rejoindre Khosrou; ils ne pour-
« ront plus se reposer dans ce pays, et, si l'un d'eux demeure au
« delà de ce jour dans l'Iran, il ne lui restera pas beaucoup de temps
« à vivre. » On l'acclama roi, et l'on disait : « Puisse le monde ne
« jamais être privé de toi! » mais ce n'était pas de bon cœur, et tous
ceux qui étaient alliés à Khosrou et que blessait cette nouvelle
royauté, partirent de ce pays pour la frontière du Roum, ils se dis-
persèrent et quittèrent le pays *des hommes* libres.

BENDOUÏ S'ENFUIT DE CHEZ BAHRAM.

Bendouï resta dans la prison de Bahram, enchaîné comme un
guépard, pendant soixante et dix jours. Son geôlier était Bahram,
fils de Siawusch, qui était très-mécontent de le garder. Bendouï commença de nouveau à le circonvenir, car les chaînes n'assoupirent
pas son esprit de ruse; il lui dit : « Ne désespère pas de *Khosrou*, le roi
« d'Iran; soit que cette nuit sombre se change en jour brillant, soit
« que la fortune tarde à lui revenir, il en sera de lui comme de Firouz
« en face de Khouschnewaz; le Créateur l'a favorisé dans la personne de

نماند بـبـمـهـرام م تاج وتخت / چه اندیشد این مردم نیکبخت
زدهقان نژاد ایچ مردم مباد / که خیره دهد خویشتن را بباد
بانگشت بـشـمـر کـنـون تا دو ماه / که از روم بـمـی بـایـران سـپـاه
بدین تاج وتخت آتش اندر زنند / همه زیورش بر سرش بشکنند ۹۳۵
بدو گفت بهرام اگر شهریار / مرا داد خواهد جهان زینهار
زبـنـد تـو آرایـش جـان کـم / همه هرچه گوئی تو فرمان کنم
یکی تخت سوگند خوام ماه / آذرگـشـسـپ وبـخـت وکـلـاه
که گر خسرو آید بدین مرز وبوم / سپاه آرد از نـزد قـیـصـر زروم
تو خواهی مرا زوجهان زینهار / نگیری توبایی کار دشخوار خوار ۹۴۰
کزو بر تن من نماید گـزنـد / نگردد بـگـفـتـار نـاسـودمـنـد
بگفت این ویس دفتر زند خواست / بسوگند بندوی را بند خواست
چو بندوی بگفت استا ورنـد / چنین گفت کز کردگار بـلـنـد
مبیناد بندوی جز درد ورنج / مباد ایمن اندر سرای سپنـج
اگرنه چو خسرو بـمـایـد زجای / بمیـرم من واورا نـشـیـم زیای ۹۴۵
مگر کو بـنـد تـو انـگـشـتـری / فرستد همان افسر مـهـتـری
چو بشنید بهرام سوگند اوی / بدید آن دل پاك ویمون دوی
بدو گفت کاکنون همه راز خویش / بگویم بـر افـرازم آواز خـویش
بسازم یکی دام چوبـیـنـه را / بجاره فـراز آورم کـمـیـنـه را
بز هراب شمشیر در بـز مـگـاه / بکوشش توانمش کردن تـمـاه ۹۵۰
بدریا زآب انـدرون ف مـانـد / که چوبینه را شاه بایست خواند
بدو گفت بندوی کـای کـاردان / مرا زیرك وجلد وهـشـمـیـار دان
بدین زودی اندر جهاندار شاه / بـمـایـد نـشـیـمـد ابـر پـمـشگاه
تودانی که من هرچه گویم بدوی / نمیهد زگفتار این بـنـده روی
بخوام گناهی که رفت از تو بیش / بخشد بگفتار من تاج خویش ۹۵۵
اگر خود بر آنی که گوئی همی / بدل راه کـژی نـجوئی هـمی

« son fils Kobad, à qui il a rendu la possession du monde. La couronne
« et le trône ne resteront pas à Bahram; que pense donc cet homme
« à qui la fortune a été propice? Maudit soit un fils de Dihkan, qui
« se livre follement lui-même à la destruction. Compte sur tes doigts
« deux mois à partir de ce moment, et tu verras alors arriver dans
« l'Iran une armée de Roum; on brûlera la couronne et le trône de
« Bahram et l'on brisera son diadème sur sa tête. »

Bahram dit : « Si le roi veut m'assurer la vie sauve, je ferai de tes
« conseils la loi de mon âme, j'obéirai à tout ce que tu me diras. Je
« te demande un grand serment par la lune, par Aderguschasp, par
« le trône et la couronne, que, si Khosrou arrive dans ce pays et amène
« du Roum une armée du Kaïsar, tu demanderas pour moi la vie
« sauve, que tu ne négligeras rien dans cette grave affaire, afin qu'il
« ne soit fait aucun dommage à mon corps de la part du roi, et qu'il
« ne se laisse pas prévenir contre moi par des paroles pernicieuses. »
Ayant parlé ainsi, il chercha le livre du Zend pour enchaîner Bendouï par un serment. Bendouï prit l'Avesta et le Zend, et dit : « Qu'il
« n'arrive à moi, Bendouï, de la part du Créateur tout-puissant, que
« du malheur et de la peine, que je sois privé de toute sécurité dans
« ce monde qui passe, si je ne vais pas voir Khosrou aussitôt qu'il
« se sera mis en route, et si je n'insiste pas pour qu'il t'envoie un
« anneau et un diadème de grand *de l'empire.* »

Lorsque Bahram eut entendu le serment et vu la sincérité et l'engagement de Bendouï, il lui dit : « Maintenant je te dirai tous mes
« secrets, et je parlerai hautement; je tendrai un piége à Djoubineh,
« j'amènerai la vengeance sur lui par la ruse, et, si je puis, je le
« tuerai violemment avec mon épée damasquinée pendant une fête.
« Il n'y a plus une goutte d'eau dans la mer depuis qu'il faut donner
« à Bahram le nom de roi. »

Bendouï répondit : « Ô homme expérimenté, sache que je suis un
« homme fin, actif et prudent. Le roi, maître du monde, viendra
« bientôt et s'assiéra sur le trône, et tu sais qu'il ne refusera rien à
« son serviteur de ce qu'il lui demandera; je réclamerai son pardon
« pour ce que tu as fait autrefois, et il donnerait sa couronne si je la
« lui demandais. Si donc tu es tel que tu dis, si tu ne cherches pas

LE LIVRE DES ROIS

ببند ایں دو پای من آزاد کن
کشاده شود زیں سخن راز تو
چو بشنید بهرام شد تاره روی
چو روشن شد آن چادر مشکرنگ
ببندوی گفت اردم نشکنند
سگالیده ام دوش با پنج یار
زره خواست ویوشید زیر قبای
زنی بود بهرام یلرا نه پاك
بدل دوست بهرام چوبینه بود
فرستاد نزدیك بهرام کس
که بهرام پوشید پنهان زره
ندانم که در دل چه دارد زبد
چو بشنید چوبینه گفتار زن
هر آنکس که رفتی پمندان اوی
زدی دست بر پشت او نرم نرم
چنین تا بمور سماوش رسید
بدو گفت کای کمتر از مارگز
بگفت این و شمشیر کمین برکشید
بشهر اندرون آگهی فاش گشت
چو بندوی از آن کشتن آگاه شد
بپوشید پس جوشن وبرنشست
ابا هر که پموند بهرام بود
گرفت او از آن شهر راه گریز
بمنزل رسیدند وبفزود حمل
زمندان چو بهرام بیرون کشید

نخستین خسرو بر این یاد کن
بگوش آیدش روشن آواز تو
م اندر زمان بند برداشت ازوی
سپیده بدو اندر آویخت چنگ
چو چوبینه امروز چوگان زند
که از تارك او بر آرم دمار
زدرگه باسپ اندر آورد پای
که بهرامرا خواستی زیر خاك
که از شوی جانش پراز کمنه بود
که تنرا نگه دار فریادرس
بر افکند بند زره را گره
تو زو خویشتن دور داری سزد
که با او همیگفت چوگان مزن
چو نزدیك گشتی چوگان اوی
سخن گفتنی خوب وآواز نرم
زره بر برش آشکارا بدید
پمیدان که پوشد زره زیر خز
سرایای او پیاپ در م درید
که بهرام کشته شد ودرگذشت
بر و تابش روز کوتاه شد
پمیان یلی لرز لرزان ببست
کسی کش بمندوی آرام بود
بدان تا نبیمند ازو رستخیز
گرفتند تازان ره اردبیل
همی دامن از خشم در خون کشید

« dans ton cœur des voies détournées, délivre mes pieds de ces
« chaînes; c'est par là que tu commenceras à reconnaître Khosrou,
« par là que tu manifesteras ton secret, et que tes bonnes paroles
« arriveront à son oreille. » Bahram l'écouta, son visage se rajeunit
et il lui ôta à l'instant les chaînes.

Lorsque le voile couleur de musc s'éclaircit et que l'aube du matin
le saisit de ses doigts, Bahram dit à Bendouï : « Djoubineh joue au-
« jourd'hui à la raquette, et j'ai combiné avec cinq de mes amis
« comment j'amènerai la destruction sur sa tête, si le cœur ne me
« manque pas. » Il demanda une cotte de mailles, qu'il revêtit par-
dessous sa tunique et sortit à cheval de son palais. Or le vaillant Bahram avait une femme vicieuse, qui le souhaitait sous terre; elle aimait
secrètement Djoubineh et son âme était remplie de haine contre son
mari. Elle envoya quelqu'un à Bahram et lui fit dire : « Ô mon pro-
« tecteur, prends garde à toi. Mon mari a revêtu en secret une cotte
« de mailles et en a fermé les boutons. Je ne sais ce qu'il médite de
« mal, mais tu devrais te tenir loin de lui. » Djoubineh, ayant entendu le message de la femme qui lui conseillait de ne pas jouer
aux balles avec son mari, se mit à frapper de la main doucement sur
le dos de chacun de ceux qui arrivaient au Meïdan et s'approchaient
de lui avec leur raquette, tout en leur parlant amicalement et avec
la voix la plus tendre. Il continua ainsi jusqu'à ce qu'il fût arrivé
auprès du fils de Siawusch et qu'il eût senti la cotte de mailles sur
sa poitrine de manière à n'en pas pouvoir douter; il lui dit : « Ô toi,
« plus vil qu'une vipère, qui est-ce qui met au Meïdan une cotte de
« mailles sous une fourrure ? » En disant cela il tira l'épée de la vengeance et le fendit de la tête aux pieds.

On apprit dans la ville que le fils de Siawusch avait été frappé et
avait péri; à cette nouvelle, la lumière du jour disparut devant Bendouï. Il revêtit sa cuirasse, monta à cheval, serra en tremblant la
ceinture autour de sa taille de héros, et, pour échapper à la destruction par la main de Bahram, il s'enfuit de la ville, accompagné de
tous les alliés du mort et de tous ceux qui avaient confiance en lui-
même. Arrivés à la *première* station, leur troupe augmenta, et ils
prirent en toute hâte la route d'Ardebil.

LE LIVRE DES ROIS

از آنس بـغـرمـود مـهـروی را   کــه بـاشـد نـگـهـدار بــنــدوی را
بهرام گـفـتـنـد کـای شـهـریار   دلترا بـمـنـدوی رنجـه مـدار
که او چون ازین کشتن آگاه شد   همانا کــه با باد هـمـراه شد
پشیمان شد ازکشتن یار خویش   کزآن تیره دانست بازار خویش ۹۸۵
چنین گفت کانکس که دشمن زدوست   ندانـد مـبـادا ورا مـغـز وپـوسـت
یکی خفته بـرتیغ دندان پـیـل   دگر ایـمـن از مـوج دریـای نـیـل
دگرآنکه بر پادشا شـد دلـیـر   چهارم که بـگرفـت بازوی شیـر
بجـهـای بر جان این هر چهار   کریشان بـمـیـهـد سـر روزگـار
دگرآن کـه جـنـبـاند او کـوه را   بدان بازگر خواهد انـبـوه را ۹۹۰
تن خویشتنرا بدان رنجـه داشت   وزآن رنج تن باد در پـنـجـه داشت
بکشتی ویران گـذشـتـن بـر آب   به آید که در کارکردن شتـاب
وگر چشمه خواهی که بینی بچشم   شوی خیـره وبازگـردی چشـم
کسمرا کجا کور بـد رهـنـمـون   بمـانـد بـراه دراز انـدرون
هر آنکس که گیرد بدست اژدها   شد او کشته واژدهـا شد رهـا ۹۹۵
وگر آزموئرا کسی خـورد زهـر   ازآن خوردنش درد ومرگست بهر
نکشتم بـنـدوی را از نـخـسـت   زدستم رها شد در چاره جـسـت
برین کردۀ خویش باید گریسـت   بـمـیـم تا رای یزدان بچیست
وزآن روی بغدوی وانـدک سپـاه   چو باد دمان بـرگـرفـتـنـد راه
همی برد هرکس که بـد بـردنی   براهی که موسمـل بـود ارمـنـی ۱۰۰۰
بـمـابـان بی آب وراه دده   سـرایـپـردۀ دیـد جـانـی زده
نگه کرد وموسمل دید ارمـنـی   هم آب روان دیـد وم خـوردنی
جهاجوی بندوی تنها بـرفـت   بدان مرغزاران شتابـیـد وتـفـت
چو موسمل را دید بـردش نماز   بگفـت ابی تخنها کـه بـودی براز
بدوگفت موسمل از ابـدر مرو   که آگاهی آید تـرا نـوبـمـو ۱۰۰۵
که در روم آباد حسرو چه کرد   همی آمتی نـو کـنـد یا نبرد

Lorsque Bahram quitta le Meïdan, il traîna dans sa colère le pan de sa robe dans le sang; il ordonna à Mahrouï de se charger de la garde de Bendouï, mais on lui dit : « Ô roi, ne t'occupe pas de Ben-« douï, car dès qu'il aura appris le sort *du fils de Siawusch*, il sera « sans doute parti rapide comme le vent, se repentant d'avoir causé « la mort de son protecteur, qui lui aura fait comprendre son propre « danger. » Bahram répondit : « Malheur à la cervelle et à la peau de « celui qui ne sait pas distinguer entre un ami et un ennemi. L'un « se couche sur la pointe des dents d'un éléphant, un autre se fie aux « vagues bleues de la mer, un troisième brave le roi, un quatrième « saisit un lion par le pied de devant; aie pitié de ces quatre hommes, « car leur fin est proche. Un autre veut ébranler une montagne, et « demande à la foule de l'y aider, il s'y fatigue et finit par n'avoir « pour sa peine que du vent dans sa main. Il vaut mieux passer l'eau « sur une barque avariée que d'agir avec précipitation. Si tu veux « regarder avec tes yeux le soleil, tu seras étourdi et te détourneras « avec colère. Quand on prend pour guide un aveugle, on reste en « route; quand on saisit de la main un dragon, on est tué et le dragon « reste en liberté, et quand on prend du poison pour faire une expé- « rience, on ne gagne, par ce qu'on a avalé, que des douleurs et la « mort. Je n'ai pas mis à mort Bendouï le premier jour, et mainte- « nant il a échappé à ma main et a trouvé une porte de salut. Il faut « que je pleure sur ce que j'ai fait moi-même et que j'attende quelle « sera la volonté de Dieu. »

De son côté, Bendouï et sa petite troupe poursuivirent leur route rapidement comme l'ouragan. Chacun d'eux emportait ce qu'il pouvait porter; ils prirent le chemin sur lequel se trouvait Mausil, l'Arménien. C'était un désert sans eau et une route livrée aux bêtes fauves; *à la fin, Bendouï* vit un endroit où l'on avait dressé une enceinte de tentes. Il regarda et aperçut Mausil, l'Arménien, il aperçut de l'eau courante et des pâturages. L'ambitieux Bendouï s'avança tout seul, courut vers ces prairies, rencontra Mausil, le salua humblement et lui raconta le secret de son histoire. Mausil dit : « Ne quitte « pas ce lieu, car tu vas avoir nouvelles sur nouvelles de ce que « Khosrou fait dans ce pays prospère de Roum, et s'il y prépare la

چو بشنید بندوی از آنجا بماند وز آن دشت باران خودرا بخواند

رفتن خسرو سوی روم براه بمابان
و آگاهی دادن راهب از کار آینده

ز کردار خسرو بگویم کنون بدانگه که بگریخت از طیسفون
همه لشکر او یکگان و دوگان گرفتند هر یك بجائی مکان
ابا مردم خویش شد سوی روم براه بمابان وآن خشك بوم ۱۰۱۰
چو خسرو بنزد بمابان رسید همی تاخت رخساره چون شنبلید
همی تاخت خسرو بپیش اندرون نه آب وگیا بود ونه رهنمون
عنانرا بدان باره کرده یله همی راند ناکام تا باهله
پذیره شدندش بزرگان شهر کسیرا که از مردی بود بهر
چو خسرو بنزدیك ایشان رسید بدان شهر لشکر فرود آورید ۱۰۱۵
هان چون فرود آمد اندر زمان نوندی از ایران بیامد دمان
زبهرام چوبین یکی نامه داشت ام آن نامه پوشیده در جامه داشت
نبشته سوی مهتر باهله که گر لشکر آید مکن شان یله
سپاه من اینك پس اندر دمان بشهر تو آید زمان تا زمان
چو مهتر بر آن گونه بر نامه دید ام اندر زمان بپیش خسرو دوید ۱۰۲۰
چو خسرو نگه کرد ونامه بخواند ز کار جهان در شگفتی بماند
بترسید کاید پس او را سپاه بدان ماندگی تنگدل گشت شاه
میان کئی تاختنرا ببست از آن شهر ام در زمان برگذشت
همی تاخت تا پیش آب فرات ندید اندر آن پادشاهی نبات
شده گرسنه مرد پیر وجوان یکی بیشه دیدند وآب روان ۱۰۲۵
چو خسرو بدان جایگه بیشه دید سپه را بدان بیشه اندر کشید
شده گرسنه مرد ناهار وبسست کمانرا بزه کرد وتیر جست
ندیدند چیزی بجائی دوان درخت وگیا بود وآب روان

« paix ou la guerre. » Ces paroles décidèrent Bendouï à rester et il appela du désert ses compagnons.

KHOSROU VA AU ROUM PAR LE DÉSERT, ET UN ERMITE LUI PRÉDIT L'AVENIR.

Je vais maintenant parler de ce que faisait Khosrou après sa fuite de Thisifoun. Toute son armée *se dispersa et* les hommes choisirent par un ou par deux des lieux de séjour, pendant que le roi partait pour le Roum avec ses hommes dévoués, prenant le chemin du désert et de ce pays desséché. Quand Khosrou fut arrivé près du désert, il courut, les joues *pâles* comme *la fleur* du fenugrec; il courut en avant de tous, ne trouvant ni de l'eau, ni de l'herbe, ni un guide; il courut péniblement jusqu'à Bahileh, laissant flotter les rênes de son destrier. Les grands de la ville vinrent à sa rencontre, tous ceux qui avaient quelque humanité vinrent.

Khosrou s'approcha d'eux et amena sa troupe dans cette ville; mais à peine fut-il descendu de cheval, qu'un messager arriva en toute hâte de l'Iran, porteur d'une lettre de Bahram Djoubineh, qu'il avait cachée dans son vêtement, lettre adressée au chef de Bahileh, et disant : « Si une troupe armée entre dans ta ville, ne la laisse « plus sortir librement, car mon armée va arriver d'un moment à « l'autre à Bahileh, poursuivant cette troupe activement. » Le chef, ayant reçu une lettre ainsi conçue, accourt sur-le-champ chez Khosrou. L'attention du roi fut éveillée, il lut la lettre et resta confondu du tour que prennent les affaires de ce monde. Il craignait d'être suivi par une armée, et son cœur se resserrait quand il pensait à la lassitude *de sa troupe.*

Mais sur-le-champ il revêtit de son armure son corps de Keïanide pour reprendre sa course, quitta à l'instant la ville et continua sa marche jusqu'au bord de l'Euphrate, sans rencontrer d'herbe dans tout ce pays. Ses hommes, vieux et jeunes, étaient affamés; ils virent un bois et de l'eau courante, et Khosrou les conduisit dans ce lieu plein de verdure aussitôt qu'il eut aperçu le bois. Ses hommes étaient affamés, à jeun et fatigués, et il banda son arc pour chercher du

پدید آمد اندر زمان کاروان / شتر بود ویمش اندرون ساروان
چو مرد جوان روی خسرو بدید / بر آن نامدار آفرین گسترید
بدوگفت خسروکه نام توچیست / کجا رفت خواهی وکام تو چیست
بدوگفت من قیس بن حارث / از آزادگـــان عـــرب وارثم
زمصر آمدم با یکی کاروان / بریی کاروان بر مـم ساروان
بر آب فراتست بـنـگـاه من / وز آنجا بدین بیـشـه بد راه من
بدوگفت خسروکه از خوردنی / چه داری م از چیز گسترد نی
که ما ماندگانیم وم گرسنه / نه توشـست با ما نه بار وبـنـه
بدوگفت تازی که ایدر بایست / مرا با توچیز وتن وجان یکیست
چو بر شاه تازی بگسترد مهر / بماورد فربه یکی ماده سهر
بکشتند وآتش بر افروختند / برو خشك همزم همی سوختند
بر آتش برافکند تازی کباب / خوردن گرفتند یاران شتاب
گوفتند باز آنکه بد دینمروزه / خوردن نشستند یکسر گروه
خوردند بی نان فراوان کباب / بیمار است هر مهتری جای خواب
زمانی بخفتند وبرخاستند / یکی آفرینی نــو آراستـند
بر آن دادگرکوجهان آفرید / توانائی ونـــا توان آفـرید
از آنمس بماران چنین گفت شاه / که هرکس که او بیش دارد گناه
بنزد من آنکس گرای ترست / وز این کهتران نمز نامی ترست
هر آنکس کجا بیش کرد از بدی / بگـشـت از من واز ره ایــزدی
بما بیش باید که دارد امید / سراسر بنیکی دهیدش نـویــد
گرفـتـند یاران بـرو آفرین / که ای پاکدل خسرو پاکدین
همیشه ترا باد یـزدان پـنـاه / مبادا تی از تو تخت وکلاه
بمرسید ازبی مرد تازی که راه / کدامست و من چون شوم با سیاه
بدوگفت هفتاد فرسنگ بمش / شمارا بیمان وکوهست بمش
چو دستور باشد مرا گوشت وآب / براه آورم گر نسازی شتاب

gibier. Ils ne virent nulle part quelque chose de vivant, il n'y avait que des arbres, de l'herbe et de l'eau courante. Mais à ce moment parut une caravane de chameaux, précédée de son chef. Lorsque ce jeune homme aperçut le visage de Khosrou, il répandit sur le roi des bénédictions. Khosrou lui dit : « Quel est ton nom, où veux-tu aller, et « dans quel but? » Il répondit : « Je suis Kaïs, fils de Harith, je suis « un chef parmi les Arabes libres. Je viens du Misr, avec une caravane « dont je suis le conducteur; ma tribu demeure sur le bord de l'Eu- « phrate et j'allais me diriger vers ce bois. » Khosrou lui demanda : « Quels vivres as-tu, et possèdes-tu des tapis? car nous sommes fati- « gués et nous souffrons de la faim; nous n'avons ni provisions, ni « bagages, ni train. » L'Arabe répondit : « Reste ici, ma fortune, mon « corps et ma vie sont à toi. »

Comme l'Arabe avait conçu une grande amitié pour le roi, il amena une vache grasse, qu'il fit tuer. On alluma du feu, on y jeta du bois sec, l'Arabe plaça sur le feu des grillades, et les compagnons de Khosrou s'empressèrent de manger. Ceux qui avaient la *vraie* foi se mirent à prier silencieusement, et toute la troupe s'assit au festin; ils mangèrent, sans pain, beaucoup de viande rôtie, ensuite chacun des grands s'arrangea une place pour dormir. Ils dormirent pendant quelque temps, puis ils se levèrent et adressèrent des prières fer- ventes à Dieu, le juste, le Créateur du monde, Créateur de ce qui est fort et de ce qui est faible. Ensuite le roi dit à ses compagnons : « Ceux qui ont commis les plus grandes fautes sont ceux qui me sont « les plus chers et qui sont les plus illustres de mes sujets, *mais* ceux « *même* qui ont fait le plus de mal, qui se sont détournés de moi « et de la voie de Dieu, doivent placer en moi leur espoir, et vous « pouvez leur en donner à tous la bonne nouvelle. » Ses compagnons le bénirent, disant : « Ô Khosrou, au cœur pur, à la foi pure, puisse « Dieu être toujours ton refuge, puisses-tu ne jamais quitter le trône « et la couronne. »

Khosrou demanda son chemin à l'Arabe, et comment il pouvait le faire avec sa troupe. L'Arabe répondit : « Vous avez devant vous encore « plus de soixante et dix farsangs de désert et de montagnes. Si tu le « permets, je ferai amener sur ta route de la viande et de l'eau, pourvu

بدو گفت خسرو جزین نیست رای	که با توشه باشم ویا رهنمای
همونی برافگند تازی براه	بدان تا برد راه پیمش سپاه
همی تاخت اندر بیابان وکوه	پر از رنج وتیمار با آن گروه
یکی کاروان نیز دیگر براه	پدید آمد از دور پیمش سپاه
یکی مرد بازارگان مایه‌دار	بیامد هانگه بر شهریار
بدو گفت شاه از کجائی بگوی	کجا رفت خواهی چنین پوی پوی
بدو گفت از خرّهٔ اردشیر	یکی مرد بازارگان دبیر
بدو گفت نامت چه کرد آن که زاد	چنین داد پاسخ که مهران ستاد
ازو توشه جست آنزمان شهریار	بدو گفت سالار کای نامدار
خورش هست چنه ای که اندازه نیست	اگر چهر بازارگان تازه نیست
بدو گفت بازارگان آن زمان	هم آنچم بود پیمشت آرم دمان
بدو گفت خسرو که مهمان براه	بیابی فزونتر بود دستگاه
سر بار بگشاد بازارگان	درمگان به آید زدینارگان
خورش برد وبنشست خود بر زمین	همی خواند بر شهریار آفرین
چونان خورد دشمرد مهمان پرست	بیامد گرفت آبدستان بدست
چو از دور خرّاد برزین بدید	رجائی که بد پیش خسرو دوید
بازارگان بست آن آب گرم	بدان تا ندارد جهانجوی شرم
پس آن مرد بازارگان پرشتاب	می آورد برسان روشن گلاب
دگر باره خرّاد برزین زراه	ازو بستد آن جام وشد پیش شاه
پرستش پرستنده را داشت سود	بر آن برتری برتر بها فزود
ور آنمس بیازارگان گفت شاه	که اکنون سپه را کدام است راه
چو بازارگان راه بنمود شان	بمرسید خسرو زنام ونشان
نشست تو در خرّهٔ اردشیر	کجا باشد ای مرد مهمان پذیر
بدو گفت کای شاه با داد زی	بازارگانان مم کارزی
نشانش یکایک بخسرو بگفت	همه رازها بر کشاد از نهفت

« que tu ne voyages pas trop rapidement. » Khosrou lui répondit :
« Tout ce que je puis désirer, c'est que nous ayons des provisions
« et un guide. » L'Arabe envoya alors un *homme sur un* dromadaire
pour parcourir cette route à la tête de cette troupe, et *le guide* courut
avec cette foule à travers le désert et la montagne, se fatiguant et
ayant soin de ces hommes.

Une autre caravane parut sur la route, s'avançant de loin vers l'escorte de Khosrou; un riche marchand se présenta devant le roi, qui lui dit : « D'où viens-tu, dis-le moi; et où vas-tu, te hâtant ainsi ? »
Il répondit : « Je suis un marchand de Khorrehi Ardeschir, et je sais
« écrire. » Le roi demanda : « Quel nom ton père t'a-t-il donné ? »
Il dit : « Mihran Sitad. » Le roi lui demanda des vivres, et le chef *de
ses troupes* dit : « Ô roi illustre, il y a des vivres en abondance, quand
« même le marchand ne nous ferait pas bon visage. » Le marchand dit
alors : « J'apporterai devant toi tout ce que j'ai. » Khosrou lui répondit : « Quand on rencontre un hôte sur sa route, c'est toujours une
« facilité de plus. »

Le marchand défit ses bagages, *car les hommes à Dirhems* (les
pauvres) *valent mieux que les hommes à Dinars*. Il apporta des vivres
et s'assit par terre, en prononçant des bénédictions sur le roi; quand
le roi eut mangé, cet homme respectueux envers ses hôtes prit une
aiguière pour verser de l'eau sur les mains de Khosrou, mais Kharrad, fils de Berzin, voyant cela de loin, se leva de la place où il était
assis, courut vers Khosrou, prit des mains du marchand cette eau
chaude pour que le prince ne trouvât pas qu'on lui manquait de
respect. Ensuite le marchand s'empressa d'apporter du vin brillant
comme l'eau de rose, et, encore une fois Kharrad, fils de Berzin, lui
enleva la coupe et la porta au roi. Ces services profitaient au serviteur,
et en faisant valoir la dignité *du roi* il augmentait la sienne propre.

Khosrou s'enquit au marchand de la route que devait prendre la
troupe; celui-ci l'indiqua, et le roi lui demanda son nom et quelle
était son enseigne, disant : « Où est ta demeure à Khorrehi Ardeschir,
« ô homme hospitalier? » Il répondit : « Ô roi, puisses-tu vivre et
« rendre justice! Je suis le courtier des marchands. » Il indiqua à
Khosrou en détail son enseigne et lui dit tous ses secrets, et le roi

بفرمود تا نام بر نا وده / نویسد نویسندهٔ روز به
بمازارگان گفت پدرود باش / خرد یار و تو جاودان پود باش ۱۰۸۰

آمدن خسرو ببوم روم

چو بگذاشت لشکر از آن تازه بوم / بتندی همی رافد تا مرز روم
چنین تا بیامد بدان شارسان / که قیصر ورا خواندی کارسان
چو از دور ترسا بدید این سپاه / برفتند پویان بممراه وراه
بدان باره اندر کشیدند رخت / در شارسان را بمستند سخت
فروماند از آن شاه گیتی فروز / ببیرون بماند او و لشکر سه روز ۱۰۸۵
فرستاد روز چهارم کسی / که نزدیک ما نیست لشکر بسی
بنزدیک این شهر تنگ آمدم / ولیکن نه از بهر جنگ آمدم
خورشها فرستید و یاری کنید / نه بر ما همی کامگاری کنید
بنزدیک ایشان سخن خوار بود / سپاهش همه سست و بأهار بود
م آنگه بر آمد یکی تیره ابر / بغرید بر سان جنگی هژبر ۱۰۹۰
وز ان ابر بر شارسان باد خاست / زهر برزنی بانگ و فریاد خاست
چو نیمی ز تیره شب اندر کشید / زیاره یکی بهره شد نا پدید
همه شارسان ماند اندر شگفت / بمژدان سقف پوزش اندر گرفت
بهر برزنی در علف ساختند / سه پیمر سکویا برون تاختند
زجمی که بود اندر آن تازه بوم / هان جامهای که خمرد ز روم ۱۰۹۵
ببردند با لابه نزدیک شاه / که پیدا شد ای شاه بر ما گناه
چو خسرو جوان بود و برتر منش / بدیشان نکرد از بدی سرزنش
بدان شارسان در یکی کاخ بود / که بالاش با ابر گستاخ بود
فراوان بدو اندرون برده بود / م آن جای قیصر بر آورده بود
ردشت اندر آمد بدانجا گذشت / فراوان بدان شارسان در بگشت ۱۱۰۰
همه رومیان آفرین خواندند / بمای اندرش گوهر افشاندند

ordonna à son scribe Rouzbeh d'écrire le nom du jeune homme et son quartier, puis il dit au marchand : « Tu peux partir, puisse la « raison être la chaîne, et toi être toujours la trame *du même tissu !* »

KHOSROU ENTRE DANS LE PAYS DE ROUM.

Lorsque l'armée fut partie de ce lieu frais, elle continua en toute hâte sa route vers la frontière du Roum, jusqu'à ce qu'elle eût atteint la grande ville, à laquelle le Kaïsar avait donné le nom de Karsan. Lorsque les Chrétiens virent de loin cette armée, ils se précipitèrent, par tous les chemins tracés ou non tracés, pour porter leurs effets dans les murs de la ville ; puis ils en fermèrent les portes. Le roi qui répandait de la lumière sur le monde en fut désappointé et resta pendant trois jours hors de la ville, lui et son armée. Le quatrième jour, il envoya quelqu'un dire : « Je n'ai avec moi que peu de troupes ; « je suis arrivé devant cette ville, mais je ne suis pas venu pour « faire la guerre ; envoyez-nous des vivres, aidez-nous et veuillez ne « pas agir envers nous en maîtres. »

Ils méprisèrent ces paroles, et l'armée était fatiguée et à jeun. Mais tout à coup apparut un nuage sombre, qui rugissait comme un lion au combat, et faisait éclater sur la ville un ouragan tel qu'on entendit dans toutes les rues des cris et des supplications. Lorsque la moitié de cette nuit noire fut passée, une partie des murs avait disparu, toute la ville était consternée et l'évêque implorait le pardon de Dieu. On recueillit des provisions dans toutes les rues, et l'on envoya trois prêtres qui portèrent au camp tout ce que fournissait ce pays verdoyant, et des vêtements qui venaient de Roum. Ils les apportèrent humblement au roi, disant : « Ô roi, il est devenu évident « que nous étions en faute ; » et Khosrou, qui était jeune et d'une âme haute, ne leur fit pas de reproche de leur mauvaise conduite. Il y avait dans la ville un palais dont le toit bravait les nues et qui était plein d'esclaves ; c'était le Kaïsar qui l'avait bâti. Khosrou entra de la plaine dans la ville, s'établit dans le palais et parcourut souvent cette grande cité, sous les acclamations des Roumis, qui répandirent des pierres fines sous ses pieds.

چو آباد جائی بچنگ آمدش / برآسود وچندی درنگ آمدش
بقیصر یکی نامه بنوشت شاه / از آن باد و باران و ابر سیاه
وز آن شارسان سوی مانوی راند / که آنرا جهاندیده مینوی خواند
زمانوئیمان هرکه بیدار بود / خردمند و راد و جهاندار بود
سکوبا و رهبان سوی شهریار / برفتند با هدیه و یا نثار
همی رفت با شاه چندی نخن / زیاران و آن شارسان کهن
همی گفت هرکس که ما بنده ایم / بگفتار خسرو سرافگنده ایم

بازگفتن راهب بودنی را بخسرو پرویز

ببود اندر آن شهر خسرو سه روز / چهارم چو بفروخت گیتی فروز
بابر اندر آورد برنده تیغ / جهانجوی شد سوی راه و ریغ
که اوریغ بد نام آن شارسان / بدو در چلیپا و بیمارسان
بی راه پیدا یکی دیر بود / جهانجوی آواز راهب شنود
بنزدیک دیر آمد آواز داد / که کردار توجز پرستش مباد
گر از دیر دیرینه آئی فرود / زنمکی دهش باد بر تو درود
هم آنگاه راهب چو آوا شنید / فرود آمد از دیر و او را بدید
پرستنده چون دید بردش نماز / سخن گفت با و زمانی دراز
بدوگفت خسرو توئی بی گمان / زتخت پدر گشته ناشادمان
زدست یکی بدکنش بنده ٔ / پلید و منشفش پرستنده
چوگفتار راهب بی اندازه گشت / دل خسرو از مهر او تازه گشت
زگفتار او در شگفتی بماند / بر ویر جهان آفرین را بخواند
زبشت سمندش بمازید دست / بموسمدن مرد یزدان پرست
یکی آزمونرا بدو گفت شاه / که من کهتری ام ز ایران سپاه
پیامی همی نزد قیصر برم / چو پاسخ دهد نزد مهتر برم
گر این رفتن من همایون بود / نگه کن که فرجام من چون بود

KHOSROU PARVIZ

Ayant ainsi trouvé un lieu de séjour habitable, il y passa quelque temps pour se reposer, et écrivit au Kaïsar une lettre sur ce vent, cette pluie et ce nuage noir. De cette ville, il marcha vers Manouï, ville que les hommes qui avaient vu le monde appelaient céleste (meïnouï), et tous ceux des habitants qui étaient prévoyants, intelligents, nobles et puissants vinrent, avec les prêtres et les religieux, à sa rencontre, avec des présents et des offrandes *d'argent*. Ils parlèrent longuement avec le roi de cette pluie et de la vieille cité *de Karsan*; ils dirent tous : « Nous sommes tes esclaves, nous sommes soumis aux « paroles de Khosrou. »

UN ERMITE PRÉDIT L'AVENIR À KHOSROU PARWIZ.

Khosrou resta trois jours dans cette ville; le quatrième, lorsque le soleil qui illumine le monde commença à briller et à percer les nuages de son épée tranchante, le prince se mit en route pour Aurigh, une grande ville qui possédait *un morceau* de la croix et un hospice. Or, il y avait dans un lieu écarté de la route un sanctuaire, et le roi, entendant la voix de l'ermite, s'approcha du sanctuaire et lui cria : « Puisses-tu ne jamais cesser de servir Dieu ! Si tu veux sor- « tir de ton vieux sanctuaire, que Dieu, qui donne le bonheur, te « bénisse ! »

Aussitôt que l'ermite eut entendu cette voix, il sortit du sanctuaire, aperçut le roi et se mit à le saluer humblement et à lui adresser de longs discours. « Certainement, dit-il, tu es Khosrou, à « qui le trône de son père a porté malheur par le fait d'un esclave « malfaisant et vil, d'un serviteur orgueilleux ? » L'ermite se répandit en discours, et le cœur du roi se rajeunit sous l'influence de cette tendresse; il resta confondu de ses paroles et appela les grâces du Créateur sur lui; il lui tendit la main du haut de son cheval et interrogea ce serviteur de Dieu. Pour le mettre à l'épreuve, il lui dit : « Je suis un homme peu important dans l'armée de l'Iran, je porte au « Kaïsar un message, et, quand il m'aura donné sa réponse, je la « rapporterai à mon chef. Vois si la suite de ce voyage sera heureuse « pour moi et quel sera à la fin mon sort. »

بدوگفت راهب که چونین مگوی | توشاهی مکن خویشتن شاه جوی
چو دیدمت گفتم سراسر سخن | مرا هر زمان آزمایش مکن
نماید دروغ اچ در دین تو | نه کژی بود راه و آئین تو
بسی رخ بسردی و آویختی | سرانجام از آن بنده بگریختی
رگفتار او ماند خسرو شگفت | چو شرم آمدش پوزش اندر گرفت
بدوگفت راهب که پوزش مکن | بمرسی از من از بودنیها سخن
بدین آمدن شاد وگستاخ باش | جهانرا یکی بارور شاخ باش
که یزدان ترا بی نیازی دهد | بلند اختر و سرفرازی دهد
رقیصر بمبایی سلیح و سپاه | یکی دختری از در تاج و گاه
چو با بندگان کارزارت بود | جهاندار بمدار یارت بود
سراجام بگریزد آن بدنژاد | فراوان کند روز نیک مش یاد
و زان رزم جائی فتد دور دست | بسارد بر آن جای جای نشست
چو دوری گزیند زبیمان تو | بریزند خویش بفرمان تو
بدوگفت خسرو جز بن خود مباد | که کردی توای پیر داننده یاد
چه گویی دریں چند باشد درنگ | که آید مرا پادشاهی بچنگ
چنین داد پاسخ که ده با دو ماه | بدین بگذرد باز یابی کلاه
دگر بر سر آید ده و پنج روز | توگردی شهنشاه گیتی فروز
بپرسید خسرو کزین انجمن | که کوشد بر نج و بآزار من
چنین داد پاسخ که بسطام نام | یکی پرمنش باشد و شادکام
که خوانی توان مردرا خال خویش | برو تازه دانی مه و سال خویش
بپرهیز ازان مرد ناسودمند | که خمیزد ازو درد و رنج و گزند
برآشفت خسرو بگستم گفت | که راهب سخن برکشاد از نهفت
ترا مادرت نام بسطام کرد | توگوئی که گستهم اندر نبرد
براهب چنین گفت کینست حال | بخون بود با مادر من هال
بدوگفت راهب که آری همین | رگستم بمنی همه رنج و کین

L'ermite répondit : « Ne parle pas ainsi, tu es le roi, ne te fais
« pas passer pour un courtisan. Aussitôt que je t'ai vu, j'ai tout dit;
« n'essaye jamais de me mettre à l'épreuve; ta foi n'admet pas le men-
« songe et ta voie et ta dignité ne permettent pas de tromperie. Tu as
« supporté et souffert bien des peines, à la fin tu t'es enfui devant cet
« esclave. » Khosrou resta confondu de ces paroles, il fut honteux de
lui-même et lui demanda pardon. L'ermite dit : « Ne t'excuse pas,
« interroge-moi sur l'avenir. Sois heureux et fier de ce voyage, deviens
« pour le monde une branche riche de fruit. Dieu comblera tes vœux,
« il te donnera une étoile puissante et te fera porter haut la tête. Tu
« obtiendras du Kaïsar des armes et des troupes, et une fille digne
« du trône et de la couronne. Quand tu livreras bataille à tes esclaves,
« le maître du monde veillera sur toi et te donnera aide; à la fin cet
« homme de mauvaise race s'enfuira, il parlera beaucoup de ses jours
« de bonheur, et, après cette lutte, il s'emparera d'un lieu éloigné, où
« il se préparera une résidence; mais, comme il aura mieux aimé
« s'éloigner que de s'engager à l'obéissance envers toi, on versera son
« sang sur tes ordres. »

Khosrou répondit : « Puisse-t-il en être comme tu l'as dit, ô sage
« vieillard! Que m'apprendras-tu sur le temps qu'il faudra pour que
« l'empire me soit rendu? » Il répondit : « Quand douze mois se seront
« écoulés, tu retrouveras ta couronne; puis quinze jours passeront
« encore sur ta tête et tu seras redevenu le roi des rois qui répand sa
« lumière sur le monde. »

Khosrou demanda : « Qui, parmi mon entourage, m'aidera le plus
« dans mes peines et dans mes troubles? » Il répondit : « Celui qui
« porte le nom de Bistham, un homme altier et joyeux; tu l'appelles
« ton oncle maternel et tu crois que c'est par lui que tes mois et tes an-
« nées se passeront dans le bonheur; mais prends garde à cet homme
« pernicieux, il t'attirera de la douleur, de la peine et du dommage. »
Khosrou fut tout troublé, et dit à Gustehem : « L'ermite m'a dévoilé
« ton secret. Ta mère t'a donné le nom de Bistham, mais tu prétends
« que dans le combat tu es un Gustehem. » Puis il dit à l'ermite :
« Voici mon oncle; il est le vrai frère de ma mère. » L'ermite répondit : « Néanmoins, c'est Gustehem qui causera tes peines et tes luttes. »

بدو گفت خسرو که ای رای زن / از آنیس چه گوئی چه خواهد بدن
چنین گفت راهب که مندیش ازین / کز آنیس نبینی بجز آفرین
نمایدت بروی تو هرگز بدی / مگر تخت کاری بود ایزدی
بر آشوبد این سرکش آرام تو / وز آنیس نماند بجز کام تو
اگر چند برگردد این بدگمان / همانش بدست تو باشد زمان
بدو گفت گستم کای شهریار / دل ترا بدین هیچ رنجه مدار
بما کبزه یزدان که ماه آفرید / جهانرا بسان تو شاه آفرید
بآذرگشسپ و بخورشید و ماه / بجان و سر نامبردار شاه
که تا هستم گستهم جز راستی / نجوید نکوید در کاستی
وگر بر جز این روی گستهم رای / بمهید روانش مبادا بجای
جهاندار تا این جهان آفرید / کلید در راز او کس ندید
بگفتار ترسا چرا بگروی / تن گفتن ناسزا بشنوی
مرا ایمنی ده زگفتار اوی / چو سوگند خوردم بهانه مجوی
چنین گفت خسرو که ای ترسگار / نماید تخن گفتن نابکار
رتو نیز هرگز ندیدم بدی / نمازی بکژی و با بخردی
ولیکن زکار سپهر بلند / نماند شگفت ار شوی پرگزند
چو بایسته کاری بود ایزدی / بیکسو رود دانش و بخردی
بر آمد چنین گفت پس شهریار / که شاداب دل باش و به روزگار
وز آن دیر چون برق رخشان زمیغ / بمد سوی شارسان و ریغ
پذیره شدندش بزرگان شهر / کسرا که از مردی بود بهر

نامه فرستادن خسرو پرویز بقیصر روم

چو آمد بدان شارسان شهریار / سوار آمد از قیصر نامدار
که چیزی کزین مرز خواهی بخواه / مدار آرزو را ز شاهان نگاه
که هر چند این پادشاهی مراست / ترا با تن خویش دارم راست

KHOSROU PARVIZ

Khosrou dit : « Ô mon conseiller, qu'est-ce qui arrivera après? » Il répondit : « Ne t'en inquiète pas, car plus tard tu ne rencontreras « que des bénédictions. Jamais plus il ne t'arrivera de mal, et, si tu « as des travaux pénibles, ils te seront imposés par Dieu. Cet esprit « rebelle troublera ton repos, mais ensuite tout ira selon ton gré, et « cet homme à mauvaises intentions aura beau se détourner de toi, « son sort sera entre tes mains. »

Gustehem dit à Khosrou : « Ô roi, que ton cœur ne se chagrine « pas de cela. Je jure par Dieu, le tout-saint, qui a créé la lune, « qui a créé pour le monde un roi comme toi, par Aderguschasp, « par le soleil et la lune, par la vie et la tête du glorieux roi, que tant « que vivra Gustehem, jamais il ne recherchera que la droiture, jamais « il ne frappera à la porte de la perdition. Que son âme périsse, si « jamais il forme d'autres desseins. Depuis que Dieu a créé le monde, « personne n'a vu la clef de ses secrets; pourquoi donc croire aux « paroles de ce Chrétien? pourquoi écouter ses discours malséants? « Rassure-moi contre l'effet de ses paroles, et, puisque j'ai prêté ce « serment, ne cherche pas de prétexte *contre moi.* » Khosrou lui dit : « Ô homme peureux, ne fais pas de discours inutiles. Jamais je n'ai « éprouvé du mal de ta part, tu n'es pas porté à la perversité ni à la « folie, et pourtant il ne faudrait pas s'étonner si, par le fait du ciel « sublime, tu devenais malfaisant, car, lorsque Dieu a décidé que « quelque chose doit arriver, la sagesse et l'intelligence ne servent de « rien. »

Ensuite le roi dit à l'ermite : « Puisse ton cœur être heureux et ta « fortune propice! » Puis il partit de ce sanctuaire pour la ville d'Aurigh, comme un éclair qui brille dans les nuages, et les grands et tous les hommes considérables de la ville vinrent à sa rencontre.

KHOSROU PARVIZ ENVOIE UNE LETTRE AU KAÏSAR DE ROUM.

Lorsque le roi fut entré dans Aurigh, un cavalier y arriva envoyé par le Kaïsar illustre, et dit : « Demande tout ce que tu désires dans « ce pays, ne refuse pas de faire connaître tes besoins à un roi; car, « quoique ce royaume soit à moi, je t'estime à l'égal de moi-même.

بدان شارسان ایمن و شاد باش	زهر بدکه اندیشی آزاد باش
همه روم یکسر ترا کهترند	اگر چند گردنکش و مهترند
ترا تا نسازم سلیح و سپاه	نجویم خور و خواب و آرامگاه ۱۱۷۵
چو بشنید خسرو از آن شاد گشت	روانش ز اندیشه آزاد گشت
بفرمود گستهم و یالسوی را	همان اندیان جهانجوی را
خراد برزین و شاپور شمیر	چنین گفت پس شهریار دلیر
که اسمان چو روشن شود زین کند	بمالای بر زین زرین کمید
بموشید ز ربفت چینی قبای	همه یکدلانید و یا گمزه رای ۱۱۸۰
از بی شارسان نزد قیصر شوید	بگوئید و گفتار او بشنوید
خردمند باشید و روشن روان	نیوشنده و چرب و شیرین زبان
گر ایدون که قیصر بمیدان شود	کیان خواهد و گر بچوگان شود
بکوشید تا مرد قیصر پرست	بدین تا شما را نماید شکست
سواری بداند کز ایران برد	دلیری و نیروی شمیران برند ۱۱۸۵
خراد برزین بفرمود شاه	که چینی حریر آر و مشک سیاه
بقیصر یکی نامه باید نبشت	چو خورشید تابان بخرم بهشت
تخنهای کوتاه و معنی بسی	که آن یاد گیرد دل هر کسی
که نزدیک او فیلسوفان بوند	بدان کوش تا یافه نشنوند
همی داستانها سخن پرورند	نباید که بر نامه عیب آورند ۱۱۹۰
چو نامه بخواند زبان برگشای	بگفتار با تو ندارند پای
بمالوی گفت آنچه قیصر زمن	کشاید زبان بر سر انجمن
زیمان و سوگند و پیمان و عهد	توا ندر سخن یادش کن چو شهد
بدان انجمن تو زبان منی	بهر نیک و بد ترجمان منی
بچیزی که بر ما نماید شکست	بکوشید و با آن بسائید دست ۱۱۹۵
تو پیمانها از من اندر پذیر	سخن هر چه گفتم همه یاد گیر
شمدند گفتار فرخ جوان	جهاندیده گردان روشن روان

« Reste donc tranquille et heureux dans cette ville et débarrasse-toi
« de toute idée de malheur. Tous les Roumis sont tes sujets, si or-
« gueilleux et si puissants qu'ils soient, et je ne me permettrai ni
« nourriture, ni sommeil, ni repos, avant d'avoir préparé pour toi
« des armes et des troupes. » Khosrou fut heureux de ce message, et
son âme devint libre de tout souci. Le vaillant roi fit venir Gustehem,
Balouï et l'ambitieux Endian, et dit à Kharrad, fils de Berzin, et à
Schapour, le lion : « Faites seller les chevaux aussitôt qu'il fera jour,
« placez des selles d'or sur des chevaux de main, mettez des tuniques
« chinoises brochées d'or, soyez unis et conduisez-vous sagement.
« Vous irez d'ici chez le Kaïsar, vous lui parlerez et vous l'écouterez;
« montrez de la prudence et de la sérénité, écoutez et répondez dou-
« cement en paroles gracieuses. Si le Kaïsar va au Meïdan et demande
« un arc, ou s'il va jouer à la raquette, faites vos efforts pour que vous
« ne soyez pas battus par ses courtisans, et qu'il apprenne qu'on ap-
« porte de l'Iran l'art du cavalier et la bravoure et la force des lions. »
Le roi ordonna à Kharrad, fils de Berzin, de demander du satin
chinois et du musc noir, et lui dit : « Il faut écrire au Kaïsar une lettre
« semblable au soleil qui brille dans le paradis; mets-y peu de paroles
« et beaucoup de sens, pour que tout homme puisse la graver dans sa
« mémoire. Il a des philosophes auprès de lui, écris de manière à ce
« qu'ils ne trouvent rien de ridicule; ils sont exercés à parler sur tous
« les sujets, et il ne faut pas qu'ils puissent critiquer la lettre. Quand
« le Kaïsar l'aura lue, tu parleras, et l'on ne résistera pas à tes pa-
« roles. » Puis il dit à Balouï : « Si le Kaïsar parle devant la cour
« de moi, de notre alliance, de nos promesses, de notre parenté et de
« nos traités, donne-lui une réponse douce comme le miel ; tu es ma
« langue dans cette cour, tu es mon interprète en toute chose. Faites
« tous que nous n'éprouvions pas de dommage, et appliquez-vous à
« cela. Sois le porteur de mes promesses, rappelle-toi tout ce que j'ai
« dit. » Les héros expérimentés, à l'intelligence brillante, écoutèrent
les paroles du fortuné jeune homme, tous le couvrirent de bénédictions, disant : « Que personne que toi ne porte la couronne ! » Ensuite
ces grands, au cœur serein et cherchant la *vraie* voie, partirent pour
la cour du Kaïsar.

همی خواندند آفرین سربسر
بنزدیك قیصر نهادند روی
چو بشنید قیصر کز ایران مهان
رسیدند نزدیك ایوان براه
بیاراست کاخی بدیبای روم
نشست از بر نامور تخت عاج
بفرمود تا پرده برداشتند
گرانمایه گستم بد پیشرو
چو خرّاد برزین وگرد اندیان
رسیدند نزدیك قیصر فراز
همه یکزبان آفرین خواندند
نخستین بپرسید قیصر زشاه
چو بشنید خرّاد برزین برفت
بفرمان آن نامور شهریار
نشست آن سه پرمایهٔ نیك رای
بدو گفت قیصر که بر زیرگاه
چنین گفت خرّاد برزین که شاه
که در پیش قیصر بیارم نشست
مگر بند گیرا پسند آیت
بدو گفت قیصر که بگشای راز
چو خرّاد برزین زبان برگشاد
نخست آفرین بر جهاندار کرد
که اویست برتر زهر برتری
بفرمان او گردد این آسمان
سپهر و ستاره همه کرده اند

که جز تو مبادا کسی تاجور
بزرگان روشن دل وراه جوی
فرستادهٔ شهریار جهان ۱۲۰۰
پذیره فرستاد چندی سپاه
همه پیکرش گوهر وزر بوم
بسر بر نهاد آن فروزنده تاج
زدهلیزشان تیمز بگذاشتند
پس او چو بالوی و شاپور گو ۱۲۰۵
همه تاج بر سر کبر بر میان
چو دیدند بردند پیشش نماز
بر تخت زر گوهر افشاندند
زایران واز لشکر و رنج راه
بر تخت با نامهٔ شاه تفت ۱۲۱۰
نهادند کرسی زرین چهار
همی بود خرّاد برزین بپای
نشیند کسی کو بمود راه
مرا در بزرگی نداد است راه
چنین نامهٔ شاه ایران بدست ۱۲۱۵
بمم غام او سودمند آیت
چه گفت آن خردمند گردن فراز
همی داشت قیصر تنها بماد
جهان را بدان آفرین خوار کرد
توانا ودانسنده از هر دری ۱۲۲۰
که او برتر است از مکان وزمان
بر این چرخ گردان برآورده اند

Lorsque le Kaïsar apprit que des grands de l'Iran envoyés par le roi du monde, s'approchaient chevauchant sur la route, il envoya une escorte au-devant d'eux, et fit décorer un palais avec des brocarts de Roum, ornés de figures en pierreries et en or fin. Il s'assit sur son illustre trône d'ivoire, plaça sur sa tête la couronne brillante, et fit relever le rideau de la porte. On fit passer rapidement les envoyés sous le portail, le noble Gustehem en tête; après lui Balouï l'héroïque et Schapour, Kharrad, fils de Berzin, et le vaillant Endian, tous portant des couronnes sur la tête et des ceintures au milieu du corps. Ils mirent pied à terre près du Kaïsar, et en l'apercevant ils le saluèrent respectueusement, ils le couvrirent tous ensemble de leurs bénédictions, et répandirent des pierreries sur le trône d'or.

Le Kaïsar commença par faire des questions sur le roi, sur l'Iran et les fatigues de la route, et Kharrad, fils de Berzin, s'avança rapidement vers le trône avec la lettre de Khosrou. Sur l'ordre du roi illustre on plaça quatre siéges d'or, et trois de ces grands de bon conseil s'assirent, pendant que Kharrad restait debout. Le Kaïsar lui dit : « Quand on arrive de voyage on doit prendre un siége et s'asseoir. » Kharrad, fils de Berzin, répondit : « Le roi n'a pas fait de moi un « homme assez puissant pour que je puisse prendre un siége devant « le Kaïsar, quand je tiens dans ma main une lettre aussi *importante* « du roi de l'Iran; c'est en me conduisant comme un serviteur que je « puis me faire agréer par toi et me rendre utile par le message dont « je suis chargé. » Le Kaïsar dit : « Dévoile donc ton secret. Que désire « ce prince intelligent qui porte haut la tête? »

Kharrad, fils de Berzin, commença à parler, et le Kaïsar l'écouta attentivement. Il célébra d'abord la gloire de Dieu, et exprima son mépris pour le monde, disant : « C'est Lui qui est sublime au-dessus « de tout ce qui est sublime, tout-puissant, omniscient. C'est par son « ordre que tourne ce ciel, car c'est Lui qui est au-dessus du temps « et de l'espace, pendant que le ciel et les astres sont créés et ont été « placés sur la sphère qui tourne. Quand il a tiré de la terre tout ce « qui a vie, il a d'abord fait naître Kaïoumors, et ensuite *les autres* « *rois*, jusqu'à ce qu'il fût arrivé à Feridoun, qu'il a favorisé au-des- « sus de tous ces hommes éminents, et c'est ainsi qu'a paru dans le

LE LIVRE DES ROIS

چو از خاک هر جانور زنده کرد	نخستین کیومرث را زنده کرد
چنین تا بشاه آفریدون رسید	از آن سرفرازان ورا برگزید
پدید آمد این تخمه اندر جهان	بمود آشکار آنچه بودی نهان
همی زو چمیدی تا شرک مقباد	که تاج بزرگی بسر بر نهاد
نمامد بدین دوده هرگز بدی	نگه داشتندی ره ایزدی
کنون بندهٔ ناسزاوار پست	بیامد بتخت کیان بر نشست
همی داد خواهم زبم دادگر	نه افسر نه تخت و کلاه و کمر
هر آنکس که او برنشیند بخت	خرد باید و نامداری و تخت
شناسد که این تخت و این فرّی	کرا بود و دیهیم شاهنشهی
مرا اندر این کار یاری کنید	بری بی وفا کامگاری کنید
که پوینده گشتم گرد جهان	بشرم آمدیم از کیهان و مهان
چو قیصر بر آنسان بجنها شنید	بر خساره شد چون گل شنبلید
گل شنبلیدش پر از ژاله گشت	زبان و روانش پر از ناله گشت
چو آن نامه برخواند بفزود درد	شد آن تخت بر چشم او لاژورد
بخراد برزین جهاندار گفت	که این نیست بر مرد دانا نهفت
مرا خسرو از خویش ویپوند بمن	زجان تنگی دارمش پیش
سلیحست و مگنج و م لشکرست	شمارا ببمن تا چه اندر خورست
اگر دیده خواهی ندارم دریغ	که دیده به از گنج دینار و تیغ

پاسخ نامهٔ خسرو از قیصر

دبیر جهاندیده را پیش خواند	بر آن پیشگاه بزرگی نشاند
بفرمود تا نامه پاسخ نوشت	بماراست چون مرغزار بهشت
ز بیش پند و پیوند و نیکو کنش	از آن روز تا روزگار کیهن
چو گشت از نوشتن نویسنده سیر	نگه کرد قیصر سواری دلیر
تخنگوی و روشن دل و یادگیر	خردمند و دانا و گرد و دبیر

« monde cette famille, et que s'est manifesté ce qui était caché. Cela
« a continué jusqu'à l'avénement de Keïkobad, qui a placé sur sa tête
« la couronne du pouvoir, et jamais il n'était arrivé un malheur à
« cette famille, qui a toujours suivi la voie de Dieu. Mais mainte-
« nant un esclave vil et bas est venu s'asseoir sur le trône des Keïa-
« nides, et je demande justice de cet homme injuste, qui n'a droit,
« ni au diadème, ni au trône, ni à la couronne, ni à la ceinture des
« rois. Quand on veut s'asseoir sur un trône, il faut posséder de l'in-
« telligence, *une naissance* illustre et une haute fortune; que cet homme
« apprenne donc à qui appartiennent ce trône et cette majesté, et ce
« diadème des rois des rois. Agis pour moi en ami dans cette affaire,
« fais contre cet homme déloyal ce que je désire, car *toi et moi*
« sommes *connus comme* alliés partout dans le monde, et *maintenant*
« nous sommes couverts de honte devant les petits et les grands. »

Lorsque le Kaïsar eut entendu ces paroles, ses joues devinrent
pâles comme la fleur du fenugrec, et cette fleur se couvrit *de larmes*
comme de gouttes de rosée, et la langue et l'âme du Kaïsar se remplirent de lamentations. Ce maître du monde lut la lettre du roi, et
sa douleur redoubla, son trône devint sombre devant ses yeux et il
dit à Kharrad, fils de Berzin : « Ce n'est un secret pour aucun homme
« instruit, que Khosrou est pour moi plus que mes parents et mes
« alliés, et que je le préfère à mon âme douée de la parole. Je pos-
« sède des armes, des trésors et des troupes, voyez ce qu'il vous en
« faut, et si tu me demandais mes yeux, je les donnerais sans re-
« gret, et pourtant les yeux sont plus précieux que des trésors d'or
« et des épées. »

RÉPONSE DU KAÏSAR À LA LETTRE DE KHOSROU.

Il fit appeler un scribe qui connaissait le monde et le fit asseoir
devant le trône du pouvoir; il lui ordonna d'écrire une lettre en
réponse, et de l'orner comme une prairie du paradis avec beaucoup
de conseils, et des promesses et de belles paroles sur les temps actuels et remontant aux temps anciens. Lorsque le scribe fut fatigué
d'écrire, le Kaïsar chercha des yeux un cavalier vaillant, éloquent,

بدو گفت رو پیش خسرو بگوی   که ای شاه بیما دل وراه جوی
مرا م سلیحست وم مرد وگنج   نیاورد باید کسی را برنج
وگر نیستی مان زهر کشوری   درم خواستمی زهر مهتری
بدان تا تواز روم با کام خویش   بایران خرامی بآرام خویش
مباش اندر این بوم تیره روان   که ایست کردار چرخ روان
که گاهی پناهست و گاهی گزند   گهی باز و نشست و گاهی کمند
کنون تا سلیح و سپاه و درم   فراز آورم تو مسیای درم
بر خسرو آمد فرستاده مرد   تنهای قیصر همه یاد کرد
ریمگانه قیصر بمرداخت جای   پر اندیشه بنشست با رهنمای
بیاد چنین گفت کین دادخواه   زگمتی گرفتست مارا پناه
چه سازیم تا او بنیرو شود   وزآن ننگ کهتر بی آهو شود
بقیصر چنین گفت پس رهنمای   که از فیلسوفان پاکمزه رای
بیاید تنی چند بمدار دل   که بندید با ما درین کار دل
فرستاد کس قیصر نامدار   برفتند از آن فیلسوفان چهار
جوانان ویمران رومی نژاد   تنهای دیرینه کردند یاد
که ما تا سکندر بشد زین جهان   از ایرانیانم خسته نهان
ریس غارت و جنگ و آویختن   هان بی گنه خیره خون ریختن
کنون پاک یزدان زکردار بد   بمیش اندر آورد شان کار بد
یکی خامشی برگزین زین میان   چو شد کمدرو بخت ساسانیان
اگر خسرو آن خسروانی کلاه   بدست آورد سر بر آرد بماه
هم اندر زمان باز خواهد زروم   بپی اندر آرد همه مرز و بوم
کنون گر خورد با خرد یاد دار   تنهای ایرانیان باد دار
ازیشان چو بشنید قیصر سخن   یکی دیگر اندیشه افکند بن
سواری فرستاد نزدیک شاه   یکی نامه بنوشت و بنمود راه
زگفتار بمدار دانندگان   تنهای دیرینه خوانندگان

d'un cœur serein et observateur, intelligent, savant, plein de bravoure et lettré, et lui dit : « Va auprès de Khosrou et dis-lui : Ô roi « au cœur clairvoyant, qui cherches la vraie voie ! J'ai des trésors, « des hommes et des armes, et n'ai besoin de dépouiller personne « *pour m'en procurer ;* et, si je n'en avais pas, je demanderais de l'argent « à tous les grands, dans toutes les provinces, pour que tu puisses « retourner du Roum dans l'Iran victorieusement et rentrer dans ton « palais. Ne sois pas triste pendant que tu restes dans mon pays, car « telle est la manière d'agir de la voûte du ciel qui tourne : tantôt elle « est un refuge, tantôt un lieu de détresse; tantôt elle est caressante « et douce, tantôt *elle saisit comme* un lacet. Ainsi ne t'afflige pas « pendant que je t'amènerai des troupes, des armures et de l'argent. » Le messager partit pour se rendre auprès de Khosrou, à qui il répéta toutes les paroles du Kaïsar.

Le Kaïsar renvoya tous les étrangers et s'assit avec son conseiller, le cœur plein de soucis. Il dit à son Mobed : « Ce suppliant s'adresse « maintenant de préférence à nous; mais que ferons-nous quand il « sera redevenu puissant et quand il sera délivré de la honte de la « défaite que lui a infligée son sujet? » Le conseiller dit au Kaïsar : « Il « faut que quelques-uns des philosophes de bon conseil et à l'esprit « éveillé viennent et délibèrent avec nous sur cette affaire. »

Le Kaïsar envoya un messager, et quatre d'entre les philosophes arrivèrent, les uns jeunes, les autres vieux, tous Roumis de naissance; ils discoururent longuement de ce qui s'était passé, disant : « Depuis la mort d'Iskender, nos âmes étaient désolées par les Ira- « niens, qui ne cessaient de nous piller, de nous faire la guerre, de « nous attaquer et de verser follement notre sang innocent. Mainte- « nant Dieu le tout-saint a amené le malheur sur eux pour *les punir* « *de* leurs mauvaises actions. Mais tiens-toi tranquille puisque la for- « tune des Sâsânides est devenue boiteuse. Si Khosrou ressaisit sa « couronne impériale, il lèvera sa tête jusqu'à la lune et demandera « à l'instant un tribut du Roum, et s'emparera de tous les pays. Qu'il « te plaise maintenant de réfléchir sagement et de tenir pour du vent « les paroles des Iraniens. » Ces discours firent changer d'idée au Kaïsar, et il envoya un cavalier auprès du roi, à qui il écrivit une

چو آمد بنزدیك خسرو سوار
همان نامهٔ قیصر آورد پیش
چو خسرو بدید آن دلش تنگ شد
چنین داد پاسخ كه گر زین سخن
همی بر دل این یاد باید گرفت
نگه کن کنون تا نیاکان ما
بییداد کردند جنگ ار بداد
گرفتم وگشتم ازین مرز باز
سزد گر بپرسی ز دانای روم
نه هرگز که در روم شد سرفراز
نیاکان ما نامداران بدند
بپرداشتند از کسی سرکشی
کنون این تخت‌ها نیارد بها
یکی سوی قیصر بر از من درود
بزرگان نمانند پیش خرد
ازین پس نه آرام جویم نه خواب
چو روی ننمایسم فریادرس
سخن هرچه گفتم همه خیره بود
فرستادگان چو آیند باز
بایرانیان گفت فرمان کنید
که یزدان پیروزگر یار ماست
گرفت این سخن بر دل خویش خوار
بر بی گونه بر نامهٔ خود نوشت
بیامد زنزدیك خسرو تخوار
چو قیصر نگه کرد ونامه بخواند

بگفت آنچه بشنید از آن نامدار
سخن راند تا او زاندازه پیش
رخانش زاندیشه بیرنگ شد
که پیش آمد از روزگار کهن
همه رنجها یاد باید گرفت ۱۲۷۵
گزیده جهاندار وپاكان ما
نگر تا زیمران كه دارد بماد
شمارا مبادا بایران نماز
که ابی بد زراع آمدست از زیم
همی زافرینننده شد بی نماز ۱۲۸۰
بگیتی درون کامگاران بدند
بلندی وتندی وبی‌دانشی
كه باشد سر اندر دم اژدها
بگویش که گفتار بی تاری بود
بفرجام م نیك وبد بگذرد ۱۲۸۵
مگر برکشم دامن از تیره آب
بنزدیك خاقان فرستم كس
که آب روان از بنه تیره بود
بدین شارستان در نماز دراز
دل خویش را زین سخن مشکنید ۱۲۹۰
جوانمردی ومردی کار ماست
فرستاد نامه بدست تخوار
نیامدش یاد یا در خوب وزشت
چنین تا در قیصر نامدار
زهر گونه اندیشه در دل براند ۱۲۹۵

lettre pour lui indiquer la voie à suivre, selon les avis donnés par les sages pleins de prévoyance qui avaient fait là-dessus de si longs discours.

Lorsque le cavalier arriva près de Khosrou, il lui dit tout ce qu'il avait entendu de la bouche de son maître illustre, lui remit la lettre du Kaïsar et lui en parla très-longuement. Khosrou voyant cela eut le cœur serré, et ses inquiétudes firent pâlir ses joues, il répondit : « S'il faut s'attacher ainsi à ces histoires des temps anciens qu'on re-
« cueille, toutes nos fatigues auront été jetées au vent. Réfléchis donc
« maintenant s'il y a un seul vieillard qui se rappelle si mes ancêtres,
« ces maîtres du monde, choisis *par Dieu*, ces hommes purs, ont fait
« la guerre justement ou injustement. Nous avions conquis ce pays et
« nous l'avons quitté ; et vous, puissiez-vous ne jamais avoir envie du
« pays d'Iran! Demande donc à ces sages du Roum, si c'est le corbeau
« qui a été en faute ou le hibou? Quand il y a eu à Roum un homme
« qui levait haut la tête, le Créateur ne l'a jamais laissé dans le besoin,
« et mes ancêtres étaient des hommes illustres et tout-puissants dans
« le monde, qui jamais n'ont supporté de personne l'orgueil, la su-
« périorité, la violence et la déraison. Mais aujourd'hui ces choses
« n'ont pas de valeur, car ma tête est dans la gueule du dragon. Porte
« au Kaïsar mes salutations, et dis-lui : Les princes ne doivent pas,
« en face de la raison, faire des discours qui n'ont ni trame, ni chaîne,
« car à la fin le bien et le mal passent. Dorénavant je ne me livrerai ni
« au repos ni au sommeil avant d'avoir tiré de l'eau trouble le pan de
« ma robe. Si je trouve que les Roumis ne veulent pas m'aider,
« je vais envoyer auprès du Khakan, car toutes mes paroles ont été
« vaines, parce que l'eau de *votre* fleuve a été troublée jusqu'au fond.
« Quand mes envoyés seront de retour, je ne resterai plus longtemps
« dans cette ville. »

Il dit aux Iraniens : « Obéissez à mes ordres, ne vous désolez pas
« de ce qui se passe, car Dieu, le victorieux, est notre soutien, et notre
« devoir est d'être vaillants et virils. » Il se mit dans son cœur au-dessus de cette affaire et envoya Tokhar avec une lettre, qu'il écrivit sans penser au bien ou au mal *qu'elle pouvait lui attirer*.

Tokhar quitta Khosrou et alla à la cour de l'illustre Kaïsar. Celui-ci

وز آنیس بدستور پرمایه گفت / که ایں رازها باز جوی از نہفت
ردانرا وکمداوران‌را بخوان / زکار گذشته فراوان بران
نگه کن که خسرو بدیں کارزار / شود شاد اگر پیچد از روزگار
گر ایدون که گوئید پیروز نیست / از آنیس ورا نیز نو روز نیست
بمانم تا سوی خاقان شود / چو بیمار شد سوی درمان شود ۱۳۰۰
ور ایدون که پیروزگر باشد اوی / بشاهی بسان پدر باشد اوی
همان به کز ایدر شود با سپاه / مگر کمیں در دل ندارد نگاه
چو بشنید دستور دانا سخن / بفرمود تا زیجهای کهن
ببردند مردان اختر شناس / سخن راند با نامداران سه پاس
سرانجام مرد ستاره شمر / بقیصر چنیں گفت کای تاجور ۱۳۰۵
نگه کردم ایں زیجهای کهن / کز اختر فلاطون فگندست بن
نه بس دیر شاهی بخسرو رسد / زشاهنشهی گردی نو رسد
بریں گونه بر سال تا سی وهشت / بروگرد تیره نمارد گذشت
چو بشنید قیصر بدستور گفت / که بیرون شد ایں راز آواز نہفت
چه گویم وایں‌را چه پاسخ دهم / یکی تا بریں ریش مرغم کنم ۱۳۱۰
گرامایه دستور گفت ایں سخن / که در آسمان اختر افگندمد بن
بمردی ودانش نه برکاست کس / جهاندار بادا ترا یار و بس
چو خسرو سوی مرز خاقان شود / ورا یار خواهد تن آسان شود
جو لشکر زجای دگر سازد اوی / زکیں تو هرگز نپردازد اوی
نگه کن که اکنون تو داناتری / بدیں آرزو بر توانا تری ۱۳۱۵
چنیں گفت قیصر که اکنون سپاه / فرستیم ناچار نزدیك شاه
سخن چند سنجی همان به که گنج / کم خوار تا دور ماند زریں

نامه نوشتن قیصر بخسرو پرویز دیگر بار

همانگه یکی نامه بنوشت رود / بر آن آفریں آفریں بر فزود

le vit, lut la lettre, et son cœur fut ému de pensées diverses. Il dit à
son puissant Destour : « Dévoile-moi ce mystère; appelle les nobles
« et les chefs de l'armée et parle-leur beaucoup de ce qui s'est passé.
« Réfléchis si Khosrou sera heureux dans cette guerre, ou s'il flé-
« chira devant le sort. Si vous dites qu'il ne sera pas vainqueur, qu'il
« n'y aura plus pour lui de Naurouz, nous attendrons qu'il aille chez
« le Khakan et qu'il y cherche le remède de son mal. Mais s'il doit
« être victorieux, s'il doit être maître de l'empire comme l'était son
« père, il vaudrait mieux qu'il partît d'ici avec une armée pour qu'il
« ne garde pas dans son cœur une pensée de vengeance. »

Le savant Destour écouta ces paroles; il fit apporter par les astrologues leurs antiques tables et ils discutèrent pendant trois quarts de
la nuit. A la fin, *le chef* des astrologues dit au Kaïsar : « Ô porteur de
« la couronne! j'ai étudié ces tables antiques que Falathoun (Platon)
« a construites d'après les astres. Il ne se passera pas beaucoup de
« temps avant que l'empire revienne à Khosrou, et que la royauté
« des Perses retrouve un nouveau tour *de la fortune*, et la poussière
« sombre ne couvrira ce roi qu'après trente-huit ans. »

Le Kaïsar écouta et dit à son Destour : « Voici donc le secret de
« son sort découvert. Maintenant que faire? quelle réponse donner,
« quel baume mettre sur cette plaie? » Le puissant Destour dit : « Les
« astres du ciel ont décidé, et ni la valeur ni le savoir ne peuvent rien
« y changer. Que le maître du monde te protège! Si Khosrou se rend
« dans le pays du Khakan et lui demande d'être son ami, il sera en
« sécurité, et, s'il se procure une armée dans un autre pays, il ne ces-
« sera jamais d'être ton ennemi. Réfléchis que dans ce moment tu
« connais mieux l'avenir *que Khosrou*, et que sa demande te rend
« plus puissant *que lui*. » Le Kaïsar dit : « Je suis forcé d'envoyer une
« armée au roi, et plus on y pense, *plus on voit* qu'il vaut mieux que
« je sacrifie mes trésors pour qu'il ne m'arrive pas de peine. »

LE KAÏSAR ÉCRIT DE NOUVEAU À KHOSROU PARVIZ.

Il écrivit à l'instant et rapidement une lettre; il y accumula les bénédictions et dit : « Moi et le Mobed, mon ami et fidèle conseiller, avons

LE LIVRE DES ROIS

که با موبد یکدل و یاک رای
زهرگونهٔ داستانها زدیم
کنون رای وگفتارها شد بهم
بقسطنطنیه فزون زین سپاه
تخت‌ها زهرگونه آراستیم
یکایک چو آیـد م در زمان
همه مولش ورای چندین زدن
از آن بد که کردارهای کهن
که هنگام شاپور شاه اردشیر
زیس غارت وکشتن وتاختن
چو زوبگدری هرمز وکیقباد
ازیں مرز ما سی و نه شارسان
زخون سران دشت گشت آبگیر
اگر مرد روی بدل کمن گرفت
خود آزردنی نیست در دیں ما
ندیدیم چیزی به از راستی
ستم دیدگانرا همه خواندیم
بافسون دل مردمان پاک شد
بدان بر نهادم کزین در سخن
چیزی که گویی تو فرمان کنند
شما را زبان داد باید همان
بگویی که تا من بوم شهریار
نخوام من از رومیان باژ نیز
دگر هرچه دارید ازیں مرز و بوم
بدیں آرزو نیز بمشی کنید

زدیم از بد و نیمك ما پاك رای
بدان رای بمیشمیه باز آمدیم ۱۳۲۰
کشادم درگنجهای کهن
ندارم که دارید کشور نگاه
زهرکوشهٔ لشکری خواستیم
فرستم نزد شما بی گمان
بدین نیمشتر کام شیر آزدن ۱۳۲۵
همی یاد کرد آن که داند سخن
دل مرد برنا شد از رنج پیر
بمیداد بر کینها ساختن
که از داد هرگز نکردند یاد
از ایرانیمان شد همه خارسان ۱۳۳۰
زن و کودگانشان ببردند اسیر
نباید که آید ترا زآن شگفت
مبادا بدی کردن آئیں ما
همان دوری از کژی و کاستی
وزین در فراوان سخن راندیم ۱۳۳۵
همه زهر گمرنده تریاك شد
نگوید کس از روزگار کهن
روانها به پیمان گروگان کنند
که بر ما نباشد کسی بدگمان
نگیرم چنین رنجها سست و خوار ۱۳۴۰
نه بفروشم این رنجها را بچیز
از ایران کسی نسپرد مرز روم
بسازید با ما وخوبیی کنید

KHOSROU PARVIZ

« sincèrement discuté sur ce qui était bon ou mauvais pour nous.
« Nous avons parlé de toutes choses et sommes revenus à nos pre-
« miers desseins; les consultations et les paroles sont terminées, et j'ai
« ouvert la porte de mes trésors antiques. Je n'ai pas à Constantinople
« plus de troupes qu'il ne faut pour garder le pays, mais nous avons
« tout arrangé; nous avons demandé des troupes dans toutes les par-
« ties *de l'empire*, et à mesure qu'elles arriveront, nous te les enver-
« rons sans faute et à l'instant. Toutes nos hésitations, nos longues
« discussions et ces piqûres de la gueule du lion par l'aiguillon sont
« venues de ce que les savants nous avaient rappelé ce qui s'était
« passé autrefois, où du temps de Schapour, fils d'Ardeschir, les cœurs
« jeunes étaient devenus vieux par les peines, par les rapines, les meur-
« tres, les attaques et les vengeances injustes. Plus tard, sous Kobad
« et Hormuzd, qui ne pensaient jamais à la justice, les Iraniens ont
« dévasté trente-neuf grandes villes de notre pays; les plaines étaient
« devenues des lacs remplis du sang des chefs, on emmenait en cap-
« tivité les femmes et les enfants, et tu ne dois pas t'étonner que le
« cœur des hommes du Roum soit rempli du désir de la vengeance.

« Mais il n'est pas selon notre religion de garder rancune, et à Dieu
« ne plaise que notre coutume soit de faire du mal. Nous avons re-
« connu que ce qu'il y avait de mieux était la droiture, et de nous
« tenir loin de toute fourberie et fausseté. Nous avons réuni ceux qui
« avaient souffert *le plus*, nous avons beaucoup parlé de tout cela, et
« nous avons pu à force d'art purifier les cœurs des hommes et con-
« vertir en thériaque le poison dévorant. Je les ai décidés à ne plus
« parler de ces temps anciens; ils feront ta volonté en tout ce que tu
« diras, et ils donnent leurs âmes pour garants de notre alliance. Mais
« il faut que de votre côté vous donniez l'assurance que personne ne
« nous veut du mal. Déclare qu'aussi longtemps que tu seras roi, tu
« n'oublieras pas les peines que nous prenons pour toi, que tu ne
« demanderas plus de tribut aux Roumis, et que tu ne trahiras pour
« aucun avantage *la reconnaissance que t'imposeront* les fatigues *que nous*
« *endurerons pour toi*. Ensuite, tu abandonneras toutes tes conquêtes
« dans le Roum et aucun Iranien ne franchira plus notre frontière.

« Allez au delà de votre désir présent, faites un arrangement avec

شما را هر آنگه که کاری بود / وگر ناسزا کارزاری بود
همه دوستدار و برادر شوم / بود نیز گه گه که کهتر شوم
چو گردید ازین شهر ما بی نیاز / بدلغان همان کینه آید فراز
زتور و زسلم اندر آید سخن / وز آن بمهده روزگار کهن
یکی عهد خوام کنون استوار / سزاوار مهری برو یادگار
که ما زینس از کمین ایرج سخن / نرانیم وزان جنگهای کهن
از آنس یکی باشد ایران و روم / جدائی نجوئیم ازین مرز و بوم
پس پرده ما یکی دخترست / که از مهتران در خور مهترست
بخواهیمد بر پاکی دین ما / چنان چون بود راه و آئین ما
بدان تا چو فرزند قیصر نژاد / بود کمین ایرج نمارد بماد
از آشوب و از جنگ روی زمین / بیاساید و راه جوید بدین
کنون گر بچشم خرد بنگری / مریی را جز از راستی نشمری
ماند زیمون پیمان ما / زیزدان چنینست فرسان ما
رهنگام بیمروز تا خوشنواز / همانا که بگذشت روز دراز
که سرها بدادند هر دو بباد / جهاندار پیمان شکن کس مباد
مسیح پیمبر چنمن کرد یاد / که پیمد خرد چون بمجی زداد
بسی چاره کرد اندرین خوشنواز / که بیروز را سر نماید بکاز
چو پیروز با او درشتی نمود / ندید اندر آن جنگ جز نمره دود
شد آن لشکر و تخت شاهی بماد / چو پیچیده شد شادرا سر زداد
تو بر زائی و نوز نادیده کار / چو خواهی که یابی براز روزگار
مشو یاور مرد پیمان شکن / که پیمان شکن کس نیزد کفن
بر آن شاه نفرین کند تاج و گاه / که پیمان شکن باشد و کینه خواه
کنون نامه ی من سراسر بخوان / گر انگشتها چرب داری بخوان
تنها نگه دار و پاسخ نویس / همه خوبی اندیش و فرخ نویس
بخوام که این راز داند دبیر / تو بائی نویسنده و تیز و زیر

KHOSROU PARVIZ

« nous et concluez une alliance, pour que, en toute occasion, quand
« nous serons occupés d'une affaire, fût-ce une guerre folle, nous
« soyons tous amis et frères, quand même *l'un de nous* serait de temps
« en temps le plus faible. Quand vous n'aurez plus besoin du Roum,
« votre ancienne haine pourrait renaître; on parlerait *de nouveau* de
« Tour et de Selm et des folies des temps anciens. Mais je demande
« maintenant un traité durable, attesté par un sceau solennel, pour
« qu'il ne soit plus question de la vengeance d'Iredj ni des luttes d'au-
« trefois, que dorénavant l'Iran et le Roum soient un et que nous ne
« cherchions pas à séparer ces pays. Il y a dans l'appartement de
« mes femmes une fille digne des plus grands parmi les grands; de-
« mande-la selon nos saints rites, et selon nos coutumes et notre céré-
« monial, afin que la vengeance pour Iredj soit oubliée lorsque tu
« auras un fils, petit-fils du Kaïsar, et que le monde se repose des
« troubles et des guerres et cherche le vrai chemin par la foi.

« Maintenant, si tu veux regarder avec l'œil de la raison, tu te con-
« vaincras que je ne demande rien que selon la droiture; notre alliance
« sera affermie par notre parenté; c'est ainsi que le veut l'ordre de
« Dieu. Depuis Pirouz jusqu'à Khouschnewaz, il s'est passé bien du
« temps, pendant lequel les deux peuples ont livré leurs têtes au
« vent; puisse-t-il ne jamais vivre un roi infidèle aux traités! Le Messie,
« notre prophète, a dit : « La raison est déviée si l'on dévie de la jus-
« tice. Khonschnewaz a essayé bien des moyens pour sauver la tête
« de Pirouz des ciseaux de la mort, et Pirouz, quand il a agi dure-
« ment contre Khouschnewaz, n'a tiré de ce conflit que l'angoisse de
« la mort, et lorsque la tête du roi a dévié de la justice, son armée et
« son trône royal ont péri. Tu es jeune et encore inexpérimenté; si tu
« veux cueillir le fruit de la fortune, ne fais pas ton ami d'un homme
« qui viole les traités, car un tel homme ne vaut pas le linceul *qui le*
« *couvrira*, et maudits soient le trône et la couronne d'un roi qui dé-
« chire les traités et désire la vengeance.

« Lis en entier ma lettre, pose délicatement tes doigts sur la table,
« pèse les mots et écris une réponse; réfléchis en toute sincérité et
« écris *sous une étoile* heureuse. Je ne voudrais pas qu'un scribe con-
« nût ce secret : écris donc toi-même, et montre ta sagacité.

KHOSROU PARVIZ

« Quand j'aurai lu ta réponse et que j'y aurai reconnu l'âme d'un
« homme résolu, j'enverrai à l'instant des armes, des troupes et de
« l'argent pour soulager ton cœur affligé. Quelle que soit la haine que
« tu portes dans ton cœur aux grands qui t'entourent, aux plus illus-
« tres auprès de toi, arrache de ton âme toute idée de vengeance
« contre eux, pardonne leurs fautes au nom de Dieu le Seigneur,
« car le jour ne brille-t-il pas sur les ennemis et les amis? Si tu
« veux que la fortune victorieuse te traite en maître du monde, avec
« une armée, une couronne et un trône, abstiens-toi de prendre le
« bien d'autrui, dirige ton esprit vers la voie de la droiture, sois affable
« pour les tiens, sois le gardien des pauvres qui se donnent de la
« peine. Si tu es généreux et secourable, personne n'étendra la main
« vers ta couronne et ton trône. Les rois qui ont veillé sur le monde
« et l'ont protégé contre ses ennemis n'ont jamais eu à souffrir de
« leurs adversaires, et la majesté que Dieu donne les a grandis. Les
« princes leur demandent leurs filles, soit pour eux-mêmes, soit pour
« leurs fils vertueux, et maintenant nous tous te demandons *de deve-*
« *nir mon gendre* et nos âmes sont préparées à cette alliance. »

Lorsque l'en-tête de cette lettre fut sec, on y plaça un sceau de
musc, sur lequel le Kaïsar appliqua son anneau; il donna la lettre
à l'envoyé et le congédia avec des bénédictions.

KHOSROU PARVIZ ÉCRIT UNE LETTRE D'ALLIANCE ET L'ENVOIE AU KAÏSAR.

Cette lettre arriva à Khosrou et il y trouva des nouvelles tout
imprévues sur son alliance avec le Kaïsar; il dit aux Iraniens : « Au-
« jourd'hui le soleil tourne tout autrement dans le ciel. Il est arrivé
« une lettre importante du Kaïsar et tout ce qu'il y dit nous est favo-
« rable; il cherche la voie pour arracher les pays de Roum et d'Iran
« à leur ancienne vengeance. » Les Iraniens répondirent : « Une fois
« que cette vengeance aura cessé, aucun des grands n'osera plus am-
« bitionner la couronne des rois, et tant de peuples cesseront de
« s'appauvrir. Si cela s'accomplit pendant ton règne, on écrira ton
« nom sur toutes les couronnes. »

Les Iraniens ayant tout approuvé, Khosrou renvoya tous les étran-

LE LIVRE DES ROIS

دوات وقلم خواست وچینی حریر
یکی نامه بنوشت بر پهلوی
که پذرفت خسرو یزدان پاک
که تا من شوم شاه در پیشگاه
بخواهم زدارندگان باز روم
هر آن شارسانی کز آن مرز بود
بقیصر سپارم همه یک بیک
همان نیز دختر کز آن مادرست
بهمداستان پدر خواستم
هر آنکس که بر بارگاه تواند
چو گستهم وشاپور وچون اندیان
چو لشکر فرستی بدیشان سپار
خویشی چنان کنون با توم
نخستین کیومرث ویس جمشید
دگر آنکه هستند فرخ نژاد
از آن تاجور مهتران کهن
بدین نشان تا قباد بزرگ
روا رو چنین تا بلهراسپ شاه
سر سرکشان فرخ اسفندیار
بدین گونه تا بابکان اردشیر
چو خسرو که دارد زهرمز نژاد
کجا سالم بودش نیای کهن
همه کینه برداشتم از میان
زقیصر بپذیرفتم این دخترش
زعیب وهنر هرچه دارد رواست

بفرمود تا پیش او شد دبیر
بر آئین شاهان خط خسروی
زگردنده خورشید وارمنده خاک
مرا باشد ایران وگنج وسپاه
نه لشکر فرستم بدان مرز وبوم
اگرچند بی کار وی ارز بود
از ایمس نوشته فرستم وچک
که پاکست وپیوسته قیصرست
بدین خواستن دل بماراستم
زایران وافدر پناه تواند
چو خراد برزین زخم کیان
خرد یافته دختر نامدار
چو از پیش بود آن بزرگ انجمن
کزو بود گیتی ببیم وامید
که از آبتین وفریدون براد
بکاؤوس وکیخسرو آید سخن
که از داد او خویش شد میش وگرگ
زلهراسپ آمد بگشتاسپ شاه
کزو تازه شد بخ نامدار
کزو شد جوان اختر گشته پیر
ابا قیصر او یکدل ویکنهاد
نگویم دروغ ونجویم سخن
یکی گشت روی وایرانیان
که از دختران او بدی افسرش
بریں نامه بر پاک یزدان گواست

gers, demanda un encrier, un roseau et du satin chinois, et fit venir un scribe auprès de lui. Puis il écrivit en pehlewi une lettre en caractères royaux et à la manière des rois, disant : « Moi, Khosrou, je m'en-
« gage en jurant par Dieu, le tout-saint, par le ciel tournant et la
« terre en repos, que tant que je serai roi sur le trône, que je possé-
« derai l'Iran, le trésor et l'armée, je ne demanderai pas de tribut aux
« maîtres du Roum et n'enverrai pas d'armée dans ce pays. Toutes
« les villes qui ont appartenu au Roum, si peu importantes et de si
« peu de valeur qu'elles soient, je les rendrai au Kaïsar sans excep-
« tion et j'enverrai les écrits et les titres nécessaires. Ensuite je de-
« mande en mariage, du consentement du père, la fille du Kaïsar,
« née d'une mère sans tache et de la famille du prince, et cette de-
« mande me tient au cœur. Remets entre les mains des Iraniens qui se
« trouvent à ta cour et sous ta protection, comme Gustehem et Scha-
« pour, comme Endian et Kharrad, fils de Berzin, de la famille des
« Keïanides, remets-leur, quand tu enverras une armée, ta fille intelli-
« gente et illustre.

« Par mon alliance avec toi, je suis redevenu ce qu'étaient autre-
« fois les rois de cette grande famille, d'abord Kaïoumors, puis
« Djemschid, qui remplissait le monde de craintes et d'espérances ;
« puis venaient ces hommes à la naissance fortunée, issus d'Abtin et
« de Feridoun, et de ces puissants rois anciens nous arrivons à Kaous
« et Keï Khosrou, et au grand *Keï* Kobad, qui par sa justice faisait
« une seule famille des brebis et des loups. Ainsi de suite jusqu'au
« roi Lohrasp, et de Lohrasp au roi Guschtasp, au fortuné Isfendiar,
« chef des grands qui ont pour rejeton l'illustre Bahman. Nous arri-
« vons ainsi à Ardeschir, fils de Babek, qui rajeunit l'étoile vieillie *de*
« *l'empire,* et à Khosrou, fils de Hormuzd, qui ne forme qu'un cœur et
« qu'une âme avec le Kaïsar, dont l'antique ancêtre a été Selm ; je ne
« mens pas, et ne cherche pas de *vaines* paroles, car nous avons re-
« noncé à toute vengeance, et les Roumis et les Iraniens ne font plus
« qu'un. Je reçois du Kaïsar sa fille, qui est le diadème *du cercle* de
« ses filles ; je l'accepte avec ses défauts et ses vertus, et j'invoque
« Dieu, le tout-saint, comme garant de ce que je dis dans cette lettre,
« écrite d'un bout à l'autre de ma main, qui est connue dans le monde

نوشته سراسر بخط منست / که خطّ من اندر جهان روشنست
نهادم برین نامه بر مهر خویش / چنان چون بود رسم و آئین و کیش
پس از تو هر آنکس که قیصر شوند / جهاندار با تخت و افسر شوند
نوشته برین برگوای منست / روان وخرد آشنای منست
ازین بر نگردم که گفتم یکی / زکردار بسیار یا اندکی
کنون هرچه زین با تو گفتم رواست / دل واختر و یاک یزدان گواست
توچیزی که گفتی درنگی مساز / که بودن بدین شارسان شد دراز
چو کرد ابن سخنها برین گونه یاد / نبشته خورشید خرّاد داد
سپهبد چو باد اندر آمد زجای / باسپ سمند اندر آورد پای
همی تاخت تا پیش قیصر چو باد / سخنهای خسرو برو کرد یاد
چو قیصر از آن نامه بگست بند / بدید آن سخنهای شاه بلند
بفرمود تا هرکه دانا بدند / بگفتارها بر توانا بدند
بنزدیک قیصر شدند انجمن / بپرسید از ایشان همه تن بتن
که اکنون مرا ازین چه درمان کنم / ابا شاه ایران چه پیمان کنم
بدین نامه ما بی بهانه شدیم / همه رویم و ایران یگانه شدیم
بزرگان فرزانه برخاستند / زبان پاسخش را بیاراستند
که ما کهتر انیم و قیصر توئی / جهاندار با تخت و افسر توئی
نگه کن کنون رای و فرمان تراست / زما گر بخواهی تن و جان تراست
چو بشنید قیصر گرفت آفرین / بر آن نامداران با رای و دین
همی بود تا شمع گردان سپهر / دگرگونه تر شد بآئین و چهر

طلسم ساختن رومیان و آسایش کردن ایرانیان را

چو خورشید گردنده بی رنگ شد / ستاره بمرج شباهنگ شد
بفرمود قیصر بمیرنگ سار / که پیش آرد اندیشهای دراز
بسازید جائی شگفتی طلسم / که کس باز نشمارد آنرا رجسم

« entier. J'ai apposé mon sceau sur la lettre selon les coutumes, les
« formes et ma religion. Tous ceux qui après toi seront Kaïsars,
« maîtres du monde, du trône et de la couronne, *trouveront* dans ce que
« j'ai écrit mes engagements, et *leurs* âmes et *leur* intelligence m'ap-
« prouveront. Je ne m'écarterai en rien de ce que j'ai dit, ni dans les
« grandes choses, ni dans les petites. Tout ce que je t'ai déclaré est
« convenu, et mon cœur, mon étoile et Dieu, le tout-saint, m'en sont
« témoins, et toi de ton côté ne retarde pas l'accomplissement de tes
« promesses, car mon séjour dans cette ville s'est trop prolongé. »

Ayant énoncé tout cela et de cette façon, il remit la lettre à Khourschid, fils de Kharrad, et le Sipehbed, monté sur un cheval pie,
quitta ce lieu rapidement comme le vent; il courut jusque chez le
Kaïsar et lui communiqua le message de Khosrou. Le Kaïsar défit
les cordons de la lettre et lut les paroles du puissant roi; il fit ordonner à tous les sages, à tous les hommes habiles à parler, de venir
se réunir auprès de lui, et demanda leur avis, à l'un après l'autre,
disant : « Quel remède appliquerons-nous maintenant, et quel traité
« ferons-nous avec le roi d'Iran? Cette lettre nous enlève tout prétexte
« *de refus;* le Roum et l'Iran sont devenus amis. » Les grands, pleins
de savoir, se levèrent et se mirent à lui répondre, disant : « Nous
« sommes tes sujets et tu es le Kaïsar, tu es le maître du monde, le
« trône et le diadème sont à toi. Réfléchis maintenant, c'est à toi à
« décider et à commander, et si tu l'ordonnes nos corps et nos âmes
« t'appartiennent. » Le Kaïsar ayant entendu ces paroles approuva
ces hommes illustres, pleins de raison et de foi, et il resta *avec eux*
jusqu'à ce que le flambeau du ciel qui tourne eût perdu sa grandeur
et son aspect.

LES ROUMIS PRÉPARENT UNE FIGURE MAGIQUE ET SOUMETTENT LES IRANIENS À UNE ÉPREUVE.

Lorsque le soleil qui tourne eut pâli et que l'astre eut paru dans la
constellation de Sirius, le Kaïsar ordonna aux magiciens de réfléchir
longuement. « Préparez, dit-il, quelque part une œuvre merveilleuse
« de magie, que personne ne puisse distinguer d'un corps humain, une

نشسته زنی خوب بر تخت ناز ... پر از شرم با جامه‌های دراز
از این سوزِ آن سو پرستندگان ... پس پشت و پیش اندرون بندگان
نشسته برین تخت بی گفت و گوی ... بگریان زنی ماند آن ماه‌روی
زمان تا زمان دست بر آهنی ... سرشک از مژگان بمی‌داختی
هر آنکس که دیدی مرا و را زدور ... زنی یافتی با رخی پر ز نور
که بکریستی بر مسیحا بزار ... دو رخ سرخ و مژگان چو ابر بهار
طلسم بزرگ آن چو آمد بجای ... بر قیصر آمد یکی رهنمای
ردانا چو بشنید قیصر برفت ... بپیش طلسم آمد آنگاه تفت
از آن جادویی در شگفتی بماند ... فرستاد و گستم را پیش خواند
مر آن جادو را بر بجمشید چیز ... بسی با درم هدیه‌ها داد نیز
بگستم گفت ای گو نامدار ... یکی دختری دارم چون بهار
ببالید و آمدش هنگام شوی ... یکی خویش بد مر مرا ناهجوی
براه مسیحا بدو دادمش ... رسیدانش روی بکشادمش
فرستادم او را بکاخ جوان ... سوی آسمان شد جواهر روان
کنون او نشستست با سوگ و درد ... شده روز روشن بدو لاژورد
نه پندم پذیرد نه گوید سخن ... جهان نواز رنج او شد کهن
یکی رنج بردار و او را ببمن ... تخم‌های دانندگان بر گزین
جوانی و از گوهر پهلوان ... مگر با تو او بر کشاید زبان
بدو گفت گستم کای دون کم ... مگر کز دلش مهر بمرون کم
بنزد طلسم آمد آن نامدار ... کشاده دل و پر سخن کامگار
چو آمد بنزدیک تختش فراز ... طلسم از بر تخت بردش نماز
گرامایه گستم بنشست خوار ... سخن گفت با آن زن سوگوار
دلاور نخست اندر آمد بمد ... تنها همی راندی سودمند
بدو گفت کای دخت قیصر نژاد ... خردمند نخروشد از کار داد
رها نیست از مرگ پران عقاب ... چه در بیشه شیر و چه ماهی در آب

« figure de belle femme assise sur un trône paré, vêtue modestement
« d'une longue robe, ayant des deux côtés des suivantes, et devant et
« derrière des esclaves. Cette figure au visage de lune sera assise sur le
« trône sans parler et ressemblera à une femme qui pleure; de temps
« en temps elle lèvera une main et essuyera une larme sur ses cils,
« et qui la verra de loin la prendra pour une femme aux joues bril-
« lantes, qui pleurerait amèrement le Messie, les joues roses, les
« *larmes* tombant des cils comme d'un nuage printanier. »

Cette grande figure magique étant mise en place, un de ses conseillers vint l'annoncer au Kaïsar, qui écouta les paroles du sage et
alla à l'instant et en toute hâte voir l'image. Il resta confondu de cette
œuvre de magie et ordonna d'appeler Gustehem auprès de lui. Il fit
des largesses aux magiciens et leur donna de l'argent et beaucoup de
présents. Il dit à Gustehem : « Ô héros illustre! J'ai une fille belle
« comme le printemps; elle devint grande et arriva le temps de la
« marier. Or j'avais un parent ambitieux de gloire; je lui ai donné,
« selon le rite du Messie, ma fille, à qui, dans l'ignorance *de l'avenir*
« j'ai ôté son voile; je l'ai envoyée dans le palais du jeune homme,
« mais l'âme de celui-ci est partie pour le ciel. Maintenant ma fille
« est assise en deuil et en tristesse, et le jour brillant s'est assombri
« devant elle. Elle rejette mes conseils, elle ne prononce pas un mot
« et le monde, qui me paraissait si jeune, a vieilli pour moi par ce
« chagrin. Prends la peine d'aller la voir, fais-lui entendre les paroles
« des sages. Tu es jeune et de race de Pehlewans, peut-être qu'elle
« déliera sa langue devant toi. » Gustehem dit : « Je vais le faire, dans
« l'espoir de réveiller la sensibilité de son cœur. »

Cet homme illustre alla vers la figure, le cœur ouvert et plein
d'éloquence; lorsqu'il s'en approcha, elle s'inclina du haut de son
trône. Le noble Gustehem s'assit humblement et adressa la parole
à cette femme en deuil. Il commença bravement par lui donner des
avis et lui fit de longs et sages discours, disant : « Ô fille des Kaïsars,
« un être doué de raison ne se plaint pas de ce que le sort amène.
« L'aigle dans son vol, le lion dans le fourré, le poisson dans l'eau,
« n'échappent pas à la mort. » Mais les paroles du Pehlewan n'étaient
que du vent, car il avait devant lui un corps sans âme et une tête

۱۲۶

که تن بی روان بود و سر بی زبان	همه باد بد گفتن پهلوان
بماند اختی پیش گویا پرشک	بانگشت خود هر زمانی سرشک
فرستاد قیصر کس اورا بخواند	چو گستم ازو در شگفتی بماند
که از درد و سوگ ش برنج اندرم	چه دیدی بدو گفت ازآن دخترم
نبد پند من نزد او سودمند	بدو گفت بسیار دادمش پند
که امروز با اندیان باش جفت	دگر روز قیصر ببالوی گفت
کند جان مارا بدین دخت شاد	همان نیز شاپور مهتر نژاد
سخن گوئی از نامور شهریار	شوی نزد آن کودکی سوگوار
کزو آتش آید همی بر سرم	مگر پاسخی یابی از دخترم
بمر سید ازین دختر نامدار	سزد گر بدین رنج باشمید یار
بداند سر مایه و ارز تن	مگر بشنود پند و اندرز تن
چو پاسخ بآواز فرخ دهد	بر آنک که امروز پاسخ دهد
که خواب ریزد همی بر کنار	شوم رسته از رنج این سوگوار
سخن گفت هریک زننگ و نبرد	برفت آن گرانی سه آزاد مرد
زن بی زبان خامشی بر گزید	از ایشان کسی روی پاسخ ندید
بیچارگی پیش داور شدند	از آن خانه نزدیک قیصر شدند
نه شد سوی پند این دل مستمند	که هرچند گفتم و دادیم پند
که ما سوگواریم ازین سوگوار	چنین گفت قیصر که بد روزگار
سوی راد خراد برزین شتافت	ازین نامداران چو چاره نیافت
گزین سر تخمهٔ اردشیر	بدو گفت کای نامدار دلیر
مگر یکره آواز او بشنوی	یکی سوی آن دختر اندر شوی
غمی گشتم ار کند بازار اوی	که بس سوگوارم من از کار اوی
فرومانده ام من دریں کار سخت	ندانم چه بازی گرفت او زبخت
که آزاده مردی و با هوش و فر	کشاده شود از تو کارم مگر
از ایوان بنزدیک آن سوگوار	فرستاد با اویکی استوار

sans langue, qui sans cesse faisait tomber avec son doigt des larmes devant ce médecin éloquent. Pendant que Gustehem restait là, étonné de cette figure, le Kaïsar le fit appeler et lui dit : « Que te semble-t-il « de cette fille dont la tristesse et le deuil me remplissent de peine ? » Gustehem répondit : « Je lui ai donné beaucoup de conseils, mais « ils n'ont produit aucune impression sur elle. »

Le lendemain, le Kaïsar dit à Balouï : « Allez donc aujourd'hui en- « semble, toi et Endian, et Schapour, cet homme de grande naissance, « vous aidera à faire que mon âme se réjouisse encore de ma fille. Va « auprès de mon enfant en deuil et parle-lui du roi glorieux ; peut-être « obtiendrez-vous d'elle des réponses, car elle remplit ma tête du feu « *de la douleur*. Il se peut que vous puissiez me soulager de cette « peine ; faites des questions à ma fille illustre, elle écoutera peut- « être vos conseils et vos avis, elle comprendra ce que vous êtes et ce « que vous valez. Je crois qu'aujourd'hui elle vous répondra, et aussi- « tôt qu'elle aura parlé avec sa voix qui porte bonheur, je serai déli- « vré des soucis que me cause cette affligée, qui fait sans cesse couler « des larmes de sang sur son sein. » Ces trois nobles Perses y allèrent ; chacun parla de gloire et de combats, mais aucun d'eux ne reçut de réponse, et la femme muette continua à se taire.

Ils quittèrent ce palais et revinrent chez le Kaïsar ; ils arrivèrent près du prince, ayant échoué et disant : « Nous avons parlé et conseillé, « mais cette âme désolée ne s'est pas rendue à nos avis. » Il répondit : « Le malheur veut que cette fille nous attriste par son deuil. » N'ayant trouvé aucune ressource chez ces hommes illustres, il s'empressa de s'adresser au noble Kharrad, fils de Berzin et lui dit : « Ô homme « glorieux et vaillant, l'élite de la race d'Ardeschir ! Va donc une fois « voir ma fille ; j'espère qu'elle te fera entendre tout à coup sa voix ; « car je suis très-affligé de son état, et plein de chagrin de son apa- « thie. Je ne sais quel jeu le sort joue avec elle, et je suis tout interdit « de cette affaire. Il se peut que tu dénoues pour moi cette diffi- « culté, car tu es un homme noble, prudent et glorieux. »

Le Kaïsar l'envoya, avec un serviteur de confiance, de son palais chez cette femme en deuil. Arrivé en sa présence, Kharrad, fils de Berzin, examina son visage, sa tête et son diadème ; il resta longtemps

چو خرّاد برزین بر آمد برش	نگه کرد روی وسر وافسرش ۱۴۹۰
همی بود یکمشش زمانی دراز	طلسم فریبنده بردش نماز
سرآپای آن زن بسی بنگرید	پرستندگان را بر او بدید
بسی گفت وزن هیچ پاسخ نداد	پراندیشه شد مرد مهتر نژاد
همی گفت کز زن زغم بجهم است	پرستند با وی چرا خامش است
اگر خود سرشکست بر چشم اوی	سزیدی اگر کم شدی خشم اوی
بمیش برش برچکاند همی	چپ وراست جنبش نداد همی
سرشکش که انداخت یکجای رفت	همی دست بر رانش یک پای رفت
گر اچ اندر این کالبد جان بدی	جز از دست ویا تنش جنبان بدی
سرشکی سوی دیگر اندا‌ختی	دگر دست جائی دگر یاختی
نیم همی جنبش جان بچشم	نباشد مگر فیلسوفی طلسم ۱۵۰۰
بر قیصر آمد بخندید وگفت	که ابی ماهرخرا خرد نیست جفت
طلسمست کان رومیان ساختند	که بالوی وگستم نشاختند
به ایرانیان برخندی همی	وگر چشم مارا ببندی همی
چو ایی بشنود شاه خندان شود	کشاده لب وسم دندان شود

گزارش کردن خرّاد برزین دین هندوان

بدو گفت قیصر که جاوید زی	که دستوری خسروان را سزی ۱۵۰۵
یکی خانه دارم بایوان شگفت	کز آن برتر اندازه نتوان گرفت
چو بیمی ندانی که آن بند چیست	طلسمست یا کردهٔ ایزدیست
چو خرّاد برزین شنید این سخن	بیامد بدان جایگاه کهن
بدید ایستاده معلّق سوار	بیامد بر قیصر نامدار
چنین گفت کای شاه پیروز بخت	یکی گوهرست ابی سزاوار تخت ۱۵۱۰
بر آمد کزین خوبتر کس ندید	طلسمی نه از کاردانان شنید
نباید که ماند ز دانا نهان	که همتای این نیست اندر جهان

devant elle, et la figure trompeuse le salua. Il regarda longuement de
la tête aux pieds cette femme, il regarda les servantes qui se tenaient
devant elle, il lui parla beaucoup, mais elle ne répondit pas et le
descendant des rois devint plein de soupçons et se dit : « Si la dou-
« leur a rendu insensible cette femme, pourquoi ses suivantes sont-
« elles muettes? Si ses yeux versaient des larmes réelles, il serait natu-
« rel que sa douleur diminuât. Ses larmes tombent sur son sein, mais
« elle ne sait se mouvoir ni à droite ni à gauche; les larmes qu'elle
« verse suivent toujours le même cours et sa main se pose toujours
« sur sa cuisse du même côté. S'il y avait une âme dans cette figure,
« elle remuerait le corps et non pas seulement cette main et ce pied,
« elle lancerait ses larmes d'autres côtés, et son autre main s'étendrait
« dans d'autres directions. Je ne vois pas de mouvements de vie dans
« ce corps, ce n'est qu'un artifice des philosophes. »

Il retourna chez le Kaïsar et lui dit en souriant : « Cette femme
« au visage de lune n'a pas d'âme. C'est une figure faite par les Rou-
« mis, et Balouï et Gustehem ne l'ont pas reconnue. Tu as voulu rire
« des Iraniens, ou ensorceler nos yeux. Le roi, quand il apprendra cette
« aventure, rira à bouche ouverte et en montrant ses dents d'argent. »

KHARRAD EXPLIQUE AU KAÏSAR LA RELIGION DES HINDOUS.

Le Kaïsar lui dit : « Puisses-tu vivre éternellement! Tu es digne
« d'être le Destour des rois. Il y a dans mon palais une chambre mer-
« veilleuse; on ne peut rien imaginer au delà. Quand on la voit, on
« ne sait pas quel est cet enchantement, si c'est une œuvre de magie
« ou une œuvre de Dieu. » Lorsque Kharrad, fils de Berzin, eut entendu ces paroles, il se rendit dans ce vieux bâtiment et y vit un
cavalier qui se tenait suspendu en l'air. Il revint auprès du Kaïsar
illustre et dit : « Ô roi à la fortune victorieuse, c'est là une substance
« digne de ton trône. Je crois que personne n'a vu une œuvre plus
« belle, ni entendu parler par les plus expérimentés de chose pareille.
« Il ne faut pas la cacher aux savants, car elle n'a pas son égale dans
« le monde. » Le Kaïsar demanda : « Qui est-ce qui a pu élever ainsi
« *dans l'air* un talisman pareil, qui n'a ni âme ni fibre? » Kharrad ré-

LE LIVRE DES ROIS

بدو گفت قیصر کجا کمین طلسم / بر نشان بر آورد بی جان و جسم
چنین گفت کز آهنست این سوار / همان گنبد از گوهر نامدار
که دانا ورا مغنماطیس خواند / که رومیش بر اسپ آهن نشاند
هر آنکس که از دفتر هندوان / بخواند شود شاد و روشن روان
بپرسید قیصر که هندو و زراه / همی تا کجا بر کشد پایگاه
زدی ویرستیدن اندر چه اند / همی بت پرستند اگر خود که اند
چنین گفت حژاد برزین که راه / بهند اندرون راه گاوست و ماه
بمزدان نگروید و گردان سپهر / ندارد کسی بر تن خویش مهر
زخورشید گردنده بر بگذرند / چو مارا زدانندگان نشمرند
هر آنکس که آتش همی برفروخت / شد اندر میان خویشتن را بسوخت
یکی آتشی داند اندر هوا / بفرمان یزدان فرمان روا
که دانای هندوش خواند اثیر / تخت‌های چرب آرد و دل پذیر
بگویید گه آتش بآتش رسید / گه ماش زکردار شد ناپدید
از آن ناگزیر آتش افروختن / همی راستی داند از سوختن
بدو گفت قیصر که این نیست راست / بری بر روان مسیحا گواست
نه بینی که عیسی مریم چه گفت / بدانگه که بگشاد راز از نهفت
که پیراهنت گر ستاند کسی / ممانیز با او ببندی بسی
وگر بر زند کف بر خسار تو / شود تیره زان رخ دیدار تو
مماور تو خشم و ممکن روی زرد / بخوابان تو چشم و مگر اپ سرد
بکمتر خورش بس کن از خوردنی / محوی از نمباشدت گستردنی
بدیں سر بدیرا بمد مشمرید / بی آزار ازین تمرگی بگذرید
شمارا هوا بر خرد شاه گشت / دل از داد و آزرم بی راه گشت
که ایوانها تان بکیوان رسید / شماری که شد گنجتان را کلیت
اما گفتتان نیز چندی سپاه / زرقهای روی و عادی کلاه
بهر جای بمداد لشکر کشید / از آسودگی تیغها بر کشید

« pondit : « Ce cavalier est en fer et la voûte de la chambre est d'une
« substance célèbre que les savants appellent maghniatis (aimant), et
« les Roumis l'ont placée au-dessus du cheval de fer. Quiconque lira
« cela dans les livres des Hindous, sera satisfait et éclairé. »

Le Kaïsar demanda : « Quel point ont atteint les Hindous dans la
« voie *de la science*? Où en sont-ils en fait de religion et de culte?
« Sont-ils idolâtres ou que sont-ils? » Kharrad, fils de Berzin, dit :
« Leur voie est le culte de la vache et de la lune; ils ne croient pas en
« Dieu ni au pouvoir de la rotation du ciel; ils n'ont pas pitié de leur
« corps; ils se regardent comme au-dessus du soleil, et ne comptent
« pas pour des savants des hommes comme nous. Quiconque allume
« un feu, s'y jette et s'y consume croit que, par ordre de Dieu le
« tout-puissant, il y a dans les espaces un feu universel, que leurs
« savants appellent éther, et dont ils parlent dans des termes beaux
« et touchants, disant que, quand le feu se mêle au feu, les péchés
« qu'on a pu commettre disparaissent; voilà pourquoi il leur est im-
« posé d'allumer des feux et qu'ils croient qu'ils sont justifiés quand
« ils sont consumés par le feu. »

Le Kaïsar lui dit : « Ce n'est pas là la vérité; l'âme du Messie en
« est mon garant. Ne sais-tu pas ce qu'a dit Isa (Jésus), fils de Ma-
« riam, lorsqu'il a dévoilé le secret? Il a dit : « Si quelqu'un te prend
« ta tunique, ne la lui dispute pas avec colère, et s'il te frappe avec
« la main sur la joue de manière à ce que tes yeux deviennent trou-
« bles par le coup, ne te mets pas en colère et ne pâlis pas, ferme tes
« yeux et ne prononce pas une froide parole. Quand tu as peu de nour-
« riture, contente-toi de ce qu'il y a à manger, et si tu n'as pas de ta-
« pis ne t'en inquiète pas; de cette façon vous ne regarderez pas le
« malheur comme un mal et vous passerez tranquillement par ces té-
« nèbres. » Mais vos passions sont devenues les maîtres de votre raison,
« et votre cœur s'est égaré loin de la justice et de la charité. Vos
« palais s'élèvent jusqu'à Saturne, et peut-on compter le nombre des
« clefs de vos trésors? Et à côté de vos trésors vous avez tant d'ar-
« mées, tant de cuirasses de Roum et de casques d'Ad; vous faites
« marcher de tous côtés des armées pour commettre des injustices,
« vous tirez de leur repos vos épées, et toutes les sources deviennent

همه چشمه گردد بمابان زخون   مسیحا نمود اندر این رهنمون
یکی بیمنوا مرد درویش بود   که نانش زرنج تن خویش بود
جز از ترب وشبرش نبودی خورش   فزونیش روغن بدی پرورش
چو آورد مرد جهودش بمشت   چوبی یا روبی چاره دیدش بکشت
همان کشته‌را نمز بر دار کرد   بر آن دار بر دین او خوار کرد
چو بشنید خرّاد برزین سخن   نگر تا بماس چه افکند بن
چنین گفت کورا زمردم سرشت   نگهبان وجوینده‌ٔ خوب وزشت
چو روشن روان گشت ودانش پذیر   سخن گوی ودانند وبادگیر
بپیغمبری نمز هنگام یافت   بمردانی از بزرگی نام یافت
توگوئی که فرزند یزدان بد اوی   بر آن دار برکشته خندان بد اوی
بخندد بری بر خردمند مرد   توگر باهشی گرد یزدان بگرد
که هست او زفرزند وزن بی نیاز   بنزدیک او آشکارست راست
چه پیچی زدین کیومرتی   همان راه وآئمن تهورتی
که گویند دارای گیهان یکیست   جز از بندگی کردنش رای نیست
جهاندیده دهقان یزدان پرست   چو بر باز بنرم بگمرد بدست
نشاید چشیدنش یکقطره آب   گر از تشنگی آب سمند جواب
بیزدان پناهد ببروز نبرد   نخواهد چنگ آندرون آب سرد
همان قبله اش برترین گوهرست   که از آب وخاک وهوا برترست
نباشند شاهان ما دین فروش   بفرمان دارنده دارندگوش
بدینار وگوهر نباشند شاد   نجویند نام ونشان جز بداد
به بخشیدن کاخهای بلند   دگر شاد کردن دل مستمند
سدیگر کسی کو ببروز نبرد   بموبد رخ شید گردان بگرد
بر ویوم دارد زدشمن نگاه   جز اینرا نخواند خردمند شاه
جز از راستی هرکه جوید زدین   برو باد نفرین بی آفرین
چو بشنید قیصر پسند آمدش   سخنهای او سودمند آمدش

« souillées par le sang. Ce n'est pas vers cela que le Messie a voulu
« vous guider. C'était un homme pauvre et sans fortune, qui gagnait
« son pain par le travail de ses mains; il ne vivait que de radis et de
« lait, et le beurre était un luxe dans sa nourriture. Quand les Juifs
« l'eurent entre leurs mains, et qu'ils virent qu'il n'avait ni protecteur
« ni moyen de défense, ils le battirent, et après l'avoir battu ils le
« suspendirent au gibet, pour déshonorer sa religion par ce gibet. »

Fais attention à la réponse que fit Kharrad, fils de Berzin, lorsqu'il eut entendu ces paroles. Il dit : « Isa était de nature humaine.
« il observait et cherchait à distinguer le bien du mal; son esprit de-
« vint brillant, il était avide de sagesse, éloquent, savant et réfléchi;
« il réunit des adhérents par ses prédications, il acquit un nom dès
« sa jeunesse par son esprit subtil. Tu dis qu'il était fils de Dieu et
« que, mourant sur ce gibet, il souriait. Mais tout homme intelligent
« rit de cela, et si tu as de la raison tiens-t'en à Dieu, qui n'a be-
« soin ni de femme, ni d'enfant, et devant lequel toute vérité est ma-
« nifeste. Pourquoi t'écartes-tu de la foi de Kaïoumors et de la voie
« et du culte de Tahmouras, qui ont déclaré que le maître du monde
« était un et qu'il n'y a qu'à se soumettre entièrement à lui. Le Dihkan
« expérimenté et adorateur de Dieu ne doit pas boire une seule goutte
« avant d'avoir pris dans sa main le Barsom en priant tout bas, lors
« même que, par excès de soif, il verrait de l'eau en rêve; il se réfugie
« en Dieu au jour de la bataille et ne demanderait pas d'eau fraîche
« pendant le combat; sa Kiblah est ce qui est au-dessus de tout, au-
« dessus de l'eau, de la terre et de l'air. Nos rois ne trafiquent pas
« avec leur foi, ils prêtent l'oreille aux ordres du Seigneur; ils ne tien-
« nent ni à l'or ni aux pierres précieuses, ils ne cherchent la gloire
« et la distinction que par la justice, par le don de palais élevés, par
« la joie qu'ils répandent dans les cœurs des malheureux. Enfin nos
« rois n'appellent homme de sens que celui qui, au jour du combat,
« couvre de poussière la face du soleil qui tourne, et qui protége la
« patrie contre l'ennemi. Maudit soit l'homme indigne de louanges
« qui cherche dans la religion autre chose que la droiture ! »

Le Kaïsar écouta et approuva; ces paroles lui firent un bon effet.
Il dit à Kharrad : « Celui qui a créé le monde t'a créé pour être le

بدو گفت آن کو جهان آفرید
ترا نامدار مهان آفرید

تنهای پاک از تو باید سپند
تو داری در رازها را کلید

کسی را کزین گونه کهتر بود
سروش زافسر ماه برتر بود

درم خواست از گنج و دینار خواست
یکی افسری نامبردار خواست

بدو داد و بسیار کرد آفرین
که آباد باد از تو ایران زمین

فرستادن قیصر لشکر و دختر نزد خسرو پرویز

وز آنس چو دانست کامد سپاه
جهان شد ز گرد سواران سیاه

گزین کرد از آن رومیان صد هزار
همه نامداران در کارزار

سلیح و درم خواست و اسپان جنگ
سر آمد برو روزگار درنگ

یکی دخترش بود مریم بنام
خردمند و با رای و با سنگ و کام

بدادش خسرو به آنس دین
همی خواست از کردگار آفرین

بپذرفت دخترش گستهم گرد
بآئین شاهان خسرو سپرد

وز آنس بیاورد چندان جهیز
کز آن کند شد بارگهای تمیز

زرینه و گوهر شاهوار
زیاقوت و از جامهٔ زرنگار

زگستردنیها و دیبای روم
برو پیکر سرو سیمینش بوم

همان یاره و طوق با گوشوار
سه تاج گرانمایه گوهر نگار

عماری بما راست زرین چهار
جلیلش پر از گوهر شاهوار

چهل مهد دیگر بد از آبنوس
زگوهر درفشان چو چشم خروس

وز آنس پرستندهٔ ماه روی
چو دو صد برفتند با رنگ و بوی

خردمند و بیدار سیصد غلام
بیامد برزین و سیمین ستام

زرویی همان نیز خادم چهل
پری چهره و شهره و دلگسل

وز آن فیلسوفان روی چهار
خردمند و با دانش و نامدار

بدیشان بگفت آنچه بایست گفت
همان نیز با مریم اندر نهفت

از آرام و از کام و بایستگی
هم از بخشش و خورد و شایستگی

« plus illustre des grands. Il faut écouter tes discours saints, car tu
« possèdes la clef de la porte des mystères, et celui qui a des sujets
« comme toi peut élever sa tête au-dessus du diadème de la lune »
Il demanda de l'argent de son trésor, il demanda de l'or, il demanda
un diadème glorieux et les donna à Kharrad en le couvrant de bénédictions et en disant : « Puisse le pays d'Iran devenir prospère par toi ! »

LE KAÏSAR ENVOIE À KHOSROU PARVIZ UNE ARMÉE ET SA FILLE.

Lorsque le Kaïsar eut appris que son armée était arrivée et que le monde était obscurci par la poussière soulevée par ses cavaliers, il choisit parmi ces Roumis cent mille hommes, tous illustrés par des combats. Il demanda des armes, de l'argent et des chevaux de bataille, et c'est ainsi que se passa le délai qu'il avait fixé.

Il avait une fille du nom de Mariam, intelligente, de bon conseil, grave et déterminée; il la fiança à Khosrou selon les rites de sa religion et invoqua sur elle les bénédictions de Dieu. Le vaillant Gustehem la reçut de ses mains pour la remettre à Khosrou selon le cérémonial des rois. Ensuite le Kaïsar fit apporter un trousseau tel que les chevaux de somme les plus ardents en furent accablés; c'étaient des objets d'or et des pierreries dignes d'un roi, des rubis et des robes brochées d'or, des tapis et des brocarts de Roum brodés de figures en or et en argent pur, des bracelets, des colliers et des boucles d'oreille, et trois riches couronnes incrustées de pierreries. Il fit préparer quatre litières d'or avec des housses ornées de pierreries royales et quarante autres brancards en ébène et brillants de pierres fines comme l'œil du coq. Ensuite vinrent deux cents suivantes aux visages de lune, brillantes de couleurs et de parfums, trois cents esclaves intelligents et éveillés montés sur des chevaux avec des caparaçons d'or et d'argent, puis quarante eunuques roumis aux visages de Péris, de grand renom et gagnant tous les cœurs; enfin quatre philosophes roumis, intelligents, savants et illustres. Le Kaïsar leur indiqua ce qu'ils devaient dire, puis il parla en secret avec Mariam sur l'obéissance, sur les désirs à manifester, sur ses devoirs, ses libéralités, sur sa nourriture et sur les convenances.

LE LIVRE DES ROIS

چو آن خواسته کرد روی شمار | فزون بد ز سیصد هزاران هزار
فرستاده هرکس که بد بر درش | ز گوهر نگار افسری بر سرش
ورا جامه واسپ ودینار داد | زشایسته هر چیز بسمار داد
یکی نامه فرمود پس تا دبیر | نویست هر آنجش بود ناگزیر
چنین گفت کین زیردستان شاه | سزد گر برآرند گردن بماه ۱۵۹۰
زگستم شایسته تر در جهان | نخیزد کسی از کهان ومهان
چو شاپور مهتر گوانجی بود | که اندر تنها میانجی بود
یکی رازداریست بالوی نیز | که نفروشد آزادگانرا بچیز
چو خرّاد برزین نبمند کسی | اگر چند ماند بگیتی بسی
بدان آفریدش خدای جهان ۱۵۹۵ | که تا آشکارا شود ز و نهان
چو خورشید تابنده او بی بدیست | همه کار وکردار او ایزدیست
همه یاد کرد این بنامه درون | بفرمود کاید برش رهنمون
ستاره شمر پیش با رهنمای | که تا رفتنش کی به آید زجای
بجنبید قیصر بمهرام روز | بنیک اختر وفال گیتی فروز
سه منزل همی رفت قیصر بر اه | چهارم بیامد بمیش سپاه ۱۶۰۰
بفرمود تا مریم آید بمیش | سخن گفت با او زاندازه بمش
بدو گفت تا مرز ایران مان | نگه دار ومکشای بند از میان
برهنه نماید که خسرو ترا | بمیند که کار نواید ترا
بگفت این ویدرود کردش مهر | که بار تو بادا برفتن سپهر
نماطوس جنگی برادرش بود | بدان جنگ سالار لشکرش بود ۱۶۰۵
بدوگفت خسروکنون خویش نست | بدان بر نهادم که هیچکس نست
سپردم ترا دختر وخواسته | سپاهی بدین گونه آراسته
نماطوس یکسر پذیرفت ازوی | جهاندار گریان بمیمد روی
همی رفت لشکر براه وریغ | نماطوس در پیش با گرز وتیغ
چو بشنید خسرو که آمد سپاه ۱۶۱۰ | از آن شارسان کرد لشکر براه

KHOSROU PARVIZ

Lorsque les Roumis firent le compte de ces trésors, il se monta à plus de trois cents millions *de dirhems*. Le Kaïsar donna à tous les envoyés *du roi* qui se trouvaient à sa cour et qui portaient sur la tête des diadèmes incrustés de pierreries, des étoffes, des chevaux et de l'or; il leur donna en abondance des richesses dignes *de leur rang*. Puis il ordonna à un scribe d'écrire une lettre contenant tout ce qu'il fallait dire, ainsi : « Ces sujets du roi pourraient tous élever leur tête jusqu'à « la lune. D'abord, il ne se trouve pas dans le monde un homme plus « convenable que Gustehem, ni parmi les grands, ni parmi les petits. « Et y a-t-il un homme plus vaillant que le puissant Schapour et « plus propre *que lui* à servir d'intermédiaire dans les affaires? Ensuite Baloui est un homme qui sait garder un secret et ne trahirait « les Perses pour rien au monde. Si longtemps qu'on vive sur la « terre, on ne verra pas un homme comme Kharrad, fils de Berzin; « Dieu l'a créé pour que par lui les choses secrètes fussent expliquées; « il est sans tache comme le soleil brillant, toutes ses actions et toutes « ses paroles viennent de Dieu. »

Ayant consigné tout cela dans sa lettre, il fit venir son conseiller, qui se présenta accompagné d'un astrologue qui devait indiquer un jour heureux pour commencer le voyage. Le Kaïsar se mit en route, le jour de Bahram, sous une étoile favorable et des augures brillants. Il marcha pendant trois journées; le quatrième jour, il se plaça devant le cortége, fit approcher Mariam et lui parla très-longuement; il lui enjoignit de se garder de défaire sa ceinture jusqu'à ce qu'elle fût arrivée dans le pays des Iraniens; qu'il ne fallait pas que Khosrou la vit sans voile, car cela lui attirerait des traitements inattendus. Ayant ainsi parlé il prit tendrement congé d'elle, disant : « Puisse le « ciel te protéger dans ton voyage. »

Le vaillant Neïathous était frère du Kaïsar et devait commander son armée dans cette guerre. Le Kaïsar lui dit : « Khosrou est maintenant ton parent; je te donne cette mission parce qu'il te ressemble « pour le caractère. Je te confie ma fille, ces trésors et cette armée si « bien équipée. » Neïathous se chargea de tout, le maître du monde se détourna en pleurant et l'armée se mit en route pour Aurigh, précédée par Neïathous, armé de la massue et de l'épée.

چو آمـد پـدیـدار گـرد سـران | درفـش سـواران جوشـنـوران
همی رفت لـشـکر بـکـردار ابـر | سپاهی همه غرقه در خود وکبـر
دل خسرو از لـشـکر نـامـدار | بـخـندید چون گل بـگـاه بـهـار
دل روشـن را درا تـیـره کـرد | مـر آن بـاره را بآشـنـه خیـز کرد
نیاطوس را دید در بـر گـرفـت | بپوسـید وآزادی انـدر گـرفـت ۱۹۱۵
زقیصر که برداشت زانگـونـه رنج | ابا رنج ولشکر تـی کـرد گـنـج
وز آن روی سوی عماری کشید | بپـرده درون روی مـریم بـدیـد
بپرسید و بر دست او بـوسـه داد | زدیدار آن خوبـرخ گشـت شـاد
بـمـاورد اورا بـمـرده سـرای | نهفته یـکی ما ورا سـاخت جای
سخن گفت وبنشست با او سه روز | چهارم چو بفروخت گیتی فروز ۱۹۲۰
گزیده سراتی بـمـاراسـتـند | نیاطوس را پیش او خواستـند
ابا سرگس وکوت جـنـگی بـم | سران سپـه را همه بیش وکم
بدیشان چنین گفت کاکنون سران | کدامند ومردان جنـگاوران
نیاطوس بگزید هـفـتـاد مـرد | کـه آورد کـمـرتـند روز نـبـرد
که در زیر هر یک بـرفـتی هـزار | گزیده سـواران خـجـر گـذار ۱۹۲۵
چو خسرو بدید آن گزیده سپاه | سـواران گـردنکـش ورزمخـواه
همی خواند بـر کـردگـار آفـرین | که چرخ آفـرید وزمان وزمین
همان بر نیاطوس وبر لـشکرش | چـه بر نـامور قیصر وکشـورش
بدان مهتران گفت اگر کردگـار | مـرا یار باشـد بـدین روزگـار
توانائی خویـش پـیـدا کـنـم | زمیـنـرا زگـوهـر تـرّا کـنـم ۱۹۳۰
بـمـاشـید ازین آمـدن رامشـی | گزینمید گفتار بـر خامشی
نباشد جز اندیشهٔ دوستـان | فلك یار ومهربان و بـوسـتـان

لشکر کشیدن خسرو بسوی آذر آبادگان

بهـغـم بمـاراسـت خورشـمد چهر | سپهـرا بکـردار گـردان سپهـر

KHOSROU PARVIZ

Lorsque Khosrou apprit que l'armée arrivait, il sortit de la ville avec ses troupes et se plaça sur la route. On vit la poussière que soulevaient les chefs, on vit les drapeaux des cavaliers cuirassés; l'armée arriva *rapidement* comme un nuage, une armée noyée dans les casques et les corselets, et le cœur du roi sourit comme une rose au printemps en voyant ces troupes illustres. Son âme brillante et noble se releva, son destrier bondit sous la pression de son talon; il aperçut Neïathous et le pressa sur sa poitrine; il lui fit les questions d'usage et se répandit en louanges du Kaïsar, qui s'était donné tant de peine, et qui, outre cette peine et l'armée qu'il envoyait, avait encore vidé son trésor. Ensuite il s'approcha de la litière et vit le visage de Mariam sous le voile; il lui adressa des questions et lui baisa la main. L'aspect de cette femme au beau visage le rendit heureux. Il la conduisit dans l'appartement des femmes et prépara à cette lune un appartement secret; il lui parla et resta auprès d'elle trois jours.

Le quatrième jour, lorsque le soleil qui illumine le monde commença à briller, on prépara une tente magnifique et l'on appela, auprès de Khosrou, Neïathous avec Serguis et le vaillant Kout et tous les chefs de l'armée, grands et petits. Le roi leur dit : « Quels sont les « chefs et les hommes de guerre? » Neïathous désigna soixante et dix hommes qui devaient conduire l'attaque au jour du combat et dont chacun avait sous lui mille cavaliers d'élite frappant de l'épée.

Quand Khosrou vit cette armée choisie, ces cavaliers portant haut la tête et avides de combats, il adressa des actions de grâce à Dieu le créateur du ciel, du temps et de la terre, à Neïathous et à son armée, au Kaïsar illustre et à son pays. Il dit à ces grands : « Si le Créa« teur me vient en aide dans cette entreprise, je montrerai ma puis« sance, je rendrai la terre brillante de pierreries comme les Pléiades. « Réjouissez-vous d'être venus ici, parlez librement; nous n'aurons « d'autres soucis que ceux de nos amis, le ciel est notre soutien, l'ami« tié des nobles est notre jardin. »

KHOSROU CONDUIT L'ARMÉE À ADER ABADGHAN.

Le huitième jour, le roi au visage de soleil ordonna l'armée comme

ز درگاه بر خاست آوای کوس   هوا شد ز گرد سپه آبنوس
سپاهی گزین کرد از آزادگان   بیامد سوی آذر آبادگان ۱۴۳۵
دو هفته بر آمد بفرمان شاه   دمادم بلشکرگه آمد سپاه
سراپرده زد شاه بر دشت دوك   سپاهی چنان گشن وراهی سلوك
نما طوسرا داد لشکر همه   بدو گفت مهتر توئی بر رمه
وز آنجایگه با سواران گرد   عنان بارهٔ تیز تگرا سپرد
سوی راه خخست بنهاد روی   همی راند شادان دل وراه جوی ۱۴۴۰
جائی که موسیل بود ارمنی   که کردی میان بزرگان منی
بلشکرگهش یار بندوی بود   که بندوی خال جهانجوی بود
چو از جنبش خسرو آگاه شد   از آن دشت تازان سوی راه شد
برفت آن دوگرد از میان سپاه   ز لشکر نگه کرد خسرو براه
بگستم گفت آن دلاور دو مرد   چنین است تازان بدشت نبرد ۱۴۴۵
برو سوی ایشان نگر تا که اند   وزین گونه تازان زبهر چه اند
چنین گفت گستم کای شهریار   برآمد که آن مرد ابلق سوار
برادرم بندوی جنگاور است   همان یاری از لشکر دیگر است
چنین گفت خسرو بگستم شیر   که ابن کی بود ای سوار دلیر
اگر زنده خواهی برندان بود   وگر کشته بر دار میدان بود ۱۴۵۰
بدو گفت گستم شاها درست   بدان سونگه کن که آن خال تست
چو آید بنزدیك وباشد جز اوی   ز گستم گوینده جز جان مجوی
هم آنگه رسیدند نزدیك شاه   پیاده شدند اندر آن سایه گاه
چو رفتند نزدیك خسرو فراز   ستودند وبردند پیشش نماز
بپرسید خسرو ببندوی وگفت   که گفتم ترا خال بابر نهفت ۱۴۵۵
خسرو بگفت آنچه بر وی رسید   همان مردی کو زبهرام دید
وز آن چاره جستن بدان روزگار   وز آن پوشش جامهٔ شهریار
بسی گفت وخسرو فراوان گریست   از آنپس بدو گفت کین مرد کیست

le ciel qui tourne; le son des timbales monta en l'air du haut du portail, la terre devint d'ébène par la poussière soulevée par les troupes. Il forma une armée choisie parmi les Perses et se mit en route pour Ader Abadghan. Pendant deux mois, les troupes avancèrent sous le commandement du roi et arrivèrent successivement au camp. Le roi dressa l'enceinte de ses tentes dans la plaine de Douk; il avait une grande armée et un chemin frayé; il remit à Neïathous l'armée entière et lui dit : « Tu es le maître de ce troupeau. » Il partit de là, lui et ses vaillants cavaliers rendirent la bride aux destriers ardents, prenant le chemin de Khendjest, courant gaiement et dévorant la route.

Or dans le lieu où demeurait Mausil, l'Arménien, qui se tenait indépendant de tous les princes, se trouvait, dans son camp et sous sa protection, Bendouï, l'oncle maternel de Khosrou. Lorsqu'ils apprirent que le roi s'était remis en marche, ils accoururent du désert vers son chemin; ces deux hommes se détachèrent de leur escorte, et Khosrou, qui était en route au milieu de son escorte les aperçut. Il dit à Gustehem : « Quels sont ces deux hommes vaillants qui courent ainsi « sur ce champ de bataille? Va vers eux, observe qui ils sont et pour« quoi ils se hâtent de cette façon. » Gustehem répondit : « Ô roi, je « crois que ce cavalier sur le cheval blanc est mon frère, le preux Ben« douï; mais son compagnon est d'une autre armée. » Khosrou dit à Gustehem, le lion : « Comment cela pourrait-il être, ô vaillant cava« lier? Si tu crois que Bendouï est en vie, il doit être en prison; s'il « est mort, il est suspendu au gibet sur le Meïdan. » Gustehem répliqua : « Ô roi, regarde bien de ce côté, car c'est ton oncle. Quand cet « homme sera près de nous, si ce n'est pas lui, ne laisse pas la vie à « ce bavard de Gustehem. »

Dans ce moment arrivèrent les deux hommes du côté du roi et descendirent dans ce lieu ombragé; ils s'approchèrent de Khosrou, le bénirent et le saluèrent. Khosrou adressa à Bendouï les questions d'usage et lui dit : « Je disais *toujours* que je ne te trouverais que sous « terre. » Bendouï lui raconta ce qui lui était arrivé, l'humanité avec laquelle Bahram l'avait traité; il lui raconta la ruse dont il s'était servi et comment il avait revêtu la robe royale. Il parla longuement et

۱۴۲

بدو گفت کای شاه خورشید چهر
تو موسیل را چون نمرسی مهر
که تا تو زایران شدستی بروم
نخفتست هرگز باباد بوم
سراپرده و دشت جای ویست
زخرگاه وخیمه سرای ویست
فراوان سپاهست با او بم
سلیح بزرگی و گنج درم
کنون تا تورفتی بدین راه بود
نمازش بمرگشتن شاه بود
جهاندار خسرو بموسیل گفت
که رنج توکی ماند اندر نهفت
بکوشیم تا روز تو به شود
هان نامت از مهتران مه شود
بدو گفت موسیل کای شهریار
من بر یکی تازه کن روزگار
که آیم ببوم رکیب ترا
ستایش کنم فرّ و زیب ترا
بدو گفت خسرو که با رنج تو
درفشان کنم زین سپس گنج تو
بجویم بدین آرزو کام تو
برآرم ز گردنگشان نام تو
برون کرد یک پای خویش از رکیب
شد آن مرد بیدار دل با شکیب
بموسیل پای ورکیب مرا
همی خیره گشت از نهیب ورا
چو بمکار شد مرد خسرو پرست
جهانجوی فرمود تا برنشست
وزان دشت بی بر برانگیخت اسپ
همی تاخت تا پیش آذرگشسپ
بباز اندر آمد به آتشکده
دلش بود یکسر بدرد آژده
بشد همی بر زند واستا بدست
بمش جهاندار یزدان پرست
کشاد از میان شاه زرین کمر
برآتش بر افکند چندی گهر
نمایش کنان پیش آذرگشسپ
بنالیدن از همربد برگذشت
همی گفت کای داور و پاک
سر دشمنان اندر آور بخاک
تو دانی که بر داد نام همی
همی راه نیکی سگالم همی
تو مپسند بیداد بمدادگر
بگفت این وببست زرّین کمر
سوی دشت دوك اندر آورد روی
همی شد خلیده دل و راجوی
چو آمد بلشکرگه خویش باز
جهان تیره گشت از شب دیریاز
فرستاد بمدار کار آگهان
که تا باز جویند کار جهان

KHOSROU PARVIZ

Khosrou pleura beaucoup, puis il lui dit : « Quel est cet homme? » Bendouï répondit : « Ô roi au visage de soleil, pourquoi n'adresses-tu « pas quelques questions gracieuses à Mausil? Depuis que tu as quitté « l'Iran pour aller à Roum, il n'a jamais couché dans un pays cul- « tivé. La tente et le désert sont sa demeure, et son palais est de feutre « et de toile, mais il a beaucoup de troupes autour de lui, des armes « comme un grand prince et un trésor d'argent. Il s'est tenu sur cette « route jusqu'à ce que tu sois rentré *dans l'Iran,* car son grand désir « était de te voir revenir. »

Khosrou, le maître du monde, dit à Mausil : « Comment la peine « que tu t'es donnée pourrait-elle rester inaperçue? Je travaillerai à « rendre heureux tes jours et ton nom grand parmi les plus grands. » Mausil lui répondit : « Ô roi, donne-moi pour une fois un moment de « bonheur, laisse-moi approcher et baiser ton étrier et rendre hom- « mage à ta grandeur et à ta grâce. » Khosrou répondit : « En récom- « pense de tes fatigues, j'augmenterai dorénavant et rendrai brillants « tes trésors; je t'accorde l'objet de ta demande et j'élèverai ton nom « au-dessus du nom des plus orgueilleux. » Il tira un de ses pieds de l'étrier, et cet homme intelligent, au cœur impatient, baisa le pied et l'étrier du roi, et devint tout confus dans sa terreur de Khosrou. Le roi, *voyant* tout défait cet homme qui lui était si dévoué, lui ordonna de remonter à cheval. Lui-même lança son destrier pour sortir de ce désert stérile et courut jusqu'*au temple* d'Aderguschasp.

Il entra dans le temple du feu en priant silencieusement, le cœur entièrement navré de douleur; le Hirbed vint au-devant du roi du monde, adorateur de Dieu, le Zend et l'Avesta en main. Le roi défit la ceinture d'or qui serrait sa taille et jeta quelques pierreries sur le feu *sacré,* puis il dit ses prières devant Aderguschasp, suppliant plus haut que le Hirbed et disant : « Ô maître de la justice! ô toi le tout « pur, abaisse la tête de mes ennemis dans la poussière! Tu sais que « je soupire après la justice, que mes pensées ne sont dirigées que vers « la route du bien. N'approuve pas les injustices de l'homme injuste. »

Il dit, reprit sa ceinture d'or, se tourna vers le désert de Douk et partit le cœur navré et cherchant la vraie route, et, lorsqu'il fut de retour dans son camp, le monde était plongé dans les ténèbres de la

چو آگاه شد لشکر نیمروز که آمد زره شاه گیتی فروز
همه کوس بستند بر پشت پیل زمین شد بکردار دریای نیل
از آن آگهی سر بسر نو شدند بیاری بنزدیک خسرو شدند

آگاه شدن بهرام چوبینه از بازگشتن خسرو ونامه نوشتن بسرداران ایران

چو آمد بـبـهـرام از آن آگـهـی که تـازه شد آن فـرّ شاهنـشـهـی
هم آنگه زلشکر یکی ناجوی نگه کرد با دانش وآبروی
کجا نام او بـود دارا پـنـاد که بهرام را او بدی نیکخواه
دبیر سرافراز را بیش خـوانـد سخنهای بایسته چندی براند
بفرمود تا نامـهـای بـزرگ نویسد بدان مهتران ستـرگ
بگستم وبندوی وگردوی گرد که از مهتران نام گردی ببرد
چو شاپور وچون اندیان سوار هرآنکس که بود از یلان نامدار
سر نامه گفت از جهان آفرین همی خواهم اندر نهان آفرین
که بیدار گردید یکسر زخواب نگیرید بر بد بدینسان شتاب
که تا در جهان تخم ساسانیان پدید آمد اندر میان وکران
ازیشان نـمـانـد بـجـز بـتـری بگرد جهان جستن داوری
نخست از سر بابکان اردشیـر که اندر جهان تازه شد دار وگیر
زمانه زشمشیر او تیره گشت سر نامداران همه خیره گشت
نخستین تخن گروه از اردوان وز آن نامداران روشن روان
که از نامشان گشت گیتی تهی پر از درد شد جایگاه مهی
شنیدی همانا که بر سوفرای چه آمد زبیمـروز نایاک رای
رها کرد از بند پای قباد وز آن مهتران داد اورا بداد
قباد بدانـدیش نیرو گرفت هنرها بشست از دل آهو گرفت
چنان یاور نیکدل را بکشت برو شد دل نامداران درشت

longue nuit. Il envoya des émissaires prudents pour ramener le monde
vers lui, et, lorsque l'armée du Nimrouz apprit que le roi qui faisait
briller le monde était en route, on attacha toutes les timbales sur le
dos des éléphants et le monde se mit en émoi comme les flots du
Nil. Cette nouvelle avait rajeuni tout le peuple, et il accourut vers
Khosrou pour le soutenir.

BAHRAM DJOUBINEH APPREND LE RETOUR DE KHOSROU ET ADRESSE UNE LETTRE AUX GRANDS DE L'IRAN.

Lorsque Bahram reçut la nouvelle que la majesté du roi des rois
brillait d'un nouvel éclat, il jeta les yeux sur un homme illustre de
son armée, un homme savant et honoré, du nom de Dara Penah,
qui lui était tout dévoué. Il fit appeler un scribe qui portait haut la
tête, lui parla longuement et convenablement et lui ordonna d'écrire
des lettres énergiques à ces hommes puissants et audacieux, à Gustehem, à Bendouï, au vaillant Guerdouï, qui l'emportait sur tous les
grands par la gloire de la bravoure; à Schapour, à Endian le cavalier,
enfin à tous ceux qui étaient illustres parmi les héros. Il commença
ainsi les lettres : « Je demande toujours en secret au Créateur du monde
« la grâce que vous vous réveilliez tous de votre sommeil, que vous
« ne vous précipitiez pas ainsi dans le mal. Depuis que la race des Sâ-
« sânides a paru, elle n'a fait naître dans le centre et dans les confins
« de la terre que la perversité, elle n'a recherché dans le monde que
« la domination, à commencer par Ardeschir, fils de Babek, qui a
« réveillé les combats parmi les hommes; toute l'époque a été assom-
« brie par son épée, toutes les têtes des grands ont été troublées.

« Je parlerai d'abord d'Ardewan et de ces hommes illustres, à
« l'esprit brillant, dont le nom a disparu du monde et dont la perte
« remplit encore de deuil le trône de la royauté. Tu as aussi entendu
« ce qui est arrivé à Souferaï de la part de Pirouz, ce roi aux desseins
« funestes; il avait délivré de ses chaînes les pieds de Kobad et l'avait
« vengé des princes *Heïthaliens*. Kobad, le méchant, retrouva son
« pouvoir, rejeta de son cœur toute vertu, se livra au vice et mit à
« mort un ami fidèle comme Souferaï. Le cœur des grands fut blessé

LE LIVRE DES ROIS

کسی کو نشاید بپیوند خویش
به بیگانگان مر نشاید به نیز
بساسانیان تا مدارید امید
چو این نامه آرند نزد شما
بنزدیک من جایتان روشن است
بمکنای تان باشد آرام وخواب
چو آئید یکسر بنزدیک من
نمیدیشم از روم وازشاه شان
نهادند بر نامها مهر اوی
بکردار بازارگانان برفت
یکی کاروانی زهرگونه چیز
بدید آن بزرگی وچندان سپاه
چنین گفت با خویشتن مرد پیر
بدین فرّ وارورنگ این شهریار
یکی مرد بی دشمن پاری
چرا خویشتن کرد باید هلاک
شوم نامها نزد خسرو برم
پر اندیشه آمد بدرگاه شاه
درم برد ویا هدیها نامه برد
جهاندار چون نامهارا بخواند
بدو گفت کای مرد بسمار دان
کنون زانچه کردی رسیدی بکام
بفرمود تا پیش او شد دبیر
نبشت اندر آن نامهای دراز
مه نامهای تو برخواندیم

هوا برگزیند رفرزند خویش
نجوید کسی درجوب شمر
مجوشمد یاقوت از سرخ بید
که فرخنده باد اورمزد شما
برو آستین م زیبراهن است ۱۷۱۰
اگر تیره شب گر بلند آفتاب
شود روشن این جان تاریک من
بیای اندر آرم سرو گاه شان
بیامد فرستاده چاره جوی
بدرگاه خسرو گرانمد تفت ۱۷۱۵
ابا نامها هدیها داشت نیز
که گفتی مگر بر زمین نیست راه
که کاری بپیش آمدم ناگزیر
که خواهد بهرام بل زیبهار
همان بار دارم شتروار سی ۱۷۲۰
بلندی پدیدار گشت از مغاک
بنزدیک او هدیۀ نو برم
ابا نامۀ کهتر کمینه خواه
تنها بر شاه گیتی شمرد
مر اورا بکرسی زرین نشاند ۱۷۲۵
تو بهرامرا نزد ما خوار دان
فزون زین مجوی اندر این کار نام
مر آن پاسخ نامها ناگزیر
که ای مهتر گرد وگردنفراز
فرستاده را پیش بنشاندم ۱۷۳۰

« par lui; mais un homme qui ne sait pas agir honorablement envers
« sa famille, qui préfère ses passions à ses enfants, ne peut pas agir
« honorablement envers des étrangers, et personne ne cherchera de
« l'ivoire dans un tronc d'ébène. Ne mettez pas votre espoir dans les
« Sâsânides, ne cherchez pas des rubis sur le saule rouge. Puisse
« la fortune vous être propice quand on vous apportera cette lettre.
« Vous avez auprès de moi une position brillante, où le devant et la
« manche de la chemise sont de la même étoffe, où vous jouirez tous
« du repos et du sommeil, soit dans la nuit sombre, soit quand le
« soleil est au haut du ciel, et, quand vous tous viendrez me rejoindre,
« mon âme troublée reprendra sa sérénité. Je ne crains ni les Rou-
« mis ni leur Kaïsar, je foulerai aux pieds leurs têtes et leur trône. »

On posa sur la lettre le sceau du roi, et le messager rusé partit. Il se mit en route déguisé en marchand et se dirigea en toute hâte vers la cour de Khosrou, emmenant une caravane chargée de richesses de toute espèce, car il emportait avec les lettres de *nombreux* présents. Quand ce vieillard vit cette puissance *du roi* et cette armée si nombreuse qu'on aurait dit que la terre ne suffirait pas pour son passage, il dit en lui-même : « Je suis engagé dans une affaire désespérée. « Qui « demandera la protection du vaillant Bahram en face de la majesté « et de la gloire de ce roi? Je suis un Perse qui n'a pas d'ennemi, « et j'ai là trente charges de chameau; pourquoi me ferais-je tuer, « puisque la grandeur *du roi* est remontée de l'abîme? J'irai remettre « au roi ces lettres, je lui remettrai des présents tels qu'on n'en a « jamais vu. » Il se rendit plein de soucis à la cour du roi, avec les lettres de ce sujet ennemi. Il lui porta l'argent, et avec les présents il lui donna les lettres et raconta tout au roi du monde. Celui-ci, ayant lu les lettres, le fit asseoir sur un siège d'or et lui dit : « Ô toi, « qui connais beaucoup de choses, sache que je ne fais aucun cas de « Bahram. Tu as maintenant atteint l'objet que tu te proposais; *mais* « *ne recherche pas du renom en parlant de cette affaire.* »

Il appela un scribe pour répondre à ces lettres comme il le fallait. Il fit écrire de longues réponses, qui disaient : « Ô prince vaillant et « portant haut la tête! nous avons tous lu tes lettres, nous avons fait « asseoir devant nous ton messager. Nous sommes pour Khosrou en

بگفتار بی‌کار با خسرو یم ۰۰۰ بدل با تو چو بهار نوم
چو لشکر بماری بدین مرز و بوم ۰۰۰ که اندیشد از روم و مردان روم
همه پاك شمشیرها بركشم ۰۰۰ جنگ اندرون رومیانرا کشم
چو خسرو ببشنید سپاه ترا ۰۰۰ همان مردی و پایگاه ترا
دلش روز پیکار لرزان شود ۰۰۰ زبیشت چو روبه گریزان شود ۱۷۳۵
بر آن نامها مهر بنهاد شاه ۰۰۰ بخواند آن پسندیدهٔ نیکخواه
بدو گفت شاه ای خردمند مرد ۰۰۰ بر رنج یابی بدین کارکرد
مر اورا گهر داد و دینار داد ۰۰۰ گرانمایه یاقوت بسیار داد
بدو گفت کمین نزد چوبینه بر ۰۰۰ تن ناسزا مرد بی سر شمر
چو روشن بود بخت گردون فراز ۰۰۰ ترا دارم اندر جهان بی نماز ۱۷۴۰
برفت از در شاه دارا پناه ۰۰۰ بکردار باد اندر آمد زراه
همه نامها پیش چوبینه برد ۰۰۰ سخنهای شیرین برو بر شمرد

سپاه راندن بهرام چوبینه جنگ خسرو پرویز و هزیمت کردن رومیانرا

چو مرد جهانجوی نامه بخواند ۰۰۰ هوارا بخواند و خردرا براند
از آن نامها ساز رفتن گرفت ۰۰۰ بماندند ایرانیان زان شگفت
برفتند پیمران نزدیك اوی ۰۰۰ چو دیدند آن رای تاریك اوی ۱۷۴۵
همی گفت هرکس از ایدر مرو ۰۰۰ چو رفتی کهن گردد این روز نو
اگر خسرو آید بایران زمین ۰۰۰ نبیند بجز گرز و شمشیر کین
برین تخت شاهی مخور زینهار ۰۰۰ همی خیره بفریمدت روزگار
نیامد سخنها برو کارگر ۰۰۰ بفرمود تا رفت لشکر بدر
بنه بر نهاد و سپه برنشاند ۰۰۰ بزد کوس و از شهر لشکر براند ۱۷۵۰
همی تاخت تا آذر آبادگان ۰۰۰ سپاهی دلاور از آزادگان
سپاه اندر آمد بتنگ سپاه ۰۰۰ ببستند بر مور و بر پشه راه

« paroles, mais non en actions, nous sommes de cœur avec toi, qui
« ressembles au gai printemps. Quand tu conduiras ton armée dans ce
« pays, quel souci peuvent te donner le Roum et les hommes de
« Roum? Nous tirerons tous nos épées, nous tuerons les Roumis dans
« la bataille. Lorsque Khosrou verra ton armée, lorsqu'il verra ta bra-
« voure et ta haute position, son cœur tremblera au jour de la lutte et
« il s'enfuira devant toi comme un renard. »

Le roi fit poser des sceaux sur ces lettres, il fit appeler cet ami qu'il
choyait et lui dit : « Ô homme plein d'intelligence! tu cueilleras le
« fruit de ta peine dans cette entreprise. » Il lui donna des pierreries,
il lui donna de l'or, il lui donna beaucoup de rubis de haut prix et
lui dit : « Porte ceci à Djoubineh et regarde comme déjà décapité le
« vil corps de cet homme Quand ma fortune orgueilleuse brillera de
« tout son éclat, je t'élèverai au-dessus de tout besoin dans le monde. »
Dara Penah quitta la cour du roi, parcourut la route, rapide comme
le vent, remit à Djoubineh toutes les lettres et se répandit devant
lui en paroles douces.

BAHRAM DJOUBINEH SE MET EN MARCHE CONTRE KHOSROU PARVIZ ET BAT LES ROUMIS.

Lorsque l'ambitieux Bahram eut lu les lettres, il chassa la raison et
appela la passion. Ces lettres le décidèrent à se préparer au départ,
et les Iraniens furent étonnés de cette détermination. Les vieillards
se rendirent auprès de lui lorsqu'ils le virent adopter ce plan téné-
breux, et chacun d'eux lui dit : « Ne pars pas d'ici; si tu pars, ta
« jeune et brillante fortune vieillira. Si Khosrou entre dans l'Iran
« il ne trouvera que des massues et des épées de combat, mais si tu
« conspires toi-même contre ce trône royal, le sort te trompera cruel-
« lement. » Ces paroles n'eurent aucun effet sur Bahram; il ordonna à
l'armée de partir, fit charger les bagages, monter à cheval ses troupes
et battre les timbales, et conduisit l'armée hors la ville. Il marcha en
toute hâte à la tête d'une vaillante armée jusqu'à Ader Abadgan, où
les deux armées se rapprochèrent tellement que les fourmis et les
mouches ne trouvaient plus de place pour passer.

که من کرد خواهم بلشکر نگاه	چنین گفت پس مهتر کمینه خواه
سپاهی کدام آمد و گردان که اند	ببینم که روی سواران که اند
یلان سمنه ومهتر ایزد گشسپ	همان برنشستند گردان بر اسپ ۱۷۵۵
گرانمایگان بر گرفتند راه	بدیدار آن لشکر کمنه خواه
بنزدیک مهتر فراز آمدند	چو لشکر بدیدند باز آمدند
از اندیشهٔ ما همی برترست	که این بیکرانه یکی لشکرست
برفتند پویان بدان بارگاه	وز آن روی روی سواران شاه
که ما جنگجوئیم از ایرانیان ۱۷٦۰	بمستند بر پیش خسرو ممان
کجا آرزو خواست روی سپاه	بر آن کار هم داستان گشت شاه
خروشی بر آمد زهر دو گروه	چو خورشید بر زد سر از تیره کوه
گر از تیغها تیره شد روی مهر	که گفتی زمین گشت گردان سپهر
زمین کوه گشت آهنین یکسره	بیاراستند میمنه و میسره
بپایان همی جست بر کوه راه ۱۷٦۵	از آواز اسپان و بانگ سپاه
یکی خنجر آبگون بر کشید	چو بهرام جنگی بدان بنگرید
که دارد نگه میسره میمنه	همیگشت گرد سپه یکتنه
همی باش بر پیش روی سپاه	یلان سمنه را گفت بر قلبگاه
بگاه گریزش درنگی مکن	کزین لشکر امروز جنگی منم
جهان دید یکسر زلشکر سپاه ۱۷۷۰	نگه کرد خسرو بر آن رزمگاه
همی تیغ بارید گفتی زابر	رخ شید تابان چو کلام هزبر
ببالا گذشتند از آن رزمگاه	نمطلوس وبندوی وگستم وشاه
نهاده دو دیده بفرمانبران	نشستند بر کوه دوک آن سران
چپ وراست وقلب وجناح سپاه	از آن کوه لشکر همی دید شاه
برفتند مردان پر هاشجوی ۱۷۷۵	چو بر خاست آوای کوس از دو روی
سپهر از بر خاک دشمن شدست	توگفتی زمین کوه آهن شدست
فلک پود دید وزمین تار دید	چو خسرو بر آنگونه بر کار دید

KHOSROU PARVIZ

Le prince avide de vengeance dit : « Je veux voir de près cette ar-
« mée, je veux voir quels sont ces cavaliers du Roum, quel est le
« nombre de ces troupes et quelle est leur valeur? » Les héros montèrent à cheval avec Yelan Sineh et le puissant Ized Guschasp, et ces
grands personnages se mirent en route pour examiner les Roumis
avides de combats. Ayant observé cette armée ils revinrent; ils
mirent pied à terre chez le prince et dirent : « C'est une armée innom-
« brable; elle est bien plus grande que ce que nous avions supposé. »
De l'autre côté, les cavaliers roumis du roi accoururent à la salle
d'audience et revêtirent leurs armures devant le roi, s'écriant : « Nous
« voulons combattre ces Iraniens! » Et le roi ne demandait pas mieux
que d'accorder ce que désirait l'armée des Roumis.

Lorsque le soleil leva la tête au-dessus de la montagne sombre,
on entendit sortir des deux camps de grands bruits; on aurait dit que
la terre était devenue le ciel qui tourne, ou que le soleil était éclipsé
par *l'éclat* des épées. On plaça les ailes droites et gauches *des armées*,
et la terre entière devint une montagne de fer. Les hennissements des
chevaux et le bruit des armées étaient tels que la plaine se réfugiait dans
la montagne. Quand le vaillant Bahram vit cet état de choses, il tira
son épée brillante et fit tout seul le tour de son armée, inspectant
l'aile droite et l'aile gauche. Il dit à Yelan Sineh : « Tiens-toi au centre
« et sur le front des troupes, car aujourd'hui je serai le champion de
« mon armée, et si elle est mise en fuite je resterai le dernier. »

Khosrou examina le champ de bataille, il vit que le monde entier
était obscurci par les armées; la face du soleil était *noire* comme la
gueule du lion, et l'on aurait dit qu'il tombait des nuages une pluie
d'épées. Neïathous, Bendouï, Gustehem et le roi se rendirent du
champ de bataille sur une hauteur, et ces chefs s'assirent sur la montagne de Douk, fixant les yeux sur leurs hommes. Le roi pouvait
voir de cette hauteur l'armée; il pouvait voir les ailes, le centre et les
ailes du centre. Lorsque les sons des timbales se firent entendre des
deux côtés et que les hommes avides de combat s'avancèrent, on aurait dit que la terre était devenue une montagne de fer, et que le
ciel était devenu l'ennemi de la terre. Quand Khosrou vit cet état de
choses, quand il vit que le ciel était comme la trame et la terre

بمزدان همی گفت بر پهلوی که از بـرتـران پاك بـرتـر تـوئی
که بـرگـردد از رزم امـروز شـاد که داند چنین جز توای پاك داد
کرا بخت خواهد شدن کند رو سر نیزهٔ او شـود خـار خـو ۱۷۸۰
دل و جان خسرو پر اندیشه بـود جهان پیش چشمش یکی بیشه بود
چو بگسست کوت از میان سپاه از آهن بکردار کوهِ سیـاه
بمامد دمان از میـان گـروه چو نزدیکتر شد بدان بـرز کـوه
خسرو چنین گفت کای سرفراز نگه کن کـه آن بندهٔ دیـوسـاز
کـه بـا او بایـران بـرآویـختـی چنو کامران شد تو بگریختی ۱۷۸۵
بمن از چپ لشکر و دست راست که تا از میان بزرگان کجاست
کنون تا بیامـوزمش کـارزار ببیمند دل و زور مردان کـار
چو بشنید خسرو کوت از این سخن دلش گشت پر درد رزم کهـن
که او گفت از بـنده بگریختـی سلیح سواران فـرو ریختـی
ورا زان سخن هـیچ پاسخ نـداد دلش گشت پر خون و لب پر زباد ۱۷۹۰
چنین گفت پس کوترا شهـریار که رویمش آن مرد ابلق سوار
چو بیند تـرا پیشت آیـد جنگ تو مگریز تا لب نخائی رنـگ
چو بشنید کوت این سخن باز گشت چنان شد که با باد همباز گشت
همی رفت جوشان و نیزه بدست آورد گه رفت چون پیل مست
یلان سینه بهرام را بانگ کـرد کـه بمدار باش ای سوار نـبـرد ۱۷۹۵
چو بهرام بشنید تمغ از نـیام کمندی بفتراك و نیزه بـدست
چو خسرو چنان دید بر پای خاست بر آهخت چون باد و برگفت نام
نهاده بکوت و بـهـرام چشـم از آن کوه سر سر برآورد راست
چو روی بنیزه در آمد ز جای دو دیده پر از آب و دل پر زخشم
چو نیزه نمامد بـرو کـار گر جهانجوی بر جای بفشرد پای ۱۸۰۰
یکی تیغ زد بر سر و گردنش بروی انـدر آورد جنگی سمـر
که تا سینه ببرید تمره تنش

comme la chaîne, il s'adressa en pehlewi à Dieu, disant : « Ô toi qui
« es plus haut que tout ce qui est le plus haut! toi seul, ô tout juste!
« peux savoir qui sera aujourd'hui heureux dans la bataille, de qui
« la fortune faiblira aujourd'hui, de qui la pointe de la lance sera con-
« vertie en épines et en brins d'herbe. »

Le cœur et l'âme de Khosrou étaient remplis de soucis, le monde
était devant ses yeux comme une forêt sombre; lorsque Kout, qui,
sous son armure de fer, ressemblait à une montagne noire, quitta le
centre de l'armée, se détacha de la foule, monta sur la hauteur, s'approcha de Khosrou et lui dit : « Ô roi qui portes haut la tête! cherche
« des yeux cet esclave semblable au Div, contre lequel tu as lutté
« dans l'Iran, qui t'a vaincu et devant lequel tu t'es enfui; cherche
« à la droite et à la gauche de l'armée, où il se trouve au milieu des
« grands, pour que je lui enseigne comment on combat, et ce que
« peuvent le cœur et la force d'un homme qui sait agir. » Ces paroles
de Kout réveillèrent en Khosrou les douleurs de ses anciennes luttes,
en lui rappelant qu'il s'était enfui devant un esclave et avait jeté ses
armes de guerre. Il ne lui répondit pas, son cœur se remplit de sang
et sa bouche de soupirs; à la fin, il dit : « Va vers ce cavalier au che-
« val blanc; quand il te verra, il s'avancera pour te combattre, et toi,
« ne t'enfuis pas pour n'avoir pas à te mordre les lèvres de honte. »

Kout ayant entendu ces paroles s'en retourna; il partit si rapidement qu'il se fit le compagnon du vent. Il courut bouillant d'ardeur
et tenant en main sa lance, il courut au champ de bataille comme
un éléphant ivre. Yelan Sineh avertit Bahram en criant : « Prends
« garde, ô cavalier vaillant! voici un Div qui arrive comme un élé-
« phant ivre, le lacet au crochet de la selle et la lance en main. » A
ces paroles Bahram tira son épée du fourreau, rapidement comme le
vent, et dit *tout haut* son nom. Lorsque Khosrou vit ce qui se passait,
il se dressa debout sur le haut de la montagne, fixant les regards sur
Kout et Bahram, les yeux pleins de larmes, le cœur plein de colère.
Le Roumi s'avança avec sa lance, et l'ambitieux Bahram roidit ses
jarrets; il soutint sans dommage le choc de la lance de Kout, couvrit
son visage de son bouclier de combat, frappa de l'épée la tête et le
cou de Kout et fendit son corps noir jusqu'à la poitrine.

چو آواز تبمغش خسرو رسید / بخندید کان زخم بهرام دید
نیاطوس جنگی بخوابید چشم / از آن خندهٔ خسرو آمد چشم
خسرو چنین گفت کای نامدار / نه نیکو بود خنده در کارزار ۱۸۰۵
ترا نیست از رزم جز کیمیا / دلت خفته بیم بکمین نما
چو کوت هزاره بایران و روم / نبیمند هرگز به آباد بوم
بخندی همی زان که او کشته شد / چنان دان همی وز بریده تنش
بدو گفت خسرو من از کشتنش / هوی آید از چرخ گردندهٔ کوس ۱۸۱۰
چنان دان که هرکس که دارد فسوس / مرا گفت کز بنده بگریختی
از آن بنده بگریختن نیست ننگ / نمودت هنر تا نیاویختی
وز آن روی بهرام آواز داد / که زخمش بدینسان بود روز جنگ
یلان سینه ورام وایزدگشسپ / که ای نامداران فرخ نژاد
فرستید از ایدر بلشکرگهش / مرا این کشته را بست باید براسپ
تن کوترا زود بر پشت زین / بدان تا بریده به میمد شهش ۱۸۱۵
دوان اسپ با مرد گردنفراز / بتنگی ببستند مردان کمین
دل خسرو از کوت شد دردمند / همی آمد بلشکرگه خویش باز
بدان خستگیش اندر آکند مشک / کشادند از آن مرد بند کمند
بکرباس در دوختنش هم چنان / بفرمود پس تاش کردند خشک
بنزدیک قیصر فرستاد باز / زره در بر وتنگ بسته میان ۱۸۲۰
بریش گونه برد همی روز جنگ / که شمشیر این بندهٔ دیوساز
همه رومیان دل شکسته شدند / اگر زو هزیمت شدم نیست ننگ
همی ریخت بطریق روی سرشک / بدل پاک بی جنگ خسته شدند
بیامد زگردنکشان ده هزار / همه رخ پر از آب ودل پر زرشک
یکی حمله بردند از آنسان که کوه / همه جاثلیقان گرد وسوار ۱۸۲۵
چکاچاک برخاست وبانگ سران / بدرید از آواز رومی گروه
همان زخم شمشیر وگرز گران

KHOSROU PARVIZ

Le fracas de cette épée arriva jusqu'à Khosrou, qui se prit à rire en voyant le coup de Bahram; mais Neïathous ferma les yeux et se mit en colère de ce rire de Khosrou. Il dit au roi : « Ô homme illustre! « ce n'est pas bien de rire dans la bataille. Tu n'as de la guerre que « les ruses et je vois que ton cœur sommeille quand il s'agit de ven-« ger tes pères. On ne trouvera pas l'égal de Kout, fils de Hezareh, « dans les pays prospères de l'Iran et du Roum. Tu ris de la mort « de cet homme : sache qu'elle emporte ta fortune. » Khosrou dit : « J'ai ri quand on l'a tué et quand on a fendu son corps. Sache que « celui qui se livre à la moquerie recevra un coup du ciel qui tourne. « Il m'a dit que je m'étais enfui devant un esclave, que je n'avais « pas eu assez de cœur pour me mesurer avec lui. Mais ce n'est pas « une honte de fuir devant un esclave qui donne de pareils coups « au jour du combat. »

De son côté Bahram s'écria : « Ô vous hommes illustres et d'illustre « naissance, Yelan Sineh, Ram et Ized Guschasp, il faut attacher ce « mort sur son cheval et le renvoyer d'ici à son camp, pour que son « roi voie son corps déchiré. » Les hommes de guerre attachèrent rapidement et solidement le corps de Kout sur la selle du cheval, qui repartit en courant vers son camp, portant le corps de son maître orgueilleux. Le cœur de Khosrou fut affligé à la vue de Kout, on détacha le lacet qui liait son corps; le roi fit remplir de musc les blessures, ordonna de sécher le corps, de le coudre dans une étoffe fine de lin, de le recouvrir de sa cotte de mailles et de serrer sa ceinture; puis il l'envoya au Kaïsar avec ce message : « Voilà com-« ment l'épée de cet esclave qui ressemble au Div frappe au jour du « combat; il n'y a pas de honte pour moi d'avoir fui devant lui. »

Le cœur de tous les Roumis était brisé, ceux qui n'avaient pas combattu étaient tous blessés dans l'âme; les patriciens roumis ver-sèrent des larmes, tous les visages étaient inondés, tous les cœurs étaient ulcérés. Dix mille hommes qui portaient haut la tête, tous des catholiques vaillants et cavaliers, s'avancèrent et firent une attaque telle que les montagnes se fendaient des cris de cette masse de Rou-mis; on entendit le fracas des armes, les voix des chefs, les coups des épées et des lourdes massues; on aurait dit que la mer bouillonnait,

تو گفتی که دریا بجوشد همی   سپهر روان بر سر خروشد همی
زبس کشته اندر میان سماه   بماندند بر جای وببست راه
از آن رومیان کشته شد لشکری   هر آنکس که بد زان دلیران سری ۱۸۳۰
دل خسرو از درد ایشان بخست   تن خسته زندگانرا ببست
همه کشتگانرا بم در فکند   تلی گشت برسان کوه بلند
همی خواندیش بهرام چمد   بمژید خسرو زروی امید
همیگفت اگر مرد روی دوبار   کند م بر بن گونه درکارزار
جهانرا توبی لشکر روم دان   همان تیغ پولاد شان موم دان ۱۸۳۵
بسرگس چنین گفت پس شهریار   که فردا مبر جنگیانرا بکار
تو فردا بر آسای تا من سپاه   بیارم بر ایرانیان کینه خواه
بایرانیمان گفت فردا جنگ   شمارا بماید شدن بی درنگ
همه ویژه گفتند کایدون کنم   که کوه وبیابان پر از خون کنم

جنگ پهلوانان خسرو با بهرام چوبینه

چو بر زد ز دریا درفش سپید   ستاره شد از تیرگی نا امید ۱۸۴۰
تمیمره زنان از دو پرده سرای   برفتند با پیل وباکرّه نای
خروش آمد از نای واز گاو دم   م از کوهه پیل وروئینه خم
تو گفتی که جنبد همه دشت وراغ شده روی خورشید چون پرّ زاغ
چو ایرانیان برکشیدند صف   همه نیزه وتیغ هندی بکف
زمین سربسر گفتی از جوشنست   ستاره زنوک سنان روشنست ۱۸۴۵
چو خسرو بهاراست آن قلبگاه   همه دل گرفتند یکسر سپاه
ورا میمنه دار گردوی بود   که گرد ودلیر وجهانجوی بود
بدست چپش نامدار ارمنی   ابا جوشن وتیغ آهرمنی
مبارز چو شاپور وچون اندیان   بدان جنگ بر تنگ بسته میان
همی بود گستم بر دست شاه   که دارد مر اورا ز دشمن نگاه ۱۸۵۰

que le ciel qui tourne poussait des cris, et il y avait tant de morts au milieu des armées qu'elles furent arrêtées et que le passage était obstrué. Les Roumis morts formaient toute une armée, et tous les chefs de ces braves *étaient* tombés. Le cœur de Khosrou était percé de douleur; il fit panser les corps des blessés qui vivaient encore et empiler les morts les uns sur les autres. On en forma une butte comme une haute montagne, que l'on nomma Bahramdjid (la cueillette de Bahram). Khosrou perdait l'espoir qu'il avait placé dans les Roumis; il se disait : « Si les hommes du Roum se présentent deux fois « de cette façon sur le champ de bataille, sache qu'il n'y aura plus « d'armée de Roum, sache que leurs épées d'acier sont devenues de la « cire. » Puis il dit à Serguis : « Ne mène pas demain tes troupes au « combat; repose-toi demain; je marcherai avec les Iraniens avides de « vengeance; » et puis aux Iraniens : « Il faut que demain vous alliez « au combat et ne tardiez pas. » Ils répondirent tous sans exception : « Nous ferons de manière à couvrir de sang la plaine et la montagne. »

LES PEHLEWANS DE KHOSROU SE BATTENT CONTRE BAHRAM DJOUBINEH.

Lorsque le drapeau blanc *du soleil* se leva de la mer et que les astres désespéraient *de la durée* des ténèbres, les tambours partirent des deux enceintes des tentes des chefs, avec les éléphants et des clairons. Le bruit des clairons, des trompettes et des timbales d'airain placées sur le dos des éléphants était tel qu'on aurait dit que les plaines et les rochers en tremblaient, et la face du soleil devint comme le plumage du corbeau. Quand les Iraniens eurent formé leurs lignes tenant tous en main des lances et des épées indiennes, on aurait dit que la terre entière n'était que cuirasses et que les astres empruntaient leur lustre aux pointes des lances. Khosrou aligna le centre de la ligne et toute l'armée fut pleine de cœur. Le chef de l'aile droite était Guerdoui, un homme vaillant, brave et ambitieux; à l'aile gauche était un illustre Arménien couvert d'une cuirasse et tenant une épée *digne* d'Ahriman. Les champions de l'armée étaient Schapour et Endian, qui resserraient leurs ceintures pour ce combat. Gustehem se tenait à côté du roi, qu'il devait protéger contre l'ennemi.

چو بهرام یل رومیان را ندید / درنگی شد و خامشی برگزید
بفرمود تا کوس بر پشت پیل / بمستند و شد روی گیتی چو نیل
نشست از بر پشت پیل سفید / هم آوردش از بخت شد نا امید
همی راند آن پیل تا میمنه / بشاپور گفت ای بد بدتنه
نه پیمانت آن بد بنامه درون / که پیش من آئی بدین دشتِ خون ۱۸۵۵
نه این باشد آئینِ آزادگان / همی تن بکشتن دهی رایگان
بدو گفت شاپور کای دیو فش / سرِ خویش در بندگی کرده کش
ازین نامه کی بود نام و نشان / که گوئی همی پیش گردنکشان
گرامایه خسرو بشاپور گفت / که آن نامه با رای او بود جفت
بنامه تو پاداش یابی ز من / همان نامداران این انجمن ۱۸۶۰
چو هنگام باشد بگویم ترا / از اندیشهٔ بد بشویم ترا
چو بهرام آواز خسرو شنید / بر اندیشه آن جادوئیها بدید
برآشفت از آن کار و تنگ آمدش / چو ارغنده شد رای جنگ آمدش
جفا پیشه بر پیل تنها برفت / سوی قلب خسرو خرامید تفت
چو خسرو چنان دید با اندیان / چنین گفت کای نرهٔ شیر ژیان ۱۸۶۵
بر آن پیل بر تیر باران کنید / کمانها چو ابر بهاران کنید
از ایرانیان آنکه بد روز به / کمان بر نهادند یکیک ز زه
زبیکان چنان گشت خرطوم پیل / که گفتی شد از خستگی پیل نیل
هم آنگاه بهرام بالای خواست / یکی مغفر خسرو آرای خواست
همان تیر باران گرفتمند باز / بر آن اسپِ بهرام گرد نفراز ۱۸۷۰
پیاده شد آن مرد پرخاشخر / زره دامنش را بزد بر کمر
سمر بر سر آورد و شمشیر تیز / بر آورد از آن جنگیان رستخیز
پیاده ز بهرام بگریختند / کمانهای چاچی فرو ریختند
یکی باره بردند م در زمان / سپهبد نشست م بر اوِ دمان
خروشان همی تاخت تا قلبگاه / بجائی کجا شاه بد با سپاه ۱۸۷۵

Lorsque Bahram le héros ne vit pas les Roumis, il s'arrêta hésitant et garda le silence; puis il ordonna de lier les timbales sur le dos des éléphants, et la face du monde devint *agitée* comme *les flots du Nil.* Il monta sur le dos d'un éléphant blanc, et ses compagnons dans le combat désespérèrent de sa fortune. Il poussa son éléphant jusqu'à l'aile droite et dit à Schapour : « Ô misérable traître! n'as-tu « pas promis dans ta lettre que tu viendrais à moi sur cette plaine de « sang? Ce n'est pas une conduite digne d'un Perse, et tu livres gra- « tuitement ton corps à la destruction. » Schapour lui dit : « Ô face « de Div! Est-ce que tu as perdu la tête dans l'esclavage? Qu'est-ce « que cette lettre dont tu parles devant les grands, et quelle trace y « en a-t-il? » Le puissant Khosrou dit à Schapour : « Cette lettre était « conforme aux intentions de cet homme; et par suite tu seras ré- « compensé par moi, de même que les autres grands de ma cour; « quand il en sera temps, je te l'expliquerai et je réfuterai les soup- « çons qui pourraient s'attacher à toi. »

Bahram entendit ces paroles de Khosrou, et il comprit la ruse dont on avait usé envers lui. Il fut troublé par cette affaire et en fut honteux, et, étant irrité, il se détermina à commencer la bataille. L'usurpateur, monté sur son éléphant, se dirigea rapidement tout seul vers le centre de l'armée de Khosrou. Le roi voyant cela dit à Endian : « Ô vaillant et terrible lion! faites pleuvoir des traits sur cet éléphant, « convertissez vos arcs en nuages du printemps. » Tous les Iraniens, que favorisait la fortune, bandèrent leurs arcs, et la trompe de l'éléphant fut tellement couverte de flèches qu'on aurait dit que de ses blessures s'écoulait un Nil *de sang.* Bahram demanda à l'instant un cheval de main, il demanda un casque, qui aurait fait la parure d'un roi, mais on recommença à faire pleuvoir la pluie de traits sur le destrier de l'orgueilleux Bahram. Cet homme, avide de combat, mit pied à terre, fit entrer le pan de sa cotte de mailles dans sa ceinture, protégea sa tête avec son bouclier, et son épée tranchante porta la mort dans les rangs des combattants, qui s'enfuirent à pied devant Bahram et jetèrent leurs arcs de Djadj.

On amena dans ce moment un destrier, sur lequel le Sipehbed Bahram monta rapidement; il s'élança en rugissant sur le centre de

همه قلبگه پاک در م درید / درفش جهاندار شد ناپدید
وز آنجایگه شد سوی مجمه / پس پشت آزادگان بد به
نگهبان آن دست گردوی بود / که مرد دلیر و جهانجوی بود
برادر چو روی برادر بدید / کمان را بزه کرد واندر کشید
دو خونی بر آن سان بر آویختند / که گفتی بهم شان بر آمیختند ۱۸۸۰
بر سان زمانی در آمد دراز / همی یک ز دیگر نگشتند باز
بدو گفت بهرام کای بی پدر / بخون برادر بمبندی کمر
بدو گفت گردوی کای بیشه گرگ / تو نشنیدی آن داستان بزرگ
که هر کو برادر بود دوست به / چو دشمن شود بی پی ویوست به
تو مخونی وبدتن وریمنی / جهان آفرید مرا بدل دشمنی ۱۸۸۵
بممش برادر برادر جنگ / نماید اگر باشدش نام و ننگ
چو بشنید بهرام از و باز گشت / بر آشفت و یا او دژم ساز گشت
همی راند گردوی تا پیش شاه / رمیده شده روی جنگی سپاه
بر و آفرین کرد خسرو بمهر / که پاداش بادت ز گردان سپهر
ز پیش صف آمد سوی قلبگاه / چو شد جنب جنبان دلیران شاه ۱۸۹۰
فرستاد خسرو بشاپور کس / که موسل را باش فریادرس
بکوشید با پشت پشت آورید / مگر بخت روشن بمشت آورید
بگستم گفت آن زمان شهریار / که گر هیچ روی کند کار زار
چو بهرام جنگی شکسته شود / وگر نیز در جنگ خسته شود
همه رومیان سر بگردون برند / تنها از اندازه بمرون برند ۱۸۹۵
نخوام که ز روی شود سرفراز / بما برکنند اندر ابی جنگ ناز
بدیدم هنرهای روی همه / بسان رمه روزگار دمه
همان به که ما با سپاه اندکی / زچو بیمنه آورد هزام یکی
نخوام بدین کار یاری زکس / پنام بمزدان فریاد رس
بدو گفت گستم کای شهریار / بشمرین روانت مخور زینهار ۱۹۰۰

l'armée *des Perses*, à la place où se trouvait le roi à la tête des troupes. Il dispersa tout le centre de l'armée et le drapeau du maître du monde disparut. De là il se dirigea vers l'aile droite, où les bagages se trouvaient placés derrière la ligne des Perses. Guerdouï commandait cette aile de l'armée, un homme vaillant et ambitieux qui, reconnaissant le visage de son frère *Bahram*, monta son arc et tendit la corde. Ces deux hommes, avides de sang, s'attaquèrent; on aurait dit qu'ils se confondaient l'un avec l'autre, et il se passa ainsi un temps long pendant lequel ils ne se quittèrent pas. Bahram dit à Guerdouï : « Ô toi qui n'as pas de père! tu as donc bandé ton arc « pour tuer ton frère? » Guerdouï répondit : « Ô loup des bois! n'as-« tu pas entendu cette grande parole, que quiconque a un frère ami « est heureux, mais qu'il vaudrait mieux n'avoir ni pied ni peau que « d'avoir un frère ennemi? Tu es un homme avide de sang, méchant « et vil, tu es dans ton cœur ennemi du créateur. Un frère ne vient « pas attaquer un frère, s'il respecte son nom et son honneur. » Lorsque Bahram eut entendu ces paroles, il quitta Guerdouï et suivit avec une mine sombre l'avis que lui donnait *son frère*. Guerdouï courut auprès de Khosrou, rempli d'horreur, et son visage guerrier tout noir. Le roi le bénit affectueusement, disant : « Que le ciel « qui tourne te récompense! »

Puis Khosrou se rendit sur le front de la ligne au centre de l'armée, et, voyant que ses braves commençaient à plier, il envoya quelqu'un à Schapour et lui fit dire : « Soutiens Mausil, luttez et appuyez-vous « l'un l'autre, peut-être saisirez-vous la fortune brillante. » Ensuite le roi dit à Gustehem : « Si un seul Roumi se battait, et si le vaillant « Bahram était tué ou était seulement blessé dans la bataille, tous « ces Roumis lèveraient la tête jusqu'à la voûte du ciel et se van- « teraient outre mesure; mais je ne veux pas qu'ils lèvent la tête « et se donnent des airs en face de nous pour ce combat. J'ai été « témoin de tous leurs hauts faits : ils sont comme un troupeau dans « un jour de bourrasque. Il vaut mieux que j'attaque Djoubineh une « bonne fois avec un petit cortège, et je ne veux, en cette affaire, de « l'aide de personne; mon refuge est Dieu le secourable. »

Gustehem lui répondit : « Ô roi, ne conspire pas contre ta douce

LE LIVRE DES ROIS

چو رایت چنین‌ست مردان گزین | مکن تن هلاک اندرین دشت کین
بدو گفت خسرو که اینست روی | که گفتی زلشکر کنون یار جوی
گزین کرد گستهم از ایران سوار | ده و چار گرد دکش نامدار
نخستین ازین جنگیان نام خویش | نبشته بماورد وبنهاد پیش
دگر گرد شاپور با اندیان | چو بندوی وگردوی پشت کمان 1405
چو آذرگشسپ ودگر شمیر زیل | چو زنگوی گستاخ با شیر ویمل
تخواره که در جنگ غمخواره بود | یلان سینه را زشت پتیاره بود
فرخزاد وچون خسرو سرفراز | چو اشتاد بپیروز دشمن گداز
چو فرخنده خورشید با اورمزد | که دشمن بدی پیش ایشان فرزد
چو مردان زین سان گزین کرد دو هفت | زلشکر بمکسو خرامید تفت 1410
چنین گفت خسرو بدین مهتران | که ای سرفرازان وفرمانبران
همه پشت را سوی یزدان کنید | دل خویش را شاد وخندان کنید
جز از خواست یزدان نباشد سخن | چنین بود تا بود چرخ کهن
برزم اندرون کشته بهتر بود | که بر ما یکی بنده مهتر بود
نگهدار من بود باید بجنگ | بهنگام جنبش نکردن درنگ 1415
همه مهربان آفرین خواندند | ورا شهریار زمین خواندند
بکردند پیمان که از شهریار | کسی بر نگردد بدین روزگار
سپهدار بشنید وآرام یافت | خوش آمدش کز کهتران کام یافت
سپه را ببهرام فرخ سپرد | همی رفت با چار ده مرد گرد
هرآنگه خروش آمد از دیده گاه | ببهرام گفتند کامد سپاه 1420
جهانجوی بیدار دل برنشست | کمندی بفتراک وتیغی بدست
زبالا چو آن مایه مردم بدید | تنی چند از آن جنگیان برگزید
یلان سینه را گفت کمین بدنژاد | چنگ اندرون داد مردی بداد
که من دانم اکنون جزو نیستی این | که بارد همیدون برین دشت کین
بدین مایه مردم جنگ آمدست | مگر پیش گام نهنگ آمدست 1425

« vie, *mais* si ta résolution est prise, choisis des hommes et ne te fais
« pas tuer sur ce champ de la vengeance. » Khosrou lui répondit : « Ce
« que tu dis est juste ; choisis maintenant des amis dans l'armée. »
Gustehem désigna parmi les cavaliers de l'Iran quatorze hommes
illustres, qui portaient haut la tête.

D'abord il écrivit son propre nom et le mit à la tête de la liste des
braves, ensuite il choisit le vaillant Schapour et Endian, Bendouï
et Guerdouï, le soutien des rois ; Aderguschasp et Schirzil, Zengouï,
qui bravait les lions et les éléphants ; Tokhareh, un homme sûr dans
les combats et qui portait à Yelan Sineh une haine féroce ; Farrukhzad et le fier Khosrou, Aschtad, fils de Pirouz, devant lequel les
ennemis se fondaient *comme devant du feu ;* Khourschid le fortuné, et
Ormuzd, pour qui des ennemis n'étaient que des herbes croupis-
santes. Ayant choisi de cette façon quatorze hommes, il les fit à l'instant sortir des rangs de l'armée et les réunit, et Khosrou dit à ces
grands : « Ô vous, mes serviteurs qui portez haut la tête, prenez votre
« appui en Dieu, que votre cœur soit joyeux et souriant ; rien n'arrive
« que selon l'ordre de Dieu ; il en a été ainsi depuis que la vieille voûte
« du ciel existe. Il vaut mieux être tué dans la bataille que de souffrir
« qu'un esclave devienne notre maître. Il faut que vous me protégiez
« dans la bataille, il faut ne pas tarder quand il est temps de s'élan-
« cer. » Tous à l'unisson lui rendirent hommage, l'appelèrent roi de
la terre, et jurèrent qu'aucun d'eux n'abandonnerait le roi dans cette
journée. Le maître de l'armée les écouta et fut tranquillisé ; il était
heureux de ce que ses sujets répondaient à son attente. Il remit le
commandement de l'armée au fortuné Bahram, et partit avec ses
quatorze vaillants compagnons.

Dans ce moment on entendit la voix des guetteurs qui annonçaient
à Djoubineh qu'une troupe arrivait. Cet homme ambitieux et au cœur
éveillé monta à cheval, un lacet au crochet de la selle, une épée en
main. Quand il vit du haut de son destrier cette poignée d'hommes,
il choisit quelques-uns de ses braves et dit à Yelan Sineh : « Cet
« homme de mauvaise race a fait preuve de sa valeur dans le com-
« bat, et je sais maintenant qu'il n'y a que lui qui oserait s'avancer
« sur ce champ de la vengeance. Il vient nous combattre avec cette

فزون نیست با او سرافراز بیمست	وزایشان ندانم کسیرا که کیست
بایزدگشسپ ویلان سینه گفت	که مردان ندارند مردی نهفت
بر آن بیمست از ما چهار آن بسم	وگر باز آئیم ازین تا کسیم
نباید که ما بیش باشیم چهار	زخسرو مرا بخت بمشست یار
یکی بود کجا نام او جان فروز	که تمره شما برگزیدی زروز
سیمه را بدو داد و خود پیش رفت	همیرفت با او سه بیدار تفت
چو بهرام را دید خسرو زراه	بایرانیان گفت کامد سپاه
کنون هیچ دلرا مدارید تنگ	که آمد مرا روزگار درنگ
من وگرز وچوبیمنه بدنشان	شما رزم سازید با سرکشان
شما چار ده یار و ایشان سه تن	مبادا که بینم هرگز شکن
نیاطوس با لشکر رومیان	بمستند ناچار یکسر میان
برفتند از آن رزمگه سوی کوه	که دیدار بودی بهر دو گروه
همیگفت هرکس که پرمایه شاه	چرا جان فروشد زبهر کلاه
بماند بریں دشت چندی سوار	شود خیره تنها سوی کارزار
همه دست بر آسمان داشتند	که اورا همی کشته پنداشتند
چو بهرام جنگی برانگیخت اسپ	یلان سینه وگرد ایزدگشسپ
بریدند یاران زخسرو همه	شد آن گرگ وایں نامداران رمه
چو گستم وبندوی وگردوی ماند	گو تاجور نام یزدان بخواند
جهاندار ناچار برگاشت اسپ	پس اندر همی تاخت ایزدگشسپ
بگستم گفت آن زمان شهریار	که تنگ اندر آمد مرا روزگار
چه بایست این بیهده رستخیز	چو دیدند پشت من اندر گریز
بدو گفت گستم کامد سوار	تو تنها شدی چون کی کارزار
نگه کرد خسرویس پشت خویش	از آن چار بهرامرا دید پیش
همی داشت تنرا زدشمن نگاه	بمرید برگستوان سیاه
از و باز ماندند هر سه سوار	پس پشت او دشمن کمینه دار

« poignée d'hommes, mais il se met peut-être devant la gueule du cro-
« codile. Il n'a pas plus de vingt guerriers avec lui et je n'en connais
« aucun. » Puis il dit à Ized Guschasp et à Yelan Sineh : « Il ne faut
« pas que des hommes cachent leur bravoure. Quatre de nous, c'est
« assez contre vingt des leurs, et si nous reculions devant eux nous
« serions déshonorés. Il n'est pas nécessaire que nous soyons plus de
« quatre, car la fortune m'est plus favorable qu'à Khosrou. »

Il y avait un homme, dont le nom était Djanfirouz, qui préférait
la nuit sombre au jour. Bahram lui confia son armée et partit lui-
même, et avec lui s'élancèrent ses trois compagnons pleins de vie.
Lorsque Khosrou le vit sur la route, il dit aux Iraniens : « Voici une
« troupe qui arrive. Maintenant soutenez votre courage, car le mo-
« ment du danger est arrivé pour moi. Moi et ma massue nous nous
« chargeons de Djoubineh, le mal famé; vous, combattez ces rebelles.
« Vous êtes quatorze amis, ils ne sont que trois; à Dieu ne plaise que
« nous soyons jamais battus. »

Neïathous et tous les Roumis revêtirent leurs armures, embar-
rassés de leur rôle. Ils se rendirent du champ de bataille sur la montagne d'où l'on voyait les deux armées, et chacun dit : « Pourquoi le
« noble roi vend-il sa vie pour une couronne? Pourquoi laisse-t-il sur
« cette plaine tant de cavaliers et va-t-il follement se battre tout seul? »
Tous levèrent les mains vers le ciel, car ils le croyaient perdu.

Lorsque le vaillant Bahram, Yelan Sineh et Ized Guschasp lancè-
rent leurs chevaux, tous les compagnons de Khosrou l'abandonnèrent; ils étaient comme un troupeau et Bahram comme un loup. Il ne
resta que Gustehem, Bendoni et Guerdouï, et le héros qui portait
la couronne invoqua le nom de Dieu. Le maître du monde tourna
à regret son cheval et Ized Guschasp s'élança sur ses traces. Le roi
dit à Gustehem : « Le sort me serre étroitement, à quoi a servi cette
« tuerie insensée puisqu'on m'a vu fuir et montrer mon dos? » Gustehem lui dit : « Les cavaliers sont partis, tu es resté seul, comment te
« battrais-tu? » Khosrou regarda derrière lui et vit que Bahram de-
vançait ses trois compagnons; il tâcha d'échapper à ses ennemis
et coupa les caparaçons de son cheval noir *pour l'alléger;* les trois
cavaliers *qui étaient avec lui* restèrent en arrière, mais ses ennemis,

بمیش اندر آمد یکی غار تنگ   سه جنگی پس اندر بسان پلنگ
بن غارم بسته آمد زکوه   بماند آن جهاندار دور از گروه
فرود آمد از اسپ فرخ جوان   پیاده بر آن کوه بر شد دوان
پیاده شد وراه م بسته شد   دل نامدار اندر آن خسته شد
نه جای درنگ و نه راه گریز   پس اندر همی رفت بهرام تیز ۱۹۶۰
خسرو چنین گفت کای پرفریب   بمیش فراز تو آمد نشیب
بر من چرا تاختی هوش خویش   نهاده بر بی گونه بر دوش خویش
چو شد زین نشان کار بر شاه تنگ   پس پشت شمشیر و از پیش سنگ
بیزدان چنین گفت کای کردگار   توئی برتر از گردش روزگار
بدین جای بیچارگی دستگیر   تو بائی نمام بکیهان و تیمر ۱۹۶۰
هم آنگه چو از کوه بر شد خروش   پدید آمد از راه فرخ سروش
یکی جامه اش سبز وخنگی بزیر   زدیدار او گشت خسرو دلیر
چو نزدیک شد دست خسرو گرفت   زیزدان پاك این نباشد شگفت
چوار پیش بدخواه برداشتش   به آسانی آورد و بگذاشتش
بدو گفت خسرو که نام تو چیست   همی گفت چندی و چندی گریست ۱۹۶۵
فرشته بدو گفت نامم سروش   چو این شدی دور باش از خروش
تو زین پس شوی در جهان پادشا   نباید که باشی جز از پارسا
بگفت این و پس گشت از و ناپدید   کس اندر جهان این شگفتی ندید
چو آن دید بهرام خیره بماند   جهان آفرین را فراوان بخواند
همی گفت تا جنگ مردم بود   مبادا که مردی زبن کم بود ۱۹۷۰
چنان شد که جنگم کنون با پریست   برین بخت تیره بباید گریست
وز این روی بهرام شد پر زدرد   پشیمان شده زان همه کار کرد
نیاطوس از آن روی بر کوهسار   همی خواست از دادگر زینهار
خراشیده مرهم دو رخسار خویش   زتیمار جفت جهاندار خویش
سپه بود بر دشت هامون و راغ   دل رومیان زان پسر پر از درد و داغ ۱۹۷۵

avides de vengeance, le poursuivirent. Devant lui se trouvait une fente étroite dans la montagne; trois vaillants ennemis le suivaient comme des léopards, le bout de la fente était fermé par le rocher et le maître du monde y restait loin de son armée. Le noble jeune homme descendit de son cheval et grimpa rapidement sur le rocher. Mais il se trouvait là à pied, le chemin était fermé devant lui, et le cœur du roi illustre était en détresse; il ne pouvait ni s'arrêter, ni choisir un chemin pour s'enfuir, et derrière lui arrivait le terrible Bahram, qui criait à Khosrou : « Ô fourbe! voici l'abîme qui « s'ouvre devant ta grandeur. Comment as-tu pu me livrer ton sort? » Comment en as-tu chargé tes propres épaules? »

La position du roi étant devenue désespérée, avec une épée derrière et le rocher devant lui, il s'adressa à Dieu, disant : « Ô créateur! « tu es au-dessus de la rotation du sort; dans ce lieu de détresse tu es « mon sauveur et je ne prierai ni Saturne ni Mercure. » Aussitôt que ce cri fut sorti de la montagne apparut le bienheureux Serosch, vêtu d'une robe verte et monté sur un cheval blanc, et sa vue rendit le courage à Khosrou. Lorsqu'il fut près de lui, le Serosch saisit la main de Khosrou (il ne faut pas s'étonner de cela de la part de Dieu le toutsaint), l'enleva de devant son ennemi, l'emporta sans effort et puis le lâcha. Khosrou, tantôt parlant, tantôt pleurant, lui demanda son nom; l'ange répondit : « Mon nom est Serosch. Puisque tu es en sûreté, « cesse de te lamenter. Tu seras dorénavant le roi du monde, garde-« toi de te conduire autrement que les hommes purs. » Il dit et disparut devant ses yeux; jamais on n'a vu chose plus étonnante.

Bahram, à cette vue, resta confondu; il invoqua à plusieurs reprises le nom du Dieu, Créateur du monde, et dit : « A Dieu ne « plaise que mon courage faiblisse lorsque mes ennemis sont des « hommes, mais maintenant que j'ai à me battre contre des Péris, il « faut pleurer sur ma fortune, qui s'obscurcit. » Bahram partit de là, le cœur rempli de douleur, et se repentant de tout ce qu'il avait entrepris. Neïathous, sur le haut de la montagne, implorait de son côté la grâce de Dieu, le distributeur de la justice, et Mariam déchirait avec ses ongles ses deux joues, dans son inquiétude sur son mari, le maître du monde. L'armée était placée sur la plaine et sur la montagne, et

عماری زرین بمیکسوکشید	نیاطوس چون روی خسرو ندید
بترسم که شد شاه ایران زمین	بمریم چنین گفت کاید رنشین
پدید آمد از راه و دور از گروه	هم آنگاه خسرو از آن روی کوه
دل مریم از دردش آزاد گشت	چنان لشکر نامور شاد گشت
بگفت آن شگفتی کش آمد پدید ۱۹۸۰	چو خسرو بنزدیك مریم رسید
مرا داور دادگر داد داد	چنین گفت کای ماه قیصر نژاد
که در جنگ بددل کند کاهلی	نه از کاهلی بد نه از بددلی
بدرد آفریننده را خواندم	در آن غار که بی یار در ماندم
برون بنده گشت آشکارا نهان	نهان داشت دارنده کار جهان
نه تور و نه سلم و نه افراسیاب ۱۹۸۵	فریدون فرّخ ندید این بخواب
ز پیروزی و شهریاری نشان	که امروز من دیدم ای سرکشان
برزم اندرون یاد خسرو کنید	کنون خشم را تاختن نو کنید

جنگ سموم خسروپرویز با بهرام چوبینه
وکشته شدن بهرام

جهان شد ز گرد سواران سیاه	همانگاه زکوه اندر آمد سپاه
بروز اندرون روشنائی نماند	وز آن روی بهرام لشکر براند
خرد باید و مردی و دستگاه ۱۹۹۰	همی گفت هر کس که راند سپاه
همان پهلوانی سرشت مرا	دلیران که دیدند خشت مرا
بخاك افگنم نام نوشین روان	مرا بر گزیدند بر خسروان
کمانرا بزه کرد و یکچوبه تیر	ز لشکر بر شاه شد خیره خیر
بکژ اندر آویخت پیکان براه	بزد ناگهان بر کرگاه شاه
بیامد ز دیباش بمرون کشید ۱۹۹۵	یکی بنده چون ز خم پیکان بدید
بهرام چوبینه بد گمان	سبك شهریار اندر آمد دمان
زره بود نگسست پیوند اوی	بزد نیزه بر کربند اوی

le cœur des Roumis était rempli de douleurs cuisantes. Quand Neïathous ne vit plus Khosrou, il fit placer à l'écart la litière d'or et dit à Mariam : « Reste là, j'ai peur que le roi du pays d'Iran n'ait péri. » Dans ce moment Khosrou reparut de l'autre côté de la montagne, sur la route et loin de la foule, et toute cette illustre armée fut remplie de joie, et le cœur de Mariam fut délivré de sa peine.

Quand Khosrou fut arrivé près de Mariam, il lui raconta la chose merveilleuse qui lui était arrivée, disant : « Ô lune, fille du Kaïsar, le « Seigneur, dispensateur de la justice, m'a justifié. Ce n'est pas par lâ- « cheté ni par manque de cœur *que je me suis enfui,* car il n'y a que le « méchant qui soit lâche dans le combat. Dans cette fente où j'étais « abandonné sans compagnon, j'ai invoqué dans ma douleur le Créa- « teur, et le Seigneur, qui tient cachées les affaires du monde, a dévoilé « le secret devant son serviteur. Jamais ni le fortuné Feridoun, ni « Tour, ni Selm, ni Afrasiab n'ont vu en songe une chose pareille, « un présage de victoire et de pouvoir royal, tel que je l'ai vu aujour- « d'hui. Ô vous qui portez haut la tête! maintenant ranimez votre co- « lère pour *recommencer* le combat, et souvenez-vous de Khosrou au « milieu de la bataille. »

TROISIÈME COMBAT DE KHOSROU PARVIZ AVEC BAHRAM DJOUBINEH.
DÉFAITE DE BAHRAM.

A l'instant l'armée se mit en marche, quitta la montagne, et le monde devint noir par la poussière soulevée par les cavaliers. Bahram, de son côté, lança ses troupes, et le jour fut privé de toute lumière. Bahram dit : « Celui qui conduit une armée a besoin d'intelligence, de « courage et d'habileté. Les braves qui ont vu les coups de mon ja- « velot, qui ont observé ma nature de Pehlewan, m'ont choisi de pré- « férence aux Chosroës, et j'abaisserai dans la poussière la gloire de « Nouschirwan. » Il s'avança témérairement en avant de son armée vers le roi, banda son arc et lança subitement une flèche à simple bois sur la ceinture du roi; mais elle s'arrêta sans pénétrer et resta suspendue à la *ceinture en soie.* Un serviteur du roi vit le coup, accourut, et tira la flèche du brocart. A l'instant le roi s'élança sur Bahram

LE LIVRE DES ROIS

سنان سر نمزه شد بر دو نیم / دل مرد بمراه شد پر زبیم
چو بشکست نمزه برآشفت شاه / بزد تیغ بر مغفر کمینه خواه
سراسر همه تیغ بر هم شکست / بدان پیکر مغفر اندر نشست
همی آفرین خواند هرکس که دید / م آنکس که آواز آهن شنید
گرانمایگان از پس اندر شدند / چنان لشکریرا بم بر زدند
خواهید بندوی نزدیك شاه / که ای تاج تو برتر از چرخ ماه
یکی لشکرست این چو مور و ملخ / گرفته بمیان وم ریگ وشخ
نه والا بود خیره خون ریختن / نه از شاه با بنده آویختن
هر آنکس که خواهد زما زینهار / به از کشته یا خسته در کارزار
بدو گفت خسروکه هرکز گناه / بمهید برو من نیم کمینه خواه
همه پاك در زینهار مننند / بتاج اندرون گوشوار مننند
بر آمد همانگه شب از تیره کوه / سپه باز گشتند هر دو گروه
برآمد غو پاسبان وجرس / زلشکر نبد خفته بسیار کس
جهانجوی بندوی از آنجا برفت / میان دو لشکر خرامید تفت
زلشکر گزین کرد کند آوری / خوش آواز وگویا و منادیگری
بفرمود تا بارگی بر نشست / آواز دادن میانرا بمست
چنین تا میان دو لشکر براند / کزو تا بدشمن فراوان نماند
خروشی بر آورد کای بندگان / گنه کرده وبخت جویندگان
هر آن کز شما اوگنه کار تر / جنگ اندرون نامبردار تر
بیزدانش بخشمید شاه جهان / گناهی که کرد آشکار ونهان
بنمره شمان چون بر آمد خروش / نهادند هرکس آواز گوش
همه نامداران بهرامیان / بر فتن ببستند یك یك میان
چو برزد سر از کوه گمتی فروز / زمینرا ملحم بیاراست روز
همه دشت بی مرد هرگاه بود / که بهرام زان شب نه آگاه بود
بدان خیمها در ندیدند کس / جز از ویژه یاران بهرام ویس

Djoubineh, le malveillant, et le frappa sur la ceinture avec sa lance. La ceinture étant en mailles, la lance n'entama pas les anneaux; c'est la pointe de la lance qui se brisa; mais le cœur de l'homme égaré fut terrifié. Le roi, voyant sa lance cassée, se mit en colère et frappa son ennemi sur le casque avec l'épée, qui se brisa entièrement et resta fixée dans la crête du casque. Tous ceux qui le virent, tous ceux qui entendirent le bruit du fer bénirent le roi, les grands se précipitèrent sur ses pas et rompirent cette grande armée.

Bendouï s'approcha du roi et lui dit : « Ô toi dont la couronne dé-« passe le cercle de la lune! Voici une armée nombreuse comme les « fourmis et les sauterelles, couvrant la plaine, les sables et la terre « stérile; or il n'est pas digne de toi de verser inutilement du sang, il « n'est pas digne d'un roi de s'acharner contre des sujets. Il vaut « mieux avoir des hommes qui nous demandent grâce, que de les tuer « ou les blesser sur le champ de bataille. » Khosrou lui répondit : « Je « n'en veux pas à ceux qui renoncent à leurs iniquités, ils sont tous « sous ma protection, ils sont les perles de ma couronne. »

Cependant la nuit s'avança de la montagne sombre, et les deux armées rentrèrent *dans leurs camps*. On entendit le bruit des gardiens et des clochettes et personne dans les armées ne dormit beaucoup. L'ambitieux Bendouï sortit du camp et s'avança rapidement entre les deux armées; il avait choisi parmi les troupes un homme courageux, ayant une belle voix et étant un héraut éloquent; il lui avait ordonné de monter à cheval et de se préparer à faire une proclamation. Quand ils furent arrivés au milieu des deux camps et tout près des ennemis, Bendouï fit crier *par le héraut* : « Ô esclaves qui avez commis des fautes « et qui cherchez la fortune, le roi du monde a juré par Dieu qu'il « pardonne toute faute publique ou cachée, même à celui qui a péché « le plus et qui s'est fait le plus grand nom dans la guerre *contre lui*. »

Quand on entendit cette voix dans la nuit sombre, tous prêtèrent l'oreille à ces sons, et tous les grands dans le camp de Bahram s'apprêtèrent à partir chacun de son côté. Lorsque le soleil qui éclaire le monde eut levé sa tête au-dessus de la montagne, et que le jour eut revêtu la terre d'une robe de soie, toute la plaine était couverte de tentes abandonnées; mais Bahram ne savait pas ce qui s'était passé

چو بهرام از آن لشکر آگاه گشت / بیامد بر آن جمها برگذشت
بیماران چنین گفت کاکنون گریز / به آید زآرام با رستخیز
شتر خواست از ساربان سه هزار / همیوان کف افکن وپایدار
زچیزی که در گنج بد بردنی / زیوشیدنیمها وگستردنی
زرین وسیمین وازتخت عاج / همان یاره وطوق زرین وتاج
همه بار کردند وخود برنشست / میان از پی بازگشتن ببست

گریختن بهرام چوبینه از پیش خسرو ورسیدن نزد خاقان چین

چو خورشید روشن بیاراست گاه / طلایه بیامد زنزدیک شاه
بمرده سرای اندرون کس ندید / همان خیمه بر پای وکس نایدید
طلایه بیامد وگفت ای بشاه / دل شاه شد تنگ از آن رزمخواه
گزین کرد از آن جنگیان سه هزار / زره دار وبرگستوانور سوار
ببستوه فرمود تا برنشست / میان یلی تاختن را ببست
همی راند بستوه دل پر زدرد / نبد مرد مر بهرام روز نبرد
همان نیز بهرام بر لشکرش / نبود ایمن از داد واز کشورش
همی راند بمراه ودل پر زبیم / همی برد با خویشتن زر وسیم
یلان سینه وگرد ایزدگشسپ / بیکسوی لشکر همی راند اسپ
بمهراه لشکر همی راندند / تخنهای شاهان همی خواندند
پدید آمد از دور به بهاره ده / که آن ده نبود از در مرد مه
همی راند بهرام پیش اندرون / پشیمان شده دل پر از درد وخون
چو آتشمگی خشتمان شد دهن / بیامد بخان یکی پیرزن
زبانها بچربی بمار استند / وز آن پیرزن آب وبان خواستند
زن پیر گفتار ایشان شنید / یکی کهنه غربال پیش آورید
یکی پاره پاره بگسترد مشک / نهاده بغربال بر نان کشک

pendant cette nuit. On ne voyait plus personne dans ce camp, si ce n'est les amis intimes de Bahram; voilà tout. Quand Bahram sut ce qui se passait dans son armée, il vint et traversa ces rangs de tentes, puis il dit à ses amis : « Maintenant il vaut mieux s'enfuir qu'attendre « et se laisser détruire. » Il demanda au chef des chameliers trois mille chameaux, des chameaux de charge, de ceux qui jetaient de la bave et pouvaient supporter la fatigue. On les chargea de tout ce qu'on pouvait emporter de richesses en habillements, en tapis, en vaisselle d'or et d'argent, en trônes d'ivoire, en bracelets, en colliers d'or et en couronnes. Bahram lui-même monta à cheval tout préparé à la retraite.

BAHRAM DJOUBINEH S'ENFUIT DEVANT KHOSROU ET SE REND AUPRÈS DU KHAKAN DE LA CHINE.

Lorsque le soleil brillant se mit à parer son trône, une ronde sortit du camp du roi; elle ne vit personne dans l'enceinte des tentes de Bahram; les tentes étaient debout, mais personne ne parut. La ronde revint et rapporta ce qui s'était passé au roi, dont le cœur fut affligé, parce que son belliqueux ennemi *lui échappait*. Il choisit trois mille hommes de guerre, des cavaliers couverts de cottes de mailles et montés sur des chevaux bardés. Il ordonna à Nestouh de monter à cheval, et le héros s'arma pour cette course et partit le cœur rempli de soucis, car il n'était pas l'égal de Bahram au jour du combat.

Bahram de même, à la tête de ses troupes, n'était pas sûr de leur fidélité ni de celle du pays; il courut par des chemins détournés, le cœur rempli de terreur et emportant avec lui son or et son argent. Yelan Sineh et Ized Guschasp chevauchèrent à côté de la troupe et la conduisirent par les mêmes chemins en récitant les histoires des *anciens* rois. On vit de loin un village misérable et peu propre à recevoir un grand seigneur; mais Bahram y poussa son cheval le premier, plein de repentir et le cœur rempli de chagrin et gonflé de sang. Ils avaient tous la bouche desséchée par la soif, et Bahram entra dans la maison d'une vieille femme. Ils s'appliquèrent à parler avec douceur et lui demandèrent de l'eau et du pain. La vieille femme les écouta, plaça devant eux un vieux sas, étendit *par terre* un sac de cuir

یلان سینه برسم ببهرام داد / نیامد همی در غم از باز یاد ۲۰۴۵
چو کشکین خوردند می خواستند / ربائها برسم بماراستند
زن پیر گفت ار ممیت آرزوست / میست ویکی نیز کهنه کدوست
بریدم کدورا که نوبد سرش / یکی جام کردم نهادم برش
بدو گفت بهرام چون می بود / ازین خوبتر جام خود کی بود
زن پیر رفت وی آورد وجام / از آن جام بهرام شد شاد کام ۲۰۵۰
یکی جام پر بر کفش برنهاد / بدان تا شود پیر زن نیز شاد
بدو گفت کای مام با فرّی / زکار جهان چیست آگهی
بدو پیر زن گفت چندان سخن / شنیدم کز آن گشت مغزم کهن
زشهر آمد امروز بسمارکس / همه جنگ چوبینه گویند وبس
که شد لشکر او بنزدیک شاد / سپهبد گریزان بشد با سپاه ۲۰۵۵
بدو گفت بهرام کای پاک زن / مرا اندرین داستانی مزن
که ایی از خرد بود بهرام را / وگر بر گزید از خرد کام را
بدو پیر زن گفت کای شهره مرد / چرا دیو چشم ترا خیره کرد
ندانی که بهرام پور گشسپ / چو با پور هرمز برانگیخت اسپ
بخندد برو هر که دارد خرد / کس اورا زگردنکشان نشمرد ۲۰۶۰
بدو گفت بهرام اگر آرزو / چنین کرد کوی خورد از کدو
برین کهنه غربال بر نان جو / همیدار در پیش تا جو درو
شب آمد بدان جای تیره بخفت / قبا جامه وجوشنش زیر سفت
نه خواب آمد اورا نه آرام یافت / همی کام جست او وباکام یافت
چو خورشید بر چرخ بکشاد راز / سپهدار جنگی برد طبل باز ۲۰۶۵
بیاورد چندان که بودش سپاه / گرانمایگان برگرفتند راه
برو بریکی نیستان بود نو / بسی اندرو مردم نی درو
چو از دور دیدند بهرامرا / یکی لشکر کشن خودکامرا
ببهرام گفتند انوشه بدی / زراه نیستان چرا آمدی

tout déchiré et plaça du pain d'orge sur le sas. Yelan Sineh remit le Barsom à Bahram, mais dans leur chagrin ils oublièrent les prières. Ayant mangé le pain d'orge, ils demandèrent du vin et se mirent à prier à voix basse. La vieille femme dit : « Si vous voulez du vin, il y « en a, et j'ai aussi une vieille courge dont j'ai coupé le haut quand « elle était fraîche; j'en ai fait une coupe et je l'ai placée sur le *vase* « *qui contient* le vin. » Bahram répondit : « Pourvu qu'il y ait du vin, « qu'est-il besoin d'une coupe plus belle? » La vieille alla chercher le vin et la coupe, et Bahram s'en réjouit.

Il plaça dans la main de la vieille une coupe pleine pour qu'elle se réjouît aussi, et il lui dit : « Ô mère vénérable, quelle nouvelle as-tu « des affaires du monde? » La vieille femme répondit : « J'ai entendu « tant de choses que mon cerveau en est fatigué. Il est venu aujour- « d'hui beaucoup de personnes de la ville qui ont parlé de la guerre « de Djoubineh et ont dit que son armée s'était réunie à celle du roi, « et que le Sipehbed s'était enfui avec une escorte. » Bahram lui dit : « Ô sainte femme, ne me fais pas de contes là-dessus; c'était dans « les calculs de Bahram, où il aura préféré ses fantaisies à ses calculs. » La vieille dit : « Ô homme illustre! Comment le Div a-t-il troublé ta « vue? Ne sais-tu pas que depuis que Bahram, fils de Guschasp, a « lancé son cheval contre le fils de Hormuzd, tous les hommes de « sens en rient, et personne ne le compte plus parmi les grands. » Bahram répondit : « S'il a envie de boire du vin dans une courge, « tiens prêt du pain d'orge sur ces vieux sas, jusqu'à ce que la *nouvelle* « *orge* soit moissonnée. » La nuit venue, il se coucha dans ce lieu sombre, ayant pour se couvrir sa tunique et appuyant son épaule sur sa cuirasse; mais le sommeil ne lui vint pas et il ne trouva pas de repos. C'était un homme qui cherchait l'accomplissement de ses désirs et rencontrait le désappointement.

Lorsque le soleil dévoila son secret sur la voûte du ciel, le Sipehdar fit battre le rappel, réunit ce qu'il avait de troupes, et ces hommes illustres se mirent en route. Sur son chemin se trouvait un beau champ de roseaux et beaucoup d'hommes y étaient occupés à les couper. Lorsqu'ils virent de loin Bahram et sa grande et vaillante troupe, ils lui dirent : « Puisses-tu vivre toujours! Pourquoi as-tu

فراوان سپاهست پیش اندرون / همی چنگرا دست بسته بخون
چنین گفت بهرام کای در سوار / نباشد جز از لشکر شهریار
شنیدم که چون ما زبرده سرای / بسیچیدن راه کردیم رای
جهاندار بگزید نستوه را / ابا اویکی لشکر انبوه را
بدان تا بیاید پس ما دمان / چو بیم سر آرم بروبر زمان
همه اسپرا تنگها برکشید / همه گرد برگرد لشکر کشید ۲۰۷۵
سواران سبك برکشیدند تنگ / گرفتند شمشیر هندی بچنگ
همه نیستان اندر آتش زدند / سپه را یکایک بم بر زدند
نیستان سراسر شد افروخته / یکی کشته ودیگری سوخته
چو نستوه را دید بهرام گرد / عنان بارۀ تیزتگرا سپرد
رزین برگرفتش بخم کمند / ببستند بمایه دستش ببند ۲۰۸۰
همی خواست نستوه ازو زینهار / همی گفت کای نامور شهریار
چرا ریخت خواهی همی خون من / ببخشای بر بخت وارون من
مکش مر مرا تا دوان پیش تو / بیایم بوم زار درویش تو
بدو گفت بهرام من چون تو مرد / نخواهم که یابم بدشت نبرد
نیزم سرترا که تنگ آیدم / که چون تو سواری جنگ آیدم ۲۰۸۵
چو یابی رهائی زدسم بموی / زمین هرچه دیدی خسرو بگوی
چو بشنید نستوه روی زمین / ببوسید وبسیار کرد آفرین
وزآن بیشه بهرام شد تا بری / ابا آن دلیران فرخنده پی
ببود وبرآسود وزآنجا برفت / بنزدیك خاقان خرامید تفت

نامۀ خسرو پرویز بقیصر به پیروزی
ویاد نامۀ قیصر

ازآن روی خسرو بدان رزمگاه / بیامد که بهرام بد با سپاه ۲۰۹۰
همه رزمگاهش بتاراج داد / سپه را همه بدره وتاج داد

« pris la route du champ de roseaux? Il y a là devant toi une troupe 2070
« nombreuse d'hommes qui ont tous lavé leurs mains dans le sang
« pour se préparer au combat. » Bahram dit : « Il ne peut y avoir ici
« que des cavaliers de l'armée du roi. J'ai appris que le roi, lorsque
« nous nous sommes décidés à quitter l'enceinte de mes tentes et à
« nous préparer pour la route, chargea Nestouh de nous suivre en
« toute hâte avec une armée qui doit nous attaquer en masse; mais
« si je le vois, je mettrai fin à sa vie. » Il ordonna de serrer les sangles 2075
des chevaux et parcourut tous les rangs de ses troupes; ses cavaliers
serrèrent rapidement les sangles des selles, saisirent leurs épées indiennes, mirent le feu dans tout ce champ de roseaux et détrui-
sirent entièrement cette armée; tout le champ s'étant enflammé, les
uns y furent tués, les autres y furent brûlés.

Lorsque le vaillant Bahram vit Nestouh, il rendit la bride à son
destrier ardent, enleva de son cheval Nestouh dans le nœud du 2080
lacet, et on lia ses mains impuissantes. Nestouh demanda grâce à
Bahram, disant : « Ô roi illustre! pourquoi verserais-tu mon sang?
« Aie pitié de ma fortune renversée, ne me tue pas, pour que je puisse
« m'approcher de toi en courant et être ton humble pauvre. » Bahram
dit : « C'est d'autres ennemis que des gens comme toi que je désire
« rencontrer sur le champ de bataille. Je ne te couperai pas la tête, 2085
« cela me ferait honte d'avoir été combattre un cavalier tel que toi.
« Maintenant que je te lâche de mes mains, cours et va raconter à
« Khosrou tout ce que tu m'as vu faire. » Nestouh, à ces paroles, baisa
la terre et le bénit à beaucoup de reprises. Bahram quitta le champ
de roseaux et marcha vers Reï avec ses compagnons vaillants et fortunés; il y resta et s'y reposa, puis il repartit et se rendit en toute
hâte auprès du Khakan.

LETTRE DE KHOSROU PARVIZ AU KAÏSAR SUR SA VICTOIRE.
RÉPONSE DU KAÏSAR.

Khosrou, de son côté, alla au camp que Bahram avait occupé avec 2090
son armée; il livra tout le camp au pillage; il donna à ses troupes
tout le trésor et les couronnes de Bahram. Puis il prit un cheval ar-

یکی بارهٔ تیزرو برنشست / میانرا بزهر پرستش ببست
بپیش اندر آمد یکی خارسان / پیاده بمود اندر آن کارسان
بغلطید بر پیش یزدان پاک / همی گفت کای داور داد وپاک
تو دشمن ازین بوم برداشتی / همه کار از اندازه بگذاشتی ۲۰۹۵
پرستنده وناسزا بمنده ام / بفرمان دارنده پوینده ام
ورآنجایگه شد بمرده سرای / بیامد بنزدیك او رهنمای
بفرمود تا پیش او شد دبیر / نبشتند ازو نامه بر حریر
زچیزی که رفت اندر آن رزمگاه / بقیصر نبشت اندر آن نامه شاه
نخست آفرین کرد بر دادگر / کزو دید مردی وبخت وهنر ۲۱۰۰
دگر گفت کز کردگار جهان / همه نیکوئی دیدم اندر نهان
آذرگشسپ آمدم با سپاه / دوان پیش باز آمدم کینه خواه
بدان گونه تنگ اندر آمد جنگ / که بر من ببد جای پیکار تنگ
چو یزدان پاکش نبد دستگیر / مر آن دم آتش دار وگبر
چو بیچاره تر گشت ولشکر نماند / گریزان بشبگیر از ایدر براند ۲۱۰۵
همه لشکرشرا بم بر زدم / بلشکرگهش آتش اندر زدم
بفرمان یزدان پیروزگر / بمبندم ورا نیز راه گذر
نهادند بر نامه بر مهر شاه / فرستادگان بر گرفتند راه
فرستاده با نامهٔ شهریار / بشد تا در قیصر نامدار
چوان نامه برخواند قیصر زتخت / فرود آمد آن مرد بمدار بخت ۲۱۱۰
بیزدان چنین گفت کای رهنمای / همیشه توئی جاودانه جای
تو پیروز گردی مر آن بنده را / کشنده توئی مرد افکنده را
فراوان بدرویش دینار داد / هان خوردنیها بخروار داد
هان نامه را نیز بایج نوشت / بسان درختی بباغ بهشت
سر نامه کرد از جهاندار یاد / خداوند پیروزی وفر وداد ۲۱۱۵
خداوند ماه وخداوند هور / خداوند روز وخداوند زور

KHOSROU PARVIZ

dent à la course et se prépara à faire ses dévotions. Il trouva devant lui un hallier, mit pied à terre et entra dans ce lieu propice; il se prosterna dans la poussière devant Dieu, et dit : « Ô Maître de la « justice, *Dieu* tout-saint, tu as fait partir mon ennemi de ce pays, « tu as tout accompli au delà *de mes espérances*. Je suis ton adorateur, « ton serviteur indigne, je marche selon les ordres du Maître du « monde. »

De là il se rendit dans l'enceinte de ses tentes, et son conseiller parut devant lui; il fit venir un scribe et l'on écrivit en son nom une lettre sur du satin. Le roi fit écrire, dans cette lettre au Kaïsar, tout ce qui s'était passé sur ce champ de bataille. Il commença par des hommages à Dieu, le dispensateur de la justice, à qui il devait sa bravoure, sa fortune et ses hauts faits; puis il continua ainsi : » Le « Créateur du monde m'a secrètement favorisé en toute chose. Je suis « allé avec l'armée à Aderguschasp, et suis rentré dans mon pays, « devançant tout le monde et avide de vengeance. *Bahram* m'a tant « pressé dans le combat, que le lieu de la lutte est devenu trop étroit « pour moi; mais puisque Dieu, le tout-saint, ne lui était pas favo- « rable, ce souffle du feu guerrier s'est éteint, et lorsque ses affaires « ont été désespérées et qu'il ne lui restait plus d'armée, il s'est enfui « d'ici à l'aube du jour. Nous avons détruit toute son armée, nous « avons jeté le feu dans son camp, et, par la permission de Dieu le « dispensateur de la victoire, nous lui avons encore coupé la route « par où il doit passer. » On apposa le sceau du roi sur la lettre et les envoyés se mirent en chemin.

L'envoyé qui portait la lettre du roi continua son voyage jusqu'à la cour de l'illustre Kaïsar. Le Kaïsar lut cette lettre, puis cet homme, sur qui veillait la fortune, descendit du trône et dit en s'adressant à Dieu : « Ô toi, notre guide! tu es toujours et éternellement pré- « sent. Tu as accordé la victoire à Khosrou, ton serviteur; tu relèves « celui qui était tombé. » Il donna beaucoup d'or aux pauvres, il leur donna des vivres par charges d'âne, puis il fit écrire en réponse une lettre semblable à un arbre du jardin du paradis. Il commença la lettre par le nom du maître du monde, « maître de la victoire, de « la gloire et de la justice, maître de la lune et maître du soleil,

بزرگی ونیک اختری زو شماس / وزو دار تا زنده باشی سماس
جز از داد وخوبی مکن در جهان / چه در آشکارا چه اندر نهان
یکی تاج کز قیصران یادگار / همی داشت تا خود کی آید بکار
یکی خسروی طوق ودو گوشوار / صد وشصت م جامهٔ زرنگار ۲۱۲۰
دگر سی شتروار دینار بود / همان درّ و یاقوت بسیار بود
یکی سبز هفتان بزر بافته / برو شوشها بر گهر تافته
صلیبی فرستاد گوهر نگار / یکی تخت پر گوهر شاهوار
وزان فیلسوفان روی چهار / برفتند با هدیه ویا نگار
چوآمد خسرو از آن آگهی / از آن فیلسوفان با فرّهی ۲۱۲۵
پذیره فرستاد خسرو سوار / گرانمایگان گرامی هزار
بزرگان بنزدیک خسرو شدند / همه پاک با هدیه نو شدند
چو خسرو نگه کرد ونامه بخواند / از آن خواسته در شگفتی بماند
بدستور گفت آن زمان شهریار / که آن جامهٔ روم گوهر نگار
نه آئین پرمایه دهقان بود / که آن جامهٔ جاثلیقان بود ۲۱۳۰
چو بر جامهٔ ما چلمبا بود / نشست اندر آئین ترسا بود
وگر من نپوشم بمازارد اوی / همانا دگر چمز پندارد اوی
وگر پوشم این نامداران همه / بگویند کمین شهریار رمه
مگر کز پی چمز ترسا شدست / که اندر میان چلمبا شدست
خسرو چنین گفت پس رهنمای / که دین نیست شاها بپوش بپای ۲۱۳۵
توبر دین زردشت پیغمبری / اگر چند بپوستهٔ قیصری
بپوشید پس جامه را شهریار / بماویخت آن تاج گوهر نگار
برفتند روی وایرانیان / زهرگونه مردم اندر میان
کسی کش خرد بود وآن جامه دید / بدانست کو رای قیصر گزید
دگر گفت کمین شهریار جهان / همانا که ترسا شد اندر نهان ۲۱۴۰

« maître du jour et maître de la puissance. Sache que la grandeur et
« la faveur des astres viennent de lui, et sois reconnaissant envers lui
« tant que tu vivras. Ne fais dans le monde ni ouvertement, ni en
« secret, que ce qui est selon la justice et la bonté. »

Il envoya à *Khosrou* une couronne qu'il avait héritée des Kaïsars
et qu'il gardait pour le cas où il en aurait besoin, un collier royal et
deux boucles d'oreille, cent vingt robes brodées d'or, ensuite des
pièces d'or formant trente charges de chameau, beaucoup de perles
et de rubis, une longue robe verte brochée d'or, avec des torsades d'or
encadrant des pierres fines, une croix ornée de joyaux, et un trône
couvert de pierreries dignes d'un roi. Quatre philosophes roumis
partirent avec ces cadeaux et cet argent.

Lorsque Khosrou reçut la nouvelle *de l'approche* de ces philosophes
dans leur pompe, il envoya à leur rencontre mille cavaliers de grande
naissance et de haut rang. Les personnages *roumis* arrivèrent chez le
roi, tout chargés de présents inouïs. Khosrou lut la lettre, examina les
présents et fut étonné de leur richesse. Ensuite il dit à son Destour :
« Ces vêtements roumis brodés d'or ne sont pas à l'usage de nobles
« Perses, ce sont des robes de Catholiques. Si nous portions des robes
« ornées d'une croix, ce serait se conformer au cérémonial des Chré-
« tiens ; si je ne les mets pas, le Kaïsar m'en voudra et soupçonnera
« probablement de tout autres raisons, et, si je les mets, tous ces grands
« demanderont si ce roi du peuple s'est fait Chrétien pour ces tré-
« sors, puisqu'il se couvre de croix. » Son conseiller répondit à Khosrou : « Ô roi, la religion ne repose pas sur les vêtements ; tu gardes
« la foi du prophète Zerdouscht, quoique tu sois devenu l'allié du
« Kaïsar. »

Le roi mit alors ces vêtements et fit suspendre *au-dessus de son
trône* cette couronne incrustée de pierreries ; les Roumis et les Iraniens entrèrent, des hommes de toute espèce entremêlés. Tous ceux
qui avaient de l'intelligence comprirent, en voyant ces vêtements,
que le roi les avait revêtus pour se conformer aux intentions du
Kaïsar ; les autres dirent : « Ce roi du monde est donc en secret
« devenu Chrétien ? »

خشم گرفتن نیاطوس بر بندوی و آشتی کردن مرم در میان شان

دگر روز خسرو بیاراست گاه
بسر بر نهاد آن کیانی کلاه
نهادند در گلشن سور خوان
چنین گفت پس روممانرا بخوان
بیامد نیاطوس با رومیان
نشستند با فیلسوفان بخوان
چو خسرو فرود آمد از تخت بار
ابا جامهٔ روم گوهر نگار
خرامید خندان بر خوان نشست
بشد تیز بندوی برسم بدست ۲۱۴۵
جهاندار بگرفت و اندر نهان
بزمزم همی رای زد با ردان
نیاطوس چون دید بنداخت نان
از آشفتگی بار بس شد زخوان
همیگفت باز وچلیپا بم
زقیصر بود بر مسیحا سم
چو بندوی دید آن بزد پشت دست
بخوان بر بروی چلیپا پرست
غمی گشت از آن کار خسرو چو دید
برخساره شد چون گل شنبلید ۲۱۵۰
بگستم گفت این گوری خرد
نباید که با داوری می خورد
ورا با نیاطوس روی چه کار
تن خویش را کرد امروز خوار
نیاطوس از آن جایگه برنشست
بلشکرگه خویش شد نیم مست
بموبد گفت روی زره رزم را
زیهر تبه کردن برم را
سواران روی هم جنگجوی
بدرگاه خسرو نهادند روی ۲۱۵۵
هم آنگه زلشکر سواری چو باد
خسرو فرستاد روی نژاد
که بندوی ناکس چرا پشت دست
زند بر رخ مرد یزدان پرست
گر اورا فرستی بنزدیک من
وگر نه ببمن شورش انجمن
زمن بمش پیچی از آن کز روی
که جوید همی تخت شاهنشهی
چو بشنید خسرو برآشفت وگفت
که کس دین یزدان نیارد نهفت ۲۱۶۰
کمو مرت وجمشید تا کیقباد
کسی از مسیحا نکردوند یاد
مباد که دین نماگان خویش
گزیده جهاندار ویاکان خویش

NEÏATHOUS SE MET EN COLÈRE CONTRE BENDOUÏ.
MARIAM FAIT LA PAIX ENTRE EUX.

Le lendemain, Khosrou fit parer son palais et posa sur sa tête la couronne des Keïanides. On plaça des tables dans la gaie salle des fêtes, puis le roi ordonna d'appeler les Roumis. Neïathous arriva avec les Roumis et s'assit à table avec les philosophes. Khosrou descendit du trône de la salle d'audience; il vint, couvert de vêtements roumis brodés d'or, et s'assit en souriant à une table. Bendouï se hâta de s'approcher de lui, le Barsom en main; le roi prit le Barsom et pria intérieurement et à voix basse en unisson avec les nobles. Neïathous, voyant cela, jeta son pain, et, tout troublé, recula loin de la table, s'écriant : « Mêler la croix à vos prières, c'est faire insulter le Messie « par le Kaïsar. » Quand Bendouï vit cela, il frappa du revers de la main, à travers la table, cet adorateur de la croix dans le visage. Khosrou, en voyant cet acte, fut consterné; ses joues devinrent *pâles* comme la fleur du fenugrec, et il dit à Gustehem : « Il ne faut pas « que cet homme vaillant et insensé devienne querelleur quand il « boit du vin. Qu'est-ce qu'il a avec Neïathous le Roumi? Il a fait au-« jourd'hui peu de cas de sa vie. »

Neïathous quitta le palais, monta à cheval et se rendit, à moitié ivre, dans son camp, où il mit une cotte de maille roumie de combat pour détruire *la compagnie réunie* au banquet. Tous les cavaliers roumis, ardents pour le combat, se dirigèrent vers la cour du roi, et Neïathous envoya aussitôt, rapidement comme le vent, un cavalier de race roumie auprès de Khosrou, et lui fit dire : « Pourquoi Bendouï, « cet homme de rien, frappe-t-il sur la joue un adorateur de Dieu? « Livre-le moi, où tu verras du trouble dans ta cour, et tu plieras de-« vant moi bien autrement que tu n'as eu à plier devant cet esclave « qui ambitionne la couronne des rois des rois. » Khosrou se mit en colère en entendant ces paroles, et dit : « Personne ne doit se cacher « de sa foi. Depuis Kaïoumors et Djemschid jusqu'à Keïkobad, per-« sonne n'a parlé du Messie; à Dieu ne plaise que j'abandonne la foi « de mes pères, des nobles maîtres du monde, de mes parents saints,

گذارم بدین مسیحا شوم / نگیرم بخوان باز و ترسا شوم
تو تنها همی کژ گمری شمار / هنر دیدم از رومیان روزگار
بخسرو چنین گفت مریم که من / بیای آورم جنگ این انجمن ۲۱۶۵
من ده سرافراز بندوی را / که تا رومیان از پی روی را
ببیند و باز آرمش تندرست / کسی بمهده جنگ هرگز نجست
فرستاد بندوی را شهریار / بمرد نماطوس با ده سوار
همان نیز مریم زن هوشمند / که بودی لبانش همیشه به پند
بدو گفت رویا برادر پدر / بگوی ای بداندیشه پرخاشخر ۲۱۷۰
ندیدی که با شاه قیصر چه کرد / زیبهر بزرگی و ننگ و نبرد
زیبوند و خویشی و از خواسته / زمردان و از گنج آراسته
تو بیوند و خویشی همی برکنی / همان فرّ قیصر زمن بفگنی
قیصر شنیدی که خسرو زدین / بگردد چو آید بایران زمین
ندانی که دهقان زدین کهن / نه بیهد چرا خام گوئی سخن ۲۱۷۵
تو بندوی را سر بآغوش گمر / مگوی اچ گفتار نا دل پذیر
گر اواز پی دین شود زشتگوی / تو از بیخرد هوشمندی مجوی
مده رنج و کردار قیصر بماد / مبادا که یند من آیندت یاد
همان خسروش داد پیغام نیز / که بندوی را من ندارم بچیز
بخون پدر من جگر خسته ام / کبر بر میان سوگرا بسته ام ۲۱۸۰
دل من سراسر پر از کمن اوست / زیافد پر از رنج و نفرین اوست
چو بشنید مریم بیامد چو باد / بروبر چنین داستان کرد یاد
زمریم نماطوس پذرفت پند / نیامدش گفتار او ناپسند
چو بندوی را دید بر پای خاست / ز گنجور پر مایه بالای خواست
بپرسید و خندید و کردش نثار / برفتند هر دو بر شهریار ۲۱۸۵
چو خسرو نماطوس را دید گفت / که نیکی نجوید دل مرد زفت
نخستست بندوی جز شور و جنگ / توگفتی مبا بر مکن تار و تنگ

« que j'adopte la religion du Messie, que je ne prie pas à table et me
« fasse chrétien. Compte bien que c'est toi qui seras courbé, car j'ai
« vu ce que les Roumis font au jour du combat. » Mariam dit : « Je 2165
« mettrai fin à cette querelle dans ta cour. Donne-moi Bendouï, qui
« porte haut la tête, pour que les Roumis le voient; je le ramènerai
« sain et sauf, car personne n'a jamais voulu d'une lutte insensée. »

Le roi envoya, auprès de Neïathous, Bendouï avec dix cavaliers et
avec Mariam, sa femme prudente, dont les lèvres n'émettaient jamais
que de *bons* conseils, et à qui il dit : « Va auprès du frère de ton père, 2170
« et dis-lui : Ô homme malveillant et avide de combats! n'as-tu pas
« vu ce que le Kaïsar a fait pour la puissance et la gloire du roi et pour
« *l'aider* dans sa lutte? le traité qu'il a conclu, la parenté qu'il a formée
« avec lui, les richesses qu'il lui a données, les hommes et les trésors
« qu'il lui a confiés? Et maintenant tu vas rompre le traité et l'al-
« liance et me priver du respect *avec lequel on me traite comme fille* du
« Kaïsar. As-tu entendu le Kaïsar dire que Khosrou abandonnerait sa
« religion quand il serait de retour dans l'Iran? Ne sais-tu pas que 2175
« jamais Perse ne s'écarte de sa foi antique? Pourquoi alors parles-tu
« si brutalement? Serre la tête de Bendouï sur ta poitrine et ne lui dis
« pas un mot déplaisant. S'il parle outrageusement en défendant sa
« foi, ne demande pas de la raison à un insensé. Ne détruis pas
« l'œuvre du Kaïsar ni les peines qu'il s'est données. Ne plaise à Dieu
« que tu aies un jour à te rappeler mes conseils *négligés*. » En même
temps Khosrou lui fit encore une confidence, disant : « Je ne fais
« aucun cas de Bendouï, car mon cœur saigne à cause du sang de 2180
« mon père qu'il a versé, et je ne quitte jamais mon deuil; mon âme
« est toute pleine du désir de me venger de lui, et ma langue est
« chargée de paroles de chagrin et de malédiction sur lui. »

Mariam l'écouta, partit rapidement comme le vent et fit son discours à Neïathous, qui accepta ses conseils et approuva ses paroles.
Quand il aperçut Bendouï, il se leva vivement, demanda à son trésorier un cheval magnifique, adressa les questions d'usage à Bendouï, 2185
lui sourit et lui fit une offrande; puis tous les deux se rendirent chez
le roi. Khosrou, en voyant Neïathous, lui dit : « Le cœur du méchant
« ne recherche pas le bien; Bendouï n'a recherché que le trouble et

بنیزی مده رنج قیصر بماد	همان تا بباشیم یکچند شاد
نماطوس گفت ای جهاندار شاه	خردمندی از مست رومی مخواه
توبس کن بدین نماگان خویش	خردمند مردم نگردد زکیش ۲۱۹۰
برین گونه تا شد سخنشان دراز	بلشکرگه آمد نماطوس باز

بازگشتن نماطوس ورومیان از ایران نزد قیصر روم

بخراد برزین بفرمود شاه	که جای عرض ساز ودیوان بخواه
همه لشکر رومیان عرض کن	هر آنکس که هستند نو یا کهن
دو دیوان بده رومیانرا زگنج	بداد نباید که بمیند رنج
کسی کو خلعت سزاوار بود	کجا روز جنگ از درکار بود ۲۱۹۵
بفرمود تا خلعت آراستند	زد رو اسپ پیرمایگان خواستند
نماطوس را داد چندان گهر	چه اسپ ویسرستار زرین کمر
کز اندازه هدیه برتر گذاشت	سرشرا زیرمایگان بر فراشت
هر آن شهر کز روم بستد قباد	چه هرمز چه کسرای فرخ نژاد
نماطوس را داد وبنوشت عهد	بر آن جام حنظل پراگند شهد ۲۲۰۰
برفتند پس رومیان سوی روم	از آن مرز آباد وآباد بوم
دو منزل بشد خسرو سرفراز	ورا کرد پدرود ویس گشت باز
دگر هفته برداشت با ده سوار	که بودند بمینا دل ونامدار
زلشکرگه آمد آذرگشسپ	بگنبد نگه کرد وبگذاشت اسپ
پیاده همیرفت دیده پر آب	بزردی دو رخساره چون آفتاب ۲۲۰۵
چواز در بزدیک آتش رسید	شد از آب دیده رخش ناپیدید
یکی هفته میخواند استا وزند	همی گشت بر گرد آذر نژند
بهشم بماند زآتشکده	چو نزدیک شد روزگار سده
زرزین وسیمین گوهر نگار	ز دینار واز گوهر شاهوار
بآتش بداد آنچه پدرفته بود	سخن هرچه پیش ردان گفته بود ۲۲۱۰

« la lutte, mais garde-toi de rendre le monde sombre et étroit pour
« nous; ne livre pas au vent, par ton impétuosité, toute la peine que
« le Kaïsar s'est donnée, et reste avec nous pour que nous nous
« livrions à la joie pendant quelque temps. » Neïathous répondit : « Ô
« roi, maître du monde, ne demande pas de la raison à un Roumi
« ivre. Continue dans la foi de tes pères; un homme de sens ne change 2190
« pas de religion. » Ils parlèrent ainsi pendant longtemps, puis Neïathous rentra dans son camp.

NEÏATHOUS ET LES ROUMIS REVIENNENT DE L'IRAN AUPRÈS DU KAÏSAR.

Le roi dit à Kharrad, fils de Berzin : « Prépare un champ pour une
« revue et convoque le bureau; passe en revue toute l'armée des Rou-
« mis, tous ceux qui sont là, jeunes et vieux; et de mon trésor donne
« à chacun solde double; il ne faut pas qu'ils soient mécontents de
« notre libéralité. » Il fit préparer des robes d'honneur pour ceux qui 2195
en étaient dignes et avaient fait leur devoir au jour de la bataille, et
l'on demanda pour chacun d'eux un cheval de prix *des écuries* de la
cour. Il donna à Neïathous tant de joyaux, de chevaux et d'esclaves à
ceintures d'or, qu'il l'éleva au-dessus de tous par la quantité des présents, et lui fit porter la tête plus haut que les plus nobles. Ensuite il
lui remit toutes les villes que Kobad, ou Hormuzd, ou Kesra, le roi
de haute naissance, avaient enlevées aux Roumis, et lui en donna acte 2200
par écrit, en répandant du miel sur cette coupe de coloquinte.
Les Roumis partirent de cette frontière florissante et de ce pays
prospère pour rentrer à Roum, et Khosrou les accompagna pendant
deux journées; puis il prit congé de Neïathous et s'en retourna.

La semaine suivante, il se mit en route avec dix cavaliers, des
hommes intelligents et illustres; il se rendit du camp à Aderguschasp
et descendit de cheval en vue du sanctuaire. Il s'avança à pied, les 2205
yeux pleins de larmes, les deux joues jaunes comme le soleil. Ayant
passé la porte et étant arrivé devant le feu, ses joues disparurent sous
les larmes. Pendant une semaine, il récita le Zend-Avesta, tournant
humblement autour du feu. Le huitième jour, il quitta le temple de
feu, l'époque de la fête de Sedeh étant proche; il donna au temple 2210

بدرویش جمشید گنجی درم · نماند اندر آن بوم و بر کس دژم
ور آنجایگه شد باندیو شهر · که بردارد از روز شادیش بهر
که از کشور شورسان بود مرز · کسی خاك اورا ندانست ارز
بایوان که نوشیم روان کرده بود · بسی روزگار اندر آن برده بود
گرانمایه کاخی بیاراستند · همان تخت زرین بپمراستند ۲۲۱۵
بیامد بتخت نیما برنشست · جهاندار پیروز یزدان پرست
بفرمود تا پیش او شد دبیر · همان راهبر موید تمزویر
نبشتند منشور ایرانیان · برسم بزرگان و فرخ مهان
بدان کار بندوی بد کدخدای · جهاندیده و راد و فرخنده رای
خراسان سراسر بگستم داد · بفرمود تا نوکند رسم و داد ۲۲۲۰
بهر کار دستور بد برزمهر · دبیری جهاندیده و خوب چهر
چو درکام او دید گردنده چرخ · بجشمید دارابگرد و صطرخ
منشور بر مهر زرین نهاد · یکی در کف رام برزین نهاد
بفرمود تا سوی شاپور برد · پرستنده و خلعت اورا سپرد
دگر مهر خسرو سوی اندیان · بفرمود بردن برسم کیان ۲۲۲۵
همه شهر کرمان مر اورا سپرد · که خسرو ورا از بزرگان شمرد
دگر کشوری را بگردوی داد · بر آن نامه بر مهر زرین نهاد
بمالوی داد آن زمان شهر چاج · فرستاد منشور با تخت عاج
کلید در گنجها بر شمرد · سراسر بمور تخواره سپرد
بفرمود تا هرکه مهتر بدند · بفرمان خراد برزین شوند ۲۲۳۰
بگمتی رونده شود کام اوی · منشورها بر بود نام اوی
رلشکر هر آنکس که هنگام کار · ماندند با نامور شهریار
همی خلعت خسروی داد شان · بشاهی مرزی فرستاد شان
همی گشت گویا منادیگری · خوش آواز بمدار دل مهتری
که ای زیردستان شاه زمین · مخوانید کس جز بداد آفرین ۲۲۳۵

toute sa part *du batin* en vaisselle d'or et d'argent, en pierreries, en pièces d'or et en joyaux dignes d'un roi; il accomplit tout ce qu'il avait annoncé en présence des nobles. Il distribua aux pauvres tout un trésor d'argent, et ne laissa en détresse personne dans ce pays.

De là il se rendit dans la ville d'Endiv pour y jouir de jours de plaisir; elle était sur la limite du désert salé, où personne ne pouvait attribuer une valeur à la terre. On prépara une salle magnifique dans le palais que Nouschirwan avait bâti et qu'il avait habité pendant longtemps; on para un trône d'or. Khosrou vint, s'assit sur le trône de son grand-père, lui le victorieux maître du monde, adorateur de Dieu. Il fit venir un scribe et son Mobed et conseiller, un homme ingénieux. Ils écrivirent des diplômes pour les Iraniens, selon les usages des Grands rois, favoris de la fortune, et Bendouï, l'homme expérimenté, noble et de bon conseil, dirigea cette affaire. Khosrou assigna tout le Khorasan à Gustehem, et lui ordonna d'y rétablir les coutumes et la justice. Burzmihr devait être son Destour pour toutes les affaires : c'était un scribe qui connaissait le monde et un homme d'un beau visage. Le roi, voyant que le ciel qui tourne lui était favorable, donna le gouvernement de Darabguerd et d'Isthakr, mit un sceau d'or sur le diplôme, le plaça à l'instant dans la main de Ram Berzin, et lui ordonna de le porter à Schapour, à qui il donna *aussi* des esclaves et une robe d'honneur.

Khosrou ordonna de porter, selon les coutumes des Keïanides, un autre *diplôme pourvu de son sceau* à Endian, à qui il confia le pays de Kirman, car il le comptait parmi les grands. Il donna une autre province à Guerdouï et plaça sur la lettre un sceau d'or. En même temps il donna à Balouï le pays de Djadj et lui en envoya le diplôme et un trône d'ivoire. Il compta les clefs de ses trésors et les confia toutes au fils de Tokhareh. Il ordonna à tous les grands d'obéir à Kharrad, fils de Berzin, dont les volontés devaient s'exécuter dans le monde entier, et dont le nom devait se trouver sur tous les diplômes. Tous les hommes qui étaient restés avec le roi illustre au temps de la guerre reçurent de lui une robe d'honneur royale, et il les envoya chacun dans un district pour l'administrer. Un héraut éloquent, un grand ayant une belle voix et plein de prudence, proclamait partout : « Ô

مجوئید کمین ومریزید خون   مباشید برکار بد رهنمون
گراز زبردستان بنالد کسی   که از لشکری رنج یابد بسی
نماید ستمگاره جز دار جای   همان رنج آتش بدیگر سرای
همه پادشاهید برگنج خویش   کسی مرا که گرد آمد از رنج خویش
خرید ودهید آنکه دارید چیز   کسی کو ندارند خواهند نیز   ۲۲۴۰
بهر شارسان در یکی گنج ماست   زرنج نماگان گر از رنج ماست
بگفمور گفتم تا هرکه چیز   ندارد دهد پوشش وخورد نیز
نماید خورش بامداد پیگاه   سه من بی ستاد زگفمور شاه
بمهمان که خواند برو آفرین   بکوشد که آباد دارد زمین
گرایدون که زینسان بود پادشا   به از دانشومند نا پارسا   ۲۲۴۵

زاری فردوسی از مردن فرزند خویش

مرا سال بگذشت برشصت وپنج   نه نیکو بود گر بمارم بگنج
مگر بهره گیرم من از پند خویش   بر اندیشم از مرگ فرزند خویش
مرا بود نوبت برفت آن جوان   زدش منم چون تنی بی روان
شتابم همی تا مگر یابمش   چو یابم بمیغاره بستایمش
که نوبت مرا بود بی کام من   چرا رفتی ویبردی آرام من   ۲۲۵۰
زبدها تو بودی مرا دستگیر   چرا راه جستی زهراه پیر
مگر همان جوان یافتی   که از پیش من تیز بشتافتی
جوانرا چو شد سال برسی وهفت   نه بر آرزو یافت گمتی برفت
همی بود همواره با من درشت   برآشفت ویکباره بنمود پشت
برفت وغم ورنجش ایدر ماند   دل ودیدهٔ من بخون در نشاند   ۲۲۵۵
کنون او سوی روشنائی رسید   پدر را همی جای خواهد گزید
بر آمد چنین روزگاری دراز   کز آن همرهان کس نگشتند باز
همانا مرا چشم دارد همی   زدیر آمدن خشم دارد همی

« sujets du roi de la terre! Qu'aucun de vous ne célèbre *le roi* autre-
« ment qu'en faisant ce qui est juste. N'exercez pas de vengeance, ne
« versez pas de sang, ne soyez pas les instigateurs du mal. Si un sujet
« se plaint d'avoir eu beaucoup à souffrir de la part d'un homme armé,
« le malfaiteur ne trouvera d'autre place que le gibet, et dans l'autre
« monde les tourments du feu. Vous êtes tous les maîtres de vos tré-
« sors, de tout ce que vous avez acquis par votre travail. Achetez, ou
« donnez ce que vous avez, et vous qui n'avez rien, demandez. J'ai
« un trésor dans chaque ville, accumulé par mes ancêtres ou par moi-
« même, et j'ai ordonné au trésorier de fournir des vêtements et de
« la nourriture à tous ceux qui ne possèdent rien. Si quelqu'un n'a
« rien à manger le matin, il obtiendra du trésorier du roi trois man
« de blé, à condition qu'il invoquera les bénédictions de Dieu sur le
« roi, et qu'il travaillera à cultiver la terre. » Quand il y a un roi pareil,
cela vaut mieux que s'il était savant, mais impur.

LAMENTATION DE FIRDOUSI SUR LA MORT DE SON FILS.

J'ai dépassé la soixante-cinquième année, et il ne me servirait à
rien d'étendre les mains vers des richesses. Si je ne m'appliquais les
conseils *que je donne aux autres*, je ne ferais que penser à la mort de
mon fils. C'était mon tour *de partir*, et c'est ce jeune homme qui est
parti, et la peine que j'en éprouve fait de moi un corps sans âme. Je
me hâterai dans l'espoir de le rejoindre, et, si je le retrouve, je lui ferai de tendres reproches, disant : « C'était mon tour *de partir*, pour-
« quoi es-tu parti contre mon gré et m'as-tu enlevé le repos? Tu étais
« mon soutien dans les malheurs, pourquoi as-tu pris une autre route
« que ton vieux compagnon? As-tu donc rencontré des compagnons
« jeunes, pour que tu m'aies laissé en arrière? » Quand ce jeune
homme a eu trente-sept ans, il n'a pas trouvé le monde à son goût
et s'en est allé. Il a toujours été dur envers moi, il s'est fâché et m'a
tout à coup tourné le dos; il est parti, me laissant ses chagrins et ses
peines, et a noyé mes yeux dans le sang.

Maintenant il est arrivé dans les régions de la lumière et va choisir
une place pour son père. Voici déjà longtemps qu'il est parti et aucun

مرا شست و پنج و مرا سی و هفت
وی اندر شتاب و من اندر درنگ
روان تو دارنده روشن کناد
همی خواهم از داور کردگار
که یکسر ببخشد گناه ترا

نپرسید ازین پیر و تنها برفت
ز کردارها تا چه آید به چنگ ۲۲۹۰
خرد پیش جان تو جوشن کناد
ز روزه ده پناه پروردگار
درخشان کند تیره گاه ترا

داستان بهرام چوبینه با خاقان چین

کنون داستانهای دیرینه گوی
که چون او سوی شهر ترکان رسید
زگردان بسی مدار دل ده هزار
پسر با برادرش پیش اندرون
چو آمد بر تخت خاقان فراز
چو خاقان ورا دید بر پای جست
بپرسید بسی مارش از رنج راه
م ایزد گشسپ و یلان سینه را
چو بهرام بر تخت سیمین نشست
بدو گفت کای مهتر بافرین
تو دانی که از شهریار جهان
بناساید از رنج بگزایدش
گرایدون که ایدر پذیری مرا
بدین مرز با ارز یار توم
وگر هیچ رنج آیدت بگذرم
گرایدون که باشی تو همداستان
بدو گفت خاقان که ای سرفراز
بدارم ترا همچو پیوند خویش

شنهای بهرام چوبینه گوی
بنزد سران وبزرگان رسید ۲۲۹۵
پذیره شدندش گزیده سوار
ابا هر یکی مویدی رهنمون
بر آفرین کرد و بردش نماز
ببوسید و بسترد رویش بدست
زرنج و ز بیکار شاه و سپاه ۲۳۰۰
بپرسید وگردان پر کمه را
گرفت آشنا دست خاقان بدست
سپهدار و سالار ترکان و چین
نباشد کسی ایمن اندر نهان
تن آسان زید رنج بفزایدش ۲۳۰۵
بهر نیک و بد دستگیری مرا
بهر نیک و بد دستیار توم
زمین را سراسر بپی بسپرم
از ایدر شوم سوی هندوستان
بدین روز هرگز مبادت نیاز ۲۳۱۰
چه پیوند برتر ز فرزند خویش

de ses compagnons de route n'est revenu, et probablement il m'attend et m'en veut de venir si tard. J'ai soixante-cinq ans et lui en avait trente-sept; il n'a pas demandé de permission au vieillard et est parti seul. Il s'est hâté, et moi je me suis attardé à voir ce que produiraient mes œuvres. Puisse le Seigneur rendre ton âme resplendissante, puisse l'intelligence être l'armure de ton esprit. J'implore le Maître, le Créateur, le tout-saint distributeur du pain quotidien, le père nourricier, qu'il te pardonne tous tes péchés et qu'il rende brillante ta demeure ténébreuse!

CE QUI ARRIVA ENTRE BAHRAM DJOUBINEH ET LE KHAKAN DE LA CHINE.

Maintenant, conte de longues histoires, conte ce qui arriva à Bahram Djoubineh lorsqu'il eut atteint le pays des Turcs et rencontré leurs chefs et leurs grands. Dix mille héros au cœur éveillé, des cavaliers d'élite, allèrent à sa rencontre; à leur tête, le fils et le frère du Khakan, chacun d'eux accompagné d'un Mobed, son conseiller. Arrivé près du trône du Khakan, Bahram descendit de cheval, salua le prince et le bénit. Quand le Khakan le vit, il se leva, l'embrassa et lui caressa le visage avec la main; il lui fit bien des questions sur les fatigues de la route, sur ses chagrins et sur la lutte contre le roi et son armée; puis il adressa les questions d'usage à Ized Guschasp, à Yelan Sineh et aux héros pleins du désir de la vengeance.

Bahram s'assit sur un trône d'argent, prit amicalement dans sa main la main du Khakan, et lui dit : « Ô glorieux prince, Sipehdar « et chef de l'armée des Turcs et de la Chine! Tu sais que personne « ne peut dans son âme se sentir en sécurité du roi du monde. Si l'on « veut se reposer de ses fatigues, il vous fait éprouver du dommage, « si l'on vit tranquillement, il redouble vos peines. Si tu veux me rece- « voir ici, si tu veux être mon soutien dans le bonheur et le mal- « heur, je serai ton ami dans ce noble pays, je serai ton lieutenant en « toute circonstance; mais, si je te cause des embarras, je partirai et « me mettrai à errer sur la terre entière, et, si c'est ton avis, j'irai d'ici « dans l'Inde. » Le Khakan répondit : « Ô toi qui portes haut la tête, « puisses-tu ne jamais avoir besoin de faire cela. Je te traiterai comme

همه بوم با من بدین باورند / اگر گهتران اند اگر مهترند
ترا بر سران سرفرازی دهم / هم از مهتران بی نمازی دهم
بدین نیز بهرام سوگند خواست / زیان بود و بر جان او بند خواست
بدو گفت خاقان به برتر خدای / که هست او مرا و ترا رهنمای
که تا زنده ام ویژه یار توام / بهر نیک و بد ید و غمگساری توام
وز آنمس دو ایوان بیاراستند / ز هر گونه جامها خواستند
پرستنده و پوشش و خوردنی / ز چیزی که بایست گستردنی
ززرین و سیمین که آید بکار / ز دیبا و از گوهر شاهوار
فرستاد خاقان بنزدیک اوی / درخشنده شد جان تاریک اوی
بچوگان و مجلس بدشت شکار / نرفتی مگر کو بدی غمگسار
بر این گونه میبود خاقان چمن / همی خواند بهرام را آفرین
یکی نامداری که بد یار اوی / برزم اندرون دستبرداری اوی
ارومه بگوهر مقاتوره نام / که خاقان ازو یافتی نام و کام
بشبگیر نزدیک خاقان شدی / دو لبرا بانگشت خود بر زدی
بر آنسان که کهتر کند آفرین / بر آن نامبردار سالار چمن
هم آنگاه دینار بردی هزار / ز گنج جهاندیده نامدار
همی بود بهرام یکچند گاه / خاقان همی کرد خیره نگاه
بخندید یکروز گفت ای بلند / توئی بر مهان جهان ارجمند
بهر بامدادی بهنگام بار / چنین ترک دینار یابد هزار
بخشمش و گر بمستگانی بود / همه بهر او وزرگانی بود
بدو گفت خاقان که آئمس من / چنیمنست و آرایش دین من
که از ما هر آنکس که جنگیترست / بهنگام تختی درنگمترست
چو خواهد فزونی ندارم باز / همی آز ورزد به راه نماز
فزونی مر او راست بر ما کنون / بدینار خوانم بروی فسون
چو زور گیرم بجوشد سماد / زلشکر شود روز روشن سماد

« un allié, que dis-je, comme un allié? je te mettrai au-dessus de mes
« fils; tout mon pays m'aidera en cela, tous mes sujets et tous mes
« grands. Je te placerai au-dessus des chefs *des Turcs*, je te rendrai
« indépendant de tous mes grands. » Bahram exigea une promesse par
serment; *jusque-là*, c'étaient des paroles, et il demanda que le Khakan
y engageât son âme. Le Khakan dit : « Par le grand Dieu qui est mon
« guide et le tien, je jure de rester ton ami sincère; dans le bonheur
« et dans le malheur je partagerai ton sort. »

Ensuite on prépara deux palais *pour ces hôtes*, on fit porter toutes
sortes d'étoffes, le Khakan envoya des serviteurs, des vêtements, des
vivres, ce qu'il fallait de tapis, la vaisselle d'or et d'argent dont on
avait besoin, des brocarts et des joyaux dignes d'un roi, et l'âme
sombre de Bahram retrouva tout son éclat. Jamais le Khakan de la
Chine ne se rendait au jeu de la balle, à une assemblée ou à la chasse,
sans que Bahram l'accompagnât, et c'est ainsi qu'il continua à vivre,
ne cessant de bénir Bahram et de lui prodiguer des louanges.

Or, un des grands, ami du Khakan, son assistant dans les combats, un homme de plus haute naissance que le prince, du nom de
Mekatoureh, à qui le Khakan devait sa gloire et ses succès, venait
tous les matins chez celui-ci et baisait ses propres doigts devant
l'illustre maître de la Chine, comme le font des sujets quand ils
viennent saluer *le roi*. Chaque fois il emportait du trésor du prince,
qui connaissait le monde, mille pièces d'or. Pendant quelque temps
Bahram observait cela, il observait avec étonnement le Khakan, et
un jour il lui dit en souriant : « Ô homme puissant, toi qui es res-
« pecté parmi tous les princes du monde! Chaque matin, à l'heure
« de l'audience, ce Turc reçoit mille pièces d'or. Que ce soit un
« cadeau, que ce soit sa paye, faut-il donc que sa part soit tout l'or
« d'une mine? »

Le Khakan dit : « J'ai pour coutume, et ma religion m'oblige à
« cela, de ne pas refuser quand un homme qui se distingue par sa
« bravoure, et dans les moments de danger par sa ténacité, me de-
« mande une paye plus haute. Cet homme est avide et besoigneux;
« mais il est maintenant plus puissant que moi, et l'or est le charme
« par lequel j'agis sur lui; si je le néglige, mon armée bouillonnera

جهانجوی گفت ای سر انجمن	تو کردی ورا چمره بر خویشتن
چو باشد جهاندار بمدار وگرد	جهانرا بکهتر نباید سپرد
اگر زو رهانی ترا شایدت	وگر ویژه آزرم او بایدت
بدو گفت خاقان که فرمان تراست	بدین آرزو رای و پیمان تراست ۲۳۱۰
مرا گر توانی رهانیدم ازوی	سر آورده بائی همه گفتگوی
بدو گفت بهرام کاکنون پگاه	چو آید مقاتوره دینار خواه
مخند و برو هیچ مکشای چشم	مده پاسخ گر دهی جز بخشم
گذشت آن شب و بامداد پگاه	بیامد مقاتوره دینار خواه
جهاندار خاقان بدو ننگرید	نه گفتار آن ترک جنگی شنید ۲۳۱۵
زخاقان مقاتوره آمد بخشم	یکایک برآشفت و بکشاد چشم
بخاقان چنین گفت کای نامدار	چرا گشتم امروز پمش تو خوار
همانا که این مهتر یاری	که آمد بدین مرز با یارسی
بکوشد همی تا بمیمی زداد	سما ترا داد خواهد بماد
بدو گفت بهرام کای جنگجوی	چرا تمزگشتی بدین گفتگوی ۲۳۲۰
چو خاقان برد راه فرمان من	خرد را نمیهد بدین زیمان من
غمار که آئی تو هر بامداد	تن آسان دهی گنج اورا بماد
بر آن نه که هستی تو سیصد سوار	برزم اندرون شمر گمری شکار
نمرزد که هر بامداد پگاه	بخروار دینار خواهی زشاه
مقاتوره بشنید گفتار اوی	سرش گشت پر کمن ز آزار اوی ۲۳۲۵
بخشم و بتندی بمازید چنگ	ز ترکش بماورد تیری خدنگ
بهرام گفت این نشان منست	برزم اندرون ترهان منست
چو فردا بمائی بدین بارگاه	همی دار پیمکان مارا نگاه
چو بشنید بهرام شد تمز جنگ	بیامد یکی تیغ هندی چنگ
بدو داد وگفت این ترا یادگار	بدار و بمین تا کی آید بکار ۲۳۳۰
مقاتوره از پمش خاقان برفت	بیامد سوی خرگه خویش تفت

KHOSROU PARVIZ

« *de colère*, et mes propres troupes rendront sombre pour moi le jour
« brillant. » L'ambitieux Bahram dit : « Ô chef du peuple, tu as fait ton
« maître de Mekatoureh; mais quand le maître du monde est vaillant
« et a l'esprit éveillé, il ne faut pas livrer le pouvoir à un inférieur.
« Te serait-il agréable si je te débarassais, ou as tu réellement besoin
« de son affection? » Le Khakan lui dit : « Tu as ma permission pour
« ce que tu voudras faire, agis selon ta prudence et dans ta mesure;
« si tu peux m'en délivrer, tu auras mis fin à toutes les disputes. »
Bahram lui dit : « Eh bien, demain matin, quand Mekatoureh viendra
« demander ses dinars, ne lui souris pas, ne le regarde pas, ne lui
« donne pas de réponse, ou, si tu lui réponds, parle-lui avec colère. »

Cette nuit se passa, et, à l'aube du jour, Mekatoureh arriva et réclama les pièces d'or. Le Khakan, maître du monde, ne le regarda pas, il n'écouta pas ce que disait ce Turc avide de combats. Mekatoureh se mit en colère contre le Khakan, il s'emporta tout à fait et ouvrit grandement ses yeux; il dit au Khakan : « Ô homme illustre!
« pourquoi me traites-tu aujourd'hui avec mépris? Peut-être que ce
« prince perse, qui est arrivé dans ce pays avec trente compagnons,
« travaille à te détourner de la justice et veut ruiner ton armée. » Bahram lui dit : « Ô homme avide de luttes, pourquoi parles-tu si âpre-
« ment? Si le Khakan suit mes avis, si son esprit ne se refuse pas à
« mes conseils, je ne permettrai pas que tu viennes tous les matins
« dépouiller tranquillement son trésor. Admettons que tu vailles trois
« cents cavaliers, et que dans le combat tu choisisses le lion pour ta
« proie, cela ne justifie pas que tu demandes au roi tous les matins,
« à l'aube du jour, des pièces d'or par charges d'âne. »

Mekatoureh écouta ces paroles, sa tête se remplit de haine à cause de cet outrage, il étendit la main en colère et avec emportement, tira de son carquois une flèche de bois de peuplier, et dit à Bahram :
« Voici mon enseigne, voici mon interprète dans la bataille. Si tu te
« présentes demain à cette cour, prends garde à la pointe de mes
« flèches. » Bahram, à ces paroles, devint ardent pour la lutte, s'avança, une épée indienne en main, et la lui donna, disant : « Ceci est un
« souvenir de moi, prends-la et vois si elle te servira. » Mekatoureh quitta le Khakan et se rendit en toute hâte à ses tentes.

کشته شدن مقاتوره بدست بهرام چوبینه

سپیده ز کوه سیه بر دمید	چو شب دامن تیره اندر کشید
بیامد یکی تیغ توری بچنگ	مقاتوره پوشید خفتان جنگ
همان جوشن خسرو آرای خواست	چو بهرام بشنید بالای خواست
بر آن تخت بی آب نهاد چنگ	گزیدند جای که هرگز پلنگ
برفتند ترکان خاقان پرست	چو خاقان شنید این سخن برنشست
کرا پیشتر خواهد آمد زمان	بدان کار تا زین دو شمیر دمان
رهامون بابر اندر آورد گرد	مقاتوره چون شد بدشت نبرد
که اکنون زمردی چه داری بماد	بهرام گرد نگش آواز داد
وگر شیر دل ترک خاقان پرست	توخواهی بدین جنگ شد پیشدست
که ایی پی تو افکندی اندر سخن	بدو گفت بهرام پیمی تو کن
دو زاغ کمانرا بزه بر نهاد	مقاتوره کرد از جهاندار یاد
چو شد غرقه پیکانش بکشاد شست	زه وتیر بگرفت شادان بدست
نسفت آهن از آهن آبدار	بزد بر کرگاه مرد سوار
که تا شد مقاتوره از جنگ سیر	زمانی همی بود بهرام دیر
خروشید و برگشت از آن رزمگاه	مقاتوره پنداشت کو شد تباه
نکشتی مرا سوی خرکه ممری	بدو گفت بهرام کای رزمجوی
اگر بشنوی زنده مانی برو	توگفتی سخن باش ویاج شنو
که آهن شدی پیش او موم رنگ	نگه کرد جوشنگذاری خدنگ
سپهبد شد از رزم و دینار سیر	بزد بر میان سوار دلیر
برادر دو بایش بزین بر بمست	مقاتوره چون جنگرا برنشست
همان زین توزی شدش جای خواب	بروی اندر آمد و دیده پر آب
زده شد وم اسپ جنگی براند	چو خسته شد از تیر بر زین بماند
همی گورکن خواهد این ناجوی	خاقان چنین گفت کای کام جوی

BAHRAM DJOUBINEH TUE MEKATOUREH.

Lorsque la nuit eut retiré le pan noir de sa robe, et que l'aurore s'épanouit du haut de la montagne sombre, Mekatoureh revêtit sa cotte de mailles de combat et sortit, une épée touranienne en main. Bahram l'apprit et demanda un destrier, il demanda une cuirasse digne de parer un roi, et ils choisirent un terrain, un lieu si sec et si dépourvu d'eau que pas un léopard n'y posait le pied. Le Khakan en eut nouvelle et monta à cheval; lui et ses serviteurs turcs accoururent pour voir lequel de ces deux lions bondissants aurait le dessus dans cette affaire. Mekatoureh, quand il fut arrivé sur le champ du combat, fit lever la poussière de la plaine jusqu'aux nuages, et dit à haute voix à Bahram, qui portait haut la tête : « Qu'as-tu maintenant « à dire sur *ma* bravoure? Est-ce toi qui commenceras ce combat, ou « le Turc au cœur de lion, le serviteur du Khakan? » Bahram répondit : « Commence, car tu as été le provocateur par tes paroles. »

Mekatoureh invoqua le maître du monde, il accrocha la corde aux deux bouts de l'arc, saisit gaiement la corde et la flèche, et lâcha le doigt lorsque la pointe de la flèche ne dépassa plus l'arc. La flèche frappa la ceinture du cavalier, mais son fer brillant n'en perça pas *les mailles de* fer. Bahram se tint éloigné pendant quelque temps, pour laisser Mekatoureh se fatiguer dans le combat, et celui-ci, croyant que Bahram était mort, poussa un cri et allait quitter le champ du combat; mais Bahram s'écria : « Ô homme avide de luttes, tu ne m'as pas tué, « ne t'en vas pas à ta tente. Tu as parlé, reste et écoute la réponse, et « si tu es en vie après l'avoir entendue, tu t'en iras. » Il choisit avec soin une flèche qui traversait une cuirasse et devant laquelle le fer était comme de la cire. Il la lança contre le milieu du corps du vaillant cavalier, et le Sipehbed fut guéri de son envie de batailles et d'or. Lorsque Mekatoureh était monté à cheval pour se battre, son frère lui avait lié les deux pieds à la selle. *Maintenant* sa tête s'inclinait, ses yeux étaient pleins de larmes, sa selle de Touz devint son lit; mais, tout blessé qu'il était, il restait en selle; tout frappé qu'il était, il poussait son cheval de guerre. Bahram dit au Khakan : « Ô toi qui

بدو گفت خاقان که بهتر بمن / که اورنده خفتست بر پشت زین
بدو گفت بهرام کای پر منش / م اکنون بخاك اندر آید تنش
تن دشمن تو چنین خفته باد / که او خفت بر اسپ توری نژاد
سواری فرستاد خاقان دلیر / بنزدیك آن نامدار چو میر
ورا بسته و کشته دیدند خوار / بر آسوده از گردش روزگار
بخندید خاقان بخود در نهان / شگفت آمدش زان سوار جهان
بر اندیشه شد تا بایوان رسید / کلاهش زهادی بکیوان رسید
سلیح و درم خواست و اسپ وری / همان تاج و م تخت شاهنشهی
زر دینار و از گوهر شاهوار / زهر گونه آلت کارزار
فرستاده از پیش خاقان ببرد / بگفتور بهرام جنگی سمرد

کشتن دد دختر خاقان را

چو چندی بر آمد بر این روزگار / شب و روز آسایش آموزگار
همی بود بهرام با خواب و خورد / بر آسوده از کار ننگ و نبرد
چنان بد که در کوه چمن آنزمان / دد و دام بودی فزون از گمان
ددی بود مهتر راسپی بتن / بسر بر دو گیسو سیه چون رسن
تنش زرد و گوش و دهانش سیاه / ندیدی کس اورا مگر گرم گاه
دو چنگش بکردار چنگ هژبر / خروشش همی بر گذشتی ز ابر
ورا شیر کپی همی خواندند / زرنجش بسر و یسوم در ماندند
سوار و پیاده کشیدی بدم / شده روز از و بر دل مران دژم
یکی دختری داشت خاتون چو ماه / اگر ماه دارد دو رلفی سیاه
دو لب سرخ و بینی چو میخ درم / دو بیجاده خندان دو نرگس دژم
بدان دخت لرزان بدی مام و باب / اگر تافتی بر سرش آفتاب
چنان بد که روزی بیامد بدشت / همی گرد آن مرغزاران بگشت
جهاندار خاقان زیر هر شکار / بدشتی دگر بود از آن مرغزار

« cherches l'accomplissement de tes désirs ! cet ambitieux demande
« un fossoyeur. » Il répondit : « Regarde mieux; il est couché tout vi-
« vant sur le dos de la selle. » Bahram dit : « Ô prince magnanime, son
« corps va tomber dans la poussière. Puisse le corps de tes ennemis
« être couché, comme celui-ci est couché sur son cheval touranien. »

Le Khakan envoya un vaillant cavalier auprès de cet homme illustre qui avait été semblable à un lion, et l'on vit qu'il était lié sur son cheval et avait péri misérablement; il se reposait des vicissitudes du sort. Le Khakan sourit secrètement en lui-même, il était dans l'admiration de ce cavalier *unique* dans le monde. Il rentra dans son palais tout pensif; il touchait, dans sa joie, Saturne avec son casque. Il demanda de l'argent, des armes, des chevaux, des esclaves, une couronne et un trône impérial, de l'or, des joyaux dignes d'un roi et des armes de combat de toute espèce. Un messager emporta tout cela du palais du Khakan et le remit au trésorier du vaillant Bahram.

UNE BÊTE FAUVE TUE LA FILLE DU KHAKAN.

Il se passa ainsi quelque temps, pendant lequel le calme régnait jour et nuit, et Bahram dormait et mangeait; il se reposait de la guerre et des combats. Or, à cette époque, il y avait dans les montagnes de la Chine un nombre incroyable de bêtes fauves, entre autres un animal plus grand qu'un cheval, ayant sur la tête deux boucles de crin noir comme des cordes, le corps jaune, les oreilles et la gueule noires; on ne le voyait que dans les lieux les plus chauds; ses deux griffes de devant étaient comme les griffes d'un lion, et ses rugissements perçaient les nues. On l'appelait le lion Keppi; le pays entier était consterné du mal qu'il faisait; il avalait les hommes, qu'ils fussent à pied ou à cheval; il rendait obscur le jour devant les plus braves.

La Khatoun (femme du Khakan) avait une fille qui aurait ressemblé à la lune, si la lune avait deux boucles noires, deux lèvres rouges, un nez comme une tige d'argent, deux lèvres de corail souriantes, deux yeux de narcisses noirs. Son père et sa mère tremblaient pour elle pour peu que les rayons du soleil touchassent sa tête. Or un

همان نیز خاتون بکاخ اندرون | همی رای زد با یکی رهنمون
بشد دخترش تا بدان مرغزار | ابا دختران وی و ممگسار
چو آن شیر کتی ز کوهش بدید | فرود آمد اورا بدم درکشید
بیکدم شد آواز جهان در نهان | سرآمد بر آن خوبچهره جهان
چو خاقان شنید این سیه کرد روی | همان مادرش نیز بر کند موی
ز دردش همه ساله گریان شدند | چو بر آتش تیز بریان شدند
همی چاره جستند از آن اژدها | که تا چین بیابد رخشی رها
چو بهرام جنگ مقاتوره کرد | وز آن مرد جنگی برآورد گرد
همی رفت خاتون بدیدار او | بهرکس همی گفت کردار او
چنان بد که یکروز دیدش سوار | ز ایران همان نیز صد نامدار
پیاده فراوان بیمش اندرون | همی راند بهرام با رهنمون
بپرسید خاتون که این مرد کیست | که با برز و یا فرّهٔ ایزدیست
چنین داد پاسخ ورا پیمشکار | که هست این یکی نامور شهریار ۲۳۹۰
دگر گفت کهتر که دوری ز کام | که بهرام یلرا ندانی بنام
بایران بمکچندگاه شاه بود | سر تاج او بر تراز ماه بود
بزرگانش خواندند بهرام گرد | که از خسروان نام گردی ببرد
کنون تا بیامد از ایران بچمن | بلرزد همی زیر اسمش زمین
خداوند خواند همی مهترش | همی تاج شاهی نهد بر سرش
بدو گفت خاتون که با فر و اوی | سزد گر ببنازیم در پیش اوی
یکی آرزو زو بخواهم درست | چو خاقان نگردد در این کار سست
بخواهد مگر زاژدها کمین من | بر او بشنود درد و نفرین من
بدو گفت کهتر گربی داستان | بخوانی بر بی مهتر راستان
تو از شیر کتی نمائی نشان | مگر کشته و گرگ پایش کشان ۲۴۰۰
چو خاتون شنید این سخن شاد گشت | ز تیمار آن دختر آزاد گشت
همی تاخت تا پیش خاقان رسید | یکایک بگفت آنچه دید و شنید

jour elle se rendit dans la plaine pour en parcourir les prairies, pendant que le Khakan se trouvait sur une autre plaine pour chasser, et que la Khatoun s'entretenait dans le château avec une personne de confiance. La jeune fille s'avança jusqu'à ces prairies avec des compagnes, du vin et des échansons. Le lion Keppi les vit du haut de la montagne, en descendit et dévora la princesse. Elle disparut de la terre dans un instant, et le monde prit fin pour cette jeune fille au beau visage. Quand le Khakan le sut, ses joues devinrent noires et la mère s'arracha les cheveux; ils la pleurèrent pendant des années, ils se consumèrent comme sur un feu ardent, et ils ne cessèrent de chercher un moyen de détruire ce dragon et de délivrer la Chine de cette calamité.

Lorsque Bahram eut combattu Mekatoureh et qu'il eut détruit cet homme vaillant, la Khatoun cherchait à le voir et parlait à tout le monde de son haut fait. Un jour elle le vit, allant à cheval avec cent Iraniens illustres, précédé de beaucoup d'hommes à pied, et accompagné d'un guide. Elle demanda quel était cet homme qui paraissait si puissant et avait une majesté telle que Dieu la donne. Son intendant répondit : « C'est un roi illustre. » Un autre serviteur lui dit : « Tu es bien ignorant, si tu ne sais pas le nom de Bahram, le héros. « Il a été pendant quelque temps roi d'Iran et sa couronne s'élevait « au-dessus de la lune. Les grands l'appellent Bahram le vaillant, car « il dépasse en bravoure tous les Chosroës. Depuis qu'il est arrivé de « l'Iran en Chine, la terre tremble sous son destrier. Notre maître « l'appelle prince et a posé sur sa tête une couronne de roi. » La Khatoun dit : « Puisqu'il est si glorieux, nous pourrions être heureux « sous *l'ombre de* ses ailes. Je vais tout droit lui demander ce que je « désire, et il ne sera pas aussi mou dans cette affaire que le Khakan; « j'espère qu'il voudra me venger de ce dragon et qu'il écoutera mes « douleurs et mes malédictions. » Le serviteur dit : « Si tu racontes « cette histoire à ce prince plein de droiture, tu n'apprendras plus « rien du lion Keppi, si ce n'est qu'il est mort et que les loups traî- « nent ses membres *dans la forêt.* »

Ces paroles réjouirent la Khatoun; elle fut soulagée du poids de la douleur que lui causait la perte de sa fille. Elle courut auprès du

بدوگفت خاقان که عاری بود	بجائی که چون من سواری بود
همی شمر کئی بود دختم	بگوئم سنگی شود گوهرم
بدانمد کسان اژدهای دژم	همی کوه آهن رباید بدم ۲۴۰۵
اگر دختر شاه نامی بود	همان شاه را جان گرامی بود
بدوگفت خاتون که من کئی خویش	بخوام زبهر جهانبین خویش
اگر ننگ باشد وگر نام من	بگوبم بر آید مکر کام من
بر آمد بریں نیز روز دراز	زن آن کمن زهرکس همی داشت راز
چنان بد که خاقان یکی سورکرد	جهانرا از آن سور پر نور کرد ۲۴۱۰
فرستاد بهرام یلرا بخواند	چو آمدش بر تخت سیمن نشاند
چو خاتون پس پرده آوا شنید	بشد تیز وبهرام یلرا بدید
فراوانش بستود وکرد آفرین	که آباد بادا بتو ترك وچین
یکی آرزو خوام از شهریار	که باشد بدین آرزو کامگار
بدوگفت بهرام فرمان تراست	بدین آرزو کام ویمان تراست ۲۴۱۵
بدوگفت خاتون کز ایدر نه دور	یکی مرغزارست زیبای سور
جوانان چمن اندر آن مرغزار	یکی جشن سازند گاه بهار
از آن بیشه بر تر یکی تیمروار	یکی کوه بینی سمه تر زقار
بدان کوه خارا یکی اژدهاست	که ابی کشور چمن از و در بلاست
یکی شمر کئمش خوانده همی	دگر نیز نامش نداند همی ۲۴۲۰
یکی دختر مم بد زخاقان چین	که خورشید کردی بر و آفرین
زایوان بشد سوی آن جشنگاه	چو خاقان بنجیر شد با سپاه
بیامد زکوه اژدهای دژم	کشید آن جهانبین مارا بدم
کنون هر بهاری بدان مرغزار	چنان م بماید زبهر شکار
بدان شهرها در جوانی نماند	همان نامور پهلوانی نماند ۲۴۲۵
شدند از بد شمر کئی هلاك	بر آنگهت زین بوم آباد خاك
سواران جنگی ومردان کار	بسی تاختند اندر آن کوهسار

Khakan et lui raconta tout ce qu'elle avait vu et entendu. Le Khakan lui dit : « Ce serait une honte. Dans un lieu où se trouve un cavalier « comme moi, le lion Keppi enlèverait ma fille et nous en parlerions? « Ce serait un opprobre pour ma race. Sachez que ce dragon ter- « rible arracherait avec son haleine une montagne de fer, et si illustre « que soit une princesse, la vie est néanmoins chère à un roi. » La Khatoun répondit : « Je veux avoir ma vengeance, je veux venger « mon enfant chérie. Qu'il y ait de la honte ou de la gloire, moi je « veux parler et j'espère que mon désir sera accompli. »

Là-dessus bien des jours se passèrent de nouveau, et la femme cacha à tous ses plans de vengeance. Mais il arriva que le Khakan prépara un festin qui remplissait le monde de sa splendeur. Il envoya chercher Bahram, le héros, et à son arrivée le fit asseoir sur un trône d'argent. Lorsque la Khatoun, dans l'appartement des femmes, entendit les bruits *du festin*, elle sortit en toute hâte et se présenta devant le vaillant Bahram, le couvrit de louanges et de bénédictions, disant : « Puissent les pays des Turcs et de la Chine prospérer par toi! J'ai « une grâce à demander au roi; puisse-t-il faire ce que je désire! » Bahram dit : « Tu n'as qu'à ordonner, ma volonté et mon devoir sont « de faire ce que tu demandes. » La Khatoun dit : « Non loin d'ici est « une prairie digne d'être un lieu de fêtes. Les jeunes gens de la « Chine y font un festin aux jours du printemps. Une portée de flèche « au-dessus de ce bois, tu vois une montagne plus noire que de la « poix, et dans cette montagne rocheuse vit un dragon qui désole ce « pays de Chine; on l'appelle le lion Keppi, et on ne le connaît sous « aucun autre nom. J'avais du Khakan de la Chine une fille, à la-« quelle le soleil rendait hommage; elle était allée du palais à ce lieu « de fête, pendant que le Khakan était à la chasse avec son armée, et « ce féroce dragon sortit de la montagne et emporta ma fille dans sa « gueule. Maintenant il va chasser tous les printemps de la même « manière sur cette prairie, et il ne reste plus dans ces pays un seul « jeune homme, il ne reste plus un seul Pehlewan illustre. Ils ont « péri par cette calamité du lion Keppi, qui a détruit ce pays *jadis* « prospère. De vaillants cavaliers et des hommes résolus ont souvent « fait des expéditions dans cette montagne, mais quand ils voient de

چو از دور بـبـنـد چـنـگـال اوی | بـرویـشت وگـوش وسـر ویـال اوی
بـغـرّد بـدرّد دل مـرد جـنگ | مـرا وراچـه شیر وچـه پیل وپلنگ
کس اندر نیارد شدن پیش او | چوگیرد شـمار ازکـم وبیـش او ۲۴۳۰
بدوگفت بـهـرام فـردا یکگاه | بمایم بـمیم من آن جـشنگاه
بنیروی یزدان که او داد زور | بـلند آفـریـنـنده ماه وهور
بـمـردارم از اژدهـا جـشـنگاه | چـو شبگیر مارا نمایند راه

کشته شدن شیرکپّی بر دست بهرام چوبینه

چو پیدا شد از آسمان گـرد ماه | شب تیره بفشاند زلف سیاه
پراکنده گشتند ومستان شدند | وز آنجای هرکس بایوان شدند ۲۴۳۵
چو پیدا شد آن فرّ خورشید زرد | بپیچید زلف شب لاژورد
کزاگند پوشید بـهـرام گـرد | گرای تـنـمـرا بمیزدان سـپـرد
کمان وکیان برد وسه چوبه تیر | دو شاخه یکی نیزه نخچیرگیر
چو آمد بنزدیـك آن بـرز کـوه | بـفرمود تا بازگردد گـروه
بدان شیرکپّی چو نـزدیـك شد | توگفتی برو کوه تاریـك شد ۲۴۴۰
میان اندر آن کوه خارا ببست | خـم کمند از بر زین نشست
کمانرا بمالـیـد ویـر زه نـهاد | زیردان نـیـکـی دهـش کرد یاد
شد آن شیرکپّی پچشمه درون | بغلطید در آب وآمـد بـرون
که بر اژدها چو شدی موی تر | نمودی بر او تـمرکس کـارگر
چو دید اژدها کمـیـن سوار دلـیـر | همی آیـد از دور چون نیزه سپر ۲۴۴۵
بکین کرد دندان وچنگال تیز | شد ارکیمنـة اوسرش پر ستیز
بغرّید ویـر زد بر آن سنگ دست | همی آتش از کوه خارا جست
هـمی آمد آن اژدهـای دژم | که بـهـرام را انـدر آرد بـدم
کمانرا بمالـیـد بـهـرام گـرد | بتیر از هوا روشـنایی ببـرد
خدنگی بینداخت شیر دلیر | دل شیرکپّی شد از جنگ سیر ۲۴۵۰

« loin les griffes, le poitrail, le dos, les oreilles, la tête et les membres
« du Keppi, et quand il rugit, le cœur des plus braves se fend. Que
« sont, comparés à lui, un lion, un éléphant, un crocodile? Personne
« n'ose tenir devant lui quand il calcule toutes les chances *de la lutte*. »

Bahram lui répondit : « J'irai demain, au grand matin, regarder
« ce lieu de fête, et je jure par la puissance de Dieu, qui m'a donné
« de la force, par le Créateur sublime de la lune et du soleil, que je
« délivrerai de ce dragon le lieu des fêtes, si à l'aube du jour on me
« montre le chemin. »

BAHRAM DJOUBINEH TUE LE LION KEPPI.

Lorsque le disque de la lune parut dans le ciel et que la nuit ténébreuse secoua ses boucles noires, l'assemblée se dispersa; ils étaient ivres, et chacun s'en retourna dans son palais. Quand la splendeur du soleil jaune apparut, et que la nuit sombre enroula ses boucles, le vaillant Bahram revêtit une casaque piquée et recommanda à Dieu son corps illustre; il emporta un lacet, un arc, des flèches à triple bois, et un épieu de chasseur à deux pointes. Arrivé au pied de cette haute montagne, il ordonna à son escorte de s'en retourner, et, lorsqu'il fut près du lion Keppi, on aurait dit que la montagne était obscurcie pour lui. Il s'arma au milieu de ces rochers, s'élança à cheval, ayant enroulé son lacet sur *le crochet* de la selle, frotta son arc *pour l'assouplir* et le monta, et invoqua l'aide de Dieu, auteur de tout bonheur.

Le lion Keppi était dans le bassin d'une source, se roulant dans l'eau; puis il en sortit. Quand son poil était mouillé, aucune flèche ne pouvait entamer *sa peau*. Lorsque le dragon vit qu'un vaillant cavalier s'avançait de loin vers lui, comme un lion mâle, il aiguisa ses dents et ses griffes pour le combat, et sa tête s'enflamma d'ardeur pour l'attaquer. Il rugit et, de ses griffes, frappa le rocher de façon à en faire jaillir des étincelles. C'est ainsi qu'arrivait ce formidable dragon pour dévorer Bahram. Le vaillant Bahram frotta *de nouveau* son arc, et le brillant de ses flèches éclipsa la lumière du ciel; l'homme lion lança une flèche et le cœur du lion Keppi fut dégoûté

دگـر تـیـر بـهـرام زد بــر ســرش
همی دیـد نـمرو وآهـنـگ اوی
چهـار کـشـاد از ممـانش کمـد
بـزد نـمـزه بـر مـیـمـان دده
از آنـپس بـشـمـشـیـر یـازیـد دسـت
سر از تنش ببرید وبیفگند خوار
بـنـزدیـك خـاقـان خـرامـیـد شـاد
در آن بمشه خاقان وخاتون برفت
گـرفتـش سپهدار چپن در کنار
چو خاتون بشد دست اوبوس داد
خروشی در آمد ز گـردان چمـن
بـهـرام بـر آفـریـن خـوانـدنـد
چو خاقان چپنی بایوان رسید
فــرســتـاد صـد بـدره گـنـج درم
که روپش بهرام جنگی بگوی
پس بـرده ما یـکی دخـتـرسـت
کـنـون گـر بخـواهی زبـن دخـترم
بدو گـفت بـهـرام بـاری رواست
بفرمود تـا پیش او شد دبـیـر
بـهـرام داد آنـزمـان دخـتـرش
بر آئـین چیـن خـلـعـت آراسـتـند
بدوگفت هرکس کز ایران سرست
جز از خورد وداد وشکاری نبود
بـزرگـان چـمـنی گـردان فـراز
هـمـه چـمـن هـمی گفت مـا بـنـده ایم

فروریخت چون آب خون از برش
سدیگـر بـزد تـیـر بـر چنـگ اوی
بـجسـت از بـرکوهـسـار بــلــنـد
که شد سنگ خـارا چـون آژده
تن اژدها زد بدو نـیـم گـشـت ۲٤٥٥
وز آنپس فرود آمد از کوهسار
تخـمـهـای کـتی همی کـرد یاد
دنان ودمان تا سـر کـوه تـفـت
وز آنپس ورا خواهدی شهریار
برفـتـنـد گـردان خـاقـان نــژاد ۲٤٦۰
کز آواز گــفـتی بـدرّد زمـیـن
بسی زر وگـوهر بر افـشـانـدنـد
فـرسـتـاده مهـربـان بـر گـزیـد
هـمـان بـرده وجامـه وبیـش وکـم
کـه نـزدیـك ما یـافـتی آبــروی ۲٤٦٥
کـه بـر تـارك بـانـوان افـسـرسـت
سپارم بـتـو لـشـکر وکـشـورم
جهاندار بر بنـدگـان پـادشاست
نـبـشتند مـنـشـور او بـر حـریـر
بـفـرمـان او شـد هـمـه کـشــورم ۲٤٧۰
فـراوان کـلـاه وکـبـر خـواسـتـنـد
بجش ایـن مرا وراکرا در خورست
غــم گــردش روزگـارش نـمـود
بـبـهـرام یـل داشـتـمـندی نمـاز
ز بـهـر تـو انـدر جـهـان زنـده ایـم ۲٤٧٥

du combat. Bahram décocha une autre flèche contre sa tête, et le sang du Keppi coula comme de l'eau. Bahram, voyant la force de l'animal qui allait l'attaquer, lui envoya une troisième flèche dans la patte. Ensuite il détacha le lacet et s'élança sur la haute montagne, perça la bête fauve au milieu du corps avec son épieu et rougit de sang le rocher nu; puis il saisit son épée, frappa le corps du dragon et le coupa en deux; il sépara la tête du tronc et la jeta comme une chose vile; puis il descendit de la montagne, alla gaiement chez le Khakan et lui raconta l'aventure du Keppi.

Le Khakan et la Khatoun se rendirent à cette forêt et montèrent en courant tout en haut. Le Sipehdar de la Chine serra Bahram dans ses bras et lui donna, à partir de là, le titre de roi. Quand la Khatoun arriva, elle baisa la main à Bahram; les vaillants membres de la famille du Khakan s'approchèrent; les héros de la Chine poussèrent un cri tel qu'on aurait dit que ces voix fendaient la terre; ils couvrirent Bahram de bénédictions et répandirent sur lui beaucoup d'or et de pierreries.

Lorsque le Khakan fut arrivé dans son palais il choisit un messager plein d'aménité et envoya à Bahram cent caisses remplies d'argent, des esclaves, des étoffes et d'autres présents. Il dit au messager : « Va chez le vaillant Bahram et dis-lui : Tu t'es couvert de gloire « devant moi. J'ai dans l'appartement des femmes une fille qui est le « diadème sur la tête des princesses; si tu me la demandes en mariage « je te confierai mon armée et mon pays. » Bahram répondit : « C'est « bien! le maître du monde est le maître de ses esclaves. »

Le Khakan fit venir un scribe et l'on écrivit le diplôme sur de la soie; il donna à Bahram sa fille et mit tout son pays sous ses ordres. On prépara un présent selon les coutumes de la Chine, on fit venir beaucoup de diadèmes et de ceintures, et le Khakan lui dit : « Dis- « tribue tout cela aux chefs iraniens selon leur droit. » Bahram s'adonnait aux festins, il faisait des cadeaux, il allait à la chasse sans souci de la rotation du sort; les grands de la Chine, qui portaient haut la tête, témoignaient leur déférence au héros, et tous les Chinois lui disaient : « Nous sommes tes esclaves, nous ne vivons que pour te « servir. »

اگاهی یافتن خسرو پرویز از کار بهرام ونامه نوشتن خاقان

همی خورد بهرام وبخشید چمز / برو هرکسی آفرین کرد نیز
چنین تا خبر ها بایران رسید / بر پادشاه دلیران رسید
که بهرام را پادشاهی وگنج / از آن تو بمیهست تا برده رنج
پر از درد شد شه زتیمار او / دلش گشت پیچان زکردار او
همی رای زد با بزرگان بم / بسی گفت وانداخت بر بیش وکم ۲۴۸۰
شب تیره فرمود تا شد دبیر / سر خامه را کرد پیکان تیر
خاقان چینی یکی نامه کرد / توگفتی که از خنجرش خامه کرد
نخست آفرین کرد بر کردگار / توانا ودانا ویپروردگار
بر آرندهٔ هور وکیوان وماه / نشانندهٔ شاه بر پیشگاه
گزایندهٔ هرکه جوید بدی / فزایندهٔ دانش ایزدی ۲۴۸۵
رسا دانی وم رسا راستی / زکژی وکژی واز کاستی
بتابی چوگوئی که یزدان یکیست / ورا یار وهمتا وانباز نیست
بیابد هر آنکس که نیکی بجست / مباد آن که اودست بدرا بشست
هر آنکس که او راه یزدان گزید / سر از ناسپاسی بماید کشید
یکی بندهٔ بد شاه را ناسپاس / نه مهتر شناس ونه یزدان شناس ۲۴۹۰
یکی خرد بی مایه بی باب بود / پدر برکشیدش که بی تاب بود
نهان نیست کردار او در جهان / میهان مهان ومیان کهان
کس اورا نمیذرفت کش مایه بود / وگر در خرد برترین پایه بود
بنزد تو آمد بمیذرفتیش / چو پرمایگان دست بگرفتیش
کسی این نه برگیرد از راستان / تم من بدین کار هدا ستان ۲۴۹۵
نباید که بی برکی نام خویش / ببهرام بفروبی آرام خویش
چو این نامه آرند نزدیک تو / پر اندیشه کن رای باریک تو

KHOSROU PARVIZ

KHOSROU PARVIZ APPREND CE QUE FAIT BAHRAM ET ÉCRIT UNE LETTRE
AU KHAKAN.

Ainsi Bahram jouissait de la vie et faisait des largesses, et chacun lui rendait hommage, et cela dura jusqu'à ce que des nouvelles de lui fussent arrivées dans l'Iran et chez le roi des braves, à qui l'on dit : « Bahram a acquis sans peine un royaume et des trésors plus grands « que les tiens. » Le roi s'en attrista, car il le craignait, et les hauts faits de Bahram faisaient trembler son cœur; il tint conseil avec ses grands, il parla beaucoup et proposa toute sorte de plans. Dans la nuit sombre, il fit venir un scribe, qui tailla le bout de son roseau comme une pointe de flèche et écrivit au Khakan une lettre; on aurait dit qu'il se servait de son épée en guise de roseau. Il commença par les louanges à Dieu, « le tout-puissant, l'omniscient, le père nour-
« ricier de tout, qui a placé en haut le soleil, Saturne et la lune,
« qui a fait asseoir le roi sur le trône, qui rabaisse ceux qui cher-
« chent le mal, qui accroît *encore chez ceux qui la possèdent* la sagesse
« divine. Si tu déclares que Dieu est l'unique, qu'il n'a ni compa-
« gnon, ni égal, ni associé, tu échappes à l'ignorance, à l'iniquité,
« à la perversité, à la faiblesse et à la perdition. Quiconque cherche le
« bien trouvera le bonheur, et maudit soit qui prépare sa main à faire
« le mal. Quiconque choisit la voie de Dieu doit se détourner de l'in-
« gratitude. Le roi avait un esclave ingrat qui ne reconnaissait pas de
« supérieur et ne reconnaissait pas Dieu. C'était un enfant pauvre et
« orphelin, et mon père l'a tiré de son obscurité. Ce qu'il a fait dans le
« monde n'est inconnu ni aux grands ni aux petits. Aucun homme
« de distinction, aucun homme d'une intelligence élevée ne le tolérait
« auprès de lui; il s'est rendu auprès de toi et tu l'as reçu, tu lui as
« tendu la main comme à un personnage distingué. Pas un homme
« doué de droiture ne le comprendra, et pour moi je le désapprouve.
« Il ne faut pas que tu rendes stérile ta gloire, et que tu vendes à
« Bahram ton repos. Quand on te remettra cette lettre, réfléchis mû-
« rement dans ton esprit pénétrant, et, si tu me renvoies cet esclave,
« les pieds enchaînés, tu auras pris le bon parti; sinon, j'enverrai

گرآن بنده‌را پای کرده ببند | فرستی سوی ما بوی سودمند
وگرنه فرستم زایران سپاه | بتوران کم روز روشن سپاه
چوآن نامه نزدیک خاقان رسید | بدان گونه گفتار خسرو شنید ۲۵۰۰
فرستاده را گفت فردا پگاه | چوآئی بدر پاسخ نامه خواه
فرستاده آمد دلی پر شتاب | نبد زان سپس جای آرام وخواب
همی بود تا شمع رخشان بدید | بدرگاه خاقان چمی دوید
بیاورد خاقان هانگه دبیر | ابا خامه ومشک وچینی حریر
بماجی نوشت آفرین مهان | زمن بنده برکردگار جهان ۲۵۰۵
دگر گفت کان نامه برخواندم | فرستاده را پیش بنشاندم
توبا بندگان گوی ازینسان سخن | نه رپیم از آن خاندان کهن
که که را ندانند یکسر زمه | نه مهرا نشانند بر جای که
همه چین وتوران سراسر مراست | بهتمال بر نیز فرمان مراست
نم تا بدم مرد پیمان شکن | توبا من چنین داستانرا مزن ۲۵۱۰
چو من دست بهرام گیرم بدست | ورآن پس بعهد اندر آرم شکست
نخواند مرا مردم از آب پاک | جز از پاک یزدان مرا نیست باک
ترا گر بزرگی بمفزاید ی | خرد باشد ی بیشتر شایدی
برآن نامه بر مهر بنهاد وگفت | که با باد باید که کردی توجفت
فرستاده آمد بنزدیک شاه | بمک ماه کمتر بپیمود راه ۲۵۱۵
چو برخواند آن نامه را شهریار | بپیچید وترسان شد از روزگار
فرستاد وایرانیانرا بخواند | تخمه‌های خاقان سراسر براند
همان نامه بپمود وبرخواندند | بزرگان به اندیشه در ماندند
چنین یافت پاسخ از ایرانیان | که ای فرّ اورند وتاج کیان
چنین کارها بر دل آسان مگیر | یکی رای زن با خردمند پیر ۲۵۲۰
بنامه چنین کار ناید به بن | مکن تیره آن شمع فرّ کهن
گزین کن از ایران یکی مرد پیر | خردمند وگویا وگرد ودبیر

« de l'Iran une armée et rendrai noir pour les Touraniens le jour
« brillant. »

Lorsque la lettre fut arrivée aux mains du Khakan et qu'il eut entendu des paroles semblables de la part de Khosrou, il dit à l'envoyé : « Demain matin, quand tu te présenteras à la cour, demande la ré-
« ponse à cette lettre. » L'envoyé partit le cœur plein d'anxiété et ne put ni se reposer ni dormir. Il resta ainsi jusqu'à ce qu'il vît briller la lampe du soleil, et se rendit alors à l'audience du Khakan de la Chine. Celui-ci appela à l'instant un scribe muni d'un roseau, du musc et du satin chinois, et fit écrire une réponse commençant ainsi : « Moi,
« l'esclave, je rends grâce au Créateur du monde, comme le font les
« rois; » puis il continua : « J'ai lu ta lettre, j'ai fait asseoir devant moi
« ton envoyé. C'est aux esclaves qu'on peut parler de la manière dont
« tu me parles, mais il ne convient pas à un descendant de ta maison
« antique de ne pas distinguer un grand d'un petit, et d'assigner à un
« roi la place d'un sujet. Toute la Chine et tout le Touran sont à moi,
« et les Heïtaliens obéissent à mes ordres. Depuis que j'existe, je n'ai
« pas enfreint un traité; ne me parle donc pas ainsi, car, si je prends
« dans ma main la main de Bahram, et puis si je ne tiens pas la parole
« que je lui ai donnée, les hommes ne me considéreront pas comme
« de race pure. Mais je ne crains que Dieu le tout-saint, et, si grande
« que soit devenue ta puissance, il aurait mieux valu que ton intelli-
« gence eût grandi. » Il posa son sceau sur la lettre et dit *à l'envoyé* :
« Il faut que tu te fasses le compagnon du vent. »

L'envoyé revint auprès du roi; il parcourut cette route en moins d'un mois. Lorsque le roi eut lu la lettre, il se tordit et eut peur du sort. Il envoya convoquer les Iraniens et leur répéta d'un bout à l'autre les paroles du Khakan; il leur montra la lettre, et ils la lurent, et les grands restèrent abîmés dans leurs pensées. Il reçut des Iraniens cette réponse : « O toi qui es la gloire du trône et de la cou-
« ronne des Keïanides, ne prends pas légèrement des faits pareils, tiens
« conseil avec un sage vieillard. Une affaire semblable ne peut pas se
« traiter par lettre; ne laisse pas s'obscurcir le flambeau de cette ma-
« jesté antique. Choisis dans l'Iran un vieillard intelligent, éloquent,
« vaillant et lettré, pour qu'il se rende d'ici chez le Khakan, lui parle

کز ایدر بنزدیك خاقان شود / سخن گوید ورای او بشنود
بگوید که بهرام روز نخست / که بود ویس ازپهلوانی چه جست
همی بود تا کار او گشت راست / خداوند را زآن سپس بنده خواست ۲۰۲۵
چو نیکو نگردد بیك ماه کار / بماند بسالی کسد روزگار
چو بهرام داماد خاقان بود / ازو بد سرودن نه آسان بود
چیزی سخن گفت باید بسی / نهانی نمباید که داند کسی

سپاه آراستن خاقان چمن

از آنس چو بشنید بهرام گرد / کز ایران بخاقان کسی نامه برد
بیامد دمان پیش خاقان چمن / بدوگفت کای مهتری بافرین ۲۰۳۰
شنیدم که آن رهن بد هنر / همی نامه سازد یك اندر دگر
سپاهی دلور زچین برگزین / بدان تا ترا گرد ایران زمین
بگیرم بشمشیر ایران وروم / ترا شاه خوانم بدان مرز وبوم
بنام تو بر یاسبانان بشب / بایران زمین برکشاید لب
ببرّم سر خسرو بد هنر / که مه پای بادا ازیشان مه سر ۲۰۳۵
چو مس کهتری را ببندم میان / زبن برکنم تخم ساسانیان
چو بشنید خاقان پراندیشه گشت / ورا در دل اندیشه چون بیشه گشت
بخواند آن کسانی که بودند پیر / سخن گوی و دانند ویادگیر
بدیشان بگفت آنچه بهرام گفت / همه رازها بر کشاد از نهفت
چنین یافت پاسخ ز فرزانگان / زخویشان نزدیك وبیگانگان ۲۰۴۰
که کاریست این خوار ودشوار نیز / که بر تخم ساسان پرآمد قفیز
ولیکن چو بهرام راند سپاه / نباید مرد خردمند راه
بایران بسی دوستدارش بود / چو خاقان یکی خویش ویارش بود
برآید بجت تو این کار زود / سخنهای بهرام باید شنود
چو بشنید خاقان دل تازه گشت / بخندید وبر دیگر اندازه گشت ۲۰۴۵

« et apprenne ses intentions. Il lui dira ce qu'était Bahram au com-
« mencement, et ce qu'il chercha plus tard à tirer de son poste de
« Pehlewan, comment il s'est comporté jusqu'à ce qu'il eût acquis
« du pouvoir, et comment il voulut alors réduire à la captivité son
« maître. Si l'envoyé ne réussit pas dans un mois, qu'il reste et qu'il
« prenne une année de temps. Puisque Bahram est le gendre du Kha-
« kan, il ne sera pas facile de parler mal de lui; il faudra prononcer
« bien des paroles douces, sans que personne pénètre le secret. »

LE KHAKAN DE LA CHINE PRÉPARE UNE ARMÉE.

Lorsque le vaillant Bahram eut su que quelqu'un avait apporté
au Khakan une lettre de l'Iran, il alla en courant chez le Khakan de
la Chine et lui dit : « Ô glorieux prince ! j'ai appris que ce maudit
« de mauvaise race écrit une lettre après l'autre. Choisis donc une ar-
« mée vaillante en Chine, pour que le pays d'Iran devienne ta pro-
« priété. Je m'emparerai avec mon épée de l'Iran et du Roum, et te
« proclamerai roi de ces pays; les gardiens de nuit dans l'Iran feront
« de ton nom leur cri; je trancherai la tête à Khosrou, cet homme
« de méchante race. Que les traces de leurs pieds soient maudites, et
« maudites leurs têtes! Si j'ai consenti à être sujet, c'est pour arra-
« cher jusqu'aux racines de cette race des Sâsânides. »

Le Khakan écouta ces paroles et devint pensif; les soucis remplissaient son cœur, comme *les arbres* une forêt. Il convoqua les vieillards les plus considérables, des hommes éloquents, sages et qui se
rappelaient bien des choses; il leur répéta ce que Bahram avait
dit et leur dévoila tout le secret. Les sages, tant parmi ses alliés et
ses proches que parmi les étrangers, lui répondirent : « C'est une
« mauvaise et difficile affaire que de déclarer que la mesure de la race
« des Sâsânides est comble; et pourtant, si Bahram commande l'ar-
« mée et montre le chemin aux hommes d'intelligence, il trouvera
« dans l'Iran bien des amis quand il a pour allié et soutien le Khakan
« de la Chine, et l'affaire sera terminée rapidement à l'aide de ta for-
« tune. Il faut donc prêter l'oreille aux paroles de Bahram. »

Le Khakan se sentit rajeuni par ces paroles; il sourit et prit une

بر آن بر نهادند یکسر گوان که بگویند باید دو مرد جوان
که زیبد بر آن هر دو تن مهتری همان رنجکش باشد و لشکری
بچمن اندرون بود حسنوی نام دگر سرکشی بود زنگوی نام
فرستاد خاقان بلاشان بخواند بدیوان دینار دادن نشاند
چنین گفت مهتر بدین هر دو مرد که هشیار باشید روز نبرد ۲۵۵۰
همیشه ببهرام دارید چشم چه هنگام شادی چه هنگام خشم
گذرهای جیحون بگیرید پاک زجیحون بگردون بر آرید خاک
سپاهی دلاور بدیشان سپرد همه نامداران و شیران گرد
بر آمد ز درگاه بهرام کوس رخ شید از گرد شد آبنوس
زجمن روی یکسر بایران نهاد بروز سپندارمذ بامداد ۲۵۵۵

فرستادن خسرو خرّاد برزین را بنزد خاقان
و چاره کردن او از کشتن بهرام چوبینه را

چو آگاهی آمد بشاه بزرگ که از بیشه بمرون خرامید گرگ
سپاهی بماورد بهرام گرد که از آسمان روشنائی بمرد
خرّاد برزین چنین گفت شاه که بگزین درین کار بر خانه راه
یکی سوی خاقان بمایه پوی سخن مرچه دانی بمایند بگوی
بایران ونیران تو داناتری همان بر زبان تو تواناتری ۲۵۶۰
درگنج یکشاد و چندین گهر بیاورد و شمشیر و رزین کمر
که خرّاد برزین در آن خیره ماند همی در نهان نام یزدان بخواند
چو با هدیها راه چین برگرفت بجیحون یکی راه دیگر گرفت
چو نزدیک درگاه خاقان رسید نگه کرد و گوییدهٔ برگزید
بدان تا بگوید که از نزد شاه فرستاده آمد بدین بارگاه ۲۵۶۵
چو بشنید خاقان بیاراست گاه بفرمود تا برکشادند راه
فرستاده چون شد بتنگی فراز زبان کرد گویا و بردش نماز

nouvelle résolution. Tous les héros étaient d'avis qu'il fallait choisir
deux hommes jeunes, propres au commandement, durs à la fatigue
et hommes de guerre. Or il y avait en Chine un homme du nom de
Hasnouï, et un autre appelé Zengouï, homme plein de fierté. Le
Khakan fit appeler ces héros, les fit asseoir au bureau pour payer la
solde et dit à ces deux chefs : « Soyez prudents au jour du combat; 2550
« ayez toujours l'œil sur Bahram dans ses moments de joie et dans ses
« moments de colère. Saisissez tous les gués du Djihoun, faites voler
« la poussière *des bords* du Djihoun jusqu'à la voûte du ciel. » Il leur
confia une armée vaillante, toute composée d'hommes illustres et de
lions courageux. On entendit le son des timbales du haut du portail
du palais de Bahram; la poussière rendit la face du soleil noire comme
l'ébène, et Bahram se tourna de la Chine vers l'Iran, au matin du jour 2555
de Sipendarmud (le 5 février).

KHOSROU ENVOIE KHARRAD, FILS DE BERZIN, AUPRÈS DU KHAKAN. KHARRAD CONSPIRE LA MORT DE BAHRAM DJOUBINEH.

Lorsque le grand roi apprit que le loup était sorti du bois et que
le vaillant Bahram amenait une armée qui enlevait au ciel son éclat,
il dit à Kharrad, fils de Berzin : « Prends le chemin du palais du
« Khakan, va auprès de cet homme ignoble et dis-lui ce que tu sais
« qu'il faut dire; car tu es l'homme le plus sage dans l'Iran et l'Ani- 2560
« ran et le plus puissant par la parole. » Il ouvrit la porte de son trésor et apporta des joyaux, des épées et des ceintures d'or, tels que
Kharrad en fut étonné et invoqua dans son âme le nom de Dieu. Il
se dirigea vers la Chine avec ces présents, et franchit le Djihoun
en ne suivant pas la route habituelle. Arrivé près de la cour du
Khakan, il prit ses précautions et choisit un messager pour annoncer 2565
qu'un envoyé du roi arrivait à cette cour.

Lorsque le Khakan le sut, il fit apprêter la salle d'audience et
ordonna de faire entrer l'envoyé, qui descendit de cheval tout près,
puis lui adressa la parole et le salua, ajoutant : « Quand tu voudras
« donner la permission à ton esclave de parler, il parlera. » Le Khakan répondit : « Une voix douce rajeunit le cœur du vieillard; dis ce 2570

بدو گفت هر گه که فرمان دهی / بگفتن زبان بر کشاید رهی
بدو گفت خاقان بشمری زبان / دل مردم پیر گردد جوان
بگو این تنها که سود اندروست / سخن گفته مغزست و ناگفته پوست ۲۵۷۰
چو خزاد برزین شنید این سخن / بیاد آمدش گفتهای کهن
نخست آفرینی کرد بر کردگار / توانا و دارندهٔ روزگار
که چرخ و زمین و زمان آفرید / توانائی و ناتوان آفرید
یکی چرخ گردنده شد بی ستون / چرا نه بفرمانش اندر نه چون
بر آن آفرین کو چنین آفرید / بلند آسمان و زمین آفرید ۲۵۷۵
توانا و دانا و دارنده اوست / سپهر و زمین مر نگارنده اوست
چرخ اندرون آفتاب آفرید / شب و روز و آرام و خواب آفرید
توانائی اوراست ما بندهایم / همه راستیهاش گویندهایم
یکیرا دهد تاج و تخت بلند / یکیرا کند بنده و مستمند
نه با آتش مهرو نه با اینش کین / نداند کس این جز جهان آفرین ۲۵۸۰
که و مه همه خاکرا زاده ایم / بیچاره تن مرگ را داده ایم
نخستین در ام زرق بر بری / جهاندار طهمورث بافری
چنین هم برو تا سر کیقباد / هم آن نامداران که داریم یاد
چو کیخسرو و رستم نامدار / برین همنشان تا باسفندیار
زگیتی یکی دمه شان بود بهر / چشمیدند بر جای تریاک زهر ۲۵۸۵
کنون شاه ایران بتن خویش تست / همان شاد و غمگین بکم و بیش تست
بهنگام شاهان با آفرین / پدر مادرش بود خاقان چین
بدین روز پیوند ما تازه گشت / همه کار بر دیگر اندازه گشت
زی مروز گر آفرین تو باد / سر تاجداران زمین تو باد
همی گفت و خاقان بدو داده گوش / بدو گفت کای مرد دانش فروش ۲۵۹۰
بایران اگر نیز چون تو کسست / ستایندهٔ آسمان او بسست
در آن گاه جائی بپرداختش / بنزدیکی خویش بنشاختش

« que tu as de bon à dire, car ce qu'on énonce est le noyau, ce
« qu'on ne dit pas est l'écorce. » Lorsque Kharrad, fils de Berzin entendit ce discours, il se souvint de paroles antiques; il commença par
des actions de grâce au Créateur, « le Tout-puissant, qui tient dans ses
« mains le sort, qui a créé la voûte du ciel, et la terre et le temps, qui
« a créé la puissance et ce qui est impuissant. La voûte du ciel qui
« tourne et que ne supporte aucune colonne est née tout d'un coup;
« quand Il ordonne, il n'y a à demander ni comment, ni pourquoi?
« Gloire à Lui qui a tout créé, qui a créé le ciel et la terre; il est
« tout-puissant, omniscient, et maître de tout; c'est lui qui a paré
« le ciel et la terre. Il a créé dans le ciel le soleil, il a créé le jour et
« la nuit, le repos et le sommeil. La puissance est à lui et nous sommes
« des esclaves, nous ne pouvons que parler de ses perfections. Il donne
« à l'un la couronne et le puissant trône, il fait de l'autre un esclave
« et un malheureux. Il n'a pas de faveur pour l'un ni de colère pour
« l'autre; on ne le connaît que comme créateur du monde. Petits et
« grands nous naissons pour *redevenir* poussière, nous livrons inévita-
« blement notre corps à la mort. En commençant par Djemschid, le
« sublime, et Thahmouras, le glorieux maître du monde, en conti-
« nuant jusqu'à Keïkobad et les grands dont nous avons conservé le
« souvenir, comme Keï Khosrou et l'illustre Rustem, et de même jus-
« qu'à Isfendiar, nous voyons qu'ils n'ont obtenu du monde qu'un tom-
« beau, qu'ils ont sucé du poison au lieu de thériaque. Maintenant le roi
« de l'Iran est ton parent, il est heureux ou triste selon que tu grandis
« ou que tu dépéris. Du temps d'un des glorieux rois, le Khakan de la
« Chine était le père de la mère *de Khosrou*, et alors nos liens se sont
« resserrés, et tout a changé. Puisse celui qui donne la victoire, te
« bénir, puissent les têtes des rois former le sol sous tes pieds. »

Il dit, et le Khakan, qui lui avait prêté l'oreille, répondit : « Ô toi
« qui as à vendre de la sagesse! s'il y a encore dans l'Iran un homme
« comme toi, il est en état de célébrer le ciel *comme on le doit*. » On
lui assigna une place distinguée dans la salle et le roi le fit asseoir
près de lui. Par ordre du Khakan, il produisit les présents du roi et
les remit un à un à son trésorier. Le Khakan lui dit : « Puisses-tu n'être
« jamais appauvri dans le monde ni privé de richesses. Si tu veux

بفرمان او هدیها بپیش برد | یکایک بگیسور او برشمرد
بدوگفت خاقان که بی خواسته | مبادا تو اندر جهان کاسته
گر از من پذیرفت خواهی تو چیز | بگو تا پذیرم من این چیز نیز ۲۵۹۵
وگرنه نواز هدیه روشنتری | بدانندگان بر جهان افسری
یکی جای خرّم بپرداختند | زهرگونه جامها ساختند
خوان وشکار وبزم وهی | بنزدیک خاقان بدی نیک پی
همی جست وروزیش خالی بجافت | مردی بگفتار اندر شتافت
بدوگفت بهرام بدگوهراست | از آهرمن بدکنش بتر است ۲۶۰۰
فروشد جهاندیدگان را چیز | که آن چیز گفتن نه ارزد بنیز
ورا هرمز تاجور برکشید | به ارجش ز خورشید برتر کشید
ندانست کس در جهان نام اوی | ز گمتی برآمد همه کام اوی
چو فرمان روا شد زفرمان اوی | برون آمد از عهد و پیمان اوی
بشاهنشهی سر برآورد راست | که ایران ونمران سراسر مراست ۲۶۰۵
اگر با تو بسیار خوبی کند | بفرجام پیمان تو بشکند
چنان دان که با شاه ایران شکست | نه خسروپرست ونه یزدان پرست
گر اورا فرستی بنزدیک شاه | سر شاه ایران برآری بماه
از آنپس همه چین و ایران تراست | نشستن توآنجا کنی کت هواست
چو خاقان شنید این سخن خیره گشت | دو چشمش ز دیدار او تیره گشت ۲۶۱۰
بدو گفت ازینسان سخنها مگوی | که تیره کنی نزد ما آب روی
نیم من بداندیش وپیمان شکن | که پیمان شکن خاک یابد کفن
چو بشنید خرّاد برزین سخن | بدانست کان تازگی شد کهن
که بهرام دادش بایران امید | سخن گفتن وی شود باد وبید
چو امید خاقان بدو تیره گشت | بپیچارگی سوی خاتون گذشت ۲۶۱۵
همی جست تا کیست نزدیک او | که روشن کند جان تاریک او
یکی کدخدای بدست آمدش | همی نیز با او نشست آمدش

« accepter quelque chose de moi, dis-le, pour que je puisse accepter
« ce *que tu m'apportes*. Dans tous les cas, tu es plus brillant que tous
« les présents, tu es le diadème des savants du monde. »

On apprêta pour Kharrad une gaie demeure, qu'on orna d'étoffes de toute espèce. Il était le bienvenu auprès du Khakan à table, à la chasse, aux fêtes et quand on buvait. Il cherchait *une occasion*, et trouvant un jour le Khakan inoccupé, il s'empressa de lui parler courageusement, disant : « Bahram est un homme de mauvaise race, « il est pire qu'Ahriman, le malfaisant; il est prêt à trahir les hommes « sages pour quoi que ce soit, pour un *prix* dont il ne vaut pas « la peine de parler. Le roi Hormuzd l'a tiré *du néant*, et par ses « faveurs l'a élevé au-dessus du soleil. Personne dans le monde ne « connaissait son nom, mais tout lui a réussi. Lorsqu'il fut devenu « puissant par la volonté du roi, il renonça à la loyauté et à ses de- « voirs envers lui; il a ambitionné sans hésiter la dignité de roi des « rois, disant que l'Iran et l'Aniran étaient à lui. Quand même il te « ferait beaucoup de bien, à la fin il brisera les liens qui l'attachent à « toi, comme il a brisé ceux qui l'attachaient au roi d'Iran, car il « n'est dévoué ni à un roi ni à Dieu. Si tu le renvoies au roi, tu élè- « veras la tête du maître de l'Iran jusqu'à la lune; dès ce moment la « Chine et l'Iran seront à toi et tu établiras ta résidence où tu voudras. »

Le Khakan fut troublé en écoutant ce discours; ses yeux devinrent sombres en regardant Kharrad; il répondit : « Ne parle pas ainsi, car « tu perdrais mon estime. Je ne suis pas un homme méchant, je ne « viole pas les traités que j'ai faits; car celui qui viole les traités aura « pour linceul la poussière. » Quand Kharrad, fils de Berzin eut entendu ces paroles, il comprit que cette *graine qu'il avait cru* fraîche était vieille *et ne pousserait pas*, que Bahram avait fait espérer au Khakan la possession de l'Iran, et que toute parole était stérile et du vent.

Ayant ainsi désespéré d'agir sur le Khakan, il se tourna, dans son désappointement, vers la Khatoun et chercha quelqu'un auprès d'elle qui éclairerait son esprit prévenu. Il avait rencontré un intendant *du palais;* il lui faisait des visites et lui répétait des discours de Khosrou qui charmaient ce mécréant, *puis il lui dit* : « Aide-moi à devenir « le scribe de la Khatoun *et à me tenir* à sa porte. » Mais l'intendant

LE LIVRE DES ROIS

تخنهای حسرو برو یاد کرد
که نزدیك خاتون مرا دست گیر
چنین گفت با چاره گر کدخدای
که بهرام چوبینه داماد اوست
تو مرد دبیری یکی چاره ساز
چو خرّاد برزین شنید این سخن
یکی ترك بد پیر نامش قلون
همه پوستین بود پوشیدنش
مقاتوره چون گشت کشته بزار
قلونرا دل از درد جوشان بدی
بتن نیز خویش مقاتوره بود
همیشه بدل داشتی کین اوی
فرستاد خرّاد واورا بخواند
مر اورا درم داد و دینار داد
چو بر خوان نشستی ورا خواندی
پر اندیشه بد مرد بسیار دان
همان پیش خاقان بروز و بشب
وز آن روی با کدخدای سرای
چنین گفت با مهتر آن مرد پیر
اگر در پزشکیت بهره بدی
یکی تاج بودی از آن بر سروش
بدو گفت کمین دانشم نیز هست
بشد پیش خاتون دوان کدخدای
بدو گفت شادان زی و نوش خور
بیامد خرّاد برزین بگفت

دل مرد بی دین بدان شاد کرد
بدان تا شوم بر درش بر دبیر
کزو آرزوها نماید چهای
وزویست بهرامرا مغز و پوست
وزین کار برباد مکشای را
نه سر دید تیمار اورا نه بن
که ترکان ورا داشتندی زبون
رکشك وز ارزن بدی خوردنش
ابر دست بهرام آن روزگار
شب و روز از غم خروشان بدی
دلش بد ز بهرام پر درد و دود
زیانرا نبستی زنفر این اوی
بدان نامور جایگاهش بخواند
همان پوشش وخورد بسیار داد
بر نامدارانش بنشاندی
شکیبا دل و زیرك و کاردان
چو رفتی همی داشتی بسته لب
ز هاتون چینی همی جست رای
که چون تو سرافراز مردی دبیر
وگر نامت از دور شهره بدی
بویژه که بیمار شد دخترش
چوگویی بسایم بری کار دست
که دانا پزشکی نو آمد چهای
بیاور مخار اندر این کار سر
که این راز باید که داری نهفت

dit à cet homme qui cherchait une issue : « Ce n'est pas par elle que
« tu parviendras au but; car Bahram Djoubineh est son gendre et
« c'est d'elle que lui vient tout son pouvoir. Tu es lettré, cherche un
« *autre* moyen et ne révèle ton secret pas même au vent. » Kharrad,
à ces paroles, ne savait plus où commençaient et où finiraient ses
soucis.

Or il y avait un vieux Turc du nom de Kaloun, dont les Turcs ne
faisaient aucun cas; il n'était vêtu que d'un manteau en peau de mouton; il se nourrissait de lait caillé et de millet. Lorsque, jour fatal,
Mekatoureh périt misérablement par la main de Bahram, le cœur
de Kaloun bouillonna de douleur, et jour et nuit il exhalait hautement son chagrin. Il était parent de Mekatoureh, et son cœur fut
rempli de chagrin et d'angoisse par Bahram; il était toujours plein
du désir de s'en venger, et permettait à sa langue toutes les malédictions sur lui. Kharrad l'envoya chercher; il l'invita à sa noble
résidence, il lui donna de l'argent et de l'or, il lui donna des vêtements et une nourriture abondante, et, quand il se mettait à table,
il l'appelait et le faisait asseoir parmi les hommes les plus illustres.

Kharrad, cet homme de grand savoir, était plein de précaution,
patient de caractère, ingénieux et expert en affaires. Tout en voyant
le Khakan jour et nuit, il était fort discret envers lui, pendant que
de l'autre côté il interrogeait l'intendant du palais sur la Khatoun
de la Chine. Un jour ce vieillard dit au puissant Kharrad : « Si toi,
« qui es un si éminent lettré, tu avais quelque connaissance de mé« decine, et si la renommée de ton nom arrivait de loin, tu devien« drais par là le diadème sur la tête de la Khatoun, surtout mainte« nant que sa fille est malade. » Il répondit : « Je possède aussi cette
« science, et si tu veux en parler, je me chargerai de ce cas. » L'intendant du palais se rendit en courant auprès de la Khatoun et lui dit
qu'un nouveau médecin savant était arrivé. Elle répondit : « Puisse
« ta vie être heureuse et joyeuse! Amène-le-moi sans prendre le
« temps de te gratter la tête. » Il revint et dit à Kharrad, fils de Berzin :
« Il faut que tu gardes ton secret. Va chez elle, ne dis pas ton nom,
« et prends l'air d'un médecin de bonne mine. »

Cet homme rusé alla chez la Khatoun; il vit que sa malade avait

برویمش اوبام خود را مگوی
بنزدیك خاتون شد آن چاره گر
بفرمود تا آب نار آوردند
کجا ترّه کش کاشنی خواندش
بفرمان یزدان چو شد هفت روز
بیاورد دینار خاتون زگنج
بدو گفت کمین ناسزاوار چیز
چنین داد پاسخ که این را بدار

پزشکی کن از خویشتن تازه روی
تبه دید بیمار اورا جگر
همان ترّه جو بیمار آورند
تبش خواست کز مغز بنشاندش
شد آن دخت چون ماه گیتی فروز
یکی بدره وجامه زربفت پنج
بگیر وبخواه آنچه باید نمز
بخواهم هر آنگه که باید بکار

فرستادن خراد برزین قلون را بنزد بهرام چوبینه

وزان روی بهرام شد تا بمرو
کس آمد بخاقان که از ترك وچین
که آگاهی ما بخسرو رود
منادیگری کرد خاقان چمن
شود من میانش کم بر دو نیم
همی بود خراد برزین سه ماه
بتنگی دل اندر قلون را بخواند
بدو گفت دانی که کس در جهان
توان جوارزن ویوستمن
کنون خورد نیمهات نان وبره
چنان بود یکیمند واکنون چنین
کنون روزگار تو بر سر گذشت
یکی کار دارم ترا بیمناك
ستاره یکی مهر خاقان چمن
بنزدیك بهرام باید شدن

بیاراست لشکر چو پیز تدرو
همان تا کس آید بایران زمین
ورا زان سخن هدیهٔ نوبود
که بی مهر ما کس بایران زمین
بیزدان که نفروشم این را بسیم
همی داشت این راز ها را نگاه
بدان نامور جایگاهش نشاند
ندارد دل بیغم اندر نهان
فراوان بجستی زهرکس بچمن
همان پوشیدت جامهای سره
چه نفرین شنیدی وچه آفرین
بسی روز وشب دیدی وکوه ودشت
اگر تخت یابی اگر تیره خاك
چنان رو که اندر نوردی زمین
بمروت فراوان بماید بدن

le foie dérangé. Il fit apporter du jus de grenade, puis il demanda une
herbe qui croît le long des ruisseaux, et que les marchands d'herbes
nomment chicorée blanche. Il voulait ainsi calmer la fièvre dans le
cerveau de la malade, et, par l'ordre de Dieu, lorsque sept jours
furent passés, l'enfant était redevenue comme la lune qui éclaire
le monde. La Khatoun apporta de son trésor une caisse remplie de
pièces d'or et cinq robes de tissu d'or, et lui dit : « Accepte ce faible
« présent, et demande-moi ce qu'il faut en sus. » Il répondit : « Garde
« tout cela, je te demanderai en tout temps ce dont j'aurai besoin. »

KHARRAD, FILS DE BERZIN, ENVOIE KALOUN AUPRÈS DE BAHRAM DJOUBINEH.

Bahram de son côté se rendit à Merv et rassembla une armée *belle*
comme le plumage du faisan. Quelqu'un alla chez le Khakan et dit :
« Ne permets pas à qui que ce soit de passer du pays des Turcs et
« de la Chine dans l'Iran, car si Khosrou avait de nos nouvelles, il
« changerait de conduite. » Le Khakan de la Chine fit cette proclamation : « Si quelqu'un passe, sans un ordre sous mon sceau, dans
« l'Iran, je le ferai couper en deux, et je jure, par Dieu, que je ne lui
« permettrai pas de se racheter pour de l'argent. »

Kharrad, fils de Berzin, était resté pendant trois mois à observer
tout ce qui se faisait secrètement; dans son angoisse, il appela Kaloun, le fit asseoir dans cette demeure magnifique et lui dit : « Tu
« sais que personne ne porte un cœur sans un chagrin secret. Tu
« as souvent demandé à tout le monde en Chine du pain d'orge, du
« millet, et une peau de mouton; maintenant tu te nourris de pain
« *de froment* et d'agneau, et tu es couvert de beaux vêtements. Voilà
« ton état d'autrefois et voici ton état actuel; que de malédictions et
« que de bénédictions n'as-tu pas reçues? Ta vie a dépassé la me-
« sure *ordinaire*, tu as vu bien des jours et des nuits, bien des mon-
« tagnes et des plaines. J'ai pour toi une besogne terrible qui peut te
« conduire sur un trône ou sous la terre sombre. J'obtiendrai du
« Khakan une *empreinte de son* sceau; ensuite, pars comme si tu devais
« enrouler la terre sous tes pas; il faut aller auprès de Bahram et res-
« ter longtemps à Merv. Tu te vêtiras d'un manteau de peau de mou-

بموئی همان پوستین سماه / یکی کارد بستان تو با خود براه
نگه دار آن ماه بهرام روز / برو تا در مرد گیتی فروز
وی آن روز را شوم دارد بفال / نگه داشتستم بسیار سال
نخواهد که انبوه باشد برش / بدیبای چینی بپوشد برش
چنین گوی کز دخت خاتون پیام / رساند بدین مهتر شادکام ۲۴۷۰
همین کارد در آستینش برهنه / همی دار تا خواست یکتنه
چو نزدیک چوبینه آئی فراز / چنین گوی کان دختر سرفراز
مرا گفت چون راز گوی بگوی / تنها زبیگانه مردم بموش
چو گوید چه رازست با من بگوی / تو بشتاب و نزدیک بهرام پوی
بزن کارد ونافش سراسر بدر / ور آنکس چه گر بسیمای گذر ۲۴۷۵
هر آنکس که آواز او بشنود / زبیش سپهبد به آخر دود
یکی سوی فرش ویکی سوی گنج / نباید زکشتن برویت رنج
وگر خود کشندت جهاندیده / همه نیک وبدها پسندیده
همانا بتو کس نپردازدی / که با تو بدانگه بدی ساردی
گرایدون که با پی زکشتن رها / جهانرا خریدی ودادی بها ۲۴۸۰
ترا شاه پیروز شهری دهد / همان از جهان نیز بهری دهد
چنین گفت با مرد دانا قلون / که اکنون نباید مرا رهنمون
همانا مرا سال بر صد رسید / بیچارگی چند خواهم کشید
فدای تو بادا تن وجان من / بیچارگی بر تو بد نان من
چو بشنید خراد برزین دوید / از آن خانه تا بیش خاتون رسید ۲۴۸۵
بدو گفت کامد گه آرزو / بگویم ترا ای زن نیک خو
ببند اند زآن سوی کسهای من / سزد گر کشاده کنی پای من
یکی مهر بستان زخاقان مرا / چنان دان که بخشیده جان مرا
بدو گفت خاتون که خفتست مست / مگر گل نم بر نگینش بدست
زخراد برزین گل مهر خواست / ببالین مست آمد از چجره راست ۲۴۹۰

« ton noir, et tu prendras avec toi un couteau. Tu feras attention au
« jour de Bahram (le vingtième) du mois, tu te présenteras ce jour à
« la porte de l'homme illustre; il tient, à cause de présages, ce jour
« pour néfaste, comme je l'ai observé pendant des années; il ne laissera
« donc pas entrer la foule chez lui et ne sera vêtu que d'une robe de
« brocart de Chine. Annonce que tu es porteur d'un message de la
« fille de la Khatoun à ce prince fortuné, et tiens pendant ce temps ton
« couteau nu dans ta manche, jusqu'à ce qu'on te fasse entrer tout
« seul. Quand tu seras près de Djoubineh, tu diras : « La princesse
« qui porte haut la tête m'a ordonné de cacher mes paroles à tous les
« étrangers quand je confierai son secret à ton oreille. » Il dira : « Quel
« est ce secret? dis-le moi. » Tu te hâteras de t'approcher de Bahram,
« tu le frapperas du couteau, tu lui déchireras le nombril, puis tu
« t'élanceras pour trouver un moyen de sortir. Tous ceux qui enten-
« dront ses cris se précipiteront de chez le Sipehbed vers les écuries,
« les uns courront vers les tapis, les autres vers le trésor, et ton
« meurtre ne t'attirera aucun danger. Et, quand même ils te tueraient,
« tu es un homme rassasié du monde, tu as éprouvé tous les maux
« et tous les bonheurs; mais probablement personne ne s'occupera
« de toi pour te faire du mal dans ce moment, et, si tu échappes à la
« mort, tu auras acheté le monde et payé le prix; le roi victorieux te
« donnera une ville, il te donnera une part dans le monde. »

Kaloun dit à cet homme savant : « Je n'ai pas besoin d'autres ins-
« tructions. Quoique j'aie dépassé cent ans, je veux pourtant, dans ma
« détresse, acquérir encore quelque chose. Que mon corps et mon
« âme soient ma rançon pour toi, qui as eu à me donner du pain
« dans ma pauvreté. » Quand Kharrad eut entendu ces paroles, il
quitta sa maison en courant et se présenta à la Khatoun, disant : « Le
« temps de te faire une demande est arrivé et je vais te l'expliquer,
« ô femme de bonne nature! Ma famille est dans les chaînes de l'autre
« côté *du fleuve*; je désire que tu délies mes pieds. Procure-moi du
« Khakan une impression de son sceau, et sache que tu me rendras
« la vie. » La Khatoun dit : « Il est ivre et dort, je pourrai peut-être
« prendre une empreinte de son anneau avec de l'argile. » Elle demanda à Kharrad de l'argile à sceau, et alla de sa chambre droit au

گل اندر زمان بر نگینش نهاد / بیامد بدان مرد گوینده داد
بروآفرین کرد مرد دبیر / بیامد سمرد آن بدان مرد پیر

کشته شدن بهرام چوبینه بدست قلون

قلون بستد آن مهر وچون تذرو / بیامد زشهر کشان تا بمرو
همی بود تا روز بهرام بود / که بهرام را آن نه پدرام بود
خانه درون بود با یک رهی / نهاد برش نار وسیب ویبهی
قلون رفت تنها بدرگاه اوی / بدربان چنین گفت کای ناجوی
من از دخت خاقان فرستاده ام / نه جنگی کسی ام نه آزاده ام
یکی راز گفت ابن زن پارسا / بدان تا بگویم بدین پادشا
زبهر ورا از در بستنی است / همان نیز بیمار وآبستنی است
گر آگه کنی تا رسانم پیام / بدان تاجور مهتر نیک نام
بشد پرده دار گرامی دوان / چنین تا در خانه پهلوان
چنین گفت کامد یکی بدنشان / فرستاده ویپوستینی کشان
همی گوید از دخت خاقان پیام / رسانم بدین مهتر شادکام
چنین گفت بهرام کورا بگوی / که م زان در خانه بمای روی
بیامد قلون تا بنزدیک در / بگای در خانه بغود سر
جودیدش یکی پیر بد سست وزار / بدو گفت اگر نامه داری بیمار
قلون گفت شاها پیامست وبس / نخوام که گویم سخن پیش کس
بدو گفت زود اندر آی وبگوی / بگویم نهانت بهانه مجوی
قلون رفت با کارد در آستی / پدیدار شد کژی وکاستی
همی رفت تا راز گوید بگوش / بزد دشنه وز خانه بر شد خروش
چو بهرام گفت آه مردم زراه / چنین گفت کورا بگیرید زود
برفتند هرکس که بد در سرای / برفتند پویان بنزدیک ماه
بمرسید زو تا که راهش نمود / مر آن پیر سرا کشیدند ویای

chevet du lit de l'homme ivre, prit à l'instant l'empreinte de son anneau avec l'argile, et revint la donner à cet homme éloquent et lettré, qui lui en rendit grâce et qui s'en alla la remettre au vieillard.

MEURTRE DE BAHRAM DJOUBINEH PAR KALOUN.

Kaloun prit le sceau et partit, *courant*, comme un faisan, de la ville de Kaschan à Merv. Il y resta jusqu'au jour de Bahram, qui était néfaste pour Djoubineh. Celui-ci se tenait dans sa chambre avec un seul serviteur; il y avait des grenades, des pommes et des coings placés devant lui. Kaloun arriva seul à la porte et dit au gardien : « Ô homme qui recherches un bon renom ! Je suis envoyé « par la fille du Khakan, je ne suis ni un homme de guerre ni un « Perse. Cette sainte femme m'a confié un secret pour que je le dise « au roi. Elle tient sa porte fermée à cause de son *absence*, de plus « elle est malade et enceinte. Peux-tu le lui faire savoir pour que je « fasse parvenir son message à ce prince couronné, au nom glorieux ? » Le vénérable gardien du rideau courut à la porte de la chambre du Pehlewan et dit : « Il est arrivé un messager de mauvaise mine, vêtu « d'une peau de mouton; il dit qu'il est chargé d'un message de la « fille du Khakan pour le prince fortuné. » Bahram répondit : « Dis-« lui de se montrer à la porte de cette chambre. »

Kaloun s'avança jusqu'à la porte et montra sa tête par l'ouverture de cette porte, et quand Bahram vit un vieillard fatigué et misérable, il lui dit : « Si tu as une lettre, donne-la. » Kaloun répondit : « Ô roi, « je n'ai qu'un message, et ne puis m'en acquitter devant personne. » Bahram dit : « Entre vite et parle-moi secrètement à l'oreille sans faire « des difficultés. » Kaloun s'avança, le couteau dans la manche de sa robe; le moment pour son crime était arrivé. Il s'avança *comme* pour lui dire dans l'oreille son secret, le frappa du poignard, et un cri de douleur s'éleva de la chambre. Quand Bahram poussa ce cri, des hommes arrivèrent du dehors en courant auprès du roi, qui leur dit : « Saisissez-le vite, et demandez-lui qui lui a donné des instructions ? » Tout ce qui était dans le palais accourut; on tirait le vieillard par la tête et les pieds, tous les serviteurs étaient courroucés contre lui et

همه گهتران زو برآشوفتند بسملی ومشتش همی کوفتند
همی خورد سملی ونکشاد لب ازآن نیمهٔ روز تا نیم شب ۲۷۱۵
چنین تا شکسته شدش دست وپای فکندندش اندر میان سرای
بنزدیك بهرام بازآمدند جگر خسته ویرگذار آمدند
همی رفت خون از تن خسته مرد لمان پر زیاد ورخان لاژورد
بیامد م اندر زمان خواهرش همه پاك برکندند موی سرش
نهاد آن سر خسته را بركنار همی کرد با خویشتن کارزار ۲۷۲۰
همی گفت زاری ای سوار دلیر کزو بیشه بگذاشتی نرّه شیر
که برد این ستون جهان را زجای بیندیشهٔ بد که شد رهنمای
الا ای سوار سپهبد تنا جهانگیر نباك وشمیر اوژنا
نه خسرو پرستی نه یزدان پرست تن پیلوار سپهبد که جست
الا ای سر آورده کوه بلند زدریای هوشاب بیخت که کند ۲۷۲۵
که کندی این چنین سبز سروسهی که افگند خوار این کلاه مهی
که آگند این ژرف دریا بخاك که افگند کوه روان در مغاك
غریبم وتنها وبی دوست ویار بشهر کسان در بمانديم خوار
همی گفتم ای مهتر انجمن که شاخ وفاداری از بن مکن
که از تخم ساسان اگر دختری بماند بسر برنهد افسری ۲۷۳۰
همه روی کشور شود بنده اش بگردون رسد تاج فرخنده اش
همه شهر ایرانش فرمان برند ازآن تخمه هرگز بدل نگذرند
سپهدار نشنيد پند مرا سخن گفتن سودمند مرا
بریں کردها بر پشیمانتری گنه کار جان پیش یزدان بری
بد آمد بدین خاندان بزرگ همی میش گشتم ودشمن چوگرگ ۲۷۳۵
چو آن خسته بشنید گفتار اوی بدید آن دل ورای هشیار اوی
بناخن رخان خسته وکنده موی پر از خون دل ودیده پر خاك روی
بزاری وسستی زبان بر کشاد چنین گفت کای خواهر پاکزاد

le frappaient du tranchant de la main et des poings. Il supporta les coups et n'ouvrit pas les lèvres, et cela dura de midi jusqu'à minuit. A la fin ses pieds et ses mains étaient brisés; on le jeta dans la cour du palais, et *les valets* revinrent auprès de Bahrâm, le cœur navré et plein d'angoisse. Le sang s'écoulait du corps du blessé, ses lèvres soupiraient, ses joues étaient couleur de lapis-lazuli.

Sa sœur était accourue sur-le-champ; elle s'arrachait tous les cheveux, elle plaçait sur son sein la tête de l'homme blessé, se lamentant en elle-même de ce malheur. Elle s'écriait : « Hélas! ô vaillant cavalier, devant lequel le lion s'enfuyait de la forêt! Qui est-ce qui a « abattu cette colonne du monde? Qui est-ce qui a été l'instigateur de « cette mauvaise pensée? Hélas! ô cavalier au corps de Sipehbed, con- « quérant du monde, dépourvu de crainte, vainqueur des lions! Tu « n'as été le serviteur ni d'un Chosroës ni de Dieu, qui est-ce qui a « frappé ce corps d'éléphant? Hélas! cette puissante montagne qui « levait si haut sa tête, qui est-ce qui l'a arrachée du fond de la mer « aux belles eaux? Qui est-ce qui a renversé un cyprès si vert, abaissé « dans la poussière ce diadème de la royauté, rempli de poussière « cette mer profonde, jeté dans un bas-fond cette montagne qui « marchait? Nous sommes des étrangers, seuls, sans amis, sans pro- « tecteurs; nous restons méprisés dans le pays d'autrui. Je t'avais « exhorté, ô chef du peuple, à ne pas arracher l'arbre de la loyauté; « car s'il ne restait de la race de Sâsân qu'une seule fille, elle poserait « le diadème sur sa tête, tout le pays serait son esclave, et sa couronne « brillante s'élèverait jusqu'au ciel; toutes les villes de l'Iran lui obéi- « raient; jamais les cœurs n'abandonneront cette famille. Maintenant « le Sipehdar, qui n'a pas écouté mon conseil ni mes bonnes paroles, « se repent de ce qu'il a fait, et va porter devant Dieu une âme cou- « pable. Le malheur a frappé notre maison puissante, nous sommes « devenus des moutons et notre ennemi est comme un loup. »

Lorsque le blessé entendit ces paroles, qu'il vit ce *grand* cœur et cette intelligence pleine de sagesse, qu'il vit cette femme qui avait déchiré ses joues avec ses ongles, qui avait arraché ses cheveux, dont le cœur et les yeux étaient pleins de sang et le visage couvert de poussière, il ouvrit ses lèvres tristement et péniblement, et dit : « Ô ma

زینت نبد هیچ مانند چمیز	ولیکن مرا خود پر آمد قفیز
هی پند بر من نمد کارگر	زهرگونه چون دیو بد راه بر	۲۷٤۰
نبد خسروی برتر از جمشید	کزو بود گمتی بمیم و امید
بگشت او بگفتار دیوان زراه	جهان کرد بر خویشتن بر سیاه
همان نمیز بمدار کاووس کی	جهاندار و نیك اختر و نیك پی
تبه شد بگفتار دیو پلید	شنیدی بدیها که اورا رسید
همی باسمان شد که گردان سپهر	ببیند پراگندن ماه و مهر	۲۷٤۵
مرا نمیز م دیو بمراه کرد	زخوبی همی دست کوتاه کرد
پشیمانم از هرچه کردم زبد	کنون گر بجشد یزدان سزد
نبشته بدین گونه بد بر سرم	غم کردهای کهن چون خورم
زتارك کنون آب برتر گذشت	غم و شادمانی همه باد گشت
نبشته چنین بود و بود آنچه بود	نبشته نکاهد نه هرگز فزود	۲۷۵۰
همان پند تو یادگار منست	تنهای تو گوشوار منست
سر آمد کنون کار بمداد وداد	تنهات بر من مکن هیچ یاد
شما رویها سوی یزدان کنید	همه پشت بر بخت خندان کنید
زبدها جهاندار تان یار بس	مگوئید از اندوه و شادی بکس
نبودم بگیتی جزین نمیز بهر	سر آمد کنون رفتنی ام زدهر	۲۷۵۵
یلان سینه را گفت یکسر سپاه	سپردم ترا بخت بمدار خواه
نگه کن بدی خواهر نیك زن	زگیتی بس او و مر ترا رای زن
مباشید یکتن زدیگر جدا	جدائی مبادا ممان شما
بری بوم دشمن ممانید دیر	که من رفتم و گشتم ارگاه سمیر
همه یکسره پیش خسرو شوید	بگوئید و گفتار او بشنوید	۲۷٦۰
گر آمرزش آید شمارا زشاه	جز اورا مخوانید خورشید و ماه
بگردوی از من فراوان درود	رسانید و گوئید زینسان که بود
مرا دخمه در شهر ایران کنید	بری کاخ بهرام ویران کنید

« sœur qui es née sainte! Jamais conseil n'a égalé ceux que tu
« donnais, et pourtant ma mesure est pleine. Je n'ai pas suivi tes
« conseils, c'est comme si en toute chose le Div avait été mon
« guide. Il n'y a pas eu de roi plus grand que Djemschid, qui a rem-
« pli le monde de crainte et d'espérance, et pourtant les discours des
« Divs l'ont égaré et il s'est rendu le monde noir devant les yeux. En-
« suite le prudent Keï Kaous, ce maître du monde à la bonne étoile,
« aux traces de pied fortunées, a été perdu par les discours d'un Div
« maudit, et tu as entendu les malheurs qu'il s'est attirés; il a voulu
« s'élever au ciel pour voir comment la voûte qui tourne dirige le so-
« leil et la lune *sur leurs routes*. Moi aussi j'ai été égaré par le Div, qui
« m'a empêché de faire ce qui est bien. Je me repens de tout le mal
« que j'ai fait; si Dieu me pardonne, ce sera un effet de sa grâce.
« Tout cela était écrit dans ma destinée. Pourquoi m'affligerais-je
« de ce que j'ai fait autrefois? L'eau a monté maintenant au-dessus
« de ma tête, et le chagrin et la joie ne sont pour moi qu'un souffle
« du vent. C'était écrit et il est arrivé ce qui devait être, car on ne
« peut ni ajouter à ce qui est écrit ni en ôter. Tes conseils sont de
« précieux souvenirs pour moi, tes paroles sont pour moi des perles
« uniques. Mais le temps de faire ce qui est juste ou injuste est
« passé, ne me rappelle donc plus tes paroles. Tournez vos yeux vers
« Dieu, appuyez-vous du côté où sourit la fortune. Le maître du
« monde est votre seul soutien dans le malheur, ne parlez donc à per-
« sonne de vos soucis ni de vos joies. Je n'ai pu avoir dans le monde
« que la part que j'ai obtenue, et maintenant le sort me fait partir. »

Il dit à Yelan Sineh : « Je te remets le commandement de toute l'ar-
« mée; implore la Fortune, qui veille sur toi. Aie soin de ma sœur,
« cette femme excellente: tu n'auras pas besoin dans le monde d'autres
« conseils que les siens. Ne vous séparez jamais et qu'il n'y ait jamais
« de désunion parmi vous; ne restez pas longtemps dans ce pays
« hostile : j'y suis venu et me suis dégoûté de ces lieux. Rendez-vous
« tous ensemble auprès de Khosrou; parlez-lui et écoutez ce qu'il
« dira, et, s'il vous pardonne, tenez-le seul pour votre lune et votre
« soleil. Portez à Guerdouï bien des salutations de moi, et dites-lui
« tout ce qui est arrivé. Élevez-moi un tombeau dans le pays d'Iran

بسی رنج دیدم ز خاقان چین / ندیدم که یك روز كرد آفرین
نه این بود از آن رنج پاداش من / كه دیوی فرستد بمرغاش من
ولیكن همانا كه اورین سخن / اگر بشنود سر ندارد زین
نمود این بجز كار ایرانیمان / همان دیو بد رهنمون در میان
بفرمود پس تا بماید دبیر / نویسد یكی نامهٔ ناگزیر
بگوید خاقان كه بهرام رفت / بزاری و خواری و بیمكام رفت
توایی ماندگان مرا شاد دار / ز رنج وبد دشمن آزاد دار
كه من با تو هرگز نكردم بدی / همی راستی جستم و بخردی
بسی پندها خواند بر خواهرش / ببر در گرفت آن گرامی سرش
دهان بر بناگوش خواهر نهاد / دو چشمش پر از خون شد و جان بداد
برو هر كسی زار بگریستند / بدرد دل اندر همی زیستند
همی بر خروشید خواهر زدرد / تنهاش یكیك همی یاد كرد
زتیمار او شد دلش بر دو نیم / یكی تنگ تابوت كردش زسیم
بدیبا بیاراست جنگی تنش / قصب كرد در زیر پیراهنش
همی ریخت كافور گرد اندرش / بدین گونه برتا نهان شد سرش
چنینست كار سرای سپنج / چو دانی كه اندر نمانی مرنج
كه ومهتران خاك را كرا زاده ایم / بیچاره تن مرگ را داده ایم
مخور اندُه و باده خور روز و شب / دلت پر ز رامش پر از خنده لب

آگاه یافتن خاقان از مرگ بهرام و تباه كردن خان و مان قلون و نواختن خسرو پرویز خراد را

چو بشنید خاقان كه بهرام را / چه آمد پریشیده دید نام را
هم آن نامه نزدیك خاقان رسید / فرستاده گفت و سپهبد شنید
از آن آگهی شد دلش پر زدرد / دو دیده پر از خون و لب لاژورد
از آن كار او در شگفتی بماند / جهاندیدگان را همه پیش خواند

« et détruisez le palais de Bahram à Reï. J'ai supporté bien des fati-
« gues pour le Khakan, et je n'ai pas vu un seul jour qu'il m'en
« sût gré. Il n'a pu vouloir me récompenser de mes peines par l'envoi
« de ce Div pour m'attaquer. Mais il est probable que, quand il
« apprendra cette affaire, il n'y comprendra rien; car elle n'a pu
« être faite que par des Iraniens, et le Div a dû en être l'instigateur. »
Il fit alors venir un scribe pour écrire une lettre indispensable. Il
fit écrire au Khakan : « Bahram est mort; il est mort tristement,
« misérablement et sans atteindre son but. Rends heureux ceux que
« je laisse après moi; sauvegarde-les de la misère et du mal que leur
« feraient mes ennemis; car jamais je ne t'ai fait du mal. J'ai toujours
« tâché de suivre la voie de la droiture et de l'intelligence. » Ensuite
il donna à sa sœur beaucoup de conseils, pressant contre sa poitrine
cette tête chérie; il posa sa bouche sur le lobe de l'oreille de sa sœur,
ses yeux se remplirent de larmes de sang et il rendit l'âme.

Tous le pleurèrent amèrement; ils ne lui survivaient qu'avec des
cœurs blessés. Sa sœur poussait des cris de douleur; elle répétait sans
cesse toutes ses paroles et, dans son deuil, son cœur se fendait. Elle
lui prépara un étroit cercueil d'argent, para son corps de héros de
vêtements de brocart et l'enveloppa de linge fin sous la tunique; puis
elle versa du camphre autour de son corps, jusqu'à ce que sa tête
en fût recouverte. Telle est la condition de cette demeure passagère;
ne te fatigue pas, puisque tu sais que tu n'y resteras pas. Petits et
grands, nous sommes nés pour la poussière, nous livrons nécessairement notre corps à la mort; ne t'abandonne pas aux soucis, bois du
vin jour et nuit, le cœur plein de joie, les lèvres pleines de sourire.

LE KHAKAN APPREND LA MORT DE BAHRAM ET DÉTRUIT LA MAISON
ET LA FAMILLE DE KALOUN. ACCUEIL QUE FAIT KHOSROU PARVIZ À KHARRAD.

Lorsque le Khakan apprit ce qui était arrivé à Bahram, il comprit
que sa gloire était perdue. La lettre de Bahram lui parvint, le messager parla et le Sipehbed écouta son récit. Ces nouvelles remplirent
son âme de chagrin : ses yeux étaient pleins de larmes, ses lèvres
étaient couleur de lapis-lazuli. Il resta consterné du sort de Bahram;

شد از درد گریان کسی کان شنید	بگفت آنچه بهرام یلرا رسید
ابی آتش از بم بریان شدند	همه چمن برو زار گریان شدند
بدان تا گنه برکه گردد درست	یکایک همه کار او باز جست
زهر گونه خویش و پیموند بود	قلونرا بتوران دو فرزند بود
سرای و همه برزن او بسوخت ۲۷۹۰	چو دانسته شد آتشی برفروخت
همه چیز ایشان بتاراج داد	دو فرزند اورا بر آتش نهاد
که کارش همه بند و بیداد بود	بدانست کان کار خرّاد بود
نیامدش خرّاد برزین بدست	فرستاد هر سو همیوان مست
کزین گونه آتش بما بر بمیخت	همی گفت کان سگ چگونه گریخت
زبیده بگیسوش بیرون کشید ۲۷۹۵	وز آنپس چو نوبت بخاتون رسید
نکرد ایچ یاد از بسه ربخ اوی	بایوان کشید آن همه گنج اوی
بپوشید شان جامهای کبود	هم هرکه در چین ورا بنده بود
که خاقان از آن کار بدنام بود	بمیکند با سوگ بهرام بود
بگفت آن کجا کرد و گفت و شنید	چو خرّاد برزین بخسرو رسید
کز آن بدگهر دشمن آزاد گشت ۲۸۰۰	دل شاه پیروز از آن شاد گشت
زیوشیدنیها واز بمش وکم	بدرویش بخشید چندی درم
نبشتند بر پهلوی نامه	بهر پادشاهی وخود کامه
ز دشمن چه گونه برآورد گرد	که دادار دارنده یزدان چه کرد
چنان چون بود در خور پیشگاه	بقیصر یکی نامه بنوشت شاه
بهر برزنی رود وی خواستند ۲۸۰۵	بیک هفته مجلس بماراستند
بدان موبیدان خلعت افگند نیز	آتشکده م فرستاد چمز
که زیبد ترا گر دم تاج و گاه	خرّاد برزین چنین گفت شاه
برآگند ودینار چون صد هزار	دهانش پر از گوهر شاهوار
ببین گونه تا تنگ شد جای اوی	همی ریخت گنجور در پای اوی
شود روز روشن ببرو بر سیاه ۲۸۱۰	بدو گفت هرکس که بیید زراه

il appela auprès de lui tous ses *conseillers* expérimentés. Il leur dit ce qui était arrivé au vaillant Bahram, et quiconque l'entendit pleurait de douleur; toute la Chine le pleurait amèrement; la terreur la consumait comme s'il y avait eu du feu. Le Khakan cherchait dans les actions passées de Bahram pour découvrir à qui l'on devait attribuer ce méfait. Kaloun avait dans le Touran deux fils et des parents et alliés de tous les degrés. Quand on sut *qu'il était le coupable*, le Khakan brûla sa maison et tout l'enclos, il jeta dans les flammes les deux fils de Kaloun et livra au pillage tout ce qu'ils possédaient.

Le Khakan comprit que tout cela avait été l'œuvre de Kharrad, car tout ce que faisait celui-ci n'était que ruse et injustice. Il envoya de tous côtés des dromadaires ardents *à la course*, mais il ne put pas saisir Kharrad. Il répétait sans cesse : « Comment s'est donc enfui ce chien « qui a répandu sur ma tête un feu pareil ? » Puis vint le tour de la Khatoun; il la traîna par les cheveux hors de l'appartement des femmes; il fit transporter dans son palais toutes les richesses de la Khatoun et ne parla jamais de la misère à laquelle il l'avait réduite. Il habilla en bleu (couleur de deuil) tous les serviteurs qu'il avait en Chine, et il porta longtemps le deuil de Bahram, dont le sort le couvrait de honte.

Lorsque Kharrad, fils de Berzin, arriva auprès de Khosrou, il lui raconta ce qu'il avait fait et dit et entendu; le cœur du roi Parviz en fut réjoui, car il était délivré de cet ennemi de mauvaise race. Il donna aux pauvres beaucoup d'argent; il leur donna des vêtements et bien d'autres choses. On écrivit à chaque roi et à chaque prince indépendant une lettre en pehlewi, pour leur annoncer ce qu'avait fait Dieu le juste, le tout-puissant, et comment il avait anéanti l'ennemi *du roi*, et Khosrou écrivit au Kaisar une lettre comme il convient à un roi. Pendant une semaine on tint des assemblées; dans toutes les maisons on demanda du vin et de la musique. Le roi envoya quelque chose au temple de feu; il envoya des cadeaux aux Mobeds. Il dit à Kharrad, fils de Berzin : « Tu aurais mérité que je te cédasse la cou- « ronne et le trône. » Il lui remplit la bouche de pierreries dignes d'un roi et lui donna cent mille pièces d'or, que le trésorier versa aux pieds de Kharrad de manière à embarrasser ses mouvements. Il dit à Kharrad : « Quiconque s'écarte du chemin verra le jour brillant s'obs-

چو بهرام باشد بدشت نبرد / کزو پیمبر ترک بر آورد گرد
همه موبدان خواندند آفرین / که بی تو مبیناد کهتر زمین
چو بهرام باشد که با مهر تو / نخواهد که رخشان شود چهر تو

نامه نوشتن خاقان بگردیه خواهر بهرام و پاسخ آن

وز آنپس چو خاقان بپرداخت دل / بخون شد همه کشور چین چو گل
چنین گفت یکروز کز مرد سست / نیاید مگر کار ناتندرست ۲۸۱۵
بدان نامداری که بهرام بود / مرا زو همه رامش و کام بود
کنون من زکسهای آن نامدار / چرا باز ماندم چنین سست و خوار
نگوهش کند هر که این بشنود / از آنپس بسوگند من نگرود
نخوردم غم خرد فرزند اوی / نه اندیشه از خویش و پیوند اوی
چو با ما بفرزند پیوسته بود / بمهر و خرد جان او بسته بود ۲۸۲۰
بفرمود تا شد برادرش پیش / سخن گفت با او و اندازه بیش
که کسهای بهرام یلرا بمین / فراوان بر ایشان بخوان آفرین
بگو آن که من خود جگر خسته ام / بدین سوگ تا زنده ام بسته ام
بخون روی کشور بشتم بکین / همه شهر نفرین بد و آفرین
بدین درد هر چند کمین آورم / وگر آسمان بر زمین آورم ۲۸۲۵
زفرمان یزدان کسی نگذرد / چنین داند آنکس که دارد خرد
که اورا زمانه بر آنگونه بود / همه تنبل دیو و اژونه بود
بر آن زینهارم که گفتم سخن / بر آن عهد و پیمانهای کهن
سوی گردیه نامه بد جدا / که ای پاک دامن زن پارسا
همت راستی و همت مردی / سرشتت فزونی و دور از کمی ۲۸۳۰
زکار تو اندیشه کردم دراز / نشسته خرد با دل من براز
به از خود ندیدم ترا کدخدای / بماری این خانه من برای
بدارم ترا همچو جان و تنم / بکوشم که پیمان تو نشکنم

« curcir devant lui, fût-il vaillant sur le champ de bataille comme ce
« Bahram, qu'un vieux Turc a mis à mort. » Tous les Mobeds rendirent hommage au roi, disant : « Puissent tes sujets ne jamais voir le
« monde privé de toi! Que le sort de Bahram frappe quiconque, mal-
« gré ta clémence, veut empêcher ton visage de briller! »

LETTRE DU KHAKAN À GORDIEH, SŒUR DE BAHRAM; RÉPONSE DE GORDIEH.

Le Khakan, lorsqu'il eut satisfait son cœur et rougi tout le pays
de Chine du sang versé *pour venger Bahram*, se dit un jour : « Un
« homme mou ne produit que des effets malsains. Bahram, par sa va-
« leur, a fait tout mon bonheur et a accompli tous mes vœux; pour-
« quoi ai-je abandonné de cette façon sa famille négligemment et vi-
« lement? Quiconque l'apprendra me blâmera, et n'aura plus confiance
« dans mes serments. Je n'ai pas compati avec son jeune enfant, je
« n'ai pas pensé à ses parents et alliés, quoiqu'il fût de ma famille par
« ma fille et que son âme fût pleine de tendresse et d'intelligence. »

Il fit venir son frère et lui parla longuement, disant : « Va voir
« ceux qui appartenaient à Bahram, le héros : couvre-les de bénédic-
« tions; dis-leur que je suis blessé au cœur, que ce deuil ne me quit-
« tera pas aussi longtemps que je vivrai; j'ai inondé la Chine du sang
« versé pour venger Bahram; tout le pays est rempli de malédictions
« *sur ses meurtriers* et de bénédictions *sur lui*. Mais j'ai beau, dans ma
« douleur, me livrer à la vengeance; j'aurais beau faire écrouler le ciel
« sur la terre, on ne peut échapper à ce que Dieu a ordonné : tout
« homme de sens sait cela. Que le sort de Bahram ait été tel qu'il a été,
« c'est l'œuvre du Div pervers. Mais je resterai fidèle à mes promesses,
« et à mes anciens traités et à mes conventions *avec Bahram*. » Il ajouta
une lettre particulière pour Gordieh, dans laquelle il dit : « Ô femme
« sainte, aux pans de la robe purs! Tu as de la droiture, tu as de
« l'humanité, ta nature est sublime, tu es loin de tout défaut; j'ai
« longtemps réfléchi sur ton sort dans le secret de mon esprit et de
« mon cœur. Je ne vois pas pour toi un meilleur maître que moi-
« même; viens gouverner ma maison par ton intelligence : je te tien-
« drai chère comme mon âme et mon corps, je serai attentif à ne pas

از آنیس بدان شهر فرمان تراست / گروگان کم دل بدانجت هواست
کنون هرچه داری همه گرد کن / بمیش خردمند گوی این سخن
از آنیس ببین تا چت آیدت رای / بروشن روانت خرد برگرای
خرد را بر آن رای بر شاه کن / مرا زان سگالیده آگاه کن
همی گفت وبرسان قمری زسرو / بمامد برادرش تازان مرو
جهانجوی با نامور رام شد / بنزدیک کسهای بهرام شد
بگفت آنچه خاقان بدوگفته بود / که از خون آن کشته آشفته بود
از آنیس چنین گفت کای خردان / پسندیده وکار دیده ردان
یکی ناگهان مرگ بود این نه خورد / که کس در جهان این گمانی نبرد
شمارا ازو مزد بسیار باد / ورا داور دادگر یار باد
پس آن نامه پنهان بخواهرش داد / سخنهای خاقان همه کرد یاد
زبیوند واز پند ونیکو سخن / چه از نو چه از روزگار کهن
زیبایی واز یارسائی زن / که م غمگسارست وم رای زن
جوان گفت وآن پاکدامن شنید / زگفتار او خامشی برگزید
از آنیس چو برخواند آن نامه را / سخنهای خاقان خود کامه را
خرد را چو با دانش انباز کرد / بدل پاسخ نامه را ساز کرد
بدو گفت کمین نامه برخواندم / خرد را بر خویش بنشاندم
چنان کرد خاقان که شاهان کنند / جهاندیده ویشگاهان کنند
بدو باد روشن جهان بین من / که چون این بجوید همی کمین من
ماناد گمتی زخاقان تهی / بدو شاد بادا کلاد مهی
دل وی زتیمار خسته مباد / امید جهان زو گسسته مباد
کنون چون نشینم با یکدگر / خوانیم نامه همه سر بسر
هر آن کو بزرگست و دارد خرد / یکایک بدین آرزو بنگرد
کنون دوده را سر بسر شیون است / نه هنگامهٔ این سخن گفتن است
مرا خود بایران شدن روی نیست / زن پاک را بهتر از شوی نیست

« briser le lien qui me liera à toi. Dorénavant tu commanderas dans
« ce pays, et mon cœur est le gage de l'accomplissement de tous tes
« vœux. Réunis maintenant tout ce que tu possèdes, parle de cette
« affaire devant des hommes de sens; vois alors ce que tu veux décider
« et mets d'accord ton intelligence avec ton âme sereine. Prends dans
« cette affaire la raison pour roi et fais-moi savoir ce que tu en penses. »

Il parla ainsi et son frère s'élança rapidement vers Merv, comme
une tourterelle s'envole d'un cyprès. Cet homme ambitieux se présenta
respectueusement devant l'illustre Gordieh, il se présenta devant les
intimes de Bahram; il leur répéta les paroles du Khakan, raconta
combien cette mort le troublait et ajouta : « Ô hommes intelligents,
« ô nobles, hommes d'élite et d'expérience! C'était une mort soudaine
« et un grand événement auquel personne ne s'attendait. Puissiez-
« vous recevoir souvent des nouvelles de ses mânes, et que le juge
« suprême lui soit favorable! »

Ensuite il remit en secret à Gordieh la lettre du Khakan et lui
rapporta ses discours sur leur parenté, sur les conseils et les bons avis
qu'elle avait donnés à Bahram, sur ce qui s'était passé anciennement et
récemment; sur la pureté et la sainteté des femmes, les consolatrices
et les conseillères *de l'homme*. Le jeune homme parlait et la femme à
la robe aux pans purs l'écoutait; mais elle préférait rester silencieuse.
Ensuite elle lut la lettre et les paroles de ce Khakan impérieux.
Elle concentra tout ce qu'elle avait d'esprit et de sagesse et prépara
dans son cœur une réponse à cette lettre. Elle dit : « J'ai lu ta lettre,
« j'y ai appliqué mon intelligence. Le Khakan agit comme font les
« rois, comme agissent les hommes expérimentés et ceux qui pos-
« sèdent des trônes. Puisse-t-il être la lumière de mes yeux, lui qui
« poursuit ainsi ma vengeance! Puisse le monde n'être jamais privé
« de lui, puisse-t-il faire la joie de la couronne du pouvoir, puisse son
« cœur n'être jamais blessé par les chagrins, puisse l'espoir du monde
« en lui n'être jamais désappointé! Nous nous assoirons ensemble et
« lirons la lettre d'un bout à l'autre, tous les grands et tous les hommes
« intelligents partageront mon désir de nous y conformer. Mais au-
« jourd'hui tous les miens sont plongés dans les lamentations, et ce
« n'est pas le moment de parler de cela. Je n'ai pas le dessein d'aller

اگــر مـن بــدیـن زودی آیـم بــراه / چه گوید مرا آن خردمنـد شـاه
بسوگ انـدر آهنگ شادی کـم / نـه از پــارسـائی ورادی کــم
خردمنـد بی شرم خوانـد مـرا / وخـاقـان بی آزرم دانــد مــرا
همه بشنوم هرچه باید شنید / زگویـنـدگــان تــا چه آیـد پــدیـد
بریں سوگ چون بگذرد چار ماه / سواری فرسـم بـنـزدیـك شاه
بگویم یکایك بـنـامـه دروں / چو آیـد بــنــزدیــك او رهــنــمــون
تو اکنون از ایدر بشادی خرام / بخاقان بگو آنچـه دادم پـیـام
فراوان فرستادهرا هـدیـه داد / جهاندیده از مرو برگشت شاد

رای زدن گرديه با پهلوانان خویش وگریختن از مرو

وز آنمس جوان وخردمـنـد زن / بـآرام بــنــشـسـت بـا رای زن
چنیں گفت کامد یکی نـو سخـن / که جاوید بر دل نگردد کهـن
جهاندار خاقان مرا خواستست / تنها رهرگونـه آراستـسـت
ازیں نیست آهو بزرگست وشاه / دلیر وخداوند توران سپـاه
مرا بممدر داشت بهـرام گـرد / دو ده سال زانگه که بابم مـرد
چواز وی کسی خواستی مر مرا / جوشیدی ازکمینه مغز سرا
نیارست تا زنده بد شمیـر مـن / کسی یاد من کـرد از انجـمـن
کنون شاه خاقان نه مردیست خرد / همش دستگاه است وم دستبرد
ولیمکن چو با ترك وایرانیـان / بکوشد که خویشی بود در میان
زیموید واز بند آن روزگـار / غم ورنج بیمند بفرجام کـار
نگر تا سمأوش از افراسیـاب / چه بر خورد جز تابش آفتاب
سر خویش داد از نخستین بمـاد / جوانی که چون او زمادر نـزاد
همان نیز پور سپهبد چه کـرد / از ایران وتوران برآورد گـرد
بسازید تا ما زترکـان نـهـان / بایران برہ این سخن ناگهـان
بگردوی من نامـﺔ کـرده ام / م از پمش تیمار این خورده ام

« dans l'Iran, et il n'y a rien de meilleur pour une femme vertueuse
« qu'un mari; mais, si je me mettais en route en si grande hâte, que
« me dirait le roi sage? Si au milieu de mon deuil je me livrais à la
« joie, je ne ferais pas acte de pureté et de noblesse; les hommes de
« sens m'appelleraient impudente, et le Khakan croirait que je manque
« de modestie. J'écouterai tout ce qu'il faut écouter de la part de ceux
« qui ont le droit de parler, et je verrai ce qui en résultera, et, lors-
« que quatre mois auront passé sur ce deuil, j'enverrai un cavalier
« auprès du roi et je parlerai de tout dans une lettre quand mon
« conseiller ira auprès de lui. Toi, maintenant, pars d'ici content et
« rapporte au roi mon message. » Elle fit à l'envoyé de grands présents, et cet homme expérimenté partit de Merv tout joyeux.

GORDIEH CONSULTE SES PEHLEWANS ET S'ENFUIT DE MERV.

Ensuite cette jeune et intelligente femme s'assit tranquillement avec
ses conseillers. Elle leur dit : « Il est arrivé une chose inouïe, dont le
« souvenir ne vieillira jamais dans mon cœur. Le maître du monde,
« le Khakan, m'a demandée en mariage dans un langage orné de toute
« manière. On ne peut contredire qu'il ne soit puissant, roi, brave et
« maître de l'armée du Touran. Le vaillant Bahram m'a gardé orphe-
« line près de lui pendant douze ans après la mort de mon père, et
« quand quelqu'un me demandait à lui en mariage, son cerveau
« bouillonnait de colère, et, aussi longtemps qu'a vécu mon lion, per-
« sonne de la cour n'a osé parler de moi. Aujourd'hui vient le Khakan
« et roi, qui n'est pas un petit personnage, qui a du pouvoir et sait
« s'en servir; mais, s'il travaille à amener une parenté entre les Turcs
« et les Iraniens, notre temps verrait à la fin que cette alliance et
« ces liens ne produisent que des soucis et des peines. Réfléchissez
« que Siawusch n'a obtenu d'Afrasiab que *de souffrir* des ardeurs du
« soleil, et que ce jeune homme, que le fils d'aucune mère n'a jamais
« égalé, a donné au vent sa tête dès le commencement *de sa liaison
« avec le Touran*. Et son fils, qu'a-t-il fait, si ce n'est détruire le Touran
« et l'Iran? Faites vos apprêts pour que nous nous adressions à l'Iran
« à l'insu des Turcs. J'ai écrit une lettre à Guerdouï, car je suis préoc-

که بر شاه پیدا کنـد کـار مـا
بگویید بدو رخ وتـمـار مـا

بنـزدی یزدان چـو آن بشنـود
بدین چرب گفتار من بگرود

بدو گفت هرکس که بانو توئی
بایران وجمن پشت و یازو توئی

نجنباندت کوه آهن رجای
بلانـرا مـردی تـوئی رهـنـمـای ۲۸۸۵

زمرد خردمـنـد بـمـدارتر
ردستور دانـنـده هـشـمـارتـر

همه کهتـرانیم وفرمان تراست
بدین آرزو رای وپیمان تراست

چو بشنید ازیشان عرضرا بخواند
درم داد او اورا بدیوان نشاند

بیامـد سپه سربسر بنگرید
هزار وصد وشصت یل بر گزید

کز آن هر سواری بهنگام کار
نه برکاشتندی سر از ده سوار ۲۸۹۰

درم داد وآمـد سـوی خـانـه بـاز
چنین گفت با لشکر رزمساز

که هرکس که دید او دوال رکیب
نپیچد دل اندر فراز ونشیب

نترسد از انبوه لشکر کشان
گر از ابر باشد بر و سر فشان

بباید که تا سوی ایران شوم
بنزدیك شاه دلیران شوم

بتوران غریمم وی پشت ویار
همان بزرگان چمن سست وخوار ۲۸۹۵

همی رفت خوارم چو تمره شود
سر دشمن از خواب خیره شود

شما دل برفتـن مـداریـد تنگ
گر از چمیان لشکر آید بجنگ

که من بیگاه که از یس سران
بمایند با گـرزهـای گـران

همه جان یکایك بـم بر نهید
اگر لشکر آید حرید و دهمد

وگر بر چنین روی تـان نیست رای
از ایدر مجنمبید یك تـن رجای ۲۹۰۰

بآواز گفـتـنـد مـا کـهـتـریم
زرای وزفرمان تـو نـگـذریم

بدین بر نهادند وبرخاستند
همه جنگ چنیرا بماراستند

یلان سینه ومهتر ایزد گشسپ
نشستند با نامداران بر اسپ

همیگفت هرکس که مردن بنام
به از زنده دشمن بروشادکام

م آنگه سوی کاروان شد بدشت
شتر خواست تا پیش او برگذشت ۲۹۰۵

گزین کرد از آن اشتران سه هزار
بدان تا بنه بر نهادند بار

« cupée de nos soucis; je l'ai prié de faire connaître au roi notre
« position, de lui parler de nos peines et de nos soucis, et je jure, par
« la puissance de Dieu, qu'il se conformera à mes douces paroles quand
« il les aura entendues. » Tous répondirent : « Tu es la maîtresse, tu
« es *notre* dos et *notre* bras dans l'Iran et en Chine; une montagne de 2885
« fer ne t'ébranlerait pas; tu es le guide des héros vers les hauts faits.
« Tu as l'esprit plus éveillé que l'homme le plus intelligent. Tu es
« plus sage que le Destour le plus savant. Nous tous sommes tes infé-
« rieurs et le commandement est à toi, et, sur cette demande du
« Khakan, c'est à toi de conseiller et de conclure. »

Lorsqu'elle eut entendu ces paroles elle ordonna une revue, donna
de l'argent et le fit placer dans le bureau. Les troupes arrivèrent, elle
les passa en revue un à un et choisit mille et cent soixante héros,
dont aucun, au moment de la bataille, n'aurait détourné la tête devant 2890
dix cavaliers. Elle paya la solde et s'en retourna à son palais, où elle
dit à ses troupes, prêtes au combat : « Quiconque a jamais mis le pied
« dans l'étrier ne doit pas trembler, qu'il s'agisse de monter ou de
« descendre; il ne doit pas craindre le nombre des ennemis quand
« même les nues feraient pleuvoir des têtes sur lui. Il faut nous
« mettre en marche pour l'Iran, il faut aller chez le roi des braves;
« nous sommes des étrangers dans le Touran, sans appui et sans 2895
« protecteur, faibles et méprisés au milieu des Turcs. Je veux partir
« dès qu'il fera nuit et que le sommeil aura alourdi les têtes de nos
« ennemis. Ne vous laissez pas intimider pendant la marche, si une
« armée chinoise vient nous attaquer, car je ne doute pas que leurs
« chefs ne nous poursuivent, armés de lourdes massues. Soyez unis
« de cœur, et, si cette armée arrive, recevez et donnez des coups. Si 2900
« cela ne vous convient pas, qu'aucun de vous ne quitte ce lieu. »

Ils répondirent d'une seule voix : « Nous sommes tes serviteurs,
« nous ne dévierons ni de tes avis, ni de tes ordres. » Ayant fait cette
déclaration ils se levèrent et se préparèrent au combat contre les Chinois. Yelan Sineh et le puissant Ized Guschasp montèrent à cheval
avec les guerriers illustres, dont chacun se disait qu'il valait mieux
mourir glorieusement que vivre et laisser triompher ses ennemis.
En même temps Gordieh se rendit auprès d'une caravane dans le 2905

چو شب تیره شد گردیه برنشست چو گردی سرافراز گرزی بدست
برافکند پرمایه برگستوان ابا جوشن و ترگ و تیغ گران
همی راند چون باد لشکر براه برخشنده روز و شمان سپاه

فرستادن خاقان طورگرا از پس گردیه و کشتن گردیه اورا

زلشکر بسی زینهاری شدند بنزدیک خاقان بیماری شدند
برادر بیامد بنزدیک اوی که ای نامور مهتر جنگجوی
سپاهی دلاور بایران کشید بسی زینهاری بر من رسید
ازین ننگ تا جاودان بر درت خندند همی لشکر و کشورت
سپهدار چمن کان سخنها شنید شد از خشم رنگ رخش تا پدید
بدو گفت بشتاب و برکش سپاه نگه کن که لشکر کجا شد زراه
بدیشان رسی هیچ تندی مکن نخستین فراز آر شمرین سخن
ازیشان ندانـد کسی راه ما مگر بشکنی پشت بدخواه ما
بخوبی سخن گوی و بنواز شان مـردانگی سر بر افراز شان
وگر هیچ سازد کسی با تو جنگ تو مردی کن و دور باش از درنگ
ازیشان یک گور سان کس مرو که گردد زمین همچو پر تذرو
بیامد سپهدار با شش هزار گزیده زترکان جنگی سوار
بروز چهارم بدیشان رسید زن شمر دل چون سپه را بدید
از ایشان بدل بر نکرد هیچ یاد زلشکر سوی ساریان شد چو باد
یکایک بنه در پس پشت کرد بیامد نگه کرد جای نبرد
سلیج برادر بموشید زن نشست از بر باره کامزن
دو لشکر برابر کشیدند صف همان جان خود بر نهاده بکف
بپیش سپاه اندر آمد طورگ که خاقان ورا خواندی پیر گرگ
بایرانیان گفت کان پاک زن مگر نیست با این بزرگ انجمن
چو بد گردیه با سلیج گران میان بسته برسان جنگاوران

désert, et demanda qu'on fît passer les chameaux devant elle. Elle en choisit trois mille pour qu'on les chargeât de bagages. Lorsque la nuit fut devenue sombre, Gordieh monta à cheval comme un homme de guerre, portant haut la tête, une massue en main, le cheval couvert de caparaçons magnifiques, *elle-même* portant une cuirasse, un casque et une épée de combat. L'armée courut sur la route, rapide comme le vent, pendant les jours brillants et les nuits noires.

LE KHAKAN ENVOIE THUWURG À LA POURSUITE DE GORDIEH, QUI LE TUE.

Beaucoup de transfuges quittèrent l'armée *de Gordieh* et se rendirent auprès du Khakan pour chercher sa protection. Le frère du Khakan alla chez lui, disant : « Ô prince puissant et avide de com« bats! Une troupe vaillante se dirige vers l'Iran et beaucoup de dé« serteurs nous en arrivent; ce sera une honte éternelle pour ta cour, « et l'armée et le peuple en riront. » Le maître de la Chine entendit ces paroles, et la colère fit pâlir ses joues. Il dit : « Hâte-toi, em« mène une armée, observe quel chemin ils ont pris. Va les rejoindre, « ne montre pas de la colère, commence par des paroles douces; « ils ne connaissent pas nos usages; tu réduiras peut-être nos ennemis « à l'impuissance : parle-leur donc doucement et accueille-les bien; « relève-les par ton humanité. Mais, si l'on t'attaque, agis en homme « et n'hésite pas : remplis de leurs corps un cimetière à Merv, pour « que la terre en devienne comme le plumage du faisan. »

Le Sipehdar partit avec six mille vaillants cavaliers, l'élite des Turcs. Il atteignit les Iraniens le quatrième jour; la femme au cœur de lion aperçut cette armée, mais elle n'en fut point émue. Elle courut de ses troupes vers le chef de la caravane, rapidement comme le vent, et fit placer tous les bagages derrière l'armée; puis elle alla inspecter le champ de bataille, revêtit l'armure de son frère et monta sur un destrier ardent. Les deux armées formèrent leurs lignes; tous placèrent leur vie sur la paume de la main. Thuwurg, que le Khakan appelait le vieux loup, se présenta devant le front des Iraniens et dit : « Est-ce que cette sainte femme ne se trouve pas avec cette grande

« foule? » Parce que Gordieh était revêtue d'une lourde armure et armée comme un homme de guerre, le vaillant Thuwurg ne l'avait pas reconnue, et, frappant du talon son cheval, il s'avança vers elle et dit de nouveau : « Où dois-je chercher au milieu de l'armée cette sœur du « roi assassiné? car j'ai beaucoup à lui parler de choses récentes et « des jours anciens. » Gordieh lui dit : « Me voici, moi qui lance mon « cheval contre le lion déchirant. »

Lorsque Thuwurg entendit Gordieh parler du haut de ce destrier, qui ressemblait à un lion terrible, il fut surpris et dit : « Le Khakan de « la Chine t'a choisie, dans tout ce royaume, pour que tu sois pour lui « un souvenir du lion Bahram, du cavalier d'élite, et il promet que, « si tu veux l'écouter, il te récompensera de ta bonté. Le Khakan m'a « dit : « Hâte-toi et dis-lui : Si tu n'approuves pas ce que je t'ai fait « dire, regarde mes paroles comme si elles n'avaient pas été pro- « noncées, car moi *aussi* j'ai renoncé à cette idée. Tu ne peux pas « vouloir quitter ce pays; ne le fais pas, quand même tu n'aurais « pas envie de te marier. Arrange les affaires de cette manière, et si un « conseil *du Khakan* ne te suffit pas, fais un traité. Quiconque croit le « Khakan capable de faire ce que *tu crains*, dépasse ce qu'il est permis « de dire. » Gordieh répondit : « Écartons-nous du champ de bataille « et du front des armées; je répondrai à tout ce que tu as dit et je te « donnerai des raisons excellentes. »

Thuwurg quitta le front de l'armée et suivit cette fière et illustre femme, et, lorsque la rusée se vit seule avec lui, elle lui montra son visage sous son casque noir et lui dit : « Tu as vu Bahram, tu as ad- « miré sa manière d'aller à cheval et de combattre. Or, il était mon « frère de père et de mère, et, maintenant qu'il est mort, je te mettrai « à l'épreuve et me battrai avec toi ; si tu me trouves digne d'un mari, « dis-le : je pourrais peut-être t'accepter pour époux. » Ayant dit cela, elle poussa son cheval et Ized Guschasp s'élança après elle. Le Sipehdar chinois l'attaqua de son côté et ces deux lions de combat ne s'arrêtèrent plus dans leur lutte. La sœur de l'illustre Pehlewan courut sur lui avec sa lance, l'en frappa au milieu du corps et perça sa cotte de mailles et sa ceinture; il tomba du haut de son cheval et tout le sable devint sous lui une mare de sang. Yelan Sineh, à la tête de

چو از پشت باره در آمد نگون / همه ریگ شد زیر او جوی خون
یلان سمنه با آن گزیده سپاه / برانگیخت اسپ اندر آن رزمگاه
همه لشکر چین همی برشکست / بسی کشته افکند و چندی بخست
دو فرسنگ لشکر همی شد زپیش / بر آسمان ماندند بسیار کس
سراسر همه دشت شد رود خون / یکی بی سر و دیگری سر نگون
چو پیروز شد سوی ایران کشید / بر شهریار دلیران کشید
بروز چهارم بآموی شد / ندیدی زنی کو جهانجوی شد
آموی بنشست و یکچند بود / بدلش اندر اندیشها بر فزود
یکی نامه سوی برادر بدرد / نوشت و زهر کار آگاه کرد
چنین گفت کانگه که بهرام گرد / بتیمار و درد برادر بمرد
ترا و مرا مزد بسیار داد / روان وی از ما بی آزار باد
دگر گفت با شهریار بلند / بگو آنچه از من شنیدی رپند
پس ما بیامد سپاهی گران / همه نامداران و جنگاوران
بدانگونه برداشتم شان برزم / که نه رزم بیمند از نیمش نه بزم
بسی نامور مهتران با منند / نباید که آید بریشان گزند
نشستم بآموی تا پائیم / بیارد مگر اختر فرخ

کشتن خسرو بندوی را بخون پدرش هرمزد

ور آنمس بآرام بنشست شاه / چو بر خاست بهرام جنگی زراه
ندید از بزرگان کسی کینه جوی / که با او بروی اندر آرند روی
بدستور پاکمزه یکروز گفت / که اندیشه تا کی بود در نهفت
کشنده پدر هر زمان پیمش من / همی بگذرد او بود خویش من
چو روشن روان پیر از خون بود / همی پادشاهی کم چون بود
نهادند خوان وی چند خورد / همان روز بندوی را بند کرد
وز آنمس چنین گفت با رهنمای / که اورا هم اکنون زتن دست و پای

cette troupe d'élite, poussa son cheval sur le champ de bataille et rompit toute l'armée des Chinois, jetant à bas bien des hommes, les uns morts, les autres blessés. Les Iraniens poursuivirent les Chinois pendant deux farsangs et ne laissèrent que peu d'entre eux à cheval; toute la plaine devint un fleuve de sang et fut couverte de corps, les uns sans tête, les autres la tête en bas.

Après sa victoire, Gordieh partit pour l'Iran; elle partit pour voir le roi des braves. Le quatrième jour elle arriva à Amouï : jamais tu n'as vu une maîtresse femme *comme elle;* elle s'arrêta à Amouï et y resta un peu de temps, obsédée dans son cœur de bien des inquiétudes. Elle écrivit à son frère *Guerdouï* une lettre pleine de douleur et lui rendit compte de toutes ses affaires, disant : « Lorsque le vaillant Bahram « mourut, rempli des soucis et des inquiétudes qui peuvent assaillir « un frère, il m'adressa beaucoup de bonnes paroles pour toi et pour « moi; que ses mânes ne soient jamais exposés à nos reproches! En- « suite il m'a ordonné de redire au grand roi tous les conseils qu'il « m'a donnés. Une grande armée toute composée d'hommes illustres et « vaillants nous a poursuivis; mais je les ai tellement malmenés dans « la bataille qu'ils ne verront plus ni un combat ni une fête. J'ai « avec moi beaucoup de nobles chefs et il ne faut pas qu'il leur arrive « malheur. Je reste à Amouï, espérant que mon étoile fortunée m'ap- « porte ta réponse. »

KHOSROU TUE BENDOUÏ POUR VENGER LA MORT DE SON PÈRE HORMUZD.

Le vaillant Bahram étant écarté, le roi se sentit en sécurité; il ne voyait plus, parmi les grands, personne qui pourrait le combattre et qui oserait lui tenir tête. Un jour il dit à son fidèle Destour : « Jus- « ques à quand cacherai-je donc mes pensées? Est-ce que le meur- « trier de mon père passera toujours devant moi, et sera là comme « un parent? Puisque mon âme est pleine *du souvenir* du sang *de mon* « *père*, je ferai acte de roi, et qu'est-ce qui peut en arriver? » On plaça devant lui la table; il but beaucoup de vin, et ce même jour il fit jeter Bendouï dans les fers. Puis il dit à son conseiller : « Qu'on « lui coupe à l'instant les pieds et les mains, car, lorsqu'il n'aura plus

بمـردید تا او بخـون کمــان | چوبی دست باشد میبندد میان
بـریـدند و م بـر زمان او بمـرد | پر از خون روانش بمزدان سپرد

سر پیچیدن گستم از خسرو پرویز
وخواستن او گردیه را

وز آنس بسوی خراسان کسی | فرستاد وانـدرز کردش بسی ۲۹۸۰
بدوگفت باکس مجنبان زبان | از ایـدر بـرو تا در مـرزبان
بگستم گوی هچ گونه ممای | چوای نامـه ما خوانی بمای
فرستاده چون در خراسان رسید | بدرگاه مرد تن آسان رسید
بگفت آن که فرمان پرویز بود | که شاهی جوان بود وخونریز بود
چو گستم بشنید لشکر براند | پراکنده لشکر همه باز خواند ۲۹۸۵
چنین تا بشهر بزرگان رسمید | زساری وآمل بگرگان رسید
شنید آنکه شد شاه ایران درشت | برادرشرا شب مستی بکشت
چو بشنید گوشت بلانی بکند | فرود آمد از پشت اسپ سمند
همه جامهٔ پهلوی کرد چاک | خروشان بسر بر همی ریخت خاک
بدانست کورا جهاندار شاه | بکین پدر کرد خواهد تباه ۲۹۹۰
خروشان از آنجایکه بازگشت | توگفتی که با باد همبازگشت
سپاه پراگنده کرد انجمن | همی تاخت تا بمشـهٔ نارون
چو نزدیکی کوه آمل رسید | سپه را بدان بیشه اندرکشید
همی بود بر هر سوی تاختن | بدان تاختن بود کمین آخختن
بهر سوکه بیکار مردم بدند | بنان بر همه بنده او شدند ۲۹۹۵
جای کجا لشکر شاه بود | که گستم از آن لشکر آگاه بود
همی بر سرشان فرود آمدی | سپه را یکایک بـم بـر زدی
وز آنس چو گردوی شد نزد شاه | بگفت آن کجا خواهرش با سپاه
بدان مرزبانان خاقان چه کرد | که در مرو از ایشان بر آورد گرد

« de mains, il ne prendra plus les armes pour tuer des Keïanides. » On lui coupa *les pieds et les mains* et il mourut sur-le-champ, remettant à Dieu son âme chargée d'un meurtre.

GUSTEHEM SE RÉVOLTE CONTRE KHOSROU ET ÉPOUSE GORDIEH.

Ensuite Khosrou envoya quelqu'un dans le Khorasan avec beaucoup de recommandations, disant : « N'ouvre la bouche à qui que ce « soit; va d'ici chez le commandant des frontières et dis à Gustehem : « Ne tarde pas un instant; viens ici aussitôt que tu auras lu ma lettre. » L'envoyé étant arrivé dans le Khorasan et à la cour de cet homme, qui vivait tout tranquillement, lui communiqua les ordres de Parviz, qui était un roi jeune et avide de verser du sang.

Aussitôt que Gustehem eut entendu ces ordres, il se mit en marche et rappela toutes ses troupes dispersées. Il alla ainsi jusqu'à ce qu'il arrivât dans le pays des hommes puissants, qu'il arrivât par Sari et Amol à Gourgân. Il y apprit que le roi d'Iran était devenu féroce; qu'il avait tué son frère une nuit, étant ivre. A cette nouvelle, il déchira la chair de son corps de héros, il descendit de son cheval à crinière noire, déchira ses vêtements de Pehlewan et versa de la poussière sur sa tête en poussant des cris. Il comprit que le roi, maître du monde, voulait le tuer pour venger la mort de son père. Il s'en retourna de ce lieu en rage : on aurait dit qu'il était le compagnon du vent; il réunit son armée dispersée et marcha jusqu'à la forêt de Narwen. Arrivé près des montagnes d'Amol, il plaça ses troupes dans cette forêt et se mit à faire de tous les côtés des courses qu'il entreprenait pour exercer des vengeances. Partout où il y avait des hommes désœuvrés, ils devinrent tous ses serviteurs pour avoir du pain; partout où il y avait des troupes du roi, Gustehem, aussitôt qu'il en avait des nouvelles, tombait sur elles et les détruisait entièrement. De l'autre côté, Guerdouï, lorsqu'il fut en présence du roi, lui raconta ce que sa sœur et son armée avaient fait contre les chefs des frontières du Khakan, qu'elle avait défaits dans le pays de Merv. De son côté, Gustehem apprit que le vaillant Bahram avait péri, que Gordieh avec une puissante armée avait quitté le farouche

وزین روی گستم بشنید نیـز	که بهرام یلــرا بـرآمد قـفیـز
همان گردیه با سپاهی بـزرگ	بـرفت از بـر نامـدار ســتـرگ
پس او بیامد سپاهی بکیـن	چه کرد او بدان نامداران چین
پذیره شدندرا سپـه برنشـاند	وزآن بیشه چون باد لشکر براند
چو آگاه شد گردیه رفت پیش	از آموی با نامداران خویش
چو گستم دید آن سپـه را بـراه	بـرانگیخت اسپ از میان سپاه
بیـامــد بـر گـردیــه پر زدرد	فراوان ز بهرام تیمار خورد
همان درد بندوی با وی بگفت	همی باستین خون ز مژگان برفت
یلان سینه را دید وایزد گشسپ	فرود آمد از دور گریان زاسپ
بگفت آن که بندوی را شهریار	تبه کرد وبد شد مرا روزگار
توگفتی نه از خواهرش زاده بود	نه از بهر او تن بخون داده بود
بتارك بــر اورا روا داشتی	روان پیش خاکش فدا داشتی
همستی زتن دست وپایش برید	بدانسان که از گوهرا سزید
شما را بدو چیست اکنون امید	که او کمتر از تمر مه بار بمید
ابا همکنان تان تبرزان کـنـد	بشهر اندرون گوشت ارزان کند
چو از دور بیمد یلان سینه را	برآشوید و نوکند کمینه را
که سـالار بـودی تـو بـهـرام را	ازو یافتی در جهـان کـام را
ازو هر که دانـدش پرهیز بـه	گـلـوی ورا دشنـهٔ تیـز بــه
گرایدر بیماشید با من بـم	زنم اندرون رای بر بیش وکم
پذیرفت ازو هرکه بشنید پند	نهیـست هر کس زراه گـزند
زبان تمز با گردیه بر کشاد	همی کرد کردار بهرام یاد
زگفتار او گشت گردیه سست	شد اندیشها بر دلش تا درست
ببودند یکسر بـنـزدیك اوی	درخشان شد آن رای تاریك اوی
چو یکچند گاهی بر آمد بـرین	گهی بود شادان گه اندوه گین
یلان سینه را گفت ابی زن بشوی	چه گوید چه جوید بدین آبروی

Khakan, qu'une armée l'avait poursuivie pour la combattre, et quel sort elle avait infligé à ces illustres guerriers de la Chine.

Il fit monter à cheval ses troupes pour aller à la rencontre de Gordieh et emmena son armée de cette forêt, rapidement comme le vent. Gordieh en eut avis et sortit d'Amouï avec ses chefs illustres pour aller au-devant de lui. Lorsque Gustehem aperçut cette troupe sur la route il lança son cheval, devança son armée, et, plein de chagrin, accosta Gordieh; il lui parla longuement de la douleur qu'il éprouvait de la perte de Bahram, puis il raconta la peine que la mort de Bendouï lui faisait, et des larmes de sang coulaient de ses oils sur la manche de sa robe. En voyant de loin Yelan Sineh et Ized Guschasp, il descendit de cheval en pleurant et leur dit :

« Le roi a fait tuer Bendouï, et ma propre vie est en danger. C'est
« comme si Parviz n'était pas fils de la sœur de Bendouï, comme si
« Bendouï n'avait pas versé son sang pour lui, comme si le roi n'avait
« pas déclaré qu'il en faisait plus de cas que de sa propre tête et que
« sa vie servirait de rançon à la poussière des pieds de Bendouï. Mais,
« étant ivre, il lui a fait couper les mains et les pieds, comme il
« fallait s'y attendre d'un homme de cette espèce. Quel espoir pouvez-
« vous placer en lui ? Attendez-vous plutôt à ce que le saule porte
« fruit en juin. Il fera de vous des haches pour frapper vos compa-
« gnons, il rendra la viande bon marché dans la ville *par cette boucherie.*
« Quand il verra de loin Yelan Sineh, il se mettra en colère et se li-
« vrera à de nouvelles vengeances, car tu as été le chef de l'armée de
« Bahram et c'est lui qui t'a donné du pouvoir dans le monde. Qui-
« conque le connaît fera bien de l'éviter, et ce qu'il y aurait de mieux
« ce serait d'appliquer à sa gorge un couteau acéré. Si vous restez ici
« avec moi, nous tiendrons conseil sur toute chose, grande ou petite. »

Tous ceux qui l'écoutaient acceptèrent ses avis, tous désiraient sortir de la voie du malheur. Alors il adressa des paroles pressantes à Gordieh, en lui rappelant ce qu'avait fait Bahram. Gordieh fut ébranlée par ces discours et les pensées de son cœur se pervertirent. Tous se rendirent auprès de Gustehem, et ses espérances assombries redevinrent brillantes. Ainsi se passa quelque temps; tantôt il était joyeux, tantôt soucieux. *Un jour* il dit à Yelan Sineh : « Cette femme,

چنین داد پاسخ که تا گردیه بگفتار بسیار دل شویش
یلان سینه باگردیه گفت زن بگمتی ترا دیده ام رای زن
زخاقان کرانه گزیدی سزید که رای تو آزادگان را گزید
چه گوئی زگستم یل خال شاه توانگر سپهبد سری با سپاه
بدوگفت شوئ کز ایران بود ازو تخمهٔ ما نه ویران بود
یلان سینه اورا بگستم داد دلاورگوی بود وخسرو نژاد
همیداشتش چون یکی تازه سیب که اندر بلندی ندیدی نشیب
سپاهی که از نزد خسرو شدی برو روزگار کهن نوشدی
هرآنگه که دیدی شکست سپاه گوانرا همی داشتی در پناه

کشته شدن گستم بدست گردیه
چارهٔ خسرو پرویز وگردوی

چنین تا بر آمد برین چندگاه زگستم پر درد شد جان شاه
بر آشفت روزی بگردوی گفت که گستم باگردیه گشت جفت
سوی او شدمت آن بزرگ انجمن بر آمد که او بود شان رای زن
زآمل کس آمد زکار آگهان همه فاش کرد آنکه بودی نهان
همیگفت ازین گونه تا تیره گشت زدیدار چشم یلان خیره گشت
چو سازندگان شمع وی ساختند همه کاخ اورا بماراستند
زبیگانه مردم بپرداخت جای نشست از بر تخت با رهنمای
همان نیز گردوی وخسرو بهم همی گفت هرگونه از بیش وکم
بدوگفت از ایدر فراوان سپاه بآمل فرستاده ام کمینه خواه
همه بسته وخسته باز آمدند پر از ناله ویاگدار آمدند
کنون اندرین رای مارا یکیست گران رای با تاج وتخت اندکیست
چو بهرام چوبینه گم کرد راه همیشه بدی گردیه نیکخواه
کنون چاره هست نزدیک من مگوی این سخن بر سر انجمن

« que pense-t-elle d'un mari? Que cherche cette personne si bril-
« lante? » Yelan Sineh répondit : « Attends que je lui aie parlé, que 3025
« j'aie préparé son cœur par beaucoup de discours. »

Yelan Sineh dit à Gordieh : « Ô femme! Je t'ai toujours trouvée de
« bon conseil. Tu as bien fait de passer la frontière au lieu d'épouser
« le Khakan, car tu préfères les Perses. Que dis-tu du vaillant Gus-
« tehem, l'oncle du roi, qui est un Sipehbed puissant, chef d'une
« armée? » Elle répondit : « Un mari iranien ne détruira jamais ma
« famille. » Alors Yelan Sineh la maria à Gustehem, qui était un héros 3030
vaillant et de race royale, et il en eut soin, comme d'une pomme
fraîche; il ne croyait, au milieu de sa grandeur, aucune chute *possible*. Toutes les armées qui vinrent du côté du roi virent changer
leur ancienne fortune, et Gustehem, quand il voyait qu'une d'elles
était battue, donnait asile à ces braves.

GORDIEH TUE GUSTEHEM SUR L'INSTIGATION DE KHOSROU PARVIZ ET DE GUERDOUÏ.

Ainsi se passa quelque temps; le roi eut le cœur plein de chagrin
à cause de Gustehem. Un jour, il dit dans son trouble à Guerdouï : 3035
« Gustehem a épousé Gordieh; c'est vers lui que se sont dirigées ces
« grandes masses d'hommes, et je crois que c'est elle qui les a con-
« seillées. Un de mes espions est revenu d'Amol et a dévoilé tout ce qui
« était secret. » Il parla ainsi jusqu'à ce qu'il fût nuit et que les yeux
des héros ne virent plus clair. Pendant que les serviteurs préparaient
des bougies et du vin et arrangeaient la salle, le roi congédia les étrangers et s'assit sur le trône avec son conseiller. Guerdouï et Khosrou
se mirent à parler ensemble de toute chose grande et petite, et le roi
dit : « J'ai envoyé à Amol des troupes nombreuses pour livrer bataille;
« mais elles sont toutes *restées* prisonnières, ou revenues battues et
« pleines de lamentations et de douleur. Maintenant je n'ai qu'une
« seule ressource, quoiqu'elle soit faible quand il s'agit d'un trône et
« d'une couronne. Quand Bahram Djoubineh a quitté la bonne voie, 3045
« Gordieh est toujours restée notre amie, et cela me donne aujourd'hui
« un moyen de salut, mais n'en parle pas devant la cour. Il faut écrire

LE LIVRE DES ROIS

سوی گردیه نامه باید نوشت
که تا تو هی دوستداری کنی
بر آمد بر بن روزگار دراز
کنون روزگار سخن گفتنست
نگر تا چه گونه کنی چاره
که گستم را زیر سنگ آوری
جوابی کرده باشی سماه ترا
بنزدیک من شان بود زینهار
کسی را که خواهی دم کشوری
توآئی همه مشکوی زرین ما
بری بر خورم چند سوگند نیز
اگر پیچم این دل زسوگند من
بدو گفت گردوی انوشه بدی
تودانی که من جان وفرزند خویش
جای سر تو ندارم بچیز
بدین کس فرستم بنزدیک اوی
یکی نامه خواهم بر و مهر شاه
بخواهر فرستم زن خویش را
که چونین سخن نیست جز کار زن
برین نیز هر چند هی بنگرم
بر آید بکام توابی کار زود
چو بشنید خسرو بدان شاد گشت
همانگه زگنجور قرطاس خواست
یکی نامه بنوشت چون بوستان
پر از عهد وپیمان وسوگندها

چو حوری پر ازمی بماغ بهشت
بهر کار وهر جای یاری کنی
زبان از دم هیچ نکشاد راز
که گردوی ما را جای تنست
کز آن گم شود زشت پتماره
دل وخانهٔ ما چنگ آوری
همان در جهان نیکخواه ترا
بهر جای هرگز نماهمند خوار
که گردد بدان کشور اندر سری
سر آورده باشی همه کمین ما
فزایم برین بندها بند نیز
مبادا زمن شاد پیموند من
چو ناهید در برج خوشه بدی
برو بوم آباد وپیموند خویش
گرایی چیزها ارجمندست نیز
درخشان کم جهان تاریک اوی
همان حظ اوچون درخشنده ماه
کم دور ازین در بداندیش را
بویژه زنی کو بود رای زن
پیام تو باید بر خواهرم
برین بیش وکمتر نباید فزود
همه رنجها بر دلش باد گشت
زمشک سیه سوده انقاس خواست
گل بوستان چون رخ دوستان
زم گونه لابه وبسندها

258

« à Gordieh une lettre semblable au ruisseau de vin du jardin du
« paradis, et lui dire : Depuis longtemps tu me témoignes de l'ami-
« tié et me rends des services en toute chose et en tout lieu. Jamais
« ma langue n'a trahi le secret de mon cœur, mais le moment de
« parler est arrivé, car Guerdouï m'est cher comme mon propre
« corps. Réfléchis sur un moyen de faire disparaître Gustehem, cet
« homme vil et maudit, de lui écraser la tête et de conquérir ainsi
« mon cœur et ma maison. Quand tu auras accompli cela, ton armée
« et tous tes amis dans le monde trouveront de la protection auprès
« de moi et ne seront plus opprimés en aucun temps ni dans aucun
« lieu. Je donnerai des provinces à tous ceux que tu voudras et ils
« seront placés à la tête de ces pays. Tu entreras dans les appartements
« dorés de mes femmes, tu mettras fin à toutes mes vengeances. Je
« jure de tenir tout cela, j'ajoute de nouveaux serments à mes serments,
« et, si jamais je détourne mon cœur de mes engagements, que tous
« mes alliés m'abandonnent ! »

Guerdouï répondit : « Puisses-tu être heureux, puisses-tu briller
« comme la Vierge dans le signe de l'Épi ! Tu sais que, comparés à
« ta tête, je considère comme rien ma vie, mes enfants, mes terres
« cultivées et mes alliés, si précieux que me soient ces biens. J'en-
« verrai quelqu'un avec ce message auprès de Gordieh, je remplirai
« de joie son âme assombrie. Je demande une lettre avec le sceau du
« roi et écrite de sa main, *une lettre* brillante comme la lune; j'en-
« verrai ma femme auprès de ma sœur et j'écarterai ainsi tous les mal-
« veillants, car ce sont des paroles qu'une femme seule doit porter,
« surtout une femme de bon conseil. Plus je réfléchis là-dessus, *plus
« je vois* qu'il faut confier ton message à ma sœur, et alors tout se ter-
« minera vite et selon ton gré; il ne faut faire ni plus ni moins. »

Khosrou fut heureux de ces paroles, tous ses chagrins devinrent
pour son cœur *légers* comme un souffle d'air. Il demanda à l'instant
à son trésorier du papier, il demanda de l'encre de musc noir dissous
dans de l'eau, et écrivit une lettre semblable à un jardin plein de
fleurs brillantes comme les joues d'une amie, *une lettre* remplie de
promesses, d'engagements, de serments, de prières et de conseils, et,
lorsque la suscription fut sèche, on y mit du musc noir pour le sceau,

چو برگشت عنوان آن نامه خشك / نهادند مهری برویز مشك
نگینی برو نام پرویز شاه / نهادند بر مهر مشك سیاه
یكی نامه بنوشت گردوی نمز / بگفت اندر و پند وبسیار چمز
سرنامه گفت آنچه بهرام كرد / همه دوده ویسوم بدنام كرد ۳۰۷۵
كه بخشایش آراد یزدان بروی / مبادا پشیمان ازآن گفتگوی
هر آنكس كه جانش ندارد خرد / كم ویمشی كارها نگرد
گر او رفت ما از یس او رویم / بداد خدای جهان بگرویم
چو جفت من آید بنزدیك تو / درخشان كند رای تاریك تو
زگفتار او هیچ گونه مگرد / چو گردی شود بخت ما روی زرد ۳۰۸۰
نهاد آن خط خسرو اندر میان / بپیچید بر نامه بر پرنیان
زن چاره گر بست آن نامه را / شنید آن سخنهای خودكامه را
همی تاخت تا بمشهٔ نارون / فرستاده زن بود نزدیك زن
ازو گردیه شد چو حرم بهار / همه رخ پر از بوی ورنگ ونگار
بهرام چندین سخن راندند / همی آب مژگان بر افشاندند ۳۰۸۵
پس آن نامهٔ شوی با خط شاد / نهانی بدو داد وبنمود راه
چو آن شمر زن نامهٔ شاه دید / تو گفتی بروی زمین ماه دید
بخندید وگفت این سخنرا برخ / ندارد كسی كش بود یار پنج
بخواند آن خط شاه بر پنج تن / نهان داشت ازنامدار انجمن
چو بكشاد لب زود پیمان ببست / گرفت آنزمان دست ایشان بدست ۳۰۹۰
همان پنج تنرا بر خویش خواند / بنزدیكی خوانگه بر نشاند
چو شب تیره شد روشنائی بكشت / لب شوی بگرفت ناگه مشت
ازآن مردمان نمز یار آمدند / ببالین آن نامدار آمدند
بكشید بسیار با مرد مست / سرانجام گویا زبانش ببست
سپیده بتاریكی اندر مرد / شب و روز روشن بجویا سپرد ۳۰۹۵
بشهر اندرون بانگ وفریاد خاست / بهر برزنی آتش وباد خاست

et l'on posa dessus la bague avec le nom du roi Parviz. Guerdouï, de son côté, écrivit une lettre contenant des conseils et bien des choses. Il commença sa lettre par ce qu'avait fait « Bahram, qui a donné un « mauvais renom à sa famille et à son pays; que Dieu lui pardonne et « qu'il n'ait pas à se repentir des querelles qu'il a fait naître! Celui « dont l'âme ne possède pas la sagesse ne réfléchit pas sur ce qu'il « fait, mais nous, qui devons mourir de même qu'il est mort, con- « fions-nous-en à la justice du maître du monde. Quand ma femme « sera arrivée chez toi, elle éclairera ton jugement troublé; ne te « détourne d'aucune manière de ses paroles, car si tu les négligeais, « notre fortune pâlirait. »

Il plaça dans cette lettre celle du roi et les enferma dans une enveloppe de satin; sa femme, pleine de ressources, les prit, écouta ses paroles impérieuses et voyagea rapidement jusqu'à la forêt de Narwen. La messagère arriva auprès de Gordieh, qui en devint *joyeuse* comme le gai printemps, et tout son visage devint brillant de charmes et de beauté. Elles parlèrent longuement de Bahram, elles firent couler des larmes de leurs cils. Ensuite la femme de Guerdouï remit à Gordieh en secret la lettre de son mari, qui contenait celle du roi, et la lui expliqua. Quand cette lionne vit la lettre royale, on aurait dit qu'elle voyait la lune sur la terre. Elle sourit, disant : « Cette affaire est « facile pour quelqu'un qui a cinq amis. » Elle lut la lettre du roi à cinq hommes, en la cachant à l'assemblée des grands; puis elle prit la parole, conclut rapidement une convention avec eux et donna sa main à chacun d'eux. Elle fit entrer chez elle les cinq hommes et les plaça tout près de la chambre à coucher. Lorsque la nuit fut profonde, elle éteignit les lumières et porta inopinément sa main sur la bouche de son mari; quelques-uns de ces hommes vinrent à l'aide de Gordieh et coururent au chevet du chef illustre. Elle lutta longtemps avec cet homme ivre, à la fin elle fit cesser les cris qu'il poussait. C'est ainsi que le Sipehbed mourut dans l'obscurité et livra les nuits et les jours brillants à cette femme ambitieuse. Dans la ville s'élevèrent des cris et des clameurs, dans chaque rue naissaient un incendie et un orage, et la femme intrépide revêtit une cuirasse roumie quand elle entendit ce tumulte; pendant cette nuit sombre elle appela

چو آواز بشنید نایاك زن	بگفتن روی بمومد تن
شب تیره ایرانمانرا بخواند	تنهای آن کشته چندی براند
پس آن نامه شاه بنمود شان	دلیری وتندی بمفزود شان
همه سرکشان آفرین خواندند	بر آن نامه برگوهر افشاندند ۳۱۰۰

نامه نوشتن گردیه بخسرو وخواستن خسرو پرویز اورا

دویت وقلم خواست نا باك زن	بآرام بنهست با رای زن
یکی نامه بنوشت نزدیك شاه	زبد خواه واز مردم نمکخواه
سرنامه کرد آفرین از نخست	برآنکس که اوکینه از دل بشست
دگر گفت کاری که فرمود شاه	برآمد بکلم دل نمکخواه
پراکنده گشت آن سپاه سترگ	بخت جهاندار شاه بزرگ ۳۱۰۵
نشستم کنون تا چه فرمان دهی	چه آویزی از گوشوار رهی
چو آن نامه نزدیك خسرو رسید	از آن زن ورا شادی نو رسید
فرستاده خواست شیرین زبان	بلند اختر ویك وروشن روان
یکی نامه برسان ارژنگ چین	نبشتند وکردند چند آفرین
گرامایه زنرا بدرگاه خواند	بنامه ورا افسر ماه خواند ۳۱۱۰
فرستاده آمد بر زن چو گرد	تنهای خسرو همه یاد کرد
زن شمر از آن نامه شهریار	چو رخشنده گل شد بوقت بهار
سپه را بدر خواند وروزی بداد	چو شد روز روشن بنه برنهاد
چو آمد بنزدیکی شهر شاه	سپاهی پذیره شدندش براه
زره چون بدرگاه شد بار یافت	دل تاجور پر زتیمار یافت ۳۱۱۵
بیاورد از آنمس نثاری گران	م آنکس که بودند با اوسران
همه گنج وآن خواسته پیش برد	یکایك بگخور شاه بر شمرد
زدینار واز گوهر شاهوار	کس آنرا ندانست کردن شمار
زدیبای زربفت وتاج وکمر	همان تخت زرین وزرین سمر

les Iraniens et parla longuement de l'homme qu'elle avait tué; ensuite elle leur montra la lettre du roi et exalta leur courage et leur fierté, et tous les grands acclamèrent Khosrou et répandirent des pierreries sur sa lettre.

LETTRE DE GORDIEH À KHOSROU, QUI LUI OFFRE SA MAIN.

La femme intrépide demanda un encrier et un roseau, et s'assit tranquillement avec ses conseillers. Elle écrivit une lettre au roi sur ses amis et ses ennemis, en commençant par célébrer les louanges de ceux qui purifient leur cœur de leurs *anciennes* haines; ensuite elle dit : « La chose que le roi a ordonnée a été faite selon le désir du cœur « de ses amis, et cette armée menaçante a été dispersée par l'effet de « la fortune du Grand roi, maître du monde. Je reste maintenant ici, « attendant quel ordre tu me donneras, et ce que tu attacheras à la « boucle d'oreille de ton esclave. » La lettre de cette femme arriva au roi et le remplit d'une joie immense. Il demanda un messager aux paroles douces, puissant par son étoile, pur et d'un esprit serein, et l'on écrivit une lettre belle comme si Arjeng le Chinois l'avait peinte, et dans laquelle le roi couvrait de louanges la noble femme, l'invitait à la cour et l'appelait le diadème de la lune.

Le messager alla rapidement, comme la poussière, auprès de Gordieh, et lui répéta toutes les paroles de Khosrou. La lettre du roi rendit cette lionne rayonnante comme une rose au printemps. Elle réunit devant sa porte son armée et paya la solde, puis elle fit ses bagages, *et partit* lorsque le jour brillant eut disparu. Lorsqu'elle s'approcha de la ville royale, une escorte sortit à sa rencontre, et, quand elle fut arrivée à la porte du palais, on la fit entrer, et elle trouva le maître de la couronne plein d'attentions pour elle. Elle et les chefs qui l'accompagnaient offrirent au roi des choses précieuses; elle apporta tout son trésor et tous ces présents *des chefs* et livra, l'un après l'autre, au trésorier du roi des pièces d'or et des joyaux dignes d'un roi, que personne n'aurait pu compter, des brocarts d'or, des couronnes, des ceintures, un trône d'or et un bouclier d'or.

Le roi observait ce noble cyprès au visage de lune, à la démarche

نگه کرد خسرو بدان زاد سرو | برخ چون بهار ویرفتن تذرو ۳۱۲۰
برخساره روز ویگیسو چو شب | همی دز بارد توگفتی زلب
ورا در شبستان فرستاد شاه | زهرکس فزون شد ورا پایگاه
فرستاد نزد برادرش کس | همان نزد دستور فریادرس
بآئین آن دین مر اورا بخواست | بمدرفت ویا جان همیداشت راست
بیمارانش بر خلعت افگند نیز | درم داد ودینار وهرگونه چیز ۳۱۲۵

هنر نمودن گردیه نزد خسرو پرویز

دو هفته بر آمد بدو گفت شاد | خورشید وماه ویخت وکلاه
که برگوی از آن جنگ خاقانیان | بمندی چنان هم کبر بر میان
بدو گفت شاها انوشه بدی | روانرا بدیدار توشه بدی
بفرمای تا اسپ وزین آورند | کیان وکیمند کیمن آورند
همان نیزه وخود وخفتان جنگ | یکی ترکش آگنده تیر خدنگ ۳۱۳۰
پرستنده‌ورا بفرمود شاه | که در باغ گلشن بمارای گاه
برفتمند بیمدار دل بندگان | زترک وزروی پرستندگان
زخوبان خسرو هزار ودویست | توگفتی بباغ اندرون راه نیست
چو خورشید شمرین بیش اندرون | خرامان ببالای سیمین ستون
پماده خرامان زجای نشست | کمر بر میان بسته نیزه بدست ۳۱۳۵
بشد گردیه تا بنزدیک شاه | زره خواست از ترک وروی کلاه
بشاه جهان گفت دستور باش | یکی جشم بکشا زید دور باش
بدان پیر هنر زن بفرمود شاه | که آید بنزدیک اسپ سپاه
بن نیزه‌را بر زمین بر نهاد | ببالای زین اندر آمد چو باد
بباغ اندر آوردگاهی گرفت | چپ وراست بیگانه راهی گرفت ۳۱۴۰
همی هم زمان اسپ بر گاشتی | وز ابر سیه نعره بگذاشتی
بدو گفت هنگام رزم طوبرگ | بریں گونه بودم چوارغنده گرگ

de faisan, dont les joues étaient comme le jour et les boucles des cheveux comme la nuit; on aurait dit que sa bouche faisait pleuvoir des perles. Le roi la fit conduire dans l'appartement des femmes et lui assigna un rang au-dessus de toutes les autres; puis il fit quérir son frère *Guerdouï* et le Destour, son homme d'affaires; il la demanda en mariage selon les rites de sa religion, l'obtint, et en fit autant de cas que de son âme propre. Il donna aux amis de Gordieh des robes d'honneur, de l'argent, de l'or et des richesses de toute espèce.

GORDIEH FAIT PREUVE DE SA VALEUR AUPRÈS DE KHOSROU PARVIZ.

Deux semaines étaient passées, lorsque le roi dit à Gordieh : « Je « te conjure par le soleil et la lune, par le trône et le diadème, ra- « conte-moi cette lutte avec les gens du Khakan, dans laquelle tu as « revêtu une armure. » Elle répondit : « Ô roi, puisses-tu être heureux, « puisse ta vue servir de nourriture aux âmes! Ordonne qu'on amène « un cheval, qu'on apporte une selle, un arc et un lacet de combat, « une lance, un casque, une cotte de mailles et un carquois rempli de « flèches de bois de peuplier. »

Le roi ordonna à un serviteur de préparer une place dans le jardin, au parterre de roses. Les esclaves au cœur éveillé, les servantes turques et roumies, les belles du palais de Khosrou arrivèrent au nombre de mille et deux cents; on aurait dit qu'il n'y avait plus moyen de passer par le jardin. A leur tête s'avançait Schirin, qui ressemblait au soleil; elle était grande *et blanche* comme une colonne d'argent. Gordieh se leva de son siége, alla à pied, la ceinture serrée, une lance en main, jusqu'auprès du roi, demanda à un esclave une cotte de mailles et un casque de Roum, et dit au maître du monde : « Donne-moi ta permis- « sion et puis regarde. Puisses-tu rester loin de tout mal ! » Le roi ordonna à cette femme vaillante d'aller vers son cheval noir; elle plaça le bout de sa lance sur le sol et sauta en selle, rapidement comme le vent; elle choisit un champ clos dans le jardin et y fit des évolutions étonnantes, *s'élançant* à gauche et à droite, voltigeant et poussant des cris qui perçaient les nuages noirs. Elle dit au roi : « C'est ainsi que j'étais « comme un loup furieux quand j'ai combattu Thuwurg. »

چنین گفت شیرین که ای شهریار / بدشمن دهی آلت کارزار
که خون برادر بمادآورد / بترسم که کارت بماد آورد
تو با جامهٔ پاک بر تخت زر / ورا هر زمان با تو باشد گذر
بخنده بشیرین چنین گفت شاه / کزین زن جز از دوستداری مخواه
همی تاخت گرد اندرون گردیه / بیاوردگه گفت خسرو که زه
همی گفت باری بدانیش شاه / به پیش منستی بیاوردگاه
هم اکنون زرهیش بسان طوق / جدا کردی پیش شاه بزرگ
بدو ماند بد خسرو اندر شگفت / بدان برز و بالا و بازو و کفت
چنین گفت با گردیه شهریار / که ای بی‌غم از گردش روزگار
کنون تا ببیم که با جام می / همی سست بائی اگر تخت پی
بگرد جهان چار سالار من / که هستند بر جان نگهدار من
ابا هر یکی ز‌ان ده و دو هزار / از ایرانیانند جنگی سوار
چنین م مشکوی زرین من / چه در خانهٔ گوهرآگین من
پرستار باشد ده و دو هزار / همه پاک با طوق و با گوشوار
ازین پس نگهبان ایشان توئی / که با رنج و تیمار خویشان توئی
نخواهم که گویند ازیشان سخن / کسی جز تو گر نو بود گر کهن
شنید آن سخن گردیه شاد گشت / ز بیغارهٔ دشمن آزاد گشت
همی رفت روی زمین را بروی / همی آفرین خواند بر فرّ اوی

در سبب خراب شدن شهر ری

برآمد بر این نیز روزی دراز / نگشت اختر نامور جز بناز
شبی می همی خورد با موبدان / بزرگان کار آزموده ردان
بدان مجلس اندر یکی جام بود / نبشته بر و نام بهرام بود
بفرمود تا جام بنداختند / بر آن هر کسی دل بپرداختند
گرفتند نفرین بهرام بر / بر آن جام و سازندهٔ جام بر

Schirin dit : « Ô roi, tu donnes des armes de guerre à une en-
« nemie; car elle n'oubliera pas le sang versé de son frère, et je crains
« qu'elle ne te détruise. Tu t'assois sur ton trône d'or dans une robe 3145
« simple *et sans armure*, et elle aura toujours accès auprès de toi. » Le
roi répondit à Schirin en souriant : « Ne t'attends de cette femme qu'à
« des services d'amitié. » Pendant ce temps, Gordieh continuait à faire
des voltes sur l'arène, et Khosrou s'écria : « Bravo ! » Elle répondit :
« Plût à Dieu qu'il y eût devant moi, sur le champ de bataille, un
« ennemi du roi ! Je l'enlèverais de la selle à l'instant, devant le Grand
« roi, comme j'ai enlevé Thuwurg. » Le roi resta confondu de sa haute 3150
taille, de ses bras et de ses épaules; il lui dit : « Ô toi qui es sans in-
« quiétude sur la rotation du sort ! Nous allons voir si, devant une
« coupe de vin, tu es faible ou ferme sur tes pieds. J'ai sur la surface
« du monde quatre chefs d'armée qui sont les gardiens de ma vie, et
« chacun d'eux est à la tête de douze mille vaillants cavaliers iraniens;
« de même, dans les appartements dorés de mes femmes et dans mon 3155
« palais incrusté de pierreries, il y a douze mille serviteurs, tous por-
« tant des colliers et des boucles d'oreille. Dorénavant, tu en es la
« surveillante, car tu as toujours travaillé pour les tiens et tu en as eu
« soin, et je veux que personne, qu'il soit jeune ou vieux, ne me
« dise jamais un mot sur eux, si ce n'est toi. » Gordieh fut heureuse
d'entendre ces paroles; elle se sentit garantie contre la malveillance
de ses ennemis. Elle balaya le sol avec son visage et célébra la ma- 3160
jesté du roi.

COMMENT LA VILLE DE REÏ FUT RUINÉE.

Il se passa de nouveau un temps assez long pendant lequel l'étoile du
roi illustre tourna favorablement. Or, une nuit, il buvait du vin avec
les Mobeds, les grands et les nobles expérimentés dans les affaires. Il
se trouvait sur la table des convives une coupe sur laquelle était gravé
le nom de Bahram; le roi ordonna qu'on jetât la coupe, et tous se
mirent à décharger leurs cœurs et à maudire Bahram et sa coupe 3165
et celui qui l'avait faite. Khosrou dit : « Que l'on fasse fouler aux
« pieds des éléphants de guerre tout le territoire de Reï, qu'on expulse

چنین گفت کاکنون بر و بوم ری / بکوبند پیمان جنگی بی
همه مردم از شهر بیرون کنند / همی ری بی بی دشت هامون کنند
گرامایه دستور با شهریار / چنین گفت کای از کمان یادگار
نگه کن که شهری بزرگست ری / نشاید که بکوبند پیمان بی
که یزدان بدین کار هدایستان / نباشد نه م بر زمین راستان
بدستور گفت آنزمان شهریار / که بدگوهری بایدم بی تمار
که یکچند باشد بری مرزبان / یکی مرد بمدانش بد زبان
بدو گفت دستور که گر شهریار / بگوید نشان چنین نابکار
جویم وایـــــرا بجای آورم / نشاید که بی رهنمای آورم
چنین گفت خسرو که بسیار گوی / فرزند اختری بایدم سرخ موی
تنش زشت وبینی کژ ورو زرد / بداندیش وکوتاه ودل بر زدرد
همان بد دل وسفله وبی فروغ / سرش پر زکمین وزبان پر دروغ
دو چشمش همان سرخ ودندان بزرگ / براه اندرون کژ رود چو گرگ
همه میدان مانده زود در شگفت / که تایاد خسرو چنین چون گرفت
همی جست هرکس بگرد جهان / زهر کسان از کهان ومهان
چنان بد که روزی کسی نزد شاه / بیامد کزین گونه مردی براه
بدیدم بمارم بفرمان کی / بدان تا فرستدش موبد بری
بفرمود تا پیمش اوی آورند / ور آنگونه بازی زکوی آورند
ببردند ازین گونه مردی برش / بخندید ازو کشور ولشکرش
بدو گفت خسرو زکردار بد / چه داری بماد ای بد بخرد
چنین داد پاسخ که از کار بد / نمایم ونیست با ما خرد
تخن هرچه گویم دگرگون کم / تن وجان پرسنده پر خون کم
سر مایه من دروغست وبس / سوی راستی نیسم دسترس
اما هرکه پیمان کم بشکم / پی وبیخ رادی بخاک افگم
بدو گفت خسرو زشوم اختر / نوشته مبادا جزین بر سرت

« de la ville tous les habitants, que l'on convertisse de fond en comble
« Reï en désert. »

Le noble Destour dit au roi : « Ô héritier des Keïanides ! Pense donc
« que Reï est une grande ville qu'il ne faut pas faire fouler aux pieds
« des éléphants; pense que Dieu n'approuverait pas une chose pa-
« reille, ni les hommes justes sur la terre. » Le roi répondit au Destour : « Alors il me faut un homme de mauvaise nature et de naissance
« basse, pour qu'il soit pendant quelque temps gouverneur de Reï,
« un homme ignorant et grossier de langage. » Le Destour dit : « Si le
« roi veut indiquer par quels signes on reconnaît un pareil vaurien,
« je le chercherai et l'amènerai, car je ne puis le trouver sans ins-
« tructions. » Khosrou répondit : « Il me faut un bavard, né sous une
« étoile funeste, à cheveux roux, vil de corps, le nez de travers, le
« visage jaune, malveillant, petit, le cœur aigri, méchant, ignoble,
« sans aucune distinction, la tête pleine de haine, la langue pleine
« de mensonges, les yeux injectés de sang, les dents longues, marchant
« courbé comme un loup. »

Tous les Mobeds furent étonnés de ce que le roi pouvait parler
d'un homme pareil. Chacun cherchait partout, dans toutes les villes,
parmi les grands et les petits. Or, il arriva qu'un jour quelqu'un se
présenta devant le roi, disant : « J'ai rencontré sur ma route un homme
« de cette espèce; si le roi le permet, je l'amènerai pour que le Mobed
« l'envoie à Reï. » Le roi ordonna qu'on amenât l'homme, qu'on lui
amenât de la rue un faucon de cette espèce. On conduisit donc
devant lui un homme tel qu'il l'avait décrit et qui fit rire les troupes
et les gens du pays. Khosrou lui demanda : « Ô homme méchant et
« insensé ! quelles sont les mauvaises actions dont tu te souviens ? »
Voici la réponse qu'il donna : « Je ne cesse jamais de faire du mal,
« et il n'y a aucune intelligence en moi. Quand je dis une chose, j'en
« fais une autre; si quelqu'un m'interroge, je lui fais saigner le corps
« et l'âme. Mon capital, ce sont mes mensonges, voilà tout, et je suis
« incapable de toute droiture. Si je fais une promesse à quelqu'un,
« je ne la tiens jamais; tout *sentiment* noble, je le déracine et le jette
« dans la poussière. » Khosrou dit : « Puisse ta vile étoile te maintenir
« toujours tel que tu es.

بدیوان نوشتند منشور ری ززشتی بزرگی شد آن نیکبی
سپاهی پراگنده اورا سپرد برفت از در ویام رشتی ببرد
چو آمد بری مرد ناتندرست دل و دیده از شرم یزدان بشست
بفرمود تا ناودانهای بام بکندند واو شد بدان شادکام
وز آنس همه گربگانرا بکشت دل که خدایان بدان شد درشت ۳۱۹۵
بهر سو همی رفت با رهنمای منادیگری پیش او بر بمای
همیگفت اگر ناودانی بجای ببیم وگر گربه‌ای در سرای
بدان بوم ویر آتش اندر زف زیرشان همه سنگ بر سر زف
همی جست هر جا که بد یک درم خداوند اورا فگندی بغم
همه خانه از بم بگذاشتند دل از بوم آباد برداشتند ۳۲۰۰
چو باران بدی ناودانی نبود بشهر اندرون پاسبانی نبود
از آن زشت بدکامه شوم پی که آمد زدرگاه خسرو بری
شد آن شهر یکسر خراب بسر بر همتافت شان آفتاب
همه شهر یکسر پر از داغ و درد کس اندر جهان یاد ایشان نکرد
چنین تا بیامد مه فرودین بیاراست گلبرگ روی زمین ۳۲۰۵
سرشک سر ابر چون ژاله گشت همه کوه وهامون پر از لاله گشت
همه راغها شد چو پشت پلنگ زمین همچو دیبای روی برنگ
بزرگان ببازی ببا غ آمدند همان میش و آهو براغ آمدند
چو خسرو کشاده در باغ دید همه چشمه باغ پر ماغ دید
بفرمود تا بردمیدند بوق بیاورد پس طشتهای حلوق ۳۲۱۰
نشستند ویر سبزه می خواستند بشادی زبانرا بیاراستند
بیاورد پس گردیه گربکی که پیدا نبد گربه از کودکی
بر اسپی نشانده ستای بزر بزر اندرون چندگونه گهر
فروشته از گوش و گوشوار بلاخن بر از لاله کرده نگار
بدیده. چو قار ویرخ چون بهار چو ی خورده چشم او پر خمار ۳۲۱۵

On écrivit dans les bureaux son diplôme de gouverneur de Reï, et cet homme fortuné devint puissant par sa vilenie. Le roi réunit des troupes et lui en remit le commandement, et il partit de la cour avec sa réputation d'indignité. Arrivé à Reï, cet homme impur écarta de son cœur et de ses yeux toute honte devant Dieu. Il ordonna qu'on arrachât toutes les gouttières des toits, et cela le ravit; ensuite il fit tuer tous les chats, ce qui désolait les cœurs des maîtres des maisons; il alla partout avec un guide et précédé d'un héraut qui proclamait : « Si je vois quelque part dans une maison une gouttière ou un chat, « je mettrai le feu dans cette propriété et ferai écrouler les pierres « sur la tête des habitants. » Il furetait partout, et, quand il trouvait un seul dirhem, il en persécutait le possesseur. On abandonnait les maisons de peur de cet homme; on désespérait de ce pays, *autrefois* prospère. Lorsque la pluie arrivait, il n'y avait plus ni gouttière, ni gardien dans la ville, et c'est ainsi que ce méchant et vil misérable, qui était arrivé de la cour de Khosrou à Reï, dévastait entièrement cette riche cité; le soleil dardait sur la tête des hommes, toute la ville était remplie de plaies et de plaintes, auxquelles personne dans le monde ne faisait attention.

Cela continua jusqu'au moment où le mois Ferwerdin para la surface de la terre de feuilles de roses, que les larmes des nuages tombèrent en rosée et couvrirent de tulipes les montagnes et les plaines, que les prairies devinrent *striées* comme la peau du léopard et que la terre revêtit les couleurs du brocart de Roum. Les grands allèrent dans les jardins pour se livrer aux jeux, les brebis et les biches se répandirent sur les prairies. Lorsque Khosrou vit les portes des jardins ouvertes, qu'il vit toutes les fontaines des jardins couvertes de ramiers, il fit sonner les clairons et apporter des tasses avec des herbes odorantes; on s'assit, on but du vin sur l'herbe verte, on se livra à de gais discours.

Cependant Gordieh amena un petit chat, *habillé de façon* qu'on ne pouvait le distinguer d'un enfant, assis sur un cheval à bride d'or ornée de pierreries de toute espèce; des boucles d'oreille pendaient des oreilles du chat et ses griffes étaient peintes couleur de tulipe, ses yeux étaient comme de la poix, son minois comme le prin-

همی تاخت چون کودکی گرد باغ * فرود هشته از اسپ زرین جناغ
لب شاه ایران پر از خنده گشت * همه مهتران آن خنده را بنده گشت
اما گردیه گفت کز آرزوی * چه خواهی بگوی ای زن نیکخوی
زن چاره‌گر بود بیمش نماز * چنین گفت کای شاه گردن‌فراز
من بخش ری را خرد یاد کن * دل نیکمان را از غم آزاد کن ۳۲۲۰
زری مردمان شوم را باز خوان * ورا مرد بدکیش بدسار خوان
همی گربه از خان بیرون کند * یکایک همه ناودان برکند
بخندید خسرو ز گفتار زن * بدو گفت کای شوخ لشکرشکن
بنو دادم آن شهر وآن روستا * تو بفرست اکنون یکی پارسا
زری باز خواند آن بداندیش را * چو آهرمن آن زشت بدکیش را ۳۲۲۵
همی هر زمانش فزون بود بخت * از آن تاجور خسروانی درخت

بخش کردن خسرو پادشاهی خود و لشکر فرستادن به مرزهای ایران

وز آن پس چو گسترده شد دست شاه * سراسر جهان شد ورا نیکخواه
همه تاجدارانش کهتر شدند * همه کهتران زو توانگر شدند
گزین کرد از ایران چل و هشت هزار * جهاندیده و گرد و جنگی سوار
در گنجهای کهن برگشاد * که بنها دینروز و فرخ قباد ۳۲۳۰
جهان را ببخشید بر چار بهر * یکایک همه نامزد کرد شهر
از آن نامداران ده و دو هزار * سواران هشیار و خنجرگزار
فرستاد خسرو سوی مرز روم * نگهبان آن فرخ آباد بوم
بدان تا ز روم اندر ایران سپاه * نیاید که کشور شود زو تباه
مگر هر کسی بس کند مرز خویش * بداند سرمایه وارز خویش ۳۲۳۵
هم از نامداران ده و دو هزار * همه جنگجوی از در کارزار
بدان تا سوی زابلستان شوند * به بوم سیم از گلستان شوند

temps, ses yeux ivres comme s'il avait bu du vin; une housse d'or flottait sur le dos du cheval, et c'est ainsi que Gordieh lança le chat à travers le jardin comme un enfant. Le roi de l'Iran se mit à rire à gorge déployée, et ce rire gagna tous les grands. Puis Khosrou dit à Gordieh : « Ô femme au bon caractère ! dis ce que tu désires de « moi. » La femme rusée le salua humblement et dit : « Ô roi qui portes « haut la tête ! donne-moi Reï, sois raisonnable et délivre de leurs cha- « grins ces cœurs affligés; rappelle de Reï cet être vil et donne-lui « son vrai nom de mécréant et de malfaiteur. Il a chassé des maisons « les chats et a fait arracher toutes les gouttières. »

Khosrou sourit à ces paroles de la femme et répondit : « Ô friponne, « qui détruis les armées ! Je te donne cette ville et son district, en- « voies-y un homme honnête. » Elle rappela de Reï cet être malveil- lant, ce vil mécréant qui ressemblait à Ahriman, et la fortune de Gordieh ne cessa de croître sous *l'ombre* de cet arbre royal qui portait la couronne.

KHOSROU DISTRIBUE LES GOUVERNEMENTS ET ENVOIE DES ARMÉES AUX FRONTIÈRES DE L'IRAN.

Lorsque la main du roi se fut étendue sur *tout l'empire*, et que le monde entier lui fut soumis, tous ceux qui portaient des couronnes devinrent ses sujets, et tous ses sujets furent enrichis. Il choisit dans l'Iran quarante-huit mille hommes, des cavaliers expérimentés, vail- lants et propres au combat; il ouvrit les portes de ses trésors antiques que Pirouz et le fortuné Kobad avaient formés. Il divisa le monde en quatre parties et nomma les gouverneurs de toutes les villes. Il envoya à la frontière du Roum douze mille de ces cavaliers illustres, prudents et prêts à frapper de l'épée, pour garder ces riches et heureuses pro- vinces, pour empêcher qu'aucune armée de Roumis n'envahît l'Iran et ne dévastât ces pays, et pour que chacun se contentât de ses fron- tières et apprît à reconnaître la richesse et la valeur de ce qu'il possédait. Il envoya dans le Zaboulistan douze mille de ces glorieux cavaliers, tous avides de combats sur le champ de bataille; il les envoya, du jardin de roses *de Ctésiphon*, dans ce pays *à terre noire*.

بدیشان چنین گفت کان کوه زراه	بگردد ندارد زبان را نگاه
بجز پی مر اورا براه آورید	کزین بگذرد بند وچاه آورید
بهر سو فرستید کارآگهان	بدان تا نماند تن در نهان
طلایه بباید بروز و شبان	نخسبید در خیمه بی پاسبان
زلشکر ده و دو هزار دگر	دلاور بزرگان پرخاشخر
بخواند وبسی پندها داد شان	براه الانان فرستاد شان
بدیشان سپرد آن در باختر	بدان تا نماشد زدشمن گذر
بدان سرکشان گفت بمدار بید	همه در پناه جهاندار بید
ده و دو هزار دگر بر گزید	زمردان جنگی چنان چون سزید
بسوی خراسان فرستاد شان	بسی پند واندرزها داد شان
که از مرز هیتال تا مرز چمن	نباید که کس پی نهد بر زمین
مگر باگهی وبفرمان ما	روان بسته دارد بمیهمان ما
بهرکشوری گنج آگنده هست	که کسرا نباید شدن دور دست
چو باید خواهمد وختم شوید	خردمند باشید وبی غم شوید
درگنج بکشاد وچندان درم	که بودی برو بر زهر مز رقم
بیاورد وگریان بدرویش داد	چو درویش پوشیده بد بمش داد
از آنکه اویار بندوی بود	بنزدیک گستم وزنگوی بود
که بودند بازان بخون پدر	رتنهای ایشان جدا کرد سر
چو ازکمین ونفرین بپرداخت شاه	بدانش یکی دیگر آورد راه
از آنس شب و روز گردنده دهر	نشست وبجشمید بر چار بهر
از آن چاریك بهر موبد نهاد	که دارد تنهای نیکو بمداد
زکار سیماه وزکار جهان	بگفتی بشاه آشکار ونهان
چو در پادشاهی بدیدی شکست	زلشکرگر از مردم زیردست
سبك دامی داد برتافتی	گذشته بجستی ودریافتی
دگر جز بشادی ورامشگران	نشستن آرام با مهتران

Il leur dit : « Ceux qui s'écartent de la *bonne* voie et qui ne gardent
« pas leur langue, ramenez-les doucement au *vrai* chemin, et, s'ils
« transgressent de nouveau, jetez-les dans les fers et la prison. Envoyez
« de tous côtés des espions pour que rien ne reste caché, faites des
« rondes jour et nuit, ne dormez jamais dans vos tentes sans gar-
« diens. » Ensuite il appela douze mille autres cavaliers vaillants, puissants et pleins d'ardeur guerrière, leur donna beaucoup de conseils
et les envoya du côté des Alains. Il leur confia cette porte du couchant *de l'empire*, pour que les ennemis ne pussent la passer, et il dit
à ces hommes qui portaient haut la tête : « Soyez vigilants, tenez-
« vous sous la protection *de Dieu*, le maître du monde. » Puis il choisit
encore douze mille cavaliers, des hommes de guerre tels qu'il les faut,
les envoya dans le Khorasan et leur donna bien des conseils et des
avis, disant : « Il faut que, depuis la frontière des Heïtaliens jusqu'à
« celle de la Chine, personne ne passe dans notre pays, si ce n'est
« des hommes dont l'âme m'est dévouée, et quand j'en ai eu avis et
« ai donné ma permission. Je possède dans chaque pays un trésor
« rempli, et cette ressource ne doit être hors de la portée de personne.
« Demandez ce qui convient, et vous serez satisfaits; soyez prudents,
« et vous serez exempts de chagrin. »

Il ouvrit la porte du trésor et fit apporter une quantité de dirhems
qui avaient été frappés par Hormuzd, et les distribua aux pauvres
en versant des larmes, et, quand les pauvres furent pourvus de vêtements, il leur donna de nouveau *de l'argent*. Ensuite il fit couper la
tête à tous ceux qui avaient été les amis de Bendouï ou qui avaient
approché Gustehem et Zengouï, qui avaient aidé au meurtre de son
père. Ayant ainsi épuisé ses vengeances et ses malédictions, il commença sagement à suivre une voie nouvelle. Il fixa et divisa en quatre
parties *les heures de* la nuit et du jour que produit la rotation du
monde; de ces quatre parties, il en assigna une à son Mobed qui lui
rapportait ce qui se faisait de bon, et lui faisait connaître tout ce qui
se passait en public et en secret dans l'armée et dans le monde. Quand
il voyait que quelque chose allait mal dans le monde, soit dans l'armée, soit parmi ses sujets, il se mettait à l'instant à faire justice, exa-
minait ce qui s'était passé et y remédiait.

ندیدی نه اندیشه کردی زبد / چنان کز ره نامداران سزد
سوم بهره گاه نمایش بدی / جهان آفرین را ستایش بدی
چهارم شمار سپهر بلند / همی برگرفتی چه وچون وچند ۳۲۶۵
ستاره شمر پیمش او بر بمای / چو بودی بدانش ورا رهنمای
وز آن بهره نیمی شب دیرباز / نشستی همی با بتان طراز
هان نیمزیک ماه بر چار سهر / ببخشید تا شاد باشد ز دهر
یکی بهر میدان وچوگان وتیر / یکی نامور یمش او یادگیر
دگر بهر زو دشت وکود وشکار / کز آن تازه گشتی ورا روزگار ۳۲۷۰
هر آنکه که گشتی زنخجیر باز / بر خشنده روز وشب دیرباز
هر آنکس که بودی ورا دستگاه / ببستی بشهر اندر آذین براه
دگر بهر شطرنج بودی ونرد / سخن گفتن از روزگار نبرد
سدیگر هر آنکس که داننده بود / نویسنده وچمیز خواننده بود
بنوبت ورا پیش بنشاندی / تنهای دیرینه بر خواندی ۳۲۷۵
چهارم فرستادگان را زراه / همی خواندندی بنزدیک شاه
نبشتی همی پاسخ نامه باز / بدادی بدان مرد گردن فراز
فرستاده با خلعت وکام خویش / زدر باز گشتی بآرام خویش
همان روز منشور هر کشوری / نبشتی سپردی بهر مهتری
چو بودی سر سال نو فرودین / که رخشان شدی در دل از مردین ۳۲۸۰
نهادی یکی گنج خسرو نهان / که نشناختی کهتری در جهان

زادن شهرویه پسر خسرو بفال بد

چو بر پادشاهیش شد پنج سال / بگیتی سراسر نبودش همال
ششم سال ازین دخت قیصر چو ماه / یکی کودک آمد هانند شاه
بنمود آن زمان رسم بانگ نماز / بکوش چنان پروریده بناز
یکی نام گفتی مر اورا پدر / نهانی دگر اشکارا دگر ۳۲۸۵

KHOSROU PARVIZ

Une autre partie *de la journée* était uniquement vouée à la joie, à entendre les musiciens, assis tranquillement avec les grands, ne s'occupant pas de choses pénibles et n'y pensant pas, comme cela convient aux princes. Une troisième partie était donnée aux prières et aux louanges du Créateur; la quatrième était consacrée à l'observation du ciel sublime et aux questions sur la nature, les mouvements et le nombre *des astres*, les astronomes se tenant devant le roi et lui servant de guides vers le savoir; mais une moitié de cette partie se passait à boire du vin, dans les longues nuits, avec des belles de Tharaz.

Ensuite il divisait chaque mois en quatre parts pour pouvoir jouir de la vie. Une part était livrée aux jeux du Meïdan, aux raquettes et au tir de flèches, et un grand de la cour s'y tenait pour noter les coups. Une partie de ce temps était consacrée aux plaines et aux montagnes, et à la chasse, par laquelle il rajeunissait sa vie, et chaque fois qu'il en revenait, soit pendant la clarté du jour, soit pendant les longues nuits, tous les hommes qui avaient du pouvoir élevaient dans la ville des pavillons de fête. Une seconde part du temps était donnée aux jeux d'échecs et de trictrac et aux récits sur les temps de guerre. Dans la troisième part, il faisait asseoir devant lui à tour de rôle quiconque était savant ou lettré, et savait réciter quelque chose, et ils lui chantaient d'anciennes paroles. Dans la quatrième part, on appelait auprès du roi les envoyés qui étaient arrivés; il écrivait des réponses aux lettres qu'ils avaient apportées et les remettait à ces hommes qui portaient haut la tête et qui revenaient de sa cour avec des robes d'honneur et satisfaits. Ce même jour il écrivait les diplômes pour tous les pays et les remettait aux grands. Lorsque la nouvelle année commençait au mois de Ferwerdin, quand le soleil réveillait la foi dans les âmes, il établissait chaque fois en secret un trésor, qu'aucun de ses sujets ne connaissait.

SCHIROUÏEH, FILS DE KHOSROU, NAÎT SOUS DE MAUVAIS AUSPICES.

Lorsque cinq années de son règne furent passées, il n'y eut pas son égal dans le monde entier; la sixième année, la fille du Kaïsar, qui ressemblait à la lune, mit au monde un fils, l'image du roi. A

نهانی بگفتی بگوش اندرون	همی خواندی آشکار از برون
بگوش اندرش نام گفتا قباد	همی خواند شمروی فرّخ نژاد
چوشب کودك آمد گذشته سه پاس	بیامد بر کودك اختر شناس
از اختر شناسان بپرسید شاه	که هرکس که کرد اندر اختر نگاه
چه دیدند وفرجام این کار چیست	زین اختر این جهاندار چیست ۳۲۹۰
چنین داد پاسخ ستاره شمر	که بر چرخ گردون نمایی گذر
ازین کودك آشوب گیرد زمین	نخواند سپاهش بر و آفرین
هم از راه یزدان بگردد بنیز	ازین بیشتر چون سرانجام چیز
دل شاه غمگین شد از کارشان	وزآن ناسزاوار گفتارشان
چنین گفت با مرد داننده شاه	که به رین کنید این سخن را نگاه ۳۲۹۵
نگر تا نگردد زیان تان برین	بپیمش بزرگان ایران زمین
همی داشت آن اختر بد نگاه	نهاده بر آن بسته بر مهر شاه
پر اندیشه شد زین سخن شهریار	بدان هفته کسرا نداد ندبار
زبم جوار می بمکسو کشید	بدان چندگه روی اورکس ندید
همه مهتران پیش موبد شدند	زهر گونه داستانها زدند ۳۳۰۰
بدان تا چه شد نامور شاه را	که بربست بر کهتران راه را
چو بشنید موبد بشد نزد شاه	بدو داد یکسر پیام سپاه
چنین داد پاسخ ورا شهریار	که من تنگدل گشتم از روزگار
رگفتار این مرد اختر شناس	زگردون گردان شدم نا سپاس
بگهر فرمود کان پر نیان	بیاور یکی رقعه اندر میان ۳۳۰۵
بیاورد گهور و موبد بدید	دلش تنگ شد خامشی برگزید
وز آنپس بدوگفت یزدان ببست	که او بهنر از دانش هرکست
ارایدون که ناچار گردان سپهر	دگرگون نماید جوینده چهر
به تیمارگی بازگردد زبد	رگفتار ایشان مکن هیچ یاد
چنین گفتی از دانشی که سرد	جزا شادمانیت هرگز مباد ۳۳۱۰

cette époque, on ne frappait pas l'oreille d'un enfant *destiné à être* élevé tendrement, comme celui-ci; mais son père lui donnait un nom en secret et un autre en public; il lui disait dans l'oreille le nom secret et proclamait hautement le nom public. Le nom qu'il lui disait à l'oreille était Kobad, et publiquement il l'appelait Schirouï, à la naissance heureuse.

Lorsque l'enfant vint au monde, trois parts de la nuit étant passées, les astrologues furent appelés auprès de lui. Le roi leur demanda ce qu'avaient vu tous ceux qui avaient observé les astres, quel était le résultat de leurs calculs, et quelle étoile les tables astronomiques assignaient au prince. Le chef des astrologues répondit : « On ne peut se soustraire à la rotation du ciel; le monde sera troublé « par cet enfant, le peuple ne le bénira pas et il s'écartera de la voie « de Dieu. Que pourrions-nous dire de plus? » Le cœur du roi fut affligé des calculs et des paroles défavorables des astrologues; il dit à cet homme savant : « Surveillez mieux vos paroles et ayez soin que « votre langue ne laisse rien échapper de cela devant les grands du « pays d'Iran. » L'astrologue se tut sur ce mauvais horoscope et l'enferma sous le sceau du roi.

Le roi fut plein de chagrin de cette affaire, et ferma la cour pendant toute cette semaine, s'abstint de la chasse et du vin, et ne vit personne pendant tout ce temps. Tous les grands vinrent chez le Mobed et lui firent des discours de toute espèce, demandant ce qui était arrivé au roi illustre pour qu'il refusât l'accès à ses sujets. Le Mobed, ayant écouté tout cela, alla chez le roi et lui fit part des messages de l'armée. Le roi répondit : « Je suis inquiet du sort, les paroles de ces « astronomes me font me révolter contre le ciel qui tourne. » Il ordonna à son trésorier de lui apporter l'enveloppe de satin qui contenait une feuille écrite. Le trésorier l'apporta, le Mobed la regarda, son cœur se serra et il resta muet. A la fin, il dit : « Dieu est tout, il « est au-dessus du savoir de qui que ce soit. Si ce ciel qui suit sa loi « en tournant montre un visage défavorable à ceux qui l'interrogent, « *Dieu*, dans sa miséricorde, peut changer ce malheur. Comment un « savant peut-il prendre sur lui de parler ainsi? Ne fais pas attention « à leurs paroles. Puisses-tu ne jamais avoir que des raisons de joie!

جهان آفرین بهشت و یار تو باد / سر اختر اندر کنار تو باد
زمویذ چو بشنید خسرو سخن / بخندید و کاری نو افگند بن
دبیر پسندیده را خواند پیش / سخن گفت با او از اندازه بیش

نامه نبشتن خسرو بقیصر و پاسخ قیصر وخواستن او دختر مسیح

بقیصر یکی نامه فرمود شاه / که برنه سزاوار شاهی کلاه
که مریم پسر زاد مهوش یکی / که هرکس ندیدی چنو کودکی
نشاید مگر دانش و تخت را / وگر در هنر بخشش و تخت را
چو من شادمانم تو شادان بزی / که شادی و گردنکشی را سزی
چو آن نامه نزدیک قیصر رسید / نگه کرد و توقیع پرویز دید
بفرمود تا گاودم بردرش / زدند و یر از بانگ شد کشورش
ببستند آذین بهمراه وراه / برآواز شبروی بیروز شاه
برآمد م آواز رامشگران / همه شهر روم از کران تا کران
بدرگاه بردند چندی صلیب / نسیم گلان آمد و بوی طیب
بیک هفته زینگونه با رود وی / بمودند شادان زشبروی کی
بهشتم بفرمود تا کاروان / بیامد بدرگاه با ساروان
صد اشتر بگنج درم بار کرد / چو یبخه دگر بار دینار کرد
ز دیبای زربفت روی دوبست / که گفتی زرر جامه را تار نیست
چهل خوان زرین پایه ببست / چنان کز در شهریاری سزد
همان چند زرین و سیمین دده / بگوهر برو چشمشان آزده
بمریم فرستاد چندی گهر / یکی نره طاوس کرده بزر
چه از جامهٔ نرم و روی حریر / زدز وزیرجد یکی آبگمر
هان بازکشور که بد چهار بار / ز دینار روی هزاران هزار
فرستاد با مرد روی چهل / کجا هر چهل بود بمدار دل

« Puisse le Créateur du monde être ton soutien et ton protecteur;
« puissent les astres être tes amis! » Le roi sourit en écoutant ces paroles du Mobed, et s'occupa à traiter une autre affaire; il fit appeler son scribe favori et s'entretint avec lui très-longuement.

KHOSROU ÉCRIT AU KAÏSAR, QUI LUI RÉPOND EN DEMANDANT LA CROIX DU MESSIE.

Le roi fit écrire au Kaïsar une lettre dans laquelle il disait : « Mets sur
« ta tête un diadème digne de la royauté, car Mariam a mis au monde
« un enfant semblable à la lune, un enfant tel que tu n'en as jamais
« vu, et qui est tout à fait digne d'acquérir du savoir, d'obtenir les
« grâces de la fortune, et de gagner par son mérite le trône et les
« moyens d'être généreux. Puisses-tu vivre heureux comme je suis
« heureux, car le bonheur et la fierté sont tes droits. »

Lorsque la lettre parvint au Kaïsar, il l'examina et vit le chiffre de Parviz. Il fit sonner des trompettes au-dessus de la porte du palais, et tout son pays se remplit de bruit. On éleva des pavillons de fêtes sur les routes et hors des routes en l'honneur de Schirouï, le fils du roi victorieux. Les sons de la musique se firent entendre dans le pays de Roum, d'une frontière à l'autre; on portait à la cour *en procession* beaucoup de crucifix, l'arome des roses et l'odeur des parfums remplissaient l'air. Pendant sept jours, on fêta avec de la musique et du vin *la naissance de* Schirouï, le Keïanide, et, le huitième, le roi fit venir à la porte du palais une caravane avec des chameliers et fit charger cent chameaux de pièces d'argent, cinquante autres de pièces d'or; deux cents autres portaient des brocarts de Roum, tellement brillants d'or, qu'on aurait dit que l'étoffe ne contenait pas de chaîne *de soie;* puis quarante tables d'or avec des pieds de corail, des tables dignes d'un roi; enfin, des figures d'animaux sauvages en or et en argent, avec des yeux en pierres fines. Il envoya à Mariam une quantité de joyaux, un paon en or, puis des vêtements soyeux, des pelleteries du Roum, et un vase de beryl, *incrusté* de perles. Ensuite il envoya le tribut de son pays, montant à quatre mille fois mille pièces d'or, sous la garde de quarante Roumis, tous gens à l'esprit

گوی بمشرو نام او خانگی ... که هِمتا نبودش بفرزانگی
همی شد برین گونه با ساروان ... شتروار دینار ده کاروان
چو آگاهی آمد بمـروز شاه ... که پیغمبر شاه آمد زراه
بفرّخ بفرمود تا برنشست ... یکی مرزبان بود خسرو پرست
که سالار او بود بر نیمروز ... گرامایهٔ گرد لشکر فروز
برفتند با او سواران شاه ... بسر بر نهادند زرّین کلاه
چو از دور دید آن سپه خانگی ... بمش اندر آمد به بیگانگی
چنین تا بنزدیك شاه آمدند ... بدان نامور بارگاه آمدند
چو دیدند زیبا رخ شاهرا ... بر آن گونه آراسته گاهرا
نهادند همواره سر بر زمین ... برو بر همی خواندند آفرین
مالید بس خانگی رخ بخاك ... همی گفت کای داور داد و پاك
زیمروزگر آفرین بر تو باد ... مبادی همیشه مگر شاه و شاد
بزرگانش از جای برخاستند ... بنزدیك شه جایش آراستند
چنین گفت پس شاهرا خانگی ... که چون تو که باشد بفرزانگی
رخورشید بر چرخ تابنده تر ... زجان تختگوی یابنده تر
مبادا جهان بی چنین شهریار ... بروممند بادا ورا روزگار
ممیناد کس روز بی کام تو ... نبشته بخورشید بر نام تو
جهان بی سر افسر تو مباد ... بر و بوم بی لشکر تو مباد
زقیصر درود و زما آفرین ... برین نامور شهریار زمین
کسی کو برین سایهٔ شاه شاد ... نباشد ورا روشنائی مباد
ابا هدیه و باز روم آمدیم ... بدین نامبردار بوم آمدیم
برفتم با فیلسوفان بسم ... بدان تا نباشد کس از ما دژم
زقیصر پذیرد مگر باز و چیز ... که با باز و چیز آفرینست نیز
بخندید از آن پر هنر مرد شاه ... نهادند زیرش یکی زیرگاه
فرستاد پس چیزها سوی گنج ... بدو گفت چندی نمایست رنج

éveillé et commandés par Khaneghi, un homme vaillant, qui n'avait pas son égal en savoir; et c'est ainsi que partirent, sous le chef des chameliers, dix troupes de chameaux chargés d'or.

Lorsque le roi victorieux apprit qu'un envoyé du Kaïsar paraissait sur la route, il fit monter à cheval Farrukh, qui avait le rang de gouverneur de frontière, était dévoué à Khosrou et commandait en son nom dans le Nimrouz, un noble et vaillant homme, un ornement de l'armée. Il emmenait avec lui des cavaliers du roi couverts de leurs casques d'or. Lorsque Khaneghi vit de loin cette troupe, il alla vers elle, comme il convient à un étranger, et c'est ainsi que *les Roumis* arrivèrent auprès du roi et de sa cour illustre. Quand ils virent le noble visage du roi et son trône si magnifiquement paré, ils se prosternèrent tous le visage contre terre et rendirent hommage au roi. Khaneghi frotta longtemps sa joue sur le sol, puis il dit : « Ô maître « de la justice, ô saint *roi!* Puisse Dieu, qui donne la victoire, te bénir, « puisses-tu rester toujours roi et toujours heureux ! » Les grands le relevèrent et lui assignèrent une place près du roi; alors Khaneghi lui dit : « Qui est-ce qui pourrait t'égaler en savoir ? Tu es plus brillant « que le soleil sur la voûte du ciel, plus ingénieux que l'esprit le plus « éloquent. Puisse le monde n'être jamais privé d'un roi comme toi; « puisse le sort te combler de biens; puisse-t-il n'y avoir pas de jour « où ta volonté ne soit faite, toi dont le nom est écrit sur le soleil; « puisse le monde ne jamais être sans ton diadème, puisse ton empire « ne jamais être sans ton armée. Je porte à l'illustre roi de la terre « les salutations du Kaïsar et nos hommages; puisse tout homme qui « n'est pas heureux sous cette ombre du roi être privé de la lumière. « Nous venons avec des présents et avec le tribut du Roum; nous « sommes arrivés dans ton pays glorieux, en amenant avec nous des « philosophes pour qu'aucun *de vous* ne soit désappointé en nous. « Plaît-il au roi d'accepter le tribut et les présents du Kaïsar, accom- « pagnés de nos hommages? »

Le roi sourit à cet homme plein de mérite, qu'il fit placer sur un siége, puis il envoya toutes ces richesses dans son trésor, disant : « Il « n'aurait pas fallu vous imposer tant de peine. » Ensuite il dit à Kharrad, fils de Berzin : « Lis cette lettre devant l'assemblée. » Le scribe, qui

بخراد برزین چنین گفت شاه
بعنوان نگه کرد مرد دبیر
چنین گفت کین نامه نزد مهست
جهاندار بیمار پدرام شهر
جهاندار فرزند هرمزد شاه
زقیصر پدر مادر شیر نام
ابا فر و یا بر و فیروز باد
بایران ونیران برش دسترس
همیشه بدل شاد و روشن روان
گرانمایه شاه کیومرثی
پدر بر پدر بر پیسر بر پیسر
سروی پاک یزدان کند آفرین
نه چون تو سواری نه چون تو بهار
همه مردی و همه راستی
به ایران و نیران و هندوستان
ترا داد یزدان بماک نژاد
فریدون چو ایران بایرج سپرد
برو آفرین کرد روز نخست
همه بمنماری و نمک اختری
توگوئی که یزدان شمارا سپرد
هنر پرور و راد و بخشنده گنج
نهادند بر دشمنان باز و ساو
به هنگام کسرای نوشین روان
که چون اویکی شاه اندر جهان
که از ژرف دریا برآورد پی

که آن نامه برخوان بممش سپاد
که گوینده بود او و م یادگیر
سرافراز پرویز یزدان پرست
که یزدانش تاج وخرد داد بهر
که زیبای تاجست وزیبای گاه
که پاینده بادا بر و نام و کام
همه روزگارانش نوروز باد
بشاهی مبادش انبازکس
همیشه خرد پیر و دولت جوان
همان پور هوشنگ طهورثی
مبادا که این گوهر آید بسر
بزرگان ملک و بزرگان دین
نه چون تو بایران چینی نگار
مبیماد جانت درکاستی
همان ترک و یا روم و جادوستان
کسی چون تو از پاک مادر نژاد
زروم وزچمن نام شاهی بمرد
دلشرا زکژی و تاری بشست
بزرگی و مردی و افسونگری
وزین دیگران نام مردی بمرد
ازین تخمه هرگز نبد کس برنج
بدانیش شان بارکش همچو گاو
که بادا همیشه روانش جوان
نبود و نباشد زخم مهان
بر آن گونه دیوار بمدار گی

était un homme éloquent et observateur, regarda la suscription de la
lettre et dit : « Cette lettre est adressée au Grand roi, à Parviz, qui porte
« haut la tête, au serviteur de Dieu, au maître prudent d'un pays heu-
« reux, à qui Dieu a donné pour sa part l'intelligence et le trône, au
« maître du monde, fils du roi Hormuzd, ornement de la couronne,
« ornement du trône, de la part du Kaïsar, le père de la mère du
« prince qui porte le nom de lion, puissent sa renommée et son pou-
« voir être durables, puisse-t-il être glorieux, puisse-t-il porter fruit et
« être victorieux, puissent tous ses jours ressembler au Naurouz ! Que
« sa puissance s'étende sur l'Iran et l'Aniran, qu'il n'ait jamais un rival
« dans l'empire, qu'il soit toujours heureux de cœur et serein d'esprit,
« que son intelligence soit toujours mûre et son pouvoir jeune ! Ce
« noble prince de la race de Kaïoumors, ce descendant de Houscheng
« fils de Thahmouras, et ainsi de père en fils, de génération en géné-
« ration (puisse cette famille ne jamais s'éteindre !), que Dieu, le saint,
« que les grands du royaume et les chefs de la foi le bénissent !

« Il n'y a pas de cavalier *vaillant* comme toi, ni de printemps *joyeux*
« comme toi, ni dans un palais une peinture chinoise *bella* comme
« toi ; tu es tout humanité et toute droiture, puisse ta vie ne jamais
« dépérir. Dieu t'a fait naître de la race la plus pure qui existe dans
« l'Iran et l'Aniran, dans l'Hindoustan, chez les Turcs et jusqu'en
« Roum et dans le pays des magiciens, et jamais mère sainte n'a mis
« au monde un fils comme toi. Quand Féridoun a donné l'Iran à
« Iredj, il a enlevé au Roum et à la Chine la gloire de la primauté, il
« a béni Iredj dès le premier jour, il a purifié son cœur de la per-
« versité et des ténèbres ; on dirait que Dieu vous a accordé toute ri-
« chesse, la bonne étoile, la puissance, le courage et l'art de la magie,
« et qu'il a enlevé aux autres le renom de la bravoure. Patrons de tout
« mérite, nobles et prodigues de leurs trésors, les hommes de cette
« race n'ont jamais été dans la peine ; ils ont imposé à leurs ennemis
« des tributs et des redevances, et ceux qui leur voulaient du mal ont
« porté leurs fardeaux comme des bœufs.

« Dans le temps de Kesra Nouschirwan, puissent ses mânes rester
« toujours jeunes ! car jamais il n'y a eu ni il n'y aura dans le monde
« un prince de la race des Grands rois comme lui, qui a passé les

LE LIVRE DES ROIS

زتركان همه بيشه ناروان	برستند وى زنخ گشت انجمن
زدشمن برستند چندان جهان	بروآفرين از كيهان ومهان
زتازى وهندى وايرانيان	بستند پيش كمر بر ميان
زدرياى چمن تا بشهر خزر	از ارمينيه تا در باختر
زهيتال وترك وسمرقند وچاچ	بزرگان با فرّ واورنگ وتاج
همه كهتران شما بوده اند	بر آن بندگى بر گوا بوده اند
كه شاهان زتخم فريدون بدند	دگر يكسر از داد بمروبن بدند
بدين خويشى اكنون كه من كرده ام	بزرگى بدانش برآورده ام
بدان گونه شادم كه تشنه بآب	ويا سبزه تمره از آفتاب
جهاندار بمدار فرّخ كناد	مرا اندرين زود پاى كناد
يكى آرزو خواهم از شهريار	كه آن آرزو نزد او هست خوار
كه دار مسيحا بگنج شماست	چو بينيد دانيد گفتار راست
بر آمد بر آن سالمان دراز	سزد گر فرستد مرا شاه باز
بدين آرزو شهريار جهان	ببخشايد از ما كيهان ومهان
بگيتى برو بركند آفرين	كه بى او مبادا زمان وزمين
بديو من زخسرو پذيرم سپاس	نمايش كم روز وهر شب سه پاس
همه هديه وساو وباژى كه من	فرستم بنزديك آن انجمن
پذيرد پذيرم سپاسى بدان	مبيناد چشم تو روى بدان
شود فرّخ آن جشن وآيين ما	درخشان شود در جهان دين ما
همين روزه پاك يكشنبدى	زهر در پرستيدن ايزدى
بر آن سوگواران مالند روى	برو بر فراوان بسوزند بوى
شود آن زمان بر دل ما درست	كه از كينه دلها بخواهيد شست
كه بود از گه آفريدون فراز	ابا سلم وتور اندر آمد براز
شود كشور آسوده از تاختن	بهر گونه كينها ساختن
زن وكودك روميان برده اند	دل ما زهر گونه آزرده اند

« eaux profondes *du Djihoun* et dépassé le grand mur construit par
« un Keïanide prudent; *dans son temps* on a délivré des Turcs toute la
« forêt de Narwen et rendu le repos à tout le peuple; on a délivré ce
« grand pays de ses ennemis; que la bénédiction des grands et des
« petits soit sur Kesra! Les Arabes, les Hindous et les Iraniens com-
« posaient ses armées; depuis la mer de la Chine jusqu'au pays des
« Khazars, depuis l'Arménie jusqu'aux portes de l'Occident, chez les
« Heïtaliens et les Turcs, à Samarkand et à Djadj, tous les grands,
« malgré leur autorité, leurs honneurs et leurs couronnes, devinrent
« vos sujets et reconnurent leur servitude, car vos rois étaient de la
« race de Feridoun et les autres n'avaient aucun droit.

« L'alliance que j'ai contractée avec vous et par laquelle j'ai sage-
« ment augmenté ma puissance, me réjouit comme l'eau réjouit un
« homme altéré ou une plante brûlée par le soleil. Puisse le prudent
« maître du monde être heureux, et puisse-t-il me donner bientôt une
« réponse, car j'ai une demande à faire au roi, la demande d'une
« chose qui n'a pas de valeur pour lui. Vous avez dans votre trésor
« la croix du Messie; si vous regardez, vous reconnaîtrez que je dis
« la vérité; il y a bien des années que vous l'avez. Plairait-il au roi
« de nous la renvoyer? En nous accordant cette demande, le roi du
« monde fera une grâce à nous tous, grands et petits, et le monde
« entier le louera, et souhaitera que le temps et la terre ne soient ja-
« mais privés de lui. Je la recevrai de Khosrou comme un bienfait,
« et je prierai pour lui pendant le jour et dans les trois veilles de
« chaque nuit. Qu'il accepte tous mes présents et les tributs et rede-
« vances que j'envoie à sa cour, et j'accepterai cette *croix* comme
« une grâce; puisse son œil ne jamais apercevoir le visage des mé-
« chants! Alors nos fêtes et nos rites seront complets, notre foi brillera
« dans le monde; on jeûnera pieusement le premier jour de la se-
« maine, on adorera Dieu partout; les affligés frotteront leur visage
« contre cette *croix*, on brûlera beaucoup d'encens devant elle, et ce
« sera un moment heureux pour mon cœur, car vous effacerez les
« haines qui ont pris naissance du temps de Feridoun et sont entrées
« au fond des âmes au temps de Selm et de Tour. Le pays sera dé-
« livré des incursions et des vengeances de toute espèce qui éclataient,

بدین خویشی ما جهان رام گشت / همه کار بیهوده پدرام گشت
درود جهان آفرین بر تو باد / همه آفرین جهان بر تو باد
چو آن نامهٔ قیصر آمد بمن / جهاندار بشنید چندین سخن ۳۴۱۰
از آن نامه شد شاه خرّم نهان / برو تازه شد روزگار مهان
بسی آفرین خواند بر خانگی / بدو گفت بس کن زیبگانگی
گرانمایه را جایگه ساختند / دو ایوان خرّم بپرداختند
ببردند چیزی که بایست برد / بنزدیك آن مرد بمدار وگرد
بیامد بدید آن گزین جایگاه / وز آنس همی بود نزدیك شاه ۳۴۱۵
بخوان و نبید و شکار و نشست / همی بود با شاه یزدان پرست
بدین گونه یکچماه نزدیك شاه / ببودند شادان دل ونیکخواه

پاسخ نامهٔ قیصر از خسرو پرویز

چو یکچماه شد نامه پاسخ نوشت / تنهای با مغز و فرّخ نوشت
سر نامه گفت آفرین مهان / بر آن باد كو پاك دارد نهان
بد و نیك بمند زیزدان پاك / وزو دارد اندر جهان ترس و باك ۳۴۲۰
کند آفرین بر خداوند مهر / کزین گونه بر پای دارد سپهر
نخست آن که کردی ستایش مرا / بنامه نمودی نمایش مرا
بدانستم وشاد گشم بر آن / سخن گفتن تاجور خردان
پذیرفتم این ناموَر گنج تو / نخواهم که چندان بود رنج تو
از ایرا جهاندار یزدان پاك / بر آورد بوم ترا از سمالك ۳۴۲۵
رهند و رسقلاب و جمن و خزر / چمن ارجمند آمد آن بوم و بر
چه مردی چه دانش چه پرهیز و دین / یزدان شما را رسید آفرین
چو کار آمدم پیش بار آمدی / بهر دانشی غمگسار آمدی
چمن شاد بودم زیمنوَد تو / بدین پر هنر پاك فرزند تو

« car les femmes et les enfants des Roumis étaient enlevés et nos
« cœurs blessés de toutes les manières. Le monde a été pacifié par
« notre alliance, et ces folies ont été calmées; que la grâce du Créa-
« teur soit sur toi, que tu sois comblé des bénédictions du monde ! »

Lorsque *la lecture de* cette lettre fut terminée, le maître du monde, qui avait écouté toutes ces paroles, s'en réjouit dans son âme, et il sentit la fortune des rois refleurir en lui. Il combla de louanges Khaneghi et lui dit : « Ne te regarde pas comme étranger ici. » On prépara un appartement pour cet homme noble, on arrangea pour lui deux belles salles; on apporta à cet homme prudent et vaillant tout ce qu'il fallait. Il alla voir cette demeure choisie, puis il se rendit auprès du roi et ne quitta plus ce prince adorateur de Dieu, ni quand il mangeait ou buvait, ni pendant la chasse, ni pendant le repos, et c'est ainsi que *les Roumis* passèrent un mois auprès du roi, joyeusement et amicalement.

KHOSROU PARVIZ RÉPOND À LA LETTRE DU KAÏSAR.

Au bout du mois, Khosrou écrivit sa réponse; il écrivit des paroles fortunées et pleines de sens : « Que les hommages des grands soient rendus à celui qui garde un cœur pur, qui accepte de Dieu, le tout saint,
« le bien et le mal, vit dans sa crainte, et bénit le maître du soleil,
« qui maintient le ciel tel que nous le voyons. D'abord je te dirai que
« j'ai compris les louanges que tu m'adresses et l'amitié que tu me
« témoignes dans ta lettre, et je me suis réjoui de cette manière de par-
« ler, digne d'un sage couronné. J'ai reçu tes magnifiques présents;
« je n'aurais pas voulu que tu fisses tant de dépenses. *Tu peux les faire,*
« parce que Dieu, le maître du monde, le tout saint, a élevé ton pays
« au-dessus de l'Arcture, et que ton royaume est ainsi devenu supé-
« rieur à l'Inde et au pays des Seklab, à la Chine et au pays des Kha-
« zars. Quelle bravoure, quel savoir, quelle vertu, quelle foi ! Dieu
« vous a véritablement bénis. Quand j'avais besoin de toi, tu es venu
« vers ton ami et tu m'as délivré de mes soucis par toutes les ressources
« de ta sagesse. J'ai été heureux de mon alliance avec toi par ta fille,
« pleine de mérite et de vertu, car il n'y a rien de plus grand que ta

که مهتر نباشد زفرزند تو	زبوم وبر وباک یموند تو
همه مهتران روی برگشتند	مرا در جهان خوار بگذاشتند
تو تنها بجای پدر بودی	همان از پدر بیشتر بودی
همان همچنان دارم اکنون که شاه	پدر بمد آزاده ونیکخواه
دگر هرچه گفتی زشمروی من	از آن دین پاکتن پشت ونیروی من
بدانستم وآفرین خواندم	بر آن دین ترا پاکدین خواندم
دگر هرچه سفتی زیاکمرزه دین	زیکشنبدی روزه وآفرین
همه خواند بر ما یکایک دبیر	تختهای شایسته ودلپذیر
ما بر زدین کهن ننگ نیست	بگیتی به از دین هوشنگ نیست
همه داد ونیکی وشرمست ومهر	نگه کردن اندر شمار سپهر
بهستی یزدان نموشاترم	همیشه سوی داد کوشاترم
ندانمش انبار ویموند وجفت	نگردد نهان ونخواهد نهفت
در اندیشهٔ دل نگنجد خدای	بهستی همی باشدت رهنمای
دگر کت زدار مسیحا تخن	بیاد آمد از روزگار کهن
هر آن دین که باشد بخوی بمای	بر آن دین باشد خرد رهنمای
کسی را که باشد همی سوگوار	که کردند پیمغرش را بدار
که گوید که فرزند یزدان بد اوی	بر آن دار برگشته خندان شد اوی
چو فرزند بد رفت سوی پدر	تواندود آن چوب پوده مخور
زقیصر چو بیمهوده آید تخن	بخندد بر آن کار مرد کهن
همان دار عیسی نمرزد برنج	که شاهان نهادند آنرا بگنج
از ایران چو چوبی فرستم بروم	بخندد بر ما همه مرز وبوم
موبد نماید که ترسا شدم	که از بهر مریم سکوبا شدم
دگر آرزو هرچه آید بخواه	شمارا سوی ما کشادست راه
پسندیدم آن هدیهای تو نیز	کجا رنج بردی زهرگونه چیز
بشمروی بخشمدم این برده رنج	پی افگندم اورا یکی تازه گنج

« fille, ton pays et cette pure alliance avec toi. Tous les princes
« s'étaient détournés de moi, ils m'avaient abandonné avec dédain;
« toi seul m'as tenu lieu de père et de plus que de père. Continue à
« me traiter ainsi, maintenant que *toi*, mon père, tu me vois roi libre
« et plein d'amitié pour toi.

« Ensuite j'ai compris tout ce que tu as dit sur mon *fils* Schirouï,
« cet enfant au corps pur, qui sera mon soutien et ma force, et je
« t'en remercie et je t'appelle pour cela homme à la foi pure. Mon
« scribe m'a lu de même toutes les belles et touchantes paroles que tu
« as dites sur ta sainte religion, sur le jeûne du premier jour de la
« semaine et sur tes dévotions. Je n'ai pas honte de mon antique foi;
« il n'y a rien de mieux dans le monde que la foi de Houscheng,
« qui consiste tout entière dans la justice et la bonté, la décence et
« la charité, et dans l'observation des astres. Je suis très-convaincu de
« l'existence de Dieu, je m'applique sincèrement à la justice. Nous ne
« reconnaissons à Dieu ni compagnons, ni alliés, ni compagnes; il
« n'est jamais caché et ne disparaîtra jamais; nos pensées ne peuvent
« pas embrasser son être, et c'est lui-même qui est ton guide vers la
« reconnaissance de son existence.

« Quant à la croix du Messie, dont tu parles selon les traditions an-
« ciennes, *réfléchis* que toute croyance bien établie doit être telle que la
« raison y conduise. *Mais qui peut dire à un homme qui s'afflige de ce*
« qu'on a attaché à la croix son prophète, *qui peut lui dire* que ce fut le
« fils de Dieu et qu'il a souri sur cette croix élevée? Car si c'était le fils,
« il s'en retournait chez son père; ne te chagrine donc pas pour ce bois
« pourri, et si le Kaïsar prononce des paroles folles, tout vieillard en
« rira. La croix de Jésus ne valait pas la peine que les rois la missent
« dans leur trésor, et, si j'envoyais de l'Iran au Roum un morceau de
« bois, tout le pays rirait de moi, et les Mobeds croiraient que je suis
« devenu chrétien, que je suis devenu prêtre à cause de Mariam.

« Demande-moi toute autre chose, quelle qu'elle soit, le chemin
« vous est ouvert auprès de moi. J'admire tes présents pour lesquels
« tu t'es donné tant de peine; j'ai donné à Schirouï ces *richesses*, réu-
« nies avec tant de labeur, et j'en ai fait pour lui le commencement
« d'un beau trésor. Mais je suis plein de soucis sur le Roum et l'Iran,

LE LIVRE DES ROIS

ززوم وزایـران پـراندیشـه ام | شب تیره اندیشه شد پیشه ام
بترسم کـه شـمروی گـردد بـلند | رسـانـد بـروم وبـایـران گـزنـد
نخست اندر آمد زسلم سترگ | زاسکندر کمنه ور پـمرگـرگ
زکمن نـوآئمن وکـمن کـهن | مگر در جهان تازه گردد کهن
تنها که بشنیدی از دختر | چنان دان که او تازه کرد افسر
بدین مسیحا بـکـوشـد هـمی | تخنهای ما کـم نمیشد هـمی
بآرام شادست ویـمـروز تخت | بدین خسروآئمن نوآئمن درخت
همشه جهاندار یار تو باد | سر اختر اندر کنار تو باد
نهادند بر نامه بر مهر شاه | همی داشت خرّاد برزین نگاه
کشادند ازین پس درگنج شاه | کجا گرد کرد او بروز دراز
نخستین صد وشصت بندادسی | که پمداوی خواندش پارسی
بگوهر بیاگند هر یك چوسنگ | نهادند بر هر یكی مهر تنگ
مرآن هر یكبرا بها صد هزار | درم بـود بـر دفـتـر شـهریار
زدیبای چمنی صد ودو هزار | ازو چند زربفت گوهر نگار
دگر پانصد در خوشاب بـود | که هر دانهٔ قطرهٔ آب بود
صد وشصت یاقوت چون ناردان | پسندیدهٔ مـرد کـاردان
زهندی وچمنی واز هر سوی | زمصری واز جامهٔ شستری
زچمزی که خمزد زهر کشوری | که چون آن نبد در جهان دیگری
فرستاد سیصد شتروار بار | از ایران بـر قمصر نامدار
یکی خلعت افگند بر خانگی | فزونتر زخویشی وبمگانگی
هان اسپ وجامه و تخت وستام | زیوشمدنیمها که بردوند نام
چنین م شتـروارهـا بـار کـرد | از آن یك شتروار دینار کرد
بخشید بـر فیـلـسـوفـان درم | زدینار وهر گـونـه بـمش وکـم
برفتند شادان ازین مرز و بوم | بنزدیك قیصر زایران بروم
همه مهتران خواندند آفرین | بر آن پر هنر شهریار زمین

« et je passe les nuits sombres à me livrer à mes pensées. Je crains
« que, quand Schirouï sera devenu grand, il ne renouvelle dans le
« Roum et dans l'Iran ces grands maux, qui ont été provoqués d'abord
« par le féroce Selm, et continués par Iskender, ce vieux loup, avide
« de vengeance; je crains qu'on ne réveille dans le monde toutes ces
« haines nouvelles et anciennes.

« Enfin, quant à ce que tu as entendu de ta fille, sache qu'elle a
« rajeuni ton diadème; elle pratique la religion du Messie, et n'écoute
« guère ce que je lui dis là-dessus; elle est heureuse du repos dans
« lequel elle vit, et triomphante de ce nouveau rejeton de l'arbre royal.
« Puisse le maître du monde être toujours ton protecteur, puisse ton
« étoile ne jamais te quitter! »

On plaça sur la lettre le sceau du roi et on la confia à Kharrad,
fils de Berzin. Ensuite on ouvrit le trésor que le roi avait accumulé
pendant de longues années. Il prit d'abord cent soixante bourses pour
les monnaies que les Perses appellent Peïdâwesi, et les remplit toutes
complétement de pierres fines; on ferma soigneusement chaque bourse
par un sceau; elles étaient inscrites chacune pour la valeur de cent
mille dirhems dans les livres du roi. Ensuite *il prit* deux mille cent
pièces de brocart de Chine, dont quelques-unes tissées d'or et brodées de pierreries; cinq cents perles de bel orient, dont chacune était
comme une goutte d'eau, et cent soixante rubis semblables à des grenades et admirés des connaisseurs; enfin il envoya de l'Iran au Kaïsar illustre trois cents charges de chameau d'étoffes de la Chine, de
l'Inde et d'autres pays, *comme* l'Égypte et Schouster, toutes choisies
dans ce que produisent de mieux ces pays, et telles que le monde
n'offre rien de pareil.

Il revêtit Khaneghi d'une robe d'honneur plus belle que celle qu'on
offre à des parents ou à des étrangers, et lui donna des chevaux, un
trône, des robes, des brides et des étoffes renommées, et en composa des charges de chameau, dont une consistait en pièces d'or.
Puis il donna aux philosophes de l'argent, de l'or et des présents de
toute espèce. Ils quittèrent ce pays pleins de contentement, revinrent
de l'Iran auprès du Kaïsar à Roum, et tous les grands chantèrent les
louanges de ce roi du monde, plein de mérite.

داستان خسرو پرویز و شیرین

آغاز داستان

کهن گشته این نامهٔ باستان   ز گفتار و کردار آن راستان
همین نامه نوکم زین نشان   کجا یادگارست از آن سرکشان
بود بیت شش بار بیمور هزار   سخنهای شایستهٔ غمگسار
نبیند کسی نامهٔ پارسی   نوشته بابیات صد باری
اگر باز جویی از و بیست بد   هانا که کم باشد از پانصد
چنین شهریاری و بخشنده   بگیتی رشاهان درخشنده
نکرد اندرین داستانها نگاه   زبدگوی و بخت بد آمد گناه
حسد برد بدگوی درکار من   تبه شد بر شاه بازار من
چو سالار شاه این سخنهای نغز   بخواند ببیند بماکمزه مغز
ز گنجش من ایدر شوم شادمان   کزو دور بادا بد بدگمان
وز آنمس کند یاد بر شهریار   مگر تخم رنج من آید ببار
که جاوید باد افسر و تخت او   ز خورشید تابنده تر بخت او
چنین گفت داننده دهقان پیر   که دانش بود مرد را دستگیر
غم و شادمانی بماید کشید   زهر تلخ و شوری بماید چشید
جوانی دارنده و با گهر   نگیرد بی آزمایش هنر
هنر ز آزمایش پدید آیدی   همه کارها را کلید آیدی
چو پرویز ناباک بود و جوان   پدر زنده و پیور چون پهلوان
ورا بر زمین دوست شیرین بدی   بر ویر چو روشن جهان بین بدی
پسندش نبودی جزو در جهان   ز خوبان و از دختران مهان
بدانگه که شد بر جهان شهریار   ز شیرین جدا بود یک روزگار
بگرد جهان بر بی آرام بود   که کارش همه رزم بهرام بود

Je vais maintenant rajeunir une histoire ancienne et parler des aventures de Schirin et de Khosrou.

AVENTURES DE KHOSROU PARVIZ ET DE SCHIRIN.
COMMENCEMENT DE L'HISTOIRE.

Le livre ancien qui raconte les paroles et les actions des hommes de bien a vieilli et j'en fais un livre nouveau, de manière à rappeler la mémoire de ces hommes qui portaient haut la tête ; il sera composé de six fois dix mille distiques, en belles paroles propres à consoler dans les chagrins. Personne ne trouve un livre en langue persane qui contienne trente fois cent distiques, et, si l'on en rayait les mauvais vers, il en resterait probablement moins de cinq cents. Et pourtant un si grand et si généreux roi, qui brille parmi tous les rois de la terre, ne fait pas attention à mes récits : c'est la faute de la calomnie et de ma mauvaise fortune. Des calomniateurs ont porté envie à mon œuvre et m'ont enlevé la faveur du roi ; mais quand le roi, chef de l'armée, lira mes doux récits, quand il réfléchira avec son intelligence lucide, je recevrai de son trésor ma récompense. Puisse le mal que lui veulent ses ennemis ne pas l'atteindre ! Dorénavant, *mon œuvre* me rappellera au roi, et j'espère que la semence de mes peines portera fruit. Puissent son diadème et son trône être éternels et sa fortune être plus brillante que le soleil !

Voici ce que dit un vieux et savant Dihkan : « C'est le savoir qui « vient en aide à l'homme ; il faut accepter le chagrin et la joie, « il faut goûter de toute amertume et de toute mauvaise saveur. La « jeunesse, si riche et si bien née qu'elle soit, n'acquiert pas de mé- « rite sans efforts ; c'est en s'essayant qu'on fait paraître le mérite et « qu'on trouve la clef de toutes les affaires. »

Lorsque Parviz était un jeune homme sans peur, que son père vivait encore, et que le fils menait la vie de Pehlewan, il avait pour amie Schirin, qui lui était chère comme son œil brillant ; il n'y avait qu'elle dans le monde qui pût lui plaire parmi toutes les belles et les filles des grands. Mais, quand il fut devenu roi du monde, il se sépara d'elle pendant un temps, errant dans le monde sans repos, et tout absorbé

رفتن خسرو بـشکار و دیـدن شـیرین و فرستادنش مشکوی خود

چنان شد که یکروز پیروزشاه	هـی آرزو کـرد شکـارگـاه
بیاراست برسان شاهنشهان	که بـودند ازو بیشتر در جهان
چو بالای سیصد برزین ستـام	بمردند با خسرو نیـکنام
هزار و صد وشصت خسروپرست	پیاده هـمی رفت زویین بدست
هزار وچهل چوب وشمشیر داشت	که دیبـا زبر وزره زیـر داشت
پس اندر دوان هفتصد بازدار	ابا واشـه وچرغ وشاهـین کـار
وز آنپس برفتند سیصد سوار	پس از بازداران همه یـوزدار
بزنجیر هفتـاد شیر و پلنگ	بدیبای چین اندرون بسته تنگ
پلنگان وشیران آموخته	بزنجیر زرین دهان دوختـه
قلاده بزر هفتصد بود سگ	که در دشت آهوگرفتی بتگ
پس اندر زرامشگران دو هزار	هـمه ساختـه رود روز شکار
بزیر اندرون هریکی اشتری	بسـر بـر نهـاده زرز افسـری
زکرسی وخرگـاه وپـرده سرای	همـان خیمه و آخر چاریـای
شتر بود پیش اندرون پانصد	هـمه کـرده آن رسم را نامـزد
دو صد بـرده تا مجمر افروختند	بروعود وعنبر هـی سـوختـند
دو صد مرد بـرنا وفـرمانبران	هـمه باگل و نرگس ویا زعفران
هـمی پیمش بـردنـد تا باد بـوی	چو آید زهر سـو رسـاند بـدوی
م از پیش آنکس که با بوی خوش	هـمی رفت با مشك صد آبکش
هـمـه ره هـمی آبـرا بـرزدند	توگفتی گلابی بعنبر زدند
کـه تا ناورد ناگهان گـرد باد	نشاند بر آن شاه فـرخ نـژاد
زشاهان بـرنا چو سیصد سوار	هـمی رانـد با نـامور شهـریار

par la guerre qu'il soutenait contre Bahram, et Schirin, au beau visage, pleura jour et nuit lorsque Khosrou renonça à ses amours pendant si longtemps.

KHOSROU VA À LA CHASSE, REVOIT SCHIRIN ET L'ENVOIE DANS L'APPARTEMENT DE SES FEMMES.

Or, un jour le roi Parviz eut envie d'aller à la chasse, et fit des préparatifs comme les Grands rois qui avaient vécu avant lui en faisaient. On amena pour le roi glorieux trois cents chevaux de main aux brides d'or, mille deux cent et soixante serviteurs partirent à pied, armés de javelots; mille et quarante hommes, portant du brocart au-dessus de leurs cottes de mailles, étaient armés de bâtons et d'épées; derrière eux marchaient sept cents fauconniers avec des éperviers, des laniers et des faucons royaux; les fauconniers étaient suivis par trois cents cavaliers menant des guépards; ensuite venaient soixante et dix lions et léopards enchaînés et fortement attachés avec du brocart de Chine, lions et léopards dressés pour la chasse et muselés avec des chaînes d'or; enfin sept cents chiens à colliers d'or, qui prenaient dans la plaine les gazelles à la course. Puis venaient deux mille musiciens, ayant tous préparé des airs de chasse, tous montés sur des dromadaires et portant sur la tête des diadèmes d'or. Il y avait cinq cents chameaux chargés de siéges, de tentes grandes et petites, d'étoffes pour l'enceinte du campement royal et de tout ce qu'il fallait pour les bêtes : tous ces chameaux n'étaient destinés qu'à cet usage. Ensuite venaient deux cents esclaves pour allumer les cassolettes et pour y brûler de l'aloès et de l'ambre gris, deux cents jeunes serviteurs, portant, en avant du roi, des roses, des narcisses et du safran pour que ces parfums se répandissent partout et arrivassent jusqu'à lui. Ces hommes à parfums étaient précédés de cent porteurs d'eau ayant des outres avec lesquelles ils arrosaient toute la route, de façon qu'on aurait dit qu'ils versaient de l'eau de rose sur de l'ambre : c'était pour que le vent ne pût soulever soudain la poussière ni en couvrir le roi de glorieuse naissance. Trois cents jeunes princes accompagnaient le roi, à cheval, vêtus en jaune, en rouge et en violet. Le roi des

همه جامها زرد وسرخ وبنفش
شهنشاه با کاویانی درفش
همی راند با تاج و یا گوشوار
بزر بافته جامهٔ شهریار
ابا یاره و طوق وزرین کمر
بهر مهرهٔ در نشانده گهر
چو بشنید شمیرین که آمد سپاه
بپیش سپاه آن جهاندار شاه
یکی زرد پیراهن مشکبوی
بپوشید و گلنارگون کرد روی
یکی از برش سرخ دیبای روم
همه پیکرش گوهر وزرش بوم
بسر بر نهاد افسر خسروی
نگارش همه گوهر پهلوی
زبان خرم بمانمد بمام
بروز جوانی نبد شادکام
همی بود تا خسرو آنجا رسید
سرشکش زمژگان برخ بر چکید
چو روی ورا دید بر پای خاست
بمرویز بنمود بالای راست
زبان کرد گویا بشمیرین چنین
همی گفت از آن روزگار کهن
بنرگس گل ارغوان را بشست
که بیمار بد نرگس وگل درست
بدان آبداری و آن نیکوی
زبان تیز بکشاد بر پهلوی
که شاها هزبرا سپهبد تنا
خجسته کیا گرد شمر اوژنا
کجا آن همه مهر و خونین سرشک
که دیدار شمیرین بد آن را پزشک
کجا آن همه روز کردن زشب
دل و دیده گریان و دندان و لب
کجا آن همه بند و پیمون ما
کجا آن همه عهد و سوگند ما
همی گفت و از دو دیده خوناب زرد
همی ریخت بر چهرهٔ لاژورد
بچشم اندر آورد ازو خسرو آب
بزردی رخش گشت چون آفتاب
فرستاد بالای زرین ستام
زروی چهل خادم نیکنام
که اورا مشکبوی زرین برید
سوی خانهٔ گوهر آگین برید
وز آنجایگه شد بدشت شکار
ابا باده و رود و یا میگسار
چو از کوه واز دشت برداشت بهر
بمستند آذین بشهر و براه
همی رفت شادی کمان سوی شهر
زنا لیدن بوق و بانگ سرود
که شاه آمد واز دشت نخچیرگاه
هوا گشت از آواز بی تار و پود

rois lui-même était précédé du drapeau de Kaweh et portait une couronne, des boucles d'oreilles, une robe royale de drap d'or, des bracelets, un collier et une ceinture d'or, dont tous les boutons étaient incrustés de pierres fines.

Lorsque Schirin apprit que le cortége arrivait, le roi maître du monde en tête, elle mit une tunique jaune, parfumée de musc, donna à ses joues la couleur de la grenade, s'habilla d'une robe rouge de brocart de Roum, dont l'or était pur et les figures en pierreries, et plaça sur sa tête un diadème royal, dont les ornements étaient tous en pierreries dignes d'une *femme* de Pehlewan. Elle monta de sa belle salle sur la terrasse ; mais, malgré sa jeunesse, son humeur n'était pas gaie. Elle attendit, les larmes coulant de ses cils sur ses joues, que le roi fût arrivé ; lorsqu'elle vit le visage de Parviz, elle se leva, se montra à lui entièrement debout, se mit à lui parler de sa voix douce et à lui rappeler les temps passés, en arrosant les *roses de ses joues des larmes de ses yeux* de narcisses, car ces narcisses étaient malades, mais les roses fleurissaient. Dans ce mélange de larmes et de beauté, elle lui adressa rapidement la parole en pehlewi, disant : « Ô roi, ô « lion, ô toi au corps de Sipehbed, ô fortuné Keïanide, ô héros vain-« queur des lions ! où est tout cet amour, où sont ces larmes de sang « dont la vue de Schirin te guérissait ? Où sont ces nuits converties en « jour, où nos cœurs et nos yeux pleuraient et nos lèvres souriaient, « où sont ces serments et ces protestations, ces promesses et cette foi « jurée ? »

Elle parla ainsi en versant de ses yeux des larmes de sang sur son visage en deuil, et Khosrou se mit à pleurer sur elle et son visage devint jaune comme le soleil. Il envoya un cheval de main à bride d'or et quarante eunuques roumis de bon renom, disant : « Vous l'amè-« nerez dans l'appartement doré de mes femmes, vous la conduirez « dans la chambre incrustée de pierreries. » De là il alla dans la plaine où il devait chasser, et y passa son temps avec du vin et de la musique, et avec ses compagnons de festin. Ayant joui de la montagne et de la plaine, il s'en retourna à la ville joyeusement ; on éleva des pavillons sur la route et dans la ville pour fêter son retour de la chasse, et le son des clairons et le bruit des chants étaient tels, que le fil et la

چوآن خسروی برزوشاخ بلند / زشهر اندر آمد بکاخ بلند
زمشکوی شیرین بیامد برش / بموسید پای وزمین وبرش ۳۵۵۰
بدو گفت چنین شاه زمان / که برما مبر جز بنیکی گمان
مرین خوبرخرا خسرو دهید / جهانرا بدین مژدهٔ نو دهید
مر اورا بآئین پیمین بخواست / که این رسم وآئین بد آنگاه راست

پند دادن بزرگان خسرورا

چوآگاهی آمد زخسرو براه / بنزد بزرگان ونزد سپاه
که شیرین بمشکوی خسرو شدست / کهن بوده کار چنین نوشدست ۳۵۵۵
همه شهر از آن کار غمگین شدند / پراندیشه ودرد ونفرین شدند
برفتند نزدیك خسرو سه روز / چهارم چو بفروخت گیتی فروز
فرستاد خسرو مهانرا بخواند / بگاه گرانمایگان بر نشاند
بدیشان چنین گفت کای روز چند / ندیدم شمارا شدم مستمند
بمازردم از بهر آزار تان / پراندیشه گشتم زیارار تان ۳۵۶۰
همی گفت وپاسخ نداد هیچ کس / زگفتن زبانها ببستند وبس
هر آنکس کزو بد داشت آزار وخشم / یکایك بمویـد نمودند چشم
چو موبد چنان دید بر پای خاست / خسرو چنین گفت کای راد وراست
بروز جوانی بدی شهریار / بسی نیك وبد دیدی از روزگار
شنیدی بسی نیك وبد در جهان / زکار بزرگان وکار مهان ۳۵۶۵
کنون تخمهٔ مهتر آلوده گشت / بزرگی از آن تخمه پالوده گشت
پدر پاك ومادر بود بد هنر / چنان دان که پاکی نیاید پسر
زکژی نجوید کسی راستی / که از راستی بر کند آستی
دل ما نمی شد زدیو سترگ / که شد بار با شهریار بزرگ
بایران اگر زن نبودی جز این / که خسرو برو خواندی آفرین ۳۵۷۰
چو شیرین نبودی بمشکوی اوی / بهر جای روشن بدی روی اوی

trame de l'air se brisaient. Lorsque cet homme à la stature royale et aux membres puissants entra de la ville dans le palais élevé, Schirin vint de son appartement vers lui et baisa ses pieds, la terre et sa poitrine. Le roi de la terre dit au *Grand* Mobed : « N'aie pas mauvaise « opinion de moi, marie-moi à cette femme au beau visage et donne « au monde cet heureux message. » Il l'épousa selon les rites antiques, comme le prescrivaient à cette époque la coutume et la loi.

LES GRANDS DONNENT UN CONSEIL AU ROI.

Lorsque la nouvelle se répandit parmi les grands et dans le peuple que Schirin était dans le palais de Khosrou et que cette ancienne affaire s'était renouée, toute la ville en fut affligée, tous étaient pleins de soupçons, de chagrin et de malédictions. Pendant trois jours, personne ne se présenta chez Khosrou; le quatrième, lorsque l'astre qui illumine le monde commença à briller, le roi envoya pour appeler les grands, et les fit asseoir à la place qui appartient aux hommes de haut rang. Il leur dit : « Voilà quelques jours que je ne vous ai pas « vus et j'en ai été attristé, j'ai été peiné, parce que je crains de vous « avoir fait de la peine, et je suis devenu inquiet de vos intentions. »

Il parla ainsi, mais personne ne répondit; ils fermèrent tous la bouche et voilà tout, et ceux qui avaient du ressentiment et étaient en colère contre lui, regardèrent le *Grand* Mobed, tous et chacun. Le Mobed, voyant cela, se leva et dit à Khosrou : « Ô homme noble et « plein de droiture! Tu es devenu roi dans les jours de ta jeunesse, « tu as éprouvé de la part du sort bien du bonheur et du malheur, tu « as entendu parler du bien et du mal que les grands et les puissants « ont fait dans le monde; mais maintenant la race des rois est souillée « et sa grandeur va l'abandonner; sache que, quand il y a un père pur, « mais une mère sans vertu, il ne peut pas en venir un fils pur. Per- « sonne ne cherche de la droiture dans un pervers, car le pervers « écarte sa manche de ce qui est droit. Nos cœurs sont affligés par « l'œuvre du Div atroce qui est devenu le compagnon du Grand roi. « N'y a-t-il donc pas une autre femme dans l'Iran qui aurait pu plaire « au roi? Si Schirin n'était pas dans l'appartement de ses femmes, le

نمایگانت آن دانشی راستان	نکردند یاد از چنین داستان
چوگشت آن تنهای موبد دراز	شهنشاه پاسخ نداد هیچ باز
چنین گفت موبد که فردا پگاه	بمائیم یکسر بدین بارگاه
مگر پاسخ شاه یابم باز	که امروزمان شد تنها دراز	۳۰۷۵
دگر روز شبگیر برخاستند	همه بندگی را بیاراستند
یکی گفت موبد ندانست گفت	دگر گفت کان با خرد بود جفت
سوم گفت کامروز پاسخ دهد	سزد زو که آواز فرخ دهد
همه موبدان برگرفتند راه	خرامان برفتند نزدیک شاه
بزرگان گزیدند جای نشست	بیامد یکی مرد طشتی بدست	۳۵۸۰
چو خورشید رخشنده مالیده طشت	یکایک بر آن مهتران برگذشت
بطشت اندرون ریخته خون گرم	چو نزدیک شد طشت بنهاد نرم
از آن طشت هرکس بمی چمد روی	همه انجمن گشت پر گفتگوی
همی کرد خسرو بهر کس نگاه	همه انجمن خیره از بیم شاه
بایرانیان گفت کین خون کیست	نهاده بپیش من از بهر چیست	۳۵۸۵
بدو گفت موبد که خون پلید	کزو بدمنش گشت هرکس که دید
چو موبد چنین گفت برداشتند	همه دست بر دست بگذاشتند
زخون طشت پرمایه کردند پاک	بشستند زرین بآب و خاک
چو روشن شد و پاک طشت پلید	بکرد آن که شسته بدش پرنبید
همی بر پراگند مشک و گلاب	شد آن طشت چون زنگ ز آفتاب	۳۵۹۰
موبد چنین گفت خسرو که طشت	هما نا بد این یا دگر گونه گشت
همی گفت موبد کانوشه بدی	پدیدار شد نیکوئی زین بدی
بفرمان زدوزخ تو کردی بهشت	همان خوب پیدا ز کردار زشت
چنین گفت خسرو که شیرین بهر	چنان بد که آن بی منش طشت زهر
کنون طشت می شد بمشکوی من	بر این گونه بویا شد از بوی من	۳۵۹۵
زمین گشت بدنام شیرین نخست	زیر مایگان دوستداری نجست

« roi serait le bienvenu partout. Jamais tes ancêtres, ces hommes sages
« et droits, n'ont eu à raconter une aventure pareille. »

Le Mobed s'étendit longuement sur tout cela, mais le roi des rois ne
donna aucune réponse, alors le Mobed dit : « Demain, au grand ma-
« tin, nous reviendrons tous à cette cour, espérant recevoir une ré-
« ponse, car nous avons beaucoup parlé aujourd'hui. » Le lendemain,
ils se levèrent à l'aube du jour et s'apprêtèrent à faire leur cour *au
roi*. L'un dit : « Le Mobed ne sait pas parler. » Un autre dit : « Il a
« parlé conformément à la raison. » Un troisième dit : « Aujourd'hui
« *le roi* doit répondre. Il faut bien qu'il dise des choses qui portent
« bonheur. » Tous les Mobeds se mirent en route et entrèrent so-
lennellement chez le roi; les grands ayant choisi leurs places pour
s'asseoir, un homme entra, une grande tasse en main. Il passa devant
tous ces grands avec cette tasse brunie et brillante comme le soleil,
qui était remplie de sang chaud. Arrivé près du roi, il posa doucement la tasse, et tout le monde en détourna les yeux, toute la cour fut
pleine de rumeur. Khosrou jeta les yeux sur les personnages présents
et toute l'assemblée fut troublée de peur du roi. Ensuite il dit aux Iraniens : « Qu'est-ce que ce sang, et pourquoi l'a-t-on placé devant moi? »
Le Mobed lui dit : « C'est un sang impur, et quiconque le voit en
« éprouve du dégoût. » Après ces paroles du Mobed, on enleva la tasse,
la faisant passer de main en main; on jeta le sang que contenait cette
belle tasse d'or et on la lava avec de l'eau et de la terre. Quand ce vase,
qui avait été si dégoûtant, fut purifié et rendu brillant, celui qui l'avait
lavé le remplit de vin et y mêla du musc et de l'eau de rose, et le
vase était sans tache et *resplendit* comme le soleil.

Khosrou dit au Mobed : « C'est pourtant la même tasse, ou a-t-elle
« changé de nature? » Le Mobed répondit : « Puisses-tu vivre éternel-
« lement! Ce qui est bon s'est dégagé de cette horreur! Par un mot,
« tu as changé l'enfer en paradis, et ce qui est beau est sorti de la
« vilenie. » Khosrou dit alors : « Schirin était pour la ville ce qu'était
« cette tasse dégoûtante et pleine de poison; maintenant elle est de-
« venue, dans l'appartement de mes femmes, une coupe de vin; c'est
« ainsi que mon parfum l'a rendue parfumée. C'est par moi que
« Schirin a acquis d'abord un mauvais renom, mais elle n'a jamais

« demandé les faveurs des riches. » Tous les grands rendirent hommage au roi, disant : « Que la terre ne soit jamais privée de ta cou-
« ronne et ton trône! Celui que tu rends bon répandra en profusion
« ce qui est bon, et grand dans le monde est celui que tu grandis;
« car tu es roi, et Mobed et noble, tu es l'ombre de Dieu sur la terre. »

SCHIRIN TUE MARIAM ET KHOSROU MET SCHIROUÏ EN PRISON.

Plus tard la puissance du roi augmenta encore, et ce qui avait été 3600
la lune devint le soleil. Il passait toutes ses journées auprès de la fille
du Kaïsar et c'est elle qui régnait dans la chambre à coucher. Cette
faveur de Mariam affligeait Schirin et ses joues étaient toujours pâles
de jalousie; à la fin elle lui donna du poison et cette belle fille du
Kaïsar mourut; mais personne ne connut le crime, car Schirin garda
ce secret pour elle seule, et Khosrou lui donna, un an après la mort 3605
de Mariam, la chambre à coucher dorée.

Lorsque Schirouï eut deux fois huit ans, il était plus grand qu'un
homme de trente; son père fit venir des maîtres pour que le prince
devînt un homme de mérite, et, par ordre du roi, un Mobed le
surveillait attentivement jour et nuit. Or, un jour le Mobed, en quittant le roi, se rendit chez le prince fortuné, et, en arrivant auprès 3610
de Schirouï, il le trouva, *comme* toujours, ne cherchant qu'à jouer.
Il vit que le jeune homme avait devant lui un livre qui contenait
Calila et Dimna, mais ce farouche jeune homme tenait dans la main
gauche la griffe coupée et séchée d'un loup, et dans la main droite
la corne d'un buffle, et les frappait l'une contre l'autre pour s'amuser. Le Mobed fut affligé de ce qu'il le voyait faire, de ce jeu et de
cette occupation frivole; la griffe de loup, la corne de buffle et les 3615
manières de ce farouche jeune homme lui paraissaient de mauvais
augure. Il devint très-soucieux du sort que le monde devait attendre
de cet enfant au mauvais caractère et à la fortune désastreuse; car il
avait vu l'horoscope tiré à sa naissance et avait questionné là-dessus
le Destour et le trésorier.

Il alla chez le Grand Mobed et lui dit : « Ce prince ne pense qu'à
« jouer. » Le Grand Mobed se rendit en toute hâte auprès du roi, qui

برفرزند رنگ رخش زرد شد / زکار زمانه پر از درد شد
زگفتار مرد ستاره شمر / دلش بود پر درد و پیجان جگر
همی گفت تاکردگار سپهر / چگونه نماید بدین کار چهر
چو از پاد شاهیش بیست و سه سال / گذر کرد شمروی بفراخت یال
بماز رد ازو شهریار بزرگ / که کودك جوان بود و گشته سترگ
پر از درد شد جان خندان او / وز ایوان او کرد زندان او
اما آن که همشیره بودی ورا / کجا آب ازو تیره بودی ورا
م آنرا که پیوسته او بدند / گه رای جستن بر او شدند
همی بر گرفتند ازیشان شمار / که ومه فزون آمد از سه هزار
همه کاخهارا یك اندر دگر / برید آن که بد شاهرا کارگر
زیوشمدنیها و از خوردنی / زخشمیدنی م زگستردنی
بایوانها شان سپاراستند / پرستنده و بندگان خواستند
همان می فرستاد و رامشگران / همه کاخ دینار بد بیکران
بهنگام شان رامش وخورد بود / نگهبان بریشان چهل مرد بود

داستان ساختن خسرو طاق دیسرا

کنون داستان گوی در داستان / از آن یکدل و یکزبان راستان
زتختی که خوانی ورا طاق دیس / که بنهاد پرویز در اسپریس
سرمایه آن زختاك بود / که ناپارسا بود و ناپاك بود
بگاهی که رفت آفریدون گرد / وز آن تازیان نام مردی ببرد
یکی مرد بد در دماوند کوه / که شاهش جدا داشتی از گروه
کجا جهن برزین بدی نام او / رسیده بهر کشوری کام او
یکی نامور شاهرا تخت ساخت / گهرگرد برگرد او بر نشاخت
که شاه آفریدون بدو شاد شد / چو آن تخت پرمایه آباد شد
درم داد مر جهن را سی هزار / یکی تاج زرین و دو گوشوار

KHOSROU PARVIZ

se mit à réfléchir sur cette affaire; ses joues pâlirent à cause de son fils, il devint plein de soucis du sort qui menaçait le monde, les paroles de l'astrologue remplirent son âme d'inquiétude et firent trembler son cœur; il dit : « Nous verrons de quelle façon le Créateur du « ciel regardera tout ceci. »

Lorsque la vingt-troisième année du règne de Khosrou fut passée, les membres de Schirouï s'étaient développés, et le Grand roi en devint inquiet, car l'enfant était vaillant et devenait ingouvernable. L'âme souriante du roi se remplit de soucis; il enferma dans son palais Schirouï et son frère de lait, qui était tombé dans la disgrâce du roi à cause de Schirouï; il enferma encore tous ceux qui étaient liés avec son fils et qui s'adressaient au prince pour prendre ses conseils. En les comptant, on trouva qu'ils étaient plus de trois mille, les uns de grande les autres de petite naissance. L'intendant du roi fit ouvrir des communications entre tous les bâtiments *qui les renfermaient*, pourvoir ces palais de tapis et de vêtements, de vivres et de moyens de faire des présents; il y fit venir des serviteurs et des esclaves, et y envoya du vin et des musiciens. Tout le palais était abondamment pourvu d'argent, et ils y passèrent leur temps dans la joie et les festins, sous la garde de quarante hommes.

KHOSROU CONSTRUIT LE TRÔNE APPELÉ THAK-DIS.

Conte maintenant d'après des hommes sincères et véridiques les histoires compliquées qui se rapportent au trône appelé Thak-dis, que Parviz a élevé dans l'hippodrome. Elles commencent du temps de Zohak, qui était un homme impie et impur. Quand Feridoun, le héros, fut arrivé, et quand il eut enlevé aux Arabes la gloire de la bravoure, il y eut un homme au mont Demavend que le roi distingua parmi la foule; son nom était Djehn, fils de Berzin : c'était un homme qui avait prospéré dans tous les pays. Il fit pour le roi illustre un trône, qu'il incrusta de pierres fines tout autour. Le roi Feridoun fut très-content de lui; lorsque ce trône magnifique fut terminé, il donna à Djehn trente mille dirhems, un trône d'or et des boucles d'oreilles, et fit écrire pour lui un diplôme de

که بد مرز منشور او چون بهشت	هش عهد ساری و آمل نبشت
کز آن نامداران او بود خرد	بدانگه که ایران بایرج سپرد
بر آن پادشاهی بر افزود نیز	جهاندار شاه آفریدون سه چیز
که ماند آن سخن در جهان یادگار	یکی تخت و آن گرزهٔ گاوسار
همی خواندی نام او دادگر	سدیگر کجا هفت چشمه گهر
همان شاد بد زان منوچهر نیز	چو ایرج بشد زو ماند آن سه چیز
بر آن تخت چیزی همی بر فزود	هر آنکس که او تاج شاهی بسود
فراوان بیفزود بالای تخت	چو آمد بکیخسرو نیک بخت
و زو همچنین تا بگشتاسپ شد	برین همنشان تا بلهراسپ شد
که کار بزرگان نشاید نهفت	چو گشتاسپ آن تخترا دید گفت
فزونی چه داری بدین کار کرد	جاماسپ گفت آن گرانمایه مرد
پس از مرگ ما را که خواهد ستود	یکایک ببین تا چه خواهی فزود
بدید از درگنج دانش کلید	چو جاماسپ آن تخترا بنگرید
همی کرد پیدا چه و چون وچند	برو بر شمار سپهر بلند
بدان تخت کرد او بفرمان شاد	زکیوان همه نقشها تا بماد
زشاهان هر آنکس که آن گاه دید	چنین تا بگاه سکندر رسید
زرزم و زعماج و زشمیز	همی بر فزودی بر آن چند چیز
زبیم دانشی کار یکباره کرد	مر آنرا سکندر همه پاره کرد
همی دست برد دست بگذاشتند	بسی زان بزرگان نهان داشتند
کجا گشته بد نام آن تخت پیم	بدین گونه بد تا سر اردشیر
بدان آرزو سوی دیگر شتافت	از آن تخت جائی نشانی بیافت
وز آن پس که کام بزرگی براند	مرد او و آن تخت از و باز ماند
رسید آن گرامی سزاوار گاه	بدین گونه بد تا بپرویز شاه
وز آن تخت چندی تخنها براند	زهر کشوری مهتر انرا بخواند
بشادی سوی گرد کردن شتافت	ازیشان فراوان شکسته بیافت

KHOSROU PARVIZ

gouverneur de Sari et d'Amol, et ces pays dont il l'investit étaient comme un paradis.

Lorsque le roi Feridoun, le maître du monde, remit l'Iran à Iredj, le plus jeune de ses *fils* illustres, il ajouta au don du royaume le don de trois choses, dont l'une était ce trône, l'autre la massue à tête de bœuf qui est restée célèbre dans le monde, la troisième le joyau auquel le roi distributeur de la justice avait donné le nom de Heft djeschmé (les sept sources). Iredj mourut et laissa ces trois choses, dont Minoutchehr jouit à son tour.

Chacun de ceux qui portèrent la couronne de la royauté ajouta quelque chose à ce trône, et quand il échut à l'heureux Keï Khosrou on en augmenta beaucoup la hauteur. Le trône arriva ainsi à Lohrasp, et, après lui, à Guschtasp, qui dit en le voyant : « Il ne faut pas cacher cette œuvre des Grands *rois*. » Ce noble homme dit à Djamasp : « Que peux-tu ajouter à ce chef-d'œuvre ? Examine-le dans toutes « ses parties pour voir comment tu voudrais le compléter, de façon « qu'il me fasse honneur après ma mort. » Djamasp examina le trône, il découvrit la clef de la porte du savoir et figura *sur le trône* le ciel sublime, pour qu'on pût calculer la nature, l'arrivée et la durée des événements; il y figura, par ordre du roi, toutes les constellations, depuis Saturne jusqu'à la Lune.

C'est ainsi que ce trône arriva jusqu'à Iskender, et chaque roi qui le posséda y ajouta quelques ornements d'or ou d'argent, d'ivoire ou d'ébène; mais Iskender le brisa, et, dans son ignorance, acheva d'un seul coup son œuvre *de destruction*. Les grands gardèrent en secret beaucoup de fragments du trône et se les transmirent des uns aux autres. Cela dura ainsi jusqu'au commencement du règne d'Ardeschir, et alors le nom même de ce trône était oublié. Cependant ce roi en retrouva des débris quelque part, et il s'appliqua avec passion à en découvrir d'autres; mais il mourut et laissa là ce trône. Ceux qui jouirent *après lui* du pouvoir agirent de même, et la chose en resta là jusqu'à ce que ce trône noble et digne *de la royauté* échut au roi Parviz. Il appela les grands de tous les pays et leur parla longuement de ce trône. Il en reçut d'eux beaucoup de fragments et se mit joyeusement à l'œuvre pour les rassembler. Il fit apporter le

LE LIVRE DES ROIS

بیاورد پس تخت شاه اردشیر   وز ایران هر آنکس که بد نیز وزیر
بم در زدند آن سزاوار تخت   بهنگام آن شاه پیروز تخت
ورا درگر آمد ز روم وز چین   ز مکران و بغداد و ایران زمین
هزار و صد و بیست استاد بود   که کردار این تخت شان یاد بود
ابا هر یکی مرد شاگرد سی   ز رومی و بغدادی و پارسی
نفرمود تا یک زمان دم زدند   بدو سال تا کار بر هم زدند
چو بر پای کردند تخت بلند   درخشنده شد روی تخت بلند
برش بود بالش صد شاه رش   چو هفتاد رش برنهی از برش
صد و بیست رش باز پهنای بود   که پهناش کمتر ز بالش بود
همان شاه رش هر یکی پنج رش   چنان بد که بر ابر سودی سرش
بسی روز در ماه بهر بامداد   یکی فرش بودی بدیگر نهاد
برویش ز زرین صد و چهل هزار   ز بیم روزه بر زز کرده نگار
همه نقرهٔ خام بد میخ و پش   یکی ز ان مثقال بد شصت و شش
چو اندر بره خور نهادی چراغ   پیش دشت بودی رود پیش باغ
چو خور شمد در شمیر گشتی درشت   مر آن تختش را سوی او بود پشت
چو هنگامهٔ تیر ماه آمدی   گه میوه و جشنگاه آمدی
سوی میوه و باغ بودیش روی   بدان تا بیاید زهر میوه بوی
زمستان که بودی گه باد و نم   بر آن تخت بر کس نبودی دژم
همه طاقها بود بسته از آر   زهر و سمور از در شهریار
همان گوی سیمین و زرین هزار   بر آتش همی تافتی جامه دار
مثقال از آن هر یک پانصد   کز آتش شدی رنگ چون بسد
یکی نیمه زو اندر آتش بدی   دگر پیش گردان سرکش بدی
شمار ستاره ده و دو وصفت   همان ماه تابان ز برجی که رفت
چه زو ایستاده چه مانده بمای   بدیدی بچشم سر اختر گرای
ز شب نیز دیدی که چندی گذشت   سپهر از بر خاک بر چند گشت

trône du roi Ardeschir, il amena tous les hommes ingénieux de
l'Iran, et ils reconstruisirent, pendant le règne du roi à la fortune
victorieuse, ce trône magnifique. Il arriva des charpentiers du Roum
et de la Chine, du Mekran, de Baghdad et du pays d'Iran; ils étaient
onze cents et vingt maîtres qui ne pensaient qu'à refaire ce trône,
et chacun avait trente ouvriers, des gens de Roum, de Baghdad et de
Perse.

Le roi leur ordonna de ne jamais s'arrêter pour pouvoir achever
l'œuvre en deux ans, et, lorsqu'ils eurent reconstruit ce trône élevé, la
face de la fortune du puissant roi devint brillante. Mesuré en empans,
il avait cent empans de roi en hauteur et encore soixante et dix en sus;
la largeur en était de cent vingt empans, car il était moins large que
haut: chaque empan du roi valant cinq empans ordinaires, la hauteur
du trône était telle qu'il se heurtait contre le ciel. Chaque matin des
trente jours du mois on y posait un tapis différent. Sur la face du
trône étaient cent quarante mille ornements d'or, incrustés de turquoises, tous les clous et les crampons étaient d'argent pur, chacun
pesant soixante-six miskals.

Ce trône était posé de telle façon que son dos se trouvait tourné
vers le désert et sa face vers les jardins, dans la saison où le soleil
plaçait sa lampe dans le signe du Bélier; quand le soleil devenait
ardent dans le règne du Lion, le dos du trône se trouvait encore tourné
vers lui; au mois de juin et à la saison des fruits et des fêtes, le
trône était en face des fruits et des jardins, de sorte que le parfum
de tous les fruits y arrivait. En hiver, quand venait le temps du vent
et de la neige, personne ne souffrait sur ce trône, car tout le haut
était entouré d'un rideau de fourrures de castor et de zibeline, dignes d'un roi. Les valets de garde-robe faisaient chauffer au feu mille
boules d'argent et d'or, dont chacune pesait cinq cents miskals et qui
devenaient dans le feu couleur de corail. Il y en avait toujours la
moitié sur le feu et l'autre devant les héros qui levaient haut la tête.

On voyait, figurés *sur le trône*, les douze *signes du Zodiaque* et les sept
planètes, et la lune brillante dans les constellations qu'elle traversait,
et les astronomes y voyaient les étoiles fixes et les étoiles errantes; ils
y voyaient quelle partie de la nuit était passée et combien le ciel avait

از آن بـرجها چنـد زریـن بـدی / چه مایه از آن گوهر آگین بدی
شماریش ندانست کردن کسی / اگر چند بودیش دانش بسی
هر آن گوهری کش بها خوار بود / کـابیمش هفتـاد دینـار بود ۳۷۹۵
بسی نیز بگذشت بر هفتصد / همی گیر ازین گونه از نیك وبد
بسی سرخ گوهر بدی کس بها / ندانست کش ماند بی منتها
که روشن شدی زو شب تیره چهر / چو ناهید رخشان بدی بر سپهر
سه تخت از بر تخت بر پایه بـود / زگوهر سرایای پرمایه بود
ازین تا بدان پایه بودی چهار / همـه پایه زرین و گوهر نگار ۳۷۰۰
کهین تخت را نام بد میش سار / سرمیش بودی برویر نگار
مهین تخت را خواندی لاژورد / که هرگز نبودی بروباد وگرد
سدیگر سراسر زیبـروزه بود / بروهر که دیدیش دلسوز بود
هر آنکس که دهقان بد وزیردست / ورا میش سر بود جای نشست
سواران بی باك روز نبـرد / شدندی بر آن گنبد لاژورد ۳۷۰۵
بمیروزه بـر جـای دستور بود / که از کدخدائیمش رنجور بود
چو بر تخت پیروزه بودی نشست / خردمند بودی و مهتر پرست
چو رفتی بدستوری رهنمای / مگر یافتی نزد پیروز جای
یکی جامه افگندد بد زربفت / برش بود بالش پنجاه وهفت
بگوهر هم ریشها بافته / زبر شوشهٔ زر بروتافته ۳۷۱۰
بروکرده پیدا نشان سپهر / زیهرام وکیمون وهرمزد ومهر
زناهید وتیر ورزگردنـده ماه / پدیدار کرده بد وئیمك شاه
م از هفت کشور بـرویـر نشان / زدهقان واز روم گردنکشان
بروبر نشان چل وهشت شاه / پدیدار کرده سر وتاج وگاه
بزر بافته تاج شاهنشهان / چنان جامه هرگز نبد در جهان ۳۷۱۵
پچین دریکی مرد بد بی همال / همی بافت آن جامه را هفت سال
سر سال نـوهرمـز فـروردیـن / بمامد بر شاه ایران زمین

marché au-dessus de la terre. Une partie de ces constellations était en
or, mais combien en étaient incrustées de pierreries? Personne, si
savant qu'il fût, ne pouvait les compter. La moindre pierre qui y
était employée valait au moins soixante et dix pièces d'or, beaucoup
dépassaient sept cents : fais une moyenne entre les plus et les moins
chères. Ensuite il y avait bien des pierreries rouges dont personne
ne savait la valeur, car il y en avait sans fin, et elles rendaient lumineuse la nuit au visage sombre et ressemblaient à Vénus brillant
au ciel.

Il y avait trois siéges sur les degrés du trône *royal;* ils étaient enrichis de pierreries de haut en bas; de l'un à l'autre, il y avait quatre
degrés tout en or et incrustés de pierres fines; le siège inférieur était
appelé Misch-sar (tête de bélier), étant tout couvert d'ornements en
forme de tête de bélier. On donnait le nom de Ladjwerd (lapis-lazuli
ou bleu de ciel) au trône supérieur, parce que le vent et la poussière
ne l'atteignaient jamais; le troisième était tout en turquoises et il
charmait les cœurs de tous ceux qui le voyaient. On faisait asseoir
sur le Misch-sar des Dihkans et des gens de rang inférieur; le trône
qui représentait la voûte bleue était destiné aux cavaliers intrépides au
jour du combat, et le siége orné de turquoises était la place du Destour qui était chargé des travaux du gouvernement du roi, et, pour
s'asseoir sur ce trône, il fallait être intelligent et dévoué au prince, et
quand on était arrivé au poste de Destour, conseiller du roi, comment n'aurait-on pas eu sa place tout près de Parviz?

On y avait tendu une étoffe de drap d'or, longue de cinquante-sept
empans; dans tout le tissu de la frange étaient introduites des pierreries retenues et encadrées par des fils d'or. On y voyait l'image du
ciel : Mars, Saturne, Jupiter et le Soleil, Vénus, Mercure, et la Lune,
qui tourne, y prédisaient la bonne et la mauvaise fortune des rois.
Ensuite on y avait figuré les sept Kischwers *de la terre*, et les grands
de la Perse et du Roum; puis les portraits de quarante-huit Grands
rois, dont on voyait les têtes, les couronnes et les trônes; leurs
couronnes étaient tissées d'or. Jamais il n'y a eu dans le monde une
étoffe pareille; elle avait été tissée en Chine par un homme sans égal,
qui avait employé sept ans à ce travail. Au nouvel an, le jour de

ببرد آن کئی فرش نزدیك شاه	گرانمایگان بر کشادند راه
بگسترد روز نو آن جامه را	زشادی جدا کرد خود کامه را
بر آن جامه بر مجلس آراستند	نوازندهٔ رود وی خواستند ۳۷۲۰
همی آفرین خواند سرگش برود	شهنشاه را داد چندی درود
بزرگان گوهر بر افشاندند	که فرّ بزرگمش همی خواندند

داستان باربد رامشگر

همی هر زمان شاه برتر گذشت	چو شد سال شاهیش بر بیست و هشت
کسی را نبد بر درش کار بد	ز درگاهش آگاه شد باربد
بدو گفت هر کس که شاد جهان	گزید است رامشگران از مهان ۳۷۲۵
که گر با تو اورا برابر کنند	ترا بر سر سرگش افسر کنند
چو بشنید مرد آن چو شمید از	اگرچه نبودش بچیزی نماز
ز کشور بشد تا به درگاه شاد	همی کرد رامشگران را نگاه
چو بشنید سرگش دلش تیره گشت	بزم سرود اندرون خیره گشت
بمامد به نزدیك سالار بار	درم کرد و دینار چندی نثار ۳۷۳۰
بدو گفت رامشگری بر درست	که از من بسال و هنر برترست
نباید که در پیش خسرو شود	که ما کهنه گشتیم و او نو شود
سرگش چو بشنید در این شاه	ز رامشگر ساده بر دست راه
چو رفتی به نزدیك او باربد	هش کار بد بد هش باربد
نه دادی ورا بار سالار بار	نه می زی بدی مردی خواستار ۳۷۳۵
چو نومید بر گشت از آن بارگاه	ابا بربط آمد سوی باغ شاه
کجا باغبان بود مردوی نام	شد از دیدنش باربد شادکام
بدان باغ رفتی به نوروز شاه	دو هفته ببودی بدان جشنگاه
سبك باربد نزد مردوی شد	هم آن روز با مرد همبوی شد
چمن گفت با باغبان باربد	که گوئی تو جانی و من کالبد ۳۷۴۰

Hormuzd du mois Ferwerdin, il se présenta devant le roi d'Iran, apportant cette tapisserie digne d'un Keïanide; les grands lui firent place et il étala cette étoffe au jour du nouvel an, et la joie mit hors de lui le roi tout-puissant. On se réunit devant ce tissu, on appela des musiciens et l'on demanda du vin; Serguisch chanta les louanges de l'artiste et adressa bien des félicitations au roi des rois; les grands répandirent des pierreries sur *Khosrou* en célébrant la grandeur de sa puissance.

HISTOIRE DE BARBED LE MUSICIEN.

Le roi ne cessait de grandir en pouvoir; il dépassa la vingt-huitième année de son règne; tout le monde faisait fortune à sa cour, et la renommée en arriva à Barbed. Chacun lui disait : « Le roi « du monde préfère les musiciens aux grands, et, si l'on te place en « face de Serguisch, tu seras élevé au-dessus de lui. » Lorsque Barbed entendit ces discours, son ambition devint ardente, quoiqu'il ne fût nullement dans le besoin. Il quitta son pays, se rendit à la cour et se mit à observer les musiciens *du roi*. Serguisch l'entendit chanter, et son âme fut troublée par le jeu de Barbed; il alla auprès du chef des chambellans, lui fit une offrande d'or et d'argent, et lui dit : « Il « y a à la porte *du palais* un chanteur qui a l'avantage sur moi en âge « et en talent; il ne faut pas qu'il trouve accès près de Khosrou, car « je suis usé et il serait, lui, une nouveauté. » Le gardien de la porte du roi écouta ce discours et refusa l'entrée au musicien à l'esprit simple, et Barbed avait beau venir à lui, il s'y prenait mal et n'en retirait aucun fruit; le chambellan lui refusait la porte et personne n'intervenait en sa faveur.

Barbed désespéra de son entrée à la cour, et alla avec son luth vers un jardin du roi, où il y avait un gardien du nom de Mardouï, et la vue de Mardouï réjouissait Barbed. C'était le jardin où le roi se rendait au nouvel an et il restait deux semaines dans ce lieu de fêtes. Barbed alla en toute hâte chez Mardouï et devint ce jour-là son ami de cœur. Il dit au gardien du jardin : « On dirait que tu es l'âme et que « je suis le corps. Maintenant j'ai à te demander un service que tu

کنون ارزو خواهم از تو یکی ... که آن هست نزد تو تخت اندکی
چو آید بدین باغ شاه جهان ... مرا راه ده تا بمیم نهان
که تا چون بود شاه را جشنگاه ... بمیم نهفتی یکی روی شاه
بدو گفت مردوی ایدون کنم ... ز مهر تو اندیشه بیرون کنم
چو خسرو همی خواست کاید بباغ ... دل میزبان شد چو روشن چراغ
بر آبید شد بگفت آنکه شاه ... همی رفت خواهد بدین جشنگاه
همه جامها بارید سبز کرد ... همان بر بط و رود و نگ و نبرد
بشد تا بجائی که خسرو شدی ... بهاران نشستنگهش نو شدی
یکی سرو بد سبز و برگش گشن ... بر و شاخ چون رزمگاه پشن
بر آن سرو شد بر بط اندر کنار ... نهانی همی بود تا شهریار
از ایوان بر آمد بدان جشنگاه ... بیماراست پالمزبان جای شاه
بیامد پریچهره می گسار ... یکی جام بر کف بر شهریار
جهاندار بستد ز کودک نبید ... بلور از می سرخ بد ناپدید
بدانگه که خورشید برگشت زرد ... همی بود تا گشت شب لاژورد
زننده بدان سرو بنداشت رود ... م آن ساخته پهلوانی درود
یکی نغز دستان بزد بر درخت ... کز آن حیره شد مرد بیدار بخت
سرودی باواز خوش بر کشید ... که اکنون تو خوانیش داد آفرید
ماندند یکمجلس اندر شگفت ... همی هرکسی رای دیگر گرفت
از آن زمه سرگش چو بهوی گشت ... بدانست کانکیست خاموش گشت
که چون بارید کس چنان زهر رود ... ندانـد نه آن پهـلوانی سرود
بدان نامداران بفرمود شاه ... که جوئید سر تا سرای جشنگاه
فراوان جستند و باز آمدند ... بنزدیك خسرو فراز آمدند
جهاندیده سرگش سخن بر گرفت ... که از بخت شاه ابی نباشد شگفت
که گردد گل و سرو رامشگرش ... که جاوید بادا سر و افسرش
بیاورد جای دگر می گسار ... چو از خوبرخ بستد این شهریار

« peux me rendre bien facilement. Quand le roi du monde viendra
« dans ce jardin, laisse-moi entrer pour que je puisse le voir secrète-
« ment; puisque c'est ici le lieu de plaisance du roi, je pourrai, tout en
« restant caché, contempler pour une fois son visage. » Mardouï répondit : « Je ferai cela, et par amour pour toi je ferai taire mes scrupules. »

Lorsque le roi eut décidé qu'il irait au jardin, le cœur du jardinier devint comme une lampe brillante; il alla chez Barbed et lui dit que le roi allait se rendre dans ce lieu de fêtes. Barbed revêtit des habits tout verts, prit son luth et prépara des chants de gloire et de combat. Il alla jusqu'à l'endroit où le roi devait se tenir, car tous les printemps le roi choisit une nouvelle place. Il y avait là un cyprès vert avec un feuillage abondant et un branchage *épais comme la mêlée sur le champ de bataille de Peschen*. Barbed monta sur ce cyprès et, le luth appuyé sur sa poitrine, il s'y tint caché jusqu'à ce que le roi fût arrivé de son palais à ce lieu de plaisance et que le jardinier eût préparé la place pour Khosrou. Un échanson à visage de Péri s'approcha du roi, une coupe en main; le maître du monde prit le vin des mains du jeune homme, et le vin rouge rendait invisible le cristal de la coupe. Mais lorsque le soleil se mit à pâlir et qu'il languit jusqu'à ce que la nuit couleur de lapis-lazuli arrivât, le musicien, caché dans le cyprès, commença à jouer et à chanter l'air de Pehlewan qu'il avait préparé. Il chanta dans son arbre une belle ballade, dont le roi à la fortune éveillée fut étonné; il chanta d'une voix douce sur l'air que l'on appelle aujourd'hui encore Dad-âferid. Toute l'assemblée restait en admiration et l'on se faisait mutuellement des questions. Serguisch devint comme fou de cette touche du luth; il savait bien à qui elle appartenait, mais il se tut; *il savait* que nul autre que Barbed ne pouvait frapper ainsi les cordes ni chanter cet air de Pehlewan.

Le roi ordonna aux grands de fouiller tous les coins de ce lieu de plaisance; ils cherchèrent longtemps, puis ils revinrent et se rassirent auprès du roi. Le rusé Serguisch prit la parole et dit : « Il n'est
« pas étonnant que, par la fortune du roi, les roses et le cyprès de-
« viennent ses musiciens; puissent sa tête et son diadème être éter-
« nels ! » L'échanson apporta une nouvelle coupe de vin, et, lorsque le

LE LIVRE DES ROIS

زننده دگر گون بماراست رود / بر آورد ناگاه دیگر سرود
که پیکار گردش همی خواندند / همی نام از آواز او راندند
چنین رامشی گفت وخسروشنید / بآواز او جام می در کشید
بفرمود کیمنرا چای آوربد / همه باغ یکسر بسمای آوربد
جستند بسیار هر سوی باغ / ببردند زیر درختان چراغ ۳۷۷۰
ندیدند چیزی جز از بید وسرو / خرامان برِ زیرِ گل اندر تذرو
شهنشاه پس جام دیگر خواست / بر آواز آن سر بر آورد راست
بر آمد دگر بـاره آواز رود / دگر گونه تر ساخت بانگ سرود
همان سبز در سبز خوانی کنون / بریں گونه سارید مکر وفسون
چو بشنید پرویز بر پای خاست / یکی جامهٔ گلشن آرای خواست ۳۷۷۵
که بود اندرین جام یکمن نبید / بمک دم می روشن اندر کشید
چنین گفت کمین گرفرشته بدی / زمشک وزعنبر سرشته بدی
وگر دیو بودی نگفتی سرود / همان نمز نشناختی زخ رود
خروشید در باغ تا ابی کجاست / همه باغ وگلشن چپ ودست راست
دهان ویشرش پر زگوهر کم / بریں رود سازانش مهتر کم ۳۷۸۰
چو بشنید رامشگر آواز اوی / همان خوب گفتار دمساز اود
فرود آمد از شاخ سرو سهی / همی رفت با رامش وفرهی
بمامد ممالید بر خاک روی / بدو گفت خسرو چه مردی بگوی
چنین گفت شاها یکی بنده ام / بآواز تو در جهـان زنده ام
سراسر بگفت آنچه رفت از بنه / که بود اندر آن یکدل ویکتنه ۳۷۸۵
بدیدار او شاد شد شهریار / بسان گلستان ماه بهار
بسرگش چنین گفت کای بدهنر / تو چون حنظلی باربد چو شکر
چرا دور کردی تـو اورا زمن / دریغ آمدت رود ازین انجمن
بر آواز او شاد می بر کشید / همان جام یاقوت بر سر کشید
بدین گونه تا سر سوی خواب کرد / دهانش پر از دز خوشاب کرد ۳۷۹۰

roi la prit des mains de ce jeune homme au beau visage, le musicien préluda à un autre chant et commença subitement une nouvelle mélodie, qu'on appelle Peïkarigurd (le combat du brave). Ce nom a été donné à ce chant à cause des paroles de l'air. Le musicien chanta et le roi écouta en buvant une coupe de vin aux sons de cette voix, puis il ordonna qu'on lui amenât le chanteur et qu'on visitât toutes les parties du jardin. On chercha longtemps et partout, on porta des flambeaux sous tous les arbres, mais on ne vit que des trembles, des cyprès et des faisans courant sous les rosiers.

Le roi demanda une autre coupe et releva la tête dans l'attente de cette voix, et les sons de l'instrument et les accords d'une autre mélodie se firent entendre; c'était l'air que l'on appelle aujourd'hui Sebz der sebz (vert sur vert), et dont on se sert pour les incantations et la magie. Lorsque Parviz l'entendit, il se leva vivement, demanda une coupe de vin digne d'être bu dans un parterre de roses, et vida d'un trait cette coupe, qui contenait un Man (sept livres) de vin brillant, s'écriant : « Sans doute c'est un ange, qui doit être composé de musc « et d'ambre; si c'était un Div, il n'aurait pas chanté, il n'aurait pas « su frapper les cordes. Cherchez dans le jardin pour voir où est cet « homme, fouillez le jardin et les bosquets de roses à droite et à gauche. « Je remplirai de pierreries sa bouche et le pli de sa tunique, je le « mettrai à la tête des musiciens. »

Lorsque le chanteur entendit cette voix et ces paroles douces et amicales, il descendit de sa branche de cyprès, accourut joyeux et tout glorieux, et frotta son visage dans la poussière. Le roi lui dit : « Qui es-tu ? parle ! » Il répondit : « Ô roi ! je suis ton esclave ; je ne « vis dans le monde que par ton renom. » Il raconta tout ce qui s'était passé, et qui avait agi en ami envers lui. Le roi, en le regardant, était joyeux comme un jardin de roses au printemps. Il dit à Serguisch : « Ô homme sans talent ! tu es comme la coloquinte et « Barbed comme le sucre. Pourquoi l'as-tu tenu loin de moi ? Do- « rénavant tu ne chanteras plus devant cette assemblée. » Il continua à boire joyeusement aux sons de la voix de Barbed et à vider les coupes de rubis *liquide;* il continua ainsi jusqu'à ce que le sommeil envahît sa tête, et alors il remplit de perles de belle eau la bouche

بـشـد بـاربـد شـاه رامـشـگـران | یکی نامداری شد از مـهـتـران
سـرآمـد کـنـون قـصّـهٔ بـاربــد | مـبـادا کـه بـاشـد تـراکـار بــد
جهان بـر مهان وکهان بگذرد | خردمند مردم چرا غم خورد
بسی مهتر وکهتر از من گـذشت | نخواهم من از خواب بیدار گشت
هرآنگه که شد سال برشصت وشم | نه نیکو بود مردم پیر کش ۳۷۹۵
چو این نامور نامه آیـد بــبــن | زمن روی کـشـور شـود پـر سخن
از آنـکـس نـمـیـرم کـه من زنده ام | که تخم سخن من پـراگـنـده ام
هرآنکس که دارد هـش وراى و دیـن | پس از مرگ بـر من کـنـد آفـریـن
کنـون از مـدایـن سخن نـوکـم | تختها زابوان خسروکم

ساختن خسرو ایوان مداین را

چنین گفت روشن دلی یاری | که بگذاشت با کام دل چار سی ۳۸۰۰
که خسرو فرستاد کسها بـروم | بهند وچـیـن وبآباد بـروم
بوفتند کاریگران سه هـزار | زهر کشوری هرکه بد نامدار
وز ایشان هر آنکس که استاد بود | زبشت وزنگ در دلش یاد بـود
چو صد مرد بیرون شدند از میان | ز اهـواز وایران واز روم مـیـان
وزیـشـان دلاور گـزیـدنـد سی | از آن سی دو روی دگر پـارسی ۳۸۰۵
گرانمایه روی که بد هندسی | بگفتار بگذشت از پارسی
بر خسرو آمد جهاندیده مرد | بروکار وزم بـنـا یـاد کـرد
بدوگفت شاه این زمن در پذیر | سخن هـر چـه گویم زمن یاد گیر
یکی جای خواهم که فرزند من | همان تا دو صد سال پمونـد من
نـشـمـنـد بـدو در نـگـردد خراب | زباران واز بـرق واز آفـتــاب ۳۸۱۰
از آن گـونـه یی بـایـد انـدازه کـرد | که کسرا نباید مر آن تازه کرد
مهندس بـمـد رفـت ایـوان شاه | بدوگفت من دارم این دستگاه
فـروبـرد بـنـمـاد ده شـاه رش | همان شاه رش پنج کرده بـرش

du chanteur. Barbed devint le roi des chanteurs; il était un personnage parmi les grands.

L'histoire de Barbed est terminée. Puisses-tu n'être jamais malheureux! La vie passe sur les grands et les petits; pourquoi l'homme de sens s'en affligerait-il? Bien de plus grands et de plus petits que moi m'ont précédé, et je voudrais ne plus me réveiller du sommeil, car un vieillard n'est plus heureux quand il a dépassé soixante-six ans. Mais, quand ce glorieux poëme sera terminé, tout le pays sera plein de mon nom; alors je ne mourrai plus, je vivrai toujours, car j'aurai répandu la semence de la parole, et quiconque a du sens, de l'âme et de la foi me célébrera après ma mort.

Maintenant je commence un nouveau récit sur Madaïn, je raconterai l'histoire du palais de Khosrou.

KHOSROU CONSTRUIT LE PALAIS DE MADAÏN.

Un Perse, homme d'un cœur serein, sur lequel quatre fois trente années heureuses avoient passé, raconte que Khosrou envoya des messagers dans le Roum, dans l'Inde, en Chine et dans tous les pays riches, et qu'il arriva trois mille artisans, les hommes de tout pays les plus célèbres dans leur art. Parmi eux, on distingua les plus habiles, ceux qui se connaissaient le mieux en briques et en mortier, au nombre de cent, des hommes d'Ahwaz, de l'Iran et du Roum. On choisit entre eux les trente les plus vaillants, et parmi ces trente on en choisit de nouveau deux, un Roumi et un Perse. Le noble Roumi, qui était géomètre, parlait mieux que le Perse, et cet homme, qui connaissait le monde, se présenta devant Khosrou et lui expliqua les plans et l'appareil de la construction. Le roi lui dit : « Accepte de moi « cette commission, et fais attention à tout ce que je te dis. Je veux « un palais dans lequel mes fils et ma famille puissent demeurer pen- « dant deux cents ans, sans qu'il tombe en ruines par l'effet de la « pluie, de la foudre ou du soleil; il faut le construire dans de telles « proportions que personne ne soit obligé de le remanier. »

Le géomètre se chargea du palais du roi, disant : « Je puis faire « cela. » Il creusa les fondements jusqu'à dix empans de roi, dont

زسنگ وزخ بود بنماد کاز   چنین خواهد آن کو دهد داد کار
چو دیوار ایوانش آمد بجای   بیامد بمیش جهان کدخدای   ۳۸۱۵
که گر شاه داند یکی کاردان   گذشته برو سال و بسیار دان
فرستد تنی چند بر جایگاه   پسندیده با موبد نیکخواه
بدو داد از آنگونه مردم که خواست   برفتند و دیدند دیوار راست
بریشم بیاورد تا انجمن   بتابند باریک‌تای رسن
ربالای دیوار ایوان شاه   بمیمود تا خاک دیوان گاه   ۳۸۲۰
چو بالای آن تابداده رسن   بمیمود در پیش آن انجمن
رسن سوی گنج شهنشاه برد   ابا مهر گنجور اورا سپرد
وز آنپس بیامد بایوان شاه   که دیوار ایوان برآمد چماد
چهل روز تا کار بسمت مندم   ز کاریگران شاه بگزیدندم
چو فرمان دهد خسرو زود یاب   نگیرم بدی کار کردن شتاب   ۳۸۲۵
چو هنگامهٔ رخ ایوان بود   بلندی ایوان چو کیوان بود
بدان کار خشمت نمایید نمود   مرا نیز رنجی نماید فرود
بدو گفت خسرو که چندین زمان   چرا خواهی از من توای بدگمان
نباید که داری توزیبی دست باز   بآزرم نوزت نیامد نماز
بفرمود تا سی هزارش درم   بدادندش تا او نباشد دژم   ۳۸۳۰
بدانست کاریگر راست گوی   که عیب آورد مرد دانا بروی
که گیرد بدان رخ ایوان شتاب   اگر بشکند کم کند نان و آب
شب آمد شد آن کارگر ناپدید   چنان شد کز آنپس کس اورا ندید
چو بشنید خسرو که فرعان گریخت   بگوینده بر خشم فرعان بریخت
چنین گفت کانرا که دانش نمود   چرا پیمش ما در فزونی نمود   ۳۸۳۵
بفرمود تا کار او بنگرند   همه رومیانرا بزندان برند
دگر گفت کاریگران آورید   کج و خشت و سنگ گران آورید
بجستند هر کس که دیوار دید   ز بوم و بر شاه شد ناپدید

chacun fait cinq empans ordinaires; il construisit les murs avec la pierre et le mortier, comme un homme qui veut bien faire son œuvre. Lorsque les murs du palais furent élevés, le Roumi se présenta devant le maître du monde, et lui dit : « Si le roi connaît un homme « expert, d'âge mur et savant en bien des choses, qu'il envoie sur les « lieux ce Mobed bienveillant avec quelques hommes de son choix. » Le roi lui donna un homme tel qu'il le demandait, et ils allèrent et constatèrent que les murs étaient d'aplomb. Le Roumi apporta de la soie et en fit tresser par les hommes présents une corde mince, avec laquelle il toisa les murs du palais, d'en haut jusqu'au sol de la salle du conseil; puis il mesura devant cette assemblée la longueur de la corde qu'il avait fait tresser, et la porta au trésor du roi des rois, la fit mettre sous le sceau par le trésorier et la lui remit.

Ensuite il alla chez le roi et dit : « Le mur du palais s'élève jus« qu'à la lune. Il y a quarante jours que le roi m'a chargé de cette « œuvre et m'a choisi parmi tous les architectes; mais que le roi, si « pressé qu'il soit, me permette de ne pas hâter *l'achèvement de* l'œuvre. « Quand le temps de terminer le palais sera arrivé, sa cime atteindra « Saturne, mais il ne faut pas que tu montres de l'impatience et que tu « m'accables de travail. » Khosrou répondit : « Ô méchant homme, « pourquoi me demandes-tu tant de temps? Il ne faut pas que tu « interrompes l'œuvre, tu n'as pas encore besoin de repos. » Il ordonna qu'on payât au Roumi trente mille dirhems, pour qu'il ne fût pas mécontent. Mais l'architecte, qui avait dit la vérité, savait que les hommes qui s'y connaissent le blâmeraient s'il se hâtait de terminer le palais, et qu'il perdrait son pain et son honneur si l'édifice s'écroulait; et aussitôt que la nuit fut venue il disparut, et personne ne le revit.

Lorsque le roi apprit que Far'an s'était enfui il exhala devant celui qui le lui apprit sa colère contre le Roumi, et ajouta : « Comment, un « homme qui n'avait pas de savoir pouvait-il être si présomptueux « devant nous ? » Ensuite il ordonna qu'on examinât son ouvrage et fit mettre en prison tous les Roumis; il fit amener des architectes et apporter du mortier, des briques et de grosses pierres; mais tous ceux qui virent ces murs s'enfuirent et disparurent du pays du roi, de

بپیچارگی دست از آن باز داشت	همه گوش و دل سوی اهواز داشت
کز آن شهر کاریگر آید کسی	بماند چنان کار بی سرپسی
هست استاد آن تا سه سال	ندیدند کاریگری بی همال
بسی یاد کردند از آن کار جوی	بسال چهارم پدید آمد اوی
یکی مرد بیدار با فرهی	خسرو رسانید از و آگهی
همانگاه روی بمامد چو گرد	بدو شاه گفت ای کنه‌کار مرد
بگوتا چه بود اندری پیوزشت	چه گفتی که پیش آید آموزشت
چنین گفت روی که گر شهریار	فرستد مرا با یکی استوار
بگویم بدان کاردان پیوزشم	بیموزش بجای آرم آموزشم
فرستاد ورفتند از ایوان شاه	گرانمایه استاد با نیکخواه
همی برد دانای روی رسن	هم این مرد را تیز با خویشتن
بمبود بالای کار و برش	کم آورد کار از رسن هفت رش
رسن باز بردند نزدیک شاه	بگفت آنکه با او بیامد براه
چنین گفت روی که گر ژرف کار	بر آوردمی بر سرای شهریار
نه دیوار ماندی نه طاق و نه کار	نه من ماندمی بر در شهریار
بدانست خسرو که او راست گفت	کسی راستی را نیارد نهفت
رها کرد هرکو برنبدان بدند	بدانیش اگر بیکزندان بدند
مر او را یکی بدره دینار داد	بزندانیان چیز بسیار داد
در آن کار شد روزگاری دراز	بکردار آن شاه را بد نیاز
چو شد هفت سال آمد ایوان بجای	پسندیده مردم پاک رای
مر او را بسی آب داد و زمین	درم داد و دینار و کرد آفرین
همی کرد هرکس بایوان نگاه	بدو روز رفتی بدان جای شاه
کس اندر جهان زگر چون آن ندید	نه از نامور کاردانان شنید
یکی حلقهٔ بد زرر ریخته	از آن کار چرخ اندر آویخته
فروهشته ز و سرخ زنجیر زر	بهر مهرهٔ در نشانده گهر

sorte qu'il se vit obligé de tout interrompre. Il tourna alors son oreille
et son cœur vers Ahwaz, d'où viennent beaucoup de constructeurs, 3840
car il ne voulait pas laisser longtemps une œuvre aussi grande sans
la terminer. Le roi chercha pendant trois ans le maître qu'il lui
fallait, mais on n'en trouva pas d'assez distingué, et l'on parla sans
cesse de l'artiste *qui s'était éloigné,* jusqu'à ce qu'il reparût dans la
quatrième année. Un homme avisé et illustre en donna la nouvelle
au roi, et en même temps le Roumi lui-même accourut rapidement
comme la poussière.

Le roi lui dit : « Ô homme criminel! dis quelle est ton excuse, et com- 3845
« ment as-tu pu dire que la leçon que tu voulais *nous* donner serait re-
« connue juste? » Le Roumi dit : « S'il plaît au roi de me faire accom-
« pagner d'un homme en qui il ait confiance, je montrerai à cet expert
« ce qui doit me faire pardonner, et pour excuse je prouverai la justesse
« de ma leçon. » Le roi envoya un de ses amis qui partit avec le maître
illustre. Le savant Roumi reprit sa corde et emmena en toute hâte
cet homme. Il mesura la muraille en hauteur, et, devant l'homme, 3850
il montra par la corde que la construction s'était tassée de sept empans. Ils rapportèrent la corde auprès du roi, et celui qui avait accompagné le Roumi, raconta *ce qu'il avait vu.* Le Roumi dit alors : « Ô roi,
« si j'avais terminé l'édifice en haut, il ne serait resté ni mur, ni voûte,
« ni édifice, et moi je ne serais pas resté *en vie* à la cour du roi. » Le
roi comprit qu'il avait dit vrai; personne ne peut résister à la vérité.
Il relâcha tous ceux qu'il avait mis en prison, qu'ils fussent des mal- 3855
veillants ou des hommes innocents. Il donna au Roumi une caisse de
pièces d'or et fit aux prisonniers de grands présents.

Le travail continua pendant longtemps, et le roi eut grande envie
de le voir terminé. Après sept ans, le palais fut achevé de manière à
être approuvé par les hommes de bonne foi. Khosrou combla d'honneurs le Roumi et lui assigna des terres, lui donna de l'argent et
de l'or et le couvrit de louanges. Tout le monde vint voir le palais, et 3860
le roi s'y rendit au jour de l'an; personne n'avait jamais vu un édifice comme celui-là, ni n'avait entendu parler d'une construction
pareille par des artistes illustres. Il y avait un anneau d'or fondu, auquel était accroché un cercle, d'où pendait une chaîne en or rouge,

چو رفتی شهنشاه بر تخت عاج
بماو بختندی ززنجیر تاج
بنوروز چون برنشستی بتخت
بنزدیك او موبدی نیك بخت
فروتر زموبد مهان را بدی
بزرگان وروزیدها نرا بدی
بزیر مهان جای بازاریان
بیمار استندی همه كاریان
فرومایه تر جای درویش بود
كجا خوردش از كوشش خویش بود
فروتر بریده بسی دست وپای
بسی كشته افگنده بر در سرای
رایان از آنمس حروش آمدی
كز آوازها دل بجوش آمدی
كه ای زیردستان شاد جهان
مباشید تیره دل وبد نهان
هرآنكس كه او سوی بالا نگاه
كند گردد اندیشهٔ او تباه
زتخت كیان دورتر بنگرید
هرآنكس كه كهتر بود بشمرید
وز آنمس تن كشتگان را براه
كز آن بگذری كرد باید نگاه
وز آنمس گنه گار وگر بی گناه
نماندی كسی نیز در بند شاه
بزندانیمان جامه ها داد نیز
سرایای ودینار وهر گونه چیز
هر آنكس كه درویش بودی بشهر
كه اورا نبودی ز نوروز بهر
بدرگاه ایوانش بنشاندی
درمهای گنجی بر افشاندی
پر از بیم بودی گنه گار ازو
شده مردم حفته بمدار ازو
منادیگری دیگر اندر سرای
بر فتی گه بار گشتن بجای
كه ای نامور پر هنر سركشان
زبهنئی چه جوئید چندین نشان
ببمنید تا از شما زیر كیست
كه بر جان بدبخت باید گریست
بكار اندر اندیشه باید نخست
بدان تا شوید ایمن وتندرست
سكالید هر كار وزا پس كمند
دل مردم كم خرد مشكنید
بیمداخت باید پس آنگه برید
تنهای دانده باید شنید
هر آنكس كه او راه دارد نگاه
بخسمید بر گاه ایمن زشاه
دگر هر كه یازد بچیز كسان
بود خشم ما سوی آنكس رسان
كنون از بزرگی خسرو تن
بگویم كم تازه روز كهن

dont chaque chaînon était incrusté de pierreries, et, quand le roi des rois s'asseyait sur le trône d'ivoire, on suspendait sa couronne à cette chaîne. Au Naurouz, lorsque le roi montait sur le trône, il avait auprès de lui son Mobed fortuné. Plus bas que le Mobed étaient rangés les grands, les chefs et les intendants *de l'armée;* au-dessous des grands était l'ordre des marchands, et l'on y plaçait tous les gens de métier; encore plus bas se trouvaient les pauvres qui gagnaient leur vie par le travail des mains, et, plus bas encore, étaient beaucoup d'hommes qui avaient perdu les mains ou les pieds, beaucoup d'estropiés, qu'on avait déposés devant la porte du palais.

Alors s'éleva du palais une voix dont les sons remuaient tous les cœurs, et qui proclamait : « Ô vous tous, sujets du roi du monde! « N'ayez pas le cœur sombre, ni l'âme malveillante. Quiconque jettera « les yeux sur ce palais élevé sentira disparaître ses soucis. Mais il « faut regarder plus loin que le trône des Keïanides, avoir des égards « pour vos inférieurs, avoir soin des blessés, si vous en rencontrez « sur la route. » Alors personne ne restait plus dans les chaînes du roi, qu'il fût coupable ou innocent. Le roi vêtait de la tête aux pieds les prisonniers, leur donnait de l'or et des présents de toute espèce; tous ceux qui étaient pauvres dans la ville et n'avaient pas leur part à la fête du Naurouz, le roi les faisait asseoir devant la porte du palais et répandait sur eux des dirhems royaux. Tous les criminels le redoutaient, tous les endormis étaient réveillés par lui.

Un autre héraut entra dans la salle d'audience quand le temps de partir fut arrivé, disant : « Ô vous, chefs pleins de mérite! Pourquoi « recherchez-vous tant votre agrandissement? Regardez ceux qui sont « au-dessous de vous, car il faut pleurer sur l'état de l'âme des malheureux. Pensez avant tout à ce que vous avez à faire, pour que vous « préserviez votre sécurité et votre vigueur; réfléchissez sur chaque « affaire et puis faites-la; ne brisez pas le cœur des pauvres d'esprit; « projetez, et puis agissez; écoutez les paroles des sages. Quiconque « tient la vraie voie peut dormir devant le trône, sans crainte du roi; « mais quiconque étend la main sur ce qui appartient à un autre « n'échappera pas à sa colère. »

Maintenant je vais parler de la puissance de Khosrou et faire re-

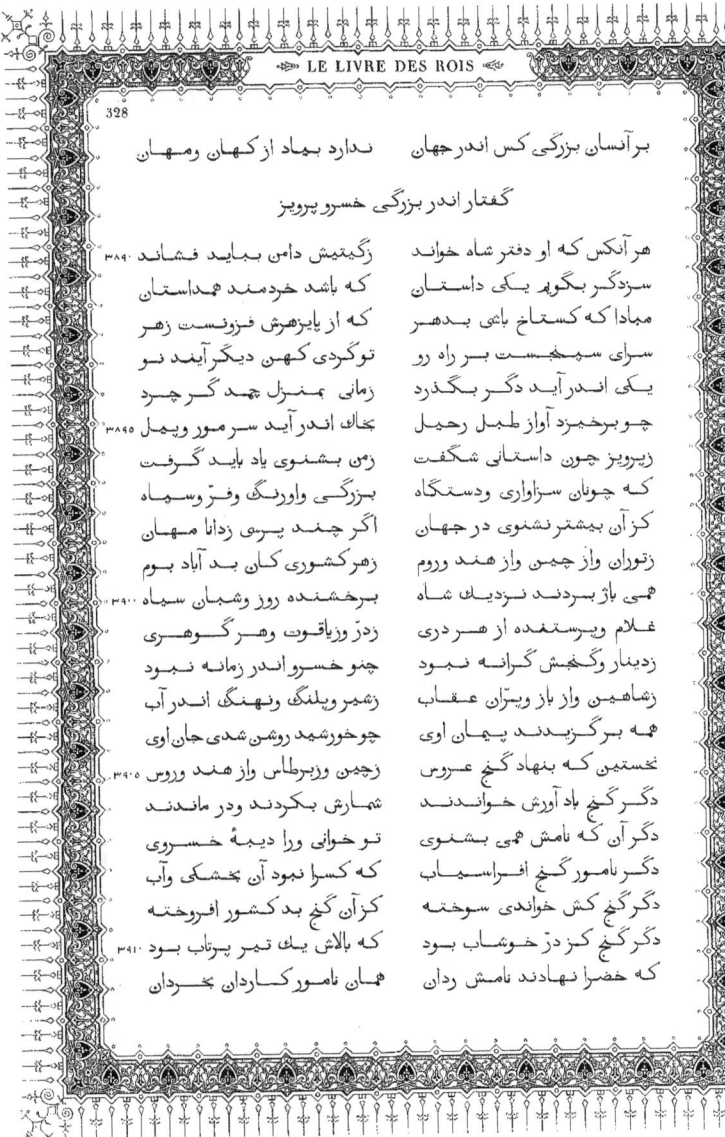

بر آنسان بزرگی کس اندر جهان ندارد بماد از کهان ومهان

گفتار اندر بزرگی خسرو پرویز

هر آنکس که او دفتر شاه خواند   ز گیتیش دامن بباید فشاند
سزد گر بگوید یکی داستان   که باشد خردمند همداستان
مبادا که گستاخ باشی بدهر   که از پایزهرش فزونست زهر
سرای سپنجست بر راه رو   توگردی کهن دیگر آیند نو
یکی اندر آید دگر بگذرد   زمانی بمنزل چمد گر چرد
چو برخیزد آواز طبل رحیل   بخاك اندر آید سر مور ویمل
پرویز چون داستانی شگفت   زمین بشنوی یاد باید گرفت
که جوان سزاواری ودستگاه   بزرگی واورنگ وفر وسپاه
کز آن بیشتر نشنوی در جهان   اگر چند پرسی ز دانا مهان
ز توران واز چین واز هند وروم   ز هر کشوری کان بد آباد بوم
همی باز بردند نزدیك شاه   بر خشنده روز و شبان سیاه
غلام و پرستنده از هر دری   ز در وز یاقوت و هر گوهری
ز دینار و گنجش گرانه نبود   چنو خسرو اندر زمانه نبود
ز شاهین و از باز و پیران عقاب   ز شیر و پیلنگ و نهنگ اندر آب
همه بر گزیدند پیمان اوی   چو خورشید روشن شدی جان اوی
نخستین که بنهاد گنج عروس   ز چین وز برطاس واز هند وروس
دگر گنج باد آورش خواندند   شمارش بکردند و در ماندند
دگر آن که نامش همی بشنوی   تو خوانی ورا دیبهٔ خسروی
دگر نامور گنج افراسیاب   که کسرا نمود آن بخشکی و آب
دگر گنج کش خواندی سوخته   کز آن گنج بد کشور افروخته
دگر گنج کز درِ خوشاب بود   که بالاش یك تیر پرتاب بود
که خضرا نهادند نامش ردان   همان نامور کاردان بخردان

vivre les jours anciens : c'était une puissance telle que dans le monde, ni les grands, ni les petits, ne se rappellent rien de pareil.

SUR LA PUISSANCE DE KHOSROU PARVIZ.

Quiconque a lu l'histoire de ce roi doit secouer le pan de sa robe en *dégoût* du monde. Je vais dire un mot sur lequel les hommes de sens seront de mon avis : Il ne faut pas que ce monde, qui contient plus de poison que de contre-poison, te rende insolent; c'est un lieu de passage, suis ta route; tu as vieilli et de jeunes arrivent. L'un vient et l'autre s'en va, chacun se pavane ou broute un instant à cette station; mais quand le tambour du départ bat, la tête de la fourmi et celle de l'éléphant se couchent également dans la poussière.

Fais attention quand je te raconte des histoires de Parviz qui t'étonneront, car tu auras beau interroger les savants et les grands, tu n'entendras jamais quelque chose qui dépasse la dignité, la puissance, la grandeur, la gloire, la majesté et l'armée de ce roi. On lui apportait pendant les jours brillants et les nuits sombres des tributs de la Chine, de l'Inde, du Roum et de tous les pays où l'on cultive la terre; chaque cour lui envoyait des esclaves et des serviteurs, des perles, des rubis et des pierreries de toute espèce. Il avait de l'or et des trésors sans fin; jamais il n'y avait eu un Chosroës comme lui. Les faucons et les gerfauts, les aigles qui volent haut, les lions, les léopards, et les crocodiles dans l'eau, tous lui obéissaient, et son âme brillait comme le soleil.

Le premier des trésors qu'il forma avec les tributs de la Chine, de Berthas, de l'Inde et du pays des Russes, était celui d'A'rous (de la fiancée); le second fut appelé Bad-awer : on le compta et l'on n'y toucha plus. Le troisième dont tu entendras parler appelle-le Dibehi Khosrevi; le quatrième est le célèbre trésor d'Afrasiab, qui était tel que personne n'en avait vu de semblable sur la terre ou sous l'eau. Le cinquième était celui qu'on appelait Soukhteh; il était tel que le monde en resplendissait. Un autre était le trésor des perles de belle eau; il était haut d'une portée de flèches; les nobles et les illustres sages pleins d'expérience lui donnaient le nom de Khazra. Le septième était

دگر آنکه بد شادورد بزرگ	که گویند رامشگران سترگ
بزر سرخ گوهر بدو بافته	بزر اندرون رشتها تافته
زرامشگران سرگش وباربد	که هرگران نگشتمش بازار بد
مشکوی زرین ده و دو هزار	کنیزك بکردار خرّم بهار
دگر پیل بد دو هزار و دویست	که گفتی از آن در زمین جای نیست
دگر اسپ جنگی ده و دو هزار	دو صد بارگی کو نبید در شمار
ده و دو هزار اشتر بارکش	عماری کشان ششصد وشصت وشش
که هرگز کس اندر جهان آن ندید	نه از پیر سرکارادانان شنید
چنویی بدست یکی پیشکار	تبه شد تو تیمار گمتی مدار
تو بمرنجی از کارها برکزین	چو خواهی که یابی بداد آفرین
که نیك وبد اندر جهان بگذرد	زمانه دم ما همی بشمرد
اگر تخت یابی اگر تاج و گنج	وگر چند پوینده باشی برنج
سرانجام جای تو خاکست و خشت	جز تخم نیکی نمیبایدت کشت

در بمدادی کردن خسرو و نا سپاسی سپاه او

بدان نامور تخت وجای مهی	بزرگی و دیهیم شاهنشهی
جهاندار همداستانی نکرد	زایران و توران بر آورد گرد
چنان دادگر شاه بمداد گشت	زبمدادی کهتران شاد گشت
بیامد فرخزاد آرزمگان	دژم روی با زیردستان ژکان
بیماراست بر خویشتن رنج نو	نکرد آرزو جز همه گنج نو
زهرکس همی خواسته بستدی	همی آن بر این این بر آن بر زدی
بفرین شد آن آفرینهای بمش	که چون گرگ بمداد گر گشت میش
چو بی نان و بی آب و بی تن شدند	از ایران سوی شهر دشمن شدند
هر آنکس که از بتری یافت بهر	همی دود و نفرین بر آمد زشهر
یکی بمهنر بود نامش گراز	کزو یافتی کام و آرام و ناز

le riche trésor Schadawerd, trésor que les grands musiciens chantent; on y trouvait des pierreries rouges enchâssées dans *des tissus* d'or, où l'or était croisé de fils *de soie*.

Quant à des musiciens, Khosrou avait Serguisch et Barbed, de sorte qu'il ne manquait jamais *de musique*. Dans les appartements dorés de ses femmes demeuraient douze mille jeunes filles, semblables au printemps. Ensuite il avait douze cents éléphants : on aurait dit qu'ils ne laissaient pas de place libre sur la terre; puis douze mille chevaux de guerre, et deux cents chevaux de trait qui n'étaient pas compris dans ce nombre, douze mille chameaux de somme et six cent soixante-six pour porter des litières. Jamais on n'avait vu dans le monde choses pareilles, jamais on n'en avait entendu parler par les vieillards les plus expérimentés.

Comme Khosrou, tu es entre les mains d'un maître unique; il est mort, toi, ne te chagrine pas à cause du monde. Évite le souci des affaires, si tu veux qu'on vante la justesse *de ton jugement*, car dans le monde le bien et le mal passent, et le temps compte nos respirations. Que tu trouves un trône, une couronne et un trésor, ou que les fatigues soient ton lot, tu n'auras à la fin que la poussière et une brique; ne répands donc que la semence du bien.

KHOSROU DEVIENT INJUSTE ET L'ARMÉE SE RÉVOLTE.

Le *roi*, maître du monde, ne se contenta pas de son trône illustre, de sa grandeur, de sa puissance ni du diadème des rois des rois; il provoqua la ruine de l'Iran et du Touran. Ce prince qui avait été si juste devint injuste, et approuva l'injustice de la part de ses serviteurs. Ferrukhzad, fils d'Azermigan, arriva, farouche de mine et toujours mécontent de ses inférieurs. Il s'imposait lui-même des fatigues inouïes, il n'avait envie que de former de nouveaux trésors. Il extorquait à tout le monde des richesses, il brouillait tout le monde, et les bénédictions d'autrefois devinrent des malédictions *du roi*, car lui, qui avait été comme une brebis, était devenu un loup malfaisant. Le peuple, qui n'avait ni pain, ni eau, et était misérable, émigrait de l'Iran dans les pays ennemis, et quiconque avait sa part dans ce

یکی دیو سر بود بمداد و شوم	که بودی همیشه نگهبان روم
از ایران نخست او بمیمد سر	چو شد شاه با داد بمدادگر
بنزدیک خسرو گرامی بدی	دگر زاد فرخ که نای بدی
مگر زاد فرخ بدی بار خواه	نیارست کس رفت نزدیک شاه
دل زاد فرخ تبه گشت نیز	شهنشاه را چون پر آمد قفیز
ز کشور بکشور بیموست راز	یکی گشت با سال خورده گراز
بقیصر ورا نیز بد کامه کرد	گراز سپهبد یکی نامه کرد
نخستین من آیم ترا دستگیر	بدو گفت برخیز و ایران بگیر
فراز آورید از پی رزمگاه	چو آن نامه برخواند قیصر سپاه
بیامد سوی مرز آباد بوم	بیاورد لشکر ازآنگه زروم

بـرگشتـن لـشکـر ایران از خسـرو و رهـا کـردن شـیـرویـه از بـنـد

همی داشت این کار دشوار خوار	چو آگاه شد زان سخن شهریار
که گفتست با قیصر رزمساز	بدانست کان هست کار گراز
همیداشت آن نامهٔ شاه سست	بدانکش همی خواند و او چاره جست
ز درگاه او م ز گردنکشان	زیر و پیز ترسان بد آن بدنشان
هر آنکس که بودند از ایران سران	شهنشاه بنشست با مهتران
فراوان زهر گونه چاره جست	از اندیشهٔ پاک دلرا بشست
یکی نامه بنوشت سوی گراز	چو اندیشهٔ روشن آمد فراز
ستودم ترا سوی مردان مرد	که از تو پسندیدم این کار کرد
سر قیصر آوردی اندر نشیب	ز کردارها بر فزودی فریب
پر اندیشه کن رای باریک تو	چو این نامه آرند نزدیک تو
تو با لشکر خویش بمگذار پای	همی باش تا من بجم زجای
شود در میان رای قیصر تباه	چو زین روی وزان روی باشد سپاه

dépérissement faisait retentir le pays de ses soupirs et de ses malédictions.

Or, il y avait un homme sans valeur, du nom de Guraz, qui faisait toutes les volontés du roi, lui procurait du repos et le flattait; il était de tout temps surveillant *de la frontière* du Roum; c'était un homme à tête de Div, injuste et vil, et lorsque le roi, *autrefois* si juste, devint injuste, Guraz fut le premier à trahir l'Iran. Ensuite il y avait Ferrukhzad, un homme de grand renom et favori de Khosrou, et personne ne pouvait pénétrer auprès du roi, à moins que Ferrukhzad ne demandât une audience pour lui. Mais, lorsque la mesure du roi fut pleine, le cœur de Ferrukhzad se corrompit; il se lia intimement avec le vieux Guraz et trama une conspiration, qui s'étendit de pays en pays. Le Sipehbed Guraz écrivit au Kaïsar une lettre, et lui inspira une mauvaise pensée en lui mandant : « Lève-toi et prends l'Iran, je serai le premier « à te venir en aide. » Le Kaïsar, ayant lu cette lettre, amena une armée pour livrer bataille, il amena à l'instant une armée de Roum et arriva sur la frontière du pays cultivé de l'Iran.

L'ARMÉE IRANIENNE ABANDONNE KHOSROU ET DÉLIVRE SCHIROUÏEH DE SA PRISON.

Lorsque le roi connut ces nouvelles, il prit légèrement cette grave affaire. Il comprit que c'était le fait de Guraz, qui avait conseillé le Kaïsar, avide de guerre; car le roi avait fait appeler Guraz, qui s'était excusé et n'avait pas obéi à sa lettre; ce méchant homme avait peur du roi, de sa cour et de ses grands. Le roi s'assit avec les grands, avec tous les chefs de l'Iran; il voulut se délivrer de ce souci et chercha longuement un remède à cette affaire. Il eut une idée lumineuse, et adressa une lettre à Guraz, portant : « J'approuve ce que tu as « fait, je t'en ai loué devant les braves; tu t'es surpassé en artifices, « et tu as amené la tête du Kaïsar devant un précipice. Quand « cette lettre te sera remise, réfléchis bien dans ton esprit subtil; « reste où tu es jusqu'à ce que je me sois mis en marche, puis « mets-toi en route avec les troupes que tu commandes, et le Kaïsar « sera perdu, car il se trouvera cerné des deux côtés par nos armées,

بایـران ورا دسـت گـیـر آورید / همه رومــمـانـرا اســم آورید
زدرگه یکی چاره گر بر گزید / تفنگوی و دانا چنان چون سزید
بدو گفت کین نامه اندر نهان / همی بر بکردار کار آکهان
چنان رو که بمندت روی کسی / بـرو بر سخن پرسد از تو بسی
بگیرد ترا نزد قیصر برد / وگر نزد سالار لشکر برد
بپرسد ترا از کجائی بگوی / بگویش که من کهتری چاره جوی
بپیمودم این رنج راه دراز / یکی نامه دارم بسوی گراز
توابی نامه بربند بر دست راست / گر ایدون که بستاند از تو رواست
برون آمد از پیش خسرو نوند / بمازو بر آن نامه را کرده بند
بیامد چو نزدیک قیصر رسید / یکی مرد بطریق اورا بدید
سوی قیصرش برد سر پر ز گرد / دو رخ زرد و لبها پر از لاژورد
بدو گفت قیصر که خسرو کجاست / بمایدت گفتن همی راه راست
ازو خیره شد کهتر چاره جوی / زبیمش بماسی دژم کرد روی
بجوئید گفت این بلا جوی را / بدان دیش بد کدام بد گوی را
بجستند و آن نامه از دست اوی / کشاد آن که دانا بد وراه جوی
وز آن گاه دانا سریرا بجست / که آن پهلوانی بخواند درست
چو آن نامه برخواند مرد دبیر / رخ نامور شد بکردار قمر
بدل گفت کی نیست کمین گراز / دلیر آمدسم بدامش فراز
شهنشاه با مرد سیصد هزار / کس از بیل جنگش نداند شمار
مرا خواست افگند در دام اوی / که تاریک بادا سرانجام اوی
وز آنجایگه لشکر اندر کشید / شد آن آرزو از دلش نا پدید
چو آگاهی آمد بسوی گراز / که آن نامور شد سوی روم باز
دلش گشت پر درد و رخساره زرد / سواری گزید از دلیران مرد
یکی نامه بنوشت با باد ودم / که برمن چرا گشت قیصر دژم
از ایران چرا باز گشتی بگوی / مرا کردی اندر جهان چاره جوی

« et nous l'amènerons captif dans l'Iran, nous y amènerons prisonniers
« tous les Roumis. »

Le roi choisit à sa cour un homme rusé, éloquent et entendu
comme il le fallait, et lui dit : « Porte secrètement cette lettre comme
« si tu étais un espion, mais marche de manière à ce qu'un Roumi te
« voie sur la route et te fasse beaucoup de questions; il te saisira et
« te mènera devant le Kaïsar, ou devant le chef de son armée, qui te
« demandera d'où tu viens, et tu lui diras que tu es un pauvre homme
« qui cherche à gagner sa vie, que tu as fait cette longue et pénible
« route parce que tu es porteur d'une lettre pour Guraz. Tu attache-
« ras cette lettre à ton bras droit, et, si le Roumi te la prend, ce sera
« bien. »

Le messager quitta Khosrou, la lettre attachée à son bras, et continua sa route. Lorsqu'il fut arrivé près du Kaïsar, un patricien le vit
et le conduisit devant le prince, la tête couverte de poussière, les deux
joues pâles, les lèvres bleues. Le Kaïsar lui dit : « Où est Khosrou?
« il faut me dire la vérité. » Le pauvre sujet *de Khosrou* fut confondu
devant lui, et, dans sa terreur, répondit avec une mine bouleversée.
Le Kaïsar dit : « Fouillez cet homme à mauvaises intentions, à mau-
« vaises pensées, à mauvais plans, à mauvaises paroles. » On le fouilla,
et un homme intelligent et habile détacha la lettre de son bras et
chercha à la cour un chef savant qui pût lire facilement cet écrit en
pehlewi. Le lettré ayant lu la missive, la joue du prince devint comme
de la poix; il se dit en lui-même : « Voilà donc l'embûche de Guraz!
« et moi je suis venu bravement me mettre dans ses filets. Le roi des
« rois veut, avec trois cent mille hommes et des éléphants de guerre
« dont personne ne sait le nombre, me pousser dans son piége; puisse
« sa fin être lugubre! » Il se retira avec son armée, et l'envie de conquêtes disparut de son cœur.

Lorsque Guraz apprit que le Kaïsar s'en retournait dans le
Roum, son cœur se remplit de douleur, ses joues pâlirent, il choisit
pour messager un cavalier parmi les plus braves, et écrivit une lettre
remplie de plainte et de colère, disant : « Pourquoi le Kaïsar est-il
« devenu mécontent de moi? Dis-moi pourquoi tu as quitté l'Iran,
« pourquoi tu as fait de moi un homme sans ressources dans le monde?

شهنشاه داند که من کردم این / دلش گردد از من پر از درد و کین
چو قیصر نگه کرد و این نامه دید / زلشکر گرانمایه برگزید
فرستاد قیصر بنزد گراز / کز آن ایزدت کرده بد بی نماز
که ویران کنی تاج و گاه مرا / بآتش بسوزی سپاه مرا
کز آن نامه جز گنج دادن مباد / نیامد مرا از تو ای بدنژاد
مرا خواستی تا بخسرو دهی / که هرگز مبادت مهی و بهی
بمیبست دانست کایرانیان / چو بیمند شاه از نژاد کیان
بایران نخواهند بمگانه / نه قیصر نژادی نه فرزانه
بقیصر بسی کرد پوزش گراز / بکوشش نیامد ز دامش فراز
گزین کرد پس خسرو آزاده / سخن گوی و دانا فرستاده
یکی نامه بنوشت سوی گراز / که ای پیمها رین دیوساز
ترا چند خواهر بدین بارگاه / همی دور مانی از آنمن و راه
کنون این سپاهی که نزد توآند / بهر سال و مه اورمزد توانند
برای و بدل ویژهٔ قیصرانند / نهانی بر اندیشهٔ دیگرانند
بر ما فرست آن را که پیچیده اند / همی سرکشمرا بسنجیده اند
چو این نامه آمد بسوی گراز / پر اندیشه شد مهتر دیرساز
گزین کرد از آن نامداران سوار / از ایران و نمران ده و دو هزار
بدیشان چنین گفت یکدل شوید / سخن گفتن هرکسی نشنوید
از ایخا سوی مرز ایران روید / بنزدیک شاه دلیران روید
بباشید یکچند از این روی آب / مگرید یکسر ز رفتن شتاب
چو همپشت باشید با هروان / یکی کوه کندن زبر توان
سپه رفت تا خرهٔ اردشیر / هم آنکس که بودند برنا و پیر
کشیدند لشکر بدان رودبار / بدان تا چه فرمان دهد شهریار
چو آگاه شد خسرو از کارشان / نبود آرزومند دیدارشان
بفرمود تا زاد فرخ برفت / بنزدیک آن لشکر شاه تفت

« Le roi des rois sait que c'est moi qui suis l'auteur de cette entre-
« prise, et son cœur en sera blessé et plein de rancune contre moi. »
Le Kaïsar vit la lettre et la lut; il choisit un noble de son armée et
l'envoya auprès de Guraz, à qui il fit dire : « Est-ce que Dieu t'a donné
« de la prospérité pour que tu détruises ma couronne et mon trône,
« pour que tu dévores par le feu mon armée? Ta lettre n'a abouti
« pour moi qu'à me faire jeter au vent mes trésors, ô homme de mau-
« vaise race! Tu as voulu me livrer à Khosrou, puisses-tu ne jamais
« obtenir de la puissance ou du bonheur! Comprends donc que les
« Iraniens, aussi longtemps qu'ils verront un prince de la famille des
« Keïanides, ne demanderont pas un étranger, serait-il de la race des
« Kaïsars, ou le plus intelligent des hommes. »

Guraz chercha longtemps à se justifier auprès du Kaïsar; mais, malgré tous ses efforts, il ne put sortir du piége dans lequel il était tombé.
Khosrou choisit pour envoyé un homme noble, éloquent et savant,
et écrivit à Guraz une lettre, portant : « Ô homme sans valeur, vil et
« faisant œuvre de Div! je t'ai souvent appelé à cette cour, mais tu te
« refuses à suivre la règle et la bonne voie. Maintenant, cette armée
« que tu as avec toi et qui a toujours été ton soutien est dévouée
« de cœur et d'intentions au Kaïsar, et nourrit dans son âme des
« pensées contraires *à ses devoirs*. Envoie-moi ceux qui ont été ébran-
« lés et qui méditent une révolte. »

Lorsque Guraz eut reçu la lettre, ce vieux et puissant chef devint
soucieux. Il choisit douze mille cavaliers parmi les illustres de l'Iran
et de l'Aniran, et leur dit : « Soyez unis, ne faites attention aux paroles
« de personne, marchez d'ici aux frontières de l'Iran, allez vers le roi
« des braves; restez quelque temps de notre côté de l'eau, ne vous
« pressez point dans vos marches; tant que vous vous appuyerez l'un
« l'autre, vous et vos compagnons de route, vous serez de force à
« arracher de ses fondements un rocher. »

L'armée marcha jusqu'à Khorrehi Ardeschir, tous ensemble, jeunes
et vieux; on la conduisit jusqu'au bord du fleuve, où elle voulait
attendre les ordres du roi. Lorsque le roi reçut des nouvelles de ces
troupes, il n'eut pas le désir de les voir, et il ordonna à Ferrukhzad de
se rendre en toute hâte auprès de cette armée royale. Ferrukhzad était

چنین برد پیغام نزد سما / که از پیش بودی مرا نیمخواه
چرا راه دادی که قیصر ز روم / بماورد لشکر بدین مرز و بوم
که بود آن که از راه یزدان بگشت / زرای و رفرمان ما برگذشت
چو پیغام خسرو شنید آن سپاه / شد از بم رخسار ایشان سپاه ۴۰۱۰
کس آن راز پیدا نیارست کرد / ماندند با درد و رخساره زرد
پیمبر یکی بد بدل با گراز / همی داشت از یاد و از حاك راز
بیامد نهانی بنزدیك شان / برافروخت جانهای تاریك شان
مترسید گفت ای بزرگان که شاه / ندید از شما آشکارا گناه
مباشید جز یکدل و یک زبان / مگوئید کز ما که شد بدگمان ۴۰۱۵
وگر شد همه زیر یك چادر / بودی همه یار یکدیگریم
همان چون شنیدند آواز اوی / بدانست هر مهتری راز اوی
مهان یکسر از جای برخاستند / بر آن همنشان پاسخ آراستند
بر شاه شد زاد فرخ چو گرد / تنهای ایشان همه یاد کرد
بدو گفت او بیش ایشان بگوی / که اندر شما کیست آزار جوی ۴۰۲۰
که بفریفتش قیصر شوم بخت / بگنج و سلاح و بتاج و بتخت
که نزدیك ما اورگنه کار شد / و زین تاج و اورنگ بمزار شد
فرستید یکسر بدین بارگاه / کسی را که بودست زین سر سپاه
وگر نه همه دار بیمنید و چاه / و لشکر هر آنکس که گم کرد راه
شد زاد فرخ بگفت این سخن / رخ لشکر نو زغم شد کهن ۴۰۲۵
نیارست لب را کشاد هیچ کس / پر از درد خامش ماندند بس
سمك زاد فرخ زبان برگشاد / همی کرد گفتار ناخوب یاد
کز بیمتان سپاهی دلیر و جوان / نه بیم کس اندر میان ناتوان
شما را چرا ترس باید ز شاه / بگیتی پراگنده از و ر سپاه
بزرگی نه بیم بدرگاه اوی / که روشن کند اختر و ماه اوی ۴۰۳۰
شما خوار دارید گفتار من / مترسید یکسر ز آزار من

porteur du message suivant : « Autrefois vous aviez de bonnes disposi-
« tions envers moi, pourquoi donc avez-vous laissé ouverte la route, de
« façon que le Kaïsar du Roum pût passer dans ce pays? Qui est-ce
« qui a quitté la voie de Dieu, qui a transgressé mes intentions et mes
« ordres? » Lorsque ces hommes entendirent le message du roi, leurs
visages devinrent noirs de terreur; personne n'osa dévoiler le secret
et tous restèrent inquiets et leurs fronts pâlirent.

Mais le messager du roi était uni de cœur avec Guraz, quoiqu'il
cachât son secret même au vent et à la terre. Il alla voir secrètement
les chefs, et éclaira leurs âmes ténébreuses, disant : « Ô hommes puis-
« sants, ne craignez rien, car le roi ne connaît aucune faute commise
« par vous ouvertement. Soyez seulement unis de cœur et de parole,
« ne dites pas qui, parmi vous, a été ennemi du roi, dites que, s'il y
« en a eu, vous êtes tous sous le même manteau, et que vous vous sou-
« tenez tous bravement l'un l'autre. » Lorsque les grands entendirent
les paroles du messager, chacun comprit son secret, ils se levèrent
tous et arrangèrent leur réponse selon ce qu'il avait insinué.

Ferrukhzad s'en retourna auprès du roi, rapidement comme la
poussière, et lui rapporta tout ce qu'avaient dit les grands. Le roi lui
ordonna d'aller leur dire : « Qui de vous veut donc courir à sa perte,
« parce que le Kaïsar à la fortune sombre l'a corrompu, par la pro-
« messe de trésors, d'armes, de couronnes et de trônes? Celui-là a
« manqué à ses devoirs envers moi et est rebelle à ma couronne et
« à mon trône. Envoyez à ma cour tous ceux qui ont failli de cette
« manière, sinon le gibet ou le cachot vous attendent, vous tous dans
« cette armée, qui vous êtes égarés de la voie droite. » Ferrukhzad
partit et répéta ces paroles du roi, et les joues de cette jeune armée
se ridèrent de chagrin. Personne n'osait ouvrir la bouche, et ils restèrent longtemps silencieux et pleins de douleur.

Mais soudain Ferrukhzad donna cours à sa langue et prononça
des paroles mauvaises, disant : « Voilà une armée jeune et vaillante,
« dans laquelle je ne vois pas un homme faible; pourquoi alors crai-
« gnez-vous tant le roi qui a éloigné de sa cour ses armées, et les a
« dispersées dans le monde entier? Je ne vois pas à cette cour un grand
« qui puisse rendre de l'éclat à son étoile et à sa lune. Méprisez les

بدشنـام لبهـا کـشائـیـد بـاز
چه بر من چه بر شاه گردنفراز

هر آنکـس کـه بشنیـد ازو آن سخن
بدانسـت کـان بخـت نوشـد کهـن

همه یکـسر از جای برخاستنـد
بدشنـام لبهـا بیـاراستنـد

بشد زاد فرخ خسرو بـگـفـت
که لشکر همه بازگشتند وجفت

مـرا بیـم جانست اگـر نیـز شـاه
فرستـد بـیـغـام نـزد سپـاه

بدانست خسرو که آن کژگوی
همان آب وخون انـدر آرد بـجـوی

زبیم بـرادرش چیـزی فـگـفـت
همی داشت این راستی در نهفت

که پیچیده بد رسم از شهریار
بجای خود وتـمـغ زن ده هـزار

دل زاد فرخ نگـه داشـت نـیـز
سپه را همی روی برگاشت نیز

رهـا کـردن سران شـمروی را زبـنـد

بدانست م زاد فـرخ کـه شـاه
زلشکر همه زو شناسد گناه

چو آمد بـرون این بدانـدیـش شاه
نیـارسـت شـد نیـز در پیـشگـاه

بـدر بـر هـمی بود ویا هـر کسی
همی کرد از آن آزمایـش بسی

همی ساخـت هـواره تا آن سپـاه
بپیچید یـک یـک زفـرمـان شـاه

همی رانـد با هـرکـسی داستـان
شدند اندر آن کـار هـمـداستـان

که شاهی دگر بـرنشانـد بـتخـت
کزین دور شد فـر وآئـیـن وبخـت

بـر زاد فـرخ یکـی پیـمـر بـود
که در کـارهـا کـردن آزیـر بـود

چنین گـفت با زاد فرخ که شاه
همی از تـو بـمنـد گـنـاه سپـاه

کنون تا یـک شـهـریـار پـدیـد
نـیـاری فـزون زین نیـایـد چـیـد

کـه این بـوم آبـاد ویـران شـود
از آشوب ایران چو نیـران شـود

نگه کـرد بایـد بـفـرزنـد اوی
کـدامسـت با شـرم وبی گفتگـوی

ورا شاد بـرتخـت بایـد نـشانـد
بـر آن تـاج دینـار بایـد فـشانـد

چو شمروی بمدار مهتـر پسـر
بزنـدان بـود کـس نـبـایـد دگـر

همی رای زد زین نشان هـر کـسی
بـرین روز وشب بـر نیـامـد بـسی

« paroles que j'étais chargé de vous rapporter, ne craignez rien du
« mal dont je vous menace. Répondez par des reproches adressés à
« moi ou à ce roi qui porte si haut la tête. » Tous ceux qui entendirent
ce discours comprirent que la fortune du roi avait vieilli. Ils se levèrent tous et se mirent à répondre par des outrages, et Ferrukhzad
partit et rapporta au roi que toute l'armée était unie et se soutenait,
ajoutant : « J'ai peur pour ma vie, si le roi me renvoyait à cette armée
« avec un message » Khosrou comprit que cet homme aux paroles
perfides ferait verser des ruisseaux de larmes et de sang; mais il ne
répondit rien par peur du frère de *Ferrukhzad,* et garda pour lui ce
qu'il savait être vrai. Car Rustem se détournait du roi, dans son
gouvernement, où il commandait à dix mille hommes qui frappaient
de l'épée; il observait les intentions de Ferrukhzad et détournait son
armée *du roi.*

LES GRANDS DÉLIVRENT SCHIROUÏEH DE SA PRISON.

Ferrukhzad savait que Khosrou apprendrait par l'armée toutes ses
trahisons, et lorsque cet ennemi du roi fut sorti du palais, il n'osa
plus se présenter devant le trône. Il se tenait devant la porte et fit des
tentatives incessantes auprès de tout le monde; il travailla sans relâche, jusqu'à ce qu'il eût détourné de l'obéissance envers le roi cette
armée, homme par homme. Il parlait à tout le monde, et tous furent
de son avis, qu'il fallait placer sur le trône un autre roi, parce que
Khosrou n'avait gardé ni sa dignité, ni les coutumes royales, ni la
fortune. Un vieillard, qui avait de l'expérience dans les affaires, s'approcha de Ferrukhzad et lui dit : « Khosrou t'attribue la défection de
« l'armée. Or on ne peut pas aller plus loin, jusqu'à ce que tu aies
« mis en avant un roi, car ce pays prospère deviendrait un désert,
« et, par suite de ces troubles, l'Iran ressemblerait *bientôt* à l'Aniran. Il
« faut donc examiner lequel des fils de Khosrou est le plus modeste
« et trouvera le moins d'opposition, le placer hardiment sur ce trône
« et répandre sur sa couronne des pièces d'or; et puisque Schirouïeh,
« son fils aîné, est intelligent et se trouve en prison, il n'en faut pas
« un autre. »

که برخاست گرد سپاه تخوار :: همه کارها را گرفتمد خوار ۴۰۶۰
پذیره شدش زاد فرخ براه :: فراوان برفتند با او سپاه
رسیدند پس یك بدیگر فراز :: سخن رفت چند آشکارا وراز
هان زاد فرخ زبان بر گشاد :: بدیهای خسرو همی کرد یاد
همی گفت لشکر مردی ورای :: همی کرد خواهد شاهی بمای
سپهبد چنین داد پاسخ بدوی :: که من نیستم جامهٔ گفتگوی ۴۰۶۵
اگر با یلان اندر آیم بجنگ :: کم بر یلان جهان جای تنگ
گرامی بد این شهریار جوان :: بنزد کنارنگ و م پهلوان
چو روز چنان مرد گردد سپاه :: مبادا که بیند کسی تاج وگاه
نزند آن زمان شد که بمداد شد :: زبیدادگر بمدگان شاد شد
تنهاش چون زاد فرخ شنید :: مر اورا از ایرانیان برگزید ۴۰۶۵
بدو گفت اکنون بزندان شوی :: بنزدیك آن مستمندان شوی
بیمارم بی باك شمروی را :: جوان ودلیر و جهانجوی را
سپهبد نگهبان زندان اوست :: کزو داشتی بیشتر مغز و پیوست
ابا شش هزار آزموده سوار :: همی دارد آن بستگان را بزار
چمین گفت با زاد فرخ تخوار :: که کار سپهبد گرفتیم خوار ۴۰۷۰
گرایی بخت پرویز گردد جوان :: نماند بایران یکی پهلوان
اگر دار دارند اگر چاه وبند :: نماند بایران یکی بی گزند
بگفت این و از جای برکرد اسپ :: همی تاخت برسان آذرگشسپ
سپاه اندر آورد یکسر بجنگ :: سپهبد پذیره شدش بی درنگ
سر لشکر نامور گشته شد :: سپهبد بجنگ اندرون کشته شد ۴۰۷۵
پراگنده شد لشکر شهریار :: سپه گشت روز و تیره گشت کار
بزندان تنگ اندر آمد تخوار :: بدان چاره با جامهٔ کارزار
بشمروی گردنکش آواز داد :: سبك پاسخش نامور باز داد
بدانست شمروی کان سرفراز :: بدانگه بزندان چرا شد فراز

KHOSROU PARVIZ

Tout le monde donna des avis du même genre, et il ne se passa pas beaucoup de jours ni de nuits avant que l'armée de Tokhar eut fait lever la poussière, ayant pris son parti résolûment. Ferrukhzad alla à la rencontre de Tokhar, accompagné de beaucoup de troupes; ils descendirent de cheval ensemble et causèrent longuement en public et en secret. Ferrukhzad se mit à parler et à exposer les maux qu'avait causés Khosrou, puis il ajouta : « L'armée veut rétablir la « royauté par sa valeur et son intelligence. » Le Sipehbed lui répondit : « Quant à moi, je n'ai pas le talent de discuter; mais, quand je « me bats contre des héros, les champions du monde entier ne tien- « nent pas devant moi. Ce roi, dans sa jeunesse, était cher à tous les « grands et à tous les Pehlewans, et, quand on voit s'obscurcir les jours « d'un pareil homme, on ne peut désirer à personne une couronne « et un trône. Khosrou a perdu tout pouvoir au moment où il est de- « venu injuste, et lorsqu'il s'est mis à favoriser l'injustice de ses « serviteurs. »

Lorsque Ferrukhzad eut entendu ces paroles, il choisit Tokhar parmi tous les Iraniens *pour exécuter son plan*, et lui dit : « Allons main- « tenant à la prison, allons auprès de ces malheureux; enlevons sans « hésitation Schirouïeh, ce prince jeune, brave et ambitieux. Mais « il y a un surveillant de la prison, un Sipehbed à qui tu arrache- « rais plutôt la cervelle et la peau que la personne de Schirouïeh, « et qui garde ses prisonniers désolés à l'aide de six mille cavaliers « éprouvés. » Tokhar répondit à Ferrukhzad : « Nous avons traité trop « légèrement l'affaire de ce Sipehbed Si la fortune revenait à Par- « viz, il ne laisserait pas en vie un seul Pehlewan de l'Iran, et per- « sonne n'échapperait, soit au gibet, soit au cachot et aux fers. »

En disant cela, il poussa son cheval et s'élança, semblable à Adergouschasp, emmenant au combat toute son armée. Le Sipehbed s'avança vers lui sans hésiter; mais sa troupe illustre fut mise en désarroi et lui-même tué dans la mêlée. L'armée du roi fut dispersée; le jour de Khosrou s'assombrit et son pouvoir était perdu.

Tokhar trouva ainsi moyen d'entrer dans la prison étroite, revêtu de son armure de combat; il appela tout haut Schirouïeh, qui portait haut la tête, et le prince répondit à l'instant. Schirouïeh comprit pour-

همان زاد فرّخ بدرگاه بر
که آگه شدی زان سخن شهریار
چو پژمرده شد چادر آفتاب
بفرمود تا پاسبانان شهر
برفتند یکسر سوی بارگاه
بدیشان چنین گفت کامشب خروش
همه پاسبانان بنام قباد
چنین یافت پاسخ که چونین کنم
چو شب چادر قیرگون کرد نو
همه پاسبانان بنام قباد
کانوشه زیاد از بزرگان قباد
شب تیره شاه جهان خفته بود
چو آواز آن پاسبانان شنید
بدو گفت شاها چه شاید بدن
از آواز او شاه بیدار شد
چو روی تخوار فروزان بدید
بدو گفت گریان که خسرو کجاست
چنین گفت با شاه زاده تخوار
اگر تو بدی کار همداستان
یکی کم بود شاید از شانزده
که نایند هر یک بشاهنشهی
فرو ماند شیروی گریان بجای

هـمی بود وکسرا ندادی گذر
بدرگاه بر بود یک پرده دار
هـمی ساخت هر مهتری جای خواب
هر آنکس که از مهتری داشت بهر
بدان جای شادی وآرام شاه
دگرگونه‌تر کرد باید که دوش
هـمی کرد باید بهر پاس یاد
زسر نام پرویز بیرون کنم
زشهر وزبازار برخاست غو
چو آواز دادند کردند یاد
بهر کشوری نام او باد یاد
که شیرویی بمالیدش آشفته بود
غمی گشت وشادان دلش بردمید
بدین داستانی بباید زدن
دلش زان سخن پر زآزار شد
از اندوه جان ودلش بردمید
رها کردن ما چه کاری شماست
که گر مردی کام شیران مخار
نمایی تو کم گیر ازین داستان
بماند برادر ترا پانزده
بدیشان بود شاد تخت عاج
از آن خانهٔ تنگ بگذارد پای،

آگه شدن خسرو از کار سپاه

quoi cet homme plein d'orgueil était venu dans la prison en ce
moment, et, quand il vit le visage radieux de Tokhar, son âme et
son cœur exhalèrent son anxiété; il lui dit en versant des larmes : « Où
« est Khosrou? Est-ce à vous de me mettre en liberté? » Tokhar dit
au fils du roi : « Si tu es un homme, ne gratte pas le palais du lion.
« Si tu n'es pas de notre avis en cette affaire, renonce à t'en mêler.
« Nous pouvons nous passer d'un prince sur seize; il nous reste en-
« core quinze de tes frères, dont chacun est digne d'être roi des rois,
« et le trône du pouvoir sera heureux d'être occupé par un d'eux. »
Schirouïeh resta confondu et versa des larmes, *incertain* s'il devait
sortir de sa demeure étroite.

KHOSROU APPREND CE QU'A FAIT L'ARMÉE.

Pendant ce temps, Ferrukhzad se tenait devant la porte du palais
et ne laissait entrer personne par qui le roi aurait pu apprendre ce
qui se passait; il se tenait à la porte pour en garder le rideau, lui seul.
Lorsque le soleil eut pâli sous son voile et que tous les grands eurent
préparé leurs lieux de sommeil, Ferrukhzad ordonna à tous les gardiens de nuit de la ville, à tous ceux qui y exerçaient une autorité,
de se rassembler à la porte du palais, ce lieu de joie et de repos
du roi. Il leur dit : « Cette nuit, il faut adopter un cri autre que
« celui d'hier soir, et à chaque veille de la nuit il faut que tous les
« gardiens proclament le nom de Kobad. » On lui répondit : « Nous
« ferons ainsi et nous chasserons de notre tête le nom de Parviz. » Et,
lorsque la nuit eut renouvelé son voile couleur de poix, tous les gardiens élevèrent leur voix dans la ville et sur les marchés, poussant
leur cri au nom de Kobad : « Que Kobad, le descendant des Grands
« *rois*, vive et soit heureux! que son nom soit proclamé dans tous les
« pays! »

Le roi du monde dormait dans la nuit profonde, et Schirin se tenait près du chevet de son lit, l'esprit troublé. Lorsqu'elle entendit
ce cri des gardiens de nuit, elle devint inquiète et son cœur, *jadis si
joyeux*, s'émut. Elle dit à Khosrou : « Ô roi, que va-t-il arriver?
« Il faut que nous parlions de ce qui se passe. » Le roi s'éveilla à la

بـشـیریـن چـنـیـن گـفـت کـای مـاه روی / چـه داری خـواب انـدریـن گـفـتـگـوی
چـنـیـن گـفـت شـیریـن کـه بـگـشـای گـوش / خـروشـیـدن پـاسـبـانـان نـیـوش
چـو خـسـرو بـر آنـگـونـه آوا شـنـیـد / بـرخـسـاره شـد چـون گـل شـنـبـلـیـد
چـنـیـن گـفـت کـز شـب گـذشـتـه سـه پـاس / بـیـامـد گـفـتـار اخـتـر شـنـاس
کـه ایـن بـدکنـش چـون زمـاد بـرزاد / نـهـانـی ورا نـام کـردم قـبـاد
آواز شـمـروی گـفـتـم هـمـی / دگـر نـامـش انـدر نـهـفـتـم هـمـی
ورا نـام شـمـروی بـد آشـکـار / قـبـادش هـمـی خـوانـد ایـن نـابـکـار
شـب تـیـره بـایـد شـدن سـوی چـمـن / وگـر سـوی مـاچـیـن ومـکـران زمـیـن
پـریـشـان بـافـسـون بـگـیـرم راه / رفـغـفـور چـیـنـی چـرام سـپـاه
از آن کـاخـتـرش بـاسـمـان تـیـره بـود / تـنـهـای او بـر زمـیـن خـمـره بـود
شـب تـیـره افـسـون نـیـامـد بـکـار / هـمـی آمـدش کـار دشـوار خـوار
بـدو گـفـت شـیریـن کـه آمـد زمـان / بـر افـسـون مـا چـیـره شـد بـدگـمـان
بـدانـش کـنـون چـاره خـویـش سـاز / مـبـادا کـه آیـد بـدشـمـن نـیـاز
چـو روشـن شـود دشـمـن چـاره جـوی / نـهـد بـیـگـمـان سـوی ایـن کـاخ روی
هـمـانـگـه زره خـواسـت از گـنـج شـاه / دو شـمـشـیـر هـنـدی وروی کـلـاه
هـمـان تـرکـش وتـیـر وزّریـن سـپـر / یـکـی بـنـده گـرد ویـر خـاطـر
شـب تـیـره گـون انـدر آمـد بـبـاغ / بـدانـگـه کـه بـرخـیـزد از خـواب زاغ
بـبـاغ بـزرگ انـدر از بـس درخـت / نـبـد شـاه را بـر چـمـن جـای تـخـت
بـیـاویـخـت از شـاخ زّریـن سـمـر / جـهـانـی کـز و دور بـودی گـذر
نـشـسـت از بـر نـرگـس وزعـفـران / یـکـی تـیـغ در زیـر زانـو گـسـران
چـو خـورشـیـد بـرزد سـنـان از فـراز / سـوی کـاخ شـد دشـمـن دیـو سـاز
یـکـایـک بـگـشـتـنـد گـرد سـرای / تـهـی بـد زشـاه ایـن سـزاوار جـای
بـتـاراج دادنـد گـنـج ورا / نـکـرد ایـچ کـس یـاد رنـج ورا
هـمـان بـاز گـشـتـنـد دیـده پـر آب / گـرفـتـه زکـار زمـانـه شـتـاب
چـه جـوئـیـم ازیـن گـنـبـد تـیـز گـرد / کـه هـرگـز نـمـاسـایـد از کـار کـرد

voix de Schirin, et, tout irrité de ce qu'elle lui parlait, il lui dit : « O
» toi, au visage de lune! Pourquoi parles-tu pendant que je dors? »
Elle répondit : « Ouvre les oreilles et écoute les cris des gardes de
« nuit. » Khosrou entendit alors ces cris, et ses joues devinrent *pâles*
comme la fleur du fenugrec. Il dit : « Quand trois veilles de la nuit
« seront passées, demandez l'avis des astrologues; car, quand ce mal-
« faiteur a été mis au monde par sa mère, je lui ai donné en secret
« le nom de Kobad, mais tout haut je l'ai appelé Schirouïeh et ai tou-
» jours tenu caché son autre nom; en public, il a toujours porté le
» nom de Schirouïeh, et pourtant ce vilain l'appelle Kobad. Il faut que
« nous partions pendant la nuit sombre pour la Chine, ou le Madjin,
« ou le pays de Mekran; nous devancerons *nos ennemis* sur la route à
« l'aide d'une ruse, et je demanderai une armée au Faghfour de la
« Chine. »

Mais, son étoile dans le ciel s'étant obscurcie, ses affaires sur la
terre se gâtèrent. Il n'exécuta pas son plan pendant la nuit sombre; il
prit trop légèrement une affaire grave. Schirin lui dit : « Notre temps
« arrive; nos ennemis sont plus forts que nos ruses. Prépare mainte-
« nant dans ta sagesse un moyen de salut; ne plaise à Dieu que nos
« ennemis arrivent à leurs fins. Quand il fera jour, nos ennemis se-
» ront sans doute assez avisés pour se diriger vers ce palais. » Le roi
demanda à l'instant une cotte de maille de son trésor et deux épées
indiennes, un casque roumi, un carquois, des flèches et un bouclier d'or. Il fit venir un esclave vaillant et avide de combat, et sortit
dans le jardin pendant la nuit encore noire, à l'heure où se réveille
le corbeau. Ne trouvant pas dans ce grand jardin ni sous cette masse
d'arbres une place dans la prairie où mettre une planche *pour s'y asseoir*, il suspendit à une branche d'arbre son bouclier d'or, dans un
lieu éloigné du passage des hommes, s'assit sur les narcisses et le
safran, et plaça une lourde épée sous son genou.

Lorsque le soleil lança ses rayons d'en haut, les ennemis acharnés
de Khosrou entrèrent au palais et fouillèrent tous les coins de ce magnifique édifice; mais le roi n'y était pas. Ils livrèrent au pillage ses
trésors et aucun d'eux ne pensa à la peine que Khosrou avait eue pour
les réunir; ensuite ils partirent, les yeux pleins de larmes et surpris

یکیرا بدریا ماهی دهد	یکیرا همی تاج شاهی دهد
نه آرام وخورد ونه جای نهفت	یکیرا برهنه سر وپای وسفت
بپوشد بدیبا وخز وحریر	یکیرا دهد نوش از شهد وشیر
بتاریک جای مغاك اندرند	سرانجام هر دو بخاك اندرند ۴۱۳۰
نبودیش اندوه نمك ونبرد	اگر خود نژادی خردمند مرد
اگرکه بدی مرد اگرمه بدی	ندیدی جهان از بنه به بدی
بخواننده آگاهی نو برم	کنون رنج درکار خسرو برم

گرفتار شدن خسرو پرویز بدست پسرش شیرویه

درخت بلندش برو سایه دار	همی بود خسرو بر آن مرغزار
بنان آمد آن پادشارا نیاز ۴۱۳۵	چو بگذشت نیمی زروز دراز
که نشناختی چهرهٔ شهریار	بماغ اندرون بود یك پایکار
که شاهی بمرزین گرای کبر	پرستنده را گفت خورشید فر
مهره زگوهر بسی دیده رنج	بدان شاخ بد مهرهٔ زرپنج
که این مهره امروز آید بکار	چنین گفت با باغبان شهریار
دگر نان وبیراه جائی گذر ۴۱۴۰	بمازار بر پارهٔ گوشت خر
درم بد کسیرا که بودی بکار	مران گوهرانرا بها سی هزار
بدان شاخ زرین ازو خواست نان	سوی نانوا شد سبك باغبان
ندانر نمارمش کردن رها	بدو نانوا گفت کمرا بها
که اینرا بها کن بدانش بکوش	ببردند هر دو بگوهر فروش
بدو گفت کمرا که یارد خرید ۴۱۴۵	چو دانندهٔ آن مهرها را بدید
بدین گونه هر ساله صد نوبدی	چنین شاخ در گنج خسرو بدی
گر از بندهٔ هفته بمریدهٔ	تو این گوهران ازکه دزدیدهٔ

de tout ce qui arrivait. Que demander à cette voûte à la rotation rapide, qui ne se repose jamais de son activité? Elle donne à l'un la couronne royale, elle livre l'autre aux poissons de la mer; elle laisse l'un nu de la tête aux pieds, faible, sans repos, sans nourriture, sans lieu où se cacher; elle donne à boire à l'autre du miel et du lait, et le revêt de brocart, de fourrures et de satin; mais à la fin tous les deux se trouvent sous la terre, dans un lieu sombre et un bas-fond. Si l'homme de sens n'était pas né, il n'aurait pas eu de chagrin, de honte ni de lutte; s'il n'avait rien vu du monde, cela aurait mieux valu, fût-il sujet ou fût-il roi.

Maintenant je vais me donner de la peine, pour fournir aux chanteurs une nouvelle histoire sur le sort de Khosrou.

KHOSROU PARVIZ DEVIENT LE PRISONNIER DE SON FILS SCHIROUÏEH.

Khosrou resta sur cette prairie, où un grand arbre lui donnait de l'ombre; la moitié de la longue journée s'étant écoulée, le roi eut besoin de pain. Or il y avait dans le jardin un homme de peine, qui ne connaissait pas le visage du roi. Khosrou, qui brillait comme le soleil, dit à ce serviteur : « Coupe un bout de cette belle ceinture. » Ce bout contenait cinq boutons d'or, qui avaient coûté cher à cause des pierreries *qui y étaient incrustées.* Khosrou dit au jardinier : « Ces « boutons me serviront aujourd'hui, porte-les au bazar et achète un « morceau de viande et du pain, et prends un chemin peu fré- « quenté ! »

Or ces pierreries valaient trente mille dirhems pour tout homme qui en aurait eu besoin. Le jardinier courut chez un boulanger avec ces chaînons d'or et demanda un pain. Le boulanger dit : « Je « ne connais pas la valeur de cet objet et ne puis pas rendre des- « sus. » Ils le portèrent tous les deux chez un joaillier et dirent : « Fais « le prix de ceci et emplois-y tout ton savoir. » Quand cet homme expert vit les pierreries, il dit : « Qui est-ce qui oserait acheter cela ! « Il y a de ces chaînons dans le trésor du roi, on y en place tous les ans « cent nouveaux. A qui as-tu volé ces pierreries? ou les as-tu prises à « un esclave endormi ? »

سوی زاد فرّخ شدند آن سه مرد / ابا گوهر و رز و بیا کار کرد
چو آن گوهران زاد فرّخ بدید / سوی شهریار نو اندر دوید
بشهریوی بنمود چندان گهر / بریده یکی شاخ زرّین کمر ۴۱۵۰
چنین گفت شهریوی با باغبان / که گر زین خداوند گوهر نشان
نگویی م اکنون بمبرّم سرت / م آنرا که باشد زبد گوهرت
بدو گفت شاها بماغ اندرست / زره پوش مردی کیانی بدست
ببالا چو سرو و برخ چون بهار / بهر چیز مانندهٔ شهریار
سراسر همه باغ ازو روشنست / چو خورشید تابنده در جوشنست ۴۱۵۵
فروهشته از شاخ زرّین سمر / یکی بنده بر پیمش او با کمر
برید این چنین شاخ گوهر ازوی / مرا داد و گفتا از ایدر بموی
زیازار نان آور و نان خورش / م اکنون برفتم چو باد از برش
بدانست شیروی کان خسروست / که دیدار او در زمانه نوست
زدرگه فرستاد سیصد سوار / چو باد دمان تا لب جویبار ۴۱۶۰
چو خسرو زد ور آن سپه را بدید / ببرد و شمشیر کین برکشید
چو روی شهنشاه دید آن سپاه / همه بازگشتند یکسر زراه
یکایک بر زاد فرّخ شدند / بسی هر کسی داستانها زدند
که ما بندگانیم و او خسروست / بدان شاه روز بد اکنون نوست
نیارد زدن کس بر و باد سرد / چه در باغ باشد چه اندر نبرد ۴۱۶۵
بشد زاد فرّخ بنزدیک شاه / زدرگاه او ببرد چندین سپاه
چو نزدیک او رفت تنها بمود / فراوان سخن گفت و خسرو شنود
بدو گفت اگر شاه بارم دهد / بدین کردها زینهارم دهد
بیایم بگویم سخن هرچه هست / و گرنه بمویم بسوی نشست
بدو گفت خسرو چو گفتی بگوی / نه اندُه گساری نه پیکار جوی ۴۱۷۰
چنین گفت پس مرد گویا بشاه / که در کار هشیار ترکن نگاه
بر آن نه که کشتی تو جنگی هزار / سرانجام سپر آئی از کارزار

KHOSROU PARVIZ

Les trois hommes se rendirent chez Ferrukhzad pour lui soumettre les pierreries, l'or et toute cette affaire. Aussitôt que Ferrukhzad eut vu les pierres fines, il courut auprès du nouveau roi, lui montra ces pierres d'un si haut prix et le bout arraché de la ceinture d'or. Schirouïeh dit au jardinier : « Si tu ne donnes pas des indications « sur le propriétaire de ce joyau, je te ferai à l'instant trancher la « tête, ainsi qu'à toute ta méchante race. » Le jardinier répondit : « Ô « roi ! il se trouve dans le jardin un homme en cotte de mailles qui « tient un arc dans la main; il a une stature comme un cyprès, un « visage comme le printemps, et en tout un air royal; le jardin en est « tout brillant, car cet homme reluit dans sa cuirasse comme le soleil. « Un bouclier d'or pendait d'une branche d'arbre, un esclave portant « une ceinture se tenait devant l'homme et lui arracha sur le corps « ces chaînons à pierreries. L'homme me les donna, disant : Cours, et « apporte-moi du marché du pain et de l'assaisonnement, et je l'ai « quitté il y a un instant, en courant comme le vent. »

Schirouïeh comprit que c'était Khosrou, car la grande mine du roi était unique à son époque. Il envoya du palais trois cents cavaliers, rapides comme le vent, jusqu'aux bords du fleuve. Khosrou, voyant de loin cette troupe, pâlit et tira son épée de combat; mais, quand les cavaliers aperçurent le roi des rois, toute la troupe s'en retourna et tous se rendirent auprès de Ferrukhzad, à qui chacun fit un long récit, ajoutant : « Nous sommes des esclaves et lui est le roi, et le malheur « est une chose toute nouvelle pour lui. Personne n'osera jeter sur « lui un souffle froid, soit dans ce jardin, soit dans la bataille. » Ferrukhzad se rendit auprès du roi, emmenant de son palais une nombreuse escorte; arrivé près de Khosrou, il s'avança seul et lui adressa beaucoup de paroles que le roi écouta attentivement. Il dit : « Si le roi veut me donner audience, et s'il veut m'amnistier de ce « qui a été fait, je m'approcherai et dirai ce qui est réellement, sinon « je rentrerai dans ma demeure. » Khosrou répondit : « Parle comme « tu dis que tu me parleras. Tu n'es pas un consolateur, mais tu n'es « pas un ennemi. »

L'homme éloquent dit au roi : « Jette sur cette affaire un regard « plus intelligent. Tu n'es pas en état de tuer mille hommes de guerre,

همه شهر ایران ترا دشمن اند
بیمکار تو یکدل ویکتن اند
بما تا بخواهد نمودن سپهر
مگر کینها بازگردد مهر
بدو گفت خسرو که آری رواست
همه بیم از مردم ناسزاست
که پیش من آیند و خواری کنند
من بر بد کامکاری کنند
چو بشنید از زاد فرخ سخن
دلش بد شد از روزگار کهن
که اورا ستاره شمر گفته بود
زگفتار ایشان بر آشفته بود
که مرگ تو باشد میان دو کوه
بدست یکی بنده دور از گروه
یکی کوه زرین یکی کوه سیم
نشسته تو اندر میان دل دو نیم
زیر آسمان تو زرین بود
زمین آهنین تخت پرکین بود
کنون این زره چون زمین منست
سپهر آسمان بر بی منست
دو کوه ابی دو گنج نهاده بباغ
کزبی گنجها شد دم چون چراغ
همانا سر آمد کنون روز من
کجا اختر گمتی افروز من
کجا آن همه کام و آرام من
که بر تاجها بر بدی نام من
ببردند پیلی بنزدیک اوی
پراز درد شد جان تاریک اوی
بر آن کوهٔ پیل بنشست شاه
زباغش بماورد لشکر براه
سخن گفت از آن پیل بر پهلوی
که ای گنج اگر دشمن خسروی
مکن دوستی نیز با دشمن
که امروز در دست آهرمن
بسختی نبود مر فریادرس
نهان باش و مغنای رویت بکس
بدستور فرمود از آنپس قباد
کزو هیچ بر بد مکن نیز یاد
بگو تا سوی طیمسفونش برند
بدان خانهٔ رهنمونش برند
بماشد بارام ماروسپند
نباید که آرند بروی گزند
برو بر موکل کنند استوار
گلمنوی را با سواری هزار
چو گردنده گردون بسر برگذشت
شد از شاهیش سال بر سی و هشت
کجا ماه آذر بد و روز دی
گه آتش و مرغ بریان وبی
قباد آمد و تاج بر سر نهاد
بآرام بر تخت بنشست شاد

« tu finirais par te lasser dans la lutte. Tout le pays d'Iran t'est hos-
« tile, tous sont unis de cœur et de corps pour te combattre. Viens
« voir ce que le ciel te réserve; peut-être qu'il détournera ces haines
« par sa clémence. » Khosrou répondit : « Tu as raison; toute ma crainte
« était d'être approché et traité avec indignité par des hommes
« ignobles, qui feraient de moi le jouet de leur méchanceté. » Le cœur
avait manqué au roi, en écoutant les paroles de Ferrukhzad, à cause
d'un ancien souvenir. Des astrologues lui avaient annoncé, et leurs
paroles lui avaient fait une profonde impression, qu'il devait mourir
entre deux montagnes par la main d'un esclave et loin de la foule;
qu'une de ces montagnes serait en or et l'autre en argent, et lui assis
entre les deux, le cœur déchiré; que le ciel au-dessus de lui serait
en or, la terre en fer et la fortune pleine de rancune contre lui.
Maintenant, se disait-il, cette cotte de maille est mon *siège par* terre,
le bouclier est le ciel au-dessus de moi, les deux montagnes sont les
deux trésors placés dans le jardin et dont les richesses égayaient mon
âme comme un flambeau. Sans doute, mes jours sont finis; où est
mon étoile qui illuminait le monde, où sont ma puissance et ma sécurité, moi dont le nom était inscrit sur les trônes?

On amena un éléphant devant Khosrou, dont l'âme sombre était
remplie de douleur; il monta sur l'éléphant et la troupe le fit sortir du jardin. Il dit en pehlewi, du haut de cet éléphant : « Ô mon
« trésor! Quoique tu m'aies prouvé ton inimitié, ne fais pas d'ami-
« tié avec mes ennemis, car aujourd'hui je suis entre les mains d'Ah-
« riman. Tu ne m'as pas secouru dans ma détresse, cache-toi et ne te
« montre à personne. » Kobad donna ses ordres au Destour, disant :
« Ne lui adresse pas un mot de reproche; fais-le conduire à Thisifoun
« et mets-le dans la maison de son conseiller *favori*. Il restera dans
« le palais de Marousipend, et personne ne doit lui faire du mal.
« Qu'on le mette sous la garde de Galinous, un homme sûr, qui aura
« avec lui mille cavaliers. » Parviz avait occupé le trône pendant trente-
huit ans, lorsque le ciel qui tourne passa de cette façon sur sa tête;
c'était au mois d'Ader (novembre) et au jour de Deï, à l'époque où
l'on allume les feux, où l'on fait rôtir la volaille et où l'on boit du vin.

Kobad vint, plaça tranquillement la couronne sur sa tête et s'assit

LE LIVRE DES ROIS

354

از ایران بر و کرد بیعت سپاه /// درم داد از گنج ینکساله شاه
نبد زندگانیش جز هفت ماه /// توخواهمش ناچیز خوان خواد شاه
چنین است رسم سرای جفا /// نباید که زو چشم داری وفا ۴۲۰۰
هر آنکس که رسم جهان داند اوی /// جهانرا همی کینه ور داند اوی

KHOSROU PARVIZ

joyeusement sur le trône; l'armée de l'Iran lui rendit foi et hommage, et le roi paya du trésor une année de solde. Mais il n'avait plus que sept mois à vivre; appelle-le donc roi, si tu veux, ou rien, si tu aimes mieux. Telle est la coutume de ce monde oppresseur, il ne faut pas s'attendre à ce qu'il tienne ses promesses, et quiconque connaît les voies du monde sait qu'il est plein de rancune.

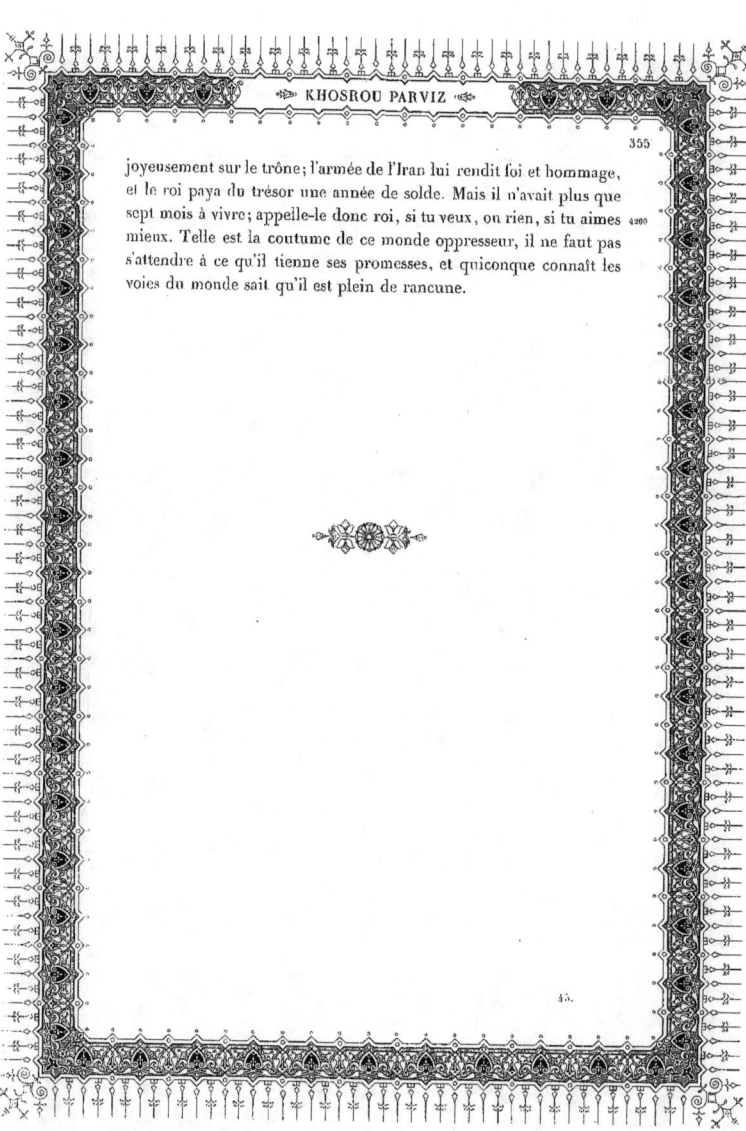

پادشاهی قباد پرویز

هفت ماه بود

آغاز داستان

بسر بر نهاد آن کئی تاج داد	چو شیروی بنشست بر تخت شاد
بر و خواندند آفرین کمان	برفتند گردان ایرانیان
که ای پر هنر خسرو ارجمند	چنین گفت هر یک بمانگ بلند
نشستی بآرام بر تخت عاج	چنان م که یزدان ترا داد تاج
چنین م بخویش و بیموند تو	هماناد گیتی بفرزند تو
که همواره پیروز باشید و شاد	چنین داد پاسخ بدیشان قباد
چه نیکو بود داد با خوش منش	نمائیم تا جاودان بدکنش
ببزیر کردار آهرمنی	جهان را بداریم با ایمنی
که افزون کند فرّۀ دین ما	زیباسته آئین یمین ما
بگوهر بدوای تن در بدر	پیمای فرسم بنزد پدر
بدین گونه کاری بمیش آمدست	زناخوب کاری که او راندست
گرایند گرد بآئین وراه	بیزدان کند پوزش او از گناه
بی آزار گردد دلازار من	چو او رام گردد بگفتار من
بکوشم بداد آشکار و نهان	بپردازم آنگه بکار جهان
دل مرد درویش را نشکنم	بجای نکوکار نیکی کنم
کجا یاد دارند کار کهن	دو تن بایدم راد و نیکو سخن
زایران سران پاك و بیدار کیست	بدان انجمن گفت کمن کار کیست
دو استاد را گر نگیرند خشم	نمودند گردان سراسر بچشم
کرا بر گزیدند پاك از میان	بدانست شیروی کایرانیان

XLIV
KOBAD, FILS DE PARVIZ.

(Son règne dura 7 mois.)

COMMENCEMENT DE L'HISTOIRE.

Lorsque Schirouïeh se fut assis joyeusement sur le trône, il plaça sur sa tête cette couronne des Keïanides, *symbole* de la justice. Les héros iraniens arrivèrent et lui rendirent l'hommage dû aux rois, et tous dirent à haute voix : « Ô noble roi, plein de mérite ! De même « que Dieu t'a donné la couronne et t'a fait asseoir tranquillement sur « le trône d'ivoire, puisse de même le monde appartenir à ton fils, « à ta famille et à tes alliés. » Kobad leur répondit : « Puissiez-vous être « toujours victorieux et heureux ! Nous ne ferons jamais le mal ; bien « glorieuse est la justice unie à une disposition bénévole. Nous assu- « rerons au monde la sécurité, nous détruirons les œuvres d'Ahriman « à l'aide des règles parfaites, *transmises* par nos ancêtres, qui feront « briller notre religion d'un nouvel éclat. J'enverrai un message à mon « père, je lui ferai connaître tout l'état des choses. C'est à cause des mau- « vaises actions qu'il a commises que tout cela lui est arrivé. Il de- « mandera pardon à Dieu de ses péchés, il se conduira selon les règles « et *marchera* dans la bonne voie. S'il consent à suivre mes avis, lui « qui a tant affligé mon cœur, il vivra sans être affligé. Alors je m'ap- « pliquerai aux affaires du monde, je m'efforcerai de faire en public « et en secret ce qui est juste ; je ferai le bonheur des bons et ne « briserai pas le cœur des pauvres. Maintenant, j'ai besoin de « deux hommes nobles et éloquents qui connaissent ce qui s'est « passé autrefois. »

Se tournant vers l'assemblée, il dit : « Qui est-ce qui me servira, « quels sont les plus purs et les plus prudents des chefs de l'Iran ? » Les héros indiquèrent par leurs regards deux hommes instruits, *qu'on pouvait employer*, si cela ne leur déplaisait pas, et Schirouïeh comprit

چو اشتاد وهرزاد برزین پیر
دو دانای گوینده وپادگیر
بدیشان چنین گفت کای بخردان
جهاندیده وکارکرده ردان
مدارید کار جهان را برنج
که ازرنج یابد سرا فراز گنج
دو داننده بی کام برخاستند
پر از آب مژگان بماراستند
چو هرزاد برزین واشتاد گشسپ
بفرمان نشستند هر دو بر اسپ
بدیشان چنین گفت کز دل کنون
بماید گرفتن ره طیسفون
بیمای بری نزد فرخ پدر
سخن یاد گیری همه در بدر
بگوئی که مارا نبود این گناه
نه ایرانیانرا بد این دستگاه
که یاد افسرهٔ ایزدی یافتی
چو از نیکوئی روی برتافتی
یکی آن که ناپاک خون پدر
بریزد زتن پاکزاده پسر
نباشد بری نیز همداستان
که پیش کسی گوید این داستان
دگر آن که گیتی پر از گنج تست
پر از درد کردی دل راستان
رسیده بهر کشوری رنج تست
سدیگر که چندان دلیر وسوار
نبودی همان نیز همداستان
نبودند شادان زفرزند خویش
که بود اندر ایران همه نامدار
یکی سوی چین شدیکی سوی روم
زیم ویر ویاک پیموند خویش
دگر آن که قیصر بجای تو کرد
پراگنده گشته بهر مرز وبوم
سپه داد ودختر ترا داد نیز
زهر گونه از تو چه تیمار خورد
همی خواست دار مسیحا ببروم
هان گنج ویا گنج بسیار چیز
بگنج توایی دار عیسی چه سود
بدان تا شود تازه آن مرز وبوم
ندادی واین مایه رایت نبود
که قیصر بخوبی رتو شاد بود
دگر از بر تو چنان چهره گشت
سوی مردی رهنمایت نبود
زبیچارگان خواسته بستدی
که چشم خرد مر ترا خیره گشت
دگر آن که فرزند بودت دو هشت
زنفرین بروی توآمد بدی
بدین درکس از توایمن نخفت
شب وروز ایشان بزندان گذشت
زبیم تو بگذاشتندی نهفت

sur qui, parmi tous, tombait le choix des Iraniens : c'étaient Aschtad et Kharrad, fils du vieux Berzin, deux hommes savants, éloquents et observateurs. Il leur dit : « Ô hommes intelligents, qui avez beau-
« coup vu et beaucoup fait! ne regardez pas comme trop pénibles les
« affaires du monde; car c'est par la peine que les grands acquièrent
« des trésors. »

Ces deux hommes sages se levèrent à contre-cœur et s'apprêtè-rent *à partir*, les cils des yeux pleins de larmes. Lorsque Kharrad, fils de Berzin, et Aschtad, fils de Guschasp, furent montés à cheval, selon l'ordre du roi, celui-ci leur dit : « Mettez de la bonne volonté et
« prenez la route de Thisifoun, portez ce message à mon auguste père
« et rappelez-vous tout, d'un bout à l'autre; dites-lui : Ce n'est pas
« notre faute; les Iraniens n'étaient pas les maîtres; c'est la vengeance
« de Dieu qui t'a frappé, lorsque tu t'es détourné de ce qui est bien.
« D'abord un fils bien né qui verse le sang de son père, *si impur*
« *qu'il soit*, ne sera jamais approuvé par celui qui racontera une his-
« toire pareille. Ensuite le monde est plein de tes trésors, et tes exac-
« tions se sont étendues sur tous les pays; tu as rempli de douleur
« le cœur des hommes de bien, et en cela aussi personne ne t'ap-
« prouve. Puis il y a tant de vaillants cavaliers, tous illustres dans
« l'Iran, qui n'ont pu jouir ni de leurs enfants, ni de leurs terres, ni de
« leurs familles chéries, l'un étant envoyé vers la Chine, l'autre du
« côté du Roum, tous dispersés dans tous les pays. Ensuite le Kaïsar,
« qui a tant fait pour toi, qui a fait toute espèce de sacrifices pour
« toi, qui t'a donné une armée, sa fille, de l'or, et avec l'or bien des
« choses précieuses, t'a demandé de rendre au Roum la croix du
« Messie pour que son pays fleurisse. A quoi sert cette croix de Jé-
« sus dans ton trésor, pendant que le Kaïsar aurait été si heureux
« de cette grâce? Et pourtant tu l'as refusée, tu as manqué d'intelli-
« gence et tu n'as pas suivi la voie de l'humanité, parce qu'un autre
« s'est tellement emparé de toi, que les yeux de ta raison se sont
« troublés et que tu as laissé extorquer leurs biens à des malheureux;
« ce sont leurs malédictions qui t'ont perdu. Ensuite tu avais deux
« fois huit fils, dont les jours et les nuits se sont passés dans la pri-
« son, et personne dans ta cour ne pouvait dormir en sécurité à cause

LE LIVRE DES ROIS

بیزدان شناس آن که آمدت پیش / بر اندیش از آن زشت کردار خویش
بدان بد کری بد بهانه هم / خنرا نخست آستانه هم
بیزدان که از من نمود این گناه / نجستم که ویران شود گاه شاه
کنون پوزش این همه باز جوی / بدیی نامداران ایران بگوی
زیدها که کردی بیزدان گرای / که اویست بر نیکوئی رهنمای
مگر مر ترا او بود دستگیر / بدان رنجهای که بودت گزیر
چو بشنید پیغام او ای دو مرد / برفتند دلها پر از داغ و درد
بدین گونه تا کشور طیسفون / همه دیده پر آب و دل پر ز خون
وز ان شهر تا هان ماروسمند / که بود اندر آن شهریار بلند
نشسته بدر بر گلیمنوس بود / که گفتی زمین زیر پر از جوش بود
همه لشکرش یکسر آراسته / کشیده همه تیغ و بیراسته
ابا جوشن وخود بسته میان / همه تازی اسپان بمرگستوان
بچنگ اندرون گرز پولاد داشت / همه دل پر از آتش و یاد داشت
چو خراد برزین و اشتاد گشسپ / فرود آمدند آن دو دانا زاسپ
گلیمنوس بر پای جست این زمان / زدیدار ایشان بشد شادمان
چائی که شایست بنشاند شان / همه مهتر نامور خواند شان
سخن گوی خراد برزین نخست / زبان را بآب دلیری بشست
گلیمنوس را گفت فرخ قباد / بآرام تاج کیان بر نهاد
بایران و نیمران و روم آگهیست / که شیروی بر تخت شاهنشهیست
توای جوشن وخود و گرز و کیان / چه داری همی کیست ت بدگمان
گلیمنوس گفت ای جهان دیده مرد / بکلام تو بادا همه کار کرد
که تیمار بردی زنارك تم / کجا آهنین بود بیراهم
بر ین مهر بر آفرین خوانمت / سزائی که گوهر بر افشانمت
نباشد بجز خوب گفتار تو / که خورشید باد از جهان یار تو
بکاری کجا آمدستی بگوی / پس آنگه تنهای من باز جوی

« de toi, et l'on s'en éloignait en secret par peur de toi. Sache que
« ce qui t'arrive vient de Dieu, et réfléchis sur tes vilaines actions.
« Je ne suis que l'instrument du malheur qui en est résulté, je ne
« suis que le seuil sur lequel passent les choses; je jure par Dieu que
« tout cela n'est pas de ma faute, que je n'ai pas cherché à ruiner le
« trône du roi. Demande maintenant pardon de tout ce que tu as
« fait, demande-le à ces grands de l'Iran; tourne-toi vers Dieu après
« tes méfaits, c'est lui qui est le guide vers la vertu, et espère qu'il
« te tendra une main *secourable* dans ces peines que tu aurais pu évi-
« ter. »

Les deux hommes, ayant écouté le message, partirent l'âme blessée et tourmentée, et allèrent jusqu'au pays de Thisifoun, les yeux pleins de larmes, le cœur gonflé de sang; de la ville ils se rendirent au palais de Marousipend, où se trouvait le Grand Roi. A la porte était assis Galinous, devant lequel on aurait dit que la terre bouillonnait; toute sa troupe était en armes, toute ornée et parée et les épées tirées, revêtue de cuirasses et de casques, montée sur des chevaux arabes caparaçonnés. *Galinous* tenait en main une massue d'acier, son cœur était plein de feu et d'orage. Quand Kharrad, fils de Berzin, et Aschtad, fils de Guschasp, ces deux sages, descendirent de cheval, Galinous se leva à l'instant, tout réjoui de les voir, leur assigna des places d'honneur pour s'asseoir, et les appela des grands, des hommes illustres.

L'éloquent Kharrad, fils de Berzin, prit le premier courageusement la parole et dit à Galinous : « Le fortuné Kobad a mis paisible-
« ment sur sa tête la couronne des Keïanides, et l'on a annoncé à
« l'Iran, à l'Aniran et au Roum, que Schirouïeh occupe le trône des
« rois des rois. Pourquoi ès-tu armé de cette cuirasse, du casque, de la
« massue et de l'arc, et qui est ton ennemi? » Galinous répondit : « Ô
« homme plein d'expérience, puisse tout se faire selon tes désirs! Tu
« as pitié de mon corps délicat, parce que ma tunique est de fer. Je
« te rends grâces de cette tendresse, et je devrais répandre des joyaux
« sur toi. Jamais tu ne prononceras que de bonnes paroles; puisse le
« soleil être ton protecteur dans le monde! Dis ce qui t'amène et
« puis demande-moi une réponse. » Kharrad dit : « Le fortuné Ko-

LE LIVRE DES ROIS

چنین داد پاسخ که فرّخ قباد
اگر بار خواهی بگویم هه
گلیمنوش گفت ای گرانمایه مرد
ولیکن مرا شاه ایران قباد
که هداستانی مکن روز وشب
مکر آن که گفتگار او بشنوی
چنین گفت اشتاد کای شادکام
پیامست کان تیغ بار آورد
تواکنون زخسرو بدین بارخواه
گلیمنوش بشنید برپای جست
برشاه بد دست کرده بکش
بدو گفت شاها انوشه بدی
جو اشتاد وخرّاد برزین زشاه
بشنید خسرو آواز گفت
گر او شهر یارست پس من که ام
که از من همی بار بایدت خواست
بیامد گلیمنوش نزد گوان
کنون دست کرده بکش برشوید
دو مرد خردمند پاکمزه کوی
چو دیدند بردند پیشش نماز
جهاندار بر شاد ورد بزرگ
همان زرّ وگوهر بر آن بافته
نهالیش در زیر دیبای زرد
بهئی تنا ور گرفته بدست
چو دید آن دو مرد گران سایه را

خسرو مرا چند پیغام داد ۷۰
پیام جهاندار شاد ورمه
که داند چنین یاد کرد
بسی اندرین پند واندرز داد
که در پیش خسرو کشایند لب
اگر پارسی گوید ار پهلوی ۷۵
من اندر نهانی ندارم پیام
سر سرکشان درکنار آورد
بدان تا بگویم پیامش زشاه
همه بندهارا بتن بر بست
چنان چون بیاید پرستار فش ۸۰
مبادا دل تو نژند از بدی
پیام آوریدند از آن بارگاه
که گفتار تو با خرد نیست جفت
بدین تنگ زندان زبهره چه ام
اگرکژ گویند اگر راه راست ۸۵
بگفت ابی سخن گفتن خسروان
بگوئید وگفتار او بشنوید
بدستار چمنی ببستند روی
بمودند هر دو زمانی دراز
نشسته همه پیکرش میش وگرگ ۹۰
سراسر یک اندر دگر تافته
پس پشت او مسندی لازورد
دژم خفته بر جایگاه نشست
بدانائی اندر سر مایه را

KOBAD

« bad m'a donné quelques messages pour Khosrou, et si tu veux
« lui demander audience pour moi, je lui dirai tout ce que le maître
« du monde et le peuple m'ont chargé de lui dire. » Galinous répondit :
« Ô homme noble, qui pourrait répéter leurs paroles aussi bien que
« toi ? Mais Kobad, le roi de l'Iran, m'a prodigué les avis et les re-
« commandations pour que, ni jour ni nuit, je ne permette qu'on
« parle à Khosrou, à moins que je ne puisse entendre ce qu'on dit,
« soit qu'on parle en langue perse, soit qu'on se serve du pehlewi. »
Aschtad lui dit : « Ô homme heureux ! Je ne fais pas un secret de mon
« message. Il est tel que cette épée aura à porter fruit, et qu'il y aura
« à jeter dans le pli de leurs tuniques les têtes des plus fiers. Demande
« maintenant à Khosrou une audience pour que je puisse lui remettre
« le message du roi. »

Galinous l'écouta, se leva, boutonna partout la cuirasse qu'il portait, entra chez le roi en se croisant les mains sur la poitrine, comme
le doit faire un serviteur, et dit à Khosrou : « Ô roi, puisses-tu vivre
« éternellement, puisse ton cœur n'être jamais affligé par le malheur !
« Aschtad, et Kharrad, fils de Berzin, apportent un message que le roi
« t'envoie du palais. » Khosrou sourit et dit à haute voix : « Tes paroles
« ne sont pas raisonnables, car si c'est lui qui est le roi, que suis-je
« alors ? Pourquoi suis-je dans cette prison étroite, et pourquoi faut-
« il que tu me demandes audience pour ceux qui veulent me dire
« soit des faussetés, soit des vérités ? »

Galinous s'en retourna auprès des héros, leur rapporta ces paroles
royales, et leur dit : « Entrez maintenant, les mains croisées sur la
« poitrine, parlez-lui et écoutez-le. » Les deux hommes intelligents,
aux paroles sincères, se couvrirent la bouche d'une étoffe chinoise,
et lorsqu'ils virent le roi ils se prosternèrent et restèrent ainsi tous les
deux pendant longtemps. Le maître du monde était assis sur un trône
élevé, tout orné de *têtes de* béliers et de loups, tout brodé d'or
et de pierreries entrelacés; sous ses pieds était un tabouret en brocart jaune, derrière son dos se trouvaient des coussins couleur de
lapis-lazuli; il avait dans la main un gros coing et se tenait, avec
une mine sombre, renversé sur son siège. Lorsqu'il aperçut ces
deux hommes puissants, qui excellaient en sagesse, il se redressa

46.

LE LIVRE DES ROIS

ازآن حفتگی خویشتن کرد راست
بمالمن نهاد آن گرای بهی
بهی زان دو بالش بنری بگشت
بدین گونه از شادورد مهی
بموئید اشتاد وآن بر سرگرفت
جهاندار از اشتاد برکاشت روی
بهی را نهادند بر شادورد
پراندیشه شد نامدار از بهی
همانگه سوی آسمان کرد روی
که برگمرد اینراکه تو بفگنی
چو از دوده تخت روشن بگشت
باشتاد گفت آن چه داری پیام
همان زان پلید گنه کردگان
همه بد سگالند وی دانشند
خواهد شدن بخت ازین دودمان
سوی ناسزایان شود تاج و تخت
نماند بزرگی بفرزند ما
همه دوستان ویژه دشمن شوند
نهان آشکارا بکرد این بهی
سخن هرچه بشنیدی اکنون بگوی
کشادند گویا زبان این دو مرد
جهاندار بشنید گفتار مرد
بدان نامور گفت پاسخ شنو
بگویش که عیب کسانرا مجوی
سخن هرچه گفتی نه گفتارتست

جهان آفرینرا دهان یار خواست ۹۵
بدان تا بمرسد زهر و رهی
بی آزار گردان زسندس گذشت
همی گشت تا شد بسوی رهی
بمالیدش از خاك ویر سرگرفت
بدان تا ندید از بهی رنگ و بوی ۱۰۰
همی بود بر رای پیمش این دو مرد
ندید اندرو هیچ فال بهی
چنین گفت کای داور راستگوی
که بپیوندد آنراکه تو بشکنی
غم آورد چون روز شادی گذشت ۱۰۵
ازآن بپیمش کودك زشت نام
بد اندیشه وتیره دل بدگمان
زبیدانشی ویژه بی رامشند
مماند بدین تخمه کس شادمان
تبه گردد این خسروانی درخت ۱۱۰
نه بر دوده وخویش ویپوند ما
برپی دوده بدگوی وبدتن شوند
که بی بر شود تخت شاهنشهی
بپمامش مرا کمتر از آب جوی
سخن هرچه فرزند او یاد کرد ۱۱۵
بر آورد پیهان یکی باد سرد
یکایك بمر سوی سالار نو
جز آنگه که برتابی از عیب روی
مماناد گویای این تمدرست

de sa position couchée et invoqua dans son âme l'appui du Créateur; il posa sur le coussin ce beau coing, et s'apprêta à adresser des questions à ces deux esclaves, mais le coing glissa doucement sur les deux coussins, tournant tranquillement et descendant cette pente de brocart, jusqu'à ce qu'il roulât du trône royal sur le sol. Aschtad courut le prendre, l'essuya pour ôter la poussière et le posa sur son front. Le maître du monde détourna ses yeux d'Aschtad pour ne pas voir la couleur ni sentir le parfum du coing; ensuite les deux hommes placèrent le coing sur le trône et restèrent debout devant le roi.

Khosrou devint soucieux de cette affaire du coing, dans laquelle il vit un mauvais présage; il tourna les yeux vers le ciel, disant: « Ô « juge véridique! qui peut relever celui que tu renverses, qui peut « rétablir celui que tu brises? Lorsque la fortune brillante abandonne « une famille, elle amène le chagrin aussitôt que les jours de joie sont « passés. » Il dit à Aschtad : « Quel message apportes-tu de la part de « ce vil jeune homme sans âme, et de ces atroces malfaiteurs, malveil-« lants, au cœur noir et soupçonneux? Ils méditent tous le mal et « manquent de sagesse, et dans leur ignorance ils sont indiscipli-« nables. La fortune va abandonner ma famille et personne de ma « race ne sera plus heureux. La couronne et le trône tomberont dans « des mains indignes et cet arbre royal périra; le pouvoir ne restera ni « à mon fils, ni à ma famille, ni à mes parents, ni à mes alliés; tous leurs « amis deviendront des ennemis; ils attaqueront cette famille par leurs « paroles et leurs actes. Ce coing a révélé le secret : le trône des « rois des rois ne portera plus de fruit. Maintenant répète-moi tout ce « qu'on t'a dit, le message de cet homme m'est plus indifférent que « l'eau qui coule dans le ruisseau. »

Les deux hommes ouvrirent leurs lèvres éloquentes, et lui répétèrent toutes les paroles de son fils. Le roi les écouta et poussa un soupir en se tordant, puis il dit à l'illustre Aschtad : « Écoute ma « réponse et rapporte-la tout entière au nouveau roi. Dis-lui : Ne « blâme personne avant d'avoir renoncé toi-même à ce qui est blâ-« mable. Tout ce que tu me fais dire ne vient pas de toi. Puisse celui « qui t'a inspiré perdre la santé! Ne dis jamais des choses insensées

مگر آنکه بدخواه چون بشنود / زگفتار بیهوده شادان شود
بداند که چندان نداری خرد / که مغزت بدانش تن پرورد
بگفتار بیمر چو نیرو کنی / روان وخرد را پر آهو کنی
کسی کو کنه کار خواند ترا / وز آنس جهاندار خواند ترا
نباید که یابد بر تو نشست / نگیرد کم و بیش کاری بدست
میندیش ازینم بدینسان پیام / که دشمن شود بر تو بر شادکام
بیزدان مرا کار بیراستست / نهاده بدان گیتم خواستست
بدین گفتن عیبهای دروغ / بمیش بزرگان نگیری فروغ

پاسخ فرستادن خسرو پرویز قباد را

بهرام کنون پاسخ این همه / بدان تا بگویم پیش رمه
پس از مرگ من یادگاری بود / سخن گفتن راست یاری بود
چو پیمداکم بر توانبود ری / بدانی که از ری ما خاست گنج
نخستین که گفتی زهرمز سخن / از آن خستم و آن آرزوی کهن
زگفتار بدگوی بر ما پدر / بیاشوفت و شد کار زیر و زبر
از اندیشهٔ او چو آگه شدم / از ایران شب تیره بی ره شدیم
همی راه جستم و بگریختم / بدام بلا بر نیاویختم
از اندیشه او گنام نمود / جز از جستن از شاه رام نبود
شنیدم که بر شاه من بد رسید / زبر دع برفم چو گوش آن شنید
گنه کار بهرام بد با سپاه / بیاراست بر یمش ما رزمگاه
ازو نیز بگریختم روز جنگ / بدان تا نمایم من او را بچنگ
وز آنس دگر باره باز آمدم / دلاور بچنگش فراز آمدم
نه پرخاش بهرام یکباره بود / جهانی بر آن جنگ نظاره بود
بفرمان یزدان نیکی فرای / که اویست بر نیک و بد رهنمای
چو ایران و نیران بما رام گشت / همه کام بهرام ناکام گشت

« qui remplissent de joie ton ennemi quand il les entend, car il com-
« prendra que tu n'as pas assez d'intelligence pour que ton cerveau
« puisse nourrir une pensée sage. Quand tu te fies à des paroles
« stériles, tu te fausses le cœur et l'esprit. Un homme qui t'appelle scé-
« lérat, et puis te salue comme maître du monde, n'est pas digne de
« s'asseoir devant toi, ni d'être chargé d'affaires grandes ou petites.
« Ne médite plus de message comme celui *que tu m'envoies*, car tes
« ennemis en seraient dans la joie. C'est Dieu qui a décidé de mon
« sort, mes vœux ne s'adressent plus qu'à l'autre monde; mais toi,
« tu ne gagneras pas de gloire devant les grands par tes accusations
« mensongères contre moi. »

RÉPONSE DE KHOSROU PARVIZ À KOBAD.

« Maintenant je vais donner ma réponse à tout cela, pour que vous
« puissiez la répéter devant tout le peuple; on s'en souviendra après
« ma mort; alors mes paroles véridiques témoigneront pour moi,
« et, quand je t'aurai dévoilé la multitude des fatigues que j'ai sup-
« portées, tu comprendras qu'elles aient produit des trésors. D'abord
« tu as parlé de Hormuzd, de ses colères *contre moi* et de ses an-
« ciennes passions. Mon père s'emporta contre moi sur des paroles
« de calomniateurs et tout fut en confusion. Lorsque je connus ses
« soupçons, je quittai l'Iran dans la nuit sombre et par des che-
« mins détournés; je cherchai ma voie, je me suis enfui, et ne me suis
« pas laissé prendre dans les lacs de l'infortune. J'étais innocent de
« ce qu'il soupçonnait, je ne voulais qu'échapper au roi. Lorsque
« j'eus entendu dire qu'il était arrivé malheur au roi, j'accourus de
« Berda, aussitôt que mon oreille fut frappée de ces nouvelles. Bah-
« ram, ce criminel, prépara avec son armée, en face de moi, un champ
« de bataille; le jour du combat je m'enfuis de nouveau pour ne
« pas tomber dans ses mains. Puis je suis revenu et j'ai bravement re-
« commencé la guerre. Cette lutte ne fut pas décidée d'un seul coup,
« le monde en a été témoin, et lorsque, par l'ordre de Dieu le bien-
« faisant, le guide dans le bonheur et le malheur, l'Iran et l'Aniran
« me furent soumis, tous les desseins de Bahram furent mis à néant.

LE LIVRE DES ROIS

چو از جنگ چوبینه بر داهم / نخستین بکشتم پدر تاجم
چو بندوی و گستهم خالان بدند / بهر کشوری بی همالان بدند
فدا کرده جان را همی پیش من / بدل مهربان و بتن خویش من
چو خون پدر بود و درد جگر / نکردیم سستی ز خون پدر
بریدم بندوی را دست و پای / که او کرد بر شاه تاریک جای
چو گستهم شد در جهان ناپدید / ز گیتی یکی کوشه بر گزید
بفرمان ما ناگهان کشته شد / سر بخت خونخوارگان گشته شد
دگر آن که گفتی تو از کار خویش / از آن تنگ زندان و بازار خویش
بد آن تا ز فرزند من کار بد / نباید کز آن بر سرش بد رسد
بزندان نبد بر شما تنگ بند / همان نیز خواری و بیم گزند
بدان روز تان خوار نگذاشتم / همه گنج پیش شما داشتم
بر آئین شاهان پیشین بدیر / نه بیکار و یر دیگر آئین بدیر
ز هر وار بزم رامشگران / ز کاری که اندر خور مهتران
شما را ز چمزی نمودی نماز / ز دینار و ز گوهر و یوز و باز
یکی کاخ بد کرده زندانش نام / همی زیستی اندرو شاد کام
همان نیز گفتار اختر شناس / که مارا همی از تو دادی هراس
که از تو بد آید بدینسان که هست / نمی داهم اخترت را ز دست
وز آنیس نهادم مهری بروی / بشمری سپردم از این گفتگوی
چو شد سال شاهم بر سی و شش / میان چنان روزگاران خوش
تو دادی بباد این بخن بی گمان / اگر چند بگذشت بر ما زمان
تو را نامه آمد ز هندوستان / بدم من بدان نیز همداستان
ز رای بر بن نزد ما نامه بود / گهر بود و هر گونه جامه بود
یکی تیغ هندی و بیمی سفید / جز این هر چه بودم بگیتی امید
ابا تمغ دیبای زریفت بود / ز هر گونه گوهر نابسود
سوی تو یکی نامه بد بر پرند / نبشته چو من دیدم این خط هند

« La guerre contre le Djoubineh étant terminée, j'ai vengé avant
« tout la mort de mon père. Bendouï et Gustehem étaient les frères
« de ma mère, ils n'avaient leurs pareils dans aucun pays, ils avaient
« risqué leur vie pour sauver la mienne, ils m'étaient attachés de cœur
« et ils étaient mes proches parents; mais il y avait *entre nous* le sang de
« mon père et la douleur de mon cœur, et je n'hésitai point à venger
« mon père. J'ai fait couper à Bendouï les pieds et les mains, parce qu'il
« avait privé mon père de la lumière; Gustehem disparut du monde
« et choisit pour retraite un coin obscur, mais il fut tué inopinément
« d'après mes ordres, et la fortune s'éloigna de ces meurtriers.

« Ensuite tu as parlé de tes propres affaires, de ton étroite prison
« et de ce qui t'y est arrivé. Mon but était que mon fils ne pût pas
« me faire du mal, ce qui aurait attiré des malheurs sur lui-même.
« Vous n'étiez pas enchaînés dans cette prison, vous ne subissiez pas
« d'indignités et n'aviez pas à craindre des dangers. Je vous ai traités
« alors sans dureté, j'ai placé devant vous tous mes trésors, nous nous
« sommes conformés aux usages des rois, nos ancêtres; nous n'avons
« rien fait d'étrange et contre la coutume. Vous n'étiez privés ni de
« chasses, ni de fêtes avec des musiciens, ni de rien de ce qui convient
« aux grands, ni d'or, ni de joyaux, ni de guépards, ni de faucons.
« C'était un palais qui avait pris le nom de prison et où la vie était
« une fête.

« Quant aux paroles des astrologues sur toi, qui m'ont inspiré la
« terreur de voir arriver par toi les malheurs actuels, je ne me suis pas
« dessaisi de cet horoscope, je l'ai mis sous scellé et j'ai confié à Schi-
« rin *le document* contenant ces paroles. Lorsque ma royauté eut duré
« trente-six ans et que, sans doute, au milieu de ces jours heureux, tu
« ne pensais pas à cet *horoscope*, quoique ma vie s'écoulât, il arriva
« pour toi une lettre de l'Inde, dont j'eus connaissance. On m'apporta
« une lettre du plus grand des Radjas, avec des joyaux et des étoffes
« de toute espèce, une épée indienne, un éléphant blanc et tout ce
« que j'aurais pu désirer dans ce monde. Outre cette épée, il y avait
« des brocarts tissés d'or et toutes sortes de pierreries non taillées.
« Il y avait aussi une lettre sur satin à ton adresse; quand j'ai vu cette
« écriture indienne, j'ai fait appeler un scribe, d'origine indienne,

خواندم یکی مرد هندی دبیر
چو آن نامه را مرد هندی بخواند
بدان نامه بر شد که شادان بزی
که چون ماه آذر بود روز دی
شده پادشاهی پدر سی وهشت
درخشان بود روزگار بهی
مرا آن سخن ایـن زمان شد درست
من آگـاه بـودم کـه از بخت تو
نباشد مرا بهره جز رنج ودرد
زبخشایش ودین وپیوند ومهر
بشمریـن سپردم چو بر خواندم
بـر اوست با اختر تـو بـم
گرایدون که خواهی که بینی بخواد
برآید که بینی پشیمان شوی
دگر آنکه گفتی ززندان وبند
چنین بود تا بود کـار جـهـان
اگر تـو نـدانی همـوید بگوی
که هرکس که او دشمن ایزدست
بزندان ما و یزد دیـوان بـدنـد
چو مارا نبد پیشه خون ریختـن
بدانرا بـزنـدان همی داشـتم
کنون می شنیدم که کردی رها
ازیـن بد گنـه گار ایـزد شـدی
چو مهتر شدی کار هشیار کـن
مجنبای بر هر که رنجت ازوست

سخن گوی وگوینده ویادگیر
برخ آب دیده همی بـر فشاند ۱۷۰
که با تاج زر خسـروی را سـزی
جهانرا تو باشی جهانداری
ستاره بدین گونه خواهد گذشت
تو تاج بزرگی بسر بر نهی
زدل مهربانی نشایست شست
زگاه ودرخشـنـدن تخت تـو ۱۷۵
شود روز روشـن جـهـان لازورد
نکردم دژم هیچ از آن نامه چهر
زهرگونه اندیشها رانـدم
ندانـد کسی زان سخن بیش وکم
مگر خود کنی بیش وکم را گناه ۱۸۰
وزین دردها سوی درمان شوی
که آمد زما برکسی بـر گـزنـد
بـزرگـان وشاهان راد ومـهـان
کند زین سخن مرترا تازه روی
ورا در جهان زنده مانی بد است ۱۸۵
که نیکان ازیشان غریوان بدند
بدان کار تنگ اندر آویـختن
گزند کسان خوار نگذاشتم
مرا فراک که بد بتر از اژدها
بکردار وگفتارها بد شدی ۱۹۰
نـدانی تـو دانـنـده را بارکن
وگر چند امید گنجت ازوست

« discret, éloquent et observateur. Lorsque l'Hindou eut lu la lettre,
« ses larmes inondèrent son visage. On y disait : Puisses-tu être heu-
« reux, puisses-tu être avec ta couronne d'or un ornement pour la
« dignité de Khosroës! car tu seras le roi maître du monde, lorsque
« le neuvième du mois d'Ader (septembre) sera arrivé et quand ton
« père aura régné pendant trente-huit ans; c'est ainsi que tourneront
« les astres; c'est alors que brilleront les temps de bonheur et que
« tu placeras sur ta tête la couronne royale. Ces paroles se sont vé-
« rifiées pour moi aujourd'hui, mais il ne faut pas que le cœur re-
« nonce à sa tendresse. Je savais bien que ta fortune, ton élévation et
« la splendeur de ton trône ne m'apporteraient que des chagrins et de
« la douleur, et que mes jours brillants seraient obscurcis; mais, par
« générosité, par esprit de religion et de famille et par tendresse, je
« n'ai pas cédé à la colère à cause de cette lettre. L'ayant lue, je l'ai re-
« mise à Schirin et je me suis livré à toutes sortes de réflexions. Schirin
« la possède avec ton horoscope, et personne n'en sait quoi que ce
« soit, mais si tu veux la voir, demande-la; il se peut qu'alors tu ne
« me feras pas un crime de toute chose. Je crois que, l'ayant vue, tu
« te repentiras et que tu chercheras un remède à ces douleurs.

« Ensuite tu as parlé des prisons et des fers, comme si quelqu'un
« avait eu à souffrir de moi. Telle a été la loi du monde depuis qu'il
« existe, et celle des grands, des rois nobles et des princes. Si tu ne
« le sais pas, interroge ton Mobed, et il calmera ton esprit sur ce
« point. C'est mal de laisser en vie dans le monde quiconque est en-
« nemi de Dieu. Il n'y avait dans mes prisons que des Divs avérés,
« contre lesquels les hommes de bien avaient élevé des clameurs. Ma
« coutume n'étant pas de verser le sang ni d'insister sur des rigueurs
« extrêmes, j'enfermais les méchants dans les prisons, et ne laissais
« pas passer comme chose indifférente leurs méfaits contre les
« hommes. Maintenant j'apprends que tu as relâché ces hommes qui
« sont pires que des dragons; c'est une mauvaise chose, de la sorte
« tu as péché contre Dieu, et tes paroles et tes actes ont été mauvais.
« Puisque tu es devenu le maître, agis prudemment, et si tu ne con-
« nais pas une affaire, consulte un homme qui le sait. Ne pardonne
« pas à tous ceux qui t'offensent, quand même tu pourrais espérer

LE LIVRE DES ROIS

۳۷۲

هر آنکس کزو در جهان جز گزند
دگر آن که از خواسته گفتهٔ
زکس ما نجستیم جز باز و ساو
بسی گفت هرکس که آن دشمنند
چو اندیشهٔ ایزدی داشتیم
یزدان پذیرفتم این تاج و تخت
جهان آفرین داور داد راست
هم دژمنش نیز در خواسته اوی
بجستم خشنودی دادگر
چو پرسد زمن کردگار جهان
بپرسد که از تو داناتر است
همه پرگناهان که پیش تواند
زمن هرچه گویند از آن مهان
همه بندهٔ سیم و زرند و بس
ازایشان ترا دل پر آلایشست
نگفتم ترا این سخن در خرد
ولیکن من از بهر بدکامه را
همان در جهان یادگاری بود
پس از ما هر آنکس که گفتار ما
زبرطاس و از چین سپه راندیم
ببردیم بر دشمنان تاختن
چو دشمن زکینی پراگنده شد
همه بوم شد پیش ما کارگر
که ملاح گشت از کشیدن ستوه
چو گنج درمها پراگنده شد

نبینی مر اورا چه بهتر زبند
خردمندی ورای بنهفتهٔ
هر آنکس که او داشت با باز تاو ۱۹۵
بدان اند و از تخم آهرمنند
تن‌ها همه خوار بگذاشتیم
فراوان کشیدیم از آن رنج سخت
همی روزگاری دگرگونه خواست
فزونی نجوئیم در کاست اوی ۲۰۰
زبخشش بکوشش ندیدم گذر
بگویم بدو آشکار و نهان
بهر نیک و بد بر تواناترست
نه تیمار دار و نه خویش تواند
شوند این گره بر تو بر بدگمان ۲۰۵
کسی را نمای تو فریادرس
گناه مرا جای پالایشست
نه زین جان آن بدتنان برخورد
که برخواند این پهلوی نامه را
خردمندرا غمگساری بود ۲۱۰
بخوانند دانشد بازار ما
سپهبد بهر جای بنشاندیم
نیارست کس گردن افراختن
همه گنج ما یکسر آگنده شد
زدریا کشیدند چندان گهر ۲۱۵
مرا بود هامون و دریا و کوه
زدینار نو بدره آگنده شد

« en tirer des trésors. Pour tout homme que tu ne vois commettre
« que des méfaits, qu'y a-t-il de mieux que les fers?

« Ensuite, quant aux richesses dont tu me parles, tu n'as pas fait
« preuve d'intelligence, et tu as caché ton bon sens. Je n'ai demandé
« à personne que les tributs et redevances exigibles; et si quelqu'un,
« après les avoir payés, restait riche et puissant, alors même que tout le
« monde me disait que c'était un ennemi, un méchant et de la race
« d'Ahriman, je laissais passer avec dédain ces paroles, car je pensais
« aux ordres de Dieu. C'est de Dieu que j'avais reçu cette couronne et
« ce trône qui m'ont causé tant de peines. Le Créateur du monde,
« le maître de la justice et de la droiture, a voulu que mon sort chan-
« geât, je ne me plains pas de sa volonté et je ne demande pas à m'a-
« grandir quand il me diminue. J'avais cherché à contenter le distri-
« buteur de la justice, mes efforts n'ont pas prévalu contre sa décision.
« Quand le Créateur m'interrogera, je lui dirai tout ce qui est mani-
« feste et ce qui est caché; or celui qui m'interrogera est plus savant
« que toi et plus puissant pour le bonheur et le malheur.

« Tous ces malfaiteurs qui t'entourent ne sont ni tes amis ni tes
« parents, et quoi que cette troupe puisse dire contre moi, elle te sera
« hostile à ton tour. Ils ne sont que les esclaves de l'or et de l'argent, et
« tu ne trouveras pas parmi eux un homme secourable. Ils remplissent
« ton cœur d'une corruption qui est comme un filtre de mes péchés
« (en comparaison de laquelle mes fautes sont comme épurées); mais
« ton intelligence ne pourra comprendre mes paroles, et l'âme des
« malfaiteurs qui t'entourent ne les goûtera pas. Néanmoins cette lettre
« en pehlewi sera un souvenir de moi en face de mes ennemis qui la
« liront, elle sera une consolation pour les hommes de sens, et tous
« ceux qui, après ma mort, liront ces paroles, connaîtront les plans
« que j'ai poursuivis. J'ai amené des armées de Berthas et de la Chine,
« j'ai établi partout mes Sipehdars, j'ai envahi les pays de mes enne-
« mis, et personne n'osait plus lever la tête.

« Lorsque mes ennemis furent dispersés partout, j'ai rempli tous
« mes trésors; tous les pays travaillaient pour moi, on tirait de la mer
« pour moi tant de perles que les mariniers se lassaient du travail;
« les plaines, les mers et les montagnes étaient à moi. Quand mon

ز یاقوت وز گوهر شاهوار	همان جامه وآلت کارزار
چو دیهیم ما بیست وشش ساله گشت	زهر و گهری گنجها ماله سشت
بهر بدره در بد ده و دو هزار	پراگنده دینار بد شاهوار
پراگنده افگنده پیمداوسی	همه چرم پیمداوسی پارسی
بدان سال چون باز جستم شمار	چو صد بار دینار بد صد هزار
درم را یکی مج نو ساختم	سوی شادی و فرخی تاختم
چه از باز واز ساو هندوستان	چه از کشور روم وجادوستان
چه از هدیه وباژ هر کشوری	زهر نامداری و هر مهتری
چه از رسم و آئین نوروز ومهر	راسمان واز بنده خوب چهر
چه از جوشن وخود و گوپال و تیغ	زما این نبودی کسی را دریغ
چه از مشک وکافور وخز وسمور	سپاه وسمند وزکمال بور
هرآنکس که ما را بدی زیردست	چنین بارها بر همیان ببست
همی تاختندی بدرگاه ما	نمی چمد کس گردن از راه ما
زهر در فراوان کشمیدیم رنج	بدان تا بماگند ازین گونه گنج
فراوان زنامش سخن رانديم	سرانجام بادآورش خواندیم
دگر گنج خضرا وگنج عروس	کجا داشتیم از پی روز بوس
چنین بیست وشش ساله تا سی وهشت	جز بارزو چرخ بر ما نگشت
همه مهتران زان تن آسان بدند	بداندیش یکسر هراسان بدند
کنون چون شنیدم زفرمان تو	جهان را بد آمد زیمان تو
نماند کس اندر جهان رامشی	نباید گزیدن جز از حامشی
همی کرد خواهی جهان پرگزند	پر از درد کاری وناسودمند
همان پرگزیدان که نزد تواند	که تمره شبان اورمزد تواند
همی داد خواهند تخت بماد	بدان تا نیایی بگیتی تو شاد
چو بودی خردمند نزدیک تو	که روشن شدی جان تاریک تو
بدادن نبودی کسی را زیان	که گنجی رسیدی بارزانیان

KOBAD

« trésor d'argent était épuisé, je remplissais les caisses de pièces d'or
« neuves, de rubis, de pierreries dignes d'un roi, d'étoffes et d'appa-
« reils de guerre. Quand j'eus porté le diadème pendant vingt-six ans,
« mes trésors débordaient de choses précieuses. Dans chaque caisse,
« il y avait douze mille *dinars*, et je ne dépensais que des dinars
« royaux. Les Peïdawesi étaient dépensés et dispersés, toutes les *bourses*
« *de* cuir à Peïdawesi perses *étaient épuisées*; cette année-là, je cherchai
« le chiffre de l'impôt : il s'élevait à cent fois cent mille dinars. Alors
« je fis faire un nouveau coin pour des dirhems et me livrai à la joie
« et à la magnificence. Que de tributs et de redevances de l'Inde,
« que de tributs du Roum et du pays des magiciens! Que de présents
« et de tributs de tout pays, de chaque grand et de chaque prince!
« Que d'offrandes coutumières aux fêtes du nouvel an et de l'automne,
« que de chevaux et d'esclaves au beau visage! Que de cuirasses et
« de casques, que de massues et d'épées furent distribués librement
« à tous! Que de musc et de camphre, que de fourrures de castor,
« d'hermine noire et blanche, et de martre brune! Quiconque était
« mon sujet chargeait ses chameaux des objets de ce genre, et ac-
« courait à ma cour; personne n'osait se soustraire à mes volontés.
« J'ai travaillé longtemps et de toute manière pour remplir ainsi un
« trésor; j'ai souvent discuté sur le nom à lui donner, à la fin je l'ai
« appelé Badaver; un autre de mes trésors est le Khazrâ, un autre
« le trésor de la fiancée, que j'ai fondé pour les jours de malheur.
« C'est ainsi que, depuis la vingt-sixième année *de mon règne* jusqu'à
« la trente-huitième, le ciel n'a tourné que selon mes désirs; tous les
« grands jouissaient de la sécurité, tous mes ennemis tremblaient.

« Maintenant on me dit que tu es le maître : *je vois que le monde*
« est perdu par l'obéissance qu'il t'a jurée. Il ne restera pas de joie
« dans le monde, on ne pourra plus que se taire. Tu rempliras la terre
« de malheurs, tout sera douloureux et rien ne réussira. Et les mal-
« faiteurs qui t'entourent, qui sont tes guides dans les nuits noires,
« détruiront ton trône, de sorte que tu ne seras jamais heureux dans
« le monde. Si tu avais auprès de toi un homme de sens, qui sût
« éclairer ton âme ténébreuse, il n'y aurait aucun mal à faire des
« largesses, car les trésors arriveraient aux hommes de valeur. Ô mon

ایا پور کم روز اندک خرد / روایت زان اندیشه رامش برد
چنان دان که این گیتی ما پشت تست / زمانه کنون پاك در مشت تست
هم آرایش پادشاهی بود / جهان بی درم در تمامی بود
شود بی درم شاه بیدادگر / تهی دستر نیست هوش و هنر
بخشش نماشد ورا دستگاه / فسوسی بخواند بزرگش نه شاه
ورایدون که از تو بدشمن رسد / همه بت بدست برهمن رسد
ز یزدان پرستنده بیزار گشت / از و نام و آواز تو خوار گشت
چو بی گنج باشی نمای سپاه / ترا زیر دستان نخوانند شاه
سگ آن به که خواهنده نان بود / چو سیمرش کنی دشمن جان بود
دگر آن که گفتی زکار سپاه / که در بومها بر نشاندم براه
ز بیدانشیت نیامد پسند / فدانی همی راه سود از گزند
چنینست پاسخ که از رنج من / فرار آمد این نامور گنج من
ز بیگانگان شهرها بستدیم / همه دشمنان را بهم بر زدیم
بدان تا بارام بر تخت ناز / نشیمم بی رنج و گرم و گداز
سواران پراکنده کردم مرز / پدید آمد اکنون زنا ارز ارز
چو از هر سوی باز خوانی سپاه / گشاده بیمند بد اندیش راه
که ایران چو باغیست خرم بهار / شگفته همیشه گل کامگار
پر از نرکس و بار و سیب و بهی / چو پالیز گردد ز مردم تهی
یکایک سپر غم زبی بر کنند / همان شاخ نار و بهی بشکنند
سپاه و سلیحست دیوار او / به مرچمنش بر میزها خار او
اگر بفگنی حمره دیوار باغ / چه باغ و چه دشت و چه دریا چه راغ
نگر تا تو دیوار او نفگنی / دل و بشت ایرانیان نشکنی
کز آنپس بود غارت و تاختن / خروش سواران و کمین آختن
زن و کودك و بوم ایرانیان / به اندیشه بد منه در میان
چو سالی چنین بر تو بر بگذرد / خردمند خواند ترا بی خرد

« fils, toi dont la vie est courte et la raison faible, ton âme sera pri-
« vée de toute joie par les soucis. Sache que ces trésors que j'ai ac-
« cumulés sont ton soutien, et que maintenant ton sort est entièrement
« dans ta main. Le trésor est le moyen d'exercer la royauté, et le monde
« sans argent est perdu; un roi pauvre devient injuste; quand il a la
« main vide, il n'a ni sens ni moyen d'action; s'il n'a pas le pouvoir
« de faire des largesses, il est pour les grands un objet de dérision et
« non plus un roi. Si *ton trésor* est saisi par tes ennemis, si toutes les
« idoles tombent entre les mains des Brahmanes, les croyants se dé-
« tourneront de Dieu et couvriront d'opprobres ton nom et ta mémoire.
« Si tu n'as pas de trésor, tu ne trouveras pas d'armée, et tes sujets ne
« t'appelleront plus roi. Un chien qui demande du pain est docile,
« mais quand tu l'auras rassasié il deviendra l'ennemi de ta vie.

« Ensuite tu as parlé de mes armées que j'ai placées sur les grandes
« routes des provinces, et tu blâmes cela par ignorance, ne sachant
« pas ce qui conduit au gain ou à la perte. Voici ma réponse : C'est
« par mes efforts que mes grands trésors se sont formés. J'ai enlevé
« des villes aux étrangers, j'ai battu tous mes ennemis. Pour pouvoir
« rester en sécurité sur le trône des délices, sans avoir de soucis,
« j'ai réparti mes cavaliers sur les frontières, et alors on a pu distin-
« guer les hommes de valeur de ceux qui n'en ont pas. Puisque tu
« rappelles les armées de partout, les ennemis verront la route ou-
« verte. Or, l'Iran est comme un jardin au gai printemps, où fleu-
« rissent toujours les roses du maître, un jardin plein de narcisses,
« de grenades, de pommes et de coings; mais dès que le verger
« est abandonné, on arrache toutes les marjolaines, on brise les
« branches du grenadier et du cognassier. C'est l'armée et les armes
« qui en sont les murs, et les lances sur les créneaux en sont les
« épines; or si tu abats follement le mur du jardin, quelle différence
« y a-t-il entre un jardin et le désert, ou la mer ou la montagne?
« Prends donc garde de ne pas détruire ton mur ni de briser le cœur
« et le dos des Iraniens, car alors viendraient le pillage et les incur-
« sions, les cris des cavaliers et les vengeances; ne jette pas dans les
« dangers les femmes, les enfants et l'Iran, car lorsqu'une année aura
« passé ainsi sur toi, il n'y aura que les fous qui t'appelleront sage.

LE LIVRE DES ROIS

من ایدون شنیدم که جای مهی   همی مردم نا سزا را دهی
چنین دان که نوشین روان قباد   به اندرز نامه دریں کرد یاد
که هرکو سلیحش بدشمن دهد   همی خویشتنرا بکشتن دهد
که چو باز خواهدکش آید بکار   بد اندیشه با او کند کارزار
دگر آن که دادی زقیصر پیام   مرا خواندی دو دل وخویش کام
تنها نه از یادگار تو بود   که گفتار آموزگار تو بود
وفا کردن او واز ما جفا   تو خود کی شناسی جفا از وفا
بدان پاسخ این آید ای کم خرد   نگوید جز این نیز کاندر خورد
تو دعوی کنی م تو بانی گوا   چنین مرد خرد ندارد روا
چو قیصر زگرد بلا رخ بشست   مردی چو پرویز داماد جست
هر آنکس که گیتی ببد نسپرد   مغز اندرش هیچ باشد خرد
بداند که بهرام بسته میان   ابا اویکی گشته ایرانیان
بروی سپاهش نشاید شکست   نشاید روان ریگ بر کوه دست
بدان رزم یزدان مرا یار بود   سپاه جهان پیش من خوار بود
شنودند ایرانیان آنچه بود   ترا نیز ازیشان بباید شنود
مرا نیز چیزی که بایست کرد   بجای نماطوس روز نبرد
زخویی واز مردی کرده ام   بمبادش آن روز بشمرده ام
بگویم ترا زاد فرخ همین   جهانرا بچشم جوانی ممین
گشسپ آنکه بود نیز گنجور ما   همان موبد پاک دستور ما
که ازگنج ما بدره بد سه هزار   که دادم بدان رومیان یادگار
نماطوس را مهرۀ دادم هزار   زیاقوت سرخ از در گوشوار
کجا سنگ هر مهرۀ بد هزار   زمثقال گنجی چو کردم شمار
همان جامه دیبای چینی هزار   ازو پنج زر بفت گوهر نگار
مرآن هر یکیمرا درم صد هزار   بدادی بها مرد پر هنر گار
همان دُر خوشاب بگزیده صد   کزو مرد دانا ندید ایچ بد

« J'entends dire que tu confies de grands emplois à des hommes
« qui ne les méritent pas. Sache que Nouschirwan, fils de Kobad, a
« dit dans son testament : Quiconque donne des armes à son ennemi
« se livre lui-même à la mort, car quand il redemandera les armes
« dont il a besoin, son ennemi lui livrera bataille.
 « Ensuite, en parlant du Kaïsar, tu m'appelles un traître et un
« égoïste. Tu ne peux pas te rappeler cette histoire, et tes paroles
« n'expriment que ce qu'on t'a enseigné, que c'est lui qui a été loyal
« et que moi j'ai été injuste, car comment pourrais-tu par toi-même
« distinguer entre la loyauté et l'injustice? Voici ma réponse, ô homme
« de peu de sens! Je ne dirai que ce qui va au but, mais tu es plai-
« gnant et tu veux être témoin en même temps, ce n'est pas ce que les
« hommes intelligents peuvent admettre. Lorsque le Kaïsar eut lavé
« ses joues de la poussière du malheur, il choisit pour sa bravoure
« un gendre comme Parviz. Quiconque ne foule pas la terre en mau-
« vaises intentions, quiconque a de l'intelligence dans son cerveau
« sait que Bahram avait pris les armes et que les Iraniens s'étaient
« unis à lui, et que ce n'est pas l'armée des Roumis qui l'a défait, car
« le sable mouvant ne peut rien contre le rocher, mais que c'est à moi
« que Dieu est venu en aide dans cette lutte, et que c'est par moi que
« cette armée *maîtresse* du monde a succombé. Les Iraniens ont en-
« tendu ce qui s'est passé alors, et tu dois l'entendre d'eux à ton tour.
« Quant à moi, ce que je devais faire envers Neïathous au jour du
« combat, je l'ai fait avec bonté et avec humanité et je lui ai compté
« ce jour dans les récompenses, comme Farrukhzad peut te l'attester;
« mais il ne faut pas regarder le monde avec les yeux d'un jeune
« homme. Guschasp, qui a été mon trésorier, et le saint Mobed qui a
« été mon Destour *te diront de même* que j'ai donné à ces Roumis en
« souvenir de moi trois mille caisses *d'or de mon trésor*; j'ai donné à
« Neïathous mille boules de rubis, propres à entrer dans des boucles
« d'oreilles, et dont chacune valait, selon mes comptes, mille mith-
« kals royaux. J'ai ajouté à cela mille robes de brocart de Chine, dont
« cinq étaient en drap d'or brodé de pierreries, et pour chacune des-
« quelles l'acheteur le plus prudent aurait payé cent mille dirhems;
« puis cent perles de belle eau, auxquelles un connaisseur n'aurait

LE LIVRE DES ROIS

که هر گوهری را درم سی هـزار   بدادی بها مرد گوهر شمار
صد اسپ گرانمایه پخته بزین   همه کرده از آخُر ما گـزین
دگر ویژه با جلّ دیبه بدند   که در دشت با باد هـمه شدند ۲۹۵
بنزدیک قیصر فـرستادم ایـی   پس از خواسته خواندم آفرین
زدار مسیحا که گفتی سخن   بگَم اندر افکنده چوبی کهن
نبد زان مرا هیچ سود و زیان   رتـرسا شـمـدی تـو آواز آن
شگفت آمدم زانکه چو قیصری   سرافراز مردی و کنـداوری
همان گِرد بر گِرد او بخردان   همه فیلسوفان و هم موبدان ۳۰۰
که یزدان چرا خواند آن کشته را   گرایی خشک چوب تبه گشته را
گران دار بیمکار یزدان بدی   سـر ماه را اورمـزدی بـدی
بوقتی خود از گنج ما ناگهان   مسیحا شد او نیستی در جهان
دگر آن که گفتی که پوزش بگوی   کنون توبه کن راه یزدان بجوی
ورا پاسخ این بد که ریزنده باد   زبان و لب و دست و پای قباد ۳۰۵
مرا تاج یزدان بسر برنهاد   پذیرفتم و بودم از تاج شاد
بمزدان سپردم چون باز خواست   ندارم زبان در دهانت چراست
بمزدان بگویم نه با کسودکی   که نشناسد او بد ز نیک اندکی
همه کار یزدان پسندیده ام   همان شور و تلخی بسی دیده ام
مرا بود شاهی سی و هشت سال   کس از شهریاران نبودم همال ۳۱۰
کسی کین جهان داد دیگر دهد   نه بر من سپاهی همی برنهد
بدین پادشاهی کـم آفرین   که آباد بادا بـدانا زمین
چو یزدان بو یار و فـریادرس   نمازد بنفرین ما هیچ کس
بدان کودک تیز ونادان بگوی   که ما را کنون تیره گشت آب روی
که پدرود بادی تو تا جاودان   سر و کار ما باد با بخـردان ۳۱۵
شما ای گرامی فرستادگان   سخنگوی و پیرمایه آزادگان
زمن هر دو پدرود باشید نیز   سخن جز شنیده مگویید چیز

« pas trouvé de défaut, et qu'un joaillier aurait payées trente mille
« dirhems chacune; enfin cent chevaux magnifiques, choisis dans mes
« écuries, et dont cinquante portaient des selles et tous les autres des
« housses de brocart, des chevaux qui, dans le désert, rivalisaient
« avec le vent; j'ai envoyé tout cela au Kaïsar et j'ai accompagné ces
« présents de mes bénédictions.

« Ensuite tu parles de la croix du Messie, de ce vieux morceau de
« bois déposé dans mon trésor, qui ne me servait ni ne me nuisait, et
« dont les Chrétiens ont fait du bruit auprès de toi. J'ai été étonné
« qu'un homme comme le Kaïsar, un homme fier et vaillant, et entouré
« de gens intelligents, tous philosophes et Mobeds, appelle Dieu cet
« homme qui a été mis à mort, ou ce morceau de bois sec et pourri.
« Si cette vile croix était Dieu, elle aurait brillé sur la tête de la lune
« *comme* un Jupiter, elle aurait disparu de mon trésor d'elle-même,
« comme le Messie est parti, et elle ne serait pas restée sur la terre.

« Ensuite tu me dis de demander pardon, de me repentir et de
« chercher la voie de Dieu. Voici ma réponse : Puissent la langue et
« les lèvres, les mains et les pieds de Kobad dépérir! C'est Dieu qui
« a placé la couronne sur ma tête, je l'ai reçue et en ai été heu-
« reux; quand il me l'a redemandée, je la lui ai rendue, et je ne sais
« pas pourquoi tu as une langue dans ta bouche. Je le déclare à Dieu,
« et non pas à un enfant qui ne distingue pas entre le bien et le mal :
« j'ai toujours approuvé ce que Dieu a fait, quoique j'aie vu bien des
« jours de détresse et d'amertume. J'ai gardé la royauté pendant trente-
« huit ans et aucun roi n'a été mon égal; celui qui me l'a donnée peut
« me donner autre chose, mais il ne m'imposera pas d'actions de
« grâce pour cela. Je célèbre la gloire de cette royauté; puisse le
« monde être heureux sous le règne d'un monarque sage! Puisque
« Dieu est mon soutien et mon protecteur, personne n'osera mainte-
« nant proférer contre moi des malédictions.

« Dites à cet enfant irritable et ignorant que ma gloire est ternie,
« que je lui adresse un adieu éternel, et que je désire n'avoir plus af-
« faire qu'aux sages. Et vous, ses envoyés respectés, vous Perses élo-
« quents et nobles, je prends aussi congé de vous deux, et vous prie
« de ne dire que ce que vous avez entendu de ma bouche. Je bénis le

که اورا نديديم چز بر گذر	کم آفرين بر جهان سر بسر
رخ سرو که یاد آوری یاد باد	بمرد کسی کز مادر بزاد
کز ایشان جهان شد بیم و امید ۳۲۰	چو هوشنگ و طهمورث و جمشید
چو روز درازش سرآمد بمرد	که ديو و دد و دام فرمانش بود
بدی دور کرد آشکار و نهان	فريدون فرّخ که آواز جهان
مردی ز چنگ زمانه نرست	ز بد دست غقّاك تازی ببست
چو پيمروز قارن يل شيرمرد	چو آرش که بردی بفرسنگ تیر
مردی جهاندار شد با گروه ۳۲۵	قباد آنکه آمد ز البرز کوه
وز آن خانه گیتی پر افسانه کرد	که از آبگینه همی خانه کرد
ز یاقوت رخشنده بودی درش	همه در خوشاب بد پیکرش
که کشتست روز جوانی دو بیر	سياوش همان نامدار هژبر
وز آن رنج ديده نديد هيچ گنج	کجا گنگدژ کرد جائی برنج
کزیشان نشن ماند مان یادگار ۳۳۰	کجا رستم وزال و اسفنديار
سواران ممدان و شيران کمین	چو گودرز و هفتاد پور گزین
پذيرفت و ز و تازه شد فرّی	چو گشتاسپ شاهی که دين بهی
فروزنده تر بد ز گرونده مهر	چو جاماسپ کاندر شمار سپهر
سواران جنگی و خوانندگان	شدند آن بزرگان و دانندگان
بسال آن يکی از دگر مه بدی ۳۳۵	که اندر هنر این از آن به بدی
ماندند ايوان و ميدان و کاخ	بپرداختند این جهان فراخ
و گر سالها چند بالا نمود	ز شاهان مرا نیز همتا نمود
ماندم که روزی من بد رسد	جهاندرا سپردم بنیک و ببد
بسی دشمن از پیش بر داشتم	بسی راه دشوار بگذاشتم
کجا آب و خاکست رنج منست ۳۴۰	همه بومها پر زگنج منست
همه تیره گردد اميد مهان	چو زین گونه بر من سرآمد جهان
بگردد رنجت و سر آيدش بخت	نماند بفرزند من نيز تخت

« monde entier, que je n'ai jamais regardé que comme un lieu de
« passage. Quiconque est né d'une mère mourra, et quand tu bois à
« la santé de quelqu'un, pense à Khosrou. Houscheng et Thahmouras,
« qui remplissaient la terre de crainte et d'espérance, sont morts, et
« Djemschid, auquel obéissaient les Divs et les bêtes fauves, a vu finir
« sa longue vie. Le glorieux Feridoun, qui a délivré le monde du mal
« apparent et secret, qui a lié les mains du malfaisant Zohak l'Arabe,
« n'a pu échapper par sa bravoure à la griffe de la mort. Arisch,
« qui lançait une flèche à la distance d'un farsang; Karen, le héros
« victorieux, le vainqueur des lions; Keïkobad, qui sortant du mont
« Albourz se rendit par sa bravoure maître du monde avec son ar-
« mée, lui qui a construit une maison en miroirs, une maison cé-
« lèbre dans le monde, tout ornée de figures en perles de belle eau
« et dont la porte était en rubis brillants; Siawusch, ce lion glorieux
« qui, dans ses jours de jeunesse, a tué deux tigres, qui a rendu Gueng-
« diz habitable, mais avec tant de peine, avec une peine entièrement
« perdue; *ils sont tous morts.* Où sont Rustem, Zal et Isfendiar? Il
« ne reste d'eux d'autre souvenir que mes paroles. Gouderz et ses
« soixante-dix fils illustres, cavaliers sur le Meïdan et lions dans le
« combat; Guschtasp, le roi qui a adopté la vraie foi et régné glo-
« rieusement; Djamasp, l'astronome plus brillant que le soleil qui
« tourne; ces hommes puissants et savants, ces cavaliers vaillants et
« lettrés qui étaient plus méritants les uns que les autres et se dis-
« putaient la palme de la vieillesse, ils ont tous quitté ce monde im-
« mense, ils ont abandonné leurs salles d'audience, leurs Meïdans et
« leurs palais.

« Je n'ai pas eu de pareil parmi les rois, quoique je n'aie pas atteint
« l'âge de quelques-uns. J'ai foulé la terre dans le bonheur et le mal-
« heur, je ne me suis jamais laissé accabler par la mauvaise fortune,
« j'ai passé par bien des routes difficiles, j'ai repoussé de mon che-
« min bien des ennemis. Tous les pays sont remplis de mes trésors,
« partout où il y a de l'eau et de la terre sont les fruits de mes tra-
« vaux. Mais maintenant que le monde finit ainsi pour moi, tout espoir
« des grands est assombri, et la couronne ne restera pas à mon fils,
« il perdra le trône et sa fortune périra. Il viendra un ange pour re-

LE LIVRE DES ROIS

فرشته بماید یکی جان ستان
بگوید بدو جان آسان ستان

بتوبه دل راست روشن کم
بی آزاری خویش جوشن کم

گذشتن چو بر جسر پل بود
بزیر پی اندر همه گل بود ۳۴۵

درستست گفتار خوانندگان
جهاندیده و یك دانندگان

که چون تخت بمدار گم رد نشیب
زهر گونه دید باید نهیب

چو روز مهی بر کسی بگذرد
اگر باز خواند ندارد خرد

پیام من اینست سوی جهان
بنزد مهان و بنزد کهان

شما نیز بدرود باشید و شاد
زمن نیز بدرود میگوئید یاد ۳۵۰

چو اشتاد و خرّاد برزین گو
شنیدند پیغام آن پیمبر و

بمیگان دل هر دو دانا خست
بس بر زدند آن زمان هر دو دست

زگفتار هر دو پشیمان شدند
تنکه بر خسارگان بر زدند

بیر بر همه جامه شان چاك بود
سر هر دو دانا پر از خاك بود

برفتند گریان زپیمش بدر
پر از درد دل پیر زاندوه سر ۳۵۵

بنزدیك شمروی رفت آن دو مرد
پر آژنگ رخسار و دل پیر زرد

یکایك بدادند پیغام شاه
بشمروی بی مغز و بی دستگاه

چو بشنید شیروی بگریست تخت
دلش گشت ترسان از آن تاج و تخت

چو از پیش بر خاستند آن گروه
که او را همی داشتندی ستوه

بگفتار زشت و خون پدر
جوانرا همی سوختندی جگر ۳۶۰

فرود آمد از تخت شاهی قباد
دو دست گرامی بسر بر نهاد

از آن غم فرو ماند از خورد و خواب
ز اندوه خسرو دو دیده پر آب

زمژگان همی بر برش خون چکید
چو آگاهی آن بلشکر رسید

از آن گریه و زاری شهر یار
شدند آن همه لشکرش ترسگار

بیکجای یکسر بگرد آمدند
ز خسرو همی داستانها زدند ۳۶۵

که پرویز اگر بر نشیند بگاه
بود دار جای سران سپاه

چو بر زد سر از تیره کوه آفتاب
بدادیش را سر بر آمد ز خواب

« cueillir mon âme, et je lui dirai de la prendre doucement. Le re-
« pentir rassérénera mon cœur sincère, et le sentiment de n'avoir fait
« du mal à personne sera mon bouclier. Quand il faudra passer par
« le pont de Djinever, il sera tout en rose sous mes pieds. Les savants,
« les hommes pleins d'expérience et les sages, tous disent avec raison
« que lorsque la fortune qui a veillé sur nous touche à son déclin, il
« faut s'attendre à voir des terreurs de toute espèce; insensé serait
« celui qui voudrait retenir le jour du pouvoir qui s'en va. Tel est
« mon message au monde, aux grands et aux petits; et vous, accep-
« tez mes adieux, soyez heureux et ne pensez pas à moi en mal. »

Lorsque Aschtad et le vaillant Kharrad, fils de Berzin, eurent entendu ce message de leur *ancien* maître, message qui perçait leurs
cœurs comme avec la pointe d'une lance, ils se couvrirent le visage
des deux mains; ils furent honteux de ce qu'ils avaient dit, ils se frappèrent les joues avec leurs mains, ils déchirèrent les vêtements qui
couvraient leur poitrine, et ces deux hommes sages répandirent de la
poussière sur leur tête. Ils quittèrent le roi en versant des larmes,
le cœur plein de douleur, la tête pleine de chagrin.

Ces deux messagers arrivèrent auprès de Schirouï, le visage sillonné
de rides, le cœur rempli de douleur, et s'acquittèrent point par point,
auprès de cet homme sans cervelle et sans intelligence, du message
du roi. Schirouï les écouta en versant des larmes abondantes, et son
cœur eut peur de la couronne et du trône. Lorsque ces hommes qui
l'avaient terrifié et avaient brûlé le foie de (épouvanté) ce jeune homme
par leurs paroles injurieuses et *leur crainte de le voir* verser le sang de
son père, furent partis, Kobad descendit du trône royal et plaça sa
tête dans ses deux nobles mains. Il s'abstenait de manger, il ne pouvait dormir d'inquiétude; l'angoisse que lui inspirait Khosrou remplissait de larmes ses deux yeux, et le sang coulait de ses cils sur sa
poitrine.

Cependant les troupes apprirent tout cela, elles apprirent les lamentations et la détresse du roi, et en furent effrayées; elles se rassemblèrent dans un même lieu et se mirent à parler de Khosrou et à
dire que, si jamais Parviz remontait sur le trône, les chefs de l'armée
périraient tous sur le gibet. Lorsque le soleil leva la tête au-dessus

برفتند یکسر سوی بارگاه چو بشنید بنشست بر تخت شاه
برفتند گردنکشان پیش او زگردان بیگانه وخویش او
نشستند با روی کرده دژم زبانشان بجنبید بر بمش وکم ۳۷۰
بدانست کایشان بر آنسان دژم نشسته چرا اند با درد وغم
بدیشان چنین گفت کان شهریار کجا باشد از پشت پروردگار
که غمگین نباشد بدرد پدر خواهیمش جز بد تن وبد هنر
نباید که دارد بندوکس امید که او بوده تر باشد از پوده بید
چنین یافت پاسخ زمرد گناه که هرکس که گوید برستم دوشاه ۳۷۵
تو اورا بدل ناهشیوار خوان وگر ارجمندی شود خوار دان
چنین داد شیروی پاسخ که شاه چوبی گنج باشد نماید سیاه
سخن چرب را نیم یکماه نیز زراه درشتی نگویم چیز
مگر شاد باشیم زراه درز اوی که گهست سرتا سرابی مرز اوی
چو پاسخ شنیدند بر خاستند سوی خانها رفتن آراستند ۳۸۰
خوالیگران شاه شیروی گفت که چیزی زخسرو نشاید نهفت
بییشش همه خوان زرین نهید خورشها برو چرب وشیرین نهید
برنده همی برد وخسرو نخورد زچیزی که دیدی خوان گرم وسرد
همه خوردش از دست شیربن بدی که شیربن نخوردش غمگین بدی

شیمون بارید بر خسرو

کنون شیمون بارید گوش دار سر مهر مهتر بآغوش دار ۳۸۵
چو آگاه شد بارید زان که شاه بیرداخت ناکام وی رای گاه
زجهرم بیامد سوی طیسفون پر از آب مژگان ودل پر زخون
بیامد بدان خانه اورا بدید شده لعل رخسار او شنبلید
زمانی همی بود بر پیش شاه خروشان بیامد سوی بارگاه
همی پهلوانی برو مویه کرد دو رخساره زرد ودل پر زدرد ۳۹۰

des montagnes noires, les mécontents se réveillèrent de leur sommeil
et se rendirent tous à la porte du palais. Schirouï le sut et monta
sur son trône; les fiers héros, tant de sa famille qu'étrangers, entrèrent auprès de lui et s'assirent la mine sombre et sans prononcer
un mot sur quoi que ce fût.

Schirouï comprit pourquoi ces hommes, assis avec un maintien si
sombre, étaient soucieux et chagrins; il leur dit : « Un roi qui a pour
« soutien *Dieu*, le nourricier du monde, et qui ne serait pas ému des
« peines dont souffre son père, je ne pourrais l'appeler qu'un homme
« méchant et sans honneur, et personne ne voudrait mettre en lui son
« espoir, car il serait plus pourri qu'un morceau de bois de saule
« pourri. » Ces hommes coupables lui répondirent : « Si un homme dit
« qu'il reconnaît deux rois, appelle-le insensé dans ton cœur, et sache
« qu'il est infâme, de si noble race qu'il vienne. » Schirouï répliqua :
« Le roi ne trouvera pas d'armée, puisqu'il n'a plus de trésors. Par-
« lons-lui doucement pendant un mois encore, ne lui disons rien des
« moyens de rigueur; il se peut que nous soyons heureux de recevoir
« ses instructions, car ce pays est rempli de trésors *qu'il peut nous in-
« diquer.* » Ayant reçu cette réponse, *les chefs de l'armée* se levèrent et
s'en retournèrent à leurs palais.

Le roi Schirouï dit alors à ses cuisiniers : « Il ne faut rien refuser
« à Khosrou. Placez devant lui des tables d'or, offrez-lui des mets doux
« et délicats. » Les serviteurs les portèrent à Khosrou, mais il ne toucha
à rien de ce qu'il voyait sur les tables, ni au froid ni au chaud; tout
ce qu'il mangeait lui venait de la main de Schirin, qui soupçonnait
les mets *qu'on lui donnait*.

COMPLAINTE DE BARBED SUR KHOSROU.

Écoute maintenant la complainte de Barbed et honore sa dévotion
envers le prince. Lorsque Barbed eut appris que le roi avait abandonné
le trône et qu'il était sans pouvoir et irrésolu, il se rendit de Djehrem
à Thisfoun, les yeux baignés de larmes, le cœur gonflé de sang. En
arrivant dans cette demeure, il vit le roi dont le visage *autrefois* brillant était devenu pâle comme la fleur du fenugrec. Après être resté

LE LIVRE DES ROIS

چنان به که زاریش بشنید شاه | هان کس کجا داشت اورا نگاه
نگهبان که بودند گریان شدند | چو بر آتش مهر بریان شدند
همی گفت الا ای ردا خسروا | بزرگا ستـرگـا دلاورگـوا
کجات آن بزرگی وآن دستگاه | کجات آن همه فرّ وتخت وکلاه
کجات آن همه برز وبالای وتاج | کجات آن همه یاره وتخت عاج
کجات آن شبستان ورامشگران | کجات آن دژ وبارگاه سران
کجات آن افسر وکاویانی درفش | کجات آن همه تیغهای بنفش
کجات آن سرافراز جاد و سمـار | که با تخت زر بود ویا گوشوار
کجات آن سر خود وزرین زره | زگوهر فگنده گره بر گره
کجات اسپ شبدیز زرین رکیب | که زیر تو اندر بدی ناشکیب
کجات آن سواران زرین ستام | که دشمن شدی تیغ شادراینام
همه گشته از جان تو نا امید | کجات آن همیون ویمل سمید
کجات آن همه راه ور اشتران | عماری زرین وفرمان بران
کجات آن تخنگوی شبرین زبان | کجات آن دل ورای روشن روان
زهر چیز تنها چرا ماندی | زدفتر چنین روزگ خواندی
مبادا که گستاخ باشی بدهر | که زهرش فزون آمد از پای زهر
پسر خواستی تا بود یار ویشت | کنون از پسر بخت آمد بمشت
زفرزند شاهان بنمرو شوند | زرنج زمانه بی آهو شوند
شهنشاه را فرّ ونمرو بکاست | چو بالای فرزند او گشت راست
هر آنکس که اوکار خسرو شنود | بگفتی نمایدش گستاخ بود
همه بوم ایران تو ویران شمر | کنام پلنگان وشیران شمر
سر تخم ایرانیان بود شاه | که چون او نبیند کسی تاج وگاه
شد این تخمه ویران وایران همان | بر آمد همه کامهٔ بدگمان
فزون زین نباشد کسی را سپاه | رلشکرکه آمدش فریاد خواه
گزند آمد از یاسمان بزرگ | کنون اندر آید سوی رخنه گرگ

quelque temps en sa présence, il se dirigea en gémissant vers le seuil
de la grande salle et là, le visage blême, le cœur plein de tristesse,
il composa à son sujet une lamentation en pehlewi, si belle que le
roi prêta l'oreille à ce chant douloureux; tous ceux qui veillaient sur
le roi, tous les gardes qui étaient près de lui répandirent des larmes
et ressentirent une douleur brûlante comme la flamme du soleil.

Ainsi chanta Barbed : « Illustre Khosroës, grand et fier monarque,
« héros magnanime, où est ta grandeur, ta majesté, ta fortune, ton
« diadème? Ton rang élevé, ta couronne, tes bracelets et ton trône
« d'ivoire, où sont-ils? Le salon où tes chanteurs se réunissaient la
« nuit? Les chefs de la citadelle et de la cour? Le diadème, le drapeau
« de Kaweh, tes glaives à la lame bleuâtre? Qu'est devenu ton noble
« *Mobed* Djanosipar qui avait un trône d'or et des pendants d'oreilles?
« Où est ton casque? ta cotte de mailles dorée dont chaque bouton était
« orné d'une pierre fine? Et ton cheval Schebdiz à l'étrier d'or, ce
« cheval qui frémissait sous toi? Et tes cavaliers aux rênes d'or qui
« faisaient du corps des ennemis le fourreau de leur épée? Ils déses-
« pèrent tous de la vie. Où sont tes dromadaires, tes éléphants blancs,
« tes chameaux au pas cadencé, tes litières dorées et tes serviteurs
« empressés? Et ta parole douce et persuasive, ton cœur, ton esprit
« brillant où sont-ils? Pourquoi restes-tu ici seul et privé de tout?
« As-tu trouvé dans les livres un jour pareil à celui-ci? Il ne faut pas
« se targuer *des faveurs* de la fortune, car elle a plus de poisons que
« de contre-poisons. Tu cherchais dans ton fils un ami, un soutien,
« et c'est lui qui t'a mis aux prises avec le malheur. Les rois trouvent
« dans leurs enfants une force, un abri contre les atteintes du sort,
« mais le roi des rois a vu diminuer sa force et sa majesté à mesure
« que son fils grandissait. Quiconque voit la situation du Khosroës ne
« doit plus se fier à ce monde. Que l'Iran ne soit plus à tes yeux qu'un
« amas de ruines, qu'un repaire de léopards et de lions! Le chef de
« la race iranienne, le roi dont la puissance était sans égale meurt,
« et l'Iran meurt avec lui; les espérances de ses ennemis triomphent :
« voilà tout ce qui reste de défenseurs à celui qui accueillait jadis
« les plaintes de l'armée. La faute en est au grand berger, si les loups
« se glissent aujourd'hui à travers les brèches. Dites à Schirouï : Roi

بشـمروی گویـنـد بی شــرم شـاه / نه این بد سزاوار این پـمشگاه
نبـاشـد سپـاه تـو م پایـدار / چوبرخمزد از چار سوکـارزار
روان تــرا دادگــریــار بــاد / سر بدسگالت نگونـسـار باد
بـمزدان ویام تــوای شـهـریار / بـنوروز ومـهـر وبخـرّم بهـار
اگردست من زین سپس نمزرود / بسازد مـبادا مـن بـر درود
بسوزم همه آلت خـویش را / بدان تا نبیـم بـدانـدیـش را
ببّرید هر چار انگشت خویش / بریده ہمی داشت درمشت خویش
چو در خانه شد آنشی برفروخت / هـه آلت خویش یکسر بسوخت

خواستن بزرگان از شمروی مرگ خسرو وکشته شدن او بدست مهر هرمزد

هر آنکس که بدکـرد با شـهـریار / شب وروز ترسان بـد از روزگار
چو شمروی ترسنده وخام بود / همان تخت پیش اندرش دام بود
بدانست مردم شمر هرکه بود / که روز بـزرگی نخواهد غـنود
برفتند هرکس که بد کرده بود / بدان کـار بـمـداد انـدر آورده بــود
زدرگاه یکسر بـپیش قـبـاد / ازآن کـار بـمـداد کـودنـد یـاد
که یکبار گفتیم وایـن دیگـست / ترا خود جز این داوری در سرست
نشسته بـیـك تخت زر بر دوشاه / یکی گـاه دار ویکی گـاه زیـر گـاه
چوخویشی فـزایـد پدر با پـسـر / همه بـنـدگـانـرا بـمـتـرنـد سر
نه اپر اندرین کـار همـداستان / مزن پیش ما زیس سپس داستان
بترسید شمروی وترسـنـده بـود / که در چنگ ایشان یکی بنده بود
چنین داد پاسخ که شمری بدام / نبارد مگر مردم زشت نام
شمارا سوی خانه بـایـد شـدن / بدین انـدرون رای بـایـد زدن
بجوئید تا کیست انـدر جهان / که این رخ بر ما سر آرد نهان
کشنده ہمی جست بدخواه شاه / بدان تاکنـندش نهـانی تـبـاه

« sans vergogne, ce n'est pas ainsi qu'on traite un souverain; ne compte
« pas sur la fermeté de ton armée quand la guerre éclatera de tous
« côtés.

« Mais toi, ô *Khosrou*, que Dieu protége ta vie; qu'il abaisse le front
« de tes calomniateurs! Je le jure, par Dieu, par ton nom royal, par
« le Nôrouz et le Mihrdjân, par le printemps heureux, si ma main
« fait retentir de nouveaux accords, que mon nom soit privé de bé-
« nédictions! Je jure de brûler tous ces instruments pour ne plus voir
« ton ennemi aux sinistres pensées! » Et aussitôt il se coupa quatre
doigts et, soutenant sa main mutilée, il courut à sa demeure, alluma
un grand feu et y brûla en même temps tous ses instruments de
musique.

LES GRANDS RÉCLAMENT DE SCHIROUÏ LA MORT DE KHOSROU. MEURTRE DE KHOSROU PAR MIHR HORMUZD.

Tous ceux qui avaient trahi le grand Roi redoutaient nuit et jour
les surprises du sort; Schirouï, lâche autant que perfide, ne consi-
dérait le trône que comme un piége; quiconque avait de l'expérience
sentait que la puissance ne resterait pas longtemps assoupie. Tous
ces hommes criminels, tous ceux qui avaient contribué avec ardeur
à ce forfait accoururent au palais, et, se présentant devant Kobad, ils
lui tinrent ce langage : « Nous l'avons déjà dit et nous le répétons, tu
« as en tête un autre souci que celui de la royauté. Quand deux rois,
« le père et le fils, sont assis ensemble sur le trône d'or, l'un au pre-
« mier rang, l'autre au second, dès que l'amitié se fortifie entre eux,
« les têtes de leurs sujets tombent d'un seul coup. Nous ne pouvons
« consentir à de semblables projets et tu ne dois plus en parler désor-
« mais devant nous. »

Schirouï fut effrayé, il trembla parce qu'il était comme un esclave
entre leurs mains; il leur répondit : « Il n'y a que l'homme lâche
« qui attaque le lion pris au piége. Retournez dans vos demeures
« et délibérez en secret; cherchez par le monde celui qui peut nous
« délivrer de ce tourment. » Les ennemis de Khosrou se mirent en
quête d'un assassin qui le fît périr secrètement; mais personne ne se

زمردی همان بهرهٔ آن نداشت	کس اندر جهان زهرهٔ آن نداشت
همی کوه در گردن آویختی	که خون چنان خسروی ریختی
چنین تا بدیدند مردی براه ۴۴۰	زهر سو همی جست بدخواه شاه
تنی خشك ویر موی ولب لاژورد	دوچشمش كبود ودو رخساره زرد
سر مرد بمداد گر برهنه	پر از خاك پای وشکم گرسنه
مبان مهان ومیان کهان	ندانست کس نام او در جهان
که هرگز مبیناد خرم بهشت	بر زاد فرخ بد آن مرد زشت
بگفتار او گشت همداستان	چو بشنید بدوی ازو داستان
چو سپرم کنی این شكار منست	بدو گفت کمین رنج كار منست
وزین نیز مکشای لب در سخن ۴۴۵	بدو گفت روگر توانی بكن
چو فرزند خود یار دارم ترا	یكی کیسه دینار دارم ترا
بیامد کشنده سبك پر شتاب	یكی خنجر تیز بستد چو آب
ورا دید با بنده در بمشگاه ۴۵۰	چوآن بدهش رفت نزدیك شاه
سرشك از مژگان برخ بر چکید	بلرزید خسرو چو اورا بدید
که زایندهرا بر تو باید گریست	بدو گفت کای زشت نام توچیست
غریبم بدین شهر بی یار وجفت	مرا مهر هرمزد خوانند گفت
بدست فرومایه بد گمان	چنین گفت خسرو که آمد زمان
بگفتی نجوید کسی مهر اوی	بمردم نماند همی چهر اوی
بریدك چنین گفت كای رهنمای ۴۵۵	یكی ریدكی پیش او بد بمای
یكی پاکتر جامه دلپذیر	برو طشت آب آر ومشك وعبیر
ندانست کودك همی راز اوی	پرستنده بشنید آواز اوی
یكی طشت زرین بر شاه بود	زبیمش بیامد پرستار خرد
همی کرد خسرو بمردن شتاب ۴۶۰	ابا جامه وآبدستان وآب
نه گاه سخن بود وگفتار ژاژ	چو برسم بدید اندر آمد بناز
بزمزم همی توبه کرد ار گناه	چوآن جامها را بموشید شاه

sentait le courage, personne n'avait l'audace de verser le sang d'un roi et de se charger du fardeau de ce crime, aussi lourd que le poids d'une montagne.

Après avoir cherché de tous côtés, les conjurés finirent par rencontrer sur leur chemin un homme aux yeux bleus, au visage livide, au corps décharné et velu, aux lèvres pâles; ses pieds étaient poudreux, son ventre resserré par la faim; le scélérat allait tête nue, nul ne savait son nom parmi les grands et le peuple. Cet homme vil (puisse-t-il ne jamais voir le paradis joyeux!) se rendit chez Farrukhzad, et dès qu'il fut au courant de l'affaire, il accepta. « Je me charge, lui dit-il, « de cette tâche difficile et, si tu consens à me rassasier, je prendrai « cette proie. »

Farrukhzad lui répondit : « Va et accomplis cet acte, si tu le peux; « mais ne divulgue ce secret à personne; je te réserve une bourse « pleine d'or et je te protégerai comme mon propre fils. » Le meurtrier, prenant un poignard à lame affilée et brillante, partit en toute hâte; cet homme pervers se rendit chez le roi qu'il trouva avec un seul esclave dans la première salle du palais. A sa vue, Khosrou trembla et des larmes sillonnèrent ses joues : « Homme à l'aspect odieux, lui dit-il, « toi dont la mère devrait pleurer la naissance, quel est ton nom? » « — On me nomme Mihr Hormuzd, je suis étranger, sans parents ni « amis dans ce pays. »

Khosrou reprit : « Mon sort est aux mains de cet être méprisable « qui a formé des projets sinistres; son visage n'a rien d'humain et « personne au monde ne rechercherait son amitié. » Un jeune page se tenait devant le roi qui lui dit : « Serviteur fidèle, va et apporte-« moi un vase plein d'eau parfumée de musc et d'aloès, ainsi qu'une « belle tunique blanche. » Au reçu de cet ordre, dont il ne comprenait pas la pensée secrète, le jeune homme s'éloigna; bientôt après, il revint avec un bassin d'or, une tunique et une aiguière remplie d'eau.

Khosrou prit ces objets avec empressement; à la vue du Barsom, il se mit à prier, car ce n'était plus le temps des paroles et des discours frivoles.

Après avoir revêtu ce vêtement, il murmura une prière de repentir

بدان تا رخ جانستانرا ندید	یکی چادری نو بسر برکشید
در خانهٔ پادشارا بمست	بشد مهر هرمزد خنجر بدست
جگرگاه شاه جهانرا درید ۴۶۵	سبك رفت وجامه ازو درکشید
همی راز خویش از تو دارد نهان	بدین گونه گردد جهان جهان
نمیمند زکردار او جز گرای	سخن بی رخ اگر مرد لاف
نمانی همان در سرای سپنج	اگر گنج داری وگر گرم ورنج
چو خواهی که باپی بداد آفرین	بی آزاری وراستی برگزین
که خسرو بر آن گونه برشد تباه ۴۷۰	چو آگاهی آمد بمازارگاه
بایوان آن مستمندان شدند	همه بدگمانان بزندان شدند
بایوان شاه اینکه با بند بود	گرانی ده وپنج فرزند بود
بدانگه که برگشته شد تخت شاه	بزندان بکشتند شان بیگناه
وز آنس نگهبان فرستاد بست	چویشنید شیروی چندی گریست
بدارد پس از مرگ آن کشته شاه ۴۷۵	بدان تا زن وکودکان شان نگاه
همی داشت آن اندہ اندر نهفت	جهاندار چیزی نمارست گفت
بزرگی ومردی وآن دستگاه	شد آن پادشاهی وچندان سپاه
نه از نامداران پیشمین شنود	که کسرا زشاهنشهان آن نمود
هر آنکس که ایمن شد از اژدها	خردمند گوید نمابد بها
نباید بدندان چو گیرد بچنگ ۴۸۰	جهانرا مخوان جز دلاور نهنگ
شد آن نامور تخت وگنج وسپاه	سر آمد کنون کار پیروز شاه

داستان شمیربن با شیربن زن خسرو پرویز
وکشته شدن شمرویه

بشیروی وشمیربن کشاید سخن	چو آوردم این روز خسرو بمن
که شد کشته آن شاه با آفرین	چو پنجاه وسه روز بگذشت ازین
که ای ریمن وجادوی دسترس	بشیربن فرستاد شیروی کس

et se couvrit la tête d'un voile neuf pour ne pas voir le visage de l'assassin. Mihr Hormuzd, le poignard à la main, courut fermer la porte de la salle, puis revenant vers le roi et écartant sa tunique, il lui plongea son poignard dans le cœur.

Telle est la marche de ce monde instable; c'est ainsi qu'il te cache toujours ses desseins mystérieux; pour l'homme prudent et sage comme pour le présomptueux, tout est vain dans ses révolutions. Que tu amasses des trésors ou seulement des fatigues et des peines, tu ne séjourneras pas longtemps dans cette demeure passagère, préfère donc une vie innocente et loyale, si tu veux acquérir une bonne renommée.

Dès qu'on sut dans les marchés comment Khosrou venait de périr, ses ennemis envahirent la prison du palais où se trouvaient d'autres infortunés; ses quinze fils illustres y étaient gardés enchaînés; innocents ils furent égorgés le jour même où le trône de leur père s'écroulait. En apprenant cette nouvelle, Schirouï pleura pendant longtemps, puis il envoya vingt de ses gardes avec ordre de protéger les femmes et les enfants des morts après le meurtre du roi; quant à lui, le roi du monde, il n'osa rien dire et dut dissimuler sa douleur.

Telle fut la fin de Khosrou qui possédait une armée nombreuse, une gloire, un courage, une puissance tels qu'aucun autre roi n'en avait possédé et dont on n'avait jamais ouï parler dans le passé. Un sage l'a dit avec raison : « Il ne faut faire aucun cas de celui qui se fie « au dragon de la *fortune*, on ne doit considérer le monde que comme « un crocodile cruel qui broie dans ses dents la proie que ses griffes « ont saisie. » Telle fut la fin du règne du roi Parviz; ainsi périrent son trône glorieux, ses trésors et ses armées.

HISTOIRE DE SCHIROUÏEH ET DE SCHIRIN, FEMME DE KHOSROU PARVIZ;
MEURTRE DE SCHIROUÏEH.

J'ai terminé maintenant l'histoire de Khosrou, et je vais parler de Schirouï et de Schirin. Cinquante-trois jours s'étaient écoulés depuis le meurtre du roi digne d'éloges, lorsque Schirouï envoya ce message à Schirin : « Femme astucieuse, magicienne habile dans l'art

LE LIVRE DES ROIS

همه جادوئی دانی و بدخوئی
بتنجل همی داشتی شادی
بترس ای گنه‌گار نزد من آی
برآشفت شیروی زیبغام اوی
چنین گفت کانکس که خون پدر
نبیم من ابی بدکنش را زدور
دبیری بیاورد اندر بری
بدان مرد دانندهٔ اندرز کرد
همی داشت لختی بصندوق زهر
همی داشت آن زهر با خویشتن
فرستاد پاسخ بشیروی باز
تخمها که گفتی تو برگست و یاد
کجا جادوئی در جهان جز بنام
وگر شاه ازین رسم و اندازه بود
که جادو بدی کس مشکوی شاه
مرا ازپی فرخی داشتی
رمشکوی زرین مرا خواستی
زگفتار چون ابن تخن شرم دار
زدادار نیکی دهش یاد کن
بیردند پاسخ بنزدیک شاه
چنین گفت کز آمدن چاره نیست
چو بشنید شیرین پر از درد گشت
چنین داد پاسخ که نزد تو من
که باشند پیش تو دانندگان
فرستاد شیروی پنجاه مرد

بایران گنه‌گارتر کس توئی ۴۸۵
چاره فرود آوری مادرا
بایوان چنین شاد و ایمن میای
وز آن بیگنه زشت دشمنام اوی
برید میبادش بالا و فر
نه هنگام ماتم نه هنگام سور ۴۹۰
همان ساخته پهلوی دفتری
همه خواسته پیش او ارز کرد
که زهرش نبایست جستن بشهر
همه دوخت سرو چمرا چو کفن
که ای تاجور شاه گردن فراز ۴۹۵
دل و جان آن بدکنش پست باد
شنودست و بودش ازین شادکام
که رای وی از جادوئی تازه بود
بدیده بدیدی همی روی شاه
که شبگیر چون خشم نگماشتی ۵۰۰
بدیدار من جان بیاراستی
نباید تخن گژ بر شهریار
بییش کس اندر مگو این تخن
برآشفت شیروی از آن بیگناه
چو تو در زمانه تخن خواره نیست ۵۰۵
بییمد و رنگ رخش زرد گشت
نمایم مگر با یکی انجمن
جهاندیده و چمز خوانندگان
بیاورد دانندهٔ و سالخورد

KOBAD

« des enchantements et des maléfices, il n'y a personne d'aussi cou-
« pable que toi en Iran; par tes sortiléges tu captiverais le roi, par
« tes ruses, tu forcerais la lune à descendre *du ciel*. Prends garde, ô
« criminelle, hâte-toi de venir auprès de moi, au lieu de demeurer
« tranquille et heureuse dans le palais. » Schirin, émue de ce message,
de ces injures qu'elle n'avait pas méritées, répondit : « Qu'il soit privé
« de puissance et de gloire celui qui a versé le sang de son père! Je
« ne verrai jamais, même de loin, un si grand coupable, ni aux jours
« de deuil, ni aux jours de festin. » Ensuite elle fit venir un scribe,
homme plein de sollicitude, qui rédigea un écrit en pehlewi; elle
dicta ses dernières volontés à ce lettré et elle fit estimer devant lui
toutes ses richesses.

Elle gardait dans un coffret une certaine quantité de poison tel qu'on
n'en eût pas trouvé le pareil dans le pays; elle le cacha sous ses vêtements, fit coudre un linceul sur son corps élancé comme le cyprès,
et envoya cette réponse à Schirouï : « Ô roi dont le front superbe est
« orné de la couronne, les paroles que tu m'as adressées sont comme
« les feuilles *balayées* par l'orage. Puisse-t-il être humilié en son cœur
« l'homme méchant qui se réjouit en entendant parler de sorcellerie.
« Si le roi *Parviz* avait été de caractère et d'humeur à goûter les sor-
« tiléges, il aurait eu dans l'appartement des femmes une magicienne
« qui aurait pu voir le roi face à face. Quant à moi, il ne me gardait
« près de lui que pour le rendre heureux : le soir, lorsqu'il ne pouvait
« se délivrer de ses chagrins, il me faisait venir de l'appartement
« doré, et ma vue était une consolation pour son âme. Rougis donc
« d'avoir prononcé de telles paroles, car le mensonge ne sied pas à
« un souverain; pense au Dieu juste, distributeur des biens, et ne
« parle plus ainsi devant personne. » En recevant ce message, Schirouï, troublé par le langage de cette femme innocente, lui répondit :
« Tu ne peux plus te dispenser de venir, ô toi dont l'audace est sans
« égale dans ce monde. » Cet ordre remplit Schirin d'inquiétude; elle
se tordit de douleur et la pâleur se répandit sur son visage; elle répondit alors : « Je ne consentirai à paraître devant toi qu'en présence
« d'une assemblée composée de gens dont tu apprécies la sagesse,
« l'expérience et la parole éloquente. » Le roi fit convoquer cinquante

sages vieillards, puis il envoya dire à Schirin : « Lève-toi et viens, « car c'est assez parler. » Elle revêtit un costume bleu et noir et, se dirigeant chez le roi, elle alla droit à la salle de fête de Schadegân où ces nobles Perses à la parole persuasive étaient réunis ; là, elle s'assit séparée du roi par un rideau, comme il convient à une femme pudique.

Alors Schirouï lui fit dire : « Deux mois se sont écoulés depuis la « perte de Khosrou, sois maintenant ma femme, afin d'être heureuse « et de ne pas connaître l'humiliation ; je te traiterai comme le faisait « mon père, mieux encore, avec plus de bienveillance et de bonté. » Schirin répondit : « Rends-moi d'abord justice et ensuite je serai à « toi, je ne ferai plus résistance à tes paroles, à ta volonté, aux désirs « de ton cœur fortuné. » Schirouï ayant autorisé cette belle princesse à lui faire connaître sa demande, celle-ci, élevant la voix derrière le rideau, continua ainsi : « Ô roi, puisses-tu être victorieux et fortuné ! « N'as-tu pas dit que j'étais une méchante femme, une magicienne, « dépourvue de loyauté et de droiture ? » — Schirouï répondit : « C'est « vrai ; mais les cœurs généreux ne doivent pas s'offenser d'un propos « piquant. »

Schirin, s'adressant alors aux nobles personnages qui étaient réunis dans la salle de Schadegân, leur demanda : « Avez-vous trouvé dans « ma conduite quelque action blâmable, une noirceur, un mensonge, « un fait contraire à la raison ? Reine de l'Iran pendant de longues « années, en toute occasion j'ai prêté mon appui aux hommes de « cœur, j'ai toujours recherché la vérité et fui le mensonge. Beaucoup « de gouverneurs ont dû à mon intercession une bonne part des biens « de ce monde. Que celui qui a vu l'ombre de ma couronne et de ma « puissance, que celui qui a vu ou entendu parle, afin que de ses pa- « roles sorte l'évidence complète ! » Les grands qui étaient en présence du roi firent l'éloge de Schirin et proclamèrent qu'elle n'avait pas d'égale au monde, ni en public, ni en secret. Schirin continua ainsi : « Nobles pleins d'expérience, chefs aux exploits illustres, trois choses « font la gloire de la femme qui est l'ornement du trône royal : en « premier lieu, elle doit être vertueuse et riche, afin que son époux « trouve le bonheur dans sa maison ; en second lieu, il faut qu'elle

« mette au monde un fils béni qui sera la joie de son père vénéré ;
« troisièmement, il faut qu'elle soit grande et belle et puisse s'enve-
« lopper dans sa chevelure *comme dans un vêtement*. Or, lorsque je de-
« vins l'épouse de Khosrou, lorsque je fus glorifiée par cette union,
« le roi revenait du pays de Roum, découragé et triste, et n'ayant plus
« d'abri dans ce pays, et pourtant, il parvint bientôt à un degré de
« puissance que le monde n'a jamais connu. Je donnai naissance à
« quatre fils qui furent la joie de ce monarque : Nestour, Schahriar,
« Feroud et Mardanschah, couronnes du ciel azuré ; ni Djemschid, ni
« Feridoun n'avaient eu une telle lignée ; que ma langue devienne
« muette si je m'éloigne de la vérité ! » Elle dit et, écartant ses voiles,
son visage apparut beau comme la lune, sa chevelure inonda ses
épaules. « En troisième lieu, dit-elle, regarde ce visage, et si je mens,
« que ta main se lève *pour m'accuser !* Je possédais ce charme secret,
« cette chevelure que personne n'avait jamais contemplée ; je te révèle
« tous les secrets de ma magie, il n'y a là ni sortiléges, ni ruses, ni
« maléfices. » A la vue de ces cheveux que personne n'avait jamais
admirés et dont nul parmi les grands n'avait entendu parler, les vieillards restèrent stupéfaits et leurs lèvres devinrent humides. Schirouï,
en voyant la beauté de Schirin, sentit son âme prête à s'envoler :
« C'est toi seule que je désire, s'écria-t-il ; faire de toi ma compagne,
« c'est tout ce que je recherche dans l'Iran ! » Cette femme au visage
charmant ajouta : « Je n'ai pas encore tout demandé au roi de l'Iran ;
« j'ai deux autres prières à t'adresser, si tu le permets. Puisse ta
« royauté être durable ! » Schirouï lui répondit : « Mon âme t'appar-
« tient et tous tes désirs seront exaucés. — Consens, reprit Schirin,
« à ce que les richesses que j'ai amassées dans ce pays soient désor-
« mais ma propriété exclusive et, en présence de cette illustre assem-
« blée, atteste par écrit sur ce livre que tu renonces à tout ce que je
« possède sans exception. » Le roi donna aussitôt son consentement à
cette demande.

Dès que ses prières eurent été accueillies, la reine sortit de la
salle de Schadegân et, laissant les chefs et les nobles Perses, elle
retourna chez elle. Elle affranchit ses esclaves, partagea entre eux ses
trésors, distribua le reste de ses biens aux pauvres en donnant à ses

دگر هرچه بودش بدرویش داد / بدان کو ورا خویش بد بمش داد
بخشید چندی بآتشکده / چه بر جای نوروز وجشن سده
دگر برکمانی که ویران بدی / رباطی که آرام شمران بدی
مزد جهاندار خسرو بداد / بنیکی روان وراکرد شاد
بیامد بدان باغ وبگشاد روی / نشست از بر خاک بی رنگ وبوی
همه بندگانرا بر خویش خواند ۵۶۵ / مر آن هر یکیمرا بخوبی نشاند
چنین گفت از آنس ببانگ بلند / که هر کس که هست از شما ارجمند
همه گوش دارید گفتار من / نبیمند کس نمز دیدار من
مگویید یکسر جز از راستی / نماید ز دانندگان کاستی
کز آن پس که می پیش خسروشدم / مشکوی زرینی او نسوشدم
سر بانوان بودم وفر شاه / از آنس چه پیدا شد از من گناه ۵۷۰
نباید سخن هیچ گفتن بروی / چه روی آید اندر زنی چاه جوی
همه یکسر از جای برخاستند / زبانها بماج بماراستند
که ای نامور بانوی بانوان / سخن گوی و دانا وروشن روان
بمزدان که هرگز تراکس ندید / نه نیز از پس پرده آوا شنید
همانا زهنگام هوشنگ باز / چو تو نیز ننشست بر تخت ناز ۵۷۵
همه خادمان و پرستندگان / جهانجوی وبیمدار دل بندگان
آواز گفتند کای سرفراز / ستوده بچمن و بروم وطراز
که یارد سخن گفتن از تو ببد / بدی کردن از روی تو کی سزد
چنین گفت شیرین که آن بدکنش / که چرخ بلندش کند سرزنش
پدررا بکشت از پی تاج وتخت / کزین پس دوچشمش مبیناد بخت ۵۸۰
مگر مرگرا یمش دیوار کرد / که مرگ پدرزان نشان خوار کرد
پیمای فرستاد نزدیک من / که تاریک شد جان باریک من
بدان گفتم ایی بد که تا زنده ام / جهان آفرینرا پرستنده ام
پدیدار کردم همه راه خویش / پر از درد بودم ز بدخواه خویش

parents une part plus importante. Elle fit aussi une donation aux temples du feu pour les fêtes du Nôrouz et du Sedeh et une autre pour *la restauration d'un* caravansérail en ruines, devenu un repaire de lions; elle fit tous ces dons en souvenir de Khosrou et pour satisfaire l'âme de ce roi.

Puis elle se rendit dans ce jardin, ôta son voile et s'assit toute pâle et défaite sur le sol; elle appela alors auprès d'elle ses serviteurs, accueillit chacun d'eux avec bonté et leur dit en élevant la voix : « Que tous ceux d'entre vous dont le cœur est généreux écoutent mes « paroles, car vous ne reverrez plus ce visage. Ne dites que des choses « vraies; le mensonge n'est pas permis aux hommes intelligents. « Depuis que j'ai paru devant Khosrou, depuis qu'il m'a admise dans « l'appartement doré et que je suis devenue la première des princesses « et l'orgueil du roi, me suis-je rendue coupable de quelque faute? « Gardez-vous bien de répondre avec dissimulation; à quoi bon la « dissimulation à l'égard d'une femme qui creuse sa tombe? » Tous les serviteurs se levant ensemble répondirent : « Illustre princesse des « princesses, éloquente, sage, à l'âme sereine, Dieu nous est témoin « que jamais personne ne t'a vue et n'a entendu ta voix derrière le « rideau. Depuis l'époque de Houscheng, aucun de ceux qui ont oc- « cupé le trône magnifique ne peut t'être comparé. » Tous les gens de sa maison, ses serviteurs au cœur ambitieux et vigilant s'écrièrent : « Ô reine qui portes haut la tête et que célèbrent la Chine, le Roum « et le Tharaz, qui oserait dire du mal de toi? Comment aurais-tu « fait toi-même le mal? »

Schirin reprit : « Cet homme aux inclinations mauvaises et qui « deviendra le jouet de la sphère céleste, cet homme a tué son père « pour s'emparer de sa couronne et de son trône; puissent ses yeux « ne plus voir désormais le bonheur! Cet homme, qui se croit peut- « être protégé contre la mort parce qu'il a si facilement consenti au « meurtre de son père, m'a envoyé un message dont mon cœur est « assombri. En vain lui ai-je répondu que le reste de ma vie serait « consacré au culte de Dieu créateur du monde; en vain lui ai-je « dévoilé toute ma conduite; sa malveillance m'inspire de vives inquié- « tudes: je crains qu'après ma mort sa langue ne me calomnie devant

LE LIVRE DES ROIS

پس از مرگ من بر سر انجمن   زیانش مگر بد سراید بزن
زگفتار او ویژه گریان شدند   هم از درد پرویز بریان شدند
چو رفتند گویندگان نزد شاه   شنیده بگفتند از آن بیگناه
بیرسید شیروی کان نیک خو   دگر از چه چیزش آمدش آرزو
فرستاد شیروی بشیروی کس   که اکنون یکی آرزو ماند بس
کشایم در دخمهٔ شاه باز   بدیدار او آمدستم نیاز
چنین گفت شیروی کین هم رواست   بدیدار آن مهتر او پادشاست
نگهبان در دخمه را باز کرد   زن پارسا موبه آغاز کرد
بشد چهر بر چهر خسرو نهاد   گذشته سخنها همه کرد یاد
همانگاه زهر هلاهل بخورد   زشیرین روانش بر آورد گرد
نشسته بر شاه پوشیده روی   بتن در یکی جامه کافور بوی
بدیوار پشتش نهاده مرد   مرد و زگمتی ستایش بمرد
چو بشنید شیروی بیمار گشت   ز دیدار او پر زتیمار گشت
بفرمود تا دخمه دیگر کنند   زمشک و زکافورش افسر کنند
در دخمهٔ شاه کرد استوار   برین بر نیامد بسی روزگار
که شیروی را زهر دادند نیز   جهانرا زشاهان پر آمد قفیز
بشوی بزاد و بشوی مرد   همان تخت شاهان پسررا سپرد
کسی پادشاهی کند هفت ماه   بهشتم زکافور یابد کلاه
نگفتی بی بهتر از گاه نیست   بدی بتر از عمر کوته نیست
کنون پادشاهی شاه اردشیر   بگوییم که پیش آمدم ناگزیر

« le peuple. » Ces paroles leur firent répandre des larmes amères, et le
souvenir de Parviz leur brûlait le cœur. Quand les messagers, de retour chez le roi, lui eurent rapporté ce qu'ils avaient entendu de la
bouche de cette femme innocente, Schirouï lui fit demander si son
cœur généreux avait formé d'autres désirs. Schirin répondit : « Il me
« reste un vœu à exprimer, ce sera le dernier. Fais ouvrir pour moi
« le tombeau du roi dont je veux encore contempler les traits. —
« Je le permets, dit Schirouï; qu'on la laisse libre de voir le grand
« roi. » Les gardiens ayant ouvert les portes du tombeau, cette femme
vertueuse entonna une lamentation funèbre; elle entra, appliqua son
visage contre celui de Khosrou et lui rendit compte de ce qui s'était
passé, puis elle avala d'un trait le poison foudroyant qui mit fin à sa
douce existence. Se couchant près du roi, le visage voilé, le corps
revêtu d'une robe imprégnée de camphre, elle s'adossa au mur et
mourut; elle mourut et emporta les bénédictions du monde. Cette
nouvelle affligea profondément Schirouï, et il craignit de voir un
tel spectacle. Par son ordre, on éleva un autre tombeau, on déposa
sur la tête de la morte une couronne de musc et de camphre, puis
on referma solidement la porte du tombeau de Khosrou.

Peu de temps après, Schirouï but à son tour un breuvage empoisonné, car la mesure était comble pour les rois de la terre. Né sous
une influence funeste, il périt misérablement et laissa à son fils la
couronne royale. Ainsi un prince règne pendant sept mois et, le huitième mois, il ceint le diadème de camphre! Si le trône est ce qu'il
y a de meilleur en ce monde, une vie éphémère est ce qu'il y a de
pire. — Je vais raconter maintenant le règne de Schah Ardeschir,
puisqu'il se présente nécessairement *dans le cours de ce récit*.

پادشاهی اردشیر شیرویی

شش ماه بود

بر تخت نشستن اردشیر شیرویی
واندرز کردن بسرداران

از ایران برفتمد برنا وپیر	چو بنشست بر تخت شاه اردشیر
بدان تا چه گونه برآید سخن	بسی نامداران گشته کهن
چنین گفت کای کاردیده گوان	زبان برکشاد اردشیر جوان
کشاده زبان باد یزدان پرست	هر آنکس که بر تخت شاهی نشست
همان از یزیس فرّه دین روم	بر آئین شاهان پیشین روم
همه کردن وکار ما داد باد	بیزدان نیکی دهش یاد باد
پرستندگان نیز نامی کم	گرامایگان را گرامی کم
شود شاد آزادگان را روان	کم تازه آئین نوشین روان
نباشم زمانی ابی موبدان	نیابند آرام از من بدان
نهانی کم رسم آهرمی ۱۰	زمی گسترد در جهان ایمنی
بهر کار شان نیز مایه دم	سمه را باندازه پایه دم
نباید که باشد کسی بدگمان	بدینار دلشان کم شادمان
بگویید کم در زمانش روا	هر آنکس که امید دارد هما
برون آید از عهد وپیمان ما	زلشکر یکی گر زفرمان ما
چنین است بادافرهٔ ما سزا ۱۵	جز از کشتن او نمباشد روا
که از داد شادست وشادی رشاه	بیمروز خسرو سپردم سما
بمانید شادان وروشن روان	بایران چو باشد چنو پهلوان
وز آرام او هر کسی کام یافت	بسی کس بگفتارش آرام یافت

XLV
ARDESCHIR, FILS DE SCHIROUI

(Son règne dura 6 mois.)

ARDESCHIR, FILS DE SCHIROUÏ, MONTE SUR LE TRÔNE
ET ADRESSE UNE ALLOCUTION AUX CHEFS.

Lorsque le roi Ardeschir prit possession du trône, ses sujets grands et petits et plusieurs hommes illustres chargés d'années accoururent de l'Iran pour entendre ses discours. Le jeune Ardeschir, prenant la parole, s'exprima ainsi : « Guerriers expérimentés, quiconque s'assied « sur le trône royal doit être sincère dans son langage et fidèle adora- « teur de Dieu. Je marcherai sur les traces des anciens rois et j'obéirai « à la religion glorieuse. Puisse Dieu, le distributeur des biens, être « toujours présent à ma pensée, puisse la justice diriger mes actions! « Je traiterai avec honneur les hommes de mérite, et les bons servi- « teurs auront part à mes bienfaits. Je ferai revivre la coutume de « Nouschirwan et remplirai de joie l'âme des nobles; je ne laisserai « pas de répit aux méchants et ne me séparerai jamais des Mobeds. « Par mes soins, la sécurité s'étendra sur le monde et les œuvres « d'Ahriman rentreront dans les ténèbres. J'élèverai mes sujets selon « leur mérite, et toutes leurs actions trouveront leur récompense; mon « or réjouira les cœurs et personne n'osera former de mauvais des- « seins. Quiconque placera en moi son espérance n'aura qu'à parler « pour être exaucé aussitôt. Mais si, dans l'armée, quelqu'un se révolte « contre mon autorité et méconnaît la foi jurée, il ne pourra échap- « per à la mort : c'est le seul châtiment digne de moi. Je confie l'armée « à Pirouz Khosrou, car il aime la justice et le roi; avec un Pehlewan « tel que lui dans l'Iran, vos cœurs resteront paisibles et joyeux. » Ces paroles tranquillisèrent le peuple, et chacun fut heureux de ces intentions bienveillantes.

ناخوش بودن گراز از پادشاهی اردشیر وبچارهٔ اوکشته شدن اردشیر بدست فیروز خسرو

کزو بود خسرو بگرم وگـذار	پس آگاهی آمد بسـوی گـراز
که در خاك شد تاج شهـروی شوم	فـرستـاد گـویـنـدهٔورا زروم
سر دخـمـهٔ او نـگـونسـار باد	که جانش بدوزخ گـرفـتار باد
نبیند چنـو نیز یك شهـریار	چو خسروکه چشم ودل روزگار
ازو بار گشـتـم سفـرا نسپـری	که مارا رسید ازوی ابی سروری
بباغ ازگیا یافت خواهد گـزند	که دانست هرگزکه سرو بلند
بتابد بمکباره زو روی بخت	زمانه فـرود آرد اورا زتخـت
کند بهر او اورا نهان در زمین	شود چرخ گردنده با او بکین
ستاند زشاهی چنان تاج وگاه	بگمرد ازو مهـتری هور وماه
همه شهر ایران بخواری دهد	چو شهـروی را شهـریاری دهد
زگفتار آن بدتـنـان شد تبـاه	نبودم من آگه زیرویـز شاه
نه زوشاد باشـد برنا ویپـر	چو اورفت شد تاجدار اردشیر
اگر چند بی شاه شد روزگار	نخواهم که باشد چنو شهـریار
همان رای با لـشکر دیگرست	که اورا بسی داوری در سرست
نمانم که بر وی جهد باد شهر	مرا گر زایران رسد رنج بهر
زروم وزایران گـزیـده سـران	بیایم کنـون با سمـاه گـران
که باشد پندش بدینگونه رای	ببینم تا کیست آن کدخدای
کز آنیس نراند زشاهی سخن	چنان بـرکـنم بـچ اورا زبن
بنزدیك یمران ایران سمـاه	نویدی بر افگند پویان براد
بممروز خسرو یکی نامه کرد	دگرگونه آهنگ بدکامه کرد
جهانجوی باید که بندد میان	که شد تمره آن تخت شاهنشهان
زهرگونه اندیشه انداختن	توائی مگر چاره ساختن

GURAZ DÉSAPPROUVE LA PRISE DE POSSESSION DU TRÔNE PAR ARDESCHIR
ET LE FAIT ASSASSINER PAR FIROUZ, FILS DE KHOSROU.

Guraz, pour lequel Khosrou *Parviz* avait eu une ardente amitié, apprit ces nouvelles et envoya du Roum un éloquent messager porteur de ces paroles : « La couronne du vil Schirouï est dans la poussière; « puisse son âme être retenue aux enfers, puisse son tombeau être « renversé! L'œil et le cœur du monde ne verront plus jamais un roi « comme Khosrou : c'est lui qui m'a donné cette principauté; c'est de « sa cour que je suis revenu ici pour exécuter ses ordres. Qui aurait « pensé que le grand cyprès du jardin serait étouffé par les herbes? « Qui aurait cru que le sort arracherait ce roi de son trône, que la « fortune détournerait tout à coup sa face de lui, que le ciel inconstant « se déclarerait contre lui et lui ravirait sa part de bonheur dans ce « monde? Qui aurait cru que le soleil et la lune le priveraient de sa « puissance, qu'ils arracheraient à un roi tel que lui son trône et sa « couronne, qu'ils livreraient la royauté à un homme comme Schi- « rouï et précipiteraient tout le pays d'Iran dans le malheur? Tandis « que j'étais sans nouvelles du roi *Parviz*, les paroles de ces méchants « ont causé sa mort. Il a péri, et Ardeschir est devenu le maître de la « couronne, mais ni les jeunes gens ni les vieillards ne seront heureux « sous lui. La terre dût-elle rester sans roi, je ne veux pas d'un pareil « homme sur le trône, car il ambitionne une grande puissance et « compte sur une armée étrangère. Les affaires de l'Iran ne nous don- « neraient-elles que tourments, je ne permettrai pas que le vent de ce « pays souffle sur la tête d'Ardeschir. Et maintenant j'arrive avec une « grande armée, avec des chefs choisis dans le Roum et l'Iran; nous « verrons qui est ce maître de l'empire qui nourrit de pareils projets; « j'arracherai ses racines les plus profondes et il ne sera plus ques- « tion pour lui de royauté. » Après avoir expédié en toute hâte le messager rapide qui devait se rendre auprès des vieux chefs de l'armée d'Iran, il exécuta un autre dessein coupable en écrivant à Pirouz, fils de Khosrou, une lettre ainsi conçue : « Le trône du Roi des rois « est obscurci, et il faut qu'un chef ambitieux prenne les armes. Peut-

LE LIVRE DES ROIS

جهان را بمردازی از اردشیر
شوی ایمن وشاد از آرام خویش
همی خنجر کینه را خون دهی
که گیتی چشمت سیاه آورم
مبادا که خوار آیدت کار من
همه پیش ویس رای خود کامه دید
که تا چون کند بد بدان زاد شاه
که گوینده مردی بد ویادگیر
همان نیز گفتار بودی ورا
می روشن وچرب گفتار یافت
تن چند با او زبر نا ویمر
تو گفتی زگردون بر آمد سرش
شد ایوان او پر زبانگ سرود
سپهبد می یکدی بر کشید
بماند ایچ رامشگر یاد گیر
بجز شاه ویمروز خسرو نماند
لب شاه بگرفت ناگه بدست
همه کاخ شد پر زشمشیر وتیر
اگر تو جهاجوی اگر گو بدند
یکی نامه نیمز با آن دراز
چو خورشید شد جان تاریک او
که بر مور ویر پشه بریست راه
سپاهش همه دست شسته بخون
نبد خود بدان شهر مردم بسی

جوئی بسی یار بسرنا ویمر
وز آنیس بیابی همه کام خویش
گرایدون که ایی راز بیرون دهی
من از روم چندان سپاه آورم
بزرگ نگه دار گفتار من
چو پیروز خسرو چنان نامه دید
دل روشن نامور شد سپاه
ورا خواندی هر زمان اردشیر
بر آسای دستور بودی ورا
بیامد شبی تیرگون بار یافت
نشسته بایوان خویش اردشیر
چو پیروز خسرو بیامد بر ش
بفرمود تا بر کشیدند رود
چو نیمی شب تیره اندر کشید
شده مست یاران شاه اردشیر
بدانیش یاران اورا براند
جفاپیشه از پیشانه جست
همی داشت تا شد تباه اردشیر
همه یار پیروز خسرو بدند
همیونی بر افگند نزد گراز
فرستاده چون شد بنزدیک او
بیاورد از آن بوم چندان سپاه
همی تاخت چون باد تا طیسفون
زلشکر نیارست دم زد کسی

ARDESCHIR

« être pourras-tu préparer des moyens d'action, tourner ta pensée
« de tous les côtés, réunir un grand nombre de compagnons, jeunes
« et vieux, et délivrer le monde de la domination d'Ardeschir. Tu
« obtiendras ainsi l'accomplissement de tous tes vœux, tu jouiras de
« la sécurité et d'un heureux repos. Mais si tu dévoiles ce secret, si
« tu abreuves de sang l'épée du combat, j'amènerai du Roum une
« armée si nombreuse que je rendrai le monde noir devant tes yeux.
« Réfléchis profondément à mes paroles, et Dieu fasse que tu ne dé-
« daignes pas mes entreprises! » Lorsque Pirouz, fils de Khosrou, eut
lu cette lettre et qu'il eut compris l'origine et le but des plans formés
par cet homme orgueilleux, le cœur clairvoyant de l'illustre Pirouz
se troubla, en cherchant les moyens de nuire à ce fils de roi. Ardeschir l'appelait souvent en sa présence, car c'était un homme éloquent
et observateur qui occupait auprès du roi la place de Destour et lui
servait aussi de trésorier. Par une sombre nuit, Pirouz se rendit au
palais, il y trouva du vin brillant et des paroles douces. Ardeschir
était assis dans la salle du trône avec quelques hommes jeunes et
vieux; lorsque Pirouz, fils de Khosrou, parut devant lui, on aurait dit
que le roi levait son front par-dessus le ciel. Sur l'ordre d'Ardeschir,
la musique se fit entendre et la salle retentit du bruit des chansons.
Lorsque la moitié de la nuit sombre fut passée, le Sipehbed but une
seule gorgée de vin, mais les compagnons du roi Ardeschir étaient
ivres et il ne restait plus un musicien pour observer ce qui se passait.

Pirouz éloigna tous les amis du roi et, se trouvant seul avec lui,
ce traître s'élança du rideau de la porte, plaça soudain sa main sur
la bouche du roi et l'y maintint jusqu'à ce que Ardeschir eût expiré.
Le palais se remplit *d'hommes armés* d'épées et de flèches, de jeunes
gens ambitieux et de *vieux* guerriers, tous amis de Pirouz, fils de
Khosrou. Celui-ci dépêcha vers Guraz un messager monté sur un
dromadaire et porteur d'une longue lettre. A l'arrivée du courrier,
l'âme ténébreuse de Guraz brilla comme le soleil; il sortit de son pays
avec une armée si nombreuse que les mouches et les fourmis ne
trouvaient plus de passage. Il courut, rapide comme le vent, jusqu'à
Thisifoun avec ses troupes avides de carnage; personne parmi les
Perses n'osa respirer, et peu de gens restèrent dans cette ville.

52.

پادشاهی فرائین گراز

پنجاه روز بود

تخت ستدن گراز

فرائین چو تاج کمان برنهاد	همی گفت چیزی که آمدش یاد
همی گفت شاهی کنی یکزمان	نشیمی برین تخت بر شادمان
به ازبندگی توختن شصت سال	بسرآورده رنج و فروبرده یال
پس از من پسر برنشیند بگاه	نهد بر سرآیی خسروانی کلاه
نهانی بدو گفت مهتر پسر	که اکنون بگیتی توئی تاجور
مباش ایمن و گنج را چاره کن	جهانبان شدی کار یکباره کن
چو از تخمهٔ شهریاران کسی	بپاید نمانی تو ایدر بسی
وزین پس چنین گفت کهتر پسر	که اکنون بگیتی توئی تاجور
سزاوار شاهی سپاهست و گنج	چو با گنج باشی نمانی برنج
فریدون که بد آبتین‌ش پدر	مرا و را که بد بمش او تاجور
جهان را بسه پور فرخنده داد	که اندر جهان او به از داد شاد
مردی و گنج این جهان را بدار	نزاید زمادر کسی شهریار
چو فرمان مرا باشد و تاج و تخت	بنازد بدان مردم نیک‌بخت
بپیروزد ایی برشده بخت من	بکیوان رساند سر تخت من
و را خوشتر آمد بدین سان سخن	مهتر پسر گفت های مکن
عرضرا بدیوان شاهی نشاند	سپه را سراسر بدرگاه خواند
شب تیره و روز دینار داد	بسی خلعت ناسزاوار داد
بدو هفته از گنج شاه اردشیر	نماند از بهای یک پر تیمر
همانگه که رفتی همی سوی باغ	نبردی چز شمع عنبر چراغ
چو هشتاد در پیش و هشتاد پس	پس شمع یاران فریاد رس

XLVI
GURAZ, APPELÉ FERAYÎN

(Son règne dura 50 jours.)

GURAZ S'EMPARE DU TRÔNE.

Lorsque Ferayîn eut posé sur sa tête la couronne des Keïanides, il se mit à parler à l'aventure, disant : « Faire le métier de roi pendant « un temps et s'asseoir gaiement sur le trône vaut mieux que d'em- « ployer soixante ans à se racheter de la servitude et de demeurer en « proie aux souffrances et les bras pendants, *comme un esclave*. Après « moi, mon fils montera sur le trône et placera sur sa tête cette « couronne royale. » Son fils aîné lui dit en secret : « Puisque tu portes « maintenant la couronne du monde, ne sois pas trop confiant dans « l'avenir et avise aux moyens d'amasser un trésor. Tu es devenu le « maître de la terre, fais tes affaires d'un seul coup, car si un rejeton « des rois venait à se montrer, tu ne resterais pas longtemps ici. » — Le fils cadet parla ensuite en ces termes : « Te voilà maître de la « couronne, tu possèdes maintenant une armée et un trésor dignes « des rois ; aussi longtemps que tu auras un trésor, tu ne seras pas « dans l'embarras. Feridoun, dont le père était Abtin, avait-il donc « un roi parmi ses ancêtres ? *Et pourtant* s'il a pu laisser le monde à « ses trois fils fortunés, c'est qu'il mettait son bonheur à répandre la « justice dans le monde. Maintiens ta domination à l'aide de ta bra- « voure et de ton trésor. Personne ne naît roi ; mais quand je serai « maître de la puissance, de la couronne et du trône, le peuple sera « heureux et jouira de la vie ; ma haute fortune brillera et mon trône « s'élèvera jusqu'à Saturne. » Guraz goûta mieux ce discours, et il re- commanda à son fils aîné de ne pas faire d'imprudence. Il ordonna ensuite à l'inspecteur des revues de siéger au bureau royal et réunit toute l'armée devant le palais. Il distribua de l'argent jour et nuit et accorda beaucoup de présents d'honneur à ceux qui ne les méri- taient pas : en deux semaines, il ne lui restait plus des trésors d'Ar-

LE LIVRE DES ROIS

چو زرین بدی گوهر آهنین بدی	همان طشت زرین و سیمین بدی
دل مهتران پر شد از کین او	همه شب بدی خوردن آئین او
بمالیدها یا بمیدان بدی	شب تیره هموارہ گردان بدی
شکست اندر آمد بدان روزگار	نماندش از ایران کسی دوستدار
ابی داد و بی بخشش و خورد گشت	فرآئین همین ناجوانمرد گشت ۲۵
جهان را بدینار بفروختی	همی زر بر چشم برد وختی
از آنیس برآشفت از وی سپاه	همی ریخت خون سر بیگناه
جهانی همه مرگ او خواستند	بدشنام لبها بیاراستند
ابر کار او داستانها زدند	نهانی بیک جای گرد آمدند
تنها همی گفت چندان براز	شبی تیره هرمزد شهران گراز ۳۰
که آن مهتران را بدو بود نخر	گزیده سواری ز شهر صطخر
شد این روزگار فراییس گران	بایرانیان گفت کای مهتران
چرا شد چنین مغز دلتان تنك	همی دارد او مهتران را سبك
جگر بر نجوشد یکی را ز رشك	همه دیدها روشده پر سرشك
چرا پیش او بست باید میان ۳۵	نه ساسانی و نه زخم کمان
و یا زهرہ شد در شکم ناپدید	هانا که دلتان زبر بر برید
که چون کس نماند از در بیمگاه	چنین داد پاسخ بدو آن سپاه
که بر دارد دل بدی بدنژاد	نه کسرا همی آید از رشك یاد
بگو هرچه دانی تو از راستان	برای تو گشتیم همداستان
نه گفتار نیکو نه کردار نغز ۴۰	کزین شاه دیوانهٔ تیز مغز
که هرگز مبادا بدو آفرین	چگونه رهانم ایران زمین
که این کار ایرانیان شد دراز	بدیشان چنین گفت شهران گراز
کنید آن کز آزاد مردی سزد	گرایدون که بر من نسازید بد
من اورا ز تخت اندر آرم بخاك	هم اکنون بنیروی یزدان پاك
که بر تو مبادا که آید زیان ۴۵	چنین یافت پاسخ از ایرانیان

FERAYÎN

deschir la valeur d'une plume de flèche. Quand il allait boire du vin dans le jardin, il y faisait porter des flambeaux d'ambre gris, quatre-vingts flambeaux devant lui, quatre-vingts à sa suite; puis venaient ses amis et compagnons; il ne se servait que de coupes d'or et d'argent, et les coupes d'or étaient incrustées de pierres fines. Il avait coutume de passer les nuits à boire, aussi le cœur des grands se remplit de haine contre lui. Il errait perpétuellement pendant la nuit sombre à travers les jardins et les places publiques; il ne restait personne dans l'Iran qui lui fût attaché, et le monde devint profondément troublé. Ferayîn oublia toute générosité; il renonça à la libéralité et à la justice, il ferma les yeux pour de l'or, il vendit le monde pour de l'argent et versa le sang des innocents. Aussi le peuple commença à se soulever contre lui : chacun parlait de lui injurieusement, chacun souhaitait sa mort; on se rassemblait secrètement et on se racontait ce qu'il faisait. Or, pendant une nuit sombre, Hormuzd Schehran Guraz, cavalier d'élite de la ville d'Istakhr, respecté par tous les grands du pays, parla longuement dans une réunion secrète et dit aux Iraniens : « Hommes puissants, le règne de Ferayîn est devenu accablant : il ne « tient aucun compte des grands; comment donc se fait-il que vos « têtes et vos cœurs soient si faibles? Tous les yeux sont remplis de « larmes à cause de cet homme; ne se trouvera-t-il pas un cœur qui « frémisse de colère? Ferayîn n'est pas un Sâsânide, il n'est pas de la « race des Keïanides, pourquoi faut-il lui obéir? On dirait qu'il vous « a arraché le cœur et que le courage a abandonné vos poitrines. »

Le peuple répondit : « D'un côté, il ne reste plus d'héritier légi- « time du trône, de l'autre la haine qu'il inspire ne laisse aucun ami « à cet homme de vile naissance. Nous sommes de ton avis : dis-nous « ce que tu as appris des hommes sincères sur les moyens de délivrer « l'Iran de ce roi insensé, au cerveau enflammé, de ce roi incapable « d'une bonne parole ou d'une action généreuse. Puisse-t-il être à « jamais privé de bénédictions! »

Schehran Guraz reprit : « Cette situation de l'Iran dure depuis trop « longtemps. Si vous promettez de ne pas me nuire et d'agir comme « il convient à des hommes libres, je vais aussitôt et avec l'aide du « Dieu pur le précipiter de son trône dans la poussière. » Les Iraniens

همه لشکر امروز بار توایم / گرت زین بد آید حصار توایم
چو بشنید این گرد خسرو پرست / همی جست بر شاه بمایه دست

کشته شدن فرائین بدست شهران گراز

بیاراست یکروز پس شهریار / شد از شهر بیرون زیبهر شکار
ابا او و از ایرانیمان لشکری / هر آنکس که که بود اگر مهتری
فرائین برانگیخت از جای اسپ / همی تاخت هر سو چو آذر گشسپ
سواران شده گرد با شهریار / بیامد تازان زیهر شکار
بدانگه که زی شهر گشتند باز / نگه کرد بمباک شهران گراز
بدان شاه شوم وزترکش نخست / یکی تیر پولاد پیکان بجست
برانگیخت از جای اسپ سیاه / همی داشت لشکر مرورا نگاه
کمانرا بیاورد همی درکشید / گهی بر بر وگاه بر سر کشید
بمازیگری تیر با زه ببست / چو شد غرقه پیکانش بکفاد شست
بزد تیر ناگاه بر پشت او / بیفتاد تازانه از مشت او
همه تیر تا پر در خون گذشت / سر تیر ز ناف بیرون گذشت
زباره بیفتاد شه سرنگون / روان گشت زان زخم او جوی خون
بمجمد وبر زد یک باد سرد / بزاری بر آن خاک تیره زدرد
سپه تیغها برکشیدند پاک / برآمد شب تیره از دشت خاک
همه شب همی خفیر انداختند / یکی از دگر باز نشناختند
همی این ازآن بستدی آن ازین / یکی کرد نفرین یکی آفرین
چو پیدا شد آن دیبهٔ زرد رنگ / ازوکوه شد همچو پشت پلنگ
زلشکر بسی کشته وکوفته / سوار وسپه بهد م آشوفته
پراگنده شد آن سپاه بزرگ / چو میشان که یابند ناگاه گرگ
فراوان بماندند بی شهریار / نیامد کسی تاجرا خواستار
بجستند فرزند شاهان بسی / ندیدند از آن نامداران کسی

répondirent : « Puisses-tu être à l'abri du malheur! Aujourd'hui tout
« le peuple est avec toi; si cette entreprise met ta vie en danger, nous
« serons ton refuge. » Le héros, serviteur des Khosroës, ayant entendu ces paroles, chercha un moyen d'attaquer ce misérable roi.

FERAYÎN PÉRIT DE LA MAIN DE SCHEHRAN GURAZ.

Or, un jour le roi fit ses préparatifs et sortit de la ville pour aller à la chasse, accompagné d'une armée d'Iraniens composée d'hommes de tout rang. Ferayîn lança son cheval et courut de tous côtés, semblable à Aderguschasp; les cavaliers réunis autour du roi s'élancèrent sur les bêtes fauves pour leur faire la chasse. Lorsqu'on s'en retourna vers la ville, Schehran Guraz regarda sans crainte ce roi méprisable; il tira de son carquois une flèche à pointe d'acier et poussa en avant son cheval noir, tandis que l'armée l'observait attentivement. Il prit son arc, le dégagea du fourreau et l'éleva tantôt à la hauteur de sa poitrine, tantôt jusqu'à sa tête; il plaça, comme en se jouant, la flèche sur la corde, et quand la pointe de la flèche ne dépassa plus *le centre de l'arc*, il lâcha le pouce : la flèche vint frapper dans le dos le roi qui laissa échapper le fouet de sa main; la flèche entière jusqu'aux plumes s'enfonça ensanglantée et la pointe sortit par le nombril. Ferayîn tomba de son destrier, la tête en avant, et un torrent de sang jaillit de sa blessure; il se tordit et, couché sur la poussière noire, il poussa dans sa douleur un seul soupir de détresse.

L'armée en vint aux mains, alors que la nuit sombre se levait sur cette plaine poudreuse : pendant toute la nuit, on se frappa sans se reconnaître; chacun recevait, chacun portait des coups, l'un maudissant, l'autre bénissant ce qui avait été fait. Lorsque le soleil semblable à du brocart jaune parut, mouchetant la montagne comme une peau de léopard, de nombreux combattants gisaient à terre tués ou blessés, cavaliers et chefs succombaient à la fatigue. Cette grande armée se dispersa comme un troupeau de moutons qui rencontre inopinément un loup. On resta longtemps sans roi, personne ne réclamant le trône; c'est en vain qu'on chercha un descendant des rois, il fut impossible de découvrir aucun rejeton de cette race illustre.

پادشاهی پوران دخت

همش ماه بود

یکی دختری بود پوران بنام	چو زن شاه شد کارها گشت خام
بر آن تخت شاهیش بنشاندند	بزرگان برو گوهر افشاندند
چنین گفت پس دخت پوران که می	نخواهم پراکندن انجمن
کسی را که درویش باشد زگنج	توانگرکم تا نماند برنج
مبادا زگیتی کسی مستمند	که از درد او بر من آید گزند
زکشور کم دور بدخواه را	بر آئین شاهان کنم گاه را
نشانی زپیروز خسرو بجست	بیاورد ناگاه مردی درست
خبر چون بنزدیك پوران رسید	زلشکر یکی نامور برگزید
بمردند پیروزی را پیش اوی	بدو گفت کای بدتن کینه جوی
زکاری که کردی بمابی جزا	چنان چون بود در خور ناسزا
مکافات یابی زکرده کنون	برافر زان دم تو جوی خون
از آخر همانگه یکی کره خواست	بزین اندرون نوز نابوده راست
بمستش بر ان اسپ بر همچو سنگ	فگنده بگردن درش پالهنگ
چنان کره تیز نادیده زین	بمیدان کشید آن خداوند کین
سواران بمیدان فرستاد چند	بفتراك برگرد کرده کمند
که تا کره اورا همی تاختی	زمان تا زمانش براندا ختی
زدی خویشتن هر زمان بر زمین	بر آن کره بر بود چند آفرین
چنین تا بر و بر بدرید چرم	همی رفت خون از تنش نرم نرم
سرانجام جانش بخواری بداد	چرا جوئی از کار بمداد داد
همی داشت این زن جهان را بمهر	بجست از بر خاك باد سپهر

XLVII
POURANDOKHT
(Son règne dura 6 mois.)

Il y avait une jeune fille *de race royale*, qu'on nommait *Pouran;* quoique les affaires aillent mal sous la domination d'une femme, on la plaça sur le trône et les grands répandirent des pierreries sur elle. Pourandokht parla ainsi : « Je ne ferai rien qui puisse mener à la dis- « persion du peuple. Ceux qui sont pauvres, je les rendrai riches, et « je puiserai dans mon trésor afin qu'ils ne restent pas dans la détresse. « A Dieu ne plaise qu'il y ait dans le monde un seul malheureux, car « sa souffrance me deviendrait funeste! Je bannirai du pays les « hommes à mauvaises intentions et j'ordonnerai ma cour selon les « usages *antiques* des rois. »

Elle rechercha les traces de Pirouz, fils de Khosrou, et quelqu'un lui en fournit les indices certains. Aussitôt que cette nouvelle parvint à Pourandokht, elle choisit dans l'armée un homme illustre et, faisant amener Pirouz devant elle, elle lui dit : « Homme criminel et avide « de vengeance, tu vas recevoir le châtiment de tes méfaits, tel que le « mérite un scélérat; tu subiras maintenant la peine de ton crime et « je ferai couler de tes membres des torrents de sang. » Par son ordre, on tira de ses écuries un jeune cheval qui n'était pas encore dressé; Pirouz fut attaché comme une pierre sur ce cheval sans selle, le licou passé autour de son cou. La femme vengeresse fit conduire le cheval sur la place publique; elle y envoya quelques cavaliers portant au crochet de la selle leurs lacets enroulés, et *les chargea de voir* comment le cheval emportait Pirouz, le heurtait de temps en temps par terre et se roulait lui-même sur le sol, au bruit de leurs acclamations. Enfin le corps de Pirouz fut mis en lambeaux, le sang coula peu à peu et le misérable expira. Comment peux-tu compter sur la justice quand tu as commis l'injustice?

Cette femme gouverna le monde par la douceur, et le vent du ciel

LE LIVRE DES ROIS

420

چو شش ماه بگذشت از کار اوی   ببد ناگهان کژ بر کار اوی
بیکهفته بیمار بود و بمرد   ابا خویشتن نام نیکو ببرد
چمن است آئین چرخ روان   توانا بهر کار و ما ناتوان

POURANDOKHT

ne troubla point la poussière; mais lorsque six mois de son règne furent passés, le cercle *que traçait sa vie* dévia tout à coup; Pouran fut malade pendant une semaine et mourut en emportant avec elle un renom de bonté. Telle est la loi du ciel qui tourne : il est maître de toute chose et nous sommes impuissants.

پادشاهی آزرم دخت

چهار ماه بود

یکی دیگری دختر آزرم نام / بتاج بزرگی رسید بکام
بیامد بتخت کیان بر نشست / بگفت این جهان جهانرا بدست
نخستین چنین گفت کای خردان / جهان دیده و کارکرده ردان
همه کار بر داد و آئین کنیم / کزین پس همه خشت بالمین کنیم
هر آنکس که باشد مرا دوستدار / چنانم من اورا چو پروردگار
کسی کو زپیمان من بگذرد / بپیچد ز آئین وراه خرد
بریده سرشرا برآرم بدار / زدهسقان وتازی وروی شمار
بزرگان بروآفرین خواندند / بر آن تخت گوهر برافشاندند
همه شهر ایران از و شادمان / نماند اندر ایران یکی بدگمان
زترک وزروم وزهند وزچمن / مر اورا بدی هدیه وآفرین
همی بود بر تخت بر چهار ماه / بمجم شکست اندر آمد بگاه
زآزرم گشتی بی آزرم گشت / پی اختر رفتنش نرم گشت
شد او نیز وآن تخت بی شاه ماند / بکام دل مرد بدخواه ماند
همه کار گردنده چرخ این بود / زپرورده خویش پرکین بود

XLVIII
AZERMIDOKHT
(Son règne dura 4 mois.)

Il y avait une autre princesse nommée Azerm, qui ambitionnait la couronne souveraine. Elle vint, s'assit sur le trône des Keïanides et s'empara de ce monde instable.

Elle dit au commencement de son règne : « Hommes intelligents, « nobles qui connaissez le monde et qui avez fait de grandes choses! « je me conformerai toujours à la justice et aux coutumes, car à la « fin notre oreiller à nous tous est une brique. Quiconque me sera « dévoué, trouvera en moi un père nourricier; mais si quelqu'un « devient déloyal envers moi, si quelqu'un s'écarte des règles et des « voies de la raison, je planterai sa tête coupée au haut d'un gibet, « qu'il soit Perse, Arabe ou Roumi. » Les grands l'acclamèrent comme reine et répandirent des pierreries sur son trône. Tout le pays d'Iran fut heureux de la posséder et elle n'y eut pas un seul ennemi; elle reçut aussi les présents et les hommages du pays des Turcs, du Roum, de l'Inde et de la Chine.

Pendant quatre mois, elle occupa ainsi le trône; mais dès le cinquième mois, son pouvoir fut brisé; la fortune lui retira ses faveurs et l'étoile qui l'avait amenée devint impuissante. Cette reine mourut, et le trône, privé de maître, resta livré à l'ambition des ennemis. Telle est la règle du ciel qui tourne : il poursuit de sa haine ceux qu'il avait d'abord favorisés

پادشاهی فرّخ زاد

یکماه بود

زجهـرم فـرخ زادرا خـوانـدنـد   بدان تخت شاهیش بنشاندند
چو بر تخت بنشست کرد آفرین   بنیکی جهش بر جهان آفرین
مـم گفت فـرزند شاهـنـشـهـان   نخـوام جـز ایـمـنـی در جهـان
زگـفتی هر آنکس کـه جویـد گـزنـد   چو من شاه باشم نگردد بلند
هر آنکس که جوید بدل راستی   نمارد بکار اندرون کـاستی
بدارمش چون جان پاك ارجمند   نجوید بر بـی گـزنـدان گـزنـد
سمه خواند یکسر بـر و آفرین   که بی تو مبادا زمان وزمین
چویکماه بگذشـت بـر تـخـت او   بخـاك انـدر آمـد سـر وبخت او
یکی بنده بودش چو سرو سهی   ابا خـوبی وزیـب و با فـرهی
سمه چشم بد نام آن بی هـنـر   که چون او مبارد گردون دگر
یکی پرستارش بـدل دوست گشت   که ناگاه روزی بر و بر گذشت
سوی آن پرستار بپغام کـرد   که با من گر آی بمك جای گرد
بمابی زمین بی کـران خـواسـتـه   بگوهر کـم تاجت آراسـتـه
پرستار بـشـنـیـد و پاسخ نـداد   بمرد فـرخ زاد ایـن کـرد یاد
چو بشنید این شاه پر تاب شد   از انـدوه بـی خـورد وی خـواب شد
سمه چشـم بند بـر پای کـرد   بزندان درون مـردرا جـای کـرد
چو بگـذشت چندی بر آن بمهر   که بسته بدش آن شه دادگر
ازو شاه بـرداشـت بـنـد گـران   چو بسـمار گشتند خواهشگران
دگر باره زی خـدمـت شاه شد   ازو شاه را عمر کـوتـاه شد
هـمـی بـود اورا آزارم بـهـر   سمه چشم با می بیآمیخت زهر

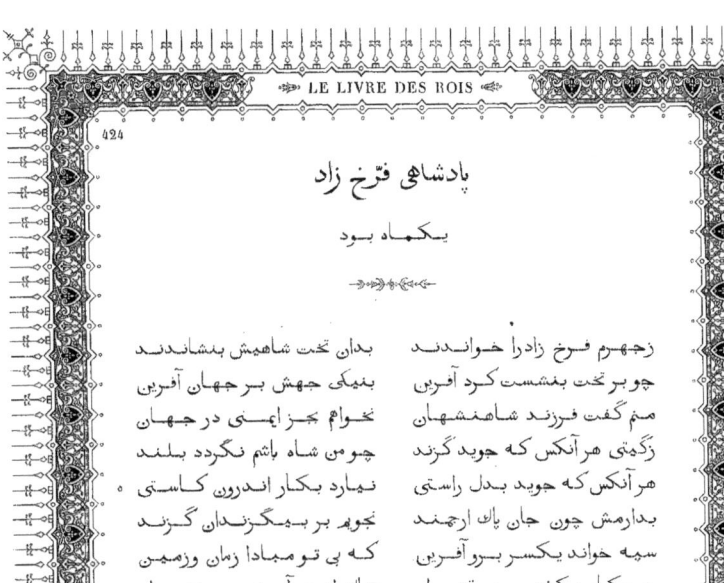

XLIX
FARRUKHZAD

(Son règne dura 1 mois.)

On appela de Djehrem Farrukhzad et on le plaça sur le trône des rois. Lorsqu'il y fut assis, il adressa d'un cœur pur ses hommages au Créateur, puis il parla ainsi : « Je suis fils des grands rois, et je « ne désire que la paix en ce monde. Si quelqu'un cherche à faire le « mal, il ne deviendra pas puissant aussi longtemps que je régnerai. « Celui au contraire qui cultivera dans son cœur la droiture et qui « ne mêlera pas le mensonge à ses actes, celui-là me sera aussi cher « que ma propre vie : jamais je ne nuirai à ceux qui ne se rendront « pas nuisibles. »

L'armée tout entière lui rendit hommage en ces termes : « Puissent « la terre et le temps n'être point privés de toi! » Mais quand un mois eut passé sur son règne, le pouvoir et la fortune de ce roi furent précipités dans la poussière. Il avait un esclave à taille de cyprès, beau, d'un aspect gracieux et noble; le nom de cet homme sans vertu était Siah Djeschm. Puisse la roue du ciel ne jamais ramener un être pareil! Le roi avait aussi une esclave qu'il aimait avec passion; elle passa un jour par hasard devant Siah Djeschm, qui lui envoya ensuite ce message : « Si tu veux m'accorder un rendez-vous, tu recevras « de moi des présents sans nombre et j'ornerai de pierreries ton dia- « dème. » L'esclave écouta ce message et n'y fit point de réponse, mais elle en parla à Farrukhzad. Le roi apprit avec indignation cette aventure; le chagrin lui ôta l'appétit et le sommeil. Il fit enchaîner les pieds de Siah Djeschm et lui assigna la prison pour demeure. Mais quelque temps après, ce roi plein de justice, qui avait mis aux fers cet homme sans vertu, ordonna qu'on le délivrât de ses chaînes pesantes, car beaucoup de personnes avaient intercédé en sa faveur. Siah Djeschm reprit son service chez le roi et il abrégea les jours de son maître. Profitant du moment où le roi se reposait, il mêla du

LE LIVRE DES ROIS

چو ورد و بیک هفته زان بیش زیست
هر آنکس که بشنید بر روی گریست
همه پادشاهی بمایان رسید
زهر سوهمی دشمن آمد پدید
چنینست کردار گردنده دهر
نگه کن کزو چند یابی تو بهر
چو هر چه داری بفردا مپای
که فردا مگر دیگر آیدش رای
ستاند ز تو دیگری را دهد
دگر کس کلاه کئی بر نهد
چو هر چه داری فزونی بده
تو رنجیده بهر دشمن منه
هر آنگه که روز تو اندر گذشت
نهاده همه باد گردد بدشت

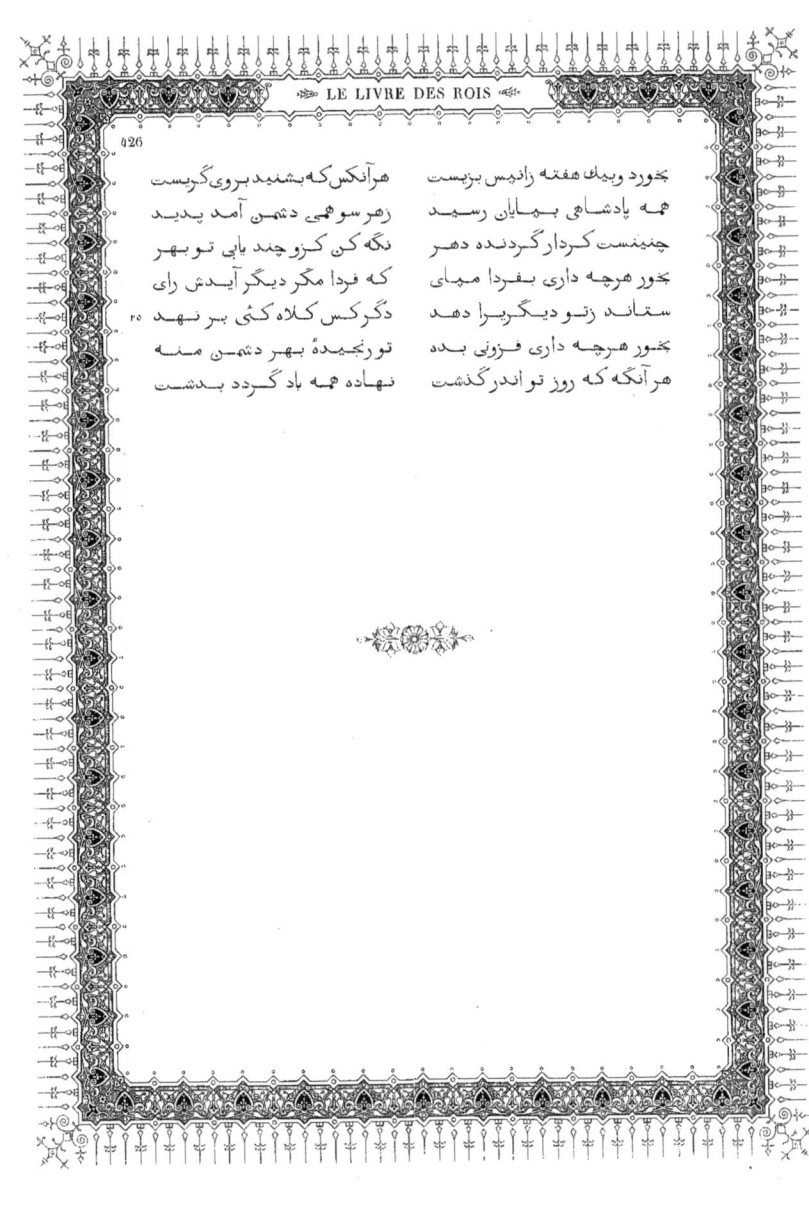

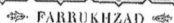 FARRUKHZAD

poison à son vin; le roi but et ne survécut qu'une semaine. Tous ceux qui apprirent sa mort répandirent des larmes; le royaume tomba dans une détresse extrême et de tous les côtés des ennemis se levèrent.

Telle est l'œuvre du destin versatile. Tâche de tirer de lui quelque profit; jouis de ce que tu possèdes et ne remets rien au jour suivant, car le lendemain peut-être le sort aura changé d'avis, il te dépouillera au profit d'un autre et placera sur une autre tête la couronne des Keïanides. Jouis donc de tes biens et donnes-en le superflu; ne mets pas de côté pour ton ennemi ce que tu as amassé avec tant de peine, car lorsque ta vie passera, les trésors que tu as mis en réserve passeront comme le souffle du vent sur la plaine.

پادشاهی یزدگرد

شانزده سال بود

بماه سمند ارمد روز ارد	چو بگذشت او شد یزدگرد
که ارگردش روز برگشت سمر	چه گفت آن سخنگوی مرد دلیر
نگشتی سپهر بلند از برم	که باری نژادی مرا مادرم
چه گویم که جز خامشی نیست روی	بمرگار تنگ و ممان دوگوی
بماند همی بر کسی بر دراز	نه روز بزرگی نه روز نماز
بدین مایه با او مکن داوری	زمانه زمانیست چون بنگری
ز تیمار گیتی ممبر هیچ نام	بماری خوان و بیمای جام
سرانجام خشتست بالمن تو	اگر چرخ گردان کشد زین تو
بس این مشو از سپهر بلند	دلترا بتیمار چندین مبند
چنان دان که از بنمازی کند	چو را شمر و یا پمل بازی کند
حدیثی درازست چندین منار	تو بیجان شوی او بماند دراز
چو پریویز با تخت و افسر نه	نواز آفریدون فزونتر نه
چه کرد آن بر افراخته هفت گرد	بزرگی نگه کن که با یزدگرد
کلاه بزرگی بسر بر نهاد	چو بر خسروی گاه بنشست شاد
منم پاک فرزند نوشیروان	چنین گفت کز دور چرخ روان
خور و خوشه و برج ماهی مراست	پدر بر پدر پادشاهی مراست
نیازارم آنرا که کهتر بود	بزرگی دم هر که مهتر بود
همان رزم و تندی و مردانگی	نجویم بلندی و فرزانگی
نه گنج و نه دیهیم شاهی نه تخت	که بر کس نماند همی روز بخت
بمگذار کام و بر افراز نام	همی نام جاوید باید نه کام

L
YEZDEGIRD

(Son règne dura 16 ans.)

Après la mort de Farrukhzad, Yezdegird devint roi, le vingt-cinquième jour du mois de Sipendarmud (février). Écoute ces paroles d'un homme éloquent et généreux, qui était fatigué de la révolution des jours : « Hélas! que ma mère ne m'a-t-elle pas mis au monde!
« Que le ciel sublime n'a-t-il point tourné au-dessus de moi! Que
« dire du cercle étroit *de la vie* tracé entre les deux orbes *célestes?* ce
« qu'il y a de mieux, c'est de se taire. Ni les jours de puissance, ni les
« jours de détresse ne dureront longtemps pour qui que ce soit. A la
« bien considérer, la vie n'est qu'un instant; puisqu'il en est ainsi,
« n'entre pas en conflit avec elle; prépare la table, vide la coupe et
« ne parle jamais des soucis de ce monde. Quand même le destin in-
« constant conduirait ton cheval par la bride (serait à tes ordres
« comme un palefrenier), finalement ta tête doit reposer sur une
« brique. N'attache pas ton cœur à de si minces soucis, n'aie aucune
« confiance en la sphère sublime et sache que, si le sort s'attaque aux
« lions et aux éléphants, il le fait parce qu'il connaît son pouvoir. Tu
« mourras certainement, et le destin ne finira pas : c'est une longue
« histoire, ne sois pas si confiant. Tu n'es pas plus puissant que Feri-
« doun, tu n'es pas comparable à Parviz, le maître du trône et du
« diadème. Réfléchis, vois comment les sept cieux sublimes ont traité
« Yezdegird. » Lorsqu'il s'assit joyeux sur le trône des Khosroës et
qu'il orna sa tête de la couronne, il dit : « Par les évolutions de la
« sphère qui tourne, je suis le descendant pur de Nouschirwan. La
« royauté m'appartient en ligne directe; le Soleil, l'Épi et les Poissons
« me sont favorables. Je donnerai du pouvoir aux grands et je ne ferai
« pas de mal aux humbles. Je ne rechercherai la gloire ni par la
« science, ni par les combats, ni par les actes de violence ou de bra-
« voure, car les jours de la fortune ne durent pour personne, non

زنامست تا جاودان زنده مرد | که مرده بود کالبد زیر گرد
بزرگان برو آفرین خواندند | ورا شهریار زمین خواندند
برای گونه تا سال شد بر دو هشت | همی ماه و خورشید بر سر گذشت
همی داشت گیتی بآئین و داد | همه شهر ایران برو بود شاد

تاختن سعد وقاص بایران و فرستادن یزدگرد رستم را بجنگ او

عمر سعد وقاص را با سپاه | فرستاد تا جنگ جوید زشاه
چو آگاه شد زان سخن یزدگرد | زهر سو سپاه اندر آورد گرد
بفرمود تا پور هرمزد راه | بپیماید و یکی کشد با سپاه
که رستم بدش نام و بیدار بود | خردمند و گرد و جهاندار بود
ستاره شمر بود و بسیار هوش | بگفتار موبد نهاده دو گوش
چو آگاه شد زان سخن پهلوان | بیامد بر شاه روشن روان
زمین را ببوسید و بردش نماز | همی بود پیمش زمانی دراز
برو آفرین خواند بس شهریار | که ای از کمان جهان یادگار
که داری تن پیل و چنگال شیر | نهنگ دمان اندر آری بزیر
سر سرکشان را بهنگام جنگ | ببری چو تیغ گمری بچنگ
شنیدم که از تازیان بی شمار | سپاهی همه رخ بکردار قار
بدین مرز ما رزم خواه آمدند | اگر چند بی گنج و پیشه آمدند
سپهدار شان سعد وقاص نام | که جویای گاهست و جویای کام
درفش بزرگی و گنج و سپاه | ترا دادم ای پهلو نیک خواه
سپه را بیاری و بیرسار جنگ | نماید که گمری زمانی درنگ
از ایدر چو رفتی چنین جنگجوی | سپه را چو روی اندر آید بروی
تو خود را نگه دار ای تازیان | بهر کار بنگر بسود و زیان
بدو گفت رستم که من بنده ام | بپیمش تو ایدر پرستنده ام

« plus que les trésors, le diadème royal et le trône. Ce qu'il faut re-
« chercher c'est, non pas le bonheur, mais une renommée durable;
« renonce au bonheur et rehausse ton nom, c'est par là que l'homme
« acquiert l'immortalité, lorsque son corps gît dans la poussière. »
Les grands rendirent hommage à Yezdegird et le proclamèrent roi
du monde. Pendant deux fois huit années, la lune et le soleil tournèrent au-dessus de lui, et ce roi, gouvernant le monde suivant les
coutumes anciennes et la justice, fit le bonheur de l'Iran tout entier.

SAAD, FILS DE WAKKAS, ENVAHIT L'IRAN. YEZDEGIRD ENVOIE RUSTEM CONTRE LUI.

Omar donna une armée à Saad, fils de Wakkas, pour faire la guerre au roi Yezdegird; dès qu'il en fut informé, le roi leva des troupes de tous côtés et ordonna à un fils d'Hormuzd d'en prendre le commandement et de partir. *Ce chef* se nommait Rustem; c'était un homme prudent, intelligent, brave et propre à gouverner le monde; il possédait la science des astres, était doué d'une grande sagesse et prêtait l'oreille aux discours des Mobeds. Aussitôt que le Pehlewan eut reçu cet ordre, il alla chez le roi à l'âme sereine, baisa la terre, rendit au roi des honneurs divins et se tint longtemps *debout* en sa présence. Yezdegird le combla de louanges en disant : « Ô descen-
« dant des rois de la terre, guerrier au corps d'éléphant et aux griffes
« de lion, tu te rends maître du crocodile terrible, et quand tu saisis
« ton épée, au jour du combat, tu abats les têtes les plus fières. J'ai
« appris qu'une armée innombrable d'Arabes, au visage noir comme la
« poix, est entrée dans notre pays pour y porter la guerre, quoique
« ces gens-là ne possèdent ni trésor, ni roi. Leur chef est Saad, fils de
« Wakkas, un homme avide de pouvoir et de richesses. Je t'ai confié,
« ô Pehlewan dévoué, le drapeau de l'empire, un trésor et une armée.
« Organise les troupes, prépare *tout* pour la lutte et ne perds pas un
« instant. Quand tu seras parti d'ici pour chercher le combat, et
« lorsque les armées seront en face l'une de l'autre, observe toi-même
« ces Arabes et songe à tout ce qui peut nous être avantageux ou nui-
« sible. » Rustem répondit : « Je suis ton serviteur, me voici devant toi,

بمــرم ســر دشمــن شــادرا	بـمـنـد آورم جـان بـدخـواه را
زمیــمرا بـمـوســمیــد وآمــد بــدر	هـه شب هـی بـود پـر اندیشه سر
چو خورشید تابـنده بـمـود روی	بیامد دمان رسم کمـنـه جوی
بـرفـت وگرامـایـگـان را بـمـرد	هر آنکس که بـودند بیدار وگرد
بـرین گونـه تا ماه بـگـذشـت سی	همــی رزم جســمــنــد در قـادسی
بدانست رسم شمار سـمـهـر	ستاره شمر بـود با داد ومـهـر
همی گفت کمـن رزمرا روی نیست	ره آب شاهان بدین جوی نیست
بیاورد صلاب واخـتــر گـرفـت	زروز بلا دست بـر سر گـرفـت
یـکـی نامـه سـوی بــرادر بــدر	نبشت وتخنـها هـه یاد کرد
نخست آفرین کرد بـر کـردگار	کزو دید نیـک ویـد روزگـار
دگر گفت کـز گردش آسمان	پژوهنده مردم شود بدگمان
گنــهـگـار تـر در زمانـه مــم	ازایرا گـرفـتـار آهـرمـم
که ایـی خانـه از پادشاهی تهیست	نـه هنکام فیـروزی وفـرهـمـست
رچارم هـی بـنـگـرد آفـتـاب	کزبن جنگ مارا آید شـتاب
زبهرام وزهـره است مارا گـزنـد	نشاید گذشتـن زچرخ بلند
هان تیر وگیوان بـرابـر شـدسـت	عطارد بـبـرج دو پیکر شدست
چنیـنست وکاری بـزرگـست پیش	همی سـمرگردد دل از جان خویش
هـه بـودنـیـها بـمـم هــی	وزو حـامـشـی بـر گـزیــم هــی
بــر ایــرانیـان نـمـز بـریان شـدم	رساسانیان نمـز بـریان شدم
دریـغ آن سـر تاج وآن تخـت وداد	دریـغ آن بـزرگـی وفـز ونـژاد
کزیـن پس شکسـت آیـد از تازیان	ستاره نـگـردد مـگـر بـر زیان
بـرین سالیان چـار صد بـگـذرد	کزیـن تخمه گمتی کسی نسمرد
ازبشان فـرسـتـاده آمـد بـمن	تخن رفت هر گـونـه بـر انجمـن
کـه از قـادسی تا لـب رودبار	زمیمرا بـچـشـم با شهریار
وز آنسو یکی بـر کشایـد راه	بشهری کجا هست بازارگاه

YEZDEGIRD

« attentif à tes ordres. Je trancherai la tête des ennemis du roi, je
« réduirai à l'impuissance l'esprit des malveillants. » Puis il baisa la
terre et s'éloigna. Il passa toute la nuit plongé dans ses réflexions;
lorsque le soleil brillant se montra, Rustem, avide de combats, partit
en toute hâte, emmenant sous ses ordres les hommes les plus nobles,
et tous ceux qui étaient prudents et braves.

Trente mois s'écoulèrent de la sorte. Lorsqu'on voulut livrer bataille devant Kadesiah, Rustem, qui était un savant astrologue, plein de justice et de bienveillance, comprit *le danger* et dit : « Ce combat
« n'est pas opportun, ce n'est pas dans ce lit que coule le fleuve des
« rois. » Il apporta un astrolabe et, après avoir observé les astres, il prit sa tête dans ses mains *en voyant venir* le jour du désastre. Dans sa douleur, il écrivit à son frère une lettre où il lui rendit compte de tout. Après avoir célébré les louanges de Dieu, l'auteur des jours de prospérité et de malheur qu'il avait éprouvés, il continua ainsi : « La
« révolution de la destinée est de nature à inquiéter quiconque réflé-
« chit. Je suis l'homme le plus coupable de ce temps et Ahriman m'a
« enlacé dans ses liens, puisque cette famille est condamnée à perdre
« le trône, puisque nous ne sommes plus à une époque de victoire et de
« splendeur. Du haut du quatrième ciel, le soleil voit que, dans cette
« lutte, le malheur s'approche rapidement de nous. Mars et Vénus
« nous sont défavorables; nous ne pouvons nous dégager de la roue
« sublime du ciel; Mercure et Saturne sont en opposition et Mercure
« se trouve dans le signe des Gémeaux. Telle est la situation : une
« œuvre immense se dresse devant nous et nos cœurs vont être las de
« la vie. Je lis dans l'avenir, mais je dois garder le silence. Je pleure
« amèrement sur les Iraniens et je suis consumé par le feu de la douleur
« quand je pense aux Sâsânides. Hélas! cette couronne, ce trône, cette
« justice! Hélas! cette puissance, cette gloire, cette dynastie illustre,
« tout cela va être brisé par les Arabes; car les astres ne tourneront
« que pour notre perte et, pendant une durée de quatre cents ans,
« aucun héritier de notre race ne sera maître du monde!

« Il est arrivé auprès de moi un envoyé des Arabes, et j'ai discuté
« avec lui toutes sortes de questions dans le conseil. Il a dit : « Nous
« abandonnerons au roi tout le pays entre Kadesiah et le fleuve; *mais*

بدان تا خرم وفروشم چیز	از آنمس فزونی بجوئم نمز
پذیرم ما ساو وباژ گران	نجوئم دیهم کندآوران
شهنشاه را نمز فرمان برم	گر از ما خواهد گروگان برم ۷۰
چنینست گفتار کردار نیست	جز از گردش کز پرگار نیست
بری نمز جنگی بود هر زمان	که کشته شود صد هژبر دمان
بزرگان که با من بجنگ اندر اند	بگفتار ایشان همی ننگرند
چو مهروی طبری وچون ارمنی	جنگ اند با کیش آهرمنی
چو کلبوی سوری وابن مهتران	که گوپال دارند وگرز گران ۷۵
همی سرفرازند کایشان که اند	بایران ومازندران برجه اند
اگر مرز وراه است اگر نیك وبد	بگرز وبشمشیر باید ستد
بکوشیم ومردی بکار آورم	بریشان جهان تنگ وتار آورم
نداند کسی راز گردان سپهر	که جز گونه گشتست بر ما مهر
چو نامه بخوانی خرد را مران	بمرداز ویرسار با مهتران ۸۰
همه گرد کن خواسته هرچه هست	پرستنده وجام های نشست
همی تار تا آذر آبادگان	جای بزرگان وآزادگان
ز زابلستان م ز ایران سپاه	ببر سوی گنجور آذرگشسپ
بدار وبمرش وبیمارای مهر	هر آنکس که آیند زنهار خواه
کزو شاد مانم وزو با نهیب	نگه کن بدینی گرد گردان سپهر ۸۵
سخن هرچه گفتم مادر بگوی	زمانی فراز وزمانی نشیب
درودش ده از ما وبسمار یند	نمیمند همانا مرا نمز روی
ور از من بد آگاهی آرد کسی	بده تا نباشد بگیتی نژند
چنان دان که اندر سرای سپنج	مباش اندر این کار غمگین بسی
همیشه بیزدان پرستی گرای	کسی که نهد گنج بادست ورنج ۹۰
که آمد بتنگ اندرون روزگار	بمرداز دل زی سپهی سرای
	نه بیمند مرا زین سپس شهریار

« on ouvrira un chemin sur l'autre rive jusqu'à une ville pourvue d'un
« marché afin que nous puissions y faire le commerce. Nous ne de-
« mandons rien de plus. Nous payerons un tribut onéreux et nous ne
« rechercherons pas les diadèmes des grands; nous obéirons au Roi
« des rois; s'il réclame de nous des otages, nous les lui donnerons. »
— « Mais ce ne sont que des paroles et non des faits; tout cela pro-
« vient de la sphère qui a dévié. Une longue guerre surgira où des
« centaines de lions intrépides périront. Les grands qui combattent
« à mes côtés ne font aucun cas de ces propositions : Mirouï du Tha-
« baristan, et Ermeni, qui luttent avec la fureur d'Ahriman, Gul-
« bouï Souri et les chefs armés de masses d'armes et de massues pe-
« santes disent en levant la tête : « Qui sont ces gens-là et quels
« droits ont-ils sur l'Iran et le Mazenderan ? *Envahissement* de fron-
« tières et de routes, succès et revers, tout sera décidé par les massues
« et les sabres; nous lutterons en hommes et nous réduirons l'en-
« nemi à l'extrémité. » — « Mais tous ils ignorent les secrets du ciel
« inconstant, parce que, jusqu'à présent, il nous a traités avec douceur.

« Après avoir lu cette lettre, ne repousse pas les conseils de la rai-
« son, travaille et agis de concert avec les grands de l'Empire. Ras-
« semble tout ce qu'il y a de richesses, d'esclaves et de meubles pré-
« cieux; va en toute hâte dans l'Aderbaïdjan auprès des chefs et des
« nobles; remets tout ce que tu possèdes en chevaux aux mains du
« trésorier d'Aderguschasp. Si des troupes viennent du Zaboulistan
« et de l'Iran se mettre sous ta protection, accueille-les, habille-les
« et sois bon pour elles. Méfie-toi des évolutions du ciel qui tourne;
« c'est lui qui nous fait passer de la joie à la douleur et qui tantôt
« nous élève et tantôt nous abaisse. Instruis ma mère de tout ce que
« je t'écris, car elle ne me reverra plus; porte-lui mes adieux,
« prodigue-lui mes conseils, afin qu'elle ne soit pas atteinte par le
« malheur.

« Si, plus tard, tu reçois de ma part quelque triste nouvelle, n'en
« conçois pas un chagrin excessif; n'oublie pas que les trésors amassés
« dans cette demeure périssable ne sont que peines et néant. Sois
« toujours adorateur fidèle de Dieu et bannis de ton cœur les soucis
« de ce monde éphémère. La mauvaise fortune va nous poursuivre,

LE LIVRE DES ROIS

تو با هر که از دودهٔ ما بود
همه پیش یزدان نمایش کنید
بکوشید و بخشنده باشید نیز
که من با سپاهی بسختی درم
رهائی نمایم سرانجام ازین
چو کمتی بود تنگ بر شهریار
کزین تخمهٔ نامدار ارجمند
بکوشش مکن هیچ سستی بکار
زساسانیان یادگار اوست و بس
دریغ این سر تاج و این مهر و داد
تو پیروز باش و جهاندار باش
گر اورا بد آید تو شو پیش اوی
چو با تخت منبر برابر شود
تبه گردد این رنجهای دراز
نه تخت و نه دیهم بینی نه شهر
چو روز اندر آید بروز دراز
بپوشند ازیشان گروهی سیاه
نه تخت و نه تاج و نه زرّینه کفش
برنجد یکی دیگری بر خورد
شب آید یکی چشم رخشان کند
ستانندهٔ روز و شب دیگرست
زپیمان بگردند و از راستی
بپماده شود مردم جنگجوی
کشاورز جنگی شود بی هنر
رباید همی این از آن آن ازین

اگر پیر اگر مرد برنا بود
شب تیره اورا ستایش کنید
زخوردن بفردا ممانید چیز
بیرنج و غم و شور بختی درم
خوشا باد نوشین ایران زمین
تو گنج وطن و جان گرامی مدار
نماندست جز شهریار بلند
بگیتی جز او نیست پروردگار
کزین پس نبینید ازین تخمه کس
که خواهد شدن تخم شاهی بباد
زبهر تن شه بتیمار باش
بشمشیر بسپار پرخاشجوی
همه نام بوبکر و عمر شود
شود تاسرا شاه گردد نفرار
زاختر همه تازیان راست بهر
نشیب دراز است و پیمش فراز
ردیبا نهند از بر سر کلاه
نه گوهر نه افسر نه بر سر درفش
بداد و ببخشش کسی ننگرد
نهفته کسی را خروشان کند
کمر بر میان و کلاه بر سرست
گرامی شود کژی و کاستی
سواری که لافی آرد و گفتگوی
نژاد و گهر کمتر آید ببر
زنفرین ندانند باز آفرین

« et le roi ne me reverra plus. Toi et tous les rejetons de notre race
« portez vos hommages devant Dieu et célébrez ses louanges pendant
« la nuit sombre. Soyez vigilants et généreux; ne mettez rien en ré-
« serve pour le lendemain; sachez que moi et l'armée que je com-
« mande nous sommes en proie à la fatigue, à l'inquiétude et au
« malheur, et qu'au bout de tout cela il n'y a pas de salut pour nous.
« Puisse le doux pays d'Iran être prospère! Si la destinée accable le
« roi, ne ménage ni tes trésors, ni ton corps, ni ta vie; car de cette
« race illustre et fortunée, ce noble roi est tout ce qui nous reste.
« N'apporte aucune faiblesse en tes entreprises, nous n'avons plus
« que ce protecteur sur la terre, c'est le seul survivant des Sâsânides
« et, après lui, vous ne trouverez aucun autre héritier de son sang.
« Hélas! cette couronne, cette bonté, cette justice, tout cela va dis-
« paraître avec la famille souveraine! Puisses-tu vivre heureux et puis-
« sant et te dévouer à la défense du roi! Si le danger le menace,
« place-toi devant lui et, avide de combats, protége-le de ton épée.

« Lorsque la chaire s'élèvera en face du trône, lorsqu'on procla-
« mera partout les noms d'Abou Bekr et d'Omar, nos longs travaux
« seront perdus. Un homme indigne deviendra roi superbe; il ne
« sera plus question du trône, du diadème et de l'empire. Les astres
« donneront tout aux Arabes; le jour succédera au jour et le déclin
« de notre puissance à notre élévation. Parmi ces étrangers, une fa-
« mille se vêtira de noir[1] et coiffera sa tête d'une tiare de satin. Il
« n'y aura plus de trône ni de couronnes, plus de brodequins dorés
« ni de pierreries, plus de diadème ni de drapeau *flottant* sur les
« têtes. Aux uns la fatigue, aux autres les jouissances; on ne s'inquié-
« tera ni de justice ni de générosité. A la faveur de la nuit, un en-
« nemi vigilant envahira la demeure de celui qui se cache. Un étran-
« ger deviendra le maître des jours et des nuits, il ceindra la ceinture
« royale et se coiffera de la tiare. On ne respectera ni la foi des ser-
« ments ni la loyauté; la fausseté et le mensonge seront en honneur.
« Les guerriers seront des fantassins; il n'y aura plus qu'insultes et
« moqueries pour les cavaliers; le laboureur hardi au combat tom-

[1] Il y a ici sans doute une allusion à la dynastie des Abbassides, dont le noir était la couleur officielle.

LE LIVRE DES ROIS

۴۳۸

نهان بتر از آشکارا شود — دل شاه شان سنگ خارا شود
بداندیش گردد پسر بر پدر — پدر همچنین بر پسر چاره‌گر
شود بنده بی هنر شهریار — نژاد و بزرگی نماید بکار ۱۲۰
بکمتی کسمرا نماند وفا — روان و زیانها شود پسر جفا
زایران واز ترك وز تازیان — نژادی پدید آید اندر میان
نه دهقان نه ترك ونه تازی بود — تخمها بکردار بازی بود
همه گنجها زیر دامن نهند — بمیرند وکوشش بدشمن دهند
بود دانشومند وزاهد بنام — بکوشد ازین تا که آید بدام ۱۲۵
چنان فاش گردد غم ورنج وشور — که شادی بهنگام بهرام گور
نه جشن ونه رامش نه کوشش نه کام — همه چاره وتنبل وساز دام
پدر با پسر کمین سیم آورد — خورش کشك وپوشش کلیم آورد
زیان کسان از پی سود خویش — بجویند ودین اندر آرند پیش
نماشد بهار از زمستان پدید — نیارند هنگام رامش نبید ۱۳۰
چو بسیار ازین داستان بگذرد — کسی سوی آزادگان ننگرد
بریزند خون از پی خواسته — شود روزگار مهان کاسته
دل من پر از خون شد وروی زرد — دهان خشك ولبها شده لاژورد
که تا من شدم پهلوان از میان — چنین تیره شد بخت ساسانیان
چنین بی وفا گشت گردان سپهر — دژم گشت واز ما ببرید مهر ۱۳۵
مرا تیر وپیکان آهن گذار — همی بر برهنه نماید بکار
هان تیغ کز گردن پیل وشیر — نگشتی بزخم اندر آورد سمر
نبرد همی پیوست بر تازیان — ز دانش زیان آمدم بر زیان
مرا کاشکی این خرد نیستی — گر اندیشهٔ نیك وبد نیستی
بزرگان که در قادسی با منند — درشتند وبر تازیان دشمنند ۱۴۰
گمانند کین بیش بیرون شود — ز دشمن زمین رود جیحون شود
زراز سپهری کس آگاه نیست — بدانند کین رنج کوتاه نیست

« bera en discrédit, la naissance et la race ne porteront plus de fruits.
« Celui-ci dépouillera celui-là et réciproquement. On ne distinguera
« plus les bénédictions des blasphèmes, et la dissimulation prévaudra
« sur la franchise. Leur roi aura un cœur de rocher; le fils haïra son
« père et le père tendra des embûches à son fils. Un vil esclave de-
« viendra le maître; ni la naissance ni la grandeur n'auront de prix.
« Le monde ne connaîtra plus la probité, l'injustice envahira les cœurs
« et les lèvres. Il s'élèvera une race mélangée d'Iraniens, de Turcs et
« d'Arabes; il n'y aura plus de Dihkans, de Turcs ni d'Arabes; les
« langues ressembleront à un badinage. Chacun enfouira son trésor
« et, à sa mort, le fruit de ses fatigues enrichira ses ennemis. Les
« savants et les dévots profiteront de leur crédit pour faire des
« dupes; le chagrin, la souffrance, les divisions régneront partout,
« comme régnait la joie au temps de Bahram Gour. Plus de fêtes ni
« de plaisir, plus de travail ni de sécurité; partout la ruse, la trom-
« perie, les piéges. La fureur de l'argent divisera les pères et les en-
« fants, on se nourrira de lait aigre, on portera des manteaux de
« camelot. Chacun cherchera son profit au détriment d'autrui, et la reli-
« gion ne sera qu'un prétexte. Plus de différence entre le printemps et
« l'hiver, plus de vin aux jours de fête. On répandra le sang pour acquérir
« les richesses, et les jours des hommes illustres seront consommés. Mon
« cœur se gonfle de sang, mon visage pâlit, ma bouche se dessèche, mes
« lèvres bleuissent quand je songe qu'après la mort d'un Pehlewan tel
« que moi, la fortune des Sâsânides sera assombrie, que la sphère in-
« constante nous trahira, qu'elle nous persécutera et nous retirera son
« amitié. Mes flèches, mes javelots qui percent le fer, ne peuvent rien
« contre le corps d'*un ennemi* nu; mon épée qui, au jour du combat,
« frappait, sans être émoussée, le cou des éléphants et des lions, ne
« peut déchirer la peau de ces Arabes. Le savoir ne m'a rapporté que
« dommages sur dommages : plût à Dieu que je n'eusse pas eu cette
« intelligence, ni le souci des jours de bonheur et de malheur! Les
« chefs qui m'ont suivi à Kadesiah sont de rudes guerriers, ennemis
« acharnés des Arabes; ils comptent en finir bientôt et, en répandant
« des torrents de sang, changer ce pays en fleuve Djeïhoun. Mais
« personne parmi eux ne connaît les secrets du ciel, et ils ignorent

چو بر تخمهٔ بگذرد روزگار | چه سود آید از رنج و از کارزار
ترا ای برادر تن آباد باد | دل شاه ایران بتو شاد باد
که این قاضی گورگاه منست | کفن جوشن و خون کلاه منست ۱۴۵
چنینست راز سپهر بلند | تو دلرا بدرد برادر مبند
دو دیده زشاه جهان بر مدار | فداکن تن خویش در کارزار
که زود آید این روز آهرمنی | چو گردون گردان کند دشمنی
چو نامه مهر اندر آورد گفت | که بیوندد آفرین باد جفت
که این نامه نزد برادر برد | بگوید جزین هرچه اندر خورد ۱۵۰

نامهٔ رستم بسعد وقاص

فرستاده نیز چون برق و رعد | فرستاد تازان بنزدیک سعد
یکی نامه بر حریر سفید | نویسنده بنوشت تابان چو شید
بعنوان بر از پور هرمزد شاه | جهان پهلوان رستم نیکخواه
سوی سعد وقاص جوینده جنگ | جهان کرده بر خویشتن تار و تنگ
سرنامه گفت از جهاندار پاک | نماید که باشیم بی ترس و باک ۱۵۵
کز ویست بر پای گردان سپهر | همه پادشاهیش دادست و مهر
وز و باد بر شهریار آفرین | که زیبای تاجست و تخت و نگین
درخشان ازو فر شاهنشهی | بزرگی و پیروزی و فرهی
که دارد بفر اهرمن را به بند | خداوند شمشیر و تاج بلند
بپیش آمد این نا پسندیده کار | بمیهوده این رنج و این کارزار ۱۶۰
من بازگوی این که شاه تو کیست | چه مردی و آیین و راه تو چیست
بنزد که جوئی همی دستگاه | برهنه سپهبد برهنه سپاه
بمانی تو سم‌ری و هم گرسنه | نه پیل و نه تخت و نه یار و بنه
بایران ترا زندگانی بسست | که تاج و نگین بهر دیگر کسست
که با پیل و گنجست و با فر و گاه | پدر بر پدر نامبردار شاه ۱۶۵

« que cette guerre n'est pas une affaire de peu d'importance. Lorsque
« les jours d'une famille sont accomplis, à quoi servent les fatigues et
« les combats? Quant à toi, ô mon frère, puisses-tu vivre pour con-
« soler le cœur du roi d'Iran! car le pays de Kadesiah sera mon tom- 145
« beau; j'aurai pour cuirasse un linceul, pour casque une couronne
« de sang. Tels sont les mystères du ciel sublime; mais n'enchaîne
« pas ton cœur à la douleur d'un frère; ne quitte pas des yeux le roi
« du monde et sacrifie ta vie sur le champ de bataille. Ils arrivent
« vite les jours d'Ahriman, lorsque la sphère qui tourne devient une
« ennemie. » Après avoir scellé sa lettre, il ajouta : « Puisse la béné-
« diction du ciel accompagner le courrier qui portera ce message à 150
« mon frère et ne lui dira que ce qu'il convient de dire! »

LETTRE DE RUSTEM À SAAD, FILS DE WAKKAS.

Rustem envoya aussitôt à Saad un messager rapide comme l'éclair
et la foudre. Il fit écrire sur du satin blanc une lettre brillante comme
le soleil; elle portait cette suscription : « De la part du fils de Schah
« Hormuzd, du Pehlewan du monde, Rustem le magnanime à Saad,
« fils de Wakkas, qui recherche la guerre et court à sa perte. » La
lettre commençait ainsi : « Ne rejetons pas la crainte et le respect dus 155
« au Dieu pur : c'est lui qui maintient la sphère toujours mobile;
« c'est lui qui donne la royauté et la puissance. Que ses bénédictions
« se répandent sur le roi illustre, ornement de la couronne, du trône
« et du sceau, splendeur de la majesté, des grandeurs, de la victoire
« et du pouvoir, le roi maître du glaive et du trône sublime, dont la
« puissance retient Ahriman dans ses liens! Une affaire odieuse vient
« de surgir qui amènera des souffrances et des luttes stériles. Dis- 160
« moi quel est ton roi, qui tu es toi-même, quelle religion, quel
« culte tu professes. Auprès de qui cherches-tu un appui? Toi et les
« troupes que tu commandes, vous êtes nus; un peu de pain te ras-
« sasierait, mais tu meurs de faim. Tu n'as ni éléphants, ni trône, ni
« richesses. Contente-toi d'être encore vivant dans le pays d'Iran :
« la couronne et le sceau appartiennent à un autre, au maître des
« éléphants, des trésors, du trône et de la puissance, au roi illustre 165

بدیدار او در فلك ماه نیست   ببالای او بر زمین شاه نیست
هرآنگه که بر بزم خندان شود   گشاده لب و سیم دندان شود
ببخشد بهای سر تازیان   که برگنج او زین نماید زیان
سگ ویوز وبازش ده و دو هزار   که با زنگ زرند و با گوشوار
بسالی همه دشت نیمزوران   نیابند خورد از کران تا کران ۱۷۰
که اورا بماید بموز و بسگ   که در دشت نخچیر گم رد بتگ
سگ ویوز او بمشتر زان خورد   که شاه آن بچیزی همی نشمرد
شمارا بچشم اندرون شرم نیست   زراه خرد مهر و آزرم نیست
بدان چهر و آن زاد و آن مهر و خوی چنین تاج و تخت آمدت آرزوی
جهان گر بر اندازه جوئی همی   تخن بر گزافه نگوئی همی ۱۷۵
تخنگوی مردی بر ما فرست   جهاندیده و گرد و دانا فرست
بدان تا بگوید که راه تو چیست   بخت کمان رهنمای تو کیست
سواری فرستم بدین نزد شاه   بخواهم ازو هرچه گوئی بخواه
توجنگ چنان پادشاهی مجوی   که فرجام کار اندر آید بروی
نبرد جهاندار نوشین روان   که با داد او پیرمگردد جوان ۱۸۰
پدر بر پدر شاه و خود شهریار   زمانه ندارد چنو یادگار
جهانرا مکن پر زغربی خویش   مشو بدگمان اندر آئین و کیش
که تخت کمان چون نباشد نژاد   نجوید خداوند فرهنگ و داد
نگه کن بدین نامهٔ پندمند   مکن چشم و گوش خرد را ببند
چو نامه بمهر اندر آمد بداد   بمیروز شاپور فرخ نژاد ۱۸۵
بر سعد وقاص شد پهلوان   ز ایران بزرگان روشن روان
همه غرق در جوشن و سیم و زر   سپرهای زرین و زرین کمر

پاسخ نامهٔ رستم از سعد وقاص

چو بشنید سعد آن گرانمایه مرد   پذیره شدش با سپاهی چو گرد

« issu d'une race royale ; la lune dans les cieux n'est rien auprès
« de lui, la terre n'a pas un souverain aussi grand que lui. Lors-
« qu'il s'assied au festin, joyeux et montrant, dans un sourire, ses
« dents blanches comme l'argent, il donne en cadeau plus que ne
« valent tous les Arabes ensemble, et cela sans appauvrir son trésor.
« Il possède douze mille chiens, guépards et faucons aux clochettes et
« aux pendants d'or ; toute l'année, d'un bout à l'autre des plaines,
« les *nomades* porteurs de piques ne peuvent vivre de gibier, car il est
« au roi qui le prend avec ses chiens et ses guépards agiles ; les dé-
« penses qu'il fait pour ses équipages de chasse ne sont rien à ses
« yeux. Il faut vraiment que vous soyez dépourvus de toute pudeur, il
« faut que votre intelligence ne connaisse ni le respect, ni la réserve ;
« c'est toi qui, avec ce visage, cette origine, ces mœurs, oses aspirer
« à une pareille royauté ? Si tu recherches le pouvoir selon tes mé-
« rites, si tes paroles ne sont pas une plaisanterie, envoie auprès de
« moi un messager éloquent, expérimenté, vaillant et instruit, pour
« que je sache quel est le but que tu poursuis et qui t'ouvrira le che-
« min au trône des Keïanides. Je dépêcherai ensuite un cavalier au
« roi et lui ferai connaître tes demandes ; mais ne cherche pas à com-
« battre un souverain si puissant, car l'issue te serait funeste. Il est
« le petit-fils de Nouschirwan, le maître du monde, dont la justice
« rajeunissait le cœur des vieillards ; héritier de tant de rois et roi lui-
« même, il n'a pas d'égal en ce siècle. Ne deviens pas un objet d'hor-
« reur pour le monde, ne sois pas l'ennemi du culte et des croyances :
« un homme sage et équitable ne peut, s'il n'est pas de race royale,
« convoiter le trône des Keïanides. Lis attentivement cette lettre pleine
« de conseils et n'empêche pas ta raison de voir et d'entendre. »

Après avoir posé le sceau sur sa lettre, il la remit au noble Pirouz,
fils de Schapour. Ce Peblewan se rendit aussitôt chez Saad, fils de
Wakkas, accompagné de nobles Perses à l'âme sereine, armés de cuirasses d'or et d'argent, de boucliers et de ceintures d'or.

RÉPONSE DE SAAD, FILS DE WAKKAS, À LA LETTRE DE RUSTEM.

Saad, instruit *de l'arrivée* de cet homme illustre, alla à sa rencontre
avec une armée nombreuse comme le sable. Après l'avoir conduit

فرود آوریدش هم اندر زمان / زلشکر بمرسید واز پهلوان
هم از شاه ودستور واز لشکرش / زسالار بمدار واز کشورش ۱۹۰
ردا زیر یمبروز بفکند وگفت / که ما نیزه وتیغ داریم هفت
زدیبا نکو بیسد مردان مرد / زرر ورسم وزخواب وزخورد
تنهاش بشمید ونامه بخواند / بماش فراوان ستایش براند
بتازی یکی نامه پاسخ نوشت / پدیدار کرد اندر وخوب وزشت
زحتی سخن گفت واز آدمی / زگفتار پیغمبر هاشمی ۱۹۵
زتوحید وقرآن ووعد ووعید / زتابید واز رسمهای جدید
زقطران وآتش واز زمهریر / زفردوس وجوی می وجوی شیر
زکافور منثور وماء معین / درخت بهشت وی وانگبین
که گرشاه بپذیرد این دین راست / دو عالم بشاهی وشادی وراست
همان تاج یابد همان گوشوار / همه ساله بو بست ورنگ ونگار ۲۰۰
شفیع از گناهش محمد بود / تنش چون گلاب مصعد بود
بکاری که یابد پاداش یابی بهشت / نباید بماغ بلا کینه کشت
تن یزدگرد وجهان فراخ / چنین باغ وایوان ومیدان وکاخ
همه تخت وگاه وهمه جشن وسور / نه خرم بدیدار یک موی حور
دو چشم تو اندر سرای سپنج / چنین خیره گشت از سر تاج وگنج ۲۰۵
پس ایمن شدستی بدین تخت عاج / بدین یوز باز وبدین بخت وتاج
جهانی کجا شربت آب سرد / نبرزد تو دل زو چه داری بدرد
خردمند ننهد جهان را بهیچ / مشو غره وز ره دین سر مپیچ
هر آنکس که پیش من آید بجنگ / نبیند جز دوزخ وگور تنگ
بهشت است اگر بگروی جای تو / نگر تا چه باشد کنون رای تو ۲۱۰
بقرطاس مهر عرب بر نهاد / درود محمد همی کرد یاد
چو شعبه مغیره برفت از گروان / که آید بر رسم پهلوان
از ایرانیان نامداری زراه / بیامد بر پهلوان سپاه

YEZDEGIRD

dans sa tente, il l'interrogea touchant l'armée et le Pehlewan, le roi et le Destour, les troupes, leur général vigilant, et les provinces. Il jeta un manteau sous Pirouz en disant : « Nous sommes les hommes « du javelot et du sabre : parmi les guerriers intrépides, il n'est jamais « question de brocart, d'or ni d'argent, de nourriture ni de sommeil. » Ensuite il écouta les discours de Pirouz, prit connaissance de la lettre qu'il apportait et exprima ses remercîments. Il rédigea une réponse en langue arabe, où il discutait le fort et le faible; il y mentionnait les génies et les hommes, les paroles du prophète haschémite, le *dogme* de l'unité, le Koran, les promesses et les menaces, la vie future et la religion nouvelle. Il y décrivait la poix *brûlante*, les flammes et le froid rigoureux de l'enfer; le paradis avec ses ruisseaux de vin et de lait, son camphre répandu, ses sources jaillissantes, son arbre céleste, ses fontaines de vin et de miel; puis il ajoutait : « Si le roi « embrasse cette religion véridique, la royauté et le bonheur lui se- « ront dévolus dans les deux mondes; il aura éternellement un dia- « dème, des pendants d'oreille et toute sorte de biens précieux; par « l'intercession de Mohammed, il obtiendra le pardon de ses fautes et « son corps sera pur comme de l'eau de rose distillée. Quand la ré- « compense promise est le paradis, il ne faut pas jeter la semence de « la haine dans le champ du malheur. La personne de Yezdegird, la « vaste terre, les palais avec leurs jardins, leurs salles d'audience et « leurs cours, le trône royal, les festins et les fêtes ne valent pas un « cheveu de houri. Ta couronne et tes trésors t'aveuglent sur ce séjour « périssable; tu mets ta confiance en ce trône d'ivoire, ces chiens et « ces faucons, ta fortune et ta couronne. Mais ce monde, qui ne « vaut pas une gorgée d'eau fraîche, devrait-il créer tant de soucis à « ton cœur? Le sage n'en fait aucun cas; renonce donc à tes illusions « et ne t'écarte pas des voies de la religion. Quiconque m'apporte la « guerre, ne trouvera qu'une tombe étroite et l'enfer. Le paradis sera « ta demeure, si tu le mérites; réfléchis donc au parti que tu dois « prendre. » Saad posa le sceau des Arabes sur le parchemin, et il y ajouta les bénédictions en l'honneur de Mohammed; puis il désigna parmi ses guerriers Schobah Moghaïrah pour se rendre chez le Pehlewan Rustem. Un homme illustre parmi les Iraniens vint avertir ce

به اسپ و سلیح و نه جسم درست   که آمد فرستادهٔ پیر و سست
پدید آمده چاك پیراهنش ۲۱۵   یکی تیغ باریك برگردنش
زدیما سراپردهٔ برکشید   چو رسم بگفتار او بنگرید
سپاه اندر آمد چو مور و ملخ   زر بفت چینی کشیدند نخ
نشست از برش پهلوان سپاه   نهادند زرین یکی پیشگاه
سواران و شمران روز نبرد   بیاورد از ایرانیان شصت مرد
بپای اندرون کرده زرینه کفش ۲۲۰   بزر یافته جامهای بنفش
سراپرده آراسته شاهوار   همه طوق‌داران با گوشوار
بیامد بر آن جامه بنهاد پای   چو شعبه بدهلیز پرده سرای
زشمشیر کرده یکی دستوار   همی رفت بر خاك بر خوار خوار
سوی پهلوان سپه نگرید   نشست از بر خاك و یکسرا ندید
بدانش روان وتن آبادار ۲۲۵   بدو گفت رسم که جان شاد دار
اگر دین پذیری علیك السلام   برسم چنین گفت كای نیككام
بروهاش پرچین شد و زرد روی   ببیمید رسم زگفتار اوی
تنها بروکرد خواننده یاد   از و نامه بستد خواننده داد
که نه شهریاری نه دیهم جوی   چنین داد پاسخ که اورا بگوی
دلت آرزو کرد تخت مرا ۲۳۰   بدیدی سر تیره بخت مرا
ترا اندرین راه دیدار نیست   مکن نزد دانندگان خوار نیست
مرا رزم و بزم وی آسان بدی   اگر سعد با تاج شاهان بدی
چه گویم که امروز روز بلاست   ولیکن چو بد زاختر بی وفاست
زدین کهن گمرم این دین نو   مراگر محمد بود پیمبرو
بخواهد همی بود با ما درشت ۲۳۵   همان کز بود كار این کوز پشت
که جای تخن نیست روز نبرد   تواکنون بدین ختری بازگرد
به از زنده دشمن بدو شادکام   بگویش که در جنگ مردن بنام
توگفتی که با باد همبازگشت   چو شعبه از آن جایگه بازگشت

général de l'arrivée du messager : « C'est, lui dit-il, un vieillard dé-
« bile; il n'a ni cheval, ni armure; son corps est courbé; il porte sur
« l'épaule un sabre étroit et sa tunique laisse voir de nombreuses
« déchirures. » Dès qu'il entendit ces paroles, Rustem fit dresser une
tente de brocart, qu'on garnit de coussins en satin de Chine. L'armée,
aussi nombreuse que les fourmis et les sauterelles, se mit en ligne.
On apporta un siège d'or sur lequel le Pehlewan prit place; soixante
cavaliers iraniens, lions du combat, vêtus de robes violettes brochées
d'or, les pieds chaussés de brodequins dorés, le cou et les oreilles
ornés de bijoux, se rangèrent autour de la tente parée avec un luxe
royal. Lorsque Schobah arriva sur le seuil de la tente, il ne posa pas le
pied sur les tapis, mais marcha modestement sur la terre en se servant de son sabre comme d'un bâton; puis il s'assit par terre sans
regarder personne, sans lever les yeux vers le chef de l'armée. Rustem
lui dit : « Sois heureux et que le savoir maintienne en santé ton âme
« et ton corps! » L'Arabe répondit : « Homme de bon renom, si tu
« acceptes la *vraie* religion, que le salut soit sur toi! » Ces paroles dé-
plurent à Rustem; il fronça le sourcil et pâlit; prenant la lettre des
mains de Schobah, il la donna à un secrétaire qui lui en fit la lecture.
Rustem répondit en ces termes : « Dis à ton maître de ma part : Tu
« n'es ni roi, ni prétendant au trône; mais ma fortune t'a paru s'as-
« sombrir et ton cœur a convoité mon trône. Une telle entreprise n'est
« pas chose minime aux yeux des gens expérimentés, et tu manques
« de prudence en t'engageant dans cette voie. Si Saad portait la cou-
« ronne royale, il me serait permis de prendre part à ses guerres et
« à ses festins; mais la faute en est aux astres malveillants. Que puis-je
« dire de plus? Nous sommes dans un jour de malheur. Si Moham-
« med devenait mon guide, si je quittais ma religion ancienne pour
« un culte nouveau, tout serait bouleversé sous cette voûte bossue *du*
« *ciel,* tout me deviendrait difficile. Quant à toi, ô messager, retourne
« en paix; il n'y a plus lieu de discourir quand vient le jour du com-
« bat. Dis à Saad qu'il vaut mieux périr glorieusement sur le champ
« de bataille que de vivre pour assister au triomphe d'un ennemi. »
Schobah quitta aussitôt le camp, et il partit comme s'il voulait
rivaliser de vitesse avec le vent.

رزم رستم با سعد وقاص وکشته شدن رستم

چو شعبه زنزدیك او گشت باز / سمه را بفرمود تا کرد سار
بفرمود تا بر کشیدند نای / سمه اندر آمد زهر سوی‌های ۲۴۰
بر آمد یکی ابر ویر شد خروش / همی کژ شد مردم تیز گوش
چو شعبه بیامد بنزدیك سعد / ابا آن تخمها چو درنده رعد
سمه را بفرمود سعد دلیر / بیاراستن رزم را همچو شیر
بیامختند آن دو لشکر بهم / ابر جایگه بر فشرده قدم
سنانهای الماس در تیره گرد / توگفتی ستاره‌ست بر لاژورد ۲۴۵
همی نیزه بر مغفر آبدار / بیامد بر بم اندرون تابدار
سه روز اندر آن جایگه بود جنگ / با ایرانیان بر بیمود آب تنگ
ببر بر سلیح گران داشتند / هم آورد نیزه وران داشتند
شد از تشنگی دست گردان زکار / هم اسپ گرانمایه از کارزار
لب رستم از تشنگی شد چو خاك / دهان خشك وگویا زبان چاك چاك ۲۵۰
چنان تنگ شد روزگار رستم / گل تر بخوردن گرفت اسپ ومرد
چو رستم جنگ اندرون بنگرید / سر نامداران همه کشته دید
خروشی بر آورد بر سان رعد / ازین روی رستم ازآن روی سعد
برفتند هر دو زقلب سپاه / بیکسو کشیدند از آوردگاه
چو ازلشکر آن هر دو تنها شدند / برزیر یکی تند بالا شدند ۲۵۵
همی تاختند اندر آوردگاه / دوسالار هر دو بدل کینه خواه
خروشی بر آمد زرستم چو رعد / یکی تیغ زد بر سر اسپ سعد
چو اسپ نبرد اندر آمد بسر / جدا گشت از سعد پر خاکستر
بر آهخت رستم یکی تیغ تیز / بدان تا نماید یکی رستخیز
همی خواست از تن سرش را برید / زگرد سپاه این مر آنرا ندید ۲۶۰
فرود آمد از پشت زین پلنگ / بزد بر کمر بر سر یاله‌تنگ

COMBAT ENTRE RUSTEM ET SAAD, FILS DE WAKKAS.
MORT DE RUSTEM.

Aussitôt après le départ de Schobah, Rustem ordonna à l'armée de se préparer au combat; il fit sonner les clairons et les troupes accoururent de tous côtés pour prendre leurs rangs; du milieu des nuages *de poussière* sortaient des cris à assourdir l'oreille la plus exercée. *D'autre part,* dès que Schobah fut revenu porteur de ces paroles menaçantes comme le tonnerre, le vaillant Saad ordonna à ses troupes de marcher au combat avec l'ardeur des lions. Les deux armées, s'avançant d'un pas ferme, se mêlèrent l'une à l'autre sur le champ de bataille : les lances pénétrantes étincelaient dans les flots noirs de la poussière, comme les étoiles dans le ciel d'un bleu sombre, et les sabres frappaient à coups redoublés sur les casques d'acier trempé. La lutte continua pendant trois jours en cet endroit. Les Iraniens manquaient d'eau : accablés sous le faix de leurs armures pesantes, ils avaient à soutenir l'assaut des lances ennemies; la soif épuisait le courage des héros et mettait hors de combat les chevaux de noble race; elle desséchait les lèvres et la bouche de Rustem et déchirait sa langue en lambeaux. La détresse était si grande que guerriers et chevaux mangeaient de l'argile humide.

Rustem jeta les yeux sur le champ de bataille; voyant que ses plus illustres chefs étaient tués, il poussa un rugissement semblable au tonnerre. Saad et Rustem se faisaient face : ils sortirent en même temps du centre de leurs troupes et se rencontrèrent hors de la mêlée; s'isolant l'un et l'autre des deux armées, ils se dirigèrent vers la base d'une haute colline. Ces deux chefs s'attaquèrent d'un cœur que la rage animait; Rustem, poussant un cri qui retentit comme la foudre, frappa de son épée le cheval de Saad à la tête; le coursier des combats roula tête baissée dans la poussière, et le vaillant Saad fut désarçonné. Rustem brandit de nouveau son épée acérée pour porter à son adversaire un coup mortel et lui trancher la tête; mais la poussière noire rendait les deux combattants invisibles l'un à l'autre. Rustem descendit de sa selle en peau de léopard et attacha le bout des

بموشمد دیدار رستم زگرد || بشد سعد پویان بدشت نبرد
یکی تیغ زد بر سر ترک اوی || که خون اندر آمد زتارک بروی
چو دیدار رستم رخون تیره گشت || جهانجوی تازی برو چیره گشت
دگر تیغ زد بر سر وگردنش || بخاك اندر افگند جنگی تنش
سپاه دو رویه خود آگاه نی || کسی را سوی پهلوان راه نی
همی جست مر پهلوان را سپاه || برفتند تا پیش آوردگاه
بدیدندش از دور پر خون و خاك || سراپای گشته بشمشیر چاك
هزیمت گرفتند ایرانیان || بسی نامور کشته شد در میان
بسی تشنه بر زین بمردند نیز || برآمد ز شاهان جهان را قفیز
چو مایه بکشتند از ایران سپاه || همه کشته دیدند بر دشت وراه
سوی شاه ایران بیامد سپاه || شب تیره وروز تازان براه
ببغداد بود آن زمان یزدگرد || که اورا سپاه اندر آورد گرد

رای زدن یزدگرد با ایرانیان ورفتن سوی خراسان

فرخزاد هرمزد با آب چشم || از اورند رود اندر آمد بخشم
بکرخ اندر آمد یکی حمله برد || که از نیزه داران نماند ایچ گرد
یکایک زبغداد بمیرون شدند || سوی رزم جستن بهامون شدند
چو برخاست گرد نبرد از میان || شکست اندر آمد بایرانیان
فرخزاد برگشت وشد نزد شاه || پر از گرد با آلت رزمگاه
فرود آمد وبرد پیشش نماز || دو دیده پر از خون و دل پر گداز
بدو گفت چندین چه موئی همی || که تخت کیان را بشوئی همی
زنخم کیان کس جز تو نماند || که با تاج وبر تخت شاید نشاند
توئی یکتن ودشمنت صد هزار || میان جهان چون کنی کارزار
برو تا سوی بیشهٔ نارون || جهانی شود بر تو بر انجمن
وز آن جایگه چون فریدون برو || جوانی یکی کار بر ساز نو

brides à sa ceinture; mais un flot de poussière vint l'aveugler. Aussitôt Saad, bondissant sur le terrain du combat, asséna sur le casque de son ennemi un coup d'épée qui, lui fendant le crâne, inonda de sang son visage et aveugla ses yeux. L'ambitieux Arabe était dès lors vainqueur : il le frappa de nouveau sur la tête et le cou et fit rouler par terre le corps du vaillant guerrier. Les deux armées, qui jusque-là n'avaient aucune nouvelle de leurs chefs et ne pouvaient arriver auprès d'eux, se précipitèrent à leur recherche et accoururent sur le lieu du combat. En voyant de loin Rustem souillé de poussière et de sang et son corps fendu de part en part par le sabre, les Iraniens prirent la fuite. Plusieurs d'entre les plus illustres furent tués, d'autres moururent en selle dans les tourments de la soif, et le monde perdit ainsi un grand nombre de ses rois. L'armée iranienne, mise en déroute, et voyant les plaines et les chemins couverts des cadavres des siens, courut nuit et jour pour retourner auprès du roi d'Iran. Yezdegird était à Baghdad lorsque ses troupes affluèrent autour de lui.

YEZDEGIRD TIENT CONSEIL AVEC LES IRANIENS ET SE REND DANS LE KHORASAN.

Farrukhzad, fils d'Hormuzd, furieux et répandant des larmes, traversa le Tigre, entra dans Kerkh et livra un assaut terrible qui ne laissa vivant aucun des guerriers armés de lances. Les troupes sortirent aussitôt de Baghdad et allèrent chercher le combat dans la plaine; mais lorsque la poussière de la lutte se fut dissipée, les Iraniens étaient en fuite. Farrukhzad revint sur ses pas et retourna auprès du roi; couvert de poussière et revêtu de ses armes, il mit pied à terre devant le roi et lui rendit les honneurs divins. Les yeux pleins de larmes de sang, le cœur brûlant de rage, il lui dit : «Pourquoi pleu-
«rer ainsi? veux-tu laver dans les larmes le trône des Keïanides?
»Après toi, il ne nous reste aucun descendant de nos rois à qui nous
«puissions donner le trône et la couronne. Tu es seul, et tes ennemis
«sont au nombre de cent mille; comment pourrais-tu combattre en-
«core à travers le monde? Marche jusqu'à la forêt de Narwen; là les
«peuples se réuniront autour de toi; c'est de là que, semblable à Fe-

LE LIVRE DES ROIS

یکی تازه اندیشه آمد پدید ۲۸۵
بسر بر دهاد آن کیانی کلاه
بزرگان و بیدار دل موبدان
چه دارید یاد از که باستان
گذر کن بر بیشهٔ نارون
بساری همه بندگان توانـد ۲۹۰
مـردم توان کـرد ننگ و نمـود
که ای برگزیده سران از سماه
بآواز گفتند کمین است روی
مرا در دل اندیشهٔ دیگرست
بر و بوم آباد و تخت و کلاه ۲۹۵
بزرگی نباشد نه مردی نه رای
یکی داستان زد بریں بر پلنگ
چو پیش آیدت روزگار درشت
بد و نیك بایـد کـه دارد نگاه
نماند بجا و شود سوی گنج ۳۰۰
که اینست آئین شاهان دین
چه خواهی و بر ما چه پیمان نهی
کز اندیشه گردد همه دل تباه
زمیکار دشمن تن آسان شوم
همه پهلوانان که داورست ۳۰۵
بیایند و بر ما کنند آفرین
ابا دخت فغفور خویشی کنم
بزرگان توران و جنگاوران
ابا لشکر و پیل و هر گونه چیز

فرخزاد گفت و سپهبد شنید
بیامد شهنشاه با فرّ بگاه
یکی انجمن کرد با خردان
چه بنمید گفت اندر ابی داستان
فرخزاد گوید که با انجمن
بآمل پرستندگان تو انـد
جو لشکر فراوان بود بازگرد
بلشکر چنین گفت آنگاه شاه
شمارا پسند آید ابی گفت اوی
شهنشاه گفت ابی نه اندر خورست
بزرگان ایران و چندان سپاه
سر خویش گیرم نمانم بجای
مرا جنگ دشمن نه آید زننگ
که خمره بدخواه نمای پشت
چنان م که کهتر بفرمان شاه
جهاندار باید که اورا برج
بزرگان برو خوانـدنـد آفرین
نگه کن کنون تا چه فرمان دهی
مهانرا چنین پاسخ آورد شاه
هان به که سوی خراسان شوم
کز آن سو فراوان مرا لشکرست
بزرگان ترکان و خاقان چین
بر آن دوستی نیز بیمشی کـم
بیماری بیاید سپاهی گران
کمانگیر مردست ماهوی نیز

« ridoun et jeune comme lui, tu pourras rajeunir ta fortune. » Ainsi parla Farrukhzad; le roi écouta ses paroles et des pensées nouvelles se manifestèrent. Le roi des rois s'assit avec majesté sur son trône, il plaça sur sa tête la tiare des Keïanides; puis, réunissant les sages, les grands et les Mobeds au cœur vigilant, il leur demanda : « Que
« pensez-vous de cette affaire? Quel souvenir pouvez-vous évoquer
« des temps passés? Farrukhzad me dit : dirige-toi avec ta cour vers
« la forêt de Narwen; Amol est plein de tes serviteurs, tes partisans
« affluent à Sari; quand tu auras réuni une armée nombreuse, reviens
« et tu pourras alors combattre avec avantage. Illustres chefs de l'ar-
« mée, ajouta le roi, en se tournant vers ses troupes, ce discours
« a-t-il votre approbation ? » Tous s'écrièrent : « C'est là ce qui est con-
« venable. »

Mais Yezdegird reprenant la parole: « Non, dit-il, ce parti n'est pas
« digne de nous et mon cœur a formé des desseins différents. Eh quoi!
« je laisserais les grands de l'Iran, une armée si nombreuse, ce vaste
« empire, le trône et la couronne, pour songer à mon salut et prendre
« la fuite! ce n'est pas ce qu'ordonnent la grandeur, le courage et la
« sagesse. Je n'ai pas honte de combattre ces ennemis, car le léopard
« a donné un conseil à ce sujet : ne tourne pas, dit-il, le dos à l'en-
« nemi, lorsque la fortune se déclare contre toi. De même que les su-
« jets doivent obéissance au roi dans les circonstances heureuses ou
« malheureuses, de même aussi un roi ne doit pas laisser ses sujets
« au milieu des périls pour courir à ses trésors. »

Tous les grands acclamèrent ses paroles en disant : « Telle est la
« coutume des rois *gardiens* de la religion. Dis-nous maintenant, quels
« sont tes ordres? que veux-tu de nous? quels serments exiges-tu ? »
Le roi répondit : « La crainte est la perdition du cœur. Le meilleur
« parti est de nous rendre tous dans le Khorasan afin d'être à l'abri de
« toute attaque. Nous avons là une armée nombreuse, formée de Peh-
« lewans pleins de courage; les grands d'entre les Turcs et le Khakan
« de la Chine viendront nous rendre hommage. Pour fortifier notre
« alliance, j'épouserai la fille du Faghour et je trouverai pour alliée
« une armée intrépide et les nobles guerriers du Touran. Mahouï, lui
« aussi, est un chef puissant, riche en troupes, en éléphants, en biens

LE LIVRE DES ROIS

کجا پیمشکار شبـانان ماست
ورا برکشیدم که گوینده بود
چوبی ارزرا نسام دادم وارز
اگرچند بی مایه وی تنست
زمویید شنیدسم این داستان
که پرهیز از آن کن که بد کرده
بدان دار اومـد کورا مـهر
من اورا نمـاردم از هـیـچ روی
فرخزاد بر م بزد هر دو دست
بیدگوهران بر بس ایـن مـشو
که هرچند بر گوهر افسون کنی
چو پروردگارش چنان آفرید
از اسمان بمرسفد رنگ ونـژاد
بدو گفت شاه ای هـژبر ژیان
بمود آن شب وبامـداد پـگـاه
زبغـداد راه خـراسـان گـرفت
بـزرگـان ایـران هـمـه پـر زدرد
بروبر هـمی خـوانـدنـد آفـریـن
خروشی بـر آمـد زلشـکـر بـزار
ازبشان هر آنکس که دهقان بدند
خروشان بـر شـهـریار آمـدنـد
کـه مارا دل از بـوم وآرامـگاه
هـه بـوم آباد وفـرزنـد وگـنـج
رسانه نخواهیم بی تخت تـو
هـه با تـوآنـیـم تا روزگــار

بـر آوردهٔ دشتـقـبـانـان ماست ۳۱۰
هـمان رزمـرا نـمـز جـوبـنده بـود
کنـارنگی ویمل ومـردان ومـرز
بـر آوردهٔ بـارگـاه مـنـست
که برخوانـد از گفتهٔ باستان
که اورا بـمـمـهـوده آزردهٔ ۳۱۵
سراز نیمستی بـردهٔ بـر سـمـهـر
زدشمـن بـود این زمان کیمنه جوی
چنـیـن گفت کـای شاه یزدان پرست
که ابنرا یکی داستانست نـو
بکوئی کـزبن رنگ بـمرون کنی ۳۲۰
تو بر بند یزدان نمایی کلـمید
ترا جـز بـزرگی وشادی مـباد
ازین آزمـایـش نـدارم زیان
گرانـایـگـان بـر گرفـتـمـنـد راه
هه رنجها بـر تـن آسـان گـرفت ۳۲۵
بـرفـتـمـنـد با شاه آزاد مـرد
که بی تـو مـبادا زمان وزمـین
زتیـچـار واز رفـتـن شـهـریار
زتخـم ونـژاد بـزرگـان بـدنـد
هه دیده چو جویـبار آمـدنـد ۳۳۰
چگونه بـود شاد بی روی شاه
مانـم وبا تـو گـریـبـم رخ
مبادا که بیچان شود بـخت تو
چه بازی کـنـد در دم کـارزار

« de toute sorte. Il est le premier de nos gouverneurs, le chef de nos
« surveillants de frontières. Je l'avais éloigné parce qu'il était médi-
« sant et toujours prêt à chercher dispute. Mais en donnant à un
« homme infime un nom, une valeur, un gouvernement, des élé-
« phants, des sujets et une province, malgré son origine humble et
« obscure, j'en ai fait la créature de ma cour. J'ai entendu les Mo-
« beds citer cette sentence tirée des dires anciens : Prends garde à
« l'homme que tu as maltraité et que tu as puni injustement; mais
« aie confiance en celui que ta bonté a tiré du néant pour l'élever
« jusqu'au ciel. Or puisque je n'ai jamais fait de mal à Mahouï, c'est
« lui qui maintenant combattra mes ennemis. » Farrukhzad, frappant
ses deux mains l'une contre l'autre, s'écria : « Ô roi adorateur de Dieu,
« n'aie pas une trop grande sécurité à l'égard des méchants, car, con-
« formément à une sentence moderne, c'est en vain qu'on épuise les
« enchantements sur la nature *des êtres* et qu'on s'efforce de les mo-
« difier, Dieu les a créés tels et il est impossible de comprendre les
« secrets du Créateur. C'est aux chevaux seulement qu'il faut deman-
« der de la race et du sang (proverbe). Puisses-tu jouir toujours de
« la puissance et du bonheur! » Le roi lui répondit : « Lion intrépide,
« l'expérience que je veux faire ne peut devenir dangereuse pour
« moi. »

Ainsi se passa la nuit; le lendemain, dès l'aurore, ces hommes illustres se mirent en route; ils s'éloignèrent de Baghdad et prirent la
route du Khorasan, prêts à supporter toutes les fatigues du corps.
Les nobles Iraniens qui, pleins de tristesse, accompagnaient le roi, le
saluèrent de leurs acclamations en disant : « Puissent le siècle et le
« monde n'être jamais privés de toi! » Mais un cri de douleur sortit
du camp, lorsqu'on apprit avec anxiété le départ du roi. Tout ce
qu'il y avait de Dihkans, tous ceux qui se distinguaient par la naissance se précipitèrent en gémissant sur les traces du souverain et lui
dirent en répandant des torrents de larmes : « Notre cœur peut-il
« chérir ce pays et ces demeures, loin de la personne du roi? Patrie,
« famille, trésors, nous abandonnerons tout pour partager tes fatigues.
« Nous ne pourrions vivre loin de ton trône, puisse ta fortune ne pas
« être ébranlée! Nous marcherons avec toi et nous saurons pour qui

بخاك سپه بر نهادند روی ۳۳۵	ز ایرانیان آن که بد چرب گوی
جهان در پناه تو پیمداشتم	که ما بوم آباد بگذاشتم
زایران سوی مرز توران شوم	کنون داغ دل پیش خاقان شوم
چنین گفت با نامداران بدرد	شهنشاه مرکان پر از آب کرد
ستایش ورا در فزایش کنید	که یکسر بمزدان نمایش کنید
شود نیمروی تازیان اندکی	مگر باز بیم شمارا یکی
همان از پدر یادگار منید	همه پاك پروردگار منید
مباشید با من بمد یارمند	نخواهم که آید شما را گزند
ازین پس همی بر که گردد مهر	بمینم تا گرد گردان سپهر
گذر نیست از گردش ورای اوی	شما ساز گم برید با پای اوی
چنین گفت کاکنون بایران زمین ۳۴۵	از آنس بمازارگانان چمن
بری سود جستن سر آید زیان	مباشید یکچند کز تازیان
رنجمار با ناله و با خروش	ازو باز گشتند با درد وجوش
از ایران جهاندیدگانرا خواند	فرخزاد هرمزد لشکر براند
سپهبد بیمش اندرون با سپاه	چنین رفت با ناله و درد شاه
بر آسود یکچند با رود وی ۳۵۰	چو منزل بمنزل بیامد بری
همی بود یکچند ناشاد شاد	زری سوی گرگان بر آمد چو باد
پر آژنگ رخسار و دل نا درست	ز گرگان بیامد سوی راه بست

نامهٔ یزدگرد بماهوی سوری وبمرزبانان خراسان

بماهوی سوری کنارنگ مرو	جهاندار چون کرد آهنگ مرو
پر از آرزو دل پر از آب چشم	یکی نامه بنوشت با درد و خشم
دل آگنده بودش همی بر فشاند ۳۵۵	دبیر جهاندیده را پیش خواند
خداوند دانا وپروردگار	نخست آفرین کرد بر کردگار
خداوند پیل و خداوند مور	خداوند گردنده بهرام و هور

« le sort des combats se déclarera. » Les plus éloquents parmi les Iraniens, prosternant leur front dans la poussière noire, s'écrièrent :
« Nous avons quitté notre pays parce que nous te considérons comme
« le refuge du monde : nous irons maintenant, le cœur ulcéré, chez le
« Khakan, nous abandonnerons l'Iran pour les contrées du Touran. »
Le roi répandit des larmes et dit avec tristesse à ces hommes illustres :
« Glorifiez Dieu d'un commun accord, célébrez sans cesse ses louanges;
« peut-être vous reverrai-je encore, peut-être le succès des Arabes
« sera-t-il de courte durée. Vous tous, vous êtes mes soutiens les plus
« purs, vous êtes l'héritage que j'ai reçu de mes pères, je ne souffri-
« rai pas qu'il vous arrive malheur, ni que vous partagiez mes périls.
« Voyons à qui la roue du ciel qui tourne accordera désormais ses
« faveurs. Résignez-vous à sa puissance, puisqu'on ne peut échapper
« à ses caprices et à ses volontés. » Ensuite, s'adressant aux marchands
de la Chine, il leur dit : « Ne demeurez pas plus longtemps sur cette
« terre d'Iran, car les Arabes feraient du tort à vos affaires. » Tous
quittèrent le roi, pleins de tristesse et d'anxiété, en pleurant et en gémissant de douleur.

Farrukhzad prit le commandement de l'armée après avoir appelé
à lui tous les hommes d'expérience d'Iran, et le roi, inquiet et triste,
s'éloigna précédé du Sipehbed et des troupes. D'étape en étape il
arriva à Rey, s'y reposa quelque temps au milieu des festins et de la
musique; il partit ensuite pour Gourgan, rapide comme le vent, et
demeura quelques jours dans cette ville, tantôt triste, tantôt rassuré;
puis, avec un visage soucieux et un cœur brisé, il prit la route de
Bust.

LETTRE DE YEZDEGIRD À MAHOUÏ SOURI ET AUX MERZEBANS DU KHORASAN.

Lorsque le maître du monde se dirigeait vers Merve, se rendant
chez Mahouï Souri, gouverneur de ce pays, il lui adressa une lettre
pleine de tristesse et d'émotion. Le cœur rempli d'inquiétude, les
yeux baignés de larmes, il fit venir un scribe expérimenté et donna
un libre cours aux sentiments qui agitaient son cœur. Après avoir

LE LIVRE DES ROIS

کند چون بخواهد زناجمز چمز که آموزگارش نماید بسیز
بگفت آن که ما را بیامد بروی وزین پادشاهی بشد رنگ و بوی
زرسم کجا کشته شد روز جنگ رتیمار بر ما جهان گشت تنگ
بدست یکی سعد وقاص نام نه بوم و نه زاد و نه دانش نه کام
کنون تا در طمیسفون لشکرست همان راغ و بیشه به پیش اندرست
تو با لشکرت رزم را ساز کن سپه را بر این بر هم آواز کن
من اینک پس نامه بر سان باد بسم آیم بسزد توای پاکزاد
فرستاده دیگر از انجمن گرزبی کرد بیمنا دل ورای زن
یکی نامه بنوشت دیگر بطوس پر از خون دل و روی چون سندروس
نخست آفرین کرد بر دادگر کزو دید نیرو و بخت و هنر
خداوند پیروزی و فرهی خداوند دیهیم شاهنشهی
بی پیشه تا پیر پران عقاب خشکی چو پیل و نهنگ اندر آب
زفرمان و پیمان او نگذرد دم خویش بی رای او نشمرد
ز شاه جهان یزدگرد بزرگ پدر نامور شهریار سترگ
سپهدار ایران و پیروزگر نگهبان و جنبنده بوم و بر
زتخم بزرگان یزدان شناس همی تاجداران از اختر سماس
کز یشان شد آباد روی زمین فروزنده تاج و تخت و نگین
سوی مرزبانان با دستگاه که با فر و برزند و با داد و راه
شمیران و روئین دژ و راده کوه کلات از دگر دست و دیگر گروه
نگهبان ما باد پروردگار شما بی گزند از بد روزگار
هما نا شنیدند گردنکشان خنیده شد اندر جهان ابی نشان
که بر کارزاری و مرد و نبرد دل ما پر آزرم و مهر است و داد
بویژه نژاد شما را که ری مرز نیست نزدیک شاهان زگنج
چو بهرام جو بیمه آمد پدید زفرمان و دیهم شه سر کشید
شما را سر از شهرهای فراخ بپیچید و از باغ و میدان و کاخ

glorifié le Créateur, le maître sage et bienfaisant, le souverain qui imprime le mouvement à Mars et au Soleil, qui règne sur l'éléphant et sur la fourmi, qui tire, quand il lui plaît, les choses du néant sans avoir besoin de modèle, il continuait en ces termes : « Le mal-
« heur a surgi devant nous, notre royaume a perdu sa force et sa
« splendeur. La douleur a rendu le monde étroit pour nous, depuis
« que Rustem a péri sur le champ de bataille, de la main d'un cer-
« tain Saad, fils de Wakkas, homme sans patrie ni famille, sans
« sagesse ni pouvoir. Tandis que l'armée des Arabes est aux portes de
« Thioïfoun et que les vallons et les forêts nous en séparent, marche
« au combat avec tes troupes et rallie le peuple à ma cause. Moi-même
« je suivrai de près cette lettre et j'arriverai, rapide comme le vent,
« auprès de toi, ô fils d'une race pure. »

Il choisit ensuite dans son entourage un messager, homme intelligent et de bon conseil; le cœur gonflé de sang, le visage blême comme la sandaraque, il écrivit cette autre lettre à Thous :
« Gloire et louange au souverain juge qui dispense le pouvoir, le
« trône et la valeur, au maître de la victoire, de la majesté et de la
« couronne ! Tout, depuis la patte de l'insecte jusqu'à l'aile rapide de
« l'aigle, l'éléphant sur la terre, le crocodile dans les eaux, tout est
« soumis à sa volonté et à ses lois et ne respire qu'avec sa permission.
« De la part du roi de la terre, Yezdegird le Grand, fils d'un père
« illustre, monarque puissant, chef victorieux des armées de l'Iran,
« souverain et arbitre du monde, rejeton d'une race glorieuse, fidèle
« au culte de Dieu et couronnée par la faveur des astres, d'une race
« qui a rendu le monde prospère et qui a fait briller la couronne, le
« trône et le sceau royal, *de la part de Yezdegird,* aux Merzebans qui
« règnent glorieusement et selon la justice sur les pays et les peuples
« de Schemiran, Rouïndiz, Badeh Kouh et Kelat. Que Dieu soit
« notre appui, qu'il vous protège contre les atteintes du sort ! C'est
« une chose bien connue des chefs illustres et répandue dans le
« monde entier que notre cœur a toujours été plein de sollicitude, de
« bienveillance et de justice pour la valeur militaire et la haute nais-
« sance. Mais, j'en atteste votre noblesse pure, les rois recueillent
« plus de fatigues et de peines que de trésors. Lorsque Bahram Djou-

بدین بی نشان راغ وکوه بلند	کده ساخــتیم از نهیب گــزند
گرایدونی که نمرودهد کردگار	بـکــلام دل ما شــود روزگـار
بماداش نیکو فـزایـش کـنـم	مریب پیشدستی ستایش کنیم ۳۸۵
همانا که آمد شمارا خبر	که مارا چه آمد زاخــتر بسر
ازیں مار خوار اهرمن مهـرگـان	زدانائی وشرم بـمـمـهـرگـان
نه گنج ونه تخت ونه نام ونژاد	همی داد خواهند گمتی بمباد
بسی گنج وگوهر پراگنده شد	بسی سربخاک اندر آگنده شد
چنین گشت پرکار چرخ بلند	که آید بدین پادشاهی گــزند ۳۹۰
ازیں زاغســاران بی آب ورنـگ	نه هوش ونه دانش نه نام ونه ننگ
انوشیروان دیده بد این بخواب	کزین تخت بمراکند رنگ وتاب
چنان دید کز تازیان صد هزار	همیان مست وگسسته مهار
گــذر یـافـتـمـندی بارو فـرود رود	پرچرخ زحل بسر شدی تـیره دود
بایران وبابل زکــشت ودرود	نمادی خود از بـوم وبر تار ویود ۳۹۵
هم آتـش مـردی وآتـشـکـده	شدی تیره نوروز وجشن سده
از ایوان شاه جهان کنگره	فــتادی جمدان او یکسره
کنون خوابرا پاسخ آمد پدید	زما بخت گردون خواهد کشید
شود خوار هرکس که بود ارجمند	فرومایه را بخت گردد بلند
پراگنده گردد بدی در جهان	گزند آشکارا وخوبی نهان
بهرکشوری در سـتـمـکــاره	پدید آید وزشـت یـتمـاره
نشان شب تیـره آمد پدید	همی روشنائی خواهد برید
کنون ما بــدســتوری رهنمای	همان پهــلـوانان پاک مـیـزه رای
بسوی خراسـان نهادیـم روی	بر مرزبانان پرخـاش جــوی
بمیمغم تاگردش روزگــار	چه گوید بدین رای نا اسـتوار ۴۰۰
پس اکنون زبهر کمارنگ طوس	بدیں سوکشمدیم پیلان وکوس
فرخـزاد با ما زیك پوستست	بمیوستگی نیز هدوستست

YEZDEGIRD

« bin se mit en révolte contre la puissance et la couronne du roi,
« vous avez aussitôt abandonné vos cités spacieuses, vos jardins, vos
« Meïdans et vos palais; pour échapper aux atteintes de ce misérable,
« vous avez séjourné au fond des vallées et sur les hautes montagnes.
« Si Dieu nous donne le pouvoir, si la fortune favorise les désirs de
« notre cœur, nous saurons reconnaître généreusement les bonnes
« actions et récompenser les services rendus. Mais vous avez été infor-
« més que les astres ont déchaîné contre nous ces vils serpents, ces
« hommes à face d'Ahriman, sans sagesse, ni honneur, sans trésors ni
« trône, sans gloire ni naissance, qui se proposent de livrer le monde
« à la destruction.

« Les trésors et les bijoux ont été dispersés et la terre *du tombeau* a
« rempli bien des crânes; ainsi l'a décrété le ciel sublime. Le royaume
« a été abandonné à ces misérables *Arabes*, semblables à des corbeaux,
« sans intelligence ni savoir, sans nom ni honneur. Nouschirwan l'a-
« vait vu en songe : la splendeur du trône s'évanouissait, cent mille
« Arabes, semblables à des chameaux furieux qui ont rompu leurs en-
« traves, passaient le fleuve Arwend (le Tigre) et une fumée noire
« montait jusqu'à la sphère de Saturne. Les moissons étaient détruites
« dans le pays d'Iran et de Babel; le monde périssait; le feu s'éteignait
« dans les Pyrées, l'éclat du Newrouz et du Sedeh pâlissait et les cré-
« neaux du palais des grands rois s'effondraient d'un seul coup au mi-
« lieu du Meïdan. L'accomplissement de ce songe se révèle aujour-
« d'hui : le ciel inconstant s'éloigne de nous, tout ce qui était grand est
« humilié et la destinée des plus humbles s'élève; le mal se répand
« dans le monde, la misère devient manifeste et le bonheur disparaît.
« Chaque pays voit surgir un tyran, démon malfaisant et hideux; les
« signes d'une nuit profonde apparaissent et la lumière brillante est
« prête à s'éteindre.

« Quant à nous, avec l'aide de nos alliés les Pehlewans à l'intelli-
« gence pure, nous nous dirigeons vers le Khorasan, auprès des Mer-
« zebans belliqueux, pour attendre la décision de la destinée aux
« volontés inconstantes. Nous avons à cet effet réuni ici nos éléphants
« et nos tambours pour le maître de Thous. Farrukhzad, cet ami
« intime dont le dévouement ne s'est jamais démenti, est allé chercher

بالتو نیمه او کنون رز مجوی   سوی جنگ دشمن نهادست روی
کنون کشتگان پور آن نیکخواه   بر ما بیامد بریں رزمگاه
بگفت آنکه باید زشایستگی   م از بندگی م زبایستگی
شنیدیم ازین مرزها هرچه گفت   بلندی و پستی و راز و نهفت
زهرگونه بنمود آن دل گسل   بدادی نمود آنچه بودش بدل
ازین بارگه شد بهر جای کس   بنزدیک یاران فرستادم رس
چنین لشکرکشن با ما که هست   بدین تنگ دژها نشاید نشست
دژ گنبدین کود تا حربنه   دژ لاژوردین زبهر بنه
نشستم وگفتم با رای زن   همه پهلوانان شدند انجمن
زهرگونه گفتم و انداختم   سرانجام یکسر بدین ساختم
که از تاج و از تخت و مهر و نگین   همان جامهٔ روم و کشمیر و چین
زرمایه چیزی که آید بدست   ز روم و زطایف هرچه هست
زرتبه و جامه تا برید   رحمتی که آنرا بشاید کشید
م از خوردنیها و هرگونه ساز   که مارا بباید بروز نیاز
ز گاوان گردونکشان چل هزار   کرم آورند آن که آید بکار
خروار از آنمس ده و دو هزار   خوشه درون گندم آرند بار
همان ارزن و بسته و ناردان   بیمارد یکی موبد کاردان
شتروار زین مر یک دو هزار   همیوان بختی بیمارند بار
همان گاو گردون هزار از نمک   بیمارند تا برچه گردد فلک
ز خرما هزار و ز شکر هزار   بود ساخته راست کرده شمار
ده و دو هزار انگمین کندره   بدژها کشدند آن همه یکسره
نمک خورده هرگوشت چون چل هزار   زهر سو بدژها کشد پیمشکار
شتروار سمصد زنفت سیاه   بیمارند بر بارها تا دو ماه
بباید یکی موبدی با گروه   ز گاه شمیران و از راده کوه
بدیدار پیران و فرهنگیان   بزرگان که اند از کنارنگیان

« le combat à Altounich, et il se mesure contre nos ennemis. Keschemegan, le fils de cet homme généreux, est venu nous trouver dans notre camp; il nous a tenu un langage respectueux, comme il convient à un serviteur fidèle. J'ai su par lui la situation de ces contrées, les choses petites et grandes et les détails les plus secrets. Cet homme au cœur brisé m'a tout révélé, il m'a ouvert son âme en toute sincérité. Des émissaires sont partis d'ici dans toutes les directions pour requérir le secours de nos amis et de nos auxiliaires. Mais une armée aussi nombreuse que la nôtre ne peut tenir garnison dans ces forteresses étroites; en conséquence, les places de Goumbedin Kouh et de Lajeverdin jusqu'à Kherbeneh serviront de dépôt à notre matériel de guerre.

« Nous avons tenu conseil après avoir convoqué les Pehlewans; à la suite d'une longue délibération, nous sommes tombés d'accord sur ce qui suit. On emportera la couronne, le trône, le sceau et l'anneau royal, les tuniques du Roum, du Cachemire et de la Chine, les objets précieux qui sont entre nos mains, comme les produits du Roum et de Thaïef, les brocarts d'or, les étoffes en pièces et tout ce qui mérite d'être emporté, enfin les vivres et provisions nécessaires pour les jours de détresse. Quarante mille bœufs attelés à des chariots porteront un approvisionnement suffisant de sésame, auquel on joindra douze mille charges de blé en gerbe. Un Mobed prudent apportera le millet, les pistaches, les grenades; deux mille charges de chacune de ces productions seront charriées par des chameaux originaires de la Bactriane.

« En attendant que la sphère sublime fasse connaître ses volontés, on placera sur des chariots traînés par des bœufs mille charges de sel; mille charges de dattes et mille de sucre seront préparées et comptées. Nos serviteurs réuniront de tout côté et porteront dans les forteresses quarante mille pièces de viandes salées; trois cents charges de naphte noir arriveront dans l'espace de deux mois. Un Mobed avec son escorte se rendra ici par Schemiran et Radeh Kouh. En présence des vieillards, des sages et des seigneurs qui sont les chefs du pays, vous ferez déposer deux registres dans les forteresses; vous donnerez l'un à mon trésorier et garderez l'autre par devers vous, ô nobles qui

بدو روزنامه بدژها دهـید	یکی نامه گنجور مارا دهید
دگر خود بدارید با خویشتن	بزرگان که باشید از آن انجمن
همانا بدان راغ وکوه بلند	زتـرک وتـازی نـمـایـید گـزنـد
شمارا بدین روزگار سترگ	یکی دست باشد بـر ما بزرگ
هنرمند وگوینده دستور ما	بفرمایید اکنون بگذور ما
که هرکس که اینرا بمارد برنج	فرستد ورا پارسی جامه پنج
یکی خوب سربند پیکر بزر	بمایید ازین رنج فرجام بر
بدین روزگار تباه ودژم	هر آنکس که هستند با ما بهم
فرازیم بـر روزی زیـردسـت	یکی زیبی درمها که آید بشست
از آن شست بر سرشش وچار دانگ	بمارد نمشته خواند بمانگ
بـیـک روی بـر نام یـزدان پاک	کزویست امید وم تـرس ویاک
دگر پیمکرش افسر وچهر ما	زمین با روز گشته از مهر ما
بـنـوروز ومـهـرگـان هم آراسته	دو جشن بزرگست ویا خواسته
درود جهانبان بر آن راد مرد	کسی کو ردیدهم ما یاد کرد
چو نامه بـمـهـر انـدر آورد شاه	فـرسـتـاد زی مهـتـران سپاه
بلند اختری نامجوی وسوار	بمامد بکف نامهٔ شهـریار

رفتن یزدگرد بطوس ویذیره شدن ماهوی سوری اورا

از آن جایگه بـرکشیدند کوس	بمست ونشاپور شد تا بطوس
خبر یافت ماهوی سوری زشاه	که از مرز طوس اندر آمد سپاه
پذیره شدش با سپاهی گران	همه نیزه داران وجوشنوران
چو پیدا شد آن فر واورنگ شاه	درفش بزرگی وچندین سپاه
پیاده شد از اسپ ماهوی زود	بدآن کهتری بندگیمها فـزود
همی رفت نـرم از بـر خـاک گرم	دو دیده پر از آب کرده زشرم
زمینرا بـبـوسـید وبـردش نماز	همی بود پمشش زمانی دراز

« composez le conseil. Il faut que les vallées et les montagnes soient à
« l'abri des incursions des Turcs et des Arabes; dans ces temps diffi-
« ciles, vous pouvez nous rendre de grands services. Notre sage et élo-
« quent Destour donnera des instructions à notre trésorier pour qu'il
« remette à tous ceux qui braveront ces dangers cinq tuniques d'étoffe
« de Perse et qu'ils reçoivent en outre un turban brodé d'or, lorsque
« la guerre sera terminée.

« Dans ces jours désastreux et sombres, tous ceux qui serviront avec
« fidélité notre cause recevront, en surcroît de leur solde de service,
« un de ces dirhems qui valent soixante dirhems du poids de dix
« dangs, sur lesquels on lit cette inscription, d'un côté : « Au nom du
« Dieu pur qui donne l'espérance et la crainte! » de l'autre, autour de
« notre effigie couronnée : « C'est notre amour qui féconde la terre. »
« Tout cela sera réglé au Newrouz et au Mihregan, ces deux fêtes
« pleines de solennité et de magnificence. Que Dieu, le protecteur du
« monde, bénisse les hommes de noble race qui seront fidèles à notre
« couronne! »

Après avoir apposé son cachet sur cette lettre, le roi l'envoya aux
chefs de l'armée; un cavalier illustre et né sous une heureuse étoile
se présenta devant eux, la lettre royale à la main.

YEZDEGIRD ARRIVE À THOUS OÙ IL EST REÇU PAR MAHOUÏ SOURI.

Le roi fit donner par les tambours le signal du départ et se rendit
à Thous par Bust et Nischapour. Mahouï Souri, apprenant que l'armée royale était entrée sur le territoire de Thous, alla à sa rencontre
avec une nombreuse escorte de guerriers revêtus de cuirasses et
armés de lances.

Aussitôt que le roi apparut dans la majesté de son cortége, sous
l'étendard royal et entouré de ses guerriers, Mahouï mit pied à terre
et donna, comme un humble sujet, les marques du respect et de
l'obéissance. Il s'avança lentement sur le sol brûlant et l'émotion remplit ses yeux de larmes; il baisa la terre, rendit au roi les honneurs
divins et resta longtemps *debout* en sa présence, pendant que ses
troupes acclamaient le roi et courbaient successivement leur front

سماهش همه خواندند آفرین / یکایک نهادند سر بر زمین
فرخزاد چون روی ماهوی دید / سراسر سماهش رده برکشید
زماهوی سوری دلش گشت شاد / بروبر بسی پندها کرد یاد
بماهوی سوری فرخزاد گفت / بدانگه که بگشاد راز از نهفت
که این شاه را از نژاد کمان / سپردم ترا تا بمندی مبمان
نباید که بادی برو بر جهد / وگرکس سمای برو بر نهد
مرا رفت باید سوی مرز ری / ندار که کی دار این تاج کی
که چون من فراوان بآوردگاه / شد از جنگ آن نیزه داران تباه
چو رستم سواری بگیتی نبود / نه گوش خردمند هرگز شنود
بدست یکی زاغ سرگشته شد / بما بر چنین روز برگشته شد
که یزدان ورا جای نیکان دهاد / سمه زاغرا درد پمکان دهاد
بدو گفت ماهوی کای پهلوان / مرا شاه چشمست و روشن روان
پذیرفتم این زینهار ترا / سپهر ترا شهریار ترا
فرخزاد هرمزد از آن جایگاه / سوی ری بیامد بفرمان شاه
بدین نیز بگذشت چندی سپهر / جدا شد زمغز بداندیش مهر
شبانرا همی کرد تخت آرزوی / دگرگونه تر شد بآئین و خوی
تن خویش یکچند بیمار کرد / پرستیدن پادشه خوار کرد

برانگیختن ماهوی سوری بیژن را جنگ یزدگرد وگریختن شاه در آسیا

یکی پهلوان بود گسترده کام / نژادش ز طرخان و بیژن بنام
نشستش بشهر سمرقند بود / در آن مرز چندیش بیموند بود
چو ماهوی بدبخت خودکامه شد / ازو نزد بیژن یکی نامه شد
که ای پهلوان زادهٔ بی گزند / یکی رزم پیش آمدت سودمند
که شاه جهان با سپاه ایدرست / ابا تاج و گاهست و با افسرست

dans la poussière. Farrukhzad, dès qu'il vit Mahouï, fit ranger son
armée en files régulières; il se réjouit en son cœur de la conduite de Mahouï, lui fit beaucoup de sages recommandations et,
lui révélant ses projets les plus secrets, il ajouta : « Je mets sous
« ta protection ce roi de la famille des Keïanides, afin que tu prennes
« les armes pour sa défense; il ne faut pas que le vent *du malheur*
« souffle sur lui, ni qu'un autre que toi devienne son protecteur.
« Quant à moi, mon devoir m'appelle dans le pays de Rey et j'ignore
« si je reverrai jamais cette couronne royale, car plusieurs de mes
« compagnons d'armes ont péri en combattant les Arabes porteurs de
« lances. Rustem n'avait pas d'égal au monde, personne n'avait entendu
« parler d'un guerrier tel que lui, et pourtant il est tombé sous
« les coups d'un de ces hommes à face de corbeau, et le jour de sa
« mort a été un désastre pour nous. Que Dieu mette ce héros parmi
« ses élus et qu'il punisse les sinistres corbeaux par le supplice des
« lances! » Mahouï répondit : « Sache bien, ô Pehlewan, que le roi
« m'est aussi cher que mes yeux et que ma vie; j'accepte ta demande
« de protection, *je prends sous ma sauvegarde* ta fortune et ton roi. »

Alors Farrukhzad, fils de Hormuzd, s'éloignant, prit le chemin
de Rey, pour obéir aux ordres du roi. Mais bientôt après, le perfide
Mahouï renonça à ses dispositions bienveillantes, il convoita le trône
dans le silence des nuits et changea complétement de ton et d'allures;
enfin, il feignit, pendant quelque temps, d'être malade et négligea
de rendre hommage au grand roi.

MAHOUÏ SOURI EXCITE BIJEN À FAIRE LA GUERRE À YEZDEGIRD; LE ROI SE RÉFUGIE DANS UN MOULIN.

Il y avait un Pehlewan dont la puissance s'étendait au loin; originaire du Touran, son nom était Bijen; il résidait dans la ville de
Samarcande et avait un grand nombre d'alliés dans ce pays. Le
funeste Mahouï, qui cherchait à se rendre indépendant, lui écrivit la
lettre suivante : « Fils de Pehlewan, dont la fortune est sans atteinte,
« une expédition avantageuse s'offre à toi, le roi maître du monde est
« ici avec son armée, sa tiare, son trône et son diadème. Viens, cette

گرآنی سروتاج وگاهش تراست ❋ همان گنج وچتر سپاهش تراست
زکین نیاکان بدل یاد کن ❋ بدین تخمه بر داد بیداد کن
چو بیژن نگه کرد وآن نامه دید ❋ جهان پیش ماهوی خودکامه دید ۴۸۰
بدستور گفت ای سر راستان ❋ چه داری بیاد اندر این داستان
بیماری ماهوی گر من سپاه ❋ برانم شود کارم ایدر تباه
چنین داد دستور پاسخ بدوی ❋ که ای شیردل مرد پرخاشجوی
از ایدر ترا ننگ باشد شدن ❋ بیماری ماهوی وباز آمدن
یکی کار خواند ترا مرد سنگ ۴۸۵ ❋ بگفتار سوری شوی سوی جنگ
بیماری شود سوی این رزمگاه ❋ بپرسام فرمای تا با سپاه
مرا خود نجنبیند باید رجای ❋ چنین گفت بیژن که اینست رای
نبرده سواران حنجرگذار ❋ بپرسام فرمود تا ده هزار
مگر تخت ایران بچنگ آورد ❋ بیرون آرد وساز جنگ آورد
بیک هفته آمد سوی شهر مرو ۴۹۰ ❋ سپاه از بخارا چو پران تذرو
از آن دشت برخاست آوای کوس ❋ شب تیره هنگام بانگ خروس
که ماهوی سوریش بدخواه بود ❋ شهنشاه از آن خود نه آگاه بود
سواری سوی خسرو آمد دمان ❋ خروشی برآمد م اندر زمان
زترکان کنون بر چه رایست شاه ❋ که ماهوی گوید که آمد سپاه
سپاهش همی بر نتابد زمین ۴۹۵ ❋ سپهدار خانست فغفور چین
فرار آمدند از دو رویه سپاه ❋ برآشفت وجوشن بپوشید شاه
چنگ اندر آمد سپه یکسره ❋ برآراست با میمنه میسره
شد از گرد گیتی سراسر سیاه ❋ همی بود با نیزه در قلبگاه
بزد دست وتیغ از میان برکشید ❋ چو نیروی پرخاش ترکان بدید
زمین شد بکردار دریای نیل ۵۰۰ ❋ بپیش سپاه اندر آمد چو پیل
پس پشت او خود نماند ایچ گرد ❋ چو بر لشکر ترک بر حمله برد
میان سوارانش بگذاشتند ❋ همه پشت بر تاجور گاشتند

« couronne, ce trône seront à toi, à toi ses trésors et son parasol
« noir; inspire-toi de la haine qui animait tes ancêtres et exerce ta
« vengeance contre cette famille. »

Bijen lut cette lettre; il réfléchit, et voyant que le monde s'offrait
à l'ambition de Mahouï, il demanda à son Destour : « Chef de mes
« conseillers véridiques, que penses-tu de cette affaire? Si je conduis
« mon armée au secours de Mahouï, ce sera peut-être la ruine de ma
« puissance. » Le Destour répondit : « Homme au cœur de lion,
« guerrier avide de combats, ce serait une honte pour toi d'aller prê-
« ter main forte à Mahouï, puis de revenir sur tes pas. Si tu fais
« la guerre à l'instigation de Souri, les hommes sérieux t'accuseront
« de légèreté. C'est à Barsam que tu dois confier le soin de mener
« au combat une armée auxiliaire. — Ce conseil est sage, reprit
« Bijen; quant à moi, il ne convient pas que je m'éloigne. » Il ordonna
donc à Barsam de conduire sur Merve dix mille guerriers d'élite
armés de khandjars, et il lui confia la direction de cette guerre, dans
l'espoir de conquérir le trône d'Iran. Cette armée *brillante* comme
l'aile du faisan se rendit à Merve en une semaine. Pendant une nuit
obscure, à l'heure où chante le coq, le bruit des tambours retentit
dans les plaines.

Le roi Yezdegird ignorait encore les perfides desseins de Mahouï Souri, lorsqu'on accourut lui dire : « Des cavaliers s'avancent
« rapidement contre Khosrou. Mahouï affirme que ce sont des Turcs :
« Qu'ordonne le roi? Leur chef est le Khan souverain de la Chine, et la
« terre est trop étroite pour son armée. » Le roi tout troublé revêtit son
armure et les deux partis marchèrent l'un contre l'autre. Après avoir
organisé l'aile droite et l'aile gauche, Yezdegird fit avancer ses troupes
sur une seule ligne et se plaça au centre, lance en main. Des nuages
de poussière obscurcirent le monde. Le roi, voyant la force et l'impétuosité des Turcs, porta la main à sa ceinture, tira son épée et se
précipita comme un éléphant sur le front de bataille. La terre roulait des flots *de sang* comme le Nil. Dès la première charge qu'il fit
sur les Turcs, le roi se vit abandonné de tous ses guerriers; tous ils
tournèrent le dos à leur maître et le laissèrent au milieu des cavaliers
ennemis. Lorsque Mahouï eut reculé, le roi du monde comprit la

چو برگشت ماهوی شاه جهان | بدانست نیرنگ او در نهان
چنین بود ماهوی را رای و راه | که او ماند اندر میان سپاه
شهنشاه در جنگ مردی نمود | دلیری و تسمدی و گردی نمود
فراوان از آن نامداران بکشت | چو بیچاره ترگشت بنمود پشت
ترکان بس در پیش پشت اوی | یکی قابلی تیغ در مشت اوی
همی تاخت جوشان چو از ابر برق | یکی آسیما دید بسر آب زرق
فرود آمد از اسپ شاه جهان | زبد خواه در آسیما شد نهان
سواران بجستن نهادند روی | همه زرق ازو شد پر از گفتگوی
ازو باز ماند اسپ زرین ستام | همان گرز و شمشیر زرین نیام
بجستنش ترکان خروشان شدند | از آن باره و ساز جوشان شدند
نهان شاه در خانهٔ آسیا | نشست از بر خشک لختی گیا
چنین هست رسم سرای فریب | فرازش بلندست و پستش نشیب
بدانگه که بیمدار بد تخت اوی | بگردون کشیدی فلک تخت اوی
کنون آسیمای بیامدش بهر | زنوشش فراوان فزون بود ز هر
چه بندی دل اندر سرای فسون | که هرمان بگوش آید آوای کوس
خروشی بر آید که بر بند رخت | نه یابی جز از تخته گور تخت
دهان نا چریده دو دیده پر آب | همی بود تا سر کشید آفتاب
کشاد آسمایان در آسیا | بمسشت اندرش بار لختی گیا
فرومایه بود خسرو بنام | نه تخت و نه دیهٔ و نه تاج و نه کام
خور خویش از آن آسیا ساخت | بکاری جز آن خود نپرداختی
گوی دید بر سان سرو بلند | نشسته بر آن خاک بر مسنمند
یکی افسری خسروی بر سرش | درفشان ز دیبای چینی برش
دو چشم گوزن و بر ویال شیر | نشد دیده از دیدنش هیچ سیر
بممگر یکی کفش زرین بپای | زه و شاب و زر آستین قبای
نگه کرد خسرو بدو خیره ماند | بدان خیرگی نام یزدان بخواند

ruse ourdie contre lui secrètement, et vit que le but de Mahouï était
de le laisser seul aux prises avec l'ennemi. C'est en vain qu'il déploya
un grand courage, fit des prodiges de valeur et d'audace et tua de sa
main plusieurs chefs renommés; voyant qu'il était réduit à l'extrémité, il prit la fuite. Serré de près par une troupe de Turcs, il
s'échappa tenant à la main un poignard caboulien et s'enfuit, rapide
comme l'éclair qui déchire la nue. Apercevant un moulin sur les
bords de la rivière de Zark, il descendit de cheval et chercha en ce
lieu un abri contre la fureur de ses ennemis. Ceux-ci s'acharnaient à
sa poursuite et tout le pays de Zark était plein de tumulte. Le roi
avait abandonné son cheval aux brides dorées, sa masse d'armes et
son sabre au fourreau d'or; tandis que les Turcs, ardents à le chercher, se précipitaient sur son destrier et sur ses armes, le roi pénétra
dans la chambre du moulin et s'assit sur une botte d'herbes sèches.

Telle est la loi de ce monde trompeur : quand on a gravi ses som-
mets on trouve derrière une pente rapide. Tant que le roi était protégé de la fortune, son trône s'élevait au-dessus de la voûte du ciel,
et maintenant, il n'a pour abri qu'un moulin; au lieu de miel, il ne
trouve que du poison. Pourquoi donc attacher ton cœur à cette demeure décevante où le signal du départ frappe sans relâche tes oreilles
et où retentissent ces paroles : « Fais tes apprêts, la dalle du tombeau
« est le seul trône qui t'est réservé? »

Épuisé de faim, les yeux pleins de larmes, le roi demeura dans
cet état jusqu'au lever du soleil. En ce moment, le meunier ouvrit la
porte du moulin, portant sur ses épaules une charge de fourrage : c'é-
tait un homme de basse naissance qui, *malgré* son nom de Khosrou,
ne possédait ni trône, ni trésor, ni couronne, ni puissance; il vivait
du produit de son moulin et n'exerçait pas d'autre métier. Quand il
vit ce guerrier à la stature du cyprès, assis humblement par terre, la
tête ornée de la couronne royale, le corps couvert d'une robe en brocart
de Chine, quand il vit ce héros aux yeux de gazelle, à l'encolure de lion,
dont ses regards ne pouvaient se détacher, quand il aperçut les brodequins dorés dont ses pieds étaient chaussés, sa tunique aux manches
brodées d'or et de perles, le meunier demeura stupéfait. Dans son
admiration, il invoqua le nom de Dieu et dit : « Ô roi dont la face res-

بدوگفت کای شاه خورشید روی   بدین آسما چون رسیدی توگوی
چه جای نشست تو بود آسما   پر از گند وخاک وچندی گیا
چه مردی بدین برز وابن فرّ چهر   که چون تو نبیمند هما سپهر
از ابراهیما م بدوگفت شاه   هزیمت گرفتم زتوران سپاه
بدو آسمابان بتشویر گفت   که جز تنگدستی مرا نیست جفت
اگر بان کشکیمت آید بکار   وزین ناسزا ترّه جوببار
بمارم جزین دمست چیزی که هست   خروشان بود مردم تنگدست
بسه روز شاه جهانبرا زرزم   نبد هیچ پردازش خواب وبزم
بدوگفت شاه آنچه داری بمار   خورش نمیز با برسم آید بکار
سبک مرد بمایه جنمین نهاد   برو ترّه وبان کشکمین نهاد
بمرسم شتابمید وآمد براه   جائی که بود اندرو بازگاه
بر مهتر زرق شد بی گمار   که برسم یکی زوکمد خواستمار
بهر سو فرستاد ماهوی کس   بگتبی همی شاه را جست بس
ازین آسمابان بمرسمید مه   که برسم چرا خواهی ای روزیه
بدوگفت خسرو که در آسما   نشستست کندآوری برگما
بمالا بکردار سرو سهی   بدیدار خورشمید با فرّهی
دوابروکمان ودونرگس دژم   دهان پر زیاد وروان پر زغم
یکی کهنه جنمن نهادمش پمش   برو بان کشکمین سرابار حویش
بمرسم همی باز خواهد گرفت   سزد گر بمانی بدو در شگفت
بدوگفت مهتر کز ایدر بموی   چنین م ماهوی سوری بگوی
نمایدکه آن بدنژاد پلید   چو ابن بشنود گوهر آرد پدید
سبک مهتر اورا بمردی سمرد   نکوخوی را سوی ماهوی برد
بمرسید ماهوی ازبی چاره جوی   که برسم کرا خواستی راست گوی
چنمین داد پاسخ ورا ترسکار   که من بازکردم همی خواستار
در آسما را کشما دم بخشم   چنان دان که خورشید آمد بچشم

« plendit comme le soleil, apprends-moi comment tu es entré dans ce
« moulin. Est-ce un séjour digne de toi qu'un moulin plein de grains,
« de fourrage et de poussière? Qui es-tu, toi dont la taille et le visage
« ont une majesté telle que le monde n'a rien vu de pareil? — Je suis
« Iranien, répondit le roi, et j'ai échappé par la fuite à l'armée du
« Touran. » Le meunier reprit d'un ton confus : « La pauvreté est mon
« unique compagne; si tu peux te contenter de pain d'orge et de
« l'humble cresson né au bord du ruisseau, je te l'offre volontiers;
« c'est tout ce que je possède, et l'homme misérable en est réduit tou-
« jours aux lamentations. » — Depuis trois jours qu'il se battait, le roi
n'avait goûté ni aliments, ni sommeil; il dit au meunier : « Apporte-moi
« ce que tu as, je me contenterai d'une telle nourriture pourvu que
« j'aie le Barsom. » Le pauvre meunier, après avoir placé devant le roi
du lait aigri, du cresson et un pain d'orge, courut à la recherche du
Barsom. Il se rendit au lieu où était l'oratoire et fit prévenir aussitôt
le chef de Zark qu'on lui demandait le Barsom. Or Mahouï avait
envoyé des émissaires de tout côté à la poursuite du roi. Le chef du
village, s'adressant au meunier, lui dit : « Brave homme, pour qui me
« fais-tu cette demande? » Le meunier répondit : « Il y a dans mon
« moulin un guerrier qui est assis sur un lit d'herbes, sa taille est ma-
« jestueuse comme le cyprès, son visage brillant comme le soleil; sous
« l'arc de ses sourcils ses yeux sont empreints de tristesse, des soupirs
« s'exhalent de ses lèvres et le chagrin oppresse sa poitrine. Je lui ai
« servi un vieux morceau de lait aigri et un pain d'orge pour toute
« ration, mais il réclame le Barsom afin de réciter la prière. Tout cela
« doit vraiment exciter ta surprise. » — Le chef répondit : « Pars aus-
« sitôt et révèle ces choses à Mahouï Souri, de peur que cet homme
« vil et de naissance impure ne manifeste ses instincts pervers s'il est
« informé *par d'autres*. » Et aussitôt il confia le meunier à un homme
sûr qui le mena chez Mahouï. Ce dernier dit à l'artisan sans ressources : « Pour qui demandais-tu le Barsom? dis-moi la vérité. » Le
meunier répondit tout tremblant : « Je rentrais ma charge, lorsque, en
« ouvrant brusquement la porte du moulin, j'ai vu apparaître devant
« moi un soleil, un homme dont les yeux ressemblaient à ceux du
« chevreuil effrayé, dont les cheveux étaient noirs comme la seconde

LE LIVRE DES ROIS

دو نرگس چو نرم آهوی در هراس
چو خورشید گشتمت ازو آسما
هر آنکس که او فرّ یزدان ندید
پر از گوهر نابسود افسرش
بهاریست گویی در اندر بهشت
چو ماهوی دل را بسر آورد گرد
بدو گفت بشتاب ازین انجمن
وگرنه م اکنون ببرّم سرت
شنیدند ازو این سخن مهتران
همه انجمن گشت ازو پر زخشم
یکی مویبدی بسود زاروی نام
ماهوی گفت ای بداندیش مرد
چنان دان که شاهی و پیغمبری
ازین دو یکی مرا همی بشکنی
نگر تا چه خواهی بمر همز ازین
نخستین ازین بر تو آید گزند
که بارش کمست آید و برگ خون
برهنه شود در جهان زشت تو
همان دین یزدان شود زو تباه
یکی دیمور بود یزدان پرست
که هرمزد خزاد بد نام او
ماهوی گفتا ای ستمکاره مرد
همه تیره بیم دل و هوش تو
تنومند بی مغزی و جان نزار
ترا زین جهان سرزنش بمن آز

دو گیسو چو از شب گذشته دو پاس
خورش نان کشک و نشستش گیا
ازین آسمان بباید شنید ۵۵۵
زدیبای چمی فروزان بسرش
ببالای او سرو دهقان نکشت
بدانست کو نیست جز یزدگرد
م اکنون جدا کن سرش را ز تن
مگر کسی زنده از گوهرت ۵۶۰
بزرگان بمدار و کنداوران
زبان پر ز گفتار و پر آب چشم
جهان از خرد بر نهاده لگام
چرا دیو چشم ترا خیره کرد
دو گوهر بود در یک انگشتری ۵۶۵
روان وهر درا بسی افگنی
مشو بدگمان با جهان آفرین
بفرزند مانی یکی کشتمند
بزودی سر خویش بمی نگون
پس بدرود بمگمان کشت تو ۵۷۰
همان بر تو نفرین کند تاج وگاه
که هرگز نبردی بمیداد دست
بدین اندرون بسود آرام او
چنین م از در پاک یزدان مگرد
همه خار بیم بآغوش تو ۵۷۵
همی دود از آتش کی خواستار
بمرگ شدنست رخ وگرم و گداز

« veille de la nuit : il illuminait le moulin comme un soleil ; assis sur
« le fourrage, il mangeait du pain sec. Que ceux qui n'ont pas vu la
« majesté de Dieu s'en informent auprès du meunier. Un diadème de
« perles ornait son front, une tunique en brocart de Chine brillait sur
« sa poitrine; on aurait dit le printemps dans le ciel, et jamais Dih-
« kan n'a planté un cyprès aussi majestueux. » Mahouï médita ces paroles, il comprit que l'inconnu ne pouvait être que Yezdegird. « Va,
« dit-il au meunier, pars et tranche la tête de cet homme; sinon, c'est
« ta tête qui tombera et je ne laisserai la vie à aucun des tiens. »

A ces mots, les chefs, les grands personnages au cœur vigilant, tous
ceux enfin qui se trouvaient réunis en ce lieu furent transportés de
colère, les paroles se pressaient sur leurs lèvres, les larmes roulaient
dans leurs yeux. Un Mobed, nommé Zarouï, dont le cœur était soumis
au joug de la raison, parla en ces termes à Mahouï : « Homme aux
« desseins criminels, pourquoi le Div a-t-il aveuglé tes yeux? Sache
« que la royauté et la prophétie sont deux perles enchâssées dans une
« même bague : briser l'une d'elles, c'est fouler aux pieds l'intelligence
« et la vie. Vois ce que tu vas faire et arrête-toi. N'offense pas le créa-
« teur du monde, car tu en serais le premier puni; tu laisserais à tes
« fils un champ dont le fruit serait amer et la moisson sanglante. Ton
« front serait bientôt humilié; ta race marcherait nue dans le monde
« et les enfants récolteraient inévitablement ce que tu as semé. Ton
« crime porterait atteinte au culte de Dieu et les malédictions du trône
« et de la couronne retomberaient sur toi. »

Un homme pieux et fidèle adorateur de Dieu, dont la main n'avait
jamais commis l'injustice, Hormuzd, fils de Kharrad, c'est ainsi qu'il se
nommait, était au nombre des assistants; il adressa ces paroles à
Mahouï : « Homme injuste, prends garde, en agissant ainsi, d'aban-
« donner les voies du Dieu pur. Je vois les ténèbres obscurcir ton
« cœur et ta raison, et les épines déchirer ton sein. Tu as la force sans
« l'intelligence et ton âme est débile; tu veux étouffer la flamme sous
« la fumée; il semble que tu aspires à devenir l'opprobre du monde et
« que tu coures avec ardeur et passion à ta propre ruine. Tu traîneras
« ici-bas une existence misérable et, après ta mort, tu auras pour sé-
« jour le feu de l'enfer. »

کنون زندگانیت ناخوش بود	چو رفتی نشستت بر آتش بود
نشست او و شهر روی بر پای خاست	ماهوی گفت این دلیری چراست
شهنشاه را کارزار آمدی	زهاقان و فغفور یار آمدی
ازین تخمه بی کس بسی یافتند	که هرگز بکشتنش نشتافتند
تو گر بندهٔ خون شاهان مریز	که نفرین بود بر تو تا رستخیز
بگفت این و بنشست گریان بدرد	پر از خون و مژه پر از آب زرد
چو بنشست گریان بشد مهرنوش	پر از درد با ناله و با خروش
ماهوی گفت ای بد بد نژاد	که نه رای فرجام داری نه داد
ز خون کمان کیش دارد نهنگ	وگر کشته یابد ندرد پلنگ
ایا بتر از دد مهر و خو	همی جای شاه آیدت آرزو
چو بر دست ضحاک جم کشته شد	چه مایه سپهر اندر آن گشته شد
چو ضحاک بگرفت روی زمین	پدید آمد اندر جهان آبتین
بزاد آفریدون فرخ نژاد	جهان را یکی دیگر آمد نهاد
شنیدی که ضحاک بیدادگر	چه آورد از آن خویشتن را بسر
بر و سال بگذشت بیش از هزار	بفرجام کار آمدش خواستار
و دیگر که تور آن سرافراز مرد	کجا او را ایرج بر آورد گرد
منوچهر از آن تخمه آمد پدید	شد آن بند بدرا سراسر کلید
سدیگر سیاوش زتخم کیان	کمر بست بی آرزو بر میان
بگفتار گرسیوز افراسیاب	بمرد از روان و حرد شرم و آب
چنان شاهزاده جوان را بکشت	ازیرا جهان گشت با او درشت
جهانگیر کیخسرو از پشت اوی	بیامد جهان کرد پر گفتگوی
نیارا خنجر بدو نیم کرد	سر کینه جویان پر از بیم کرد
چهارم تخن کین ارجاسپ بود	که ریزنده خون لهراسپ بود
چو اسفندیار اندر آمد بجنگ	ز کینه ندادش زمانی درنگ
بپنجم تخن کین اسفندیار	که رستم مرا و را گه کارزار

Quand ce personnage se fut assis, Schahrouï se leva et dit à Mahouï : « Pourquoi oser une pareille action ? Pourquoi combattre le roi des « rois et faire alliance avec le Khakan et le maître de la Chine ? On a « vu plus d'un héritier de cette famille royale dans l'abandon, mais « nul n'a jamais attenté à sa vie. Puisque tu n'es qu'un sujet, ne verse « pas le sang des rois, car les malédictions seraient sur toi jusqu'à la « résurrection. »

Ainsi parla Schahrouï et il s'assit en gémissant, le cœur gonflé de sang, les yeux remplis de larmes. Quand il eut repris sa place, Mihrinousch se leva triste, accablé de douleur et, d'un ton indigné, il dit à Mahouï : « Homme méchant et de méchante race, toi qui n'obéis ni à « la raison ni à la justice, le crocodile lui-même aurait horreur du sang « des rois et le léopard n'oserait déchirer leurs membres; es-tu donc « plus impitoyable et plus cruel qu'une bête fauve, toi qui convoites « le trône du roi ?

« Quand la main de Zohak eut arraché la vie à Djemschid, quel profit « en retira sa fortune ? Zohak tenait la terre sous sa domination ; mais « Abtin parut, il donna naissance à l'illustre Feridoun et le monde « prit une face nouvelle. Tu sais comment le tyran Zohak reçut de la « main de Feridoun le châtiment de son crime; plus de mille ans « s'étaient écoulés lorsqu'il fut atteint par ce vengeur. Tour, cet homme « orgueilleux, avait donné la mort à Iredj ; mais Minoutchehr, héros « issu du sang royal, se montra enfin et trancha victorieusement le « nœud de ces iniquités.

« En troisième lieu, lorsque Siawusch de la race des Keïanides « prit malgré lui les armes et que, par les conseils de Guersiwez, « Afrasiab, violant les lois de la raison et du cœur, égorgea le noble « fils du roi, le monde eut horreur du meurtrier. Keï Khosrou, ce « conquérant issu du sang de Siawusch, survint et remplit le monde « de tumulte; armé d'un poignard, il fendit le corps de son aïeul et « répandit l'effroi dans le cœur de ses ennemis.

« Quatrièmement, rappelle-toi le châtiment d'Erdjasp le meurtrier « de Lohrasp : Isfendiar lui déclara la guerre et ne laissa pas longtemps « son crime inexpié. Cinquièmement, je citerai la vengeance d'Isfen- « diar : Rustem qui l'avait égorgé sur le champ de bataille mourut à son

LE LIVRE DES ROIS

بکشت وسر امد بسر و نـمـز روز
سرانجام بنگر که بهن چه کرد
ششم کـیـن پـیـروز شاه بـلـنـد
کـمـر بـسـت بـر کـیـن او سـوفـرای
بهفتم کیـن هرمـزد شاه
ببندوی وگستم کرد آنچه کـرد
چو شد دستور جان ایشان بمرد
تـرا زود آیـد چـنـیـن روزگـار
توزیـن هرچـه کاری پسر بـدرود
بـمـرهـمـز ازیـن گـنـج آراسـتـه
همی سر بمیـی بگفتار دیو
بچیزی کـه بـر تـو نـزیبد همی
باتش تن وجان خودرا مـسـوز
سماه پـراگـنـده را گـرد کـن
از ایـدر بـمـوزش بـر شاه رو
وز آنجایگه جنـگ دشمن بسج
کزبن بد نشان دوگمتی شوی
چوکاری کـه امـروز بـایـدت کرد
همـی یـزدگـرد شهنشاه را
کـه بـر رزم شمرست وبر تخت شاه
یـکـی یـادگـاری زسـاسـانـیـان
پدر بر پدر راد ودانش پذیـر
پس از اردشیرش رهشتم پدر
کـه یزدانش تاج کئی بر نهاد
زتـو بـود مهتـر بکشور بسی

هـمـان شد آن گرد گمتی فروز
زیور تـهـمـتـن بـر آورد گـرد
که از خوشنواز آمد اورا گـزنـد
سر خویشتن انـدر آمد بمای
چو پروبزرا شد کـشـیـن دستگـاه
نـمـاساید این چـرخ گـردان زگرد
در کینه را خوار نتـوان شمرد
که یکی زانـدیـشـه نابکار
زمانی زمـانـه هـمـی نـغـنـود
وزیـن مـردری تاج وایـن خواستـه
ببری دل از راه گیهان خدیو
ندانـی که دیـون فـریـبـد همـی
مکن تیره این تاج گمتی فروز
وزین در که گفتی مگردان تـن
چو بمی ورا بـنـدگـی سـار نـو
زرای وزپوزش مـیـاسـای هـیـچ
چـو گـفـتـار دانـشـمـنـدان نشنوی
بـفـردا رسـد رو بـر آرنـد گرد
بتر خواهی از تـرک بـدخواه را
درخشان بکـردار تابـنـده ماه
که چون او نبندد سواری مـیـان
زنوشـیـن روان تا که اردشـیـر
جهانـدار سـاسـان بـود تاجـور
هــمـه شـهـریـاران فـرخ نـژاد
نـزد ایـنـهـنـیـن رای هـرگـز کسی

« tour, ce héros, splendeur du monde, disparut; n'oublie pas comment
« Bahman mit fin à la vie du fils de Rustem. La sixième vengeance
« est celle du grand roi Firouz, qui périt sous les coups de Khosch-
« newaz : Souferaï, s'armant pour venger la mort du roi, foula sous
« ses pieds la tête du meurtrier. La septième vengeance est celle du
« roi Hormuzd : quand Parwiz fut au comble de la puissance, il traita
« comme tu le sais Bendouï et Gustehem, car la sphère sublime ne
« s'arrête jamais dans ses évolutions; maître du pouvoir, Parwiz mit
« fin à l'existence de ces traîtres. Ne considère donc pas la vengeance
« comme une chose méprisable. Le jour viendra aussi où tu te repen-
« tiras de tes pensées criminelles; tes fils récolteront ce que tu auras
« semé et la destinée ne demeurera pas longtemps assoupie. Ne porte
« pas la main sur ces trésors, sur ces richesses et cette couronne aban-
« donnée. Tu te révoltes à l'instigation du Div et ton cœur s'écarte
« de la loi de Dieu souverain du monde. Tu ne vois pas que le Div te
« séduit par l'appât d'un bien qui n'est pas fait pour toi; ne te livre pas
« corps et âme au feu de l'enfer; n'obscurcis pas l'éclat de la couronne
« qui illumine le monde. Rassemble tes troupes dispersées et ne te
« détourne pas des promesses que tu as contractées. Va et excuse-toi
« auprès du roi; renouvelle en sa présence ton hommage de vassal;
« prépare tout pour combattre ses ennemis et ne fais rien qui soit con-
« traire à la raison et au respect. Car tu seras flétri dans ce monde et
« dans l'autre, si tu fermes ton oreille aux discours des sages; si tu
« remets à demain ce qu'il faut faire dès aujourd'hui, tu en porteras
« la peine. Tu es plus acharné contre le grand roi Yezdegird que les
« Turcs ne le sont contre leurs ennemis. Yezdegird, ce lion du combat,
« ce maître du trône, qui brille d'un éclat pareil à celui de la pleine
« lune, est l'unique héritier des Sâsânides. Aucun cavalier ne s'arme
« avec autant d'ardeur pour la guerre. Depuis Nouschirwan jusqu'à
« Ardeschir, ses ancêtres furent tous nobles et sages; issu d'Ardeschir
« par huit générations, il est le souverain du monde et l'héritier de la
« couronne de Sasan; il a reçu de Dieu le diadème royal et tous ses an-
« cêtres sont d'une origine illustre. De plus puissants que toi ont vécu
« en ce monde, et jamais nul d'entre eux n'a formé de pareils projets.
« Dès que Bahram de Rey décochait une flèche, trois cent mille cava-

چو بهرام رازی که سیصد هـزار ... ... عنان دار و برگشته و انور سوار
بمك تیمر از او پشت برگاشتند ... ... بدو دشت پیمکار بگذاشتند
چو از تخم شاهان سرش سر گشت ... ... بی اختر روشنش زیر گشت
فرائین که تخت کنمرا بجست ... ... نبودش سزا دست بدرا بشست
بدانگونه بر کشته شد زار و خوار ... ... گزافه نه بردارد این روزگار
بترس از خدای جهان آفرین ... ... که تخت آفرید دست و تاج و نگین
تن خویش بر خیره رسوا مکن ... ... که بر تو سر آرند زود این سخن
هر آنکس که با تو نگوید درست ... ... جهان دان که او دشمن جان تست
تو بیماری اکنون وین چون پزشك ... ... پزشکی خروشان بخونین سرشك
تو از بنده بندگان کمتری ... ... باندیشهٔ دل مکن مهـتری
همه کینه با پاك یزدان نه‌ای ... ... زراه هنر جوی تخت مهی
شهبانزاده را دل پر از تخت بـود ... ... ورا پند آن موبدان سخت بود
چنین بود تا بود وابی تازه نیست ... ... گزاف زمانه بر اندازه نیست
یکی را برآرد بچرخ بلند ... ... یکی را کند زار و خوار و نژند
نه پیوند با آن نه با اینش کین ... ... که دانست راز جهان آفرین
همه موبدان تا جهان شد سیاه ... ... بر آئین خورشید بنشست ماه
همی پند گفتند با کینه جوی ... ... نبد سود یکموی زان گفتگوی
چو شب تیره شد گفت با موبدان ... ... شمارا بباید شد ای خردان
من امشب باندیشم این با پسر ... ... زهر گونه دانش آرم بـمر
زلشکر بخوانیم دانده بمست ... ... بدان تا بدی بد نباید گریست
برفتند دانندگان از برش ... ... بیامد پس از موبدان لشکرش
چو بنشست ماهوی با راستان ... ... چه بمنید گفت اندرا بی داستان
اگر زنده ماند تن یزد گرد ... ... زهر سو بدو لشکر آیند گرد
برهنه شود راز من در جهان ... ... بدانند یکسر کهان و مهان
بیاید مرا از بدش جان بسر ... ... نه تن ماند ایدر نه بوم و نه بر

« liers couverts de leur armure fuyaient devant lui en lui abandonnant
« le champ de bataille; et pourtant, du jour où il prit en haine l'héritier
« des rois, son étoile brillante s'éclipsa. Ferayin qui aspira au trône sans
« en être digne et qui trempa sa main dans le crime, Ferayin périt, lui
« aussi, d'une mort misérable, car ce monde ne supporte pas le men-
« songe. Redoute le Dieu créateur du monde, créateur du trône, de la
« couronne et de l'anneau royal; ne te livre pas aveuglément à la honte,
« car cette entreprise tournera bientôt contre toi. Quiconque ne te dit
« pas la vérité est, sache-le bien, l'ennemi de ta propre vie. Tu es un
« malade et je suis le médecin, un médecin qui répand des larmes de
« sang. Puisque ton rang est inférieur à celui du plus humble des es-
« claves, ne forme pas dans ton cœur d'ambitieuses pensées, sacrifie
« ta haine au Dieu pur et ne demande la puissance qu'à ton propre
« mérite. »

Mais ce fils de pâtre avait le cœur plein *de l'ambition* du trône, et
les conseils des Mobeds lui furent à charge. Il en a toujours été ainsi
et ce n'est pas chose nouvelle, car les caprices de la fortune n'ont pas
de bornes. Elle exalte celui-ci jusqu'à la sphère sublime et plonge
celui-là dans l'abjection, le mépris et la douleur, sans avoir de tendresse pour le premier, ni de haine contre le second. Qui peut pénétrer les secrets du Créateur?

Jusqu'à l'heure où, les ténèbres se répandant sur la terre, la lune
succéda au soleil, les Mobeds prodiguèrent leurs conseils à cet homme
aux projets sinistres, mais leurs discours n'eurent aucun succès.
La nuit sombre étant venue, Mahouï leur dit : « Hommes intelligents,
« il est temps de vous retirer. Je veux, pendant la nuit, délibérer de
« cette affaire avec mon fils et consulter tous ceux qui savent; je vais,
« à cet effet, convoquer vingt hommes expérimentés qui sont par-
« tie de l'armée; tant que les choses seront ainsi, il n'y a pas lieu de
« répandre des larmes. » Les prudents Mobeds s'étant éloignés, les
guerriers arrivèrent sur leurs traces. Mahouï s'assit avec ses confidents et leur demanda : « Quel parti faut-il prendre en cette cir-
« constance? Si Yezdegird demeure vivant, des armées viendront de
« toute part à son secours; mes projets secrets seront divulgués dans
« le monde; petits et grands, tous les connaîtront. L'inimitié du roi

که این خود نخستت نبایست کرد	چنین داد پاسخ خردمند مرد
ازو بد رسد بی گمان بر تفت	اگر شاه ایران شود دشمنت
که کینخواه او در جهان ایزدست	وگر خون اورا بریزی بدست
نگه کن بدی تا چه باید کرد	چپ و راست رنجست و اندوه و درد
چو دشمن کنی زو بپرداز جای	پسر گفت کای باب فرخنده رای
ما بر کنند تنگ روی زمین	سپاه اندر آرد زمانی چمین
چو چهره شدی کام مردان بران	تو اینرا چنین خرد کاری مدان
ترا با سپاه از جهان بر کنند	گر از دام او درفشی کنند

کشته شدن یزدگرد بدست خسرو آسمیان

تختها کجا گفت اورا پسر	چو بشنید ماهوی بیدادگر
سواران بمر خون دشمن بریز	چنین گفت با آسمایان که خیز
چو از من چنین آشکارا بجست	که اورا نیز هرگز نماید بدست
نه سر دید از آن کار پیدا نه بن	چو بشنید از و آسمایان سخن
سوی آسما رفت نزدیك شاه	شبانگاه ایران هر داد ماه
دو دیده پر از آب و دل پر ز خون	زدرگاه ماهوی چون شد برون
پس آسمایان بکردار دود	سواران فرستاد ماهوی زود
همان مهر و آن جامهٔ شاهوار	بفرمود کان تاج و آن گوشوار
زتن جامهٔ شاه بیرون کنند	نباید که یکسر پر از خون کنند
بزردی دو رخسار چون آفتاب	بشد آسمایان دو دیده پر آب
توئی برتر از گردش روزگار	همی گفت کای روشن کردگار
ام اکنون بیجان دل و جان اوی	بدبی نا پسندیده فرمان اوی
رخانش پر آب و دهانش چو خاك	بر شاه شد دل پر از شرم و باك
چنین چون کسی راز گوید بگوش	بمزدیك تنگ اندر آمد بهوش
رها شد برخ اندر از شاه آه	یکی دشنه زد بر تهمگاه شاه

« sera la cause de ma ruine et je perdrai en même temps la vie et
« le pouvoir. » — Un homme sage répondit alors à Mahouï : « Tu
« n'aurais pas dû dans le principe agir de la sorte. Ou le roi d'Iran
« sera ton ennemi et il en résultera un dommage certain pour toi, ou
« ta main versera son sang et Dieu se chargera de le venger ici-bas.
« De toute part, je ne vois que peines, tourments et afflictions; réflé-
« chis donc mûrement à ce que tu dois faire. » Mais le fils de Mahouï,
prenant la parole, dit : « Ô mon père aux heureux desseins, puisque
« tu t'es déclaré son ennemi, débarrasse-toi de lui; sinon, il nous atta-
« quera avec toutes les forces du Madjin et de la Chine et rendra le
« monde étroit sous nos pas. Ne considère pas cette affaire comme
« une chose futile; puisque tu as l'avantage aujourd'hui, arrive réso-
« lûment au but de tes vœux, car si les partisans du roi font de sa
« tunique royale un drapeau, leur armée te chassera de ce monde. »

YEZDEGIRD EST ÉGORGÉ PAR LE MEUNIER KHOSROU.

Lorsque le perfide Mahouï eut entendu les paroles que son fils
lui avait adressées, il dit au meunier : « Va, prends avec toi des
« cavaliers et verse le sang de mon ennemi, car il m'échapperait pour
« toujours si ce secret venait à s'ébruiter. » Le meunier entendit cet
ordre sans comprendre la portée de l'affaire. Dans la nuit du trente
de Khourdad-mah (juin), il retourna au moulin auprès du roi. Dès
qu'il eut quitté la demeure de Mahouï, les yeux pleins de larmes,
le cœur gonflé de sang, Mahouï lança sur ses traces des cavaliers rapides comme le nuage et leur dit : « Il ne faut pas que la couronne,
« les pendants d'oreille, le sceau et la tunique du roi soient souillés
« de sang; vous dépouillerez le corps de ses vêtements. » Cependant
le meunier continuait sa route, les yeux baignés de pleurs, le visage
jaune comme le soleil, en s'écriant : « Ô Créateur brillant, toi qui es
« au-dessus des évolutions du destin, livre dès à présent aux tour-
« ments le cœur et l'âme de celui qui a donné cet ordre barbare ! »
Étant arrivé devant le roi, le cœur plein de honte et de crainte, le
visage inondé de larmes, la bouche desséchée, il s'approcha avec
précaution comme celui qui veut dire un secret à l'oreille et lui

LE LIVRE DES ROIS

بخاك اندر آمد سر و افسرش
اگر راه يابد كسى زين جهان
زبر ورده سمر آيد ابن هفت گرد
برين گونه بر تاجدارى مرد
خرد نيست با گرد گردان سپهر
همان به كه گويى نمى‌نى چشم
سواران ماهوى شوريده بخت
زتخت وز آوردگاه آرميد
كشادند بند قباى بنفش
فگنده تن شاه ايران بخاك
زپيش شهنشاه برخاستند
كه ماهوى را باد تن همچنين
بماهوى گفتند كان سرفراز
بفرمود كورا بهنگام خواب
بشد تيز بد مهر دو پيمشكار
كجا ارج آن كشته نشناختند
بآب اندر افگنده مرد دلير
چو شب روز شد مردم آمد پديد
از آن او برهنه بديد اندر آب
دوان تا در خان راهب رسيد
كه شاه زمانه بغرق اندرست
برفتند از آن سوگواران بسى
خروشى برآمد زراهب بدرد
كسى تاجدارى بدينسان نديد

همان نان كشكين بهمش اندرش
بماند ندارد خرد در نهان
شود بيگنه كشته چون يزدگرد
م از لشكر او سوارى نمرد
نه پيدا بود رنج و خشمش زمهر ٦٨٠
ندارى زكردار او مهر و خشم
چو ديدند كان خسروانى درخت
بشد هر كسى روى اورا بديد
همان افسر و طوق و زرينه كفش
پر از خون و پهلو بشمشير چاك ٦٨٥
زبانش بنفرين بيماراستند
فگنده پر از خون بروى زمين
بر آمد زتخت وز جنگ و نماز
از آنجايگه افگنند اندر آب
كشيدند بر خون تن شهريار ٦٩٠
بگرد آب زرق اندر انداختند
سرش گه زير بود و گاهى بزير
دو مرد گرانمايه آنجا رسيد
بماند يكى تا لب رودبار
بر آشفت و آمد م اندر شتاب ٦٩٥
بدان سوگواران بگفت آنچه ديد
برهنه بگرد آب زرق اندرست
سكوبا و رهبان زهر در كسى
كه اى نامور شاه آزاد مرد
نه پيش از تو همچين ابن كس شنيد ٧٠٠

plongea un poignard dans le sein. Le roi blessé à mort poussa un soupir, sa tête et sa couronne tombèrent sur le sol à côté du pain d'orge qu'il avait devant lui.

Que celui qui trouve une issue s'échappe de ce monde dont l'âme est vide et inintelligente; les planètes se lassent de ceux qu'elles protègent et livrent à la mort des innocents comme Yezdegird. Jamais roi n'avait péri de la sorte, jamais même un cavalier de son armée n'avait trouvé pareille mort. Le ciel qui tourne est dépourvu d'intelligence, on ne s'explique ni sa haine ni ses faveurs; le plus sage parti est de ne pas y faire attention et de contempler ses évolutions sans colère et sans amour.

Les cavaliers du funeste Mahouï, voyant que le roi gisait comme un arbre superbe loin du trône et du champ de bataille, s'approchèrent et examinèrent ses traits; puis ils dénouèrent sa tunique violette, sa couronne, son collier et ses brodequins dorés. Laissant le corps du roi d'Iran étendu dans la poussière, souillé de sang et le flanc déchiré par le glaive, ils s'éloignèrent en proférant cette malédiction : « Puisse le cadavre de Mahouï rester ainsi baignant dans son sang « sur la face de la terre! » Informé que le trône, la guerre et les désirs de la vie n'étaient plus rien pour le noble monarque, Mahouï ordonna qu'à l'heure où tout repose on le précipitât du moulin dans la rivière. Deux serviteurs au cœur cruel traînèrent le corps du roi dans le sang, et, sans connaître le rang de la victime, ils la jetèrent dans le tournant du Zark, où le cadavre du roi flotta tantôt droit, tantôt renversé.

Quand le jour succéda à la nuit et que les hommes sortirent de leurs demeures, deux personnages distingués d'entre les religieux voués à la pénitence arrivèrent en cet endroit; l'un d'eux s'approcha du bord et vit le cadavre nu flottant dans l'eau. Saisi d'effroi, il revint sur ses pas et, courant au monastère, il raconta aux moines ce qu'il avait vu et leur apprit que le roi du siècle gisait tout nu dans les flots de la rivière Zark. Aussitôt les religieux, abbés et moines accoururent de toute part, et ce cri de douleur s'éleva d'au milieu d'eux : « Roi illustre, homme de noble race, qui a jamais vu un roi « dans cette situation? Qui a jamais entendu dire, avant ce qui t'ar-

LE LIVRE DES ROIS

که بر شهریاری زید بنده
بمرورد تا بر تنش بد رسید
دریغ آن تن و شاخ و بالای تو
دریغ آن سر تخمهٔ اردشیر
دریغ آن سرگاه ساسانیان
تنومند بودی خرد با روان
که در آسما ماهروی ترا
بدشنه جگرگاه بشکافتند
سکویا از آن سوگواران چهار
برهنه تن شهریار جوان
خشکی کشیدند از آن آبگیر
بماغ اندرون دخمهٔ ساختند
سر رخ جایش بکردند خشک
بیاراستندش بدیبای زرد
می و مشک و کافور و چندی گلاب
چه گفت آن گرانمایه دهقان مرو
که بخشش زکوشش بود در نهان
دگر گفت اگر چند خندان بود
که از چرخ گردان پذیرد فریب
دگر گفت کانرا تو دانا مخوان
همی خواسته خواهد و نام بد
دگر گفت اگر شاد را لب ببست
نه مهر و پرستندهٔ بارگاه
وگر خود نماید همی این بکار
دگر گفت کز خوب گفتار اوی

سگی بد نژادی پراگنده
وزین بهر ماهوی فغربی سپید
دریغ آن دل و دانش و رای تو
دریغ آن جوان و سوار هزیر
دریغ آن فر و برز و تاج و کمان ۷۰۵
ببردی خبر زین بنوشیروان
جهاندار و دیهیم جوی ترا
برهنه بر آب اندر انداختند
برهنه شدند اندر آن جویبار
نمیره جهاندار نوشیروان ۷۱۰
بسی مویه کردند برنا و پیر
سرش را بابر اندر افراختند
بدبق و بقیر و بکافور و مشک
قصب زیر و دستی زبر لاژورد
سکویا بمندود بر جای خواب ۷۱۵
که بنهفت بالای آن زاد سرو
که خشنود بمیرون شود زین جهان
چنان دان که از دردمندان بود
چو او را نماید فراز و نشیب
که ترا پرستد نه راه روان ۷۲۰
نترسد روانش ز فرجام بد
نبیند همی تاج و تخت نشست
نه افسر نه کشور نه فر و نه جاه
چرا باید این رنج و این روزگار
ستایش ندارم سزاوار اوی ۷۲۵

« rive, qu'un sujet déloyal, un misérable chien, un scélérat, après
« avoir cajolé son maître, avait mis son corps en lambeaux ? Mahouï
« mérite d'être maudit. Hélas, ton corps, ta taille majestueuse, ton
« cœur, ta sagesse, ta haute raison ! Pleurons le dernier rejeton d'Ar-
« deschir ! Pleurons le guerrier généreux et illustre ! Pleurons le trône
« des Sâsânides, la puissance, la gloire et la couronne des rois. Na-
« guère encore tu étais plein de vie et de sagesse; tu vas maintenant
« porter la nouvelle à Nouschirwan, tu vas lui dire que toi souverain,
« toi qui étais beau comme la lune et né pour la royauté, tu as été
« déchiré à coups de poignard dans un moulin et jeté tout nu au fond
« d'un gouffre ! »

Quatre de ces religieux se dépouillèrent de leurs vêtements et, entrant dans l'eau, ils saisirent le corps du noble souverain, petit-fils de Nouschirwan, et le tirèrent sur le bord. Tous, jeunes gens et vieillards, entonnèrent un chant funèbre; on éleva dans l'enclos un tombeau dont le sommet dépassait les nuages. Après avoir fermé la blessure avec de la glue, de la poix, du camphre et du musc, on revêtit le corps de brocart jaune; on mit en dessous une fine toile de lin et par-dessus une étoffe couleur lapis-lazuli; puis les prêtres répandirent au fond du sépulcre du vin, du musc, du camphre et de l'eau de rose. Quand on ensevelit ce corps semblable au noble cyprès, le vénérable Dihkan de Merve prononça ces paroles : « Heureuse est la destinée « de l'homme qui, grâce à ses vertus, sort en paix de ce monde ! » — Un autre reprit : « Lors même que l'homme a le sourire sur les lèvres, « sache qu'il est au nombre des malheureux, car il est le jouet de la « sphère inconstante qui lui montre tour à tour ses grandeurs et ses « abaissements. » — Un autre ajouta : « Ne donne pas le nom de sage à « celui qui soigne le corps et néglige l'âme, qui recherche les richesses « au prix de la mauvaise renommée, sans craindre pour son âme le « dénouement funeste. » — Un autre dit : « Les lèvres du roi sont closes, « il ne reverra plus sa couronne, son siège souverain, son armure, ses « courtisans, son diadème, son royaume, sa gloire et sa puissance. « Puisque tout cela n'est d'aucun secours, que valent le monde et ses « fatigues ? » — Un autre : « Pour célébrer sa bonne renommée, je ne « trouve pas d'éloge digne de lui; il a planté le cyprès dans le jardin du

همی سرو کشت او بباغ بهشت بمیمند روانش درختی که کشت
دگر گفت یزدان روانت بمرد تنترا بدین سوگواران سمرد
روان ترا سود مند این بود تن بدکمشرا گزند این بود
کنون در بهشتست بازار شاه بدورخ کمد جان بدخواه راه
دگر گفت کای شاه رامش پذیر خردمند وارگوهر اردشیر ۷۳۰
درودی همان بر که کشتی بباغ درفشان شد آن خسروانی چراغ
دگر گفت کای شهریار جوان خفتی وبیدار کردی روان
لب خامش وجان پخندین گله برفت وتخت ماند ایدر یله
تو بیکاری وجان بکار اندرست تن بدسگالت بدار اندرست
بگوید روان گر زبان بسته شد ببالید جان گر تخت خسته شد ۷۳۵
اگر دست بیکار گشت از عنان روانت چنگ اندر آرد سنان
دگر گفت کای نامبردار گو تو رفتی وکردار شد پیشرو
ترا در بهشتست تخت نشست زمین بلا بهر دیگر کسست
دگر گفت کان مرد کوچون تو کشت ببیمند کنون روزگار درشت
سفی گفت ما بندگان تو ایم نمایشگر پاک جان تو ایم ۷۴۰
که این دخمه پر لاله باغ تو باد کفن دشت شادی و راغ تو باد
بگفتند و تابوت برداشتند زهامون سوی دخمه بگذاشتند
بدان خوابگه رفت ناکام شاه سر آمد بر و تخت و تاج و کلاه
چنین داد خوانم بر یزدگرد و یا کیمه خوانم از هفت گرد
وگر خود نداند همی کیمن وداد مرا فیلسوفی هیچ پاسخ نداد ۷۴۵
وگر گفت دینی هه بسته گفت ماند هه پاسخ اندر نهفت
اگر هیچ گنجیست ای نیکرای بماری دلرا بفردا مپای
که گیتی همی بر تو بر بگذرد زمانه دم ما همی بشمرد
در خوردت چیره کن بر نهاد اگر خود بمانی دهد آن که داد
مرا دخل و خرج ار برابر بدی زمانه مرا چون برادر بدی ۷۵۰

« paradis et son âme verra l'arbre qui lui doit sa naissance. » — Un autre reprit : « Dieu a recueilli ton âme et abandonné ton corps à ces « religieux. *La mort* sera, pour ton âme, le salut et, pour ton ennemi « cruel, la damnation; le roi réside glorieusement dans le paradis et « l'âme de son meurtrier se dirige vers l'enfer. » — Un autre continua : « Toi qui jouis du repos, sage descendant de la race d'Ardeschir, tu ré- « coltes les fruits dont tu as jeté la semence dans le verger; le flambeau « royal brille de tout son éclat. » — Un autre : « Monarque généreux, « tu dors, mais ton âme est éveillée. Tes lèvres sont muettes, ta vie « s'est échappée gémissante et ton corps est resté abandonné ici; mais « si ce corps est inerte, ton âme est agissante et le corps de ton en- « nemi est attaché au gibet; si ta bouche est fermée, ton âme parle; « si ton corps est déchiré, ta vie s'est accrue, tes mains ont laissé « tomber les rênes, mais ton âme a ressaisi la lance. » — Un autre : « Ô « guerrier renommé, tu es parti guidé par tes bonnes actions, tu oc- « cupes un trône dans le ciel et tu laisses à d'autres ce monde d'afflic- « tion. » — Un autre : « Quiconque a semé comme tu as semé, voit « arriver le jour de la récolte. » — L'évêque, prenant la parole, ajouta : « Nous sommes tes serviteurs, les panégyristes de ton âme pure. Que « ce tombeau soit pour toi comme un jardin plein de tulipes, ton lin- « ceul comme une prairie verdoyante et joyeuse ! »

Ils dirent, et, portant son cercueil à travers la plaine, ils le déposèrent dans le sépulcre; le roi infortuné fut conduit au champ du repos, car il n'y avait plus pour lui de trône ni de couronne. Et nous, nous demandons justice pour Yezdegird; nous crions vengeance contre les sept planètes. Si celles-ci n'ont ni haine ni amour, le philosophe ne m'en a jamais donné l'explication; le dévot, s'il a parlé, n'a dit que des énigmes, et toute réponse est demeurée mystérieuse. Homme sage, puisqu'il n'y a pas de trésors *ici-bas*, enrichis ton cœur et ne compte pas sur le lendemain : le monde fuit rapide devant toi, le temps compte chacun de nos souffles; exerce ton âme à la frugalité; si tu vis, celui qui te donnait te donnera encore. — Quant à moi, si mes ressources égalaient mes dépenses, la fortune m'aurait traité en frère; mais la grêle, cette année, s'est abattue comme la mort; la mort même eût mieux valu pour moi que ce fléau. Bois, froment et

تگرگ آمد امسال برسان مرگ / مرا مرگ بهتر بدی از تگرگ
در هیزم وگندم وگوسفند / بست ابی برآورده چرخ بلند
می آورکه از روز ما بس نماند / چنین بود تا بود وبرکس نماند
که بیدادی آمد زبمده بروی / سزد گر خورم باده بی گفتگوی

۱ بر تخت نشستن ماهوی سوری

کس آمد بماهوی سوری بگفت / که شاه جهان یافت دخمه نهفت
سکوبا وقسمس ورهبان روم / همه سوگواران آن مرز وبوم
برفتند با مویه برنا وپیر / تن شاه بردند از آن آبگیر
یکی دخمه کردند اورا بباغ / بزرگ وبلندیش برتر زراغ
چنین گفت ماهوی بدبخت شوم / که ایران نبد پیش ازین خویش روم
فرستاد تا هرکه آن دخمه کرد / همان کس کز آن کار تیمار خورد
بکشتند وتاراج کردند مرز / چنین بود ماهوی را کام وارز
از آنپس بگرد جهان بمگرید / زنخم بزرگان کسی را ندید
یکی تاج با او بد ومهرشاه / شبان‌زاده را آرزو کرد گاه
همه رازدارانش را پیش خواند / سخن هرچه بودش فراوان براند
بدستورگفت ای جهاندیده مرد / فراز آمد آن روز ننگ ونبرد
نه گم هست با من نه نام ونژاد / مگر داد خوام سرخود ببداد
بر انگشتری یزدگرد ست نام / بشمشیر با من نگروند رام
همه شهر ایران ورا بنده بود / اگر خویش بود ار پراکنده بود
خواند مرا مرد دانشده شاه / نه بر مهرم آرام گیرد سپاه
حربی بود چاره مرا در جهان / چرا ریخم خون شاه مهان
همه شب زاندیشه پر خون بدم / جهاندار داند که من چون بدم
بدو رای زن گفت اکنون گذشت / ازین کارگیتی پر آواز گشت
کنون باز جویی همی کار خویش / که بگسستی این رشتهٔ تار خویش

troupeaux, la sphère sublime a fermé pour moi la porte de ces biens. *Échanson*, apporte du vin : nous n'avons pas longtemps à vivre ; telle est la loi constante de ce monde où personne ne demeure. Puisque l'injustice des hommes nous accable, la sagesse est de boire sans proférer une plainte.

MAHOUÏ SOURI MONTE SUR LE TRÔNE.

Quelqu'un se présenta chez Mahouï Souri et lui dit : « La tombe « s'est fermée sur le roi du monde. Les abbés, prêtres et moines du « Roum, tout ce qu'il y a de religieux dans ce pays, jeunes gens et « vieillards, entonnant un chant funèbre, sont allés retirer de la ri- « vière le corps du roi et lui ont élevé dans le verger un tombeau su- « perbe dont le faîte dépasse le sommet de la colline. » Mahouï, cet homme pervers et néfaste, s'écria : « Jamais jusqu'à ce jour l'Iran « n'a été l'allié du Roum ! » Par son ordre, ceux qui avaient élevé le tombeau et rendu les derniers devoirs au roi furent mis à mort, et leur pays fut livré à la dévastation, car tel était le bon plaisir de Mahouï. Puis il promena ses regards sur le monde et vit qu'il ne res- tait plus de rejeton de la race des grands rois ; comme il possédait une couronne et un anneau qui avaient appartenu au roi, l'ambition du trône envahit ce fils de pâtre. Il réunit ses confidents et leur com- muniqua longuement ses projets ; s'adressant à son Destour, il lui dit : « Homme expérimenté, le jour des querelles et des combats est arrivé. « Dépourvu comme je le suis de trésor, de gloire et de naissance, je « m'expose à un péril mortel. Le nom de Yezdegird est gravé sur l'an- « neau ; mon épée n'a pas soumis le peuple à mon autorité, toutes les « villes d'Iran sont restées sujettes du roi, dans la bonne et la mauvaise « fortune ; nul homme intelligent ne veut me donner le titre de roi et « mon sceau n'inspire aucune confiance aux troupes. Il ne me restait « qu'un seul moyen au monde : j'ai tué le chef de la noblesse ; mais « toutes mes nuits sont troublées par la crainte, et Dieu le maître du « monde sait quelle est ma situation. » — Son conseiller lui répondit : « C'est un fait accompli qui s'est répandu et a rempli le monde de dis- « putes. Songe maintenant au soin de tes propres affaires puisque tu as

کنون او بدجمه درون خاك شد / روان ورا خاك تریاك شد
جهاندیدکانرا همه گرد کن / زبان تیزگردان بشمشیرین سخن
چنین گوی کمن تاج و انگشتری / مـن داد شـاه ازبی مـهـتـری
چو دانست کآمد زترکان سپاه / چوشب تیره ترشد مرا خواند شاه
من گفت چون خاست باد نبرد / که داند بگیتی که برکیست گرد
تو بابی تاج و انگشتری را بدار / بود روز کمن هر و آید بکار
مرا نیست جز دختری در جهان / هماناکه هست او و تازی نهان
تو زینمس بدشمن مده گاه من / نگه دارم زین نشان راه من
من این تاج مسمرات دارم زشاه / بفرمان او برنشیم بگاه
بدین چاره ده کار بدرا فروغ / که داند که ابی راستست از دروغ
چو بشنید ماهوی گفتا که زه / تو دستوری وبرتوکس نیست مه
همه مهترانرا زلشکر بخواند / وزین باره چندین سخنها براند
بدانست لشکرکه این نیست راست / بشوخی ورا سر بریدن روا ست
یکی پهلوان گفت کمن کار تست / سخن گر درستست گر نا درست
چو بشنید برگاه شاهی نشست / ز افسونش آمد سپاهی بدست
بخشید روی زمین بر مهان / مم گفت با مهر شاه جهان
جهانرا سراسر بخشش گرفت / ستاره بماند برو در شگفت
بمهتر پسر داد بلخ و هری / فرستاد بر هر سوی لشکری
بداندیشگانرا همه برکشید / بدانسان که از گوهر او سزید
بدانرا بهر جای سالار کرد / خردمندرا سر نگونسار کرد
چو زیر اندر آمد سر راستی / پدید آمد از هر سوی کاستی
چو لشکر فراوان شد و خواسته / دل مرد بمره شد آراسته
سپه را درم داد و آباد کرد / بر آن بد که جوید زبیژن نبرد
بآموی شد پهلوان پیشرو / ابا لشکر و جنگ سازان نو
طلایه ببیش سپاه اندرون / جهاندیدهٔ نام او گرسیمون

« brisé le fil qui en retenait la trame. Yezdegird gît au fond d'une
« tombe et la terre du sépulcre a fermé sa blessure; convoque les
« hommes d'expérience et que ta langue prononce de douces paroles.
« Fais la déclaration suivante : Cette couronne et cet anneau, c'est le roi
« qui me les a donnés comme signes du pouvoir. Sachant que l'armée
« des Turcs approchait, il m'a fait appeler au milieu de la nuit et m'a
« dit : « Voici le vent de la guerre qui s'élève et nul ne sait qui remportera
« la victoire : garde cette couronne et cet anneau, peut-être qu'ils te se-
« ront utiles l'un et l'autre au jour de la vengeance. Je n'ai qu'une fille
« au monde et j'ai su la dérober aux recherches des Arabes; mainte-
« nant c'est à toi de défendre mon trône contre l'ennemi et de suivre
« ma route *dans l'exercice du pouvoir*. » Je tiens donc cette couronne de
« l'héritage du roi et je suis assis sur le trône en vertu de sa volonté. »
— « C'est par ce moyen (ajoutait le Destour) que tu rétabliras tes af-
« faires. D'ailleurs qui pourrait savoir si ce que tu as dit est vérité ou
« mensonge? » Mahouï écouta ces paroles et répondit : « C'est parfait, tu
« es un sage conseiller et personne n'est au-dessus de toi. » Il convoqua
alors les chefs de l'armée et leur adressa un discours dans le sens
convenu. L'armée comprit que son langage était mensonger et qu'il
méritait de payer de sa tête une impudence pareille; mais un Pehlewan s'écria : « Que tes paroles soient vraies ou fausses, ceci est ton
« affaire. » Aussitôt Mahouï s'assit sur le siége royal et capta les troupes
par ses ruses. Ayant distribué les gouvernements aux principaux chefs,
il dit : « Je possède l'anneau et je suis le roi du monde ! » Il usurpa la
royauté et excita la stupéfaction des astres; il donna Balkh et Héri
(Hérat) à son fils aîné, envoya des troupes dans toutes les directions
et mit des scélérats au pouvoir, conformément à sa mauvaise nature.
Partout les méchants devinrent puissants et les bons courbèrent la
tête; la vérité fut humiliée et le mensonge se montra de toute part.
Lorsque cet homme pervers eut réuni une armée nombreuse et un
trésor, son cœur se réjouit; Mahouï prodigua ses largesses et ses
faveurs à l'armée parce qu'il méditait de faire la guerre à Bijen. Un
Pehlewan partit pour Amouï avec une troupe vaillante qui précédait
l'armée comme avant-garde; le nom de ce guerrier éprouvé était
Guersioun. Il marcha sur la ville de Bukhara avec ses troupes bien

بشهر بخارا نهادند روی / چنان ساخته لشکر جنگجوی
همی گفت مارا سمرقند وچاج / بباید گرفتن بدین مهر وتاج
بفرمان شاه جهان یزدگرد / که سالار بد زیر او هفت گرد
ربیژن جوان بشمشیر کین / کزو تیره شد تخت شاه زمین

لشکر کشیدن بیژن بجنگ ماهوی سوری

چنان تا ببیژن رسم آگهی / که ماهوی بگروفت شاهنشهی
بهر سو فرستاد مهر ونگین / همی رام گردد بر وبر زمین
کنون سوی جیهون نهادند روی / بمرخاش با لشکر جنگجوی
بپرسید بیژن که تاجش که داد / بروکرد گوینده آن کار یاد
بدوگفت برسام کای شهریار / چو من بردم از چاج چندین سوار
از ایدر بشد لشکری سوی اوی / سواران گردنکش ونامجوی
تراگفت من تخت زرین اوی / همان یاره گوهر آگین اوی
همان تاج وگفش فرستم بچاج / ترا باید اندر جهان تخت عاج
بهرواندرون رزم کردم سه روز / چهارم چو بفروخت گیتی فروز
شدم تنگدل رزم کردم درشت / جفاپیشه ماهوی بنمود پشت
سپهدار ایران چو تنها بماند / غی گشت ویاران خود را بخواند
بسی نامداران مارا بکشت / چو یاران برفتند بنمود پشت
چو ماهوی گنج خداوند خویش / بماورد بی رخ وبنهاد پیش
چو آگنده شد مرد بدتن چمیز / مرا خود توگفتی ندیدست نیز
بهرواندرون بود لشکر دو ماه / بخوی نکرد او بما بر نگاه
بکشت او خداوند را در نهان / چنان پادشاهی چراغ جهان
سواری که گفتی میان سپاه / همی برگذارد سر از چرخ ماه
زترکان کسی پیش گرزش نرفت / همی زو دل نامداران بکفت
چو آگنده شد پادشاهی گرفت / بدین گونه تا پارسائی گرفت

équipées et pleines d'ardeur, et dit : « Samarcande et Djadj doivent être
« soumises par nous à cet anneau et à cette couronne, car telle a été la
« volonté du roi du monde, Yezdegird, ce monarque auquel les pla-
« nètes obéissaient. Je viens avec mon épée tirer vengeance de Bijen
« parce qu'il a obscurci la fortune du grand roi. »

BIJEN FAIT MARCHER SON ARMÉE CONTRE MAHOUÏ SOURI.

Telle était la situation, lorsque Bijen apprit que Mahouï Souri
s'était emparé de la royauté et que, répandant partout ses ordres
revêtus du sceau royal, il soumettait le monde à son autorité ; enfin
qu'il se dirigeait vers l'Oxus pour combattre à la tête d'une vaillante
armée. Bijen voulut savoir de qui Mahouï tenait la couronne, et un
homme habile à parler le lui apprit ; Barsam s'exprima ainsi : « Tu
« sais, ô roi, que lorsque j'emmenai de Djadj mes escadrons, lorsque
« je partis d'ici au secours de Mahouï avec mes cavaliers fiers et avides
« de renommée, cet homme avait juré de t'envoyer le trône doré, les
« bracelets ornés de pierreries, la couronne et le trésor du roi. « C'est à
« toi seul, te disait-il, qu'appartient en ce monde le trône d'ivoire. » Je
« me battis dans Merve pendant trois jours ; le quatrième jour, lorsque
« le soleil répandit sa lumière sur le monde, fatigué *de cette longue*
« *lutte*, je livrai un combat acharné, et le perfide Mahouï tourna le
« dos. Le Sipehdar de l'Iran, se voyant seul, devint soucieux ; il appela
« à lui quelques fidèles et nous tua beaucoup de guerriers illustres ;
« mais abandonné des siens, il prit la fuite, lui aussi. Mahouï s'empara
« ainsi sans efforts des trésors de son maître et en disposa. Quand cet
« homme criminel fut gorgé de biens, il sembla ne plus me reconnaître.
« Pendant les deux mois que notre armée passa à Merve, il n'eut
« jamais pour nous un regard bienveillant. C'est lui qui a tué en
« secret son maître, ce grand roi, flambeau du monde, ce cavalier
« qui, au milieu de son armée, semblait lever la tête au-dessus de la
« sphère de la lune ; sa massue n'épargnait aucun guerrier turc, et il
« jetait l'effroi dans le cœur des plus braves. Mahouï, maître de ses
« trésors, a usurpé la royauté, il l'a usurpée par un crime aussi
« odieux. Maintenant les éclaireurs nous annoncent l'approche de ses

طلایه همی گوید آمد سپاه	نماید که بر ما بگیرند راه
چو بدخواه جنگی بمالین رسید	نماید ترا با سپاه آرمند
گل خوبمالم‌ز شاهی مباد	چو باشد نماید ز یالم‌ز یاد
چو بشنید بیژن سپه گرد کرد	ز ترکان سواران روز نبرد
ز نخچیرگاهی بیامد دمان	نجست ایچ گونه بره بر زمان
چو نزدیك شهر بخارا رسید	همه دشت نخچیب سپه گسترید
بیاران چنین گفت کاکنون شتاب	مدارید تا او بدین روی آب
بپیكار ما پیش آرد سپاه	مگر باز خوایم ازو کمین‌شاه
وز آنپس بپرسید کز نامدار	نماند ایچ فرزند کاید بکار
جهاندار شاهی برادر نداشت	پسر گر نمود ایچ دختر نداشت
که اورا بمارید ویاری کنم	ماهوی بر کامگاری کنم
بدو گفت برسام کای شهریار	سرآمد بر آن تخمه بر روزگار
بر آن شهرها تازیان راست دست	که نه شاه ماند ونه آتش‌مرست
چو بشنید بیژن سپه برگرفت	ز کار جهان دست بر سر گرفت
طلایه بیامد که آمد سپاه	بمکمند سازد همی رزمگاه
سپاهی بکشتی برآمد ز آب	که از گرد پیدا نبد آفتاب
سپهدار بیژن زیمش سپاه	بیامد که سازد م او رزمگاه
چو ماهوی سوری سپه را بدید	توگفتی که جانش زتن بر پرید
زبس جوشن وخود وزرین سپر	زبس نیزه وگرز وچاچی تبر
شتر وار ها نیز بر اشتران	زلشکر همی شد بدیگر کران
غی شد برابر صفی بر کشید	هوا نیلگون شد زمین تا پدید

جنگ بیژن با ماهوی وکشته شدن ماهوی

چو بیژن سپه را هم راست کرد	بایرانیان بر کمین خواست کرد
بدانست ماهوی از آن قلبگاه	خروشان برفت از میان سپاه

« troupes; il ne faut pas qu'elles s'ouvrent un chemin jusqu'à nous;
« quand ton ennemi repose sa tête sur l'oreiller, ce n'est pas le
« moment d'accorder du repos à ton armée. Puisse l'ivraie ne pas
« naître dans le jardin royal, car si elle l'envahit, c'en est fait du
« jardin! »

Bijen, ayant entendu ces paroles, réunit une troupe de cavaliers turcs exercés à la guerre; il partit de Katchgar Bachi, plein de courroux, et ne perdit pas un moment en route. Arrivé près de la ville de Boukhara, il déploya son armée dans la plaine de Nakhscheb, et dit à ses officiers : « Aujourd'hui, ne vous hâtez pas; laissons l'ennemi « traverser le fleuve et nous offrir le combat; c'est alors que je pourrai « sans doute venger le roi. » Bijen demanda ensuite : « Le chef illustre « n'a-t-il pas laissé d'enfants dont on puisse tirer parti? Le roi, maître « du monde, avait-il des frères? A défaut de fils, n'a-t-il pas laissé une « fille que nous emmènerions avec nous et dont nous prendrions la « défense pour triompher de Mahouï? — Prince, répondit Barsam, les « jours de cette famille sont maintenant arrivés à leur terme; les Arabes « se sont emparés de leur pays et n'y ont laissé ni roi, ni adorateur du « feu. » Après avoir entendu ces paroles, Bijen, effrayé des vicissitudes du sort, réunit son armée. Les éclaireurs l'ayant averti que l'ennemi arrivait et qu'il allait bientôt livrer bataille, Bijen se mit à la tête de son armée pour diriger lui-même l'action. Tu aurais dit que l'âme de Mahouï Souri allait quitter son corps, lorsqu'il vit cette armée, cet amas de cuirasses, de casques et de boucliers dorés, cette forêt de lances, de massues et de haches fabriquées à Djadj, et ces chameaux chargés de bagage qui marchaient à l'écart de l'armée. Dévoré d'inquiétudes, il fit cependant face à l'ennemi, l'air s'obscurcit et la terre sembla disparaître (sous le nombre des combattants).

BIJEN LIVRE BATAILLE À MAHOUÏ ET LE TUE.

Bijen, après avoir rangé son armée en bataille, voulut attaquer en masse les Iraniens; Mahouï, placé au centre, devina son dessein et s'éloigna en gémissant du milieu de ses troupes. Bijen vit flotter son étendard et comprit qu'il prenait le parti de fuir; il dit alors à

نگه کرد بیژن درفشش بدید / بدانست کو جست خواهد گزید ۸۴۵
بمرسام فرمود کز قلمگاه / بیکسوگذار آنچه داری سماه
نباید که ماهوی سوری زجنگ / بترسد بجون کشد بی درنگ
بجمزی بروچشم زو بر مدار / که با اودگرگونه سازیم کار
چوبرسام چینی درفشش بدید / سپه را سراسر زیکسو کشید
همی تاخت تا پیش شهر فرب / پر آژنگ رخ پر زدشمنام لب ۸۵۰
مر اورا بریک فرب در بمافت / رکابش گران کرد واندر شتافت
چونزدیک با او برابر بمود / نزد خنجر اورا دلمری نمود
کمربند بگرفت واورا ززین / بر آورد وآسان بزد بر زمین
فرود آمد ودست اورا ببست / بمیش اندر افگند وخود برنشست
م آنگه رسیدند یاران اوی / همه دشت ازو شد پر از گفتگوی ۸۵۵
بمرسام گفتند کمرا ممر / بماید زدن گردنش بتبر
چنین داد پاسخ که این راه نیست / کزین یافتن بیژن آگاه نیست
هانگه ببیژن رسید آگهی / که آمد بدست آن بد آئین رهی
جهانجوی ماهوی شوریده هش / پر آزار وی دیو خداوندکش
چوبشنید بیژن بدل شاد گشت / بخندید زاندیشه آزاد گشت ۸۶۰
شرابی زدند از بر ریگ نرم / همی رفت ماهوی چون باد گرم
گنهگار چون روی بیژن بدید / خرد شد زمغز سروش ناپدید
شد از بیم همچون تن بی روان / بسر بر پراگند ریگ روان
بدوگفت بیژن که ای بدنژاد / که چون توپرستار کسرا مباد
چرا کشتی آن دادگر شاه را / خداوند پیروزی وگاه را ۸۶۵
پدر بر پدر شاه وخود شهریار / زنوشین روان در جهان یادگار
چنین داد پاسخ که از بدکنش / نماید مگر کشتن وسرزنش
بدی بد کفرم گردن من بزن / بمندار در پیش این انجمن
بترسید کش پوست بیرون کشد / تنشرا بدان کینه در خون کشد

Barsam : « Fais avancer du centre toutes les troupes dont tu
« disposes; il ne faut pas que Mahouï Souri refuse le combat, ni qu'il
« se réfugie en toute hâte vers l'Oxus. Ne le perds pas de vue un seul
« instant, et agis de façon à ce que nous en venions à bout d'une autre
« manière. »

Barsam, le Chinois, apercevant le drapeau de Mahouï, fit mouvoir
son armée en masse et la conduisit rapidement jusqu'aux abords de
la ville de Farab; les traits contractés par la colère, la bouche pleine
de malédictions, il atteignit Mahouï dans les sables de Farab. S'affer-
missant sur ses étriers, il piqua droit à lui; arrivé en face de son adversaire, au lieu de le frapper de son épée, il agit avec plus d'audace.
Il le saisit par la ceinture, l'enleva de selle et le posa par terre sans
effort; puis il descendit de cheval, lui lia les mains et, remontant à
cheval, il le poussa devant lui. En ce moment arrivèrent les compagnons de Barsam, remplissant de tumulte toute la plaine; ils exhor-
tèrent leur chef à ne pas emmener son prisonnier et à lui abattre la
tête d'un coup de hache. Mais Barsam leur répondit : « Il ne convient
« pas d'agir ainsi, puisque Bijen n'est pas informé de la capture de
« son ennemi. »

Bijen apprit aussitôt qu'on avait fait prisonnier l'esclave impie,
l'ambitieux Mahouï à l'esprit pervers, l'homme méchant et sans religion qui avait tué son maître. Cette nouvelle réjouit le cœur de Bijen,
il devint souriant et bannit ses alarmes. On piqua une grande lance
dans la terre sablonneuse et molle; en ce moment Mahouï arrivait
rapide comme le semoum : ce scélérat aperçut Bijen et la raison aban-
donna sa cervelle; frappé d'épouvante et semblable à un corps sans
âme, il répandit de la poussière sur sa tête. « Homme infâme, lui dit
« Bijen, je ne souhaite à personne un esclave tel que toi; pourquoi as-
« tu fait périr le roi juste, le maître de la victoire et du trône, le fils
« des rois, roi lui-même et dernier rejeton de Nouschirwan en ce
« monde? » Mahouï répondit : « Qu'attendre d'un méchant si ce n'est
« le meurtre et l'injure? En expiation du mal que j'ai fait, prends ma
« tête et jette-la devant cette armée. » En effet, Mahouï redoutait
d'être écorché vif et traîné dans son sang, en punition de son crime;
mais le vaillant Bijen comprit sa pensée secrète; il lui fit attendre

نهانش بدانست مرد دلیر	بپاسخ زمانی همی بود دیر
بدو داد پاسخ که ایدون کنم	که کین از دل خویش بیرون کنم
بدین مردی و دانش و رای و خو	همی تاج شه آمدت آرزو
بشمشیر دستش ببرید و گفت	که آبی دستش را در بدی نیست جفت
چو دستش ببرید گفتا دوپای	ببرید تا ماند ایدر بجای
بفرمود تا گوش و بینیش بیست	بریدند و بربارگی برنشست
بفرمود کمرا بری ریگ گرم	بدارید تا خوابش آید نرم
سرما بفرجام ببرید بیست	بیفگند پیش و بخوردن نشست
منادیگری گرد لشکر بگشت	بدرگاه هر خیمه بر گذشت
که ای بندگان خداوند کش	مشورید هر جای بیهوده هش
چو ماهوی باد آنکه بر جان شاه	نخچید هرگز مبیماد گاه
سه پور جوانش بلشکر بدند	همان هر سه با تخت و افسر بدند
هم آنجا بلند آتشی بر فروخت	پدر با پسر هر سه با هم بسوخت
از آن تخمه کس در زمانه نماند	وگر ماند هر کس که دیدش براند
بزرگان بدان دوده نفرین کنند	سر از کشتن شاه پر کین کنند
که نفرین بر و باد و هرگز مباد	که اورا نه نفرین فرستی بداد
کمین زین سپس دور عمر بود	چو دین آورد تخت منبر بود

تاریخ انجام شاهنامه

چو یک گذشت سال از برم شصت و پنج	فزون کردم اندیشه درد و رنج
بتاریخ شاهان نماز آمدم	بپیش اختر دیرساز آمدم
بزرگان و یا دانش آزادگان	نبشتند یکسر همه رایگان
چنین نامداران و گرد نیکشان	که دادم از این نامه زیشان نشان
نشسته نظاره من از دور شان	تو گفتی بدم پیش مزدور شان
جز احسنت ازیشان نبد بهره ام	بکفت اندر احسنت شان زهره ام

quelque temps sa réponse et lui dit enfin : « Je veux t'infliger un châ-
« timent qui satisfasse la colère de mon cœur, puisque, dénué de cou-
« rage, de sagesse, de raison et de caractère comme tu l'es, tu as
« convoité la couronne du roi. » Et d'un coup de sabre il lui coupa la
main en disant : « Cette main n'a jamais eu d'égale dans le crime. »
Ensuite il lui fit couper les deux pieds pour qu'il restât sans mouvement, et lui fit arracher les oreilles et le nez; puis il monta à cheval, en
ordonnant qu'on le laissât exposé sur le sable brûlant, jusqu'à ce qu'il
expirât dans la honte. Enfin il lui abattit la tête, la jeta sous ses pieds
et se mit à table. Un héraut fit le tour du camp et, passant sur le seuil
des tentes, cria : « Esclaves assassins de vos maîtres, ne livrez pas
« votre esprit à de folles espérances. Que celui qui n'épargne pas la
« vie d'un roi ait le sort de Mahouï et qu'il n'obtienne jamais la puis-
« sance! » Mahouï avait dans son armée trois fils qui possédaient
chacun un trône et un diadème; on alluma au même endroit un grand
bûcher où tous les trois brûlèrent avec leur père. Il ne resta personne de cette race, ou si quelque rejeton lui survécut, tous ceux
qui le rencontraient le chassèrent de leur présence; les grands mau-
dirent cette famille et la poursuivirent de leur haine à cause du
meurtre du roi en disant : « Malédiction sur elle! et puisse-t-il ne
« manquer jamais d'hommes pour la maudire! »

Désormais l'ère d'Omar était arrivée; elle apportait une religion
nouvelle et remplaçait le trône par la chaire.

DATE DE L'ACHÈVEMENT DU LIVRE DES ROIS.

Soixante-cinq années avaient passé sur ma tête, mon esprit devenait soucieux et triste; plus je recherchais avec ardeur l'histoire des
rois et plus mon étoile ralentissait sa marche. De grands personnages
distingués par le savoir et la naissance, plusieurs hommes renommés
et fiers qui doivent leur réputation à ce livre, le copiaient gratuite-
ment, et moi, assis à l'écart, je les regardais faire, et on m'aurait pris
pour un mercenaire à leurs gages. Des éloges, voilà tout ce que j'ai
obtenu d'eux; mais, au milieu de ces éloges, ma force s'épuisait. Les
caisses vénérables demeuraient fermées, et mon cœur s'affligeait de

سر بدرهای کهن بسته شد وز آن بند روشن دم خسته شد
از آن نامور نامداران شهر علی دیلمی بو دلف راست بهر
که همواره کارم بخوبی روان همیداشت آن مرد روشن روان ۸۹۰
ابونصر وزاق بسیار نیز بدین نامه از مهتران یافت چیز
حسین قتیبست ز آزادگان که از من نخواهد تخن رایگان
ازو یه خور و یوشش و سیم و زر ازو یافتم جنبش پای و پر
نیم آگه از اصل و فرع خراج همی غلطم اندر میان دواج
چو سال اندر آمد به هفتاد و یک همی زیر شعر اندر آمد فلک ۸۹۵
سی و پنج سال از سرای سپنج بسی رنج بردم بامید گنج
چو بر باد دادندم رنج مرا نبد حاصلی سی و پنج مرا
کنون عمر نزدیک هشتاد شد امیدم به یکباره بر باد شد
سر آمد کنون قصهٔ یزدگرد ماه سفندار مذ روز ارد
زیخ هجرت شده پنج هشتاد بار که گفتم من این نامه شهریار ۹۰۰
همی گاه محمود آباد باد سرش سبز بادا دلش شاد باد
هش رای و م دانش و م نسب چراغ عجم آفتاب عرب
چنانش ستودم که اندر جهان سخن ماند از آشکار و نهان
مرا از بزرگان ستایش بود ستایش ورا در فزایش بود
که جاوید بادا خردمند مرد همیشه بکلام و دلش کار کرد ۹۱۰
بدو ماندم این نامه را یادگار بشش بمور ابیاتش آمد شمار
چو این نامور نامه آمد بین زمین روی کشور شود پر سخن
نمیرم از اینپس که من زنده ام که تخم سخنرا پراگنده ام
هرآنکس که دارد هش و رای و دین پس از مرگ بر من کند آفرین
هزاران درود و هزاران ثنا زما آفرین باد بر مصطفی ۹۱۵
و بر اهل بیتش همیدون چنین همی آفرین خوانم از بهر دین
تمام شد شاهنامهٔ فردوسی طوسی

YEZDEGIRD

les trouver toujours closes. Cependant, parmi les nobles et illustres habitants de la ville, Abou Dolaf Ali, le Deïlemite, cet homme équitable à l'âme brillante, m'a traité toujours avec bonté. Abou Nasr Warrak, lui aussi, a beaucoup obtenu des grands en faveur de ce livre, et un autre seigneur, Housein, fils de Kotaïba, n'a pas reçu mes vers sans me récompenser. C'est lui qui m'a donné de la nourriture, des vêtements, de l'argent et de l'or; c'est lui qui m'a fourni les moyens de mouvoir pied et aile. Je n'avais à m'inquiéter en aucune façon du Kharadj et je passais mes jours dans l'abondance.

Lorsque j'atteignis soixante et onze ans, le ciel s'humilia devant mon poëme. Pendant trente-cinq années passées dans ce monde périssable, je me suis épuisé en efforts pour obtenir une récompense; mais ces efforts ont été stériles et ces trente-cinq années n'ont rien produit. Aujourd'hui, ma vie touche à sa quatre-vingtième année et mes espérances se sont évanouies d'un seul coup. J'ai achevé l'histoire de Yezdegird le jour de Ard du mois de Sefendarmed (25 février 1010 de J. C.); lorsqu'il s'était écoulé cinq fois quatre-vingts ans depuis l'hégire, j'ai terminé ce livre digne des rois.

Que le trône de Mahmoud soit florissant, que sa tête demeure jeune et son cœur joyeux! qu'il possède la sagesse, le savoir et la noblesse! qu'il soit le flambeau des Persans et le soleil des Arabes! Les louanges que je lui ai prodiguées demeureront éternellement dans le monde: j'ai reçu de nombreuses louanges des grands, celles que je lui ai données sont plus nombreuses encore. Puisse ce sage monarque vivre éternellement et que ses actes s'accomplissent selon le désir de son cœur! Je lui lègue en souvenir ce poëme qui compte six fois dix mille distiques. Le voici terminé ce glorieux poëme, et l'éclat de ma gloire va remplir le monde; je ne mourrai pas et mon nom deviendra immortel, car j'ai répandu la semence du bien dire. Tout homme intelligent, sage et pieux bénira ma mémoire quand je ne serai plus.

Je réponds mille louanges, mille bénédictions sur le *Prophète* élu de Dieu et j'adresse autant de louanges aux membres de sa famille, par respect pour la religion.

FIN DU LIVRE DES ROIS DE FIRDOUSI, ORIGINAIRE DE THOUS.

TABLE ANALYTIQUE

DES NOMS PROPRES

ET DES PRINCIPALES MATIÈRES.

—⁂—

A

Aban, nom d'un génie, III, 363.
Abbas, un des chefs des Arabes qui envahirent la Perse sous le règne d'Hormuzd, fils de Nouschirwan, VI, 569.
Abbassides (Allusion à la dynastie des), VII, 437.
Abd-al-Salam, fils d'Ibrahim, natif de Cachemire, poëte, cité, I, LXXII, LXXIII.
Abou'l-Abbas ben-Fadhl, vizir de Mahmoud, fils de Sebekteghin, abolit, dans l'administration persane, l'usage de la langue arabe, I, XVIII.
Aboubekr (Le khalife), I, XXXI, 15; VII, 437.
Aboubekr Warrak, ami de Firdousi, I, XXVI. — Cf. Abou-Nasr Warrak.
Abou-Dolaf Ali, le Deïlemite, ami de Firdousi, VII, 503. — Cf. Ali le Dilémite.
Abou'l-faradj-al-Warrak, auteur du Kitab al-Fihrist, cité, I, X.
Abou'lfatah Isa, fils de Malek el-Adel Aboubekr, l'Ayoubite, prince auquel fut dédiée la première traduction du Livre des Rois, de Firdousi, I, LXXVIII.
Abou'lfazl, Destour de Nasr, roi de Perse, prescrit l'usage du dialecte du Fars et du Déri, VI, 455.
Abou'lhoseïn, poëte, cité, I, LXXVII.
Abou'l-Kasim, surnom du sultan Mahmoud, IV, 7, 449, 489, 703; V, 49; VI, 491.
Abou'l-Kasim Firdousi, de Thous, auteur du Livre des Rois, etc. (Essai de critique littéraire et historique sur Firdousi), par Stephan Nazarianz. Moscou, 1851, in-8°, IV, IV.
Abou'l-Kasim Gourgani, principal scheikh de Thous, refuse d'abord de lire les prières sur la tombe de Firdousi, puis change de résolution à la suite d'un songe, I, XLIV.
Abou'lmaani, marchand de livres à Hérat, chez qui, au dire de Danleschah, Firdousi se serait réfugié après sa fuite de Ghaznin, I, XL.
Abou-Mansour, écrivain, cité, I, X.
Abou-Mansour, fils de Mohammed, gouverneur de Thous à l'époque de Firdousi, l'invite à lui réciter les parties déjà composées de son poëme et, dès ce moment,

pourvoit à tous les besoins de ce poëte; reconnaissance de Firdousi, I, xxv. — (Louange d'), 21, 23.

Abou-Mansour Abdourrezak, fils d'Abdoullah Farroukh, vizir de Iacoub, fils de Leis, reçoit de ce prince l'ordre de faire traduire et compléter le recueil de traditions persanes de Danischwer Dihkan; il charge de ce travail le wekil de son père, Saoud Ibn-Mansour-al-Moamri, I, xvi. — Famille à laquelle il appartenait, xvii.

Abou'lmoayyid, écrivain cité, I, li, lix.

Abou'l-Mozaffer, surnom de l'émir Nasr, frère du sultan Mahmoud, V, 267.

Abou Nasr Warrak, ami de Firdousi, VII, 503. — Cf. Aboubekr Warrak.

Abou Saïd (Poëme épique d'); le schair qui le récite au Caire et en Arabie s'accompagne du rebab, I, xxix.

Abou-Thaher Ibn-Hasan Ibn-Ali Ibn-Mousa, de Tharsous, compilateur des contes historiques persans dont il paraît avoir fait une immense collection, I, lxxiv. — Analyse sommaire de quelques-uns des contes qui composent cette collection, lxxiv-lxxvi.

Abraham, cité, I, xlvii.

Abtin, père de Féridoun; sa généalogie, suivant la tradition; il tombe entre les mains des gardes de Zohak; il est mis à mort, I, 79. — Firanek, son épouse, apprend à son fils Féridoun l'origine de son père et le sort que lui avait fait subir Zohak, 83. — VII, 121, 413, 477.

Ad (Casques d'), VII, 431.

Adam, cité, I, lxxvi.

Aden, ville de l'Arabie, V, 513.

Ader, nom d'un génie, III, 363. — (Le trône d'), V, 689.

Aber-Abadgan, ville, II, 565; IV, 195; V, 673, 687; VI, 165, 203, 359, 693; VII, 147, 149.

Ader-Afrouz, fils d'Isfendiar, IV, 437, 445.

Aderbaïdjan, province de la Perse, VII, 435.

Aderberzin, fils de Faramourz, cité, I, lxviii.

Ader Berzin, descendant de Schapour Dsoul-Aktaf, est envoyé par le prince de Kirman à la cour de Mahmoud le Ghaznévide pour lui communiquer les traditions des anciens rois qu'il avait recueillies, I, xix.

Adergouschasp, nom d'un ange qui, dans la mythologie persane, est le gardien du feu, et qui, par cette raison, sert de terme de comparaison pour tout ce qui est brillant, I, 277, 319, 333, 401, 533; II, 97, 365, 447, 529, 617, 627, 635, 679, 689; III, 13, 143, 277, 363, 571; IV, 63, 219, 265; 349. — (Le feu). II, 553; IV, 17, 211, 219; VI, 657, 693, 695. — (Le temple d'), II, 553, 565, 569; IV, 195, 203, 211; V, 273, 665; VII, 435. — Lieu où était établi le sanctuaire d'Adergouschasp, V, 679. VII, 5, 27, 179, 187.

Adergusschasp, Aderguescasp. Voyez Adergouschasp.

Adergouschasp, noble iranien, partisan de Khosrou Parwiz dans sa lutte contre Bahram Djoubineh, VII, 163.

Administration. — Ardeschir Babekan organise l'administration de son empire, V, 357. — Recrutement de l'armée, 357. — Organisation du personnel des écrivains et du travail des bureaux, 359. — Règles de conduite imposées aux gouverneurs des provinces et contrôle de leur administration, 361. — Envoyés chargés de s'assurer de la légitimité des cas de guerre, 361. — Commissaires civils préposés à la surveillance de l'armée, 363. — Conseils de tactique militaire qu'Ardeschir donnait au chef de son armée, 363. — Cérémonial usité à l'égard des ambassadeurs, 365. — Écoles et temples, secours en nature et remises d'impôts aux gens ruinés, 367. — Instructions de Bahram Gour à ses employés, 689-693. — Système de gouvernement de Nouschirwan, VI, 471. — Voyez aussi Castes, Écrivains, Employés, Emprunts, Impôts, Justice, Règlements de Nouschirwan, Scribes de l'Iran.

TABLE ANALYTIQUE

507

Afrasiab, fils de Pescheng, roi du Touran, I, xxii, xxxvii, li, lxi, lxv, 381. — Son père, à la nouvelle de la mort de Minoutchehr, conçoit le projet de s'emparer de l'Iran et consulte les grands de son royaume; Afrasiab répond qu'il est prêt à venger les affronts de sa race, I, 389. — Le roi lui ordonne de conduire l'armée vers l'Iran; Aghrirez, autre fils du roi, cherche à détourner son père de cette entreprise, 391. — Pescheng l'invite à accompagner son frère Afrasiab et à l'aider de ses conseils, 391. — Afrasiab part pour l'Iran, 393. — Newder marche à sa rencontre, 393. — Afrasiab envoie Schemasas et Khazarwan contre Zal et vient camper devant Dehistan où se trouve Newder; il écrit à son père pour lui rendre compte de ce qu'il a fait et lui apprendre la mort de Sam, 395. — Combat entre Kobad et Barman, 395. — Mort de Kobad, 399. — Afrasiab récompense Barman pour la victoire qu'il vient de remporter sur son adversaire; Karen fait avancer son armée, 399. — Afrasiab va à sa rencontre; hauts faits de Karen; la nuit sépare les combattants, 401. — Karen ramène son armée devant Dehistan et rend compte au roi des circonstances de la lutte, 401. — Second combat d'Afrasiab contre Newder; succès de ses armes, 403. — Troisième combat de Newder et d'Afrasiab, 405. — Les Iraniens sont vaincus et se réfugient dans Dehistan qui est aussitôt investie, 407. — Afrasiab envoie Kuronkhan, fils de Wisch, dans le Fars; Karen offre à Newder de suivre les traces des Turcs, 407. — Le roi refuse de le laisser partir; Karen quitte secrètement la ville avec une grande partie de l'armée, 409. — Il tue Barman qui voulait lui fermer la route et continue son chemin vers le Fars, 411. — Newder, apprenant son départ, se hâte de le suivre; il tombe entre les mains d'Afrasiab, 411. — Ce roi apprend la fuite de Karen et la mort de Barman; il ordonne à Wisch, père de Barman, de poursuivre les Iraniens et de venger son fils, 413. — — Wisch trouve son fils mort; sa douleur et sa colère à cette vue; il continue sa marche, 413. — Il atteint l'armée de Karen; il est battu et retourne vers Afrasiab, 415. — Expédition de Schemasas et de Khazarwan dans le Zaboulistan, 415. — Mihrab, qui se trouvait alors dans ce pays, cherche à se concilier la faveur des Turcs et demande en même temps du secours à Zal, 417. — Zal vient en aide à Mihrab, 417. — Rencontre des deux armées ennemies; combat entre Zal et Khazarwan, 419. — Khazarwan est tué; déroute des Turcs; ils rencontrent dans leur fuite l'armée de Karen, fils de Kaweh, 421. — Ils sont massacrés; Schemasas et quelques hommes échappent seuls au carnage, 423. — Afrasiab assassine Newder, 423. — Aghrirez obtient la grâce des autres prisonniers iraniens, 425. — Zal apprend la mort de Newder, 425. — Il jure de le venger, 427. — À la nouvelle de ses préparatifs, les Iraniens prisonniers d'Afrasiab tremblent pour leur vie, 427. — Ils supplient Aghrirez de les délivrer; celui-ci promet de les remettre aux troupes de Zal dès qu'elles seront près de Sari, 429. — Les prisonniers envoient un message à Zal, 429. — Ce prince confie le commandement de son armée à Keschwad; à l'approche de ce général, Aghrirez emmène ses troupes, laissant à Sari tous les prisonniers; ceux-ci reviennent avec Keschwad dans le Zaboulistan, 431. — Afrasiab apprend la conduite de son frère et lui en fait des reproches, 431. — Réponse d'Aghrirez; fureur d'Afrasiab qui tue son frère, 433. — Zal marche contre Afrasiab; celui-ci va à sa rencontre; combats d'avant-postes, 433. — Zew, fils de Thahmasp, est proclamé roi à la place de Newder, 435. — Une grande famine épuise les deux ar-

64.

mées en présence depuis cinq mois; Afrasiab propose à Zew d'oublier les vieilles haines et de se partager équitablement la terre; ses propositions sont acceptées, 437. — Division de la terre entre les Turcs et les Iraniens; Zew ramène son armée dans le Fars; Zal se retire dans le Zaboulistan, 437. — Mort de Zew, 439. — Son fils Guerschasp lui succède, 441. — Douleur causée à Pescheng par la mort d'Aghrirez; son ressentiment contre Afrasiab. Il apprend la mort de Guerschasp et ordonne à son fils de marcher sur l'Iran, 441. — Les Iraniens effrayés s'adressent à Zal; il leur promet le secours de Rustem, 443. — Zal conduit son armée contre Afrasiab, 451. — Celui-ci vient camper sur le bord de la rivière de Reï, 453. — Rustem se rend dans l'Alborz, sur l'ordre de son père, pour en ramener Keïkobad, descendant de Feridoun, 453. — Les Turcs des avant-postes tentent de s'opposer à son passage; il les disperse, 455. — Rustem arrive au palais de Keïkobad, 455. — Il s'acquitte auprès de ce prince du message de son père, 459. — Keïkobad et Rustem partent pour rejoindre l'armée; les Turcs tentent de leur barrer le chemin; Rustem tue leur chef et les met en déroute, 461. — Keïkobad arrive auprès de Zal, 463. — Il monte sur le trône; il se prépare à combattre les Turcs, 465. — Rencontre des deux armées; exploits de Karen, 465. — Mort de Schemasas, 467. — Rustem combat Afrasiab, 467. — Ce prince est vaincu; il prend la fuite, et son armée est taillée en pièces et mise en déroute, 469. — Il se rend auprès de son père, 471. — Il lui fait le récit de sa lutte avec Rustem, 473. — Il lui énumère les pertes de tout genre que cette campagne a causées aux Turcs et l'engage à traiter avec Keïkobad, 475. — Pescheng demande la paix au roi de l'Iran, 477. — Ce prince la lui accorde; les Turcs repassent le Djihoun, 479. — Rustem exhorte Keïkobad à se défier des Turcs qui ne sont soumis que par crainte de ses armes; le roi lui répond qu'il convient de les traiter avec bonté et justice, 479. — Afrasiab apprend que Keï Kaous, successeur de Keïkobad, est prisonnier du roi de Hamaveran; il conçoit le dessein de s'emparer de l'Iran, II, 21. — Il se jette sur l'armée des Arabes et les défait, 21. — Il se rend maître de l'Iran, 23. — Les Arabes, apprenant que Kaous a été délivré par Rustem, écrivent à ce roi pour l'informer de leur lutte avec Afrasiab et lui offrir leur concours contre ce prince, 35. — Kaous ordonne à Afrasiab de sortir de l'Iran, 35. — Afrasiab refuse d'obéir à cette injonction et marche à la rencontre de Kaous, 37. — Les deux armées en viennent aux mains, 37. — Les Turcs faiblissent. Afrasiab harangue ses troupes; il promet un royaume et la main de sa fille à celui qui s'emparera de Rustem, 39. — Il est néanmoins défait et s'enfuit dans le Touran, 39. — Guiv propose à Rustem d'aller chasser dans les réserves d'Afrasiab, sur le territoire du Touran, 51. — Rustem accepte cette proposition et part pour la chasse avec Guiv et cinq autres guerriers célèbres de l'Iran, 51. — Afrasiab apprend leur expédition et se met en marche avec son armée pour les surprendre, 55. — Rustem combat les Touraniens, 57. — Afrasiab envoie contre lui Piran, fils de Wiseh, 59. — Combat de Pilsem contre les Iraniens, 61. — Combat et mort d'Alkous le Touranien, 65. — Les Turcs font un dernier effort, ils sont vaincus, 67. — Afrasiab s'enfuit du champ de bataille et parvient à échapper à la poursuite de Rustem, 69. — Les Iraniens font de nombreux prisonniers et un grand butin; ils informent Keï Kaous de leur victoire, 69. — Ils retournent dans l'Iran, 71. — Teminéh, épouse de Rustem et mère de Sohrab,

TABLE ANALYTIQUE

recommande à son fils de garder le secret sur sa naissance par crainte d'Afrasiab, 85. — Projets belliqueux du jeune prince à l'égard de Kaous et d'Afrasiab, 87. — Il se prépare à la guerre contre les Iraniens, 89. — Afrasiab envoie Barman et Houman auprès de Sohrab; instructions secrètes qu'il leur donne; message qu'il adresse au jeune prince, 91. — Sohrab va recevoir les envoyés d'Afrasiab et conduit son armée dans le pays d'Iran, 93. — 127. — Afrasiab apprend par Houman la mort de Sohrab, 189. — Histoire de Siawusch, fils de Kei Kaous, 195. — Kaous apprend qu'Afrasiab s'est mis en marche avec cent mille hommes, 247. — Siawusch demande à son père de lui confier le commandement de l'armée iranienne, 247. — Le roi y consent et charge Rustem de veiller sur lui, 249. — Siawusch entre en campagne, 249. — Succès de ses armes, 253. — Il rencontre, près de Balkh, les Touraniens commandés par Sipahram, les bat et s'empare de la ville; Sipahram s'enfuit avec son armée et se rend auprès d'Afrasiab, 253. — Siawusch demande à son père s'il doit passer le Djihoun et attaquer Afrasiab, 255. — Kaous lui conseille d'attendre que les Touraniens viennent le combattre, 255. — Guersiwez informe Afrasiab du résultat de la campagne contre les Iraniens, 257. — Colère du roi, 257. — Il a un rêve et en est effrayé, 259. — Il fait interpréter son songe, 261. — Un Mobed lui prédit les calamités qui accableront le Touran s'il combat Siawusch, 263. — Il confie à Guersiwez son intention de faire la paix avec Siawusch, 263. — Il tient conseil avec les grands, 265. — Il leur fait part de ses dispositions pacifiques, 267. — Les grands l'approuvent; il donne ses instructions à Guersiwez et l'envoie à la cour de Siawusch, 267. — Guersiwez arrive auprès de Siawusch, 269. — Il lui remet les présents et le message de son maître, 269. — Siawusch conclut un traité avec Afrasiab, 271. — Afrasiab lui envoie des otages et évacue les parties de l'Iran qu'il occupait, 273. — Siawusch envoie Rustem auprès de Kaous pour l'informer de ce qu'il vient de faire, 275. — Rustem rend compte à Kaous, 277. — Le roi lui fait des reproches, 279. — Il le renvoie dans le Sistan, 281. — Kaous répond à la lettre de Siawusch, 283. — Il lui ordonne de lui envoyer les otages et de combattre les Touraniens ou de céder le commandement de l'armée à Thous, 285. — Siawusch consulte Bahram et Zengueh, 287. — Il charge Zengueh de rendre à Afrasiab ses otages et ses présents et veut confier son armée à Bahram pour la remettre à Thous, 289. — Il envoie Zengueh à la cour d'Afrasiab et fait demander à ce prince le passage à travers ses États pour aller chercher un asile contre la colère de son père, 293. — Zengueh se rend auprès d'Afrasiab, 295. — Le roi consulte Piran qui lui conseille d'accueillir Siawusch et de le retenir à sa cour, 297. — Craintes d'Afrasiab; Piran les dissipe, 297. — Lettre d'Afrasiab à Siawusch; il invite le jeune prince à se rendre auprès de lui, 299. — Zengueh rapporte à Siawusch la réponse du roi du Touran, 301. — Siawusch cède le commandement à Bahram, 301. — Il quitte le camp avec une escorte de six cents cavaliers; accueil qui lui est fait dans les villes qu'il traverse, 303. — Afrasiab envoie Piran au-devant de Siawusch; rencontre de Siawusch et de Piran, 305. — Ils arrivent à Gang, résidence d'Afrasiab, 309. — Entrevue de Siawusch et d'Afrasiab, 311. — Le roi donne au prince iranien un de ses palais pour demeure, 311. — Il ordonne à son fils et aux grands du royaume d'aller lui rendre visite, 313. — Siawusch montre son adresse devant Afrasiab, 313. — Une partie de balle entre le roi et Siawusch, 315. — Afrasiab et Siawusch vont à la chasse, 321. — Jalousie que le jeune prince inspire aux grands du Touran, 321. — Affection que lui voue le roi, 323. — Piran parle à Siawusch de Ferenguis, fille d'Afrasiab, 325. — Il lui offre de la demander pour lui à son père; Siawusch consent, 327. — Piran parle à Afrasiab, 327. — Soucis que causent au roi cette demande et le souvenir d'une prédiction concernant son petit-fils, 329. — Piran s'efforce de dissiper ses inquiétudes; le roi cède à ses conseils, 331. — Piran retourne auprès de Siawusch et lui fait connaître la réponse du roi, 331. — Fiançailles de Ferenguis et de Siawusch, 333. — Afrasiab donne une province à son gendre, 335. — Siawusch et Piran prennent congé du roi et partent pour leurs résidences, 335. — Siawusch bâtit Gangdiz, 339. — Il parle avec Piran de son avenir et lui révèle ses secrètes inquiétudes, 343. — Afrasiab envoie Piran dans les provinces, 349. — Siawusch bâtit Siawuschguird, 349. — Piran visite cette ville, 353. — Il revient auprès d'Afrasiab, lui rend compte de sa mission et lui fait l'éloge de la nouvelle résidence de Siawusch, 355. — Afrasiab envoie Guersiwez auprès de Siawusch, 357. — Naissance de Firoud, fils de ce prince, 359. — Colère secrète de Guersiwez à la vue du bonheur de Siawusch, 361. — Siawusch joue à la balle, 361. — Guersiwez le défie à la lutte, 363. — Il refuse de se battre avec ce prince et offre de se mesurer avec deux des grands du Touran, 365. — Demour et Guerouï-Zereh se présentent pour combattre Siawusch, 365. — Ils sont vaincus; les prouesses de Siawusch excitent le courroux de Guersiwez qui prend congé du prince et quitte Siawuschguird, 367. — Il revient et calomnie Siawusch auprès d'Afrasiab, 367. — Entretien d'Afrasiab et de Guersiwez au sujet de Siawusch, 369. — Guersiwez s'efforce d'allumer dans le cœur du roi la haine pour le fils de Kaous, 373. — Afrasiab charge son frère d'une mission secrète, 375. — Guersiwez retourne auprès de Siawusch; ruse qu'il emploie pour le perdre, 375. — Conseils perfides qu'il lui donne, 379. — Lettre de Siawusch à Afrasiab, 385. — Guersiwez remet cette lettre au roi et lui fait entendre que Siawusch songe à se révolter, 385. — Afrasiab se met en campagne contre Siawusch, 387. — Siawusch a un songe, 389. — Il apprend que le roi du Touran s'avance avec son armée, 389. — Il déclare ses dernières volontés à Ferenguis, 391. — Il prend congé d'elle, 393. — Ses adieux à son cheval Behzad, 393. — Il tombe entre les mains d'Afrasiab, 395. — Le roi ordonne qu'on lui tranche la tête, 399. — Représentations que lui font à ce sujet son armée et Pilsem, 399. — Guersiwez s'efforce de détruire l'effet produit par leurs paroles, 401. — Conseils que lui donnent Demour et Guerouï; réponse d'Afrasiab à leurs suggestions, 403. — Ferenguis vient se lamenter devant son père, 403. — Ses paroles excitent la colère du roi qui la fait enfermer dans son palais, 407. — Assassinat de Siawusch par Guerouï, 407. — Le meurtrier coupe la tête de sa victime; une plante naît du sang de Siawusch, 409. — Douleur de Ferenguis; elle maudit son père. Afrasiab ordonne qu'on la fasse périr avec l'enfant qu'elle porte dans son sein, 411. — Pilsem court invoquer le secours de Piran, 411. — Piran délivre Ferenguis, 413. — Naissance de Keï Khosrou, 417. — Piran se rend auprès d'Afrasiab et lui apprend cet événement, 417. — Afrasiab se repent de sa conduite à l'égard de Siawusch; il recommande à Piran de faire élever Khosrou parmi les pâtres afin qu'il ignore son origine, 419. — Piran confie Keï Khosrou aux pâtres, 421. — La bravoure et la haute naissance de

TABLE ANALYTIQUE

l'enfant se révèlent dès l'âge le plus tendre, 421. — Piran le ramène dans son palais et l'élève près de lui, 423. — Afrasiab confie à Piran l'inquiétude que lui cause le fils de Siawusch, 423. — Piran rassure le roi en lui disant que le jeune homme est privé d'intelligence et de raison; Afrasiab jure de ne jamais faire du mal à son petit-fils, 425. — Piran conseille à Keï Khosrou de contrefaire l'insensé et l'amène auprès d'Afrasiab, 425. — Le roi interroge le jeune prince qui lui répond conformément aux recommandations de Piran, 427. — Afrasiab, rassuré, ordonne qu'il soit rendu à sa mère et envoyé à Siawuschguird, 427. — Keï Khosrou retourne à Siawuschguird, 429. — Départ de Khosrou pour l'Iran; commencement du récit, 433. — Kaous apprend la mort de Siawusch, 433. — La nouvelle du meurtre de ce prince parvient aussi dans le Nimrouz, 435.— Rustem se rend auprès de Kaous; il fait le serment de venger Siawusch, 435.— Il tue Soudabeh et entre en campagne, 437. — Départ de l'armée iranienne, 439. — Faramourz tue Warazad, roi du Sipendjab, 441. — Afrasiab apprend la mort de ce prince, 443. — Il fait ses préparatifs de guerre et envoie son fils Surkheh contre Faramourz, 443. — Surkheh est battu et fait prisonnier, 447. — Rustem arrive sur le champ de bataille avec son armée, 447. — Il ordonne de mettre à mort le fils d'Afrasiab. Thous, attendri par les paroles du jeune prince, intercède en sa faveur, 449. — Rustem reste insensible et Surkheh est livré aux bourreaux qui lui tranchent la tête, 449. — Afrasiab se met en campagne pour venger son fils, 451. — Rustem va à sa rencontre, 451. — Les deux armées se rangent en bataille, 453. — Rustem tue Pilsem, 453. — Le combat devient général, 457. — Afrasiab se lance dans la mêlée; les Iraniens reculent devant lui. Rustem vient à leur secours, 459. — Il se jette sur Afrasiab qui est renversé à terre; Houman dégage le roi en frappant Rustem de sa massue, 461. — Les Turcs prennent la fuite; les Iraniens les poursuivent, 463. — Afrasiab envoie Keï Khosrou à Khoten, 463. — Rustem gouverne le Touran pendant sept ans, 467. — Zewareh va voir les réserves de chasse de Siawusch; il éprouve une vive douleur au souvenir de ce prince, 469. — Il réveille dans le cœur de son frère le sentiment de la vengeance, 471. — Rustem dévaste le Touran, 471. — Il retourne auprès de Kaous, 473. — Afrasiab rentre dans son royaume et le trouve bouleversé; il marche contre l'Iran et le ravage sans cesse, 475. — 477, 483, 485, 487, 493.— Keï Khosrou part pour l'Iran avec Ferenguis et Guiv, 499. — Piran envoie à leur poursuite Kelbad et Nestihen, 499. — Guiv met en fuite les Turcs, 501. — Kelbad informe Piran du mauvais succès de son expédition; colère de Piran contre Kelbad, 503. — Piran poursuit Keï Khosrou, 505. — Combat de Guiv et de Piran, 507. — Piran est fait prisonnier, 511. — Guiv disperse les Touraniens et les met en fuite, 513. — Il mène Piran devant Khosrou et veut lui trancher la tête, 513. — Ferenguis délivre Piran des mains de Guiv, 515. — Celui-ci le met en liberté après lui avoir fait faire un serment, 517. — Afrasiab apprend la fuite de Khosrou; il se met en marche avec son armée et rencontre en chemin Piran, 517. — Celui-ci raconte au roi ce qui vient de se passer, 519. — Afrasiab furieux le chasse de sa présence et jure de massacrer les fugitifs, 521. — Khosrou, sa mère et Guiv arrivent sur les bords du Djihoun, 521. — Khosrou traverse le fleuve, 523. — Ferenguis et Guiv le suivent, et ils parviennent sains et saufs sur l'autre rive, 525. — Afrasiab arrive au péage et veut traverser le fleuve; il en est détourné par Houman et revient sur ses pas, 527. —

529, 533, 541, 543. — Première guerre de Keï Khosrou contre Afrasiab. Commencement du récit, 559. — Kaous raconte à son petit-fils comment Afrasiab a traité Siawusch et le mal qu'il a fait à l'Iran, 567. — Keï Khosrou lui promet de se venger d'Afrasiab, 567. — Il passe en revue les Pehlewans, 571. — Il leur distribue des trésors, 575. — Il envoie Faramourz, fils de Rustem, dans l'Inde, 581. — Il organise son armée, 583. — Commencement de l'histoire de Firoud, fils de Siawusch, 591. — Thous entre dans le pays des Turcs, 593. — Firoud apprend son arrivée, 597. — Il va observer l'armée iranienne, 603. — Bahram se rend auprès de lui, 607. — Firoud se fait connaître à lui et lui fait part de son désir de marcher contre le Touran en tête de l'armée iranienne, 611. — Bahram lui promet de rapporter ses paroles à Thous et lui donne de prudents conseils, 611. — Bahram retourne auprès de Thous et lui rend compte de ce qui vient de se passer, 613. — Reproches que Thous lui adresse; Rivniz s'offre pour aller chercher Firoud, 613. — Firoud tue Rivniz, 615. — Thous envoie Zerasp venger Rivniz, 617. — Firoud tue Zerasp, 617. — Thous attaque Firoud, 619. — Celui-ci tue le cheval de Thous qui retourne à son camp couvert de confusion, 621. — Combat de Guiv et de Firoud, 623. — Ce dernier blesse le cheval de Guiv qui est obligé de revenir à pied au camp, 625. — Combat de Firoud et de Bijen, 629. — Mort de Firoud, 631. — Thous conduit son armée vers le Kaschroud et Bijen tue Palaschan, 641. — Afrasiab apprend l'arrivée d'une armée sur les frontières du Touran et rassemble ses troupes, 645. — Les Iraniens souffrent de la neige, 645. — Thous convoque les chefs de l'armée et propose de lever le camp; reproches que lui adresse Bahram; réponse de Thous, 647. — Guiv traverse le Kaschroud et incendie un amas de bois qui barrait le passage à l'armée; les Iraniens marchent sur Guiraugnird, résidence de Tejaou, 649. — Tejaou combat les Iraniens, 651. — Il s'enfuit devant Bijen qui s'empare de son esclave favorite, 655. — Afrasiab apprend l'invasion de Thous, 657. — Piran organise l'armée du Touran et se met en marche vers Guiraugnird, 659. — Il surprend les Iraniens pendant la nuit, 661. — Ceux-ci s'enfuient jusqu'au Kaschroud et se mettent en sûreté dans les montagnes, 663. — Keï Khosrou rappelle Thous, 665. — Celui-ci remet le commandement de l'armée à Feribourz et revient auprès du roi, 669. — Feribourz propose à Piran un armistice, 671. — Piran lui accorde une suspension d'armes d'un mois, 673. — Les Iraniens sont de nouveau battus par les Turcs, 673. — Ils s'enfuient dans les montagnes, 683. — Bahram cherche son fouet sur le champ de bataille, 685. — Tejaou tue Bahram, 689. — Guiv met à mort Tejaou pour venger son frère, 695. — Les Iraniens reviennent auprès de Khosron, 699. — Piran apprend leur départ; il partage entre ses soldats les tentes du camp iranien et envoie un messager à Afrasiab, 701. — Accueil que le roi fait à Piran; cadeaux magnifiques qu'il lui envoie, 701. — Recommandations et conseils qu'il lui adresse au sujet de Rustem, 703. — Piran retourne à Khoten et prend ses dispositions pour avoir en tout temps des nouvelles de Rustem, 703. — Histoire de Kamous de Kaschan; commencement du récit, III, 5. — Keï Khosrou renvoie Thous dans le Touran, 13. — Piran, surpris par l'arrivée des Iraniens, leur adresse un message pour gagner du temps, 15. — Il prévient Afrasiab, 17. — Le roi lui envoie une armée, 17. — Thous en est informé et conduit ses troupes contre les Touraniens, 19. — Arjeng, fils de Zereh,

TABLE ANALYTIQUE

513

provoque les Iraniens, 21. — Thous tue Arjeng, 21. — Combat de Houman contre Thous, 23. — Deuxième combat entre les deux armées, 29. — Les Touraniens emploient la magie contre leurs ennemis, 35. — Rehham attaque le magicien torc et met fin à ses incantations, 37. — Les troupes de Thous prennent la fuite, 39. — Guiv les ramène au combat, 41. — Les Iraniens se retirent sur le mont Hemawen, 41. — Les Touraniens entourent la montagne, 43. — Piran suit les Iraniens jusqu'au mont Hemawen, 51. — Il investit la montagne, 53. — Les Iraniens font une attaque de nuit, 53. — Khosrou reçoit des nouvelles de son armée, 59. — Il ordonne à Rustem de se rendre à sa cour et lui donne connaissance de la situation, 61. — Rustem part pour le mont Hemawen, 71. — Afrasiab envoie le Khakan de la Chine et Kamous au secours de Piran, 75. — Le Khakan s'approche du Hemawen, 79. — Les Iraniens tiennent conseil sur leur position, 81. — Gouderz apprend que Rustem approche, 83. — Piran conduit sa nouvelle armée vers le champ de bataille, 87. — Le Khakan de la Chine va reconnaître l'armée des Iraniens, 89. — Feribourz arrive au mont Hemawen, 95. — Piran tient conseil avec le Khakan, 97. — Combat de Guiv et de Thous contre Kamous, 103. — Rustem arrive auprès des Iraniens, 107. — Ceux-ci l'entretiennent des troupes innombrables de l'ennemi et des guerriers qui les commandent, 111. — Les deux armées se rangent en bataille, 113. — Rustem va reconnaître le Khakan et les Touraniens, 117. — Les Iraniens se mettent en mouvement, 119. — Kamous harangue son armée, 119. — Combat de Rustem et d'Aschkebous, 121. — Piran s'informe si Rustem est arrivé, 121. — Kamous interroge Piran au sujet de Rustem, 127. — Réponse de Piran, 127. — Les Iraniens et les Touraniens forment leur ligne de bataille, 131. — Kamous tue Alwa, 133. — Rustem tue Kamous, 135. — Combat de Rustem et du Khakan de la Chine, 141. —143, 149, 155, 157, 159, 161, 163, 165, 167, 171, 175, 181. — Le Khakan est fait prisonnier, 197. — Rustem le remet aux gardes de Thous, 201. — Défaite des Touraniens, 203. — Rustem et son armée prennent la route du désert, 215. — Khosrou fait dire à Rustem qu'il n'aura point de repos qu'Afrasiab ne soit son prisonnier, 219. — Afrasiab apprend la défaite de son armée, 221. — Il assemble les grands du royaume et leur demande conseil, 221. — Ceux-ci sont d'avis de combattre Rustem s'il pénètre dans le Touran, 223. — Rustem et son armée arrivent dans le Soghd, devant Bidad, 225. — Par son ordre, Gustehem attaque le château de Bidad où commande Kafour, le mangeur d'hommes; les Iraniens sont battus, 225. — Rustem tue Kafour et s'empare du château, 227. — Il envoie Guiv faire une expédition sur les frontières du Khoten, 231. — Afrasiab reçoit des nouvelles de Rustem; douleur que lui cause la dévastation de son royaume, 233. — Ses soldats promettent de mourir plutôt que d'abandonner leur pays à l'ennemi, 235. — Il ordonne de faire les préparatifs de guerre et envoie Farghar observer Rustem et les Iraniens, 235. — Afrasiab confie à son fils Schideh ses inquiétudes et ses secrets desseins, 237. — Réponse de Schideh aux confidences de son père, 239. — Farghar rend compte de sa mission au roi qui communique son rapport à Piran et aux chefs de l'armée; réponse généreuse de Piran, 241. — Afrasiab écrit à Pouladwend pour lui demander son concours, 241. — Celui-ci rassemble son armée et va rejoindre Afrasiab, 245. — Le roi du Touran expose à Pouladwend l'inquiétude que lui cause Rustem, 245. — Pouladwend explique à Afrasiab

VII. 65

comment il espère venir à bout de Rustem, 247. — Rustem attaque les Turcs; combat de Pouladwend contre Thous et Guiv, 247. — Succès de Pouladwend contre les Iraniens, 249. — Combat de Rustem contre Pouladwend, 251.— Conseils perfides que Schideh donne à Pouladwend par ordre d'Afrasiab, 257. — Rustem jette Pouladwend à terre et le croit mort; Pouladwend se relève et s'enfuit auprès d'Afrasiab, 259.— Rustem fait avancer son armée; Pouladwend quitte le champ de bataille en emmenant ses troupes, 259. — Afrasiab s'enfuit devant Rustem, 261. — Les Touraniens sont mis en déroute complète, 261. — Les Iraniens cherchent en vain Afrasiab et dévastent son royaume, 263. — 267. — Rustem, cherchant son cheval Raksch, le trouve au milieu d'un troupeau de cavales appartenant à Afrasiab et dont il s'empare, 281. — Il tue ou disperse les gardiens du troupeau, 281. — Afrasiab vient voir ses chevaux et apprend que Rustem les enlève, 283. — Il se met à sa poursuite, 283. — Les Turcs sont mis en fuite, 285. — Rustem revient dans l'Iran chargé d'un riche butin, 287. — Histoire de Menijeh, fille d'Afrasiab, et de Bijen, fils de Guiv, 293. — Les Irmaniens demandent protection à Khosrou contre des sangliers qui dévastent leur pays, 295. — Le roi offre de riches cadeaux à celui qui ira combattre les sangliers, 299.— Bijen se présente pour cette entreprise, 299. — Il part accompagné de Gourguin qui doit lui montrer le chemin, 301. — Bijen combat les sangliers, 303.— Gourguin trompe Bijen, 305. — Il lui parle de Menijeh et des fêtes qu'elle va donner sur la frontière du Touran, 307. — Bijen et Gourguin se dirigent vers le lieu ordinaire de ces fêtes, 307. — Bijen va regarder Menijeh, 309. — La princesse aperçoit Bijen et s'éprend d'amour pour lui; elle envoie sa nourrice lui demander qui il est, 311. — Bijen se fait connaître à cette femme et lui révèle les motifs de sa présence en ce lieu, 311.— Il la prie de l'introduire auprès de la princesse; celle-ci lui fait dire de venir la trouver, 313. — Bijen se rend à la tente de Menijeh, 313. — Menijeh enlève Bijen et l'emmène dans son palais, 315. — Afrasiab apprend ce qui se passe, 315. — Il ordonne à Guersiwez de lui amener Bijen, 317. — Guersiwez pénètre dans le pavillon de Menijeh, 317. — Il y trouve Bijen qu'il amène devant le roi, 319. — Bijen raconte son aventure à Afrasiab, 321. — Celui-ci ordonne qu'on le suspende au gibet, 323. — Piran demande grâce à Afrasiab pour la vie de Bijen, 325. — Il conseille au roi de le charger de chaînes pour servir d'exemple aux Iraniens, 329. — Afrasiab jette Bijen en prison, 331. — Il ordonne à Guersiwez de dévaster le palais de Menijeh, de la dépouiller et de la traîner vers le cachot de Bijen dont elle sera désormais la servante, 331. — Menijeh nourrit Bijen du pain qu'elle va quêter de porte en porte, 333. — 349, 355, 371. — Rustem se rend à Khoten auprès de Piran pour chercher à sauver Bijen, 373. — Il laisse son armée sur la frontière et se présente devant Piran, avec ses sept compagnons, comme des marchands venus de l'Iran, 375.— Piran autorise Rustem à s'établir à Khoten, 377. — Menijeh vient voir Rustem; elle lui parle des souffrances de Bijen, 379. — Rustem, effrayé de ses paroles, la rabroie; douleur de Menijeh; Rustem se radoucit, 379. — La princesse prie le faux marchand, à son retour dans l'Iran, de faire connaître le sort de Bijen, 381. — Bijen devine l'arrivée de Rustem, 383. — Il révèle ce secret à Menijeh et l'engage à retourner auprès du marchand pour s'assurer s'il est bien Rustem, 385. — Celui-ci se fait connaître à Menijeh, lui recommande le silence et lui donne ses instructions, 387. — Menijeh fait part

TABLE ANALYTIQUE

à Bijen du message et des ordres qu'elle a reçus de Rustem, 387. — Rustem tire Bijen de la fosse, 389. — Bijen refuse de partir sans Rustem qui veut se venger d'Afrasiab, 393. — Rustem attaque de nuit le palais d'Afrasiab, 395. — Le roi s'enfuit, 395. — Les Iraniens enlèvent le butin et prennent en toute hâte le chemin de l'Iran, 397. — Afrasiab vient attaquer Rustem, 397. — Défaite d'Afrasiab, 401. — Afrasiab rassemble une nouvelle armée, 413. — Il envoie son fils Schideh dans le Kharezm et ordonne à Piran de marcher contre l'Iran, 417. — Keï Khosrou apprend les préparatifs de guerre d'Afrasiab, 417. — Il réunit ses troupes, 419. — Il envoie Rustem dans l'Inde et assigne à Lohrasp le pays des Alains et Ghartcheh, 421. — Il ordonne à Aschkesch de marcher contre Schideh et charge Gouderz de combattre Piran, 423. — Guiv porte à Piran un message de Gouderz, 425. — Guiv va à Wischguird pour voir Piran, 429. — Piran envoie secrètement un messager à Afrasiab pour l'informer de ce qui se passe et l'assurer de sa fidélité, 431. — Afrasiab lui expédie des renforts et lui fait savoir qu'il va lui-même entrer bientôt en campagne, 431. — Piran repousse toutes les propositions de Gouderz; Guiv retourne auprès de son père et les Touraniens le suivent de près, 433. — Guiv rend compte à Gouderz de sa mission et de la conduite de Piran, 433. — Les deux armées se rangent en bataille, 435. — Bijen demande à Guiv la permission de livrer combat, 441. — Réponse de Guiv à la demande de son fils, 445. — Houman demande à Piran autorisation de combattre, 445. — Piran explique à son frère les motifs qui lui font attendre l'attaque des Iraniens, 447. — Houman défie Rehham, 449. — Il provoque Feribourz, 453. — Il appelle Gouderz au combat, 455. — Réponse de Gouderz à ses provocations, 455. — Réplique de Houman, 457. — Celui-ci regagne son camp après avoir jeté à terre quatre cavaliers iraniens, 461. — Bijen apprend ce qu'a fait Houman, 463. — Il va le défier, 473. — Celui-ci vient combattre Bijen, 475. — Bijen tue Houman, 479. — Piran apprend la mort de son frère, 483. — Il fait dire à Nestihen de livrer combat, 485. — Nestihen fait une attaque de nuit et y périt, 485. — Piran fait avancer ses troupes, 489. — Les deux armées en viennent aux mains et combattent jusqu'à la nuit, 491. — Gouderz demande du secours à Khosrou, 491. — 493, 495. — Khosrou rassure Gouderz au sujet d'Afrasiab, 497. — Khosrou équipe une armée et envoie Thous contre le Dehistan, 501. — Il se met lui-même en marche du côté de Gouderz, 505. — Piran écrit à Gouderz pour demander la paix, 505. — Réponse de Gouderz à la lettre de Piran, 513. — Il repousse toutes les propositions, 515. — Il lui offre du temps et un délai, mais refuse de se retirer avant d'avoir livré un combat décisif, 523. — Rouin apporte à son père le message de Gouderz; tristesse que cause à Piran la lecture de cette lettre; paroles qu'il adresse à son armée, 525. — Il demande des secours à Afrasiab, 527. — Douleur de ce roi en écoutant le message de son lieutenant, 529. — Réponse d'Afrasiab à Piran, 531. — Il lui annonce qu'il va se mettre en campagne et qu'il lui envoie trente mille cavaliers, 533. — Il lui ordonne, aussitôt ce secours arrivé, d'attaquer Gouderz, 533. — Piran fait répéter devant son armée les paroles du roi, et s'efforce de ranimer le courage de ses soldats, 535. — Ses inquiétudes secrètes, 535. — Bataille rangée entre les deux armées, 537. — Combat de Guiv et de Piran. Le cheval de Guiv s'arrête, 541. — Mêlée générale, 547. — Gouderz et Piran conviennent du combat des onze champions, 547. — Les deux armées se

65.

retirent dans leurs campements, 549. — Guiv raconte à son père comment son cheval a refusé d'avancer contre Piran et l'explication que Bijen donne de ce fait, 549. — Les grands interrogent Gouderz au sujet du combat qu'ils doivent livrer aux Turcs, 551. — Gouderz leur rappelle les griefs des Iraniens contre Afrasiab et Piran, 551. — Il propose d'accepter immédiatement le défi porté par ce dernier et s'engage à payer de sa personne, 553. — Les Iraniens se déclarent prêts pour la vengeance et le combat, 555. — Gouderz range son armée en bataille et charge Gustehem du commandement en chef, 555. — Recommandations qu'il lui fait, 557. — Piran adresse la parole aux grands de son armée, 559. — Il s'efforce de relever leur courage abattu et leur fait connaître la convention faite avec Gouderz au sujet du combat singulier, 559. — Les grands se déclarent prêts à lui obéir et se disposent au combat; Piran confie son armée à Lehhak et Ferschidwerd, 561. — Gouderz et Piran choisissent les champions, 561. — Ordre de combat de ces derniers, 565. — Instructions données par les deux chefs à leurs combattants; les deux partis accourent sur le champ de bataille, 567. — Combat de Feribourz contre Kelbad, 567. — Mort de Kelbad, 569. — Combat de Guiv et de Gueroui Zereh; ce dernier est fait prisonnier, 569. — Combat de Gourazeh et de Siamek; celui-ci est tué, 571. — Combat de Fouroubil et de Zengouleh; l'Iranien tue son adversaire, 571. — Combat de Rehham contre Barman; mort de Barman, 573. — Combat de Bijen et de Rouin, 573. — Rouin périt de la main de Bijen, 575. — Combat de Hedjir et de Sipahram et mort de ce dernier, 575. — Combat de Zengueh, fils de Schaweran, et d'Aukhast; Zengueh tue son ennemi, 577. — Combat de Gourguin et d'Anderiman; mort d'Anderiman, 579. — Combat de Barteh avec Kehrem qui est tué, 579. — Combat de Gouderz et de Piran, 581. — Mort de Piran, 585. — Gouderz revient auprès des champions de l'Iran, 581. — Il envoie chercher le corps de Piran, 587. — Les Iraniens retournent à leur camp emportant les corps de leurs adversaires et chassant devant eux Gueroui Zereh, 589. — Lehhak et Ferschidwerd se lamentent sur la mort de Piran, 591. — Les Touraniens tiennent conseil; les deux frères leur font connaître le traité conclu entre Piran et Gouderz et les trois partis qu'ils peuvent prendre, 593. — Les Touraniens se décident à faire leur soumission à Khosrou, 595. — Lehhak et Ferschidwerd partent pour le Touran, 597. — Gustehem se met à leur poursuite, 599. — Une armée envoyée par Afrasiab apprend que Piran est mort et s'en retourne dans le Touran, 599. — Gustehem tue Lehhak et Ferschidwerd, 607. — Khosrou arrive au camp, 615. — Douleur qu'il éprouve à la vue du corps de Piran, 617. — Il lui fait élever un mausolée, 619. — Gueroui Zereh est mis à mort, 619. — Les Touraniens demandent grâce à Khosrou, 621. — Le roi leur pardonne et les laisse libres de partir ou de rester sous ses lois, 623. — Ils déposent devant lui leurs armes et leurs armures et s'engagent à lui rester soumis jusqu'à la mort, 623. — Khosrou les répartit dans ses provinces, 625. — IV, 1. — La grande guerre de Kei Khosrou contre Afrasiab, 5. — Commencement du récit, 13. — Kei Khosrou réunit une armée contre Afrasiab, 13. — Organisation de cette armée, 17. — Il fait faire des reconnaissances et envoie de tous côtés des éclaireurs et des espions, 23. — Afrasiab apprend la mort de Piran et les préparatifs de guerre de Kei Khosrou, 23. — Il rassemble ses troupes, 27. — Il passe le Djihoun, 29. — Il prend ses dispositions pour l'ordre de bataille et

TABLE ANALYTIQUE

donne des commandements à ses fils, 31. — Keï Khosrou est informé qu'Afrasiab s'avance pour l'attaquer, 33. — Il va à sa rencontre après avoir assuré ses derrières, 35. — Les deux armées arrivent en présence; elles restent deux jours immobiles, 35. — Pescheng (Schideh) se présente devant son père Afrasiab, 37. — Il lui parle de l'ingratitude de Siawasch et de la conduite de Keï Khosrou envers son grand-père et son bienfaiteur et à l'égard de Piran, 37. — Il demande à engager la lutte. Afrasiab répond à son fils qu'un combat général en ce moment serait funeste aux Touraniens et qu'il est préférable de faire avancer des champions isolés, 39. — Pescheng offre d'être le premier de ces champions et d'attaquer le roi de l'Iran, 39. — Afrasiab s'efforce de modérer l'ardeur de son fils et l'envoie en mission auprès de Keï Khosrou, 41. — Message et proposition d'Afrasiab à Khosrou, 41. — Pescheng porte au roi des Iraniens le message de son père, 45. — Keï Khosrou devine la ruse de son grand-père et exprime son intention de se mesurer avec lui, 47. — Les grands cherchent à le détourner de son dessein, 47. — Ils lui conseillent d'accepter les propositions de son ennemi et de revenir dans l'Iran, 49. — Reproches que leur adresse le roi à ce sujet, 49. — Keï Khosrou répond à Afrasiab, 53. — Il repousse toutes ses avances, lui dit qu'il se battra avec Pescheng et que s'il est vainqueur il n'accordera pas les délais demandés, 53. — Schideh (Pescheng) retourne auprès de son père et lui rend compte de sa mission, 55. — Combat de Khosrou avec Schideh, 55. — Ce dernier est tué, 63. — Afrasiab apprend la mort de son fils; ses compagnons prennent part à sa douleur et promettent de venger Pescheng, 65. — Combat général des deux armées, 67. — Afrasiab se jette dans la mêlée, 73. — Khosrou s'élance au-devant de lui; les amis d'Afrasiab entraînent ce roi loin du champ de bataille, 75. — Les Turcs s'enfuient; paroles d'Afrasiab à Khosrou, 75. — Fuite nocturne d'Afrasiab; il repasse le Djihoun avec ses troupes et abandonne son camp, 77. — Khosrou rend grâces à Dieu de cet événement; sa réponse aux grands qui regrettaient qu'Afrasiab eût pu s'enfuir, 77. — Khosrou annonce sa victoire à Kaous, 79. — Afrasiab arrive à Gangue Diz, 81. — Il s'y repose en attendant les événements, 81. — Keï Khosrou passe le Djihoun, 83. — Il s'arrête dans le Soghd où il apprend les mouvements des armées d'Afrasiab et donne des ordres en conséquence, 83. — Il quitte le Soghd et marche vers le Touran après avoir prescrit à ses troupes la conduite qu'elles devaient tenir dans le pays des Turcs, 85. — Les Iraniens arrivent sur les bords du Gulzarrioun; Afrasiab tient conseil; les grands sont d'avis de combattre, 87. — Seconde bataille entre Keï Khosrou et Afrasiab, 87. — La nuit sépare les combattants, 91. — Un messager de Gustehem, fils de Newder, apprend à Khosrou la défaite de Karakhan, fils d'Afrasiab, 91. — Un second messager lui annonce que Rustem est entré dans le Touran chassant devant lui les Turcs, 93. — Afrasiab reçoit les mêmes nouvelles et part secrètement pour aller surprendre Rustem; Khosrou, prévenu de son départ, envoie en toute hâte un messager à Rustem, 93. — Khosrou se met à la poursuite des Turcs; Afrasiab s'arrête dans sa marche contre Rustem et consulte les grands, 95. — Ceux-ci lui conseillent de se réfugier dans Gangue Diz, 95. — Il suit leur avis et rentre dans sa capitale, 97. — Afrasiab écrit au Faghfour de la Chine et met Gangue en état de défense, 97. — Les préparatifs terminés, il se livre au plaisir, 99. — Keï Khosrou arrive devant Gangue, 99. — Il dresse son camp et confie à Rustem son intention de s'emparer d'Afrasiab avant qu'il ait pu recevoir des secours, 101. — Djehn vient porter un message d'Afrasiab, 103. — Ce roi rejette sur le Div la responsabilité du meurtre de Siawusch, 105. — Il rappelle à Khosrou les ruines qu'a déjà causées cette guerre, 105. — Il lui signale les dangers qui attendent les Iraniens devant Gangue pendant l'hiver, 107. — Il s'engage enfin à consentir à tout s'il veut renoncer à sa vengeance, 109. — Keï Khosrou répond à Djehn, 109. — Il reproche à Afrasiab tous ses crimes, 111. — Il l'avertit qu'il ne lui parlera plus désormais qu'avec son épée et qu'il poursuivra sa vengeance jusqu'à la fin, 113. — Djehn rapporte à son père la réponse de Khosrou; Afrasiab se prépare au combat, 115. — Keï Khosrou attaque Afrasiab et s'empare de Gangue Diz, 115. — Afrasiab s'enfuit de Gangue, 121. — Khosrou protège les femmes d'Afrasiab, 123. — Il pourvoit à la sécurité de ses biens et de sa famille, 123. — Mécontentement des Iraniens; Khosrou convoque les sages et leur expose les motifs qu'il a pour agir ainsi, 125. — La reine principale et ses filles viennent implorer la miséricorde du roi, 125. — Les chefs de l'armée intercèdent en leur faveur. Le roi leur promet qu'il ne leur sera fait aucun mal, 129. — Khosrou donne des conseils aux Iraniens, 129. — Il distribue le trésor public du Touran à son armée et donne des villes à ses compagnons; le pays se soumet à lui, 131. — Lettre de Keï Khosrou à Kaous pour lui annoncer sa victoire, 131. — Khosrou apprend qu'Afrasiab a rejoint l'armée du Faghfour, 133. — Le bruit de son approche se répand parmi ses anciennes troupes; elles quittent les Iraniens et vont se réunir à l'armée d'Afrasiab, 135. — Khosrou confie à Gouderz le commandement de Gangue et sort au-devant d'Afrasiab, 135. — Celui-ci arrive en vue de l'armée iranienne; il fait connaître à ses conseillers son intention de combattre Khosrou en personne; tous s'efforcent de le détourner de cette résolution, 137. — Lettre d'Afrasiab à Keï Khosrou, 137. — Il lui propose un combat singulier, 139. — Rustem engage le roi à repousser cette proposition et à mener son armée tout entière contre l'ennemi, 139. — Combat entre les Iraniens et les Touraniens, 141. — Afrasiab fait une attaque de nuit; il est battu, 143. — Il s'enfuit dans le désert; les Turcs implorent du roi de l'Iran leur grâce qui leur est accordée, 147. — Khosrou retourne à Gangue, 149. — Le Khakan de la Chine envoie un ambassadeur à Khosrou, 149. — Celui-ci lui fait défense de donner asile à Afrasiab; le Faghfour invite le roi du Touran à se tenir éloigné de ses frontières, 151. — Afrasiab passe le lac de Zereh, 151. — Khosrou apprend qu'Afrasiab s'est réfugié à Gangue Diz; il annonce son intention de soumettre la Chine et le Madjin et de poursuivre ensuite sa vengeance, 153. — Irritation des grands; Rustem les exhorte à ne pas laisser perdre le fruit de tant de peines et d'efforts, 153. — Son discours change leurs dispositions et ils protestent de leur dévouement au roi, 155. — Keï Khosrou envoie à Kaous les captifs et des présents; Guiv est chargé de cette mission, 155. — Il arrive auprès de Kaous et lui remet le message de Khosrou, 157. — Les prisonniers sont amenés devant le roi qui fixe leur sort, 159. — Guersiwez est jeté dans un souterrain du château royal, 159. — Kaous fait connaître dans tout l'empire les succès de Khosrou dans le Touran et la Chine, 161. — Réponse de Kaous à la lettre de Keï Khosrou, 161. — Khosrou quitte Gangue et se dirige vers la Chine, 163. — Il s'arrête à Siawuschguird et voit le lieu où avait coulé le sang de son père, 163. — Il se promet,

TABLE ANALYTIQUE

si Dieu l'aide, de verser en ce même lieu le sang d'Afrasiab, 165. — Kei Khosrou envoie un message au Faghfour de la Chine et au roi du Mekran; celui-ci fait au message de Khosrou une réponse insolente et hautaine, 165. — Il refuse aux Iraniens le passage à travers ses États; Khosrou arrive dans le Khoten où le Faghfour et le Khakan de la Chine le reçoivent avec les plus grands honneurs, 167. — Il se dirige vers le Mekran, 167. — Bataille entre Kei Khosrou et le roi du Mekran; mort de ce dernier, 169 — Kei Khosrou fait construire des vaisseaux et quitte le Mekran en y laissant une armée sous les ordres d'Aschkesch, 173. — Kei Khosrou passe la mer de Zereh, 173. — Il arrive à Gangue Diz, 177. — Il entre dans cette ville et fait chercher en vain Afrasiab qui s'est enfui secrètement à la nouvelle de son approche, 179. — Les grands de l'Iran vont trouver Khosrou et lui expriment la crainte qu'Afrasiab ne se soit dirigé vers l'Iran, 181. — Khosrou quitte Gangue Diz et se rend à Siawuschguird, 181. — Il traverse le Mekran et se montre satisfait de la manière dont Aschkesch avait gouverné ce pays, 183. — Rustem le reçoit sur les frontières de la Chine; ils arrivent à Siawuschguird, 185. — Le roi se rend à l'endroit où son père a été assassiné et jure de ne prendre aucun repos avant d'avoir consommé sa vengeance, 185. — Kei Khosrou s'en retourne du Touran dans l'Iran, 187. — Il arrive à Balkh et se dirige de là sur Nischapour et Reï, 189. — Il envoie ses messagers à Kaous et part pour Sehiraz, 191. — Retour de Keï Khosrou auprès de son grand-père; accueil affectueux que lui fait le vieux roi, 191. — Kaous et son petit-fils tiennent conseil au sujet d'Afrasiab, 193. — Ils se rendent au temple d'Adergouschasp pour demander à Dieu de les guider au lieu où se cache le roi du Touran, 195. — Afrasiab est pris par Houm, de la famille de Feridoun, 195. — Afrasiab échappe à Houm et se jette dans un lac voisin, 199. — Gouderz arrive sur les bords du lac; Houm lui raconte ce qui vient de se passer, 201. — Gouderz en avertit les deux rois, Kaous et Khosrou se rendent auprès de Houm, 203. — Celui-ci leur conseille de faire amener Guersiwez et de le mettre à la torture, 203. — Afrasiab entend les cris de son frère et sort du lac, 205. — Il est pris pour la seconde fois et mis à mort avec Guersiwez, 207. — 215, 237, 241, 249, 381, 575, 623; V. 7; VI, 313, 317, 319, 323, 355, 651; VII, 77, 169, 243, 477.

AFRASIAB, fils d'Afrasiab, IV, 31.

AFRASIAB (Trésor d'), nom d'un des trésors formés par Khosrou Parviz, VII, 329.

AFRIQUE (L'), I, LVII.

AFRITES (Les), espèce de démons, I, XXXVII.

AGHOUSCH-WEHADAN, J, LI.

AGHRIR, un des chefs de l'armée de Pescheng, roi du Touran, I, 389. — Cf. AGHRIRÈS, fils de Pescheng.

AGHRIRÈS, fils de Pescheng, I, 397, 425, 429, 431, 441, 479; II, 379, 381; IV, 113, 199, 207.

AGHRIRÈS, Sipehbed d'Afrasiab, roi du Touran, IV, 33.

AGRICULTURE. — Son origine sous le règne de Houscheng, I, 37. — Sollicitude de Bahram Gour pour l'agriculture, VI, 75, 77.

AHMED (Maulana), fils de Maulana Fakhreddin al-Firdousi, père du poëte Abou'l-kasim Mansour Firdousi, I, XXIII, XXIV.

AHMED, fils de Sahl, cité, I, XLVII; IV, 701.

AHNOUKHOUSCHI (Les) ou ARTISANS, une des castes établies par Djemschid, I, 51.

AHREN, noble de Roum, demande en mariage la troisième fille du Kaisar; ce prince met pour condition à cette union que le prétendant délivrera le pays du dragon du mont Sekila, IV, 319. — Ahren va trouver Mirin pour lui demander conseil, 319. — Mirin lui avoue que le loup de Fasikoun a été tué par Guschtasp, et lui donne une lettre pour Heischoui, 321. — Celui-ci met Ahren en relation avec Guschtasp et engage ce dernier à lui rendre le service qu'il demande, 323. — Guschtasp tue le dragon et le Kaisar donne sa fille à Ahren, 325. — 331. — Guschtasp se fait reconnaître comme le vainqueur du dragon; colère du Kaisar contre Ahren, 333. — Ahren et Mirin cherchent à desservir Guschtasp auprès du Kaisar; paroles du prince iranien au roi de Roum à leur sujet, 337.

Ahriman le Méchant porte envie au roi Kaïoumors et à son fils Siamek; ses mauvais desseins à l'égard de ces deux princes; complot qu'il forme avec son fils le Div, I, 31. — Il est pris et enchaîné par Thahmouras qui se sert de lui comme de coursier, 45. — 55, 61, 219; II, 545, 547, 549, 551; IV, 215, 239, 367, etc.

Ahwaz, capitale de l'Irak-Adjemi, province de la Perse, I, XLII; V, 393; VI, 139, 165, 227; VII, 321, 325. — (District ou pays d'), V, 473; VI, 137.

Aigles, V, 619.

Air (L'); son origine, I, 9.

Aimant (La chambre d') du palais du Kaisar de Roum, VII, 129, 131.

Akwan (Le Div), III, 271. — Un pâtre vient annoncer à Khosrou l'apparition du Div Akwan sous la forme d'un onagre, 273. — Khosrou appelle Rustem à son aide contre le Div, 273. — Rustem se rend à la cour de Khosrou, 275. — Il cherche le Div, 275. — Il trouve au bout de quatre jours et le poursuit sans pouvoir l'atteindre, 277. — Le Div, profitant du sommeil de Rustem, le jette dans la mer, 277. — Rustem réussit à aborder à la côte et se met à la recherche de son cheval Raksch, 281. — Il est accosté de nouveau par le Div et le tue, 285. — Il coupe la tête du Div et revient dans l'Iran, 287. — Il raconte au roi son aventure et l'histoire d'Akwan, 289. — 331, 371, 391.

Alains (Les), IV, 259; VI, 187-191; VII, 23, 25, 31. — (Forteresse des), I, 193-197. — (Pays des), I, 185; III, 421, 499, 509. — (Le roi des), V, 525.

Alborz (Le mont), I, 219, 221, 233, 277, 313, 405, 453, 455, 457, 483; II, 21, 31, 41, 117, 183, 539; V, 655; VII, 383. — Voyez aussi Elborz.

Alexandre le Grand. — Erreurs des historiens arabes antérieurs à Firdousi au sujet de ce prince, I, XLVIII. — Sources auxquelles Firdousi a puisé pour écrire l'histoire d'Alexandre, XLVIII, XLIX. — Les contes persans en font un chef de race persane, fils de Darab, roi de Perse, et d'une fille de Philippe de Macédoine, XLIX. — Les rédactions alexandrines des fables grecques lui donnent pour père l'Égyptien Nectanebo, XLIX. — Romans historiques auxquels ses aventures ont donné naissance, LXXI, LXXII. — Un de ces romans en fait un prophète de race arabe, LXXII. — Les Arabes, comme les Égyptiens et les Persans, revendiquent pour leur race l'honneur de lui avoir donné naissance, LXXIII. — Récit merveilleux inventé pour lui trouver une généalogie sémitique et le faire descendre d'Ésaü, LXXIII. — LXXIV, LXXV, LXXVI, LXXIX, 319; IV, 1; V, II, III. — Voyez aussi Iskender.

Ali (Le khalife), fils d'Abou Talib, I, XXXI, XXXVI, XXXVII, 15, 17; II, 433; V, 101; VI, 243.

Ali, fils de Mohammed, fils d'Ahmed, de Balkh, auteur de l'ouvrage intitulé : Ancien livre des Rois, I, XII.

Ali-Hazin (Autobiographie d'), ouvrage cité, I, LV.

Ali le Dilémite, ami de Firdousi, I, XXX. — Cf. Abou Dolaf Ali le Deïlemite.

Aliments et Boissons, I, 521; IV, 605, 627; V, 565, 575, 603, 605, 607, 611, 613, 615, 639, 651, 653, 663; VI, 67, 555; VII, 7, 63, 65, 91, 223, 225,

TABLE ANALYTIQUE

353, 463, 473. — Voyez aussi Nourriture.

Alkous, noble touranien du temps d'Afrasiab, II, 65, 67.

Almas, fleuve, III, 237.

Aloès, III, 267; IV, 699; V, 35. — (Bois d'), IV, 429, 439; V, 131, 173, 189, 217, 239, 273; VI, 29, 47, 385.

Alptéguin, général au service de Nouh le Samanide, I, xxxviii.

Altounien, nom de lieu, VII, 463

Alwa, guerrier de Zaboulistan, contemporain de Kei Khosrou, III, 135.

Alwa, écuyer de Rustem, tué par Nousch-Ader, fils d'Isfendiar, IV, 651.

Amari, espèce de litière, consistant, dans l'Inde, en un siège couvert d'un dais et placé sur le dos d'un seul chameau ou d'un seul éléphant, I, 347.

Amazones (Les), V, 207. — Elles habitent seules la ville de Heroum, 207. — Leurs relations avec Iskender, 207. — Leurs mœurs et leurs usages, 209. — Iskender entre dans leur pays et visite leur ville, 213.

Ambassadeurs (Cérémonial établi par Ardeschir Babekan pour la réception des), V, 365.

Ambre, II, 203, 299. 389, 549; III, 263, 265, 313; IV, 127, 161, 253, 255, 431, 529, 555, 557, 689, 699, 721, 723; V, 23, 35, 237, 239, 253, 283, 457; VI, 29, 47, 385, 541.

Ammouriru, ville, V, 53; VI, 515.

Amol, ville, I, 119, 297, 313, 393, 429, 431; V, 7, 679; VI, 185; VII, 253, 257, 309, 453.

Amoui, ville, III, 415, 509; IV, 113; V, 681; VI, 313, 351, 355; VII, 251, 255, 493. — (Désert d'), IV, 29, 75, 77.

Amoussian (Les), ou ministres du culte, une des castes établies par Djemschid, I, 49.

Amr, un des chefs des Arabes qui envahirent la Perse sous le règne de Hormozd, fils de Nouschirwan, VI, 569.

Amthor (O.). Voyez Horti Persici et Arabici, etc. et Klænge aus Osten.

An (Fête du nouvel), V, 93. — Voyez aussi Nairouz.

Anbouh (Ville et district d'), II, 599, 641, 665.

Ancien (L') Livre des Rois, ouvrage d'Ali le poète, cité, I, x, xii.

Andalous (Le pays d'), V, 159, 161, 185.

Anderab, ville, III, 507.

Anderiman, noble touranien du temps d'Afrasiab, II, 315; III, 441, 547, 565.
— Cf. Enderiman et Enderman.

Andiman, roi de Rei, du temps de Bahram Gour, V, 673.

Anges. — Un ange apparaît à Feridoun pendant sa marche contre Zohak, et lui dévoile l'avenir, I, 95. — III, 295. — Voyez aussi Abergouschasp, Gabriel, Harouth, Israfil, Ritzwan, Srosch (Le).

Animaux. — Leur création, leurs instincts, I, 9. — Facultés dont ils sont dépourvus; leur irresponsabilité devant le Créateur, 11. — Ils obéissent à l'homme, 11. — Ils viennent rendre hommage à Kaïoumors et en reçoivent des lois, 29. — L'armée que ce roi rassemble pour marcher contre le Div noir est formée de Péris et d'animaux féroces, 33. — Houscheng sépare les animaux domestiques des animaux sauvages et les emploie à la culture et aux échanges, etc., 39. — Les fourrures de certains animaux sont employées à vêtir les hommes, 29, 39. — Troupeaux de chevaux que possédait Mardas, père de Zohak, 55.

Anibar (L'), pays, VII, 337, 361.

Anneaux gravés, III, 383; IV, 381; V, 667.

Ansari, poëte favori de Mahmoud Sebekteghin. — Affection que lui portait ce prince; il lui présente son ami Firdousi comme l'homme le plus capable de coordonner et de rédiger les traditions héroïques de la Perse que le sultan avait fait réunir, I, xx. — Défi qu'il porte à Firdousi en compagnie de deux autres poètes de la cour, xxvii.

ANTAKIA (ANTIOCHE), ville du pays de Roum, VI, 215, 217.
ANTHROPOPHAGES, III, 225.
ANTILOPES, II, 421; III, 475; V, 609, 647.
ANTIOCHE. Voyez ANTAKIA.
ARABES. — Trouvent le livre de Danischwer parmi les trésors de Iezdidjird, lors de la conquête de la Perse; Omar en ordonne la traduction, puis la fait abandonner, I, XI. — Leurs chroniqueurs se servirent des traditions persanes pour leurs études chronologiques, etc.; peu d'intérêt que ces traditions inspiraient aux Arabes, XII. — Motifs de cette indifférence, XIII. — La religion et la littérature des Arabes avaient remplacé la religion et la littérature persanes peu de temps après la conquête musulmane. Inégalité de l'influence arabe dans les diverses provinces de la Perse, XIII. — La langue arabe fait disparaître le pehlewi comme langue officielle, XIV. — Abou-l-Abbas Ben-Fadhl, vizir de Mahmood, fils de Sebekteghin, abolit l'usage de l'arabe dans l'administration, XVIII. — Confusion dans laquelle sont tombés les historiens arabes antérieurs à Firdousi qui ont traité de l'histoire ancienne de la Perse, XLVIII. — Une collection de contes grecs, relatifs à Alexandre le Grand, a été traduite en arabe, XLIX. — Les chroniqueurs arabes qui ont précédé Firdousi s'accordent presque partout avec lui sur l'histoire de la Perse ancienne, L. — Erreur qu'ont commise la plupart des poëtes épiques à propos de Baghdad et du roi des Arabes, LXII, LXIII. — 37. — Les Persans ont voulu rattacher à la famille de Kaïoumors la dynastie arabe représentée par Zohak dans la tradition épique, 69. — Le Kaweiani-Direfsch ou étendard de Kaweh tombe entre les mains des Arabes à la bataille de Kadesia; il est partagé avec le reste du butin, 91. — 97. — Relations de Feridoun avec Serv, roi du Yémen, 121-135. — Les Arabes se révoltent contre Kei Kaous. II, 7. — Afrasiab, apprenant que Kaous est retenu prisonnier dans le Hamaveran, se jette sur l'armée des Arabes qui lui résistent pendant trois mois, 21. — Ils sont enfin battus, 23. — Ils apprennent la victoire de Rustem sur les rois de l'Égypte, du Hamaveran et du Berberistan, et envoient à Kaous un messager pour lui faire connaître la lutte qu'ils ont soutenue contre Afrasiab, et lui offrir leur concours contre les Touraniens, 35. — 37, 39; IV, II, 361. — Les Arabes, conduits par Schoaïb, de la race de Koteïb, envahissent l'Iran, sous le règne de Darab, fils de Bahman, V, 51. — Ils sont vaincus, leur chef est tué, et leur pays est soumis à l'impôt, 51. — (La foi sainte des), 119. — Les Arabes de Syrie, du Hedjaz et du Yémen faisaient partie de l'armée qu'Iskender conduisit contre Four, roi de l'Inde, 149. — Iskender va en pèlerinage à la Ka'ba, 155. — Nasr, fils de Katib, va à sa rencontre et lui dénonce la conduite tyrannique de Khoza', 157. — Iskender extermine la famille de Khoza, s'empare du Hedjaz et du Yémen, et remet le pouvoir à la famille d'Ismaïl; il visite la maison sainte et comble de richesses Nasr et son peuple, 159. — 269. — Thaïr le Gassanien envahit le pays de Thisifoun et le dévaste, 427. — Il enlève Nouscheh, fille de Nersi. Il est battu par Schapour, et se réfugie dans une forteresse du Yémen, où il est assiégé par Schapour, 429. — Malikeh, fille de Thaïr, devient amoureuse de Schapour, 429. — Elle lui propose de lui livrer le château s'il veut l'épouser, 431. — Le roi promet de lui accorder tout ce qu'elle désire, 431. — Malikeh livre la forteresse à Schapour et Thaïr y périt, 433. — Schapour fait luxer les épaules des Arabes prisonniers, et reçoit le surnom de Dhou'l-Aktaf (maître des épaules), 435. — Yezdeguerd fait chercher dans

TABLE ANALYTIQUE

523

tous les pays un précepteur pour son fils. Mondhir, roi du Yémen, et Noman, son fils, se rendent à la cour de l'Iran, 497. — Yezdegnerd les charge de l'éducation de Bahram, 499. — Mondhir emmène ce prince dans le Yémen, 499. — Enfance de Bahram; il prie Mondhir de lui donner des maîtres pour l'instruire, 501. — Mondhir fait venir du Souristan trois Mobeds très-savants, 501. — Progrès rapides du jeune prince; les trois précepteurs sont renvoyés avec de riches présents, 503. — Bahram demande à Mondhir à acquérir des chevaux. Noman parcourt le désert et ramène cent chevaux de guerre, 503. — Bahram en choisit deux que Mondhir achète et lui offre, 505. — Il fait choix de deux belles esclaves roumies, dont l'une jouait du luth, 505. — Ce qui arriva à la chasse entre Bahram et la joueuse de luth, 507. — Bahram montre sa valeur à la chasse, 509. — Il retourne auprès de son père avec Noman, 511. — Noman revient dans le Yémen avec des présents et une lettre du roi pour son père, 513. — Bahram écrit également à Mondhir pour se plaindre de la conduite du roi à son égard, et confie à Noman ses secrets sur la mauvaise voie que suit Yezdegnerd, 515. — Mondhir donne de bons conseils à Bahram et met ses richesses à sa disposition, 515. — Yezdegnerd fait enfermer Bahram. Retour de ce prince auprès de Mondhir, 517. — Mort de Yezdegnerd, 519. — Les Iraniens placent Khosrou sur le trône, 523. — Bahram apprend la mort de son père, 527. — Il demande l'aide de Mondhir pour soutenir les droits de sa race, 527. — Mondhir ordonne à Noman de réunir une armée. L'Iran est ravagé et en proie aux troubles, 529. — Les Iraniens envoient un ambassadeur à Mondhir, 529. — Celui-ci adresse l'envoyé à Bahram, qui charge Mondhir de répondre pour lui aux Iraniens, 531. — Bahram et Mondhir se rendent à Djehrem; les Iraniens vont à leur rencontre, 533. — 537. — Mondhir demande aux Iraniens pour quel motif ils repoussent Bahram comme roi, 539. — Ceux-ci lui montrent les nombreuses victimes de la cruauté de Yezdegnerd, père de ce prince, 539. — 543. — Bahram, étant monté sur le trône, prend congé de Mondhir et de Noman, 557. — Il leur fait des présents magnifiques, 559. — Les Arabes retournent dans leur pays, 559. — Mondhir l'Arabe demande aide à Nouschirwan contre les iniquités du Kaïsar, VI, 195. — Kesra reproche au Kaïsar sa conduite, 195. — Le Kaïsar se répand en menaces contre Mondhir, 197. — Kesra confie une armée à Mondhir et lui ordonne de conduire ses troupes contre le Roum, 197. — Lettre de Nouschirwan et réponse du Kaïsar de Roum, 199. — Nouschirwan marche contre le Kaïsar, 201. — Un traité est conclu entre ces deux princes, et le Kaïsar s'engage à ne plus inquiéter les Arabes, 221. — Les Arabes, commandés par Abbas et Amr, envahissent la Perse sous le règne de Hormuzd, fils de Nouschirwan, et dévastent ce pays jusqu'à l'Euphrate, 569. — 571. — Khosrou Parviz, battu par Bahram Djoubineh, songe à demander du secours aux Arabes, VII, 59. — Son père Hormuzd le détourne de ce dessein; motifs qu'il lui donne à l'appui de son dire, 59. — Kaïs, fils de Harith, rencontre dans le désert Khosrou Parviz fuyant devant Bahram Djoubineh. Il lui donne des vivres et un guide, 91, 93. — 287, 307, 423. — Les Arabes envahissent l'Iran, sous la conduite de Saad, fils de Wakkas, 431. — Rustem, fils d'Hormuzd, Sipehbed de Yezdegnerd, est envoyé contre eux, 431. — Il informe son frère des conditions posées par les Arabes, 433. — Il lui fait connaître que les chefs de son armée repoussent ces conditions,

66.

et qu'il surgira une longue guerre fatale à l'Iran, 435. — Il prédit le renversement de la puissance perse par les Arabes, 437. — 439, 457-467, 493, 497. — Voyez aussi ABBASSIDES, ÉSAÜ, HAROUN-AL-RASCHID, MAMOUN, MARDAS, NASER IBN AL-HARETH, SERV, ROI DU YÉMEN, TAZI (Les), ZOHAK.

ARABIE, I, 65; III, 421. — Voyez aussi DÉSERT (Le) des cavaliers armés de lances, DJUDDAH, KA'BA (La), YÉMEN (Le).

ARAÏSCH ROUM, ville forte du pays de Roum, VI, 209, 211.

ARAN (L'), nom de pays, I, 487.

ARAN (Holwan), ville fondée par Kobad, roi de Perse, VI, 143.

ARBALÈTES, IV, 19, 99, 117; V, 507-511.

ARBRE D'ARGENT aux fruits d'or laissant couler du musc, III, 365.

ARBRE (L') qui parle, V, 229. — Il annonce à Iskender le sort qui lui est réservé, 231.

ARC (Tir de l'), II, 319, 361, 363; V, 507-511, 665; VII, 277.

ARCHITECTURE, Voy. ÉDIFICES.

ARCHITECTES ET CONSTRUCTEURS, VII, 321-327.

ARD (Le jour d'), I, XXII.

ARDEBIL, ville, II, 545; IV, 17, 83; V, 679; VI, 95, 165, 569, 579; VII, 7, 51, 85. — Voyez aussi BADAN-PIROUZ.

ARDESCHIR, nom donné par Guschtasp à son petit-fils Bahman, fils d'Isfendiar, IV, 701; V, 353.

ARDESCHIR, Grand Mobed de Pirouz, fils de Yezdegnerd, de Kobad et de Nouschirwan, VI, 117, 119, 121, 133, 279, 281, 283, 285, 289, 317, 321, 331, 663.

ARDESCHIR, fils de Bijen, noble iranien, contemporain de Lohrasp, IV, 347.

ARDESCHIR BABEKAN, fils de Sasan, roi de Perse, I, XXXVIII; V, V. — Naissance et éducation de ce prince, V, 277. — Ardewan l'Aschkanide entend parler d'Ardeschir; il écrit à Babek de lui envoyer son petit-fils, 277. — Ardeschir va à la cour d'Ardewan, 279. — Il se prend de querelle avec un des fils du roi; le roi irrité relègue Ardeschir dans la charge de chef des écuries, 281. — Babek fait à son petit-fils des reproches sur sa conduite et lui adresse des conseils, 281. — Gulnar voit Ardeschir et en devient éprise; elle va lui rendre visite et lui avoue son amour, 283. — Mort de Babek, chagrin que ressent Ardeschir; il conçoit le projet de quitter Reï, 285. — Les astrologues prédisent à Ardewan qu'un de ses serviteurs, fils de prince, s'enfuira et deviendra un roi puissant, 285. — Gulnar révèle ce secret à Ardeschir, 287. — Ardeschir s'enfuit de Reï avec Gulnar, 287. — Ardewan apprend leur fuite, 289. — Il se met à leur poursuite, 289. — Il revient à Reï et écrit à son fils Bahman, gouverneur du Fars, de chercher le fugitif, 293. — Ardeschir réunit une armée, 293. — Bahman, fils d'Ardewan, apprend qu'Ardeschir marche sur Istakhr; il mène ses troupes à la rencontre de ce prince, 297. — Tebak, roi de Djehrem, quitte Bahman et va rejoindre l'armée d'Ardeschir, 297. — Combat d'Ardeschir et de Bahman; ce dernier est défait et s'enfuit, 299. — Ardeschir réunit une armée et marche contre Ardewan, 299. — Il est fait prisonnier et mis à mort, 301. — Tebak fait ensevelir le corps du roi et engage Ardeschir à demander en mariage la fille du défunt, 303. — Ardeschir suit son conseil et revient dans le Fars où il fonde la ville appelée Kharreh-i-Ardeschir (Gour) et son temple du feu, 303. — Il combat les Kurdes, 305. — Histoire du ver d'Heftwad, 309. — Heftwad devient puissant, grâce à l'étoile de son ver; il tue l'émir de Kudjaran qui voulait l'opprimer, et construit une forteresse dans la montagne voisine, 313. — Ardeschir combat Heftwad et est défait, 315. — Mihrek, fils de Nouschzad, pille le palais d'Ardeschir pendant son absence, 317. — Une flèche, lancée de la forteresse d'Heftwad, apporte à Ardeschir un mes-

TABLE ANALYTIQUE

sage l'invitant à renoncer à son entreprise, 319. — Ardeschir retourne dans le Fars, poursuivi par les ennemis, son armée est mise en déroute et il s'enfuit, 319. — Il arrive à une grande ville où deux jeunes gens lui donnent l'hospitalité et lui indiquent le moyen de renverser la fortune d'Heftwad, 321. — Il revient à Khareh-i-Ardeschir, marche contre Mihrek, le tue et massacre tous ceux de sa race qui lui tombent sous la main, 323. — Ardeschir tue le ver d'Heftwad, 323. — Il met à mort ce personnage et son fils aîné Schahouï, 329. — Il établit dans le pays un temple du feu et marche vers Schehrizour, 329. — Il se rend à Thisifoun (Ctésiphon), 331. — Ardeschir monte sur le trône; durée de son règne, 333. — Aventure de ce roi avec la fille d'Ardewan, 333. — Cette princesse tente de l'empoisonner à l'instigation de son frère Bahman réfugié dans l'Inde, 335. — Le roi ordonne à son ministre de la faire mettre à mort; celui-ci épargne secrètement la princesse, à cause de l'enfant royal qu'elle porte dans son sein, 337. — Moyen héroïque qu'il emploie pour éviter les calomnies sur son compte au sujet de la fille d'Ardewan, 337. — Naissance de Schapour, fils d'Ardeschir; cet enfant reste sept ans caché chez le ministre, 339. — Celui-ci révèle au roi l'existence de son fils, 341. — Schapour joue à la balle et est reconnu par Ardeschir, 343. — Le roi pardonne à la fille d'Ardewan, et fait donner à son fils une éducation royale, 345. — Il récompense son ministre et fonde la ville de Djoundischabour, 345. — Ardeschir se fait prédire son sort par Keïd l'Indien, 347. — Celui-ci lui conseille d'allier sa famille à celle de Mihrek, fils de Nouschzad, 347. — Le roi refuse de consentir à cette alliance, et fait chercher partout la fille de Mihrek qui lui échappe, 349. — Schapour épouse la fille de Mihrek, 349. — Cette

princesse met au monde Ormuzd, fils de Schapour, 353. — Ormuzd se fait connaître à son grand-père, 355. — Schapour, interrogé par Ardeschir, lui avoue la vérité, 355. — Le roi emmène son petit-fils dans son palais et le comble de richesses; il fait part de son bonheur aux grands du royaume, 357. — Ardeschir organise l'administration de son empire; recrutement de l'armée, 357. — Organisation du personnel des écrivains et du travail des bureaux, 359. — Règles de conduite imposées aux gouverneurs des provinces et contrôle de leur administration, 361. — Envoyés chargés de s'assurer de la légitimité des cas de guerre, 361. — Commissaires civils préposés à la surveillance de l'armée, 363. — Conseils de tactique militaire qu'Ardeschir donnait au chef de son armée, 363. — Cérémonial usité à l'égard des ambassadeurs, 365. — Ardeschir fait fonder des villes pour donner de la nourriture et une demeure aux indigents; il établit des écoles et des temples, 367. — Secours en nature et réductions d'impôts qu'il accordait aux gens riches qui avaient perdu leur fortune et aux propriétaires appauvris; Ardeschir indique ses dernières volontés aux grands de l'Iran, 369. — Il adresse à tous ses derniers avis, 371. — Il leur recommande la fidélité au roi, 373. — Kharrad prononce les louanges d'Ardeschir, 375. — Le roi abandonne le gouvernement à Schapour, 379. — Conseils qu'il donne à ce prince, 379. — Il lui prédit que la puissance de sa dynastie finira après cinq cents ans, 385. — Il lui rappelle les villes qu'il a fondées, 385. — Il l'engage à pratiquer la justice, lui souhaite d'être victorieux et heureux sur le trône, et meurt, 387. — 391, 395, 541, 663; VI, 191; VII, 33, 121, 145, 309, 311, 479, 489.

ARDESCHIR LE BON, roi de Perse, V, v. Son frère, Schapour Dhou'l-Aktaf, le nomme régent pendant la minorité de son fils Schapour, V, 477. — Conseils de Schapour à son frère Ardeschir en lui remettant les insignes du pouvoir, 477. — Mort de Schapour Dhou'l-Aktaf, 481. — Durée du règne d'Ardeschir; il monte au trône et fait une allocution aux chefs de l'Iran, 483. — Il mérite le surnom de Nikoukar (le bienfaisant), et remet le diadème au fils de Schapour, devenu majeur, 483.

Ardeschir, fils de Guschtasp, IV, 389, 391, 401.

Ardeschir, fils de Schiroui, roi de Perse. — Durée de son règne, VII, 407. — Ardeschir monte sur le trône et adresse une allocution aux chefs, 407. — Guraz désapprouve la prise de possession du trône par Ardeschir, et le fait assassiner par Firouz, fils de Khosrou, 409. — 413.

Ardewan le Grand, roi de Perse de la dynastie des Aschkanides. Voy. Aschkanides (Dynastie des).

Ardewan l'Aschkanide (La fille d'). — Ardeschir Babekan demande cette princesse en mariage, V, 303. — Il l'épouse, 333. — Elle tente de l'empoisonner, à l'instigation de son frère Bahman, réfugié dans l'Inde, 335. — Ardeschir ordonne à son Destour de la faire mettre à mort; celui-ci épargne secrètement la princesse, en considération de l'enfant royal qu'elle portait dans son sein, 337. — Elle met au monde Schapour, fils d'Ardeschir, 339. — Au bout de sept ans, le Destour révèle au roi que son épouse est vivante et qu'elle lui a donné un fils nommé Schapour, 341. — Schapour joue à la balle et est reconnu par Ardeschir, 343. — Le roi pardonne à la fille d'Ardewan et fait donner à son fils une éducation royale, 345.

Ardewan l'Aschkanide (Les fils d'), V, 303, 335.

Ardibehscht, nom d'un génie, III, 363.

Ardjasp, roi du Touran, II, 315; IV, 359. — Ce prince refuse le tribut à Guschtasp et veut même en imposer un au roi de l'Iran, 361. — Guschtasp, sur les représentations de Zerdouscht, décide qu'aucun tribut ne sera désormais payé aux Turcs; un Div apprend cette nouvelle au roi du Touran et lui offre cent mille cavaliers pour combattre les Iraniens, 367. — Ardjasp assemble ses Mobeds; il leur fait savoir que le roi de l'Iran a quitté l'ancien culte pour une religion nouvelle, 367. — Il propose de lui écrire pour l'engager à revenir aux anciennes coutumes et, s'il refuse, d'entrer dans l'Iran, de le saisir et de l'attacher au gibet, 369. — Les grands approuvent les paroles du roi; lettre d'Ardjasp à Guschtasp, 369. — Il lui reproche d'avoir accueilli un vieux magicien, d'avoir embrassé sa doctrine et détruit la religion de ses ancêtres, 371. — Il l'adjure d'abandonner la voie de l'erreur et lui promet tous les trésors qu'il pourra désirer, le menaçant, en cas de refus, de dévaster l'Iran et de le couvrir de ruines, 373. — Ardjasp envoie des messagers à Guschtasp, 373. — Zerir répond à Ardjasp, 377. — Les envoyés du roi du Touran s'en retournent avec la réponse de Guschtasp, 379. — Le roi des Turcs fait appeler ses troupes de toutes les parties de son royaume; il se met en marche et dévaste tout sur son passage, 383. — Guschtasp rassemble son armée, 383. — Il marche contre les Turcs, 385. — Djamasp lui dévoile l'issue de la bataille, 387. — Guschtasp et Ardjasp mettent en ordre leurs armées, 397. — Commencement de la bataille entre les Iraniens et les Touraniens, 399. — Mort d'Ardeschir, fils de Guschtasp, 401. — Mort de Guerami, fils de Djamasp, 403. — Zerir paraît sur le champ de bataille, 407. — Ardjasp excite contre lui le courage de ses soldats; ceux-ci, effrayés, restent immobiles, 407. — Bidirefsch se présente enfin et promet d'attaquer Zerir si le roi lui donne le commandement

TABLE ANALYTIQUE

de son armée, 409. — Le roi consent, et Bidirefsch tue Zerir, 409. — Isfendiar apprend la mort de Zerir; il harangue ses troupes, 413. — Il attaque Ardjasp, 415. — Nestour, fils de Zerir, s'élance sur le champ de bataille et cherche à parvenir jusqu'au corps de son père, 415. — Il y parvient et, après avoir exhalé sa douleur, il se rend auprès de Guschtasp et demande vengeance, 417. — Le roi se dispose à aller au combat, 417. — Les grands s'y opposent; il donne son cheval à Nestour, 419. — Nestour et Isfendiar tuent Bidirefsch, 419. — Ardjasp s'enfuit de la bataille, 421. — Isfendiar fait grâce aux Turcs, 423. — Guschtasp envoie Nestour avec une armée ravager le pays de Khallakh, 427. — 429. — Ardjasp apprend qu'Isfendiar est captif à Gunbedan, que Guschtasp est absent de l'Iran et que Lohrasp est à Balkh, sans défense, 445. — Il rassemble son armée, 447. — Il en confie le commandement à son fils Kehrem et l'envoie contre l'Iran, 449. — L'armée d'Ardjasp arrive à Balkh; Lohrasp résiste aux Turcs, à la tête des artisans du bazar, 451. — Il est tué, 453. — Guschtasp apprend le meurtre de son père et de Zerdouscht et l'enlèvement de ses filles, 455. — Il rassemble son armée et marche sur Balkh, 457. — Ardjasp va à sa rencontre; les deux armées en viennent aux mains, 457. — Les Iraniens sont battus; Guschtasp s'enfuit devant Ardjasp, 459. — Il se réfugie dans la montagne, où il est bientôt cerné par les Turcs, et consulte Djamasp sur le moyen de se tirer de ce mauvais pas, 459. — Djamasp lui conseille de rendre la liberté à Isfendiar; le roi approuve cette proposition et charge Djamasp d'aller trouver son fils, 461. — Djamasp se rend auprès d'Isfendiar, 463. — Il lui répète les paroles de son père; amères récriminations d'Isfendiar contre Guschtasp, 463. — Djamasp tente en vain de l'apitoyer sur le

sort de Lohrasp et sur celui de ses frères et de ses sœurs, 465. — Isfendiar se laisse enfin toucher par le malheur de son frère Ferschidwerd et demande qu'on lime ses fers, 467. — Il s'impatiente de la lenteur de ce travail et les brise d'un effort surhumain; il s'arme et part avec Djamasp pour rejoindre l'armée, 469. — Isfendiar voit Ferschidwerd, 469. — Mort de ce prince; Isfendiar jure de le venger, 471. — Il traverse le camp des Turcs et disperse une ronde qui voulait l'arrêter, 473. — Isfendiar arrive dans la montagne auprès de Guschtasp, 475. — Ardjasp apprend cette nouvelle et se dispose à retourner dans le Touran avec son butin, 477. — Kergsar essaye de le détourner de ce dessein et s'engage à tuer Isfendiar; Ardjasp lui donne le commandement de son armée, 479. — Isfendiar sort de la montagne à la tête des Iraniens, 479. — Commencement de la bataille; prouesses d'Isfendiar, 481. — Ardjasp reproche à Kergsar son inaction, 481. — Celui-ci attaque Isfendiar qui le fait prisonnier et l'envoie à Guschtasp, 483. — Ardjasp abandonne son armée et s'enfuit, 483. — Les Turcs apprennent la fuite de leur roi et se rendent près d'Isfendiar qui leur fait grâce, 485. — Kergsar supplie le prince de l'épargner, et lui offre de le conduire au château d'airain. Isfendiar le renvoie enchaîné à ses tentes; il distribue le butin et fait mettre à mort les Turcs qui avaient fait du mal à son armée, 485. — Guschtasp envoie Isfendiar de nouveau contre Ardjasp, 487. — Histoire des sept stations d'Isfendiar sur la route conduisant au château d'airain, résidence d'Ardjasp, 489-521. — Isfendiar arrive en vue du château d'airain, 525. — Deux Turcs, qu'il fait prisonniers, lui donnent toute sorte de renseignements sur cette place, 525. — Isfendiar s'introduit dans le château, déguisé en marchand et emmenant avec lui cent soixante braves cachés

527

dans des caisses, 527. — Il se présente à Ardjasp et lui demande la permission de faire entrer ses marchandises dans la place, 529. — Le roi lui donne l'autorisation qu'il sollicite, 531. — Entretien d'Isfendiar et d'Ardjasp, 531. — Isfendiar est reconnu par ses sœurs, 533. — Il leur explique les motifs de sa présence en ce lieu et leur recommande le silence, 535. — Il donne une fête aux grands du Touran et les enivre; il allume un grand feu pour servir de signal à son armée, 537. — Beschouten attaque le château d'airain, 537. — Les Touraniens marchent contre l'armée de l'Iran, 541. — Isfendiar tue Ardjasp, 541. — Il quitte le château en y laissant une garnison et va rejoindre son armée, 545. — Les Turcs se replient sur le château d'airain et le trouvent occupé par les Iraniens qui lancent au milieu d'eux la tête d'Ardjasp, 549. — Combat de Kehrem et d'Isfendiar, 549. — Mort d'Enderiman et de Kehrem, 551. — Lettre d'Isfendiar à Guschtasp et réponse de ce dernier, 551. — Isfendiar distribue à ses soldats les trésors d'Ardjasp et de sa famille, 555. — Il fait incendier et raser le château d'airain, et part pour l'Iran, emmenant captives les sœurs, les filles et la mère d'Ardjasp, 557. — 563, 567, 569, 583, 621, 695; VI, 313, 317, 319, 323, 355, 571, 587, 651, 653; VII, 477.

Ardjeng le Chinois. Voy. Arjeng.

Aresch, prince de la dynastie des Aschkanides, V, 271.

Aresch, noble iranien, contemporain de Yezdeguerd le Méchant, V, 525.

Aresch. Voyez Arisch.

Argali, espèce de mouton sauvage, I, 521; II, 53; III, 301, 369, 457, 475; V, 257.

Arghawan, arbre, I, 249, 265; III, 365; V, 399; VI, 313.

Arisch, fils de Keïkobad, I, 483; IV, 17, 409; V, 271, 179; VII, 37, 383. — Cf. Keï Arisch.

Aristalis. Voy. Aristatalis.

Aristatalis, sage du pays de Roum, donne des conseils à Iskender, fils de Pheïlekous, V, 63. — Estime que le roi de Roum professait pour ce sage, 63. — Iskender se sentant près de mourir écrit à Aristatalis et lui fait part du plan qu'il a conçu pour préserver le Roum de toute attaque après sa mort, 247. — Le philosophe le détourne de l'idée de faire mettre à mort tous les Keïanides, 247. — Il l'engage à leur donner à tous des principautés et à en faire ainsi des boucliers pour le Roum, 249. — Iskender suit ce conseil et institue les Moulouk-i-Thewaïf, 249. — Paroles d'Aristatalis sur le cercueil d'Iskender, 257. — Voy. aussi Aristote.

Aristote est chargé par Philippe, roi des Grecs, etc., de l'éducation d'Alexandre le Grand, I, lxxiii. — lxxv. — Voy. aussi Aristatalis.

Arjeng, guerrier touranien du temps d'Afrasiab, II, 655; III, 21, 23.

Arjeng (Le Div). Voy. Arzeng.

Arjeng le Chinois, peintre célèbre, VI, 311; VII, 263.

Arman (Pays d'), I, 415.

Arménie, VI, 165, 569, 573; VII, 7, 387.

Arméniens, VII, 51. — Voy. aussi Mausil l'Arménien; Badman, le chef de l'Arménie.

Armes et Armures, I, 45. — Djemschid fait fabriquer les casques, les lances, les cuirasses, les cottes de mailles et les armures pour les chevaux, 49. — 91, 93, 107, 109, 117, 125, 159, 167, 175, 179-183, 187, 203, 205, 235, 297, 301, 311, 313, 335, 337, 357, 359, 371, 403, 405, 419, 421, 427, 443, 447, 467, 469, 475, 481, 507, 513, 519, 523, 525, 539-543, 549, 557, 559, 563; II, 9, 11, 31, 33, 51, 59, 63, 69, 89, 95, 97, 99, 117, 133, 193, 201, 249, 251, 275, 361, 363, 395, 445, 455, 457, 461, 497, 511, 513, 515, 523, 585, 601, 607, 613, 615.

TABLE ANALYTIQUE

629, 633, 661, 675, 703; III, 27, 31, 55, 103, 113, 121, 123, 129, 137, 179, 209, 211, 319, 397, 421, 427, 445, 463, 477, 479, 543, 549, 567, 623; IV, 19, 51, 69, 97, 99, 115, 151, 205, 249, 309, 311, 325, 327, 355, 391, 393, 405, 409, 419, 639, 641, 677, 689, 699, 715, 717; V, 11, 27, 29, 39, 65, 111, 189, 355, 425, 509, 513; VI, 43, 175, 177, 311, 313, 329, 453, 619; VII, 85, 207, 347, 369, 389, 447, 469, 471.

ARNEWAZ et SCHEHRINAZ, filles de Djemschid, sont amenées au palais de Zohak et livrées à ce roi, qui les fait élever dans la méchanceté et leur enseigne la magie, I, 69. — Terreur qu'inspire à ce prince un songe où il voit Feridoun; Arnewaz le presse de leur faire connaître la cause de son trouble, 73. — Il leur raconte son rêve; conseil que lui donne Arnewaz, 75. — Les deux princesses sont amenées devant Feridoun qui venait de s'emparer du palais de Zohak pendant l'absence de ce roi, 99. — Leur entretien avec Feridoun; elles lui révèlent l'endroit où se trouve Zohak, 101. — Kenderev, lieutenant de Zohak, voit les deux sœurs assises aux côtés du jeune prince, 103. — Il court en prévenir le roi son maître, 105. — Colère de Zohak à cette nouvelle, 105. — Il pénètre secrètement dans son palais et aperçoit Schehrinaz auprès de Feridoun; il court sur elle le poignard à la main, mais il est terrassé et entraîné par Feridoun, 109. — Les deux filles de Djemschid rendent Feridoun père de trois fils, 119.

AROUS (La fiancée), nom du trésor amassé dans la ville de Thous par Keï Khosrou, IV, 249. — Nom d'un des trésors formés par Khosrou Parviz, VII, 329, 375.

ARSLAS KHAN, gouverneur de Thous du temps de Firdousi, I, xxvi.

ART MILITAIRE, III, 79, 83. — Attaque des remparts d'une place forte, 229. — Un ordre de bataille, 437. — Manière dont se donnait le signal du combat ou d'un départ d'une armée, I, 451; II, 583; III, 419; IV, 15. — Tours placées sur le dos des éléphants et remplies d'archers, 19. — 23, 25. — Mise en état de défense d'une place forte; machines de guerre, artificiers, armes de siége, 97, 99. — Attaque d'une place forte, 115-119. — Camp protégé par un fossé, 141. — Éclaireurs, 395. — Campements et surveillance d'un camp, 373. — V, 29. — Règles établies par Ardeschir Babekan pour le recrutement de l'armée perse, 357. — Envoyés chargés de s'assurer de la légitimité des cas de guerre, 361. — Commissaires préposés à la surveillance de l'armée, 363. — Conseils de tactique qu'Ardeschir donnait au chef de son armée, 363. — Fossés creusés devant un camp et dont l'ouverture était dissimulée de façon à précipiter l'ennemi sans défiance, VI, 101, 103. — Revues des armées, 175-181. — Discipline de l'armée de Nouschirwan, 205. — Surveillance qu'il exerçait sur ses troupes; sa prudence et sa sagesse dans les affaires de la guerre, 207. — Avantages que présentent les hommes de quarante ans sur les jeunes gens au point de vue militaire, d'après Bahram Djoubineh, 587. — Voy. aussi ARMES ET ARMURES, ARTIFICIERS DE ROUM, DRAPEAUX, ÉCUYERS, ÉLÉPHANTS, ESPIONS, INGÉNIEURS MILITAIRES, INTERPRÈTES, JEUX MILITAIRES ET AUTRES, JOUTES ET TOURNOIS, MACHINES DE GUERRE, MEIDAN, OTAGES, POTS À FEU, STRATAGÈMES, TRUCHEMANS, USAGES ET COUTUMES.

ARTAXERCE LONGUEMAIN (Bahman, fils d'Isfendiar), V, 1.

ARTAXERXES Ier (Ardeschir Babekan), V, v.

ARTAXERXES II (Ardeschir le Bon), V, v.

ARTIFICIERS DE ROUM, IV, 99.

ARTISANS, IV, 451. — Voy. aussi AHNOUKHOUSCH.

ARTS ET MÉTIERS. — Découverte du fer;

invention de l'art du forgeron, des distributions d'eau et des canaux; culture de la terre; préparation du pain, I, 37. — Le filage et le tissage de la laine; fabrication des habits et des tapis; éducation des oiseaux de proie, 43. — L'écriture, 45, 46. — Djemschid invente les armes de guerre et les armures, les étoffes de tout genre et les vêtements, 49. — Il institue la caste des Ahnoukhouschi ou gens des métiers; il ordonne aux Divs de fabriquer des briques et d'en construire des édifices de toute sorte, 51. — Il recherche les pierres fines et découvre les métaux précieux; il invente les parfums et la médecine, 51. — Il se fait faire un trône d'or incrusté de pierreries, 53. — Voy. aussi AGRICULTURE, ANNEAUX GRAVÉS, ARCHITECTES, ÉCRITURE, GRAVURE, MUSIQUE, PEINTURE, TAPIS, TAPISSERIE, etc.

ARWEND, nom pehlevi du Tigre, fleuve, I, 95; II, 523, 543; V, 427; VI, 565; VII, 461. — Voy. aussi TIGRE, DIDJLEH.

ARZENG (Le Div), chef de l'armée du Mazenderan, reçoit du Div blanc le butin fait sur l'armée de Keï Kaous avec mission de le porter au roi de Mazenderan et d'emmener à sa cour les Iraniens captifs, I, 505. — 509, 511, 531. — Il est tué par Rustem, 533. — 535, 545, 547; III, 331; IV, 617; VI, 687.

ANZOU, fille de Mahiar, riche joaillier, devient une des épouses de Bahram Gour, roi de Perse, V, 627-645.

ANZOU, femme de Selm, fils de Feridoun, I, 121-137.

ASADI, cité, I, LIX.

ASCHK, roi cité, V, 261.

ASCHK, prince de la race de Keï Kobad et le premier des Aschkanides, V, 271.

ASCHKANIDES (Dynastie des), V, IV. — Son origine, 249, 251, 271. — Sa durée, 267. — Commencement de l'histoire des Aschkanides, 269. — Caractère de cette dynastie et liste des princes qui la composent jusqu'à Ardewan le Grand, 271. — Ce roi donne le gouvernement d'Istakhr à Babek; Babek voit en songe l'avenir de Sasan, 271. — Il se fait amener ce prince qui lui révèle son origine royale, 275. — Babek établit Sasan dans un palais magnifique et lui donne sa fille en mariage, 275. — Naissance d'Ardeschir Babekan, fils de Sasan, 277. — Ardeschir va à la cour d'Ardewan, 279. — Querelle d'Ardeschir avec un des fils du roi; Ardewan relègue Ardeschir dans la charge de chef de ses écuries, 281. — Celui-ci écrit à Babek qui lui fait des reproches et lui envoie des conseils, 281. — Gulnar voit Ardeschir et Babek meurt, 283. — Ardewan apprend par ses astrologues qu'un de ses serviteurs, fils de prince, deviendra un roi puissant, 285. — Gulnar a connaissance de cette prédiction et en informe Ardeschir, 287. — Le jeune prince s'enfuit avec Gulnar, 287. — Ardewan apprend la fuite de Gulnar et d'Ardeschir, 289. — Il se met à leur poursuite, 289. — Il revient à Keï et écrit à son fils, gouverneur du Fars, de faire chercher les fugitifs, 293. — Ardeschir réunit une armée, 293. — Il marche sur Istakhr; Bahman, fils d'Ardewan, conduit ses troupes contre lui, 297. — Ardeschir combat Bahman et reste vainqueur, 297. — Combat d'Ardeschir contre Ardewan et mort d'Ardewan, 299. — Tebak, roi de Djehrem et allié d'Ardeschir, fait ensevelir le corps d'Ardewan, 303. — Sur son conseil, Ardeschir demande en mariage la fille du roi défunt, 303. — Ardeschir combat les Kurdes, 305. — Histoire du ver d'Heftwad, 309. — Heftwad devient puissant et honoré grâce à l'étoile de son ver; il tue l'émir de Kudjaran qui voulait l'opprimer, et construit une forteresse dans la montagne voisine, 313. — Ardeschir combat Heftwad et est défait, 315. — Mihrek, fils de Nouschzad, pille le palais d'Ardeschir, 317. — Une flèche, lancée

TABLE ANALYTIQUE

de la forteresse d'Heftwad, apporte à Ardeschir un message l'engageant à renoncer à son entreprise, 319. — Ardeschir retourne dans le Fars; les ennemis le poursuivent; son armée est mise en déroute et il s'enfuit, 319. — Il arrive à une grande ville où deux jeunes gens lui donnent l'hospitalité et lui indiquent le moyen de renverser la fortune d'Heftwad, 321. — Il revient à Kharrehi-Ardeschir, marche contre Mihrek, le tue et massacre tous ceux de sa famille qui lui tombent entre les mains, 323. — Ardeschir tue le ver d'Heftwad, 323. — Il met à mort Heftwad et son fils aîné Schahoui, 329. — Il établit un temple du feu dans ce pays et marche vers Schehrizour, 329. — Il se rend ensuite à Thisifoun (Ctésiphon), 331. — VII, 33, 145. — Les fils et la fille d'Ardewan. Voy. Ardewan l'Aschkanide.

Aschkboos, guerrier touranien, contemporain d'Afrasiab, III, 121, 123, 125, 127, 133, 165, 267.

Aschkesch, noble iranien, de l'époque de Kei Khosrou, II, 565, 587, 675; III, 373, 393, 399, 403, 423, 493, 499, 509, 519; IV, 15, 35, 173, 183.

Aschtad, fils de Guschasp, noble iranien, contemporain de Schirouïeh, VII, 359-385.

Aschtad, fils de Pirouz, noble iranien, de l'époque de Khosrou Parviz, VII, 163.

Asdedi, poète de la cour de Mahmoud le Ghaznévide, I, xx, xxvii.

Asprous (Mont) ou Asprouz, I, 501, 531; IV, 151.

Astrolabe, II, 233, 329; IV, 35; V, 495, 497; VII, 433.

Astrologie et Astrologues, I, 139, 235, 239, 241, 279, 329, 377; II, 45, 201, 217, 233, 235, 261, 329, 345, 403, 443, 457, 501, 553; III, 183; IV, 35, 223, 231, 233, 285, 305, 307, 387, 565, 683, 705; V, 33, 45, 139, 141, 177, 249, 285, 347, 437, 495, 519; VI, 11, 73, 475, 477, 633, 697, 699; VII, 113, 279, 353, 369, 433.

Atyial. Voy. Artin.

Atkinson (J.) publie, à Calcutta, en 1814, l'épisode de Sohrab, sous le titre de : « Soohrab, a poem freely translated from the original Persian of Firdosee, by James Atkinson, » I, lxxxii; II, iv. — Il fait imprimer à Londres, en 1832, sous le titre de : « The Shah nameh of the Persian poet Firdausi, etc., » une traduction anglaise de l'extrait persan fait par Tawakkol-Beg, et une nouvelle rédaction de la traduction en vers de l'épisode de Sohrab, lxxxiv; V, v.

Augures, V, 93.

Aukhast, noble touranien, du temps d'Afrasiab, III, 441, 565, 577.

Aulad, noble touranien. — Rustem, s'étant endormi sur les terres de ce seigneur, lorsqu'il se rendait dans le Mazenderan au secours de Kei Kaous et de son armée prisonnière du roi de ce pays, laisse son cheval Raksch courir dans les champs ensemencés, I, 525. — Le gardien de la plaine frappe Rustem de son bâton et lui fait des reproches; Rustem lui arrache les deux oreilles; le gardien court se plaindre à son maître, 525. — Celui-ci se dirige vers Rustem, à la tête de ses grands; il interpelle Rustem; réponse de ce dernier, qui tire son épée et massacre l'escorte d'Aulad, 527. — Il s'empare de ce prince et lui promet le royaume du Mazenderan s'il veut le guider vers les lieux où Kei Kaous est retenu prisonnier et lui montrer la demeure du Div blanc, 529. — Aulad accepte cette proposition, et lui fait connaître en quels lieux habitent le Div blanc et les différents chefs des Divs, et le chemin pour arriver à la ville de Mazenderan, 529. — Ils se mettent en marche et parviennent à l'entrée du pays de Mazenderan, 531. — Rustem attache Aulad à un arbre et va combattre le Div Arzeng qu'il tue, 533. — Il détache Aulad et se fait conduire à la ville où Kaous était prisonnier, 533. — Il part pour combattre le

67.

Div blanc et emmène Aulad avec lui; celui-ci lui indique comment il doit s'y prendre pour venir à bout des Divs, 537. — Rustem tue le Div blanc, 539. — Aulad lui rappelle la récompense qu'il lui a promise; Rustem lui confirme ses promesses antérieures et l'invite à attendre qu'il ait détrôné et tué le roi du Mazenderan, 541. — Après la mort de ce dernier, coupé en morceaux par ordre de Keï Kaous, Rustem sollicite pour Aulad le trône du Mazenderan; Keï Kaous lui accorde l'objet de sa demande et confère la couronne à Aulad, 565. — IV, 251.

Aurigh, ville du Roum, qui possédait un morceau de la croix et un hospice, VII, 97, 101, 137.

Autrouches, V, 509, 511.

Awazeh (Château d'), VI, 631, 637, 639, 645, 651, 653, 655.

Awrend Schah, descendant de Keï Peschin, de la race de Keï Kobad, et père de Lohrasp, roi de Perse, IV, 619.

Ayaz, favori de Mahmoud le Ghaznévide, I, xxvii, xxviii, xxxiii, xxxiv, xxxv.

Ayin Guschasp, noble iranien de la cour d'Hormuzd, fils de Nouschirwan. — Le roi lui confie les soupçons qu'il a conçus contre son fils Khosrou Parviz. VI, 691. — Ayin Guschasp lui conseille de le mettre dans les fers, 691. — Hormuzd confie une armée à Ayin Guschasp et l'envoie combattre Bahram Djoubineh, 695. — Ayin Guschasp demande au roi la grâce d'un de ses compatriotes qui était en prison et l'emmène avec lui à l'armée, 697. — Il consulte une devineresse sur l'avenir qui lui est réservé. Il apprend que sa vie est dans la main de l'homme qu'il a sauvé du supplice, 699. — Il charge cet homme de porter au roi une lettre où il demande que son messager soit mis à mort, 699. — Celui-ci lit en chemin la lettre de son maître, revient sur ses pas et tue Ayin Guschasp, 701. — Le meurtrier se rend auprès de Bahram Djoubineh, et lui remet la tête de sa victime; Bahram le fait suspendre au gibet, 701. — Les cavaliers d'Ayin Guschasp vont, les uns, rejoindre Bahram, les autres, se réunir à Khosrou, d'autres retournent vers le roi, 703. — Douleur du roi en apprenant la mort d'Ayin Guschasp, 703. — VII, 45.

Azad Serv et Azaden Serw. Voy. Serv Azad.

Azaden, joueuse de loth, esclave de Bahram, fils de Yezdeguerd, V, 505. — Ce qui arriva à la chasse entre Bahram et cette jeune fille, 507, 509.

Azermidokht, reine de Perse. — Durée de son règne; son allocution aux grands, VII, 423. — Tranquillité de l'Iran sous sa domination. Sa mort, 423.

B

Babek, Mobed de Kesra Nouschirwan, VI, 175-179.

Babek, fils de Roudiab, gouverneur d'Istakhr pour Ardewan le Grand, voit en songe l'avenir de Sasan, qui était un de ses pâtres, V, 271. — Il mande auprès de lui ce prince et l'interroge; Sasan lui révèle son origine royale, 275. — Babek l'établit dans un palais magnifique et lui donne sa fille en mariage, 275. — Naissance d'Ardeschir Babekan, fils de Sasan, 277. — Ardewan écrit à Babek de lui envoyer son petit-fils, 277. — Ardeschir va à la cour du roi, 279. — Il se querelle avec un des fils d'Ardewan; le roi le relègue dans la charge de chef de ses écuries, 281. — Il écrit à Babek, qui lui fait des reproches et lui adresse des conseils, 281. — Mort de Babek et chagrin d'Ardeschir, 285. — 295, 299; VII, 33, 41.

Babel ou Babil, ville, V, 243-253. — (Pays de), VII, 461.

Babylone, I, lxix. — Voy. aussi Babel.

TABLE ANALYTIQUE

BACTRES, ville, I, LXVIII, LXXV. — (Temple de), I, 319.

BACTRIANE, nom de pays, VII, 463.

BADAKHSCHAN, ville, III, 507. — (Rubis de), I, 317; IV, 91; V, 507.

BADAN-PIROUZ (ARDEBIL), ville fondée par Pirouz, fils de Yezdeguerd, VI, 95. — Voy. aussi ARDEBIL.

BADAVER ou BADAWER, nom d'un des trésors de Keï Khosrou, IV, 249. — Nom d'un des trésors formés par Khosrou Parviz, VII, 329, 375.

BAGHDAD, ville, I, XL, XLI, XLII, XLVIII, LXII, LXIX, 97; II, 587; IV, 19; V, 333; VI, 599, 691; VII, 5, 7, 17, 311, 451, 455.

BAHLEH, ville, VII, 89.

BAHMAN, noble iranien du temps de Keï Kaous, II, 251.

BAHMAN, noble iranien, contemporain de Nouschirwan, VI, 289, 483.

BAHMAN, nom d'un génie, III, 363; VI, 459. — (Fête de), V, 591.

BAHMAN (LE CHÂTEAU DE), résidence d'Ahriman, II, 545. — Kaous décide que la succession au trône de l'Iran appartiendra à celui des deux princes, Feribourz et Keï Khosrou, qui s'emparera de ce château, 545. — Thous et Feribourz attaquent vainement le château, 547. — Keï Khosrou part avec Guiv et Gouderz, et arrive devant le château de Bahman, 549. — Il s'en empare avec l'aide de Dieu, 551. — Il y construit un temple où il place le feu Adergouschasp, 553.

BAHMAN (HISTOIRE DE), ouvrage cité, I, LI. — Cf. BAHMAN-NAMEH.

BAHMAN, fils d'Ardewan l'Aschkanide, reçoit de son père, à la mort de Babek, le gouvernement du Fars, V, 285. — Ardewan écrit à son fils de chercher dans ce pays Ardeschir Babekan, qui s'est enfui de Reï, 293. — Bahman apprend que ce prince marche contre Istakhr, sa capitale; il mène ses troupes à sa rencontre, 297. — Tebak, roi de Djehrem, quitte Bahman et va rejoindre l'armée d'Ardeschir, 297. — Combat d'Ardeschir contre Bahman; ce dernier est défait et s'enfuit, 299. — Bahman se réfugie dans l'Inde après la mort de son père, 303. — Il envoie du poison à sa sœur, qui était devenue l'épouse d'Ardeschir, et l'exhorte à faire mourir son mari, 335.

BAHMAN, fils d'Isfendiar, roi de Perse, I, XXXVIII, LXVII, LXVIII, LXXIV; IV, 1, 437, 445, 469, 575. — Isfendiar charge Bahman d'un message pour Rustem, 579. — Il fait reprocher au fils de Zal sa conduite à l'égard de Lohrasp et de Guschtasp, 581. — Il l'engage à se soumettre et à le suivre à la cour de son père, 583. — Bahman rencontre Zal, 585. — Celui-ci lui apprend que Rustem est à la chasse et, sur ses instances, le fait conduire auprès de son fils, 587. — Tentative de Bahman contre Rustem, 589. — Bahman s'acquitte de sa mission, 591. — Rustem répond à Bahman, 593. — Il le charge de dire à son père qu'il va se présenter devant lui sans armée pour entendre de sa bouche les ordres du roi, 595. — Il ajoute qu'il ne saurait se laisser enchaîner ni humilier, et invite le prince à honorer son palais de sa présence, 595. — Il lui promet enfin de l'accompagner dans l'Iran et de présenter au roi des excuses qui effaceront sa colère, 597. — Retour de Bahman auprès de son père, 597. — Rustem se rend sur les bords du Hirmend pour y attendre que Bahman lui apporte les salutations d'Isfendiar, 599. — Bahman rend compte de sa mission et fait l'éloge de Rustem; colère d'Isfendiar contre son fils, 599. — Bahman court annoncer à son père la mort de ses deux frères, Nousch-Ader et Mihri-Nousch, tués par Zewareh et Faramourz, 653. — Bahman apprend qu'Isfendiar vient d'être mortellement blessé par Rustem; il en prévient Beschouten et tous deux accourent sur le lieu du combat, 679. — Douleur des jeunes princes à la vue d'Isfendiar assis à terre et couvert de sang, 679. — Isfendiar s'efforce de les consoler; il leur révèle le moyen par lequel Rustem l'a vaincu, 681. — Rustem avoue l'acte honteux que le désespoir lui a fait commettre, 681. — Isfendiar confie à Rustem son fils Bahman, 683. — Il lui demande de l'élever en roi et lui révèle la prédiction faite par Djamasp au sujet de ce jeune prince, 685. — Rustem promet d'obéir aux ordres d'Isfendiar, 685. — Zewareh conseille à Rustem de ne pas accepter Bahman, 687. — Rustem répond qu'il fera son devoir, quelque mal qui doive en résulter pour lui, 689. — Bahman reste dans le Zaboulistan à la cour de Rustem, 689. — Beschouten apprend à Guschtasp qu'Isfendiar a confié son fils à Rustem, 693. — Rustem fait l'éducation de Bahman, 695. — Il écrit à Guschtasp pour l'informer qu'il a payé la dette qu'il avait contractée envers Isfendiar, 697. — Le roi pardonne à Rustem, 697. — Djamasp engage Guschtasp à faire revenir Bahman à sa cour, 699. — Le roi écrit dans ce sens à Rustem et à son petit-fils; Rustem fait de magnifiques présents à Bahman, 699. — Il l'accompagne pendant deux stations de la route et l'envoie auprès du roi qui l'accueille avec une vive tendresse, 701. — Caractère et qualités physiques et morales de Bahman, 701. — Guschtasp abandonne le trône à Bahman et lui donne ses derniers conseils, 729. — Mort de Guschtasp, 729. — 731. — Seul grand événement de la vie de Bahman dont la tradition ait gardé la mémoire, V, 1. — Cause de la brièveté du récit de Firdousi, V, 1. — L'histoire de Bahman se termine par un épisode indiquant la voie par laquelle les Sassanides se sont rattachés aux Keianides, 11. — Durée du règne de Bahman, 5. — Bahman venge la mort d'Isfendiar, 5. — Il part avec une armée pour le Seistan, 7. — Bahman charge Zal de chaînes, 9. — Il livre au pillage le palais de ce prince et tout le Zaboulistan, 11. — Faramourz combat Bahman et perd la vie, 11. — Beschouten intercède en faveur de Zal, 15. — Le roi rend la liberté à Zal et s'en retourne dans l'Iran, 15. — Bahman avait un fils nommé Sasan et une fille du nom de Homaï, 17. — Il épouse sa fille Homaï et lui destine la succession au trône, 17. — Maladie de Bahman; il fait reconnaître Homaï pour son successeur; douleur de Sasan en se voyant exclu du trône; il se retire à Nischapour, s'y marie en laissant ignorer son origine. a un fils auquel il donne le nom de Sasan et meurt subitement, 19. — Son fils, devenu grand, garde, dans la montagne et le désert, les chevaux du roi de Nischapour, 19. — Mort de Bahman; sa fille lui succède, 21. — 25, 35, 45, 49, 275; VII, 121. — Bahman est considéré comme le véritable meurtrier de Rustem, VII, 479.

Bahman-Nameh, un des poëmes auxquels le *Livre des Rois*, de Firdousi, a donné naissance, I, LV, LXIII, LXIV, LXVII. — Son auteur inconnu l'a dédié au Seldjoukide Mahmoud, fils de Malekschah; date de sa composition; analyse de ce poëme, LXVIII. — Sources auxquelles l'auteur a puisé, LXIX. — V, 1, 11. — Cf. Bahman (Histoire de).

Bahram (Mars), III, 363. — (Le jour de), VI, 419.

Bahram, noble iranien, contemporain de Bahram Gour, V, 673.

Bahram le Violent, IV, 209.

Bahram Adermihan, Mobed de Nouschirwan, mis à mort par ordre de Hormuzd, VI, 557-563.

Bahram l'Aschkanide, prince qui régna en Perse sous le nom d'Ardewan le Grand, V, 271. — Voy. Ardewan le Grand.

Bahram, fils de Bahram, roi de Perse, V, v. — Son père Bahram, se sentant près de mourir, lui remet le gouvernement, 407. — Durée du règne de Bahram,

TABLE ANALYTIQUE

535

fils de Bahram; son discours d'avénement, 411. — Sa mort, 413.

Bahram Bahramian, roi de Perse, V, v. — Durée de son règne; son avénement; titre dont il fut salué, 415. — Il remet le gouvernement à son fils Nersi et meurt, 415.

Bahram Djoubineh (Bahram, fils de Bahram, fils de Guschasp), Sipehbed d'Hormuzd, roi de Perse, et usurpateur du trône. — Mihran Sitad révèle à Hormuzd, fils de Nouschirwan, une prédiction du Khakan de la Chine relative à l'invasion de l'Iran par les Turcs et au Pehlewan iranien Djoubineh qui détruira leur armée, VI, 577. — Il l'engage à se hâter de faire rechercher l'homme désigné par cette prophétie, 577. — Hormuzd donne des ordres en conséquence; Zad Farroukh lui fait connaître que, selon lui, la description de Mihran Sitad s'applique exactement à Bahram, fils de Bahram, fils de Guschasp, commandant des frontières de Berda et d'Ardebil, 579. — Bahram reçoit l'ordre de se rendre sans retard à la cour et arrive chez le roi, qui reconnaît en lui les signes indiqués par Mihran Sitad, 579. — Hormuzd consulte Bahram sur la conduite qu'il doit tenir à l'égard du roi Saweh, 581. — Bahram lui conseille d'attaquer les Turcs et de lutter énergiquement contre l'ennemi, 581. — Hormuzd nomme Bahram Djoubineh Pehlewan de l'armée, 583. — Bahram part pour combattre le roi Saweh, 589. — Un Mobed prédit au roi que Bahram se révoltera contre lui, 591. — Le roi fait observer les actes de son général et conçoit des craintes pour l'avenir, 591. — Il lui envoie l'ordre de revenir auprès de lui pour recevoir de nouvelles instructions, 593. — Bahram Djoubineh refuse de retourner sur ses pas avant d'avoir battu les ennemis; trait de justice de ce général, 593. — Hormuzd envoie Kharrad Berzin avec un message perfide auprès du roi Saweh, 595. — Celui-ci découvre bientôt qu'il a été attiré dans un piége, 599. — Il envoie un message à Bahram Djoubineh et cherche à le détourner de la lutte; réponse de Bahram et nouvelles tentatives de Saweh, 599. — Bahram les repousse avec mépris, 601. — Les deux armées se rangent en bataille, 603. — Saweh envoie un nouveau message à Bahram Djoubineh, 605. — Réponse de ce dernier, 607. — Bahram Djoubineh a un songe et dispose son armée, 611. — Il livre bataille au roi Saweh, 613. — Ce dernier est battu et prend la fuite, 619. — Il est percé d'une flèche par Bahram et meurt, 619. — Bahram tue un sorcier turc, 623. — Il envoie à Hormuzd la tête de Saweh et une lettre annonçant sa victoire, 625. — Il lui demande la permission de combattre Parmoudeh, fils de Saweh, 627. Parmoudeh apprend et se fait expliquer la défaite de l'armée de son père; il se décide à continuer la guerre et conduit ses troupes sur les bords du Djihoun, 627. — Bahram Djoubineh combat Parmoudeh; fuite de Parmoudeh au château d'Awazeh, 631. — Parmoudeh demande protection à Bahram, 637. — Celui-ci sollicite de Hormuzd une lettre de protection pour Parmoudeh, 641. — Le roi lui envoie la lettre qu'il demande et l'invite à diriger Parmoudeh et son cortége vers sa cour, 643. — Bahram Djoubineh se met en colère contre Parmoudeh qui avait paru le traiter avec dédain, 645. — Il le fait amener devant lui, le frappe de son fouet et le fait charger de chaînes, 645. — Il se repent de sa conduite envers le prince turc, le délivre et le prie de ne rien dire au roi de ce qui s'est passé, 647. — Réponse du Khakan, 647. — Bahram insiste et fait valoir ce qu'il a fait auprès du roi en faveur de Parmoudeh; ce prince lui reproche sa conduite violente et peu sensée, 649. — Kharrad, craignant pour le Khakan, intervient, 649. — Bahram se retire; il envoie des scribes enregistrer les richesses renfermées dans le château d'Awazeh, 651. — Il détourne quelques objets de ce trésor; il fait charger le butin sur des chameaux et l'envoie au roi avec le Khakan, 653. — Le Khakan arrive chez le roi Hormuzd, 653. — Hormuzd apprend le manque de probité de Bahram Djoubineh et fait un traité avec le Khakan, 657. — Bahram apprend que Parmoudeh revient; il se présente pour lui offrir ses hommages; le Khakan le renvoie sans daigner l'appeler auprès de lui, 659. — Hormuzd envoie à Bahram une boîte à fuseaux et une robe de femme, 659. — Bahram fait connaître aux chefs de l'armée la récompense dont on paye ses services, 661. — Indignation des grands contre Hormuzd, 663. — Bahram a une vision de la fortune qui l'attend, 663. — Il prend des allures de roi, 667. — Kharrad Berzin avertit Hormuzd de ce que fait Bahram, 669. — Menées perfides de Bahram; il tente de soulever ses troupes, 673. — Il explique aux chefs de l'armée son plan de se faire roi; sa sœur Gordieh lui donne son avis et s'efforce de le détourner de son dessein, 675. — Mécontentement que les paroles de Gordieh causent à son frère, 687. — Bahram écrit au Khakan pour se concilier son amitié; il frappe monnaie au nom de Khosrou Parviz afin de compromettre ce jeune prince aux yeux de son père, 687. — Bahram écrit une lettre à Hormuzd et Khosrou Parviz s'enfuit de la cour de son père, 689. — Ayîn Guschasp va combattre Bahram par ordre de Hormuzd et est tué par un homme auquel il avait sauvé la vie, 689. — Le meurtrier apporte à Bahram la tête d'Ayîn Guschasp; Bahram le fait suspendre au gibet, 701. — Bahram Djoubineh apprend que Hormuzd a été aveuglé et se met en marche contre Khosrou Parviz,

VII, 11. — Entrevue de Khosrou et de Bahram, 17. — Khosrou tente de ramener le rebelle par des paroles conciliantes, 23. — Réponse insolente de Bahram; longue discussion entre ces deux personnages sur leur race et leurs droits au trône, 23. — Tentative d'un Turc de Bahram contre Khosrou, 43. — Gordieh donne de sages conseils à son frère, 43. — Celui-ci répond à sa sœur que ses paroles sont justes, mais qu'il doit aller jusqu'au bout, 47. — Khosrou tient conseil avec ses Sipehdars et ses Mobeds, 47. — Ses deux oncles et Guerdouï le dissuadent de faire une attaque de nuit, son armée étant déjà gagnée à Bahram, 49. — Ils l'engagent à prendre quelques précautions pour une défection possible de ses troupes, 51. — Khosrou suit leur conseil; Bahram est informé par les soldats de Khosrou de l'intention qu'avait manifestée ce prince, 51. — Il fait une attaque de nuit contre les Iraniens, et Khosrou Parviz s'enfuit après s'être vaillamment défendu, 53. — Bahram le poursuit jusqu'au pont de Nahrewan, 55. — Khosrou démonte Bahram, démolit le pont et court se renfermer dans Thisifoun, 57. — Khosrou s'enfuit vers le Roum et son père Hormuzd est assassiné par ses deux oncles, 61. — Khosrou arrive au Roum, 63. — Il apprend qu'il est poursuivi par les cavaliers de Bahram; Bendouï imagine un stratagème pour lui donner le temps de s'échapper, 65. — Bendouï fait connaître à Bahram, fils de Siawusch, que Khosrou est en sûreté dans le Roum, 69. — Bahram, fils de Siawusch, amène Bendouï devant Bahram Djoubineh, 69. — Celui-ci le fait charger de chaînes, 71. — Les Iraniens délibèrent avec Bahram sur la royauté et discutent s'ils doivent le placer sur le trône, 71. — Bahram Djoubineh monte sur le trône, 79. — Les alliés de Khosrou se rendent dans le

TABLE ANALYTIQUE

Roum, 81. — Bendoui s'enfuit de chez Bahram, 81. — Bahram, fils de Siawusch, qui avait conçu le dessein de se défaire de Bahram Djoubineh, est dénoncé par sa femme et mis à mort, 85. — Khosrou va au Roum par le désert, 89. — Un ermite prédit l'avenir à Khosrou Parviz, 97. — Kharrad, fils de Berzin, donne connaissance au Kaïsar du message par lequel son maître demande vengeance contre Bahram Djoubineh, 105. — Réponse du Kaïsar à la lettre de Khosrou; il lui promet de l'argent et des troupes, 107. — Ses conseillers le font revenir sur sa détermination, et il envoie un nouveau message à Khosrou, 109. — Ce prince fait une nouvelle tentative auprès du Kaïsar et décide de s'adresser au Khakan, si les Roumis refusent de l'aider, 111. — Les astrologues font connaître au Kaïsar que Khosrou ne tardera pas à reprendre le pouvoir, 113. — Le Kaïsar écrit de nouveau à Khosrou Parviz, 113. — Khosrou écrit une lettre d'alliance et l'envoie au Kaïsar, 119. — Il lui demande sa fille en mariage, 121. — Le Kaïsar envoie à Khosrou Parviz une armée et sa fille, 135. — Khosrou conduit son armée à Ader-Abadghan, 139. — Mausil l'Arménien et Bendoui viennent au-devant de Khosrou, 141. — Mausil lui rend hommage, 143. — De nombreux partisans se rassemblent autour du roi, 145. — Bahram Djoubineh apprend le retour de Khosrou Parviz et adresse des lettres aux grands de l'Iran, 145. — Le messager de Bahram remet les lettres à Khosrou, 147. — Celui-ci répond à Bahram au nom des grands et lui tend un piège, 147. — Bahram Djoubineh se met en marche contre le roi et bat les Roumis, 149. — Les Pehlewans de Khosrou se battent contre Bahram, 157. — Les partisans du roi faiblissent; il se dispose à attaquer Djoubineh, 161. — Il choisit quatorze braves et s'avance contre son ennemi, 163. — Bahram court à sa rencontre avec trois cavaliers; les compagnons de Khosrou l'abandonnent et il s'enfuit poursuivi par Bahram, 165. — Il arrive devant un rocher inaccessible; le Serosch lui apparaît et le sauve; Bahram stupéfait se retire, 167. — Khosrou rejoint son armée, 169. — Troisième combat de Khosrou contre Bahram; défaite de ce dernier, 169. — Il s'enfuit devant Khosrou et se rend auprès du Khakan de la Chine, 173. — Lettre de Khosrou Parviz au Kaïsar sur sa victoire; réponse du Kaïsar, 177. — Ce qui arriva entre Bahram Djoubineh et le Khakan de la Chine, 193. — Bahram voit Mekatoureh venir réclamer, chaque matin, du Khakan, mille pièces d'or, 195. — Il s'en étonne, et le Khakan lui avoue qu'il est obligé de compter avec cet homme avide et très-influent sur l'armée, 195. — Bahram lui offre de le débarrasser de Mekatoureh et lui indique la conduite qu'il doit tenir, 197. — Bahram tue Mekatoureh, 199. — Le Khakan lui fait de riches cadeaux, 201. — Une bête fauve tue la fille du Khakan, 201. — La Khatoun conçoit le dessein de demander à Bahram de venger sur le lion Keppi la mort de sa fille, 203. — Elle fait part de ce projet au Khakan qui s'y oppose, 203. — Elle saisit une occasion favorable et raconte à Bahram le malheur de sa fille, 205. — Bahram tue le lion Keppi, 207. — Le Khakan lui donne une de ses filles en mariage et met tout le pays sous ses ordres, 209. — Khosrou Parviz apprend ce que fait Bahram et écrit une lettre au Khakan, 211. — Celui-ci refuse de lui livrer Bahram, 213. — Les Iraniens conseillent à Khosrou d'envoyer auprès du Khakan un homme habile pour perdre Bahram dans l'esprit de ce prince, 213. — Bahram apprend ce qui s'est passé entre Khosrou et le Khakan; il offre à son beau-père de le faire roi de l'Iran et du Roum, 215. — Le Khakan prépare une armée, 215. — Khosrou envoie Kharrad, fils de Berzin, auprès du Khakan; Kharrad conspire la mort de Bahram Djoubineh, 217. — Il se met en rapport avec un vieux Turc, nommé Kaloun, qui nourrissait le désir de venger sur Bahram la mort de son parent Mekatourek, 223. — Kharrad envoie Kaloun à Merv, auprès de Bahram, 225. — Meurtre de Bahram Djonbineh par Kaloun, 229. — Douleur de Gordieh, sœur de Bahram, 231. — Paroles de Bahram à sa sœur, 231. — Il remet le commandement de son armée à Yelan Sineh et lui confie sa sœur, 233. — Il les engage à se rendre auprès de Khosrou Parviz et leur fait part de ses dernières volontés, 233. — Il fait écrire au Khakan pour lui recommander ceux qu'il laisse après lui, et meurt, 235. — Le Khakan apprend la mort de Bahram et détruit la maison et la famille de Kaloun; accueil que fait Khosrou Parviz à Kharrad, fils de Berzin, 235. — 239, 241, 243, 249, 251, 253, 255, 257, 261, 267, 367, 369, 379, 459, 479, 481.

BAHRAM, fils de Gouderz, I, LXXII, 491, 493, 499, 535, 543; II, 9, 33, 51, 59, 61, 87, 107, 119, 133, 143, 287, 289, 291, 293, 301, 303, 327, 357, 405, 435, 439, 565, 601, 603, 605. — Bahram se rend auprès de Firoud, 607. — Leur entretien, 607. — Firoud se fait connaître à Bahram; il lui apprend dans quel but il est venu sur cette montagne, et son désir de marcher contre les Touraniens, à la tête de l'armée, 611. — Bahram lui promet de répéter ses paroles à Thous, et lui donne de prudents conseils pour le cas où ce prince refuserait de lui accorder ce qu'il demande, 611. — Bahram retourne auprès de Thous et lui raconte ce qui vient de se passer, 613. — Reproches que Thous lui adresse; Rivniz s'offre pour aller chercher Firoud, malgré les conseils de Bahram, 613. — Regrets de Bahram sur la mort de Firoud, 637. — 639, 647. — Bahram fait Keboudeh prisonnier et le tue, 649. — Il enlève, à la pointe de sa lance, la couronne de Rivniz qui venait d'être tué par les Turcs. 681. — Il fait part à son père de son intention d'aller chercher son fouet qu'il a perdu sur le champ de bataille, 685. — Représentations que lui font, à ce sujet, Gouderz et Guiv, 685. — Bahram part pour le champ de bataille; il reconnaît un de ses frères parmi les blessés et lui donne des soins; 687. — Il retrouve son fouet, 687. — Quelques cavaliers turcs veulent le faire prisonnier; il les met en fuite, 689. — Piran envoie Rouin s'emparer de Bahram, 689. — Celui-ci l'oblige à la retraite; Piran va lui-même trouver Bahram et lui propose de traiter avec lui, 691. — Bahram refuse et Piran se retire, 691. — Tejaou court sur Bahram et l'attaque, 693. — Bahram est blessé, 693. — Tejaou le frappe par derrière et l'abat; Guiv, inquiet du sort de son frère, parcourt, avec Bijen, le champ de bataille; il retrouve Bahram qui lui demande vengeance, 695. — Guiv s'empare de Tejaou et le traîne auprès de son frère, 697. — Bahram intercède en sa faveur, 697. — Guiv tranche la tête de Tejaou; il rapporte du champ de bataille le corps de son frère et lui élève un mausolée, 699. — III, 13, 15, 43, 153, 175, 205.

BAHRAM GOUR, roi de Perse, I, XXXVIII, LXXI, LXXII; V, v. — Naissance de ce prince; son horoscope, 495. — Le roi fait chercher, dans toutes les parties du monde, un précepteur pour son fils, 497. — Il charge Mondhir et Noman d'élever Bahram, 499. — Mondhir emmène le jeune prince dans le Yémen, 499. — Enfance de Bahram; à sept ans, il prie instamment Mondhir de lui donner des maîtres pour s'instruire, 501. — Celui-ci fait

TABLE ANALYTIQUE

venir du Souristan trois Mobeds savants et renommés, 501. — Progrès rapides de Bahram; les trois précepteurs sont renvoyés avec de riches présents, 503. — Bahram demande à acquérir des chevaux; Noman parcourt le désert et ramène cent chevaux de guerre, 503. — Bahram en choisit deux que Mondhir achète et lui offre, 505. — Il fait choix de deux belles esclaves, dont l'une joue du luth, 505. — Aventure de Bahram et de la joueuse de luth, à la chasse, 509. — Bahram retourne auprès de son père avec Noman, 511. — Noman revient dans le Yémen avec des présents et une lettre du roi pour son père, 513. — Bahram écrit également à Mondhir pour se plaindre de la conduite de son père à son égard, et confie à Noman ses secrets sur la mauvaise voie que suit le roi, 515. — Mondhir donne de bons conseils à Bahram et met son trésor à sa disposition, 515. — Yezdeguerd fait enfermer Bahram. Retour de Bahram auprès de Mondhir, 517. — Yezdeguerd va à Thous et est tué par un cheval qui sort de l'eau, 519. — Les grands placent Khosrou sur le trône, 523. — Bahram apprend la mort de son père, 527. — Il demande l'aide de Mondhir pour soutenir les droits de sa famille, 527. — Mondhir ordonne à Noman de réunir une armée; l'Iran est ravagé et en proie aux troubles, 529. — Lettre des Iraniens à Bahram et sa réponse, 529. — Bahram Gour se rend à Djehrom et les Iraniens vont à sa rencontre, 533. — Il les interroge sur leurs intentions et ils lui déclarent qu'ils ne veulent pas de lui comme roi, 537. — Les Iraniens consultent à plusieurs reprises le sort pour le choix d'un roi; le nom de Bahram est toujours le premier, 537. — Mondhir demande aux Iraniens le motif qui leur fait écarter le jeune prince du trône; ceux-ci lui montrent les nombreuses victimes de la cruauté de Yezdeguerd, 539. — Bahram parle aux Iraniens de son aptitude pour la royauté, 539. — Il leur propose de placer la couronne sur le trône, entre deux lions, et de la donner à celui qui ira la prendre, 541. — Les Iraniens acceptent cette proposition, 543. — Bahram saisit la couronne au milieu des lions, 543. — Il s'assied sur le trône et place la couronne sur sa tête; Khosrou lui rend hommage, 549. — Avénement de Bahram; durée de son règne; son allocution aux Iraniens, 553. — Il écrit à tous les grands et dans toutes les provinces pour faire connaître son élévation au trône et sa règle de conduite, 555. — Bahram Gour prend congé de Mondhir et de Noman, et remet aux Iraniens les impôts arriérés, 557. — Il rappelle les exilés, distribue des richesses aux grands, et rétablit la justice, 561. — Aventure de Bahram Gour avec Lembek le porteur d'eau, 561. — Aventure de Bahram Gour avec Baraham le juif, 567. — Bahram Gour donne à Lembek les richesses de Baraham, 571. — Aventure de Bahram Gour avec Mihr Bendad, 573. — Aventure de Bahram Gour avec Kubroui. Interdiction de l'usage du vin, 577. — Le roi lève l'interdiction du vin par suite de l'aventure du petit cordonnier avec un lion, 579. — Le Grand Mobed de Bahram Gour détruit un bourg et le fait refleurir, 583. — Aventure de Bahram Gour et des quatre sœurs, 591. — Bahram Gour trouve le trésor de Djemschid, 597. — Il le fait distribuer aux malheureux, 599. — Ses sentiments de désintéressement et de bonté à l'égard de ses sujets, 601. — Un vieillard fait l'éloge du roi, 603. — Aventure de Bahram Gour avec un marchand et son apprenti, 603. — Bahram Gour tue un dragon. Son aventure avec la femme du jardinier, 609. — Bahram Gour va à la chasse et épouse les filles du dihkan Berzin, 617. — Bahram montre son habileté à la chasse et épouse la fille du joail-

68.

lier, 627. — Doléances du Destour du roi sur l'abus que son maître faisait des femmes, 631. — Aventure de Bahram avec Ferschidwerd, le chef de village et l'homme qui arrachait les ronces, 647. — Bahram Gour va à la chasse et tue des lions, 657. — Il critique la conduite d'Ardeschir et exalte le souvenir de Feridoun, 663. — Il montre son habileté dans la chasse à l'onagre, 665. — Il fait suspendre des anneaux d'or gravés à son nom aux oreilles d'onagres qu'il relâche, et fait marquer et remettre en liberté un troupeau de six cents de ces animaux, 667. — Il tient une cour plénière et invite tous ceux qui ont à se plaindre de ses serviteurs ou du sort à lui révéler leurs secrets, 669. — Il se rend à Baghdad et y passe deux semaines, 669. — Il va à Istakhr; luxe qu'il déploie dans l'appartement de ses femmes; il établit de nouveaux impôts pour subvenir à ces dépenses, 671. — Le Khakan de la Chine et le Kaïsar de Roum apprennent que Bahram ne songe qu'au plaisir; ils rassemblent leurs armées et marchent sur l'Iran. Les grands se rendent auprès du roi et lui font d'amères remontrances, 671. — Celui-ci leur répond qu'il saura délivrer son pays de l'ennemi; il prépare en secret une armée et se dirige vers Ader-Abadgan après avoir confié le gouvernement à son frère Nersi, 673. — Les Iraniens, croyant que Bahram les a abandonnés, conviennent d'envoyer un ambassadeur au Khakan, 675. — Ils rejettent l'avis de Nersi qui leur proposait de repousser l'invasion par les armes et écrivent au Khakan pour lui offrir leur soumission, 675. — Ce souverain accepte leur proposition et se rend à Merv pour recevoir le tribut de l'Iran, 677. — Bahram Gour attaque le Khakan de la Chine et le fait prisonnier, 679. — Il tue les Chinois qu'il trouve à Merv, poursuit ceux qui s'étaient enfuis et distribue à l'armée tout le butin qu'on avait fait, 681. — Il élève une colonne pour marquer la frontière entre l'Iran et le Touran, 681. — Lettre de Bahram à son frère Nersi et aux Iraniens; il leur apprend sa victoire, la capture du Khakan, et leur annonce son retour prochain, 683. — Les Iraniens se repentent de leur conduite et prient Nersi de présenter leurs excuses au roi, 685. — Nersi répond à son frère et demande le pardon des Iraniens, 685. — Le roi est satisfait du message de son frère et pardonne aux Iraniens, 687. — Bahram Gour revient dans le pays d'Iran; il répand les bienfaits sur son passage, 687. — Il se rend à Thisfoun, où résidaient Nersi et ses conseillers; Nersi va au-devant de son frère qui l'accueille avec bonté et revient avec lui au palais, 689. — Bahram Gour écrit des instructions pour ses employés, 689. — Il envoie ces instructions dans toutes les provinces; les Iraniens comblent le roi de leurs bénédictions et se réjouissent à cette nouvelle, 693. — Le roi donne à son peuple la prospérité et le bonheur, 693. — VI, III. — Bahram Gour envoie son frère Nersi dans le Khorasan, et fait venir devant son trône l'envoyé du Kaïsar, 5. — Questions et réponses de l'envoyé roumi et des Mobeds de l'Iran, 7. — Bahram Gour donne congé à l'envoyé du Kaïsar, 13. — Il adresse aux chefs un discours sur la justice, 15. — Il écrit une lettre à Schenguil, roi de l'Inde, 21. — Bahram Gour va dans l'Hindoustan porter sa propre lettre, 25. — Réponse de Schenguil à la lettre de Bahram, 27. — Bahram combat un lutteur à la cour de Schenguil et montre sa bravoure, 31. — Schenguil conçoit des soupçons sur la qualité de Bahram et l'empêche de s'en retourner dans l'Iran, 33. — Bahram combat un loup et le tue, 37. — Il tue aussi un dragon, 41. — Bahram épouse la fille du roi de l'Inde, 45. — Lettre du Faghfour de la Chine et réponse de Bahram,

TABLE ANALYTIQUE

49. — Bahram s'enfuit de l'Inde avec la fille du roi Schenguil, 51. — Schenguil poursuit Bahram et apprend qui il est, 57. — Les Iraniens vont au-devant de leur roi, 61. — Schenguil se rend avec sept rois auprès de Bahram Gour, 63. — Il s'en retourne de l'Iran dans l'Hindoustan, 69. — Bahram fait remise de l'impôt aux propriétaires de terres, 71. — Il fait venir de l'Inde des Louris, 77. — Fin de la vie de Bahram Gour, 79. — Il remet la couronne à son fils Yezdeguerd et meurt, 81. — 97, 99, 111, 113, 117, 317, 355, 625; VII, 439.

BAHRAM, fils de Merdanschah, Mobed de la ville de Schapour, auteur d'un ouvrage sur les traditions anciennes de la Perse, cité, I, XII, II.

BAHRAM, fils de Mihran d'Ispahan, auteur d'un ouvrage sur les anciennes traditions de la Perse, I, XII.

BAHRAM, fils d'Ormuzd, fils de Schapour, roi de Perse, V, v. — Conseils d'Ormuzd mourant à son fils Bahram, 399. — Mort d'Ormuzd; deuil de son fils, 403. — Bahram monte sur le trône; durée de son règne; son discours d'avènement, 405. — Bahram remet le gouvernement à Bahram, fils de Bahram, et meurt, 407.

BAHRAM, fils de Schapour, roi de Perse, V, v. — Durée de son règne; son avènement au trône et son discours aux grands du royaume, 489. — Il tombe malade, 489. — Il remet le pouvoir à son frère Yezdeguerd et meurt, 491.

BAHRAM, fils ou descendant de Siawusch, noble iranien, contemporain de Hormuzd, fils de Nouschirwan, VI, 623, 675, 679. — Bahram Djoubineh le charge de poursuivre Khosrou Parviz qui fuyait devant lui, VII, 63. — Bendoui imagine un stratagème pour permettre à Khosrou d'échapper aux cavaliers de Bahram, 55. — Il fait connaître à Bahram que Khosrou est en sûreté dans le Roum, 69. — Bahram amène Bendoui devant Bahram Djoubineh; ca-

lère de ce dernier qui fait charger de chaînes l'oncle du roi et le confie à la garde du fils de Siawusch, 71. — Bendoui commence à circonvenir son gardien, 81. — Celui-ci lui promet de lui obéir s'il lui garantit la vie sauve de la part de Khosrou Parviz; Bendoui prête le serment demandé, 83. — Bahram lui révèle son dessein de se défaire de Djoubineh, 83. — Il délivre Bendoui et sort de son palais pour mettre son projet à exécution; sa femme le dénonce à Djoubineh qui le tue, 85. — Bendoui s'enfuit avec les alliés du mort, 85. — 141.

BAHRAM, fils de Zerasp, noble iranien, contemporain de Lohrasp, IV, 347, 349, 353.

BAHRAM TEL, nom de lieu, VI, 637.

BAHRAMGAN (La cueillette de Bahram), butte formée par les corps des Roumis tués dans une bataille entre Khosrou Parviz et Bahram Djoubineh, VII, 157.

BOHREÏN (Le), nom de pays, V, 427.

BAÏSANGHER-KHAN fait entreprendre, en l'an 829 de l'hégire, une édition critique du texte du *Livre des Rois* de Firdousi, I, XV, LXXVIII; II, VII.

BALASCHS (Balasch), VI, I.

BALASCH, fils de Pirouz, roi de Perse, VI, I, III. — Son père, partant en expédition contre les Turcs, lui confie le pouvoir, 97. — Mort de Pirouz et de plusieurs princes de sa famille. Captivité de Kobad, fils aîné de Pirouz, 103. — Douleur de Balasch et des Iraniens à cette nouvelle, 103. — Avènement de Balasch; durée de son règne, 107. — Son allocution aux Iraniens, 107. — Lettre de Souferai, général de Balasch, à Khouschnewaz, 109. — Réponse de ce dernier, 113. — Combat de Souferai et de Khouschnewaz, 113. — Défaite des Turcs; leur chef demande la paix, 115. — Souferai consent à terminer la guerre à la condition que Kobad et les autres prisonniers seront rendus à la liberté et

que le butin fait sur Pirouz sera restitué, 119. — Kobad revient dans l'Iran, 119. — Joie de Balasch en revoyant son frère; puissance de Souferaï, 121. — Ce général dépose Balasch et donne le pouvoir à Kobad, 121. — Balasch se retire dans son palais, 123.

BALISTES, I, 447; IV, 97, 99, 117; V, 165.
BALKH, ville, II, 41, 253, 255, 257, 269, 277, 283, 287, 305; III, 77, 141, 429, 431, 507; IV, 189, 279, 281, 359, 363, 375, 379, 387, 425, 427, 445, 451, 457, 471, 477, 491, 569, 695; V, 687; VI, 11, 313, 355, 385, 571, 631, 659, 669, 671, 689; VII, 45, 493. — BALKH-BAMI, IV, 29, 35. — Voy. aussi BAMI.

BALLE (Jeu de), II, 313-319, 361, 363; V, 343, 355, 427, 501, 561; VII, 85, 137. — Voy. aussi PAUME.

BALOUÏ, noble iranien de l'époque de Khosrou Parviz, VII, 103, 105, 127, 129, 137, 189.

BALOUINEH, ville du pays de Roum, V, 391, 393.

BAMI, autre nom de Balkh, VI, 355, 385. — Voy. BALKH.

BAMIAN, ville, III, 507.

BAND (Rivière de), III, 301.

BANOUGOUSCHASP, fille de Rustem et épouse de Guiv, fils de Gouderz, I, LXIV, LXVIII; II, 479, 509, 511, 529.

BANOUGOUSCHASP-NAMEH, histoire d'une fille de Rustem, l'héroïne par excellence de l'épopée persane, I, LV, LXIII, LXIV.

BARAHAM LE JUIF (Aventure de) avec Bahram Gour, roi de Perse, V, 561, 567-573.

BARANOUSCH, guerrier roumi, gardien des frontières à l'époque de Schapour, fils d'Ardeschir, marche contre les troupes du roi de Perse, V, 391. — Il est fait prisonnier et son armée taillée en pièces, 393. — Schapour lui fait construire le pont de Schouster, 393. — Baranousch termine ce pont en trois ans, 395.

BARANOUSCH, noble roumi, est proclamé Kaïsar de Roum à la place de celui qui avait été fait prisonnier par Schapour Dhou'l-Aktaf, V, 465. — Il écrit à Schapour pour lui demander la paix, 467. — Celui-ci pardonne aux Roumis, 467. — Baranousch se rend auprès de Schapour et conclut un traité avec lui, 469. — Il s'engage à lui payer un tribut et à lui livrer Nisibin, 469. — Les habitants de Nisibin refusent de recevoir Schapour; ils sont battus et obtiennent leur grâce, 471.

BARBED, musicien célèbre de la cour de Khosrou Parviz, VII, 315, 317, 319, 321, 331, 387, 389, 391.

BARDES, II, 561.

BARKEH-ARDESCHIR, ville fondée par Ardeschir Babekan, V, 387.

BARKOUH, ville, V, 665, 667. — (Pays de), 663.

BARMAN, un des chefs de l'armée de Pescheng, roi de Touran, I, 389. — Il s'approche de Dehistan pour reconnaître l'armée de Newder, et revient rendre compte à Afrasiab de ce qu'il a vu, 395. — Il défie les guerriers de l'armée des Iraniens; Kobad, frère de Karen, s'offre seul pour le combattre; Karen s'efforce de le dissuader de cette résolution, 397. — Combat singulier entre Kobad et Barman, et mort de Kobad, 399. — Afrasiab fait à Barman un cadeau magnifique, en récompense de sa victoire sur Kobad, 399. — Il est tué par Karen à qui il voulait fermer la route du Fars après la défaite des Iraniens par Afrasiab, 411. — Ce dernier charge Wiseh, père de Barman, de poursuivre Karen et de venger la mort de son fils, 413. — Wiseh trouve son fils mort; sa douleur et sa colère à cette vue; il continue sa marche, 413. — Il atteint Karen; il est défait et retourne vers Afrasiab, 415. — 421, 475; II, 91, 93, 129, 253, 355, 453, 659; III, 565, 573.

BARQUES ET BATEAUX, IV, 29; V, 159; VI, 57.

TABLE ANALYTIQUE

Barsam, Faghfour de la Chine à l'époque de Yezdeguerd, le dernier roi sassanide, VII, 469, 477, 495, 497, 499.

Barsom, IV, 465; V, 119, 451, 687; VI, 65, 203, 553, 667; VII, 63, 133, 175, 183, 393, 473.

Barten, noble iranien du temps de Keï Khosrou, II, 573, 679; III, 565, 579, 581; IV, 21.

Barzou, fils de Sohrab, I, lxiv.

Barzou-nameh, histoire poétique d'un des petits-fils de Rustem, inspirée par le *Livre des Rois* de Firdousi, I, lx, lxi, lxiii. — Caractère de cet ouvrage, lxiv. — Analyse du poème, lxv. — Il contient une foule de personnages dont Firdousi n'a pas parlé, lxv. — Les traditions communes à ce poème et au *Livre des Rois* ne sont pas entièrement identiques, lxvi. — Les sources d'après lesquelles il a été composé paraissent plus populaires que celles de la plupart des autres poèmes épiques; son auteur est inconnu; époque à laquelle il a été composé, lxvi. — Des épisodes de cet ouvrage ont dû constituer des ouvrages à part; le Sousen-nameh, lxvi. — Le Barzou-nameh a fourni quelquefois des interpolations pour le texte de Firdousi, lxvii. — III, iii.

Barzouï, nom sous lequel Bahram Gour s'était fait connaître à Schenguil, roi de l'Inde, VI, 37.

Barzouï, célèbre médecin perse de l'époque de Nouschirwan, VI, 445. — Il demande au roi l'autorisation de se rendre dans l'Inde à la recherche d'une plante merveilleuse. Nouschirwan lui donne une lettre de recommandation et des cadeaux pour le Radja de l'Inde, 447. — Le Radja fait à Barzouï le plus grand accueil et met ses trésors et ses Brahmanes à sa disposition, 447. — Barzouï parcourt les montagnes avec les médecins indiens les plus savants, mais il est déçu dans son espoir; sa crainte des railleries du roi et des grands, 449. — Les savants indiens le mettent en relations avec un sage vieillard auquel il expose l'objet de son voyage et sa déconvenue, 449. — Le sage lui explique que, suivant lui, la plante merveilleuse n'est autre que le livre de Calila et Dimna, qui se trouve dans le trésor du roi de l'Inde, et dont il lui fait connaître les vertus, 451. — Barzouï demande au Radja le livre en question; ennui que cause cette demande au prince indien, 451. — Il autorise néanmoins Barzouï à lire ce livre en sa présence, mais sans lui permettre de le copier. Barzouï l'apprend par cœur, le transcrit secrètement et l'envoie à Nouschirwan, 453. — Il retourne auprès du roi, qui lui permet de choisir dans le trésor la récompense qu'il désire; Barzouï se contente d'un vêtement royal, 453. — Il demande au roi que Buzurdjmihr écrive en tête du livre un chapitre sur lui, Barzouï. Le roi lui accorde l'objet de sa demande, bien qu'il lui paraisse trop ambitieux, 455. — Sur les traductions arabes et persanes de Calila et Dimna, 455.

Basitan-nameh, titre que donnent, par erreur, au livre de Danischwer tous les écrivains qui ont traité de l'histoire de la poésie persane, I, x.

Batrnous, chef de l'armée que le Kaïsar de Roum envoya assiéger Haleb, sous Nouschirwan, VI, 515, 521.

Baume, II, 177.

Bazour, magicien ture, III, 35, 37.

Babr-i-beyan, nom de la cuirasse ou plutôt de la robe de peau de tigre ou de léopard que portait Rustem, II, viii; III, 123, 129, 133, 145, 153, 239, 241, 245, 247, 253, 255, 277, 281; IV, 595, 611, 639, 641, 645, 659, 673, 723.

Bedakhs d'or, II, 85.

Beh-Afrid, fille de Guschtasp, roi de Perse, IV, 455, 465, 485, 533, 535, 543, 545, 557, 563, 569, 687, 691, 693, 695.

Beur, noble touranien de l'époque d'Afrasiab, III, 35.

BEHROUZ, fils de Hour, noble iranien de la cour de Bahram Gour, roi de Perse, V, 651-657.

BEHZAD, noble iranien, contemporain de Kobad, fils de Pirouz, VI, 151.

BEHZAD, cheval de Siawusch et de Keï Khosrou, II, 393, 395, 493-497, 523; IV, 57. — Cheval de Guschtasp, IV, 399, 419.

BEÏKEND, ville, IV, 23, 29; VI, 113.

BEÏT EL-HARAM, nom donné par Dieu à la maison sainte (la Ka'ba), construite par Ismaïl, fils d'Ibrahim le patriarche, V, 157.

BEÏT-UL-MUKADDES, ville, I, 97. — Voy. aussi GANGUI-DIZOUKHT.

BELAMI, vizir d'Abou Salih Mansour le Samanide, charge le poëte Dakiki de mettre en vers la traduction de l'ouvrage de Danischwer, faite par ordre d'Abdourrezzak, I, xvii.

BÉLIERS SAUVAGES, IV, 713. — Un bélier sauvage courait à la suite d'Ardeschir Babekan, qui s'était enfui de la cour d'Ardewan; explication de ce fait par le Destour d'Ardewan, V, 291. — Description de cet animal, 293. — 609. — Voy. aussi ARGALI.

BELOUDJISTAN, nom de pays, II, 251, 587.

BELOUDSCHS OU BELOUTCHIS, VI, 191, 193, 327, 339.

BENDOU, chef des Sindhis, livre bataille à Iskender et est battu, V, 241.

BENDOUÏ, noble iranien, contemporain de Kobad, fils de Pirouz, VI, 151.

BENDOUÏ, fils de Kharrad, oncle maternel de Khosrou Parviz. — Hormuzd le fait jeter en prison avec son frère Gustehem pour se venger de la fuite de Khosrou, VI, 695. — Ils recouvrent leur liberté pendant des troubles, et marchent sur le palais avec des trompes du roi qu'ils avaient soulevées, 703. — Hormuzd est arraché de son trône et aveuglé, 705. — Gustehem et Bendouï informent Khosrou des événements de Baghdad, VII, 5. — Hormuzd demande à son fils de le venger de ses oncles, 11. — Réponse de Khosrou Parviz, 11. — 13, 17, 19, 21, 49, 51, 55. — Khosrou Parviz, poursuivi par Bahram Djoubineh, s'enfuit dans le Roum avec ses deux oncles, 59. — Mauvais desseins de Gustehem et de Bendouï à l'égard du roi Hormuzd, 61. — Ils reviennent sur leurs pas, pénètrent dans son palais et l'étranglent, 61. — Ils rejoignent Khosrou, 63. — 65. — Bendouï imagine un stratagème pour donner à Khosrou le temps d'échapper aux cavaliers de Bahram, 63-65. — Il fait connaître à Bahram, fils de Siawusch, leur chef, que Khosrou est en sûreté dans le Roum, 69. — Bahram amène Bendouï devant Bahram Djoubineh; colère de ce dernier qui fait charger de chaînes l'oncle du roi et le confie à la garde du fils de Siawusch, 71. — Bendouï commence à circonvenir son gardien, 81. — Celui-ci lui promet de lui obéir s'il jure de lui obtenir la vie sauve lorsque Khosrou Parviz reviendra avec une armée du Roum; Bendouï prête le serment demandé, 83. — Bahram lui révèle alors son dessein de se défaire de Djoubineh, 83. — Il délivre Bendouï; il sort de son palais pour mettre son projet à exécution; sa femme le dénonce à Djoubineh qui le tue, 85. — Bendouï prend la fuite accompagné de tous les alliés du mort et de ses propres partisans, 85. — Bahram Djoubineh apprend la fuite de Bendouï et regrette de ne l'avoir pas fait mettre à mort, 87. — Bendouï traverse le désert et rencontre Mausil l'Arménien qui lui promet des nouvelles de Khosrou, 87. — Khosrou arrive dans le lieu où demeurait Mausil; Bendouï et son hôte vont saluer le roi, 141. — Bendouï raconte son aventure à Khosrou, 141. — Il lui présente Mausil l'Arménien qui demande au roi la permission de lui offrir ses hommages, 143. — 145, 151, 163, 165, 171, 183, 185. — Khosrou tue Bendouï pour venger la mort de

TABLE ANALYTIQUE

son père Hormuzd, 251. — 253, 255, 275, 369, 479.
Berber (Pays de). Voy. Berberistan.
Berberistan (Pays de Berber ou des Berbers). — Keï Kaous parcourant son empire atteint ce pays, II, 5. — Le roi des Berbers attaque les Iraniens, 5. — Il est battu; Keï Kaous lui pardonne, 7. — Situation géographique de ce pays, 9. — Les armées des princes voisins s'y rassemblent à la nouvelle de l'approche de Kaous, 9. — L'armée des Berbers, avertie par le roi de Hamaveran, arrive à la capitale de ce prince et lui permet de s'emparer de Keï Kaous, 19. — 25. — Le roi du Hamaveran demande l'aide des Berbers contre Rustem, 27. — Ils viennent à son secours avec le roi d'Égypte, 27. — Rustem combat les trois rois, 29. — Le roi du Berberistan est fait prisonnier avec quarante de ses capitaines, 33. — 35, 37; III, 165; IV, 19, 593; VI, 309 — (Roi du), IV, 429.
Berbers (Les), peuple, I, lxxii; II, 5, 7, 9, 17, 19. — (Capitale des), I, lxxiv. — (Pays des). Voy. Berberistan.
Berda (Expédition des Turcs contre), ville, I, lxxii. — IV, 17, 83, 195; VI, 329, 579; VII, 7, 45, 51, 367.
Bersekhar, nom de lieu, IV, 533.
Berteh. Voy. Barteh.
Berthas, nom de pays, VII, 329.
Berzin, fils de Guerschasp, descendant de Djemschid, noble iranien de l'époque de Minoutchehr, etc., I, 429, 465, 481, 559, 573; II, 51, 59; III, 33, 273.
Berzin, riche Dihkan dont Bahram Gour épousa les filles, V, 617-627.
Berzin, chef de l'armée de Nouschirwan, VI, 475, 477.
Berzin (Le feu), I, 213; II, 51; V, 535; VII, 37.
Berzin, temple du feu construit par Lohrasp, à Balkh, IV, 281; V, 521, 631.
Besa, ville, VI, 479.
Beschouten, fils de Guschtasp, IV, 361, 415, 495, 497, 499, 501, 503, 505, 507, 511, 519, 527, 529, 537, 539, 545, 579, 585, 605, 607, 609, 635. — Isfendiar fait à son frère l'éloge de Zal; Beschouten tente de détourner Isfendiar de son dessein de combattre Rustem, 637. — Isfendiar répond qu'il ne peut désobéir aux ordres de son père, 637. — Réplique de Beschouten, 639. — Combat de Rustem et d'Isfendiar, 645. — 661. — Isfendiar s'entretient de Rustem avec son frère, 661. — 673. — Beschouten apprend de Bahman qu'Isfendiar vient d'être mortellement blessé par Rustem; ils accourent tous deux sur le lieu du combat, 679. — Leur douleur en trouvant le prince assis à terre et couvert de sang, 679. — Isfendiar s'efforce de les consoler et leur révèle la ruse dont Rustem s'est servi pour le vaincre, 681. — Rustem avoue l'acte honteux que le désespoir lui a fait commettre, 681. — Isfendiar charge Beschouten de ramener son armée dans l'Iran et de redire à son père ses dernières paroles et ses derniers conseils, 685. — Il le prie de porter ses adieux à sa mère, à ses sœurs et à son épouse, 687. — Beschouten amène le cercueil d'Isfendiar à Guschtasp, 689. — Il montre le corps du jeune prince à sa mère et à ses sœurs, 691. — Il reproche au roi sa conduite à l'égard d'Isfendiar et lui répète les paroles et les conseils du prince, 693. — Il accuse Djamasp d'avoir causé par ses révélations la mort d'Isfendiar, 693. — A la demande de Guschtasp, Beschouten emmène hors de la présence du roi les sœurs d'Isfendiar qui se répandaient en lamentations sur le sort de leur frère, 695. — Il console la mère de ce prince, 695. — Rustem écrit à Guschtasp qu'il a payé à Bahman la dette qu'il avait contractée envers Isfendiar, et prend Beschouten à témoin des efforts qu'il avait faits pour éviter le combat, 697. — Beschouten témoigne en faveur de Rustem, 697. — Gusch-

tasp abandonne le trône à Bahman et lui donne Beschouten pour confident, 729. — 731. — Beschouten intercède en faveur de Zal, V, 15. — Bahman rend la liberté à Zal, 15. — Beschouten fait mettre dans un tombeau le corps de Faramourz, 17.

Bessad, gardien des chevaux du Kaïsar de Roum, IV, 293.

Bestham, ville, VI, 351.

Bezkousch, nom de pays ou de ville, III, 165. — Cf. Buzgouscu.

Bézoard, V, 395; VI, 555.

Bid, noble touranien du temps d'Afrasiab, I, 509, 529, 547; II, 25; III, 247; IV, 351, 617.

Bidad (L'injuste), ville, III, 225, 227, 229.

Bidirefsch, noble chinois ou touranien, IV, 369. — Il est chargé, avec Namkhast, d'un message d'Ardjasp pour Guschtasp, 373. — Ils arrivent à Balkh et s'acquittent de leur mission, 375. — Le roi leur remet sa réponse à Ardjasp et les congédie en leur défendant de remettre les pieds dans l'Iran, 377. — Les envoyés d'Ardjasp s'en retournent avec la réponse de Guschtasp, 379. — Ils arrivent à Khallakh et remettent à leur roi la lettre écrite par Zerir, 379. — 383, 391, 393. — Ardjasp confie à Bidirefsch le commandement d'une des ailes de son armée, 399. — Zerir se présente sur le champ de bataille, 407. — Ardjasp fait en vain appel au courage de ses soldats, aucun d'eux n'ose combattre le guerrier iranien, 407. — Bidirefsch offre de l'attaquer si le roi lui donne le commandement de l'armée, 409. — Ardjasp consent; Bidirefsch tue Zerir par surprise et enlève le drapeau de Kaweh, 409. — 411. — Nestour et Isfendiar tuent Bidirefsch; Isfendiar lui reprend les dépouilles de Zerir et le drapeau de Kaweh, 419.

Bijen, Khakan des Turcs et de la Chine, excité par Mahoui, gouverneur du Khorasan, à faire la guerre à Yezdeguerd, dernier roi sassanide, envoie une armée combattre les Iraniens, VII, 467. — 477. — Mahoui, ayant usurpé la couronne de Perse, envoie des troupes pour attaquer Bijen, 493. — Celui-ci fait marcher son armée contre Mahoui Souri, 495. — Bijen livre bataille à Mahoui et le tue, 497. — Les trois fils de Mahoui sont brûlés avec le cadavre de leur père, 501.

Bijen, fils de Guiv, II, 481, 565. — Khosrou offre de magnifiques cadeaux à celui de ses guerriers qui tuera Palaschan, chef de l'armée d'Afrasiab; Bijen se déclare prêt à combattre Palaschan, 575. — Même offre du roi à celui qui lui apportera la couronne de Tejaou, gendre d'Afrasiab, 575. — Bijen se présente également pour cette entreprise, 577. — Khosrou fait apporter de nouveaux présents pour celui qui s'emparera d'Ispenouï, esclave favorite de Tejaou; Bijen se présente encore, 577. — 603. — Bijen raille son père qui avait été démonté par Firoud, 625. — Il jure de venger la mort de Zerasp tué par ce prince et demande à Gustehem de lui prêter un de ses chevaux, 625. — Gustehem s'efforce de le détourner de son dessein; Bijen insiste et obtient l'objet de sa demande, 627. — Guiv envoie à son fils l'armure de Siawosch, 627. — Combat de Bijen et de Firoud, 629. — Firoud prend la fuite et court s'enfermer dans son château, 629. — Bijen revient auprès de Thous qui jure de détruire le château et de tuer Firoud, 631. — Firoud fait une sortie, 633. — Ses troupes sont taillées en pièces et il est blessé mortellement par Bijen, 633. — Mort de Firoud, 635. — Regrets de Bahram sur ce prince, 637. — Bijen tue Palaschan, 641. — Joie de Guiv en apprenant la victoire de son fils, 645. — Bijen s'offre pour aller, à la place de son père, incendier un immense amas de bois qui bar-

TABLE ANALYTIQUE

rait le passage du Kaselroud, 647. — Guiv refuse la proposition de son fils, 647. — L'armée de Tejaou s'approche du camp iranien, 651. — Guiv va à sa rencontre et propose à Tejaou de faire sa soumission à Kaous, 651. — Bijen reproche à son père de parlementer avec l'ennemi; il commence l'attaque, 653. — Tejaou est battu et Bijen lui arrache sa couronne. Le Turc s'enfuit et, en passant devant son château, il prend en croupe son esclave Ispenoui, 655. — Il est bientôt obligé de l'abandonner, 655. — Bijen s'empare de la jeune fille et revient avec elle au camp iranien, 657. — 661, 679, 681, 683, 695, 699; III, 15, 23, 35, 39, 55, 57, 85, 87, 127, 171, 207, 225, 227, 231, 241, 249, 251, 259, 291. — Histoire de Bijen et de Menijeh; commencement du récit, 293. — Les Iraniens viennent solliciter la protection de Khosrou contre des bandes de sangliers qui dévastent leur pays, 295. — Le roi offre de riches cadeaux à celui de ses guerriers qui ira combattre les sangliers, 299. — Bijen sa présente pour exécuter les ordres du roi, 299. — Guiv reproche à son fils sa témérité et sa présomption; Khosrou accorde au jeune homme la permission qu'il demande, 301. — Bijen va combattre les sangliers; Gourguin l'accompagne pour lui montrer le chemin, 301. — Gourguin refuse de seconder Bijen; ce dernier attaque seul les sangliers et en fait un grand carnage, 303. — Gourguin trompe Bijen, 305. — Il lui parle de Menijeh, fille d'Afrasiab, et des fêtes qu'elle va donner sur la frontière du Touran, 307. — Bijen et Gourguin se dirigent vers le lieu ordinaire de ces fêtes, 307. — Bijen va regarder Menijeh, fille d'Afrasiab, 309. — Menijeh aperçoit Bijen et s'éprend d'amour pour lui; elle envoie sa nourrice lui demander qui il est, 311. — Bijen se fait connaître à cette femme et lui révèle les motifs de sa présence en ce lieu, 311. — Il la prie de l'introduire auprès de la princesse; celle-ci fait dire à Bijen de venir la trouver, 313. — Bijen se rend à la tente de Menijeh; accueil que lui fait la fille d'Afrasiab, 313. — Menijeh enlève Bijen et l'emmène dans son palais, 315. — Le chambellan d'Afrasiab apprend ce qui se passe et en instruit le roi, 315. — Afrasiab ordonne à Guersiwez de lui amener Bijen, 317. — Guersiwez fait cerner le palais et pénètre dans le pavillon de Menijeh, 317. — Il y trouve Bijen qui s'arme d'un poignard et se dispose à défendre chèrement sa vie, 319. — Guersiwez lui garantit la vie sous serment et l'amène devant le roi, 319. — Bijen raconte son aventure à Afrasiab, 321. — Celui-ci ordonne qu'on le suspende au gibet, 323. — On entraîne Bijen au supplice, 323. — Piran demande grâce à Afrasiab pour la vie de Bijen, 325. — Il lui conseille de le charger de chaînes afin qu'il serve d'exemple aux Iraniens, 329. — Afrasiab jette Bijen en prison, 331. — Il ordonne à Guersiwez de dévaster le palais de Menijeh, de la dépouiller et de la traîner jusqu'au cachot de Bijen dont elle sera désormais la servante, 331. — Menijeh nourrit Bijen du pain qu'elle va quêter de porte en porte, 333. — Gourguin cherche en vain Bijen; il s'en retourne dans l'Iran en se faisant des reproches de son crime, 333. — Guiv apprend que son fils a disparu; sa douleur à cette nouvelle, 335. — Il interroge Gourguin, qui lui fait un récit mensonger, 337. — Soupçons et colère de Guiv contre Gourguin, 339. — Guiv va trouver le roi et lui demande vengeance; le roi essaye de le rassurer sur le sort de son fils, 341. — Gourguin arrive en présence du roi, 341. — Celui-ci l'interroge; Gourguin se trouble; Khosrou le fait jeter dans les fers et s'efforce de consoler Guiv en promettant de rechercher les traces de son fils, 343. — Keï Khosrou voit Bijen dans la coupe qui réfléchit le monde, 345. — Il fait connaître à Guiv la situation de son fils et lui dit que Rustem est seul capable de le délivrer, 347. — Khosrou écrit à Rustem, 349. — Guiv porte à Rustem la lettre de Khosrou, 351. — Rustem prend part à la douleur de Guiv et lui promet de ne pas desseller Raksch avant d'avoir délivré Bijen, 355. — Rustem donne une fête à Guiv, 357. — Il se rend auprès de Khosrou, 359. — Les grands vont au-devant de lui, 361. — Rustem arrive en présence du roi et lui offre ses hommages, 363. — Keï Khosrou fête les Pehlewans, 365. — Il prie Rustem de chercher un moyen de sauver Bijen; Rustem promet d'accomplir cette entreprise, 367. — Il demande au roi la grâce de Gourguin, 367. — Le roi abandonne Gourguin à Rustem, 371. — Rustem compose son cortège, 371. — Il se rend à Khoten auprès de Piran, 373. — Il laisse son armée sur la frontière et se présente à Piran avec ses sept compagnons, comme des marchands venus de l'Iran, 375. — Rustem offre à Piran de riches présents, et ce prince l'autorise à s'établir à Khoten, 377. — Menijeh vient voir Rustem; elle lui parle de Bijen et de ses souffrances, 379. — Rustem, effrayé de ses paroles, la repousse durement; douleur de Menijeh à cet accueil; Rustem se radoucit, 379. — La princesse prie Rustem, à son retour dans l'Iran, de faire connaître le sort de Bijen, 381. — Bijen devine l'arrivée de Rustem, 383. — Il révèle ce secret à Menijeh et l'engage à se rendre auprès du marchand pour s'assurer que c'est bien Rustem, 385. — Rustem se fait connaître à Menijeh, lui recommande le silence, et lui donne ses instructions, 387. — Menijeh fait part à Bijen du message et des ordres qu'elle a reçus de Rustem, 387. — Rustem tire Bijen de la fosse après lui avoir fait promettre de pardonner à Gourguin, 389. — Bijen refuse de partir sans Rustem, qui veut se venger d'Afrasiab, 393. — Rustem attaque de nuit le palais d'Afrasiab, 395. — Le roi s'enfuit, 395. — Les Iraniens enlèvent le butin et prennent en toute hâte le chemin de l'Iran, 397. — Afrasiab vient attaquer Rustem, 397. — Défaite d'Afrasiab, 401. — Retour de Rustem auprès de Keï Khosrou, 403. — Guiv et Goudarz vont au-devant de lui et lui offrent leurs hommages, 405. — Khosrou sort à la rencontre de Rustem, 405. — Ce dernier remet Bijen aux mains de son père, 407. — Khosrou donne une fête, 407. — Il fait venir Bijen qui lui raconte son histoire, 409. — Le roi recommande à Bijen de bien traiter Menijeh et le charge de riches présents pour cette princesse, 409. — 419. — Bijen demande à Guiv la permission de livrer bataille aux Touraniens, 443. — Guiv explique à son fils les motifs de l'inaction de Goudarz, 445. — Bijen se résigne à attendre les ordres de son grand-père, 445. — Bijen apprend que Houman a provoqué les braves de l'Iran, mais qu'aucun d'eux n'a accepté le combat, 463. — Il va demander à son père l'autorisation de combattre Houman; Guiv ne consent pas à sa demande, 463. — Bijen va trouver Goudarz, lui expose sa requête et le prie de lui faire donner l'armure de Siawusch, 465. — Goudarz permet à Bijen de combattre Houman et lui promet l'armure de Siawusch, 467. — Guiv essaye de retenir son fils en lui refusant cette armure; fière réponse du jeune homme, 469. — Guiv donne à Bijen la cuirasse de Siawusch et son propre cheval, 469. — Bijen va défier Houman, 473. — Houman vient le combattre, 475. — Ils se rendent dans un endroit désert et font leurs conventions, 477. — Ils commencent le combat, 477. — Houman est tué par la main de Bijen, 479. — Celui-ci attache la tête

TABLE ANALYTIQUE

Houman à la selle de son cheval et s'avise d'un stratagème pour passer devant les Touraniens sans être inquiété, 481. — Gouderz apprend que Bijen revient victorieux, 483. — Guiv accourt vers son fils et le serre sur sa poitrine; Gouderz fait de riches présents à Bijen, 485. — 527, 529, 541, 543, 547, 549, 553. — Combat des onze champions; Bijen est opposé à Ronin, fils de Piran, 565. — Combat de Bijen contre Ronin, 573. — Mort de Ronin, 575. — Bijen apprend que Gustehem s'est mis à la poursuite de Lehhak et de Ferschidwerd, 599. — Il conçoit des craintes pour la vie de Gustehem et demande à Gouderz l'autorisation d'aller à son aide, 599. — Gouderz tente en vain de le détourner de son dessein et finit par lui accorder la permission qu'il sollicite, 601. — Bijen suit les traces de Gustehem, 603. — Guiv court après lui et veut le retenir; réponse du jeune homme aux remontrances de son père, 603. — Guiv le laisse libre, et Bijen poursuit sa route, 605. — Gustehem tue Lehhak et Ferschidwerd, 607. — Il est lui-même grièvement blessé, 609. — Bijen trouve Gustehem couché dans la prairie, 611. — Celui-ci reprend ses esprits et prie Bijen de chercher un moyen pour le ramener auprès du roi avec les corps de ses adversaires, 611. — Bijen panse les blessures de Gustehem, 613. — Un Turc qu'il vient de faire prisonnier l'aide à attacher sur un cheval les corps de Lehhak et de Ferschidwerd, 613. — Il place Gustehem sur son cheval, le fait soutenir par le Turc et se met en marche, 615. — Bijen ramène Gustehem, 625. — Khosrou fait donner des soins au blessé, qui guérit promptement; il félicite Bijen et recommande à Gustehem de toujours veiller sur son ami, 627. — IV, 17, 219, 231, 245. — Legs fait à Bijen par Keï Khosrou, 249. — 257. — Bijen accompagne Khosrou se rendant sur la montagne où devait se terminer sa vie, 265. — Le roi engage bientôt les grands à s'en retourner; Bijen et quelques autres refusent de le quitter, 267. — Il leur fait ses adieux, 267. — Disparition de Keï Khosrou; ses compagnons le cherchent en vain de tous côtés, 269. — Ils sont ensevelis sous la neige, 271. — Inquiétude et désespoir de Gouderz, 271. — Des hommes envoyés dans la montagne retrouvent leurs corps et les rapportent à leurs familles, 273. — Regrets de Gouderz au souvenir de la perte de ses enfants, 275.

BIBEN, LE KEÏANIDE, un des princes de la dynastie des Aschkanides, V, 271.

BIJOUX. Voy. VÊTEMENTS.

BISOUTOUN (Mont), I, 365; II, 89; III, 129, 179, 399; IV, 87, 399, 589; VII, 25.

BISTHAM, véritable nom de Gustehem, oncle maternel de Khosrou Parviz, VII, 99.

BYTHEKOUS, Destour d'Iskender, fils de Pheïlekous, roi de Roum, V, 165, 167, 169, 173, 177, 189.

BIWERD, guerrier de Kaï, vassal d'Afrasiab, III, 77, 91.

BIWERD, noble iranien, contemporain de Yezdeguerd le Méchant, V, 525.

BLANCHISSEUR (Un) recueille Darab que sa mère avait fait exposer sur l'Euphrate, V, 23, 25, 27, 29, 31, 37, 41, 47.

BŒUFS attelés aux chariots, IV, 189, 317, 329.

BOHÉMIENS. — Première trace de leur migration vers l'Occident, VI, 111. — Voy. LOURIS.

BOÎTE À FUSEAUX, VI, 659, 669, 671, 689.

BOKHARA, ville, II, 273; III, 509; IV, 29, 81, 189; V, 681, 687; VI, 313, 339; VII, 493, 497.

BOST, ville, IV, 253, 571; V, 11, 13, 243; VI, 109; VII, 457, 465. — (Mer de), I, 235. — (Pays de), III, 507; IV, 727.

BOURAB, forgeron du Kaïsar de Roum, IV, 295.

BOUSIPAS, faux nom que Houman, fils de

Wisch, donné à Rustem comme étant celui de son père, III, 151.

BRAHMANES, III, 247, 481; IV, 621. — Iskender se rend dans le pays des Brahmanes, V, 191. — Ceux-ci vont au-devant de lui, 193. — Iskender s'informe de leur manière de vivre, 193. — Réponse que lui font ces religieux, 195. — Il s'entretient avec eux de divers sujets de métaphysique, 195. — Il les quitte après leur avoir fait de grands présents, 199. — VI, 447; VII, 337. — Voy. aussi BRAHMINS.

BRAHMINS. — Entretien de Guerschasp avec les Brahmins, I, LVII. — LXIII. — Voy. aussi BRAHMANES.

BUFFLES. — Servaient de bêtes de somme dans l'armée de Feridoun, I, 93. — Étaient attelés aux chariots, IV, 173. — V, 187.

BURZIN. Voy. BERZIN, fils de Guerschasp.

BURZMIHR, Mobed contemporain de Bahram Gour, V, 687.

BURZMIHR, Scribe de Nouschirwan, VI, 551.

BURZMIHR, Destour de Khosrou Parviz, VII, 189.

BURZOUÏLA, guerrier touranien du temps d'Afrasiab, IV, 75.

BUST. Voy. BOST.

BOZGOUSCH, ville, I, 531. — Cf. BEZKOUSCH.

BUZURDJMIHR, Destour de Nouschirwan, VI, 1. — Nouschirwan a un songe, 243. — Il fait chercher de tous côtés un savant interprète de songes pour lui expliquer son rêve, 245. — Un de ses messagers découvre à Merv, dans une école, un jeune homme nommé Buzurdjmihr, qui dit connaître la science des songes, 245. — Il l'emmène à la cour de Nouschirwan. Aventure du serpent noir, 247. — Buzurdjmihr interprète le songe du roi, 247. — Il lui apprend qu'un jeune homme est caché dans l'appartement de ses femmes, 249. — Le jeune homme est découvert, 249. — Il est mis à mort avec sa complice, 251. — Faveur de Buzurdjmihr; ses progrès rapides dans toutes les sciences, 251. — Nouschirwan donne une fête aux Mobeds. Conseils de Buzurdjmihr, 253. — Deuxième fête que donne le roi à Buzurdjmihr et aux Mobeds, 259. — Autres maximes de ce sage, 259. — Troisième fête, 265. — Nouvelles sentences de Buzurdjmihr, 267. — Quatrième fête donnée par Nouschirwan à Buzurdjmihr et aux Mobeds, 273. — Suite des maximes de Buzurdjmihr, 273. — Cinquième fête donnée par le roi aux mêmes personnes, 279. — Discours d'Ardeschir le Grand Mobed, de Yezdeguerd le Scribe, et de Buzurdjmihr, 279. — Sixième fête donnée par Nouschirwan, 283. — Suite des sentences de Buzurdjmihr, 283. — Septième fête, et continuation des discours de Buzurdjmihr, 289. — Magnifique récompense que le roi donne à ce sage, 293. — Buzurdjmihr donne des conseils à Nouschirwan, 365. — Il découvre la marche du jeu d'échecs, 387-391. — Il invente le jeu du nard (trictrac) et Nourschirwan l'envoie dans l'Inde, 391. — Buzurdjmihr arrive auprès du Radja et lui remet la lettre de son maître, 395. — Les savants indiens ne parviennent pas à découvrir la marche du jeu de nard, et le Radja envoie à Nouschirwan le tribut convenu, 397. — Buzurdjmihr revient de Kanoudj avec une lettre du Radja pour Nouschirwan, 399. — Accueil bienveillant que lui fait le roi, 399. — Par ordre de Nouschirwan, Buzurdjmihr compose sur Barzouï un chapitre destiné à servir de préface au livre de Calila et Dimna, 455. — Nouschirwan se met en colère contre Buzurdjmihr et le fait enchaîner, 457. — Motif de cette disgrâce, 457. — Le sage est enfermé dans un coffre de fer garni de clous; sa patience dans les tortures, 461. — Son courage devant les menaces du roi; il est ramené de sa prison dans son palais, 463. — Le Kaisar envoie un écrin fermé et Buzurdjmihr est mis en

TABLE ANALYTIQUE

liberté pour en deviner le secret, 463. — Il se rend au palais et questionne, en chemin, sur leur condition, trois femmes qu'il rencontre, 467. — Il arrive auprès de Kesra qui s'excuse du mal qu'il lui a fait, 467. — On lui donne connaissance du message du Kaïsar, et il fait connaître au roi le contenu de l'écrin, 469. — L'écrin est ouvert et l'on trouve que Bozurdjmihr a dit vrai, 469. — Le roi récompense le sage et regrette le traitement qu'il lui a fait subir; Bozurdjmihr lui raconte l'événement qui avait été la cause de son malheur, 471. — Nouschirwan manquant d'argent pour poursuivre la guerre contre le Kaïsar de Roum, Bozurdjmihr lui conseille d'en emprunter aux marchands et aux propriétaires des villes voisines, 515. — Un cordonnier offre la somme demandée par le roi et sollicite pour son fils une place de scribe, 517. — Buzurdjmihr présente au roi la requête du cordonnier; Nouschirwan refuse d'accorder à ce dernier la faveur qu'il sollicite et lui renvoie son argent, 519. — Nouschirwan parle à Buzurdjmihr de son dessein de choisir pour son successeur Hormuzd, l'aîné de ses fils, 527. — Il lui ordonne de réunir les Mobeds, les nobles et les savants afin de mettre le jeune prince à l'épreuve, 527. — Questions que Buzurdjmihr adresse à Hormuzd, et ses réponses, 529. — Le roi, satisfait de son fils, lui confère la couronne par un acte qui est déposé entre les mains du Grand Mobed, 535. — 559.

C

Cachemire (Le). Voy. Kaschmir (Le).
Calila et Dimna (Le livre de), I, xi; VI, 445, 451-455; VII, 13, 305.
Campire, II, 239; III, 315; IV, 63, 213, 699, 721; V, 93, 237, 237, 353, 255, 399, 511, 641, 663; VI, 29, 47, 541; VII, 375, 405.
Canaux, leur invention, I, 37.
Cangue, instrument de supplice, II, 399; III, 589.
Canope, étoile, I, 137.
Castes établies par Djemschid. Les Amouasian ou ministres du culte, I, 49. — Les Nisarian ou guerriers, 49. — Les Nesoudi ou agriculteurs; les Ahnoukhouschi ou artisans, 51.
Castration (Exemple de) volontaire, donné par le Destour d'Ardeschir Babekan, V, 339, 341.
Catapultes, I, 447; IV, 99, 117; V, 165; VI, 209, 515.
Catholiques roumis, VI, 235; VII, 155, 181.
Cavades (Kobad, fils de Pirouz), VI, 1.
Ceinture des prêtres chrétiens (La), V, 185, 443, 449.

Cénobite perse (Un), IV, 197.
Cercueils, III, 623; IV, 689, 721, 729.
Cérémonial de cour, IV, 219, 221, 223. — d'installation des rois de Perse, V, 547.
Ceylan, ses rapports commerciaux avec la Perse, I, lviii.
Chaîne apportée du paradis par Zerdouscht pour Goschtasp, IV, 507.
Chambellans, III, 297, 315; IV, 217-221, 225; VI, 653, 693. — (Grands), IV, 217-223.
Chameaux et Chameliers, IV, 293, 295; VII, 173. — Voy. aussi Dromadaires, etc.
Champion (J.). Voy. Poems (The) of Ferdosi, etc.
Champions (Combat des douze), III, 413. — Commencement du récit, 413. — Gouderz et Piran conviennent du combat des onze champions, 547. — Les grands interrogent Gouderz au sujet du combat qu'ils doivent livrer aux Turcs, 551. — Celui-ci leur rappelle les griefs des Iraniens contre Afrasiab et Piran, 551. — Il propose d'accepter immédiatement le défi de Piran et s'engage à payer de sa

personne, 553. — Les grands comblent Gouderz de louanges et se déclarent prêts pour la vengeance et pour le combat, 555. — Gouderz confie l'armée à Gustchem, 555. — Piran adresse la parole à son armée; il s'efforce de relever le courage de ses soldats, et leur fait part de la convention arrêtée entre Gouderz et lui au sujet du combat singulier, 559. — Les Touraniens promettent de le seconder et se préparent au combat; Piran confie son armée à Lehhak et Ferschidwerd, 561. — Gouderz et Piran choisissent les champions, 561. — Ordre de combat adopté par les deux chefs, 565. — Instructions qu'ils donnent à leurs combattants; les deux partis arrivent sur le champ de bataille, 567.— Combat de Feribourz contre Kelbad, 567. — Mort de Kelbad, 569. — Combat de Guiv et de Gueroui Zereh : ce dernier est fait prisonnier, 569. — Combat de Gourazeh et de Siamek; mort de Siamek, 571. — Combat de Fourouhil et de Zengouleh; l'Iranien tue son adversaire, 571. — Combat de Rehham contre Barman; celui-ci est tué, 573. — Combat de Bijen et de Rouin, 573. — Rouin périt de la main de Bijen, 575. — Combat de Hedjir et de Sipahram, mort de ce dernier, 575. — Combat de Zengueh, fils de Schaweran, et d'Aukhast; Zengueh tue son ennemi, 577. — Combat de Gourgain et d'Anderiman; mort d'Anderiman, 579. — Combat de Barteh avec Kehrem, qui est tué, 579. — Combat de Gouderz et de Piran, 581. — Mort de Piran, 585. — Gouderz revient auprès des champions de l'Iran, 585. — Il envoie Rehham chercher le corps de Piran, 587. — Les Iraniens retournent à leur camp, emportant les corps de leurs adversaires, et chassant devant eux Gueroui Zereh, 589.

CHANTEURS. Voy. MUSICIENS ET CHANTEURS.

CHANTS ET CHANSONS, I, 445. — Chanson du pays de Mazenderan, 489. — 523,

567; V, 591, 623, 637, 645, 669. — Le chant des mages, 637. — VI, 67, 687; VII, 297, 317, 319, 387-391.

CHANTS POPULAIRES. — Ont conservé les souvenirs antiques sur lesquels reposent les traditions qui formaient l'histoire populaire de la Perse, IV, II. — La forme d'une ancienne ballade est quelquefois si bien conservée dans le *Livre des Rois*, qu'on pourrait presque la reconstruire, III. — Un assez grand nombre d'aventures romanesques attribuées par Firdousi à certains rois sassanides semblent n'être que la reproduction, aussi littérale que possible, de ballades populaires, V, VI. — Voy. aussi POÉSIES POPULAIRES.

CHARIOTS, IV, 501.

CHASSE, I, 511, 515, 517; II, 51-71, 75, 321, 323, 469; III, 301, 309; IV, 303; V, 279, 281, 487, 501, 507-511, 617-621, 627, 647, 657-661, 665, 667; VII, 297.

CHÂTEAU (LE) D'AIRAIN, situé sur la frontière du Touran et de l'Iran, IV, 491, 493, 515, 523, 525, 527, 529, 537, 539, 541, 545, 547, 553, 557, 609, 621, 695; VI, 687.

CHÂTEAU (LE) de Bahman. Voy. BAHMAN (Château de).

CHÂTEAU (LE) BLANC, forteresse située sur les confins du Touran et de l'Iran, I, 409. — Le gouverneur de cette place, Hedjir, tente de s'opposer à la marche de Sohrab sur l'Iran, II, 93. — Il est vaincu et fait prisonnier, 95. — Gurdaferid, fille de Guzdehem, se dispose à venger la défaite de Hedjir, 95. — Combat de Sohrab et de Gurdaferid, 97. — La jeune guerrière est faite prisonnière; elle promet à Sohrab de lui remettre le château dès qu'il lui plaira, 99. — Elle retourne vers son père et viole la parole qu'elle avait donnée à Sohrab, 101. — Ce prince fait ravager les alentours du château et retourne à son camp pour y passer la nuit, 103.

— Guzdehem écrit à Kaous pour lui demander du secours, 103. — Sohrab s'empare du Château Blanc, 105. — 107. — Kaous et Rustem se mettent en campagne, 125. — Ils arrivent devant le Château Blanc. Rustem pénètre dans la forteresse à la faveur d'un déguisement, 127. — Il tue Zendeh Rezm, oncle de Sohrab, qui l'avait aperçu et le questionnait, 129. — Sohrab apprend la mort de Zendeh et jure de le venger, 129.

CHÂTEAUX ENCHANTÉS, II, 545, 547, 549, 551; VI, 665. — Voy. aussi BAHMAN (Château de).

CHEVALERIE. — Ce n'est pas chez les Persans qu'il faut chercher l'origine de la chevalerie; les héros et leurs poëtes manquent également du sentiment chevaleresque, I, LVI.

CHEVAUX. — arabes, I, 55, 57; II, 267, 275, 703; III, 377, 525; IV, 355; V, 503, 505, 513. — bardés de fer, III, 261, 437. — employés comme nourriture, IV, 537. — (Troupeaux de), I, 447; II, 575, 661; III, 281, 283; IV, 249; V, 49. — II, 531, 649, 657, 661; III, 417; IV, 293, 415, 555; V, 19, 49. — Marques des rois. Manière de s'emparer des chevaux sauvages, I, 449. — Cheval blanc merveilleux qui sortit du lac Sebahd et tua Yezdeguerd le Méchant, V, 521, 523.

CHIENS DE CHASSE, V, 187. — prenant le gibier à la course, IV, 525.

CHINE (LA) ET LES CHINOIS, I, LVI, IX.
La Chine devient avec le Touran l'apanage de Tour, fils de Feridoun, I, 139, 141. — 145, 157, 159, 167, 181, 185, 205, 251, 259, 341, 393, 405, 437; II, 5, 137, 139, 353, 355, 369, 383, 387, 389, 401, 469, 509, 605; III, 75, 95, 117, 181, 187-191, 197, 199, 209, 213, 215, 221, 223, 239, 243, 261, 331, 391, 415, 417, 499, 505, 531, 627; IV, 9, 23, 25, 31, 49, 77, 93, 97, 107, 109, 115, 133-137, 149, 151, 153, 157, 161, 163, 167, 173, 177, 185, 189, 215, 275, 279, 283,

359, 367-379, 383, 389, 393, 395, 403-407, 423, 445, 455, 477, 525-531, 547, 551, 557, 567, 571, 593, 609, 617-623, 683; V, 7, 55, 63, 111, 233, 237, 247, 253, 369, 375, 473, 497, 529, 595, 601, 619, 663, 671, 673; VI, 29, 39, 51, 81, 121, 141, 187, 309, 317, 319, 323, 327, 339, 353, 355, 363, 393, 401, 417, 511, 535, 627; VII, 37, 275, 285, 289, 311, 313, 321, 329, 347, 359, 403, 423, 457, 463, 483. — (Mer de la), I, 25, 235, 401, 465; II, 335, 349, 463-467; III, 115, 239, 261; IV, 63, 187, 479, 661; V, 201, 313; VI, 331, 433; VII, 287. — Voy. aussi BARSAM, BJIEN, KHAKAN DES TURCS ET DE LA CHINE, FAGHFOUR (Le) DE LA CHINE, KHAKAN (Le), PARMOUDEH, POULADWEND, SAWEH, TOURAN (Le), etc.

CHINOIS (Le) fut une des écritures que Thahmooras reçut des Divs, I, 47. — (Le langage), III, 35.

CHOSROES (Kesra Nouschirwan), VI, 1.

CHOSROËS, nom générique des rois de Perse, IV, 7; V, 627; VI, 11; VII, 73, 329, 429.

CHRESTOMATHIA PERSICA. Voy. SPIEGEL.

CHRESTOMATHIA SCHAHNAMIANA. Voy. VULLERS.

CHRÉTIENS, I, XXXV, LXI; V, 441, 449, 459; VI, IV, 223, 225, 235-241, 481; VII, 63-67, 95-101, 181, 185, 381, 485-491. — Voy. aussi ERMITES, ÉVÊQUES, PRÊTRES, RELIGIEUX.

CHRONIQUE des rois de Perse, par Bahram, fils de Merdanschah, citée, I, LI.

CIEUX. — Leur création; origine de leurs mouvements, I, 9.

CIVILISATION. — Kaïoumors invente l'art de se vêtir et de se nourrir, et jette les premières bases de la civilisation, I, 29. — Progrès de la civilisation sous le règne de Houscheng; découverte du fer; invention de l'art du forgeron et des canaux; culture de la terre; préparation du pain, 37. — Thahmooras invente l'art de filer et de tisser la laine et de faire des habits et des tapis; soins qu'il donne à différentes espèces d'animaux; il instruit les oiseaux de proie, 43. — Il reçoit des Divs l'art de l'écriture, 45, 46. — Fabrication des armes de guerre et des armures, des vêtements et des étoffes de tout genre, 49.

COLONNES servant de signe de démarcation des frontières, V, 683; VI, 95-99.

COMMENTARII (Les) POËSEOS ASIATICÆ, de Sir W. Jones, Londres, 1774, contiennent des fragments du *Livre des Rois*, I, LXXIX, LXXX.

COMMERCE (Origine du). — Houscheng se sert des animaux domestiques pour faire des échanges, I, 39.

COMPAGNONS (Les) du prophète Mohammed, V, 101.

COMPLAINTE de Barbed le Musicien sur Khosrou Parviz, VII, 387, 389, 391.

CONSTANTINOPLE, ville, VII, 115.

CONTES ÉPIQUES. — Apparition de ce nouveau genre de littérature en Perse, I, LXX. — Ils forment la seconde branche de la littérature épique dégénérée; caractère de ce genre d'ouvrages, LXXIII. — Collection qu'en fit Abou-Thaher Ibn-Hasan Ibn-Ali Ibn-Mousa de Tharsous; analyse sommaire de quelques-uns des ouvrages qu'elle contient, LXXIV. — Le Darab-nameh, LXXV. — Le Kahermannameh, LXXV. — Le Kiran-Habeschy, LXXV. — Le Houscheng-nameh, le Faghfour-nameh, le Thahmouras-nameh et l'Histoire de Djemschid, LXXVI. — Origine des contes en prose, LXXVII.

CONTES GRECS relatifs à Alexandre le Grand, répandus en Occident par ses soldats de retour en Grèce; il en fut fait plusieurs collections, dont quelques-unes subsistent encore en grec et en latin, et dont une avait été traduite du grec en arabe, I, XLIX. — Les rédactions alexandrines de ces fables sur Alexandre lui donnent pour père l'Égyptien Nectanebo, XLIX.

CONTES POPULAIRES sur les merveilles des îles, I, LVIII.

CORDONNIER (Aventure du petit) avec un lion, V, 579, 581.

COTON, V, 309, 311.

COUPES. — La coupe qui réfléchissait le monde, III, 345, 347, 355. — Coupe merveilleuse appartenant à Keïd, roi de Kanoudj, V, 117, 127. — Ce prince en fait présent à Iskender, roi de Roum, 133. — Iskender met à l'épreuve la coupe de Keïd, 141. — Un sage indien lui donne l'explication des vertus magiques de cette coupe, 141. — (Ligne d'inscription des), 623.

COUTCH. Voy. KOUTCH.

COUTUMES. Voy. USAGES ET COUTUMES.

CROIX DU MESSIE (La), V, 39, 185, 443, 463, 465; VI, 201, 485; VII, 97, 183, 287, 291, 359, 381.

CROYANCES. — religieuses des Perses, IV, 695; V, 553, 555. Voy. aussi RELIGION. — relatives à ceux qui périssent dans l'eau, III, 279; — à la vie future, IV, 607, 609; — au sort d'une personne, attaché à une branche d'arbre, 671. — Voy. aussi ASTROLOGIE, DRAGONS, HOROSCOPES, OEIL (MAUVAIS), MAGIE, ORACLES, PIERRES DOUÉES D'UNE VERTU CURATIVE, POISSON QUI PORTE LA TERRE, PRÉSAGES, RUE, SORCIERS, TALISMANS, TAUREAU-POISSON, VOIX MYSTÉRIEUSES, etc.

CRUCIFIX, V, 465; VII, 281.

CTÉSIPHON, ville, I, LXIX. — Particularité que présentent les ruines du palais des Khosroës, I, 303. — Voy. aussi THISIFOUN.

CUIR. Voy. HOMMES AUX PIEDS DE CUIR.

CUIR MUSQUÉ, V, 687.

CURDES. Voy. KURDES.

CUTCH. Voy. KOUTCH.

CYPRÈS DE KISCHMER (Le), IV, 363, 365, 369.

TABLE ANALYTIQUE

D

DAD-AFRID, air de musique ancien et très-connu, VII, 317.

DAD BERZIN, gouverneur du Zaboulistan du temps de Bahram Gour, V, 673.

DAGHOUI (Forêt et désert de), II, 197; III, 599.

DAKIKI, poëte persan, est chargé par le vizir Belami de mettre en vers la traduction persane de l'ouvrage de Danischwer Dihkan, I, xvii. — Sa mort, xviii, xxiv. — Récit de Firdousi relatif à ce poëte, 19. — Sur le fragment composé par ce poëte et conservé par Firdousi, IV, iii. — Firdousi voit en songe Dakiki; prière que celui-ci lui adresse, 359. — Firdousi fait la critique de Dakiki, 447.

DAMBAR OU DAMBER, ville ou contrée de l'Inde, I, 241; III, 179; IV, 223, 231, 233, 253; VI, 403, 407, 441. — (Pays de), I, 235.

DAMGHAN, nom de lieu, I, 471.

DANG, poids, VII, 465.

DANISCHWER DIHKAN, savant distingué, est chargé par Iezdedjird, dernier roi sassanide, de continuer la recherche des traditions héroïques de la Perse, entreprise par ordre de Nouschirwan, I, vii. — Firdousi raconte comment Danischwer s'y prit pour effectuer ce travail, vii. — L'ouvrage de Danischwer était écrit en pehlewi, ix. — Il portait le titre de Khodaï-nameh (Livre des Rois) et comprenait l'histoire de la Perse depuis Kaïoumors jusqu'à Khosrou Parviz, x. — Erreur dans laquelle sont tombés les écrivains qui donnent à son livre le titre de Basitan-nameh, x. — Le Khodaï-nameh fut traduit en arabe par ordre d'Omar, puis abandonné; une tradition le fait voyager en Abyssinie, puis dans l'Inde, d'où il aurait été tiré par Iacoub Leis pour être traduit en persan, xi. — Ibn al-Mokaffa en fait une traduction; ce que dit Hadji Khalfa à ce sujet, xii. — Iacoub, fils de Leis, fait traduire et compléter ce recueil. Date de la traduction et titre qu'elle reçut de ses auteurs, xvi, xvii. — Le poëte Dakiki commence à mettre cette traduction en vers, xvii. — Ce travail est interrompu par sa mort, xviii. — Firdousi conçoit le projet d'entreprendre à son tour le grand ouvrage à peine ébauché par Dakiki, xxiv. — Un de ses amis lui procure le livre de Danischwer, xxv. — xlvii; III, iv.

DANSE. — Chez les anciens Persans, la musique et la danse accompagnaient souvent la récitation des poëtes épiques, I, xxix.

DARA, fils de Darab, roi de Perse, I, xxxviii; V, ii, iii. — Durée de son règne; son caractère; son discours d'avénement; ordres sévères qu'il envoie aux rois et aux princes de son empire, 61. — Tous les rois du monde lui envoient des présents et des tributs; il bâtit la ville de Zernousch, 63. — Mort de Pheilekous et avénement d'Iskender. Dara envoie demander le tribut au souverain de Roum, 63. — Iskender refuse le tribut et s'empare du Misr après avoir battu l'armée de ce pays, 65. — Il se prépare à envahir l'Iran. Dara quitte Istakhr à la tête d'une armée innombrable et arrive sur les bords de l'Euphrate, 65. — Iskender se rend auprès de Dara, comme son propre ambassadeur, 67. — Les Iraniens qui étaient allés demander le tribut de Roum reconnaissent Iskender et avertissent Dara, 71. — Le roi de Roum comprend qu'il est découvert et regagne son camp pendant la nuit, 71. — Dara livre bataille à Iskender et est vaincu, 73. — Les Roumis poursuivent les Iraniens, en font un grand massacre et s'emparent de leur camp, 70.

75. — Deuxième bataille de Dara contre Iskender, qui est de nouveau vainqueur, 75. — Dara se retire à Djehrem, puis à Istakhr; il convoque les grands de son empire et les exhorte à combattre pour reprendre les provinces qu'ils viennent de perdre, 77. — Les grands jurent de reconquérir l'empire ou de mourir, 79. — Troisième bataille entre Iskender et Dara, et fuite de Dara dans le Kerman, 79. — Le roi de l'Iran consulte les chefs de son armée, 81. — Ceux-ci lui montrent l'armée découragée et lui conseillent d'offrir sa soumission à Iskender, 81. — Lettre de Dara à Iskender pour demander la paix, 83. — Iskender prend sous sa protection la famille de Dara; il lui offre de revenir dans l'Iran et de reprendre le pouvoir; celui-ci ne peut se résoudre à accepter les propositions d'Iskender, et demande du secours au prince des Indiens, 85. — Il est encore une fois vaincu par Iskender et assassiné par ses destours, 87. — Ceux-ci informent Iskender qu'ils viennent de tuer son ennemi, et, sur son ordre, ils le conduisent auprès de leur maître, 89. — Dara communique à Iskender ses dernières volontés, 89. — Il lui confie sa famille et lui donne en mariage sa fille Rouschenek, 91. — Iskender promet à Dara de se conformer à ses conseils; ce prince le remercie et meurt, 93. — Iskender fait à Dara de magnifiques funérailles, 93. — Il fait attacher au gibet et lapider les meurtriers du roi, 95. — Iskender écrit une lettre aux grands de l'Iran, 95. — Il les engage à se présenter à sa cour; il leur prescrit de frapper la monnaie en son nom et de maintenir dans leurs provinces les anciennes coutumes, l'ordre et la justice, 97. — Il leur recommande de secourir les Soufis, 97. — Il leur enjoint de punir les oppresseurs et menace du châtiment quiconque s'écartera de ses ordres, 99. — Iskender se rend à Istakhr et place sur sa tête la couronne des Keïanides, 99. — 145, 147, 163, 175, 183, 235, 237, 261, 271, 273, 467; VII, 41, 77.

DARA PENAH, noble iranien, partisan de Bahram Djoubineh, VII, 145, 147, 149.

DARA SCHEKOU, fils de Honnayoun, cité, I, LXXIX.

DARAB, fils de Bahman, fils d'Isfendiar, roi de Perse, I, LXXIV; V, II. — Naissance de ce prince, 21. — Sa mère le fait mettre dans une boîte doublée d'étoffes précieuses et remplie de pierres fines et l'abandonne au cours de l'Euphrate. Un blanchisseur recueille l'enfant, 23. — Un de ceux qui veillaient sur lui en avertit la reine, qui lui recommande le secret, 23. — Le blanchisseur élève Darab, 25. — Origine du nom de ce prince, 25. — Son père nourricier va s'établir dans une ville étrangère; jeunesse de Darab; ses goûts belliqueux, 27. — Le blanchisseur lui donne des maîtres et lui fait apprendre le métier des armes, 29. — Darab demande à la femme du blanchisseur son origine et va à la guerre contre le Roum, 29. — Reschnewad, général des Perses, apprend la vérité sur Darab, 33. — Il interroge le prince qui lui raconte son histoire, 35. — Reschnewad mène ses troupes dans le Roum, 37. — Darab se bat contre l'armée de Roum, 37. — Hauts faits de ce prince, 39. — Seule part qu'il accepte de tout le butin, 39. — Les Roumis demandent la paix, 41. — Homaï reconnaît son fils, 41. — Elle place Darab sur le trône, 43. — Reconnaissance du jeune prince pour ceux qui l'avaient recueilli, 47. — Durée de son règne, 49. — Il fonde la ville de Darabguird, 49. — Les Arabes, sous la conduite de Schoaïb, envahissent la Perse, 51. — Darab bat l'armée de Schoaïb et soumet les Arabes au tribut, 51. — Il pénètre dans le Roum, 53. — Il combat Pheilekous, roi de ce pays, et épouse sa fille Nahid, 53. — Darab renvoie

TABLE ANALYTIQUE

557

Nahid à son père. Elle met au monde Iskender, 57. — Le Kaïsar fait passer l'enfant pour son fils, 57. — Jeunesse d'Iskender ; Pheilekous le nomme son successeur, 59. — Naissance de Dara, autre fils de Darab; ce dernier, sentant sa fin prochaine, réunit les grands et les sages, leur présente Dara comme devant régner après lui et meurt, 59.

DARABGUERD OU DARABGUIRD, ville fondée par Darab, fils de Bahman, fils d'Isfendiar, V, 51; VII, 189.

DARAB-NAMEH, conte historique persan, faisant partie de la grande collection réunie par Abou-Thaher Tharsousi, cité, I, LXXIV, LXXV, LXXVI.

DARIUS CODOMANUS (Dara, fils de Darab), V, II.

DARIUS OCHUS (Darab), V, II.

DAULETSCHAH, écrivain persan, cité, I, XXI, XXIII, XL, XLI, XLIII, XLIV.

DEHISTAN, nom de ville et de pays, I, 281, 393, 395, 401, 407, 415, 425; III, 499, 501, 519, 533; IV, 19, 35.

DEÏ, nom d'un génie, III, 363. — (Jour de), VII, 353.

DEÏLEM, province de la Perse, V, 301; VI, 195, 359.

DEMAVEND OU DEMAWEND (Mont), I, 73, 111, 113; VII, 307.

DEMOUR, noble touranien de la suite d'Afrasiab, II, 365, 367, 403, 407.

DEMOUR, fils de Khiriadjas, guerrier touranien de l'armée d'Afrasiab, IV, 33. — Cf. le précédent.

DENBER. Voy. DAMBAR.

DENTS D'ÉLÉPHANT, V, 187. — De poissons, 233.

DERI, un des dialectes de la Perse, VI, 455.

DESCHMKN, ancêtre de Tokhar, roi du Dehistan à l'époque de Kaï Khosrov, IV, 19.

DÉSERT de Kahtan, I, 295. — Des cavaliers armés de lances (Arabie), 55; III, 421; IV, 19, 343; V, 53, 119, 503. — Salé, VII, 189.

DESTAN, fils de Sam. Voy. ZAL, fils de Sam.

DESTAN-I-ZEND, nom donné par le Simargh à Zal, fils de Sam, I, 225, 227, 229.

DESTOUR (Le) d'Ardeschir Babekan. — Son maître lui ordonne de mettre à mort la fille d'Ardewan, son épouse, qui avait voulu l'empoisonner; il épargne secrètement cette princesse en considération de l'enfant royal qu'elle portait dans son sein, V, 337. — Moyen héroïque qu'il emploie pour éviter les calomnies sur son compte au sujet de la fille d'Ardewan, 337. — Naissance de Schapour, fils d'Ardewan; cet enfant reste caché pendant sept ans chez le ministre, 339. — Schapour joue à la balle et est reconnu par son père, 343. — Le roi pardonne à son épouse et récompense royalement son ministre, 345.

DEUIL (Manifestation et couleurs du), II, 435; IV, 213, 215, 727; V, 255; VI, 81; VII, 237, 399. — Deuil dans une armée, IV, 689. — Deuil des rois, VI, 541.

DIBEH KHOSREVI, nom d'un des trésors formés par Khosrov Parviz, VII, 329.

DIEU. — Invocation à Dieu, I, 5. — Dieu s'élève au-dessus de l'intelligence et ne peut être célébré par la parole humaine, I, 5. — Il ne reste qu'à se contenter de croire à son existence et à obéir à ses commandements, 7. — L'intelligence est le plus grand des dons de Dieu, 7. — Création du monde, 9. — Omniscience et toute-puissance de Dieu. Dieu n'exige pas l'obéissance des animaux, 11. — Création de l'homme, 11. — Dieu envoie le Serosch à Kaïoumors pour le consoler de la mort de son fils Siamek, et lui ordonne de délivrer la terre du méchant Div, fils d'Ahriman, 33. — Les ancêtres des Perses adoraient Dieu, 37.

DIGUE de la rivière de Thous, I, XXIV, XXIX, XLIV, XLV.

DIHKAN, I, VII. — Significations diverses de ce titre; les dihkans formaient une classe de l'ancienne noblesse persane; leur condition sous le gouvernement des Arabes; motifs pour lesquels ils étaient attachés à leurs anciennes traditions, VIII, IX. — Matériaux qu'ils ont fournis à la poésie et à l'histoire, IX. — XXIV, XLV, XLVIII, LXIX, LXXVI, 17; IV, 295. — (Le) de Djadj, personnage auquel Firdousi dit avoir emprunté l'histoire des Aschkanides, V, 269, 271, 303. — (Religion des), 119.

Didleh (Le), nom arabe du Tigre, fleuve, V, 427. — Voy. aussi Arvend, Tigre.

Dilafrouz, descendant de Kei Kobad, IV, 17.

Dilafrouz (Aventure de), le bûcheron, avec Bahram Gour, roi de Perse, V, 647, 651, 653.

Dilafrouz-Fakhrkhaï, nom que Schapour Dhou'l-Aktaf donna à la jeune esclave iranienne qui l'avait délivré de sa captivité dans le Roum, V, 441, 443, 445, 447, 451, 453, 471.

Dilaraï, épouse de Dara, fils de Darab, roi de Perse, et mère de Rouschenek, V, 105, 107, 109, 111.

Div, fils d'Ahriman, forme le dessein de ravir le trône à Kaïoumors et à son fils Siamek; ce prince, averti par le Serosch, marche contre lui; Div tue Siamek en combat singulier, I, 31. — Dieu ordonne à Kaïoumors de venger sur le Div la mort de Siamek; le roi lève une armée formidable de bêtes féroces et de péris et marche contre son ennemi, 33. — Le Div est tué par Houscheng, fils de Siamek, 35.

Div blanc (Le) reçoit du roi de Mazenderan l'ordre de venir défendre ce pays envahi par Keï Kaous, I, 503. — Réponse du Div blanc au messager de son maître; il fait pleuvoir pendant la nuit une grêle de pierres et de javelots sur les Iraniens: leur vue s'obscurcit; ils se dispersent et sont faits prisonniers, 503. — Reproches qu'il adresse à Keï Kaous; il commet dix mille Divs armés de poignards à la garde des Iraniens captifs, envoie le butin au roi de Mazenderan et s'en retourne à sa demeure, 505. — 509, 515, 529, 531. — Kaous engage Rustem à aller combattre le Div blanc, 535. — Rustem combat le Div blanc et le tue, 539. — Il retourne vers Kaous et l'informe de la victoire qu'il vient de remporter; le roi comble Rustem de bénédictions et lui demande de verser dans ses yeux le sang du Div blanc qui doit les guérir, 541. — On fait couler du sang dans les yeux du roi et ils redeviennent brillants, 543. — 545, 547; II, 25, 119; III, 247, 339; IV, 251, 617, 623.

Div noir (Le), IV, 611.

Divination, VI, 467, 469.

Divs (Les), I, XXXVII, LVI, LX, LXII, LXXV, 31-35. — Se révoltent contre Thahmouras; ils sont défaits et obtiennent leur grâce; ils enseignent au roi l'écriture pour prix de sa protection, 45, 46. — 49. — Djemschid leur ordonne de fabriquer des briques et d'en construire toute espèce d'édifices, 51. — Il se fait enlever par eux vers la voûte du ciel, 53. — 85, 99, 107, 219, 349. — Expédition de Keï Kaous contre les Divs du Mazenderan, 489-565. — II, 41. — Un Div tente Kaous, sur l'ordre d'Iblis, et lui persuade de s'élever jusqu'au ciel, 43. — 119, 121, 551; III, 205, 225, 261, 271-289, 349; IV, 105, 113, 219, 233, 235, 239, 243, 247, 351, 287, 363-367.

Djabul, ville, II, 373, 303, 467; III, 429; IV, 23, 81-85, 189; VI, 249, 309, 317, 327, 331, 353, 355, 617, 619; VII, 287, 495, 497. — (Pays de), 189.

Djaguwan, ville, V, 241.

Djamasp, Destour de Guschtasp, I, XXXVIII, LXVII. — Le roi consulte Zerir et Djamasp au sujet de la lettre d'Ardjasp, roi du Touran, IV, 375 — 377. — Guschtasp, au moment d'entrer en campagne contre les Turcs, demande à Djamasp quel sera le sort que cette guerre réserve aux combattants, 387. — Djamasp

dévoile au roi l'issue de la bataille, 387.
— Le roi songe à éloigner son frère et
ses fils du combat pour conjurer le sort
qui les attend, 395. — Djamasp lui
représente que leur présence à l'armée
est indispensable au succès des armes
iraniennes et que, d'ailleurs, ce qui doit
se faire est comme accompli, 395. —
397. — Mort de Guerami, fils de Djamasp, 403. — 419. — Guschtasp construit un temple du feu et y établit Djamasp comme Mobed, 429. — Le roi
charge Djamasp de se rendre auprès
d'Isfendiar qu'on avait calomnié et de le
lui amener, 435. — Djamasp arrive
auprès d'Isfendiar, 437. — Il fait connaître à ce prince l'état des choses et lui
conseille de se présenter à son père,
439. — Guschtasp, battu par les Turcs,
s'enfuit devant Ardjasp et se réfugie
dans la montagne; il fait appeler Djamasp et le consulte, 459. — Djamasp
lui conseille de rendre la liberté à Isfendiar; le roi approuve cette proposition
et charge Djamasp de se rendre auprès
de son fils, 461. — Djamasp se rend
auprès d'Isfendiar, 463. — Il lui répète
les paroles de son père; amères récriminations d'Isfendiar contre Guschtasp,
463. — Djamasp tente en vain de l'apitoyer sur le sort de Lohrasp, sur celui
de ses frères et de ses sœurs, 465. —
Isfendiar se laisse toucher par le malheur
de son frère Ferschidwerd; il demande
que l'on lime ses fers, 467. — Il s'impatiente de la longueur du travail et les
brise d'un effort surhumain; il s'arme
et part avec Djamasp pour rejoindre
l'armée, 469. — Guschtasp consulte
Djamasp sur le sort qui est réservé à son
fils Isfendiar, 563. — Djamasp répond
qu'Isfendiar doit périr dans le Zaboulistan, de la main de Rustem, 565. — 569.
619, 635. — Prédiction de Djamasp
au sujet de Bahman, fils d'Isfendiar,
685. — Beschouten reproche à Djamasp
d'avoir causé la mort d'Isfendiar, 693.
— Djamasp engage Guschtasp à faire
revenir Bahman à sa cour, 699. —
Guschtasp fait appeler Djamasp et lui
apprend que Bahman va lui succéder,
729. — Il l'invite à obéir au jeune roi
et à lui servir de guide, 729. — VI, 687;
VII, 309, 383.

DJAMASP, fils de Pirouz, est mis sur le
trône à la place de son frère Kobad par
les Iraniens révoltés; Kobad ressaisit le
pouvoir et pardonne à son frère, VI,
135, 141, 683.

DJAMI, poëte persan, cité, I, XVIII, XXI,
XLIII, XLIV, LXXII.

DJAMI-AL-WELAYET ou *Vie de Mohammed*,
poëme persan de Naseby, cité, I, LXXVII.

DJANFROUZ, noble iranien, partisan de
Bahram Djoubineh, VII, 165.

DJANOSIPAR, Mobed de Khosrou Parviz,
VII, 389.

DJANOUSIPAR, Destour de Dara, fils de
Darab, roi de Perse, et un des assassins
de ce prince, V, 87, 89, 95, 107, 467.

DJEHN, fils d'Afrasiab, II, 315, 323; IV,
31, 33, 43, 67, 69, 71, 75, 89, 103,
105, 109, 115, 119, 121, 123, 127,
155.

DJEHN, fils de Berzin, construit pour Feridoun un trône magnifique, VII, 307,
309.

DJEHREM, ville du Fars, V, 77, 157, 297,
317, 323, 333, 535; VII, 387, 425.
— (Désert de), V, 573.

DJEMHOUR, roi de l'Inde, pour la veuve
duquel furent inventés les échecs, VI,
401, 403, 407, 409, 411, 415.

DJEMSCHID, fils de Thahmouras, roi de
Perse, I, XXXVII, XLIX, LVII, LX. — Son
avènement; durée de son règne. Progrès
qu'il fait faire à diverses branches de
l'industrie; fabrication des armes de
guerre, des vêtements, des étoffes de
toute espèce; castes qu'il institue, I, 49.
— Invention des briques et construction
des édifices; recherche des pierres fines
et des métaux précieux; invention des
parfums et de la médecine, 51. — Voyages

du roi sur les mers, 51. — Puissance de Djemschid; origine du Newrouz; prospérité de son royaume; il devient orgueilleux et veut se faire adorer, 53. — La grâce de Dieu se retire de lui, les grands l'abandonnent et son pouvoir disparaît, 55. — Histoire de Zohak, roi des Arabes, 55. — Révoltes contre Djemschid; les guerriers de l'Iran vont offrir la couronne à Zohak; Djemschid, abandonné de la fortune, s'enfuit et disparaît pendant cent ans; Zohak s'empare enfin de sa personne et le fait scier en deux, 65. — 489, 491, 497; II, 215; III, 247, 505. 627; IV, 21, 107, 113. 189, 215, 219, 241, 245, 361, 385, 581, 635, 681, 717; V, 7, 79, 337, 269; VI, 17, 93, 109, 157, 483; VII, 77, 121, 183, 219, 233, 383, 401, 477. — (Les filles de). Voy. Arnewaz et Schehrinaz. — (Histoire de), ouvrage cité, I, LIX, LXXVI. — (Le livre de), V, 395. — (Les sœurs de), IV, 263. — (Le trésor de) est découvert par Bahram Gour, qui le fait distribuer aux pauvres, V, 597-603.

Djemschid-nameh, poème qui n'a rien de commun avec les traditions relatives à Djemschid et dont le héros, fils d'un roi de la Chine, est de l'invention de l'auteur, I, LXXII.

Djendil, le voyageur, reçoit de Feridoun l'ordre de faire le tour du monde à la recherche de trois princesses de haute naissance dignes des trois fils du roi, I, 119. — Il arrive chez Serv, roi du Yémen, et trouve chez lui trois filles telles que Feridoun les cherchait; il lui fait part du désir de son maître, 121. — Serv consulte les chefs de son peuple, 123. — Réponse qu'il donne à l'envoyé de Feridoun, 125. — Djendil retourne vers son maître et lui rend compte de sa mission, 127.

Djendil (Le roi de), VI, 65, 67, 69, 71.

Djerem, ville, II, 595, 597, 599, 615, 631, 641, 667, 669; III, 7, 9.

Djerir (Chronique de), citée, I, 11.

Djerireh, fille de Piran. — Son père la donne en mariage à Siawusch, II, 325. — Elle met au monde Firoud, fils de Siawusch, 359. — 595. — Son fils lui apprend qu'une armée, commandée par Thous, arrive de l'Iran, 599. — Elle conseille à Firoud de se joindre aux Iraniens pour venger son père, 599. — Elle lui recommande de s'adresser à Bahram ou à Zengueh, qui avaient été les compagnons fidèles de Siawusch, 601. — Songe de Djerireh; ses inquiétudes sur le sort de son fils; elle le prévient que le château est entouré par les Iraniens, 631. — Réponse que lui fait Firoud, 631. — Il fait une sortie; ses troupes sont taillées en pièces et il est mortellement blessé par Bijen, fils de Goiv, 633. — Il rentre dans le château et conseille à sa mère et à ses esclaves d'échapper à la captivité par la mort, 635. — Mort de Firoud, 635. — Djerireh se tue elle-même sur le corps de son fils, 637. — 639, 667; III, 9.

Djez (Ville et pays de), dans le Fars, V, 439, 659, 663, 665, 667.

Djiroi., ville, IV, 31, 445, 481, 521.

Djihangir, fils de Rustem, I, LXV.

Djihanguir-nameh, histoire épique de Djihanguir, l'un des quatre fils de Rustem, poème inspiré par le *Livre des Rois* de Firdousi, I, LV. — Caractère et analyse de cet ouvrage, LXI. — Son auteur est inconnu; époque à laquelle il a été composé, LXII. — LXIII, LXIV.

Djihoun, fleuve, I, 181, 393, 415, 437, 441, 443, 471, 477, 479; II, 255, 257, 265-269, 303-307, 475, 487, 499, 521-529, 535, 543, 623; III, 415, 431, 433, 487, 491, 497-501, 533, 587; IV, 27-33, 71, 77, 81, 83, 93, 189, 263, 373, 381, 387, 445, 617; V, 619, 681, 683; VI, 97-101, 113, 121, 187, 309, 311, 323, 327, 351, 577, 627, 631; VII, 217, 287, 439. — Voy. aussi Oxus.

Djinever (Pont de), VII, 385.

TABLE ANALYTIQUE

Dingkisch, guerrier chinois, III, 143, 145, 147, 165.

Diouanouf, noble et savant iranien, contemporain de Yezdeguerd et de Bahram Gour, V, 529, 531, 533, 535, 555, 559.

Djouineki (l'homme au bâton), nom primitif de Bahram Djouineh, VII, 33.

Djouis, guerrier du Mazenderan, provoque les soldats de l'armée de Keï Kaous, I, 555. — Rustem s'élance sur lui et le tue, 557.

Djounoischabour ou Djoundischapour, ville fondée par Ardeschir Babekan en l'honneur de son fils Schapour, V, 345; VI, 223, 227, 243.

Djouddar, ville de l'Arabie, V, 159.

Douk (Plaine ou désert de), VII, 141, 143. — (Montagne de), 151.

Dragons. — Récit du combat soutenu par Sam, fils de Nériman, contre un dragon sorti du lit du Kaschaf, I, 309-313. — 515. — Combat de Rustem contre un dragon, 517-521. — IV. 251. — Le dragon du mont Sekila est attaqué et tué par Gschtasp, 319-337. — 493. — Isfendiar combat un dragon sur la route du Touran, 499-503. — 615. — Iskender tue un dragon qui barrait le passage à son armée, V, 203, 205. — Combats de Bahram Gour contre des dragons, 609; VI, 41-45.

Drapeaux. — Couleurs, insignes, etc. des drapeaux des Iraniens, des Touraniens, des Chinois, etc., et des divers chefs ou principaux guerriers des armées de ces différentes nations, I, 305, 415, 467; II, 31, 133, 135, 137, 305, 347, 445, 459, 561, 585-589, 593, 603, 605; III, 85, 113, 483, 575-579, 589, 591; IV, 55, 73, 75, 119, 285, 379, 383, 391, 411, 417, 479, 483, 487, 539; V, 65; VI, 417, 587, 589, 603. — Drapeau de Kaweh. Voy. Étendard de Kaweh.

Dromadaires de course ou de charge, I, 141, 143, 297, 317, 395, 427, 443, 491; II, 41, 285, 529, 597, 659, 701; III, 49, 213; IV, 553; V, 85; VI, 443, 627, 657; VII, 411.

E

Eau de rose, III, 313, 315, 407; IV, 63, 155, 171, 721; V, 93, 255, 607, 635, 641, 663; VI, 541.

Eau de la vie (L'). — Un homme de l'Occident fait connaître à Iskender l'existence de l'eau de la vie, V, 215. — Ce prince forme le projet de se mettre à la recherche de la source de cette eau, 215. — Il prend pour guide le prophète Khisr, chef des grands de ce pays, 217. — Iskender perd la trace de Khisr, qui arrive seul à la source, 217. — (Pays de l'), 221.

Eaux (Canalisation et distribution des), V, 51, 305.

Ébène (Bois d'), V, 189.

Échecs, V, 563; VI, IV, v, 387-401. — Origine de l'invention des échecs et explication de la marche de ce jeu, 441-445. — VII, 277.

Éclaireurs, I, 395, 397; II, 271, 649; III, 47; IV, 143, 397.

Écoles, VI, 245.

Écriture (Art de l'). — Les Divs l'enseignent à Thahmouras, I, 45. — Différentes sortes d'écritures qu'il reçut d'eux, 47. — 543, 549, 567; II, 255, 299, 549, 569, etc. — Écriture babylonienne, V, 425. — (Éloge de l'art de l'), par Buzurdjmihr, VI, 287, 289. — Voy. aussi Lettres.

Écrivains (Organisation du personnel des) et du travail des bureaux, par Ardeschir Babekan, V, 359. — Voy. aussi Employés, Scribes.

Écuyer ou Porte-étendard, I, 561; III, 135; IV, 55, 59.

Édifices. — Djemschid ordonne aux Divs de fabriquer les briques et d'en construire des bains, de hauts édifices et des palais pour servir d'asile à l'infortune, I, 51.

ÉGYPTE. — Révolte dans ce pays contre Keï Kaous, II, 7. — 9, 27, 29, 31, 33, 35; VII, 293. — Voy. aussi MISR.

ELBORZ (Le mont). — Firanek, mère de Feridoun, fuyant la persécution de Zohak, se réfugie, avec son fils, sur cette montagne, I, 81. — Feridoun descend de l'Elborz pour questionner sa mère sur son origine, 83. — Voy. aussi ALBORZ.

ÉLÉMENTS (Les quatre). — Leur origine, I, 9.

ÉLÉPHANTS, I, 23. — employés comme bêtes de somme dans l'armée de Feridoun, 93. — 161, 169, 171, 179, 181, 183, 187, 189, 207, 229, 237, 305, 319, 343, 357-365, 419, 451, 459, 481, 531, 547, 561; II, 31, 251, 473, 583, 587, 589, 597, 657, 659; III, 15-19, 33, 87, 91, 117, 179, 197-201, 283-287, 437, 439; IV, 19, 29, 33, 35, 69, 121, 135, 577; V, 73, 149-153; VI, 113, 191, 385, 417, 423, 435, 439, 443, 513, 569, 603, 611, 617-621; VII, 157, 267, 269, 331, 353. — Éléphants blancs, I, 363; III, 285; VII, 369.

EMBAUMEMENTS, II, 639; III, 619; IV, 63; V, 523; VI, 541.

EMPLOYÉS des bureaux du roi de Perse. — Une femme du peuple se plaint à Bahram Gour de leur conduite, V, 613. — Ce roi écrit des instructions pour ses employés, 689-693. — Lettre de Nouschirwan à ses employés, VI, 169-173. — Voy. aussi ÉCRIVAINS, SCRIBES.

EMPRUNTS D'ÉTAT. — Nouschirwan manquant d'argent pour continuer la guerre contre le Kaïsar, Buzurdjmihr lui conseille de faire un emprunt aux marchands et propriétaires des villes voisines, VI, 515.

ENCENSOIRS remplis de parfums, II, 205.

ENCHANTEMENTS. Voy. MAGIE ET ENCHANTEMENTS.

ENCHANTEURS DE SERPENTS, I, 295.

ENCRE. — Sa composition, I, 567. — II, 255; IV, 155, 161; VI, 69.

ENDERIMAK. Voy. ENDIRMAN.

ENDIAN, noble iranien de l'époque de Khosrou Parviz, VII, 13, 51, 103, 121, 127, 129, 145, 157, 159, 163, 189.

ENDIRMAN, prince touranien, frère d'Ardjasp, IV, 383, 523, 547, 549, 551.— Cf. ANDERIMAN.

ENDIV, ville, VII, 189.

ÉNIGMES proposées à Zal, fils de Sam, par les Mobeds de la cour de Minoutchehr, I, 329, 331. — Solution de ces énigmes donnée par Zal, 331-335. — V, 133, 135; VI, 9, 11.

ENSEVELISSEMENTS ET FUNÉRAILLES, I, 211; II, 639, 699; III, 619; IV, 63, 95, 213, 689, 721, 723; V, 93, 255, 523; VI, 155, 157, 241, 437, 541; VII, 487.

ÉPERVIERS, IV, 715.

EPISCHE DICHTURGEN AUS DEM PERSISCHEN DES FIRDUSI, von A. F. von Schack; Berlin, 1853, 2 vol. in-8°, IV, IV.

EPISODES OF THE SCHAH-NAMEH OF FERDOOSEE, translated into English verse by Stephen Weston, Londres, 1815, I, LXXXII.

ERMEKI, noble iranien, contemporain de Yezdegird, dernier roi sassanide, et l'un des chefs de l'armée envoyée contre les Arabes, VII, 435.

ERMITES. — Un ermite prédit l'avenir à Khosrou Parviz, VII, 97.

ERTENG, I, 477. — Probablement mis pour ARJENG LE CHINOIS.

ÉSAÜ. — Les Arabes le donnent pour ancêtre à Alexandre le Grand; fable qu'ils ont inventée à ce sujet, I, LXIII.

ESCARBOUCLES. — Vertu qui leur est attribuée, V, 217.

ESPIONS, II, 649, 651; III, 489; IV, 33, 133; V, 149, 307.

ESRA (La doctrine d'), VI, 223.

ESSAI (L') SUR L'HISTOIRE DE LA POÉSIE PERSANE, de W. Kirkpatrik, contient les passages de Firdousi relatifs à Dakiki, I, LXXX.

TABLE ANALYTIQUE

ÉTENDARD (L') DE KAWEH (Kaweiani-direfsch), drapeau de l'Empire persan depuis Feridoun jusqu'à la chute de la dynastie des Sassanides. — Il eut pour origine le tablier du forgeron Kaweh, I, 89. — Feridoun le revêtit d'ornements précieux et lui donna le nom qu'il continua de porter; ses dimensions lorsqu'il fut pris par les Arabes à la bataille de Kadesia, l'an 15 de l'hégire, 91. — Ce qu'il devint à cette époque, 91. — 95, 175, 183, 185, 213, 465; II, 135, 251, 441, 451, 459, 537, 541, 547, 553, 573, 593, 609, 667, 679; III, 15, 23, 39, 49, 51, 71, 91, 249, 437, 439, 453, 491, 497, 555, 594; IV, 15, 71, 101, 145, 257, 347, 349, 389, 403, 405, 411, 419, 421; V, 457; VI, 203; VII, 299, 389.

ÉTOFFES. — Origine des étoffes de laine, I, 43. — Invention de la fabrication des étoffes de tout genre et de leur emploi pour les vêtements, 49. — 167, 169. — Étoffes de castor, 243, 275. — 317, 319, 503, 567; II, 33, 67, 133, 137, 179, 181, 213, 223, 311, 321, 333, 351, 355, 357, 575, 579, 699; III, 89, 91, 133, 209, 219, 267, 299, 311, 313, 365; IV, 213, 275, 289, 355, 489, 529, 531, 555, 579, 585, 689; V, 23, 45, 55, 65, 111, 191, 193, 239, 243, 255, 369, 431, 513, 625; VI, 25, 51, 71, 349, 363, 523, 653, 657, 661, 665, 667, 689; VII, 103, 105, 135, 181, 281, 313, 369, 379, 447, 463, 465, 471.

ÉTOILES. — Leur création, I, 9.

ÉTOILES, V, 465.

EUPHRATE, fleuve, V, 23, 43, 65, 73, 75, 387; VI, 11, 569; VII, 89, 91.

EUTHALIDES (Les). Voy. HEÏTALIENS.

ÉVÊQUES DE ROUM, IV, 329; V, 39, 55, 57, 255, 441, 449, 465; VI, 239, 244, 511; VII, 95, 489.

F

FADHL, fils d'Ahmed, ministre du sultan Mahmoud, IV, 7.

FAGHFOUR DE LA CHINE (Le), I, 251; II, 509; III, 415; IV, 97. — Khosrou apprend que le Faghfour a fait alliance avec Afrasiab, 133. — A la nouvelle de la défaite de ce roi, le Faghfour envoie un ambassadeur à Khosrou, 149. — Celui-ci accueille gracieusement l'envoyé du Faghfour et défend à ce prince de donner asile à Afrasiab, 151. — Le Faghfour invite le roi des Turcs à se tenir éloigné de ses frontières, 151. — Khosrou envoie un message au Faghfour et au Khakan, pour les inviter à fournir des vivres à l'armée qui doit traverser leurs États; ces deux princes protestent de leur dévouement au roi et promettent d'obéir à ses ordres, 165. — Khosrou arrive dans le pays de Khoten; le Faghfour et le Khakan vont au-devant de lui et l'accueillent avec magnificence, 167. — 643; V, 63, 147. — Iskender se rend auprès du Faghfour comme son propre messager, V, 233. — Il lui remet une lettre l'invitant à lui payer tribut et à venir lui présenter ses hommages, 235. — Ce message excite le courroux du Faghfour, qui se contient et prie l'envoyé de lui faire le portrait de son maître, 235. — Réponse du Faghfour à la lettre d'Iskender, 237. — Il envoie à ce prince des présents magnifiques; Iskender revient avec l'ambassadeur chinois; surprise de ce dernier en voyant l'armée rendre hommage à son compagnon, 239. — Celui-ci le renvoie au Faghfour avec de bonnes paroles, 239. — VI, 29. — Lettre du Faghfour à Bahram Gour et réponse de ce prince, 49. — 327, 331, 343, 421, 575, 597, 599, 611, 621, 629; VII, 347, 453.

FAGHFOUR-NAMEH (Le), roman historique en persan, cité, I, LXXVI.

71.

Faisans, II, 53, 143; III, 303, 307.
Falathoun (Platon), VI, 7; VII, 113.
Farah (Ville et désert de), IV, 79; V, 681, 683; VII, 499.
Faramourz, fils de Rustem, I, LXIII, LXVIII.
— Il commande l'avant-garde de l'armée iranienne qui va venger la mort de Siawusch, II, 441. — Il s'avance jusqu'à la frontière du Touran et tue Warazad, roi de Sipendjab, 441. — Afrasiab envoie contre lui son fils Surkheh, 445. — Combat de Faramourz et de Surkheh; ce dernier est vaincu et fait prisonnier, 447. — Rustem apprend la victoire de son fils et fait l'éloge de sa bravoure, 447. — 453. — Combat de Faramourz contre Pilsem, 455. — 459, 563. — Khosrou charge Faramourz de conquérir l'Inde sur les Turcs, 581. — Conseils qu'il lui donne avant son départ, 589. — Rustem l'accompagne quelque temps, 591. — III, 157, 355, 357, 363, 421; IV, 571, 573, 585, 587, 597. — Faramourz tue Mihri-Nousch, fils d'Isfendiar, 653. — 655, 659, 663, 683. — Rustem, mortellement blessé, par la trahison du roi de Kaboul, lui prédit que son fils Faramourz vengera sa mort, 717. — Faramourz part pour le Kaboul et en ramène les corps de son père, de son oncle et de Raksch, 721. — Il marche ensuite avec une armée pour venger Rustem, 723. — Il fait prisonnier le roi du Kaboul et le jette dans une des fosses qu'il avait fait creuser, 725. — Il fait brûler le corps de Scheghad et retourne dans le Zaboulistan, 725. — Bahman fait connaître aux grands de son royaume son intention de venger la mort d'Isfendiar, V, 5. — Il part avec une armée pour le Seïstan, 7. — Il charge Zal de chaînes, 9. — Il livre au pillage le palais et le royaume de ce prince, 11. — Faramourz apprend ces nouvelles et se met en marche pour venger son grand-père, 11. — Son armée est battue et prend la fuite, 13. — Faramourz vend chèrement

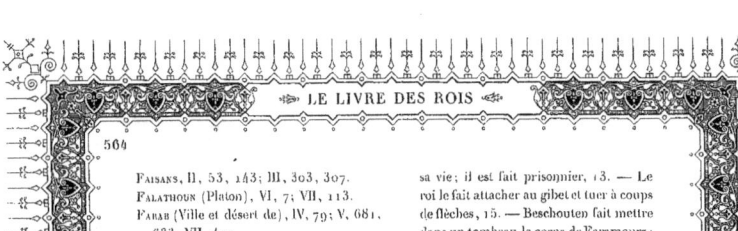

sa vie; il est fait prisonnier, 13. — Le roi le fait attacher au gibet et tuer à coups de flèches, 15. — Beschouten fait mettre dans un tombeau le corps de Faramourz; lamentations de Roudabeh sur les malheurs de la famille de Rustem, 17.
Faramourz-nameh, histoire poétique d'un des fils de Rustem, inspirée par le *Livre des Rois* de Firdousi, I, LI, LV. — Analyse sommaire de ce poëme; date de sa composition, LXIII.
Farfourius (Porphyre) le Roumi, général du Kaisar de Roum, du temps de Nouschirwan, VI, 211, 213, 217.
Farghar, guerrier touranien du temps d'Afrasiab, III, 235, 237, 241.
Fariab, ville, III, 307.
Farikin, ville du pays de Roum, VI, 141.
Farroukhi, poëte de la cour de Mahmoud le Ghaznévide, cité, I, XX, XXVII.
Farroukhzad. Voy. Zad Farroukh.
Farroukh, noble iranien de l'époque de Khosrou Parviz, VII, 75, 77, 283.
Farroukhzad, nom que Guschtasp, fils de Lohrasp, s'était donné pendant son séjour dans le pays de Roum, IV, 345, 343, 349, 353.
Farroukhzad, roi de Perse. — Durée de son règne; son allocution aux grands, VII, 425. — Il est assassiné par son esclave Siah Djeschm, 425. — Cf. Ferroukhzad ou Ferroukhzad, fils d'Azermigan.
Farroukhzad, fils d'Hormuzd, Sipehbed de Yezdegird, le dernier roi des Sassanides, VII, 451, 455, 457, 461, 463, 467.
Fars (Pays de) ou Farsistan, I, 405, 407, 409, 411, 415, 433, 437, 481, 483, 565; II, 39, 251, 555; IV, 17, 191, 211; V, 57, 65, 77, 79, 149, 289, 293, 299, 303, 309, 319, 329, 387, 393, 427, 435, 439, 471, 523, 525, 673, 687; VI, 165, 455; VII, 75.
Fasikoun (Forêt de), dans le pays de Roum, IV, 305, 309, 311, 317, 319.
Faucons de chasse, I, 459; II, 7, 53; III, 301, 309; IV, 285, 715; V, 487, 501, 509, 531, 573, 609, 619, 659; VI, 69.

TABLE ANALYTIQUE

FEGHANISCH, puissant seigneur du pays de Tchegan, est choisi pour roi par les Heïtaliens à la place de Ghatfer, qui avait été battu par le Khakan de la Chine, VI, 315, 317, 323, 355, 357. — Cf. FOGHANISCH.

FENUGREC, plante, IV, 173, 179, 521; V, 58, 89, 433.

FER. — Découverte de ce minéral et de l'art de le mettre en œuvre, I, 37.

FERARIN, noble iranien du temps de Kobad, fils de Pirouz, VI, 151.

FERAYIN (GURAZ), usurpe le trône de Perse après le meurtre d'Ardeschir, fils de Schirouï; durée de son règne, VII, 413. — Conseils que lui donnent ses fils; il cherche à se concilier l'armée au moyen de cadeaux et dissipe les trésors d'Ardeschir, 413. — Sa conduite soulève les grands et le peuple, 415. — Hormozd Schehran Guraz offre aux Iraniens de renverser l'usurpateur, 415. — Les Iraniens l'approuvent et lui promettent aide et protection, 417. — Ferayin périt de la main de Schehran Guraz, 417. — 481. — Voy. aussi GURAZ.

FERENGUIS, fille d'Afrasiab, roi du Touran. — Piran parle à Siawusch de cette princesse, II, 325. — Il offre de la demander à son père; Siawasch y consent, 327. — Piran parle à Afrasiab, 327. — Souci que cause au roi cette demande et le souvenir d'une prédiction concernant son petit-fils, 329. — Il cède cependant aux conseils de Piran, 331. — Fiançailles de Ferenguis et de Siawusch, 333. — Siawusch part avec Ferenguis pour sa résidence, 337. — Piran lui rend visite à Siawuschguird, 353. — Présent qu'il lui fait en partant, 355. — Il engage sa femme à aller voir cette princesse, 355. — 357. — Guersiwez va présenter ses hommages à Ferenguis, 359. — Il calomnie cette princesse auprès de son père, 373. — 385. — Afrasiab se met en campagne contre Siawusch. Ce prince révèle à Ferenguis sa triste situation, 387. — Siawusch a un songe dont il fait part à son épouse, 389. — — Elle lui conseille de fuir sans s'inquiéter d'elle, 391. — Siawusch lui prédit la naissance de Keï Khosrou, lui déclare ses dernières volontés et lui dévoile l'avenir qui leur est réservé, 391. — Il prend congé d'elle, 393. — Siawusch tombe entre les mains d'Afrasiab, 395. — Ferenguis vient se lamenter devant son père, 403. — Ses paroles excitent la colère du roi qui la fait enfermer dans son palais, 407. — Meurtre de Siawusch, 407. — Douleur de Ferenguis qui maudit son père. Afrasiab ordonne qu'on la fasse périr avec l'enfant qu'elle porte dans son sein, 411. — Pilsem et deux autres grands courent invoquer le secours de Piran, 411. — Piran délivre Ferenguis, 413. — Il la conduit à Khoten, dans son palais, et la confie aux soins de Gulschehr, son épouse, 415. — Songe de Piran. Naissance de Keï Khosrou, 417. — 427, 429, 465, 487, 489. — Guiv découvre Keï Khosrou, 485. — Keï Khosrou reconnaît Guiv, dont la venue avait été prédite à sa mère par Siawusch, 489. — Ils se rendent à Siawuschguird auprès de Ferenguis, 491. — Ils conviennent de quitter le Touran à l'insu d'Afrasiab, 493. — Ferenguis conseille à son fils d'aller chercher Behzad, le cheval de son père, et lui indique le moyen de l'attirer auprès de lui, 493. — Keï Khosrou s'empare de Behzad, 495. — Il revient avec Guiv auprès de sa mère; ils font leurs préparatifs de départ, 497. — Ferenguis part pour l'Iran avec Keï Khosrou et Guiv. Piran les fait poursuivre, 499. — Guiv met en fuite les Turcs, 501. — Les trois fugitifs continuent leur route, 503. — Piran poursuit Keï Khosrou, 505. — Ferenguis aperçoit les Turcs; elle fait appel à la bravoure de Guiv, 505. — Combat de Guiv et de Piran, 507. — Piran est fait prisonnier, 511. — Guiv le mène devant

565

Keï Khosrou et veut lui trancher la tête; Piran rappelle au jeune prince les services qu'il lui a rendus ainsi qu'à sa mère, 511. — Ferenguis délivre Piran des mains de Guiv, 515. — On le met en liberté, après lui avoir fait faire un serment, 517. — Afrasiab apprend la fuite de Keï Khosrou; il se met en marche avec son armée et rencontre Piran sur la route, 517. — Celui-ci raconte au roi ce qui vient de se passer, 519. — Afrasiab, furieux, le chasse de sa présence et jure de massacrer les fugitifs, 521. — Ceux-ci arrivent sur les bords du Djihoun. Guiv dispute avec le percepteur du péage, 521. — Keï Khosrou passe le Djihoun, 523. — Ferenguis et Guiv le suivent, et ils arrivent tous les trois sains et saufs sur l'autre rive, 525. — Afrasiab veut traverser le fleuve; il en est détourné par Houman et revient sur ses pas, 527. — Keï Khosrou arrive à Zem, 527. — Il se rend auprès de Kaous, 531. — Le roi fait apprêter un pavillon doré pour Ferenguis et lui envoie des cadeaux, 535. — 543, 685; III, 17. — Feribourz, fils de Kaous, demande Ferenguis en mariage, 65. — Rustem transmet au roi la demande du prince, 65. — Khosrou et Rustem se rendent auprès de la reine et lui font part du désir de Feribourz, 67. — Rustem presse Ferenguis d'accepter Feribourz pour époux, 69. — La reine consent à cette union, qui est conclue sur-le-champ, 69. — 157, 159, 171; IV, 111, 125, 207, 209, 237, 241, 263.

Fernad, noble iranien, est envoyé en qualité de messager de la part de Keï Kaous au roi de Mazenderan, I, 545. — Épreuve qu'on lui fait subir et dont il sort vainqueur, 545. — Réponse hautaine et menaçante dont il est chargé pour son maître, 547. — Il retourne vers Kaous et lui fait connaître le résultat de sa mission, 547. — 559; II, 11. — Le combat des sept héros, 51-71. — 107, 401, 435, 439, 573, 587, 605, 609; III, 33, 241, 297, 353, 361, 367, 373, 403, 419, 423, 431, 439, 467, 539, 555; IV, 17, 135.

Fernad, général de Nouschirwan, VI, 205.

Feribourz, fils de Keï Kaous, I, LXIII, 543; II, 137, 207, 401, 439, 469. — Thous, fils de Newder, se déclare en faveur de Feribourz, contre Keï Khosrou, pour la succession au trône, 539. — Gouderz et Thous font prononcer Kaous sur ce sujet, 543. — Le roi décide que la couronne appartiendra à celui de ses deux enfants qui s'emparera du château de Bahman, 545. — 553, 565, 573, 585, 665, 669-681; III, 7. — Khosrou conseille à Rustem de donner à Feribourz le commandement d'un corps d'armée, 65. — Feribourz demande en mariage Ferenguis, mère de Khosrou; Rustem transmet au roi la demande du prince, 65. — Khosrou et Rustem se rendent auprès de Ferenguis et lui font part du désir de Feribourz, 67. — Rustem presse la reine d'accepter Feribourz pour époux, 69. — Ferenguis consent enfin à cette union, qui est conclue sur-le-champ, 69. — Feribourz arrive au mont Hemawen, 95. — Il est reçu par Gouderz, à qui il annonce l'approche de Rustem, 95. — Il fait connaître à Gouderz les ordres de Rustem, 97. — 99-105, 113, 127, 133, 171, 175. — Rustem choisit Feribourz pour porter à Keï Khosrou la nouvelle de sa victoire sur les Touraniens, 211. — Feribourz part pour l'Iran avec la lettre de Rustem et les dépouilles des Touraniens, 215. — Il arrive auprès de Khosrou et s'acquitte de sa mission, 217. — Le roi lui fait des présents et le renvoie vers Rustem avec sa réponse, 219. — Feribourz revient auprès de Rustem et lui remet les présents du roi, 223. — 241, 249, 265, 297, 367, 419, 433, 437, 453, 455, 459, 555. — Feribourz est désigné comme adversaire de Kelbad, dans le combat des onze champions, 565. — Combat de Feribourz

TABLE ANALYTIQUE

contre Kelbad, 567. — Mort de Kelbad 569. — IV, 19, 71, 89, 101, 249. — Feribourz accompagne Khosrou sur la montagne où doit s'accomplir sa destinée, 265. — Le roi engage bientôt les grands à se retirer. Feribourz et quelques autres refusent de le quitter, 267. — Il leur fait ses adieux, 267. — Disparition de Keï Khosrou; ses compagnons le cherchent en vain de tous côtés, 269. — Ils sont ensevelis sous la neige, 271. — Inquiétudes de Goudarz et de Rustem à leur sujet, 271. — Des hommes, envoyés dans la montagne, retrouvent leurs corps et les rapportent à leurs familles, 273.

Feridoun, roi de Perse, I, xxiii, xxxvii, xlviii, xlix. — Il apparaît en rêve à Zohak, I, 73. — Le roi réunit tous les Mobeds de son empire pour obtenir l'explication de ce songe, 75. — L'un d'eux, Zirek, lui révèle l'avenir et lui fait connaître le sort que lui réserve Feridoun; Zohak fait chercher dans le monde entier les traces de ce prince, 77. — Naissance de Feridoun, 79. — Son père Abtin est tué par Zohak; sa mère Firanek prend la fuite avec son fils et le confie au gardien de la vache Purmajeh, 79. — Il est nourri pendant trois ans du lait de cette vache; sa mère, redoutant pour lui les recherches de Zohak, l'emporte vers le mont Elborz et le laisse aux soins d'un homme pieux qui habitait sur cette montagne, 81. — Feridoun questionne sa mère sur son lignage; elle lui révèle son origine et lui fait connaître le sort de son père et de Purmajeh, sa nourrice, 83. — Douleur de Feridoun; ses projets de vengeance; conseils que lui donne sa mère, 85. — Terreur que Feridoun inspirait au roi, 85. — Kaweh, le forgeron, indigné de la conduite du roi à son égard, arbore au bout d'une lance son tablier en guise de drapeau et soulève le peuple en faveur de Feridoun, 89. — Le jeune prince accepte le nouvel étendard comme un signe de bonheur, le revêt de riches ornements et lui donne le nom de Kaweiani-direfsch, 91. — Il fait connaître à sa mère son intention de combattre Zohak, 91. — Il se fait forger une lourde massue et se met en marche pour attaquer Zohak, 93. — Un ange lui apparaît et lui dévoile l'avenir, 95. — Ses deux frères essayent de le faire périr pendant son sommeil; insuccès de leur tentative; il campe sur les bords du Tigre et à Baghdad, 95. — Le gardien du fleuve refuse de lui envoyer des barques pour le passage de son armée; il traverse le Tigre à cheval, suivi de ses troupes, et se dirige sur Beït-ul-Mukaddes, 97. — Il entre dans le palais de Zohak et renverse un talisman que ce roi avait préparé; on lui amène les filles de Djemschid; son entretien avec ces princesses, 99. — Elles lui font connaître l'endroit où se trouve Zohak et le motif qui le retient hors de son palais, 101. — Ce qui se passa entre Feridoun et le lieutenant de Zohak, 103. — Celui-ci court raconter à son maître les événements dont il avait été le témoin; fureur de Zohak contre son lieutenant, 105. — Réponse de ce dernier, 107. — Zohak revient en toute hâte vers son palais; les habitants de la ville prennent parti pour Feridoun, 107. — Le roi pénètre secrètement dans son palais; il voit Schehrinaz auprès de Feridoun et se précipite vers elle le poignard à la main; Feridoun l'enchaîne et rétablit l'ordre dans la ville, 109. — Il reçoit, des grands, de riches présents et leur distribue des dignités; il quitte la ville avec son armée et emmène son prisonnier jusqu'à Schir-khan; nouvelle apparition et nouveau conseil du Serosch, 111. — Feridoun emporte Zohak sur le mont Demawend et l'enchaîne sur un rocher, 113. — Avénement de Feridoun au trône; durée de son règne; institution de la fête Mihrgan, 115. — Il expédie un messager à sa mère pour lui annoncer son triomphe, 115. — Sa mère lui envoie des présents magnifiques; les chefs de l'armée et les grands de tout son empire viennent lui rendre hommage, 117. — Il fait le tour de ses États, 117. — Il construit un palais à Koos, 119. — Naissance de ses trois fils: Feridoun envoie Djendil dans le Yémen à l'effet de choisir trois filles de haute naissance pour ses trois fils, 119. — Djendil arrive chez Serv, roi de Yémen, et père de trois filles telles que les cherchait son maître; il lui fait part du désir de Feridoun, 121. — Serv consulte les chefs de son peuple, 123. — Réponse qu'il donne à l'envoyé de Feridoun, 125. — Djendil revient auprès de son maître et lui rend compte de sa mission; celui-ci annonce à ses fils qu'ils doivent partir pour le Yémen; conseils qu'il leur donne, 127. — Les fils de Feridoun se rendent auprès du roi de Yémen, 129. — Accueil qu'ils reçoivent dans ce pays, 129. — Grâce aux recommandations de leur père, ils obtiennent les filles du roi des Arabes, 131. — Serv essaye sa magie contre les fils de Feridoun, 131. — Insuccès de ses enchantements; il remet ses trois filles aux mains de leurs époux, 133. — Il congédie ses gendres, qui retournent vers leur père, 135. — Feridoun met ses fils à l'épreuve, 135. — Noms qu'il donne à eux et à leurs femmes, 137. — Il partage la terre entre ses fils, 139. — Jalousie de Selm contre Iredj, 141. — Il cherche à exciter contre lui la colère de son frère Tour, 141. — Message de Selm et de Tour à Feridoun, 143. — Réponse de Feridoun à ses fils, 147. — Il révèle à Iredj les griefs de ses deux frères contre lui, 149. — Ce prince prend la résolution de se présenter sans armée devant ses frères et de les ramener à de meilleurs sentiments,

151. — Son père essaye en vain de le détourner de ce dessein, 153. — Iredj se rend auprès de ses frères, 153. — Sentiments de sympathie qu'il inspire à leurs armées; ressentiment qu'en éprouvent Selm et Tour, 155. — Complot qu'ils forment contre lui, 157. — Iredj est assassiné par ses frères, 157. — Tour envoie sa tête à son père, 159. — Feridoun reçoit la nouvelle de la mort d'Iredj, 161. — Douleur du roi, 163. — Naissance d'une fille d'Iredj; son grand-père lui donne pour époux Pescheng, son neveu, 165. — Naissance de Minoutchehr, 165. — Son enfance et son éducation; dons magnifiques qu'il reçoit de son grand-père, 167. — Feridoun appelle auprès de lui les chefs de son armée et les grands du royaume, 167. — Selm et Tour ont nouvelle de Minoutchehr, 169. — Ils se préparent à faire une tentative auprès de leur père pour qu'il leur confie ce jeune prince, 169. — Les fils de Feridoun lui envoient un message dans ce sens, 171. — Réponse de Feridoun à ses fils dont il avait deviné la perfidie, 173. — Il congédie leur messager qui retourne en hâte auprès des deux frères, 177. — Il leur fait la description du palais et de la cour de Feridoun et le récit de sa mission, 179. — Terreur des deux rois en apprenant les menaces de vengeance de leur père; ils rassemblent leurs armées, 181. — Feridoun envoie Minoutchehr pour combattre Tour et Selm, 181. — Ces deux rois s'avancent à la rencontre des Iraniens avec une armée nombreuse, 185. — Minoutchehr attaque l'armée de Tour, 187. — Tour est tué de la main de Minoutchehr, 189. — Ce prince annonce sa victoire à Feridoun et lui envoie la tête de son oncle, 191. — A la nouvelle de cet événement, Selm se propose de se réfugier dans la forteresse des Alains; Minoutchehr forme le projet de l'en empêcher, 193. — Il charge Karen

TABLE ANALYTIQUE

de s'emparer de cette place, 195. — Stratagème qu'emploie ce guerrier pour pénétrer dans la forteresse, 195. — La garnison est massacrée et le château détruit, 197. — Attaque faite par Kakoui, petit-fils de Zohak, 199. — Combat singulier de Minoutchehr et de Kakoui; mort de ce dernier, 201. — Selm s'enfuit et meurt de la main de Minoutchehr, 201. — Ce prince pardonne à l'armée de Selm, 203. — Minoutchehr envoie la tête de Selm à Feridoun, 205. — Il se met en marche pour retourner auprès de son grand-père; celui-ci vient à sa rencontre, 207. — Feridoun confie son petit-fils à Sam, fils de Nériman; il ordonne au jeune prince de s'asseoir sur le trône et lui place la couronne sur la tête, 209. — Mort de Feridoun, 209. — Minoutchehr lui fait construire un tombeau magnifique, 211. — 213, 293, 295. — Nériman avait mis le siège devant la forteresse du mont Sipend par ordre de Feridoun et avait trouvé la mort dans cette expédition, 367. — 379, 387, 401, 427, 473, 477, 491, 497; II, 215, 267, 405, 419, 425, 523, 543, 591; III, 247, 425, 509, 517, 551, 555; IV, 9, 21, 23, 25, 51, 61, 109, 113, 139, 191, 197, 199, 205, 235, 241, 255, 275, 297, 361, 581, 605, 617, 619, 681, 717; V, 7, 237, 269, 543, 601, 639, 655, 663; VI, 7, 37, 139, 151, 185, 625; VII, 19, 41, 59, 105, 121, 169, 285, 287, 307, 309, 383, 401, 413, 429, 451, 453, 477.

Feribenk. Voy. Firanek.

Feroud, fils de Khosrou Parviz et de Schirin, VII, 401.

Ferroukhzad ou Ferroukhzad, fils d'Azermigan, noble iranien de l'époque de Khosrou Parviz, VII, 75, 77, 165, 331, 333, 337, 339, 341, 343, 345, 351, 353, 379, 393. — Cf. Farroukhzad, roi de Perse.

Ferschidwerd, fils de Guschtasp, IV, 431, 457, 459, 467, 471, 473, 481, 485, 523, 569.

Ferschidwerd, fils de Wisch, II, 411, 413, 675; III, 35, 99, 149, 161, 239, 441, 519, 537, 539, 543, 545, 547, 561, 591, 593, 595, 597, 599, 601, 605, 607, 613, 615, 625; IV, 25, 27, 39, 41.

Ferschidwerd (Aventure de), le chef de village, avec Bahram Gour, roi de Perse, et l'homme qui arrachait des ronces, V, 647-657.

Ferthous, puissant seigneur de la Transoxiane, III, 75, 77, 91, 113, 127, 175, 203, 245.

Ferwerdin, nom d'un génie, III, 363.

Fertan, puissant roi, voisin du pays d'Andalous, V, 163, 165, 167, 169, 235, 237, 261.

Feth-ali-Schah, roi de Perse, cité, I, LXXVII.

Feu (Le). — Son origine, I, 9. — Introduction de la fête du Feu; origine et découverte de cet élément, 37. — (Épreuve du), II, 237-243. — De la fête de Bahman (janvier), V, 591. — (Manière d'allumer du), I, 511; II, 649.

Feu (Culte du), II, 553, 565; IV, 189, 195, 211, 359-369, 429, 431, 443, 445, 451, 455, 465, 471, 621; V, 51, 119, 353, 687; VI, 203; VII, 143. — (Le) Berzin. Voy. Berzin.

Fiançailles. Voy. Mariage.

Fileuses, V, 309, 311.

Firanek, mère de Feridoun, était fille de Thehour, roi de l'île Besla, dans la mer de Madjin; après la mort de son mari, tué par ordre de Zohak, elle prend la fuite et confie son fils au gardien de la vache Purmajeh, I, 79. — Redoutant les recherches de Zohak, elle reprend son fils et le cache dans le mont Elborz où un homme pieux prend soin de lui, 81. — Feridoun questionne sa mère sur son lignage, 83. — Firanek lui apprend l'histoire de son père et de Purmajeh, sa nourrice, 83. — Douleur de Feridoun à ce récit; ses projets de vengeance; conseil que lui donne sa mère, 85. — Firanek apprend par un messager de son fils qu'il est possesseur de la couronne, 115. — Ses actions de grâces, 115. — Ses bonnes œuvres; fête qu'elle donne aux grands; elle envoie à son fils des présents magnifiques, 117.

FIRANEK, fille du dikhan Berzin, l'une des épouses du roi de Perse Bahram Gour, V, 621-627.

FIRDOUSI (Abou'lkasim Mansour), illustre poète persan, auteur du *Livre des Rois*.— Récit qu'il fait de la façon dont Danischwer Dihkan recueillit les traditions héroïques de la Perse, I, VII. — IX. — Motif pour lequel il ne donne pas, dans son poëme, le vrai titre de l'ouvrage de Danischwer, x. — L'histoire de sa vie et celle de ses matériaux se trouve dans une des deux préfaces en prose qui existent dans un grand nombre de manuscrits du *Livre des Rois*, XV. — Il a conservé dans son poëme le fragment du recueil de Danischwer Dikhan mis en vers par Dakiki; son opinion sur ce poète, XVIII. — Le poète Ansari, un des favoris de Mahmoud le Ghaznévide, présente son ami Firdousi à ce prince qui cherchait un homme capable de rédiger les traditions qu'il avait recueillies, xx. — On possède peu de données authentiques sur Firdousi, et les historiens de l'époque ne parlent presque pas de lui, xx.—Renseignements auxquels on est réduit en ce qui concerne la vie de ce poète; ouvrages orientaux ou européens que l'on peut consulter à ce sujet, XXI. — Vie de Firdousi; son nom; lieu et date de sa naissance, XXI. — Nom et situation de famille et de fortune de son père; éducation qu'il reçoit; sa connaissance des langues arabe et pehlewie, XXII.— Son enfance; souhait qu'il formait sans cesse de voir construire en pierre et en mortier la digue du canal qui passait devant la maison de son père, XXIV. — Lacune dans son histoire jusqu'à son âge mûr; il perd son fils unique; il apprend la mort de Dakiki et conçoit le projet d'entreprendre lui-même le grand ouvrage que ce poète avait commencé, XXIV. — Un de ses amis, Mohammed Leschkeri, lui procure le recueil pehlewi de Danischwer Dikhan et l'encourage dans sa détermination; âge auquel il commence ce travail; faveurs qu'il reçoit à ce sujet d'Abou Mansour, gouverneur de Thous; reconnaissance du poète, XXV. — Il ne paraît pas avoir suivi l'ordre chronologique dans la composition de son livre, XXV. — Motifs qui auraient déterminé le poète à se rendre à la cour de Ghaznin; une intrigue de courtisans et de poètes l'arrête pendant quelque temps à Hérat, XXVI. — Difficulté qu'il eut à se faire remarquer du sultan; il est enfin reçu, et le prince, charmé de son savoir, lui donne le surnom de Firdousi (le Paradisiaque), XXVII. — Défi que lui portent trois poètes de la cour, XXVII.— Faveur dont il jouit auprès de Mahmoud; ce prince lui remet le Seïr-al-Molouk et lui fait préparer un appartement attenant à son palais; admiration du sultan pour le poète, XXVIII. — Les épisodes du livre de Firdousi étaient lus devant Mahmoud au fur et à mesure de leur composition, et cette récitation était accompagnée de musique et de danse, XXIX. — Hasan Meïmendi reçoit l'ordre de payer au poète mille pièces d'or pour chaque millier de vers; Firdousi demande à ne recevoir qu'à la fin du poème la somme totale qui lui serait due; motif de cette conduite; jalousie et mauvais vouloir de Meïmendi, XXIX. — Plaintes du poète, xxx. — Sa gloire s'étend dans toute la Perse; il reçoit des présents de divers princes, accusations dont il est l'objet de la part de Meïmendi, xxx. — Il proteste contre ces attaques dans son introduction au

TABLE ANALYTIQUE

Livre des Rois; secte à laquelle il appartenait, xxxi. — Reproches que lui adressaient ses ennemis littéraires, xxxi. — Épreuve que lui fait subir le sultan et dont il sort vainqueur; traduction de l'original de l'épisode qu'on lui avait donné à mettre en vers, xxxii. — Il perd son fils, âgé de trente-sept ans; strophes qu'il consacre à cet événement, xxxii. — Difficultés de toute sorte qu'il éprouve à la cour; plaintes qu'il exhale au sujet des attaques incessantes de ses ennemis et en particulier de Meïmendi, xxxiii. — Il achève enfin son œuvre et la fait présenter au sultan, qui ordonne de lui envoyer autant d'or qu'un éléphant pourrait en porter, xxxiii. — Hasan Meïmendi dissuade le roi de cet acte de générosité et envoie au poëte 60,000 dirhems d'argent; emploi que Firdousi fait de cette somme et fière réponse qu'il adresse au sultan; colère et menaces de ce dernier, xxxiv. — Firdousi sollicite son pardon et parvient à apaiser le roi; il quitte Ghaznin en priant Ayaz de remettre au sultan, dans le délai de vingt jours, un papier scellé qui était la fameuse satire, xxxv. — Traduction de cette pièce, xxxvi. — Il y proclame son attachement pour Ali, xxxvi. — Il fait l'éloge de son poëme et flétrit l'avarice de Mahmoud, xxxvii. — Fureur du roi à la lecture de cette poésie; il ordonne de poursuivre le poëte et met sa tête à prix, xl. — Firdousi échappe à son ennemi et se réfugie dans le Mazenderan, vl. — Kabous, souverain de ce pays, lui donne asile; puis, pour ménager Mahmoud, il prie le poëte de choisir un autre séjour, xli. — Celui-ci se rend à Baghdad; il est recueilli par un marchand de cette ville, qui remet au vizir de Kader-billah un poëme arabe composé en son honneur par Firdousi, xli. — Le khalife se fait présenter Firdousi et le traite avec bonté; Mahmoud demande que le fugitif lui soit livré; Firdousi quitte Baghdad et gagne Ahwaz, puis le Kouhistan, xlii. — Accueil honorable qui lui est fait par Nasir Lek, gouverneur de cette province; conseil que lui donne Nasir au sujet du sultan, xlii. — Nasir écrit à Mahmoud pour lui reprocher ses torts envers Firdousi et justifier la satire de ce dernier; représentations adressées au roi par les amis du poëte; Mahmoud condamne Hasan Meïmendi à mort, xliii. — Firdousi revient à Thous, sa ville natale; il s'évanouit en entendant un enfant chanter un vers de sa satire et meurt quelque temps après, l'an 411 de l'hégire, à l'âge de quatre-vingt-trois ans, xliv. — Lieu de sa sépulture; anecdote relative à ses obsèques; Mahmoud envoie les cent mille pièces d'or qu'il devait au poëte; la fille de Firdousi les refuse; réalisation du désir qu'il avait manifesté de bâtir en pierres la digue de la rivière de Thous, xliv. — Un caravansérail est aussi construit sur les mêmes fonds que la digue, xlv. — De quelle façon Firdousi a mis en œuvre les matériaux dont il s'est servi pour la composition de son livre; d'après ses propres déclarations, il n'aurait fait que suivre la tradition, xlv. — Détails qu'il donne à ce sujet, xlv. — Preuves en faveur de cette assertion, tirées de son poëme de Iousouf et Zouleïkha, xlvi. — Autres preuves extraites de ses propres récits sur la manière dont il composait son ouvrage, xlvii. — Preuves de l'absence de toute confusion entre les traditions persanes et les traditions musulmanes, xlviii. — Preuves des défauts, des lacunes même de son récit; sources où il a dû puiser pour l'histoire d'Alexandre le Grand, xlviii. — Silence qu'il garde sur la dynastie des Parthes; conclusion qu'on peut en tirer, xlix. — Témoignages fournis par les livres sacrés de la Perse, xlix. — Les historiens arabes qui lui sont antérieurs s'accordent presque partout avec lui sur l'ancienne histoire de Perse, L. — Opinion de l'auteur du Modjmel-al-Tewarikh, L.-LIII. — Les historiens postérieurs à Firdousi n'ont fait que le copier servilement, LIII. — Vénération que lui ont vouée les Parsis, LIII. — Sa popularité n'a pas diminué depuis huit siècles, LIV. — Importance que le succès de son œuvre a donnée aux traditions nationales de la Perse; nombreuses imitations qu'il a fait naître, LIV. — Titres et analyses de ces imitations, LV-LXIX. — Critiques de l'auteur du *Guerschaspnameh* sur les exploits de Rustem, LVI. — il ne reproche nulle part à Firdousi de s'être écarté de la tradition, LVII. — Le mètre employé par Firdousi est resté presque sans exception celui de la poésie épique persane, LVIII. — Le *Sam-nameh* remplit une lacune du *Livre des Rois* relative aux guerres de Sam dans l'Occident, le pays des Slaves, la Chine, etc., LX. — Aucun auteur persan n'a tenté d'écrire après Firdousi l'histoire de Rustem et de Sohrab, LXI. — LXIV. — Durée de l'impulsion donnée par Firdousi à la poésie épique; résultats obtenus par ses imitateurs; caractères de ces imitations; décadence de la littérature épique, LXX. — LXXIV, LXXVI. — L'œuvre de Firdousi n'a jamais cessé d'être, en Perse, l'objet de l'admiration des savants et de la prédilection du peuple, LXXVII. — Firdousi voit Dakiki en songe, IV, 359. — Prière que lui adresse ce poète, 359. — Firdousi fait la critique de Dakiki, 447. — Il se plaint de son âge et de son sort, V, 263, 265. — Il déplore sa vieillesse, VI, 157, 159. — Lamentation de Firdousi sur la mort de son fils, VII, 191. — Age de Firdousi lorsqu'il termina le *Livre des Rois* et date de l'achèvement de ce poème qu'il lègue à Mahmoud, 501, 503. — (La fille de) refuse les cent mille pièces d'or que le sultan Mahmoud envoyait à son père dont il ignorait la mort, I, XLIV, XLV. — (La sœur de) se rappelle le désir manifesté par son frère de construire en pierre la digue de la rivière de Thous, et le rêve de Firdousi est réalisé, XLIV.

FIROUD, fils de Siawusch. — Naissance de ce prince, II, 359. — Commencement de son histoire, 591. — Thous, chef de l'armée de Keï Khosrou, se dispose à entrer dans le pays des Turcs, 593. — Keï Khosrou lui recommande de ne point passer par Kelat où réside son frère Firoud; Thous promet d'obéir et se met en marche, 595. — Il fait prendre à son armée le chemin de Kelat malgré les conseils de Gouderz, 597. — Firoud apprend l'arrivée de Thous, 597. — Il consulte sa mère sur la conduite qu'il doit tenir, 599. — Celle-ci l'engage à s'armer et à combattre avec les troupes de son frère pour venger Siawusch, 599. — Elle lui recommande de s'adresser à Bahram et à Zengueh, qui avaient été les compagnons fidèles de son père, 601. — Firoud et Tokhareh vont observer les Iraniens, 603. — Tokhareh désigne à Firoud les différents chefs de l'armée, 603. — Les Iraniens les aperçoivent au haut de la montagne où ils se sont placés, 605. — Ordres que Thous donne à leur sujet, 605. — Bahram se rend à la montagne auprès de Firoud, 607. — Leur entretien, 607. — Firoud se fait connaître à Bahram; il lui apprend dans quel but il est venu sur cette montagne et son désir de marcher contre le Touran en tête de l'armée, 611. — Bahram lui promet de rapporter ses paroles à Thous et lui donne de prudents conseils pour le cas où Thous refuserait de lui accorder ce qu'il demande, 611. — Bahram retourne auprès de Thous et lui raconte ce qui vient de se passer, 613. — Reproches que Thous lui adresse; Riwniz s'offre pour aller chercher Firoud malgré les conseils de Bah-

TABLE ANALYTIQUE

ram, 613. — Firoud tue Rivniz, 615. — Thous envoie son fils Zerasp venger Rivniz, 617. — Firoud tue Zerasp, 617. — Thous attaque Firoud, 619. — Perfides conseils de Tokhareh à Firoud, 619. — Celui-ci tue le cheval de Thous, qui retourne à son camp couvert de confusion, 621. — Mécontentement que cause à Guiv la conduite de Firoud à l'égard de Thous, 621. — Combat de Guiv et de Firoud, 623. — Ce dernier blesse le cheval de Guiv, qui est obligé de revenir à pied au camp, 625. — Bijen fait le serment de venger la mort de Zerasp, 625. — Combat de Bijen et de Firoud, 629. — Firoud prend la fuite et court s'enfermer dans son château, 629. — Bijen revient auprès de Thous qui jure de détruire le château et de tuer Firoud, 631. — Mort de Firoud, 631. — Djerireh, sa mère, se tue elle-même, 637. — Les Iraniens pénètrent dans le château; douleur de Bahram à la vue du corps de Firoud; reproches qu'il fait aux Iraniens, 637. — Regrets de Thous; paroles de blâme que lui adresse Gouderz; il fait construire un mausolée royal pour y placer le corps du jeune prince, 639. — Zerasp et Rivniz sont déposés dans des tombes à côté de Firoud, 641. — 647, 667, 669; III, 7, 9, 11, 13, 467.

FIROUZ, roi de Ghartcheh, IV, 21.

FIROUZ-IBN-KAOUS, grand prêtre des Parses de Bombay, écrivain, cité, I, LXXVIII.

FIROUZ, fils de Khosrou. Voy. PIROUZ, fils de Khosrou.

FLÈCHE MAGIQUE (La) en bois de tamarix, qui tua Isfendiar, IV, 673, 677, 679, 681, 683, 695, 697.

FOUETS, II, 685; V, 615, 617, 627, 639, 641.

FOUKA, espèce de bière, I, XXXIV, XXXIX.

FOUR, fils de Four, roi des Indiens. — Dara, fils de Darab, roi de Perse, implore le secours de ce prince contre Iskender, roi de Roum, V, 85. — Iskender amène son armée auprès de Four, et lui écrit pour l'inviter à se soumettre, 143. — Colère du roi indien à la lecture de la lettre d'Iskender, 143. — Réponse méprisante qu'il fait au roi de Roum, 145. — Iskender conduit son armée à la guerre contre Four, 145. — Les troupes, épuisées par des marches pénibles, éclatent en murmures; Iskender les menace de poursuivre sa route avec les seuls Iraniens; les Roumis lui demandent pardon, 147. — Il forme un nouveau plan de bataille; Four range son armée en ordre de combat, 149. — Iskender fait chercher un moyen pour vaincre les éléphants de l'armée de Four, 149. — Combat d'Iskender contre les Indiens, 151. — Mort de Four, 153. — Ses troupes jettent leurs armes et se rendent en suppliants auprès du Kaïsar, qui les accueille avec bienveillance, leur rend leurs armes, et place sur le trône un noble indien, nommé Sawurg, 155. — 163, 175, 177, 179, 183, 235, 237, 241, 261; VI, 401.

FOUROUHIL, noble iranien de l'époque de Kaï Khosrou, III, 437, 453, 565, 571, 573.

FOURRURES ET PEAUX D'ANIMAUX, I, 29, 39; II, 473; V, 187, 239, 665, 667; VII, 311, 375.

FRAGMENTE über die Religion des Zoroaster. Voy. VULLERS.

FRAGMENTS relatifs à la religion de Zoroastre. Voy. MOHL et VULLERS.

FRANCS, I, LXXIII.

FRITSCH (A.). Voy. HORTI PERSICI ET ARABICI.

FRGHANISCH, roi des Heïtaliens, du temps de Hormuz, fils de Yezdeguerd, VI, 89. — Cf. FEGHANISCH.

FURDI, chef de l'armée que le Khakan de la Chine envoya contre Ghatfer, roi des Heïtaliens, VI, 313.

FUNÉRAILLES. Voy. ENSEVELISSEMENTS ET FUNÉBAILLES.

G

GABRIEL (L'archange). — Rôle que lui fait jouer l'auteur du Sam-nameh ; respect que professent les musulmans pour cet archange ; nom qu'ils lui donnent, I, LX. — LXXVI; III, 615; IV, 7.

GAHAN, nom de pays ou de ville, III, 77, 117.

GAHAB, guerrier de Gahan, III, 77, 179, 193, 237.

GALENUS, général persan qui combattit à Kadesia, I, 91.

GALINOUS, personnage qui fut commis à la garde de Khosrou Parviz, quand ce roi fut envoyé prisonnier à Thisifoun, VII, 353, 361, 363.

GANG ou GANGUE, ville, II, 273, 309, 387, 389, 427, 445, 467, 475, 485; III, 211, 239; IV, 107, 133-137, 151, 163, 181, 183.

GANG, rivière, II, 601.

GANGDIZ ou GANG-I-SIAWUSCH, ville bâtie par Siawusch dans le Touran, II, 339, 341, 343, 345; IV, III, 81, 83, 87, 95-99, 107, 115-123, 151, 153, 157, 177, 179, 193; VII, 383.

GANGUE, ville. Voy. GANG. — (Montagne de), IV, 43, 637.

GANGUI-BEHISCHT, ville, IV, 97, 133, 149, 187.

GANGUI-DIZHOUKHT, nom pehlewi de la ville de Beit-ul-Mukaddes, I, 97, 199.

GARDIENS (Commandants ou chefs) des frontières, I, 397, 457; IV, 385; V, 31, 37, 561; VI, 545. — des marchés, V, 97. — de nuit, des villes, VII, 345.

GARGOU, guerrier de Wahr, allié d'Afrasiab, III, 77. — Cf. GARGOUI.

GARGOUI, guerrier touranien de l'époque d'Afrasiab, III, 111, 237. — Cf. GARGOU.

GARTJEU, guerrier du pays des Segsars, contemporain d'Afrasiab, III, 77.

GAU, fils de Djemhour, roi de Kachmir, VI, 401. — Djemhour meurt, laissant comme héritier son fils Gau encore en bas âge, 401. — Les nobles du pays choisissent pour roi Maï, frère de Djemhour. Le nouveau roi épouse la veuve de son prédécesseur, et meurt bientôt, laissant un fils du nom de Talhend, 403. — La veuve de Djemhour et de Maï est proclamée reine pendant la minorité de ses fils, 403. — Gau et Talhend se disputent le trône, 405. — Les grands, consultés, ne savent comment résoudre la question, 411. — Le pays se divise en deux partis ennemis, 413. — Gau et Talhend se préparent au combat, 413. — Gau cherche à s'entendre avec Talhend, 417. — Celui-ci repousse ses avances, 419. — Gau fait une nouvelle tentative auprès de son frère, 421. — Talhend lui répond par des menaces et des injures, 423. — Bataille entre Gau et Talhend, 425. — Ce dernier est vaincu, 427. — Il se retire à Margh, où il rallie son armée ; il provoque de nouveau son frère, 429. — Réponse de Gau au message de Talhend, 429. — Deuxième bataille entre Gau et Talhend. Talhend meurt sur le dos de son éléphant, 433. — La mère de Talhend apprend la mort de son fils et en témoigne un grand deuil, 439. — On invente les échecs pour la consoler, 441.

GAZELLES, V, 507, 509, 511; VI, 69.

GEORGE-NAMEH, histoire de la conquête de l'Inde par les Anglais, ouvrage du mollah Firouz-ibn-Kaous, cité, I, LXXVIII.

GERFAUTS, V, 609, 619, 659; VI, 69.

GHARDJEH. Voy. GHARTCHEH.

GHARTCHEH, ville, III, 421, 507; V, 687.

GHASSANIENS (Les), tribu arabe, V, 429, 433.

GHATFER, roi des Heïtaliens, redoutant une alliance entre le Khakan de la Chine et Kesra Nouschirwan, fait piller les cadeaux que le prince chinois envoyait au

TABLE ANALYTIQUE

575

roi de l'Iran, VI, 311. — Colère du Khakan à cette nouvelle; il fait marcher son armée contre les Heïtaliens, 311. — Combat entre les troupes du Khakan et celles de Ghatfer, 313. — Ce dernier est battu et son armée dispersée, 315. — Les Heïtaliens choisissent Feghanisch pour roi à la place de Ghatfer, 315. — 317, 319, 327.

GHAZNÉVIDES, dynastie persane qui succéda aux Samanides. — Ils se séparent du khalifat plus que leurs prédécesseurs, cultivent la langue persane avec ardeur, et abolissent l'usage de l'arabe dans l'administration, I, XVIII.

GHAZNIN, ville, I, XIX, XXVI, XXVII, XXXV, XL, XLI, XLIII, 415; III, 421; IV, 253, 571; VI, 109.

GHILAN (Le), province de la Perse, I, 207; II, 251; IV, 19, 205; V, 301; VI, 165, 193, 195, 309, 359. — (Mer de), IV, 31.

GHILAKIS (Les), VI, 327.

GHOULS (Les), espèce de démons, I, XXXVII.

GNOURI (Ville et pays de), II, 39.

GHOUZZ (Les), peuple, III, 499; IV, 33.

GNOSTIQUES, VI, IV.

GOERRES fait paraître, en 1820, à Berlin, sous le titre de *Heldenbuch von Iran*, un extrait très-détaillé de Firdousi, I, LXXXII, LXXXIII; III, III; V, V.

GOG ET MAGOG. Voy. YADJOUDJ ET MADJOUDJ.

GORDIEH, sœur de Bahram Djoubineh, entend, derrière le rideau, son frère expliquant aux chefs de l'armée son plan de se faire roi, VI, 677. — Elle entre dans l'assemblée et interroge les grands; chacun d'eux lui fait connaître son opinion, 677. — Bahram demande l'avis de sa sœur, 681. — Gordieh lui donne de bons conseils et s'efforce de le détourner de son dessein, 681. — Mécontentement que causent à Bahram les paroles de sa sœur, 687. — Gordieh donne de sages conseils à son frère, VII, 43. — Celui-ci répond que ses paroles sont justes, mais qu'il doit aller jusqu'au bout, 47. — Assassinat de Bahram Djoubineh, 229. — Douleur et lamentations de sa sœur, 231. — Paroles de Bahram à Gordieh, 231. — Bahram confie sa sœur à Yelan Sineh, 233. — Il les engage à se rendre auprès de Khosrou Parviz et leur fait part de ses dernières volontés, 233. — Il fait écrire au Khakan pour lui recommander ceux qu'il laisse après lui, et meurt, 235. — Lettre du Khakan à Gordieh et réponse de celle-ci, 239. — Gordieh consulte ses Pehlewans et s'enfuit de Merv, 243. — Le Khakan envoie Thuwurg à la poursuite de Gordieh qui le tue, 247. — Gordieh part pour l'Iran. Elle s'arrête à Amoni et écrit à son frère Guerdouï, 251. — Gustehem apprend le meurtre de son frère Bendouï; il se révolte contre Khosrou et épouse Gordieh, 253. — Gordieh tue Gustehem à l'instigation de Khosrou Parviz et de Guerdouï, 257. — Lettre de Gordieh à Khosrou qui lui offre sa main et l'épouse, 263. — Gordieh fait preuve de sa valeur auprès de Khosrou Parviz, 265. — Comment la ville de Reï fut ruinée, 267. — Gordieh imagine une ruse pour se faire donner cette ville et la sauver de la destruction, 271.

GOUDERZ L'ASCHKANIDE, V, 271.

GOUDERZ, fils de Keschwad, I, XXXVIII, LXIII, 491, 493, 499. — Keï Kaous le charge, avec Thous, de conduire son armée vers le Mazenderan, 499. — Ils se mettent en marche, 501. — 535, 543, 555, 559, 561. — Keï Kaous lui donne Ispahan et le commandement de la frontière de ce côté, 569. — II, 7, 11, 19, 21, 33, 47. — Reproches amers qu'il fait au roi Keï Kaous qui avait tenté de s'élever vers le ciel, 47. — Le combat des sept héros, 51-71. — 87, 107, 115. — Les grands de l'Iran engagent Gouderz à se rendre auprès de Kaous, qui venait d'outrager Rustem, et à lui faire entendre la voix de la raison, 119. — Le roi reconnaît la justesse des paroles de Gouderz et le prie de ramener Rustem; Gouderz et les chefs de l'armée atteignent Rustem; leurs instances sont d'abord sans résultat, 121. — Gouderz intéresse sa gloire et fait appel à ses sentiments généreux; Rustem cède enfin et revient auprès de Kaous, 123. — 133, 135, 141, 143, 175, 177, 179, 197, 199, 207, 351, 357, 401, 405, 435, 439, 453. — Gouderz reçoit de Rustem l'investiture du pays de Sipendjab, 467. — 475. — Gouderz voit en songe le Serosch qui lui révèle l'existence de Keï Khosrou et lui fait connaître que son fils Guiv est destiné à retrouver les traces de ce prince, 477. — Gouderz fait appeler son fils et lui raconte son rêve, 477. — Guiv rentre dans son palais et se dispose à partir à la recherche de Keï Khosrou, 479. — Il dit adieu à son père et lui confie l'éducation de son petit-fils Bischen (Bijen), 481. — 489, 491, 511, 527. — Guiv envoie un messager à Gouderz pour l'informer de l'arrivée de Keï Khosrou à Zem, 529. — Gouderz fait de grands préparatifs pour recevoir le jeune prince, 529. — Il va au-devant de lui et le ramène à Ispahan, 531. — Kaous lui donne l'investiture de plusieurs villes ou provinces, 535. — Thous refuse de reconnaître Khosrou, 537. — Gouderz envoie son fils Guiv lui faire des reproches à ce sujet; Thous persiste dans son refus et se déclare en faveur de Feribourz, fils de Kaous, 537. — Guiv retourne auprès de son père et lui rend compte de sa mission, 539. — Colère de Gouderz contre Thous, 541. — Il assemble ses troupes; Thous marche à sa rencontre, mais il hésite à entamer la lutte et envoie un messager à Kaous, 541. — Gouderz et Thous font prononcer Kaous sur la succession au trône, 543. — Le roi décide que la couronne appartiendra à celui de ses fils qui s'emparera du château de Bahman, 545. — Thous et Feribourz attaquent vainement ce château, 547. — Keï Khosrou s'en empare, 549. — Il revient victorieux, 553. — Kaous place Khosrou sur le trône, 555. — 563, 565, 571, 573, 585. — Gouderz conseille à Thous de suivre, pour entrer dans l'Iran, la route que le roi lui a désignée, 597. — 605, 609, 639. — Piran surprend les Iraniens pendant la nuit, 661. — Les Iraniens s'enfuient jusqu'au Kaschroud et se mettent en sûreté dans la montagne, 663. — Gouderz pourvoit à la sécurité de l'armée et envoie un messager à Keï Khosrou, 665. — Le roi rappelle Thous et ordonne à Feribourz de prendre le commandement de l'armée, 665. — Thous retourne auprès du roi qui l'humilie devant toute la cour, 669. — Feribourz propose à Piran un armistice, 671. — Piran lui accorde une suspension d'armes d'un mois, 673. — Les Iraniens sont de nouveau battus par Piran, 673. — Feribourz et son armée s'enfuient sur la montagne; Gouderz et Guiv soutiennent seuls, avec quelques guerriers, l'effort des ennemis, 677. — Sur l'ordre de Gouderz, Bijen va chercher le drapeau de Kaweh et l'apporte sur le champ de bataille, 679. — La lutte recommence, 681. — Les Iraniens sont enfin obligés de se retirer dans les montagnes, 683. — Bahram va chercher son fouet sur le champ de bataille, malgré les représentations de son frère Guiv, 685. — Tejaou tue Bahram, 689. — Guiv tue Tejaou pour venger son frère, 697. — Il ramène du champ de bataille le corps de Bahram et lui élève un mausolée, 699. — III, 11, 9, 13, 15, 17, 23, 31, 33, 35, 37, 41, 43, 47, 49, 51, 53, 55, 61, 71, 73, 81, 83, 85. — Feribourz arrive au mont Hemaven, 95. — Il est reçu par Gouderz à qui il annonce l'arrivée de Rustem, 95. — Feribourz fait connaître à Gouderz les ordres de Rustem, 97. — 103. — Gouderz va recevoir Rustem, 107. — 109, 153, 161, 163, 171. — Gouderz

TABLE ANALYTIQUE

met Rustem en garde contre les ruses et les artifices de Piran, 173. — Réponse de Rustem à Gouderz, 175. — 177, 185, 193, 197, 205, 211, 215, 229, 231, 241, 243, 249, 259, 265. — Gouderz fait, devant Khosrou, l'éloge de Rustem, 267. — 273, 279, 297, 319, 323, 325, 329, 349, 353, 355, 361, 365, 367, 369, 379, 381, 405. — Afrasiab rassemble une armée, 413. — Il envoie son fils Schideh dans le Kharezm et ordonne à Piran de marcher contre la capitale de l'Iran et de renverser Khosrou, 417. — Kei Khosrou envoie Gouderz contre les Touraniens, 417. — Conseils et recommandations qu'il adresse à ce général, 423. — Gouderz arrive à Reïbed, 425. — Il charge son fils Guiv d'un message pour Piran, 425. — Guiv va à Wischguird pour voir Piran, 429. — Piran va au-devant de Guiv; ils se rencontrent sur les bords du Djihoun. Piran avertit secrètement Afrasiab de ce qui se passe et l'assure de sa fidélité, 431. — Afrasiab lui expédie des renforts et le prévient de son entrée prochaine en campagne, 431. — Piran rejette toutes les propositions de Gouderz; Guiv retourne auprès de son père et les Touraniens se mettent en marche, 433. — Guiv rend compte à son père de sa mission et de la conduite de Piran, 433. — Les deux armées arrivent sur le champ de bataille, 435. — Gouderz observe les Touraniens, 435. — Il dispose ses troupes en ordre de combat, 437. — Il se rend lui-même à son poste pour surveiller l'ennemi, 439. — Les deux armées restent en présence pendant trois jours, 441. — Bijen demande à Guiv la permission de livrer bataille, 443. — Guiv explique à son fils les motifs de l'inaction de Gouderz, 445. — Houman demande à Piran l'autorisation de combattre, 445. — Piran lui révèle les raisons qui lui font attendre l'attaque des Iraniens, 447. — Houman défie Rehham, 449. — Réponse de Rehham, 453. — Houman appelle Feribourz au combat, 453. — Réponse de Feribourz au défi de Houman, 455. — Houman provoque Gouderz, 455. — Réponse de Gouderz à ses provocations, 457. — Réplique de Houman, 457. — Ce dernier retourne vers les siens, après avoir jeté à terre quatre cavaliers iraniens, 461. — Bijen apprend ce qu'a fait Houman; il va demander à son père l'autorisation de le combattre, 463. — Guiv ne consent pas à sa demande, 463. — Bijen va trouver Gouderz, lui expose sa requête et le prie de lui faire donner l'armure de Siawusch, 465. — Gouderz autorise Bijen à combattre Houman et lui promet l'armure de Siawusch, 467. — Guiv essaye de retenir son fils en lui refusant cette armure; fière réponse du jeune homme, 469. — Guiv donne à Bijen la cuirasse de Siawusch et son propre cheval, 469. — Bijen va défier Houman, 473. — Houman vient le combattre, 475. — Houman est tué par la main de Bijen, 479. — Celui-ci emploie un stratagème pour passer devant les Touraniens sans être inquiété, 481. — Gouderz apprend que Bijen revient victorieux, 483. — Il lui fait de riches présents, 485. — Nestihen fait une attaque de nuit et y périt, 485. — Piran fait avancer ses troupes, 489. — Les deux armées en viennent aux mains, 491. — Gouderz demande du secours à Khosrou, 491. — Hedjir porte au roi la lettre de Gouderz, 493. — Le roi fait à Hedjir des cadeaux magnifiques, 495. — Réponse de Khosrou à Gouderz, 495. — Il lui fait connaître les succès des autres armées iraniennes, lui promet de venir bientôt à son aide et lui donne ses instructions, 499. — Khosrou équipe une armée et envoie Thous contre le Dehistan, 501. — Il se prépare lui-même à partir et se dirige du côté de Gouderz; Hedjir le précède et remet à Gouderz la lettre de Khosrou,

73

503. — Cette lettre est lue devant les chefs de l'armée, 503. — Gouderz ordonne à ses troupes de se préparer au combat, 505. — Piran écrit à Gouderz pour demander la paix, 505.—Il charge son fils Rouïn de remettre son message à Gouderz, 511. — Rouïn s'acquitte de sa mission et reste pendant sept jours l'hôte de Gouderz, 513. — Réponse de celui-ci à la lettre de Piran, 513. — Il réfute tous ses arguments et repousse ses propositions, 515. — Il lui offre du temps et un délai, mais refuse de se retirer avant d'avoir livré un combat décisif, 523. — Gouderz fait lire sa réponse devant les chefs de l'armée, 523. — Tristesse que cause à Piran la réponse du général des Iraniens; paroles qu'il adresse à son armée, 525. — Piran demande des secours à Afrasiab, 527. — Réponse d'Afrasiab à Piran, 531. — Il lui annonce qu'il va se mettre en campagne et qu'il lui envoie trente mille cavaliers, 533. — Il lui ordonne d'attaquer Gouderz, dès qu'il aura reçu ce renfort, 533. — Piran fait répéter devant son armée les paroles du roi et s'efforce de ranimer le courage de ses soldats, 535. — Ses inquiétudes secrètes, 535. — Bataille rangée entre les deux armées, 537. — Gouderz ordonne à Guiv d'aller combattre Piran, 541. — Combat de Guiv et de Piran. Le cheval de Guiv s'arrête, 541. — Lehhak et Ferschidwerd attaquent Guiv, 545. — La mêlée devient générale, 547. — Gouderz et Piran conviennent du combat des onze champions, 547. — Les deux armées se retirent dans leurs campements; Guiv raconte comment son cheval avait refusé d'avancer contre Piran et l'explication que Bijen avait donnée de ce fait, 549. — Les grands interrogent Gouderz au sujet du combat qu'ils doivent livrer aux Turcs, 551. — Gouderz leur rappelle les griefs des Iraniens contre Afrasiab et Piran, 551. — Il propose d'accepter immédiatement le défi porté par ce dernier, soit en combat singulier, soit en bataille rangée, et s'engage à payer de sa personne, 553. — Les Iraniens se déclarent prêts pour la vengeance et le combat, 555. — Gouderz range son armée en bataille et charge Gustehem du commandement en chef, 555. — Lamentations des Iraniens en apprenant que Gouderz va exposer sa vie, 557. — Recommandations qu'il adresse à Gustehem, 557. — Piran adresse la parole aux grands de son armée, 559. — Il s'efforce de relever leur courage abattu et leur fait connaître la convention faite avec Gouderz au sujet d'un combat singulier, 559.—Les grands se déclarent prêts à lui obéir et se disposent au combat; Piran confie le commandement de l'armée à Lehhak et Ferschidwerd, 561. — Gouderz et Piran choisissent les champions, 561.—Ordre de combat de ces derniers, 565. — Instructions données par Gouderz et Piran à leurs combattants. Les deux partis accourent sur le champ de bataille, 567. — Combat de Feribourz contre Kelbad, 567.— Mort de Kelbad, 569. — Combat de Guiv et de Gueroui Zereh; ce dernier est fait prisonnier, 569.— Combat de Gourazeh et de Siameck; celui-ci est tué, 571. — Combat de Fourouhil et de Zengouleh; Fourouhil tue son adversaire, 571. — Combat de Rehham contre Barman; mort de Barman, 573. — Combat de Bijen et de Rouïn, 573. — Rouïn périt de la main de Bijen, 575. — Combat de Hedjir et de Sipahrem; mort de ce dernier, 575. — Combat de Zengueh, fils de Schaweran, et d'Aukhast; Zengueh est vainqueur, 577. — Combat de Gourgain et d'Anderiman; celui-ci est tué par son adversaire, 579. — Combat de Barteh avec Kehrem ; mort de Kehrem, 581. — Combat de Gouderz et de Piran, 581. — Piran, renversé de cheval, se relève et s'enfuit;

TABLE ANALYTIQUE

Gouderz le poursuit, 583. — Piran, voyant Gouderz près de l'atteindre, lui lance son poignard et le blesse, 583. — Gouderz traverse d'un javelot la poitrine de Piran qui tombe mort, 585. — Il revient auprès des champions de l'Iran, 585. — Il ordonne à Rehham d'aller chercher le corps de Piran, 587. — Les Iraniens retournent à leur camp en emportant les corps de leurs adversaires, et entraînent avec eux Gueroui Zereh, 589. — Gustehem remet le commandement à Gouderz; une sentinelle annonce l'approche d'une armée, 589. — Lehhak et Ferschidwerd se lamentent sur la mort de Piran, 591. — Ils se rappellent les dernières recommandations de leur frère, 591. — Les Touraniens tiennent conseil avec eux, 593. — Ceux-ci leur font connaître les conventions arrêtées par Gouderz et Piran, et les trois partis qu'ils peuvent prendre, 593. — Les Touraniens se décident à demander grâce à Khosrou, 595. — Lehhak et Ferschidwerd partent pour le Touran, 597. — Gouderz veut se faire poursuivre; Gustehem se présente pour cette expédition, 597. — Gustehem poursuit Lehhak et Ferschidwerd, 599. — Bijen apprend le départ de Gustehem et craint pour sa vie; il demande à Gouderz la permission d'aller à son aide, 599. — Gouderz tente en vain de le détourner de son dessein et lui donne l'autorisation qu'il demande, 601. — Bijen suit les traces de Gustehem, 603. — Guiv court après lui et veut le retenir; réponse de Bijen aux remontrances de son père, 603. — Celui-ci le laisse libre, et Bijen poursuit son chemin, 605. — Gustehem tue Lehhak et Ferschidwerd, 607. — Il est lui-même grièvement blessé et passe la nuit dans les souffrances, au bord d'un ruisseau, 609. — Bijen trouve Gustehem couché dans la prairie, 611. — Celui-ci reprend ses sens et prie Bijen de chercher un moyen pour le ramener auprès du roi avec les corps ou au moins les têtes de ses adversaires, 611. — Bijen panse les blessures de Gustehem, 613. — Un Turc, qu'il vient de faire prisonnier, l'aide à attacher sur un cheval les corps de Lehhak et de Ferschidwerd, 613. — Il place Gustehem sur son cheval, le fait soutenir par le Turc et se met en marche, 615. — Khosrou arrive au camp; il fait construire un mausolée pour Piran et les chefs des Touraniens, et met à mort Gueroui Zereh, 615. — Il donne en récompense, à Gouderz, Ispahan, le siége du pouvoir, 621. — Les Touraniens demandent grâce à Khosrou, 621. — Le roi leur pardonne et les laisse libres de retourner dans leur pays ou de rester sous ses lois, 623. — Ils viennent faire leur soumission à Khosrou, 623. — Bijen ramène Gustehem, 625. — Le roi lui fait donner des soins; guérison de Gustehem, 627. — Khosrou appelle à sa cour tous les grands de son royaume pour l'aider dans la guerre qui va commencer, 627. — IV, 13, 15, 17, 19, 21, 35, 41, 71, 89, 113, 115, 133, 145, 147, 201, 203, 219, 223, 225, 229, 231, 243, 245. — Khosrou indique à Gouderz ses dernières volontés, 247, 251. — Gouderz demande une investiture pour son fils Guiv, 253. — Le roi donne à Guiv Koum et Ispahan, 255. — Khosrou se rend, accompagné des principaux chefs de l'armée, sur la montagne où devait se terminer sa vie, 265. — Gouderz prend congé du roi et revient sur ses pas, 267. — Disparition du roi, 269. — Ses compagnons sont ensevelis sous la neige, 271. — Inquiétudes de Gouderz et de Rustem à leur sujet, 271. — Des hommes envoyés dans la montagne retrouvent leurs corps et les rapportent à leurs familles. Lohrasp apprend la disparition de Kei Khosrou, 273. — Il assemble les grands et s'engage à suivre les conseils du roi, son

73.

prédécesseur; il leur demande en échange d'obéir à ses dernières volontés; Zal promet l'obéissance en son nom et au nom de Rustem, 273. — Le roi s'adresse ensuite à Gouderz; le vieillard donne des larmes au souvenir de ses enfants; puis il approuve les paroles de Zal, 275. — 623; VI, 587, 681, 683; VII, 383. — (Les fils de), I, xxxviii; III, vi. — (Les petits-fils de), IV, 347.

Goumbedjn Kouh, ville, VII, 463.

Gour. Voy. Khounreh-i-Ardeschir.

Gour (l'onagre), surnom de Bahram, fils de Yezdeguerd le Méchant, V, 591.

Gourabeh, nom de lieu, I, 359, 416; III, 351.

Gouran (Le roi de), IV, 17.

Gourazem, noble iranien du temps de Keï Kaous, I, 359; II, 31, 33, 51, 55, 61, 139, 439, 573, 587, 605, 609, 679; III, 33, 39, 57, 241, 373, 423, 437, 455, 541, 547, 565, 571; IV, 283.

Gourgan (Ville et pays de), I, 393; III, 499; V, 679; VI, 185, 323, 351, 353, 473; VII, 253, 457. — Cf. Gourkan.

Gourguin, fils de Milad, I, lxiii, 491, 493, 543, 555, 559; II, 9, 19, 51, 59, 63, 87, 107, 119, 145, 401, 439, 527, 565, 573, 581, 609, 639; III, 13, 33, 65, 127, 171, 241, 259, 265, 273, 275, 297. — Keï Khosrou charge Gourguin de guider Bijen vers le pays des Irmaniens où il va combattre des sangliers qui dévastent la contrée, 301. — Départ de Bijen et de Gourguin, 301. — Gourguin refuse de seconder Bijen; ce dernier attaque seul les sangliers et en fait un grand massacre, 303. — Gourguin trompe Bijen, 305. — Il lui parle de Menijeh, fille d'Afrasiab, et des fêtes qu'elle va donner sur la frontière du Touran, 307. — Bijen et Gourguin se dirigent vers le lieu ordinaire de ces fêtes, 307. — Bijen va regarder Menijeh, 309. — Menijeh aperçoit Bijen et s'éprend d'amour pour lui, 311. — Bijen se rend à la tente de Menijeh, 313.

— Menijeh enlève Bijen et l'emmène dans son palais, 315. — Afrasiab apprend ce qui se passe, 315. — Il fait amener Bijen devant lui, 317. — Il le condamne au gibet, 323. — On entraîne Bijen au supplice, 323. — Bijen maudit la trahison de Gourguin, 325. — Piran demande grâce à Afrasiab pour la vie de Bijen, 325. — Afrasiab jette Bijen en prison, 331. — Gourguin cherche en vain Bijen; il s'en retourne dans l'Iran, se repentant de son crime et ramenant le cheval de son ami, 333. — Guiv apprend que son fils a disparu; sa douleur à cette nouvelle, 335. — Il interroge Gourguin qui lui fait un récit mensonger, 337. — Soupçons et colère de Guiv contre Gourguin, 339. — Guiv demande vengeance à Khosrou, 341. — Celui-ci tente de rassurer Guiv sur le sort de son fils; Gourguin se présente devant le roi, 341. — Khosrou interroge; il se trouble et le roi le fait jeter dans les fers, 343. — Keï Khosrou voit Bijen dans la coupe qui réfléchit le monde, 345. — 353. — Guiv raconte à Rustem ce qu'a fait Gourguin, 355. — Gourguin apprend l'arrivée de Rustem, 367. — Il lui envoie un message pour le prier d'intercéder en sa faveur auprès du roi, 367. — Réponse de Rustem à la demande de Gourguin, 369. — Rustem parle au roi de Gourguin; Khosrou abandonne Gourguin à Rustem, 371. — Rustem choisit, pour l'accompagner dans son expédition à la recherche de Bijen, sept héros, parmi lesquels est Gourguin, 373. — Il se rend à Khoten, auprès de Piran, pour chercher les traces de Bijen, 373. — Menijeh vient voir Rustem, 379. — Bijen devine l'arrivée de Rustem, 383. — Celui-ci se rend avec ses compagnons auprès du cachot de Bijen, 389. — Il le prie de renoncer à sa vengeance contre Gourguin; Bijen refuse, 391. — Rustem menace de se retirer; désolation de Bijen

TABLE ANALYTIQUE

qui consent enfin à pardonner à Gourguin, 391. — Rustem tire Bijen de la fosse, 393. — Gourguin sollicite son pardon qui lui est accordé, 393. — 403, 419, 423, 431, 439, 539. — Gourguin a pour adversaire Anderiman, dans le combat des onze champions, 565. — Combat de Gourgain et d'Anderiman, 579. — Mort de ce dernier, 579. — IV, 17, 89, 135, 219, 231, 245; VII, 29, 37.

Gount-Koun, faux nom sous lequel Houman, fils de Wiseh, se présente à Rustem, III, 151.

Gourkan (Pays de), III, 307. — Cf. Gourgan.

Gouschasp, le Scribe, personnage de l'époque de Nouschirwan, VI, 477.

Gouschberer, homme sauvage que rencontra Iskender sur le chemin de Babylone, V, 245.

Gouverneurs de Provinces. — Règles de conduite que leur imposait Ardeschir et contrôle de leur administration, V, 361.

Gravures sur pierres fines, III, 383; IV, 249.

Grecs. — Les contes que les soldats grecs d'Alexandre le Grand avaient répandus en Occident, à leur retour en Grèce, avaient été recueillis en plusieurs collections, dont quelques-unes existent encore en grec et en latin et dont une a été traduite du grec en arabe, I, XLIX. — Firdousi s'en est servi pour remplir les lacunes qu'il avait trouvées dans les traditions de son pays, relativement à Alexandre le Grand. Les rédactions alexandrines des fables grecques sur Alexandre lui donnent pour père l'Égyptien Nectanebo, XLIX. — Nizami a suivi la fable grecque pour son poëme sur Alexandre (Iskender-nameh), LXXII. — LXXIII; II, VI; III, 21; IV, 11; V, 111.

Grues, IV, 521; V, 619.

Guèbres. — Ibn-al-Mokaffa, qui traduisit un grand nombre d'ouvrages pehlewis, avait été Guèbre, I, XII. — D'autres Guèbres composèrent des ouvrages sur les anciennes traditions de leur pays; noms de quelques-uns de ces auteurs,

XII. — Le poëte Dakiki était également Guèbre, XVII. — XXXV. — (Livre des), IV, 71. — (Religion des), V, 471.

Guerdehem, noble iranien du temps de Kei Kaous, I, 409; II, 93, 101-109, 115, 123, 573, 597; III, 307, 419, 437.

Guengdiz. Voy. Gangdiz.

Guépards servant pour la chasse, II, 7, 51, 53, 197, 199, 203, 469; III, 301, 309; IV, 285; V, 487, 501, 509, 533, 573, 609, 659; VI, 69.

Guérami, fils de Djamasp, le Destour de Goschtasp, IV, 389, 403, 405.

Guerdoui, frère de Bahram Djoubineh, VII, 13, 19, 49, 51, 55, 59, 145, 157, 161, 163, 165, 189, 233, 243, 245, 251, 253, 257, 259, 265.

Guergourntsch (Pays de), III, 499.

Guerouï Zerrh, noble touranien de l'époque d'Afrasiab, II, 365, 367, 399, 403, 407, 409, 435, 439, 633; III, 149, 151, 215, 565, 589, 615, 619; IV, 185, 717.

Guerschasp, guerrier de l'armée de Schapour, fils d'Ardeschir, V, 391.

Guerschasp, fils de Djemschid, I, XXXVIII, 169, 175, 179, 183, 195, 215, 393.

Guerschasp, fils de Zew, roi de Perse, succède à son père; durée de son règne; sa mort, I, 441. — Pescheng, roi du Touran, apprend cette nouvelle et ordonne à son fils Afrasiab de marcher sur l'Iran, 441. — Craintes des Iraniens; reproches qu'ils adressent à Zal; ce prince leur promet le secours de Rustem, 443. — Entretien de Zal et de son fils à ce sujet; fières paroles de Rustem, 445. — Il demande à son père une massue énorme et un cheval capable de le porter; Zal ordonne qu'on lui apporte la massue de Sam, et fait passer devant lui ses troupeaux de chevaux, 447. — Rustem s'empare de Raksch, 447. — Il en fait son coursier, 451. — Zal conduit son armée contre Afrasiab, 451. — Celui-ci vient camper sur le bord de la rivière de Reï; Zal apprend l'existence de Keikobad le héros, descendant de Feridoun; il ordonne à Rustem de l'amener du mont Alborz, 453. — Rustem arrive au palais de Keïkobad; accueil qui lui est fait, 455. — Il expose le but de sa mission, 457. — Keïkobad se fait connaître à Rustem, qui s'acquitte du message de son père, 459. — Le songe de Keïkobad, 459. — Ce prince part, avec Rustem, pour rejoindre l'armée; les Turcs veulent s'opposer à leur passage; Rustem tue leur chef et les disperse, 461. — Keïkobad et Rustem arrivent auprès de Zal, 463. — Keïkobad monte sur le trône, 465.

GUERSCHASP-NAMEH (Le), un des poëmes inspirés par le *Schah-nameh* de Firdousi, I, LI. — C'est le seul ouvrage de ce genre qui ait acquis une certaine renommée; époque à laquelle il a été composé; l'auteur ne se nomme pas; détails qu'il donne sur les motifs qui lui ont fait entreprendre cet ouvrage, LV. — Éloge qu'il fait du caractère de Guerschasp et critique des exploits de Rustem, LVI. — But de son poëme, LVII. — Son ambition est d'égaler ou de surpasser son prédécesseur; analyse sommaire du *Guerschap-nameh*, LVII. — Caractère de cet ouvrage; sources d'où il est tiré; mètre dans lequel il est écrit, LVIII. — C'est de tous les poëmes persans celui qui a le plus servi à l'interpolation du texte de Firdousi, LVIII, LXVII. — II, VI.

GUERSIOUX, un des lieutenants de Mahouï, usurpateur du trône de Perse, après la mort de Yezdeguerd, dernier Sassanide, VII, 493.

GUERSIWEZ, fils de Pescheng et frère d'Afrasiab, I, 389, 401; II, 197, 199, 253-277, 287, 295, 315. — Il ne peut bander l'arc de Siawusch et en est humilié, 319. — Le roi le néglige pour ce jeune prince, 323. — Piran parle à Siawusch des filles de Guersiwez, 323. — 351. — Afrasiab envoie Guersiwez auprès de Siawusch, 357. — Guersiwez part pour Siawuschguird et s'acquitte de son message, 359. — Il rend visite à Ferenguis, 359. — Colère que lui inspire le bonheur de Siawusch, 361. — Il joue à la balle avec Siawusch. Prouesses de Siawusch, à la balle, à la lance et à l'arc, 361. — Guersiwez lui propose de s'essayer à la lutte, 363. — Il refuse de se battre avec ce prince, et offre de se mesurer avec deux grands du Touran, 365. — Demour et Gueroui Zereh se présentent pour le combattre, 365. — Ils sont battus; la victoire de Siawusch excite le courroux de Guersiwez, qui quitte Siawuschguird, 367. — Guersiwez revient et calomnie Siawusch auprès d'Afrasiab, 367. — Entretien du roi et de son frère au sujet de Siawusch, 369. — Guersiwez s'efforce d'allumer dans le cœur du roi la haine de Siawusch, 373. — Afrasiab le charge d'une mission secrète, 375. — Guersiwez retourne auprès de Siawusch; ruse qu'il emploie pour perdre ce prince, 375. — Conseils perfides qu'il lui donne, 379. — Lettre de Siawusch à Afrasiab, 385. — Guersiwez remet cette lettre au roi et lui fait entendre que Siawusch songe à lui faire la guerre, 385. — Afrasiab se met en campagne contre Siawusch, 387. — Ce prince a un songe, 389. — Il apprend qu'Afrasiab s'avance avec son armée, 389. — Il déclare ses dernières volontés à Ferenguis, 391. — Il tombe entre les mains d'Afrasiab, 395. — Afrasiab, excité par les paroles de Guersiwez, ordonne que l'on mette à mort Siawusch, 397. — Représentations que lui font à ce sujet son armée et Pilsem, frère de Piran, 399. — Guersiwez s'efforce de détruire l'effet produit sur le roi par leurs paroles, 401. — 405, 407. — Il fait un signe à Gueroui, qui entraîne Siawusch, 407. — Gueroui prend le poignard de Guersiwez et tue Siawusch, 409. — Afrasiab ordonne à

Guersiwez de faire périr Ferenguis et l'enfant qu'elle porte dans son sein, 411. — Afrasiab apprend la présence, dans le palais de sa fille Menijeh, de Bijen, fils de Guiv, III, 317. — Il ordonne à Guersiwez de lui amener Bijen; Guersiwez cerne le palais et pénètre dans le palais de Menijeh, 317. — Il y trouve Bijen qui s'arme d'un poignard et s'apprête à se défendre vaillamment, 319. — Guersiwez lui garantit la vie sous serment et l'amène devant le roi, 319. — Bijen raconte son aventure à Afrasiab, 321. — Celui-ci ordonne à Guersiwez de le suspendre au gibet, 323. — On entraîne Bijen au supplice, 323. — Piran demande grâce pour la vie de Bijen, 325. — Afrasiab cède aux conseils de Piran, 329. — Il ordonne à Guersiwez de jeter Bijen dans une fosse profonde, et de traîner Menijeh jusqu'au cachot de Bijen, dont elle sera désormais la servante, 331. — Guersiwez exécute les ordres d'Afrasiab, 331. — 401, 403, 415; IV, 33, 73, 75, 89, 119, 121, 123. — Guersiwez, fait prisonnier, est envoyé par Khosrou au roi Kaous, 155. — Le roi le fait jeter dans un souterrain de son château, 159. — 185. — Afrasiab s'étant caché dans le lac de Khandjest, on amène Guersiwez sur le bord de l'eau et on le met à la torture, 203, 205. — Afrasiab entend les cris de Guersiwez et sort du lac; douloureux entretien des deux frères, 205. — Afrasiab est pris pour la seconde fois et mis à mort, 207. — Guersiwez est livré au bourreau, qui le coupe en deux, 209. — VII, 477.

GUEZLE DU LION (La), lieu situé sur les rives de la mer (ou lac) de Zereh, IV, 175.

GUEZDEHEM. Voy. GUERDEHEM.

GUI, IV, 213.

GUIL SCHAH (Kaioumors), VI, 527.

GUIRAUGUIRD, ville, II, 649.

GUIRMAÏL LE CLAIRVOYANT. Voy. IRMAÏL LE PIEUX.

GUITARE, IV, 505.

GUIV, fils de Goudcrz, I, LXIII, LXIV, 491, 493, 499, 501, 535, 543, 555, 559; II, 11, 19, 21, 33, 47. — Le combat des sept héros, 51-71. — 87. — Kaous, à la nouvelle de l'arrivée de Sohrab avec une armée de Turcs sous les murs du Château Blanc, charge Guiv de se rendre auprès de Rustem et de l'appeler au combat, 107. — Lettre de Kaous à Rustem, 107. — Le roi recommande à Guiv de ne point s'arrêter dans le Zaboulistan, mais de repartir immédiatement avec Rustem, 109. — Guiv remet la lettre du roi à Rustem, 111. — Celui-ci, après en avoir pris connaissance, se rend avec Guiv dans son palais; Guiv lui fait connaître la recommandation que le roi Kaous lui a faite à son départ, 111. — Rustem n'en tient point compte et passe trois jours en fêtes avec le messager du roi, 113. — Guiv fait ses préparatifs de départ et engage Rustem à ne pas différer plus longtemps, sous peine d'encourir le ressentiment de Kaous, 113. — Ils partent pour l'Iran. Colère de Kaous contre Guiv et Rustem; il ordonne à Thous de les faire pendre au gibet, 115. — 119, 125, 131, 133, 137, 143, 145, 155, 157. — Il suit à la chasse Thous, fils de Newder, et rencontre dans une forêt une princesse qui devait être la mère de Siawusch, 197. — Il dispute à Thous la possession de cette femme, 199. — Ils conviennent de s'en rapporter à la décision du roi, qui leur fait des cadeaux et envoie la princesse dans les appartements de ses femmes, 199. — 203, 207, 327, 405, 407, 435, 453. — Combat de Guiv contre Pilsem, 455. — 475. — Gouderz, père de Guiv, voit en songe le Serosch, qui lui révèle l'existence de Keï Khosrou et lui fait connaître que son fils Guiv est destiné à retrouver les traces de ce prince, 477. — Gouderz fait appeler son fils et lui raconte son rêve, 477. — Guiv rentre dans son palais et se dispose à partir. Banougouschasp, son épouse, lui fait ses adieux et part pour aller voir Rustem, son père, 479. — Guiv prend congé de son père; il lui confie l'éducation de son petit-fils Bijen, 481. — Il part pour le Touran, et y cherche pendant sept années les traces de Khosrou, 483. — Il découvre enfin ce prince, 485. — Il le reconnaît à sa ressemblance avec Siawusch, 487. — Keï Khosrou reconnaît également Guiv, dont l'arrivée avait été prédite à sa mère par Siawnsch, 489. — Il lui montre sur son corps le signe héréditaire des Keïanides. Leur entretien, 491. — Guiv et Khosrou se rendent à Siawnschgird, 491. — Ils rejoignent Ferengnis et conviennent de quitter le Touran à l'insu d'Afrasiab, 493. — Keï Khosrou s'empare du cheval Behzad, 495. — Il retourne avec Guiv auprès de sa mère; ils font leurs préparatifs de départ, 497. — Ils partent pour l'Iran. Piran envoie à leur poursuite trois cents cavaliers commandés par Kelbad et Nestihen, 499. — Guiv met en fuite Kelbad et Nestihen, 501. — Il retourne auprès de Khosrou et lui rend compte de ce qui vient de se passer, 501. — Les trois fugitifs continuent leur route; Piran apprend la défaite de Kelbad et de Nestihen, 503. — Il poursuit lui-même Keï Khosrou, 505. — Ferengnis aperçoit les Turcs; elle fait appel à la valeur de Guiv, 505. — Keï Khosrou veut, à son tour, combattre les Turcs; Guiv s'y oppose, 507. — Combat de Guiv et de Piran, 507. — Guiv fait Piran prisonnier, 511. — Il disperse les Turcs et les met en fuite, 513. — Il mène Piran devant Khosrou et veut lui trancher la tête; le vieillard rappelle au jeune prince les services qu'il lui a rendus ainsi qu'à sa mère, 513. — Ferengnis délivre Piran des mains de Guiv, 515. — Celui-ci lui rend son cheval, lui lie les mains et le met en liberté, après avoir exigé de lui un serment, 517. — Afrasiab apprend la fuite de Keï Khosrou; il se met en marche avec son armée, et rencontre Piran sur la route, 517. — Celui-ci raconte au roi ce qui vient de se passer, 519. — Afrasiab, furieux, le chasse de sa présence et jure de massacrer les fugitifs, 521. — Ceux-ci arrivent sur les bords du Djihoun; Guiv dispute avec le percepteur du péage, 521. — Keï Khosrou passe le Djihoun, 523. — Guiv et Ferengnis le suivent, et ils arrivent tous les trois sains et saufs sur l'autre rive, 525. — Étonnement du batelier; reproches que lui adresse Guiv, 525. — Afrasiab veut traverser le fleuve; il en est détourné par Houman, et revient sur ses pas, 527. — Keï Khosrou arrive à Zem, 527. — Guiv envoie un messager à son père et à Keï Kaous, 529. — Rostem charge Banougouschasp d'aller porter à Guiv de magnifiques présents, 529. — Gouderz et les grands vont au-devant de Keï Khosrou et de Guiv, et les ramènent à Ispahan, 531. — Keï Khosrou arrive chez Kaous, 531. — Il lui raconte son histoire et lui fait l'éloge de Guiv, 533. — Kaous donne à Gouderz l'investiture de plusieurs villes ou provinces, 535. — Thous refuse de reconnaître Khosrou, 537. — Sur l'ordre de son père, Guiv lui reproche sa conduite; Thous persiste dans son refus et déclare qu'il préfère Feribourz, fils de Kaous, 537. — Guiv retourne auprès de son père, et lui rend compte de sa mission, 539. — Colère de Gouderz contre Thous, 541. — Gouderz et Thous font prononcer Kaous sur la succession au trône, 543. — Le roi décide que la couronne appartiendra à celui de ses fils qui s'emparera du château de Bahman, 545. — Thous et Feribourz attaquent vainement le château, 547. — Keï Khosrou s'en empare et y construit un temple, 549. — Kaous place Khosrou sur le trône, 555. — 563, 565. — Khosrou

TABLE ANALYTIQUE

offre de riches présents à celui qui tuera Tejaou et mettra le feu à un amas de bois qui ferme le passage du Kaseh-roud, 577. — Guiv s'engage à tuer Tejaou et à incendier la montagne de bois, 579. — 585, 605, 609, 621. — Mécontentement que cause à Guiv la conduite de Firoud à l'égard de Thous, 621. — Combat de Guiv et de Firoud, 623. — Ce dernier blesse le cheval de Guiv, qui est obligé de revenir à pied au camp; querelle de Guiv et de son fils Bijen, 625. — Bijen fait le serment de venger la mort de Zerasp, tué par Firoud, 625. — Guiv envoie à son fils l'armure de Siawusch, 627. — 639, 641, 643, 645. — Thous rappelle à Guiv qu'il s'est engagé à brûler un amas de bois qui barre le passage du Kasehroud, 647. — Guiv accomplit sa promesse, 649. — Il va reconnaître l'armée de Tejaou, qui s'approchait du camp iranien, 651. — Il propose à ce chef de faire sa soumission au roi de l'Iran; Tejaou refuse, 653. — Bijen, fils de Guiv, commence l'attaque, 653. — Piran surprend les Iraniens pendant la nuit, 661. — Les Iraniens s'enfuient jusqu'au Kasehroud et se mettent en sûreté dans la montagne, 663. — Kaous rappelle Thous et ordonne à son fils Feribourz de prendre le commandement de l'armée, 665. — Thous retourne auprès du roi qui l'injurie devant toute la cour, 669. — Les Iraniens sont de nouveau battus par les Turcs, 673. — Ils s'enfuient dans la montagne; Gouderz et Guiv, suivis de quelques braves, soutiennent seuls l'effort des ennemis, 677. — Sur l'ordre de Gouderz, Bijen, fils de Guiv, va chercher, auprès de Feribourz, le drapeau de Kaweh, et l'apporte sur le champ de bataille, 679. — Le combat recommence, 681. — Les Iraniens sont obligés de se retirer dans les montagnes, 683. — Bahram va chercher son fouet sur le champ de bataille, malgré les représentations de Guiv, 685. — Tejaou tue Bahram, 689. — Guiv va à la recherche de son frère et le retrouve mortellement blessé, 695. — Il s'empare de Tejaou et le tue, 697. — Il rapporte du champ de bataille le corps de son frère et lui élève un mausolée, 699. — III, 7, 11, 15, 17, 23, 25, 27, 33, 35, 39, 41, 45, 55, 57, 61, 81, 85, 91. — Combat de Guiv et de Thous contre Kamous, 103. — 105, 107, 109, 125, 127, 133, 135, 163, 171, 197, 203, 215, 229. — Rustem envoie Guiv en expédition sur la frontière de Khoten, 231. — Guiv revient avec de nombreux prisonniers et un riche butin, qui est distribué à l'armée, 231. — 241. — Combat de Guiv contre Pouladwend, 249. — 251, 259, 265, 273. — Histoire de Bijen, fils de Guiv, et de Menijeh, fille d'Afrasiab, 293. — Les Iraniens sollicitent la protection de Khosrou contre des sangliers qui dévastent leur pays, 295. — Le roi offre de riches cadeaux à celui qui ira combattre les sangliers, 299. — Bijen se présente pour exécuter les ordres du roi, 299. — Guiv reproche à son fils sa témérité et sa présomption. Réponse de Bijen aux paroles de son père; le roi lui accorde la permission qu'il demande, 301. — Bijen va combattre les sangliers; Gourguin l'accompagne pour lui montrer le chemin, 301. — Gourguin trompe Bijen, 305. — Bijen va regarder Menijeh, fille d'Afrasiab, 309. — Il se rend à la tente de Menijeh, 313. — Menijeh enlève Bijen et l'emmène dans son palais, 315. — Afrasiab apprend ce qui se passe, 315. — Guersiwez amène Bijen devant Afrasiab, 317. — Le roi ordonne de suspendre Bijen au gibet, 323. — Piran demande grâce à Afrasiab pour la vie de Bijen, 325. — Afrasiab jette Bijen en prison, 331. — Menijeh, chassée de son palais, nourrit Bijen du pain qu'elle va mendier de porte en porte, 333. —

Gourguin cherche en vain Bijen et s'en retourne dans l'Iran en se reprochant son crime, 333. — Guiv apprend que son fils a disparu; sa douleur à cette nouvelle, 335. — Il interroge Gourguin, qui lui fait un récit mensonger, 337. — Soupçons et colère de Guiv contre Gourguin, 339. — Guiv va trouver le roi et lui demande vengeance; le roi essaye de le rassurer sur le sort de son fils, 341. — Gourguin arrive en présence du roi, 341. — Celui-ci l'interroge; Gourguin se trouble; le roi le fait jeter dans les fers et promet à Guiv de rechercher les traces de son fils, 343. — Keï Khosrou voit Bijen dans la coupe qui réfléchit le monde, 345. — Il fait connaître à Guiv le sort de son fils et lui dit que Rustem seul est capable de le délivrer, 347. — Khosrou écrit à Rustem, 349. — Guiv porte à Rustem la lettre de Khosrou, 351. — Rustem prend part à la douleur de Guiv, et lui promet de ne pas desseller Raksch avant d'avoir délivré Bijen, 355. — Rustem donne une fête à Guiv, 357. — Ils partent ensemble pour l'Iran, 357. — Guiv devance Rustem pour annoncer au roi son arrivée, 361. — Les grands vont au-devant de Rustem, 361. — Khosrou fête les Pehlewans, 365. — Il demande à Rustem de chercher un moyen de sauver Bijen, 367. — Rustem demande à Keï Khosrou la grâce de Gourguin, 367. — Le roi abandonne Gourguin à Rustem, 371. — Rustem se rend à Khoten, auprès de Piran, pour chercher les traces de Bijen, 373. — Menijeh vient voir Rustem, 379. — 381. — Bijen devine l'arrivée de Rustem, 383. — Rustem tire Bijen de la fosse, 389. — Retour de Rustem auprès de Keï Khosrou, 403. — Gouderz et Guiv vont au-devant de Rustem, et lui présentent leurs hommages, 405. — Rustem remet Bijen aux mains de son père, 407. — Afrasiab assemble une armée, 413. — Keï Khosron envoie Gouderz contre les Touraniens, 417. — 423. — Guiv est chargé par son père d'un message pour Piran, 425. — Il se rend à Wisehguird pour voir Piran, 429. — Piran va au-devant de Guiv et le rencontre sur les bords du Djihoun. Il envoie secrètement un messager à Afrasiab, pour lui dire ce qui se passe et l'assurer de sa fidélité, 431. — Afrasiab lui expédie des renforts et le prévient de son entrée prochaine en campagne, 431. — Piran repousse toutes les propositions de Gouderz; Guiv retourne près de son père, et les Touraniens se mettent en marche, 433. — Guiv rend compte à Gouderz de sa mission et de la conduite de Piran, 433. — Gouderz organise ses troupes et charge Guiv de l'arrière-garde, 437. — Bijen demande à Guiv la permission de livrer bataille, 441. — Guiv explique à son fils les motifs de l'inaction de Gouderz, 445. — Bijen se résigne à attendre les ordres de son grand-père, 445. — Bijen apprend que Houman a provoqué les braves de l'Iran, mais qu'aucun d'eux n'a accepté le combat, 463. — Il va demander à son père l'autorisation de le combattre; Guiv ne consent pas à sa demande, 463. — Bijen va trouver Gouderz, lui expose sa requête et le prie de lui faire donner l'armure de Siawusch, 465. — Gouderz permet à Bijen de combattre Houman, et lui promet l'armure de Siawusch, 467. — Guiv essaye de retenir son fils, en lui refusant cette armure; fière réponse du jeune homme, 469. — Guiv donne à Bijen la cuirasse de Siawusch et son propre cheval, 469. — Bijen va défier Houman, 473. — Celui-ci vient le combattre, 475. — Houman est tué par la main de Bijen, 479. — Bijen revient victorieux au camp des Iraniens, 483. — Guiv accourt vers son fils et le serre sur sa poitrine; Gouderz fait de riches présents à Bijen, 485. — 491, 515, 539. — Gouderz ordonne à Guiv d'atta-

TABLE ANALYTIQUE

587

quer Piran, 541. — Combat de Guiv et de Piran. Le cheval de Guiv s'arrête, 541. — Lehhak et Ferschidwerd attaquent Guiv, 545. — Guiv raconte à son père comment son cheval avait refusé d'avancer contre Piran, et l'explication que Bijen avait donnée de ce fait, 549. — 551, 553. — Combat des onze champions; Guiv a pour adversaire Gueroui Zereh, 565. — Combat de Guiv et de Gueroui Zereh, 569. — Ce dernier est fait prisonnier, 569. — 603, 605. — Guiv amène Gueroui Zereh devant Khosrou, 615. — IV, 21, 27, 35, 89, 101, 141, 145, 147. — Khosrou charge Guiv de conduire à Kaous les captifs touraniens et de lui porter des présents, 155. — Guiv se rend auprès de Kaous et lui remet le message de Khosrou, 157. — 159. — Kaous fait à Guiv de riches présents, 161. — Guiv rapporte à Khosrou la réponse de Kaous, 163. — 177, 181, 183, 185, 219, 223, 225, 243, 245. — Keï Khosrou lègue à Guiv une partie du trésor Arouz et toutes ses armes, 249. — 251. — Khosrou donne une lettre d'investiture à Guiv, 253. — Guiv accompagne Khosrou se rendant sur la montagne où devait s'accomplir sa destinée, 265. — Khosrou engage bientôt les grands à se retirer; Guiv et quelques autres refusent de le quitter, 267. — Il leur fait ses adieux, 267. — Disparition de Keï Khosrou; ses compagnons le cherchent en vain de tous côtés, 269. — Ils sont ensevelis dans la neige, 271. — Inquiétude et désespoir de Gouderz, 271. — Des hommes envoyés dans la montagne retrouvent leurs corps et les rapportent à leurs familles, 273. — Regrets de Gouderz au souvenir de la perte de ses enfants, 275. — VI, 683.

GUIWEII, roi du pays de Khawer, du temps de Keï Khosrou, IV, 17.

GULBAD, noble touranien, du temps d'Afrasiab, II, 315. — Cf. KELBAD.

GULBOUÏ SOURI, noble iranien, contempo-rain de Yezdeguerd, dernier roi sassanide, et l'un des chefs de l'armée envoyée contre les Arabes, VII, 435.

GULGOUN, nom du cheval de Gouderz, fils de Keschwad, III, 337. — Nom du cheval de Lohrasp, IV, 411. — Nom du cheval de Bahram Gour, V, 633.

GULNAR, captive d'Ardewan l'Aschkanide, voit Ardeschir Babekan et en devient éprise; elle lui rend visite et lui avoue son amour, V, 283. — Elle apprend par les astrologues du roi qu'un des serviteurs d'Ardewan s'enfuira et deviendra un roi puissant, 285. — Elle révèle ce secret à Ardeschir, 287. — Ardeschir s'enfuit de Reï avec Gulnar, 287. — Ardewan apprend leur départ, 289. — Il se met à leur poursuite, 289.

GULSCHEHR, épouse de Piran, fils de Wisch, II, 325, 333, 355, 415, 417, 517.

GULSCHIN. Voy. Ross.

GULZARRIOUN, rivière, II, 469, 505, 507, 513; IV, 23, 81, 87, 133, 135; VI, 309, 313, 327.

GUNBEDAN (Château de), où Isfendiar fut enfermé et enchaîné par ordre de son père, IV, 443, 445, 463, 541, 567, 569, 577.

GURAZ, noble iranien, contemporain de Khosrou Parviz, VII, 333-339. — Il fait assassiner Ardeschir, fils de Schirouï, par Pirouz, fils de Khosrou, 409. — Il usurpe le trône, 413. — Voy. FERAYIN.

GURDAFERID, fille de Guezdehem, guerrière célèbre, II, 93. — Elle apprend que Hedjir, gouverneur du Château Blanc où elle résidait avec son père, a disparu dans un combat contre Sohrab, 95. — Elle se revêt d'une armure de guerrier et se dispose à venger cette défaite, 95. — Elle sort du Château Blanc et défie les guerriers ennemis; combat de Sohrab et de Gurdaferid, 97. — La jeune guerrière est faite prisonnière; elle promet à Sohrab de lui remettre le château dès qu'il sera maître, 99. — Elle retourne auprès de son père; elle viole la parole

74.

qu'elle avait donnée à Sohrab et le menace de l'arrivée de Kaous et de Rustem, 101. — Sohrab fait ravager les environs du château et retourne à son camp pour y passer la nuit, 103. — Guezdehem, sa fille et la garnison du Château Blanc s'échappent de cette place la nuit par un chemin souterrain; Sohrab s'empare du château et fait en vain rechercher la jeune guerrière qu'il aimait, 107.

Gurguin, fils d'Afrasiab, IV, 33.

Gurezm, prince iranien de l'époque de Guschtasp, IV, 395. — Il calomnie Isfendiar auprès de son père, 433. — 465, 469, 471, 473, 475, 567, 619, 695.

Gurgsar, noble touranien, contemporain d'Ardjasp, IV, 383, 399

Guschasp, noble iranien, contemporain de Yezdeguerd le Méchant, V, 525, 559.

Guschasp, trésorier de Khosrou Parviz, VII, 379.

Guschtasp, fils de Lohrasp, roi de Perse, I, xxxviii, xlix, 319; IV, 11. — Guschtasp demande à son père la couronne de l'Iran, celui-ci lui répond qu'il est trop jeune encore pour un tel pouvoir, 281. — Guschtasp quitte son père en colère, 281. — Il part pour se rendre auprès du roi de l'Inde, 283. — Zerir ramène Guschtasp, 285. — Dépit de ce dernier en voyant la faveur dont jouit auprès de son père la famille de Kaous, 287. — Guschtasp part pour le Roum, 289. — Son père le fait vainement chercher de tous côtés. Un receveur de péage, Heischoui, lui fait traverser la mer, 291. — Guschtasp arrive à Roum; il demande du travail, et se voit partout repoussé, 291. — Un Dihkan le reçoit chez lui, 295. — Histoire de Kitaboun, fille du Kaïsar, 297. — Cette princesse voit en songe, au milieu de l'assemblée des grands, un étranger qu'elle choisit pour époux, 299. — Guschtasp s'introduit dans le palais du roi, sur le conseil de son hôte, et se tient à l'écart,

299. — La princesse l'aperçoit et lui pose son diadème sur la tête, 301. — Le Kaïsar donne Kitaboun à Guschtasp, et les chasse tous deux de sa présence, 301. — L'ancien hôte de Guschtasp leur donne l'hospitalité; Guschtasp s'adonne à la chasse, 303. — Il retrouve Heischoui, qui devient son ami, 303. — Mirin demande en mariage la seconde fille du Kaïsar, 305. — Celui-ci lui impose, comme condition de ce mariage, de tuer le loup de Fasikoun, 305. — Mirin apprend l'histoire de Kitaboun et de Guschtasp, et se rend auprès d'Heischoui, 307. — Celui-ci se met en relations avec Guschtasp, et raconte à ce prince par quelle action Mirin doit conquérir la fille du Kaïsar, 307. — Il lui propose d'assister Mirin dans cette circonstance; Guschtasp accepte et demande un cheval et une épée, 309. — Mirin choisit un cheval noir, une armure et une épée qui avaient appartenu à Selm, et les donne au prince, 309. — Guschtasp tue le loup de Fasikoun, 311. — Il revient auprès de Mirin et d'Heischoui, 315. — Ceux-ci se rendent dans la forêt et voient le cadavre du loup. Guschtasp refuse les présents de Mirin, à l'exception du cheval, et retourne chez lui, 315. — Il exprime à Kitaboun son désir de revoir l'Iran. Ils font des préparatifs de départ, 317. — Mirin court au palais du Kaïsar et l'informe qu'il a tué le loup, 317. — Le Kaïsar, ayant vu le corps de la bête féroce, donne sa fille à Mirin, 319. — Ahren demande en mariage la troisième fille du Kaïsar, qui lui est promise s'il tue le dragon du mont Sekila, 319. — Il interroge Mirin au sujet de son combat avec le loup de Fasikoun; Mirin lui avoue son secret et lui donne une lettre pour Heischoui, 321. — Ahren va trouver Heischoui; celui-ci le met en relations avec Guschtasp, et raconte à ce prince la nouvelle exigence du Kaïsar, 323. — Guschtasp demande un

TABLE ANALYTIQUE

long khandjar d'une forme particulière, de nouvelles armes et un cheval caparaçonné, et promet de détruire le monstre, 325. — Il tue le dragon, et le Kaïsar donne sa fille à Ahren, 325. — Guschtasp se distingue dans le cirque, 331. — Le Kaïsar demande quel est ce vaillant cavalier; Guschtasp se fait connaître comme l'époux de Kitaboun et le vainqueur du loup et du dragon, 333. — Le roi rend hommage à la vertu de sa fille, 333. — Il l'interroge sur la famille de son mari; elle répond qu'il dit s'appeler Farrukhzad, et qu'elle le croit de grande famille; le roi soumet tout son empire aux ordres du jeune prince, 335. — Lettre du Kaïsar à Ilias, à qui il demande un tribut; réponse insolente de ce roi, 335. — Menées ténébreuses de Mirin et d'Ahren contre Guschtasp; inquiétudes du Kaïsar, 337. — Guschtasp le rassure et lui promet de renverser la puissance d'Ilias, 337. — Guschtasp sort de Roum avec son armée et s'avance contre Ilias; celui-ci tente vainement de le tromper, 339. — Combat de Guschtasp et d'Ilias, et mort de ce dernier, 339. — Le Kaïsar exige de Lohrasp un tribut pour l'Iran, 343. — Lohrasp demande à l'ambassadeur roumi la cause de cette soudaine ambition du Kaïsar, 345. — L'envoyé lui apprend la présence à Roum d'un vaillant étranger qui a délivré l'empire de deux monstres terribles, 345. — Lohrasp reconnaît son fils dans le portrait qui lui est fait de ce héros; il renvoie le messager du roi de Roum avec de riches présents, 347. — Zerir porte au Kaïsar un message de Lohrasp; il le somme de la part de son père de céder le trône de Roum ou de se préparer au combat, 347. — Le Kaïsar répond qu'il est toujours prêt à soutenir la lutte; Zerir prend congé de lui, 351. — Guschtasp se rend auprès des Iraniens, sous prétexte de traiter avec eux; les troupes se portent à sa rencontre, et

son frère lui fait connaître que leur père lui abandonne le trône, 351. — Les grands et l'armée rendent hommage à Guschtasp; le Kaïsar, averti par un messager, accourt et reconnaît que Farrukhzad n'est autre que Guschtasp, 353. — Les deux rois se séparent, et le Kaïsar envoie Kitaboun à son mari avec de riches présents, 353. — L'armée se met en route pour l'Iran; le Kaïsar accompagne Guschtasp pendant deux jours, et le jeune prince lui promet de ne jamais lui demander de tribut, 355. — Lohrasp va au-devant de ses deux fils et les ramène dans son palais; il pose la couronne sur la tête de Guschtasp et lui rend hommage, 355. — Durée du règne de Guschtasp, 359. — Lohrasp se retire à Balkh et Guschtasp monte sur le trône, 359. — Son épouse, Kitaboun, donne le jour à deux fils, Isfendiar et Beschouten, 361. — Ardjasp, roi du Touran, refuse le tribut, 361. — Zerdouscht paraît et Guschtasp adopte sa religion, 363. — Le cyprès de Kischmer, 363. — Guschtasp entoure cet arbre d'un palais magnifique où il établit sa résidence, 365. — Il fait de ce palais un lieu d'adoration et de pèlerinage pour le monde entier qu'il appelle à la vraie foi, 365. — Guschtasp refuse à Ardjasp le tribut de l'Iran; un Div apprend cette nouvelle au roi de Touran et lui offre cent mille cavaliers s'il veut combattre les Iraniens, 367. — Ardjasp assemble ses Mobeds, il leur apprend que le roi de l'Iran a quitté l'ancien culte pour une religion nouvelle, 367. — Il propose de lui écrire pour l'engager à revenir aux anciennes coutumes, et, s'il refuse, d'entrer dans l'Iran, de le saisir et de l'attacher au gibet, 369. — Les grands approuvent les paroles du roi; lettre d'Ardjasp à Guschtasp, 369. — Il lui reproche d'avoir accueilli un vieux magicien, d'avoir embrassé sa doctrine et détruit la religion de ses ancêtres, 371.

— Il l'adjure d'abandonner la voie de l'erreur, et lui promet tous les trésors qu'il pourra désirer, le menaçant, s'il repousse ses conseils, de dévaster l'Iran et de le couvrir de ruines, 373. — Ardjasp envoie des messagers à Guschtasp, 373. — Celui-ci communique à Zerir et à Djamasp la lettre du roi du Touran et demande conseil, 375. — Zerir répond à Ardjasp, 377. — Les envoyés d'Ardjasp s'en retournent avec la réponse de Guschtasp, 379. — Le roi des Turcs fait appeler ses troupes de toutes les parties de son royaume; il se met en marche et dévaste tout sur son passage, 383. — Guschtasp rassemble son armée, 383. — Il marche contre les Turcs, 385. — Arrivé sur les bords du Djihoun, il s'arrête et consulte Djamasp sur ce que lui réserve le sort des combats, 387. — Djamasp dévoile à Guschtasp l'issue de la bataille, 387. — Désespoir du roi à cette révélation; il veut éloigner son frère et ses fils du champ de bataille pour les arracher au sort qui les attend, 395. — Djamasp lui représente que leur présence est indispensable au succès de ses armes, et que d'ailleurs ce qui doit se faire est comme accompli, 395. — Guschtasp et Ardjasp mettent en ordre leurs armées, 397. — Commencement de la bataille entre les Iraniens et les Touraniens, 399. — Mort d'Ardeschir et de Schidasp, fils du roi de l'Iran, 401. — Mort de Guerami, fils de Djamasp, 403. — Prouesses de Nestour, fils de Zerir et de Nivzar, fils de Guschtasp; ce dernier est tué, 405. — Mort de Zerir, frère de Guschtasp, 407. — Zerir est tué par Bidirefsch, 409. — Isfendiar apprend la mort de Zerir, 413. — Il harangue l'armée, 413. — Isfendiar attaque Ardjasp, 415. — Nestour, fils de Zerir, cherche l'endroit où est tombé son père, 415. — Il se rend auprès du roi et lui demande vengeance, 417. — Le roi se prépare à satisfaire à sa demande, 417. — Les grands s'y opposent, 419. — Nestour et Isfendiar tuent Bidirefsch, 419. — Ardjasp s'enfuit de la bataille, 421. — Isfendiar fait grâce aux Turcs, 423. — Guschtasp visite le champ de bataille; il fait ensevelir les corps de son frère et de ses fils et emporter les blessés, 425. — Guschtasp s'en retourne à Balkh, 427. — Il envoie Nestour, avec une nombreuse armée, ravager le pays de Khallakh et venger la mort de son père, 427. — Il fait construire un temple du feu et y établit Djamasp comme Mobed; plusieurs rois lui adressent des présents ou leur tribut, 429. — Guschtasp envoie Isfendiar dans tous les pays pour les convertir à la religion de Zerdouscht, 429. — Tous les rois du monde font connaître à Guschtasp qu'ils ont reçu la vraie foi, et qu'Isfendiar leur a fait remise du tribut; ils demandent le Zend-Avesta, qui leur est envoyé, 431. — Isfendiar annonce à son père que ses ordres sont accomplis, et lui demande ses instructions, 431. — Gurezm calomnie Isfendiar, 433. — Guschtasp ordonne à Djamasp de se rendre auprès de son fils et de le lui amener, 435. — Djamasp arrive auprès d'Isfendiar, 437. — Il fait connaître à ce prince l'état des choses, et lui conseille de se rendre auprès de son père, 439. — Guschtasp fait charger de chaînes Isfendiar, 439. — Le jeune prince est enfermé dans le château de Gumbedan, 443. — Guschtasp se rend dans le Seistan, et Ardjasp réunit de nouveau son armée, 443. — L'armée d'Ardjasp arrive à Balkh et tue Lohrasp, 449. — Les Turcs dévastent la ville, brûlent le temple et le Zend-Avesta, et égorgent les prêtres, 449. — Guschtasp apprend la mort de Lohrasp et marche vers Balkh, 455. — Ardjasp va à sa rencontre; les deux armées en viennent aux mains, et les Iraniens sont battus, 457. — Guschtasp s'enfuit de-

TABLE ANALYTIQUE

vant Ardjasp, et se réfugie dans une montagne, qui est bientôt entourée par l'ennemi, 459. — Il consulte Djamasp, 459. — Celui-ci lui conseille de rendre la liberté à Isfendiar, 461. — Le roi approuve cette proposition et charge Djamasp de se rendre auprès de son fils, 461. — Djamasp traverse l'armée turque pendant la nuit, et arrive auprès d'Isfendiar, 463. — Il lui répète les paroles de son père; amères récriminations d'Isfendiar contre Guschtasp, 463. — Djamasp tente en vain de l'apitoyer sur le sort de Lohrasp, de ses frères, de ses sœurs, 465. — Isfendiar se laisse toucher par le malheur de son frère Ferschidwerd; il demande qu'on lime ses fers, 467. — Impatient de la lenteur du travail, il les brise d'un effort suprême; il s'arme et part, avec deux de ses fils et Djamasp, pour rejoindre l'armée, 469. — Isfendiar voit son frère Ferschidwerd, 469. — Entretien des deux princes; mort de Ferschidwerd, 471. — Isfendiar jure de le venger, 471. — Il part pour l'endroit où se trouve son père, et rencontre sur son chemin le corps de Gurezm; paroles qu'il lui adresse, 473. — Il traverse le camp des Turcs et disperse une ronde qui voulait l'arrêter, 473. — Isfendiar arrive dans la montagne auprès de Guschtasp, 475. Le roi se réconcilie avec son fils, 475. — Les grands viennent rendre leurs hommages à Isfendiar et se préparent au combat, 477. — Ardjasp apprend l'arrivée du jeune prince et se dispose à retourner dans le Touran avec son butin, 477. — Kergsar essaye de le détourner de ce dessein et s'engage à tuer Isfendiar; Ardjasp lui fait les plus brillantes promesses et lui donne le commandement de ses troupes, 479. — Isfendiar sort de la montagne à la tête des Iraniens, 479. — Commencement de la bataille; prouesses d'Isfendiar, 481. — Ardjasp reproche à Kergsar son inaction, 481. — Celui-ci attaque Isfendiar qui le fait prisonnier et l'envoie à Guschtasp, 483. — Ardjasp abandonne son armée et s'enfuit, 483. — Les Turcs apprennent la fuite de leur roi et se rendent auprès d'Isfendiar, qui leur fait grâce, 485. — Kergsar supplie le roi de l'épargner et lui offre de le conduire au Château d'airain; Isfendiar le renvoie à ses tentes, pieds et mains liés; il fait distribuer le butin et mettre à mort les Turcs qui avaient fait du mal à son armée, 485. — Guschtasp envoie Isfendiar, de nouveau, contre Ardjasp, 487. — Histoire des sept stations, 489. — Isfendiar interroge Kergsar sur le Château d'airain et sur les routes qui conduisent au Touran, 491. — Celui-ci lui répond que trois routes mènent à cette contrée et que la plus courte est semée de périls de toute sorte, 493. — Isfendiar se décide pour cette dernière et demande à Kergsar quel danger il devra tout d'abord affronter, 493. — Le Turc lui apprend qu'il sera attaqué par deux loups, 495. — Première station : Isfendiar tue les deux loups, 495. — Kergsar annonce à Isfendiar qu'il aura à combattre deux lions, 497. — Seconde station : Isfendiar tue les lions, 497. — Le Turc, interrogé de nouveau, lui fait connaître qu'il va rencontrer un dragon, 499. — Troisième station : Isfendiar tue le dragon, 499. — Kergsar prévient le héros qu'il va se trouver en présence d'une magicienne, 503. — Quatrième station : Isfendiar tue la magicienne, 503. — Kergsar lui prédit la rencontre d'un simourgh, 509. — Cinquième station : Isfendiar tue un simourgh, 509. — Kergsar l'informe qu'il aura à parcourir des contrées couvertes de neige et des pays déserts et dépourvus d'eau, 513. — Sixième station : Isfendiar traverse les neiges, 513. — Il arrive sur les bords d'une grande masse d'eau et reproche à Kergsar de l'avoir trompé; réponse du prisonnier, 521. — Septième station : Isfendiar traverse l'eau et tue Kergsar, 521. — Il arrive en vue du Château d'airain, 525. — Deux Turcs, qu'il fait prisonniers, lui donnent toute sorte de renseignements sur cette place, 525. — Isfendiar s'introduit dans le Château d'airain, déguisé en marchand et emmenant avec lui cent soixante hommes d'élite cachés dans des caisses, 527. — Il se présente à Ardjasp et lui demande la permission de faire entrer ses marchandises dans la place, 529. — Le roi lui donne l'autorisation qu'il sollicite, 531. — Entretien d'Isfendiar et d'Ardjasp, 531. — Isfendiar est reconnu par ses sœurs, 533. — Il leur explique les motifs de sa présence en ce lieu, et leur recommande le silence, 535. — Il donne une fête aux grands du Touran et les enivre; il allume un grand feu pour servir de signal à son armée, 537. — Beschouten attaque le Château d'airain, 537. — Les Touraniens marchent contre l'armée de l'Iran, 541. — Isfendiar tue Ardjasp, 541. — Il quitte le Château d'airain en y laissant une garnison, et va rejoindre son armée, 543. — Isfendiar tue Kehrem et Enderiman, 545. — Il ravage le Touran, 551. — Lettre d'Isfendiar à Guschtasp, et réponse de celui-ci, 551. — Retour d'Isfendiar auprès de Guschtasp, 555. — Ce roi apprend que son fils approche et va à sa rencontre, 557. — Il donne une fête en son honneur, 559. — Combat d'Isfendiar contre Rustem; commencement du récit, 561. — Le jeune prince fait connaître à sa mère que le roi lui avait promis de lui céder la couronne dès qu'il aurait vengé Lohrasp, 561. — Il se propose de réclamer l'exécution de cette promesse; sa mère essaye de le détourner de ce dessein, 563. — Guschtasp apprend qu'Isfendiar convoite le trône; il consulte Djamasp sur le sort réservé à son fils, 563. — Djamasp répond qu'Isfendiar périra, dans le Zaboulistan, de la main de Rustem, 565. — Isfendiar demande le trône à son père, 567. — Réponse de Guschtasp; il promet à son fils de lui accorder ce qu'il demande s'il lui amène prisonniers Rustem, Zewareh et Faramourz, 571. — Isfendiar remontre à son père qu'il n'y a aucun motif d'en agir ainsi à l'égard de Rustem, 571. — Le roi insiste; Isfendiar lui laisse entendre qu'il a deviné ses intentions, et se retire, 573. — Kitaboun donne des conseils à Isfendiar, 575. — Réponse du prince à sa mère, 575. — Isfendiar conduit une armée dans le Zaboulistan, 577. — Il envoie Bahman auprès de Rustem, 579. — Il reproche au fils de Zal sa conduite à l'égard de Lohrasp et de Guschtasp, 581. — Il l'engage à se soumettre et à le suivre à la cour de son père, lui promettant d'apaiser la colère du roi et son désir de vengeance, 583. — Bahman rencontre Zal, 585. — Celui-ci lui apprend que Rustem est à la chasse, et, sur ses instances, le fait conduire auprès de son fils, 587. — Bahman s'acquitte de son message, 587. — Rustem répond à Bahman, 593. — Il le charge de dire à son père qu'il va se présenter devant lui, sans armée, pour entendre de sa bouche les ordres du roi, 595. — Il ajoute qu'il ne saurait se laisser humilier ni enchaîner, et invite Isfendiar à honorer son palais de sa présence, 595. — Il lui promet enfin de l'accompagner dans l'Iran et de présenter au roi des excuses qui effaceront sa colère, 597. — Retour de Bahman, 597. — Rustem se rend sur les bords du Hirmend, attendant que Bahman lui apporte les salutations d'Isfendiar, 599. — Bahman s'acquitte de son message et fait l'éloge de Rustem; colère d'Isfendiar contre son fils, 599. — Rustem et Isfendiar se rencontrent, 601. — Rustem prie Isfendiar de venir dans son palais; le

TABLE ANALYTIQUE

prince répond que les instructions de son père s'y opposent; il engage Rustem à se conformer aux ordres du roi, 603. — Rustem insiste auprès du prince pour qu'il soit son hôte, 603. — Il promet de faire tout ce qu'il ordonnera, mais refuse de se laisser enchaîner, 605. — Isfendiar lui propose de consacrer ce jour aux coupes de vin; Rustem accepte; il prie le prince de le faire appeler lorsqu'il se mettra à table, et retourne dans son palais pour changer de vêtements, 605. — Isfendiar n'invite pas Rustem à dîner, 607. — Celui-ci se rend auprès du prince et se plaint de cet affront, 609. — Isfendiar fait ses excuses à Rustem de ne l'avoir pas invité, 609. — Nouveau manque d'égards du prince envers Rustem, et colère de ce dernier, 613. — Isfendiar déprécie la famille de Rustem, 613. — Celui-ci lui reproche de parler de cette façon; il rappelle l'illustration de ses ancêtres et ses prouesses personnelles, 615. — Isfendiar fait l'éloge de sa famille, 619. — Rustem se vante de ses hauts faits, 621. — Les deux héros essayent leur force en se serrant la main, 621. — Ils se flattent l'un et l'autre d'être vainqueurs dans le combat du lendemain, 625. — Rustem et Isfendiar boivent du vin, 627. — Rustem se prépare à prendre congé du prince, 627. — Il le prie de nouveau de consentir à devenir son hôte et à renoncer à la lutte; Isfendiar l'engage à son tour à se soumettre aux volontés du roi, 629. — Perplexités de Rustem, 629. — Il cherche à faire comprendre au prince que le roi veut sa perte, et il s'efforce de le détourner de son dessein de combattre, 631. — Isfendiar persiste dans sa résolution et invite Rustem à se présenter en armes le lendemain, 633. — Rustem s'en retourne à son palais, 635. — Isfendiar fait à Beschouten l'éloge du fils de Zal, 637. — Beschouten conseille à son

frère de renoncer à cette lutte; Isfendiar lui répond qu'il ne saurait désobéir aux ordres de son père, 637. — Réplique de Beschouten, 639. — Zal donne conseil à Rustem, 639. — Il l'engage à éviter à tout prix le combat; Rustem répond qu'il a déjà mis tout en œuvre sans succès, 641. — Il promet à Zal d'épargner la vie d'Isfendiar, de s'emparer de sa personne et de le proclamer roi à la place de Guschtasp, 643. — Zal désapprouve les paroles de son fils, 643. — Combat de Rustem et d'Isfendiar, 645. — Les fils d'Isfendiar sont tués par Zewareh et Faramourz, 651. — Bahman court auprès de son père et l'informe de ce qui vient de se passer; Isfendiar reproche à Rustem cette trahison, 653. — Rustem proteste qu'il n'a pas ordonné ce combat; la lutte continue, 655. — Rustem s'enfuit sur le haut de la montagne, 655. — Il descend de son cheval, qui s'en retourne au palais, 657. — Zewareh court à son frère qu'il trouve grièvement blessé; Rustem l'envoie auprès de Zal, 657. — Isfendiar invite Rustem à descendre de la montagne; celui-ci répond qu'il est trop tard pour se battre, qu'il va se retirer pour panser ses blessures, et qu'il fera ensuite ce que le prince lui ordonnera, 659. — Celui-ci lui fait grâce pour cette nuit et l'engage à tenir ses promesses, 659. — Isfendiar retourne à son camp; sa douleur à la vue des corps de ses fils; il les envoie à son père, 661. — Il s'entretient de Rustem avec Beschouten, 661. — Rustem tient conseil avec sa famille, 663. — Zal l'engage à appeler à son aide le Simourgh, 665. — Le Simourgh indique à Rustem un moyen de salut, 665. — Rustem retourne au combat contre Isfendiar, 671. — Colère de ce prince en voyant son adversaire sain et sauf, 673. — Rustem supplie Isfendiar d'oublier leur querelle et lui renouvelle ses premières propositions; Isfendiar l'invite à se laisser enchaîner, 675. — Nouvelles instances de Rustem, 675. — Le prince lui donne le choix entre les fers et le combat, 677. — Rustem lance une flèche dans l'œil d'Isfendiar, 677. — Celui-ci tombe de cheval; il revient à lui et retire la flèche de sa blessure, 679. — Douleur de Bahman et de Beschouten, 679. — Isfendiar leur dévoile la ruse dont Rustem s'est servi pour le vaincre, 681. — Rustem avoue l'action honteuse que le désespoir lui a fait commettre, 681. — Isfendiar charge Rustem de ses dernières volontés, 683. — Il lui confie son fils Bahman, 683. — Rustem promet d'obéir à ses ordres, 685. — Isfendiar prie Beschouten de ramener l'armée dans l'Iran et de rapporter à son père ses dernières paroles, 685. — Il le charge de ses adieux pour sa mère, ses sœurs et son épouse; mort d'Isfendiar, 687. — Douleur de Rustem; Zewareh lui conseille de ne pas accepter le fils d'Isfendiar, 687. — Réponse de Rustem, 689. — Beschouten amène le cercueil d'Isfendiar à Guschtasp; désespoir du roi à la nouvelle de la mort de son fils, 689. — Indignation des grands contre le roi, 691. — Lamentations de la mère et des filles d'Isfendiar, 691.—Beschouten reproche au roi sa conduite à l'égard de son frère, et lui répète les conseils et les dernières volontés du mort, 693. — Désolation des sœurs d'Isfendiar, 693. —Beschouten, à la demande de Guschtasp, emmène les femmes et console la mère du prince, 695. — Rustem fait l'éducation de Bahman, 695. — Il écrit au roi qu'il a payé la dette contractée envers Isfendiar, et s'excuse du crime involontaire qu'il a commis, 697. — Le roi pardonne à Rustem, 697. — Djamasp engage Guschtasp à rappeler Bahman; le roi écrit à Rustem et à son petit-fils, 699. — Rustem fait de riches présents au jeune prince, 699. — Il l'accompagne pendant deux stations de la route et l'envoie auprès du roi, qui l'accueille avec une vive tendresse, 701. — Aventure de Rustem et de Scheghad; commencement du récit, 701. — Rustem se rend à Kaboul pour aider son frère Scheghad, 705. — Le roi de Kaboul fait creuser des fosses dans la réserve de chasse; Rustem et Zewareh y tombent, 711.—Rustem tue Scheghad, qui l'avait attiré dans ce piége, et meurt, 715. — Zal apprend la mort de Rustem; Faramourz apporte le cercueil de son père et le place dans un tombeau, 719.—Faramourz marche avec une armée pour venger Rustem et met à mort le roi de Kaboul, 723. — La perte de son fils rend folle Roudabeh, 727. — Elle revient à la raison et distribue tous ses trésors aux pauvres, 729. — Guschtasp abandonne le trône à Bahman et meurt, 729.— V, 15, 49, 83, 93, 275; VI, 355, 571, 653; VII, 31, 121, 309, 383. — (La femme de), IV, 455.

GUSTASP-NAMEH, I, LIX.

GUSTEHEM, noble iranien, contemporain de Yezdeguerd le Méchant, et Destour de Bahram Gour, V, 525, 673.

GUSTEHEM, oncle maternel de Khosrou Parviz. — Hormuzd le fait saisir et jeter en prison avec son frère Bendoui pour se venger de la fuite de Khosrou, VI, 695. — Ils reconnent leur liberté pendant des troubles et marchent sur le palais avec les troupes du roi qu'ils avaient soulevées, 703. — Hormuzd est arraché de son trône et aveuglé, 705. — Gustehem et Bendoui informent Khosrou Parviz des événements de Baghdad, VII, 5. — Hormuzd demande à son fils de le venger de ses oncles, 11. — Réponse de Khosrou, 11.—13, 17, 19, 21, 43, 49, 51, 55, 57.—Khosrou Parviz, poursuivi par Bahram Djoubineh, s'enfuit dans le Roum avec ses deux oncles, 59. — Mauvais desseins de ceux-ci à l'égard

TABLE ANALYTIQUE

595

du roi Hormuzd; ils reviennent sur leurs pas, pénètrent dans son palais et l'étranglent, 61. — Ils vont rejoindre Khosrou, 63.—65. — Un ermite prédit à Khosrou les peines que lui causera Gustehem, 99. — Celui-ci proteste de son dévouement au roi, 101.—103, 105, 121, 125, 127, 129. — Gustehem reçoit la princesse Mariam des mains du Kaïsar, son père, pour la remettre à Khosrou Parviz, 135.— 137, 141, 145, 151, 157, 161, 163, 165, 183, 189. — Gustehem apprend que son frère Bendouï a été mis à mort par ordre de Khosrou Parviz. Il se révolte contre le roi et épouse Gordieh, sœur de Bahram, 253. — Gordieh tue Gustehem à l'instigation de Khosrou Parviz et de Guerdouï, 257. — 275, 369, 479.

GUSTEHEM, fils de Goejdeheun, noble iranien de l'époque de Keï Kaous, etc., I, LXIII, 535; II, VIII, 51, 63, 175, 565, 573, 585, 603, 609, 639, 679, 681,

683; III, 33, 39, 55, 57, 127, 171, 225-231, 241, 273, 297, 307, 353, 373, 399, 419, 423, 437, 453, 541, 547, 555, 557, 589, 591, 597-615, 625, 627; IV, 21, 245, 265-273.

GUSTEHEM, fils de Newder. — Son père, craignant d'être défait et tué par Afrasiab, lui ordonne, ainsi qu'à son frère Thous, de se rendre dans le Fars, d'emmener les femmes du palais, et de se retirer avec elles et la troupe de leurs partisans dans les monts Zaweh, I, 403. — Thous et Gustehem obéissent, 405. — Newder annonce à Karen le départ de ses fils, 409. — Ces deux princes apprennent le meurtre de leur père par Afrasiab; leur douleur à cette nouvelle, 425. — Ils sont jugés incapables de lui succéder, 433. — 465; II, 87; IV, 29, 35, 67, 85, 91, 93, 115, 163, 185, 187, 231, 283.

GUZDEHEM. Voy. GUEJDEHEM.

H

HABESCH (Pays de). — Expédition d'Iskender dans cette contrée, V, 201.

HACHES D'ARMES, II, 9, 11, 37; IV, 641.

HADJI KHALFA. — Ce qu'il dit des chroniques de la Perse, traduites par Ibn-al-Mokaffa, I, XII.

HAFIZ ABROU, historien, cité, I, LV.

HAGERMAN publie, en 1801, des fragments de Firdousi, I, LXXX, LXXXI.

HAKIM NASIR, fils de Khosrou, cité, I, XLV.

HALEB, ville, IV, 347, 349; VI, 515.

HAMADAN, ville, VI, 697.

HAMAVERAN (Le), nom de pays, II, V, VI. — Sa situation probable d'après Firdousi, II, 9. — L'armée de ce pays se réunit à celles de l'Égypte et du Berberistan pour résister à Keï Kaous, 9. — Combat des Iraniens contre les troupes de ces trois contrées, 11. — Le roi du Hamaveran fait le premier sa soumission;

Kaous lui pardonne et lui demande en mariage sa fille Soudabeh, 11. — Le roi dissimule son mécontentement de cette demande et répond à l'envoyé de Kaous qu'il se soumettra aux volontés de ce prince, 13. — Il consulte sa fille; celle-ci lui répond qu'il ne doit pas s'attrister d'une alliance aussi illustre, 15. — Le roi fait venir le messager de Kaous et conclut avec lui l'union de sa fille avec le roi de l'Iran; la princesse est conduite à Kaous, 15. — Mariage de ce prince avec Soudabeh; le roi du Hamaveran demande à Kaous de venir dans son palais; Soudabeh essaye vainement de dissuader son mari de se rendre à cette invitation, 17. — Kaous est fait prisonnier par trahison et enfermé dans une forteresse avec les grands de son royaume, 19. — Des esclaves sont en-

75.

voyées pour ramener Soudabeh ; cette princesse refuse de retourner chez son père, qui l'envoie dans la forteresse auprès de son mari, 21. — Rustem adresse un message au roi du Hamaveran et lui ordonne de rendre la liberté à Kaous, 25. — Réponse arrogante qui est faite à son envoyé, 25. — Rustem conduit ses troupes contre le Hamaveran; rencontre des deux armées; les soldats du Hamaveran s'enfuient à la vue de Rustem, 27. — Le roi envoie des messagers en Égypte et dans le pays de Berber pour demander du secours aux rois de ces contrées; ceux-ci viennent à son aide, 27. — Rustem combat les trois rois, 29. — Il les défait et délivre Kaous, 33. — Les trésors des trois rois et des trois armées sont déposés dans le trésor du roi de l'Iran, et les troupes de l'Égypte, du Hamaveran et du Berberistan s'assemblent autour de Kaous, 33. — 35, 109, 117, 119, 121, 291; IV, 251, 255, 573, 575, 617, 623, 641; VI, 585, 681.

HAMDAN GUSCHASP, un des officiers de Bahram Djoubineh, VI, 613, 675; VII, 17.

HAMLEHI-HEIDER, vie d'Ali, gendre du prophète, par Mirza-Refia-Bazil, ouvrage cité, I, LXXVII.

HAMMER (DE) fait paraître dans son *Histoire de la poésie persane*, et dans les *Mines de l'Orient*, des fragments du *Livre des Rois* de Firdousi, I, LXXXII.

HAMZA, fils de Hasan d'Isfahan, historien, cité, I, LI.

HAOUDAH, espèce de litière de l'Inde, consistant en un siége découvert placé sur le dos d'un chameau ou d'un éléphant, I, 347.

HAROUN-AL-RASCHID, I, LXIX.

HAROUTH (L'ange), III, 295.

HASAN MEÏMENDI, ministre de Mahmoud, fils de Sebekteghin, et ennemi de Firdousi, I, XXIX, XXX, XXXI, XXXIII, XXXIV, XXXV, XXXVII, XXXVIII, XLII, XLIII.

HASNOUI, noble chinois de l'époque de Khosrou Parviz, VII, 217.

HATEFI, poëte, cité, I, LXXII, LXXVII.

HEDJAZ (Le) ou HIDJAZ, contrée de l'Arabie, V, 159; VI, 485.

HEDJIR, fils de Gouderz et gouverneur du Château Blanc pour les Iraniens, tente d'arrêter Sohrab dans sa marche sur l'Iran, II, 93. — Il est vaincu et terrassé par ce jeune prince qui lui fait grâce de la vie et le retient prisonnier, 95. — Guzdehem informe Kaous de la défaite de Hedjir, 103. — 111. — L'armée des Iraniens étant campée devant le Château Blanc, Sohrab demande à Hedjir les noms des chefs de cette armée, 133. — Hedjir évite de lui désigner Rustem, 135. — Sohrab insiste pour connaître son père; Hedjir lui fait de nouveau une réponse évasive, 139. — Nouvelles instances de Sohrab, 139. — Inquiétudes secrètes de Hedjir au sujet de Rustem, 141. — Il fait mentalement le sacrifice de sa vie à la sécurité du héros iranien et refuse de le désigner à Sohrab, 143. — Ce prince le frappe violemment avec le poing et le jette à terre, 143. — Sohrab, blessé mortellement par son père, lui recommande le sort de son prisonnier Hedjir, 173. — Rustem veut tuer Hedjir pour le punir d'avoir trompé Sohrab, 175. — Les grands intercèdent en sa faveur et le sauvent de la mort, 175. — 453; III, 225, 439, 493, 495, 501, 503, 539, 541, 547, 565, 575, 577; IV, 17, 19, 89.

HEFT DJESCHMÉ (les sept sources), joyau célèbre laissé par Feridoun en héritage à son fils Iredj, VII, 309.

HEFT MANZER (les sept stations), ou les amours de Bahram Gour, poëme de Hatefi, cité, I, LXXII.

HEFT PEÏKER (les sept images), ou les amours de Bahram Gour avec sept princesses, roman historique, en vers, de Nizami; caractère de cette composition, I, LXXI.

HEFTWAD, homme pauvre de la ville de Kudjaran, dont la fille avait trouvé un ver qui portait bonheur, V, 309. —

TABLE ANALYTIQUE

Grâce à l'étoile de son ver, Heftwad devient puissant et honoré; il tue l'émir de Kudjaran qui voulait l'opprimer, et construit une forteresse dans la montagne voisine, 313. — Il se fait le chef des armées du ver, avec ses sept fils pour généraux, et envahit toutes les contrées, de la mer de Chine au Kirman, 313.— Ardeschir combat Heftwad et est défait, 315. — Il réunit ses troupes dispersées et forme son camp, 317. — Une flèche lancée de la forteresse d'Heftwad lui apporte un message l'engageant à abandonner son entreprise; Ardeschir retourne dans le pays de Fars; il est poursuivi par les ennemis qui dispersent son armée, et il s'enfuit, 319. — Deux jeunes gens lui donnent l'hospitalité et lui indiquent le moyen de renverser la fortune d'Heftwad, 321. — Ardeschir tue le ver d'Heftwad, 323. — Il fait mettre à mort Heftwad et son fils Schahoui et fait porter à Kharreh-i-Ardeschir tout ce qu'il y avait de précieux dans la forteresse, 329.

Heischoui, receveur de péages sur les bords de la mer de Roum, prend Guschtasp sur une barque et l'amène à la ville où réside le Kaisar, IV, 291. — Guschtasp retrouve Heischoui dans le pays de Roum et se lie d'amitié avec lui, 303. — Mirin demande la seconde fille du Kaisar, et celui-ci lui impose l'obligation de tuer le loup de Fasikoun, 305. — Mirin va trouver Heischoui qu'il sait ami de Guschtasp et lui conte son embarras, 307. — Heischoui le met en relation avec le prince iranien, et propose à ce dernier de venir en aide à Mirin, 307.—Guschtasp accepte et demande des armes et un cheval; Mirin lui fait présent d'un coursier, d'une armure et de l'épée de Sehu, 309. — Guschtasp tue le loup de Fasikoun, 311. — Inquiétudes d'Heischoui et de Mirin pendant le combat; leur joie en revoyant Guschtasp, 313. — Ils vont voir le cadavre du loup, 315. — 317.

Mirin écrit à Heischoui pour le prier d'engager Guschtasp à aider son ami Ahren qui devait tuer le dragon de Sekila pour obtenir la troisième fille du Kaisar, 321. — Heischoui met Ahren en relation avec Guschtasp et engage ce dernier à le tirer d'affaire, 323. — Guschtasp consent; Heischoui le conduit vers le mont Sekila et se retire avec Ahren, 325. — Guschtasp tue le dragon, 325. — Ahren lui offre de riches présents; il n'accepte qu'un cheval et des armes, et donne le reste à son ami Heischoui, 327. — Guschtasp se fait reconnaître pour le vainqueur du loup et du dragon; Heischoui vient témoigner de la vérité de son récit, 338.

Heïtal (Pays de), VI, 317, 393.

Heïtaliens (Euthalites, Scythes blancs, Huns), VI, III, 89, 97, 121, 137, 139, 309-321, 327, 331, 357, 511, 631, 639; VII, 77, 145, 213, 275, 287.

Heldenbuch von Iran (Das), Berlin, 1820, 2 vol. in-8°, I, LXXXI, LXXXIII; III, III; V, v. — Voy. Goerres.

Heldensagen von Firdusi, zum ersten Male metrisch aus dem Persischen übersetzt, nebst einer Einleitung über das iranische Epos, von A. F. von Schack; Berlin, 1851, in-8°, IV, IV; V, v.

Hemawes (Mont), III, 43, 45, 47, 49, 51, 53, 59, 61, 79, 81, 87, 91, 95, 97, 101, 105, 109; IV, 255.

Hérat, ville, I, XXVI, XL, LXII; II, 41, 253; III, 189; VI, 545, 595, 597, 603, 627, 689; VII, 493.

Heri. Voy. Hérat.

Hérodote. — Caractère épique de ceux de ses récits qui se rapportent aux premières époques de l'histoire, I, v.

Heroum, ville exclusivement habitée par des Amazones, V, 207, 209, 213. — (Pays de), 213.

Hescht Behischt (les sept paradis), ou les amours de Bahram Gour, poème de Khosrou, originaire de Dehli, cité, I, LXXII.

Hind. Voy. Inde.

HINDIA, ville du pays de Roum, VI, 141.
HINDOSTAN ou HINDOUSTAN, I, 81, 209, 221, 223, 241, 251, 281; IV, 431; V, 51; VI, 23-27, 31, 41, 45, 51, 53; VII, 285. — Voy. aussi INDE (L') ET LES INDIENS.
HINDOUS, VII, 287. — (Religion des), VII, 131. — Voy. aussi INDE (L') ET LES INDIENS.
HIRBED, gardien de l'appartement des femmes de Keï Kaous, II, 211, 213, 219.
HIRBEDS, II, 211, 213, 219; IV, 289, 465; VI, 19, 203, 423, 671, 629; VII, 27, 143.
HIRMEND (L'), fleuve, I, 415, 416; III, 351; IV, 579, 585, 587, 591, 595, 599, 601, 607, 641, 645, 651, 663; V, 9.
HISAB AL-AKD, ou méthode au moyen de laquelle on exprime les nombres par la position des doigts, II, II, III.
HISTOIRE (L'). — Le *Livre des Rois* embrasse l'histoire de la Perse depuis sa fondation jusqu'à sa destruction, I, III. — L'histoire d'un peuple, telle qu'il l'a faite lui-même, se trouve dans la véritable poésie épique; matériaux que fournissent les chants populaires aux recherches historiques, IV. — L'épopée est la première forme sous laquelle se présente l'histoire de tous les peuples, IV. — Elle est la seule source où les premiers historiens aient pu puiser; elle ne doit être employée par l'historien qu'à défaut de documents écrits, V. — Ressources que les Dihkans ont fournies à l'histoire, IX. — Usage que les chroniqueurs arabes firent des recueils de traditions historiques de la Perse, XII. — Données historiques que les chronologistes et historiens musulmans ont puisées dans les traditions persanes relatives à la famille de Kaweh, III, II.
HISTOIRE DU ROI DJEMSCHID ET DES DIVS, par un Parse nommé Nouschirwan, citée, I, LIX. — DE DJEMSCHID, conte historique persan, cité, LXXVI. — DE LA FUITE DES PARSES, citée, LIX. — DES ROIS. Voy. SEÏR-AL-MOLOUK. — DU SULTAN MAHMOUD DE GHAZNIN, légende parse, citée, LIII.
HOLWAN. Voy. ADAN.
HOMAÏ, Mobed, contemporain de Bahram Gour. — Les Iraniens l'envoient en ambassade auprès du Khakan de la Chine pour offrir leur soumission à ce prince, V, 675. — Homaï s'acquitte de son message; le Khakan lui fait de riches cadeaux et lui remet sa réponse pour les Iraniens, 677.
HOMAÏ, fille de Bahman, fils d'Isfendiar, reine de Perse, I, LXXIV; V, II. — Qualités de cette princesse; on l'appelait aussi Tchehrzad, 17. — Son père l'épouse et lui destine le trône, 17. — Maladie de Bahman; il fait reconnaître Homaï pour son successeur, 19. — Douleur de Sasan, fils de Bahman, en se voyant écarté du trône; il se retire à Nischapour et meurt laissant un fils qui devient gardien des chevaux du roi de ce pays, 19. — Mort de Bahman; caractère du gouvernement de Homaï; elle accouche secrètement d'un fils, 21. — Homaï abandonne au cours de l'Euphrate son fils Darab, enfermé dans une boîte, 21. — Un blanchisseur recueille l'enfant, 23. — Un des gardiens de la boîte raconte le fait à la reine, qui lui recommande le secret, 23. — Le blanchisseur élève Darab, 25. — Origine de ce nom, 25. — Le père nourricier du jeune prince va s'établir, avec sa femme et l'enfant, dans une ville étrangère; jeunesse de Darab; ses goûts belliqueux, 27. — Le blanchisseur lui donne des maîtres et lui fait apprendre le métier des armes, 29. — Darab demande à la femme du blanchisseur son origine et va à la guerre contre le Roum, 29. — Reschnewad, général de l'armée perse, apprend la vérité sur Darab, 33. — Il interroge le jeune prince, qui lui raconte son histoire, 35. — Reschnewad mène ses troupes dans le Roum, 37. — Darab se bat contre l'armée de Roum.

TABLE ANALYTIQUE

37. — Hauts faits de ce prince, 39. — Seule part qu'il accepte du butin, 39. — Les Roumis demandent la paix, 41. — Homaï reconnaît son fils, 41. — Elle place Darab sur le trône, 43. — Reconnaissance du jeune prince pour le blanchisseur qui l'avait recueilli, 47. — 49.

Homaï, fille du roi d'Égypte, à l'époque de Bahman, fils d'Isfendiar, citée, I, LXVIII.

Homaï, fille de Guschtasp, roi de Perse. — Son père la promet à celui qui vengera la mort de Zerir, son frère, tué par les Turcs dans une bataille, IV, 413. — Elle est fiancée à Isfendiar, fils aîné du roi, 427. — 445. — Elle est enlevée, avec sa sœur, par les Turcs, qui se sont emparés de Balkh, 455. — 465, 485. — Isfendiar s'étant introduit, sous un déguisement, dans la résidence du roi des Turcs, est reconnu par ses sœurs, 533. — Il leur recommande le silence, 535. — Il pénètre dans le palais d'Ardjasp, en fait sortir ses sœurs et tue le roi, 543. — Il emmène ses deux sœurs et va rejoindre son armée, 545. — 557, 563, 569. — Isfendiar charge Beschouten de porter à ses sœurs ses derniers adieux, 687. — Douleur de ces princesses à la vue du corps de leur frère, 691. — Reproches qu'elles adressent à leur père, 693. — A la demande de Guschtasp, Beschouten emmène les princesses hors de la présence du roi, 695.

Homère. — Caractère de son épopée, I, v.

Homme (L'). — Sa création; qualités dont il est doué; éléments dont il est composé; conduite qu'il doit tenir pour éviter le malheur et faire le bien devant Dieu; c'est de la voûte céleste que viennent les richesses et le grand nombre d'enfants, I, 11. — Les animaux sauvages lui obéissent, 11. — Les premiers hommes se nourrissaient de fruits et se couvraient de feuilles, 37. — Emploi des fourrures d'animaux sauvages en guise de vêtements, 39, 39.

Hommes aux pieds de cuir, habitants de la ville où résidait le roi du Mazenderan, I, 545. — (Les) aux pieds flexibles attaquent Iskender qui les taille en pièces, V, 203. Cf. Nermpaï (Les). — au visage voilé, 199.

Hormisdas Ier (Ormuzd, fils de Schapour), V, v.

Hormisdas II (Ormuzd, fils de Nersi), V, v.

Hormisdas III (Hormuz, fils de Yezdeguerd, fils de Bahram Gour), VI, I.

Hormisdas (Hormuzd, fils de Kesra Nouschirwan), VI, I.

Hormuz, vizir de Bahram Gour, roi de Perse, V, 583.

Hormuz, fils de Yezdeguerd, fils de Bahram Gour, roi de Perse, VI, 1, 11, 111. — Son père lui laisse le trône, au détriment de son frère Pirouz, 85, 87. — Durée du règne de ce prince, 89. — Son avénement et sa déposition par son frère Pirouz, 89. — 91, 93.

Hormuz Schehban Guraz. Voy. Schehban Guraz.

Hormuzd. Voy. Ormuzd.

Hormuzd, savant Mobed du temps de Kobad, fils de Pirouz, VI, 151.

Hormuzd, fils de Kesra Nouschirwan, roi de Perse, VI, I. — Conseils que lui donne son père, 487-491. — Nouschirwan s'occupe du choix de son héritier; il fait observer par ses agents la conduite et les paroles d'Hormuzd, son fils aîné, 527. — Il s'entretient de ce sujet avec Buzurdjmihr et lui ordonne de réunir les Mobeds, les nobles et les savants pour mettre le jeune prince à l'épreuve, 527. — Questions que les Mobeds adressent à Hormuzd, et ses réponses, 529. — Le roi, satisfait de son fils, lui donne le trône et la couronne, 535. — Nouschirwan nomme Hormuzd son successeur; conseils qu'il lui adresse, 537. — Dernières volontés de Nouschirwan, 541. — Sa mort, 543. — Durée du règne de Hormuzd, 545. — Il monte sur le trône et fait une allocution aux chefs de l'armée, 545. — Hormuzd met à mort Ized

Guschasp et empoisonne Zerduhischt, le grand Mobed, 549. — Il fait mourir Simah Berzin et Bahram Adermihan, 557. — Il revient à la pratique de la justice, 563. — Le roi Saweh conduit une armée contre Hormuzd, 567. — Les Roumis, les Khazars et les Arabes envahissent la Perse, 569. — Hormuzd traite avec les Roumis et défait les Khazars, 573. — Mihran Sitad indique Bahram Djoubineh à Hormuzd, qui l'appelle auprès de lui, 573. — Bahram Djoubineh arrive chez le roi, 579. — Il lui donne des conseils sur la conduite qu'il doit tenir à l'égard du roi Saweh, 581. — Hormuzd nomme Bahram Djoubineh Pehlewan de l'armée, 583. — Bahram Djoubineh part pour combattre le roi Saweh, 589. — Un Mobed prédit au roi que Bahram Djoubineh se révoltera contre lui, 591. — Le roi fait observer les actes de son général et conçoit des craintes pour l'avenir, 591. — Il lui envoie l'ordre de revenir auprès de lui pour recevoir de nouvelles instructions, 593. — Bahram Djoubineh refuse de retourner sur ses pas avant d'avoir battu les ennemis; trait de justice de ce général, 593. — Hormuzd envoie Kharrad Berzin auprès du roi Saweh avec un message perfide, 595. — Saweh envoie un message à Bahram Djoubineh; il cherche à le détourner de la lutte, 599. — Réponse de Bahram et nouvelles tentatives de Saweh, 599. — Bahram les repousse avec mépris, 601. — Les deux armées se rangent en bataille, 603. — Saweh envoie un nouveau message à Bahram Djoubineh, 605. — Réponse de ce dernier, 607. — Bahram Djoubineh a un songe, et dispose son armée, 611. — Il livre bataille au roi Saweh, 615. — Ce dernier est battu et prend la fuite, 619. — Il est percé d'une flèche par Bahram, et meurt, 619. — Bahram Djoubineh fait tuer un sorcier, 621. — Il envoie à Hormuzd la tête du roi Saweh et une lettre pour annoncer sa victoire, 625. — Bahram Djoubineh combat Parmoudeh, fils de Saweh. Fuite de Parmoudeh au château d'Awazeh, 631. — Parmoudeh demande protection à Bahram, 637. — Celui-ci sollicite de Hormuzd une lettre de protection pour Parmoudeh, 641. — Le roi lui envoie la lettre de protection et l'invite à diriger Parmoudeh et son cortège vers la cour, 643. — Bahram Djoubineh se met en colère contre Parmoudeh, qui avait paru le traiter avec dédain, 645. — Il le fait amener devant lui, le frappe de son fouet et le fait charger de chaînes, 645. — Il se repent de sa conduite envers le prince turc, le délivre et le prie de ne rien dire au roi de ce qui s'est passé, 647. — Réponse du Khakan, 647. — Bahram insiste et fait valoir ce qu'il a fait auprès du roi en faveur de Parmoudeh; ce prince lui reproche sa conduite violente et peu sensée, 649. — Kharrad, craignant pour le Khakan, intervient, 649. — Bahram se retire; il envoie des scribes enregistrer les immenses richesses renfermées dans le château d'Awazeh, 651. — Il détourne quelques objets de ce trésor; il fait charger le butin sur des chameaux et l'envoie au roi avec le Khakan, 653. — Le Khakan arrive chez le roi Hormuzd, 653. — Hormuzd apprend le manque de probité de Bahram Djoubineh et fait un traité avec le Khakan, 657. — Bahram apprend que Parmoudeh arrive; il se présente pour lui offrir ses hommages; le Khakan le renvoie sans daigner l'appeler auprès de lui, 659. — Hormuzd envoie à Bahram une boîte à fuseaux et une robe de femme, 659. — Bahram fait connaître aux chefs de l'armée la récompense dont le roi paye ses services, 661. — Indignation des grands contre Hormuzd, 663. — Bahram a une vision de la fortune qui l'attend, 663. — Il prend des allures de roi, 667. — Khar-

TABLE ANALYTIQUE

rad Berzin avertit Hormuzd de ce que fait Bahram, 669. — Menées perfides de Bahram; il tente de soulever ses troupes, 673. — Il explique aux chefs de l'armée son plan de se faire roi. Sa sœur Gordièh lui donne son avis, et s'efforce de le détourner de ce dessein, 675. — Mécontentement que les paroles de Gordièh causent à son frère, 687. — Bahram écrit au Khakan pour se concilier son amitié; il frappe monnaie au nom de Khosrou Parviz, afin de compromettre ce jeune prince aux yeux de son père, 687. — Bahram écrit une lettre à Hormuzd, et Khosrou Parviz s'enfuit de la cour de son père, 689. — Les gouverneurs de provinces et leurs troupes prennent parti pour Khosrou Parviz, et lui prêtent serment de fidélité, 693. — Hormuzd fait jeter en prison Gustehem et Bendouí, oncles maternels de Khosrou, et tous ses alliés, 695. — Ayin Guschasp va combattre Bahram par ordre de Hormuzd, il est tué par un homme auquel il avait sauvé la vie, 695. — Le meurtrier apporte à Bahram la tête d'Ayin Guschasp; Bahram le fait suspendre au gibet, 701. — Gustehem et Bendouí font aveugler Hormuzd, 703. — Ils informent Khosrou Parviz des troubles de Baghdad, VII, 5. — Khosrou monte sur le trône et demande pardon à son père, 7. — Celui-ci le prie de le venger de ses deux oncles; Khosrou lui répond qu'il ne peut toucher à ses oncles en présence de la rébellion de Bahram Djoubineh, 11. — Bahram apprend que Hormuzd a été aveuglé, et marche contre Khosrou Parviz, 11. — 25, 29, 31, 33, 35, 45. — Khosrou fait connaître à son père la défaite que lui a infligée Bahram Djoubineh, 57. — Il lui expose son intention d'aller demander du secours aux Arabes, 59. — Hormuzd détourne son fils de cette résolution; il lui conseille de chercher un refuge dans le Roum et de solliciter la protection du Kaisar. Khosrou s'enfuit de Thisifoun, 59. — Mauvais desseins de Gustehem et de Bendouí à l'égard du roi, 61. — Ils l'étranglent, 61. — 63, 115, 187, 211, 221. — Khosrou Parviz tue Bendouí pour venger la mort de son père Hormuzd, 251. — Gustehem est tué par la main de Gordièh son épouse, 257. — 275, 359, 367, 369, 479.

Hormuzd, fils de Kharrad, noble iranien, contemporain de Yezdeguerd, dernier roi sassanide, VII, 475.

Hormuzd, fils de Khorrad, général de Nouschirwan, VI, 205.

Horoscopes, I, 235, 239; II, 201; V, 495, 497; VII, 279, 369, 371.

Horti Persici et Amanici. In Latii valles transtulerunt O. Amthorus et A. Fritschius. Melocabi, 1842, in-8°, II, iv.

Houm, pieux cénobite, descendant de Feridoun, fait prisonnier Afrasiab et le remet aux mains de Keï Khosrou et de Kaous, IV, 197-207.

Houman, fils de Wiseh, noble touranien de l'époque d'Afrasiab, I, lvi; II, 91-95, 127, 129, 153, 155, 161, 165, 175, 183, 189, 315, 461, 521, 527, 675-679; III, 21-31, 35, 37, 45-59, 77, 79, 87, 99, 105, 113, 117, 125, 147-153, 157, 161, 163, 169, 171, 179, 197, 205, 209, 239, 401, 441, 445-467, 471-501, 525, 527, 533, 553, 599; IV, 39.

Houm (Le jour de), VII, 81.

Houschdiv, noble touranien, de l'époque d'Ardjasp, IV, 383.

Houscheng, fils de Siamek, fils de Kaioumors, roi de Perse, I, xxxvii, lxxv, lxxvi. — Il est adopté par son grand-père, à la mort de Siamek, 33. — Kaioumors le met à la tête de l'armée de Péris et de bêtes féroces qu'il avait rassemblée pour venger, sur le Div noir, le meurtre de son fils, 33. — Houscheng tue le Div, 35. — Il monte sur le trône de Perse, à la place de son grand-père; durée de son règne; il civilise le monde,

découvre le fer, invente l'art du forgeron, creuse des canaux, etc. 37. — Les ancêtres des Persans adoraient Dieu; introduction de la fête du feu; origine et découverte de cet élément, 37. — Houscheng sépare les animaux domestiques des animaux sauvages, et s'en sert pour la culture et pour les échanges; il emploie les fourrures à vêtir les hommes, 39. — Il meurt après une courte existence, 41. — 387; II, 215; III, 627; IV, 235, 245, 259, 581, 681; V, 601, 625; VI, 237; VII, 285, 291, 383, 403.

Houscheng-nameh, conte historique persan, cité, I, LXXVI.
Houschiab, astrologue perse, V, 495, 497.
Housein, fils de Katib, ami de Firdousi, I, xxx. — Cf. Housein, fils de Kotaïba.
Housein, fils de Kotaïba, un des protecteurs de Firdousi, VII, 503. — Voyez aussi le nom précédent.
Humaïoun, père d'Atfial, père de Feridoun, I, 79.
Huns (Les), VI, 11. — Voyez aussi Heïtaliens (Les).

I

Iacoub, fils de Leïs, fondateur de la famille des Soffarides, aurait fait venir de l'Inde, suivant une tradition, le *Khodaï-nameh* pour le faire traduire en persan, I, xi. — Il fut le premier prince de race persane qui fonda un État indépendant du khalifat. Son origine; il fait traduire en persan et compléter jusqu'au règne de Iezdidjird le recueil de Danischver, xvi. — Sa famille est dépossédée par les Samanides, vers la fin du iiie siècle de l'hégire, xvii.
Ianaute (Le), fleuve, VI, 11.
Iblis souffle dans le cœur de Zohak le désir de se débarrasser de son père, pour s'emparer de son trône, I, 57. — Il l'amène à se décider à lui obéir, et promet de lui préparer les moyens; il creuse dans le jardin du palais une fosse profonde, qu'il recouvre de broussailles et de terre; chute et mort du roi, 59. — Iblis invente une nouvelle ruse, 59. — Il se présente à Zohak comme cuisinier, et imagine de le nourrir de viandes de toutes sortes, 61. — Plaisir que cette nouvelle alimentation cause au roi, 61. — Récompense que sollicite Iblis; il fait sortir des épaules de Zohak deux serpents noirs; conseil qu'il lui donne pour s'en débarrasser; dessein secret que cachait ce conseil, 63. — Il envoie un Div tenter Kaous et lui persuader de monter au ciel, II, 43. — 57; III, 153; IV, 113, 229, 573, 639.
Ibn-Hischam, écrivain, cité, I, LXXVII.
Ibn-al-Mokaffa, célèbre traducteur arabe, cité, I, x. — Sa première religion; son véritable nom; fonctions qu'il occupait auprès du gouverneur de l'Irak; il traduisit un grand nombre de livres pehlewis, entre autres le *Khodaï-nameh* de Danischver. Titre qu'il donna à cette traduction, xii. — Des fragments de son travail, puis l'ouvrage entier, sont envoyés ou communiqués à Mahmoud, fils de Sebekteghin, xix. — Li.
Ibrahim, fils d'Ismaël Husni, personnage cité par l'auteur du *Guerschasp-nameh*, I, lv.
Idoles, I, 259; IV, 621; V, 595; VI, 483.
Iezdandan, fils de Schapour, du Seistan, un des quatre traducteurs qui collaborèrent à la traduction persane de l'ouvrage de Danischver Dihkan, I, xvii.
Iezdidjird Ier. Voy. Yezdegurrd le Méchant.
Iezdidjird. Voy. Yezdegird.
Ila, fils d'Afrasiab, IV, 75. — (Le fils d'), 31.
Ilias, fils de Mihras, prince du pays des Khazars, refuse au Kaisar de Roum le tribut que celui-ci lui demandait, IV, 335. — Guschtasp promet au Kaisar de

TABLE ANALYTIQUE

détruire l'armée d'Ilias, 337. — Les deux armées arrivent en présence; Ilias tente de détacher Guschtasp du service du Kaisar; le prince repousse ses propositions, 339. — Combat de Guschtasp et d'Ilias et mort de ce dernier, 339. — 345.

IMPÔTS, V, 367, 371, 559, 631, 671; VI, III, 73, 75, 167, 169, 171, 629; VII, 375.

INCANTATIONS, III, 627. — Voy. aussi MAGIE ET ENCHANTEMENTS.

INDE (L') ET LES INDIENS, I, LVI, LVII, LVIII, LXVIII, 23, 235; II, 23, 253, 349, 353, 355, 581, 589; III, 77, 95, 117, 159, 181, 187, 189, 209, 213, 215, 421, 499, 509, 519, 627; IV, 9, 215, 253, 279, 283, 285, 429, 583, 699, 725; V, 49, 53, 83, 85, 89, 139, 143, 149, 247, 249, 253, 273, 303, 369, 375, 497, 499, 529, 671; VI, III, IV, 21, 23, 29, 39, 43, 71, 77, 183, 187, 191, 307, 325, 329, 363, 385-401, 401-445, 447-453, 487, 521; VII, 193, 289, 293, 321, 329, 369, 375, 423.

INDIENNE (Mer), I, LVIII.

INDUS (L'), fleuve, III, 167, 173, 191, 199, 239, 251, 615; VI, II, 25, 41, 55, 191.

INDUSTRIE. Voy. ARTS ET MÉTIERS.

INGÉNIEURS MILITAIRES, V, 165.

INSTRUMENTS DE MUSIQUE, I, 111, 135, 161, 179, 185, 187, 199, 229, 269, 335, 345, 375, 403, 405, 489, 523, 567; II, 125, 215, 249, 307, 337, 387, 439, 445, 563, 701; III, 41, 117, 191, 259, 263, 267, 297, 313, 317, 365, 407; IV, 67, 83, 99, 101, 221, 277, 505; V, 11, 153, 301, 623, 633, 635, 637, 647, 669, 677; VI, 79, 473, 513; VII, 315.

INTELLIGENCE (L'), I, 5. — (Louange de l'), 7.

INTERPRÈTES, IV, 63, 539. — Voy. aussi TRUCHEMANS. — de songes, VI, 445.

INVESTITURES, I, 235, 565, 567; II, 207, 335; IV, 251, 357.

IOUSOUF ET ZOULEÏKHA, poëme composé par Firdousi à la cour de Kader-Billah pour se faire pardonner d'avoir composé le Livre des Rois, puis dédié par lui au gouverneur d'Ahwaz, I, XLII. — Preuves qu'il contient en faveur de l'assertion émise par Firdousi qu'il a suivi les traditions dans la composition de son Livre des Rois, XLVI.

IRAK (L'), nom de pays, V, 77; VI, 165.

IREDJ, fils de Feridoun, I, 119-137. — Destin que lui réservaient les astres, 139. — Son père lui donne en royaume le pays d'Iran et le désert des cavaliers armés de lances, 139. — Son frère Selm, jaloux de la part qui lui était échue, cherche à soulever contre lui la colère de leur frère Tour, 141. — Réponse de ce dernier aux insinuations de Selm, 143. — Message de Selm et de Tour à Feridoun, 143. — Réponse de Feridoun, 147. — Il fait connaître à Iredj la démarche faite auprès de lui par ses deux frères, 149. — Ce prince conçoit le dessein de se rendre auprès d'eux sans armée et de les ramener à lui, 151. — Son père essaye en vain de le détourner de cette résolution; Iredj se rend auprès de ses frères, 153. — Sentiment de sympathie qu'il inspire aux armées de Selm et de Tour; colère qu'ils en éprouvent, 155. — Complot qu'ils forment contre lui, 157. — Il est assassiné par son frère Tour, 157. — Le meurtrier envoie sa tête à son père, 159. — Feridoun reçoit la nouvelle de la mort d'Iredj, 161. — Douleur du vieux roi, 163. — Mahaferid, une des femmes d'Iredj, donne le jour à une fille qui est plus tard fiancée par son grand-père à Pescheng, neveu de Feridoun, 165. — Naissance de Minoutchehr, 165. — 175, 183, 185, 379, 401, 477; II, 267, 369, 379; III, 425, 509, 517; IV, 49, 109, 145, 207, 209, 375, 381; V, 467, 655; VII, 117, 285, 309.

IREDJ, roi du Kaboul à l'époque de Keï Khosrou, IV, 17.

76.

IRMAÏL LE PIEUX et GHIRMAÏL LE CLAIRVOYANT, nobles Parsis, s'introduisent auprès de Zohak afin de sauver de la mort une des deux victimes qui étaient sacrifiées chaque nuit pour nourrir les serpents que le roi portait sur ses épaules, I, 69. — Ils parviennent à préserver chaque mois trente jeunes gens qui deviennent les ancêtres des Curdes, 71.

IRMAN, ville située sur les frontières du Touran et de l'Iran, III, 299.

IRMANIENS, peuple de l'Iran, voisin de la frontière du Touran, III, 297, 299, 309, 335, 337.

ISA, fils de Mariam. Voy. Jésus.

ISDEGERTES Ier (Yezdeguerd le Méchant), V, v.

ISDEGERTES II (Yezdeguerd, fils de Bahram Gour), VI, i.

ISFAHAN, ville, I, 405, 569; II, 527, 529, 535; III, 621; IV, 255; V, 95, 105-109, 271, 671; VI, 165, 563.

ISFENDIAR, fils de Guschtasp, I, XIII, XXXVIII, XLIX, LVI; IV, 1, 361, 375, 377, 381, 387, 391, 393, 397. — Isfendiar apprend la mort de Zerir, son oncle, 413. — Il harangue ses soldats, 413. — Il attaque Ardjasp, 415. — Nestour et Isfendiar tuent Bidirefsch, le meurtrier de Zerir, 419. — Isfendiar lui reprend les dépouilles de Zerir et le drapeau de Kaweh, 421. — Il mène ses troupes contre les Turcs; Ardjasp s'enfuit de la bataille, 421. — Isfendiar fait grâce aux Turcs, 423. — Guschtasp fiance sa fille Homaï à son fils Isfendiar, 427. — Il envoie ce prince dans tous les pays pour les convertir à la religion de Zerdouscht, 429. — Tous les rois du monde font connaître à Guschtasp qu'ils ont reçu la vraie foi et qu'Isfendiar leur a fait remise du tribut; ils demandent le Zend-Avesta, qui leur est envoyé, 431. — Isfendiar annonce à son père que ses ordres sont exécutés, et lui demande ses instructions, 431. — Gurezm calomnie Isfendiar, 433. — Guschtasp ordonne à Djamasp de se rendre auprès de son fils et de le lui amener, 435. — Djamasp arrive auprès d'Isfendiar, 437. — Il fait connaître à ce prince l'état des choses et lui conseille de se présenter devant son père, 439. — Guschtasp fait charger de chaînes Isfendiar, 439. — Le jeune prince est enfermé dans le château de Gunbedan, 453. — Ses fils licencient leur armée et vont partager sa captivité, 445. — 451, 453. — Guschtasp est battu par Ardjasp et s'enfuit devant lui; il se réfugie dans les montagnes où il est cerné par les Turcs, et consulte Djamasp sur le moyen de se tirer de ce mauvais pas, 459. — Djamasp lui conseille de rendre la liberté à Isfendiar; le roi approuve cette proposition et charge Djamasp de se rendre auprès de son fils, 461. — Djamasp va trouver Isfendiar, 463. — Il lui répète les paroles de son père; amères récriminations d'Isfendiar contre Guschtasp, 463. — Djamasp tente en vain de l'apitoyer sur le sort de Lohrasp, sur celui de ses frères et de ses sœurs, 465. — Isfendiar se laisse enfin toucher par le malheur de Ferschidwerd; il demande que l'on lime ses fers, 467. — Il s'impatiente de la lenteur de ce travail et les brise d'un effort suprême; il s'arme et part avec deux de ses fils et Djamasp pour rejoindre l'armée, 469. — Isfendiar voit son frère Ferschidwerd, 469. — Entretien des deux princes; mort de Ferschidwerd, 471. — Isfendiar jure de le venger, 471. — Il part pour l'endroit où se trouve son père et rencontre sur son chemin le corps de Gurezm; paroles qu'il lui adresse, 473. — Il traverse le camp des Turcs et disperse une ronde qui voulait l'arrêter, 473. — Isfendiar arrive dans la montagne auprès de Guschtasp, 475. — Le roi se réconcilie avec son fils, 475. — Les grands viennent rendre hommage à Isfendiar et se préparent au combat, 477. — Ardjasp apprend l'arrivée du jeune prince

TABLE ANALYTIQUE

et se dispose à retourner dans le Touran avec son butin, 477. — Kergsar essaye de le détourner de son dessein, et s'engage à tuer Isfendiar; Ardjasp lui donne le commandement de ses troupes, 479. — Isfendiar sort de la montagne à la tête des Iraniens, 479. — Commencement de la bataille; prouesses d'Isfendiar, 481. — Ardjasp reproche à Kergsar son inaction, 481. — Celui-ci attaque Isfendiar, qui le fait prisonnier et l'envoie à Guschtasp, 483. — Ardjasp abandonne son armée et s'enfuit, 483. — Les Turcs apprennent la fuite de leur roi et se rendent auprès d'Isfendiar, qui leur fait grâce, 485. — Kergsar supplie le prince de l'épargner et lui offre de le conduire au Château d'airain; Isfendiar le renvoie enchaîné à ses tentes; il distribue le butin et fait mettre à mort les Turcs qui avaient fait du mal à son armée, 485. — Guschtasp envoie de nouveau Isfendiar contre Ardjasp, 487. — Histoire des sept stations, 489. — Isfendiar interroge Kergsar sur le Château d'airain et les différentes routes qui conduisent au Touran, 491. — Kergsar lui répond que trois routes mènent à cette contrée, et que la plus courte est semée de périls de toute sorte, 493. — Isfendiar se décide pour cette dernière et demande à Kergsar quel danger il devra d'abord affronter, 493. — Le Turc lui apprend qu'il sera attaqué par deux loups, 495. — Première station : Isfendiar tue les deux loups, 495. — Kergsar lui annonce ensuite qu'il va avoir à combattre deux lions, 497. — Deuxième station : Isfendiar tue les lions, 497. — Le prisonnier lui fait connaître qu'il va rencontrer un dragon, 499. — Troisième station : Isfendiar tue le dragon, 499. — Kergsar prévient le héros qu'il va se trouver en présence d'une magicienne, 503. — Quatrième station : Isfendiar tue la magicienne, 503. — Kergsar lui prédit la rencontre d'un simourgh, 509. — Cinquième station : Isfendiar tue un simourgh, 509. — Kergsar l'informe qu'il aura à parcourir des contrées couvertes de neige et des pays déserts et dépourvus d'eau, 513. — Sixième station : Isfendiar traverse les neiges, 513. — Il arrive sur les bords d'une grande masse d'eau et reproche à Kergsar de l'avoir trompé; réponse du prisonnier, 521. — Septième station : Isfendiar traverse l'eau et tue Kergsar, 521. — Il arrive en vue du Château d'airain, 525. — Deux Turcs qu'il fait prisonniers lui donnent des renseignements sur cette place, 525. — Isfendiar s'introduit dans le Château d'airain déguisé en marchand et emmenant avec lui cent soixante braves cachés dans des caisses, 527. — Il se présente à Ardjasp et lui demande la permission de faire entrer ses marchandises dans la place, 529. — Le roi lui accorde l'autorisation qu'il sollicite, et lui assigne un grand édifice pour lui servir de magasin, 531. — Entretien d'Isfendiar et d'Ardjasp, 531. — Isfendiar est reconnu par ses sœurs, 533. — Il leur explique les motifs de sa présence en ce lieu et leur recommande le silence, 535. — Il donne une fête aux grands du Touran et les enivre; il allume un grand feu pour servir de signal à son armée, 537. — Beschouten attaque le Château d'airain, 537. — Les Touraniens marchent contre l'armée des Iraniens, 541. — Isfendiar tue Ardjasp, 541. — Il quitte le Château d'airain en y laissant une garnison, et va rejoindre son armée, 545. — Les Turcs se replient sur le Château d'airain et le trouvent occupé par les Iraniens qui lancent au milieu d'eux la tête d'Ardjasp, 549. — Combat de Kehrem et d'Isfendiar, 549. — Mort d'Enderiman et de Kehrem, 551. — Lettre d'Isfendiar à Guschtasp et réponse de ce dernier, 551. — Isfendiar distribue à son armée les trésors d'Ardjasp et de sa famille, 555.

— Il fait incendier et raser le Château d'airain et part pour l'Iran emmenant prisonnières les sœurs, les filles et la mère d'Ardjasp, 557. — Le roi apprend l'approche de son fils et va au-devant de lui, 557. — Il donne une fête en son honneur, 559. — Combat d'Isfendiar contre Rustem; commencement du récit, 561. — Le jeune prince fait connaître à sa mère que le roi lui avait promis de lui céder la couronne dès qu'il aurait vengé Lohrasp, 561. — Il se propose de réclamer l'exécution de cette promesse; sa mère essaye de le détourner de ce dessein, 563. — Guschtasp apprend qu'Isfendiar convoite le trône; il consulte Djamasp sur le sort qui est réservé à son fils, 563. — Djamasp répond qu'Isfendiar doit périr dans le Zaboulistan de la main de Rustem, 565. — Isfendiar demande le trône à son père, 567. — Réponse de Guschtasp; il promet à Isfendiar de lui accorder ce qu'il demande s'il lui amène prisonniers Rustem, Zewareh et Faramourz, 571. — Isfendiar remontre à son père qu'il n'y a aucun motif d'agir ainsi à l'égard de Rustem, 571. — Le roi insiste; Isfendiar lui laisse entendre qu'il a deviné ses intentions, et se retire, 573. — Kitabonn donne des conseils à son fils, 575. — Réponse du prince à sa mère, 575. — Isfendiar conduit une armée dans le Zaboulistan, 577. — Il envoie Bahman porter un message à Rustem, 579. — Il reproche au fils de Zal sa conduite à l'égard de Lohrasp et de Guschtasp, 581. — Il l'engage à se soumettre et à le suivre à la cour de son père, lui promettant d'apaiser la colère du roi et son désir de vengeance, 583. — Bahman rencontre Zal, 585. — Celui-ci lui apprend que Rustem est à la chasse et, sur ses instances, le fait conduire auprès de son fils, 587. — Bahman s'acquitte de son message, 587. — Rustem répond à Bahman, 593. — Il le charge de dire à son père qu'il va se présenter devant lui sans armée pour entendre de sa bouche les ordres du roi, 595. — Il ajoute qu'il ne saurait se laisser enchaîner ni humilier, et invite Isfendiar à honorer son palais de sa présence, 595. — Il lui promet enfin de l'accompagner dans l'Iran et de présenter au roi des excuses qui apaiseront sa colère, 597. — Retour de Bahman, 597. — Rustem se rend sur les bords du Birmend, attendant que Bahman lui apporte les salutations d'Isfendiar, 599. — Bahman rend compte de sa mission et fait l'éloge de Rustem; colère d'Isfendiar contre son fils, 599. — Rustem et Isfendiar se rencontrent, 601. — Rustem prie Isfendiar de venir dans son palais; le prince répond que les instructions de son père s'y opposent; il engage Rustem à se conformer aux ordres du roi, 603. — Rustem insiste auprès du prince pour qu'il soit son hôte, 603. — Il promet de faire tout ce qu'il ordonnera, mais refuse de se laisser enchaîner, 605. — Isfendiar lui propose de consacrer ce jour aux coupes de vin; Rustem accepte; il prie le prince de le faire appeler lorsqu'il se mettra à table, et retourne dans son palais pour changer de vêtements, 605. — Isfendiar n'invite pas Rustem à dîner, 607. — Celui-ci se rend auprès du prince et se plaint de cet affront, 609. — Isfendiar fait ses excuses à Rustem de ne l'avoir pas invité, 609. — Nouveau manque d'égards du prince envers Rustem et colère de ce dernier, 613. — Isfendiar déprécie la famille de Rustem, 613. — Celui-ci lui reproche de parler ainsi; il rappelle l'illustration de ses ancêtres et ses promesses personnelles, 615. — Isfendiar fait l'éloge de sa famille, 619. — Rustem se vante de ses hauts faits, 621. — Les deux héros essayent leur force en se serrant la main, 621. — Ils se flattent l'un et l'autre d'être vainqueurs dans le combat du lende-

TABLE ANALYTIQUE

main, 625. — Rustem et Isfendiar boivent du vin, 627. — Rustem se prépare à prendre congé du prince, 627. — Il le prie de nouveau de consentir à devenir son hôte et à renoncer à la lutte; Isfendiar l'engage à son tour à se soumettre aux volontés du roi, 629. — Perplexités de Rustem, 629. — Il cherche à faire comprendre au prince que le roi veut sa perte, et il s'efforce de le détourner de son dessein de combattre, 631. — Isfendiar persiste dans sa résolution et invite Rustem à se présenter en armes le lendemain, 633. — Rustem s'en retourne à son palais, 635. — Isfendiar fait à Beschouten l'éloge du fils de Zal, 637. — Beschouten conseille à son frère de renoncer à cette lutte; Isfendiar répond qu'il ne peut désobéir aux ordres de son père, 637. — Réplique de Beschouten, 639. — Zal donne conseil à Rustem, 639. — Il l'engage à éviter à tout prix le combat; Rustem répond qu'il a déjà mis tout en œuvre sans succès, 641. — Il promet à Zal d'épargner la vie d'Isfendiar, de s'emparer de sa personne et de le proclamer roi à la place de Guschtasp, 643. — Zal désapprouve les paroles de son fils, 643. — Combat de Rustem et d'Isfendiar, 645. — Les fils d'Isfendiar sont tués par Zewareh et Faramourz, 651. — Bahman court auprès de son père et l'informe de ce qui vient de se passer; Isfendiar reproche à Rustem cette trahison, 653. — Rustem proteste qu'il n'a pas ordonné ce combat; la lutte continue, 655. — Rustem est grièvement blessé et s'enfuit sur le haut de la montagne, 655. — Isfendiar l'invite à descendre; Rustem répond qu'il est trop tard pour continuer à se battre, qu'il va se retirer pour panser ses blessures et qu'il fera ensuite ce que le prince lui ordonnera, 659. — Celui-ci lui fait grâce pour cette nuit et l'engage à tenir ses promesses, 659. — Isfendiar retourne à son camp; sa douleur à la vue des corps de ses fils; il les envoie à son père, 661. — Il s'entretient de Rustem avec Beschouten, 661. — Rustem tient conseil avec sa famille, 663. — Zal l'engage à appeler à son aide le Simourgh, 665. — Le Simourgh guérit Rustem et son cheval, 667. — Il fait promettre à Rustem d'épuiser tous les moyens de conciliation, et lui révèle le sort qui est réservé à celui qui versera le sang d'Isfendiar, 669. — Il emmène Rustem sur le bord de la mer, 669. — Il lui désigne une branche de tamaris à laquelle est attaché le sort d'Isfendiar, lui ordonne d'en faire une flèche et lui indique l'usage qu'il doit faire de cette flèche, 671. — Rustem retourne au combat, 671. — Colère d'Isfendiar en voyant son adversaire sain et sauf, 673. — Rustem supplie le prince d'oublier leur querelle et lui renouvelle ses premières propositions; Isfendiar l'invite à se laisser enchaîner, 675. — Nouvelles instances de Rustem, 675. — Le prince lui donne à choisir entre les fers et le combat, 677. — Rustem lance une flèche dans l'œil d'Isfendiar, 677. — Celui-ci tombe de cheval; il revient à lui et retire la flèche de sa blessure, 679. — Douleur de Bahman et de Beschouten, 679. — Isfendiar leur dévoile la ruse dont Rustem s'est servi pour le vaincre, 681. — Rustem avoue l'action honteuse qu'il vient de commettre, 681. — Isfendiar le charge de ses dernières volontés, 683. — Il lui confie son fils Bahman, 683. — Rustem promet d'obéir à ses ordres, 685. — Isfendiar prie Beschouten de ramener l'armée dans l'Iran et de rapporter à son père ses dernières paroles, 685. — Il le charge de ses adieux pour sa mère, ses sœurs et son épouse; mort d'Isfendiar, 687. — Douleur de Rustem. Zewareh lui conseille de ne pas accepter le fils d'Isfendiar, 687. — Réponse de Rustem, 689. — Beschouten amène le cercueil d'Isfendiar à Guschtasp. Désespoir du roi à la nouvelle de la mort de son fils, 689. — Indignation des grands contre le roi, 691. — Lamentations de la mère et des filles d'Isfendiar, 691. — Beschouten reproche au roi sa conduite à l'égard de son frère et lui répète les conseils et les dernières volontés du défunt, 693. — Désolation des filles d'Isfendiar, 693. — Beschouten, à la demande de Guschtasp, emmène les femmes et console la mère du prince, 695. — Rustem fait l'éducation de Bahman, 695. — Il écrit au roi qu'il a payé la dette contractée envers Isfendiar et s'excuse du crime involontaire qu'il a commis, 697. — Le roi pardonne à Rustem, 697. — Djamasp engage le roi à rappeler son petit-fils; Guschtasp écrit à Rustem et à Bahman, 699. — Rustem accompagne le jeune prince pendant deux stations de la route et l'envoie auprès du roi qui l'accueille avec une vive tendresse, 701. — Guschtasp abandonne le trône à Bahman et meurt, 729. — Bahman venge la mort d'Isfendiar, V, 5. — 9, 15, 83, 93, 275, 325, 353; VI, 587, 687; VII, 121, 219, 383, 477. — (Le cheval d'), IV, 691, 693. — (L'épouse d'), 687. — (Les filles d'), 691.

Iskender, roi de Roum, puis de Perse, I, xxxviii. — L'histoire de ce prince est la seule partie du *Livre des Rois* où l'auteur puise à une source étrangère, V, II. — Coup d'œil rapide sur les documents auxquels Firdousi a eu recours pour remplir son cadre, III. — Nahid, fille de Pheïlekous, roi de Roum, et épouse répudiée de Darab, roi de Perse, met au monde Iskender, 57. — Origine de ce nom; Pheïlekous fait passer l'enfant pour son fils, 57. — Jeunesse d'Iskender; Pheïlekous le nomme son successeur, 59. — Naissance de Dara, autre fils de Darab; ce dernier laisse la couronne à Dara et meurt, 59. — Mort de Pheïlekous et avènement d'Iskender. Dara envoie demander le tribut à ce prince, 63. — Iskender refuse le tribut et s'empare du Misr après avoir battu les troupes de ce pays, 65. — Il se prépare à envahir l'Iran; Dara quitte Istakhr à la tête de son armée et arrive sur les bords de l'Euphrate, 65. — Iskender se rend auprès de Dara comme son propre ambassadeur, 67. — Les Iraniens qui étaient allés demander le tribut de Roum le reconnaissent et avertissent Dara, 71. — Le roi de Roum comprend qu'il est découvert et regagne son camp pendant la nuit, 71. — Dara livre bataille à Iskender et est vaincu, 73. — Les Roumis poursuivent les Iraniens, en font un grand massacre et s'emparent de leur camp, 75. — Deuxième bataille de Dara contre Iskender, qui est de nouveau vainqueur, 75. — Dara se retire à Djehrem, puis à Istakhr; il convoque les grands de l'empire et les engage à combattre pour reprendre les provinces qu'ils viennent de perdre, 77. — Les grands jurent de reconquérir l'empire ou de mourir, 79. — Troisième bataille entre Iskender et Dara et fuite de Dara dans le Kerman, 79. — Le roi de l'Iran consulte les chefs de son armée, 81. — Ceux-ci lui remontrent que l'armée est découragée et lui conseillent d'offrir sa soumission à Iskender, 81. — Lettre de Dara à Iskender pour demander la paix, 83. — Iskender prend sous sa protection la famille de Dara; il lui offre de revenir dans l'Iran et de reprendre le pouvoir; Dara ne peut se résoudre à accepter les propositions d'Iskender et demande du secours au prince des Indiens, 85. — Il est encore une fois battu par le roi de Roum et assassiné par ses destours, 87. — Ceux-ci informent Iskender qu'ils viennent de tuer son ennemi, et, sur son ordre, ils le conduisent auprès de leur maître, 89. — Dara communique à Iskender ses dernières volontés, 89. — Il lui confie sa famille et lui donne en mariage sa fille Rouschenek, 91. —

TABLE ANALYTIQUE

Iskender promet à Dara de se conformer à ses conseils; ce prince le remercie et meurt, 93. — Iskender fait à Dara de magnifiques funérailles, 93. — Il fait attacher au gibet et lapider les meurtriers du roi, 95. — Iskender écrit une lettre aux grands de l'Iran, 95. — Il les engage à se rendre à sa cour; il leur prescrit de frapper la monnaie à son nom et de maintenir dans leurs provinces les anciennes coutumes, l'ordre et la justice, 97. — Il leur recommande de secourir les Soufis, 97. — Il leur enjoint de punir les oppresseurs et menace du châtiment quiconque s'écartera de ses ordres, 99. — Iskender se rend à Istakhr et place sur sa tête la couronne des Keianides, 99. — Durée de son règne, 101. — Son discours d'avénement, 103. — Lettre d'Iskender à Dilaraï, mère de Rouschenek, 105. — Autre lettre du même prince à Rouschenek, 105. — Réponse de Dilaraï à Iskender, 107. — Iskender épouse Rouschenek, 109. — Songe de Keïd, roi de Kanoudj, 113. — Ce prince va consulter le sage Mihran et lui raconte son rêve, 113. — Réponse de Mihran à Keïd; il lui apprend qu'Iskender viendra dans son pays avec une grande armée et lui indique la conduite qu'il doit tenir envers ce prince, 117. — Il lui explique ensuite le sens de ses rêves, 117. — Il lui réitère ses conseils et fait l'éloge d'Iskender, 123. — Iskender marche contre Keïd; il arrive auprès de Milad et écrit au prince indien pour l'inviter à faire sa soumission, 123. — Keïd proteste de son obéissance et informe Iskender qu'il est possesseur de quatre choses merveilleuses, 125. — Le roi lui fait demander quelles sont ces quatre choses, 125. — Keïd répond que ce sont: sa fille, une coupe merveilleuse, un jeune médecin et un sage, 127. — Iskender envoie neuf savants pour voir les quatre merveilles de Keïd, 127. — Le roi de l'Inde accueille gracieusement les envoyés du roi de Roum et leur montre sa fille, 129. — Ceux-ci restent étonnés et confondus de sa beauté, 129. — Ils en écrivent au roi qui leur ordonne de remettre à Keïd son diplôme de protection et de ramener la belle princesse, 131. — Les neuf sages amènent à Iskender les quatre merveilles de Keïd, 131. — Le roi de Roum, ravi de la beauté de la princesse, la demande en mariage et l'épouse, 133. — Iskender met à l'épreuve le sage, le médecin et la coupe de Keïd; il s'occupe en premier lieu du sage, 133. — Les réponses de celui-ci plaisent au roi, qui lui envoie de riches présents; désintéressement du philosophe, 135. — Iskender met à l'épreuve le médecin indien, 137. — Il est satisfait de ses soins et lui donne une tonne d'or et un magnifique cheval, 139. — Il met à l'épreuve la coupe de Keïd et demande au sage l'explication de sa vertu magique, 141. — Il confirme le traité fait avec Keïd et quitte Milad après avoir fait enterrer ses trésors dans une montagne, 141. — Lettre d'Iskender à Four l'Indien; il l'invite à se soumettre à lui sans retard, 143. — Colère du roi indien à la lecture de cette lettre, 143. — Réponse méprisante qu'il fait au roi de Roum, 145. — Iskender conduit son armée à la guerre contre Four, 145. — Ses troupes, fatiguées par les marches pénibles, éclatent en murmures; Iskender, irrité, menace de poursuivre sa route avec les seuls Iraniens; ses soldats lui demandent pardon, 147. — Il organise son armée sur un nouveau plan; Four range ses troupes en bataille, 149. — Le roi de Roum cherche un moyen pour vaincre les éléphants de l'armée indienne, 149. — Combat d'Iskender contre les Indiens et mort de Four, 151. — Les Indiens apprennent que leur roi a péri; ils jettent leurs armes et se rendent en suppliants auprès de Kaïsar; celui-ci les accueille avec bienveillance et leur rend leurs armes; il place sur le trône un puissant seigneur indien nommé Sawurg, 155. — Iskender va en pèlerinage à la Ka'ba, 155. — Nasr, fils de Katib, vient à sa rencontre; leur entretien; Nasr dénonce au roi la conduite tyrannique de Khoza', 157. — Iskender extermine la famille de Khoza' et remet au pouvoir la race d'Ismaïl; il se rend à la maison sainte et comble de richesses Nasr et son peuple, 159. — Iskender conduit son armée vers le Misr et y reste pendant une année; Keïdafeh, reine du pays d'Andalous, envoie un peintre faire le portrait d'Iskender, 159. — Réflexions de Keïdafeh en voyant l'image du roi de Roum; Keïthoun, roi du Misr, renseigne ce prince sur la puissance de Keïdafeh, 161. — Lettre d'Iskender à Keïdafeh; il l'invite à lui envoyer des tributs, 161. — Réponse de la reine qui refuse de se soumettre au Kaïsar, 163. — Le fils de Keïdafeh tombe entre les mains des Roumis, 163. — Iskender imagine une ruse pour voir la reine sans se faire connaître, 165. — Il se rend en ambassadeur auprès de Keïdafeh, 167. — Celle-ci l'accueille avec honneur et lui fait préparer une demeure somptueuse, 169. — Elle se fait apporter le portrait d'Iskender et reconnaît que l'ambassadeur n'est autre que ce prince, 171. — Celui-ci s'acquitte de son prétendu message, 171. — La reine fait comprendre à Iskender qu'elle l'a reconnu, 173. — Elle lui met devant les yeux son portrait; colère du prince en se voyant découvert, 175. — Keïdafeh donne un conseil à Iskender, 175. — Elle lui promet de le laisser partir à la condition qu'il s'engagera à ne jamais méditer de mal contre aucun des siens; le roi prête le serment qu'elle lui demande, 177. — Iskender se met en garde contre Theïnousch, 177. — Il lui propose de lui amener Iskender sans troupes et sans épée, et lui expose le plan qu'il a conçu pour exécuter cette entreprise, 181. — Iskender fait une convention avec Keïdafeh et s'en retourne, 183. — Theïnousch l'accompagne jusqu'à un bois situé près du camp des Roumis et où le roi le fait cacher, 189. — Iskender se rend auprès de ses troupes; il revient bientôt, fait cerner le bois et se fait reconnaître de Theïnousch, 189. — Celui-ci implore sa magnanimité; le roi lui pardonne et le quitte après lui avoir fait de riches cadeaux, 191. — Iskender se rend dans le pays des Brahmanes, 191. — Ceux-ci vont au-devant de lui, 193. — Iskender s'informe de leur manière de vivre, 193. — Réponse que lui font ces religieux, 195. — Il s'entretient avec eux de divers sujets de philosophie, 195. — Il les quitte après leur avoir fait de grands présents, 199. — Iskender se rend à la mer d'Occident et au pays de Habesch, 199. — Combat contre les gens du Habesch, 201. — L'armée des Roumis est attaquée par des loups monstrueux, 201. — Iskender arrive auprès des hommes aux pieds flexibles et tue un dragon, 203. — Il gravit une haute montagne au sommet de laquelle trônait un roi mort, et apprend que sa carrière est achevée et que sa fin est proche, 205. — Iskender voit des merveilles dans la ville de Heroum; ses relations avec les Amazones qui habitent seules cette ville, 207. — Il marche vers l'Occident, 213. — Il cherche l'eau de la vie, 215. — Il converse avec les oiseaux, 217. — Iskender voit l'ange Israfil, 219. — Paroles que lui adresse l'ange, 221. — Réponse que lui fait le roi, 221. — Iskender construit le rempart de Gog et de Magog, 223. — Il voit un mort dans un palais de topazes, 227. — Il voit l'arbre qui parle, 229. — Les feuilles de cet arbre lui prédisent le sort qui l'attend, 231. — Iskender se rend auprès du Faghfour de la Chine, 233. — Il arrive au pays de Sind et y livre une bataille, 241. — Il passe ensuite dans le Nimrouz et se rend de là dans le Yémen, 243. — Iskender conduit son armée à Babylone, 243. — Gouschbester, l'homme sauvage, 245. — Lettre d'Iskender à Aristalis et réponse de celui-ci, 247. — Iskender institue les Moulouk-i-Thewaïf (rois des tribus), 249. — Une femme de Babil met au monde un monstre; les astrologues révèlent à Iskender que cet événement présage le déclin de sa royauté et les troubles qui suivront sa mort, 249. — Iskender tombe malade à Babil, 251. — Lettre de ce prince à sa mère; ses dernières volontés, 251. — Iskender meurt à Babylone, 253. — Une discussion s'élève entre les Roumis et les Perses au sujet du lieu où il doit être enterré, 255. — L'oracle, consulté, répond que ce lieu est la ville d'Iskenderich, qu'il a fondée, 257. — Lamentations d'Aristalis et des sages sur Iskender, 257. — Plaintes de la mère et de la femme de ce prince, 261. — Son cercueil est mis en terre, 261. — Réflexions de Firdousi à propos d'Iskender, 263. — 271, 467, 663; VI, 201, 521; VII, 33, 37, 77, 109, 293, 309.

Iskender, plante, V, 57.

Iskender-Nameh ou le *Livre d'Alexandre le Grand*, roman historique de Nizami; caractère de cette composition; ce qui la distingue de l'épopée, I, LXXI. — Deux autres poèmes portant le même titre ont pour auteurs l'un, Djami, l'autre, Abd-al-Salam, fils d'Ibrahim, natif du Cachemire : ce dernier fait d'Alexandre un prophète de race arabe, LXXII, LXXIII.

Iskenderieh, ville du pays de Misr fondée par Iskender et où ce prince fut enterré, V, 257.

Ismail, fils d'Ibrahim le patriarche, a construit la maison sainte (la Ka'ba), V, 157. — Nasr, fils de Kalib, fait connaître à Iskender le traitement infligé par Kahthan à la famille d'Ismail et l'usurpation de Khoza', 157. — Iskender extermine la famille de Khoza' et rétablit au pouvoir la race d'Ismail, 159. — (Famille d'), I, LXXIII.

Ispahan. Voyez Isfahan.

Ispenoui, esclave favorite de Tejaou, gendre d'Afrasiab, II, 655, 657.

Israfil (L'ange), V, 219. — Iskender voit l'ange Israfil qui lui annonce sa fin prochaine, V, 219, 221.

Istakhr, ville, I, LI, 481; II, 537; V, 65, 77, 79, 87, 95, 99, 111, 271, 293, 297, 299, 305, 309, 427, 471, 513, 671, 687; VI, 125, 563; VII, 189, 415.

Ized Guschasp, scribe de Nouschirwan mis à mort par ordre de Hormuzd, VI, 551, 553, 559.

Ized Guschasp, un des officiers de Bahram Djoubineh, VI, 583, 613, 633, 639, 653, 655, 665, 677; VII, 17, 151, 155, 165, 173, 193, 245, 255.

J

Jacob (Famille de), I, LXXIII.

Janus, frère du Kaïsar de Roum fait prisonnier par Schapour Dhou'l-Aktaf, marche contre les Perses qui avaient envahi le pays de Roum, V, 463. — Il est battu et prend la fuite; les Roumis déposent le Kaïsar, 465.

Jardinier (Aventure de la femme du) avec Bahram Gour, roi de Perse, V, 609-617.

Jésus (Isa, fils de Mariam), VII, 131, 133, 291, 359. — Voyez aussi Messie (Le).

Jeux militaires et autres, I, 335, 337; II, 51, 63, 313-319, 361, 363; IV, 331, 333; V, 29, 343; VI, 33. — Voy. aussi Arc, Balle, Échecs, Joutes et Tournois, Maïl, Meïdan, Nard, Paume, Trictrac, etc.

Joaillier (La fille du) devient une des

77.

épouses de Bahram Gour, roi de Perse, V, 627-645.
JONES (W.). Voyez COMMENTARII PŒSEOS ASIATICÆ.
JOUTES ET TOURNOIS, I, 335, 337; II, 361, 363.
JOYAUX DE LA COURONNE DE L'IRAN, I, 139, 167, 487; VI, 81; VII, 463.

JUIFS, I, XXXV; V, 471, 561, 567-573; VI, 237, 297-305, 481. — (Religion des), V, 119.
JUSTICE. — Épreuve du feu, II, 237-241. — Discours de Bahram Gour sur la justice, VI, 15-19, 61, 63. — Justice de Nouschirwan, 181. — Voyez aussi SUPPLICES, etc.

K

KA'BA (La), V, 155. — Iskender va en pèlerinage à la Ka'ba, 155. — La Ka'ba a été construite par Ismaïl, fils d'Ibrahim le patriarche, et a reçu de Dieu le nom de Beït-el-Haram, 157. — Nasr, fils de Katib, vient au-devant d'Iskender et lui fait connaître que la maison sainte est au pouvoir de Khoza', 157. — Iskender extermine la famille de Khoza' et rétablit au pouvoir la race d'Ismaïl; il visite la maison sainte, 159.
KABOUL (Le), royaume, I, 235, 241, 243, 287, 291, 303-307, 315, 323, 355, 415, 417; II, 23, 253, 441, 561, 589; III, 77, 421, 509; IV, 17, 253, 275, 571, 689, 705; V, 7, 15, 267; VI, 109.
KABOUL, ville, I, 187, 257, 277, 303-307, 323-327, 339, 345, 349, 443; IV, 223, 225, 231, 285, 501, 577; V, 13.
KABOUL (Le roi de). — Zal envoie auprès de ce prince son fils Scheghad qui, d'après son horoscope, devait détruire la race de Sam, fils de Neriman, IV, 705. — Le roi donne sa fille à Scheghad. Celui-ci, blessé de ce que son frère exigeait une redevance du Kaboul, complote avec le roi de ce pays contre la vie de Rustem, 707. — Il feint de se prendre de querelle avec son beau-père et se rend auprès de Zal à qui il raconte ses griefs, 709. — Rustem promet à son frère de punir le roi de Kaboul, 711. — Celui-ci creuse des fosses dans la réserve de chasse; Rustem et Zewareh y tombent et sont mortellement blessés, 711. — Rustem tue Scheghad et meurt, 715. — Zal apprend la mort de son fils. Faramourz apporte le cercueil de Rustem et le place dans un tombeau, 719. — Faramourz marche avec une armée pour venger Rustem et met à mort le roi de Kaboul, 723. — Il retourne dans le Zaboulistan après avoir nommé de nouveau roi, 723. — VI, 65-71. — (La fille du roi de), I, LVII.
KABOULISTAN. Voyez KABOUL (Le).
KABOUS, appelé Schems-Almaali, fils de Weschmguir, prince du Djordjan et du Mazenderan, reçoit à sa cour Firdousi fuyant la colère de Mahmoud le Ghaznévide, I, XLI.
KADER-BILLAH, khalife de Baghdad, apprend de son vizir l'histoire des travaux de Firdousi et ses aventures, I, XLI. — Il se fait présenter le poëte et le traite avec bonté, XLII. — Mahmoud le Ghaznévide lui écrit une lettre menaçante pour demander que le fugitif lui soit livré; celui-ci quitte Baghdad, XLII.
KADESIA ou KADESIAH, ville, V, 157, 427; VII, 433, 439, 441, 449, 451. — (Bataille de), I, 91; VII, 433, 449, 451.
KADJAR BASCHI, KADJGHAR BASCHI, KATCHGAR BASCHI, nom de lieu, II, 307; VI, 313, 353; VII, 497. — Cf. KAFDJABASCHI et KAFDJAK TASCHI.
KAF (Le mont), I, LXXV; II, 7, 545; III, 509; IV, 21.
KAFDJABASCHI, nom de lieu, II, 473. — Voy. aussi KADJAR BASCHI et KAFDJAK TASCHI.
KAFDJAK TASCHI, nom de lieu, II, 305. — Cf. KADJAR BASCHI et KAFDJABASCHI.

TABLE ANALYTIQUE

KAFOUR, le mangeur d'hommes, roi de Bidad, III, 225, 227.

KAHKRMAN, fils de Thahmouras, I, LXXV.

KAHERMAN-NAMEH, conte historique persan de la collection d'Abou Thaher Tharsousi, ayant pour objet les aventures de Kaherman, fils de Thahmouras, I, LXXIV, LXXV, LXXVI.

KAHTHAN, V, 157. — (Désert de), I, 295.

KAÏMAK. Voy. KEÏMAK.

KAÏOUMORS, premier roi de Perse, I, XLIX, LXXVI. — Époque à laquelle il devint maître du monde; il établit sa demeure dans les montagnes et invente l'art de se vêtir et de se nourrir; durée de son règne, sa puissance sur les animaux féroces; son fils Siamek, 29. — Ahriman le Méchant porte envie au roi et complote, avec son fils Div, de lui ravir le trône; le bienheureux Serosch révèle à Kaïoumors le danger qui le menace; Siamek marche contre le Div; combat singulier et mort de Siamek, 31. — Douleur du roi et de l'armée à cette nouvelle, 31. — Dieu lui envoie l'ange Serosch pour l'inviter à venger la mort de son fils, 33. — Il rassemble une armée formidable de Péris et d'animaux féroces et marche contre le Div, accompagné de son petit-fils Houscheng, 33. — Victoire de Houscheng; mort de Kaïoumors, 35. — V, 625; VI, 237, 485, 527; VII, 105, 121, 133, 183, 285.

KAÏS, fils de Harith, chef arabe, rencontre dans le désert Khosrou Parviz qui cherchait à gagner le Roum; il lui donne des vivres et un guide, VII, 91, 93.

KAÏSAR (Le) de Roum, I, 251, 253. — Ce prince reçoit de Keï Kaous l'ordre d'envoyer à sa cour tous les cavaliers du pays de Roum les plus célèbres par leur grande expérience, II, 35. — 509. — Ville où résidait le Kaïsar, IV, 291. — Guschtasp, fils de Lohrasp, roi de Perse, quitte la cour de son père et se rend dans le pays de Roum, 291. — Il arrive dans la capitale du Kaïsar et cherche en vain une occupation qui lui permette de vivre, 291. — Un dihkan lui donne l'hospitalité, 295. — Histoire de Kitaboun, fille du Kaïsar, 297. — Son père conçoit l'intention de la marier, 297. — Elle voit en songe celui qui doit être son époux. Le lendemain, elle traverse, selon la coutume, la foule des grands assemblés, sans trouver quelqu'un qui lui convienne, 299. — Le jour suivant, nouvelle assemblée d'un ordre inférieur, à laquelle Guschtasp assiste à l'écart, 299. — La princesse l'aperçoit, vient à lui et lui pose son diadème sur la tête, 301. — Colère du Kaïsar; il se décide pourtant à donner sa fille à Guschtasp et les chasse de sa présence, 301. — Ils sont recueillis par le dihkan qui avait déjà reçu Guschtasp dans sa maison, 303. — Le jeune prince iranien cherche des ressources dans la chasse et retrouve Heïschoui avec lequel il se lie d'amitié, 303. — Mirin demande la seconde fille du Kaïsar, qui lui impose l'obligation de tuer le loup de la forêt de Fasikoun, 305. — Mirin va trouver Heïschoui, ami de Guschtasp, et lui conte son embarras, 307. — Celui-ci le met en relation avec le prince iranien et propose à ce dernier de venir en aide à Mirin, 307. — Guschtasp tue le loup de la forêt de Fasikoun, 311. — Mirin raconte au Kaïsar que le monstre est tombé sous ses coups, 317. — Le Kaïsar va voir le corps du loup et donne sa fille à Mirin, 319. — Ahren demande en mariage la troisième fille du Kaïsar; celui-ci met pour condition à cette union qu'Ahren délivrera le pays du dragon du mont Sekila; Ahren va trouver Mirin pour lui demander conseil, 319. — Celui-ci lui avoue que le loup de Fasikoun a été tué par Guschtasp; il lui donne une lettre pour Heïschoui, 321. — Heïschoui met Ahren en relation avec Guschtasp et engage ce dernier à lui rendre le service qu'il demande, 323. — Guschtasp tue le dragon et le Kaïsar donne sa fille à Ahren, 325. — Guschtasp se distingue dans le cirque, 331. — Le Kaïsar le fait appeler et s'informe de son nom et de sa famille; il se fait reconnaître pour l'époux de Kitaboun et le vainqueur du loup et du dragon, 333. — Le Kaïsar rend hommage à la vertu de sa fille, 333. — Il l'interroge sur la famille de son mari; elle ne peut que lui répondre qu'il prétend s'appeler Farrukhzad; le Kaïsar soumet tout son empire à Guschtasp, 335. — Lettre du Kaïsar à Ilias, à qui il demande un tribut, et refus de ce prince, 335. — Mirin et Ahren essayent de desservir Guschtasp dans l'esprit du Kaïsar; Guschtasp promet au roi de détruire l'armée d'Ilias à la condition que Mirin et Ahren n'assisteront pas au combat, 337. — Les deux armées arrivent en présence; Ilias tente de détacher Guschtasp du service du Kaïsar; le prince repousse ses propositions, 339. — Combat de Guschtasp et d'Ilias et mort de ce dernier, 339. — Le Kaïsar exige de Lohrasp un tribut pour l'Iran, 343. — Le roi s'étonne de cette soudaine ambition que l'envoyé de Roum lui explique par la présence à la cour de Roum d'un vaillant cavalier qui a délivré le pays de deux monstres, 345. — Au portrait qui lui est fait de ce héros, Lohrasp reconnaît Guschtasp, 347. — Il charge son fils Zerir d'un message pour le Kaïsar, 347. — Zerir arrive à la cour de Roum; il feint de ne pas reconnaître son frère, 349. — Il invite le Kaïsar de la part de son père à céder son trône ou à se préparer au combat, 349. — Le Kaïsar répond qu'il est toujours prêt à commencer la guerre, et Zerir prend congé de lui, 351. — Guschtasp propose au Kaïsar d'aller trouver Zerir et d'obtenir de lui ce qu'il désire; Zerir accueille son frère avec tendresse et lui fait connaître que leur père lui abandonne la couronne et le trône, 351. — Le Kaïsar se rend auprès des Iraniens et apprend que Farrukhzad n'est autre que Guschtasp; celui-ci l'accueille amicalement et le prie de lui envoyer son épouse Kitaboun, 353. — Le Kaïsar fait à sa fille et à son gendre de riches présents, 353. — A l'arrivée de Kitaboun auprès de son époux, les Iraniens se mettent en marche vers leur pays; Guschtasp quitte le Kaïsar en lui promettant de ne jamais réclamer de tribut du Roum, 355. — Le Kaïsar apprend les victoires du roi contre Ardjasp, roi des Turcs, et lui envoie des présents, 429. — Origine du Kaïsar de Roum, 619. — V, 41. — Le Kaïsar ayant eu ses armées battues par Schapour, fils d'Ardeschir, demande et obtient la paix moyennant un tribut, V, 393. — Schapour Dhou'l-Aktaf va à Roum (Ctésiphon) déguisé en marchand pour voir la splendeur du Kaïsar, son armée, ses trésors et sa puissance, 435. — Il est introduit auprès du Kaïsar; un Iranien établi à Roum le reconnaît et le dénonce au Kaïsar, qui le fait saisir et emmener dans le palais des femmes, 439. — Schapour est cousu dans une peau d'âne et confié à la garde d'une jeune esclave de race iranienne, 441. — Le Kaïsar envahit l'Iran et le ravage; la jeune fille délivre Schapour de sa peau d'âne, 441. — Le roi et sa libératrice parviennent à quitter le palais du Kaïsar, 445. — Ils s'enfuient de Roum et arrivent dans l'Iran, 447. — Schapour apprend d'un jardinier, qui lui avait donné l'hospitalité, les maux que son royaume avait soufferts de l'invasion du Kaïsar, 449. — Les Iraniens reconnaissent Schapour, et il rassemble autour de lui une armée, 451. — Schapour, dans une attaque de nuit, fait prisonnier le Kaïsar, 455. — Il envoie dans toutes les provinces la nouvelle de sa victoire, 457. — Il fait

TABLE ANALYTIQUE

615

couper les pieds et les mains aux instigateurs de la guerre contre l'Iran et reproche au Kaïsar sa conduite, 459. — Traitement qu'il fait subir à ce prince, 461. — Schapour conduit une armée dans le Roum et combat le frère du Kaïsar, 463. — Les Roumis déposent le Kaïsar et nomment à sa place Baranousch; lettre de ce prince à Schapour, 465. — Le roi de Perse pardonne aux Roumis, 467. — Baranousch se rend auprès de Schapour et s'engage par traité à lui payer un tribut et à lui livrer Nisibin, 469. — Les habitants de cette ville refusent de recevoir Schapour; ils sont battus et obtiennent leur grâce, 471. — Le Kaïsar meurt en prison et son corps est renvoyé à Roum, 471. — Les prisonniers roumis sont internés dans le Khouzistan et dans l'Ahwaz, 473. — Le Kaïsar apprend que Bahram Gour ne songe qu'au plaisir; il rassemble son armée et marche contre l'Iran, 671. — Un ambassadeur du Kaïsar arrive à la cour de Bahram; il est reçu par Nersi, frère de Bahram, 675. — Bahram Gour fait venir devant son trône l'envoyé du Kaïsar, VI, 5. — Questions et réponses de l'envoyé roumi et des Mobeds de l'Iran, 7. — Bahram Gour donne congé à l'envoyé du Kaïsar, 13. — Il lui fait de riches présents, 15. — 95. — Moudhir l'Arabe demande aide à Kesra Nouschirwan contre les iniquités du Kaïsar, 195. — Kesra reproche au Kaïsar sa conduite, 195. — Le Kaïsar se répand en menaces contre Moudhir, 197. — Kesra confie une armée à Moudhir et lui ordonne de conduire ses troupes contre le Roum, 197. — Lettre de Nouschirwan au Kaïsar de Roum et réponse de ce dernier, 199. — Nouschirwan marche contre le Kaïsar, 201. — Il arrive près de l'ennemi et dispose son armée pour la bataille, 205. — Il prend des forteresses dans le pays de Roum, 209. — Il combat Farfourius

(Porphyre) le Roumi et s'empare de Kalinius et d'Antioche, 211. — Il bâtit une ville en imitation d'Antioche et y établit les captifs roumis, 215. — Le Kaïsar de Roum demande la paix, 217. — Un traité est conclu entre Nouschirwan et le Kaïsar, 221. — Nouschzad, fils de Nouschirwan, se révolte contre son père et se reconnaît vassal du Kaïsar, 227. — 231. 237. — Un envoyé du Kaïsar vient apporter à Nouschirwan des présents et le tribut du Roum, 361. — Le Kaïsar envoie à Nouschirwan un écrin fermé, promettant le tribut et de riches présents si le roi ou ses Mobeds devinent ce que renferme l'écrin, 463. — Les Mobeds sont obligés de confesser leur ignorance; le roi comprend que Buzurdjmihr seul peut lui venir en aide et l'envoie chercher, 465. — Buzurdjmihr questionne, en chemin, sur leur condition, trois femmes qu'il rencontre, 467. — Il arrive en présence du roi qui lui raconte l'histoire de l'écrin et du cadenas, 467. — L'envoyé du Kaïsar reproduit devant Buzurdjmihr les paroles de son maître, 469. — Le sage Destour fait connaître au roi le contenu de l'écrin; l'écrin est ouvert et l'on trouve que Buzurdjmihr a dit vrai, 469. — Opinion de Nouschirwan sur le caractère des guerres entre les Iraniens et les Roumis, 479. — Nouschirwan reçoit la nouvelle de la mort du Kaïsar et de l'avénement de son fils; il écrit une lettre de condoléance au jeune prince, 509. — Celui-ci, irrité de ce que Nouschirwan s'attribuait le premier rang dans la suscription de sa lettre, fait mauvais accueil à l'envoyé iranien, 509. — Réponse que font à Nouschirwan les conseillers du Kaïsar et message dont ce dernier charge l'envoyé du roi, 511. — Nouschirwan prend la résolution de punir le Kaïsar de son orgueil et quitte Madaïn avec son armée, 513. — Le Kaïsar apprend que Nouschirwan marche contre le Roum, 513. — Il sort d'Ammourieh et met le siége devant Haleb; les Roumis sont battus et se retranchent dans leur camp, 515. — Nouschirwan, manquant d'argent pour continuer la guerre, est obligé de faire un emprunt, 515. — Les envoyés du Kaïsar arrivent avec des excuses et des offrandes, 519. — Ils payent le tribut et prennent congé du roi, 523. — Le Kaïsar marche contre Hormuzd, fils de Nouschirwan, et reprend toutes les provinces qu'avait conquises Nouschirwan, 569. — Le Destour de Hormuzd lui conseille de traiter avec les Roumis afin d'avoir plus facilement raison de ses autres ennemis, 571. — Hormuzd restitue au Kaïsar toutes les villes prises par Nouschirwan, et le roi de Roum s'en retourne dans son pays, 573. — Khosrou Parviz ayant été battu par Bahram Djoubineh, son père Hormuzd lui conseille de se réfugier dans le Roum et de solliciter l'aide du Kaïsar, VII, 59. — 61. — Khosrou arrive au Roum, 63. — Il reçoit l'hospitalité dans un couvent appelé la Maison de Dieu, 63. — 83. — Khosrou va au Roum par le désert; un ermite lui prédit l'avenir, 89. — Il entre dans le pays de Roum et arrive à Karsan où il est reçu après quelques difficultés, 95. — Il écrit au Kaïsar et se rend à Manouï, puis à Aurigh, ville qui possédait un morceau de la croix, 97. — Un ermite lui prédit l'avenir, 97. — Khosrou Parviz envoie une lettre au Kaïsar de Roum, 101. — Ce prince fait un accueil bienveillant aux envoyés de Khosrou, 105. — Kharrad, fils de Berzin, lui donne connaissance du message par lequel son maître demande vengeance contre Bahram Djoubineh, 105. — Réponse du Kaïsar à la lettre de Khosrou; il lui promet de l'argent et des troupes, 107. — Ses conseillers le font revenir sur sa détermination; il envoie un nouveau message à Khosrou, 109. — Ce prince fait une seconde tentative auprès du Kaïsar et décide de quitter le Roum et de s'adresser au Khakan, si les Roumis ne veulent pas l'aider, 111. — Les astrologues font connaître au Kaïsar que Khosrou ne tardera pas à reprendre le pouvoir, 113. — Le Kaïsar écrit de nouveau à Khosrou Parviz, 113. — Il lui fait savoir que les anciennes haines sont oubliées, qu'il rassemble pour lui une armée, et lui demande de déclarer qu'il n'exigera plus de tribut du Roum et qu'il abandonnera toutes ses conquêtes dans ce pays, 115. — Il l'invite à se lier par un traité solennel et lui offre sa fille en mariage pour cimenter cette alliance, 117. — Khosrou écrit une lettre d'alliance et l'envoie au Kaïsar, 119. — Il lui demande sa fille en mariage, 121. — Les Roumis préparent une figure magique et soumettent les Iraniens à une épreuve, 123. — Kharrad, fils de Berzin, découvre le mystère, 129. — Il explique au Kaïsar la religion des Hindous; controverse religieuse entre ces deux personnages, 129. — Le Kaïsar envoie à Khosrou Parviz une armée et sa fille, 135. — Khosrou conduit l'armée à Ader-Abadghan, 139. — Maosil l'Arménien et Bendouï viennent au-devant de Khosrou, 141. — Maosil rend hommage à Khosrou, qui l'accueille avec bienveillance, 143. — De nombreux partisans se rassemblent autour du jeune roi, 145. — Bahram Djoubineh apprend le retour de Khosrou et adresse des lettres aux grands de l'Iran, 145. — Le messager de Bahram remet les lettres à Khosrou, 147. — Celui-ci répond à Bahram au nom des grands et lui tend un piége, 147. — Bahram Djoubineh se met en marche contre Khosrou et bat les Roumis, 149. — Mort de Kout, un des chefs roumis, 153. — Khosrou ordonne à Serguis de faire reposer les troupes du Kaïsar, se réservant de mener, le lende-

main, les Iraniens au combat, 157. —
Les Pehlewans de Khosrou se battent
contre Bahram Djoubineh, 157. —
Khosrou choisit quatorze braves et s'a-
vance contre son ennemi, 163. — Bahram court à sa rencontre; les compagnons de Khosrou l'abandonnent, et il
s'enfuit, poursuivi par Bahram, 165.—
Il arrive devant un rocher inaccessible;
le Serosch lui apparaît et le sauve; Bahram, stupéfait, se retire, 167. — Troisième combat de Khosrou Parviz contre
Bahram et défaite de ce dernier, 169.
— Bahram s'enfuit devant Khosrou et
se réfugie auprès du Khakan de la Chine,
173. — Lettre de Khosrou Parviz au
Kaïsar pour lui annoncer sa victoire;
réponse du Kaïsar, 177. — Il envoie à
Khosrou de riches présents; scrupules
du roi au sujet des vêtements ornés
d'une croix, 181. — Neïathous, frère
du Kaïsar et chef des auxiliaires roumis, est insulté par Bendouï; il fait
prendre les armes à ses soldats et demande que Bendouï lui soit livré, 183.
— Mariam, épouse de Khosrou, fait la
paix entre Neïathous et Bendouï, 185.
— Neïathous et les Roumis reviennent
de l'Iran auprès du Kaïsar, 187. —
Khosrou Parviz écrit au Kaïsar pour
l'informer de la mort de Bahram Djoubineh, 237. — Naissance de Schirouieh,
fils de Khosrou Parviz et de Mariam,
fille du Kaïsar, 277. — Khosrou écrit
au Kaïsar qui lui répond en lui demandant la croix du Messie, 281. — Khosrou Parviz répond à la lettre du Kaïsar,
289. — Guraz écrit au Kaïsar de lever
une armée et de marcher sur l'Iran, lui
promettant son aide; le Kaïsar arrive
sur la frontière de l'Iran, 333. —
Khosrou Parviz apprend la trahison de
Guraz et manœuvre de façon à le
perdre dans l'esprit du Kaïsar, 333. —
Le Kaïsar saisit une lettre de Khosrou
adressée à Guraz et se persuade que ce
dernier lui a tendu un piège; il se retire

avec son armée, 335. — Guraz se plaint
au Kaïsar de son abandon, 335. —
Celui-ci lui reproche sa trahison; Guraz
comprend d'où vient le coup qui le frappe
et cherche en vain à se justifier auprès
du Kaïsar, 337. — 339, 359, 379, 381.
Kakoui, petit-fils de Zohak, attaque Mi-
noutchehr occupé à guerroyer contre
son oncle Selm, I, 199. — Combat
singulier de Minoutchehr et de Kakoui,
201. — Ce dernier est tué, 201.
Kakuleh, descendant de Tour, IV, 83.
Kala (Montagnes de), II, 421.
Kalahoûr, guerrier du Mazenderan, I, 561.
Kalila et Dimna. Voy. Calila et Dimna.
Kalinios, ville forte du pays de Roum, VI,
213, 215, 217, 219.
Kaloun, guerrier turc de l'époque d'Afrasiab, I, 455, 461.
Kaloun, vieillard turc qui fut l'assassin de
Bahram Djoubineh, VII, 223-237.
Kalous, noble de Roum, IV, 343, 345, 439.
Kamous de Kaschan, allié ou vassal d'Afrasiab. — Son histoire. Commencement du
récit, III, 5. — Afrasiab envoie le Khakan de la Chine et Kamous au secours
de Piran, aux prises avec les Iraniens,
75. — Kamous va, avec le Khakan de
la Chine, reconnaître l'armée des Iraniens, 91. — Le Khakan tient conseil
au sujet du plan d'attaque à adopter,
91. — Kamous, contrairement à l'avis
de Piran, propose de livrer bataille sans
retard, 93. — Le Khakan adopte sa
manière de voir, 93. — Feribourz arrive au mont Hemawen, 95. — Piran
tient conseil avec le Khakan, 97. —
Kamous se propose d'anéantir Rustem
et son armée, 97. — 99. — Il se prépare
à attaquer les Iraniens, 103. — Il met
son armée en mouvement et l'amène
devant le mont Hemawen, 105. — Combat de Guiv et de Kamous, 105. — Thous
vient au secours de Guiv, 107. — Rustem arrive au camp des Iraniens, 107.
— Les chefs de l'armée l'entretiennent
des troupes innombrables de l'ennemi et

des guerriers qui les commandent, 111. — Piran apprend de Houman qu'un secours est arrivé aux Iraniens, et court en avertir Kamous, 113. — Celui-ci le délivre de l'inquiétude que lui inspirait Rustem, 115. — Piran prévient le Khakan de la Chine qu'il va livrer combat, 115. — Kamous range son armée en ligne de bataille, 117. — Rustem dispose ses troupes et ordonne à Thous de se préparer à la lutte; il va reconnaître le Khakan et les Touraniens, 117. — Les Iraniens se mettent en mouvement, 119. — Kamous harangue son armée, 119. — Combat de Rustem avec Aschkebous, 121. — Le Khakan demande à Piran quel peut être le guerrier qui vient de tuer Aschkebous, 125. — Kamous interroge Piran au sujet de Rustem, 127. — Réponse de Piran, 127. — Plaisir que causent à Kamous les paroles flatteuses de Piran, 129. — Les Iraniens et les Touraniens forment leur ligne de bataille, 131. — Le Khakan exhorte ses troupes, 131. — Kamous commande l'aile droite de l'armée des Turcs, 133. — Il s'avance le premier entre les deux armées et défie les Iraniens; Alwa se présente pour le combattre, 135. — Kamous le désarçonne et le fait broyer par son cheval; Rustem se dispose à venger Alwa, 135. — Combat de Rustem et de Kamous; ce dernier est jeté à terre et fait prisonnier, 137. — Rustem l'emporte vers l'armée de l'Iran, 137. — Il le livre aux chefs de l'armée qui lui hachent le corps avec leurs épées, 139. — 141, 143, 145, 147, 153, 165, 175, 191, 193, 199, 205, 211, 221, 237, 239, 245, 267, 269, 611, 641; IV, 251.

KANDAHAR, ville, III, 309, 509.

KANODDJ, ville et royaume de l'Inde, I, 23, 251, 415; II, 389; IV, 223, 231, 233, 699; V, 113, 143, 267; VI, 29, 41, 47, 49, 53, 55, 61, 65, 71, 385, 395, 399, 449, 453. — (Le fleuve de), VI, 23. — (La mer du), 395.

KAKSOU LE GAURIDE, prince auquel Tatar-Aly-Effendi présenta sa traduction turque du Livre des Rois de Firdousi, I, LXXIX.

KARAKHAN, fils d'Afrasiab, III, 317, 415; IV, 29, 31, 81, 91, 93.

KARAKHAN, chef de l'armée de Nouschirwan, VI, 483.

KARES (Montagne de), IV, 483.

KAREN, fils de Burzmihr, noble iranien, contemporain de Bahram Gour, V, 673.

KAREN, fils de Guschasp, noble iranien, contemporain de Yezdegnerd le Méchant, V, 525.

KAREN, fils de Kaweh, I, 169, 175, 179, 183. — Minoutchehr lui donne le commandement de l'armée qu'il conduit contre ses oncles Selm et Tour, 183. — 187, 189. — Minoutchehr le charge de s'emparer de la forteresse des Alains dans laquelle Selm songeait à se retirer après la défaite et la mort de Tour, 195. — Stratagème qu'il emploie pour pénétrer dans la place, 195. — Il massacre la garnison et détruit le château, 197. — Il rejoint Minoutchehr; ce prince lui apprend qu'il vient d'être attaqué par Kakoui, petit-fils de Zohak, 199. — 231, 391, 393. — Il commandait l'armée que Newder menait à la rencontre d'Afrasiab, 393. — Barman, un des généraux d'Afrasiab, défie les guerriers de l'armée de Karen; Kobad, frère de Karen, se présente seul pour le combattre; celui-ci cherche à le dissuader de cette résolution, 397. — Combat singulier entre Kobad et Barman, et mort de Kobad, 399. — Karen fait avancer son armée, 399. — Hauts faits de Karen; la nuit sépare les combattants, 401. — Karen ramène ses troupes devant Dehistan et rend compte au roi des circonstances de la lutte, 401. — Second combat d'Afrasiab contre Newder; succès des Touraniens, 403. — Troisième combat de Newder et d'Afrasiab, 405. — Les Iraniens sont vaincus; Newder et Karen ramènent l'armée dans la forteresse de Dehistan, qui est aussitôt investie, 407. — Afrasiab envoie une armée dans le Fars; Karen offre à Newder de suivre les traces des Turcs, 407. — Le roi refuse de le laisser partir; les grands tiennent conseil dans le palais de Karen et conviennent d'aller dans le pays de Fars au secours de leurs familles, 409. — Karen quitte Dehistan avec une grande partie de l'armée, 409. — Il tue Barman, le meurtrier de son frère, qui voulait s'opposer à son passage, et poursuit sa route vers l'Iran. Newder tombe aux mains d'Afrasiab, 411. — Ce dernier envoie Wiseh, père de Barman, à la poursuite de Karen, 413. — Wiseh trouve son fils mort; sa douleur et sa colère à cette vue, 413. — Il atteint Karen; il est défait et retourne vers Afrasiab, 415. — Après sa victoire sur Wiseh, Karen rencontre l'armée de Schemasas et de Khazarwan que Zal vient de disperser, 421. — Les Turcs sont taillés en pièces; Schemasas parvient à s'échapper avec quelques hommes, 423. — 429. — Karen va, avec les Mobeds et les chefs des frontières, annoncer à Zew, fils de Thalmasp, qu'il a été choisi pour succéder à Newder, 435. — Il reçoit le commandement du centre de l'armée que Keïkobad mène contre les Turcs, 465. — Ses exploits, 465. — Il tue Schemasas, 467. — 475, 481; IV, 21, 47, 53, 55, 67; VII, 383.

KAREN LE PARSI, noble iranien, contemporain de Bahram Gour, V, 681.

KARKII. Voy. KERKII.

KARKOUÏ, petit-fils de Selm et descendant de Zohak, I, 299. — Combat singulier de Karkouï et de Sam, fils de Neriman; Karkouï est tué, 301.

KARMATIES, secte musulmane, I, xxxiv.

KARSAN, ville du Roum, VII, 95, 97.

KASCHAF (Le), fleuve, I, 309. — Un dragon, sorti du lit de ce fleuve, est combattu et tué par Sam, fils de Neriman, 309-313.

KASCHAN, ville, III, 117, 141, 159, 213,

224; IV, 85; VI, 313. — (Le pays de), IV, 23, 373; VI, 319; VII, 35.

KASCHGAR, ville, IV, 187.

KASCHMIR (Le), royaume de l'Inde, I, LXVIII, 25; II, 589; III, 77, 237, 421, 499, 509; IV, 705; VI, 401, 403, 421, 433, 441; VII, 463. — (Le roi de), VI, 65-71.

KASERROUD (Le), fleuve, II, 579, 641, 645, 647, 649, 663, 701; III, 553.

KAT, nom de pays ou de ville, III, 77.

KATCHGAR BACHI. Voy. KADJAR BASCHI.

KAWAM-EDDIN ABOU'L-FATAH ISA IBN-ALI IBN-MOHAMMED, d'Ispahan, entreprend la première traduction du *Livre des Rois* de Firdousi, I, LXXVIII, LXXIX.

KAWEH LE FORGERON, I, 85. — Se présente devant le roi Zohak et demande que le dernier de ses dix-sept fils lui soit rendu, les seize autres ayant été mis à mort pour nourrir les serpents du roi, 87. — Zohak lui rend son fils, s'efforce de le gagner par de bonnes paroles et lui demande de confirmer l'acte par lequel les grands du royaume déclaraient que le roi s'était toujours inspiré de la justice dans sa conduite, 89. — Indignation de Kaweh; il déchire la déclaration et sort du palais en demandant justice; il arbore son tablier de forgeron au bout d'une lance, en guise de drapeau, et soulève le peuple en faveur de Feridoun, 89. — Il se rend au palais du jeune prince qui accepte le nouvel étendard comme un signe de bonheur, le revêt d'ornements précieux et lui donne le nom de *kawiani-direfsch*, 91. — Kaweh précédait l'armée de Feridoun dans sa marche contre Zohak, 95. — 179. — (L'étendard de). Voy. ÉTENDARD DE KAWEH (L').

KAWEH (Famille de). — Traditions relatives à cette famille; indications historiques qu'en ont tirées les chronologistes et les historiens musulmans, III, II. — Un grand nombre de membres de cette famille périrent au combat de Peschen, V, VI, VII.

78.

Kaweiani-Direfsch. Voy. Étendard de Kaweh (L').

Kerouden, père d'Afrasiab, II, 649, 651.

Kermoui (Aventure de), le chef de village, avec Bahram Gour, roi de Perse, V, 577, 579.

Kehila, chef touranien de l'époque d'Afrasiab, IV, 31, 73.

Kehrem, noble touranien du temps d'Afrasiab, III, 565, 579, 581. — Cf. Kubrem.

Kehrem, fils d'Ardjasp, prince touranien, IV, 383, 399, 401, 449, 451, 453, 457, 459, 475, 477, 481, 483, 523, 539, 541, 545, 547, 549, 551, 553.

Keï Abisch, prince iranien, II, 217. — Cf. Abisch, fils de Keï Kobad.

Keï Armin, fils de Keï Kobad, I, 483.

Keï Kaous, fils de Keï Kobad, roi de Perse, I, xxxvii, lxii-lxiv. — Conseils que lui donne son père en mourant, 483. — Il succède à son père; durée de son règne; orgueil que lui cause sa puissance, 487. — Guerre contre le Mazenderan, 487. — Un Div, déguisé en musicien, se fait introduire auprès de lui, et, par une chanson où il fait l'éloge du Mazenderan, lui inspire le désir de porter la guerre dans ce pays, 489. — Désolation des grands du royaume à cette nouvelle, 491. — Ils tiennent conseil et envoient un message à Zal pour le prier de dissuader le roi de ce funeste projet, 491. — Zal se rend auprès du roi; les grands vont au-devant de lui, 493. — Ils le remercient de s'être rendu à leurs désirs, et vont avec lui chez le roi, 495. — Zal donne conseil à Kaous, 495. — Il lui montre les périls de l'entreprise qu'il projette, 497. — Le roi persiste dans sa résolution et demande à Zal d'être, avec Rustem, le gardien de l'Iran, 497. — Zal prend congé du roi le cœur plein de tristesse et reçoit les adieux des grands, 499. — Kaous part pour le Mazenderan; il confie à Milad le pays d'Iran, et lui recommande d'invoquer le secours de Zal et de Rustem au jour du danger, 499. — L'armée arrive devant le mont Aspraus et s'établit dans ce lieu ; sur l'ordre du roi, Guiv s'empare de la ville de Mazenderan et la brûle, 501. — Beauté de cette ville et richesses qu'elle renfermait, 501. — Le roi du Mazenderan apprend les dévastations commises par les Iraniens; il appelle le Div blanc à son aide, 503. — Celui-ci fait pleuvoir pendant la nuit des pierres et des javelots sur les Iraniens; leur vue s'obscurcit, ils se dispersent et sont faits prisonniers, 503. — Reproches du Div blanc à Keï Kaous; douze mille Divs armés de poignards sont commis à la garde des prisonniers, 505. — Le butin et les Iraniens captifs sont emmenés à la cour du roi de Mazenderan, 505. — Message de Kaous pour Zal et pour Rustem, 507. — Zal ordonne à son fils de se préparer à venger, sur les Divs et le Mazenderan, la défaite et la captivité de Kaous, 507. — Il l'engage à choisir, pour se rendre dans le Mazenderan, celui des deux chemins qui est le plus court, mais où il rencontrera des dangers de toute sorte, 509. — Rustem jure de ramener les Iraniens encore vivants et de punir leurs oppresseurs, 509. — Il fait ses adieux à Zal et à Roudabeh, 511. — Les sept aventures de Rustem. Première aventure : Raksch combat un lion, 511. — Deuxième aventure : Rustem trouve une source, 513. — Troisième aventure : Rustem combat un dragon, 517. — Quatrième aventure : Rustem tue une magicienne, 521. — Cinquième aventure : Aulad tombe au pouvoir de Rustem, 525. — Celui-ci lui promet de lui donner le Mazenderan, s'il veut le guider vers l'endroit où le roi Kaous est retenu prisonnier, 529. — Aulad accepte cette proposition, 529. — Ils arrivent à l'entrée du pays de Mazenderan, 531. — Sixième aventure : Combat de Rustem contre le Div Arzeng, 533. — Il le tue et extermine son armée; il se

TABLE ANALYTIQUE

fait conduire à la ville où se trouve le roi Kaous, 533. — Entrevue de Rustem et de Kaous; le roi engage Rustem à combattre le Div blanc; il lui indique le lieu de sa résidence, 535. — Septième aventure : Rustem tue le Div blanc, 537. — Il revient auprès de Kaous et reçoit les bénédictions et les actions de grâces du roi, 541. — On verse du sang du Div blanc dans les yeux du roi, et ils redeviennent brillants ; les Iraniens se répandent dans le Mazenderan et le mettent à feu et à sang, 543. — Kaous écrit une lettre au roi de ce pays, 543. — Il l'invite à reconnaître sa suzeraineté et à lui payer un tribut, 545. — Le roi du Mazenderan refuse de se soumettre, et répond à Kaous qu'il part pour le combattre et pour ravager l'Iran, 547. — Kaous fait connaître à Rustem la réponse faite à sa lettre, 547. — Sur le conseil de Rustem, il invite de nouveau le roi du Mazenderan à venir lui rendre hommage, 549. — Rustem va chez le roi du Mazenderan avec un message; celui-ci envoie au-devant de lui quelques-uns d'entre ses grands; promesses de Rustem, 549. — Kalahour veut éprouver la force de Rustem; il est vaincu et conseille au roi de se résigner à payer le tribut, 551. — Rustem remet au roi du Mazenderan la lettre de Kaous; colère du roi à la lecture de cette lettre; réponse hautaine et menaçante qu'il fait au messager, 553. — Celui-ci retourne auprès du roi de l'Iran et lui rend compte de sa mission, 553. — Combat de Kaous contre le roi du Mazenderan, 555. — Un des grands de ce pays, nommé Djouia, sort des rangs et défie les Iraniens, 555. — Rustem se présente pour le combattre et le tue, 557. — Les deux armées en viennent aux mains et combattent pendant sept jours; le huitième jour, Kaous implore l'aide de Dieu et se met à la tête de son armée, 559. — La lutte continue, 559. — Rustem attaque le roi du Mazenderan et le frappe de sa lance; celui-ci se change en un quartier de roche, 561. — Rustem raconte à Kaous ce qui vient de se passer, 561. — Le roi ordonne que cette pierre soit portée auprès de son trône; les Iraniens essayent en vain de la remuer; Rustem l'enlève sans aide et va la jeter devant les tentes du roi, 563. — Il force le roi du Mazenderan à reprendre sa forme naturelle, et le conduit devant le roi Kaous; celui-ci lui reproche ses anciennes souffrances et le fait couper en morceaux, 563. — Il distribue le butin à son armée, fait décapiter les Divs, rend grâces à Dieu qui lui avait donné la victoire et passe quelque temps en fêtes dans le Mazenderan, 565. — Rustem demande pour Aulad l'investiture de ce royaume; Kaous confère la couronne à Aulad et quitte le Mazenderan, 565. — Kaous retourne dans l'Iran et congédie Rustem, 567. — Marche triomphale de Kaous à travers son royaume; il comble Rustem de présents magnifiques, et lui renouvelle l'investiture du Nimrouz, 567. — Départ de Rustem; puissance de Kaous et prospérité de son royaume, 569. — Expédition de Keï Kaous dans le Berberistan et autres histoires. Guerre contre le roi de Hamaveran, II, 5. — Keï Kaous visite son empire et arrive au pays de Berber; les troupes des Berbers sortent de leur pays pour livrer bataille, 5. — Elles sont vaincues et se soumettent; le roi se rend dans le Zaboulistan, où il reçoit l'hospitalité de Rustem, 7. — Révoltes chez les Arabes, en Égypte et en Syrie, 7. — Kaous conduit ses troupes contre le roi du Hamaveran et les autres princes ligués avec lui, 9. — Victoire des Iraniens; le roi du Hamaveran fait sa soumission et reçoit son pardon, 11. — Kaous demande en mariage Soudabeh, fille du roi du Hamaveran, 11. — Chagrin que cause cette demande au roi du Hamaveran,

13. — Il consulte sa fille, qui lui conseille d'accepter l'alliance du roi de l'Iran; l'union de Kaous et de Soudabeh est conclue entre le roi et l'envoyé de Kaous, 15. — La princesse est conduite au roi de l'Iran, 15. — Mariage de Kaous et de Soudabeh, 17. — Le roi du Hamaveran s'empare de Kaous, 17. — Ce prince est envoyé prisonnier dans une forteresse avec les grands de son royaume, 19. — Douleur de Soudabeh à la nouvelle de cette trahison; elle refuse de retourner chez son père; celui-ci l'envoie dans la forteresse, auprès de son mari, 21. — Afrasiab attaque le pays de l'Iran, 21. — Il s'en empare; les Iraniens envoient un messager implorer le secours de Rustem; Rustem lève des armées dans les provinces de l'empire, 23. — Il envoie un message au roi du Hamaveran pour l'inviter à rendre la liberté à Kaous; réponse arrogante qui est faite à son messager, 25. — Il se dirige vers le Hamaveran; le roi de ce pays réunit ses troupes; rencontre des deux armées; les soldats du Hamaveran s'enfuient à la vue de Rustem. Le roi envoie des messagers en Égypte et dans le pays de Berber pour demander l'aide des rois de ces contrées, 27. — Ceux-ci assemblent leurs armées et se mettent en marche, 27. — Rustem fait prévenir en secret Kaous de ce qui se passe; celui-ci lui répond de combattre sans s'inquiéter de sa personne, 29. — Rustem combat les trois rois et délivre Kaous de prison, 29. — Kaous envoie des messages au Kaïsar de Roum et à Afrasiab, les Arabes chargent un de leurs cavaliers de faire connaître au roi de l'Iran la résistance qu'ils ont opposée à l'invasion des Turcs, 35. — Kaous ordonne à Afrasiab de sortir de l'Iran, 35. — Afrasiab refuse d'abandonner l'Iran et marche à la rencontre de Keï Kaous, 37. — Les deux armées en viennent aux mains, 37. — Les Turcs faiblissent; Afrasiab harangue ses troupes, et promet un royaume et la main de sa fille à qui s'emparera de Rustem, 39. — Défaite d'Afrasiab qui s'enfuit dans le Touran; Kaous rétablit l'ordre dans le monde, 39. — Il fait construire par les Divs des palais magnifiques et d'autres édifices, 41. — Kaous est tenté par Iblis et vole vers le ciel, 43. — Il fait attacher à un trône quatre aigles vigoureux qui l'enlèvent dans les airs, 45. — Les oiseaux épuisés redescendent vers la terre et déposent le roi dans une forêt voisine d'Amol, 45. — Rustem ramène Kaous, 47. — Reproches que Gouderz adresse au roi, 47. — Confusion, douleur et repentir de Kaous, 49. — Il obtient son pardon du Créateur; les grands rentrent dans l'obéissance et lui rendent hommage, 49. — Le combat des sept héros; Guiv propose à Rustem d'aller chasser sur le territoire de Touran, dans les réserves d'Afrasiab, 51. — Rustem accepte cette proposition et part pour la chasse avec Guiv et cinq des plus renommés parmi les guerriers de l'Iran, 53. — Afrasiab apprend leur expédition et part avec son armée pour les surprendre, 55. — Rustem combat les Touraniens, 57. — Combat de Pilsem contre les Iraniens, 61. — Combat d'Alkous le Touranien, 65. — Il est tué par Rustem; les Touraniens font un dernier effort; ils sont battus, 67. — Afrasiab s'enfuit du champ de bataille et parvient à échapper à la poursuite de Rustem, 69. — Les Iraniens font un grand butin et informent Kaous de leur victoire, 69. — Ils retournent dans l'Iran, 71. — Histoire de Sohrab; commencement du récit, 73. — Rustem va à la chasse, 75. — Son cheval lui est enlevé pendant son sommeil, 75. — Il se met à sa recherche et arrive dans la ville de Semengan, 77. — Il reçoit l'hospitalité du roi de ce pays, 77. — Tehmimeh,

TABLE ANALYTIQUE

623

fille du roi de Samengan, va trouver Rustem pendant la nuit, 79. — Mariage de Rustem et de Tehminèh, 83. — Raksch est rendu à son maître; celui-ci prend congé de Tehminèh et retourne dans le Zaboulistan; naissance de Sohrab, 83. — Son enfance; sa mère lui apprend qu'il est fils de Rustem, 85. — Projets belliqueux de Sohrab à l'égard de Kaous et d'Afrasiab, 85. — Il se prépare à la guerre contre les Iraniens, 89. — Afrasiab envoie Barman et Houman auprès de Sohrab avec des instructions secrètes, 91. — Sohrab arrive au Château Blanc; Hedjir, gouverneur de cette place, tente de s'opposer au passage des Turcs; il est battu et fait prisonnier, 93. — Gurdaferid, fille de Guzdehem, se dispose à venger cette défaite, 95. — Combat de Sohrab et de Gurdaferid, 97. — La jeune guerrière est faite prisonnière, promesse qu'elle fait à Sohrab, 99. — Elle viole la parole qu'elle avait donnée à Sohrab et le menace de l'arrivée de Kaous et de Rustem, 101. — Lettre de Guzdehem à Kaous pour demander du secours, 103. — Sohrab s'empare du Château Blanc, 105. — Kaous écrit à Rustem et le fait venir du Zaboulistan, 107. — Le roi confie sa lettre à Giv en lui recommandant de ne point s'arrêter dans le Zaboulistan et de ramener immédiatement Rustem, 109. — Giv remet la lettre du roi à Rustem, 111. — Celui-ci emmène Giv dans son palais et y passe trois jours en fêtes, 111. — Giv fait ses préparatifs de départ et engage Rustem à ne pas tarder plus longtemps sous peine d'encourir le ressentiment du roi, 113. — L'armée du Zaboulistan part pour l'Iran, 115. — Kaous se met en colère contre Rustem; celui-ci s'emporte et lui fait de violents reproches en lui rappelant les services qu'il lui a rendus, 115. — Il invite les Iraniens à se défendre eux-mêmes et les quitte, 117.

— Ceux-ci engagent Gouderz à se rendre auprès du roi et à lui faire entendre la voix de la raison, 119. — Le roi reconnaît la justesse des paroles de Gouderz et le prie de ramener Rustem; Gouderz et les chefs de l'armée atteignent Rustem; leurs instances restent d'abord sans résultats, 121. — Gouderz intéresse sa gloire et fait appel à ses sentiments généreux; Rustem cède enfin et revient auprès de Kaous qui s'excuse de l'avoir traité durement, 123. — Kaous et Rustem se mettent en campagne, 125. — Ils arrivent devant le Château Blanc; Rustem pénètre dans la forteresse à la faveur d'un déguisement, 127. — Il tue Zendeh Rezm, oncle de Sohrab, qui l'avait aperçu et le questionnait, 129. — Sohrab apprend la mort de Zendeh Rezm; il jure de le venger, 129. — Rustem revient auprès du roi; il lui fait la description des Turcs et de Sohrab et lui parle du coup qu'il avait donné à Zendeh Rezm, 131. — Sohrab demande à Hedjir les noms des chefs des Iraniens, 133. — Celui-ci évite de lui désigner Rustem, 135. — Sohrab attaque l'armée de Kaous, 143. — Les Iraniens se dispersent devant lui; il défie Kaous qui envoie en toute hâte un message à Rustem, 145. — Celui-ci prend ses armes, monte sur Raksch et s'avance au-devant de Sohrab, 147. — Combat de Rustem contre Sohrab, 149. — Sohrab et Rustem retournent à leurs camps, 153. — Rustem raconte au roi les circonstances de la lutte qu'il vient de soutenir, 157. — Il retourne au combat, 159. — Sohrab jette Rustem par terre, 159. — Rustem invoque les coutumes guerrières de l'Iran et Sohrab le laisse aller, 165. — Nouvelle rencontre des deux guerriers; Sohrab est frappé à mort, 167. — Reconnaissance du père et du fils, 169. — Sohrab prie son père d'épargner les Touraniens, 171. — Rustem va au-devant des troupes de l'Iran et les engage à ne pas combattre l'armée de Sohrab, 173. — Douleur de Rustem, 175. — Il veut se tuer, 175. — Il en est empêché par les grands de l'Iran, 177. — Rustem demande un baume à Kaous; motif que le roi invoque pour le lui refuser, 177. — Lamentation de Rustem sur la mort de Sohrab, 179. — Il ramène dans son camp le corps de son fils, 181. — Le roi de l'Iran vient lui apporter ses consolations et consent à laisser partir les Touraniens, 183. — Retour de Rustem dans le Zaboulistan; douleur de Zal à la vue du cercueil de son petit-fils, 185. — Plaintes de Roudabeh sur la mort de Sohrab; Rustem montre à Zal et aux grands le corps de son fils, 187. — La mère de Sohrab apprend sa mort, 189. — Ses transports de douleur, 191. — Elle meurt de chagrin, 193. — Histoire de Siawusch, fils de Kei Kaous : commencement du récit, 195. — Histoire de la mère de Siawusch; elle est rencontrée dans une forêt, où elle fuyait la colère de son père, par Thous et quelques autres grands de l'Iran, 197. — Elle leur raconte les motifs de sa fuite, 199. — Thous et Guiv se disputent la possession de cette femme; ils conviennent de se soumettre à la décision du roi; Kaous leur envoie des cadeaux et fait entrer la captive dans l'appartement de ses femmes, 199. — Naissance de Siawusch, 201. — Rustem propose au roi de se charger de l'éducation de son fils; le roi accepte et Rustem emporte l'enfant dans le Zaboulistan, 201. — Jeunesse de Siawusch; il manifeste à Rustem le désir de revoir son père, 203. — Siawusch revient du Zaboulistan, 203. — Accueil que le roi fait à son fils et à Rustem; fêtes qu'il donne en l'honneur de Siawusch; cadeaux qu'il fait à ce prince, 205. — Il lui donne l'investiture du pays de Kewerschan, 207. — La mère de Siawusch meurt; douleur du jeune prince; consolations que lui apportent les grands du royaume, 207. — Soudabeh devient amoureuse de Siawusch; sur ses instances, Kaous engage son fils à se rendre dans l'appartement des femmes, 209. — Le jeune prince essaye de se soustraire à cette obligation; le roi insiste, 211. — Siawusch se rend chez Soudabeh, 211. — Accueil qu'il reçoit de la reine, 213. — Conduite de Siawusch à son égard, 215. — Nouvelles intrigues de Soudabeh, 215. — Seconde visite de Siawusch dans l'appartement des femmes, 217. — Propositions que lui fait la reine; réponse sage et prudente de Siawusch à ses avances, 221. — Entretien de Kaous et de la reine; secrets desseins de cette princesse, 223. — Troisième visite de Siawusch dans l'appartement des femmes; il est de nouveau sollicité par la reine et se retire plein d'indignation, 225. — Soudabeh trompe le roi, 225. — Elle accuse Siawusch d'avoir porté la main sur elle, 227. — Incertitudes du roi; il fait venir Siawusch et l'interroge, 227. — Il reconnaît la fausseté des accusations de Soudabeh et songe à la punir, 229. — Il lui pardonne en considération de son dévouement dans le Hamaveran; Siawusch est déclaré innocent, 229. — Soudabeh complote avec une magicienne, 231. — Elle feint d'être accouchée de deux enfants morts, 231. — Kaous s'informe de l'origine de ces enfants; les astrologues lui dévoilent le secret de la reine, 233. — Soudabeh persiste dans son dire et attribue les révélations des astrologues à la peur que leur inspire Siawusch, 235. — Le roi consulte les Mobeds; un d'entre eux lui conseille de tenter l'épreuve par le feu, 237. — Siawusch traverse le feu, 237. — Il en sort sain et sauf à la joie du peuple entier, 241. — Siawusch demande à son père la grâce de Soudabeh,

TABLE ANALYTIQUE

243. — Le roi pardonne à Soudabeh et la rétablit dans son palais, 245. — La reine excite dans l'esprit de son époux de nouveaux soupçons contre Siawusch, 245. — Kaous apprend qu'Afrasiab s'est mis en marche, 247. — Siawusch demande à son père de le charger du commandement de l'armée iranienne, 247. — Le roi consent au désir de son fils et charge Rustem de veiller sur lui, 249. — Siawusch entre en campagne, 249. — Succès de ses armes, 253. — Il rencontre près de Balkh les Touraniens commandés par Sipahram, les bat et s'empare de la ville; Sipahram s'enfuit avec son armée et se rend auprès d'Afrasiab, 253. — Lettre de Siawusch à Kaous; il l'informe de sa victoire et lui demande s'il doit passer le Djihoun et attaquer Afrasiab, 255. — Réponse de Kaous à la lettre de Siawusch; le roi conseille à son fils d'attendre que les Touraniens viennent le combattre, 255. — Guersiwez informe Afrasiab des résultats de la campagne contre les Iraniens, 257. — Colère d'Afrasiab, 257. — Il a un rêve et en est effrayé, 259. — Afrasiab fait interpréter son songe, 261. — Un Mobed lui révèle l'avenir et lui prédit les calamités qui accableront le Touran s'il combat Siawusch, 263. — Il confie à Guersiwez son intention de faire la paix avec Siawusch, 263. — Il tient conseil avec les grands, 265. — Il leur fait part de ses dispositions pacifiques, 267. — Les grands l'approuvent; il donne ses instructions à Guersiwez et l'envoie à la cour de Siawusch, 267. — Guersiwez arrive auprès de Siawusch, 269. — Il lui remet les présents et le message de son maître, 269. — Entretien de Siawusch et de Rustem au sujet des propositions du roi du Touran, 271. — Siawusch conclut un traité avec Afrasiab, 271. — Celui-ci envoie à Siawusch des otages et évacue les parties de l'Iran qu'il tenait en son pouvoir, 273. — Siawusch envoie Rustem auprès de Kaous pour l'informer de ce qu'il vient de faire, 275. — Rustem rend compte à Kaous, 277. — Le roi lui fait des reproches et lui annonce qu'il va ordonner à son fils de rompre le traité et de marcher contre Afrasiab, 279. — Rustem tente de détourner le roi de son dessein, 281. — Celui-ci le renvoie dans le Seïstan, 281. — Kaous répond à la lettre de Siawusch, 283. — Il lui ordonne de lui envoyer les otages et de combattre les Touraniens ou de céder le commandement de l'armée à Thous, 285. — Perplexités du jeune prince, 287. — Siawusch consulte Bahram et Zengueh; il leur expose sa triste situation, 287. — Il charge Zengueh de rendre à Afrasiab ses otages et ses présents et veut confier son armée à Bahram pour qu'il la remette à Thous, 289. — Bahram et Zengueh lui conseillent d'obéir aux ordres de son père, 291. — Le jeune prince persiste dans sa résolution, 291. — Il envoie Zengueh à la cour d'Afrasiab et fait demander à ce prince de lui laisser chercher, à travers ses États, un asile contre la colère de son père, 293. — Zengueh se rend auprès d'Afrasiab, 295. — Ce roi consulte Piran qui lui conseille d'accueillir Siawusch et de le retenir à sa cour, 295. — Craintes d'Afrasiab; Piran les dissipe, 297. — Lettre d'Afrasiab à Siawusch; il invite le jeune prince à se rendre auprès de lui, 299. — Zengueh rapporte à Siawusch la réponse du roi du Touran, 301. — Siawusch cède le commandement à Bahram, 301. — Il quitte le camp avec une escorte de six cents cavaliers; accueil qui lui est fait dans les villes qu'il traverse, 303. — Thous ramène l'armée à la cour de Kaous; colère du roi à la nouvelle du départ de son fils, 305. — Afrasiab envoie Piran avec un cortége magnifique au-devant

de Siawusch; rencontre de Piran et de Siawusch, 305. — Ils continuent leur route et arrivent à Kadjar Baschi où ils s'arrêtent pour se reposer, 307. — Leur entretien, 307. — Piran console Siawusch que le souvenir de l'Iran attristait, 309. — Ils parviennent à Gang, résidence du roi du Touran, 309. — Entrevue de Siawusch et d'Afrasiab, 311. — Ce dernier donne au prince iranien un de ses palais pour demeure, 311. — Il ordonne à son fils et aux grands de son royaume d'aller lui rendre visite avec des présents de toute sorte, 313. — Siawusch montre son adresse devant Afrasiab, 313. — La partie de balle entre le roi et Siawusch, 315. — Prouesses de Siawusch au tir de l'arc, 319. — Afrasiab et Siawusch vont à la chasse, 321. — Jalousie que le prince iranien inspire aux grands du Touran, 321. — Affection que lui voue le roi, 323. — Piran donne sa fille en mariage à Siawusch, 323. — Il lui parle de Ferenguis, fille aînée d'Afrasiab, 325. — Il offre de la demander pour lui à son père; Siawusch y consent, 327. — Piran parle à Afrasiab, 327. — Soucis que causent au roi cette demande et le souvenir d'une prédiction concernant son petit-fils, 329. — Piran s'efforce de dissiper ses inquiétudes; le roi cède à ses conseils, 331. — Piran retourne auprès de Siawusch et lui fait connaître la réponse du roi, 331. — Fiançailles de Ferenguis et de Siawusch, 333. — Afrasiab donne une province à Siawusch, 335. — Siawusch et Piran prennent congé du roi et partent pour leurs résidences, 335. — Siawusch bâtit Gang-diz, 339. — Situation et description de cette ville et de ses environs, 341. — Siawusch parle avec Piran de son avenir, 343. — Il lui révèle ses secrètes inquiétudes, 347. — Afrasiab envoie Piran dans les provinces, 349. — Siawusch bâtit Siawuschguird, 349. — Piran visite cette ville, 353. — Il retourne auprès d'Afrasiab, lui rend compte de sa mission et lui fait l'éloge de la nouvelle résidence de Siawusch, 355. — Afrasiab envoie Guersiwez auprès de Siawusch, 357. — Naissance de Firoud, fils de Siawusch, 359. — Colère secrète de Guersiwez, 361. — Siawusch joue à la balle; il montre son habileté à se servir de la pointe de la lance, des flèches et de l'arc, 361. — Guersiwez le défie à la lutte, 363. — Il refuse de se battre avec ce prince et offre de se mesurer avec deux des grands du Touran, 365. — Demour et Gueroui Zereh se présentent pour combattre le héros iranien, 365. — Ils sont vaincus; les prouesses de Siawusch excitent le courroux de Guersiwez, qui prend congé du prince et quitte Siawuschguird, 367. — Il revient et calomnie Siawusch auprès d'Afrasiab, 367. — Entretien d'Afrasiab et de Guersiwez au sujet de Siawusch, 369. — Guersiwez s'efforce d'allumer dans le cœur du roi la haine contre Siawusch, 373. — Afrasiab charge son frère d'une mission secrète, 375. — Guersiwez retourne auprès de Siawusch; ruse qu'il emploie pour perdre ce prince, 375. — Conseils perfides qu'il lui donne, 379. — Lettre de Siawusch à Afrasiab, 385. — Guersiwez remet cette lettre au roi et lui fait entendre que Siawusch songe à lui faire la guerre, 385. — Afrasiab se met en campagne contre Siawusch, 387. — Le prince iranien révèle à Ferenguis sa triste situation; douleur de cette princesse, 387. — Siawusch a un songe, 389. — Il apprend qu'Afrasiab s'avance avec son armée, 389. — Siawusch déclare ses dernières volontés à Ferenguis, 391. — Il prend congé d'elle, 393. — Ses adieux à son cheval Behzad, 393. — Il tombe entre les mains d'Afrasiab, 395. — Le roi ordonne qu'on lui tranche la tête, 399. — Re-

TABLE ANALYTIQUE

présentations que lui font à ce sujet l'armée du Touran et Pilsem, 399. — Guersiwez s'efforce de détruire l'effet produit sur le roi par leurs paroles, 401. — Conseils que lui donnent Demour et Gueroui; réponse d'Afrasiab à leurs suggestions, 403.—Ferenguis vient se lamenter devant son père, 403. — Ses paroles excitent la colère du roi qui la fait enfermer dans son palais, 407. — Meurtre de Siawusch par Gueroui, 407. — Le meurtrier coupe la tête de la victime et une plante naît du sang de Siawusch, 409. — Douleur de Ferenguis; elle maudit son père; Afrasiab ordonne qu'on la fasse périr avec l'enfant qu'elle porte dans son sein, 411. — Pilsem et deux autres grands courent invoquer le secours de Piran, 411. — Piran délivre Ferenguis, 413. — Il la conduit dans son palais, à Khoten, et la confie aux soins de Gulschehr, son épouse, 415. — Songe de Piran; naissance de Keï Khosrou, 417. — Piran se rend auprès d'Afrasiab et lui apprend cet événement, 417. — Il fait au roi l'éloge de la beauté du jeune prince, 419. — Afrasiab se repent de sa conduite envers Siawusch; il recommande à Piran de faire élever Keï Khosrou parmi les pâtres afin que cet enfant ne le connaisse point et ignore sa propre origine, 419. — Piran confie le jeune Keï Khosrou aux pâtres, 421. — La bravoure et la haute naissance de l'enfant se révèlent dès l'âge le plus tendre, 421. — Piran le ramène dans son palais et l'élève auprès de lui, 423. — Afrasiab révèle à Piran l'inquiétude que lui cause le fils de Siawusch, 423. — Piran, pour rassurer le roi, lui apprend que le jeune homme est privé d'intelligence et de raison; Afrasiab promet par serment de ne jamais faire de mal à son petit-fils, 425. — Piran conseille à Keï Khosrou de contrefaire l'insensé et l'amène auprès d'Afrasiab, 425. — Le roi interroge le jeune prince qui lui répond conformément aux recommandations de Piran, 427. — Afrasiab, rassuré par cette feinte folie, ordonne qu'il soit rendu à sa mère et envoyé à Siawuschguird, 427. — Keï Khosrou retourne à Siawuschguird, 429. — L'arbre né du sang de Siawusch, 429. — Départ de Khosrou pour l'Iran. Commencement du récit, 433. — Kaous apprend la mort de Siawusch, 433. — La nouvelle de ce meurtre parvient aussi dans le Nimrouz, 435. — Rustem se rend auprès de Kaous, il fait le serment de venger Siawusch, 435. — Reproches qu'il adresse au roi dont la passion pour Soudabeh a causé la mort de Siawusch, 437. — Rustem tue Soudabeh et entre en campagne, 437. — Discours qu'il adresse à ses compagnons d'armes, 439. — Départ de l'armée iranienne, 439. — Faramourz tue Warazad, roi de Sipendjab, 441. — Afrasiab apprend la mort de Warazad, 443. — Il fait ses préparatifs de guerre et envoie son fils Surkheh contre Faramourz, 443. — Rencontre des deux armées; le combat s'engage, 445. — Surkheh attaque le fils de Rustem; il est vaincu et fait prisonnier; Rustem arrive sur le champ de bataille avec son armée, 447. — Il apprend la victoire de son fils et fait l'éloge de sa bravoure, 447. — Il ordonne de mettre à mort Surkheh; Thous, attendri par les paroles du jeune prince, intercède en sa faveur; Rustem reste insensible, et le fils d'Afrasiab est livré au bourreau qui lui tranche la tête, 449. — Afrasiab se met en campagne pour venger son fils, 451. — Rustem est informé de son approche et va à sa rencontre, 451. — Les deux armées se rangent en bataille, 453. — Rustem tue Pilsem, 453.—Douleur de Piran, 455. — Le combat devient général, 457. — Les Iraniens reculent devant Afrasiab; Rustem vient à leur secours, 459. — Il se jette sur Afrasiab, qui est renversé à terre; Houman frappe Rustem de sa massue et cette diversion permet à Afrasiab d'échapper à son ennemi, 461. — Les Turcs prennent la fuite; les Iraniens les poursuivent, 463. — Afrasiab, craignant que Rustem ne s'empare de Kei Khosrou, l'envoie à Khoten, 463. — Rustem gouverne le Touran pendant sept ans, 467. — Les grands de la Chine viennent lui offrir leur soumission, 469. — Zewareh va voir les réserves de chasse de Siawusch; il éprouve une vive douleur au souvenir des infortunes de ce prince, 469. — Il réveille dans le cœur de son frère le sentiment de la vengeance, 471. — Rustem dévaste le Touran; les grands de ce pays lui demandent d'épargner le sang innocent, 471. — Il convoque les chefs de son armée qui lui conseillent de revenir auprès de Kaous, 473. — Rustem retourne dans le pays d'Iran, 473. — Afrasiab revient dans le Touran et le trouve bouleversé; il marche contre l'Iran et le ravage sans cesse, 475. — Gouderz voit Kei Khosrou en songe, 477. — Il fait appeler son fils Guiv et lui apprend qu'il est destiné à trouver les traces du jeune prince qui doit venger l'Iran, 477. — Guiv rentre dans son palais et se prépare pour le départ; Banongomschasp, son épouse, lui fait ses adieux et part pour aller visiter Rustem, son père, 479. — Guiv se rend dans le Touran pour chercher Kei Khosrou, 479. — Il prend congé de son père et lui confie l'éducation de son fils Bijen, 481. — Il arrive dans le Touran et cherche pendant sept ans les traces du jeune prince, 485. — Guiv découvre Kei Khosrou, 485. — Il le reconnaît à sa ressemblance avec Siawusch, 487. — Kei Khosrou reconnaît également Guiv dont l'arrivée avait été prédite à sa mère par Siawusch, 489. — Il lui montre sur son corps le signe héréditaire des Keïanides; leur entretien, 491. — Guiv et Khosrou se rendent à Siawuschguird, 491. — Ils rejoignent Ferenguis et conviennent de quitter tous les trois le Touran à l'insu d'Afrasiab, 493. — Ferenguis conseille à son fils d'aller chercher Behzad, le cheval de son père, et lui indique le moyen de l'attirer auprès de lui, 493. — Kei Khosrou s'empare du cheval Behzad, 495. — Il retourne avec Guiv auprès de Ferenguis; ils font leurs préparatifs de départ, 497. — Ferenguis part pour l'Iran avec Kei Khosrou et Guiv; Piran envoie à leur poursuite Kelbad et Nestihen avec trois cents cavaliers, 499. — Guiv met en fuite Kelbad et Nestihen, 501. — Il se rend auprès de Kei Khosrou et lui apprend ce qui vient de se passer, 501. — Les trois fugitifs poursuivent leur route; Kelbad informe Piran du mauvais succès de son expédition; colère de Piran contre Kelbad, 503. — Piran poursuit Kei Khosrou, 505. — Ferenguis aperçoit les Turcs; elle fait appel à la valeur de Guiv, 505. — Kei Khosrou veut à son tour combattre l'ennemi; Guiv s'y oppose, 507. — Combat de Guiv et de Piran, 507. — Guiv fait Piran prisonnier, 511. — Il disperse les Touraniens et les met en fuite, 513. — Il mène Piran devant Kei Khosrou et veut lui trancher la tête; le vieillard rappelle au jeune prince les services qu'il lui a rendus ainsi qu'à sa mère, 513. — Ferenguis délivre Piran des mains de Guiv, 515. — Celui-ci lui rend son cheval, lui lie les mains et le met en liberté après lui avoir fait faire un serment, 517. — Afrasiab apprend la fuite de Kei Khosrou; il se met en marche avec son armée et rencontre Piran sur la route, 517. — Celui-ci raconte au roi ce qui vient de se passer, 519. — Afrasiab furieux chasse Piran de sa présence et jure de massacrer les fugitifs, 521.

TABLE ANALYTIQUE

— Ceux-ci arrivent sur les bords du Djihoun; Guiv dispute avec le percepteur du péage, 521. — Keï Khosrou passe le Djihoun, 523. — Ferenguis et Guiv le suivent, et ils arrivent tous les trois sains et saufs sur l'autre rive, 525. — Étonnement du batelier; reproches que lui adresse Guiv, 525. — Afrasiab arrive au péage; il veut traverser le fleuve; il en est détourné par Hooman et revient sur ses pas, 527. — Keï Khosrou arrive à Zem, 527. — Guiv envoie un messager à son père et au roi Keï Kaous; Bascogouschasp va à sa rencontre avec une nombreuse escorte et des présents magnifiques, 529. — Gouderz et les grands vont au-devant de Keï Khosrou et le ramènent à Ispahan, 531. — Keï Khosrou arrive chez Kaous, 531. — Accueil que lui fait le roi; il lui raconte son enfance et sa jeunesse, 533. — Il fait l'éloge de Guiv, 533. — Kaous donne à Gouderz le gouvernement de plusieurs provinces ou villes, 535. — Il fait apprêter un pavillon doré pour Ferenguis, 535. — Thous refuse de reconnaître Khosrou, 537. — Gouderz envoie son fils Guiv pour lui reprocher sa conduite; Thous persiste dans son refus et déclare préférer Feribourz, fils de Kaous, 537. — Guiv retourne auprès de Gouderz et lui rend compte de sa mission, 539. — Colère de Gouderz contre Thous, 541. — Il rassemble ses troupes; Thous marche à sa rencontre, mais il hésite à entamer la lutte et envoie un messager à Kaous, 541. — Gouderz et Thous font prononcer Kaous sur la succession au trône, 543. — Le roi décide que la couronne appartiendra à celui de ses deux fils qui s'emparera du château de Bahman, 545. — Thous et Feribourz attaquent vainement le château de Bahman, 547. — Keï Khosrou s'empare du château et y construit un temple, 549. — Il revient victorieux, 553. — Kaous place Khosrou sur le trône, 555. — Les grands et les chefs de l'armée rendent hommage au nouveau souverain, 555. — 567, 569; III, 517; IV, 41, 49, 51, 53, 55, 79, 103, 109. — Khosrou écrit à Kaous pour lui annoncer sa victoire sur Afrasiab et la prise de Gang, 131. — Il lui envoie les captifs et des présents, 155. — Guiv remet à Kaous le message de Khosrou, 157. — Le roi fait amener les prisonniers devant lui; il prend sous sa protection les filles d'Afrasiab, fixe la demeure de Djehn et son entretien, et fait jeter Guersiwez dans un souterrain de son château, 159. — Il fait connaître dans tout l'empire la victoire de Khosrou et la célèbre par des fêtes, 161. — Réponse de Kaous à la lettre de Keï Khosrou, 161. — Guiv remet à Khosrou le message de son grand-père, 163. — 181. — Khosrou quitte le Touran pour retourner dans l'Iran, 187. — Arrivée de Khosrou auprès de son grand-père, 191. — Les deux rois tiennent conseil sur les moyens de retrouver les traces d'Afrasiab, 193. — Ils se rendent au temple d'Adergouschasp pour demander à Dieu de les guider vers le refuge du roi du Touran, 195. — Gouderz apprend qu'Afrasiab a été fait prisonnier par Houm, qu'il lui a échappé et qu'il s'est jeté dans le lac de Khandjest, 201. — Il en informe les deux rois, 203. — Kaous et Khosrou se rendent auprès de Houm, 203. — On amène sur les bords de l'eau Guersiwez et on le met à la torture, 205. — Afrasiab entend les cris de son frère et sort du lac, 205. — Il est pris pour la seconde fois et mis à mort avec Guersiwez, 207. — Kaous et Khosrou s'en retournent dans le pays d'Iran, 211. — Mort de Keï Kaous, 213. — Funérailles de ce roi, 213. — 215, 219, 223, 231, 237, 241, 245, 251, 253, 255, 271, 571, 573, 597, 617, 623, 627, 635; V, 655; VI, 17, 29, 483, 585,

681, 683; VII, 121, 233, 309. — (Famille de), II, 571; IV, 287, 289. — (Petits-fils de), IV, 281, 347.

Keï Keschen, nom d'homme, I, 11.

Keï Khosrou, fils de Siawusch, fils de Keï Kaous, roi de Perse, I, xxii, xxxvii. — Siawusch désespérant de la vie prédit à Ferenguis, son épouse, la naissance et la haute fortune de son fils Keï Khosrou qui sera un jour son vengeur, II, 393. — Il recommande à son cheval Behzad de se réserver pour Keï Khosrou qu'il est destiné à porter au jour de la vengeance, 393. — Douleur de Ferenguis en apprenant la mort de Siawusch; elle maudit son père Afrasiab; Afrasiab ordonne qu'on la fasse périr avec l'enfant qu'elle porte dans son sein, 411. — Piran la délivre, 413. — Il la conduit à Khoten, dans son palais, et la confie aux soins de Gulschehr, son épouse, 415. — Songe de Piran; naissance de Keï Khosrou, 417. — Piran se rend auprès d'Afrasiab et lui apprend cet événement, 417. — Il fait au roi l'éloge de la beauté du jeune prince, 419. — Afrasiab recommande à Piran de le faire élever parmi les pâtres afin qu'il ne le connaisse point et qu'il ignore sa propre origine, 419. — Piran confie le jeune Keï Khosrou aux pâtres, 421. — La bravoure et la haute naissance de l'enfant se révèlent dès l'âge le plus tendre, 421. — Piran le ramène dans son palais et l'élève auprès de lui, 423. — Afrasiab confie à Piran l'inquiétude que lui cause le fils de Siawusch, 423. — Piran le rassure en lui apprenant que le jeune homme est privé d'intelligence et de raison; Afrasiab promet de ne lui faire jamais aucun mal, 425. — Piran conseille à Keï Khosrou de contrefaire l'insensé et l'amène auprès d'Afrasiab, 425. — Le roi interroge le jeune prince qui répond conformément aux recommandations de Piran, 427. — Afrasiab, rassuré, ordonne qu'il soit rendu à sa mère et envoyé à Siawuschguird, 429. — Départ de Khosrou pour l'Iran; commencement du récit, 433. — Expédition de Rustem contre les Touraniens, 435. — Afrasiab, craignant que Rustem ne s'empare de Keï Khosrou, l'envoie à Khoten, 463. — Gouderz voit Keï Khosrou en songe, 477. — Il fait appeler son fils Guiv et lui apprend qu'il est destiné à trouver les traces du jeune prince qui doit venger l'Iran, 477. — Guiv se rend dans le Touran pour chercher Keï Khosrou, 479. — Il arrive dans ce pays et cherche pendant sept ans le fils de Siawusch, 485. — Guiv découvre Keï Khosrou, 485. — Il le reconnaît à sa ressemblance avec son père, 487. — Keï Khosrou reconnaît également Guiv dont l'arrivée avait été prédite à sa mère par Siawusch, 489. — Il lui montre sur son corps le signe héréditaire des Keïanides; leur entretien, 491. — Guiv et Khosrou se rendent à Siawuschguird, 491. — Ils rejoignent Ferenguis et conviennent de quitter ensemble le Touran à l'insu d'Afrasiab, 493. — Ferenguis conseille à son fils d'aller chercher Behzad, le cheval de son père, et lui indique le moyen de l'attirer auprès de lui, 493. — Keï Khosrou s'empare du cheval Behzad, 495. — Il retourne avec Guiv auprès de Ferenguis; ils font leurs préparatifs de départ, 497. — Ferenguis part pour l'Iran avec Keï Khosrou et Guiv; Piran envoie à leur poursuite Kelbad et Nestihen avec trois cents cavaliers, 499. — Guiv met en fuite Kelbad et Nestihen, 501. — Il se rend auprès de Keï Khosrou et lui apprend ce qui vient de se passer, 501. — Les trois fugitifs poursuivent leur route; Kelbad informe Piran de l'insuccès de son expédition, 503. — Colère de Piran contre Kelbad, 503. — Piran poursuit Keï Khosrou, 505. — Ferenguis aperçoit les Turcs; elle fait appel à la valeur de Guiv, 505. — Keï Khosrou veut combattre l'ennemi à son tour; Guiv s'y op-

TABLE ANALYTIQUE

631

pose, 507. — Combat de Guiv et de Piran, 507. — Guiv fait Piran prisonnier, 511. — Il disperse les Touraniens et les met en fuite, 513. — Il mène Piran devant Keï Khosrou et veut lui trancher la tête; le vieillard rappelle au jeune prince les services qu'il a rendus à lui et à sa mère, 513. — Ferenguis délivre Piran des mains de Guiv, 515. — Celui-ci lui rend son cheval, lui lie les mains et le met en liberté après lui avoir fait faire un serment, 517. — Afrasiab apprend la fuite de Keï Khosrou; il se met en marche avec son armée et rencontre Piran sur la route, 517. — Celui-ci raconte au roi ce qui vient de se passer, 519. — Afrasiab furieux chasse Piran de sa présence et jure de massacrer les fugitifs, 521. — Ceux-ci arrivent sur les bords du Djihoun; Guiv dispute avec le percepteur du péage, 521. — Keï Khosrou passe le Djihoun, 523. — Ferenguis et Guiv le suivent, et ils arrivent tous les trois sains et saufs sur l'autre rive, 525. — Étonnement du batelier; reproches que lui adresse Guiv, 525. — Afrasiab arrive au péage et veut traverser le fleuve; il en est détourné par Houman et revient sur ses pas, 527. — Keï Khosrou arrive à Zem, 527. — Guiv envoie un messager à son père et au roi Keï Kaous, 529. — Gouderz et les grands vont au-devant de Keï Khosrou et le ramènent à Ispahan, 531. — Keï Khosrou arrive chez Kaous, 531. — Il lui raconte son histoire et lui fait l'éloge de Guiv, 533. — Kaous récompense Gouderz et fait apprêter un pavillon doré pour Ferenguis, 535. — Thous refuse de reconnaître Khosrou, 537. — Guiv lui reproche sa conduite; Thous persiste dans son refus et déclare qu'il préfère Feribourz, fils de Kaous, 537. — Guiv retourne auprès de son père et lui rend compte de sa mission, 539. — Colère de Gouderz contre Thous, 541. — Il rassemble ses troupes; Thous marche à sa rencontre, mais il hésite à entamer la lutte et envoie un messager à Kaous, 541. — Gouderz et Thous font prononcer Kaous sur la succession au trône, 543. — Le roi décide que la couronne appartiendra à celui de ses deux fils qui s'emparera du château de Bahman, 545. — Thous et Feribourz attaquent vainement le château de Bahman, 547. — Keï Khosrou s'empare du château et y construit un temple, 549. — Il revient victorieux, 553. — Kaous place Khosrou sur le trône, 555. — Durée du règne de Keï Khosrou, 559. — Première guerre contre Afrasiab; commencement du récit, 559. — Les grands rendent hommage au nouveau souverain, 561. — Rustem se rend à sa cour, 561. — Le roi envoie Guiv, Gouderz et Thous à la rencontre de Rustem; accueil qu'il fait à ce héros et à Zal-Zer, 563. — Keï Khosrou fait le tour de son empire, 565. — Kaous raconte à son petit-fils comment Afrasiab a traité Siawusch, et le mal qu'il a fait à l'Iran, 567. — Keï Khosrou lui promet de se venger d'Afrasiab; serment qu'il prononce à ce sujet, 567. — Ce serment est consigné par écrit et confié à la garde de Rustem, 569. — Le jeune roi rappelle aux chefs de l'armée tous les maux qu'Afrasiab a causés à l'Iran et à eux-mêmes, et les appelle à la vengeance, 569. — Tous se déclarent prêts à lui obéir, 571. — Keï Khosrou passe en revue les Pehlewans, 571. — Il leur donne ses instructions, 573. — Il leur distribue des trésors, 575. — Khosrou envoie Rustem dans l'Inde, 581. — Keï Khosrou organise son armée, 583. — L'armée iranienne défile devant le roi, 585. — Conseils qu'il donne à Faramourz, fils de Rustem, 589. — Le défilé terminé, le roi rentre dans son camp et s'entretient avec Rustem, 591. — Commencement de l'histoire de Firoud, fils de Siawusch, 591. — Thous entre dans le pays des Turcs, 593. —

Keï Khosrou lui recommande de ne pas passer par Kelat où réside son frère; Thous promet d'obéir et se met en marche, 595. — Il ordonne à son armée de prendre le chemin de Kelat, malgré les conseils de Gouderz, 597. — Firoud apprend l'arrivée de Thous, 597. — Il demande conseil à sa mère sur ce qu'il doit faire, 599. — Celle-ci l'engage à s'armer et à combattre avec les troupes de son frère pour venger Siawusch, 599. — Elle lui recommande de s'adresser à Bahram ou à Zenguch, fils de Schaweran, qui avaient été les compagnons fidèles de son père, 601. — Firoud et Tokhareh vont observer l'armée iranienne, 603. — Tokhareh désigne à Firoud les différents chefs de l'armée, 603. — Les Iraniens les aperçoivent au haut de la montagne où ils s'étaient placés, 605. — Ordres que Thous donne à leur sujet, 605. — Bahram se rend sur la montagne auprès de Firoud, 607. — Leur entretien, 607. — Firoud se fait connaître à Bahram; il lui apprend dans quel but il est venu sur cette montagne, et son désir de marcher contre le Touran en tête de l'armée, 611. — Bahram lui promet de répéter ses paroles à Thous, et lui donne de prudents conseils pour le cas où ce prince refuserait de lui accorder ce qu'il demande, 611. — Bahram retourne auprès de Thous et lui raconte ce qui vient de se passer, 613. — Reproches que Thous lui adresse; Rivniz s'offre pour aller chercher Firoud, malgré les conseils de Bahram, 613. — Firoud tue Rivniz, 615. — Thous envoie son fils Zerasp venger Rivniz, 617. — Firoud tue Zerasp, 617. — Thous attaque Firoud, 619. — Perfides conseils de Tokhareh au fils de Siawusch, 619. — Celui-ci tue le cheval de Thous qui retourne à son camp couvert de confusion, 621. — Mécontentement que cause à Guiv la conduite de Firoud envers Thous, 621. — Combat de Guiv et de Firoud, 623. — Ce dernier blesse le cheval de Guiv qui est obligé de revenir à pied au camp; querelle de Guiv et de Bijen, son fils, 625. — Bijen fait le serment de venger la mort de Zerasp, et prie Gustehem de lui donner un de ses chevaux, 625. — Gustehem essaye de le détourner de son dessein; Bijen insiste; Gustehem lui accorde l'objet de sa demande et Guiv lui envoie l'armure de Siawusch, 627. — Combat de Bijen et de Firoud, 629. — Firoud prend la fuite et court s'enfermer dans son château, 629. — Bijen revient auprès de Thous qui jure de détruire le château et de tuer Firoud, 631. — Mort de Firoud, 631. — Djerireh se donne la mort, 637. — Les Iraniens pénètrent dans le château; douleur de Bahram à la vue du corps de Firoud; reproches qu'il fait aux Iraniens, 637. — Regrets de Thous; paroles de blâme que lui adresse Gouderz; il fait construire un mausolée royal pour y placer le corps du jeune prince, 639. — Zerasp et Rivniz sont déposés dans des tombeaux à côté de Firoud, 641. — Thous conduit son armée vers le Kaschroud et Bijen tue Palaschan, 641. — Joie que ressentent Guiv et Thous de la victoire de Bijen; Afrasiab apprend l'arrivée d'une armée sur les frontières du Touran, et rassemble ses troupes, 645. — Les Iraniens souffrent de la neige, 645. — Thous convoque les chefs de l'armée et propose de lever le camp; reproches que lui adresse Bahram; réponse de Thous, 647. — Guiv traverse le Kaschroud; il brûle une montagne de bois qui barrait le passage à l'armée, et les Iraniens se dirigent sur Guiranguird, résidence de Tejaou, 649. — Celui-ci envoie un brave du nom de Kebondeh observer l'ennemi; Bahram fait Kebondeh prisonnier, 649. — Kebondeh avoue l'objet de sa mission; Bahram lui tranche la tête, 651. — Tejaou combat les Iraniens, 651. — Il s'enfuit devant Bijen

TABLE ANALYTIQUE

633

qui le poursuit; Ispenoui, son esclave, se présente à lui et le supplie de ne pas l'abandonner aux mains des ennemis; il la prend sur son cheval, 655. — Il est bientôt obligé de la déposer à terre pour alléger son cheval; Bijen s'empare de la jeune fille et regagne le camp, 657. — Afrasiab apprend l'invasion de Thous, 657. — Piran organise l'armée du Touran et se met en marche vers Guirauguird; il apprend que l'armée iranienne néglige toute mesure de précaution, 659. — Piran surprend les Iraniens pendant la nuit, 661. — Il en fait un affreux carnage, 661. — Les Iraniens s'enfuient jusqu'au Kaschroud poursuivis par les Turcs; ils se mettent en sûreté dans la montagne, 663. — Gouderz pourvoit à la sûreté de l'armée et envoie annoncer au roi ce qu'avait fait Thous, 665. — Keï Khosrou rappelle Thous, 665. — Celui-ci remet le commandement de l'armée à Feribourz et retourne auprès du roi qui l'injurie et l'humilie devant toute la cour, 669. — Feribourz propose à Piran un armistice, 671. — Piran lui accorde un armistice d'un mois, 673. — Les Iraniens sont de nouveau battus par Piran, 673. — Ils s'enfuient vers les montagnes, 683. — Bahram cherche son fouet sur le champ de bataille, 685. — Tejaou tue Bahram, 689. — Guiv met à mort Tejaou pour venger Bahram, 695. — Il ramène au camp le corps de son frère et lui construit un mausolée, 699. — Les Iraniens reviennent auprès de Khosrou, 699. — Piran apprend leur départ; il partage entre ses soldats les tentes du camp iranien, et envoie un messager à Afrasiab, 701. — Accueil que le roi fait à Piran; présents magnifiques qu'il lui envoie, 701. — Recommandations et conseils d'Afrasiab à Piran, principalement au sujet de Rustem, 703. — Piran retourne à Khoten et prend ses dispositions pour avoir en tout temps des nouvelles de Rustem, 703. — Histoire de Kamous de Kaschan; commencement de l'histoire, III, 5. — Keï Khosrou fait mauvais accueil à son armée et à Thous, 7. — Les grands de l'Iran se rendent auprès de Rustem, 9. — Celui-ci intercède auprès du roi en faveur de Thous et de l'armée, 11. — Khosrou pardonne aux Iraniens, 11. — Il agrée la soumission de Thous, 13. — Keï Khosrou renvoie Thous dans le Touran, 13. — Piran adresse un message aux Iraniens, 15. — Il prévient Afrasiab de leur arrivée, 17. — Afrasiab lui envoie une armée, 17. — Thous en est informé et conduit ses troupes contre les Touraniens, 19. — Arjeng, fils de Zereh, provoque les Iraniens, 21. — Thous tue Arjeng, 21. — Combat de Houman contre Thous, 23. — Deuxième combat entre les deux armées, 29. — Les Touraniens emploient la magie contre les Iraniens, 35. — Rehham attaque le magicien turc, lui abat la main et fait cesser les incantations, 37. — Les troupes de Thous prennent la fuite, 39. — Guiv les ramène au combat, 41. — Les Iraniens se retirent sur le mont Hemawen, 41. — Les Touraniens entourent cette montagne, 43. — Piran suit les Iraniens jusqu'au mont Hemawen, 51. — Il investit la montagne, 53. — Les Iraniens font une attaque de nuit, 53. — Keï Khosrou reçoit des nouvelles de son armée, 59. — Il ordonne à Rustem de se rendre à sa cour avec ses troupes, 61. — Il lui fait connaître la situation, 61. — Il l'invite à partir immédiatement pour le Touran et à confier un corps d'armée à Feribourz, 63. — Feribourz demande en mariage Ferenguis, mère de Khosron, 63. — Rustem transmet au roi la demande du prince, 65. — Khosrou et Rustem se rendent auprès de Ferenguis et lui font part du désir de Feribourz, 67. — Rustem presse la

VII. 80

reine d'accepter Feribourz pour époux, 69. — Ferenguis consent enfin à cette union qui est conclue sur-le-champ, 69. — Rustem part pour le mont Hemawen, précédé par Feribourz, 71. — Thous voit Siawusch en songe, 71. — Houman presse Piran de livrer bataille; celui-ci lui fait connaître son intention de prendre les ennemis par la famine, 73. — Thous, voyant son armée cernée, propose de tenter de nouveau le sort des armes, 73. — Les Iraniens se rangent à son avis, 75. — Afrasiab envoie le Khakan et Kamous au secours de Piran, 75. — Celui-ci va au-devant de l'armée d'Afrasiab, 79. — Le Khakan de la Chine s'approche du Hemawen, 79. — Les Iraniens tiennent conseil sur leur position, 81. — Gouderz apprend que Rustem s'approche, 83. — Piran conduit sa nouvelle armée vers le champ de bataille, 87. — Thous assemble les chefs des Iraniens; une attaque de nuit est décidée, 87. — Les Iraniens sont informés que Rustem vient à leur secours, 89. — Le Khakan de la Chine va reconnaître l'armée des Iraniens, 89. — Il tient conseil au sujet du plan d'attaque à adopter, 91. — Piran est d'avis de laisser reposer l'armée pendant trois jours, 91. — Kamous de Kaschan propose de livrer bataille sans retard, 91. — Le Khakan adopte sa manière de voir, 93. — Feribourz arrive au mont Hemawen, 95. — Piran est informé de cette circonstance et demande conseil au Khakan, 97. — Kamous se propose d'anéantir les Iraniens et Rustem, 97. — Entretien de Piran et des chefs de son armée au sujet des renforts que viennent de recevoir les Iraniens, 99. — Thous informe ses troupes de l'arrivée prochaine de Rustem; il leur propose de faire une attaque sans attendre celui-ci, 101. — Les Iraniens refusent d'adhérer à sa proposition, 101. — Combat de Guiv et de Thous contre Kamous, 103. — Rustem arrive auprès des Iraniens, 107. — Il entre dans le camp de Thous et il est reçu par les chefs de l'armée, 109. — Ceux-ci l'entretiennent des troupes innombrables de l'ennemi et des guerriers qui les commandent, 111. — Les deux armées se rangent en bataille, 113. — Rustem ordonne à Thous de se préparer au combat, et va reconnaître le Khakan et les Touraniens, 117. — Les Iraniens se mettent en mouvement, 119. — Kamous harangue son armée, 119. — Combat de Rustem avec Aschkebous, 121. — Le Khakan demande à Piran quel peut être le guerrier qui vient de tuer Aschkebous, 125. — Piran s'informe si Rustem est arrivé, 125. — Kamous interroge Piran au sujet de Rustem, 127. — Réponse de Piran, 127. — Plaisir que causent à Kamous les paroles flatteuses de Piran, 129. — Les Iraniens et les Touraniens forment leur ligne de bataille, 131. — Le Khakan exhorte ses troupes, 131. — Rustem en fait autant de son côté, 133. — Kamous tue Alwa, 133. — Rustem tue Kamous, 135. — Fin de l'histoire de Kamous de Kaschan, 139. — Combat de Rustem et du Khakan de la Chine; le Khakan apprend la mort de Kamous, 141. — Il s'efforce de relever le courage de son armée, 143. — Djinghisch se présente pour venger Kamous, combat de Rustem et de Djinghisch, 143. — Djinghisch est tué; le Khakan envoie Houman auprès de Rustem, 147. — Houman s'efforce, par des paroles flatteuses, de découvrir quel est le guerrier qui vient de tuer Kamous et Djinghisch, 147. — Réponse de Rustem aux insinuations de Houman, 149. — Houman essaye de nouveau, sans plus de succès, de savoir le nom de son interlocuteur, 151. — Il retourne auprès de Piran et lui rapporte les paroles de Rustem, 153. — Piran tient conseil avec le Khakan, 153. — Celui-ci l'engage à aller

TABLE ANALYTIQUE

635

trouver Rustem pour sonder ses intentions, 155. — Piran se rend auprès de Rustem, 155. — Leur entretien, 157. — Piran exhorte Rustem à faire la paix, 159. — Rustem lui fait connaître les conditions qu'il met à la cessation des hostilités, 161. — Piran retourne à son camp; il convoque tous les membres de sa famille et leur donne connaissance de la réponse de Rustem, 163. — Il se rend auprès du Khakan; les parents de Kamous, de Djinghisch et d'Aschkebous demandent vengeance, 165. — Piran tient conseil avec le Khakan, 165. — Schenkoul est d'avis de continuer la lutte et se propose d'attaquer Rustem, 167. Piran revient à sa tente et raconte aux chefs des Turcs les paroles de Schenkoul, 169. — Tristesse que cause à Bouman la résolution du roi de l'Inde, 169. — Rustem adresse la parole à son armée, 171. — Il lui donne connaissance de son entretien avec Piran et des conditions qu'il a mises à la conclusion de la paix avec les Touraniens, 171. — Gouderz met Rustem en garde contre les ruses et les artifices de Piran, 173. — Rustem reconnaît la vérité des paroles de Gouderz, mais veut user d'indulgence envers Piran pour les services qu'il a rendus à Khosrou, 175. — Les Iraniens et les Touraniens forment leurs rangs, 177. — Rustem fait des reproches à Piran, 179. — Commencement du combat, 183. — Schenkoul combat Rustem et s'enfuit, 185. — L'armée du Khakan cherche à envelopper Rustem, 187. — Combat de Rustem contre Saweh, 189. — Rustem tue Gabar de Gahan, 193. — Les Iraniens s'avancent vers le Khakan; Rustem commence l'attaque, 195. — Le Khakan est fait prisonnier, 197. — Rustem le livre aux gardes de Thous, 201. — Défaite des Touraniens, 203. — Rustem distribue le butin, 205. — Il choisit Feribourz pour porter un message au roi de l'Iran, 211. — Lettre de Rustem à Keï Khosrou, 213. — Feribourz part pour l'Iran avec les rois prisonniers et les dépouilles des Touraniens, 215. — Rustem et son armée prennent la route du désert, 215. — Réponse de Keï Khosrou à la lettre de Rustem, 217. — Feribourz retourne auprès de Rustem avec des présents pour ce prince et pour les chefs de l'armée, 217. — Afrasiab apprend la défaite de son armée, 221. — Il assemble les grands de son royaume et leur demande conseil, 221. — Ceux-ci sont d'avis de combattre Rustem s'il met le pied dans le Touran, 223. — Feribourz remet à Rustem et à ses compagnons les présents de Khosrou, 223. — Rustem et son armée arrivent dans le Soghd, devant Bidad, 225. — Il envoie Gustehem attaquer le château de Bidad où commande Kafour, le mangeur d'hommes; les Iraniens se font battre, 225. — Rustem arrive sur le champ de bataille, tue Kafour et s'empare du château, 227. — Il envoie Guiv en expédition sur les frontières du Khoten, 231. — Afrasiab reçoit des nouvelles de Rustem; douleur que lui cause la dévastation de son royaume, 233. — Ses soldats le rassurent et promettent de mourir plutôt que d'abandonner leur pays à l'ennemi, 235. — Il ordonne de faire les préparatifs de guerre et envoie Farghar observer Rustem et les Iraniens, 235. — Afrasiab confie à son fils Schideh ses inquiétudes et ses desseins secrets, 237. — Réponse de Schideh aux confidences de son père, 239. — Farghar rend compte de sa mission au roi; celui-ci communique son rapport à Piran et aux chefs de l'armée; réponse généreuse de Piran, 241. — Afrasiab écrit à Pouladwend pour lui demander son concours, 241. — Celui-ci rassemble son armée et va rejoindre Afrasiab, 245. — Le roi du Touran expose à Pouladwend l'inquiétude que lui cause Rustem, 245. — Pouladwend explique à

80.

Afrasiab comment il espère venir à bout de Rustem, 247. — Rustem attaque les Turcs; combat de Pouladwend contre Thous et Guiv, 247. — Succès de Pouladwend contre les Iraniens, 249. — Désolation de Gouderz qui croit ses fils tués, 249. — Combat de Rustem contre Pouladwend, 251. — Rustem et Pouladwend luttent corps à corps, 255. — Conseils perfides que Schideh donne à Pouladwend par ordre d'Afrasiab, 257. — Rustem jette Pouladwend à terre et le croit mort; Pouladwend se relève et s'enfuit auprès d'Afrasiab, 259. — Rustem fait avancer son armée; Pouladwend quitte le champ de bataille en emmenant ses troupes, 259. — Afrasiab s'enfuit devant Rustem, 261. — Les Touraniens sont mis en déroute complète, 261. — Rustem fait cesser le carnage et distribue le butin; les Iraniens cherchent en vain Afrasiab et dévastent son royaume, 263. — Rustem revient à la cour du roi, 263. — Khosrou va au-devant de lui; accueil qu'il lui fait, 265. — Rustem s'en retourne dans le Seïstan, 267. — Histoire du combat de Rustem contre le Div Akwan; commencement du récit, 271. — Khosrou apprend l'apparition du Div sous la forme d'un onagre; il appelle Rustem à son aide, 271. — Rustem se rend à la cour de Khosrou, 275. — Il cherche le Div, 275. — Il le trouve au bout de quatre jours et le poursuit sans pouvoir l'atteindre, 277. — Le Div Akwan jette Rustem dans la mer, 277. — Rustem réussit à atteindre la côte et se met à la recherche de Raksch, 281. — Il le trouve au milieu d'un troupeau de chevaux appartenant à Afrasiab et dont il s'empare, 281. — Il tue ou disperse les gardiens du troupeau, 283. — Afrasiab vient voir ses chevaux et apprend que Rustem les enlève; il se met à sa poursuite, 283. — Les Turcs sont mis en fuite, 285. — Rustem est de nouveau accosté par le Div Akwan et le tue, 285. — Retour de Rustem dans l'Iran, 287. — Il raconte au roi son aventure, 289. — Il part pour revenir dans le Seïstan, 289. — Histoire de Bijen et de Menijeh; commencement du récit, 293. — Les Iraniens demandent protection à Khosrou contre d'énormes sangliers qui dévastent leur pays, 295. — Le roi offre de riches cadeaux à celui de ses guerriers qui ira combattre les sangliers, 299. — Bijen, fils de Guiv, se présente pour exécuter les ordres du roi, 299. — Guiv reproche à son fils sa témérité et sa présomption; Khosrou accorde au jeune homme la permission qu'il demande, 301. — Bijen va combattre les sangliers; Gourguin l'accompagne pour lui montrer le chemin, 301. — Gourguin refuse de seconder Bijen; ce dernier attaque seul les sangliers et en fait un grand massacre, 303. — Gourguin trompe Bijen, 305. — Il lui parle de Menijeh et des fêtes qu'elle va donner sur la frontière du Touran, 307. — Bijen et Gourguin se dirigent vers le lieu ordinaire de ces fêtes, 307. — Bijen va regarder Menijeh, 309. — Celle-ci aperçoit Bijen et s'éprend d'amour pour lui; elle envoie sa nourrice lui demander qui il est, 311. — Bijen se fait connaître à cette femme et lui révèle les motifs de sa présence en ce lieu, 311. — Il la prie de l'introduire auprès de la princesse; celle-ci fait dire à Bijen de venir la trouver, 313. — Bijen se rend à la tente de Menijeh, 313. — Menijeh enlève Bijen et l'emmène dans son palais, 315. — Afrasiab apprend ce qui se passe, 315. — Il ordonne à Guersivez de lui amener Bijen, 317. — Guersivez fait cerner le palais et pénètre dans le pavillon de Menijeh, 317. — Il y trouve Bijen et l'amène devant le roi, 319. — Afrasiab ordonne qu'on suspende Bijen au gibet, 323. — Piran demande grâce à Afrasiab pour la vie

◆ TABLE ANALYTIQUE ◆

de Bijen, 325. — Afrasiab jette Bijen en prison, 331. — Il ordonne à Guersivez de dévaster le palais de Menijeh, de la dépouiller et de la traîner jusqu'au cachot de Bijen dont elle sera désormais la servante, 331. — Menijeh nourrit Bijen du pain qu'elle va quêter de porte en porte, 333. — Gourguin cherche en vain Bijen; il retourne dans l'Iran en se faisant des reproches de son crime, 333. — Guiv apprend que son fils a disparu; sa douleur à cette nouvelle, 335. — Il interroge Gourguin qui lui fait un récit mensonger, 337. — Soupçons et colère de Guiv contre Gourguin, 339. — Guiv va trouver le roi et lui demande vengeance; le roi essaye de le rassurer sur le sort de son fils, 341. — Gourguin arrive en présence du roi, 341. — Celui-ci l'interroge; Gourguin se trouble; Khosrou le fait jeter dans les fers et s'efforce de consoler Guiv en promettant de rechercher les traces de son fils, 343. — Keï Khosrou voit Bijen dans la coupe qui réfléchit le monde, 345. — Il fait connaître à Guiv le sort de son fils, et lui dit que Rustem est seul capable de le délivrer, 347. — Khosrou écrit à Rustem, 349. — Guiv porte à Rustem la lettre de Khosrou, 351. — Rustem prend part à la douleur de Guiv et lui promet de ne pas desseller Raksch avant d'avoir délivré Bijen, 355. — Rustem donne une fête à Guiv. 357. — Il se rend auprès de Khosrou, 359. Les grands vont au-devant de lui, 361. — Rustem arrive en présence du roi et lui offre ses hommages, 363. — Keï Khosrou fête les Pehlewans, 365. — Il demande à Rustem de chercher un moyen de sauver Bijen; Rustem promet d'accomplir cette entreprise, 367. — Il demande au roi la grâce de Gourguin, 367. — Le roi abandonne Gourguin à Rustem, 371. — Rustem compose son cortége, 371. — Il se rend à Khoten auprès de Piran, 373. — Il laisse son armée sur la frontière et se présente à Piran avec ses sept compagnons, comme des marchands venus de l'Iran, 375. — Rustem offre à Piran de riches présents et ce prince l'autorise à s'établir à Khoten, 377. — Menijeh vient voir Rustem; elle lui parle des souffrances de Bijen, 379. — Rustem, effrayé de ses paroles, la rudoie; douleur de Menijeh à cet accueil; Rustem se radoucit, 379. — La princesse prie Rustem, à son retour dans l'Iran, de faire connaître le sort de Bijen, 381. — Bijen devine l'arrivée de Rustem, 383. — Rustem révèle son secret à Menijeh, lui recommande le silence, et lui donne ses instructions, 387. — Menijeh fait part à Bijen du message et des ordres qu'elle a reçus de Rustem, 387. — Rustem tire Bijen de la fosse après lui avoir fait promettre de pardonner à Gourguin, 389. — Bijen refuse de partir sans Rustem qui veut se venger d'Afrasiab, 393. — Rustem attaque de nuit le palais d'Afrasiab, 395. — Le roi s'enfuit, 395. — Les Iraniens enlèvent le butin et prennent en toute hâte le chemin de l'Iran, 397. — Afrasiab vient attaquer Rustem, 397. — Défaite d'Afrasiab, 401. — Retour de Rustem auprès de Keï Khosrou, 403. — Guiv et Gouderz vont au-devant de lui et lui offrent leurs hommages, 405. — Khosrou sort à la rencontre de Rustem, 405. — Celui-ci remet Bijen à son père, 407. — Khosrou donne une fête, 407. — Il fait venir Bijen qui lui raconte son histoire, 409. — Le roi recommande à Bijen de bien traiter Menijeh et le charge de riches présents pour cette princesse, 409. — Histoire du combat des sept champions; commencement du récit, 413. — Afrasiab assemble une armée, 413. — Il envoie son fils Schideh dans le Kharezm et ordonne à Piran de marcher contre l'Iran, 417. — Keï Khosrou apprend les préparatifs guerriers d'Afrasiab, 417. — Il réunit ses troupes et appelle au combat les cavaliers des provinces les plus reculées de son empire, 419. — Il envoie Rustem dans l'Inde et assigne à Lohrasp le pays des Alains et Ghartcheh, 421. — Il ordonne à Aschkesch de marcher contre Schideh, et charge Gouderz de combattre Piran, 423. — Conseils de Khosrou à Gouderz, 423. — Gouderz arrive à Reibed, 425. — Guiv porte à Piran un message de Gouderz, 425. — Guiv va à Wisehguird pour voir Piran, 429. — Ils se rencontrent sur les bords du Djihoun; Piran envoie secrètement un messager à Afrasiab pour l'informer de ce qui se passe et l'assurer de sa fidélité, 431. — Afrasiab lui expédie des renforts et lui fait savoir qu'il va lui-même entrer bientôt en campagne, 431. — Piran repousse toutes les propositions de Gouderz; Guiv retourne auprès de son père et les Touraniens se mettent en marche, 433. — Guiv rend compte à Gouderz de sa mission et de la conduite de Piran, 433. — Les deux armées se rangent en bataille, 435. — Elles restent en présence, immobiles, pendant trois jours, 441. — Bijen demande à Guiv la permission de livrer combat, 441. — Guiv explique à son fils les motifs de l'inaction de Gouderz, 445. — Houman demande à Piran la permission de combattre, 445. — Piran révèle à son frère les raisons qui lui font attendre l'attaque des Iraniens, 447. — Houman persiste dans sa résolution, 449. — Il se présente devant les lignes iraniennes et défie Rehham, 449. — Réponse de Rehham, 453. — Houman provoque Feribourz au combat, 453. — Réponse de Feribourz au défi de Houman, 455. — Houman provoque Gouderz au combat, 455. — Réponse de Gouderz à ses provocations, 457. — Réplique de Houman, 457. — Celui-ci retourne vers les siens après avoir frappé quatre cavaliers iraniens, 461. — Bijen apprend ce qu'a fait Houman; il va demander à son père l'autorisation de le combattre, 463. — Guiv ne consent pas à sa demande, 463. — Bijen va trouver Gouderz, lui expose sa requête et demande l'armure de Siawusch, 465. — Gouderz permet à Bijen de combattre Houman et lui promet l'armure de Siawusch, 467. — Guiv essaye de retenir son fils en lui refusant cette armure; fière réponse du jeune homme, 469. — Guiv donne à Bijen la cuirasse de Siawusch et son propre cheval, 469. — Bijen va défier Houman, 473. — Houman vient combattre Bijen, 475. — Ils se rendent dans un endroit désert et font leurs conventions, 477. — Ils commencent le combat, 477. — Houman est tué par la main de Bijen, 479. — Celui-ci attache la tête de Houman à la selle de son cheval, et emploie un stratagème pour passer devant les Touraniens sans être inquiété, 481. — Gouderz apprend que Bijen revient victorieux, 483. — Guiv accourt vers son fils et le serre sur sa poitrine, Gouderz fait de riches présents à Bijen, 485. — Nestihen fait une attaque de nuit et y périt, 485. — Piran apprend la mort de son frère Nestihen; sa douleur à cette nouvelle, 489. — Il fait avancer ses troupes, 489. — Les deux armées en viennent aux mains, 491. — Gouderz demande des secours à Khosrou, 491. — Hedjir porte à Khosrou la lettre de Gouderz, 493. — Khosrou fait à Hedjir des cadeaux magnifiques, 495. — Réponse de Khosrou à Gouderz, 495. — Il lui fait connaître les succès des autres armées iraniennes, et promet de venir bientôt à son aide et lui donne ses instructions, 499. — Khosrou équipe une armée, 501. — Il ordonne à Thous de marcher contre le Dehistan, 501. — Il se prépare lui-même à partir et se dirige du côté de Gouderz; Hedjir le précède et remet à Gouderz la lettre de Khosrou, 503. — La lettre du roi est lue devant les chefs

TABLE ANALYTIQUE

de l'armée, 503. — Gouderz ordonne à ses troupes de se préparer au combat, 505. — Piran écrit à Gouderz pour demander la paix, 505. — Il charge son fils Rouïn de remettre son message à Gouderz, 511. — Rouïn s'acquitte de sa mission et reste pendant sept jours l'hôte de Gouderz, 513. — Réponse de Gouderz à la lettre de Piran, 513. — Il réfute tous ses arguments et repousse ses propositions, 515. — Il lui accorde, s'il le désire, du temps et un délai, mais refuse de se retirer sans avoir livré un combat décisif, 523. — Gouderz fait lire sa réponse devant les chefs de l'armée, 523. — Rouïn retourne auprès de son père avec le message de Gouderz; tristesse que cause à Piran la réponse du chef des Iraniens; paroles qu'il adresse à son armée, 525. — Piran demande des secours à Afrasiab, 527. — Douleur d'Afrasiab en écoutant le message de Piran, 529. — Réponse d'Afrasiab à Piran, 531. — Il lui annonce qu'il va se mettre en campagne et qu'il lui envoie un renfort de trente mille cavaliers, 533. — Il lui ordonne, aussitôt ce secours arrivé, d'attaquer Gouderz, 533. — Piran fait répéter devant son armée les paroles d'Afrasiab et s'efforce de ranimer le courage des siens, 535. — Ses inquiétudes secrètes, 535. — Bataille rangée entre les deux armées, 537. — Gouderz ordonne à Guiv de s'avancer contre le centre de l'armée touranienne et de combattre Piran, 541. — Combat de Guiv et de Piran, le cheval de Guiv s'arrête, 541. — Lehhak et Ferschidwerd attaquent Guiv, 545. — La mêlée devient générale, 547. — Gouderz et Piran conviennent du combat des onze champions, 547. — Les deux armées se retirent dans leurs campements; Guiv raconte à son père comment son cheval avait refusé d'avancer, lors de son combat contre Piran, et l'explication que Bijen avait donnée de ce fait, 549. — Les grands demandent à Gouderz ce qu'il a décidé au sujet du combat qu'ils doivent livrer aux Turcs, 551. — Gouderz leur rappelle les griefs des Iraniens contre Afrasiab et Piran, 551. — Il propose d'accepter immédiatement le défi porté par ce dernier, et s'engage à payer de sa personne, 553. — Les Iraniens se déclarent prêts pour la vengeance et le combat, 555. — Gouderz range son armée en bataille et charge Gustehem du commandement en chef, 555. — Lamentations des Iraniens en apprenant que Gouderz va exposer sa vie, 557. — Recommandations qu'il adresse à Gustehem, 557. — Piran adresse la parole aux grands de son armée, 559. — Il s'efforce de relever leur courage abattu et leur fait connaître la convention, faite avec Gouderz, d'un combat singulier, 559. — Les grands se déclarent prêts à lui obéir et se préparent au combat; Piran confie le commandement de l'armée à Lehhak et Ferschidwerd, 561. — Gouderz et Piran choisissent les champions, 561. — Ordre de combat adopté par ces deux chefs, 563. — Instructions qu'ils donnent à leurs combattants; les deux partis accourent sur le champ de bataille, 567. — Combat de Feribourz contre Kelbad, 567. — Mort de Kelbad, 569. — Combat de Guiv et de Gueroui Zereh; ce dernier est fait prisonnier, 569. — Combat de Gourazeh et de Siamek; celui-ci est tué, 571. — Combat de Fourouhil et de Zengouleh; Fourouhil tue son adversaire, 571. — Combat de Rehham contre Barman; mort de Barman, 573. — Combat de Bijen et de Rouïn, 573. — Rouïn est tué par Bijen, 575. — Combat de Hedjir et de Sipahram; mort de ce dernier, 575. — Combat de Zengueh, fils de Schaweran, et d'Ankhast; Zengueh est vainqueur, 577. — Combat de Gourguin et d'Anderiman; celui-ci périt de la main de son adversaire, 579. — Combat de Bartch avec

Kehrem; mort de Kehrem, 581.—Combat de Gouderz et de Piran, 581.— Piran, renversé de cheval, se relève et s'enfuit; Gouderz le poursuit, 583.— Piran, voyant Gouderz près de l'atteindre, lui lance son poignard et le blesse, 583. — Gouderz traverse d'un javelot la poitrine de Piran qui tombe mort, 585. — Gouderz revient auprès des champions de l'Iran, 585. — Il ordonne à Rehham d'aller chercher le corps de Piran, 587. — Les Iraniens retournent à leur camp emportant les corps de leurs adversaires, et entraînent avec eux Gueroui Zereh, 589. — Gustehem remet le commandement à Gouderz; une sentinelle annonce l'approche d'une armée, 589. — Lehhak et Ferschidwerd se lamentent sur la mort de Piran, 591. — Ils se rappellent les dernières recommandations de leur frère, 591. — Les Touraniens tiennent conseil avec Lehhak et Ferschidwerd, 593. — Ceux-ci leur font connaître les conventions arrêtées par Gouderz et Piran, et les trois partis qu'ils peuvent prendre, 593.— Les Touraniens se décident à demander grâce à Khosrou, 595. — Lehhak et Ferschidwerd partent pour le Touran, 597. — Gouderz veut les faire poursuivre; Gustehem se présente pour cette expédition, 597. — Gustehem poursuit Lehhak et Ferschidwerd, 599. — Bijen apprend le départ de Gustehem et craint pour sa vie; il demande à Gouderz la permission d'aller à son aide, 599. — Gouderz tente en vain de le détourner de son dessein et lui donne l'autorisation qu'il demande, 601. — Bijen suit les traces de Gustehem, 603. — Guiv court après lui et veut le retenir; réponse de Bijen aux remontrances de son père, 603. — Guiv le laisse libre; Bijen poursuit son chemin, 605. — Gustehem tue Lehhak et Ferschidwerd, 607. — Il est lui-même grièvement blessé et passe la nuit dans les souffrances au bord d'un ruisseau, 609.

— Bijen trouve Gustehem couché dans la prairie, 611. — Celui-ci reprend ses sens et prie Bijen de chercher un moyen pour le ramener auprès du roi avec les corps ou au moins les têtes de ses adversaires, 611. — Bijen panse les blessures de Gustehem, 613. — Un Turc qu'il vient de faire prisonnier l'aide à charger et à attacher sur un cheval les corps de Lehhak et de Ferschidwerd, 613. — Il place Gustehem sur son cheval, le fait soutenir par le Turc, et se met en marche, 615. — Khosrou arrive au camp; il fait construire un mausolée pour Piran et les chefs des Touraniens, et mettre à mort Gueroui Zereh, 615. — Les Touraniens demandent grâce à Khosrou, 621. — Khosrou leur pardonne et les laisse libres de retourner dans le Touran ou de rester sous ses lois, 623. — Les Touraniens déposent leurs armures et leurs armes devant le roi et jurent de rester jusqu'à la mort ses serviteurs et ses esclaves, 623. — Bijen ramène Gustehem, 625. — Khosrou fait apporter le blessé auprès de lui et verse des larmes d'attendrissement à sa vue, 625. — Il attache au bras de Gustehem une pierre d'une vertu curative merveilleuse et lui fait donner les soins les plus assidus; Gustehem guérit; Khosrou félicite Bijen et recommande à Gustehem de veiller toujours sur son ami, 627. — Le roi appelle à sa cour les grands et les nobles de son royaume pour l'aider dans la guerre qui va commencer, 627.—IV, 1, 111. — La grande guerre de Keï Khosrou contre Afrasiab, 5. — 11. — Commencement du récit, 13. — Keï Khosrou réunit une armée contre Afrasiab, 13. — Organisation de cette armée; dénombrement des différents chefs auxquels il confie le commandement, 17. — Il fait faire des reconnaissances et envoie de tous côtés des éclaireurs et des espions, 23. — Afrasiab apprend la mort de Piran

TABLE ANALYTIQUE

et les préparatifs de guerre de Keï Khosrou, 23. — Il rassemble ses troupes, 27. — Il passe le Djihoun, 29. — Il prend ses dispositions pour l'ordre de bataille et donne des commandements à ses fils, 31. — Keï Khosrou est informé qu'Afrasiab s'avance pour l'attaquer, 33. — Il va à sa rencontre après avoir assuré ses derrières, 35. — Les deux armées arrivent en présence; elles restent deux jours immobiles, 35. — Pescheng se présente devant son père Afrasiab, 37. — Il lui parle de l'ingratitude de Siawusch, de la conduite de Khosrou envers son grand-père et son bienfaiteur et envers Piran, 37. — Il demande à combattre, 39. — Afrasiab répond à son fils qu'un combat général, en ce moment, serait funeste aux Touraniens et qu'il serait préférable de faire avancer des champions isolés, 39. — Pescheng offre d'être le premier champion et d'attaquer Keï Khosrou, 39. — Afrasiab envoie un message à Keï Khosrou, 41. — Il l'engage à renoncer à se venger d'un roi qui est son grand-père, 41. — Il offre de lui livrer tous les pays qu'il réclame pour son empire, et les trésors qu'il pourra désirer, 43. — S'il persiste à vouloir la guerre, il lui propose un combat singulier, soit avec lui-même, soit avec Pescheng, 43. — S'il préfère une bataille rangée, il lui demande d'attendre pour la livrer que son armée se soit reposée une nuit, 45. — Pescheng porte à Khosrou le message de son père, 45. — Keï Khosrou devine la ruse de son grand-père et exprime son intention de se mesurer avec lui, 47. — Les grands cherchent à le détourner de son dessein, 47. — Ils lui conseillent d'accepter les propositions d'Afrasiab et de revenir dans l'Iran, 49. — Reproches que leur fait le roi, 49. — Les grands se repentent de leur faute et tâchent de s'excuser, 51. — Keï Khosrou répond à Afrasiab, 53. — Il re-

pousse ses propositions, lui dit qu'il se battra avec Pescheng et que, s'il est vainqueur, il n'accordera pas de délais demandés, 53. — Schideh retourne auprès de son père et lui rend compte de sa mission, 55. — Combat de Khosrou avec Schideh, fils d'Afrasiab, 55. — Khosrou tue Schideh, 63. — Afrasiab apprend la mort de son fils; ses compagnons partagent sa douleur et promettent de venger Schideh, 65. — Combat général des deux armées, 67. — Afrasiab se jette dans la mêlée, 73. — Khosrou s'élance au-devant de lui; les amis d'Afrasiab entraînent le roi loin du champ de bataille, 75. — Prouesses de Keï Khosrou; les Turcs s'enfuient; paroles d'Afrasiab à Khosrou, 75. — Fuite d'Afrasiab; il repasse le Djihoun avec ses troupes et abandonne son camp, 77. — Khosrou rend grâce à Dieu de cet événement; sa réponse aux grands qui regrettaient qu'Afrasiab eût pu s'enfuir, 77. — Khosrou annonce sa victoire à Kaous, 79. — Afrasiab arrive à Gangue Diz, 81. — Il s'y repose en attendant les événements, 81. — Keï Khosrou passe le Djihoun, 83. — Il s'arrête dans le Soghd, où il apprend les mouvements des armées d'Afrasiab et de ses alliés, et donne des ordres en conséquence, 83. — Il quitte le Soghd et marche vers le Touran après avoir prescrit à ses troupes la conduite qu'elles devaient tenir dans les pays des Turcs, 85. — Les Iraniens arrivent sur les bords du Gulzarrioun; Afrasiab tient conseil; les grands sont d'avis de combattre, 87. — Seconde bataille entre Keï Khosrou et Afrasiab, 87. — La nuit sépare les combattants, 91. — Un messager de Gustehem, fils de Newder, apprend à Khosrou la défaite de Karakhan, fils d'Afrasiab, 91. — Un second messager lui annonce que Rustem a pénétré dans le Touran, chassant devant lui les Turcs, 93. — Afrasiab reçoit les mêmes nouvelles et part secrètement pour aller surprendre Rustem; Khosrou, prévenu de son départ, envoie en toute hâte un messager à Rustem, 93. — Khosrou distribue le butin, fait ensevelir les morts et se met à la poursuite des Turcs; Afrasiab s'arrête dans sa marche et consulte les grands, 95. — Ceux-ci lui conseillent de se réfugier dans Gangue Diz, 95. — Le roi suit leur avis et rentre dans sa capitale, 97. — Afrasiab écrit au Faghfour de la Chine et met Gangue Diz en état de défense, 97. — Les préparatifs terminés, il se livre au plaisir, 99. — Kei Khosrou arrive devant Gangue, 99. — Il dresse son camp et confie à Rustem son intention de s'emparer d'Afrasiab avant qu'il ait pu recevoir des secours, 101. — Il redit aux grands les paroles de Kaous sur la vengeance due aux mânes de Siawusch, 103. — Djehn vient porter un message d'Afrasiab, 103. — Ce roi rejette sur le Div la responsabilité du meurtre de Siawusch, 105. — Il rappelle à Khosrou les dévastations et les ruines qu'a déjà causées cette longue guerre, 105. — Il lui signale les difficultés et les dangers qui attendent les Iraniens devant Gangue pendant l'hiver, 107. — Il s'engage enfin à consentir à tout s'il veut renoncer à sa vengeance, 109. — Kei Khosrou répond à Djehn, 109. — Il reproche à Afrasiab tous ses crimes, 111. — Il l'avertit qu'il ne lui parlera plus désormais qu'avec son épée, et qu'il poursuivra jusqu'à la fin sa vengeance, 113. — Djehn rapporte à son père la réponse de Khosrou; Afrasiab se prépare au combat, 115. — Kei Khosrou attaque Afrasiab et s'empare de Gangue Diz, 115. — Afrasiab s'enfuit de Gangue, 121. — Khosrou protége les femmes d'Afrasiab, 123. — Il pourvoit à la sécurité de ses biens et de sa famille, 123. — Mécontentement des Iraniens; Khosrou convoque les sages et leur expose ses motifs pour en agir ainsi, 125. — La reine principale et ses filles viennent implorer la miséricorde du roi, 125. — Les chefs de l'armée intercèdent en leur faveur; le roi leur promet qu'il ne leur sera fait aucun mal, 129. — Khosrou donne des conseils aux Iraniens, 129. — Il distribue le trésor public du Touran à son armée et donne des villes à ses compagnons; le pays se soumet à lui, 131. — Lettre de Kei Khosrou à Kaous pour lui annoncer sa victoire, 131. — Khosrou apprend qu'Afrasiab a rejoint l'armée du Faghfour, 133. — Le bruit de son approche se répand parmi ses anciennes troupes; elles quittent les Iraniens pour aller se réunir à l'armée d'Afrasiab, 135. — Khosrou confie à Gouderz le commandement de Gangue et sort au-devant d'Afrasiab, 135. — Celui-ci arrive en vue de l'armée des Iraniens; il fait connaître à ses conseillers son intention de combattre Khosrou en personne; tous s'efforcent de le détourner de cette résolution, 137. — Lettre d'Afrasiab à Kei Khosrou, 137. — Il lui propose un combat singulier, 139. — Rustem engage le roi à repousser cette proposition et à mener son armée tout entière contre l'ennemi, 139. — Combat entre les Iraniens et les Touraniens, 141. — Afrasiab fait une attaque de nuit et est battu par Khosrou, 143. — Il abandonne le champ de bataille et s'enfuit dans le désert; les Turcs implorent, du roi de l'Iran, leur grâce qui leur est accordée, 147. — Khosrou retourne à Gangue, 149. — Le Khakan de la Chine envoie un ambassadeur à Kei Khosrou, 149. — Celui-ci accueille gracieusement ses envoyés et lui défend de donner asile à Afrasiab; le Faghfour invite le roi du Touran à se tenir éloigné des frontières de la Chine et du Khoten, 151. — Afrasiab passe le lac de Zereh, 151. — Khosrou apprend qu'Afrasiab s'est réfugié à

TABLE ANALYTIQUE

Gangue Diz; il annonce son intention de soumettre la Chine et le Madjin et de poursuivre ensuite sa vengeance contre Afrasiab, 153. — Irritation des grands; Rustem les exhorte à ne pas laisser perdre le fruit de tant de peines et d'efforts, 153. — Son discours change leurs dispositions et ils protestent de leur dévouement au roi, 155. — Keï Khosrou envoie à Kaous les captifs et des présents; Guiv est chargé de cette mission, 155. — Il arrive auprès de Kaous et lui promet le message de Khosrou, 157. — Les prisonniers sont amenés devant Kaous, qui fixe leur sort, et le butin est distribué aux Iraniens, 159. — Guersiwez, qui avait renversé à terre Siawusch, est jeté dans un souterrain du château royal, 159. — Kaous informe les grands et les princes de chaque province des succès de Khosrou dans le Touran et la Chine; il répand d'abondantes aumônes et donne des fêtes brillantes, 161. — Réponse de Kaous à la lettre de Keï Khosrou, 161. — Guiv apporte au jeune roi le message de son grand-père; Khosrou quitte Gangue et se dirige vers la Chine, 163. — Il s'arrête à Siawuschguird et voit le lieu où a coulé le sang de son père, 163. — Il se promet, si Dieu l'aide, de verser en ce même lieu le sang d'Afrasiab, 165. — Keï Khosrou envoie un message au Faghfour de la Chine et au roi du Mekran; celui-ci fait au messager de Khosrou une réponse insolente et hautaine, 165. — Il refuse aux Iraniens le passage à travers ses États; Khosrou arrive dans le Khoten, où le Faghfour et le Khakan de la Chine le reçoivent avec les plus grands honneurs, 167. — Il se dirige vers le Mekran, 167. — Bataille entre Keï Khosrou et le roi du Mekran; mort de celui-ci, 169. — Khosrou fait construire des vaisseaux et quitte le Mekran en y laissant une armée sous les ordres d'Aschkesch, 173. — Keï Khosrou passe la mer de Zereh, 173. — Il arrive à Gangue Diz, 177. — Il entre dans cette ville et fait chercher en vain Afrasiab qui s'était enfui secrètement à la nouvelle de son approche, 179. — Les grands de l'Iran vont trouver Khosrou et lui expriment la crainte qu'Afrasiab ne se soit dirigé du côté de l'Iran, 181. — Khosron part de Gangue Diz et se rend à Siawuschguird, 181. — Il traverse le Mekran et se montre satisfait de la manière dont Aschkesch avait gouverné ce pays, 183. — Rustem le reçoit sur les frontières de la Chine; ils arrivent à Siawuschguird, 185. — Le roi se rend à l'endroit où son père a été assassiné, et jure de ne prendre aucun repos avant d'avoir consommé sa vengeance, 185. — Keï Khosrou s'en retourne du Touran dans l'Iran, 187. — Il arrive à Balkh et se dirige de là sur Nischapour et Reï, 189. — Il envoie des messagers à Kaous et part pour Schiraz, 191. — Retour de Keï Khosrou auprès de son grand-père; accueil affectueux que lui fait le vieux roi, 191. — Kaous et son petit-fils tiennent conseil au sujet d'Afrasiab, 193. — Ils se rendent au temple d'Adergouschasp pour demander à Dieu de les guider au lieu où se cache le roi du Touran, 195. — Afrasiab est pris par Houm, de la famille de Feridoun, 195. — Afrasiab échappe à Houm et se jette dans un lac voisin, 199. — Gouderz arrive sur les bords du lac; Houm lui raconte ce qui vient de lui arriver, 201. — Gouderz en avertit les deux rois; Kaous et Khosrou se rendent auprès de Houm, 203. — Celui-ci leur conseille de faire amener Guersiwez et de le mettre à la torture, 203. — Afrasiab entend les cris de son frère et sort du lac, 205. — Il est pris pour la seconde fois et mis à mort avec Guersiwez, 207. — Kaous et Khosrou s'en retournent dans le pays de Fars, 211. — Mort de Keï Kaous, 213. — Keï

81.

Khosrou monte sur le trône, 215. — Il prend la vie en dégoût, 215. — Il ordonne à son chambellan de renvoyer poliment tous ceux qui se présenteraient à la cour, et va dans le temple demander à Dieu de lui montrer sa voie et de le préserver de l'erreur, 217. — Les grands se plaignent de ce que Khosrou ferme sa cour, et ils lui demandent le secret de sa tristesse, 219. — Le roi les rassure à son sujet et leur dit qu'il attend la réponse du ciel à ses secrètes prières, 221. — Les grands se retirent le cœur plein de douleur, 221. — Les Iraniens appellent Zal et Rustem, 223. — Khosrou reçoit enfin les grands du royaume; ceux-ci lui demandent de leur dévoiler les motifs pour lesquels il les tient éloignés de sa personne, 225. — Le roi leur répond qu'il attend la réalisation d'un désir qu'il a conçu, et que, le temps venu, il leur révélera son secret, 227. — Keï Khosrou voit en rêve le Serosch; celui-ci l'engage à quitter la terre, 227. — Il lui conseille de se choisir un successeur vertueux et de se hâter, car son heure arrive, 229. — Zal fait des représentations à Keï Khosrou, 229. — Keï Khosrou répond à Zal, 233. — Il lui dévoile son secret, lui raconte son rêve et l'ordre que le Serosch lui a donné de la part de Dieu, 235. — Mécontentement de Zal et des Iraniens en entendant les paroles du roi, 235. — Zal fait des reproches à Keï Khosrou, 237. — Les Iraniens approuvent les paroles du vieillard, 239. — Réponse de Keï Khosrou et repentir de Zal, 239. — Le roi annonce aux Iraniens ses dernières volontés, 243. — Il indique à Gouderz ses dernières volontés, 247. — Il distribue ses richesses et ses biens à Zal, à Rustem, à Gouderz, à Thous, à Feribourz, à Guiv et à Bijen, 249. — Il invite les Iraniens à lui faire connaître ce qu'ils désirent, 249. — Zal demande une investiture pour Rustem, 251. — Le roi lui accorde l'objet de sa demande, 251. — Keï Khosrou donne une lettre d'investiture à Guiv, 253. — Il accorde une investiture à Thous, 255. — Keï Khosrou donne la royauté à Lohrasp, 257. — Colère des Iraniens; Zal se fait leur interprète et proteste contre l'élévation au trône d'un homme inconnu, 257. — Les Iraniens l'approuvent et refusent l'obéissance, si Lohrasp est placé au-dessus d'eux, 259. — Khosrou leur répond, avec douceur, que Lohrasp descend de Houschenk et qu'il a toutes les vertus qui font les bons rois; Zal se soumet et reconnaît Lohrasp comme roi, 259. — Les grands rendent hommage à Lohrasp; Khosrou prend congé des grands, 261. — Il dit adieu à ses favorites, 261. — Il les recommande à Lohrasp, 263. — Il revient au milieu des Iraniens et leur donne ses derniers conseils, 263. — Keï Khosrou se rend dans la montagne suivi des principaux chefs de l'armée, 265. — Une foule nombreuse entoure le roi et le supplie de ne pas quitter l'Iran, 265. — Khosrou s'efforce de consoler le peuple et engage les grands à se retirer; Zal, Rustem et Gouderz prennent congé du roi, 267. — Thous, Guiv, Feribourz, Bijen et Gustehem continuent à l'accompagner pendant un jour et une nuit; Khosrou leur fait ses adieux, 267. — Il leur recommande de ne pas rester un jour de plus dans la montagne; disparition de Keï Khosrou; ses compagnons le cherchent en vain de tous côtés, 269. — Ils sont ensevelis sous la neige, 271. — Inquiétudes de Rustem et de Gouderz sur le sort des compagnons du roi, 271. — Des hommes envoyés dans la montagne retrouvent les morts et les rapportent à leurs familles. Lohrasp apprend la disparition de Keï Khosrou, 273. — Il assemble les grands et leur promet de suivre les conseils de Khosrou, leur demandant, en échange, d'obéir aux dernières

TABLE ANALYTIQUE

volontés du roi; Zal promet l'obéissance en son nom et au nom de Rustem, 273. — Le roi s'adresse ensuite à Goudcrz; celui-ci approuve les paroles de Zal, 275. — Tous les grands rendent hommage au roi, qui choisit le jour de Mihrgan pour poser sur sa tête la couronne de l'Iran, 275. — 279-287, 353, 371, 571, 599, 617, 623, 635; V, 7, 15, 261; VI, 37, 109, 355, 653; VII, 41, 121, 219, 477.

Keï Kobad, roi de Perse, I, xxxvii, li, lxxv. — Zal, fils de Sam, apprend, d'un Mobad, l'existence de Keï Kobad, descendant de Feridoun; il charge son fils Rustem de l'amener du mont Alborz où il résidait, 453. — Rustem arrive au palais de Keï Kobad; accueil qui lui est fait, 455. — Il expose le but de sa mission, 457. — Keï Kobad se fait connaître à Rustem, qui s'acquitte du message de son père, 459. — Le songe de Keï Kobad, 459. — Ce prince part avec Rustem pour rejoindre l'armée; les Turcs s'opposent à leur passage; Rustem tue leur chef et les disperse, 461. — Keï Kobad et Rustem arrivent auprès de Zal, 463. — Keï Kobad monte sur le trône; durée de son règne; il fait ses préparatifs pour combattre les Turcs, 465. — Rencontre des deux armées ennemies; exploits de Karen, 465. — Rustem combat Afrasiab, 467. — Ce dernier est vaincu et prend la fuite; son armée est taillée en pièces et mise en déroute, 469. — Les Turcs regagnent leur pays; Rustem se rend auprès du roi, qui le place, ainsi que Zal, à ses côtés, 471. — Afrasiab se rend auprès de son père, 471. — Il lui fait le récit de sa campagne, lui raconte sa lutte avec Rustem, et l'engage à faire la paix avec Keï Kobad, 473. — Pescheng demande la paix au roi de l'Iran, 477. — Celui-ci lui accorde sa demande, 479. — Rustem exhorte le roi à se défier des Turcs, qui n'ont fait leur soumission que par crainte de ses armes; Keï Kobad répond qu'il est de son devoir de les traiter avec bonté et justice, 479. — Il fait à Rustem de superbes cadeaux et lui donne l'investiture des pays situés entre le Zaboulistan et la mer de Sind; de magnifiques présents sont envoyés à Zal et des récompenses données à Karen et aux autres braves de l'armée, 481. — Keï Kobad se rend à Istakhr dans le Fars, 481. — Prospérité et durée de son règne; ses quatre fils; ses derniers moments; conseils qu'il donne à Keï Kaous, 483. — Sa mort, 485. — 487, 489, 493, 497, 533; II, 117, 289, 307, 419, 477, 491, 521; III, 63, 517; IV, 17, 21, 51, 105, 231-255, 571, 581, 595, 619, 627, 643, 717; V, 15, 601, 655; VI, 29, 37, 109, 563, 685; VII, 107, 121, 183, 219, 383.

Keï Neschin, fils de Keï Kobad, I, 483. — Cf. Keï Peschin.

Keï Peschin, prince iranien, de la race de Keï Kobad, II. 217; IV, 619. — Cf. Keï Neschin.

Keïanides, V, ii. — Iskender conçoit le projet de faire disparaître tous les descendants des Keïanides, afin de garantir le pays de Roum de toute attaque après sa mort, 247. — Aristalis le détourne de cette mauvaise action, 247. — Il lui conseille de donner des principautés à tous les Keïanides et d'en faire une bouclier pour le Roum, 249. — Iskender suit l'avis d'Aristalis et institue les Moulouk-i-Thewaïf, 249. — 251.

Keïd, roi de Kanoudj, dans l'Inde, a un songe, V, 113. — Il va consulter le sage Mihran, 113. — Celui-ci lui prédit l'arrivée d'Iskender avec une nombreuse armée, et lui indique la conduite qu'il doit tenir envers ce prince, 117. — Il lui explique ensuite le sens de ses rêves, 117. — Il lui réitère ses conseils et fait l'éloge d'Iskender, 123. — Iskender marche contre Keïd; il arrive auprès de Milad et écrit au prince indien pour l'inviter à faire sa soumission, 123. — Keid proteste de son obéissance et informe Iskender qu'il possède quatre choses merveilleuses, 125. — Le roi de Roum lui fait demander quelles sont ces quatre choses, 125. — Keid répond que ce sont : sa fille, une coupe magique, un jeune médecin et un sage, 127. — Iskender envoie neuf savants pour voir les quatre merveilles de Keid, 127. — Le roi de l'Inde accueille gracieusement les envoyés et leur montre sa fille, 129. — Ceux-ci sont confondus de sa beauté, 129. — Ils en écrivent au roi, qui leur ordonne de remettre à Keid son diplôme de protection et de ramener la belle princesse, 131. — Les neuf sages amènent à Iskender les quatre merveilles de Keid, 131. — Le roi de Roum, ravi de la beauté de la princesse, la demande en mariage et l'épouse, 133. — Il met à l'épreuve le sage, le médecin et la coupe de Keid, 133. — Il confirme le traité fait avec Keid et quitte Milad, après avoir enterré ses trésors dans une montagne, 141. — 145. — Iskender, malade, recommande qu'après sa mort on renvoie la fille de Keid à son père avec les trésors qu'elle avait apportés, 251.

Keïd, l'Indien, savant astrologue, reçoit un message par lequel Ardeschir Babekan lui demande de lui prédire son sort, V, 347. — Keïd lui conseille d'allier sa famille à celle de Mihrek, fils de Nouschzad, 347. — Le roi refuse de suivre l'avis de Keïd et fait rechercher, pour la mettre à mort, la fille de Mihrek, qui lui échappe, 349. — Schapour, fils d'Ardeschir, épouse la fille de Mihrek, 349. — Le roi reconnaît la vérité des paroles de Keïd, 357.

Keïdafeh, reine du pays d'Andalous, envoie dans le Misr un peintre faire, en secret, le portrait d'Iskender, roi de Roum, V, 159. — Réflexion de la reine à la vue de l'image du roi, 161. — Lettre d'Iskender à Keïdafeh; il l'invite à lui envoyer des tributs, 161. — La reine refuse de se soumettre au Kaïsar, 163. — Le fils de Keïdafeh tombe entre les mains des Roumis, 163. — Iskender imagine une ruse pour voir la reine sans se faire connaître, 165. — Il se rend en ambassadeur auprès de Keïdafeh, 167. — Celle-ci l'accueille avec honneur et lui fait préparer une demeure somptueuse, 169. — Elle se fait apporter le portrait d'Iskender et reconnaît que l'ambassadeur n'est autre que ce prince, 171. — Celui-ci s'acquitte de son prétendu message, 171. — La reine fait comprendre à Iskender qu'elle l'a reconnu, 173. — Elle lui met son portrait devant les yeux; colère du prince en se voyant découvert, 175. — Keïdafeh donne un conseil à Iskender, 175. — Elle lui promet de le laisser partir, à condition qu'il s'engagera à ne jamais méditer de mal contre aucun des siens; le roi prête le serment qu'elle lui demande, 177. — Iskender se met en garde contre Theïnousch, fils aîné de Keïdafeh, 177. — Il lui propose de lui amener Iskender sans troupes et sans épée, et lui expose le plan qu'il a conçu pour exécuter cette entreprise, 181. — Iskender fait une convention avec Keïdafeh et s'en retourne, 183. — Theïnousch l'accompagne jusqu'à un bois situé près du camp des Roumis et où le roi le fait cacher, 189. — Iskender se rend auprès de ses troupes; il revient bientôt, fait cerner le bois et se fait reconnaître de Theïnousch, 189. — Celui-ci fait appel à sa magnanimité; le roi lui pardonne et le quitte après lui avoir fait de riches cadeaux, 191.

Keïdafeh, ville du pays de Roum, V, 391.
Keïderousch, fils de Keïdafeh, reine du pays d'Andalous, V, 165, 167, 169, 179, 185, 191.
Keïmak (Mer de), IV, iv, 107, 153.

TABLE ANALYTIQUE

647

KEÏTHOUN, roi du Misr, à l'époque d'Iskender, V, 159, 161.

KEÏWAN, savant fonctionnaire iranien du temps de Bahram Gour, V, 559.

KEÏWAN (Saturne), V, 511.

KEÏ-KAWUS IN MASENDERAN, aus dem Shahnameh des Ebo'l Kasim Maussur el Firdewsi metrisch übersetzt von Victor Weiss Edlem von Starkenfels und Theodor Ritter von Schwarzhuber. Wien, 1841, in-8°, II, IV.

KEIANOUSCH ET PURMAIEH, frères de Feridoun. — Ce prince leur révèle, en secret, son intention de combattre Zohak et les charge de lui amener des forgerons habiles pour lui fabriquer une lourde massue, I, 93. — Ils se tenaient à ses côtés pendant sa marche contre le roi, 93. — Ils essayent de le faire périr pendant son sommeil; insuccès de leur tentative criminelle, 95.

KELAT, ville, II, 595, 597, 631, 639, 647, 667; III, 7, 9; VII, 459.

KELBAD, noble touranien de l'époque d'Afrasiab, I, 389, 421, 475; II, 499, 501, 503, 517; III, 35, 99, 117, 151, 169, 171, 203, 209, 239, 441, 565, 567, 569. — Cf. GULBAD.

KENABED (Ville et montagne de), III, 433, 435, 459, 477, 491, 527, 549, 591.

KENDER, guerrier du pays de Seklab, III, 77, 131, 169, 179, 191, 237; IV, 457, 483.

KENDEREV, lieutenant de Zohak. — Attachement de ce personnage pour son maître et confiance que celui-ci lui témoignait; sa surprise en voyant Feridoun sur le trône de Zohak et les filles de Djemschid à ses côtés, I, 103. — Feridoun lui ordonne de préparer une fête, 103. — Après avoir obéi, il court rejoindre son maître et lui raconte ce qu'il a vu et entendu; fureur de Zohak contre son serviteur à ce récit, 105. — Réponse de Kenderev, 107.

KEPPI (Le lion), bête féroce habitant les montagnes de la Chine, VII, 201. —
Il dévore la fille du Khakan et est tué par Bahram Djoubineh, 203-209.

KERDOUÏ, noble iranien, contemporain de Guschtasp, IV, 479.

KERGSAR, noble touranien, offre à Ardjasp d'attaquer Isfendiar et de le tuer; Ardjasp lui donne le commandement de ses troupes, IV, 479. — Commencement de la bataille entre les Touraniens et les Iraniens; prouesses d'Isfendiar, 481. — Ardjasp reproche à Kergsar son inaction, 481. — Celui-ci attaque Isfendiar qui le fait prisonnier et l'envoie à Guschtasp, 483. — Kergsar supplie Isfendiar de l'épargner et lui offre de le conduire au Château d'airain; Isfendiar le renvoie à ses tentes pieds et poings liés, 485. — Isfendiar est de nouveau envoyé dans le Touran par Guschtasp; il emmène avec lui Kergsar, 491. — Il interroge son prisonnier sur le Château d'airain et sur les routes qui conduisent au Touran, et lui promet la royauté de ce pays s'il répond selon la vérité, 491. — Kergsar lui fait connaître que trois routes mènent au pays des Turcs, et que la plus courte est semée de périls de toute sorte, 493. — Isfendiar se décide pour cette dernière et demande à Kergsar quel danger il devra tout d'abord affronter, 493. — Le Turc lui répond qu'il sera attaqué par deux loups, 495. — Isfendiar tue les deux loups, 495. — Kergsar lui annonce ensuite qu'il va avoir à combattre deux lions, 497. — Isfendiar tue les lions, 497. — Le prisonnier lui fait savoir qu'il va rencontrer un dragon, 499. — Isfendiar tue le dragon, 499. — Kergsar prévient le héros qu'il va se trouver en présence d'une magicienne, 503. — Isfendiar tue la magicienne, 503. — Kergsar lui prédit la rencontre d'un simourgh, 509. — Isfendiar tue un simourgh, 509. — Kergsar l'informe qu'il aura à parcourir des contrées couvertes de neige et des pays déserts et dépourvus d'eau, 513. — Isfendiar traverse les neiges, 513. — Il arrive sur les bords d'une grande masse d'eau et reproche à Kergsar de l'avoir trompé; réponse du prisonnier, 521. — Isfendiar traverse l'eau et tue Kergsar, 523. — 533.

KERGUESARS (Les), peuple, I, 281, 299, 305, 313, 349. — (Le pays des), 237, 277, 291, 307, 385; III, 347; IV, 379.

KERIMAN, un des ancêtres de Rustem, II, 83. — Il était fils de Houscheng, troisième roi de la Perse, IV, 615.

KERKH, ville, IV, 19; VII, 451.

KERMAN. Voy. KIRMAN.

KEROUKHAN (Famille de), IV, 21.

KEROUSCHAN (Pays de), IV, 23.

KERSIOUN, noble touranien du temps d'Afrasiab, III, 415.

KESCHAN (Pays de). Voy. KASCHAN.

KESCHEMEGAN, fils de Farrukhzad, le Sipehbed de Yezdeguerd, dernier roi sassanide, VII, 463.

KESCHMIREN, nom de lieu, V, 679; VI, 113.

KESCHWAD, I, 169, 391, 409, 429, 431, 465, 481, 491, 555, 561; II, 489, 537, 545; III, 335. — (Famille de), une des plus considérables de l'ancien empire persan, I, XVII. — (Les fils de), 555.

KESRA NOUSCHIRWAN, fils de Kobad, roi de Perse. — Ce prince paraît avoir été le premier qui fit recueillir les traditions héroïques de la Perse, I, VII. — Sa mère était fille d'un Dihkan, VIII. — X. — Il fit venir de l'Inde le livre de *Kalila et Dimna*, XI. — XIX, XXIX, XXXVIII, 1; V, III, 267. — Sentence de Nouschirwan, 269. — VI, 1, 11. — Naissance de ce prince, 139. — Sa jeunesse et son éducation, 141. — Mazdek accuse Kesra, devant Kobad, de suivre une autre croyance que la sienne, 149. — Le jeune prince demande cinq mois pour formuler sa réponse à cette accusation, 149. — Il s'entoure de savants qui lui communiquent leurs pensées sur la question; il offre ensuite à son père de discuter avec Mazdek et demande qu'il lui soit livré s'il parvient à démontrer son imposture, 151. — Un Mobed confond Mazdek, 151. — Ce dernier est abandonné à Kesra qui le fait mettre à mort, 153. — Kobad nomme Kesra son successeur et les grands lui donnent le nom de Nouschirwan, 155. — Avénement de Nouschirwan et durée de son règne, 161. — Il parle aux chefs de l'Iran, 161. — Il divise son empire en quatre parties et règle la levée des impôts, 165. — Lettre de Nouschirwan à ses employés, 169. — Aventure de Babek, Mobed de Kesra, qui passe en revue l'armée, 175. — Sur la justice et la sagesse de Nouschirwan, 181. — Les rois de tous les pays font leur soumission à ce prince, 183. — Nouschirwan fait le tour de son empire, 183. — Il donne ordre de construire un rempart pour protéger l'Iran des invasions des Turcs, 187. — Kesra châtie les Alains, les Belondschi et les Ghilani, 187. — Mondhir l'Arabe demande aide contre les iniquités du Kaïsar, 195. — Kesra reproche au Kaïsar sa conduite, 195. — Le Kaïsar se répand en menaces contre Mondhir, 197. — Kesra confie une armée à Mondhir et lui ordonne de conduire ses troupes contre le Roum, 197. — Lettre de Nouschirwan au Kaïsar de Roum et réponse de ce dernier, 199. — Nouschirwan marche contre le Kaïsar, 201. — Il arrive près de l'ennemi et dispose son armée pour la bataille, 205. — Surveillance qu'il exerçait sur ses troupes; sa prudence et sa sagesse dans les affaires de la guerre, 207. — Nouschirwan prend des forteresses dans le pays de Roum, 209. — Il combat Farfourius (Porphyre) le Roumi et s'empare de Kalinius et d'Antioche, 211. — Il bâtit une ville à l'image d'Antioche et y établit les captifs roumis, 215. — Le Kaïsar de Roum demande la paix, 217. — Un traité est conclu entre Nouschirwan et le Kaïsar, 221. — Histoire de

TABLE ANALYTIQUE

649

Nouschzad, fils de Nouschirwan et de la femme chrétienne, 221. — Nouschzad adopte la religion du Messie; colère de Nouschirwan, qui le relègue à Djondischapour, 223. — Le jeune prince reçoit une fausse nouvelle de la mort de son père; il s'en réjouit, 223. — Maladie de Nouschirwan et révolte de Nouschzad, 225. — Le roi apprend la conduite de son fils; il écrit à Ram Berzin de marcher contre le rebelle et lui fait toute sorte de recommandations touchant Nouschzad, 227. — Ram Berzin se prépare à la guerre contre Nouschzad; conseils que donne Pirouz à ce jeune prince, 235. — Il s'efforce de le détourner de combattre contre son père, 237. — Le fils de Nouschirwan repousse ses conseils, 239. — Combat entre Nouschzad et Ram Berzin; mort de Nouschzad, 239. — Douleur de la mère de ce jeune prince, 241. — Nouschirwan a un songe et Buzurdjmihr se rend à la cour, 243. — Buzurdjmihr interprète le songe du roi, 247. — Il lui apprend qu'il se trouve un jeune homme dans l'appartement de ses femmes, 249. — Le jeune homme est découvert, 249. — Il est mis à mort avec sa complice, 251. — Faveur de Buzurdjmihr, 251. — Nouschirwan donne une fête aux Mobeds; conseils de Buzurdjmihr, 253. — Deuxième fête que Nouschirwan donne à Buzurdjmihr et aux Mobeds, 259. — Autres maximes de ce sage, 259. — Troisième fête que donne Nouschirwan à Buzurdjmihr et aux Mobeds, 265. — Nouvelles sentences de Buzurdjmihr, 267. — Quatrième fête donnée à Buzurdjmihr et aux Mobeds par Nouschirwan, 273. — Suite des maximes de Buzurdjmihr, 273. — Cinquième fête que donne Nouschirwan aux mêmes personnes, 279. — Discours d'Ardeschir le grand Mobed, de Yezdeguerd le Scribe, et de Buzurdjmihr, 279. — Sixième fête donnée par Nou-

VII.

schirwan, 283. — Suite des sentences de Buzurdjmihr, 283. — Septième fête donnée par Nouschirwan et continuation des discours de Buzurdjmihr, 289. — Magnifique récompense que le roi donne à ce sage, 293. — Histoire de Mahboud, le Destour de Nouschirwan, 295. — Confiance que le roi accordait à ce personnage et à ses deux fils; jalousie qu'elle lui valut de la part des grands et en particulier de Zerwan, le chambellan, 295. — Un juif, débiteur de Zerwan, lui offre de le débarrasser de Mahboud par ses incantations, 297. — Le juif empoisonne les aliments du roi qui lui étaient servis par les fils de Mahboud; Zerwan prévient le roi; les deux jeunes gens goûtent les mets et meurent sur-le-champ, 299. — Nouschirwan fait mettre à mort Mahboud et toute sa famille, 301. — On découvre les incantations de Zerwan et du juif et ils sont tous les deux envoyés au supplice, 301. — Le roi fait rechercher les personnes encore existantes de la famille de Mahboud et leur donne tous les trésors de Zerwan et du juif, 305. — Nouschirwan fonde la ville de Soursan, 307. — Guerre du Khakan de la Chine avec les Heïtaliens, 309. — Cause de cette guerre; le roi des Heïtaliens, craignant qu'une alliance ne s'établisse entre le Khakan et Kesra, fait piller un riche convoi de présents que le prince chinois envoyait au roi de l'Iran, 311. — Colère du Khakan à cette nouvelle: il se met en marche avec son armée, 311. — Combat entre les troupes du Khakan et celles de Ghatfer, roi des Heïtaliens, 313. — Ce dernier est battu et son armée dispersée, 315. — Les Heïtaliens choisissent Feghanisch pour roi, à la place de Ghatfer, espérant se concilier les bonnes grâces du roi de l'Iran, 315. — Nouschirwan apprend ce que les Heïtaliens ont fait et conduit une armée contre eux, 317. — Nouschirwan part

81

pour la guerre contre le Khakan, 3a3. — Lettre du Khakan de la Chine à Nouschirwan, 3a5. — Réponse de Nouschirwan à la lettre du Khakan, 331. — Les envoyés du Khakan retournent auprès de leur maître et lui font l'éloge du roi des Iraniens, 333. — Le Khakan offre sa fille en mariage à Nouschirwan, 335. — Ce prince envoie Mihran Sitad voir la fille du Khakan, 341. — Le Khakan conçoit le dessein de donner au roi de l'Iran une des filles de ses femmes esclaves, ne voulant pas se séparer de la fille de la princesse son épouse, 343. — Mihran Sitad entre dans l'appartement des femmes du Khakan, reconnaît la fille de la princesse, bien qu'elle fût simplement vêtue, et la choisit pour son maître, 345. — Le Khakan envoie sa fille avec Mihran Sitad chez Nouschirwan, 347. — Marche triomphale de la jeune princesse à travers l'Iran, 351. — Le Khakan se retire et Nouschirwan conduit son armée à Ctésiphon, 353. — Les Heïtaliens, les Turcs et les gens de Khoten viennent lui offrir leurs hommages, 357. — Nouschirwan revient victorieux dans l'Iran, 359. — Un envoyé du Kaïsar apporte à Nouschirwan le tribut du Roum, 361. — Le monde trouve du repos sous Nouschirwan, 363. — Brillante situation de l'Iran à cette époque, 363. — Buzurdjmihr donne des conseils à Nouschirwan, 365. — Le Radja de l'Inde envoie à Nouschirwan un jeu d'échecs, 385. — Les nobles et les Mobeds essayent en vain de découvrir la marche de ce jeu, 387. — Buzurdjmihr parvient à s'en rendre compte; l'envoyé indien fait connaître que son maître avait décidé d'envoyer un tribut et des présents à Nouschirwan si quelqu'un des conseillers de ce roi trouvait le secret du jeu, 389. — Buzurdjmihr met en ordre les pièces du jeu d'échecs et l'envoyé indien reste confondu de la sagacité de ce sage, 391. — Buzurdjmihr invente le jeu de nard (trictrac) et Nouschirwan l'envoie dans l'Inde, 391. — Buzurdjmihr remet au Radja le jeu de nard et la lettre de Nouschirwan, 395. — Les sages de l'Inde ne découvrent pas la manière de jouer au nard, 397. — Buzurdjmihr leur explique la marche des pièces; le Radja fait préparer le tribut de Kanoudj, 397. — Buzurdjmihr revient dans l'Iran avec de riches présents et une lettre du Radja pour le roi; Nouschirwan lui fait l'accueil le plus flatteur, 399. — Histoire de Gau et de Thalhend et de l'invention des échecs, 401. — Djemhour, roi de Kachmir, meurt en laissant pour héritier son fils Gau, encore en bas âge, 401. — Les nobles du pays choisissent pour roi Maï, frère de Djemhour; le nouveau roi épouse la veuve de son prédécesseur et meurt bientôt en laissant un fils du nom de Thalhend, 403. — La veuve de Djemhour et de Maï est proclamée reine pendant la minorité de ses fils, 403. — Gau et Thalhend se disputent le trône, 405. — Les grands, convoqués pour décider à qui des deux appartiendra le pouvoir, ne savent comment résoudre la question, 411. — Le pays se divise en deux partis ennemis, 413. — Gau et Thalhend se préparent au combat, 413. — Gau cherche à s'entendre avec Thalhend, 417. — Celui-ci repousse ses avances, 419. — Gau fait une nouvelle tentative auprès de son frère, 421. — Thalhend lui répond par des menaces et des injures, 423. — Bataille entre Gau et Thalhend, 425. — Ce dernier est battu, 427. — Il se retire à Margh où il rallie son armée; il provoque de nouveau son frère, 429. — Réponse de Gau au message de Thalhend, 429. — Deuxième bataille entre Gau et Thalhend; Thalhend meurt sur le dos de son éléphant, 433. — La mère de Thalhend apprend la

TABLE ANALYTIQUE

651

mort de son fils et en témoigne un grand deuil, 439. — On invente les échecs pour la consoler, 441. — Barzoui apporte de l'Inde le *Kalila et Dimna*, 445. — Il demande au roi que le premier chapitre de ce livre fasse mention de lui en récompense des fatigues qu'il a éprouvées pour l'obtenir; le roi lui accorde sa demande, 455. — Mamoun fait traduire le *Kalila et Dimna* du pehlewi en arabe et Nasr le fait mettre en vers persans par Roudeki, 455. — Nouschirwan se met en colère contre Buzurdjmihr et le fait enchaîner, 457. — Le sage est enfermé dans un coffre de fer garni de clous; sa patience dans les tortures, 461. — Son courage devant les menaces du roi; il est ramené de sa prison dans son palais, 463. — Le Kaïsar envoie un écrin fermé et Buzurdjmihr est mis en liberté pour en deviner le secret, 463. — Il se rend au palais du roi; il questionne, en chemin, trois femmes, qu'il rencontre, sur leur condition, 467. — Il arrive auprès de Kesra qui s'excuse du mal qu'il lui a fait, 467. — On lui donne connaissance du message du Kaïsar et il fait connaître au roi le contenu de l'écrin, 469. — On ouvre l'écrin et l'on trouve que Buzurdjmihr a dit vrai, 469. — Le roi récompense le sage et regrette le traitement qu'il lui a fait subir; Buzurdjmihr lui raconte l'aventure qui a été la cause de ses malheurs, 471. — Sur la manière de gouverner de Nouschirwan, 471. — Nouschirwan donne des conseils à son fils Hormuzd, 487. — Questions que les Mobeds adressent à Nouschirwan et ses réponses, 491. — Lettre de Nouschirwan au fils du Kaïsar et réponse de ce dernier, 509. — Kesra marche contre le Roum et fait un emprunt chez les marchands, 513. — Un cordonnier offre la somme demandée et sollicite pour son fils un emploi de scribe, 517. — Buzurdjmihr présente au roi la requête du cordonnier; Nouschirwan refuse d'accorder au cordonnier ce qu'il demande et lui renvoie son argent, 519. — Des envoyés du Kaïsar arrivent avec des excuses et des offrandes, 519. — Ils payent le tribut et prennent congé du roi, 523. — Celui-ci s'en retourne à Thisiphoun, 523. — Nouschirwan parle du choix de son fils Hormuzd comme successeur, 525. — Questions que les Mobeds adressent à Hormuzd et réponses de ce prince, 529. — Le roi, satisfait de son fils, lui donne le trône et la couronne, 535. — Nouschirwan nomme Hormuzd son successeur, 537. — Conseils qu'il lui donne, 537. — Ses dernières volontés, 541. — Mort de Nouschirwan, 543. — 551, 553, 557, 559. — Écrit renfermé dans le trésor du roi et dans lequel Nouschirwan prédisait la conduite de son successeur Hormuzd et l'avenir qui lui était réservé, 561, 563. — 565, 569, 573. — Mihran Sitad raconte à Hormuzd son voyage à la cour du Khakan de la Chine pour aller chercher la fille de ce prince qu'il avait offerte à Nouschirwan, 575. — Il lui révèle la prédiction que le Khakan avait faite à son sujet, 577. — 625, 683; VII, 19, 25, 169, 187, 189, 285, 287, 407, 429, 461, 479, 487.

Kesteuem. Voy. Gustehem, fils de Guejdehem.

Ketmabeh, fils de Karen, noble iranien, contemporain de Kei Khosrou, III, 439, 555.

Kewerschah (Pays de), ancien nom du Maweralnahr (la Transoxiane), II, 207.

Khakan (Le) de la Chine, II, 509. — Afrasiab l'envoie au secours de Piran aux prises avec les Iraniens, III, 75. — Piran va au-devant de l'armée d'Afrasiab, 79. — Le Khakan l'accueille gracieusement et le questionne au sujet des Iraniens, 79. — Il va reconnaître l'armée des Iraniens, 89. — Il tient conseil au sujet du plan d'attaque à adopter, 91. — Piran est d'avis de laisser reposer l'armée pendant trois jours, 91. — Kamous, de Kaschan, propose de livrer bataille sans retard, 93. — Le Khakan adopte sa manière de voir, 93. — Féribourz arrive au mont Hemawen, 95. — Piran est informé de cette circonstance et demande conseil au Khakan, 97. — Kamous se propose d'anéantir les Iraniens et Rustem, 97. — 99, 101, 111, 113. — Piran prévient le Khakan qu'il va livrer bataille, 115. — Celui-ci donne le signal du combat et va prendre sa place au centre de l'armée, 115. — Rustem va reconnaître le Khakan et les Touraniens, 117. — Le Khakan interroge Piran au sujet de Rustem, 125. — Il harangue ses troupes, 131. — 133. — Combat de Rustem et du Khakan; le Khakan apprend la mort de Kamous, 141. — Il s'efforce de relever le courage de son armée, 143. — Combat de Djinghisch et de Rustem, 143. — Le Khakan envoie Houman auprès de Rustem, 147. — Houman revient au camp et raconte à Piran son entretien avec Rustem, 153. — Piran tient conseil avec le Khakan, 153. — Celui-ci s'engage à aller trouver Rustem, 155. — Piran se rend auprès de Rustem, 155. — Leur entretien, 157. — Piran revient au camp des Touraniens; il trouve près du Khakan les parents de Kamous, de Djinghisch et d'Aschkebous qui demandent vengeance, 165. — Piran tient, de nouveau, conseil avec le Khakan, 165. — Schenkoul, roi de l'Inde, est d'avis de continuer la lutte et d'attaquer Rustem, 167. — Les Iraniens et les Touraniens forment leurs rangs, 177. — 179. — Le Khakan ordonne à son armée d'envelopper Rustem, 187. — 189, 193. — Les Iraniens s'avancent vers le Khakan; Rustem commence l'attaque, 195. — Le Khakan est fait prisonnier, 197. — Rustem le livre aux gardes de Thous, 201. — 203, 205, 211, 221, 237, 239, 245, 267, 349; IV, 135. — Le Khakan de la Chine envoie un ambassadeur à Keï Khosrou, 149. — 165, 167, 385, 423, 447, 477, 611, 641; V, 63. — Le Khakan apprend que Bahram Gour ne songe qu'au plaisir; il rassemble son armée et marche sur l'Iran, 671. — Les grands de ce pays se rendent auprès de Bahram et lui font d'amères remontrances, 671. — Celui-ci leur répond qu'il saura délivrer le pays des ennemis, 673. — Il prépare en secret une armée et se dirige vers Ader-Abadgan après avoir confié le gouvernement à son frère Nersi, 673. — Les Iraniens, se croyant abandonnés de Bahram, conviennent d'envoyer un ambassadeur au Khakan, 675. — Ils rejettent l'avis de Nersi qui leur proposait de repousser l'invasion par les armes, et écrivent au Khakan pour lui offrir leur soumission, 675. — Ce souverain accepte leur proposition et se rend à Merv pour recevoir le tribut de l'Iran, 677. — Bahram Gour attaque le Khakan et le fait prisonnier, 679. — Il tue les Chinois qu'il trouve à Merv, poursuit ceux qui s'étaient enfuis et distribue à l'armée tout le butin qu'on avait fait, 681. — Il élève une colonne pour marquer la frontière entre l'Iran et le Touran, 681. — Lettre de Bahram à son frère Nersi et aux Iraniens pour leur apprendre sa victoire et la capture du Khakan; il leur annonce son retour prochain, 683. — Il fait détacher les pierreries de la couronne du Khakan et en fait orner le temple du feu d'Ader-Abadgan et le trône d'Ader, 689. — 691; VI, 7, 9, 23. — Guerre du Khakan avec les Heïtaliens, 309. — Cause de cette guerre; le roi des Heïtaliens fait piller un riche convoi de présents que le Khakan envoyait à Nouschirwan, 311. — Colère du Khakan à cette nouvelle; il se met en marche avec son armée, 311. — Combat entre les troupes du Khakan et celles de Ghatfer, roi des Heïtaliens, 313. — Ce dernier

TABLE ANALYTIQUE

653

est battu et son armée dispersée, 315. — Les Heïtaliens choisissent Feghanisch pour roi à la place de Ghatfer, 315. — Nouschirwan apprend tous ces événements et consulte les grands de l'Iran au sujet du Khakan et des Heïtaliens, 317. — Ceux-ci lui conseillent de s'occuper surtout du Khakan, 319. — 321. — Nouschirwan part pour la guerre contre le Khakan, 323. — Lettre du Khakan de la Chine à Nouschirwan, 325. — Réponse de ce prince, 331. — Les envoyés du Khakan font à leur maître l'éloge du roi de l'Iran, 333. — Le Khakan offre sa fille en mariage à Nouschirwan, 335. — Ce prince envoie Mihran Sitad voir la fille du Khakan, 341. — Le Khakan conçoit le dessein de donner au roi de l'Iran une de ses filles esclaves, 343. — Mihran Sitad entre dans l'appartement des femmes du Khakan, reconnaît la fille de la reine et la choisit pour son maître, 345. — Le Khakan envoie sa fille avec Mihran Sitad chez Nouschirwan, 347. — Marche triomphale de la jeune princesse à travers l'Iran, 351. — Le Khakan se retire et Nouschirwan conduit son armée à Ctésiphon, 353. — Les Heïtaliens, les Turcs et les gens de Khoten viennent lui offrir leurs hommages, 357. — 521. — Mihran Sitad raconte à Hormozd, fils de Nouschirwan, son voyage à la cour du Khakan, 575. — Il lui révèle les prédictions que le Khakan avait faites concernant l'invasion des Turcs, conduits par le roi Saweh, et le Pehlewan iranien Djoubineh, qui devait battre le Turc et détruire son armée, 577. — VII, 35, 43, 53, 111, 113. — Bahram Djoubineh, vaincu par Khosrou, se réfugie auprès du Khakan, 177. — Ce qui arriva entre Bahram Djoubineh et le Khakan de la Chine, 193. — Bahram voit Mekatoureh venir réclamer, chaque matin, du Khakan, mille pièces d'or, 195. — Il s'en étonne et le Kha-

kan lui avoue qu'il est obligé de compter avec cet homme aussi avide qu'influent, 195. — Bahram lui offre de le débarrasser de Mekatourch et lui indique la conduite qu'il doit tenir, 197. — Bahram tue Mekatoureh, 199. — Le Khakan lui fait de riches cadeaux, 201. — Une bête fauve tue la fille du Khakan, 201. — La Khatoun conçoit le dessein de demander à Bahram de venger sur le lion Keppi la mort de sa fille, 203. — Le Khakan s'oppose à son projet, 203. — Elle saisit une occasion favorable et raconte à Bahram le malheur de sa fille, 205. — Bahram Djoubineh tue le lion Keppi, 207. — Le Khakan lui donne sa fille en mariage et met tout le pays sous ses ordres, 209. — Khosrou Parviz apprend ce que fait Bahram et écrit une lettre au Khakan, 211. — Celui-ci refuse de lui livrer Bahram, 213. — Les Iraniens conseillent au roi d'envoyer auprès du Khakan un homme habile, afin de perdre Bahram dans l'esprit de ce prince, 213. — Bahram apprend ce qui s'est passé entre Khosrou et le Khakan ; il offre à son beau-père de le faire roi de l'Iran et du Roum, 215. — Le Khakan prépare une armée, 215. — Khosrou envoie Kharrad, fils de Berzin, auprès du Khakan ; Kharrad conspire la mort de Bahram Djoubineh, 217. — Il se met en rapport avec un Turc nommé Kaloun qui nourrissait le désir de venger sur Bahram la mort de Mekatoureh, son parent, 223. — Kharrad envoie Kaloun à Merv, auprès de Bahram Djoubineh, 225. — Meurtre de Bahram par Kaloun, 229. — Douleur de Gordieh, sœur de Bahram, 231. — Paroles de Bahram à sa sœur, 231. — Il remet le commandement de l'armée à Yelan Sineh et lui confie sa sœur ; il leur fait connaître ses dernières volontés, 233. — Il fait écrire au Khakan pour lui recommander ceux qu'il laisse après lui et meurt, 235. —

Le Khakan apprend la mort de Bahram et détruit la maison et la famille de Kaloun, 235. — Lettre du Khakan à Gordieh et réponse de celle-ci, 239. — Gordieh consulte ses Pehlewans et s'enfuit de Merv, 243. — Le Khakan envoie Thuwurg à la poursuite de Gordieh qui le tue, 247. — L'armée chinoise est taillée en pièces, 251. — 253-257, 265, 453, 457. — Voy. aussi PARMOUDEH, SAWEH.

KHAKAN (Le) de Roum, II, 389.

KHALLAKH, ville, III, 415; IV, 33, 377, 379, 399, 407, 427, 477, 483, 549, 571, 675. 695.

KHANDJEST (Lac de), IV, 201. — Cf. KHENDJEST.

KHANEGIU, noble roumi, envoyé en ambassade par le Kaïsar auprès de Khosrou Parviz, VII, 283, 289, 293.

KHAN-I-IMMAN, pays situé entre le Touran et l'Iran, III, 297.

KHAR-REJ, nom de lieu, I, 433, 441.

KHAREEM (Le) ou KHARIZM, nom de pays, III, 417, 419, 423, 499, 501, 519; IV, 35, 59, 79, 237; VI, 185, 355.

KHARRAD (Kherrad, Khorrad), noble iranien, contemporain de Newder, etc., I, 429, 465, 481, 491, 559; II, 51; III, 33, 55, 273; IV, 245.

KHARRAD, nom sous lequel Isfendiar, déguisé en marchand, se présente à Ardjasp, roi du Touran, IV, 531.

KHARRAD, partisan d'Ardeschir Babekan, qui fit prisonnier Ardewan l'Aschkanide, V. 301. — Il prononce les louanges d'Ardeschir, 375, 377.

KHARRAD, chef de l'armée que Hormuzd, fils de Nouschirwan, envoya contre les Khazars, VI, 573.

KHARRAD BERZIN ou KHARRAD, fils de Berzin, noble iranien de l'époque de Hormuzd, fils de Nouschirwan, VI, 595, 597, 603, 611, 613, 615, 621, 623, 647, 649, 651, 667, 669, 671, 673; VII, 51, 93, 103, 105, 107, 121, 127, 129, 131, 133, 135, 137, 187, 189, 217, 219,

221, 223, 225, 227, 237, 283, 293, 359-385.

KHARRAD MIHR (Temple de), V, 273. — Cf. KHORRAD (Palais et temple de).

KHARREH-I-ARDESCHIR. Voyez KHOURREH-I-ARDESCHIR.

KHARREMI, poëte de la cour de Mahmoud, fils de Sebekteghin, I, xx.

KHASCHASCH, noble touranien, contemporain d'Ardjasp, IV, 383.

KHATLAN, ville, III, 199, 509; V, 687; VI, 313, 355.

KHATOUN (La), femme du Khakan de la Chine, VII, 201. — Sa fille est dévorée par le lion Keppi, 203. — Son intendant lui propose de s'adresser à Bahram Djoubineh pour obtenir vengeance du lion Keppi, 203. — Le Khakan s'oppose à cette démarche; la Khatoun saisit une occasion favorable et raconte à Bahram le malheur de sa fille, 205. — Bahram Djoubineh tue le lion Keppi, 207. — Reconnaissance du Khakan et de son épouse pour Bahram. Le Khakan lui fait un riche présent et lui donne en mariage une de ses filles, 209. — 221, 223, 225, 227, 229, 237.

KHAWER (Pays de), IV, 17.

KHAWER-NAMEH, vie d'Ali par Ibn-Hischam, ouvrage cité, I, LXXVII.

KHAZARS (Les), peuple, III, 519; IV, 335-341, 345; V, 149, 671; VI, VI. — Ils envahissent l'Iran sous Hormuzd, fils de Nouschirwan, 569. — 571. — Hormuzd envoie contre eux une armée qui les bat et leur enlève un grand butin, 573. — (Pays des), II, 349; VI, 165; VII, 287, 289.

KHAZARWAN, guerrier du Touran, envoyé par Afrasiab pour combattre Zal, fils de Sam, I, 395. — Il s'avance à la tête de trente mille hommes jusqu'à l'Hirmend, 415. — Mihrab, qui se trouvait alors dans le Zaboulistan, cherche à se concilier la faveur des Turcs, et demande en même temps du secours à Zal, 417. — Zal vient en aide à Mihrab, 417. — Ren-

TABLE ANALYTIQUE

655

contre des deux armées ennemies, 419.
— Combat entre Zal et Khazarwan, 419.
— Mort de Khazarwan; déroute des Turcs; ils rencontrent dans leur fuite l'armée de Karen, fils de Kaweh, 421.
— Ils sont massacrés, 423. — 475.

KHAZARWAN, noble iranien, contemporain de Bahram Gour, V, 673, 679.

KHAZRA, nom d'un des trésors formés par Khosrou Parviz, VII, 329, 375.

KHELEDJ (Pays de), V, 683.

KHEKDJEST, nom de lieu, VII, 141. — Cf. KHANDJEST.

KHENG-I-SCHEBAHENG, cheval de Ferhad, III, 337.

KHERBENEH, ville, VII, 463.

KHERBAD. Voyez KHABRAD, noble iranien, contemporain de Newder, etc., etc.

KHIBENDJAS, noble touranien du temps d'Afrasiab, IV, 73.

KHISR (Le prophète) guide Iskender à la source de l'eau de la vie, V, 217. — Le roi perd la trace de Khisr, qui arrive seul à la source, 217.

KHODAÏ, signification de ce mot en pehlewi; sens qu'il reçut après l'introduction de l'islamisme, I, x.

KHODAÏ-NAMEH (Livre des Rois), collection des traditions des Perses, telles qu'elles avaient cours sous les Sassanides, faite par ordre de Nouschirwan, V, III. — Titre de l'ouvrage dans lequel Danischwer Dihkan a recueilli les traditions historiques de la Perse, I, x. — Voyez aussi DANISCHWER.

KHORASAN (Le Sipehbed), noble iranien, contemporain de Khosrou Parviz, VII, 73, 75, 77.

KHORASAN (Le), province de la Perse, I, xl; II, 535; IV, 19, 109, 257, 431; V, 323; VI, 5, 165, 185, 319, 477, 689; VII, 75, 189, 253, 275, 453, 457, 459.

KHORRAD, nom d'un génie, III, 363. — (Le jour), I, 93.

KHORRAD, noble iranien, contemporain de Kobad, fils de Pirouz, VI, 151.

KHORRAD. Voyez KHABRAD, noble iranien, contemporain de Newder, etc., etc.

KHORRAD (Palais de), V, 671. — (Temple de), 519. — Cf. KHABRAD MIHR (Temple de).

KHORREM ABAD, ville du Khouzistan fondée par Schapour Dhou'l-Aktaf, V, 473.

KHOSROËS (Les). Voyez CHOSROËS (Les).

KHOSROU, de Dehli, poëte, cité, I, LXXII.

KHOSROU, descendant de Peschin, est proclamé roi après la mort de Yezdeguerd le Méchant, V, 525. — Bahram Gour, fils de Yezdeguerd, apprend la mort de son père et son remplacement par Khosrou, 527. — Il propose de poser la couronne sur le trône, entre deux lions, et de la donner à celui qui ira la prendre à cette place, 541. — Les Iraniens acceptent sa proposition, 547. — Khosrou renonce à tenter l'aventure, 547. — Bahram s'empare de la couronne au milieu des lions et Khosrou lui rend hommage, 549. — Le roi fait à Khosrou des cadeaux magnifiques, 559.

KHOSROU, chef du pays des Khazars au temps de Khosrou Parviz, VII, 75, 77, 79.

KHOSROU, général de Yezdeguerd, dernier roi sassanide, VII, 469.

KHOSROU, meunier de Zark, dans le moulin duquel Yezdeguerd, dernier roi sassanide, se réfugia après avoir été battu par les Turcs, VII, 471. — Le roi demande à cet homme quelques aliments et le prie de lui procurer le Barsom pour prier; le meunier, interrogé par le chef de Zark, est conduit chez Mahouï, auquel il révèle la présence dans son moulin d'un hôte illustre, 473. — Mahouï comprend que cet hôte est Yezdeguerd et ordonne au meunier de le tuer, 475. — Les Mobeds et les grands font des représentations à Mahouï, 475. — Après leur départ, Mahouï consulte ses confidents, 481. — Son fils lui conseille de se débarrasser de son ennemi; Mahouï ordonne au meunier de tuer le roi, 483.

— Khosrou rentre chez lui et égorge Yezdegnerd, 483.

KHOSROU ET SCHIRIN, ou les *Amours de Khosrou Parviz*, roman historique, en vers, par Nizami ; caractère de cette composition, I, LXXI. — Autres poèmes, portant le même titre, composés par Khosrou de Dehli et par Hatefi, LXXII.

KHOSROU PARVIZ, fils de Hormuzd, roi de Perse, I, LXXI. — Trait de justice de Hormuzd concernant son fils, VI, 565.— 685. — Bahram Djoubineh frappe monnaie au nom de Khosrou Parviz pour compromettre ce jeune prince aux yeux de son père, 689. — Il écrit une lettre à Hormuzd, et Khosrou Parviz, craignant pour sa vie, s'enfuit de la cour du roi, 689. — Les gouverneurs de provinces et leurs troupes prennent parti pour Khosrou Parviz et lui prêtent serment de fidélité, 693. — Hormuzd fait jeter en prison Gustehem et Bendouï, oncles maternels de Khosrou, et tous ses alliés, 695. — Une partie des soldats d'Ayin Guschasp se rend auprès de Khosrou, 703. — Gustehem et Bendouï font aveugler Hormuzd, 703. — Durée du règne de Khosrou Parviz, VII, 5. — Gustehem et Bendouï informent ce prince de ce qui vient de se passer à Baghdad, 5. — Khosrou monte sur le trône et demande pardon à son père, 7. — Bahram Djoubineh apprend que Hormuzd a été aveuglé et se met en marche contre Khosrou Parviz, 11. — Entrevue entre Khosrou et Bahram Djoubineh, 17. — Khosrou tente de ramener le rebelle par des paroles conciliantes, 23. — Réponse insolente de Bahram ; longue discussion entre ces deux personnages sur leur race et sur leurs droits au trône, 23. — Tentative d'un Turc de Bahram contre Khosrou, 43. — Gordieh donne de sages conseils à son frère Bahram, 43. — Celui-ci répond à sa sœur que ses paroles sont justes, mais qu'il doit aller jusqu'au bout, 47. — Khosrou tient conseil avec ses Sipehdars et ses Mobeds, 47. — Ses deux oncles et Guerdouï le dissuadent de faire une attaque de nuit, son armée étant déjà gagnée à Bahram, 49. — Ils l'engagent à prendre quelques précautions pour le cas d'une défection de ses troupes, 51. — Khosrou suit leur conseil. Bahram est informé par les soldats de Khosrou de l'intention qu'avait manifestée ce prince, 51. — Il fait une attaque de nuit contre les Iraniens, et Khosrou Parviz s'enfuit après s'être vaillamment défendu, 53. — Bahram le poursuit jusqu'au pont de Nahrewan, 55. — Khosrou démonte Bahram, démolit le pont et court se renfermer dans Thisifoun, 57. — Khosrou s'enfuit vers le Roum, et son père, Hormuzd, est assassiné par ses deux oncles, 61. — Khosrou arrive au Roum, 63. — Il apprend qu'il est poursuivi par les cavaliers de Bahram ; son oncle, Bendouï, imagine un stratagème pour lui donner le temps de s'échapper, 65. — Bendouï fait connaître à Bahram, fils de Siawusch, chef des partisans de Bahram Djoubineh, que khosrou est en sûreté dans le Roum, 69. — Bahram, fils de Siawusch, amène Bendouï devant Bahram Djoubineh, 69. — Celui-ci le fait charger de chaînes, 71. — Les Iraniens délibèrent, avec Bahram, sur la royauté et discutent s'ils doivent le placer sur le trône, 71. — Bahram Djoubineh monte sur le trône, 79. — Les alliés de Khosrou se rendent dans le Roum, 81. — Bendouï s'enfuit de chez Bahram, 81. — Bahram, fils de Siawusch, conçoit le dessein de se défaire de Bahram Djoubineh ; il est dénoncé par sa femme et mis à mort, 85. — Khosrou va au Roum par le désert, 89. — Khosrou entre dans le pays de Roum, 95. — Un ermite prédit l'avenir à Khosrou Parviz, 97. — Il lui révèle les ennuis que lui causera son oncle Gustehem, 99. — Celui-ci proteste de son dévouement,

TABLE ANALYTIQUE

101. — Khosrou Parviz envoie une lettre au Kaïsar de Roum, 101. — Celui-ci fait un accueil bienveillant aux envoyés de Khosrou, 105. — Kharrad, fils de Berzin, donne connaissance au Kaïsar du message par lequel son maître demande vengeance contre Bahram Djoubineh, 105. — Réponse du Kaïsar à la lettre de Khosrou; il lui promet de l'argent et des troupes, 107. — Ses conseillers le font revenir sur sa détermination et il envoie un nouveau message à Khosrou, 109. — Ce prince fait une seconde tentative auprès du Kaïsar, et décide de quitter le Roum et de s'adresser au Khakan, si les Roumis ne veulent pas l'aider, 111. — Les astrologues font connaître au Kaïsar que Khosrou ne tardera pas à reprendre le pouvoir, 113. — Le Kaïsar écrit de nouveau à Khosrou Parviz, 113. — Il lui fait savoir que les anciennes haines sont oubliées, et qu'il rassemble une armée; il lui demande de déclarer qu'il n'exigera plus de tribut du Roum et qu'il abandonnera toutes ses conquêtes dans ce pays, 115. — Il l'invite à se lier par un traité solennel et lui offre sa fille en mariage pour cimenter cette alliance, 117. — Khosrou écrit une lettre d'alliance et l'envoie au Kaïsar, 119. — Il lui demande sa fille en mariage, 121. — Les Roumis préparent une figure magique et soumettent les Iraniens à une épreuve, 123. — Kharrad, fils de Berzin, découvre la ruse, 129. — Il explique au Kaïsar la religion des Hindous; controverse religieuse entre ces deux personnages, 129. — Le Kaïsar envoie à Khosrou Parviz une armée et sa fille, 135. — Khosrou conduit l'armée à Ader-Abadgan, 139. — Mausil l'Arménien et Bendouï viennent audevant de Khosrou, 141. — Mausil rend hommage à Khosrou, qui l'accueille avec bienveillance, 143. — De nombreux partisans se rassemblent autour du jeune roi, 145. — Bahram Djoubineh apprend le retour de Khosrou et adresse des lettres aux grands de l'Iran, 145. — Le messager de Bahram remet les lettres à Khosrou, 147. — Celui-ci répond, au nom des grands, à Bahram et lui tend un piége, 147. — Bahram Djoubineh se met en marche contre Khosrou et bat les Roumis, 149. — Les Pehlewans de Khosrou se battent contre Bahram Djoubineh, 157. — Celui-ci comprend la ruse dont le roi a usé envers lui, 159. — Les partisans de Khosrou faiblissent; il se dispose à attaquer Djoubineh, 161. — Il choisit quatorze braves et s'avance contre son ennemi, 163. — Bahram court à sa rencontre avec trois cavaliers; les compagnons de Khosrou l'abandonnent et il s'enfuit poursuivi par Bahram, 165. — Il arrive devant un rocher inaccessible ; le Serosch lui apparaît et le sauve. Bahram stupéfait se retire, 167. — Khosrou rejoint son armée et son épouse, 169. — Troisième combat de Khosrou Parviz avec Bahram Djoubineh. Défaite de Bahram, 169. — Il s'enfuit devant Khosrou et se rend auprès du Khakan de la Chine, 173. — Lettre de Khosrou Parviz au Kaïsar sur sa victoire. Réponse du Kaïsar, 177. — Ce souverain envoie à Khosrou de riches présents. Scrupules du roi de l'Iran au sujet des vêtements ornés d'une croix, 181. — Neïathous, chef des Roumis de l'armée de Khosrou, est insulté par Bendouï; il fait prendre les armes à ses troupes et demande que Bendouï lui soit livré, 183. — Mariam, épouse de Khosrou Parviz, fait la paix entre eux, 185. — Neïathous et les Roumis reviennent de l'Iran auprès du Kaïsar, 187. — Khosrou se rend à Estiv et distribue des gouvernements à ses compagnons, 189. — Sa proclamation à son peuple, 189. — Ce qui arriva entre Bahram Djoubineh et le Khakan de la Chine, 193. — Bahram voit Mekatoureh, puissant per-

sonnage turc, venir réclamer, chaque matin, du Khakan mille pièces d'or, 195. — Il s'en étonne, et le Khakan lui avoue que, Mekatoureh ayant beaucoup d'influence sur l'armée, il est obligé de compter avec cet homme avide, 195. — Bahram offre au Khakan de le débarrasser de Mekatoureh et lui indique la conduite qu'il doit tenir, 197. — Bahram tue Mekatoureh, 199. — Le Khakan lui fait de riches cadeaux, 201. — Une bête fauve tue la fille du Khakan, 201. — La Khatoun, femme du Khakan, conçoit le dessein de demander à Bahram de venger, sur le lion Keppi, la mort de sa fille, 203. — Elle fait part de ce projet au Khakan, qui s'y oppose, 203. — Elle saisit une occasion favorable et raconte à Bahram le malheur de sa fille, 205. — Bahram Djoubineh tue le lion Keppi, 207. — Le Khakan lui donne sa fille en mariage et met tout le pays sous ses ordres, 209. — Khosrou Parviz apprend ce que fait Bahram et écrit une lettre au Khakan, 211. — Celui-ci refuse de lui livrer Bahram, 213. — Les Iraniens conseillent au roi d'envoyer auprès du Khakan un émissaire habile, dans le but de perdre Bahram dans l'esprit de ce prince, 213. — Bahram apprend ce qui s'est passé entre Khosrou et le Khakan; il offre à son beau-père de le faire roi de l'Iran et du Roum, 215. — Le Khakan de la Chine prépare une armée, 215. — Khosrou envoie Kharrad, fils de Berzin, auprès du Khakan. Kharrad conspire la mort de Bahram Djoubineh, 217. — Il se met en rapport avec un Turc, nommé Kaloun, qui nourrissait le désir de venger sur Bahram la mort de Mekatoureh, son parent, 223. — Kharrad envoie Kaloun à Merv, auprès de Bahram Djoubineh, 225. — Meurtre de Bahram Djoubineh par Kaloun, 229. — Douleur de Gordieh, sœur de Bahram, 231. — Paroles de Bahram à sa sœur, 231. — Il remet le commandement de l'armée à Yelan Sineh et lui confie sa sœur, 233. — Il les engage à se rendre auprès de Khosrou et leur fait part de ses dernières volontés, 233. — Il fait écrire au Khakan pour lui recommander ceux qu'il laisse après lui, et meurt, 235. — Le Khakan apprend la mort de Bahram et détruit la maison et la famille de Kaloun. Accueil que fait Khosrou Parviz à Kharrad, 235. — Lettre du Khakan à Gordieh, sœur de Bahram; réponse de Gordieh, 239. — Gordieh consulte ses Pehlewans et s'enfuit de Merv, 243. — Le Khakan envoie Thuwarg à la poursuite de Gordieh, qui le tue, 247. — Gordieh part pour l'Iran; elle s'arrête à Amoui et écrit à son frère Guerdoui, 251. — Khosrou tue Bendoui pour venger la mort de son père, Hormuzd, 251. — Gustehem se révolte contre Khosrou et épouse Gordieh, 253. — Gordieh tue Gustehem à l'instigation de Khosrou Parviz et de Guerdoui, 257. — Lettre de Gordieh à Khosrou, qui lui offre sa main et l'épouse, 263. — Gordieh fait preuve de sa valeur devant Khosrou Parviz, 265. — Comment la ville de Rei fut ruinée, 267. — Gordieh imagine une ruse pour se faire donner cette ville et la sauver de la destruction, 271. — Khosrou distribue les gouvernements et envoie des armées aux frontières de l'Iran, 273. — Comment il divisa et occupa ses jours et ses nuits, 275. — Schirouïeh, fils de Khosrou, naît sous de mauvais auspices, 277. — Son horoscope, 279. — Chagrin que causent à Khosrou les révélations des astrologues, 279. — Khosrou écrit au Kaisar, qui lui répond en demandant la croix du Messie, 281. — Khosrou Parviz répond à la lettre du Kaisar, 289. — Aventures de Khosrou Parviz et de Schirin. Commencement de l'histoire, 295. — Khosrou, étant jeune homme, avait pour amie Schirin; devenu roi, il se sépare d'elle pendant

TABLE ANALYTIQUE

un temps, 295. — Il va à la chasse, revoit Schirin et l'envoie dans l'appartement de ses femmes, 297. — Il l'épouse; mécontentement des Iraniens à cette nouvelle, 301. — Les grands donnent un conseil au roi, 301. — Khosrou défend Schirin, 303. — Schirin tue Mariam et Khosrou met Schiroui en prison, 305. — Khosrou reconstruit le trône appelé Thak-Dis, 307. — Description de ce trône, 311. — Histoire de Barbed le musicien, 315. — Khosrou construit le palais de Madaïn, 321. — Aventure de l'architecte Far'an, 323. — Recommandations de Khosrou aux grands du royaume, 327. — Sur la puissance de Khosrou Parviz, 329. — Ses trésors, 329. — Ses musiciens, ses femmes, ses écuries, 331. — Khosrou devient injuste, 331. — Guraz et Ferrukhzad conspirent contre le roi et engagent le Kaïsar à envahir l'Iran, 333. — Khosrou imagine une ruse pour perdre Guraz dans l'esprit du Kaïsar et faire croire à ce prince qu'il est tombé dans un piège, 333. — Le Kaïsar retourne dans le Roum avec son armée, 335. — Reproches de Guraz au Kaïsar, 335. — Réponse du Kaïsar, 337. — Menées de Guraz et de Ferrukhzad, 337. — Ce dernier excite, sous main, l'armée à la révolte, 339. — Les grands délivrent Schirouïeh de sa prison, 341. — Khosrou apprend ce qu'a fait l'armée, 345. — Il sort de son palais et se cache dans son jardin, 347. — Les rebelles fouillent le palais et le livrent au pillage, 347. — Khosrou Parviz devient le prisonnier de son fils Schirouïeh, 349. — Il est conduit à Thaïsfoun, dans le palais de Marousipend, et mis sous la garde de Galinous et de mille cavaliers, 353. — Son fils monte sur le trône sous le nom de Kobad, 353. — Message de Schirouïeh à son père, 359. — Il lui reproche sa conduite envers Hormuzd, puis à l'égard de ses sujets, 359. — Il repousse la responsabilité de ce qui est arrivé, et engage le roi, son père, à demander pardon aux grands de l'Iran, 361. — Kharrad, fils de Berzin, et Aschtad, fils de Guschasp, portent à Khosrou les paroles de son fils, 361. — Ils sont introduits auprès du roi et s'acquittent de leur message, 363. — Réponse de Khosrou Parviz à Kobad, 367. — Les deux messagers reviennent auprès de Schirouï et lui répètent les paroles de Khosrou; tristesse qu'il en ressent, 385. — Craintes qu'éprouvent les chefs de l'armée, 385. — Schirouï cherche à les rassurer. Méfiance de Khosrou à l'égard de son fils, 387. — Complainte de Barbed sur Khosrou, 387. — Les grands réclament de Schirouï la mort de Khosrou; meurtre de Khosrou par Mihr Hormuzd, 391. — Ses quinze fils sont égorgés, 395. — Histoire de Schirin, femme de Khosrou Parviz, et de Schirouïeh, 395. — Schirin s'empoisonne et meurt auprès du corps de son époux, 405. — 409, 429, 479.

KHOTEN (Le), province du Touran, I, 437; II, 521, 703; IV, 133, 135, 149, 151, 167; V, 671; VI, 29, 313.

KHOTEN, ville, II, 337, 463, 509, 519, 701; III, 221, 373-377, 417, 441; VI, 317, 355, 357. — (Le roi de), III, 415.

KHOUR-FIROUZ, descendant de Nouschirwan, offre au sultan Mahmood le Ghaznévide l'*Histoire des Rois*, d'Ibn-al-Mokaffa, I, xix.

KHOURREH-I-ARDESCHIR, ville fondée par Ardeschir et dans laquelle ce prince construisit un magnifique temple du feu, V, 303-307, 323, 385, 387; VI, 151; VII, 337.

KHOUSCHID, fils de Kharrad, noble iranien de la cour de Khosrou Parviz, VII, 123, 163.

KHOUSCHENEWAZ, Khakan des Turcs, du temps de Pirouz, fils de Yezdeguerd, VI, 97, 99, 101, 103, 109, 111, 113,

115, 117, 119, 121, 133, 139, 315, 355, 683; VII, 77, 81, 117, 479.

Khouzan, roi de Kerman, IV, 17, 71, 89, 189.

Khouzistan (Le), province de la Perse, IV, 17; V, 387, 393, 447, 473; VI, 593.

Khoza'. — Sa puissance à la Mecque et dans le Yémen; sa conduite injuste, V, 157. — Iskender met à mort tout ce qu'il peut découvrir de la famille de Khoza', s'empare du Hedjaz et du Yémen, et remet au pouvoir la race d'Ismaïl, 159.

Khurm, prairie de la Perse où se trouvait une sorte d'oracle, V, 257.

Kiblah (La), VII, 133.

Kiran-Habeschy, conte historique persan de la collection d'Abou-Thaher Tharsousi, concernant les aventures d'un héros qui vécut sous Kei Kobad et devint vice-roi de Bactres, I, LXXIV, LXXV.

Kirkpatrick (W.). Voy. Essai sur l'Histoire de la Poésie persane.

Kirman (Le), province de la Perse, IV, 17; V, 79, 81, 85, 95, 99, 313, 331; VI, 693; VII, 189.

Kirman (Le prince de) envoie à la cour de Mahmoud le Ghaznévide un de ses sujets qui s'était occupé à recueillir les traditions des anciens rois, I, XIX.

Kirmanschah, titre dont Bahram, fils de Bahram, fut salué à son avénement au trône, V, 415.

Kischmer (Le cyprès de), IV, 363, 365. — Palais et temple bâtis autour de cet arbre par Guschtasp, roi de l'Iran, 365.

Kischwer (Le) de Fars, IV, 17. — (Le) de Nimrouz, 253.

Kischwers (Les sept) ou les sept parties de la terre, selon les Persans, I, 73; III, 299, 345, 347; V, 339, 347, 357, 495, 497; VI, 547; VII, 75, 313.

Kitab-al-Fihrist, cité, I, x.

Kitaboun, fille du Kaïsar de Roum. — Son père conçoit l'intention de marier une de ses filles, IV, 297. — Kitaboun voit en songe celui qui doit être son époux; le lendemain, elle traverse, selon la coutume, la foule des grands assemblés, sans trouver personne qui lui convienne, 299. — Le jour suivant, nouvelle assemblée, d'un ordre inférieur, à laquelle vient assister à l'écart Guschtasp, fils de Lohrasp, roi de l'Iran, 299. — La princesse l'aperçoit, vient à lui et lui pose son diadème sur la tête, 301. — Colère du Kaïsar; il se décide à donner sa fille à Guschtasp et les chasse de sa présence; le prince iranien offre généreusement à Kitaboun de lui rendre la liberté, 301. — Noble réponse de cette princesse, 303. — 305, 307. — Étonnement de Kitaboun en voyant revenir son époux couvert d'une armure et avec une épée magnifique; explication que Guschtasp lui donne à ce sujet, 315. — Kitaboun devine que son mari est de race royale; Guschtasp lui révèle son intention de retourner dans l'Iran et l'invite à faire ses préparatifs de départ, 317. — 329. — Kitaboun engage Guschtasp à se rendre au cirque; il suit son conseil et étonne toute l'assemblée par sa force et son adresse, 331. — Le Kaïsar l'appelle devant lui et lui demande son nom et sa famille; il se fait reconnaître pour l'époux de Kitaboun et le vainqueur du loup et du dragon, 333. — Le Kaïsar rend hommage à la vertu de sa fille, 333. — Il l'interroge sur l'origine de son mari; Kitaboun lui répond qu'elle l'ignore, mais qu'il prétend s'appeler Farrukhzad, 335. — Guschtasp, près de partir pour l'Iran avec son frère Zérir, prie le Kaïsar de lui envoyer son épouse Kitaboun, 353. — Le Kaïsar fait de riches présents à sa fille et à son gendre, 353. — A l'arrivée de Kitaboun au camp des Iraniens, Guschtasp et son armée se mettent en marche vers leur pays, 355. — Kitaboun donne le jour à deux fils, Isfendiar et Beschouten, 361. — Isfendiar fait connaître à sa mère que le roi lui a promis de lui céder la couronne

TABLE ANALYTIQUE

661

quand il aura vengé Lohrasp, 561. — Il se propose de réclamer l'exécution de cette promesse; sa mère essaye de le détourner de ce dessein, 563. — Guschtasp apprend qu'Isfendiar convoite le trône; il consulte Djamasp sur le sort qui est réservé à son fils, 563. — Djamasp répond qu'Isfendiar doit périr dans le Zaboulistan de la main de Rustem, 565. — Isfendiar demande le trône à son père, 567. — Guschtasp le lui promet, à la condition qu'il lui amènera Rustem prisonnier, 571. — Isfendiar remontre à son père qu'il n'y a aucun motif pour agir ainsi à l'égard de Rustem, 571. — Le roi insiste; Isfendiar lui laisse entendre qu'il a deviné ses intentions et se retire, 573. — Kitaboun donne des conseils à son fils, 575. — Réponse du prince à sa mère, 575. — Désespoir de Kitaboun, 577. — Isfendiar conduit une armée dans le Zaboulistan, 577. — 619. — Isfendiar, mortellement blessé par Rustem, charge Beschouten de ses derniers adieux pour sa mère, 687. — Douleur de Kitaboun à la vue du corps de son fils; paroles qu'elle adresse au cheval d'Isfendiar, 691. — Beschouten console cette princesse, 695.

KLÆNGE AUS OSTEN, aus dem Arabischen und Persischen übersetzt von Ed. Amthor. Leipzig, 1841, in-8°, II, IV.

KOBAD, fils de Kaweh, I, 169, 183, 185, 395-401, 411.

KOBAD (Schirouïeh), fils de Parviz, roi de Perse. — Naissance de ce prince, VII, 277. — Son horoscope, 279. — Chagrin que causent à Parviz les révélations des astrologues, 279. — Il écrit au Kaïsar pour lui annoncer la naissance de son fils, 281. — Le Kaïsar donne des fêtes en l'honneur du jeune prince et lui envoie des présents magnifiques, 281. — Il répond à Khosrou Parviz, 285. — 291. — Celui-ci l'informe qu'il a envoyé à son fils les cadeaux envoyés du Roum et lui fait part de ses craintes pour les relations futures du Roum et de l'Iran, sous le gouvernement de Kobad, 291. — Nature frivole et farouche du fils de Khosrou, 305. — Le roi fait enfermer Kobad et son frère de lait dans son palais, 307. — Les grands, révoltés contre Khosrou, délivrent Schirouïeh de sa prison pour le mettre sur le trône, 341. — Khosrou apprend ce qui se passe, 345. — Il sort de son palais et se cache dans son jardin, 347. — Les rebelles fouillent le palais et le livrent au pillage, 347. — Khosrou devient prisonnier de son fils Schirouïeh, 349. — Il est conduit, par ordre de ce prince, à Thisifoun et confié à la garde de Galinous et de mille cavaliers, 353. — Schirouïeh monte sur le trône sous le nom de Kobad, 353. — Durée de son règne; son discours d'avènement, 357. — Message de Kobad à son père, 359. — Il lui reproche sa conduite envers Hormozd, puis à l'égard de ses sujets, 359. — Il repousse la responsabilité de ce qui est arrivé et engage le roi son père à demander pardon aux grands de l'Iran, 361. — Kharrad, fils de Berzin, et Aschtad, fils de Guschasp, portent à Khosrou les paroles de son fils, 361. — Ils sont introduits auprès du roi et s'acquittent de leur message, 363. — Réponse de Khosrou Parviz à Kobad, 367. — Les deux messagers reviennent auprès de Schirouïeh et lui répètent les paroles de Khosrou; tristesse qu'il en ressent, 385. — Craintes qu'éprouvent les chefs de l'armée, 385. — Schirouïeh cherche à les rassurer; méfiance de Khosrou à l'égard de son fils, 387. — Complainte de Barbod sur Khosrou, 387. — Les grands réclament de Schirouïeh la mort de Khosrou. Meurtre de Khosrou par Mihr Hormozd, 391. — Ses quinze fils sont égorgés, 395. — Histoire de Schirouïeh et de Schirin, femme de Khosrou Parviz, 395. — Mort de Schirouïeh, 405.—409.

662

Kobad, fils de Pirouz, roi de Perse, VI, 1, 111. — Il reçoit de son père le commandement de l'arrière-garde de l'armée qui devait opérer contre les Turcs, 97. — Il tombe, avec son père, dans un fossé que le roi des Turcs avait fait creuser autour de son camp. Pirouz est tué et Kobad est fait prisonnier, 103. — 117. — Ce prince est mis en liberté par suite d'un traité conclu entre Souferaï, général des Iraniens, et Kouschnewaz, chef des Turcs, 119. — Kobad revient dans l'Iran, 119. — Joie de Balasch en revoyant son frère; puissance de Souferaï, 121. — Le général dépose Balasch et donne le pouvoir à Kobad, 121. — Avénement de Kobad, durée de son règne, 125. — Il fait une allocution aux grands, 125. — Les Iraniens rendent Souferaï suspect à Kobad, qui le fait mettre à mort, 127. — Les Iraniens mettent Kobad dans les chaînes, pour venger la mort de Souferaï, et placent sur le trône Djamasp, frère du roi, 133. — Noble conduite de Rezmihr, fils de Souferaï, 135. — Kobad s'enfuit et prend refuge chez les Heïtaliens, 137. — Il épouse la fille d'un riche Dihkan de l'Ahwaz, 137. — Kobad revient du pays des Heïtaliens; Kesra Nouschirwan vient au monde et Kobad remonte sur son trône, 139. — Son expédition dans le Roum; il fait de Madaïn la capitale de son royaume, 141. — Il adopte la religion de Mazdek, 143. — Kesra attaque Mazdek et le fait mettre à mort, 147. — Kobad nomme ensuite Kesra son successeur, et les grands donnent à ce prince le nom de Nouschirwan, 155. — 487, 513, 539, 683; VII, 115, 145, 187, 273.

Kohendiz (Le), ou château de Nischapour, V, 393, 643.

Kohendiz, ville, VI, 115.

Kolzoum (Mer de), II, 477; IV, 139.

Koran (Le), VII, 445.

Koscheti (Le), IV, 361, 363, 365, 369, 373, 431, 443.

Kotéïb, ancêtre de Schoaïb, le chef des Arabes qui envahirent la Perse sous le règne de Darab, V, 51.

Koufaii, ville, V, 505.

Kouhistan (Le), province de la Perse, I, XLI, XLII, LXXV.

Koum, ville, II, 535; VI, 165.

Kous, lieu où Feridoun fit bâtir un palais, I, 119.

Kousch Pildendan (Histoire de), ouvrage cité, I, LI. — Voy. aussi Pildendan.

Kout, fils de Hezareh, noble roumi, un des chefs de l'armée envoyée par le Kaïsar à Khosrou Parviz, VII, 139, 153, 155.

Koutch (Le), nom de pays, II, 251, 587; VI, 193, 309, 359.

Kudjaran, ville du Fars, située sur le golfe Persique, V, 309, 313.

Kuhrem, un des généraux d'Afrasiab, II, 453. — Cf. Keïrem.

Kunam-i-Asiran, ville de l'Ahwaz, fondée par Schapour Dhou'l-Aktaf, V, 473.

Kunareng (Le Div), I, 531.

Kunda Guschasp, un des officiers de Bahram Djoubineh, VI, 613, 675, 679.

Kurduz, nom pehlewi de Beïkend, IV, 23, 25.

Kurdes. — Légende sur leur origine, I, 71. — (Expédition d'Ardeschir Babekan contre les), V, 305-309.

Kurdistan (Le), nom de pays, V, 427.

Kuroukhan, fils de Wiseh, un des généraux d'Afrasiab, I, 407.

Kustehem, fils de Gnejdehem. — Voy. Gustehem, fils de Gnejdehem.

Kustehem, fils de Newder. — Voy. Gustehem, fils de Newder.

Kutaïoun, fille du roi de Cachemire, à l'époque de Bahman, fils d'Isfendiar, citée, I, LXVIII.

TABLE ANALYTIQUE

L

Lacet, arme de guerre et de chasse, I, 301, 313, 371, 449, 511. — Voy. aussi Armes et Armures.

Laden. Voy. Lawen.

Ladiwerd (Lapis-lazuli), siége supérieur du célèbre trône appelé *Thak-Dis*, VII, 313.

Lajeverdin, ville, VII, 463.

Lampe des esprits (La). vie du Prophète, citée, I, LXXVII.

Lances armées de crochets d'acier pour saisir les assiégeants qui s'approchent des murs, ou les repousser, IV, 99.

Langues. — Le pehlewi était la langue officielle de l'empire perse et celle que parlaient les provinces occidentales, I, XIV. — Les provinces orientales se servaient de dialectes purement persans; des livres religieux furent écrits dans ces idiomes, XIV. — Après l'établissement des Arabes en Perse, leur langue se substitue au pehlewi comme langue officielle, mais le persan reste la langue parlée. Naissance de la littérature persane, XV. — Mahmoud, fils de Sebekteghin, favorise la culture de la langue persane, et son vizir, Abou'l-Abbas Ben-Fadhl, abolit l'usage de l'arabe dans l'administration, XVIII. — Il prescrit de parler le dialecte du Fars et le déri, VI, 455. — La connaissance du pehlewi était très-rare dans les provinces orientales de la Perse au temps de Firdousi, I, XXIII. — III, 35; V, 199. — L'étude des langues étrangères s'introduit dans l'Iran sous Nouschirwan, VI, 363.

Laniers, oiseaux de proie, V, 609, 619, 659; VI, 69.

Lavoir, V, 23, 25, 47.

Lawen, nom de lieu, III, v, vi, 553; IV, 255. — (Bataille de), III, v, vi, 603. — Voy. aussi Peschen.

Lehhak, fils de Wisch, II, 411, 675; III, 35, 47, 99, 149, 161, 441, 537, 539, 543, 545, 561, 591, 593, 595, 597, 599, 601, 605, 607, 609, 613, 615, 625; IV, 25, 39, 41.

Lembek (Aventure de), le porteur d'eau, avec Bahram Gour, roi de Perse, V, 561-567, 571, 573.

Léopards, III, 405; V, 619.

Leschkersitan, prince du Berberistan, IV, 19.

Lettres. — S'écrivaient sur la soie ou du papier de Chine; roseaux, encre, sceaux que l'on employait; suscription, forme, etc., I, 277, 477, 543, 545, 567; II, 255, 299; III, 493; IV, 161, 551; V, 83, 95, 105, 125, 237, 459, 693; VI, 331, 337, 343, 351, 509, 511, 687, 701; VII, 79, 81, 103, 259-263, 441, 443.

Lions à la cour de Feridoun, I, 179. — Lions et léopards attachés avec des chaînes dans un cortége, III, 405. — IV, 493. — Combattus et tués par Isfendiar, sur la route du Touran, 497, 499. — V, 201, 541, 547, 549, 561, 575, 579, 581, 591, 629, 659, 661.

Litières, I, 135, 347, 481; II, 15; III, 321; IV, 555; V, 55, 111, 131, 625; VI, 357; VII, 139, 169, 331.

Littérature persane. — Considérations générales relatives au *Livre des Rois* de Firdousi; intérêt et difficultés que présente l'étude de l'origine d'un poëme épique, I, III. — La véritable poésie épique représente l'histoire d'un peuple telle qu'il l'a faite lui-même dans la tradition orale; les poésies populaires sont d'un grand secours pour la recherche des origines des épopées, IV. — L'histoire de tous les peuples commence par la poésie épique, IV. — Les traditions historiques sont les seules sources auxquelles le poëte épique puisse recourir, V. — Caractères de la véritable épopée nationale, V. — Peu de nations ont produit des poëmes épiques; explication de ce fait, vi. — Pourquoi les Persans sont plus riches en traditions épiques que la plupart des peuples, vi. — Epoque à laquelle ces traditions semblent avoir pris la forme qu'elles ont gardée depuis, vi. — Premier essai fait, par ordre de Nouschirwan, pour réunir ces traditions, vii. — Reprise et continuation de ce travail par le Dihkan Danischwer, sur l'ordre de Iezdedjird, dernier roi sassanide; récit de Firdousi à ce sujet, vii. — Motifs de l'attachement des Dihkans pour les traditions historiques de leur pays, viii. — Documents qu'ils ont fournis à la poésie et à l'histoire, ix. — Collection formée par le Dihkan Danischwer, ix. — Titre de cet ouvrage; il doit être le premier recueil de ce genre fait en Perse, x. — Travaux dont ce recueil aurait été l'objet de la part des Arabes, à l'époque de la conquête de la Perse et, plus tard, sur l'ordre de Iacoub Leïs, xi. — Il fut traduit en arabe par Ibn-al-Mokaffa; titre que portait cette traduction, xii. — Autres ouvrages composés sur les traditions nationales de la Perse par des Guèbres; emploi qu'en firent les chroniqueurs arabes, xii. — Indifférence des Arabes et des populations assimilées pour ces traditions, xii. — Intérêt qu'elles présentaient pour les provinces orientales du khalifat; causes de cet intérêt, xiii. — Création de la littérature persane, xv. — Iacoub Leïs fait traduire en persan et compléter le recueil de Danischwer Dihkan, xvi. — Titre que les auteurs donnèrent à cette traduction, xvii. — Les Sassanides la font mettre en vers, xvii. — Les Ghaznévides favorisent la culture de la langue persane, xviii. — Leur cour devient une véritable académie, et le sultan Mahmoud forme le projet de réunir une collection de traditions épiques de la Perse plus complète que celle des Sassanides et des Samanides, et de la faire mettre en vers, xix. — Matériaux qui lui parviennent de tous côtés, xix. — Il cherche un homme capable de les mettre en œuvre; Firdousi lui est présenté, xx. — Vie de ce poëte, xxi-xxiv. — A la nouvelle de la mort de Dakiki, il sent le désir d'entreprendre le grand ouvrage que ce poëte avait à peine commencé, xxiv. — Un de ses amis, Mohammed Leschkeri, lui procure le recueil peblewi de Danischwer Dihkan et l'encourage dans sa résolution, xxv. — Il commence son travail, à l'âge de trente-six ans, par l'épisode de Zohak et de Feridoun; succès de cette première tentative, xxv. — Son voyage à la cour de Ghaznin, xxvi. — Accueil que lui fait le sultan, xxvii. — Défi célèbre que lui portent trois des principaux poëtes de la cour, Ansari, Farroukhi et Asdjedi, xxvii. — Il sort vainqueur de la lutte, grâce à sa grande connaissance des traditions, xxvii. — Tous les matériaux recueillis par Mahmoud sont mis à sa disposition; admiration du sultan pour la poésie de Firdousi; les épisodes de son poëme sont lus au sultan, au fur et à mesure de leur composition, avec accompagnement de musique et de danse, xxviii. — Récompense que Mahmoud destinait au poëte; intrigues de Hasan Meïmendi, xxix. — La gloire de Firdousi se répand dans toute la Perse avec les copies des épisodes de son poëme; présents qui lui sont envoyés par divers princes, xxx. — Calomnies de Hasan Meïmendi contre Firdousi, xxx. — Reproches de ses ennemis littéraires, xxxi. — Épreuve que lui fait subir le sultan et dont il se tire avec honneur, xxxi. — Nouvelles attaques de ses ennemis, xxxiii. — Il achève enfin son ouvrage et le fait présenter au sultan, xxxiii. — Nouvelle trahison de Hasan à son égard, xxxiv. — Emploi que Firdousi fait de la somme qui lui est envoyée de la

TABLE ANALYTIQUE

part de Mahmoud; colère du sultan, xxxiv. — Le poète implore et obtient son pardon, et quitte sur-le-champ Ghaznin, xxxv. — Sa fameuse satire contre Mahmoud, xxxvi. — Le sultan, furieux, le fait poursuivre; il échappe à ses recherches, xl. — Aventures de Firdousi dans le Mazenderan, xl.; — à Baghdad, xli; — dans le Kouhistan, xlii. — Nasir Lek, gouverneur du Kouhistan, et ami de Mahmoud, intercède auprès de lui en faveur de Firdousi; Hasan Meïmendi est mis à mort; Firdousi revient à Thous, sa ville natale, xlii. — Sa mort, xliv. — La rédaction du *Livre des Rois* est-elle l'expression fidèle des traditions originales que Firdousi avait eues à sa disposition? Ce poète affirme lui-même à plusieurs reprises qu'il n'a fait que suivre la tradition, xlv. — Preuves à l'appui de cette assertion tirées de ses propres écrits, xlv. — De la manière dont il composa son livre, xlvi. — Des défauts mêmes de son récit, xlvii. — Des lacunes qu'il présente, xlviii. — Des livres sacrés de la Perse, xlix. — Témoignage de l'auteur du *Medjmel-al-Tewarikh* sur ce sujet, l. — Autre preuve résultant de la vénération des Parses pour Firdousi, liii. — Imitations auxquelles le succès du *Livre des Rois* a donné naissance; caractère de ces compositions, liv. — La famille de Rustem en est presque exclusivement le sujet; énumération et analyse des divers poëmes qui composent le cycle du Seïstan; le *Guerschasp-nameh*, lv. — Le *Sam-nameh*, lix. — Le *Djihanguir-nameh*, lxi. — Le *Faramourz-nameh*, lxii. — Le *Banougouschasp-nameh*, lxiii. — Le *Barzou-nameh*, lxiv. — Le *Bahman-nameh*, lxvii. — Tous ces poëmes, appartenant à l'école de Firdousi, peuvent être considérés comme des compléments du *Livre des Rois*, lxx. — Décadence de la littérature épique au vi⁰ siècle de l'hégire; apparition du roman historique et du conte épique, lxx. — Nizami met, le premier, à la mode le roman historique; poëmes qu'il a composés dans ce système sur des sujets tirés de l'histoire héroïque de la Perse, lxxi. — Ses imitateurs : Khosrou de Dehli, Djami, Hatefi, Abdal-Salam, fils d'Ibrahim, lxxii. — Les contes épiques, lxxiii. — Collection de récits de ce genre faite par Abou-Thaher Ibn-Hasan Ibn-Ali Ibn-Mousa de Tharsous, lxxiii, lxxiv. — Appréciation de ces compositions et analyse sommaire de quelques-unes d'entre elles : le *Darab-nameh*, lxxiv. — Le *Kaherman-nameh*, lxxv. — Le *Kiran-Habeschy*, lxxv. — Le *Houscheng-nameh*, le *Faghfour-nameh*, le *Thahmouras-nameh*, l'*Histoire de Djemschid*, lxxvi. — Résumé des transformations successives qu'a subies la tradition épique des Persans, lxxvi. — Deux autres classes de poëmes persans ont pris la forme épique, mais ces poëmes ne peuvent être compris parmi les véritables épopées; ce sont les histoires légendaires de la famille du Prophète et les biographies des rois modernes de la Perse, contemporains ou à peu près contemporains de leurs auteurs; appréciation de ces ouvrages et énumération de quelques-uns d'entre eux, lxxvii, lxxviii. — Travaux dont le *Livre des Rois* a été l'objet en Orient, lxxviii; — de la part des Européens, lxxix.

Livre composé par ordre de Nouschirwan, et contenant les histoires des rois anciens; ce livre, dont tous les Mobeds possédaient chacun une partie, servit de base au recueil de Danischwer Dihkan, I, vii, viii.

Livre des portraits des rois sassanides, cité, I, li.

Livre des Rois (Le) de Firdousi. — Son caractère; points de vue sous lesquels il doit être examiné; difficultés que présente l'étude des origines d'un poème épique, I, III. — Histoire des traditions persanes, depuis le Ve siècle jusqu'à Firdousi, VI-XX. — Le *Livre des Rois* doit ce titre au *Khodaï-nameh* de Danischwer, qui a servi de base à sa composition, X. — Note sur les préfaces en prose qui existent dans un grand nombre de manuscrits de cet ouvrage, XV, XVI. — Quelques passages de ce livre permettent de fixer avec exactitude l'âge de Firdousi, XXI. — Ce poëte, à la nouvelle de la mort de Dakiki, conçoit le projet d'entreprendre le grand travail que Dakiki avait à peine ébauché, XXIV. — Un de ses amis lui communique l'ouvrage de Danischwer Dihkan; il se met à l'œuvre à l'âge de trente-six ans et commence par l'histoire de Zohak et de Feridoun, XXV. — Il ne paraît pas avoir suivi, dans ses compositions, l'ordre chronologique, XXVI. — Firdousi part pour Ghaznin, XXVI. — Un de ses amis se charge de présenter au sultan Mahmoud l'épisode de Rustem et d'Isfendiar; le poëte reçoit du sultan un accueil bienveillant, XXVII. — Faveur de Firdousi; tous les matériaux recueillis par ordre de Mahmoud sont mis à sa disposition, XXVIII. — Les épisodes du *Livre des Rois* sont lus au sultan, au fur et à mesure de leur composition, et la récitation est accompagnée de musique et de danse, XXVIII. — Un dessin relatif à ce sujet se trouve dans un des plus anciens manuscrits du poëme, XXIX. — Mahmoud ordonne à Hasan Meïmendi de payer à Firdousi mille pièces d'or pour chaque millier de distiques; conduite du ministre et des grands de la cour à l'égard de Firdousi, XXIX. — La renommée du poëte se répand dans toute la Perse avec les copies de son travail; présents qu'il reçoit de toutes parts, XXX. — Anecdote relative à Rustem, fils de Fakhr-al-Daulet; réponse de Firdousi à l'accusation d'hérésie lancée contre lui par Meïmendi, XXXI. — Reproches que ses ennemis littéraires faisaient à son œuvre, XXXI. — On lui donne un épisode à mettre en vers, afin de juger de la part qui revenait à son talent poétique dans la composition de son poëme; triomphe de Firdousi, XXXII. — Il perd son fils et exhale sa douleur dans un passage de la vie de Khosrou Parviz, XXXII. — Il se plaint de nouveau des attaques de ses ennemis, XXXIII. — Il achève enfin son ouvrage et le fait présenter à Mahmoud par son ami Ayaz, XXXIII. — Dans sa célèbre satire, il déclare ne l'avoir point composé en l'honneur de Mahmoud, mais au nom du Prophète et d'Ali, XXXVII. — Il fait l'éloge de son poëme et flétrit l'avarice du sultan, XXXVIII, XXXIX. — Réfugié dans le Mazenderan, il s'occupe à corriger le *Livre des Rois* et le présente à Kabous, prince du Djordjan, XL, XLI. — XLII. — Examen de la manière dont Firdousi a mis en œuvre les matériaux qu'il avait à sa disposition; il déclare lui-même n'avoir fait que suivre la tradition; détails qu'il donne à ce sujet, XLV. — Témoignage extrait de son poëme de Iousouf et Zonleïkha, XLVI. — Autres preuves tirées de la façon dont il composait, de la présence auprès de lui des Dihkans, qui avaient recueilli les souvenirs de leur famille, etc., XLVI ; — de l'absence de toute confusion des traditions persanes avec les traditions musulmanes, XLVII, XLVIII ; — des défauts, des lacunes mêmes de son récit, XLVIII. — Sources auxquelles il a dû recourir pour l'histoire d'Alexandre le Grand, XLVIII. — Silence qu'il garde sur la dynastie des Parthes, XLIX. — Témoignages tirés des livres sacrés, XLIX ; — du *Modjmel-al-Tewarikh*, L. — Importance que l'auteur de cette chronique attache au *Livre des Rois*, LI. — La vénération que les Parses ont vouée

TABLE ANALYTIQUE

à Firdousi prouve qu'il s'est conformé à leurs traditions, LIII. — Popularité constante du *Livre des Rois* en Perse; ce poëme n'a pas épuisé la masse des traditions nationales des Persans; imitations nombreuses auxquelles son succès a donné naissance, LIV. — Caractère de ces compositions, LIV. — La famille de Rustem, à laquelle Firdousi a consacré une grande partie de son ouvrage, fait presque exclusivement le sujet de ces poëmes, LV. — Énumération et analyse des principaux d'entre eux; le *Guerschasp-nameh*, LV. — Critique que son auteur fait du caractère de Rustem, LVI. — Il présente son œuvre comme destinée à combler une lacune du *Livre des Rois*, en ce qui concerne son héros, LVII. — Son ambition paraît être d'égaler ou de surpasser Firdousi; sa préface est une imitation de celle de ce poète, LVII. — Ses sources sont analogues à celles de son prédécesseur; il a employé le même mètre, et son travail a souvent servi à l'interpolation du *Livre des Rois*, LVIII. — Le *Sam-nameh*, LIX. — Une lacune de l'ouvrage de Firdousi, relative à trois des enfants de Rustem, fait naître trois poëmes épiques : le *Djihangir-nameh*, LXI; — le *Faramourz-nameh*, LXIII; — le *Banougouschasp-nameh*, LXIII. — Le *Barzou-nameh* est plutôt une collection des traditions que Firdousi avait négligées qu'une biographie de Barzou, petit-fils de Rustem, LXIV. — On y voit figurer une foule de personnages dont Firdousi n'a pas parlé, LXV. — Les traditions qu'il renferme ne sont pas toujours exactement conformes à celles du *Livre des Rois*, LXVI. — Il a quelquefois fourni des interpolations pour ce poëme, LXVII. — Le *Bahman-nameh*, LXVII. — L'auteur de cet ouvrage n'a rien emprunté au *Livre des Rois*, LXIX. — Toutes les compositions ci-dessus appartiennent à l'école de Firdousi, et peuvent être considérées comme des compléments de son œuvre qu'elles sont loin d'égaler, LXX. — Décadence de la littérature épique et sa dégénérescence en romans et contes merveilleux, LXX. — Romans historiques composés à l'imitation du *Livre des Rois*, LXXI. — Nizami, LXXI. — Khosrou de Dehli, Djami, Hatefi, Abd-al-Salam, fils d'Ibrahim, LXXII. — Collection des contes historiques de Abou-Thaher Ibn-Hasan Ibn-Ali Ibn-Moussa de Tharsous, LXXIV-LXXVI. — Transformations diverses de la tradition épique des Persans; le *Livre des Rois* en est l'expression la plus brillante; une suite de poëmes composés dans le même esprit le complètent dans toutes ses parties, LXXVI. — La tradition va en s'affaiblissant dans le roman historique et dans le conte en prose, mais l'œuvre de Firdousi demeure l'objet de l'admiration des savants et de la prédilection du peuple en Perse, LXXVII. — Observations sur l'épisode du Hamaveran et sur la contrée qui dut être le théâtre de cet événement, II, v, VI. — Remarques littéraires sur les épisodes de Sohrab et de Siawusch; caractère de ce dernier récit au point de vue historique, VI, VII. — Sa double rédaction témoigne que Firdousi s'en est tenu à ses matériaux tels qu'il les a trouvés, VII. — Le combat de Rustem avec le Div Akwan est une féerie qui paraît avoir fait partie d'un ensemble de contes auxquels Firdousi fait allusion à l'épisode de Menijeh, III, II. — Quelques manuscrits du *Livre des Rois* ont conservé une trace de ces contes dans l'épisode en question, II. — Faveur dont jouit auprès des Persans le récit du combat des douze champions, III. — Des poëmes entiers ou des fragments de poëmes sont quelquefois insérés dans le texte du *Livre des Rois* (poëme de Sousen la Magicienne, *Barzou-nameh*); caractère de ces interpolations, III. — Époque à la-

84.

quelle aurait été composée l'histoire de Bijen et de Menijeh, IV. — Le *Livre des Rois* doit être traité comme une reproduction exacte de la tradition persane telle qu'elle existait au xe siècle, IV, II. — La partie la plus curieuse, pour la critique littéraire du *Livre des Rois*, est le fragment composé par Dakiki et conservé par Firdousi, III. — Un passage de l'histoire de Bahman, fils d'Isfendiar, indique la voie par laquelle les Sassanides se sont rattachés aux Keïanides, V, II. — Le récit concernant Dara, fils de Darab, est la seule partie du poëme où l'auteur ait puisé à une source étrangère, II. — Considérations sur l'origine de la fable d'Alexandre le Grand, III. — L'histoire des Sassanides a été appréciée d'une façon toute différente par les savants européens et par les auteurs persans; cause de cette diversité d'opinion, V. — Inégalité de ton et de style des deux parties du *Livre des Rois*, VI. — Intérêt que présente, au point de vue historique, le récit concernant les Sassanides, VII. — Travaux dont le *Livre des Rois* a été l'objet, tant en Orient qu'en Europe. Bibliographie, I, LXXVIII-LXXXIV; II, III, IV. V; III, V; IV, III, V; V, III, IV. — Renseignements sur les manuscrits dont s'est servi M. Mohl pour établir la présente édition du *Livre des Rois*, sur les variantes et les interpolations qu'ils présentent et sur le système de traduction qu'il a adopté, I, LXXXIV-LXXXVI. — Indication des matières que devait contenir l'appendice de cet ouvrage, LXXXVI, LXXXVII. — Introduction. Invocation à Dieu. Dieu ne peut être conçu par l'intelligence humaine, ni décrit par la parole; nécessité de la foi, 5. — Louange de l'intelligence, 7. — Création du monde, 7-13. — Louanges du Prophète, des trois premiers khalifes et d'Ali, 13-17. — Comment le *Livre des Rois* fut composé, 17. — Firdousi affirme qu'il s'est conformé aux traditions, et que son livre ne contient ni mensonge ni fausseté, 17. — Comment le poëme fut entrepris et pourquoi l'auteur tint son plan secret pendant quelque temps, 19. — Encouragements qu'il reçoit d'un ami intime (Mohammed Leschkeri); éloge d'Abou-Mansour, fils de Mohammed, 21. — Louange du roi Mahmoud, 23. — Date de l'achèvement du *Livre des Rois*, VII, 501. — Nombre de distiques contenus dans ce poëme; Firdousi le lègue au sultan Mahmoud, 503. — Conclusion du *Livre des Rois*, 503.

LIVRE DES ROIS (Le), ouvrage d'Abou-Mansour, cité, I, x.

LIVRES sacrés de la Perse. — Les caractères des principaux personnages de l'ancienne Perse se retrouvent dans le *Livre des Rois*, tels que les indiquent les parties des livres de Zoroastre que nous possédons encore, I, XLIX.

LOHRASP, roi de Perse, I, XXXVIII, LI; III, 421, 493, 499, 509, 519; IV, 15. — Keï Khosrou donne la royauté à Lohrasp, 257. — Stupeur et colère des Iraniens; Zal se fait leur interprète et proteste contre l'élévation au trône d'un homme inconnu, 257. — Les Iraniens approuvent ses paroles et refusent d'obéir, si Lohrasp est placé au-dessus d'eux, 259. — Khosrou leur répond, avec douceur, que Lohrasp descend de Houscheng et qu'il est doué de toutes les qualités qui font les bons rois; Zal se soumet et reconnaît Lohrasp comme roi, 259. — Les grands rendent hommage à Lohrasp, 261. — Keï Khosrou recommande ses favorites à son successeur, 263. — Derniers conseils et adieux de Keï Khosrou à Lohrasp, 265. — Lohrasp apprend la disparition de Khosrou, 273. — Il assemble les grands et s'engage à suivre les conseils de son prédécesseur; il leur demande, en échange, d'obéir aux dernières volontés de ce prince; Zal promet l'obéissance en

TABLE ANALYTIQUE

son nom et au nom de Rustem, 273. — Le roi s'adresse ensuite à Gouderz; celui-ci approuve les paroles de Zal, 275. — Tous les grands rendent hommage au roi, qui choisit le jour de Mihrgan pour placer sur sa tête la couronne de l'Iran, 275. — Durée de son règne, 279. — Lohrasp fonde le temple du feu à Balkh, 279. — Guschtasp demande à son père la couronne de l'Iran; celui-ci lui répond qu'il est trop jeune pour un tel pouvoir, 281. — Guschtasp quitte Lohrasp en colère, 281. — Il part pour se rendre auprès du roi de l'Inde, 283. — Zerir ramène Guschtasp, 285. — Dépit de ce dernier en voyant la faveur dont jouit auprès de son père la famille de Kaous, 287. — Guschtasp part pour le Roum, 289. — Son père le fait vainement chercher de tous côtés; un receveur de péages, Heischoui, lui fait traverser la mer, 291. — Guschtasp arrive à Roum; il demande du travail et se voit partout repoussé, 291. — Un Dibkan reçoit Guschtasp chez lui, 295. — Histoire de Kitaboun, fille du Kaïsar, 297. — Cette princesse voit en songe, au milieu de l'assemblée des grands, un étranger qu'elle choisit pour époux, 299. — Guschtasp s'introduit dans le palais du roi sur le conseil de son hôte et se tient à l'écart, 299. — La princesse l'aperçoit et lui pose son diadème sur la tête, 301. — Le Kaïsar donne Kitaboun à Guschtasp et les chasse de sa présence, 301. — L'ancien hôte de Guschtasp leur donne l'hospitalité; Guschtasp s'adonne à la chasse, 303. — Il retrouve Heischoui qui devient son ami, 303. — Mirin demande en mariage la seconde fille du Kaïsar, 305. — Celui-ci lui impose comme condition de ce mariage de tuer le loup de la forêt de Fasikoun, 305. — Mirin apprend l'histoire de Kitaboun et de Guschtasp et se rend auprès d'Heischoui, 307. — Celui-ci le met en relation avec Gusch-

tasp et raconte à ce prince par quelle action Mirin doit conquérir la fille du Kaïsar, 307. — Il lui propose d'assister Mirin dans cette circonstance; Guschtasp accepte et demande un cheval et une épée, 309. — Mirin choisit un cheval noir, une armure et une épée qui avait appartenu à Selm, et les donne au prince, 309. — Guschtasp tue le loup de Fasikoun, 311. — Il revient auprès de Mirin et d'Heischoui, 315. — Ceux-ci se rendent dans la forêt et voient le cadavre du loup; Guschtasp refuse les présents de Mirin, à l'exception d'un cheval, et retourne chez lui, 315. — Il exprime à Kitaboun son désir de revoir l'Iran; ils font des préparatifs de départ, 317. — Mirin court au palais du Kaïsar et l'informe qu'il a tué le loup, 317. — Le Kaïsar, ayant vu le corps de la bête féroce, donne sa fille à Mirin, 319. — Ahren demande en mariage la troisième fille du Kaïsar, qui lui est promise s'il tue le dragon du mont Sekila, 319. — Il interroge Mirin au sujet de son combat avec le loup de Fasikoun; Mirin lui avoue son secret et lui donne une lettre pour Heischoui, 321. — Ahren va trouver Heischoui; celui-ci le met en relation avec Guschtasp et raconte à ce prince la nouvelle exigence du Kaïsar, 323. — Guschtasp demande un long khandjar d'une forme particulière, de nouvelles armes et un cheval caparaçonné, et promet de détruire le monstre, 325. — Il tue le dragon et le Kaïsar donne sa fille à Ahren, 325. — Guschtasp se distingue dans le cirque, 331. — Le Kaïsar demande quel est ce vaillant cavalier; Guschtasp se fait connaître comme l'époux de Kitaboun et le vainqueur du loup et du dragon, 333. — Le roi rend hommage à la vertu de sa fille, 333. — Il l'interroge sur la famille de son mari; elle répond qu'il dit s'appeler Farrukhzad et qu'elle le croit de grande famille; le roi soumet tout son empire aux ordres du jeune prince, 335. — Lettre du Kaïsar à Ilias, à qui il demande un tribut; réponse insolente de ce roi, 335. — Menées ténébreuses de Mirin et d'Ahren contre Guschtasp; inquiétudes du Kaïsar, 337. — Guschtasp le rassure et lui promet de renverser la puissance d'Ilias, 337. — Guschtasp sort de Roum avec son armée et s'avance contre Ilias; celui-ci tente vainement de le tromper, 339. — Combat de Guschtasp et d'Ilias et mort de ce dernier, 339. — Le Kaïsar exige de Lohrasp un tribut pour l'Iran, 343. — Lohrasp demande à l'ambassadeur roumi la cause de cette soudaine ambition du Kaïsar, 345. — L'envoyé lui apprend la présence, à la cour de Roum, d'un vaillant étranger qui a délivré l'empire de deux monstres terribles, 345. — Lohrasp reconnaît son fils dans le portrait qui lui est fait de ce héros; il renvoie le messager du roi de Roum avec de riches présents, 347. — Zerir porte au Kaïsar un message de Lohrasp; il le somme de la part de son père de lui céder le trône de Roum ou de se préparer à la guerre, 347. — Le Kaïsar répond qu'il est toujours prêt au combat; Zerir prend congé de ce prince, 351. — Guschtasp se rend auprès des Iraniens sous prétexte de traiter avec eux; les troupes se portent à sa rencontre et son frère lui fait connaître que leur père lui abandonne le trône, 351. — Les grands et l'armée rendent hommage à Guschtasp; le Kaïsar, averti par un messager, accourt et reconnaît que Farrukhzad était Guschtasp, 353. — Les deux rois se séparent et le Kaïsar envoie Kitaboun à son mari avec de riches présents, 353. — L'armée se met en route pour l'Iran; le Kaïsar l'accompagne pendant deux jours et le jeune roi lui promet de ne jamais lui demander de tribut, 355. — Lohrasp va au-devant de ses deux fils et les ramène dans son palais; il pose la couronne sur la tête de Guschtasp et lui rend hommage, 355. — Lohrasp se retire à Balkh et Guschtasp monte sur le trône, 359. — 411, 415, 417, 437. — Ardjasp apprend que Lohrasp est dans Balkh, sans défense, et se propose d'aller l'attaquer, 445. — Il rassemble son armée, 447. — Il en confie le commandement à son fils Kehrem et l'envoie contre l'Iran, 449. — L'armée d'Ardjasp arrive à Balkh; Lohrasp se met à la tête d'un millier d'artisans du bazar et résiste aux Turcs, 451. — Ceux-ci l'entourent de tous côtés et le tuent, 453. — La femme de Guschtasp s'échappe de Balkh et se rend dans le Sistan, auprès de son mari, 455. — Elle lui apprend le meurtre de Lohrasp et de Zerdouscht et l'enlèvement des filles du roi, 455. — 465, 471, 473, 481, 485, 487, 523, 543, 545, 549, 553, 563, 565, 569, 581, 587. — Origine et ancêtres de Lohrasp, 619. — 623, 677; V, 7, 93; VI, 571, 653; VII, 31, 121, 309, 477.

Loups. — Le loup de la forêt de Fasikoun, dans le Roum, est tué par Guschtasp, IV, 305, 309, 311, 313, 315, 317, 319, 327, 329, 331, 333, 337. — 493. — Loups combattus et tués par Isfendiar, sur la route du Touran, 495, 497. — Des loups du pays de Habesch, portant une corne sur la tête, attaquent l'armée d'Iskender, V, 201. — Loup combattu par Bahram Gour, VI, 37-41.

Louris. — Bahram Gour fait venir de l'Inde des Louris, VI, 77, 79. — Voy. aussi Bohémiens.

Ludolf (Le comte) publie des fragments d'une traduction littérale du *Livre des Rois* de Firdousi, I, LXXX.

Lumsden entreprend, sur l'ordre de la Compagnie des Indes, la publication du texte entier du *Livre des Rois* de Firdousi, I, LXXXI, LXXXII. — LXXXIV.

TABLE ANALYTIQUE

Lune (La). — Sa création; ses phases, I, 13. — V, 93.

Luttes et Lutteurs, II, 363-367; III, 255-259; VI, 31, 33.

M

Macan (Turner) publie, en 1829, une édition complète du *Livre des Rois*, I, LXXXIII, LXXXIV.

Machines de guerre, I, 395, 447; IV, 97, 99, 117, 165.

Maçoudi, écrivain arabe, cité, I, LI.

Madaïn, ville, VI, 141, 195, 215, 227, 235, 323, 361, 457, 513, 567. — Khosrou Parviz fait élever le palais de Madaïn; histoire de cette construction et de l'architecte roumi qui en fut chargé, VII, 321-329.

Madjin (Le), pays, II, 469, 487, 605; III, 239, 261; IV, 23, 169, 149, 153, 157, 185, 527, 531; VI, 327; VII, 347, 483.

Madschin. Voy. Madjin.

Mages, I, 471.

Magniatis (aimant), VII, 131.

Magiciens. Voy. Magie. — (Pays des), I, 209; IV, 283, 373; VI, 25; VII, 375.

Magie et Magiciens, Enchantements, Incantations et Sorcellerie, I, 39, 45, 51, 99, 131-135, 253, 309, 351, 497, 501, 503, 509, 521, 523, 543, 561, 563; II, 231-235, 547, 549, 551; III, 35, 37, 353; IV, 51, 251, 373, 503-507, 623, 665, 673, 681; VI, 297-305, 613, 623, 663-671; VII, 123-129. Voy. aussi Sorciers.

Mah-Adel, scribe de Nouschirwan, VI, 551.

Mahafered, une des femmes d'Iredj, donne le jour à une fille de ce prince, I, 165. — Elle met au monde Minoutchehr, 165, 166.

Mah-Afrid, fille du Dihkan Berzin, l'une des épouses de Bahram Gour, roi de Perse, V, 621-627.

Mah-Afrid, fille de Tour, IV, 263.

Mah-Azadeh-Khoui, femme de Tour, fils de Feridoun, I, 121-137.

Mahboud, Destour de Nouschirwan. —
Confiance que le roi accordait à ce personnage et à ses deux fils, VI, 295. — Jalousie que cette faveur inspire aux grands et en particulier à Zerwan, le chambellan, 295. — Un juif, débiteur de Zerwan, lui offre de le débarrasser de Mahboud par ses maléfices, 297. — Le juif empoisonne les aliments du roi qui lui étaient apportés par les deux fils de Mahboud; Zerwan prévient le roi; les deux jeunes gens goûtent les mets et meurent sur-le-champ, 299. — Nouschirwan fait mettre à mort Mahboud et toute sa famille, 301. — On découvre les incantations de Zerwan et du juif et ils sont tous les deux envoyés au supplice, 301. — Le roi fait rechercher les personnes encore existantes de la famille de Mahboud et leur donne tous les trésors de Zerwan et du juif, 305.

Mahek, ami de Firdousi, se charge de remettre au sultan Mahmoud un des épisodes de l'œuvre du poète, I, XXVII.

Mahiar, Destour de Dara, fils de Darab, roi de Perse, et un des deux assassins de ce prince, V, 87, 89, 95, 107, 467; VII, 33.

Mahiar, vieillard contemporain de Bahram Gour, fait l'éloge de ce roi, V, 603.

Mahiar, riche joaillier, devient le beau-père de Bahram Gour, roi de Perse, V, 627-645.

Mahmoud, fils de Sebekteghin, second roi de la dynastie des Ghaznévides, se sépare, plus que ses prédécesseurs, du khalifat et favorise la culture de la langue persane, I, XVIII. — Mouvement littéraire sous son règne; son goût pour les poésies nationales et historiques et pour les traditions héroïques de la Perse; il conçoit le projet d'en former une collection plus complète que celle des Sassanides et des

Samanides, xix. — Matériaux qui lui sont fournis de toutes parts; il parvient à réunir tout ce qui restait des traditions des anciens rois; il cherche un homme capable de les rédiger; concours ouverts à cet effet parmi ses poëtes favoris; un d'entre eux lui présente Firdousi, xx. — Date de l'avénement au trône de Mahmoud, xxii, xxiii. — Vers de Firdousi sur cet événement, xxiii. — xxvi. — Firdousi se détermine à se rendre à la cour de Ghaznin, xxvi. — Première entrevue du sultan et du poëte, xxvii. — Faveur dont il entoure Firdousi; admiration qu'il professait pour lui, xxviii. — Les épisodes du *Livre des Rois* étaient lus devant Mahmoud au fur et à mesure de leur composition, xxviii. — Cette récitation était accompagnée de musique et de danse, xxix. — Le sultan donne l'ordre à Hasan Meïmendi de compter au poëte mille pièces d'or pour chaque millier de distiques; refus de Firdousi; motifs de ce refus, xxix. — xxx. — Anecdote relative à Rustem, fils de Fakhr-al-Daulet le Dilémite, xxx, xxxi. — Les ennemis de Firdousi l'accusent, auprès du sultan, d'irréligion; on lui reproche aussi d'être dépourvu de talent poétique, xxxi. — Le sultan et sa cour conviennent de lui donner un épisode à mettre en vers; il sort vainqueur de cette épreuve, xxxii. — Intrigues incessantes des ennemis de Firdousi; plaintes qu'exhale le poëte, xxxiii. — Son œuvre achevée, il la fait présenter au sultan; récompense magnifique que celui-ci lui destinait, xxxiii. — Meïmendi détourne Mahmoud de cet acte de générosité et envoie au poëte 60,000 direms d'argent; fière conduite de Firdousi; colère et menaces du sultan, xxxiv. — Le poëte sollicite et obtient son pardon; il quitte Ghaznin, laissant à son ami Ayaz le soin de présenter à Mahmoud un papier qui n'était autre chose que la fameuse satire, xxxv. — Satire contre Mahmoud, xxxvi. — Condition du père de ce prince, xxxviii. — Sa fureur à la lecture de cette pièce; il fait poursuivre Firdousi et met sa tête à prix; ce dernier parvient à lui échapper et se réfugie dans le Mazenderan, xl. — Le souverain de ce pays, craignant le ressentiment du sultan, engage le poëte à choisir un autre asile, xli. — Le khalife de Baghdad, Kaderbillah, accueille Firdousi; Mahmoud lui demande, avec menaces, de lui livrer le fugitif; celui-ci quitte Baghdad et gagne Ahwaz, puis le Kouhistan, xlii. — Accueil que lui fait Nasir Lek, gouverneur de cette province; conseil qu'il lui donne au sujet du sultan, xlii. — Nasir Lek écrit à Mahmoud pour lui reprocher sa conduite; représentations que les amis de Firdousi adressent à ce prince; il condamne à mort Hasan Meïmendi, xliii. — Le poëte revient dans sa ville natale et y meurt, xliii. — Mahmoud lui envoie les cent mille pièces d'or qu'il lui devait; le convoi qui les portait arrive à Thous au moment des funérailles du poëte; la fille de Firdousi les refuse; construction de la digue de la rivière de Thous, xliv. — Un caravansérail est bâti avec le reste de la somme, xlv. — xlvii. — Une légende guèbre intitulée : *Histoire du sultan Mahmoud de Ghaznin*, attribue à la jalousie des rivaux de Firdousi la persécution qu'ils auraient eu à supporter de la part de Mahmoud, liii. — Louange de ce prince et de sa famille, par Firdousi, dans l'introduction du *Livre des Rois*, 23. — III, iv; IV, 5-13, 359, 449, 489, 703; V, 49, 101, 103, 267, 269, 491; VI, 243, 457, 485, 491; VII, 295, 503.

Mahouï ou Mahouï Souri, gouverneur du Khorasan, pour Yezdegjuerd, le dernier roi des Sassanides. — Ce roi, fuyant l'invasion des Arabes, conçoit le projet de se rendre auprès de Mahouï, VII, 453. — Farrukhzad essaye de le mettre en garde contre la mauvaise nature de

✥ TABLE ANALYTIQUE ✥

673

Mahouï; le roi persiste dans sa résolution, 455. — Il part pour le Khorasan, 455. — Lettre de Yezdeguerd à Mahouï et aux Merzebans du Khorasan, 457. — Yezdeguerd arrive à Thous où il est reçu par Mahouï Souri, 465. — Ce dernier convoite le trône, 467. — Il excite Bijen, prince de Samarcande, à faire la guerre à Yezdeguerd, 467. — Bijen envoie des troupes attaquer le roi de l'Iran; Mahouï abandonne Yezdeguerd, qui est obligé de s'enfuir, 469. — Il apprend que le roi s'est réfugié dans le moulin d'un homme appelé Khosrou, 473. — Il ordonne à cet homme de trancher la tête à son hôte, 475. — Les Mobeds et les grands font des représentations à Mahouï, 475. — Celui-ci les congédie et leur dit qu'il délibérera avec ses conseillers, 481. — Mahouï consulte ses confidents, 481. — Son fils l'engage à se débarrasser de son ennemi; Mahouï ordonne au meunier Khosrou de tuer le roi, 483. — Celui-ci retourne à sa maison et égorge Yezdeguerd, 483. — Le corps du roi est dépouillé de ses vêtements et lancé dans le Zark, par ordre de Mahouï, 485. — Celui-ci apprend que des religieux roumis ont donné la sépulture au corps du roi; il les fait mettre à mort et dévaste leur pays, 491. — Il réunit ses confidents et leur communique ses projets ambitieux; conseils que lui donne son Destour, 491. — Mahouï usurpe la royauté et envoie une armée faire la guerre à Bijen, 493. — Bijen fait marcher ses troupes contre Mahouï, 495. — Il livre bataille à l'usurpateur et le tue, 497. — Par ordre de Bijen, les trois fils de Mahouï sont brûlés sur un bûcher avec le cadavre de leur père, 501.

Mahouï, fils de Khourschid, de Nischapour, un des quatre personnages qui contribuèrent à la traduction persane du livre de Danischwer Dihkan, I, xvii.

Mahroui (Le Mobed) gouverne la Perse

pendant la minorité de Schapour Dhou'l-Aktaf, V, 425, 427.

Maï, frère de Djemhour, roi de Kachmir, VI, 403, 407, 409, 415.

Maï, ville et contrée de l'Inde, I, 243, 251; III, 179; IV, 323, 233, 253; V, 681; VI, 313, 385, 441.

Mail (Jeu du), II, 63.

Maison (La) de Dieu, couvent fortifié où s'arrêta Khosrou Parviz, fuyant devant Bahram Djoubineh, VII, 63, 65, 67.

Makh, gardien des frontières de Hérat, raconte à Firdousi l'histoire de Hormuzd, fils de Nouschirwan, VI, 545.

Malikeh, fille de Thaïr le Ghassanien et de Nouscheh, devient amoureuse de Schapour Dhou'l-Aktaf qui assiégeait une forteresse où son père s'était renfermé, V, 429. — Elle propose au roi de Perse de lui livrer le château s'il veut l'épouser, 431. — Le roi promet de lui accorder tout ce qu'elle désirera, 431. — Malikeh livre la forteresse à Schapour et son père y périt, 433.

Mamoun (Le khalife), V, iii; VI, 455.

Man, poids commun à la Perse et à l'Inde. — Sa valeur varie selon les provinces et augmente à mesure qu'on avance vers l'Orient, I, 299; V, 693; VII, 319.

Mandjeng Djeng-Zen, poëte de la cour de Mahmoud, fils de Sebekteghin, I, xx.

Mani, célèbre peintre chinois, fondateur de la secte des Manichéens, IV, 489. — Il vient de Chine se présenter à Schapour Dhou'l-Aktaf et lui inspire des doutes sur sa foi, V, 473. — Il est confondu par un Mobed; le roi le fait écorcher vif et ordonne de suspendre sa peau, remplie de paille, au mur de l'hôpital, 475.

Manichéens, VI, iv.

Manoui, ville du Roum, VII, 97.

Manschour, guerrier touranien de l'époque d'Afrasiab, III, 75, 97, 111, 113, 127, 131, 151, 163, 169, 175, 195, 203, 221, 237, 245.

Marchand (Aventure d'un) et de son ap-

VII.   85

prenti avec Bahram Gour, roi de Perse, V, 603-607.

Mardanschah, fils de Khosrou Parviz et de Schirin, VII, 401.

Mardas, père de Zohak, et roi des Arabes à l'époque de Djemschid. — Richesse et générosité de ce souverain, I, 55. — Son fils Zohak, 57. — Piége que lui tend Iblis avec la complicité de Zohak, 59. — Il tombe dans une fosse profonde creusée, dans son jardin, par le démon et meurt, 59.

Mardouï, noble iranien de la cour de Kesra Nouschirwan, VI, 481.

Mardouï, gardien du jardin de Khosrou Parviz, VII, 315, 317.

Marou, ville et contrée de l'Inde, I, 243; III, 179; IV, 223, 233; V, 681; VI, 313, 429, 441.

Mariage: cérémonies et fêtes, présents de fiançailles, dots, rites, etc., I, 347; II, 333, 335; IV, 329. — Comment les filles des Kaïsars choisissaient leurs époux, IV, 297-301. — Mariage entre frères et sœurs, entre père et fille, chez les Perses, IV, 427; V, 17. — 111, 133. — Rites de Kaïoumers et de Houscheng, 625. — Rites de Feridoun, 639.

Mariam, fille du Kaïsar de Roum, est fiancée par son père à Khosrou Parviz, VII, 135. — Gustehem la reçoit des mains du Kaïsar pour la remettre à son maître; riche trousseau de la jeune princesse, 135. — Recommandations que lui adresse son père, 137. — Mariam arrive auprès de Khosrou qui la conduit dans l'appartement des femmes, 139. — 167, 169. — Khosrou demande à son épouse de réconcilier Nciathous avec Bendouï, 185. — Mariam fait la paix entre eux, 185. — Naissance de Schirouieh, fils de Khosrou et de Mariam, 277. — Khosrou informe son beau-père de cet événement, 281. — Joie du Kaïsar à cette nouvelle; il envoie à sa fille et à son petit-fils des cadeaux magnifiques, 281. — 289, 291, 293. — Schirin devient jalouse de Mariam, 305. — Elle l'empoisonne et lui succède dans la faveur du roi, 305.

Mansoupend (Palais de), VII, 353, 361.

Matchin. Voyez Madjin.

Mausil, l'Arménien, prince contemporain de Khosrou Parviz, VII, 87, 141, 143, 157, 161.

Maveralnahar, Maweralnahr (Mawer-al-Nahr) ou Transoxiane, I, 477. — Ce pays portait autrefois le nom de Keweschan, II, 207. — III, 75.

Maximes et Sentences. — Diverses, I, 197, 219, 247-251, 257, 291; II, 19, 141, 149; III, 135, 427, 433, 445, 449, 475, 481, 607, 623; IV, 283, 433, 563, 599, 633, 675, 685-687; V, 85. — D'Ardeschir Babekan, 361, 371-375, 379-385. — Diverses, 449, 479, 481, 533. — (Origine probable des) attribuées à Buzurdjmihr, VI, v. — Les sentences que l'on trouve dans les moralistes arabes et persans sont probablement les restes de l'antique sagesse des Perses, v. — Maximes et sentences de Buzurdjmihr, 253-277, 281-285, 289-293, 363-385. — D'Ardeschir, grand Mobed de Kobad et de Nouschirwan, 279, 281. — De Yezdegurd, Scribe des mêmes rois, 279, 281. — De Kesra Nouschirwan, 473-485, 491-507; VII, 379. — Diverses, VI, 679; VII, 11, 35, 45, 65, 75, 117, 455. — Voyez aussi Proverbes, etc.

Mazdek, célèbre hérésiarque perse, VI, iv, 143-155.

Mazdekiens (Les) ou disciples de Mazdek, VI, 147, 149, 153.

Mazenderan, nom de pays, I, xl, xli, lvi, 235, 279, 299, 305-313, 349, 355, 383, 389, 487. — Chanson du pays de Mazenderan, chantée par un Div devant Keï Kaous, 489. — Cette chanson inspire au roi le désir de s'emparer du Mazenderan; expédition de Keï Kaous contre ce royaume, 489-565. — II, 25, 109, 117; III, 165, 223, 247, 253, 349, 357; IV, 251, 617, 621, 641; VI, 515; VII, 435. — (La ville de) est pillée et brûlée par ordre de Keï Kaous, I, 501. — Beauté de cette ville et richesses qu'elle renfermait, 501. — 503, 531, 549, 553.

MÉCANICIENS DES BALISTES, IV, 97.

MECQUE (La), ville, IV, 359; V, 157, 159.

MÉDECINE (LA) ET LES MÉDECINS. — L'art de la médecine est inventé par Djemschid, I, 51. — Accouchements, 351, 353. — Avortements, II, 231. — III, 627; V, 57, 89. — Le médecin de Keïd, roi de Kanoudj, 117, 127, 131. — Son maître l'envoie à Iskender, roi de Roum, 131. — Ce prince met le médecin à l'épreuve et lui demande l'origine des maladies, 137. — Réponse du médecin indien, 137. — Soins qu'il donne au roi, ses conseils relatifs au commerce avec les femmes, 139. — Présents que lui fait Iskender, 139. — Exemple de castration volontaire, 339, 341. — Un principe d'hygiène rapporté par Ardeschir, 381. — 521. — Préceptes médicaux relatifs à la cohabitation avec les femmes, 631. — VI, 445; VII, 225.

MEHDY, officier du sérail d'Othman II, dédie à ce prince une traduction en prose du Livre des Rois de Firdousi, l'an 1030 de l'hégire, I, LXXIX.

MÉIDAN (Le), II, 313, 315, 317, 335, 343, 361, 439, 445; II, 541; V, 355, 357, 427, 519, 561, 669; VI, 307, 443, 477, 587, 589, 655, 691; VII, 85, 87, 141, 277, 383, 461.

MEÏSAN (Pays de), V, 387.

MEKATOUBEH, puissant seigneur de la Chine, tué par Bahram Djoubineh pour plaire au Khakan qui redoutait ce personnage, VII, 195, 197, 199, 201, 203, 223.

MEKRAN (Le), contrée voisine de l'Inde, II, 5; IV, 109, 153, 157, 163-173, 177, 183, 185, 189; V, 253, 529; VI, 393;

VII, 311, 347. — (Le roi du), IV, 165-171.

MENIJEH, fille d'Afrasiab, roi du Touran. — Histoire de cette princesse et de Bijen, fils de Guiv, III, 293. — Commencement du récit, 293. — Les Irmaniens demandent protection à Khosrou, 295. — Le roi offre de riches cadeaux à celui qui ira combattre les sangliers qui dévastent le pays des Irmaniens, 299. — Bijen se présente pour cette entreprise, 299. — Il part accompagné de Gourguin qui doit lui montrer le chemin, 301. — Bijen combat les sangliers, 303. — Gourguin trompe Bijen, 305. — Il lui parle de Menijeh et des fêtes qu'elle va donner sur la frontière du Touran, 307. — Bijen et Gourguin se dirigent vers le lieu de ces fêtes, 307. — Bijen va regarder Menijeh, fille d'Afrasiab, 309. — Menijeh aperçoit Bijen et s'éprend d'amour pour lui; elle envoie sa nourrice lui demander qui il est, 311. — Bijen se fait connaître à cette femme et lui révèle les motifs de sa présence en ce lieu, 311. — Il la prie de l'introduire auprès de la princesse; celle-ci lui fait dire de venir la trouver, 313. — Bijen se rend à la tente de Menijeh; accueil que lui fait la fille d'Afrasiab, 313. — Menijeh enlève Bijen et l'emmène dans son palais, 315. — Afrasiab apprend ce qui se passe, 315. — Le roi ordonne à Guersiwez de lui amener Bijen, 317. — Guersiwez pénètre dans le pavillon de Menijeh, 317. — Il y trouve Bijen et l'amène devant le roi, 319. — Afrasiab ordonne que l'on suspende Bijen au gibet, 323. — Piran demande grâce à Afrasiab pour la vie de Bijen, 325. — Afrasiab jette Bijen en prison, 331. — Il ordonne à Guersiwez de dévaster le palais de Menijeh, de la dépouiller et de la traîner jusqu'au cachot de Bijen dont elle sera désormais la servante, 331. — Menijeh nourrit Bijen du pain qu'elle va quêter

85.

de porte en porte, 333. — Keï Khosrou voit Bijen et Menijeh dans la coupe qui réfléchit le monde, 347. — Il demande à Rustem de chercher un moyen de sauver Bijen; Rustem promet d'accomplir cette entreprise, 367. — Rustem forme son cortége, 367. — Il se rend à Khoten auprès de Piran, 373. — Il laisse son armée à la frontière et se présente à Piran avec ses sept compagnons, comme des marchands venus de l'Iran, 375. — Piran autorise Rustem à s'établir à Khoten, 377. — Menijeh vient voir Rustem; elle lui parle de Bijen et des souffrances qu'il endure, 379. — Rustem, effrayé de ses paroles, la rudoie; douleur de Menijeh à cet accueil; Rustem se radoucit, 379. — La princesse prie Rustem de faire connaître, à son retour dans l'Iran, le sort de Bijen, 381. — Rustem donne à Menijeh des vivres pour Bijen; celui-ci trouve, dans les vivres, l'anneau de Rustem et comprend qu'il est arrivé, 383. — Il révèle ce secret à Menijeh et l'engage à retourner auprès du marchand pour s'assurer qu'il est bien Rustem, 385. — Rustem se fait connaître à Menijeh, lui recommande le silence et lui donne un message pour Bijen et des instructions, 387. — Menijeh fait part à Bijen du message et des ordres qu'elle a reçus de Rustem, 387. — Elle allume un grand feu auprès du cachot en attendant l'arrivée de Rustem, 389. — Rustem tire Bijen de la fosse, 389. — Bijen et Menijeh racontent leur histoire à Rustem qui les engage à partir tous deux pour l'Iran avec Aschkesch, 393. — Bijen refuse de quitter Rustem qui veut se venger d'Afrasiab, 393. — Rustem attaque de nuit le palais d'Afrasiab, 395. — Le roi s'enfuit, 395. — Les Iraniens enlèvent le butin et prennent en toute hâte le chemin de l'Iran, 397. — Afrasiab vient attaquer Rustem, 397. — Défaite d'Afrasiab, 401. — Retour de Rustem auprès de Keï Khosrou, 403. — Le roi fait venir Bijen, qui lui raconte son histoire, 409. — Khosrou recommande à Bijen de bien traiter Menijeh et le charge de riches présents pour cette princesse, 409.

MENOUSCHAN, roi du Khouzistan, IV, 17, 71, 89.

MERV ou MERVE, ville, I, XIX; II, 41; IV, 701, 703; V, 677-681; VI, 111, 245-249, 351, 479, 689; VII, 225, 241, 243, 457, 495.

MERVEILLES (Les quatre) du roi Keïd, de Kanoudj, V, 117, 119, 125, 127, 129, 131.

MERVROUD, ville, II, 253; IV, 189.

MERW. Voyez MERV.

MESIHA (La fille de), I, LXI.

MESSIE (Le), V, 133, 239, 443; VI, 201, 237-241, 509; VII, 117, 125, 131, 133, 183, 185, 291, 293, 381. — (La loi ou la religion du), V, 177, 185, 465, 471; VI, 223, 233, 239. — Voyez aussi Jésus.

MÈTRES. — Le mètre employé par Firdousi est resté, presque sans exception, le mètre de la poésie épique persane, I, LVIII.

MEYEM, nom de lieu, II, 599, 617. — rivière, III, 7.

MIHR, V, 93. — (Le feu de) établi par Guschtasp, IV, 363.

MIHR ADERI, savant Mobed du temps de Kobad, fils de Pirouz, VI, 151.

MIHR BENDAD (Aventure de) avec Bahram Gour, roi de Perse, V, 573, 575, 577.

MIHR BERZIN, fils de Ferhad, noble iranien, contemporain de Bahram Gour, V, 673.

MIHR FIROUZ, fils de Khorrad, noble iranien, contemporain de Bahram Gour, V, 673.

MIHR HORMUZD, assassin de Khosrou Parviz, VII, 393, 395.

MIHRAB, roi de Kaboul à l'époque de Minoutchehr, I, 241. — Il était de la famille de Zohak l'Arabe, et payait tribut

TABLE ANALYTIQUE

à Sam, 243. — Il va à la rencontre de Zal qui visitait l'empire et le ramène avec lui dans sa capitale; quelqu'un fait à Zal le portrait d'une fille de Mihrab, 243. — Le jeune prince s'éprend de cette personne; Mihrab l'invite à visiter sa maison; refus de Zal; motif qu'il donne de ce refus, 245. — Mihrab se rend à l'appartement de ses femmes, 247. — Il fait devant elles l'éloge de Zal; sa fille Roudabeh conçoit pour ce prince une violente passion, 249. — Elle tient conseil avec ses esclaves à ce sujet, 249. — Les esclaves de Roudabeh vont voir Zal-Zer, 253. — Retour des esclaves auprès de leur maîtresse, 261. — Zal va voir Roudabeh, 265. — Leur entretien; leurs serments réciproques, 269. — Zal consulte les Mobeds au sujet de la fille de Mihrab, 269. — Ceux-ci lui conseillent de s'adresser à son père, 273. — Zal écrit à Sam pour lui exposer sa situation, 275. — Sam consulte les Mobeds au sujet de son fils, 279. — Les Mobeds répondent que l'union de Zal et de Roudabeh aura d'heureux résultats; il part pour l'Iran afin de prendre les ordres du roi relativement à Zal, 281. — Sindokht découvre le secret de sa fille, 283. — Reproches qu'elle lui adresse, 285. — Roudabeh révèle à sa mère son amour pour Zal et la réponse que Sam a faite à son fils au sujet de leur union, 287. — Mihrab apprend l'aventure de Roudabeh, 289. — Sa colère à cette nouvelle; il veut tuer sa fille; Sindokht parvient à le calmer, 291. — Doutes de Mihrab au sujet de l'adhésion de Sam et de Minoutchehr à l'union de Zal et de sa fille, 291. — Sindokht s'efforce de le rassurer et lui montre la lettre de Sam à son fils, 293. — Mihrab ordonne à Sindokht de lui amener sa fille; il promet de ne lui faire aucun mal, 293. — Roudabeh se présente devant son père qui lui signifie ses volontés, 295. — Minoutchehr apprend l'aventure de Zal et de Roudabeh; il assemble les Mobeds et leur expose la situation, 295. — Ceux-ci lui conseillent d'agir suivant les inspirations de sa sagesse; il fait mander Sam auprès de lui, 297. — Sam vient voir Minoutchehr, 299. — Ce roi lui ordonne de brûler les palais de Mihrab et de le massacrer avec toute sa famille, 303. — Sam part pour aller combattre Mihrab, 303. — Zal va à la rencontre de son père; plaintes qu'il lui adresse, 305. — Sam, touché de sa douleur, promet de lui donner une lettre pour Minoutchehr, 307. — Zal va en ambassade auprès du roi de l'Iran, 309. — Colère de Mihrab contre Sindokht, 315. — Celle-ci offre de se rendre auprès de Sam avec de riches présents; Mihrab y consent, 317. — Sam accueille Sindokht avec bienveillance et la console, 319. — Zal porte la lettre de Sam à Minoutchehr; ce roi le reçoit avec bonté et lui accorde l'objet de sa demande, 327. — Il ordonne aux astrologues de consulter les astres; les astrologues répondent qu'il naîtra de Zal et de Roudabeh un héros glorieux, 329. — Zal montre sa vaillance devant Minoutchehr, 335. — Réponse du roi à la lettre de Sam; départ de Zal; il expédie un messager à Mihrab, 339. — Joie du roi de Kaboul et de sa famille; préparatifs pour recevoir Zal, 341. — Le jeune prince arrive auprès de Sam qui lui raconte la démarche de Sindokht et la prière qu'elle lui a faite de lui rendre visite à Kaboul, 343. — Sam envoie prévenir Mihrab de son arrivée prochaine; le roi va audevant de Sam et de Zal et les ramène avec lui dans sa capitale; Sindokht sort à leur rencontre, 345. — Mariage de Zal et de Roudabeh; fêtes célébrées à cette occasion, 347. — Zal part pour le Seïstan avec Roudabeh, Mihrab et Sindokht, 347. — Fête que leur donne Sam; Mihrab retourne seul à Kaboul,

349. — Naissance du fils de Zal (Rustem), 349. — Joie de Mihrab à cette nouvelle, 355. — Sam va voir Rustem; Zal va au-devant de lui avec son fils et son beau-père, 357. — Leur rencontre, 359. — Fanfaronnades du roi de Kaboul, 361. — Expédition de Schemasas et de Khazarwan, généraux d'Afrasiab, dans le Zaboulistan, 415. — Mihrab cherche à se concilier la faveur de Schemasas et demande du secours à Zal, 417. — Zal vient en aide à Mihrab, 417. — 429. — Mihrab reçoit le commandement d'une des ailes de l'armée que Keï Kobad conduit contre les Turcs, 465. — 469, 475; IV, 615, 617.

Mihran, sage indien, V, 113. — Keïd, roi de Kanoudj, va le consulter sur un songe qu'il avait eu, 113. — Réponse de Mihran à Keïd; il lui prédit l'arrivée d'Iskender avec une nombreuse armée et lui indique la conduite qu'il doit tenir envers ce prince, 117. — Il lui explique ensuite le sens de ses rêves, 117. — Il lui réitère ses conseils et fait l'éloge d'Iskender, 123.

Mihran, personnage envoyé par Hormuzd, comme commissaire, à l'armée de Bahram Djoubineh, VI, 589.

Mihran Sitad, grand Mobed de Nouschirwan, est envoyé par le roi à la cour du Khakan de la Chine pour voir la fille de ce prince que son père avait offerte en mariage au roi de l'Iran, VI, 343. — Le Khakan conçoit le dessein de donner à Nouschirwan une de ses filles esclaves, 343. — Mihran Sitad entre dans l'appartement des femmes, découvre la fille de la reine et la choisit pour son maître, 345. — Le Khakan envoie sa fille avec Mihran Sitad chez Nouschirwan, 347. — Marche triomphale de la princesse à travers l'Iran, 351. — 359, 361. — Nestouh, fils de Mihran Sitad, fait connaître à Hormuzd que son père possède un secret relatif à l'invasion de la Perse, par les Turcs, sous la conduite du roi Saweh, 575. — Hormuzd fait amener à sa cour Mihran Sitad; celui-ci raconte au roi son voyage auprès du Khakan de la Chine, 575. — Il lui révèle les prédictions faites, par ce prince, au sujet de l'invasion de Saweh et du Pehlewan iranien, Djoubineh, qui devait battre le Turc et détruire son armée, 577. — Il meurt en terminant son récit, 579. — VII, 37.

Mihran Sitad, courtier des marchands de Khorreh-i-Ardeschir, rencontre, dans le désert, Khosrou Parviz qui fuyait devant Bahram Djoubineh; il lui donne des vivres et lui enseigne la route qu'il doit suivre pour gagner le Roum, VII, 93. — Le roi fait prendre note du nom et du quartier de son hôte, 93.

Mihras, envoyé du Kaïsar de Roum à Nouschirwan, VI, 219, 221.

Mihrek, serviteur de Nouschirwan, VI, 477.

Mihrek, fils de Nouschzad, roi de Djehrem, pille le palais d'Ardeschir Babekan, pendant qu'il était occupé à faire la guerre contre Heftwad, V, 317. — Ardeschir rassemble les grands de l'armée et se plaint à eux de l'affront que lui fait Mihrek, 317. — Les grands l'engagent à mépriser l'injure du roi de Djehrem, 319. — Le roi de l'Iran revient à Khareh-i-Ardeschir et marche contre Mihrek qu'il fait mettre à mort; il tue tous ceux de la race de Mihrek qui lui tombent dans les mains, 323. — Une fille de Mihrek parvient seule à échapper à toutes les recherches, 323. — Keïd l'Indien conseille à Ardeschir d'allier sa famille à celle de Mihrek s'il veut jouir tranquillement du trône, 347. — Le roi refuse de suivre l'avis de Keïd et fait chercher la fille de Mihrek qui reste introuvable, 349. — Schapour, fils d'Ardeschir, épouse la fille de Mihrek, 349. — Le roi reconnaît la vérité des paroles de Keïd, 357.

Mihrek (La fille de), fils de Nouschzad, échappe seule au massacre de toute sa

TABLE ANALYTIQUE

679

famille, ordonné par Ardeschir Babekan, V, 323. — Keïd l'Indien, consulté par Ardeschir, lui conseille d'allier sa famille à celle de Mihrek, 347. — Le roi repousse cet avis et fait rechercher la fille de Mihrek pour la mettre à mort; la princesse reste introuvable, 349. — Schapour, fils d'Ardeschir, rencontre la fille de Mihrek et l'épouse, 349. — Elle met au monde Ormuzd, fils de Schapour, qui reste pendant sept ans caché à tous les yeux, 353. — Ormuzd se fait reconnaître de son grand-père, 355. — Schapour, interrogé par Ardeschir, avoue qu'Ormuzd est son fils et que la mère de cet enfant est la fille de Mihrek, 355.

Mihrgan (Fête de), V, 303, 349.

Mihri Nousch, dévot soufi, cité par Nouschirwan, VI, 281.

Mihrnouschi, noble iranien du temps de Yezdeguerd, dernier roi sassanide, VII, 477, 479, 481.

Mihrnouschi, fils d'Isfendiar, IV, 437, 445, 653, 655, 661. — Cf. Nousch-Zad.

Milad, noble iranien. — Keï Kaous, partant pour envahir le Mazenderan, lui confie le gouvernement de l'Iran et lui recommande de recourir à Zal et à Rustem au jour du danger, I, 499. — (Famille de), II, 573.

Milad, noble iranien, contemporain de Yezdeguerd le Méchant, V, 525.

Milad, ville forte du pays de Kanoudj, V, 123, 141, 143.

Minéraux précieux; leur découverte par Djemschid, I, 51.

Minoukhered, livre religieux de la Perse, cité, I, XIV, LIX.

Minoutchehr, roi de Perse, I, XXXVII, XLIX. — Naissance de ce prince, 165. — Son enfance, son éducation; cadeaux magnifiques dont le comble son grand-père, 167. — Selm et Tour ont nouvelle de Minoutchehr, 169. — Ils forment le projet d'amener leur père à leur confier le jeune prince, 169. — Ils lui envoient un message à cet effet, 171. — Réponse de Feridoun à ses fils dont il avait deviné la perfidie, 173. — Le messager retourne vers ses maîtres, 177. — Il leur rend compte de sa mission, et leur décrit le palais et la cour du roi, 179. — Feridoun envoie Minoutchehr combattre Tour et Selm, 181. — Ces deux rois, apprenant que les Iraniens se préparent au combat, s'avancent à leur rencontre avec une armée nombreuse, 185. — Minoutchehr attaque l'armée de Tour, 187. — Ce dernier, désespérant du succès, tente de surprendre Minoutchehr pendant la nuit; il est tué par ce prince, 189. — Minoutchehr annonce sa victoire à Feridoun, et lui envoie la tête de Tour, 191. — Il forme le projet d'empêcher Selm de se réfugier dans la forteresse des Alains, 193. — Il charge Karen de s'emparer de cette place, 193. — Prise et destruction du château, 197. — Minoutchehr est attaqué par Kakoui, petit-fils de Zohak, 199. — Combat singulier des deux rois; Kakoui est tué, 201. — Selm s'enfuit et meurt de la main de Minoutchehr, 201. — Ce prince amnistie l'armée de Selm, 203. — Il envoie la tête du roi à Feridoun, 205. — Il se met en marche pour retourner auprès de son grand-père; rencontre des deux princes, 207. — Feridoun fait appeler Sam, fils de Neriman, et lui confie son petit-fils. Il fait asseoir le jeune prince sur son trône et lui place la couronne sur la tête, 209. — Mort de Feridoun, 209. — Minoutchehr lui élève un tombeau magnifique, 211. — Avénement de Minoutchehr; durée de son règne, 213. — Discours qu'il prononce en prenant la couronne, 213. — Paroles que lui adresse Sam, fils de Neriman, 215. — Naissance de Zal, fils de Sam, 217. — Son exposition sur le mont Alborz, 219. — Il est recueilli et élevé par le Simorgh, 221. — Sam voit son fils en songe, 221. — Les Mobeds, qu'il consulte à ce sujet, lui conseillent d'aller à la recherche de son fils, 223. — Nouveau rêve de Sam, 223. — Il se dirige vers la montagne et retrouve son fils sans pouvoir parvenir jusqu'à lui, 225. — Le Simurgh l'aperçoit, le fait connaître à Zal et lui révèle le motif qui l'amène dans ce lieu, 225. — Zal refuse de quitter le Simurgh; celui-ci le console, lui donne une de ses plumes comme talisman, et le porte devant son père, 227. — Zal emmène son fils avec lui, 229. — Minoutchehr apprend l'histoire de Sam et de Zal-Zer, 229. — Il charge un de ses fils d'inviter ces deux princes à se rendre à sa cour; accueil qu'il leur fait; sympathie que lui inspire Zal, recommandations qu'il fait à son père à son sujet, 231. — Sam raconte au roi le motif pour lequel il avait exposé son fils et comment celui-ci avait été recueilli et élevé par le Simurgh et, enfin, comment il lui avait été rendu, 233. — Retour de Zal dans le Zaboulistan, 235. — Minoutchehr lui donne l'investiture de plusieurs contrées de l'orient de la Perse, 235. — Sam prend congé du roi, 237. — Il confie son royaume à Zal, 237. — Il part pour la guerre, 241. — Zal va visiter Mihrab, roi de Kaboul, 241. — Rencontre des deux princes; on fait à Zal le portrait de la fille de Mihrab, 243. — Le jeune roi s'éprend de cette personne. Mihrab l'invite à visiter sa maison; réponse de Zal, 245. — Le roi de Kaboul fait devant ses femmes l'éloge de Zal; sa fille Roudabeh conçoit pour ce prince une violente passion; elle révèle son amour à ses esclaves et tient conseil avec elles à ce sujet, 249. — Les esclaves de Roudabeh vont voir Zal-Zer, 253. — Retour des esclaves auprès de Roudabeh, 261. — Zal va voir Roudabeh, 265. — Leurs serments réciproques, 269. — Zal, craignant une opposition de la part de son père et du roi, consulte les Mobeds sur ce qu'il doit faire, 269. — Ceux-ci lui conseillent de s'adresser à son père, 273. — Zal écrit à Sam pour lui exposer sa situation, 275. — Sam consulte les Mobeds relativement à Zal, 279. — Les Mobeds lui répondent que l'union de Zal et de Roudabeh aura d'heureux résultats; il part pour l'Iran afin de prendre les ordres du roi au sujet de son fils, 281. — Sindokht, mère de Roudabeh, apprend ce que sa fille avait fait, 283. — Reproches que la reine adresse à sa fille, 285. — Celle-ci révèle à sa mère son amour pour Zal et la réponse que Sam avait faite à son fils au sujet de leur union, 287. — Mihrab apprend l'aventure de sa fille, 289. — Fureur du roi à cette nouvelle; Sindokht parvient à l'apaiser, 291. — Doutes de Mihrab au sujet de l'adhésion de Sam et Minoutchehr à cette union, 291. — Sindokht lui montre la lettre de Sam à son fils, 293. — Mihrab ordonne à son épouse de lui amener sa fille, 293. — Roudabeh se présente devant son père qui lui signifie sa volonté, 295. — Minoutchehr apprend l'aventure de Zal et de Roudabeh; il assemble les Mobeds et leur expose la situation, 295. — Ceux-ci lui conseillent d'agir suivant sa sagesse; il fait mander Sam auprès de lui, 297. — Sam vient voir Minoutchehr et lui raconte sa campagne contre les Kerguesars et les peuples du Mazenderan, 299. — Récit du combat singulier de Sam et de Kakoui, petit-fils de Selm, 301. — Mort de ce dernier et défaite de son armée, 301. — Minoutchehr donne à Sam l'ordre de brûler les palais de Mihrab et de le massacrer, lui et toute sa famille, 303. — Sam part pour aller combattre Mihrab, 303. — Zal va à sa rencontre; plaintes qu'il adresse à son père, 305. — Sam, touché, lui promet de lui donner une lettre pour le roi Minoutchehr, 307. — Zal va en ambassade auprès de Minoutchehr, 309. — Lettre de Sam à ce roi; il lui rappelle

TABLE ANALYTIQUE

ses hauts faits, entre autres son combat contre le dragon sorti du lit du Kaschaf; il lui expose la douleur de Zal et la promesse qu'il lui avait faite de ne pas s'opposer à sa volonté, 313. — Il intercède en sa faveur auprès du roi. Départ de Zal pour l'Iran, 315. — Colère de Mihrab contre Sindokht, 315. — Sindokht lui propose de se rendre auprès de Sam avec de magnifiques présents; Mihrab y consent, 317. — Sam console Sindokht, 319. — Il lui donne connaissance de la démarche qu'il a faite auprès du roi Minoutchehr, 323. — Zal porte la lettre de Sam à Minoutchehr, 327. — Le roi l'accueille avec bonté et lui accorde l'objet de sa demande, 327. — Il ordonne aux astrologues de consulter les astres; les astrologues lui font connaître qu'il naîtra de Zal et de Roudabeh un héros glorieux, 329. — Les Mobeds mettent Zal à l'épreuve en lui posant des énigmes, 329. — Zal répond aux Mobeds, 331. — Zal montre sa vaillance devant Minoutchehr, 335. — Félicitations que lui adresse le roi, 337. — Cadeaux magnifiques qu'il lui fait, 339. — Réponse de Minoutchehr à la lettre de Sam, 339. — Zal arrive auprès de Sam, 343. — Ce prince lui raconte la démarche de Sindokht et la prière qu'elle lui a faite de venir la visiter à Kaboul, 343. — Il envoie un message à Mihrab pour le prévenir de son arrivée; le roi de Kaboul va au-devant de Sam et de Zal et les ramène avec lui dans sa capitale, 345. — Mariage de Zal et de Roudabeh; fêtes célébrées à cette occasion, 347. — Retour de Sam dans le Seïstan; Zal ne tarde pas à le suivre avec Roudabeh, Mihrab et Sindokht, 347. — Sam abandonne son royaume à Zal et part pour combattre les Kerguesars et les peuples de l'Occident, 349. — Naissance du fils de Zal, 349. — Nom que reçoit cet enfant (Rustem); origine de ce nom, 353. —

Sam va voir Rustem, 357. — Rustem tue l'éléphant blanc (du roi son père), 363. — Zal félicite son fils de son courage et de sa force, et l'exhorte à se préparer à venger le sang de son bisaïeul Neriman, 365. — Il lui raconte la mort de ce prince devant la forteresse inabordable du mont Sipend et les efforts infructueux de Sam pour s'emparer de cette place, 367. — Rustem part pour le mont Sipend, déguisé en marchand de sel, 369. — Il s'introduit dans la place et en massacre la garnison pendant la nuit, 371. — Rustem écrit à Zal pour lui annoncer sa victoire, 373. — Il livre aux flammes le château du mont Sipend et retourne auprès de son père, 375. — Lettre de Zal à Sam, 375. — Réponse de ce prince à son fils, 377. — Minoutchehr exhorte son fils en mourant, 377. — Il lui recommande de rechercher l'aide de Zal, de Sam et de Rustem, 381. — Mort de Minoutchehr, 381. — 383, 385, 387, 389, 391, 393, 423, 477, 491, 497; II, 265, 405, 537, 581; III, 415, 507, 517, 527; IV, 113, 231, 233, 253, 571, 691; V, 7, 467; VII, 41, 47, 309, 477.

Minoutchehr, fils d'Arisch, chef du Khorasan à l'époque de Kei Khosrou, IV, 19, 21, 71, 89.

Minoutchehr, fils de Kabous, prince du Djordjan, reconnaît Mahmoud le Ghaznévide comme suzerain, I, xli.

Mirin, noble de Roum, demande en mariage la seconde fille du Kaïsar, IV, 305. — Celui-ci lui impose l'obligation de tuer le loup de la forêt de Fasikoun, 305. — Mirin va trouver Ileischoui, ami de Guschtasp, et lui fait part de son embarras, 307. — Ileischoui le met en rapport avec le prince iranien et propose à ce dernier de venir en aide à Mirin, 307. — Guschtasp accepte et demande des armes et un cheval; Mirin lui fait présent d'une armure, d'un coursier et de l'épée de Selm, 309. —

Guschtasp tue le loup de Fasikoun, 311. — Inquiétudes de Mirin et de Heischoui pendant le combat; leur joie en revoyant Guschtasp, 313. — Ils vont voir le cadavre du loup. Mirin offre de riches présents à Guschtasp qui n'accepte qu'un cheval, 315. — Mirin raconte au Kaïsar qu'il a tué le loup de Fasikoun, 317. — Ahren demande la troisième fille du Kaïsar; celui-ci consent à cette union, à la condition que le prétendant tuera le dragon du mont Sekila, 319. — Ahren va trouver Mirin pour lui demander des conseils, 319. — Celui-ci lui avoue que le loup de Fasikoun a été tué par Guschtasp, 321. — Il lui donne une lettre pour Heischoui, 321. — 323, 331. — Guschtasp se fait reconnaître pour le vainqueur du loup; colère du Kaïsar contre Mirin, 333. — Mirin et Ahren essayent de desservir Guschtasp dans l'esprit du Kaïsar, 337. — Paroles du prince iranien au roi à leur sujet, 337.

Mirkhond, historien persan, cité, I, LV.

Mirouï, noble iranien contemporain de Yezdegnerd, dernier roi sassanide, et l'un des chefs de l'armée envoyée contre les Arabes, VII, 435.

Mirza-Kazim-Gukabadi, poète, cité, I, LXXVII.
Mirza-Refia-Bazil, poète, cité, I, LXXVII.
Misch-Sar (tête de bélier), siège inférieur du fameux trône appelé Thak-Dis, VII, 313.

Misr (Le) ou l'Égypte. — Iskender s'empare de ce pays, V, 65. — 149, 159. — Il ordonne qu'après sa mort son corps soit déposé dans la terre de Misr, 251. — (Mer de), V, 159.

Mobeds, I, 17, 43, 49, 55, 75, 77, 79, 129, 143, 145, 187, 221, 223, 243, 263, 269, 271, 273, 279, 297, 329, 331, 353, 379, 435, 453; II, 195, 197, 217, 237, 261, 263, 473, 595; III, 61, 69, 233, 415, 419, 523; IV, 51, 97, 189, 225, 229, 385, 387, 443, 465, 559; V, 41, 45, 95, 131, 343, 389, 425, 451, 473-477, 495, 501, 519-525, 543-549, 557, 561, 581-589, 597, 663, 675, 687; VI, 5-13, 71-85, 93, 107, 147, 151, 173-181, 251-293, 305, 311, 463-474, 479, 491-505, 511, 523, 529, 551-559, 563, 571, 573, 577, 589, 591, 651, 671, 679; VII, 15, 47, 109, 189, 193, 277, 281, 301-305, 481.

Modjmel-al-Tewarikh, ouvrage cité, I, LVIII, LXI, LXVI, 69, 79. — (L'auteur du), LXII. — Éloge de cet écrivain; époque à laquelle il a composé son ouvrage, L. — Son témoignage est le meilleur que l'on puisse invoquer en faveur de la conformité des récits de Firdousi avec les traditions reçues de son temps. Son appréciation sur la chronique de Thabari, L. — Passage de sa Préface où il énumère les sources auxquelles il a puisé pour la rédaction de son ouvrage, LI. — Texte de ce morceau, LII, LIII. — Il a fait usage du Guerschasp-nameh, LV.

Mohammed (Le Prophète). — Verset qu'il prononça à l'occasion de Naser Ibn-al-Hareth qui avait apporté de Perse l'histoire de Rustem et d'Isfendiar, et la faisait réciter par des chanteurs dans les assemblées des Koreïschites, I, XIII, XXXI, XXXVI, XXXVII, LXV. — (Louanges de) et de sa famille, 13, 15. — 379; II, 433; V, 101. — Sa venue est prédite, par le sage Mihran, à Keid, roi de Kanoudj, 119. — 265, 395; VII, 445, 503. — (La foi de), VI, 485.

Mohammed, fils de Bahram, fils de Dathian, écrivain cité, I, LI.

Mohammed, fils de Djehm le Barmékide, auteur d'un ouvrage sur les anciennes traditions de la Perse, cité, I, XII, LI.

Mohammed, fils d'Ismaël Busni, personnage cité par l'auteur du Guerschasp-nameh, I, LV.

Mohammed Leschkeri, ami de Firdousi, lui procure le Recueil de Danischwer Dihkan et l'encourage dans son projet d'en faire une traduction persane, I, XXV, 21; III, IV.

TABLE ANALYTIQUE

Mohammed Maschouk, de Thous, ami de Firdousi, I, xxv, xxvi.

Mohammed Mehdi, d'Ispahan, publie à Téhéran, l'an 1267 de l'hégire (1850), une édition lithographiée de Firdousi, IV, iii.

Mohl (J.) fait paraître en 1829, à Paris, dans un ouvrage intitulé *Fragments relatifs à la religion de Zoroastre*, quelques passages du *Livre des Rois de Firdousi*, I, lxxxiii.

Mois (Les douze), I, 9.

Moïse de Khorène, auteur arménien du ve siècle, cité, I, vi, 1,; IV, ii.

Moïse (La foi de), V, 119.

Monastères chrétiens, VII, 485-491.

Monde (La création du), I, 7-13.

Mondhir, roi du Yémen, et Noman, son fils, se rendent à la cour de Yezdeguerd qui cherchait un précepteur pour son fils Bahram, V, 497. — Yezdeguerd se charge de l'éducation de ce prince, 499. — Mondhir emmène Bahram dans le Yémen, 499. — Enfance de Bahram; il prie Mondhir de lui donner des maîtres pour s'instruire, 501. — Mondhir fait venir du Souristan trois Mobeds très-savants, 501. — Progrès rapides du jeune prince; les trois précepteurs sont renvoyés avec de riches présents, 503. — Bahram charge Mondhir d'acquérir des chevaux; Noman parcourt le désert et ramène cent chevaux de guerre, 503. — Bahram se choisit deux ânes que Mondhir achète et lui offre, 505. — Il fait choix de deux belles esclaves roumies dont l'une jouait du luth, 505. — Ce qui arriva, à la chasse, entre Bahram et la joueuse de luth, 507. — Bahram montre sa valeur à la chasse, 509. — Il retourne auprès de son père avec Noman, 511. — Noman revient dans le Yémen avec des présents et une lettre du roi pour son père, 513. — Bahram écrit également à Mondhir, pour se plaindre de la conduite du roi à son égard, et confie à Noman ses secrets sur la mauvaise voie que suit Yezdeguerd, 515. — Mondhir donne de bons conseils à Bahram et met ses richesses à sa disposition, 515. — Yezdeguerd fait enfermer Bahram. Retour de Bahram auprès de Mondhir, 517. — Yezdeguerd va à Thous et est tué par un cheval qui sort de l'eau, 519. — Les grands placent Khosrou sur le trône, 523. — Bahram apprend la mort de son père, 527. — Il demande l'aide de Mondhir pour soutenir les droits de sa race, 527. — Mondhir ordonne à Noman de réunir une armée; l'Iran est ravagé et en proie aux troubles, 529. — Les Iraniens envoient un ambassadeur à Mondhir, 529. — Celui-ci adresse l'envoyé à Bahram qui charge Mondhir de répondre pour lui aux Iraniens, 531. — Bahram et Mondhir se rendent à Djehrem; les Iraniens vont à leur rencontre, 533. — 537. — Mondhir demande aux Iraniens pour quel motif ils repoussent Bahram comme roi, 539. — Ceux-ci lui montrent les nombreuses victimes de la cruauté de Yezdeguerd, père de ce prince, 539. — 543. — Bahram, étant monté sur le trône, prend congé de Mondhir et de Noman, 557. — Il leur fait des présents magnifiques, 559. — Les Arabes retournent dans leur pays, 559.

Mondhir l'Arabe demande aide à Nouschirwan contre les iniquités du Kaïsar, VI, 195. — Kesra reproche au Kaïsar sa conduite, 195. — Le Kaïsar se répand en menaces contre Mondhir, 197. — Kesra confie une armée à Mondhir, et lui ordonne de conduire ses troupes contre le Roum, 197. — Lettre de Nouschirwan et réponse du Kaïsar de Roum, 199. — Nouschirwan marche contre le Kaïsar, 201. — Un traité est conclu entre ces deux princes et le Kaïsar s'engage à ne plus inquiéter les Arabes, 221.

Monnaies, V, 97, 345, 687, 693; VI, 689, 691; VII, 375, 465.

86.

MONSTRES. — Une femme de Babil met au monde un monstre à tête de lion. Les astrologues d'Iskender y voient le présage du déclin de la royauté de ce prince, V, 249.

MONUMENTI PERSEPOLITANI e Ferdusio poëta Persarum heroico illustratio; dissertation publiée en 1801 à Gottingue, par M. Hagerman, et contenant un fragment de Firdousi, I, LXXX, LXXXI.

MORT (Considérations sur la) et sur la résignation avec laquelle on doit s'y soumettre, II, 73.

MOUFLONS, V, 113.

MOULOUK-I-THEWAÏF (rois des tribus). — Leur origine, V, 249, 251, 271. — Voyez aussi ASCKRANIDES.

MOULTAN (Le roi de), VI, 65-71.

MOURADGEA D'OHSSON prend le *Livre des Rois* de Firdousi pour base de son *Tableau historique de l'Orient*, I, LXXXI.

MURTEKHAB-AL-TEWARIKH (extrait des annales), aussi nommé *Schamschir-Khani*, abrégé de Firdousi, en persan, publié par Tawakkol-Beg, en l'an 1063 de l'hégire, I, LXXIX.

MURDAD, nom d'un génie, III, 363.

MURDOUI, guerrier touranien du temps d'Afrasiab, II, 655.

MURGH. Voyez MARGH.

MUSC, II, 203, 213, 333, 473, 533, 569, 577, 703; III, 263-267, 313, 365, 407; IV, 63, 127, 155, 161, 171, 213, 253, 255, 281, 529, 555, 557, 689, 699, 721, 723; V, 23, 35, 43, 93, 111, 163, 237, 239, 253, 255, 283, 399, 457, 471, 511, 559, 607, 615, 635, 663, 669, 693; VI, 29, 363, 385, 535, 541; VII, 375, 405.

MUSCHKINAZ (musc pur), une des quatre sœurs, filles d'un meunier, qui devinrent les épouses de Bahram Gour, roi de Perse, V, 593.

MUSCHKINEK (perdrix), une des quatre sœurs, filles d'un meunier, qui devinrent les épouses de Bahram Gour, roi de Perse, V, 593.

MUSICIENS, MUSICIENNES ET CHANTEURS, I, 103, 187, 229, 343, 345, 489; IV, 99, 705; V, 505-509, 623, 635, 637; VI, 79; VII, 331.

MUSIQUE, I, 445, 523, 567; II, 17, 51, 79, 205, 307, 335, 701; III, 265, 309, 313, 317, 359, 365, 407, 505, 513; IV, 99, 163, 183, 247, 557, 707; V, 557, 623, 635, 669; VI, 243; VII, 281, 411. — Chez les anciens Persans, comme aujourd'hui chez les Arabes, la musique et la danse accompagnaient souvent la récitation des poëmes épiques, I, XXIX. — 53; VII, 315-321. — Voyez aussi CHANTS ET CHANSONS, MUSICIENS ET CHANTEURS.

N

NABUCHODONOSOR. — Certains historiens musulmans ont fait de ce prince un fils ou un petit-fils de Gouderz; d'autres l'ont identifié avec Gouderz lui-même, III, 11.

NAHID, autre nom de Kitaboun, fille du Kaïsar de Roum et épouse de Guschtasp, IV, 361.

NAHID, fille de Pheilekous, roi de Roum, épouse Darab, roi de Perse, V, 55. — La mauvaise haleine de cette princesse lui aliène le roi, qui la renvoie à son père, 57. — Nahid met au monde un fils de Darab auquel elle donne le nom d'Iskender, 57. — 59. — Iskender envoie sa mère, avec de riches présents, auprès de Dilaraï, veuve de Dara, et de sa fille Rouschenek, 109. — Les grands et la reine vont au-devant de la princesse de Roum, 109. — Nahid revient auprès de son fils avec Rouschenek, 111. — Iskender, se sentant près de mourir, écrit à sa mère et lui fait connaître ses dernières volontés, 251. — Iskender meurt à Babylone, 253. — Lamentations de Nahid sur le cercueil de son fils, 261.

NAHREWAN, ville, VI, 67. — fleuve, VII, 13, 17, 19, 59. — (Pont du), 47, 55, 57, 59.

NAKHSCHEB (Plaine de), VII, 497.

NAMKHAST, fils de Hazaran, noble chinois ou touranien, IV, 369. — Il est chargé, avec Bidirefsch, d'un message d'Ardjasp pour Guschtasp, 373. — Ils arrivent à Balkh et s'acquittent de leur mission, 375. — Le roi leur remet sa réponse à Ardjasp et les congédie en leur défendant de remettre les pieds dans l'Iran, 377. — Les envoyés d'Ardjasp s'en retournent avec la réponse de Guschtasp, 379. — Ils arrivent à Khallakh et présentent à leur roi la lettre de Zerir, 379. — Le roi confie à Namkhast le commandement du centre de son armée, 399. — Namkhast est défié par Guerami, fils de Djamasp, 403. — Il s'enfuit devant lui, 403.

NAPITE (Le) noir, II, 239.

NAPPE EN CUIR, V, 325.

NARD (Le), espèce de trictrac, VI, IV, 391-399. — Voyez aussi TRICTRAC.

NARSES I (Nersi, fils de Bahram), V, V.

NARSI l'Aschkanide, V, 271.

NARSI. Voyez NERSI.

NARWEN (Forêt de), I, 183, 185; II, 441; VII, 253, 261, 287, 451, 453.

NASEBY, poëte cité, I, LXXVII.

NASER (L'émir), fils de Mahmoud, fils de Sebekteghin, I, XX. — Voyez aussi NASR (L'émir).

NASER IBN-AL-HARETH avait apporté de Perse l'histoire de Rustem et d'Isfendiar et la faisait réciter, par des chanteuses, dans les assemblées des Koreischites; vers que Mohammed prononça à son sujet, I, XIII. — XXIX.

NASIR LEK, gouverneur du Kouhistan, pour Mahmoud le Ghaznévide, accueille honorablement Firdousi fuyant la colère du sultan, I, XLII. — Il le détourne de son projet d'écrire un livre pour éter-

niser le souvenir de l'injustice du sultan à son égard, XLII. — Il écrit au sultan pour lui reprocher ses torts envers Firdousi et justifier celui-ci, XLIII.

NASIREDDIN, père du sultan Mahmoud le Ghaznévide, I, 25.

NASR, roi de Perse, fait mettre en vers, par le poëte Roudeki, le livre de *Calila et Dimna*, VI, 435.

NASR (L'émir), frère du sultan Mahmoud et chef de ses armées, I, 25 ; V, 267. — Voyez aussi NASER (L'émir).

NASR, fils de Katib, descendant d'Ismaïl, et un des principaux habitants de la Mecque, informé qu'Iskender, roi de Roum, se rend en pèlerinage à la Ka'ba, va à sa rencontre, V, 157. — Il lui fait connaître la conduite injuste de Khoza', 157. — Iskender extermine la famille de Khoza' et rétablit au pouvoir la race d'Ismaïl ; il fait de riches présents à Nasr, fils de Katib, 159.

NAUBEHAR (Le), temple du feu à Balkh, I, 217 ; IV, 359 ; V, 601.

NAUROUZ (Le), jour de la nouvelle année et fête que l'on célébrait à cette époque. — Son origine, I, 53. — III, 345 ; V, 357, 503, 517, 559, 687 ; VI, 141 ; VII, 37, 403.

NAZARIANZ (S.). Voyez ABOUL-KASIM FIRDOUSI, de Thous, etc.

NAZYAB (coquette), une des quatre sœurs, filles d'un meunier, qui devinrent les épouses de Bahram Gour, roi de Perse, V, 593.

NECTANEBO, roi d'Égypte, V, 11.

NEFIATHOUS, frère du Kaïsar de Roum, est chargé du commandement de l'armée envoyée à Khosrou Parviz pour lui permettre de renverser l'usurpateur Bahram Djoubineh, VII, 137, 139, 151, 155, 165, 167, 169, 183, 185, 187, 379.

NEBDA GUSCHASP, un des officiers de Bahram Djoubineh, VI, 585.

NERIMAN, fils de Keriman, fils de Houscheng, ancêtre de Rustem, I, XIX, LI, LIX, 215. — Zal invite son fils Rustem à se préparer à venger le sang de son bisaïeul Neriman, 365. — Il lui raconte comment ce prince avait trouvé la mort devant la forteresse du mont Sipend; comment Sam avait vainement tenté de s'emparer de cette place, et le stratagème qu'il devra employer pour pénétrer dans la place et la réduire, 367. — II, 85, 149; IV, 611, 615, 675.

Nermpaï (Les), peuple, I, 531. — Voy. aussi Hommes (Les) aux pieds flexibles.

Nersi. Voy. Narsi.

Nersi, frère de Bahram Gour. — Bahram, partant pour repousser le Khakan de la Chine, confie à son frère Nersi le gouvernement de l'empire, V, 673. — Les Iraniens, se croyant abandonnés de Bahram, conviennent d'envoyer un ambassadeur au Khakan; Nersi propose de repousser l'ennemi par les armes, 675. — Les Iraniens rejettent son avis et écrivent au Khakan pour lui offrir leur soumission, 675. — Bahram Gour écrit à son frère Nersi pour lui faire savoir sa victoire sur les Turcs et la capture du Khakan, et l'informer de son prochain retour, 683. — Les Iraniens, à ces nouvelles, se repentent de leur conduite et prient Nersi de présenter leurs excuses à Bahram, 685. — Nersi écrit à son frère pour demander le pardon des Iraniens, 685. — Bahram oublie ce qui s'était passé, 687. — Il se rend à Thisifoun et Nersi va à sa rencontre; les deux princes reviennent ensemble au palais, 689. — Bahram Gour envoie son frère Nersi dans le Khorasan, VI, 5. — 61.

Nersi, fils de Bahram, roi de Perse, V, vi. — Son père lui remet le gouvernement et meurt, V, 415. — Avénement de Nersi, durée de son règne, 417. — Conseils qu'il donne à son fils Ormazd, 517. — Sa mort, 419. — 429, 431; VI, 355.

Nesoudi (Les) ou agriculteurs, une des castes établies par Djemschid, I, 51.

Nestihen, noble touranien du temps d'Afrasiab, II, 315, 499, 501, 503, 659; III, 203, 239, 485-491, 501, 525, 529.

Nestour, noble touranien, contemporain d'Afrasiab, IV, 33.

Nestour, noble iranien de l'époque de Khosrou Parviz, VII, 51, 173, 177.

Nestour, fils de Gouderz, II, 605; IV, 19.

Nestour, fils de Mihran Sitad, serviteur de Hormuzd, fils de Nouschirwan, VI, 573.

Nestour, fils de Khosrou Parviz et de Schirin, VII, 401.

Nestour, fils de Zerir et neveu de Guschtasp, IV, 391, 397, 405, 415, 417, 419, 421, 423, 427, 457, 479.

Neurouz. Voy. Naurouz.

Newder, fils de Minoutchehr, roi de Perse, I, 231, 297. — Conseils que son père lui donne en mourant, 379. — Il lui recommande de rechercher l'appui de Zal, de Sam et de Rustem, 381. — Douleur de Newder, 381. — Newder monte sur le trône; durée de son règne, 383. — Ses injustices soulèvent les peuples et les grands; il appelle à son secours Sam, fils de Neriman, 383. — Sam part pour l'Iran; les grands viennent à sa rencontre et lui proposent de s'emparer du trône, 385. — Sam repousse leurs suggestions, 385. — Il les exhorte à rentrer dans le devoir; accueil gracieux qu'il reçoit de Newder; les grands font leur soumission, 387. — Sam donne au roi de bons conseils et le ramène au bien, 387. — Il quitte Newder et retourne dans le Mazenderan, 389. — Pescheng apprend la mort de Minoutchehr, et conçoit le projet de s'emparer de l'Iran; il consulte les grands de son royaume et les chefs de l'armée; son fils Afrasiab se déclare prêt à venger sur les Iraniens les affronts de sa race, 389. — Pescheng lui ordonne de conduire l'armée contre l'Iran, 391. — Afrasiab part pour l'Iran, 393. — Newder marche à sa rencontre, 393. —

TABLE ANALYTIQUE

Afrasiab envoie des troupes contre Zal et vient camper devant Dehistan, quartier général de Newder; on apprend que Sam est mort et que Zal est occupé à lui élever un tombeau, 395. — Combat entre Kobad et Barman et mort de Kobad, 395. — Karen fait avancer son armée, 399. — Ses hauts faits; la nuit sépare les combattants, 401. — Karen ramène ses troupes devant Dehistan; douleur que ressent le roi de la mort de Kobad; Karen lui raconte les circonstances de la lutte, 401. — Second combat d'Afrasiab contre Newder; succès des Touraniens, 403. — Newder fait appeler son fils Thous, qui se rend auprès de lui avec son frère Gastehem, 403. — Leur père leur ordonne de se rendre dans le Fars, d'emmener les femmes du palais et de se retirer avec elles dans les monts Zaweh; les jeunes princes obéissent, 405. — Troisième combat de Newder et d'Afrasiab, 405. — Le roi de l'Iran est vaincu et se réfugie avec son armée dans Dehistan, qui est aussitôt investie, 407. — Afrasiab envoie une armée dans le Fars; Karen offre à Newder de suivre les traces des Turcs, 407. — Le roi refuse de le laisser partir; les grands tiennent conseil dans le palais de Karen et conviennent d'aller dans le Fars au secours de leurs familles, 409. — Départ de Karen et d'une partie de l'armée; ils tombent dans une embuscade près du Château Blanc, 409. — Karen tue Barman, le meurtrier de son frère, et disperse son armée; il continue sa route vers le Fars, 411. — Newder apprend le départ de Karen et se hâte de le suivre; il est fait prisonnier par Afrasiab, 411. — Ce dernier envoie Wisch, père de Barman, à la poursuite de Karen, 413. — Wisch trouve son fils mort; sa douleur et sa colère à cette vue, 413. — Il atteint Karen; il est battu et retourne vers Afrasiab, 415. — Expédition de Schemasas et de Khazarwan dans le Zaboulistan, 415. — Mihrab cherche à se concilier les bonnes grâces de Schemasas, et demande du secours à Zal, 417 — Zal vient en aide à Mihrab, 417. — Rencontre des deux armées ennemies; combat entre Zal et Khazarwan, 419. — Ce dernier est tué; déroute des Turcs; ils rencontrent dans leur fuite l'armée de Karen, fils de Kaweh, 421. — Ils sont massacrés; Schemasas et quelques hommes échappent seuls au carnage, 423. — Afrasiab assassine Newder, 423. — Aghrirez obtient la grâce des autres prisonniers iraniens, 425. — Zal apprend la mort de Newder; douleur des fils du roi à cette nouvelle, 425. — Zal jure de le venger, 427. — A la nouvelle de ses préparatifs, les Iraniens prisonniers d'Afrasiab tremblent pour leurs jours, 427. — Ils supplient Aghrirez de les délivrer; celui-ci leur promet de les remettre aux troupes de Zal dès qu'elles seront près de Sari, 429. — Ils envoient un message à Zal, 429. — Celui-ci confie à Keschwad le commandement de son armée; à l'approche de ce général, Aghrirez se retire, laissant à Sari les prisonniers que Keschwad ramène dans le Zaboulistan, 431. — Afrasiab apprend la conduite de son frère et lui en fait des reproches, 431. — Réponse d'Aghrirez; fureur d'Afrasiab, qui tue son frère, 433. — Zal marche contre Afrasiab; celui-ci va à sa rencontre; combats d'avant-postes, 433. — Les fils de Newder sont reconnus incapables de succéder à leur père; on choisit pour le remplacer Zew, fils de Thahmasp, de la famille de Feridoun, 435. — 479, 497, 539, 545; III, 517; IV, 49, 113, 163, 199, 207; V, 601; VII, 47, 77.

Newed, nom de lieu, II, 51.

Nikoukar (le bienfaisant), surnom donné à Ardeschir, frère de Schapour Dhou'l-Aktaf, V, 483.

NIL (Le), fleuve, I, 311; II, 234, 237; IV, 13, 15, 19, 575, 679; V, 351, 513, 619; VI, 227, 333, 435, 443, 693.

NIMROD. — Dans l'Asie occidentale, on attribuait à ce roi l'introduction de l'habitude de se nourrir de la chair des animaux; trait de ressemblance qu'offrent les traditions relatives à ce roi et à Zohak, I, 61.

NIMROUZ (royaume du midi), autre nom du Seïstan, I, LV, 83, 235, 395, 413, 491, 567; II, 7, 9, 589; III, 509; IV, 253, 275, 683; V, 15, 243; VI, 309; VII, 145, 283, 461.

NISARIAN (Les) ou guerriers, une des castes établies par Djemschid, I, 49.

NISCHAPOUR, ville, II, 41; IV, 189; V, 19, 393; VI, 689; VII, 465.

NISIBIN, ville du Roum, V, 469, 471.

NISSA, ville, VI, 479. — (Pays de), V, 679.

NIVZAR, fils de Guschtasp, prince iranien, IV, 391, 405.

NIZAMI, grand poète lyrique persan, met le premier à la mode le roman historique; ses trois poëmes, *Khosrou et Schirin*, *Heft Peïkar*, *Iskender-nameh*; caractère de son talent et de ses compositions; ce qui les distingue de l'épopée, I, LXXI. — Pour l'histoire d'Alexandre le Grand, il suit la fable grecque, LXXII. — Imitations serviles auxquelles ses poëmes ont donné lieu dans les siècles suivants, LXXII.

NOMAN, fils de Mondhir, roi des Arabes, se rend avec son père à la cour de Yezdeguerd, qui cherchait partout un précepteur pour son fils Bahram, V, 497. — Le roi les charge de l'éducation de Bahram, 499. — 503, 505, 509. — Bahram retourne auprès de son père avec Noman, 511. — Noman revient dans le Yémen avec des présents et une lettre du roi pour son père, 513. — Bahram écrit également à Mondhir pour se plaindre de la conduite du roi à son égard, et confie à Noman ses secrets sur la mauvaise voie que suit Yezdeguerd, 515. — 519, 527. — Mondhir ordonne à Noman de réunir une armée pour soutenir les droits de Bahram, que les Iraniens avaient écarté du trône, 529. — Noman amène des troupes nombreuses et ravage l'Iran, 529. — 535, 557, 559.

NÔROUZ. Voy. NAUROUZ.

NOTICE sur le *Schah-nameh*. Voy. WALLENBOURG (M. DE).

NOUBEHAR. Voy. NAUBEHAR.

NOUROUZ. Voy. NAUROUZ.

NOURRITURE. — Avant Zohak, on ne mangeait que les végétaux, I, 61. — Iblis se présente à Zohak comme cuisinier et imagine de le nourrir de viandes de toute sorte, 61. — Mets qu'il lui prépare, 61, 63. — Voy. aussi ALIMENTS.

NOUSCHAD, roi de l'Inde et vassal de Keï Kaous, I, LXIII.

NOUSCH-ADER, fils d'Isfendiar, IV, 423, 437, 445, 463, 469, 539, 541, 651, 653, 655, 661, 675; V, 5, 9.

NOUSCH-ADER, temple du feu, à Balkh, IV, 455, 675, 695.

NOUSCHEH, tante de Schapour Dhou'l-Aktaf, est enlevée par Thaïr le Ghassanien, et donne le jour à une fille (Malikeh) célèbre pour son aventure avec Schapour Dhou'l-Aktaf, V, 429, 431, 435.

NOUSCHIRWAN, surnom donné à Kesra, fils de Kobad. — Voy. KESRA NOUSCHIRWAN.

NOUSCH-ZAD, fils d'Isfendiar, V, 5, 9. — Ce nom est probablement mis pour MIHR-NOUSCH, fils d'Isfendiar.

NOUSCHZAD, fils de Nouschirwan, VI, 221. — Ce prince adopte la religion chrétienne; colère de Nouschirwan, qui le relègue à Djoundischapour, 223. — Le jeune prince reçoit une fausse nouvelle de la mort de son père et s'en réjouit, 223. — Maladie de Nouschirwan et révolte de Nouschzad, 225. — Le roi apprend la conduite de son fils; il écrit à

Ram Berzin de marcher contre le rebelle, et lui fait toute sorte de recommandations touchant Nouschzad, 227. — Ram Berzin se prépare à la guerre contre Nouschzad; conseils que donne Pirouz à ce prince, 235. — Il s'efforce de le détourner de combattre contre son père, 237. — Le fils de Nouschirwan repousse ces conseils, 239. — Combat entre Nouschzad et Ram Berzin; mort de Nouschzad, 239. — Douleur de la mère de ce prince, 241.

O

OBJETS PRÉCIEUX, I, 235, 317, 319, 339, 341, 375, 475, 481, 487, 501, 505, 567; II, 11, 33, 85, 89, 91, 223, 311, 321, 333, 351, 355, 357, 359, 429, 445, 467, 529, 531, 537, 579, 583, 703; III, 91, 101, 207, 209, 213, 219, 267, 289, 311, 375, 409; IV, 161, 249, 353, 355, 529, 531, 555, 599, 675; V, 11, 43, 55, 83, 109, 111, 169, 171, 187, 235, 239, 243, 365, 571, 599, 619; VI, 349, 453, 651, 665, 667; VII, 7, 135, 181, 281, 379, 463.

OCCIDENT (L'), I, 139, 141, 157, 181; IV, 19, 215, 593; V, 213. — (Mer d'), V, 199. — (Les peuples de l'), I, 349. — (Le roi de l'), I, 251; II, 21.

OEil (Le mauvais), V, 347.

OISEAUX (Les) faisaient partie de l'armée d'animaux que Kaïoumors conduisit contre le Div meurtrier de son fils, I, 33. — Thahmouras instruit certains oiseaux de proie et prend des coqs et des poules pour chanter à l'heure où l'on bat le tambour, 43. — 49. — Iskender converse avec les oiseaux, V, 217, 219. — Oiseaux de proie. — Voy. FAUCONS, LANIERS, etc.

OMAN (L'), nom de pays, VI, 11.

OMAR (Le khalife), I, xxxi. — Son éloge, 15. — Il envoie Saad, fils de Wakkas, envahir l'Iran, VII, 431. — 437. — (L'ère d'), 501.

ONAGRES, I, 511, 517; II, 53, 75, 321; IV, 589, 591, 605, 713; V, 279, 281, 509, 591, 605, 627, 647, 659, 661, 665, 667; VI, 69.

ONYX du Yémen, II, 41. — Onyx que Rustem portait au bras et qu'il donna à son épouse Tehmimeh pour en parer l'enfant qui naîtrait d'elle, et qui fut Sohrab, 83, 171.

ONGLES, V, 357.

ORIENT (L'), IV, 215; V, 223.

ORMUZD (Le Créateur), I, 33; III, 345, 363; IV, 371; V, 93; VI, 459.

ORMUZD (L'étoile) ou Jupiter, IV, 697.

ORMUZD, prince de la dynastie des Aschkanides, V, 271.

ORMUZD, noble iranien du temps de Khosrou Parviz, VII, 163.

ORMUZD, fils de Guschtasp, IV, 401.

ORMUZD, fils de Nersi, roi de Perse, V, v. — Conseils que lui donne son père à son lit de mort, 417. — Ormuzd monte sur le trône; durée de son règne; son discours d'avènement, 421. — Sa mort, 423.

ORMUZD, fils de Schapour, fils d'Ardeschir Babekan, roi de Perse, V, v. — Naissance de ce prince, 353. — Son père le tient caché pendant sept ans, 353. — Ormuzd se fait connaître à son grand-père, 355. — Schapour, interrogé par Ardeschir, avoue que l'enfant est effectivement son fils, 355. — Le roi emmène Ormuzd dans son palais et fait part de sa joie aux grands du royaume, 357. — Conseils d'Ardeschir à son petit-fils, 369. — Schapour, se sentant près de mourir, communique à son fils Ormuzd ses dernières volontés, 395. — Ormuzd monte sur le trône; durée de son règne, 397. — Son discours d'avènement, 397. — Caractère de son gouvernement, 399. — Dernières volontés d'Ormuzd; conseils qu'il donne à son fils Bahram, 399. — Mort d'Ormuzd, 403.

Ormuzd. Voyez aussi Hormuzd.

Ormuzd-Ardeschir, ville du Khouzistan fondée par Ardeschir Babekan, V, 387.

Otages, II, 271, 273, 279, 285, 287, 289, 293; IV, 155; V, 393.

Otuman (Le khalife), I, xxxi, 15.

Outres servant de moyen de transport sur l'eau, IV, 523.

Oxus (L'), fleuve, II, 175; V, vii; VI, ii, iii; VII, 77, 495, 499. — Voyez aussi Djihoun.

P

Pain (Le). — Son origine, I, 37. — 521.
— mou, pouvant servir à recevoir ou à envelopper les mets, III, 383. — (Le) et le sel considérés comme symboles de l'hospitalité, IV, 605.

Palaschan, un des généraux d'Afrasiab, II, 575, 641, 643, 645, 657.

Palkieng, pilori portatif qui ressemble à la cangue des Chinois, I, 73.

Papier, V, 237, 459; VI, 331, 535.

Parasol, I, 135; II, 39; III, 101, 179; VI, 385. — royal, IV, 185.

Parfums (Les) sont inventés par Djemschid, I, 51.

Parmoudeh, fils de Saweh, Khakan des Turcs et de la Chine, VI, 605. — Il apprend la défaite de l'armée de son père par Bahram Djoubineh et prend la résolution de continuer la guerre, 627. — Il conduit sur les bords du Djihoun une armée de cent mille hommes, 627. — Bahram Djoubineh combat Parmoudeh, qui s'enfuit au château d'Awazeh, 631. — Parmoudeh demande protection à Bahram, 637. — Celui-ci sollicite de Hormuzd une lettre de protection pour Parmoudeh, 641. — Le roi lui envoie la lettre demandée et l'invite à diriger sur sa cour Parmoudeh et son cortége, 643. — Bahram Djoubineh se met en colère contre Parmoudeh, qui avait paru le traiter avec dédain, 645. — Il le fait amener devant lui, le frappe de son fouet et le fait charger de chaînes, 645. — Il se repent de sa conduite envers le prince turc, le délivre et le prie de ne rien dire au roi de ce qui s'était passé, 647. — Réponse du Khakan, 647. — Bahram insiste et fait valoir ce qu'il a fait auprès du roi en faveur de Parmoudeh. Ce prince lui reproche sa conduite violente et peu sensée, 649. — Kharrad, craignant pour le Khakan, intervient, 649. — Bahram se retire et envoie des scribes inventorier les richesses renfermées dans le château d'Awazeh, 651. — Il détourne quelques objets de ce trésor et envoie le butin, avec le Khakan, au roi Hormuzd, 653. — Le Khakan arrive chez le roi, 653. — Celui-ci apprend le manque de probité de Bahram et fait un traité avec le Khakan, 657. — Bahram apprend que Parmoudeh revient. Il se présente pour lui offrir ses hommages; le Khakan le renvoie sans daigner l'appeler auprès de lui, 659. — 675. — Bahram Djoubineh, résolu à se révolter contre le roi Hormuzd, écrit au Khakan pour se concilier son amitié, 687. — Le Khakan lui fait réponse et lui envoie des présents, 689. — Voyez aussi Khakan (Le) de la Chine, VII, 35, 43, 53, 111, 113, 177-257, 265.

Parses. — Quelques-unes de leurs traditions forment de véritables commentaires de certaines parties du *Livre des Rois*, I, i. — Ceux qui ont recueilli anciennement les traditions ont traduit les livres des Parses et les ont insérés dans leurs ouvrages, li. — Leur vénération pour Firdousi, liii. — Une de leurs légendes attribue à la jalousie des poètes, rivaux de Firdousi, une persécution qu'ils au-

✥ TABLE ANALYTIQUE ✥

691

raient eu à supporter de la part de Mahmoud, LIII. — La plupart des poëmes épiques persans, sauf le *Livre des Rois*, se sont conservés dans des copies faites par des Parses; explication de ce fait, LVIII, LIX. — Ils se croient les seuls héritiers légitimes de la gloire de leurs ancêtres et ne désespèrent pas de la faire revivre, LIX. — Caractère légendaire des traditions qu'ils ont conservées. L'ouvrage ayant pour titre: *Histoire de la Fuite des Parses*, fait seul exception à cette règle, LIX.

PARSI (Le), une des écritures que Thahmouras reçut des Divs, I, 47.

PARTHES (Dynastie des). — Les traditions persanes présentent une lacune, en ce qui concerne cette dynastie, et Firdousi n'a pu remplir cette lacune, I, XLIX. — Voyez aussi ASCHKANIDES.

PARYSATIS, V, II.

PASSAGE DES RIVIÈRES, II, 521, 523.

PAUME (Jeu de), II, 51. — Voyez aussi BALLE.

PÉAGE DES FLEUVES, II, 521, 523, 525, 527.

PEAUX. Voyez FOURRURES, etc.

PEHLEWAN, significations diverses de ce titre, I, VII. — XXXVII.

PEHLEWI (Le) fut une des écritures que les Divs enseignèrent à Thahmouras, I, 47.

PEHLEWI, langue parlée dans les provinces occidentales de l'empire perse. — Signification du mot *khodaï* en pehlewi, I, X. — Le pehlewi était le langage officiel à l'époque de la conquête arabe. Origine et caractère de cette langue, XIII. — Comment elle était devenue langue officielle, XIII. — Le pehlewi disparaît devant l'arabe, qui devient à son tour la langue de l'administration, de la littérature et de la religion, XIV. — XV. La connaissance du pehlewi était trèsrare dans les provinces orientales de la Perse, à l'époque de Firdousi, XXIII. — Signification du mot *peiver* en pehlewi, 57.

PEHLEWIS (Les), III, 189.

PÉÏDAWESI, nom pehlewi d'une espèce de monnaie perse, V, 687; VII, 293, 375.

PEÏKARGURD (Le combat du brave), mélodie perse, VII, 319.

PEINTURE (Art de la). — Usage des anciens écrivains persans, imité par les Persans modernes, d'orner leurs ouvrages de peintures et de vignettes, I, LI, LII. — II, 351; III, 297; IV, 489; V, 159, 161, 171, 175, 473, 511; VI, 67.

PEÏVER, mot pehlewi signifiant « dix mille, » I, 57.

PEÏVERASP, autre nom de Zohak; sa signification, I, 57. — IV, 717.

PÈLERINAGE d'Iskender à la Ka'ba, V, 155, 157, 159.

PENDOKHT, I, LX.

PÉRIS, I, 31. — Ils forment une partie de l'armée réunie par Kaïoumors pour venger la mort de son fils Siamek, 33. — 49, 85, 219; II, 41; III, 321.

PEROSES (Pirouz, fils de Yezdeguerd), VI, I.

PERSANS. — Pourquoi ils étaient plus riches en traditions épiques que la plupart des peuples, I, VI. — Motifs de leur attachement pour ces traditions, VIII, IX. — Usage de leurs anciens écrivains, imité par les Persans modernes, d'orner leurs poëmes, etc., de peintures et de vignettes, LI, LII. — Ce n'est pas chez eux qu'il faut aller chercher l'origine de la chevalerie; leurs héros et leurs poëtes manquent également de sentiments chevaleresques, LVI. — Ils ont toujours été un peuple peu maritime; pourtant, d'après les auteurs romains, il y avait un commerce actif de l'embouchure du Tigre à la côte de l'Inde et à Ceylan, LVIII. — La tradition d'un fils combattant son père, sans le connaître, paraît avoir fait une vive impression sur leur esprit, LXI. — Erreur dans laquelle sont tombés presque tous leurs poëtes épiques, à propos de Baghdad et du roi des Arabes, LXII, LXIII. — Ils revendiquent pour leur nation l'honneur d'avoir donné naissance

87

à Alexandre le Grand, LXXIII. — Ils ont voulu rattacher à la famille de Kaïoumors la dynastie arabe représentée par Zohak dans la tradition épique, 69. — Voyez aussi Perses.

Perse. — Son histoire est contenue tout entière dans le *Livre des Rois*, I, III. — Sa situation, au point de vue religieux et littéraire, peu d'années après la conquête musulmane; inégalité de l'influence arabe dans les diverses provinces, XIII. — Langue officielle de l'empire perse à l'époque de l'invasion arabe, XIII. — Langages usités dans les provinces orientales; ouvrages religieux écrits en persan oriental, XIV. — Effets de l'établissement des Arabes dans les provinces voisines de l'Arabie; pourquoi les provinces orientales résistèrent mieux à l'invasion de la langue arabe; elles conservent le persan comme langue parlée, XIV. — Naissance de la littérature persane, XV. — Les historiens arabes antérieurs à Firdousi s'accordent presque partout avec lui sur l'ancienne histoire de la Perse, L. — Extrait de la préface du *Modjmel-al-Tewarikh* où l'auteur juge la partie de la *Chronique de Tabari* relative à l'histoire de la Perse, et où il énumère les diverses sources où il a puisé pour écrire son ouvrage, L-LIII. — Les historiens qui ont suivi Firdousi n'ont fait que le copier servilement, LIII. — Puissance de l'empire perse sous Nouschirwan, VI, I. — Caractère des luttes des Perses contre les Turcs et contre les Romains, II. — Situation de la Perse dans la seconde partie du règne de Bahram Gour et sous ses cinq successeurs immédiats, II. — C'était alors le seul pays du monde connu indépendant de Rome, III. — Elle fut l'asile de tous ceux qui fuyaient la toute-puissance de l'empire romain, IV. — Aboulfazl, Destour de Nasr, ordonna que l'on parlât, en Perse, le dialecte du Fars et le déri, 455. — (Langue), VII, 363. — Voyez aussi Ceylan, Chants populaires, Croyances, Histoire, Khodaï-nameh, Langues, Poésies populaires, Religion, Rois de Perse, Traditions héroïques de la Perse, Usages et Coutumes.

Perses. — Leurs ancêtres avaient un culte et une religion et adoraient Dieu, I, 37. — Les restes de l'antique sagesse des Perses se trouvent dans les sentences attribuées à Buzurdjmihr et peut-être aussi dans celles que l'on trouve chez les moralistes arabes et persans, VI, v, vi. — Voyez aussi Castes, Croyances, Parses, Persans, Religion, Rois de Perse.

Peschen, fils de Bœnongonschasp, I, LXIV.

Peschen, nom de lieu. — Citation du *Burhani Kati* relative à cet endroit, III, v. — (Bataille de), v. — Cette expédition était aussi appelée bataille de Lawen ou de Laden, v, vi. — Réflexions sur la manière dont Firdousi a traité le récit de cette bataille célèbre dans l'histoire de la Perse, vi. — III, 443, 457, 467, 553; IV, 113.

Pescheng, roi du Touran. — Il reçoit de Feridoun, son oncle, une fille d'Iredj pour épouse, I, 165. — Il apprend la mort de Minoutchehr et conçoit le projet de s'emparer de l'Iran; il consulte à ce sujet les grands de son royaume; son fils Afrasiab se déclare prêt à venger les affronts de sa race, 389. — Pescheng ordonne à Afrasiab de conduire l'armée vers l'Iran; Aghrirez, autre fils du roi, cherche à le dissuader de cette entreprise, 391. — Réponse de Pescheng à son fils, 391. — Afrasiab part pour l'Iran, 393. — Newder marche à sa rencontre, 393. — Afrasiab envoie des troupes contre Zal et vient camper non loin de Dehistan où se trouve Newder; on apprend que Sam est mort et que Zal est occupé à lui élever un tombeau; lettre d'Afrasiab à son père, 395. — Combat entre Kobad et Barman et mort de Kobad, 395. — Afrasiab récompense Barman pour la victoire qu'il vient de remporter sur son adversaire, 399. — Karen fait avancer l'armée des Iraniens, 399. — Afrasiab va à sa rencontre; la nuit sépare les combattants, 401. — Karen ramène son armée vers Dehistan et raconte à Newder les particularités de la lutte, 401. — Second combat d'Afrasiab contre Newder; succès de ses armes, 403. — Troisième combat de Newder et d'Afrasiab, 405. — Défaite des Iraniens qui se retirent dans Dehistan, 407. — Afrasiab envoie un de ses généraux dans le Fars; Karen offre à Newder de poursuivre les Turcs, 407. — Le roi refuse de le laisser partir; Karen quitte secrètement Dehistan avec une grande partie de l'armée, 409. — Il tue Barman qui voulait s'opposer à son passage et continue sa route vers le Fars; Newder tombe entre les mains d'Afrasiab, 411. — Ce dernier envoie Wisch, père de Barman, à la poursuite de Karen, 413. — Wisch est battu et retourne vers Afrasiab, 415. — Expédition de Schemasas et de Khazarwan dans le Zaboulistan, 415. — Khazarwan est tué par Zal; déroute des Turcs; ils rencontrent dans leur fuite l'armée de Karen, fils de Kaweh, 421. — Ils sont massacrés; Schemasas et quelques hommes échappent seuls au carnage, 423. — Afrasiab assassine Newder, 423. — Aghrirez obtient de son frère la grâce des autres prisonniers iraniens, 425. — Zal apprend la mort de Newder, 425. — Il jure de le venger, 427. — A la nouvelle de ses préparatifs, les Iraniens prisonniers d'Afrasiab tremblent pour leurs jours, 427. — Ils supplient Aghrirez de les délivrer; celui-ci leur promet de les remettre aux troupes de Zal dès qu'elles seront près de Sari, 429. — Les prisonniers envoient un message à Zal, 429. — Ce prince confie le commandement de son armée à Keschwad; à l'approche de ce général, Aghrirez emmène ses troupes, laissant tous les prisonniers à Sari, 431. — Afrasiab apprend la conduite de son frère et lui en fait de vifs reproches, 431. — Réponse d'Aghrirez; fureur d'Afrasiab qui tue son frère, 433. — Zal marche contre Afrasiab qui se porte à sa rencontre; combats d'avant-postes, 433. — Zew, fils de Thahmasp, succède à Newder, 435. — Une grande famine épuise les deux armées qui sont en présence depuis cinq mois; Afrasiab propose à Zew d'oublier les vieilles haines et de se partager équitablement la terre; ses propositions sont acceptées, 437. — Division de la terre entre les Turcs et les Iraniens; Zew ramène son armée dans le Fars et Zal se retire dans le Zaboulistan, 437. — Mort de Zew, 439. — Son fils Guerschasp lui succède, 441. — Douleur de Pescheng pour la mort de son fils Aghrirez; son ressentiment contre Afrasiab; il apprend la mort de Guerschasp et ordonne à Afrasiab de marcher sur l'Iran, 441. — Les Iraniens effrayés s'adressent à Zal; il leur promet le secours de Rustem, 443. — Zal conduit son armée contre Afrasiab, 451. — Celui-ci vient camper sur le bord de la rivière de Rei, 453. — Zal ordonne à son fils de se rendre dans l'Alborz et d'en ramener Keï Kobad, descendant de Feridoun, 453. — Rustem disperse les Turcs qui veulent s'opposer à son passage, 455. — Il arrive au palais de Keï Kobad, 455. — Il expose à ce prince le but de sa mission, 459. — Ils partent ensemble pour rejoindre l'armée; les Turcs leur barrent le chemin; Rustem tue leur chef et les met en fuite, 461. — Keï Kobad monte sur le trône et se prépare à combattre les Turcs, 465. — Rencontre des deux armées, 465. — Mort de Schemasas, 467. — Rustem combat Afrasiab, 467. — Ce prince est vaincu; il prend la fuite et son armée est taillée en pièces et mise en déroute, 469. — Il se rend auprès de son père, 471. — Il lui fait le récit de sa lutte avec Rustem, 473. — Il lui énumère les pertes que cette campagne a causées aux Turcs et l'engage à faire la paix avec Keï Kobad, 475. — Pescheng demande la paix à Keï Kobad, 477. — Ce roi lui accorde sa demande; les Turcs repassent le Djihoun, 479. — Rustem exhorte Keï Kobad à se défier des Turcs, qui ne se sont soumis que par crainte de ses armes; le roi lui répond qu'il faut les traiter avec bonté et justice, 479. — 539; III, 531; IV, 25, 61, 139, 241.

Pescheng (Le fils de). Voy. Afrasiab.

Pescheng, noble iranien, gendre de Thous, fils de Newder, II, 573.

Pescheng, autre nom de Schideh, fils d'Afrasiab, IV, 31, 33.

Peschin, nom d'homme, V, 547.

Pheïlekous, roi de Roum, apprend que Darab vient l'attaquer avec une armée innombrable; il marche à sa rencontre et est battu, V, 53. — Il envoie un message à Darab et lui propose de terminer la lutte, 53. — Les deux princes font un traité; Pheïlekous donne sa fille Nahid en mariage à Darab et s'engage à payer un tribut annuel de dix mille œufs d'or, 55. — La princesse roumie est conduite au roi de Perse, 55. — Darab répudie Nahid et la renvoie à son père, 57. — Elle met au monde Iskender; Pheïlekous fait passer l'enfant pour son fils, 57. — Jeunesse d'Iskender; Pheïlekous le nomme son successeur, 59. — Mort de Pheïlekous et avénement d'Iskender, 63. — 145. — Iskender mourant recommande que l'enfant qui naîtra de Rouschenek soit, si c'est une fille, mariée au fils de Pheïlekous qui prendra le titre de fils d'Iskender, 251. — Voyez aussi Philippe.

Philippe, roi des Grecs, des Russes et des Francs. — D'après la fable inventée par les musulmans, ce prince adopte Alexandre le Grand et le fait élever par Aristote, I, LXXIII. — LXXIV. — Voyez aussi Pheïlekous.

Philosophes grecs. — Leurs traditions sur la sagesse, les discours et le tombeau d'Alexandre ont été traduites en arabe et Firdousi en a mis une partie en vers, I, XLIX.

Pierre douée d'une vertu curative pour les blessures, transmise à Keï Khosrou par ses prédécesseurs, III, 627.

Pierres gravées, III, 383; IV, 249.

Pierres précieuses. — Djemschid les recherche et les fait travailler, I, 51. — 161, 167, 169, 179, 211, 317, 341, 345, 375, 567; II, 11, 85, 213; IV, 91, 115, 125, 127, 161, 189, 193, 195, 249, 303, 309, 353, 599, 699; V, 23, 25, 43, 45, 71, 165, 173, 179, 187, 217, 221, 227, 243, 287, 335, 365, 415, 445, 507, 513, 571, 599, 619; VI, 29, 349, 385, 457, 523; VII, 281, 311, 313, 369, 375, 379.

Pildendan, héros perse, II, 503; III, 147. — Voyez aussi Kousch Pildendan.

Pilsem, fils de Wiseh, II, 61, 63, 65. — Il intercède auprès d'Afrasiab en faveur de Siawusch, 399. — Il suit ce prince marchant à la mort et reçoit ses adieux pour son frère Piran, 407. — Il court invoquer le secours de son frère en faveur de Ferengis dont le roi avait ordonné le supplice, 411. — Pilsem offre à Afrasiab de s'emparer de Rustem et lui demande un cheval et des armes, 453. — Piran tente de détourner son frère de ce dessein, 453. — Pilsem insiste et le roi lui donne ce qu'il demande; il défie Rustem, 455. — Combat de Pilsem contre Guiv et Faramourz, 455. — Rustem attaque Pilsem et le tue; douleur de Piran en apprenant la mort de son frère, 457. — III, 159.

Piran, fils de Wiseh, Sipehbed d'Afrasiab, roi du Touran, II, 59. — Le roi le con-

TABLE ANALYTIQUE

suite au sujet de Siawusch qui lui avait demandé le libre passage à travers ses États pour aller chercher un asile contre la colère de son père, 295. — Piran lui conseille d'accueillir le jeune prince honorablement, 295. — Il l'engage à se l'attacher en lui donnant une de ses filles et à s'en faire un ami et un allié, 297. — Le roi approuve les paroles de Piran, mais lui exprime la crainte qu'il n'ait à se repentir d'avoir reçu Siawusch à sa cour; Piran le rassure, 297. — 303. — Afrasiab envoie Piran audevant de Siawusch; rencontre de Siawusch et de Piran, 305. — Ils continuent leur route et arrivent à Kadjar Baschi où ils s'arrêtent pour se reposer, 307. — Leur entretien, 307. — Piran console Siawusch que le souvenir de l'Iran attristait, 309. — Ils arrivent à Gang, résidence d'Afrasiab, 309. — 311, 315. — Piran donne sa fille en mariage à Siawusch, 323. — Il parle au jeune prince de Ferenguis, fille d'Afrasiab, 325. — Il offre de la demander pour lui à son père; Siawusch accepte sa proposition, 327. — Piran parle à Afrasiab, 327. — Souci que cause au roi cette demande, 329. — Il cède cependant aux conseils de Piran, 331. — Piran retourne auprès de Siawusch et lui fait connaître la réponse du roi, 331. — Fiançailles de Ferenguis et de Siawusch, 333. — Afrasiab donne une province à Siawusch, 335. — Siawusch et Piran prennent congé du roi et partent pour leurs résidences, 335. — Siawusch bâtit Gangdiz, 339. — Siawusch parle avec Piran de son avenir, 343. — Il lui révèle ses secrètes inquiétudes, 347. — Afrasiab envoie Piran dans les provinces, 349. — Siawusch bâtit Siawuschguird, 349. — Piran passe par Siawuschguird en revenant de l'Inde et de la Chine, et rend visite à Ferenguis, 353. — Il engage sa femme Gulschehr à aller voir cette princesse et il va rendre compte de sa mission à Afrasiab, 355. — Il lui fait l'éloge de Siawusch et de sa nouvelle résidence, 355. — Naissance de Pîroud, fils de Siawusch, 359. — 393. — Pilsem, frère de Piran, intercède auprès d'Afrasiab en faveur de Siawusch, 399. — Il suit ce prince que l'on conduisait à la mort et reçoit ses derniers adieux pour Piran, 407. — Il court invoquer le secours de son frère en faveur de Ferenguis dont le roi avait ordonné le supplice, 411. — Douleur de Piran en apprenant la mort de Siawusch, 411. — Il délivre Ferenguis, 413. — Il la conduit à Khoten, dans son palais, et la confie aux soins de sa femme Gulschehr, 415. — Songe de Piran; naissance de Keï Khosrou, 417. — Piran se rend auprès d'Afrasiab et lui apprend cet événement, 417. — Il fait au roi l'éloge de la beauté du jeune prince, 419. — Afrasiab se repent de sa conduite envers Siawusch; recommandations qu'il fait à Piran au sujet de Keï Khosrou, 419. — Piran confie le fils de Siawusch aux pâtres, 421. — La bravoure et la haute naissance de l'enfant se révèlent dès l'âge le plus tendre, 421. — Piran le ramène dans son palais et l'élève auprès de lui, 423. — Afrasiab confie à Piran l'inquiétude que lui cause son petit-fils, 423. — Piran, pour le rassurer lui apprend que le jeune homme est privé d'intelligence et de raison; Afrasiab promet par serment de ne lui faire aucun mal, 425. — Piran conseille à Keï Khosrou de contrefaire l'insensé et l'amène auprès d'Afrasiab, 425. — Le roi interroge le jeune prince qui lui répond conformément aux recommandations de Piran, 427. — Afrasiab, rassuré, ordonne qu'il soit rendu à sa mère et envoyé à Siawuschguird, 427. — Pilsem, frère de Piran, offre à Afrasiab de s'emparer de Rustem et lui demande un cheval et des armes, 453. —

Piran tente de détourner son frère de ce dessein, 453. — Pilsem insiste et le roi lui donne ce qu'il demande, 455. — Il défie Rustem; il combat Guiv et Faramourz, 455. — Rustem l'attaque et le tue, 457. — Douleur de Piran à cette nouvelle, 457. — Afrasiab, battu par Rustem et craignant que celui-ci ne s'empare de Keï Khosrou, consulte Piran, 463. — Piran lui conseille de le reléguer à Khoten, 463. — Il expédie un messager et lui ordonne de ramener le prince; Khosrou arrive auprès de Piran, 465. — Celui-ci va prendre les instructions d'Afrasiab qui lui dit d'envoyer Khosrou dans un pays assez éloigné pour que les grands de l'Iran n'en entendent jamais parler, 465. — 487. — Piran apprend que Ferenguis et Keï Khosrou sont partis pour l'Iran en compagnie de Guiv; il envoie à leur poursuite trois cents cavaliers commandés par Kelbad et Nestihen, 499. — Guiv les met en fuite, 501. — Kelbad informe Piran de l'insuccès de son expédition, 503. — Piran poursuit Keï Khosrou, 505. — Combat de Guiv et de Piran, 507. — Piran est fait prisonnier, 511. — Guiv le mène devant Keï Khosrou et veut lui trancher la tête; Piran rappelle au jeune prince les services qu'il lui a rendus ainsi qu'à sa mère, 513. — Ferenguis délivre Piran des mains de Guiv, 515. — Celui-ci lui rend son cheval, lui lie les mains et le met en liberté après lui avoir fait faire un serment, 517. — Afrasiab apprend la fuite de Keï Khosrou; il se met en marche avec son armée et rencontre Piran sur la route, 517. — Celui-ci raconte au roi ce qui vient de se passer, 519. — Afrasiab furieux le chasse de sa présence et jure de massacrer les fugitifs, 521. — 533, 535, 623. — Afrasiab apprend l'arrivée d'une armée sur les frontières du Touran et ordonne à Piran de rassembler des troupes, 645.

— Afrasiab est informé de l'invasion de Thous; reproches qu'il adresse à Piran, 657. — Piran organise son armée; instructions qu'il donne aux chefs des différents corps, 659. — Il apprend par ses espions que les Iraniens ne prennent aucune mesure de précaution, 659. — Piran surprend les Iraniens pendant la nuit, 661. — Il en fait un affreux carnage, 661. — Les Iraniens s'enfuient jusqu'au Kasehroud poursuivis par les Turcs; ils se mettent en sûreté dans la montagne, 663. — Khosrou rappelle Thous et ordonne à Feribourz de prendre le commandement de l'armée, 665. — Feribourz propose à Piran un armistice, 671. — Piran lui accorde une suspension d'armes d'un mois, 673. — Les Iraniens sont de nouveau battus par Piran, 673. — Ils s'enfuient dans les montagnes, 683. — Bahram cherche son fouet sur le champ de bataille, 685. — Il est tué par Tejaou, 689. — Guiv met à mort Tejaou pour venger son frère, 695. — Les Iraniens reviennent auprès de Keï Khosrou, 699. — Piran apprend leur départ; il partage entre ses soldats les tentes du camp des Iraniens et envoie un messager à Afrasiab, 701. — Accueil que le roi fait à Piran; présents magnifiques qu'il lui envoie, 701. — Recommandations et conseils d'Afrasiab à Piran principalement au sujet de Rustem, 703. — Piran retourne à Khoten et prend ses dispositions pour avoir en tout temps des nouvelles de Rustem, 703. — III, V, VI. — Khosrou renvoie Thous dans le Touran, 13. — Piran, surpris par l'arrivée des Iraniens, leur expédie un messager pour gagner du temps, 15. — Il prévient Afrasiab qui lui envoie une armée, 17. — Thous est informé de l'approche des Turcs et conduit ses troupes à leur rencontre, 19. — Thous tue Arjeng, 21. — Combat de Houman contre Thous, 23. —Deuxième combat

TABLE ANALYTIQUE

entre les deux armées, 29. — Les Touraniens emploient la magie contre les Iraniens, 35. — Relham abat la main du magicien et met fin aux incantations, 37. — Les soldats de Thous prennent la fuite, 39. — Guiv les ramène au combat, 41. — Les Iraniens se retirent sur le mont Hemawen, 41. — Piran les poursuit, 47. — Il arrive devant le mont Hemawen; son entretien avec Thous, 51. — Il investit la montagne, 53. — Les Iraniens font une attaque de nuit, 53. — Khosrou reçoit des nouvelles de son armée, 59. — Il ordonne à Rustem de se rendre à sa cour avec ses troupes et lui fait connaître la situation, 61. — Il l'invite à partir immédiatement pour le Touran, 63. — Rustem part pour le mont Hemawen, 71. — Houman presse Piran de livrer bataille aux Iraniens; celui-ci lui confie son intention de les prendre par la famine, 73. — Thous, se voyant cerné, propose de tenter de nouveau le sort des armes, 73. — Les Iraniens se rangent à son avis, 75. — Afrasiab envoie le Khakan de la Chine et Kamous au secours de Piran, 75. — Piran va au-devant de l'armée d'Afrasiab, 79. — Le Khakan l'accueille gracieusement et le questionne au sujet des Iraniens, 79. — Piran conduit sa nouvelle armée vers le champ de bataille, 87. — Le Khakan va reconnaître l'armée des Iraniens, 89. — Il tient conseil au sujet du plan d'attaque à adopter, 91. — Piran est d'avis de laisser reposer l'armée pendant trois jours, 91. — Kamous de Kaschan propose de livrer bataille sans retard, 93. — Le Khakan adopte sa manière de voir, 93. — Feribourz arrive au mont Hemawen, 95. — Piran est informé de cette circonstance et tient conseil avec le Khakan, 97. — 99, 101, 105, 113, 115, 117. — Le Khakan demande à Piran quel peut être le guerrier qui vient de tuer Aschkehous, 125. — Piran s'informe si Rustem est arrivé, 125. — Kamous interroge Piran au sujet de Rustem, 127. — Réponse de Piran, 127. — Plaisir que causent à Kamous les paroles flatteuses de Piran, 129. — 141, 143. — Le Khakan envoie Houman auprès de Rustem, 147. — Houman revient auprès de Piran et lui rapporte les paroles de Rustem, 153. — Piran tient conseil avec le Khakan, 153. — Celui-ci l'engage à aller trouver Rustem pour sonder ses intentions, 155. — Piran se rend auprès de Rustem, 155. — Leur entretien, 157. — Piran exhorte Rustem à faire la paix, 159. — Rustem lui fait connaître les conditions qu'il met à la cessation des hostilités, 161. — Piran retourne à son camp et donne connaissance aux membres de sa famille de la réponse de Rustem, 163. — Il se rend auprès du Khakan et tient conseil avec lui, 165. — Schenkoul est d'avis de continuer la lutte et se propose d'attaquer Rustem, 167. — Piran revient à sa tente et rapporte aux chefs des Turcs les paroles de Schenkoul, 169. — Rustem fait connaître à son armée son entretien avec Piran, 171. — Gouderz le met en garde contre les ruses et les artifices de Piran, 173. — Rustem reconnaît la vérité des paroles de Gouderz, mais veut user d'indulgence envers Piran pour les services qu'il a rendus à Khosrou, 175. — Rustem fait des reproches à Piran, 179. — 189. — Défaite des Touraniens; Piran conseille à Nestihen et à Kelbad de cesser la lutte; Guiv parcourt le champ de bataille pour découvrir Piran et ne peut le trouver, 203. — 205. — Rustem envoie des troupes à la recherche de Piran, 207. — Fureur de Rustem en apprenant que les Turcs ont disparu, 209. — Afrasiab ordonne de faire des préparatifs de guerre et envoie Farghar observer Rustem et les Iraniens, 235. — 239. — Farghar rend compte de sa mission au roi qui communique son rapport à Piran et aux chefs de l'armée, 241. — Réponse généreuse de Piran à cette communication; le roi lui ordonne de marcher contre Rustem, 241. — 251, 261. — Piran demande grâce à Afrasiab pour la vie de Bijen, 325. — Réponse d'Afrasiab aux sollicitations de Piran, 329. — Celui-ci insiste et le roi se rend à ses conseils, 329. — Rustem se rend à Khoten, auprès de Piran, pour chercher les traces de Bijen, 373. — Il laisse son armée à la frontière du Touran et se présente à Piran, avec sept de ses compagnons déguisés en marchands, 375. — Il fait de riches cadeaux à ce prince qui l'autorise à s'établir à Khoten, 377. — Menijeh vient voir Rustem, 379. — Rustem tire Bijen de la fosse, 389. — 399. — Afrasiab rassemble une armée, 413. — Il envoie son fils Schideh dans le Kharezm et ordonne à Piran de marcher sur la capitale de l'Iran et de renverser Khosrou, 417. — Celui-ci apprend les préparatifs d'Afrasiab, 417. — Il charge Gouderz de combattre Piran, 423. — Guiv porte à Piran un message de Gouderz, 425. — Guiv va à Wischguird pour voir Piran, 429. — Pendant les négociations, Piran envoie un message à Afrasiab pour l'informer de ce qui se passe et l'assurer de sa fidélité, 431. — Afrasiab lui expédie des renforts et lui fait savoir qu'il va lui-même se mettre bientôt en campagne, 431. — Piran repousse toutes les propositions de Gouderz; Guiv retourne vers son père; les Touraniens le suivent de près, 433. — Guiv rend compte à Gouderz de sa mission et de la conduite de Piran, 433. — Les deux armées se rangent en bataille, 435. — Elles restent en présence et immobiles pendant trois jours, 441. — Bijen demande à Guiv la permission de livrer combat, 441. — Guiv explique à son fils les motifs de l'inaction de Gouderz, 445. — Houman demande à Piran la permission de combattre, 445. — Piran révèle à son frère les raisons qui lui font attendre l'attaque des Iraniens, 447. — Houman persiste dans sa résolution, 449. — Il se présente devant les lignes iraniennes et défie Rehham, 449. — Réponse de Rehham, 453. — Houman provoque Feribourz, 453. — Il appelle ensuite Gouderz au combat, 455. — Réponse de Gouderz à ses provocations, 457. — Réplique de Houman, 457. — Celui-ci retourne à son camp après avoir jeté à terre quatre cavaliers iraniens, 461. — Bijen apprend ce qu'a fait Houman et demande à son père l'autorisation de le combattre, 463. — Guiv ne consent pas à sa demande, 463. — Gouderz permet à Bijen d'attaquer Houman, 467. — Guiv essaye en vain de retenir son fils, 469. — Bijen va défier Houman, 473. — Celui-ci vient le combattre, 475. — Il est tué par Bijen, 479. — Piran croit un instant que son frère est vainqueur; il apprend bientôt sa mort, 483. — Il fait dire à Nestihen de livrer combat, 485. — Nestihen fait une attaque de nuit et y périt, 485. — Douleur que cause à Piran cette nouvelle perte, 489. — Il fait avancer ses troupes, 489. — Les deux armées en viennent aux mains et combattent jusqu'à la nuit, 491. — Gouderz demande du secours à Khosrou, 491. — 493, 497, 499. — Khosrou lui recommande de continuer la lutte contre Piran et promet de venir bientôt à son aide, 499. — 501. — Piran écrit à Gouderz pour demander la paix, 505. — Il charge de son message son fils Rouin, 511. — Rouin s'acquitte de sa mission et reste pendant sept jours l'hôte du général des Iraniens, 513. — Réponse de Gouderz à la lettre de Piran, 513. — Il réfute tous ses arguments et repousse ses diverses propositions, 515. — Il lui offre du temps et un délai, mais refuse de se retirer avant d'avoir livré un com-

TABLE ANALYTIQUE

bat décisif, 523. — Rouïn retourne auprès de son père avec le message de Gouderz; tristesse que cause à Piran la lettre du chef des Iraniens; paroles qu'il adresse à son armée, 525. — Piran demande des secours à Afrasiab, 527. — Douleur de ce roi en écoutant le message de son lieutenant, 529. — Réponse d'Afrasiab à Piran, 531. — Il lui annonce qu'il va se mettre en campagne et qu'il lui envoie trente mille cavaliers, 533. — Il lui ordonne, aussitôt ce secours reçu, d'attaquer Gouderz, 533. — Piran fait répéter devant son armée les paroles d'Afrasiab et s'efforce de ranimer le courage de ses soldats, 535. — Ses inquiétudes secrètes, 535. — Bataille rangée entre les deux armées, 537. — Gouderz ordonne à Guiv d'aller attaquer Piran, 541. — Combat de Guiv et de Piran; le cheval de Guiv s'arrête, 541. — Lehbak et Ferschidwerd attaquent Guiv, 545. — La mêlée devient générale, 547. — Gouderz et Piran conviennent du combat des onze champions, 547. — Les deux armées se retirent dans leurs campements; Guiv raconte à son père comment son cheval avait refusé d'avancer contre Piran, et l'explication que Bijen donnait de ce fait, 549. — Les grands demandent à Gouderz ce qu'il a décidé au sujet du combat qu'ils doivent livrer aux Turcs, 551. — Gouderz leur rappelle les griefs des Iraniens contre Afrasiab et Piran, 551. — Il propose d'accepter immédiatement le défi porté par ce dernier et s'engage à payer de sa personne, 553. — Les Iraniens se déclarent prêts pour la vengeance et le combat, 555. — Gouderz range son armée en bataille et charge Gustehem du commandement en chef, 555. — Lamentations des Iraniens en apprenant que Gouderz va exposer sa vie, 557. — Recommandations que ce général adresse à Gustehem, 557. — Piran adresse la parole aux grands de son armée, 559. — Il s'efforce de relever leur courage abattu et leur fait connaître la convention faite avec Gouderz d'un combat singulier, 559. — Les grands promettent de le seconder et se disposent au combat; Piran confie son armée à Lehbak et à Ferschidwerd, 561. — Gouderz et Piran choisissent les champions, 561. — Ordre de combat adopté par les deux chefs, 565. — Instructions qu'ils donnent à leurs combattants; les deux partis arrivent sur le champ de bataille, 567. — Combat de Feribourz contre Kelbad, 567. — Mort de Kelbad, 569. — Combat de Guiv et de Gueroui Zereh; ce dernier est fait prisonnier, 569. — Combat de Gourazeh et de Siamek; mort de Siamek, 571. — Combat de Fourouhil et de Zengouleh; l'Iranien tue son adversaire, 571. — Combat de Rehham contre Barman; celui-ci est tué, 573. — Combat de Bijen et de Rouïn, 573. — Rouïn périt de la main de Bijen, 575. — Combat de Hedjir et de Sipahram et mort de ce dernier, 575. — Combat de Zengueh, fils de Schaweran, et d'Aukhast; Zengueh tue son ennemi, 577. — Combat de Gourguin et d'Anderiman, mort d'Anderiman, 579. — Combat de Barteh avec Kehrem qui est tué, 579. — Combat de Gouderz et de Piran, 581. Piran est renversé sous son cheval; il se relève et s'enfuit devant Gouderz qui le poursuit, 583. — Mort de Piran, 585. — Gouderz revient auprès des champions de l'Iran, 585. — Il envoie Rehham chercher le corps de Piran, 587. — Les Iraniens retournent à leur camp emportant les corps de leurs adversaires et chassant devant eux Gueroui Zereh, 589. — Lehbak et Ferschidwerd se lamentent sur la mort de Piran, 589. — Ils se rappellent les dernières recommandations de leur frère, 591. — Les Touraniens tiennent conseil avec ces deux chefs, qui leur font connaître le traité conclu entre Piran et Gouderz et les trois partis qu'ils peuvent prendre, 593. — Les Touraniens décident de faire leur soumission à Khosrou, 595. — 599. — Khosrou arrive au camp des Iraniens, 615. — Douleur qu'il éprouve à la vue du corps de Piran, 617. — Il le fait embaumer et placer dans un tombeau magnifique, 619. — 621, 629; IV, 13, 23, 25, 37, 39, 41, 111, 135.

Pirouz, le cavalier de Gurzban, noble iranien, contemporain de Yezdeguerd le Méchant, V, 525.

Pirouz, noble iranien, donne des conseils à Nouschzad, fils de Nouschirwan, révolté contre son père, VI, 237, 239.

Pirouz, noble iranien, prend parti pour Khosrou Parviz qui s'était enfui de la cour de son père, VI, 693.

Pirouz, fils et petit-fils de Bahram, noble iranien contemporain de Bahram Gour, V. 673.

Pirouz, fils de Schapour, noble iranien qui faisait partie de l'armée conduite par Rustem, fils d'Hormuzd, contre les Arabes de Saad, fils de Wakkas, VII, 443, 445.

Pirouz, fils de Yezdeguerd, roi de Perse, VI, 1, iii. — Son père le déshérite du trône en faveur de son frère Hormuz, 85, 87. — Pirouz se rend auprès du roi des Heïtaliens et lui demande son secours contre son frère, 89. — Il attaque son frère Hormuz et le défait, 89. — Pirouz dépose Hormuz, 91. — Avènement de Pirouz et durée de son règne, 93. — Une sécheresse désole l'Iran pendant sept ans, 93. — Lutte de Pirouz contre les Touraniens, 95. — Lettre de Khouschnewaz, fils du Khakan, à Pirouz; il lui reproche de violer les traités, 97. — Réponse de Pirouz, 99. — Khouschnewaz fait de nouvelles représentations au roi des Iraniens, 99. — Paroles arrogantes de Pirouz; Khousch-

newaz fait creuser un fossé autour de son camp et en fait déguiser l'ouverture, 101. — Pirouz tombe dans le fossé et est tué, 101. — Les Iraniens sont massacrés et Kobad, fils du roi, est chargé de chaînes, 103. — Douleur des habitants de l'Iran à cette nouvelle, 105. — 109, 111, 113, 115, 117, 121, 355, 683; VII, 77, 81, 117, 145, 273, 479.

Pirouz Khosrou ou Pirouz, fils de Khosrou, Destour et Sipehbed d'Ardeschir, fils de Schiroui, VII, 407, 409, 411, 419.

Pirouz-Ram, ville fondée par Pirouz, fils de Yezdeguerd, VI, 95.

Pirouz-Schapour, ville de Syrie, fondée par Schapour Dhou'l-Aktaf, V, 473.

Planètes (Les sept). — Leur création; la fortune et la destinée s'y révèlent, I, 9.

Platon. Voy. Falathous.

Poèmes épiques ou historiques. — Difficultés que présente l'étude de l'origine des poèmes épiques, I, iii. — La véritable poésie épique ou historique représente l'histoire d'un peuple telle que lui-même l'a faite dans la tradition orale; secours qu'apporte, à la recherche de l'origine des poèmes épiques, l'étude des poésies populaires, iv. — L'histoire de tous les peuples commence par la poésie épique; les traditions historiques sont les seules sources auxquelles le poète épique puisse recourir, iv. — Caractère du poème épique vraiment national; signes certains auxquels il se reconnaît; comparaison des épopées d'Homère et de Virgile, v. — Pourquoi si peu de nations ont produit des poèmes épiques, vi. — Documents que les Dihkans ont fournis à la poésie et à l'histoire, ix. — Goût de Mahmoud, fils de Sebekteghin, pour les épopées nationales; son projet d'en faire un recueil complet, xix. — Les poèmes épiques étaient récités, chez les Persans, avec accompagnement de musique et de danse; cet usage existe aujourd'hui encore au Caire et en Arabie, XXIX. — Poèmes ayant pris la forme épique, mais ne pouvant être comparés à la véritable épopée, LXXVII. — Les uns concernent l'histoire légendaire de la famille du Prophète, les autres ont pour sujet la vie de quelques rois modernes de la Perse, LXXVII. — Citation de quelques-uns de ces ouvrages, LXXVII, LXXVIII.

POEMS (THE) OF FERDOSI, translated by Joseph Champion, esq. vol. I, Calcutta, 1785, I, LXXX.

POÉSIES POPULAIRES HISTORIQUES. — Leur origine; leur rôle dans les recherches historiques et le secours qu'elles fournissent à l'étude des poëmes épiques; on les trouve chez les peuples les plus divers; formes qu'elles affectent, I, IV. — Elles se rapprochent quelquefois tellement du poëme épique qu'il leur manque peu de chose pour former des épopées; elles sont souvent remplacées dans la mémoire du peuple par le poëme épique d'un caractère vraiment national, V. — Pourquoi, chez la plupart des peuples, elles disparaissent sans avoir donné naissance à la poésie épique; causes qui les font rechercher des savants dans les âges les plus avancés de la civilisation, VI. — Voy. aussi CHANTS POPULAIRES.

POISSON (Le) qui porte la terre, VI, 329. — Cf. TAUREAU-POISSON (Le), etc.

PONT du Nahrewan, VII, 47, 55-59. — de Schouster, V, 593, 395.

PORPHYRE. Voy. FARFOURIUS.

PORUS. Voy. FOUR, fils de Four, roi des Indiens.

POTS À FEU, engin de guerre des Roumis, VI, 213.

POULAD, guerrier iranien de l'armée de Keï Kobad, I, 481.

POULAD, fils de Ghandi, guerrier du Touran, contemporain d'Afrasiab, I, 509, 511, 529, 547; II, 25, 315; III, 153, 209, 247; IV, 251.

POULADWEND, un des rois de la Chine. — Afrasiab envoie son fils Schideh auprès de Pouladwend pour lui demander son aide contre Rustem, III, 243. — Schideh remet à Pouladwend la lettre de son père et lui rend compte des entreprises de Rustem contre le Touran, 245. — Le roi réunit ses troupes et va rejoindre Afrasiab, qui lui expose sa situation, 245. — Pouladwend explique à Afrasiab comment il espère se défaire de Rustem, 247. — Rustem attaque les Touraniens; Pouladwend s'élance sur Thous, 247. — Il prend la tête de Guiv dans son lacet et renverse Rehham et Bijen, 249. — Il coupe en deux l'étendard de Kaweh, 249. — Combat de Rustem contre Pouladwend, 251. — Ils luttent corps à corps, 255. — Conseil perfide que Schideh donne à Pouladwend sur l'ordre d'Afrasiab, 257. — Rustem jette Pouladwend à terre et le croit mort; celui-ci se relève et s'enfuit auprès d'Afrasiab, 259. — Rustem fait alors avancer son armée; Pouladwend quitte le champ de bataille en emmenant ses troupes, 259. — 261, 267.

POUPÉES DE KANDAHAR, III, 309.

POURANDOKHT, reine de Perse. — Durée de son règne; son allocution aux grands, VII, 419. — Elle fait mettre à mort Pirouz, fils de Khosrou, 419. — Elle meurt, 421.

PRÉSAGES, IV, 577; V, 615.

PRÊTRES CHRÉTIENS, V, 55, 185, 443, 449; VII, 95, 97.

PROPHÈTE MOHAMMED (Le). Voy. MOHAMMED (Le Prophète).

PROPRIÉTÉ (Origine de la), I, 37.

PROVERBES, EXPRESSIONS PROVERBIALES ET DICTONS, I, 475; II, 79, 143, 217, 237, 271, 677; III, 173, 253, 305, 317, 397, 401; V, 569, 573; VI, 607, 609; VII, 455. — Voy. aussi MAXIMES, etc.

PUITS, V, 351, 659.

PURMAYEH, frère de Feridoun, I, 93.

Purmajeh, vache merveilleuse, qui fut la nourrice de Feridoun, I, 79. — La mère de ce prince le confie au gardien du jardin où se trouvait la vache Purmajeh, 79. — Pendant trois ans, l'enfant est nourri du lait de cette vache, 81. — Zohak, en étant informé, tue Purmajeh et cherche en vain Feridoun que sa mère avait mis en sûreté, 81.

R

Rad Berzin, noble iranien, contemporain de Bahram Gour, V, 673.
Raden-Kouh, ville, VII, 459, 463.
Radja de l'Inde (Le) envoie à Nouschirwan de magnifiques présents, VI, 385. — L'ambassadeur indien remet au roi une lettre de son maître et un riche échiquier, et promet le tribut de l'Inde si les savants de l'Iran parviennent à comprendre la marche du jeu d'échecs, 387. — Buzurdjmihr découvre la manière de jouer, 389. — Il fait répéter au messager indien les paroles du Radja, 389. — Il met alors en ordre les pièces du jeu, et l'envoyé ne peut revenir de la surprise que lui cause la science du sage perse, 391. — Buzurdjmihr invente le jeu de nard (trictrac), 391. — Nouschirwan fait préparer des présents pour le Radja et répond à sa lettre, 393. — Il lui fait connaître que Buzurdjmihr a deviné le secret des échecs, qu'il lui apporte le jeu de nard et que, si les savants indiens ne découvrent pas la marche de ce jeu, le Radja lui devra un tribut, 395. — Buzurdjmihr arrive auprès du Radja et lui remet la lettre de son maître, 395. — Les savants indiens ne parviennent pas à trouver la marche du jeu de nard, et le Radja envoie à Nouschirwan le tribut convenu, 397. — Buzurdjmihr revient de Kanondj avec une lettre du Radja pour Nouschirwan, 399. — Barzouï, médecin de Nouschirwan, demande au roi l'autorisation d'aller dans l'Inde à la recherche d'une plante merveilleuse, 447. — Le roi lui donne une lettre de recommandation et des cadeaux pour le Radja; celui-ci fait à Barzouï le meilleur accueil et met ses richesses et ses brahmanes à sa disposition, 447. — Barzouï parcourt les montagnes en compagnie des médecins indiens les plus savants, mais il est déçu dans son espoir; sa crainte des railleries du roi et des grands, 449. — Les savants indiens le mettent en relation avec un sage vieillard auquel il expose l'objet de son voyage et sa déconvenue, 449. — Le sage lui explique que, dans son opinion, la plante merveilleuse n'est autre que le livre de *Calila et Dimna* qui se trouve dans le trésor du Radja et dont il lui révèle les vertus, 451. — Barzouï demande au Radja le livre en question; ennui que cause cette demande au prince indien, 451. — Il autorise néanmoins Barzouï à lire le livre en sa présence, mais sans lui permettre d'en prendre copie; Barzouï l'apprend par cœur, le transcrit secrètement et l'envoie à Nouschirwan, 453. — Il quitte le Radja pour retourner dans l'Iran, 453.
Radman, le chef de l'Arménie, du temps de Khosrou Parviz, VII, 13.
Radouïen, fils de Schahouïch, d'Isfahan, écrivain cité, I, li.
Raison (La), I, 5. — (Éloge de la), 7.
Raksch, poulain merveilleux qui devint le cheval de Rustem, I, 447. — Ce prince s'en empare, 449. — Il le dompte et le monte, 451. — 455, 461, 467, 507, 509. — Raksch combat un lion et le tue, 511. — Reproches affectueux que lui fait son maître, 513. — 515, 517. — Un dragon sort du désert pour attaquer Rustem endormi; Raksch court

vers son maître et le réveille, 517. — Le dragon disparaît; Rustem gronde son cheval et se rendort; le dragon revient à la charge, Raksch réveille de nouveau son maître, 517. — Celui-ci, ne voyant rien, fait de vifs reproches à son cheval; le dragon reparaît une troisième fois; Raksch avertit de nouveau son maître qui, cette fois, aperçoit le dragon et l'interpelle, 519. — Le dragon se fait connaître comme le maître du désert; Rustem se nomme, 519. — Ils se précipitent l'un sur l'autre; Raksch secourt son maître en déchirant de ses dents les épaules du dragon, et Rustem vient à bout de son ennemi et lui coupe la tête, 521. — 525, 527, 529, 531. — Keï Kaous, prisonnier, entend le hennissement de Raksch et comprend que Rustem vient à son secours, 533. — 535; II, 27, 29, 31, 55, 59, 69. — Des cavaliers turcs s'emparent de Raksch pendant le sommeil de Rustem, 75. — Celui-ci s'aperçoit de la disparition de son cheval et se rend à pied à la ville de Semengan, 77. — Le roi de Semengan lui offre l'hospitalité et lui promet de lui faire retrouver Raksch, 77. — Tehmimeh, fille du roi de Semengan, promet à Rustem de lui ramener Raksch, 81. — Raksch est rendu à son maître, 83. — Le cheval que se choisit Sohrab, fils de Rustem, était de la race de Raksch, 89. — 109, 115, 117, 141, 147, 151, 161, 171, 393, 453, 459, 461; III, 61, 117, 133, 137, 145, 153, 189, 191, 195, 197, 201, 241, 247, 259, 277, 281, 283, 287, 355, 357, 361, 385, 387, 389, 391, 395, 399; IV, 571, 589, 601, 605, 609, 623, 633, 641, 655. — Raksch est grièvement blessé ainsi que son maître par Isfendiar, 657. — Rustem saute à bas de son cheval qui s'en retourne au palais de Zal, 657. — 659, 663, 665. — Le Simourgh guérit Raksch, 667. — 669, 673, 707. —

Rustem et son cheval tombent dans une fosse par trahison et sont blessés mortellement, 715. — Faramourz ramène dans le Zaboulistan les corps de Rustem et de son coursier, 721. — V, 293.

Ram-Ardeschir, ville fondée par Ardeschir Babekan, V, 387.

Ram-Berzin, ville, VI, 155.

Ram-Berzin, général de Nouschirwan, VI, 227, 229, 231, 233, 235, 239, 241.

Ram-Berzin, noble iranien au service de Khosrou Parviz, VII, 189. — Cf. le précédent.

Ram-Guschasp, noble iranien, partisan de Bahram Djoubineh, VII, 155.

Ram-Kharrad (Temple du feu de), V, 299.

Rebab, instrument monocorde, I, xxix.

Règlements de Nouschirwan, VI, 365.

Reiham, fils de Gouderz, I, lxii, 543, 559; II, 119, 143, 145, 439, 565, 585, 609, 633, 637, 671, 673; III, 13, 33-39, 55, 57, 81, 85, 121, 135, 197, 231, 249, 251, 259, 265, 297, 353, 373, 399, 403, 419, 431, 437, 449-453, 459, 555, 565, 573, 587; IV, 17, 55, 57, 61, 63, 89, 219, 245, 275.

Reiham, roi de Ghilan, à l'époque de Bahram Gour, V, 673.

Reï, ville, I, 405, 425, 483; II, 535; III, 223; IV, 17, 189, 191; V, 279, 285, 287, 293, 303, 671; VI, 95, 663, 685-691; VII, 33, 177, 235, 267-273, 457, 467.

Reibed, ville, III, 425, 435, 477, 527, 549, 589, 591. — (Montagne de), 589.

Religieux (Des) chrétiens retirent du Zark le corps de Yezdeguerd, dernier roi sassanide, et lui donnent la sépulture, VII, 485, 487, 489, 491. — Voy. aussi Ermites.

Religion, I, 37; III, 345; IV, 567, 583, 637. — (La) pehlewie permettait le mariage entre père et fille, V, 17. — Les quatre religions qui se disputent le monde, 119. — Union de la religion et de la royauté, 379, 381. — 471-475;

VI, 65, 143, 233. — Des Hindous, VII, 131. — De Isa (Jésus), fils de Mariam, 131, 133. — Des Perses, 133, 289. — Voy. aussi Amousian, Anges, Arabes, Barsom, Cénobites, Chrétiens, Croix, Croyances, Crucifix, Ermites, Esra, Feu (Culte du), Guèbres, Hindous, Hindbeds, Jésus, Juifs, Koschti, Mani, Mazdek, Messie, Mobeds, Mohammed, Moïse, Prêtres chrétiens, Religieux, Temples, Younis, Zerdouscht, Zoroastre.

Rempart de Gog et Magog (Yadjoudj et Madjoudj). — Son origine et son auteur, V, 223. — Sa construction, 225. — Ses dimensions, 227.

Rempart construit par ordre de Nouschirwan pour mettre son empire à l'abri des incursions des Turcs, VI, 187.

Reschnewad, général de Homaï, fille de Bahman, V, 31, 33, 35, 37, 39, 41, 43.

Rey. Voy. Reï.

Rezmihr, fils de Souferaï, le général tué par ordre de Kobad, fils de Pirouz, VI, 135, 137, 141, 151, 683.

Rideau royal (Le), I, 145, 303; III, 297, 317; IV, 219, 221, 225, 227, 231, 579; VI, 653; VII, 411.

Rithwan (L'ange) apparaît en songe au scheikh Abou 'l-Kasim Gourgani, de Thous, qui avait refusé de lire les prières sur la tombe de Firdousi, et lui fait connaître le motif de l'admission du poëte dans le Paradis, I, xliv. — 503.

Ritter (Théodore). — Voy. Kei-Kawus in Masenderan.

Rivniz, fils de Keï Kaous, II, 681, 683, 685, 687; III, 205.

Rivniz, noble iranien, gendre de Thous, fils de Newder, II, 605, 613, 615, 623, 627, 639, 641; III, 9, 11, 13.

Rivniz, noble iranien de l'époque de Lohrasp, roi de Perse, IV, 347, 353.

Roi des rois, titre d'Ardeschir Babekan, V, 357.

Rois de Perse. — La ligne aînée possédait l'Iran et la ligne cadette avait en fief le Nimrouz (royaume du Midi), c'est-à-dire le Seïstan, I, 83. — La salle d'audience des rois n'était fermée que par un rideau et l'ouverture de ce rideau annonçait que l'audience allait commencer, 303. — Cérémonial d'installation des rois de Perse, V, 547. — Voy. aussi Cérémonial de cour, Deuil, Ensevelissements et Funérailles, Ghaznévides, Investitures, Kéianides, Samanides, Sassanides, Timourides, etc.

Romains, V, vii; VI, ii, iv, vi.

Roman historique (Le). — Décadence de la littérature épique de la Perse au vi^e siècle; apparition du roman historique; caractère de ce nouveau genre de littérature, I, lxx. — Nizami le met le premier à la mode; ses trois poëmes : *Khosrou et Schirin, Heft Peïker, Iskendernameh*, lxxi. — Imitation servile des œuvres de Nizami par les poëtes des siècles suivants, lxxii. — Ouvrages auxquels ont donné naissance les aventures d'Alexandre le Grand, lxxii. — Ces romans, malgré leur forme, n'appartiennent pas à la véritable poésie épique, lxxiii.

Roostem Zaboolee and Sohrab from the history of Persia entitled *Shahnamuh* or *Book of Kings*, by Firdousee; translated into English verses, with the original text, annexed notes, plates and an appendix by W. Tulloh Robertson of the Bengal civil establishment. Calcutta, 1829, in-8°, II, v.

Rose (La) de Jéricho, II, 433.

Roseau servant à écrire, I, 549; II, 299; V, 105, 125, 459, 655, 693, etc.

Ross, plus connu sous le pseudonyme de Gulschin, fait paraître quelques spécimens d'une traduction de Firdousi dans les *Annals of oriental Literature*, Londres, 1820, in-8°, I, lxxxiii.

Rostem und Suhrab. Eine Heldengeschichte in zwölf Büchern von Friederich Rückert. Erlangen, 1838, in-12, II, iii, iv.

Roudabeh, fille de Mihrab, roi de Kaboul; beauté de cette princesse, I, 247. —

TABLE ANALYTIQUE

Son père fait devant elle l'éloge de Zal, fils de Sam; elle conçoit une violente passion pour ce prince; elle révèle son secret à ses esclaves et tient conseil avec elles à ce sujet, 249. — Reproches que lui adressent ses femmes; elle persiste dans ses résolutions, 251. — Les esclaves de Roudabeh lui promettent de la servir selon ses désirs et vont voir Zal-Zer, 253. — Ce prince les aperçoit et envoie vers elles un de ses esclaves, 253. — Entretien de l'esclave et des jeunes filles, 255. — Le jeune page raconte à son maître le sujet de cet entretien; celui-ci envoie de riches cadeaux aux esclaves de Roudabeh qui recommandent le secret à son messager, 257. — Zal se rend auprès des jeunes filles; une d'elles lui dépeint la beauté de sa maîtresse, 259. — Le jeune roi leur demande de lui procurer le moyen de voir la princesse, 259. — Elles lui promettent de s'y employer, 261. — Retour des esclaves auprès de Roudabeh, 261. — Elles font le plus vif éloge de la beauté de Zal; la princesse lui fait dire de se préparer à la voir, 263. — Zal va voir Roudabeh, 265. — Il pénètre dans son palais par escalade; elle le conduit dans son appartement, 267. — Leurs serments réciproques, 269. — Zal consulte les Mobeds au sujet de Roudabeh, 269. — Ceux-ci lui conseillent de soumettre la question à son père, 273. — Zal écrit à Sam pour lui exposer la situation, 275. — Le messager rencontre Sam à la chasse et lui remet la lettre de Zal, 277. — Trouble de Sam à la lecture de cette lettre; ses incertitudes sur la réponse qu'il doit faire à son fils; il consulte les Mobeds, 279. — Ceux-ci, après avoir trouvé le secret des astres, lui font connaître l'heureux résultat réservé à cette union, 279. — Il fait répondre à son fils qu'il va se rendre dans l'Iran pour y prendre les ordres du roi à son sujet,

281. — Joie du jeune prince en recevant cette réponse, 281. — Il en donne connaissance à sa fiancée, 283. — Sindokht conçoit des soupçons et interroge la messagère de Zal et de Roudabeh; celle-ci se trouble et ses réponses augmentent les soupçons de la reine, 283. — Reproches de Sindokht à sa fille, 285. — Roudabeh révèle à sa mère son amour pour Zal et la réponse que Sam avait donnée à son fils, 287. — La colère de la reine s'apaise; elle pardonne à la messagère et lui recommande le secret, 287. — Mihrab apprend l'aventure de sa fille, 289. — Fureur du roi à cette nouvelle; il veut tuer sa fille; Sindokht le retient et lui fait connaître que Sam est instruit de cette affaire, 291. — Doutes de Mihrab, 291. — Sindokht essaye de le rassurer et lui remet la réponse de Sam à la lettre de Zal, 293. — Le roi ordonne à Sindokht de lui amener sa fille; il promet de ne lui faire aucun mal, 293. — Roudabeh se présente devant son père; accueil qu'elle en reçoit, 295. — Minoutchehr apprend l'aventure de Zal et de Roudabeh, il assemble les Mobeds et leur expose la situation, 295. — Ceux-ci lui conseillent d'agir suivant sa sagesse; il fait mander Sam auprès de lui, 297. — Sam vient voir Minoutchehr; il fait au roi le récit de sa campagne contre les Karguimars et les peuples du Mazenderan, 299. — Minoutchehr ordonne à Sam de brûler les palais de Mihrab et de massacrer ce roi et toute sa famille, 303. — Sam part pour aller combattre Mihrab, 303. — Zal va à sa rencontre; plaintes qu'il adresse à son père, 305. — Sam, touché de compassion, promet de lui donner une lettre pour Minoutchehr, 307. — Zal va en ambassade auprès du roi Minoutchehr, 309. — Lettre de Sam au roi, 313. — Colère de Mihrab contre Sindokht, 315. — Celle-ci offre de se rendre auprès de Sam avec

de riches présents; Mihrab y consent, 317. — Sam accueille Sindokht avec bienveillance et la console, 319. — Zal porte la lettre de Sam à Minoutchehr; ce roi le reçoit avec bonté et lui accorde l'objet de sa demande, 327. — Il ordonne aux astrologues de consulter les astres; les astrologues font connaître qu'il naîtra, de Zal et de Roudabeh, un héros glorieux, 329. — Zal montre sa vaillance devant Minoutchehr, 335. — Réponse de Minoutchehr à la lettre de Sam. Départ de Zal; il envoie un messager à Mihrab, 339. — Joie du roi de Kaboul et de sa famille; préparatifs pour recevoir Zal, 341. — Zal arrive auprès de Sam; ce prince lui raconte la démarche de Sindokht et la prière qu'elle lui a faite de venir la visiter, 343. — Arrivée des deux princes à Kaboul; Sindokht sort de son palais à leur rencontre, 345. — Sam demande à voir Roudabeh, 345. — Étonnement que lui cause la beauté de cette princesse; mariage de Zal et de Roudabeh; fêtes données à cette occasion, 347. — Zal part pour le Seïstan avec Roudabeh, Sindokht et Mihrab, 347. — Fête que leur donne Sam, 349. — Roudabeh éprouve les douleurs de l'enfantement, 349. — Zal, inquiet, évoque le Simourgh; le Simourgh apparaît immédiatement, lui annonce la naissance d'un fils, la manière dont il naîtra, et lui indique comment Roudabeh devra être délivrée, 351. — Naissance du fils de Zal. On lui donne le nom de Rustem; origine de ce nom, 353. — Rustem, après s'être emparé de la forteresse du mont Sipend, vient recevoir les caresses et les bénédictions de sa mère, 375. — Rustem fait ses adieux à Roudabeh au moment de partir pour aller délivrer Keï Kaous et son armée, captifs dans le Mazenderan, 511. — II, 159, 181. — Douleur de cette princesse à la vue du cercueil de son petit-fils Sohrab, 185. — IV, 585, 589, 597, 615, 663, 709. — La mort de Rustem rend folle Roudabeh, 727. — Elle revient à la raison et donne tous ses trésors aux pauvres, 729. — Elle prie pour l'âme de son fils, 729. — Lamentations de Roudabeh sur les malheurs de la famille de Rustem, malédictions qu'elle lance sur la race d'Isfendiar, V, 17. — Beschouten, inquiet pour le sort de cette reine, persuade à Bahman de quitter le Zaboulistan, 17.

Roudeki, poète persan, met en vers le livre de *Calila et Dimna*, VI, 455, 457.

Rouïn, fils de Piran, noble touranien du temps d'Afrasiab, II, 315, 413, 689, 691; III, 209, 441, 513-515, 519, 523, 525, 541, 553, 565, 573, 575; IV, 25, 27, 41.

Rouïndiz, ville, VII, 459.

Rouïn-tan (au corps d'airain), surnom d'Isfendiar, fils de Guschtasp, I, xxxviii.

Roum, ville, résidence du Kaïsar, I, 281; IV, 255, 291, 305, 307, 315, 329, 339, 341, 349; V, 391, 435, 437, 441, 447, 471, 671; VI, 211, 217, 223, 235, 307; VII, 59, 111.

Roum (Le) et les Roumis, I, LVI, 23. — Feridoun donne le pays de Roum en royaume à son fils Selm, 139, 141. — 145, 159, 167, 205, 235; II, 35, 117, 369, 385-389, 401, 471, 509; III, 75, 95, 117, 421, 463, 465, 489, 627; IV, 11, 19, 99, 115, 117, 215, 275, 279, 283, 289, 305, 307, 319, 325, 331, 335, 343-347, 357, 429, 431, 467, 571, 583, 593, 703. — (Rivalité du) et de l'Iran, V, 29, 31, 37, 39, 41, 49-55, 63-93. — 117, 365, 369. — Guerre de Schapour contre les Roumis, 391, 393. — 427, 497, 499, 529, 617, 631, 663, 671; VI, 23, 81, 141, 165, 183, 235-239, 307, 309, 319, 325, 329, 361, 363, 393, 473, 479, 607, 675; VII, 215, 273, 281, 285, 311, 321, 329, 359, 361, 375, 401, 403, 409, 411, 423, 463, 491. — Voy. aussi Kaïsar (Le) de Roum, Khakan

TABLE ANALYTIQUE

(Le) de Roum, Iskender, Phëilekous, Philippe.
Roumains (Les), pour Roumis (Les), IV, 571.
Roumi (Le), une des écritures que les Divs enseignèrent à Thahmouras, I, 47.
Roumis (Les). Voy. Roum (Le) et les Roumis.
Rouschenek, fille de Dara, fils de Darab, roi de Perse, est fiancée, par son père mourant, à Iskender, fils de Pheïlekous, roi de Roum, V, 91, 93. — Iskender invite Dilaraï, mère de Rouschenek, à lui envoyer sa fille, conformément aux dernières volontés de Dara, 105. — Il écrit également à Rouschenek, 105. — Réponse de la reine, 107. — Iskender envoie sa mère auprès de Dilaraï et de Rouschenek, 109. — Les grands et la reine vont au-devant de la princesse de Roum, 109. — Dilaraï prépare la corbeille de mariage de sa fille; Rouschenek part pour Istakhr avec la mère d'Iskender, 111. — Toute la cour va à sa rencontre; l'Iran, le Touran et la Chine la saluent comme reine, 111. — Dernières volontés d'Iskender; il recommande que l'enfant qui naîtra de Rouschenek soit roi de Roum, si c'est un fils; si c'est une fille, on la mariera au fils de Pheïlekous, à qui l'on donnera le titre de fils d'Iskender, 251. — Iskender meurt à Babylone, 253. — Lamentations de Rouschenek sur le cercueil de ce prince, 261.
Rouzbeh, grand Mobed de Bahram Gour, détruit un bourg d'un mot et le fait refleurir d'une parole, V, 583-589. — 627. — Il déplore le goût exagéré de Bahram pour les femmes, 631. — 645, 647, 671.
Rouzbeh, vieillard dont les quatre filles devinrent les épouses de Bahram Gour, roi de Perse, V, 591-595.
Royauté (Union de la) et de la religion, V, 379, 381.
Röckert (F.). Voy. Rostem und Sohrab, etc.

Rue (La), plante, était employée comme talisman, I, 451.
Russes. — Leur expédition contre Berda, I, lxxii. — lxxiii. — (Pays des), VII, 329.
Rustem, fils d'Azermigan, un des généraux de Khosrou Parviz, VII, 341.
Rustem, fils de Fakhr-al-Daulet le Dilémite, envoie un présent de mille pièces d'or à Firdousi et l'invite à venir chez lui; renseignements sur ce prince; anecdote le concernant, I, xxx, xxxi.
Rustem, fils d'Hormuzd, Sipehbed de Yezdeguerd, le dernier roi sassanide, est chargé par ce prince de conduire une armée contre Saad, fils de Wakkas, qui avait envahi l'Iran, VII, 431. — Il consulte le sort, avant de livrer bataille à Kadesiah, et écrit à son frère une longue lettre où il lui annonce les malheurs qui attendent la famille des Sassanides, 433. — Il lui conseille de rassembler toutes ses richesses et de se retirer dans l'Aderbaïdjan, et lui envoie ses adieux pour sa mère qu'il ne doit plus revoir, 435. — Il lui prédit la ruine de la puissance perse, la domination des Arabes et toutes les calamités qui s'abattront sur l'Iran, 437. — Lettre de Rustem à Saad, fils de Wakkas, 441. — Réponse de celui-ci à la lettre de Rustem, 443. — Le chef arabe désigne Schobah Moghaïrah pour porter son message à Rustem, 445. — Entrevue de Schobah et de Rustem, 447. — Combat entre Rustem et Saad, fils de Wakkas. Mort de Rustem, 449. — Son armée est mise en déroute, 451. — 459.
Rustem, fils de Tour, cité, I, lxviii.
Rustem, fils de Zal, I, vii, xiii, xix, xxxvii, lvi, lxi-lxiv, lxvii, lxviii. — Les astrologues prédisent à Minoutchehr que de l'union de Zal et de Roudabeh naîtra un héros glorieux, I, 329. — Naissance de Rustem, 349. — Manière dont il vint au monde; origine du nom de Rustem, 353. — On fabrique un en-

89.

fant de soie de la taille de Rustem et on l'envoie à Sam monté sur un cheval et armé de la lance et de la massue, 353. — Joie de Sam à la vue de cette image de son petit-fils; fêtes célébrées dans tout l'empire à l'occasion de la naissance de Rustem; Sam écrit à son fils pour le féliciter et lui recommander d'avoir le plus grand soin de l'enfant, 355. — Enfance de Rustem, 357. — Sam va voir son petit-fils; Zal va au-devant de son père avec Mihrab et Rustem, 357. — Plaisir qu'éprouve Sam en voyant Rustem et en entendant les louanges que l'enfant lui adresse, 359. — Il passe un mois en fêtes entre Zal et Rustem, 359. — Il retourne dans son royaume, 363. — Rustem tue l'éléphant blanc, 363. — Zal apprend ce que son fils a fait et le félicite sur sa force et son courage, 365. — Il l'invite à se préparer à venger le sang de Neriman, père de Sam, 365. — Il lui fait le récit des circonstances dans lesquelles Neriman avait trouvé la mort devant la forteresse inabordable du mont Sipend, et lui raconte comment Sam avait vainement tenté de s'emparer de cette place, 367. — Rustem part pour le mont Sipend déguisé en marchand de sel, 369. — Il est introduit dans la place et en massacre la garnison pendant la nuit, 371. — Il découvre le trésor de la forteresse, 371. — Il écrit à Zal pour lui annoncer sa victoire, 373. — Joie de Zal à cette nouvelle; réponse qu'il fait à son fils, 373. — Rustem enlève le trésor, livre aux flammes le château du mont Sipend et retourne vers son père, 375. — Lettre de Zal à Sam pour l'informer des hauts faits de Rustem, 375. — Réponse de Sam à la lettre de son fils, 377. — Derniers moments de Minoutchehr et conseils qu'il donne à son fils, 377. — Il lui recommande de rechercher l'aide de Zal, de Sam et de Rustem, 381. — Mort de Minoutchehr, 381. — Pescheng, roi du Touran, ordonne à son fils Afrasiab de marcher contre l'Iran, 441. — Les Iraniens effrayés s'adressent à Zal; ce prince leur promet le secours de Rustem, 443. — Entretien de Zal et de son fils à ce sujet; fières paroles de Rustem, 445. — Il demande à son père une massue énorme et un cheval capable de le porter, 447. — Zal ordonne qu'on lui remette la massue de Sam, et fait défiler devant lui ses troupeaux de chevaux du Zaboulistan et une partie de ceux du Kaboul; Rustem s'empare du poulain Baksch, 447. — Il le dompte et le monte, 451. — Zal conduit son armée contre Afrasiab, 451. — Celui-ci vient camper sur le bord de la rivière de Rei; Zal apprend l'existence de Keï Kobad, prince de la famille de Feridoun, et charge Rustem de l'amener du mont Alborz où il réside, 453. — Rustem met en fuite les Turcs qui tentaient de lui barrer le passage, 455. — Il arrive au palais de Keï Kobad; accueil qui lui est fait, 455. — Il expose le but de sa mission, 457. — Keï Kobad se fait connaître à Rustem qui s'acquitte du message de son père, 459. — Le songe de Keï Kobad, 459. — Ce prince part avec Rustem pour rejoindre l'armée; les Turcs s'opposent à leur passage; Rustem tue leur chef et les disperse, 461. — Keï Kobad et Rustem arrivent auprès de Zal, 463. — Keï Kobad monte sur le trône; il se prépare à combattre les Turcs, 465. — Rencontre des deux armées ennemies, 465. — Rustem prie son père de lui indiquer Afrasiab; Zal donne à son fils le signalement de ce prince et cherche à le détourner de le combattre; Rustem défie Afrasiab, 467. — Combat de Rustem et d'Afrasiab; ce dernier est vaincu et prend la fuite; son armée est taillée en pièces, 469. — Les Turcs regagnent leur pays; Rustem se rend auprès du roi de l'Iran qui le place avec son père à ses côtés, 471. — Afrasiab retourne auprès de son père, 471. — Il lui fait le récit de sa lutte avec Rustem, 473. — Il l'engage à faire la paix avec Keï Kobad, 475. — Pescheng demande la paix au roi de l'Iran, 477. — Celui-ci lui accorde sa demande, 479. — Rustem exhorte le roi à se défier des Turcs qui n'ont fait leur soumission que par crainte de ses armes; Keï Kobad lui répond qu'il est de son devoir de les traiter avec bonté et justice, 479. — Rustem reçoit du roi l'investiture des pays situés entre le Zaboulistan et la mer de Sind, et de magnifiques cadeaux; de superbes présents sont envoyés à Zal, et des récompenses données à Karen et aux autres braves de l'armée, 481. — Keï Kaous, successeur de Keï Kobad, conçoit le projet de porter la guerre dans le Mazenderan, 489. — Désolation des grands à cette nouvelle; ils envoient un message à Zal pour le prier de venir dissuader le roi de ce funeste projet, 491. — Zal se rend auprès du roi, 493. — Il lui conseille de ne rien entreprendre contre le Mazenderan, 495. — Kaous persiste dans sa résolution et demande à Zal d'être, avec Rustem, le gardien de l'Iran, 497. — Zal prend congé du roi le cœur plein de tristesse, 499. — Kaous part pour le Mazenderan; il confie à Milad le pays d'Iran et lui recommande de recourir à Zal et à Rustem au jour du danger, 499. — L'armée arrive sur le mont Asprous; par l'ordre de Kaous, Guiv s'empare de la ville de Mazenderan et la brûle, 501. — Le roi de Mazenderan, à la nouvelle des dévastations commises par les Iraniens, appelle le Div blanc à son aide, 503. — Celui-ci fait pleuvoir, pendant la nuit, des pierres et des javelots sur les soldats de Kaous; leur vue s'obscurcit; ils se dispersent et sont faits prisonniers, 503. — Reproches du Div blanc à Kaous; douze mille Divs armés de poignards sont commis à la garde des Iraniens, 505. — Le butin et les prisonniers sont emmenés à la cour du roi de Mazenderan, 505. — Message de Kaous pour Zal et pour Rustem, 507. — Zal ordonne à son fils de se préparer à venger, sur les Divs et le Mazenderan, la défaite et la captivité de Kaous et des Iraniens, 507. — Il lui fait connaître les deux chemins qui conduisent dans le Mazenderan et l'engage à choisir le plus court, bien qu'il doive y rencontrer des dangers de toute sorte, 509. — Rustem jure de ramener les Iraniens qui sont encore vivants et de punir leurs oppresseurs, 509. — Il fait ses adieux à Zal et à Roudabeh, 511. — Les sept aventures de Rustem. — Première aventure : Raksch combat un lion, 511. — Deuxième aventure : Rustem, mourant de soif dans le désert, découvre une source, 513. — Troisième aventure : Rustem combat un dragon, 517. — Quatrième aventure : Rustem tue une magicienne, 521. — Cinquième aventure : Aulad tombe au pouvoir de Rustem, 525. — Celui-ci lui promet de lui donner le Mazenderan s'il veut le guider vers l'endroit où Kaous est retenu prisonnier, 529. — Aulad accepte cette proposition, 529. — Ils arrivent à l'entrée du Mazenderan, 531. — Sixième aventure : Combat de Rustem contre le Div Arzeng, 533. — Il tue et extermine son armée; il se fait conduire à la ville où se trouve Kaous, 533. — Entrevue de Rustem et de Kaous; le roi engage Rustem à combattre le Div blanc, et lui indique le lieu de sa résidence, 535. — Septième aventure : Rustem tue le Div blanc, 537. — Il revient auprès de Kaous et reçoit ses bénédictions et ses actions de grâce, 541. — On verse du sang du Div blanc dans les yeux du roi qui redeviennent brillants; les Iraniens se répandent dans le Mazenderan et le mettent à feu et à sang, 543. — Kaous écrit une lettre au roi de ce pays pour l'inviter à se rendre à la cour et à lui payer tribut, 543. — Celui-ci refuse de se soumettre et fait répondre au roi de l'Iran qu'il part pour le combattre et dévaster son royaume, 547. — Kaous communique à Rustem la réponse faite à sa lettre, 547. — Sur le conseil de Rustem, il invite de nouveau le roi du Mazenderan à venir lui rendre hommage, 549. — Rustem se rend chez ce roi avec un message; celui-ci envoie au-devant de lui quelques-uns de ses grands; prouesses de Rustem, 549. — Kalahour veut éprouver la force de Rustem; il est vaincu et conseille au roi de se résigner à payer le tribut, 551. — Rustem remet au roi la lettre de Kaous; colère du roi à la lecture de cette lettre; réponse hautaine et menaçante qu'il fait au messager, 553. — Rustem retourne auprès du roi de l'Iran et lui rend compte de sa mission, 553. — Combat de Kaous contre le roi du Mazenderan, 555. — Un des grands de ce pays sort des rangs et défie les Iraniens, 555. — Rustem se présente pour le combattre et le tue, 557. — Les deux armées en viennent aux mains, 559. — Rustem attaque le roi du Mazenderan et le frappe de sa lance; celui-ci se change en un quartier de roche, 561. — Rustem raconte à Kaous ce qui vient de se passer, 561. — Le roi ordonne que la pierre soit portée auprès de son trône; les Iraniens essayent en vain de la remuer; Rustem l'enlève, sans aide, et va la jeter devant la tente du roi, 563. — Il force le roi du Mazenderan à reprendre sa forme naturelle et le conduit devant Kaous; celui-ci lui reproche ses anciennes souffrances, et le fait couper en morceaux, 563. — Il distribue le butin à son armée, fait décapiter les Divs, rend grâce à Dieu de lui avoir donné la victoire et passe quelque temps en fêtes dans le Mazenderan, 565. — Rustem demande pour Aulad l'investiture de ce royaume; Kaous confère la couronne à Aulad et quitte le Mazenderan, 565. — Il retourne dans l'Iran et congédie Rustem, 567. — Sa marche triomphale à travers ses États; il comble Rustem de présents magnifiques et lui renouvelle l'investiture du Nimrouz, 567. — Départ de Rustem; puissance de Kaous et prospérité de son royaume, 569. — Guerre de Kei Kaous avec le roi du Berberistan, II, 5. — Il le défait et lui pardonne, 7. — Il mène ensuite son armée dans le Zaboulistan où il reçoit l'hospitalité de Rustem, 7. — Guerre contre le roi du Hamaveran, 9. — Ce prince est vaincu et se soumet, 11. — Kaous demande en mariage Soudabeh, fille du roi du Hamaveran, 11. — Le roi du Hamaveran s'empare de Kaous par trahison, 17. — Il le fait charger de chaînes et enfermer, avec les grands de son armée, dans une forteresse, 19. — Afrasiab attaque le pays d'Iran, 21. — Il s'en empare, 23. — Les Iraniens invoquent le secours de Rustem; ce prince réunit une armée, 23. — Il envoie un messager au roi du Hamaveran pour l'inviter à rendre la liberté à Kaous; réponse arrogante que lui fait ce prince, 25. — Rustem se dirige vers le Hamaveran; le roi de ce pays rassemble ses troupes; rencontre des deux armées; les soldats du Hamaveran s'enfuient à la vue de Rustem, 27. — Le roi envoie des messagers en Égypte et dans le pays de Berber pour demander l'aide des rois de ces contrées; ceux-ci réunissent leurs armées et se mettent en marche, 27. — Rustem fait prévenir secrètement Kaous de ce qui se passe; ce roi lui ordonne de combattre sans avoir souci de sa personne, 29. — Rustem combat les trois rois et délivre Kaous de prison, 29. — La nouvelle des hauts faits de Rustem se répand en Arabie; les cavaliers du désert envoient un messager à Kaous pour lui donner connaissance de

TABLE ANALYTIQUE

711

la résistance qu'ils ont opposée à l'invasion des Turcs et lui offrir leur concours pour combattre ce peuple, 35. — Kaous ordonne à Afrasiab de sortir de l'Iran, 35. — Afrasiab refuse d'obéir à cette injonction et marche à la rencontre de Kaous, 37. — Les deux armées en viennent aux mains, 37. — Rustem rompt, d'une seule attaque, le centre des Touraniens; ceux-ci faiblissent; Afrasiab harangue ses troupes et promet un royaume et la main de sa fille à celui qui s'emparera de Rustem, 39. — Il est défait et s'enfuit dans le Touran, 39. — Kaous nomme Rustem Pehlewan du monde et lui attribue tout son bonheur, 41. — Kaous est tenté par Iblis et vole vers le ciel, 43. — Il retombe sur la terre, dans une forêt voisine d'Amol, 45. — Rustem ramène Kaous, 47. — Le combat des sept héros : Rustem donne une fête à l'assemblée des grands, 51. — Guiv lui propose d'aller chasser sur le territoire du Touran, dans les réserves d'Afrasiab, 51. — Rustem accepte cette proposition et part pour la chasse avec Guiv et cinquante des plus célèbres guerriers de l'Iran, 53. — Afrasiab apprend leur expédition et se met en marche avec son armée pour les surprendre, 55. — Rustem combat les Touraniens, 57. — Afrasiab envoie contre lui Piran, fils de Wiseh, 59. — Prouesses de Rustem, 61. — Combat de Pilsem contre les Iraniens, 61. — Il s'enfuit devant Rustem, 65. — Combat et mort d'Alkous le Touranien, 65. — Les Turcs font un dernier effort; ils sont battus, 67. — Afrasiab s'enfuit du champ de bataille et parvient à échapper à la poursuite de Rustem, 69. — Les Iraniens font de nombreux prisonniers et un grand butin; ils informent le roi Kaous de leur victoire, 69. — Ils retournent dans l'Iran, 71. — Histoire de Sohrab; commencement du récit, 73. — Rustem va à la chasse dans les environs de Semengan, 75. — Il s'endort, et quelques cavaliers turcs profitent de son sommeil pour s'emparer de Raksch, 75. — Rustem prend à pied le chemin de Semengan à la recherche de Raksch, 77. — Il arrive dans cette ville; le roi du pays va à sa rencontre, lui offre l'hospitalité et lui promet de lui faire retrouver son cheval, 77. — Tehmimeh, fille du roi de Semengan, va trouver Rustem pendant la nuit, 79. — Elle lui révèle l'amour qu'elle a conçu pour lui au seul bruit de sa renommée, et lui promet de lui ramener son cheval, 81. — Rustem la fait demander en mariage à son père, 81. — Le roi de Semengan accorde à Rustem la main de sa fille; mariage de Rustem et de Tehmimeh; le héros donne à sa jeune épouse un onyx qu'il portait au bras pour qu'elle en pare l'enfant qui naîtra d'elle, 83. — Raksch est rendu à son maître; celui-ci prend congé de Tehmimeh et retourne dans le Zaboulistan; naissance de Sohrab, 83. — Son enfance; sa mère lui apprend qu'il est fils de Rustem, 85. — Projets belliqueux de Sohrab, 85. — Il choisit un cheval, 87. — Il se prépare à porter la guerre dans l'Iran, 89. — Afrasiab envoie Barman et Houman auprès de Sohrab avec des instructions secrètes, 91. — Sohrab arrive au Château Blanc; il bat et fait prisonnier la gautenuar de cette place qui voulait lui barrer le passage, 95. — Gurdaferid, fille de Guzdehem, se dispose à venger cette défaite, 95. — Le combat de Sohrab et de Gurdaferid, 97. — La jeune guerrière est faite prisonnière; elle promet à Sohrab de lui remettre le château, 99. — Elle viole sa promesse et menace Sohrab de l'arrivée de Kaous et de Rustem, 101. — Lettre de Guzdehem à Kaous pour demander du secours, 103. — Sohrab s'empare du Château Blanc, 105. — Kaous écrit à Rustem et le fait venir du

Zaboulistan, 107. — Le roi charge Guiv de son message et lui ordonne de ne point s'arrêter dans le Zaboulistan, mais de ramener Rustem immédiatement, 109. — Guiv remet la lettre du roi à Rustem; celui-ci se demande en vain quel peut être ce héros venant du pays des Turcs et réfléchit que son fils est trop jeune pour accomplir les exploits dont on lui fait le récit, 111. — Il se rend avec Guiv dans son palais et y passe trois jours en fêtes, 111. — Guiv fait ses préparatifs de départ et engage Rustem à ne pas différer plus longtemps sous peine d'encourir le ressentiment du roi, 113. — L'armée du Zaboulistan part pour l'Iran, 115. — Kaous se met en colère contre Rustem; celui-ci s'emporte et fait de violents reproches au roi en lui rappelant les services qu'il lui a rendus, 115. — Il invite les Iraniens à se défendre eux-mêmes et les quitte, 117. — Ceux-ci engagent Gouderz à se rendre auprès du roi et à lui faire entendre raison, 119. — Le roi reconnaît la justesse des paroles de Gouderz et le prie de ramener Rustem; Gouderz et les chefs de l'armée atteignent Rustem; leurs instances restent d'abord sans résultat, 121. — Gouderz intéresse sa gloire et fait appel à ses sentiments généreux; Rustem cède enfin et revient auprès de Kaous qui s'excuse de l'avoir traité durement, 123. — Kaous et Rustem se mettent en campagne, 125. — L'armée iranienne arrive devant le Château Blanc; Rustem pénètre dans la forteresse à la faveur d'un déguisement, 127. — Il tue Zendeh Rezm, oncle de Sohrab, qui l'avait aperçu et le questionnait, 129. — Sohrab apprend la mort de Zendeh; il jure de le venger, 129. — Rustem revient auprès de Kaous; il lui fait la description des Turcs et de Sohrab et lui parle du coup qu'il avait donné à Zendeh Rezm, 131. — Sohrab monte sur une hauteur d'où il découvre le camp des Iraniens, et demande à Hedjir les noms des chefs de leur armée, 133. — Celui-ci évite de lui désigner Rustem, 135. — Sohrab insiste pour connaître son père; Hedjir lui fait de nouveau une réponse évasive, 139. — Nouvelles instances de Sohrab, 139. — Inquiétudes secrètes de Hedjir au sujet de Rustem, 141. — Il fait mentalement le sacrifice de sa vie à la sécurité du héros iranien, et refuse de le désigner à Sohrab, 141. — Sohrab attaque l'armée de Kaous, 143. — Les chefs iraniens se dispersent devant lui; il défie Kaous qui envoie en toute hâte un message à Rustem, 145. — Celui-ci prend ses armes, monte sur Raksch et s'avance au-devant de Sohrab, 147. — Les deux guerriers se défient et conviennent de se battre hors des lignes des deux armées; Sohrab interroge Rustem sur sa naissance, 147. — Rustem refuse de se faire connaître, 149. — Combat de Rustem contre Sohrab, 149. — Ils se séparent sans avoir pu se vaincre, et se jettent, chacun de son côté, sur l'armée adverse, 151. — Sohrab et Rustem retournent à leurs camps, 153. — Ils s'informent des résultats de leurs attaques réciproques, 153. — Rustem raconte à Kaous son combat contre Sohrab; il se retire dans son camp, 157. — Recommandations qu'il fait à Zewareh, 157. — Il retourne au combat, 159. — Sohrab court au-devant de lui et cherche de nouveau à lui faire avouer qu'il est Rustem, 161. — Le guerrier iranien lui fait une réponse évasive; ils en viennent aux mains de nouveau; Rustem est terrassé et Sohrab s'apprête à lui trancher la tête, 163. — Rustem invoque en sa faveur les coutumes guerrières de l'Iran; Sohrab le laisse aller; reproches que lui adresse Houman à ce sujet, 165. — Nouvelle rencontre de Sohrab et de Rustem, Sohrab est frappé à mort, 167. — Reconnaissance du père et du fils, 169. — Sohrab prie son père d'épargner les Touraniens et lui recommande le sort de Hedjir, son prisonnier, 171. — Rustem va au-devant des Iraniens et les engage à ne pas combattre les Touraniens, 173. — Douleur de Rustem; message qu'il envoie à Houman; danger que court Hedjir; Rustem retourne auprès de son fils suivi des grands de l'Iran, 175. — Il veut se tuer, 175. — Il en est empêché par les grands, 177. — Rustem demande un baume à Kaous; refus du roi, 177. — Lamentation de Rustem sur la mort de Sohrab, 179. — Il ramène dans son camp le corps de son fils, 181. — Le roi de l'Iran vient lui apporter ses consolations et consent à laisser partir les Touraniens, 183. — Retour de Rustem dans le Zaboulistan; Zal va à sa rencontre; douleur de ce prince à la vue du cercueil de son petit-fils, 185. — Plaintes de Roudabeh sur la mort de Sohrab; Rustem ouvre le cercueil et montre à Zal et aux grands le corps de son fils, 187. — Il lui bâtit un tombeau, 187. — La mère de Sohrab apprend sa mort, 189. — Transports de sa douleur, 191. — Elle meurt de chagrin, 193. — Histoire de Siawusch, fils de Keï Kaous, 195. — Aventures de la mère de Siawusch, 197. — Naissance de ce prince; Rustem propose au roi de se charger de l'éducation de son fils, 201. — Le roi y consent et Rustem emmène Siawusch dans le Zaboulistan, 201. — Jeunesse de Siawusch; il fait part à Rustem de son désir de revoir son père, 203. — Rustem le ramène auprès de Kaous, 203. — Accueil que le roi fait à son fils et à Rustem, 205. — Kaous apprend qu'Afrasiab s'est mis en campagne, 247. — Siawusch demande à son père de lui confier le commandement de l'armée iranienne, 247. — Le roi consent au désir de son fils, et charge Rustem de veiller sur lui, 249. — Siawusch entre en campagne, 249. — Succès de ses armes, 253. — Il bat Sipahram près de Balkh, et s'empare de cette ville; Sipahram s'enfuit auprès d'Afrasiab avec son armée, 253. — Siawusch informe Kaous de sa victoire, et lui demande s'il doit passer le Djihoun et attaquer Afrasiab, 255. — Kaous lui conseille d'attendre que les Touraniens viennent l'attaquer, 255. — Guersiwez informe Afrasiab des résultats de sa campagne contre les Iraniens, 257. — Colère d'Afrasiab, 257. — Il a un rêve, 259. — Il le fait interpréter par un Mobed; celui-ci lui prédit les calamités qui accableront le Touran s'il combat Siawusch, 263. — Afrasiab tient conseil avec les grands, 265. — Il leur fait part de son intention de traiter avec Siawusch, 267. — Les grands l'approuvent; il donne des instructions à Guersiwez et l'envoie à la cour de Siawusch, 267. — Guersiwez remet à Siawusch les présents et le message de son maître, 269. — Entretien de Siawusch et de Rustem au sujet des propositions d'Afrasiab, 271. — Siawusch conclut un traité avec le roi du Touran, 271. — Celui-ci lui envoie des otages et évacue les parties de l'Iran qu'il occupait, 273. — Siawusch envoie Rustem auprès de Kaous pour l'informer de ce qu'il vient de faire, 275. — Rustem rend compte à Kaous, 277. — Le roi lui fait des reproches et lui annonce qu'il va ordonner à son fils de rompre le traité et de marcher contre Afrasiab, 279. — Rustem tente de détourner le roi de ce dessein, 281. — Celui-ci le renvoie dans le Seïstan, 281. — 285, 287, 307, 327, 351, 401, 405. — Rustem apprend le sort de Siawusch; il se rend auprès de Kaous, 435. — Il fait le serment de venger Siawusch, 435. — Reproches qu'il adresse au roi dont la passion pour Soudabeh a causé la mort de Siawusch, 437. — Rustem tue Soudabeh et entre en campagne, 437. — Discours qu'il adresse à ses compagnons d'armes, 439. — Départ de l'armée iranienne, 439. — Faramourz, fils de Rustem, tue Warazad, roi de Sipendjab, 441. — Afrasiab apprend la mort de Warazad, 443. — Il envoie son fils Surkheh contre Faramourz, 443. — Surkheh est battu et fait prisonnier; Rustem arrive sur le champ de bataille avec ses troupes, 447. — Il apprend la victoire de son fils et fait l'éloge de sa bravoure, 447. — Il ordonne de mettre à mort le fils d'Afrasiab; Thous intercède en sa faveur; Rustem reste insensible, et le jeune prince est livré aux bourreaux, 449. — Afrasiab se met en campagne pour venger son fils, 451. — Rustem est informé de son approche et va à sa rencontre, 451. — Rustem tue Pilsem, 453. — Le combat devient général, 457. — Les Iraniens reculent devant Afrasiab; Rustem vient à leur secours, 459. — Il se jette sur Afrasiab, qui est renversé à terre; Houman fait diversion et Afrasiab échappe à Rustem, 461. — Les Turcs prennent la fuite; les Iraniens les poursuivent, 463. — Afrasiab, craignant que Rustem ne s'empare de Keï Khosrou, envoie ce prince à Khoten, 463. — Rustem gouverne le Touran pendant sept ans, 467. — Les grands de la Chine viennent lui faire leur soumission, 469. — Zewareh va voir les réserves de chasse de Siawusch; douleur qu'il éprouve au souvenir des infortunes de ce prince, 469. — Il réveille dans le cœur de son frère le sentiment de la vengeance, 471. — Rustem dévaste le Touran; les grands de ce pays le supplient d'épargner le sang innocent, 471. — Il convoque les chefs de son armée qui lui conseillent de revenir auprès de Kaous, 473. — Rustem retourne dans l'Iran, 473. — 479, 509, 511, 529, 537. — Rustem vient rendre hommage à Keï Khosrou, 561. — Le roi envoie Guiv, Gouderz et Thous à sa rencontre; accueil qu'il lui fait, 563. — Keï Khosrou fait le tour de son empire, 565. — Il fait serment de venger son père, 567. — Ce serment est consigné dans un écrit qui est confié à la garde de Rustem, 569. — 571. — Rustem rappelle au roi que l'Inde avait fait partie du royaume de Minoutchehr et qu'elle gémit sous le joug des Turcs, 581. — Keï Khosrou charge Faramourz, fils de Rustem, de reprendre cette province, 581. — Conseils qu'il lui donne, 589. — Faramourz prend congé du roi et part pour sa destination, 589. — Son père l'accompagne quelque temps et revient auprès de Khosrou, 591. — 595, 703. — Histoire de Kamous de Kaschan; commencement du récit, III, 5. — Keï Khosrou fait mauvais accueil à son armée et à Thous, 7. — Les grands de l'Iran se rendent auprès de Rustem, 9. — Celui-ci intercède auprès du roi en faveur de Thous et de l'armée, 11. — Khosrou pardonne aux Iraniens, 11. — 13, 25, 43, 47, 53, 57, 59. — Keï Khosrou reçoit des nouvelles de son armée, 59. — Il ordonne à Rustem de se rendre à sa cour avec ses troupes, 61. — Il lui fait connaître la situation, 61. — Il l'invite à partir immédiatement pour le Touran et à confier un corps d'armée à Feribourz, 63. — Feribourz demande en mariage Ferengnis, mère de Khosrou, 65. — Rustem transmet au roi la demande du prince, 65. — Khosrou et Rustem se rendent auprès de Ferengnis et lui font part du désir de Feribourz, 67. — Rustem presse la reine d'accepter Feribourz pour époux, 69. — Ferengnis consent enfin à cette union qui est conclue sur-le-champ, 69. — Rustem part pour le mont Hemawen, précédé par Feribourz, 71. — 81. — Gouderz apprend que Rustem s'approche, 83. — 89. — Feribourz arrive au mont Hemawen, 95. — 97, 99.

TABLE ANALYTIQUE

Thous informe ses troupes de l'arrivée prochaine de Rustem; il leur propose de faire une attaque sans attendre celui-ci, 101. — Les Iraniens refusent d'adhérer à cette proposition, 101. — Rustem arrive auprès des Iraniens, 107. — Il entre dans le camp de Thous et est reçu par les chefs de l'armée, 109. — Ceux-ci l'entretiennent des troupes innombrables de l'ennemi et des guerriers qui les commandent, 111. — Les deux armées se rangent en bataille, 113. — Rustem ordonne à Thous de se préparer au combat et va reconnaître le Khakan et les Touraniens, 117. — Les Iraniens se mettent en mouvement, 119. — Combat de Rustem avec Aschkebous, 121. — Le Khakan demande à Piran quel peut être le guerrier qui vient de tuer Aschkebous, 123. — Piran s'informe si Rustem est arrivé, 125. — Kamous interroge Piran au sujet de Rustem, 127. — Réponse de Piran, 127. — Les Iraniens et les Touraniens forment leur ligne de bataille, 131. — Rustem harangue ses troupes, 133. — Kamous tue Alwa, 133. — Rustem tue Kamous, 135. — Combat de Rustem et du Khakan de la Chine, 141. — Djinghisch se présente pour venger Kamous; combat de Rustem et de Djinghisch, 143. — Djinghisch est tué; le Khakan envoie Houman auprès de Rustem, 147. — Houman s'efforce par des paroles flatteuses de découvrir qui est Rustem, 147. — Réponse de Rustem aux insinuations de Houman, 149. — Houman essaye de nouveau, sans plus de succès, de savoir le nom de son interlocuteur, 151. — Il retourne auprès de Piran et lui rapporte les paroles de Rustem, 153. — Le Khakan engage Piran à se rendre auprès de Rustem pour sonder ses intentions, 155. — Piran se rend auprès de Rustem, 155. — Leur entretien, 157. — Piran exhorte Rustem à faire la paix, 159. — Rustem lui fait connaître les conditions qu'il met à la cessation des hostilités, 161. — Piran retourne à son camp; il communique aux membres de sa famille la réponse de Rustem, 163. — Il se rend auprès du Khakan et tient conseil avec lui, 165. — Schenkoul, roi de l'Inde, est d'avis de continuer la lutte et se propose d'attaquer Rustem, 167. — Piran retourne à sa tente et raconte aux chefs des Turcs les paroles de Schenkoul, 169. — Tristesse que cause à Houman la résolution du roi de l'Inde, 169. — Rustem adresse la parole à son armée, 171. — Il lui donne connaissance de son entretien avec Piran, et des conditions qu'il a mises à la conclusion de la paix avec les Touraniens, 171. — Gouderz met Rustem en garde contre les ruses et les artifices de Piran, 173. — Rustem reconnaît la vérité des paroles de Gouderz, mais il veut user d'indulgence envers Piran pour les services rendus à Khosrou, 175. — Les Iraniens et les Touraniens forment leurs rangs, 177. — Rustem fait des reproches à Piran, 179. — Commencement du combat, 183. — Schenkoul combat Rustem et s'enfuit, 185. — L'armée du Khakan cherche à envelopper Rustem, 187. — Combat de Rustem contre Saweh, 189. — Rustem tue Gahar de Gahan, 193. — Les Iraniens s'avancent vers le Khakan; Rustem commence l'attaque, 195. — Le Khakan est fait prisonnier, 197. — Rustem le livre aux gardes de Thous, 201. — Défaite des Touraniens, 203. — Rustem invite les Iraniens à remercier Dieu qui leur a donné la victoire, 205. — Il distribue le butin, 205. — Il fait rechercher Piran, 207. — Fureur de Rustem en apprenant que les Turcs ont disparu, 209. — Réflexions de Rustem sur l'inconstance de la fortune, 211. — Il choisit Feribourz pour porter un message au roi de l'Iran, 211. — Lettre de Rustem à Kei Khosrou, 213. — Feribourz part pour l'Iran avec les rois

90.

prisonniers et les dépouilles des Touraniens, 215. — Rustem et son armée prennent la route du désert, 215. — Réponse de Keï Khosrou à la lettre de Rustem, 217. — Feribourz retourne auprès de Rustem avec des présents pour ce prince et pour les chefs de l'armée, 217. — Afrasiab apprend la défaite de son armée, 221. — Il assemble les grands du royaume et leur demande conseil, 221. — Ceux-ci sont d'avis de combattre Rustem s'il pénètre dans le Touran, 223. — Feribourz remet à Rustem et à ses compagnons les présents de Khosrou, 223. — Rustem et son armée arrivent dans le Soghd, devant Bidad, 225. — Par son ordre, Gustehem attaque le château de cette ville où commande Kafour, le mangeur d'hommes; les Iraniens sont battus, 225. — Rustem arrive sur le champ de bataille; il tue Kafour, attaque le château et s'en empare, 227. — Il envoie Guiv faire une expédition sur les frontières du Khoten, 231. — Afrasiab reçoit des nouvelles de Rustem; douleur que lui cause la dévastation de son royaume, 233. — Ses soldats promettent de mourir plutôt que d'abandonner leur pays à l'ennemi, 235. — Il ordonne de faire les préparatifs de guerre et envoie Farghar observer Rustem et les Iraniens, 235. — Afrasiab confie à son fils Schideh ses inquiétudes et ses desseins secrets, 237. — Réponse de Schideh aux confidences de son père, 239. — Farghar rend compte de sa mission au roi; celui-ci communique son rapport à Piran et aux chefs de l'armée; réponse généreuse de Piran, 241. — Afrasiab écrit à Pouladwend pour lui demander son concours, 241. — Celui-ci rassemble son armée et va rejoindre Afrasiab, 245. — Le roi du Touran expose à Pouladwend l'inquiétude que lui cause Rustem, 245. — Pouladwend explique à Afrasiab comment il espère venir à bout de Rustem, 247. — Rustem attaque les Turcs; combat de Pouladwend contre Thous et Guiv, 247. — Succès de Pouladwend contre les Iraniens, 249. — Désolation de Gonderz qui croit ses fils tués, 249. — Combat de Rustem contre Pouladwend, 251. — Rustem et Pouladwend luttent corps à corps, 255. — Conseils perfides que Schideh donne à Pouladwend par ordre d'Afrasiab, 257. — Rustem jette Pouladwend à terre et le croit mort; Pouladwend se relève et s'enfuit auprès d'Afrasiab, 259. — Rustem fait avancer son armée; Pouladwend quitte le champ de bataille en emmenant ses troupes, 259. — Afrasiab s'enfuit devant Rustem, 261. — Les Touraniens sont mis en déroute complète, 261. — Rustem fait cesser le carnage et distribue le butin; les Iraniens cherchent en vain Afrasiab et dévastent son royaume, 263. — Rustem revient à la cour du roi, 263. — Khosrou va au-devant de lui; accueil qu'il lui fait, 265. — Rustem s'en retourne dans le Seïstan, 267. — Histoire du combat de Rustem contre le Div Akwan; commencement du récit, 271. — Khosrou apprend d'un pâtre l'apparition du Div Akwan sous la forme d'un onagre; il appelle Rustem à son aide, 271. — Rustem se rend à la cour de Khosrou, 275. — Il cherche le Div, 275. — Il le trouve au bout de quatre jours et le poursuit sans pouvoir l'atteindre, 277. — Le Div Akwan jette Rustem dans la mer, 277. — Rustem réussit à atteindre la côte et se met à la recherche de Raksch, 281. — Il le trouve au milieu d'un troupeau de chevaux appartenant à Afrasiab et dont il s'empare, 281. — Il tue ou disperse les gardiens du troupeau, 283. — Afrasiab vient voir ses chevaux, et apprenant que Rustem les a enlevés, il se met à sa poursuite, 283. — Les Turcs sont mis en fuite, 285. — Rustem est de

TABLE ANALYTIQUE

nouveau accosté par le Div Akwan et le tue, 285. — Retour de Rustem dans l'Iran, 287. — Il raconte au roi son aventure 289. — Il part pour revenir dans le Seïstan, 289. — Histoire de Bijen et de Menijeh, fille d'Afrasiab, 293. — Les Irmaniens viennent solliciter la protection de Khosrou, 295. — Le roi offre de riches cadeaux à celui de ses guerriers qui ira combattre les sangliers qui dévastent le pays des Irmaniens, 299. — Bijen va combattre les sangliers; Gourguin l'accompagne pour lui montrer le chemin, 301. — Gourguin trompe Bijen, 305. — Bijen va regarder Menijeh, fille d'Afrasiab, 309. — Menijeh enlève Bijen et l'emmène dans son palais, 315. — Afrasiab apprend ce qui se passe, 315. — Il ordonne qu'on suspende Bijen au gibet, 323. — Piran demande grâce à Afrasiab pour la vie de Bijen, 325. — Afrasiab jette Bijen en prison, 331. — Guiv apprend que son fils a disparu; sa douleur à cette nouvelle, 335. — Keï Khosrou voit Bijen dans la coupe qui réfléchit le monde, 345. — Il fait connaître à Guiv la situation de son fils et lui dit que Rustem peut seul le délivrer, 347. — Khosrou écrit à Rustem, 349. — Guiv porte à Rustem la lettre de Khosrou, 351. — Rustem prend part à la douleur de Guiv et lui promet de ne pas desseller Raksch avant d'avoir sauvé Bijen, 355. — Rustem donne une fête à Guiv, 357. — Il se rend auprès de Khosrou, 359. — Les grands vont au-devant de lui, 361. — Rustem arrive en présence du roi et lui offre ses hommages, 363. — Keï Khosrou fête les Pehlewans, 365. — Il demande à Rustem de chercher un moyen de sauver Bijen; Rustem promet d'accomplir cette entreprise, 367. — Il demande au roi la grâce de Gourguin, 367. — Le roi abandonne Gourguin à Rustem, 371. — Rustem compose son cortége, 371. — Il se rend à Khoten auprès de Piran, 373. — Il laisse son armée à la frontière et se présente à Piran avec sept de ses compagnons comme des marchands venus de l'Iran, 375. — Rustem offre à Piran de riches présents et ce prince l'autorise à s'établir à Khoten, 377. — Menijeh vient voir Rustem; elle lui parle de Bijen et de ses souffrances, 379. — Rustem, effrayé de ses paroles, la repousse durement; douleur de Menijeh à cet accueil; Rustem se radoucit, 379. — La princesse prie Rustem, à son retour dans l'Iran, de faire connaître le sort de Bijen, 381. — Bijen devine l'arrivée de Rustem, 383. — Il révèle ce secret à Menijeh et l'engage à retourner auprès du marchand pour s'assurer qu'il est bien Rustem, 385. — Rustem se fait connaître à Menijeh, lui recommande le silence, et lui donne ses instructions, 387. — Menijeh fait part à Bijen du message et des ordres qu'elle a reçus de Rustem, 387. — Rustem tire Bijen de la fosse après lui avoir fait promettre de pardonner à Gourguin, 389. — Bijen refuse de partir sans Rustem qui veut se venger d'Afrasiab, 393. — Rustem attaque de nuit le palais d'Afrasiab, 395. — Le roi s'enfuit, 395. — Les Iraniens enlèvent le butin et prennent en toute hâte le chemin de l'Iran, 397. — Afrasiab vient attaquer Rustem, 397. — Défaite d'Afrasiab, 401. — Retour de Rustem auprès de Keï Khosrou, 403. — Guiv et Gouderz vont au-devant de lui et lui offrent leurs hommages, 405. — Khosrou sort à la rencontre de Rustem, 405. — Celui-ci remet Bijen à son père, 407. — Khosrou donne une fête, 407. — Rustem prend congé du roi et retourne dans le Seïstan, 409. — Afrasiab assemble une armée pour venger sa défaite, 413. — 415. — Il ordonne à Piran de marcher sur la capitale de l'Iran et de s'en emparer, 417. — Keï Khosrou apprend ses préparatifs de guerre, 417. — Il réunit ses troupes, 419. — Il envoie Rustem dans l'Inde, 421. — 443, 447, 493, 499, 509, 519; IV, 1, 11, 15. — Rustem reçoit de Khosrou le commandement de l'aile droite de l'armée que le roi de l'Iran se propose de mener contre Afrasiab, 17. — 27, 35, 49, 51, 57, 71. — Khosrou envoie Rustem avec une armée vers Djadj, pour surprendre les Turcs, 85. — Rustem fait connaître au roi qu'il a pénétré dans le Touran et qu'il chasse devant lui les Turcs; Afrasiab apprend cette nouvelle et part secrètement pour aller surprendre Rustem, 93. — Khosrou, informé de son départ, envoie en toute hâte un messager à Rustem, 93. — L'envoyé du roi trouve Rustem et ses troupes prêts au combat et s'acquitte de sa mission, 95. — Afrasiab s'aperçoit que les Iraniens sont sur leurs gardes; il suspend sa marche et consulte les grands qui lui conseillent de se retirer dans Gangue Diz, 95. — Keï Khosrou arrive devant Gangue, 97. — Rustem dresse son camp et demande au roi un commandement, 101. — Keï Khosrou lui exprime son intention d'attaquer Afrasiab avant qu'il ait pu recevoir des renforts, 101. — 115. — Rustem pénètre le premier dans Gangue Diz par la brèche, 119. — Il terrasse Djehn et Guersiwez, 121. — Khosrou annonce à Rustem son intention de combattre Afrasiab en personne, 139. — Rustem le détourne de ce dessein, 139. — 141, 143, 145, 147, 153, 155, 167, 185. — Keï Khosrou prend la vie en dégoût, 215. — Les Iraniens se plaignent de ce qu'il ferme son palais, 219. — Ils appellent Zal et Rustem, 223. — Ceux-ci réunissent les sages et les astrologues du Zaboulistan et du Kaboul, 225. — Zal et Rustem arrivent à la cour de Khosrou; Zal fait des représentations au roi, 229. — 231. — Keï Khosrou répond à Zal, 233. — Mécontentement de Zal et des Iraniens en entendant les paroles du roi, 235. — Zal fait des reproches à Keï Khosrou, 237. — Réponse du roi et repentir de Zal, 239. — Khosrou annonce aux Iraniens ses dernières volontés, 243. — 245, 249. — Zal demande à Keï Khosrou une investiture pour Rustem, 251. — Le roi accorde à Rustem le brevet demandé par son père, 253. — Keï Khosrou se rend dans la montagne où devait se terminer sa vie; les principaux chefs de l'armée l'accompagnent, 265. — Il engage les grands à s'en retourner; Zal, Rustem et Gouderz prennent congé du roi et reviennent sur leurs pas, 267. — Disparition de Keï Khosrou, 269. — Ses compagnons sont ensevelis sous la neige, 271. — Inquiétudes de Rustem et de Gouderz à leur sujet, 271. — Des hommes envoyés dans la montagne retrouvent leurs corps et les rapportent à leurs familles, 273. — Lohrasp apprend la disparition de Keï Khosrou; il assemble les grands et s'engage à suivre les conseils de son prédécesseur; il leur demande en échange d'obéir à ses dernières volontés. Zal promet l'obéissance en son nom et au nom de Rustem, 273. — Gouderz, interrogé à son tour par Lohrasp, approuve les paroles de Zal, 275. — 281, 289, 389, 425. — Guschtasp se rend dans le Seïstan pour y introduire le Zend-Avesta; Rustem va au-devant de lui avec son père et le conduit à Zaboul, 443. — Rustem et ses sujets embrassent la doctrine du Zend-Avesta, 443. — Combat d'Isfendiar contre Rustem, 561. — Guschtasp apprend qu'Isfendiar convoite le trône; il consulte Djamasp sur le sort qui est réservé à son fils, 563. — Djamasp répond qu'Isfendiar doit périr, dans le Zaboulistan, de la main de Rustem, 565. — Isfendiar demande le trône à son père, 567. — Guschtasp

TABLE ANALYTIQUE

719

lui promet de lui accorder ce qu'il demande s'il lui amène prisonniers Rustem, Zewareh et Faramourz, 571. — Isfendiar remontre à son père qu'il n'y a aucune raison d'agir ainsi à l'égard de Rustem, 571. — Le roi insiste; Isfendiar lui laisse entendre qu'il ne cherche qu'un moyen de se défaire de lui et se retire, 573. — Kitaboun donne des conseils à son fils, 575. — Réponse du prince à sa mère, 575. — Isfendiar conduit une armée dans le Zaboulistan, 577. — Il envoie Bahman porter un message à Rustem, 579. — Il fait reprocher au fils de Zal sa conduite envers Lohrasp et Guschtasp, 581. — Il l'engage à se soumettre et à le suivre à la cour de son père, lui promettant d'apaiser la colère du roi et son désir de vengeance, 583. — Bahman rencontre Zal, 585. — Celui-ci lui apprend que Rustem est à la chasse et, sur ses instances, le fait conduire auprès de son fils, 587. — Tentative de Bahman contre Rustem, 589. — Bahman s'acquitte de son message, 591. — Rustem répond à Bahman, 593. — Il le charge de dire à son père qu'il va se présenter devant lui sans armée pour entendre, de sa bouche, les ordres du roi, 595. — Il ajoute qu'il ne saurait se laisser humilier, ni enchaîner, et invite le prince à honorer son palais de sa présence, 595. — Il lui promet enfin de l'accompagner dans l'Iran et de présenter au roi des excuses qui effaceront sa colère, 597. — Retour de Bahman, 597. — Rustem se rend sur les bords du Hirmend attendant que Bahman lui apporte les salutations d'Isfendiar, 599. — Bahman rend compte de sa mission et fait l'éloge de Rustem; colère d'Isfendiar contre son fils, 599. — Rustem et Isfendiar se rencontrent, 601. — Rustem prie le prince de venir dans son palais; Isfendiar répond que les instructions de son père s'y opposent, et il engage Rustem à se conformer aux ordres du roi, 603. — Rustem insiste auprès du prince pour qu'il soit son hôte, 603. — Il promet de faire tout ce qu'il ordonnera, mais refuse de se laisser enchaîner, 605. — Isfendiar propose à Rustem de consacrer ce jour aux coupes de vin; Rustem accepte; il prie le prince de le faire appeler lorsqu'il se mettra à table, et retourne dans son palais pour changer de vêtements, 605. — Isfendiar n'invite pas Rustem à dîner, 607. — Celui-ci se rend auprès du prince et se plaint de cet affront, 609. — Isfendiar lui fait ses excuses de ne l'avoir pas invité, 609. — Nouveau manque d'égards du prince envers Rustem et colère de ce dernier, 613. — Isfendiar déprécie la famille de Rustem, 613. — Celui-ci lui reproche de parler ainsi; il lui rappelle l'illustration de ses ancêtres et ses prouesses personnelles, 615. — Isfendiar fait l'éloge de sa famille, 619. — Rustem se vante de ses hauts faits, 621. — Les deux héros essayent leur force en se serrant la main, 621. — Ils se flattent l'un et l'autre d'être vainqueurs dans le combat du lendemain, 625. — Rustem et Isfendiar boivent du vin, 627. — Rustem se prépare à prendre congé du prince, 627. — Il le prie, de nouveau, de consentir à être son hôte et de renoncer à la lutte; Isfendiar l'engage, de son côté, à se soumettre aux volontés du roi, 629. — Perplexités de Rustem, 629. — Il cherche à faire comprendre au prince que le roi veut sa perte, et il s'efforce de le détourner de son dessein de combattre, 631. — Isfendiar persiste dans sa résolution et invite Rustem à se présenter en armes le lendemain, 633. — Rustem s'en retourne à son palais, 635. — Isfendiar fait à Beschouten l'éloge du fils de Zal, 637. — Beschouten conseille à son frère de renoncer à cette lutte; celui-ci répond qu'il ne peut désobéir aux ordres de son père, 637. — Réplique de Beschouten, 639. — Zal donne conseil à Rustem, 639. — Il l'engage à éviter à tout prix le combat; Rustem répond qu'il a déjà mis tout en œuvre sans succès, 641. — Il promet à Zal d'épargner la vie d'Isfendiar, de s'emparer de sa personne et de le proclamer roi à la place de Guschtasp, 643. — Zal désapprouve les paroles de son fils, 643. — Combat de Rustem et d'Isfendiar, 645. — Les fils d'Isfendiar sont tués par Zewareh et Faramourz, 651. — Bahman court auprès de son père et l'informe de ce qui vient de se passer; Isfendiar reproche à Rustem cette trahison, 653. — Rustem proteste qu'il n'a pas ordonné le combat; la lutte continue, 655. — Rustem, blessé grièvement, s'enfuit sur le haut de la montagne, 655. — Il descend de son cheval qui s'en retourne au palais, 657. — Zewareh court à son frère qui l'envoie auprès de Zal, 657. — Isfendiar invite Rustem à descendre de la montagne; celui-ci répond qu'il est tard et qu'on ne saurait se battre à pareille heure, qu'il va se retirer pour panser ses blessures, et qu'il fera ensuite ce que le prince lui ordonnera, 659. — Isfendiar lui fait grâce pour cette nuit et l'engage à tenir ses promesses, 659. — Isfendiar retourne à son camp; sa douleur à la vue des corps de ses fils; il les envoie à son père, 661. — Il s'entretient de Rustem avec Beschouten, 661. — Rustem tient conseil avec sa famille, 663. — Zal l'engage à appeler le Simourgh à son aide, 665. — Le Simourgh se rend à l'appel de Zal, 665. — Il guérit Rustem et son cheval, 667. — Il fait promettre à Rustem d'épuiser tous les moyens de conciliation et lui révèle le sort réservé à celui qui versera le sang d'Isfendiar, 669. — Il emmène Rustem sur le bord de la mer, 669. — Il lui désigne une branche de tamarix à laquelle est attaché le sort d'Isfendiar, lui ordonne d'en faire une flèche, et lui indique l'usage qu'il doit faire de cette flèche, 671. — Rustem retourne au combat contre Isfendiar, 671. — Colère de ce prince en voyant son adversaire sain et sauf, 673. — Rustem supplie Isfendiar d'oublier leur querelle et lui renouvelle ses premières propositions; Isfendiar l'invite à se laisser enchaîner, 675. — Nouvelles instances de Rustem, 675. — Le prince lui donne le choix entre les fers et le combat, 677. — Rustem lance une flèche dans l'œil d'Isfendiar, 677. — Celui-ci tombe de cheval; il reprend ses esprits et retire la flèche de sa blessure, 679. — Douleur de Bahman et de Beschouten, 679. — Isfendiar leur dévoile la ruse dont Rustem s'est servi pour le vaincre, 681. — Rustem avoue l'action honteuse que le désespoir lui a fait commettre, 681. — Isfendiar charge Rustem de ses dernières volontés, 683. — Il lui confie son fils Bahman, 683. — Rustem promet d'obéir à ses ordres, 685. — Isfendiar prie Beschouten de ramener l'armée dans l'Iran et de rapporter à son père ses dernières paroles, 685. — Il le charge de ses adieux pour sa mère, ses sœurs et son épouse; mort d'Isfendiar, 687. — Douleur de Rustem; Zewareh lui conseille de ne pas accepter le fils d'Isfendiar, 687. — Réponse de Rustem, 689. — Beschouten amène le cercueil d'Isfendiar à Guschtasp; désespoir du roi à la nouvelle de la mort de son fils, 689. — Indignation des grands contre le roi, 691. — Lamentation de la mère et des filles d'Isfendiar, 691. — Beschouten reproche au roi sa conduite à l'égard de son frère, et lui répète les conseils et les dernières volontés du défunt, 693. — Désolation des sœurs d'Isfendiar, 693. — Beschouten, à la demande de Guschtasp, emmène les femmes et console la mère du prince, 695. — Rustem fait l'éducation de Bahman, 695. — Il écrit au roi qu'il a payé la dette contractée envers Isfendiar et s'excuse du crime involontaire qu'il a commis, 697. — Le roi pardonne à Rustem, 697. — Djamasp engage Guschtasp à rappeler Bahman; le roi écrit à Rustem et à son petit-fils, 699. — Rustem fait de riches présents au jeune prince, 699. — Il l'accompagne pendant deux stations de la route et l'envoie auprès du roi qui l'accueille avec une vive tendresse, 701. — Aventure de Rustem et de Scheghad, son frère, 701. — Naissance de Scheghad; les astrologues prédisent qu'il détruira la race de Sam, 705. — Zal, pour détourner le sort, envoie Scheghad auprès du roi de Kaboul, 705. — Celui-ci lui donne sa fille en mariage; Scheghad, blessé de ce que son frère exigeait une redevance du Kaboul, malgré sa présence dans ce pays, complote avec le roi de Kaboul contre la vie de Rustem, 707. — Scheghad feint de se prendre de querelle avec son beau-père et se rend auprès de son père auquel il raconte ses griefs, 709. — Rustem promet à son frère de punir le roi de Kaboul, 711. — Celui-ci fait creuser des fosses dans la réserve de chasse; Rustem et Zewareh y tombent, 711. — Rustem tue Scheghad et meurt, 715. — Zal apprend la mort de Rustem; Faramourz apporte le cercueil de son père et le place dans un tombeau, 719. — Faramourz marche avec une armée pour venger Rustem, et met à mort le roi de Kaboul, 723. — La perte de son fils rend folle Roudabeh, 727. — Elle revient à la raison et donne aux pauvres tous ses trésors, 729. — Elle prie pour l'âme de son fils, 729. — V, 5, 7, 9, 11, 15, 39; VI, 585, 589, 681, 683; VII, 37, 41, 219, 383, 477, 479.

Rustem (Famille de). — Poëmes épiques composés en l'honneur des princes de cette famille, à l'imitation du *Livre des Rois* de Firdousi; titres et analyses de ces poëmes, I, LV-LXIX.

S

Saad, fils de Wakkas, envahit l'Iran par ordre d'Omar, VII, 431. — Yezdeguerd envoie contre lui une armée commandée par Rustem, fils d'Hormuzd, 431. — Lettre de Rustem à Saad, fils de Wakkas, 441. — Réponse de Saad à la lettre de Rustem, 443. — Combat entre Rustem et Saad, et mort de Rustem, 449. — Les Iraniens sont mis en déroute et s'enfuient à Baghdad, 451. — 459.

Sabbah, roi du Yémen, du temps de Kei Khosrou, IV, 17.

Sacy (De) publie, en 1818, un fragment du *Livre des Rois* de Firdousi, I, LXXII.

Saden, noble iranien de l'époque de Nouschirwan, VI, 289.

Safran, II, 203, 213, 333, 359, 533; III, 265; V, 607; VI, 541.

Sage (Un) indien de la cour de Keid, roi de Kanoudj, V, 117, 127. — Il est envoyé à Iskender, 131. — Ce prince le met à l'épreuve, 133. — Les réponses du sage plaisent au roi de Roum, qui lui envoie de riches présents; désintéressement du philosophe, 135. — Iskender lui demande l'explication de la vertu magique de la coupe de Keid, 141.

Sages (Lamentations des) de Roum sur la mort d'Iskender, V, 257-261.

Sagesse (La) de Nouschirwan, traités arméniens conservés dans la bibliothèque d'Etchmiatsin, VI, v.

Saheb-Kiran-nameh, ou Vie de Hamzah Ben-Abdoul'motleb, oncle de Mohammed, poëme persan, cité, I, LXXVII.

Samen, ville du Hamaveran, résidence du roi de ce pays, II, 17, 27, 33.

SAHL, fils de Mahan, personnage de Merw, chez lequel vivait Serv Azad, IV, 703.
SAINT-ESPRIT (Le), V, 185.
SAL UND RUDABEH. Episch-lyrisches Gedicht, frei nach dem Persischen des Ebu'l Kasim Manssur el-Firdewsi, von Victor Weiss Edlem von Starkenfels. Wien, 1841, in-8°, II, IV.
SALOMON, I, LXXVI.
SAM, fils de Faramourz, I, LXIV, LXVIII.
SAM, fils et petit-fils de Guerschasp, I, LIX.
SAM, fils d'Isfendiar, noble iranien, prend parti pour Khosrou Parviz, qui s'était enfui de la cour de son père, VI, 693.
SAM, fils de Neriman, I, XIX, XXXVII, XLVII, LI, 169, 175, 183. — Feridoun, près de mourir, lui confie son petit-fils Minoutchehr, 209. — Discours qu'il adresse à Minoutchehr, le jour de son avénement au trône, 215. — Il quitte la cour pour se rendre au lieu de sa résidence, 215. — Naissance de Zal, fils de Sam, 217. — Colère de Sam à la vue des cheveux blancs de cet enfant; il le fait exposer sur le mont Alborz, 219. — Le Simourgh aperçoit l'enfant, l'emporte dans son nid et l'élève parmi ses petits, 221. — Sam voit son fils en songe; il assemble les Mobeds et leur demande conseil, 221. — Ceux-ci l'engagent à chercher son fils; nouveau rêve de Sam, 223. — Il se met en marche vers les montagnes; il découvre le nid du Simourgh et aperçoit son fils sans pouvoir parvenir jusqu'à lui, 225. — Le Simourgh le voit et révèle à Zal le secret de sa naissance et le motif qui amène son père en ce lieu, 225. — Zal refuse de le quitter; le Simourgh le console, lui donne une de ses plumes en guise de talisman et le dépose devant son père, 227. — Sam exprime sa reconnaissance au Simourgh, donne à son fils le nom de Zal-Zer, le revêt d'habits magnifiques et l'emmène avec lui à la ville, 229. — Minoutchehr apprend l'histoire de Sam et de Zal-Zer, 229. — Il charge son fils Newder d'inviter Sam et son fils à se rendre auprès de lui; brillant accueil qu'il leur fait; recommandations qu'il adresse à Sam au sujet de son fils, 231. — Sam raconte au roi l'aventure de son fils et du Simourgh, 233. — Retour de Zal dans le Zaboulistan, 235. — Sam prend congé du roi, 237. — Il se prépare à marcher contre les Kergnesars et le Mazenderan, et confie son royaume à Zal, 237. — Départ de Sam; séparation des deux princes, 241. — Zal va visiter Mihrab, roi de Kaboul, 241. — Ce roi était de la race de Zohak et payait tribut à Sam, 243. — Zal s'éprend d'amour pour la fille de Mihrab; ce roi l'invite à visiter son palais; refus de Zal et motifs qu'il donne de ce refus, 245. — Mihrab fait l'éloge de Zal devant sa fille, qui conçoit une violente passion pour ce prince; elle révèle son amour à ses esclaves et tient conseil avec elles à ce sujet, 249. — Les esclaves de Roudabeh vont voir Zal-Zer, 253. — Retour des esclaves auprès de leur maîtresse, 261. — Zal va voir Roudabeh, 265. — Leur entretien; leurs serments réciproques, 269. — Zal consulte les Mobeds au sujet de Roudabeh, 269. — Ceux-ci lui conseillent de soumettre la question à son père, 273. — Zal écrit à Sam pour lui exposer sa situation, 275. — Le messager rencontre Sam à la chasse et lui remet la lettre de son fils, 277. — Trouble de Sam à la lecture de cette lettre; ses incertitudes au sujet de la réponse qu'il doit faire à Zal; il consulte les Mobeds, 279. — Les Mobeds, après avoir trouvé le secret des astres, lui font connaître l'heureux résultat réservé à cette union, 279. — Il répond à son fils qu'il va prendre les ordres du roi à son sujet, 281. — Joie du jeune prince à cette nouvelle, 281. — Il en informe Roudabeh, 283. — Sindokht apprend ce qu'a fait sa fille, 283. — Reproches qu'elle lui

TABLE ANALYTIQUE

adresse, 285. — Celle-ci lui révèle son amour pour Zal et la réponse que Sam avait faite à son fils au sujet de leur union, 287. — Mihrab apprend l'aventure de sa fille, 289. — Fureur du roi à cette nouvelle; Sindokht parvient à le calmer, 291. — Doutes du roi au sujet du consentement de Sam et de Minoutchehr, 291. — Sindokht lui remet la réponse de Sam à la lettre de son fils, 293. — Mihrab signifie ses volontés à sa fille, 295. — Minoutchehr apprend l'aventure de Zal et de Roudabeh; il assemble les Mobeds et leur expose la situation, 295. — Ceux-ci lui conseillent d'agir suivant sa sagesse; il fait mander Sam auprès de lui, 297. — Sam vient voir Minoutchehr; il lui raconte sa campagne contre les Kerguesars et les peuples du Mazenderan, 299. — Récit du combat singulier de Sam et de Kakoui, petit-fils de Selm, 301. — Mort de ce dernier et défaite de son armée, 301. — Minoutchehr ordonne à Sam de brûler les palais de Mihrab et de massacrer ce roi et toute sa famille, 303. — Sam part pour aller combattre Mihrab, 303. — Zal va à sa rencontre; plaintes qu'il adresse à son père, 305. — Sam, touché de compassion, promet de lui donner une lettre pour le roi Minouchehr, 307. — Zal se rend auprès de Minoutchehr, 309. — Lettre de Sam à ce roi; il lui rappelle ses hauts faits et, entre autres, son combat contre le dragon du Kaschaf; il lui expose la douleur de Zal et la promesse qu'il lui avait faite de ne pas s'opposer à sa volonté, 313. — Il intercède en sa faveur auprès du roi; départ de Zal pour l'Iran, 315. — Colère de Mihrab contre Sindokht, 315. — Celle-ci offre de se rendre auprès de Sam avec de riches présents; Mihrab y consent, 317. — Sam accueille Sindokht, 319. — Son entretien avec cette reine, 321. — Il la console et lui donne connaissance de la démarche qu'il a faite auprès de Minoutchehr, 323. — Sindokht le prie de venir à Kaboul; il y consent, 325. — La reine prend congé de Sam, 325. — Ce prince lui fait présent de tout ce qu'il possédait à Kaboul, et lui renouvelle ses promesses, 327. — Zal porte la lettre de Sam à Minoutchehr; le roi accueille Zal avec bonté et lui accorde l'objet de sa demande, 327. — Il ordonne aux astrologues d'interroger les astres; les astrologues lui font connaître qu'il naîtra de Zal et de Roudabeh un héros glorieux, 329. — Les Mobeds mettent Zal à l'épreuve en lui posant des énigmes, 329. — Zal répond aux Mobeds, 331. — Il montre sa vaillance devant Minoutchehr, 335. — Félicitations que lui adresse le roi, 337. — Cadeau magnifique qu'il lui fait, 339. — Réponse de Minoutchehr à la lettre de Sam; départ de Zal; il envoie des messagers à son père et à Mihrab, 339. — Joie du roi de Kaboul et de sa famille; préparatifs dans le palais et dans le royaume pour recevoir Zal, 341. — Zal arrive auprès de Sam; ce prince lui raconte la demande de Sindokht et la prière qu'elle lui a faite de venir la visiter, 343. — Plaisir qu'éprouve Zal en entendant ces paroles, 343. — Sam envoie un messager à Mihrab pour le prévenir de son arrivée; le roi de Kaboul va au-devant de Sam et de Zal et les ramène avec lui dans sa capitale; Sindokht sort à leur rencontre, 345. — Sam demande à voir Roudabeh, 345. — Étonnement de Sam à la vue de cette princesse; mariage de Zal et de Roudabeh, fêtes à cette occasion, 347. — Départ de Sam pour le Seïstan; Zal ne tarde pas à le suivre avec Roudabeh, Mihrab et Sindokht, 347. — Sam leur donne une fête; Mihrab retourne seul à Kaboul; Sam abandonne son royaume à Zal et part pour combattre les Kerguesars et les peuples de l'Occident, 349. — Roudabeh éprouve les

91.

douleurs de l'enfantement, 349. — Zal, effrayé, évoque le Simourgh ; le Simourgh apparaît immédiatement, lui annonce la naissance d'un fils et la manière dont il naîtra, et lui indique comment Roudabeh devra être délivrée, 351. — Il félicite Zal, lui laisse une de ses plumes et s'envole ; naissance du fils de Zal ; on lui donne le nom de Rustem ; origine de ce nom, 353. — On fabrique un enfant de soie de la taille de Rustem et on l'envoie à Sam, monté sur un cheval et armé de la lance et de la massue, 353. — Joie de Sam à la vue de cette image de son petit-fils ; fêtes célébrées dans tout l'empire à l'occasion de la naissance de Rustem ; Sam écrit à son fils pour le féliciter, et lui recommande d'avoir le plus grand soin de l'enfant, 355. — Enfance de Rustem, 357. — Sam va voir Rustem ; Zal va au-devant de son père avec Mihrab et Rustem, 357. — Plaisir qu'éprouve Sam en voyant son petit-fils et en entendant les louanges que l'enfant lui adresse, 359 — Il passe un mois en fêtes entre Zal et son fils, 359. — Il se dispose à retourner dans son royaume ; conseils qu'il adresse à son fils avant de le quitter, 361. — Rustem tue l'éléphant blanc du roi, 363. — Zal apprend ce que Rustem a fait ; il le félicite sur son courage et sa force, 365. — Il l'invite à se préparer à venger le sang de son bisaïeul Neriman, 365. — Il lui fait le récit des circonstances dans lesquelles ce prince avait trouvé la mort, 367. — Sam avait tenté de s'emparer de la forteresse du mont Sipend, devant laquelle avait péri son père ; il fut obligé d'y renoncer, 367. — Rustem part pour le mont Sipend, déguisé en marchand de sel, 369. — Il est introduit dans la forteresse et en massacre la garnison pendant la nuit, 371. — Il découvre le trésor de la forteresse, 371. — Il écrit à Zal pour lui annoncer sa victoire, 373. — Réponse que lui fait son père, 373.

— Il enlève le trésor, met le feu à la forteresse et retourne auprès de son père, 375. — Lettre de Zal à Sam, 375. — Réponse de Sam à son fils, 377. — Minoutchehr exhorte son fils en mourant, 377. — Il lui recommande de rechercher l'aide de Zal, de Sam et de Rustem, 381. — Mort de Minoutchehr, 381. — Le peuple et les grands de l'Iran se soulèvent contre Newder, fils de Minoutchehr, 383. — Ce prince appelle à son aide Sam, fils de Neriman, 383. — Sam se met en route pour l'Iran ; les grands viennent à sa rencontre et lui proposent de s'emparer du trône, 385. — Sam repousse leurs insinuations, 385. — Il les exhorte à rentrer dans le devoir ; accueil gracieux qu'il reçoit de Newder ; les grands font leur soumission, 387. — Sam donne au roi de bons conseils et le ramène au bien, 387. — Il quitte Newder et retourne dans le Mazenderan, 389. — Pescheng, roi du Touran, apprend la mort de Minoutchehr ; il conçoit le projet de s'emparer de l'Iran ; il consulte les grands de son royaume ; réponse que lui donne son fils Afrasiab, 389. — 391. — Afrasiab part pour l'Iran, 393. —Il envoie deux chefs avec son armée contre Zal ; on apprend que Sam est mort et que Zal est occupé à lui élever un tombeau, 395. — 401, 416, 443, 447, 469, 473; II, 83, 85, 111, 115, 131, 147, 149, 181; III, 177, 485; IV, 409, 609, 611, 613. — Rustem célèbre l'origine et les hauts faits de son grand-père, 615. — 617, 675, 701, 705, 709; V, 9; VII, 47.

SAM-NAMEH, histoire épique de Sam, fils et petit-fils de Guerschasp, I, LIX. — L'auteur, qui est inconnu, devait être musulman, LX. — Ce poème remplit une lacune du *Livre des Rois* de Firdousi ; caractère de cet ouvrage, LX.

SAMANIDES (Les), princes descendant de la famille des Sassanides, s'emparent des États des Soffarides, vers la fin du

TABLE ANALYTIQUE

III° siècle de l'hégire, I, XVII. — Ils s'occupent avec ardeur des traditions persanes, XVII. — Leur empire tombe bientôt aux mains des Ghaznévides, XVIII. — XIX; V, 269.

SAMARKAND, ville, II, 273; VI, 101, 353, 355; VII, 287, 467, 495.

SANDAL (Bois de), II, 389; IV, 127; V, 173.

SANDJEH (Le Div) est envoyé au Div blanc, par le roi de Mazenderan, pour l'inviter à venir au secours de ce pays envahi par Keï Kaous, I, 503. — Réponse que lui fait le Div blanc, 503. — 509, 529; IV, 251, 617.

SANG-DE-DRAGON, plante née du sang de Siawusch lorsqu'il fut tué par ordre d'Afrasiab, II, 409, 429.

SANG-DE-SIAWUSCH. Voy. SANG-DE-DRAGON.

SANGLIERS, II, 53; III, 299, 301, 303, 305, 337; V, 201.

SAOU (Fontaine de), source merveilleuse, située à Thous, V, 519, 521, 523.

SAOUD IBN-MANSOUR AL-MOABDI, personnage qui, sur l'ordre d'Abou Mansour, vizir de Iacoub, fils de Leïs, dirigea la traduction en persan du livre de Danischwer Dihkan, I, XVI. — Famille à laquelle il appartenait, XVII.

SAPOR I (Schapour, fils d'Ardeschir), V, v.

SAPOR II (Schapour Dhou'l-Aktaf), V, v.

SAPOR III (Schapour, fils de Schapour), V, v.

SARAKHS, ville, II, 53.

SARI, ville, I, 207, 297, 425, 427, 429, 431; IV, 573; VI, 185, 681; VII, 253, 309, 453.

SASAN, fils de Bahman, fils d'Isfendiar, V, 17. — Il est écarté du trône par son père, qui désigne pour son successeur sa fille Homaï, 19. — Douleur du jeune prince; il se retire à Nischapour, et y meurt, laissant un fils qui devient gardien des chevaux du roi de ce pays, 19.

SASAN, fils de Dara, fils de Darab, apprend la mort de son père et s'enfuit devant l'armée d'Iskender, V, 273. — Il meurt dans l'Inde, laissant un fils nommé, comme lui, Sasan, 273. — 297.

SASAN, fils de Sasan, fils de Bahman, naît à Nischapour et perd presque aussitôt son père, V, 19. — Il devient gardien d'un troupeau de chevaux du roi de Nischapour, et habite longtemps la montagne et le désert, 19.

SASAN, descendant de Sasan, fils de Dara, fils de Darab, se met, en qualité de pâtre, au service de Babek, gouverneur d'Istakhr pour Ardewan l'Aschkanide, V, 273. — Babek voit en songe l'avenir de Sasan, 273. — Il fait appeler ce jeune homme, qui lui révèle son origine royale, 275. — Babek établit Sasan dans un palais magnifique, et lui donne sa fille en mariage, 275. — Naissance d'Ardeschir Babekan, fils de Sasan, 277. — VII, 41.

SASSANIDES (Les), I, XIX, XX, XLV, LIV, LXI, LXVI, LXXIX; IV, 1; V, 1, 11, III, V, VI, VII, 269, 271, 273, 295, 333; VI, 541; VII, 33, 41, 109, 145, 215, 433, 439, 479, 487.

SATIRE de Firdousi contre Mahmoud, I, XXXVI-XXXIX.

SAWEH, guerrier de Kaschan, tué par Rustem, III, 191.

SAWEH, noble iranien de l'époque de Guschtasp, IV, 545.

SAWEH, Khakan des Turcs et de la Chine, conduit une armée contre Hormuzd, fils de Nouschirwan, VI, 567. — Le Destour de ce roi lui conseille d'agir sans délai contre les Turcs qui constituent le danger le plus pressant pour la Perse, 571. — Hormuzd, s'étant défait de tous ses autres ennemis, réfléchit à la lutte qui lui reste à entreprendre contre Saweh, 573. — Nestouh, serviteur de Hormuzd, fait connaître au roi que son père Mihran Sitad possède un secret qui concerne Saweh, 575. — Mihran Sitad est amené à la cour; il raconte au roi son voyage auprès du Khakan et lui révèle les prédictions de ce prince relatives à l'invasion des Turcs et au Pehlewan iranien qui doit battre Saweh et détruire son armée, 575. — Zad Farroukh fait connaître au roi que les indications de Mihran Sitad s'appliquent exactement à Bahram, fils de Bahram, fils de Guschasp, 579. — Bahram est aussitôt mandé à la cour, et le roi reconnaît en lui les signes indiqués par Mihran Sitad, 579. — Bahram donne au roi des conseils sur la conduite à tenir envers Saweh, 581. — Hormuzd nomme Bahram Djoubineh Pehlewan de l'armée, 583. — Bahram part pour combattre Saweh, 589. — Un Mobed prédit au roi que son général se révoltera contre lui, 591. — Hormuzd fait épier les actes de Bahram et conçoit des craintes pour l'avenir, 591. — Il lui envoie l'ordre de revenir pour recevoir de nouvelles instructions, 593. — Bahram Djoubineh refuse de retourner sur ses pas avant d'avoir battu l'ennemi, 593. — Hormuzd envoie Kharrad Berzin auprès du roi Saweh avec un message perfide, 595. — Le roi des Turcs découvre bientôt qu'il a été attiré dans un piége, 599. — Il envoie un message à Bahram Djoubineh et cherche à le détourner de la lutte; réponse de Bahram et nouvelles tentatives de Saweh, 599. — Bahram les repousse avec mépris, 601. — Les deux armées se rangent en bataille, 603. — Saweh envoie un nouveau message à Bahram, 605. — Réponse de ce dernier, 607. — Bahram Djoubineh a un songe et dispose son armée, 611. — Il livre bataille au roi Saweh, 615. — Celui-ci est battu et prend la fuite, 619. — Il est percé d'une flèche par Bahram Djoubineh et meurt, 619. — Bahram fait tuer un sorcier turc, 623. — Il envoie à Hormuzd la tête de Saweh et une lettre annonçant sa victoire, 625. — Parmoudeh, fils de Saweh, apprend la défaite de l'armée turque; il se fait expliquer les causes de cet événement, 627. — Il se décide à continuer la guerre, 627. — Hormuzd reçoit la nouvelle des succès de Bahram et en donne connaissance aux grands de toutes les provinces, 629. — 631, 633, 635, 637, 641, 649, 651, 675, 683, 689; VII, 37, 41, 45, 47, 49, 73.

Sawurg, noble indien qu'Iskender plaça sur le trône de l'Inde après avoir vaincu et tué Four, V, 155.

Sceaux, I, 479, 499, 545; II, 257, 285, 653; III, 219, 243, 383, 421, 493, 503; V, 557; VI, 5, 51, 351; VII, 189, 225-229, 445, 459, 463.

Schack (A. F. von). Voyez Epische Dichtungen et Heldensagen, etc.

Schadab, bourg des environs de Thous, lieu de naissance de Firdousi, I, xxi.

Schadan, fils de Berzin de Thous, un des quatre traducteurs persans de l'ouvrage de Danischwer Dihkan, I, xvii; VI, 445.

Schadaverd, nom d'un des trésors formés par Khosrou Parviz, VII, 331.

Schadeghân (Salle de fête de), VII, 399.

Schah-Ismaïl, fondateur de la dynastie des Sofis, cité, I, lxxvii.

Schah-nameh, Vie de Schah-Ismaïl, fondateur de la dynastie des Sofis, par Mirza-Kazim Gunabadi, citée, I, lxxvii.

Schah-namèh naser (le Livre des Rois en prose), extrait du Livre des Rois fait par un Parse, I, lxxix.

Schah-namu (The), being a series of heroic poems, etc. Voy. Lumsden.

Schahd (Le), fleuve, II, 53; III, 15, 77, 111, 201, 221. — (Lac de), V, 521. — (Mont), III, 213.

Schahouï, fils aîné d'Heftwad, V, 315, 329.

Schahouï, savant cité par Firdousi, VI, 401.

Schahriar, fils de Khosrou Parviz et de Schirin, VII, 401.

Schahrir, nom d'un génie, III, 363.

Schahroud, fille du châtelain de Segnan, épouse de Sohrab, fils de Rustem, et mère de Barzou, I, lxv.

Schahrouï, noble iranien, contemporain de

TABLE ANALYTIQUE

Yezdeguerd, dernier roi sassanide, VII, 477.

Schaïr, celui qui récite un poème épique, I, xxix.

Schamane (Le), IV, 287.

Schammakh, noble iranien de l'époque de Keï Khosrou, III, 493.

Schapour, prince de la dynastie des Aschkanides, V, 271.

Schapour, noble iranien du temps de Kesra Nouschirwan, d'Hormuzd et de Khosrou Parviz, VI, 279, 317; VII, 13, 51, 103, 105, 121, 127, 137, 145, 157-163, 189.

Schapour, fils d'Ardeschir, roi de Perse, I, xxxviii; V, v. — Naissance de ce prince, V, 337. — Il reste caché pendant sept ans chez le ministre qui avait épargné sa mère, 339. — Celui-ci révèle au roi l'existence de son fils, 341. — Schapour joue à la balle et est reconnu par son père, 343. — Ardeschir fait donner à son fils une éducation royale, 345. — Craintes d'Ardeschir au sujet de Schapour; il consulte Keïd l'Indien sur son sort, 347. — Keïd lui conseille d'allier sa famille à celle de Mihrek, fils de Nouschzad, 347. — Le roi refuse de consentir à cette alliance et fait rechercher la fille de Mihrek qui lui échappe, 349. — Schapour rencontre cette princesse et l'épouse, 349. — Elle met au monde Ormuzd, fils de Schapour, 353. — Ormuzd se fait connaître à son grand-père, 355. — Schapour, interrogé par Ardeschir, lui avoue la vérité, 355. — Le roi emmène son petit-fils dans son palais et fait part de son bonheur aux grands du royaume, 357. — Ardeschir abandonne le gouvernement à Schapour, 379. — Conseils qu'il donne à ce prince, 379. — Il lui prédit que la puissance de sa dynastie finira après cinq cents ans, 385. — Il lui rappelle les villes qu'il a fondées, 385. — Il l'engage à pratiquer la justice, lui souhaite d'être victorieux et heureux sur le trône et meurt, 387. — Schapour monte sur le trône; durée de son règne, 389. — Son discours d'avénement, 389. — Guerre de Schapour contre les Roumis, 391. — Ceux-ci sont défaits et le Kaïsar se soumet au tribut; Schapour quitte le territoire roumi, emmenant avec lui Baranousch, général des Roumis, qu'il avait fait prisonnier, 393. — Schapour fonde plusieurs villes, et Baranousch construit le pont de Schouster, 393. — Le roi communique à son fils Ormuzd ses dernières volontés, 395. — 399; VII, 115.

Schapour, descendant de Gouderz, fils de Keschwad, noble iranien de l'époque de Keï Kaous et de Keï Khosrou, II, 327, 435, 439; III, 297, 353, 367, 423; IV, 265, 353.

Schapour, descendant de Mihreg, gouverneur de Reï sous Kobad, fils de Pirouz, VI, 129, 131, 133.

Schapour, fils d'Hormuzd, roi de Perse. Voy. Schapour Dhou'l-Aktaf.

Schapour, fils de Nesiouh (ou Nestouweh), noble iranien de l'époque de Feridoun, I, 175, 179, 407.

Schapour, fils de Schapour, roi de Perse, V, v. — Son oncle, Ardeschir le Bon, est nommé régent pendant la minorité de ce prince, V, 477. — Ardeschir monte sur le trône et fait connaître aux grands de l'Iran à quel titre il prend le pouvoir, 483. — Schapour étant devenu majeur, Ardeschir lui remet la couronne, 483. — Avènement de Schapour et durée de son règne; son discours aux grands, 485. — Sa mort, 487.

Schapour Dhou'l-Aktaf, roi de Perse, I, xix; V, v. — Naissance de ce prince; durée de son règne, V, 425. — Régence du Mobed Mahrouï, 425. — Éducation du jeune prince; il ordonne la construction d'un pont sur le Tigre, 427. — Thaïr l'Arabe enlève la fille de Nersi et Schapour le combat, 427. — L'armée de Thaïr se réfugie dans une forteresse qui est assiégée par le roi de Perse, 429. — Malikeh, la fille de Thaïr, devient amoureuse de Schapour, 429. — Elle lui propose de lui livrer le château s'il veut l'épouser, 431. — Schapour promet de lui accorder tout ce qu'elle pourra désirer, 431. — Malikeh livre la forteresse à Schapour et Thaïr y périt, 433. — Le roi de Perse fait luxer les épaules des prisonniers, et les Arabes lui donnent le surnom de Dhou'l-Aktaf (maître des épaules), 435. — Schapour va à Roum (Ctésiphon), où le Kaïsar le fait coudre dans une peau d'âne, 435. — Le prince est confié à la garde d'une jeune esclave de race iranienne, et le Kaïsar va ravager l'Iran, 441. — La jeune fille délivre Schapour de sa peau d'âne, 441. — Le roi et sa libératrice parviennent à quitter le palais du Kaïsar, 445. — Schapour et la jeune fille s'enfuient de Roum et arrivent dans l'Iran, 447. — Schapour apprend d'un jardinier, qui lui avait donné l'hospitalité, les maux qu'avait soufferts son royaume, 449. — Les Iraniens reconnaissent Schapour, et il rassemble autour de lui une armée, 451. — Schapour, dans une attaque de nuit, fait prisonnier le Kaïsar, 455. — Il envoie dans toutes les provinces la nouvelle de sa victoire, 457. — Il fait couper les pieds et les mains aux instigateurs de la guerre contre l'Iran et reproche au Kaïsar sa conduite, 459. — Traitement qu'il fait subir à ce prince, 461. — Schapour conduit une armée dans le Roum et combat le frère du Kaïsar, 463. — Les Roumis placent Baranousch sur le trône. Sa lettre à Schapour, 465. — Le roi de Perse pardonne aux Roumis, 467. — Baranousch se rend auprès de Schapour et conclut un traité avec lui, 469. — Les habitants de Nisibin refusent de recevoir Schapour; ils sont battus et obtiennent leur grâce, 471. — Le Kaïsar meurt en prison et son corps est renvoyé à Roum, 471. — Schapour fonde plusieurs villes et y établit ses prisonniers, 473. — Mani paraît et prétend être prophète, 473. — Il est confondu par un Mobed ; le roi le fait écorcher et ordonne de suspendre sa peau remplie de paille au mur de l'hôpital, 475. — Schapour nomme régent son frère Ardeschir, 477. — Conseils qu'il lui donne en lui remettant les insignes du pouvoir, 477. — Mort de Schapour, 481. — 541; VI, 355.

SCHAPOURGUIRD, ville fondée par Schapour, fils d'Ardeschir, V, 393.

SCHEBAHENG, cheval de Bijen, fils de Guiv, III, 475. — Cf. SCHEBRENG.

SCHEBDIZ, cheval de Mihrab, roi du Kaboul, I, 361. — cheval de Bahram Gour, V, 601, 607, 665. — cheval de Khosrou Parviz, VII, 389.

SCHEBRENG, cheval de Bijen, fils de Guiv, III, 305, 309, 319, 333, 335, 337, 341, 475, 603. — cheval de Bahram Gour, roi de Perse, V, 627. — Voyez aussi SCHEBAHENG.

SCHEGHAD, fils de Zal. — Sa naissance, IV, 705. — Les astrologues prédisent qu'il détruira la race de Sam, fils de Neriman ; Zal l'envoie auprès du roi de Kaboul, 705. — Ce prince donne sa fille en mariage à Scheghad. Celui-ci, blessé de ce que son frère exigeait une redevance du Kaboul, complote avec le roi contre la vie de Rustem, 707. — Scheghad feint de se prendre de querelle avec son beau-père, et se rend auprès de Zal auquel il raconte ses griefs, 709. — Rustem promet à son frère de punir le roi de Kaboul, 711. — Celui-ci fait creuser des fosses dans la réserve de chasse ; Rustem et Zewareh y tombent et sont mortellement blessés, 711. — Rustem tue Scheghad et meurt, 715. — Faramourz marche contre le roi du Kaboul et le met à mort, 725. — Il fait brûler le corps de Scheghad et rapporte ses cendres à Zal, 725.

SCHEHINSCHAH-NAMEH, Biographie de Feth-

TABLE ANALYTIQUE

Ali-Schah, composée par son ordre, ouvrage cité, I, LXXVII, LXXVIII.

Schehran Guraz, noble iranien, contemporain de Khosrou Parviz, VII, 73, 415, 417.

Schehrguir, personnage qui retenait prisonniers Keiderousch, fils de Keidafeh, et sa femme, V, 165, 167.

Schehri-Banou-Iren, sœur de Guiv, fils de Gouderz, et épouse de Rustem, fils de Zal, II, 511.

Schehrgour, général d'Ardeschir Babekan, V, 323, 325, 327, 329.

Schehrirzaz. Voy. Arkewaz.

Schehrizour, ville, V, 329. — (Le roi de), 261.

Schurknan, noble iranien de l'époque de Yezdegeurd le Méchant, V, 525.

Scheknan, ville, VI, 313.

Schemasas, guerrier du Touran envoyé par Afrasiab pour combattre Zal, fils de Sam, I, 395. — Il passe le Djihoun et marche vers le Seïstan, 415. — Mihrab, qui se trouvait alors dans le Zaboulistan, cherche à se concilier la faveur de Schemasas et demande en même temps du secours à Zal, 417. — Zal lui vient en aide, 417. — Rencontre des deux armées ennemies, 419. — Combat entre Zal et Khazarwan, un des deux chefs des Turcs, 419. — Mort de Khazarwan; déroute des Turcs; ils rencontrent dans leur fuite l'armée de Karen, fils de Kaweh, 421. — Ils sont massacrés ; Schemasas et quelques hommes échappent seuls au carnage, 423. — Schemasas est tué par Karen, 467. — 475.

Schembelid, fille du Dihkan Berzin et l'une des épouses de Bahram Gour, roi de Perse, V, 621-627.

Schemiran (La reine), un des ancêtres maternels de Bahram Gour, V, 541.

Schemiran, guerrier de Schikin. Voyez Schewiran.

Schemiran, ville, VII, 459, 463.

Schemmakh Souri, roi des Souriens à l'époque de Keï Khosrou, IV, 17, 71.

Schemmas, général du Kaïsar de Roum, fournit des troupes à Nouschzad, fils de Nouschirwan, révolté contre son père, VI, 235.

Schemr, noble touranien, qui fut mis sur le trône du Touran par Bahram Gour, après que ce roi eut fait prisonnier le Khakan de la Chine, V, 683.

Schemschir-Khan, personnage à la demande duquel Tawakkol-Beg publia le *Muntekhab-al-Tewarikh*, I, LXXIX.

Schemschir-Khani. Voyez Muntekhab-al-Tewarikh.

Schengan. Voy. Schingan.

Schengoul, roi de l'Inde du temps de Bahram Gour, V, 21-59, 65-71.

Schenkoul, guerrier indien de l'époque d'Afrasiab, III, 77, 91, 93, 111, 113, 131, 133, 151, 163, 167, 169, 179, 181, 185, 187, 237.

Schewiran, guerrier de Schikin, III, 77, 131.

Schidasp, Destour de Thahmouras, I, 45.

Schidasp, fils de Guschtasp, IV, 389, 397, 401.

Schideh, fils d'Afrasiab. — II, 313, 315. — Son père lui confie les inquiétudes que lui cause Rustem et lui fait part de ses secrets desseins, III, 237. — Réponse de Schideh aux confidences du roi, 239. — Afrasiab charge Schideh d'un message pour Pouladwend, 243. — Le jeune prince part pour s'acquitter de sa mission, 243. — Il arrive auprès de Pouladwend, lui remet la lettre de son père et lui rend compte des entreprises de Rustem, 245. — Le roi réunit ses troupes et va rejoindre Afrasiab, 245. — Conseil perfide que Schideh donne à Pouladwend pendant que celui-ci lutte contre Rustem, 257. — 401, 415. — Afrasiab envoie Schideh, à la tête d'une armée, faire la guerre dans le Kharezm, 417. — 419. — Khosrou ordonne à Aschkesch de conduire une armée dans le Kharezm contre Schideh, 423. — Il informe Gouderz que Schideh s'est enfui

VII.   92

devant Aschkesch, 499. — 519. — Afrasiab confie à Schideh le commandement d'une partie de l'armée qu'il mène contre Keï Khosrou, IV, 31. — 33. — Schideh se présente devant son père, 37. — Il lui parle de l'ingratitude de Siawusch et de la conduite de Keï Khosrou envers lui, son grand-père et son bienfaiteur, et envers Piran, 37. — Il demande la permission de livrer combat; Afrasiab répond à son fils qu'un combat général, dans la situation d'esprit où se trouve l'armée, serait funeste aux Touraniens, et qu'il vaut mieux faire avancer des champions isolés, 39. — Pescheng (Schideh) offre d'être le premier champion et d'attaquer Keï Khosrou, 39. — Afrasiab s'efforce de modérer l'ardeur de son fils, 41. — Il envoie porter un message à Keï Khosrou; lettre d'Afrasiab au roi de l'Iran, 41. — Schideh quitte le camp et se rend auprès de Khosrou, 45. — Celui-ci envoie Karen recevoir de Schideh le message d'Afrasiab, 47. — Les grands cherchent à détourner le roi de combattre Schideh et l'engagent à accepter les propositions d'Afrasiab, 49. — 51. — Keï Khosrou envoie Karen porter à Schideh sa réponse au message de son père, 53. — Paroles qu'il fait ajouter à l'adresse de Schideh, 53. — Karen s'acquitte de sa mission et Schideh retourne auprès d'Afrasiab, 55. — Combat de Khosrou avec Schideh, 55. — Ce dernier est tué, 63. — Afrasiab apprend la mort de son fils; ses compagnons prennent part à sa douleur et promettent de venger Pescheng, 65. — 113, 139, 237, 241.

SCHIDOUSCH, fils de Gouderz, I, 175, 409, 535; II, 11, 143, 585, 605, 609; III, 17, 33, 35, 39, 55, 57, 85, 231, 265, 419, 439, 555; IV, 89.

SCHIFFES, I, XXXI.

SCHIKIN, nom de pays, III, 77, 117, 141, 159, 189, 199, 213.

SCHINGAN, nom de pays, III, 197, 215, 509.

SCHIR-KHAN, nom de lieu, I, 111.

SCHIRAZ, ville, IV, 191; V, 271; VI, 109, 127, 131, 133, 693.

SCHIRIN, épouse favorite de Khosrou Parviz, roi de Perse, VII, 265. — Elle cherche à mettre son époux en garde contre Gordieh, sœur de Bahram, qu'il vient d'épouser, 267. — Réponse de Khosrou à ses appréhensions, 267. — Aventure de Khosrou Parviz et de Schirin; commencement du récit, 295. — Khosrou, étant jeune homme, avait pour amie Schirin; devenu roi, il se sépare d'elle pendant un temps, 295. — Il va à la chasse, revoit Schirin et l'envoie dans l'appartement de ses femmes, 297. — Il l'épouse; mécontentement des Iraniens à cette nouvelle, 301. — Les grands donnent un conseil au roi, 301. — Khosrou défend Schirin, 303. — Les grands rendent leurs hommages au roi et se soumettent, 305. — La faveur de Mariam afflige Schirin; elle l'empoisonne et lui succède dans les bonnes grâces du roi, 305. — Inquiétudes de Schirin en entendant les gardiens de nuit proclamer le nom de Kobad, fils de Khosrou Parviz, 345. — Elle en fait part à son époux, 345. — Celui-ci conçoit le projet de quitter l'Iran et d'aller demander du secours au Faghfour, 347. — Schirin engage Khosrou à chercher promptement un moyen de salut, 347. — 369, 371, 387. — Histoire de Schirouïeh et de Schirin, 395. — Mort de Schirin, 405.

SCHIRKHNOUH, guerrier du Zaboulistan à l'époque de Rustem, fils de Zal, IV, 587.

SCHIROUI, un des chefs des armées de Feridoun, I, 169, 175, 179, 195, 197, 207, 209.

SCHIROUI, fils de Bahram, général de Nouschirwan, VI, 205, 221.

SCHIROUI, fils de Parviz. Voy. SCHIROUÏEH, fils de Parviz.

SCHIROUÏEH, fils de Bijen, fils de Guiv, IV, 347.

TABLE ANALYTIQUE

731

Schirouïeh, fils de Parviz, roi de Perse. Voy. Kobad (Schirouïeh), fils de Parviz.
Schirzad, héraut de Nouschirwan, VI, 205.
Schirzil, noble iranien du temps de Khosrou Parviz, VII, 163.
Schithrekh, guerrier touranien du temps d'Afrasiab, III, 35.
Schoaïb, de la race de Kotaïb, chef des Arabes, envahit l'Iran sous le règne de Darab, fils de Bahman, V, 51. — Il est vaincu et tué, 51.
Schobah Moghaïrah, un des guerriers de l'armée de Saad, fils de Wakkas, est envoyé, avec un message, auprès de Rustem, fils d'Hormuzd, chef de l'armée iranienne, VII, 445, 447, 449.
Schoulek, cheval d'Isfendiar, IV, 501.
Schourab, ville forte du Roum, VI, 209.
Schouschter. Voy. Schouster.
Schouster, ville, III, 267; V, 393, 395; VI, 227; VII, 293. — (Fleuve de), V, 393. — (Pont de), V, 393, 395.
Schuster. Voy. Schouster.
Scott Waring (E.) publie un assez grand nombre de passages de Firdousi dans son *Tour to Sheeraz*, Londres, 1807, in-4°, I, LXXXI.
Scribe (Le grand), VI, 613, 615, 625, 647, 651, 657, 667, 669, 675, 679, 681.
Scribes de l'Iran, I, LXXIV; IV, 291, 293. — Voy. aussi Écrivains, Employés.
Sculptures, I, 341, 415; IV, 365.
Scythes blancs (Les). Voy. Heïtaliens (Les).
Sebz der Sebz (vert sur vert), mélodie ancienne et très-connue pour ses vertus magiques, VII, 319.
Sécheresse (Une) désole l'Iran pendant sept ans, sous le règne de Pirouz, fils de Yezdegerd, VI, 93, 95.
Sedeh (Fête de), instituée par Houscheng en l'honneur du feu, I, 39; IV, 281; V, 43, 93, 303, 329, 357, 517, 559, 687; VI, 141, 629; VII, 37, 187, 403, 461.
Segsan, nom de ville, I, LXV.
Segsar (Le). Voy. Segsars (Pays des).

Segsars (Les), peuple, I, 279, 299. — (Pays des), I, 355, 383; II, 117; III, 77, 165.
Sehi, femme d'Iredj, fils de Feridoun, I, 121-137.
Seïr-al-Molouk et Siyar-al-Moulouk (Histoire des rois), traduction arabe du *Khodaï-nameh* de Danischwer Dihkan, faite par Ibn-al-Mokaffa, I, x, xii, xix, xxvii, xxviii, li.
Seïri-nouri-mouloud, *Vie du Prophète*, par Abou'lhosein, citée, I, LXXVII.
Seïstan (Le), province de la Perse, I, xix, lv, lxvii. — Le Seïstan était l'apanage de la branche cadette des anciens rois de la Perse, 83. — 235, 347, 349, 365, 415; IV, 443, 445, 455, 457, 571, 573, 575, 615, 641, 667, 683, 705, 711, 727; V, 11. — (Les princes de), I, lvii.
Sekil, fils du Kaïsar de Roum, IV, 341.
Sekila, ville, VI, 515. — Montagne du pays de Roum, IV, 319, 325, 327.
Seklab (Le) ou pays de Seklab, II, 471; III, 77, 95, 117, 159, 181, 187, 209, 215, 223; VII, 289. — Voy. aussi Slaves (Pays des).
Seklabs (Les), peuple, III, 189, 191, 243; VI, 363. — Voy. aussi Slaves.
Seklabs (Pays des). Voy. Seklab (Le).
Selm, fils de Feridoun, I, xxxvii, 119-137. — Son horoscope, 139. — Son père lui donne en royaume le pays de Roum et l'Occident, 139. — Jalousie de Selm à l'égard de son frère Iredj; il excite contre lui son autre frère Tour, 141. — Message qu'ils adressent à Feridoun, 143. — Réponse de Feridoun, 147. — Iredj apprend de son père la démarche faite par ses frères, 149. — Il conçoit le dessein de les ramener à lui, 151. — Son père combat vainement cette résolution; Iredj se rend auprès de ses frères, 153. — Sympathie qu'il inspire à leur armée; ressentiment qu'ils en éprouvent et complot qu'ils forment contre lui, 155. — Selm et

92.

Tour assassinent Iredj, 157. — Ils envoient sa tête à leur père, 159. — Ils sont informés de l'existence de Minoutchehr et cherchent à obtenir que ce jeune prince leur soit confié, 169. — Ils envoient à leur père un message dans cette intention, 171. — Réponse de Feridoun, 173. — Le messager revient auprès des deux frères, 177. — Il leur fait le récit de sa mission et leur rapporte les paroles du roi, 179. — Terreur que causent aux deux rois les menaces de leur père; ils rassemblent en toute hâte leurs armées, 181. — Feridoun envoie Minoutchehr combattre Tour et Selm, 181. — Ceux-ci s'avancent à la rencontre des Iraniens, à la tête d'une nombreuse armée, 185. — Minoutchehr les attaque, 187. — Les deux frères, désespérant du succès, tentent de surprendre Minoutchehr, 189. — Leur ruse est découverte et Tour est tué par son neveu, 189. — Ce prince annonce sa victoire à Feridoun et lui fait connaître ses intentions à l'égard de Selm, 191. — Selm prend le parti de se réfugier dans la forteresse des Alains, 193. — Minoutchehr forme le projet de l'en empêcher, 193. — Il charge Karen de s'emparer de cette place, 195. — Prise et destruction de la forteresse, 197. — Selm trouve un allié dans la personne de Kakoui, petit-fils de Zohak, 199. — Ce dernier est vaincu et tué par Minoutchehr, 201. — Selm s'enfuit et meurt de la main de son neveu, 201. — Ce prince pardonne aux troupes de Selm, 203. — Il envoie la tête de son oncle à Feridoun, 205. — 379, 389, 391, 423, 477; II, 267, 405, 591; III, 13, 509, 517; IV, 209, 215, 309, 315, 619; V, 7, 467, 655; VI, 7; VII, 117, 121, 169, 287, 293.

Semengan, royaume et ville, II, 75. — Rustem va chasser dans les environs de cette ville; il s'endort et des cavaliers turcs s'emparent de Raksch pendant son sommeil, 75. — Il prend, à pied, le chemin de la ville à la recherche de son cheval, 77. — Il arrive à Semengan; le roi de ce pays lui offre l'hospitalité et lui promet de lui faire retrouver Raksch, 77. — Tehmimeh, fille du roi de Semengan, va trouver Rustem pendant la nuit, 79. — Elle lui fait connaître l'amour qu'elle a conçu pour lui, 81. — Rustem la fait demander à son père, 81. — Mariage de Rustem et de Tehmimeh; le héros laisse à sa jeune épouse un onyx qu'il portait au bras pour qu'elle en pare l'enfant qui naîtra d'elle; son cheval lui est rendu et il retourne dans le Zaboulistan, 83. — Naissance de Sohrab, fils de Rustem et de Tehmimeh, 83. — Son enfance; il apprend qu'il est fils de Rustem; ses projets belliqueux, 85. — Il se prépare à la guerre contre les Iraniens, et le roi de Semengan met son royaume entier à sa disposition, 87. — 93, 181. — Douleur de ce prince à la nouvelle de la mort de Sohrab, 189. — (Les princes de), IV, 71.

Sendel. Voy. Sendeli.

Sendel ou Sendeli, résidence de Djemhour, roi de Kachmir, VI, 401, 407, 411, 413.

Sendil (Le roi de), un des souverains de l'Inde, VI, 65, 67, 69, 71. — Cf. Sendeli ou Sendel.

Sendjeh. Voy. Sandjeh.

Sentences. Voy. Maximes et Sentences.

Sepinoud, fille de Schenguil, roi de l'Inde, et épouse de Bahram Gour, VI, 47, 49, 51, 53, 55, 57, 59, 65, 67, 69, 71.

Serghis, noble roumi, un des chefs de l'armée envoyée par le Kaïsar pour aider Khosrou Parviz contre Bahram Djoubineh, VII, 139, 157.

Serguisen, musicien célèbre de la cour de Khosrou Parviz, VII, 315, 317, 331.

Serosch (Le), ange chargé de défendre les hommes contre les pièges tendus par les Divs. — Il apparaît à Kaïoumors sous la forme d'un Péri et lui révèle le complot formé contre lui par Ahriman et son fils le Div, I, 31. — Il l'invite,

TABLE ANALYTIQUE

de la part de Dieu, à venger sur le Div la mort de son fils Siamek, 33. — Il apparaît à Feridoun qui se préparait à tuer Zohak et lui conseille de l'enchaîner dans les rochers, où ses amis et ses vassaux ne pourraient pénétrer jusqu'à lui, 109. — Nouvelle apparition et nouveau conseil de Serosch à Feridoun, 111. — 127; II, 357, 477, 543, 549; III, 279, 567; IV, 107, 203, 227, 229, 235, 261, 265, 267, 691; V, 603; VI, 333, 689; VII, 167. — (Le jour de), V, 549.

SROSCH, astrologue indien, V, 495, 497.
SEDOUDJ (Désert de), II, 251; VI, 359.
SERPENTS (Enchanteurs de), I, 295.
SERV, roi de Yémen, reçoit à sa cour Djendil, envoyé de Feridoun, qui lui demande la main de ses trois filles pour les trois fils de son maître, I, 121. — Le roi assemble les chefs de son peuple et leur demande conseil, 123. — Réponse qu'il donne à l'envoyé de Feridoun, 125. — Feridoun annonce à ses fils qu'ils vont partir pour le Yémen, 127. — Les trois princes se rendent auprès du roi de Yémen, 129. — Accueil qui leur est fait dans ce pays, 129. — Grâce aux conseils de leur père, ils obtiennent les filles du roi des Arabes, 131. — Serv essaye sa magie contre les fils de Feridoun, 131. — Insuccès de ses enchantements, 133. — Il remet ses filles aux mains de leurs époux, 133. — Il congédie ses gendres qui retournent vers leur père, 135. — 175, 179, 183, 187, 293.

SERV AZAD, habitant de Merw qui prétendait descendre de Sam, fils de Neriman, communique à Mahmoud le Ghaznévide les souvenirs conservés dans sa famille sur Sam, Zal et Rustem, I, xix. — Firdousi disait tenir de lui des épisodes de la vie de Rustem, xlvii; IV, 701, 703.

SETH, I, LXXVI.
SHAH-NAMEH (THE), an heroic poem by Abool-Kasim Firdoosee published by Turner Macan. Calcutta, 1829; édition complète du texte du *Livre des Rois*, I, LXXXIII, LXXXIV.

SHAH-NAMEH (THE) of the Persian poet Firdausi, etc. Voy. ATKINSON.
SIAH DIRSCHM, esclave et meurtrier de Farrukhzad, roi de Perse, VII, 425.
SIAMEK, fils de Kaioumors, premier roi de Perse. — Qualités dont ce prince était orné; amour que lui portait son père, I, 29. — Complot formé contre lui par Ahriman et son fils Div; Siamek marche contre le fils d'Ahriman; combat de ces deux guerriers; mort de Siamek, 31. — Douleur du roi à cette nouvelle, 31. — Dieu lui ordonne de venger la mort de son fils, 33.

SIAMEK, noble touranien du temps d'Afrasiab, III, 565, 569.
SIAWUSCH, fils de Kei Kaous, II, VI, VII. — Histoire de ce prince. Commencement du récit, 195. — Histoire de la mère de Siawusch; elle est rencontrée dans une forêt, où elle fuyait la colère de son père, par Thous et d'autres grands de l'Iran, 197. — Elle leur raconte les motifs de sa fuite, 199. — Thous et Guiv se disputent la possession de cette femme; ils conviennent de se soumettre à la décision du roi; Kaous leur envoie des cadeaux et fait entrer la captive dans l'appartement de ses femmes, 199. — Naissance de Siawusch, 201. — Rustem propose au roi de se charger de l'éducation de son fils; le roi accepte et Rustem emporte l'enfant dans le Zaboulistan, 201. — Jeunesse de Siawusch; il manifeste à Rustem le désir de revoir son père, 203. — Siawusch revient du Zaboulistan, 203. — Accueil que le roi fait à son fils et à Rustem: fêtes qu'il donne en l'honneur de Siawusch; cadeaux qu'il fait à ce prince, 205. — Il lui donne l'investiture du pays de Keverschan, 207. — La mère de Siawusch meurt; douleur du jeune prince; consolations que lui apportent les grands

du royaume, 207. — Soudabeh devient amoureuse de Siawusch; sur ses instances, Kaous engage son fils à se rendre dans l'appartement des femmes, 209. — Le jeune prince essaye de se soustraire à cette obligation; le roi insiste, 211. — Siawusch se rend chez Soudabeh, 211. — Accueil qu'il reçoit de la reine, 213. — Conduite de Siawusch à son égard, 215. — Nouvelles intrigues de Soudabeh, 215. — Seconde visite de Siawusch dans l'appartement des femmes, 217. — Propositions que lui fait la reine; réponse sage et prudente de Siawusch à ses avances, 221. — Entretien de Kaous et de la reine; secrets desseins de cette princesse, 223. — Troisième visite de Siawusch dans l'appartement des femmes; il est de nouveau sollicité par la reine et se retire, plein d'indignation, 225. — Soudabeh trompe le roi, 225. — Elle accuse Siawusch d'avoir porté la main sur elle, 227. — Incertitudes du roi; il fait venir Siawusch et l'interroge, 227. — Il reconnaît la fausseté des accusations de Soudabeh et songe à la punir, 229. — Il lui pardonne en souvenir de son dévouement dans le Hamaveran; Siawusch est déclaré innocent, 229. — Soudabeh complote avec une magicienne, 231. — Elle feint d'être accouchée de deux enfants morts, 231. — Kaous s'informe de l'origine de ces enfants; les astrologues lui dévoilent le secret de la reine, 233. — Soudabeh persiste dans son dire et attribue les révélations des astrologues à la crainte que leur inspire Siawusch, 235. — Le roi consulte les Mobeds; un d'entre eux lui conseille de tenter l'épreuve par le feu, 237. — Siawusch traverse le feu, 237. — Il en sort sain et sauf à la joie du peuple entier, 241. — Siawusch demande à son père la grâce de Soudabeh, 243. — Le roi pardonne à Soudabeh et la rétablit dans son palais, 245. — La reine excite dans l'esprit du roi de nouveaux soupçons contre son fils, 245. — Kaous apprend qu'Afrasiab s'est mis en route, 247. — Siawusch demande à son père de le charger du commandement de l'armée iranienne, 247. — Le roi consent au désir de son fils et charge Rustem de veiller sur lui, 249. — Siawusch entre en campagne, 249. — Succès de ses armes, 253. — Il rencontre, près de Balkh, les Touraniens commandés par Sipahram, les bat et s'empare de la ville; Sipahram s'enfuit avec son armée et se rend auprès d'Afrasiab, 253. — Lettre de Siawusch à Kaous; il l'informe de sa victoire et lui demande s'il doit passer le Djihoun et attaquer Afrasiab, 255. — Réponse de Kaous à son fils; il lui conseille d'attendre que les Touraniens viennent l'attaquer, 255. — Guersiwez informe Afrasiab des résultats de sa campagne contre les Iraniens, 257. — Colère d'Afrasiab, 257. — Il a un rêve, 259. — Il le fait interpréter par un Mobed qui lui prédit les calamités qui accableront le Touran s'il combat Siawusch, 263. — Il confie à Guersiwez son intention de faire la paix avec Siawusch, 263. — Il tient conseil avec les grands, 265. — Il leur fait part de ses dispositions pacifiques, 267. — Les grands l'approuvent. Il donne ses instructions à Guersiwez et l'envoie à la cour de Siawusch, 267. — Guersiwez arrive auprès de ce prince, 269. — Il lui remet les présents et le message de son maître, 269. — Entretien de Siawusch et de Rustem au sujet des propositions du roi du Touran, 271. — Siawusch conclut un traité avec Afrasiab, 271. — Celui-ci envoie des otages à Siawusch et évacue les parties de l'Iran qu'il tenait en son pouvoir, 273. — Siawusch envoie Rustem auprès de Kaous pour l'informer de ce qu'il vient de faire, 275. — Rustem s'acquitte de sa mission, 277. — Le roi lui fait des reproches et

TABLE ANALYTIQUE

735

lui annonce qu'il va ordonner à son fils de rompre le traité et de marcher contre Afrasiab, 279. — Rustem tente de détourner le roi de son dessein, 281. — Celui-ci le renvoie dans le Seïstan, 281. — Kaous répond à la lettre de Siawusch, 283. — Il lui ordonne de lui envoyer les otages et de combattre les Touraniens ou de céder le commandement de l'armée à Thous, 285. — Perplexité du jeune prince, 287. — Siawusch consulte Bahram et Zengueh, 287. — Il charge Zengueh de rendre à Afrasiab ses otages et ses présents et veut confier son armée à Bahram pour qu'il la remette à Thous, 289. — Bahram et Zengueh lui conseillent d'obéir aux ordres de son père, 291. — Le jeune prince persiste dans sa résolution, 291. — Il envoie Zengueh à la cour d'Afrasiab et fait demander à ce roi le passage à travers ses États, pour aller chercher un asile contre la colère de son père, 293. — Le roi consulte Piran qui lui conseille d'accueillir Siawusch et de le retenir à sa cour, 293. — Craintes d'Afrasiab; Piran les dissipe, 297. — Afrasiab invite le prince iranien à se rendre auprès de lui, 299. — Siawusch cède le commandement à Bahram, 301. — Il quitte le camp avec une escorte de six cents cavaliers; accueil qu'il reçoit dans les villes qu'il traverse, 303. — Thous ramène l'armée à la cour de Kaous; colère du roi à la nouvelle du départ de son fils, 305. — Afrasiab envoie Piran au-devant de Siawusch; rencontre de Piran et de Siawusch, 305. — Ils continuent leur route et arrivent à Kadjar Baschi, où ils s'arrêtent pour se reposer, 307. — Leur entretien, 307. — Piran console Siawusch que le souvenir de l'Iran attristait, 309. — Ils parviennent à Gang, résidence du roi du Touran, 309. — Entrevue de Siawusch et d'Afrasiab, 311. — Ce dernier donne au prince iranien un palais pour demeure, 311. — Il ordonne à son fils et aux grands du royaume d'aller lui rendre visite avec des présents de toute sorte, 313. — Siawusch montre son adresse devant Afrasiab, 313. — La partie de balle entre le roi et Siawusch, 315. — Prouesses de Siawusch au tir de l'arc, 319. — Afrasiab et Siawusch vont à la chasse, 321. — Jalousie que le prince iranien inspire aux grands du Touran, 321. — Affection que lui voue le roi, 323. — Piran donne sa fille en mariage à Siawusch, 323. — Il lui parle de Ferenguis, fille aînée d'Afrasiab, 325. — Il lui offre de la demander pour lui à son père; Siawusch y consent, 327. — Piran parle à Afrasiab, 327. — Soucis que cause au roi cette demande; Piran s'efforce de dissiper ses inquiétudes et le roi cède à ses conseils, 331. — Piran retourne auprès de Siawusch et lui fait connaître la réponse du roi, 331. — Fiançailles de Ferenguis et de Siawusch, 333. — Afrasiab donne une province à Siawusch, 335. — Siawusch et Piran prennent congé du roi et partent pour leurs résidences, 335. — Siawusch bâtit Gangdiz, 339. — Situation et description de cette ville et de ses environs, 341. — Siawusch s'entretient avec Piran de son avenir, 343. — Il lui révèle ses secrètes inquiétudes, 347. — Afrasiab envoie Piran dans les provinces, 349. — Siawusch bâtit Siawuschguird, 349. — Piran visite cette ville, 353. — Il se rend auprès d'Afrasiab, lui rend compte de sa mission et lui fait l'éloge de la nouvelle résidence de Siawusch, 355. — Afrasiab envoie Guersiwez auprès de Siawusch, 357. — Naissance de Firoud, fils de Siawusch, 359. — Colère secrète de Guersiwez, jalousie que lui inspire le prince iranien, 361. — Siawusch joue à la balle; il montre son habileté à se servir de la pointe de la lance, des flèches et de l'arc, 361. — Guersiwez le défie à la lutte, 363. — Siawusch refuse de se battre avec ce prince et offre de se mesurer avec deux grands du Touran, 365. — Demour et Gueroui Zereh se présentent pour lutter avec lui, 365. — Ils sont vaincus. Les prouesses de Siawusch excitent le courroux de Guersiwez qui prend congé du prince, 367. — Il revient et calomnie Siawusch auprès d'Afrasiab, 367. — Entretien d'Afrasiab et de Guersiwez au sujet de Siawusch, 369. — Guersiwez s'efforce d'allumer dans le cœur du roi la haine contre Siawusch, 373. — Afrasiab charge son frère d'une mission secrète, 375. — Guersiwez retourne près de Siawusch. Ruse qu'il emploie pour perdre ce prince, 375. — Conseils perfides qu'il lui donne, 379. — Lettre de Siawusch à Afrasiab, 383. — Guersiwez remet cette lettre au roi et lui fait entendre que Siawusch songe à la révolte, 385. — Afrasiab se met en campagne contre Siawusch, 387. — Ce prince révèle à Ferenguis sa triste situation; douleur de la princesse, 387. — Siawusch a un songe, 389. — Il apprend qu'Afrasiab s'avance avec son armée, 389. — Il déclare ses dernières volontés à Ferenguis, 391. — Il prend congé d'elle, 393. — Ses adieux à son cheval Behzad, 393. — Il tombe entre les mains d'Afrasiab, 395. — Le roi ordonne qu'on lui tranche la tête, 399. — Représentations que lui font, à ce sujet, l'armée du Touran et Pilsem, 399. — Guersiwez s'efforce de détruire l'effet produit sur le roi par leurs paroles, 401. — Conseils que lui donnent Demour et Gueroui; réponse d'Afrasiab à leurs suggestions, 403. — Ferenguis vient se lamenter devant son père, 403. — Ses paroles excitent la colère du roi qui la fait enfermer dans son palais, 407. — Meurtre de Siawusch, 407. — Une plante naît du sang de ce prince, 409. — Douleur de Ferenguis; elle maudit son père qui ordonne qu'on la fasse périr avec l'enfant qu'elle porte dans son sein, 411. — Pilsem et deux autres grands courent invoquer le secours de Piran, 411. — Piran délivre Ferenguis et la confie aux soins de Gulschehr, son épouse, 415. — 417, 419, 429, 431. — Kaous apprend le sort de Siawusch, 433. — Rustem se rend auprès de lui, 435. — Il fait le serment de venger Siawusch, 435. — Reproches qu'il adresse au roi dont la passion pour Soudabeh a causé la mort de Siawusch, 437. — Rustem tue Soudabeh et entre en campagne, 437. — 439, 441, 443, 449, 451, 463, 469, 471, 477, 483, 487, 489, 491, 493, 495, 497, 513, 531, 555, 563, 567, 569, 571, 595, 597, 601, 609, 613, 623, 627, 631, 637, 643; III, 17, 19, 51, 65, 69, 71, 83, 95, 127, 149, 151, 153, 155, 157, 159, 161, 163, 167, 171, 173, 175, 195, 215, 245, 261, 289, 297, 311, 327, 341, 357, 395, 425, 427, 453, 463, 465, 469, 471, 473, 481, 517, 521, 551, 555, 563, 565, 573, 585, 589, 605, 617, 619; IV, 15, 27, 37, 43, 49, 51, 57, 105, 111, 127, 139, 141, 153, 159, 163, 179, 185, 191, 199, 207, 209, 211, 213, 217, 231, 233, 241, 255, 271, 573, 575, 601, 623, 717; VI, 587, 651, 657; VII, 243, 383, 477.

Siawusch (La mère de). Cette princesse est rencontrée dans une forêt, où elle fuyait la colère de son père, par Thous, Guiv et quelques autres grands de Piran, II, 197. — Elle leur raconte les motifs de sa fuite, 199. — Thous et Guiv se disputent la possession de cette femme; Kaous, à la décision duquel ils en réfèrent, leur fait des cadeaux et envoie la captive dans l'appartement de ses femmes, 199. — Elle met au monde Siawusch, 201. — Elle meurt, 207. — Douleur de son fils; les grands du royaume viennent lui apporter leurs consolations, 207.

Siawuschguerd, ville bâtie dans le Touran

TABLE ANALYTIQUE

par Siawusch, II, 349, 351, 353, 355, 357, 359, 399, 427, 429, 493; IV, 163, 165, 181, 185.

SIKENDER. Voy. ISKENDER.

SIMAH BERZIN, noble iranien et l'un des favoris de Nouschirwan, mis à mort par ordre de Hormuzd, VI, 557-561.

SIMOURGH (Le), oiseau gigantesque et fabuleux, I, LXXVI. — Il avait son nid sur le mont Alborz, I, 219. — Il aperçoit Zal, fils de Sam, que son père avait fait exposer dans la montagne, 221. — Touché de pitié, il l'emporte dans son nid et le nourrit au milieu de ses petits, 221. — 223. Après deux songes révélateurs et sur les conseils des Mobeds, Sam se met à la recherche de son fils; il arrive devant le nid du Simourgh et voit son fils sans pouvoir l'approcher, 225. — Le Simourgh l'aperçoit; il fait connaître à Zal le nom de son père et le motif de son arrivée dans ces lieux, 225. — Zal refuse de quitter le Simourgh; celui-ci le console, lui donne une de ses plumes comme talisman et le porte devant son père, 227. — Paroles de reconnaissance que Zal adresse au Simourgh; l'oiseau retourne à la montagne, 229. — 231. — Sam raconte au roi l'histoire de son fils et du Simourgh, 233, 235. — 239, 275, 319. — Zal, voyant souffrir Roudabeh devenue son épouse, évoque le Simourgh; cet oiseau lui apparaît immédiatement; il lui prédit la naissance d'un fils et la manière dont il naîtra, et lui indique comment Roudabeh devra être délivrée, 351. — 361; III, 85, 337, 365; IV, 613, 615. — Rustem ayant été vaincu par Isfendiar et grièvement blessé, Zal appelle à son aide le Simourgh, 665. — L'oiseau s'informe de ce qui s'est passé; Zal lui fait connaître l'état dans lequel se trouvent Rustem et son cheval Raksch, 667. — Le Simourgh les guérit l'un et l'autre, 667. — Il demande à Rustem le motif de sa querelle avec Isfendiar.

Il lui fait promettre d'épuiser tous les moyens de conciliation et lui révèle le sort réservé à celui qui versera le sang d'Isfendiar, 669. — Il emmène Rustem sur le bord de la mer, 669. — Il lui désigne une branche de tamarix à laquelle est attaché le sort d'Isfendiar, lui ordonne d'en faire une flèche, et lui indique l'usage qu'il doit faire de cette flèche, 671. — 677, 681, 683, 695; V, 293.

SIMOURGHS, IV, 493. — Isfendiar combat un simourgh et le tue, 509 513.

SIMURGH. Voy. SIMOURGH.

SIPAH, noble iranien, partisan de Bahram Djoubineh, VII, 77.

SIND (Le), contrée limitrophe de l'Inde, III, 117, 131, 237, 509, 519; IV, 429, 617, 725; V, 163, 165, 175, 183, 241, 243, 261; VI, 23, 385. — (Mer du), I, 23, 235, 481; II, 349; III, 161, 213; IV, 253. — (Le roi du), III, 131; V, 147; VI, 65-71.

SINDBAD LE MARIN, conte arabe d'origine persane, écrit sous les Arsacides, cité, I, LVIII.

SINDOKHT, épouse de Mihrab, roi de Kaboul, interroge son mari au sujet de Zal, fils de Sam, I, 247. — 273. — Sindokht conçoit des soupçons au sujet de la conduite de sa fille; elle surprend la messagère de Zal et de Roudabeh et l'interroge, 283. — Cette femme se trouble et les soupçons de la reine ne font que s'accroître, 283. — Reproches qu'elle adresse à sa fille, 285. — Celle-ci lui révèle son amour pour Zal et la réponse de Sam à son fils, 285. — La reine s'apaise; elle pardonne à la messagère et lui recommande le secret, 287. — Mihrab apprend l'aventure de sa fille, 289. — Fureur du roi qui veut tuer Roudabeh; Sindokht le retient et lui fait connaître la situation, 291. — Doutes du roi, 291. — Sindokht essaye de les dissiper et lui remet la réponse de Sam à la lettre de son fils, 293. —

Mihrab ordonne à Sindokht de lui amener sa fille et promet de ne lui faire aucun mal, 293. — Roudabeh se présente devant son père qui lui signifie ses volontés, 295. — Minoutchehr ordonne à Sam de brûler les palais de Mihrab et de massacrer ce roi et toute sa famille, 303. — Sam part pour aller combattre Mihrab, 303. — Plaintes que Zal adresse à son père à ce sujet, 305. — Zal va en ambassade auprès de Minoutchehr, 309. — Colère de Mihrab contre Sindokht, 315. — La reine offre de se rendre auprès de Sam avec de riches présents; Mihrab y consent, 317. — Sam accueille Sindokht avec bienveillance, 319. — Leur entretien, 321. — Il la console et lui donne connaissance de la démarche qu'il a faite auprès de Minoutchehr, 323. — Sindokht le prie de lui rendre visite à Kaboul; il y consent, 325. — La reine prend congé de Sam, 325. — Ce prince lui fait présent de tout ce qu'il possède à Kaboul et lui renouvelle ses promesses, 327. — Réponse de Minoutchehr à la lettre de Sam; départ de Zal; il envoie des messagers à son père et à Mihrab, 339. — Joie du roi de Kaboul et de sa famille; préparatifs dans son palais et dans le royaume pour recevoir Zal, 341. — Zal arrive auprès de Sam; ce prince lui raconte la démarche de Sindokht et la prière qu'elle lui a faite de lui rendre visite, 343. — Arrivée des deux princes à Kaboul; Sindokht sort de son palais à leur rencontre, 345. — Sam demande à voir Roudabeh, 345. — Étonnement de Sam à la vue de cette princesse; mariage de Zal et de Roudabeh; fêtes données à cette occasion, 347. — Zal part pour le Seïstan avec Roudabeh, Mihrab et Sindokht, 347. — Sindokht reste auprès de sa fille; Mihrab revient seul à Kaboul, 349. — Naissance du fils de Zal, 349-353.

Sipahram, général d'Afrasiab, II, 253,
255, 517, 519; III, 441, 565, 575, 577.

Siped (Le mont), II, 599, 615, 625, 631, 639, 647, 667. — Cf. Sipend.

Sipend (Mont), I, 365. — Sa forteresse inabordable, 367. — Neriman attaque cette place par ordre de Feridoun; il est tué pendant le siége; son fils Sam essaye de s'en emparer; il est obligé d'y renoncer, 367. — Zal, fils de Sam, indique à son fils Rustem quel stratagème il devra employer pour pénétrer dans la place et la réduire, 369. — Rustem part pour le mont Sipend déguisé en marchand de sel, 369. — Il est introduit dans la place et en massacre la garnison pendant la nuit, 371. — Il découvre le trésor de la forteresse, 371. — Il enlève son butin, met le feu au château et retourne auprès de son père, 375. — 445. — Cf. Siped.

Sipendarmed, nom d'un génie, III, 363.

Sipendjab (Pays et ville de), I, 441; II, 273, 441, 443, 445, 467, 469; III, 75.

Siroës (Schirouïeh). Voyez Kobad (Schirouïeh), fils de Parviz.

Sitir, poids, III, 129.

Siyah-Pil, noble iranien de la cour de Guschtasp, IV, 379.

Siyar-al-Molouk. Voy. Seïr-al-Molouk.

Slaves (Les), I, LXII. — Le *Barzou-nameh* les représente toujours comme des Divs et appelle leur roi le *Div Seklab*; le *Sam-nameh* les regarde comme une nation d'hommes et désigne leur roi sous le nom de *roi Seklab*, I, LXVI. — V, 247. — (Pays des), I, LX; VI, 23, 29.

Sœurs (Aventures des quatre) et de Bahram Gour, roi de Perse, V, 591-595.

Sogd. Voy. Sogdo.

Sogdo, nom de pays, II, 255, 259, 267, 273, 287, 587; III, 225; IV, 83, 85, 189; VI, 311, 353, 355. — Ville, VI, 313, 323.

Sogdi (Le), une des écritures que les Divs enseignèrent à Thahmouras, I, 47.

Sohrab, fils de Rustem, I, LVI, LXI, LXII,

✥ TABLE ANALYTIQUE ✥

739

LXV; II, VI. — Histoire de ce prince. Commencement du récit, II, 73. — Rustem va à la chasse dans les environs de Semengan, 75. — Il s'endort et quelques cavaliers turcs s'emparent de son cheval Raksch et l'emmènent, 75. — Rustem prend, à pied, le chemin de Semengan à la recherche de son cheval, 77. — Il arrive dans cette ville; le roi va à sa rencontre, lui offre l'hospitalité et lui promet de lui faire retrouver Raksch, 77. — Tehmimeh, fille du roi de Semengan, va trouver Rustem pendant la nuit, 79. — Elle lui révèle l'amour qu'elle a conçu pour lui et lui promet de lui ramener Raksch, 81. — Rustem fait demander Tehmimeh à son père, 81. — Mariage de Rustem et de Tehmimeh; le héros donne à sa jeune épouse un onyx qu'il portait au bras pour qu'elle en pare l'enfant qui naîtra d'elle; Raksch lui est rendu; il prend congé de Tehmimeh et retourne dans le Zaboulistan, 83. — Naissance de Sohrab, 83. — Origine de son nom; son enfance; sa mère lui apprend qu'il est fils de Rustem et lui recommande le secret sur cette révélation, 85. — Projets belliqueux de Sohrab, 85. — Il choisit un cheval, 87. — Il se prépare à la guerre contre les Iraniens, 89. — Afrasiab envoie Barman et Houman auprès de Sohrab avec douze mille guerriers choisis; intentions secrètes d'Afrasiab; message qu'il adresse au jeune prince, 91. — Sohrab va recevoir les envoyés d'Afrasiab et conduit son armée dans le pays d'Iran, 93. — Il arrive au Château Blanc; Hedjir, gouverneur du château, tente de s'opposer au passage des Turcs, 93. — Il est vaincu et terrassé par Sohrab qui lui fait grâce de la vie et le retient prisonnier, 95. — Gurdaferid, fille de Guzdehem, revêt une armure de guerrier et se dispose à venger la défaite de Hedjir, 95. — Elle sort du Château

Blanc et défie les guerriers ennemis; combat de Sohrab et de Gurdaferid, 97. — La jeune guerrière est faite prisonnière; elle promet à Sohrab de lui livrer le château dès qu'il lui plaira, 99. — Elle retourne auprès de son père; elle viole la parole qu'elle avait donnée à Sohrab et le menace de l'arrivée de Kaous et de Rustem, 101. — Sohrab furieux fait ravager les alentours du château et regagne son camp pour y passer la nuit, 103. — Guzdehem écrit à Kaous pour lui apprendre l'arrivée des Turcs au Château Blanc, la défaite de Hedjir et les prouesses de Sohrab, 103. — Il demande un prompt secours, 105. — Sohrab s'empare du Château Blanc, 105. — Il s'aperçoit que Guzdehem, Gurdaferid et la garnison étaient partis pendant la nuit par un chemin souterrain, 107. — Kaous reçoit le message de Guzdehem; il écrit à Rustem et le fait venir du Zaboulistan, 107. — Le roi charge Guiv de son message et lui ordonne de ramener Rustem immédiatement, 109. — Guiv remet la lettre du roi à Rustem; celui-ci se demande en vain quel peut être ce héros qui vient du pays des Turcs, et songe que son fils est trop jeune pour accomplir les exploits dont on lui fait le récit, 111. — Il se rend avec Guiv dans son palais et y passe trois jours en fêtes, 111. — Guiv fait ses préparatifs de départ et engage Rustem à ne pas différer plus longtemps sous peine d'encourir le ressentiment du roi, 113. — L'armée du Zaboulistan part pour l'Iran, 115. — Kaous se met en colère contre Rustem; celui-ci s'emporte et fait de violents reproches au roi en lui rappelant les services qu'il lui a rendus, 115. — Il invite les Iraniens à se défendre eux-mêmes et les quitte, 117. — Ceux-ci engagent Gouderz à se rendre auprès du roi et à lui faire entendre la voix de la raison, 119. — Le roi reconnaît la

93.

justesse des paroles de Gouderz et le prie de ramener Rustem; Gouderz et les chefs de l'armée atteignent Rustem; leurs instances sont d'abord infructueuses, 121. — Gouderz intéresse sa gloire et fait appel à ses sentiments généreux; Rustem cède enfin et revient auprès du roi qui s'excuse de l'avoir traité durement, 123. — Kaous et Rustem se mettent en campagne, 125. — Ils arrivent devant le Château Blanc; Rustem pénètre dans la forteresse à la faveur d'un déguisement, 127. — Il tue Zendeh Rezm, oncle de Sohrab, qui l'avait aperçu et le questionnait, 129. — Sohrab apprend la mort de Zendeh et jure de le venger, 129. — Rustem revient auprès de Kaous; il lui fait la description des Turcs et de Sohrab et lui parle du coup qu'il avait donné à Zendeh Rezm, 131. — Sohrab monte sur une hauteur d'où il découvre le camp des Iraniens, et demande à Hedjir les noms des chefs de leur armée, 133. — Celui-ci évite de lui désigner Rustem, 135. — Sohrab insiste pour connaître son père; Hedjir lui fait de nouveau une réponse évasive, 139. — Nouvelles instances de Sohrab, 139. — Inquiétudes secrètes de Hedjir au sujet de Rustem, 141. — Il fait mentalement le sacrifice de sa vie à la sécurité du héros iranien et refuse de le désigner à Sohrab, 141. — Sohrab attaque l'armée de Kaous, 143. — Les chefs iraniens se dispersent devant lui; il défie Kaous qui envoie en toute hâte un message à Rustem, 145. — Celui-ci prend ses armes, monte sur Raksch et s'avance au-devant de Sohrab, 147. — Les deux guerriers se défient et conviennent de se battre hors des lignes; Sohrab interroge Rustem sur sa naissance, 147. — Rustem refuse de se faire connaître, 149. — Combat de Rustem contre Sohrab, 149. — Ils se séparent sans avoir pu se vaincre et se jettent, chacun de son côté, sur l'armée ennemie, 151. — Sohrab et Rustem retournent à leurs camps, 153. — Ils s'informent des résultats de leurs attaques réciproques, 153. — Rustem raconte à Kaous son combat contre Sohrab; il se retire dans son camp, 157. — Recommandations qu'il fait à Zewareh, 157. — Il retourne au combat, 159. — Sohrab court au-devant de lui et cherche à lui faire avouer qu'il est Rustem, 161. — Le guerrier iranien lui fait une réponse évasive; ils en viennent aux mains de nouveau; Rustem est terrassé et Sohrab s'apprête à lui trancher la tête, 163. — Rustem invoque en sa faveur les coutumes guerrières de l'Iran; Sohrab le laisse aller; reproches que lui adresse Houman à ce sujet, 165. — Nouvelle rencontre de Sohrab et de Rustem; Sohrab est frappé à mort, 167. — Reconnaissance du père et du fils, 169. — Sohrab prie son père d'épargner les Touraniens et lui recommande le sort d'Hedjir, son prisonnier, 171. — Rustem va au-devant des Iraniens et les engage à ne pas combattre les Touraniens, 173. — Douleur de Rustem; message qu'il envoie à Houman; danger que court Hedjir; Rustem retourne auprès de son fils, suivi des grands de l'Iran, 175. — Il veut se tuer, 175. — Il en est empêché par les grands, 177. — Rustem demande un baume à Kaous; refus du roi, 177. — Lamentation de Rustem sur la mort de Sohrab, 179. — Il ramène dans son camp le corps de son fils, 181. — Le roi de l'Iran vient lui apporter ses consolations et consent à laisser partir les Touraniens, 183. — Retour de Rustem dans le Zaboulistan; Zal va à sa rencontre; douleur de ce prince à la vue du cercueil de son petit-fils, 185. — Plaintes de Roudabeh sur la mort de Sohrab; Rustem ouvre le cercueil et montre à Zal et aux grands le corps de son fils, 187. — Il lui bâtit un tombeau, 187. — La mère de Sohrab apprend sa mort, 189. — Transports de sa douleur, 191. — Elle meurt de chagrin, 193. — IV, 251, 617.

Soie (La) employée en guise de papier pour les lettres, IV, 283; V, 105, 125, 655, 693. — pour la peinture, V, 171, 175, 511.

Soleil (Le). — Sa création, 1, 9, 13. — IV, 361; V, 93.

Songes (Interprétation des), II, 261, 263; V, 273. — Le songe de Keïd, roi de Kanoudj, V, 113-123. — Opinion de Firdousi sur les songes, VI, 243. — 245, 347.

Soohrab, a poem, etc. etc. Voy. Atkinson.

Sorciers, VI, 623. — Voy. Magie et Magiciens, Enchantements, etc.

Soudabeh, fille du roi du Hamaveran, est demandée en mariage par Kei Kaous, roi de l'Iran, II, 11. — Le roi du Hamaveran dissimule son mécontentement de cette demande et répond à l'envoyé de Kaous qu'il se soumettra à ses volontés, 13. — Il consulte sa fille; celle-ci lui répond qu'il ne doit pas s'attrister d'une si illustre alliance, 15. — Le roi fait venir l'envoyé de Kaous et conclut, avec lui, l'union de sa fille et du roi de l'Iran; la princesse est conduite à Kaous, 15. — Mariage de ce prince avec Soudabeh; le roi du Hamaveran demande à Kaous de venir dans son palais; Soudabeh essaye vainement de dissuader son mari de se rendre à l'invitation de son père, 17. — Kaous est fait prisonnier par trahison et enfermé dans une forteresse avec les grands de son royaume, 19. — Des femmes esclaves sont envoyées, avec une litière, pour ramener Soudabeh; cette princesse refuse de revenir chez son père, qui l'envoie dans la forteresse auprès de son mari, 21. — Kaous et Soudabeh sont délivrés par Rustem, 33. —Soudabeh devient amoureuse de Siawusch, fils de Kei Kaous; sur ses instances, le roi engage son fils à se rendre dans l'appartement des femmes, 209. — Le jeune prince essaye de se soustraire à cette obligation; le roi insiste, 211. — Siawusch se rend chez Soudabeh, 211. — Accueil que lui fait la reine, 213. — Conduite de Siawusch à son égard, 215. — Nouvelles intrigues de Soudabeh, 215. — Seconde visite de Siawusch dans l'appartement des femmes, 217. — Propositions que lui fait Soudabeh; réponse sage et prudente de Siawusch à ses avances, 221. — Entretien de Kaous et de la reine; secrets desseins de cette princesse, 223.—Troisième visite de Siawusch dans l'appartement des femmes; il est de nouveau sollicité par la reine, et se retire plein d'indignation, 225. — Soudabeh trompe le roi, 225.— Elle accuse Siawusch d'avoir porté la main sur elle, 227. — Incertitudes du roi; il fait venir Siawusch et l'interroge, 227.— Il reconnaît la fausseté des accusations de Soudabeh et songe à la punir, 229.— Il lui pardonne en souvenir de son dévouement dans le Hamaveran; Siawusch est déclaré innocent, 229. — Soudabeh complote avec une magicienne, 231.— Elle feint d'être accouchée de deux enfants morts, 231.— Kaous s'informe de l'origine de ces enfants; les astrologues lui dévoilent le secret de la reine, 233. — Soudabeh persiste dans son dire et attribue les révélations des astrologues à la crainte que leur inspire Siawusch, 235. — Le roi consulte les Mobeds; un d'entre eux lui conseille de tenter l'épreuve par le feu, 237. — Siawusch traverse le feu, 237. — Il en sort sain et sauf, à la joie du peuple entier, 241. — Siawusch demande à son père la grâce de Soudabeh, 243. — Le roi pardonne à Soudabeh et la rétablit dans son palais, 245. — La reine excite dans l'esprit de son époux de nouveaux soupçons contre Siawusch, 245. — 287. — Reproches que Rustem adresse au roi sur sa passion pour Soudabeh, qui a causé la mort de Siawusch, 437. — Rustem tue Soudabeh, 437.

SOUFERAÏ, noble iranien de la famille de Karen, et général en chef des armées de Balasch, fils de Pirouz, roi de Perse, VI, 109, 111, 113, 115, 117, 119, 121, 123, 127, 129, 131, 133, 135, 683; VII, 145, 479.

SOUFIS (Les), V, 97, 99.

SOUKITEH, nom d'un des trésors formés par Khosrou Parviz, VII, 329.

SOUR (Le roi de). Voy. SCHEMMAKH SOURI.

SOURCE dans laquelle disparaît le soleil, V, 215. — de l'eau de la vie. Voy. EAU (L') de la vie.

SOURIENS (Les), peuple, IV, 17.

SOURISTAN (Le), nom de pays, V, 501.

SOURSAN, ville fondée par Kesra Nouschirwan, VI, 307, 309.

SOUS (Le roi de), V, 53.

SOUSEN-NAMEH (Le Livre de la Chanteuse), poëme ayant pour objet un épisode du *Barzou-nameh*, I, LXVII. — Ce poëme se trouve inséré en entier dans quelques manuscrits du Livre des Rois, III, III.

SOUSEREK (petit lis), une des quatre sœurs, filles d'un meunier, qui devinrent les épouses de Bahram Gour, roi de Perse, V, 593.

SPIEGEL (F.) publie quelques passages du *Livre des Rois* dans sa *Chrestomathia Persica*, III, V.

STATIONS (Histoire des sept) d'Isfendiar, IV, 489-521. — 533, 557, 569, 591.

STRATAGÈMES et ruses de guerre. — Moyen employé par Karen pour s'emparer de la forteresse des Alains, I, 195. — Ruse conseillée par Zal à Rustem pour pénétrer dans la forteresse inabordable du mont Sipend et la réduire, 367, 369. — Rustem se déguise en Turc pour s'introduire dans le Château Blanc, II, 127. — 513. — Bijen, fils de Guiv, après avoir tué Hooman en combat singulier, s'avise d'un stratagème pour passer devant l'armée turque sans être inquiété, III, 481. — Ruse employée par Isfendiar pour pénétrer, avec cent soixante hommes d'élite, dans le Château d'airain, résidence d'Ardjasp, roi des Turcs, IV, 527-531. — Stratagème employé par Iskender pour venir à bout des éléphants de l'armée de Four, roi de l'Inde, V, 149, 151. — Ruse dont se servit Ardeschir Babekan pour s'introduire dans la forteresse d'Heftwad et tuer le ver qui rendait ce personnage invincible, 325. — VI, 101, 103.

SUNNITES, I, XXXI.

SUPERSTITIONS. Voy. CROYANCES.

SUPPLICES, châtiments, tortures et exécutions, II, 115, 119, 229, 235, 243, 525, 605, 625; III, 195, 323, 329, 331, 589, 619; IV, 205, 209, 369, 377, 441, 443, 467, 551, 695, 717; V, 15, 85, 89, 95, 165, 167, 301, 461, 463, 539, 665, 669, 689; VI, 153, 251, 365, 461, 479, 481; VII, 419.

SURKHAB, Destour de Balasch, roi de Perse, VI, 97, 119.

SURKHEH, fils d'Afrasiab, marche contre Faramourz, fils de Rustem, qui venait de battre une armée touranienne, II, 443. — Combat de Surkheh et de Faramourz, 447. — Surkheh est vaincu et fait prisonnier, 447. — Rustem ordonne qu'on lui tranche la tête comme on l'avait tranchée à Siawusch; Thous, attendri par les paroles du jeune prince, intercède en sa faveur, 449. — Rustem reste insensible, et le fils d'Afrasiab est livré aux bourreaux qui lui coupent la tête, 449. — Afrasiab apprend la mort de son fils et se met en campagne pour le venger, 451.

SUTOUH, magicien turc, espion d'Ardjasp, IV, 445, 447.

SYRIE. — Révolte de ce pays contre Kei Kaous, II, 7. — V, 473. — Voy. aussi SOURIENS.

TABLE ANALYTIQUE

T

Tableau des constellations, IV, 3o5.
Tableau historique de l'Orient. Voy. Mouradgea d'Ohsson.
Tables astronomiques, I, 329; II, 233; IV, 35, 233, 253, 565, 705; V, 347, 495, 497.
Tadj, fils de Khorasani, de Hérat, un des écrivains qui contribuèrent à la traduction persane du livre de Danischwer Dihkan, I, xvii.
Talhend, fils de Djemhour, roi de Kachmir. — Djemhour meurt en laissant pour héritier son fils Gau, encore en bas âge, VI, 4o1. — Les nobles du pays choisissent pour roi Maï, frère de Djemhour; le nouveau roi épouse la veuve de son prédécesseur, et meurt bientôt en laissant un fils du nom de Talhend, 4o3. — La veuve de Djemhour et de Maï est proclamée reine pendant la minorité de ses deux fils, 4o3. — Gau et Talhend se disputent le trône, 4o5. — Les grands, consultés, ne savent comment résoudre la question, 411. — Le pays se divise en deux partis ennemis, 413. — Gau et Talhend se préparent au combat, 413. — Gau cherche à s'entendre avec son frère, 417. — Celui-ci repousse ses avances, 419. — Gau fait une nouvelle tentative auprès de Talhend, 421. — Ce prince lui répond par des injures et des menaces, 423. — Bataille entre Gau et Talhend, 425. — Ce dernier est battu, 427. — Il se retire à Margh, où il rallie son armée; il provoque de nouveau son frère, 429. — Réponse de Gau au message de Talhend, 429. — Deuxième bataille entre Gau et Talhend; Talhend meurt sur le dos de son éléphant, 433. — La mère de Talhend apprend la mort de son fils et en témoigna un grand chagrin, 439. — On invente les échecs pour la consoler, 441.

Talismans, I, 341, 451, 497, 5o9.
Tapis. — Origine de la fabrication des tapis de laine, I, 43. — 319, 341, 343; IV, 189, 513; V, 55, 621.
Tapisserie célèbre tissée en Chine et qui recouvrait le trône appelé Thak-Dis, VII, 313, 315.
Tatar-Aly-Effendi fait, en l'an 916 de l'hégire, une traduction complète du Livre des Rois de Firdousi, en vers turcs, I, lxxix.
Taureau-Poisson (Le) qui soutient la terre, II, 89. — Cf. Poisson (Le) qui porte la terre.
Tawakkol-Beg, fils de Tawakkol-Beg, employé au service de Dara Schekoh, fils de Houmayoun et vice-roi de Lahore, publie, l'an 1063 de l'hégire, un Abrégé de Firdousi en persan (le Muntekhab-al-Tewarikh), I, lxxix.
Tazi (Les), nom que le Livre des Rois donne aux Arabes, VI, 323.
Tazi (Le), une des écritures que Thahmouras reçut des Divs, I, 47.
Tchegan, ville, III, 77, 117, 199; V, 687; VI, 355. — (Pays de), VI, 89, 139, 315.
Tchehrzad, autre nom de Homaï, fille de Bahman, fils d'Isfendiar, V, 17.
Tchigil. Voy. Djigil.
Tebak, roi de Djehrem, va rejoindre l'armée d'Ardeschir Babekan qui s'était révolté contre Ardewan l'Aschkanide, V, 297. — Méfiance du jeune prince à l'égard de Tebak; celui-ci dissipe tous ses soupçons, 297. — Il mène son armée au combat contre Bahman, 299. — Il fait ensevelir le corps d'Ardewan et conseille à Ardeschir de demander en mariage la fille de ce roi, 3o3.
Teck (Bois de), II, 137, 477; III, 623; V, 171, 523.
Tehemten, autre nom de Rustem, fils de Zal.

744

Tehmimeh, fille du roi de Semengan, va, pendant la nuit, trouver Rustem qui était devenu l'hôte de son père, II, 79. — Elle lui fait connaître l'amour qu'elle a conçu pour lui, sur le seul bruit de sa renommée, et lui promet de lui ramener son cheval, 81. — Rustem fait demander Tehmimeh en mariage à son père, 81. — Le roi de Semengan accorde sa fille à Rustem; mariage de Rustem et de Tehmimeh; le héros donne à sa jeune épouse un onyx qu'il portait au bras, pour qu'elle en pare l'enfant qui naîtra d'elle, 83. — Raksch lui est rendu; il prend congé de Tehmimeh et retourne dans le Zaboulistan; naissance de Sohrab, 83. — Origine de son nom; son enfance; sa mère lui apprend qu'il est le fils de Rustem, 85. — Projets belliqueux de Sohrab, 85. — Il choisit un cheval, 87. — Il se prépare à la guerre contre les Iraniens, 89. — 111, 137, 169, 171, 181. — Tehmimeh apprend la mort de son fils, 189. — Transports de sa douleur, 191. — Elle meurt de chagrin, 193.

Tejaou, seigneur touranien, gendre d'Afrasiab, II, 575, 577, 649, 651, 653, 655, 657, 659, 693, 695, 697, 699.

Teliman (Le roi), prince iranien de l'époque de Feridoun, etc., I, 175, 183, 407.

Teliman, seigneur du Soghd, du temps de Keï Khosrou, IV, 189.

Temmischkhen, nom de lieu, I, 119, 183, 207.

Temples du feu, II, 553; III, 355; IV, 23, 189, 195, 211, 267, 279, 359-365, 429, 437, 453, 455, 465, 471; V, 93, 303, 329, 357, 367, 519, 521, 559; VI, 141; VII, 27.

Tentes (Pays où l'on fait usage des), I, 437. — Tentes en peau de léopard, IV, 25.

Terek, ville, VI, 97. — (Le fleuve de), 99, 313, 355.

Termed, ville, II, 255, 303; III, 509; VI, 89, 313.

Termedi, poète de la cour de Mahmoud, fils de Sebekteghin, I, xx.

Terre (La). — Son origine; sa situation dans l'espace, I, 9. — Les Persans, comme les Indous, la divisaient en sept parties ou Kischwers, dont chacune correspondait à une planète, 73.

Tewaber (Famille de), II, 573.

Thabari, historien arabe, cité, I, ix, xlviii, l, li.

Thahmouras, le vainqueur des Divs, roi de Perse, I, xxxvii, xlix, lix. — Durée de son règne; il succède à son père Houscheng; son discours d'avénement; il invente l'art de filer la laine et de fabriquer des tissus; soin qu'il donne à différentes espèces d'animaux, 43. — Son Destour Schidasp; Thahmouras enchaîne Ahriman et s'en sert comme de coursier; révolte et défaite des Divs; pour prix de sa protection, ils enseignent au roi l'écriture, 45. — Diverses sortes d'écritures qu'il reçut d'eux; sa mort, 47. — III, 627; V, 555; VI, 237; VII, 133, 219, 383.

Thahmouras-nameh (Le), conte historique persan, cité, I, lxxvi.

Thaïr, ville, VII, 463.

Thaïr le Ghassanien, prince arabe, envahit le pays de Thisifoun et le dévaste, V, 427. — Il enlève Nouscheh, tante de Schapour Dhou'l-Aktaf; Schapour marche contre Thaïr qui se réfugie avec son armée dans une forteresse, 429. — Malikeh, fille de Thaïr et de Nouscheh, devient amoureuse de Schapour, 429. — Elle lui propose de lui livrer le château s'il veut l'épouser, 431. — Schapour lui promet de lui accorder tout ce qu'elle pourra désirer, 431. — Malikeh livre la forteresse à Schapour et Thaïr y périt, 433.

Thak-Dis, trône célèbre, commencé par Feridoun et terminé par Khosrou Parviz, VII, 307, 309, 311, 313, 315.

Thalekan. Voy. Thalikan.

Thalikan, ville, II, 253; III, 507; IV, 189.

TABLE ANALYTIQUE

Tharaz, ville, I, 245, 259, 261; II, 79, 219; IV, 33, 549. — (Le), pays, VII, 403.

Tharkhan, noble touranien de l'époque d'Ardjasp, IV, 539, 541.

Theïnousch, fils de Keïdafeh, reine du pays d'Andalous, et gendre de Four l'Indien, V, 177, 179, 181, 183, 185, 189, 191.

Thewurg. Voy. Thuwurg.

Thknousch le Roumi, ambassadeur du Kaïsar auprès de Yezdeguerd le Méchant, V, 517, 539.

Thsipoun (Ctésiphon), ville, V, 331, 427, 455, 457, 529, 689; VI, 125, 133, 141, 359, 361, 523, 563, 589, 591, 605, 689-693, 699; VII, 57, 75, 89, 353, 359, 361, 387, 411, 459.

Thous, ville, I, xxi, xxv-xxvii, xli, xliv, xlv, lvi; IV, 249, 615; V, 519, 523; VII, 459, 461, 465. — (Éloge du prince de), par Firdousi, I, 27. — (La rivière de) et la digue en pierre que Firdousi avait le projet de construire sur cette rivière, I, xxiii, xxiv, xliv, xlv.

Thous, fils de Newder, prince iranien, I, lxiii. — Son père, déjà battu par Afrasiab et craignant une défaite complète, lui ordonne, ainsi qu'à son frère Gustehem, de se rendre dans le pays de Fars, d'emmener les femmes du palais et de se retirer, avec elles et la masse de leurs partisans, dans les monts Zaweh, 403. — Thous et Gustehem obéissent, 405. — Newder informe Karen du départ de ses deux fils, 409. — Ces deux princes apprennent le meurtre de leur père par Afrasiab; leur douleur à cette nouvelle, 425. — Ils sont jugés incapables de lui succéder, 433. — 491, 493, 495, 499. — Keï Kaous charge Thous et Gouderz de conduire son armée vers le Mazenderan, 499. — Ils se mettent en marche, 501. — 535, 555, 559, 569; II, 9, 19, 21, 33, 47. — Le combat des sept héros, 51-71. — 87, 107, 115, 117, 125, 133, 135, 147, 155,

171, 175. — Étant à la chasse avec Guiv et d'autres cavaliers, Thous rencontre, dans une forêt, celle qui devait être la mère de Siawousch, 197. — Il dispute à Guiv la possession de cette femme, 199. — Ils conviennent de s'en rapporter à la décision du roi Kaous; celui-ci leur fait des cadeaux et envoie la princesse dans l'appartement de ses femmes, 199. — 203, 207, 283, 285, 287, 291, 303, 305, 401, 407, 435, 439, 453, 459, 461. — Thous reçoit de Rustem l'investiture de la ville de Djadj, dans le Touran, 467. — 475, 489, 509, 527. — Thous refuse de reconnaître Keï Khosrou, 537. — Guiv, par ordre de son père, lui reproche sa conduite; Thous persiste dans son refus et déclare qu'il préfère Feribourz, fils de Kaous, 537. — Guiv retourne auprès de son père et lui rend compte de sa mission, 539. — Colère de Gouderz contre Thous, 541. — Il rassemble ses troupes; Thous marche à sa rencontre, mais il hésite à commencer la lutte et envoie un messager à Kaous, 541. — Gouderz et Thous font prononcer Kaous sur la succession au trône, 543. — Le roi décide que la couronne appartiendra à celui de ses deux fils qui s'emparera du château de Bahman, 545. — Thous et Feribourz attaquent vainement ce château, 547. — Keï Khosrou s'en empare et y construit un temple, 549. — Il revient victorieux auprès de Kaous et pardonne à Thous sa conduite à son égard, 553. — 563, 565, 571, 591. — Thous se dispose à entrer dans le pays des Turcs, 593. — Khosron lui recommande de ne pas passer par Kelat où réside son frère; Thous promet d'obéir et se met en marche, 595. — Il ordonne à son armée de prendre le chemin de Kelat malgré les conseils de Gouderz, 597. — Firoud apprend l'arrivée de Thous, 597. — Il consulte sa mère sur ce qu'il doit faire, 599. — Celle-ci l'engage à s'armer et à combattre avec les troupes de son frère pour venger Siawusch, 599. — Firoud et Tokhareh vont observer les Iraniens, 603. — Tokhareh désigne à Firoud les différents chefs de l'armée, 603. — Les Iraniens les aperçoivent, 605. — Thous donne des ordres à leur sujet, 605. — Bahram se rend auprès de Firoud, 607. — Celui-ci se fait connaître à Bahram; il lui apprend son désir de marcher contre le Touran à la tête de l'armée iranienne, 611. — Bahram lui promet de répéter ses paroles à Thous et lui donne de prudents conseils, 611. — Bahram retourne auprès de Thous et lui raconte ce qui vient de se passer, 613. — Thous lui fait des reproches; Rivniz s'offre pour aller chercher Firoud, 613. — Firoud tue Rivniz, 615. — Thous envoie son fils Zerasp pour venger Rivniz, 617. — Firoud tue Zerasp, 617. — Thous attaque Firoud, 619. — Celui-ci tue le cheval de Thous, qui retourne à son camp couvert de confusion, 621. — Mécontentement que cause à Guiv la conduite de Firoud à l'égard de Thous, 621. — Combat de Guiv et de Firoud, 623. — Firoud blesse le cheval de Guiv qui est obligé de regagner le camp à pied, 625. — Bijen fait le serment de venger la mort de Zerasp, 625. — Combat de Bijen et de Firoud, 629. — Firoud prend la fuite et court s'enfermer dans son château, 629. — Bijen revient auprès de Thous qui jure de détruire le château et de tuer Firoud, 631. — Mort de Firoud, 631. — Les Iraniens pénètrent dans le château; douleur de Bahram à la vue du corps de Firoud, 637. — Regrets de Thous; reproches que lui adresse Gouderz; il fait construire un mausolée royal pour y placer le corps du jeune prince, 639. — Zerasp et Rivniz sont déposés dans des tombeaux à côté de Firoud, 641. — Thous conduit son armée vers le Kasehroud; Bijen tue Palaschan, 641. — Joie que ressentent Guiv et Thous de la victoire de Bijen; Afrasiab apprend l'arrivée d'une armée sur ses frontières et rassemble ses troupes, 645. — Les Iraniens souffrent de la neige, 645. — Thous convoque les chefs de l'armée et propose de lever le camp; reproches que lui fait Bahram; réponse de Thous, 647. — Guiv traverse le Kasehroud; il brûle une montagne de bois qui barrait le passage, et les Iraniens se dirigent sur Guirauguird, résidence de Tejaou, 649. — Bahram fait prisonnier Keboudeh, émissaire de Tejaou, 649. — Tejaou combat les Iraniens, 651. — Il s'enfuit devant Bijen qui le poursuit, 655. — Bijen s'empare d'Ispenoui, esclave favorite de Tejaou, et revient au camp, 657. — Afrasiab apprend l'invasion de Thous, 657. — Piran organise l'armée du Touran et se dirige vers Guirauguird, 659. — Il surprend les Iraniens pendant la nuit, 661. — Les Iraniens s'enfuient jusqu'au Kasehroud poursuivis par les Turcs, ils se mettent en sûreté dans la montagne, 663. — Gouderz pourvoit à la sécurité de l'armée et informe le roi de ce qu'avait fait Thous, 665. — Keï Khosrou rappelle Thous, 665. — Celui-ci remet le commandement de l'armée à Feribourz et retourne auprès du roi qui l'injurie et l'humilie devant toute la cour, 669. — 673 : III, v, vi. — Keï Khosrou fait mauvais accueil à son armée et à Thous, 7. — Rustem intercède en faveur des Iraniens, 11. — Le roi leur pardonne, 11. — Il agrée la soumission de Thous et le renvoie dans le Touran, 13. — Piran, surpris par l'arrivée imprévue des Iraniens, leur adresse un messager pour gagner du temps, 15. — Il prévient Afrasiab, 17. — Afrasiab lui envoie une armée, 17. — Thous en est informé et conduit ses troupes contre les Toura-

TABLE ANALYTIQUE

niens, 19. — Il tue Arjeng, 21. — Combat de Houman contre Thous, 23. — Deuxième combat entre les deux armées, 29. — Les Touraniens emploient la magie contre les Iraniens, 35. — Rehham attaque le magicien, lui coupe la main et met fin aux incantations, 37. — Les soldats de Thous prennent la fuite, 39. — Il charge Guiv de les ramener au combat, 41. — Les Iraniens se retirent sur le mont Hemawen, 41. — Les Touraniens s'aperçoivent de leur départ, 45. — Piran se met à leur poursuite, 47. — Il arrive devant le mont Hemawen; son entretien avec Thous, 51. — Piran investit la montagne, 53. — Les Iraniens font une attaque de nuit, 53. — Khosrou reçoit des nouvelles de son armée, 59. — Il ordonne à Rustem de se rendre à sa cour avec ses troupes et lui fait connaître la situation, 61. — Il l'invite à partir immédiatement pour le Touran et à confier un corps d'armée à Feribourz, 63. — Rustem part pour le mont Hemawen, 71. — Thous voit Siawusch en songe, 71. — Houman presse Piran de livrer bataille aux Iraniens; celui-ci lui confie son intention de les prendre par la famine, 73. — Thous, se voyant cerné, propose de tenter de nouveau le sort des armes, 73. — Les Iraniens se rangent à son avis, 75. — Afrasiab envoie le Khakan de la Chine et Kamous au secours de Piran, 75. — Le Khakan s'approche du mont Hemawen, 79. — Les Iraniens tiennent conseil sur leur position, 81. — Gouderz apprend que Rustem s'approche, 83. — Piran conduit sa nouvelle armée vers le champ de bataille, 87. — Thous assemble les chefs des Iraniens; une attaque de nuit est décidée, 87. — Les Iraniens sont informés que Rustem vient à leur secours, 89. — Le Khakan de la Chine va reconnaître leur armée, 89. — 91, 95, 99. — Thous apprend à ses troupes l'arrivée prochaine de Rustem et propose de faire une attaque sans l'attendre, 101. — Les Iraniens refusent d'adhérer à sa proposition, 101. — Combat de Guiv et de Thous contre Kamous, 103. — Rustem arrive auprès des Iraniens, 107. — Il entre dans le camp de Thous et il est reçu par les chefs de l'armée, 109. — 113. — Rustem ordonne à Thous de se préparer au combat, 117. — Les Iraniens se mettent en mouvement, 119. — 121, 125, 127, 133, 135, 163, 171, 177, 193, 199, 201, 209, 215, 229, 231, 241, 243, 247, 249, 251, 265, 279, 297, 307, 327, 353, 361, 365, 405, 419, 423, 499. — Khosrou équipe une armée et ordonne à Thous de marcher contre le Dehistan et d'occuper les plaines du Kharezm, 501. — 503, 533, 555; IV, 15, 17, 35, 71, 89, 141, 143, 145, 147, 171, 219, 221, 229, 231, 245, 251. — Khosrou accorde une province à Thous, 255. — Le roi se rend dans la montagne où devait se terminer sa vie, accompagné des principaux chefs de l'armée, 265. — Il engage les grands à s'en retourner; Thous et quelques autres refusent de le quitter et continuent d'avancer avec lui, 267. — Il leur fait ses adieux, 267. — Disparition de Keï Khosrou; ses compagnons le cherchent en vain de tous côtés, 269. — Ils sont ensevelis sous la neige, 271. — Inquiétudes de Gouderz, de Zal et de Rustem à leur sujet, 271. — Des hommes envoyés dans la montagne retrouvent leurs corps et les rapportent à leurs familles, 273. — 401, 623; VI, 683. — (Le fils de), IV, 21, 23.

THUWURG, puissant seigneur touranien et l'un des généraux d'Afrasiab, II, 295; IV, 71, 83, 89.

THUWURG, frère du Khakan de la Chine, contemporain de Khosrou Parviz, VII, 239, 241, 243, 247, 249, 265, 267.

748

Tigre (Le), fleuve, I, 95, 97; V, 427; VII, 451. — Voyez aussi Arwend et Didjleh.

Timour-nameh (Le), de Hatefi, ouvrage cité, I, LXXVII.

Timourides (Les), I, XL.

Tin, nom d'un génie, III, 363.

Tokhar, roi du Dehistan, du temps de Keï Khosrou, IV, 19, 171.

Tokhar, un des généraux de Khosrou Parviz, VII, 55, 111, 113, 119, 343, 345.

Tokhareh, noble touranien de la cour d'Afrasiab, II, 597, 601, 603, 605, 607, 611, 615, 619, 621, 623.

Tokhareh, noble iranien, contemporain de Khosrou Parviz, VII, 163. — (Le fils de), 189. — Cf. Tokhar.

Tombeau de Nouschirwan, VI, 541.

Tour, fils de Feridoun, I, XXXVII, 119-137. — Son horoscope, 139. — Son père lui donne en royaume le pays de Touran et la Chine, 139. — Selm cherche à exciter sa colère contre leur frère Iredj, dont il est jaloux, 141. — Réponse de Tour à Selm, 143. — Message de Selm et de Tour à Feridoun, 143. — Réponse de Feridoun, 147. — Iredj est informé par son père de la haine que lui portent ses frères, 149. — Il se rend auprès d'eux, 153. — Sentiments qu'il inspire à leur armée; colère qu'ils en éprouvent, 155. — Ils l'assassinent, 157. — Tour envoie la tête d'Iredj à leur père, 159. — Les deux frères ont nouvelle de Minoutchehr, fils d'Iredj, et se préparent à faire, auprès de leur père, une tentative pour qu'il leur confie ce jeune prince, 169. — Ils lui envoient un message dans ce sens, 171. — Réponse de Feridoun, 173. — Le messager revient auprès des deux frères, 177. — Il leur rend compte de sa mission et leur rapporte les paroles du roi, 179. — Leur terreur à ce récit; ils assemblent en toute hâte leurs armées, 181. — Feridoun envoie Minoutchehr pour combattre Tour et Selm,

181. — Les deux frères s'avancent contre les Iraniens avec une nombreuse armée, 185. — Ils sont attaqués par Minoutchehr, 187. — Tour et Selm, désespérant du succès, se proposent de surprendre leur neveu pendant la nuit, 189. — Insuccès de cette tentative; Tour est tué de la main de Minoutchehr, 189. — Ce prince annonce sa victoire à Feridoun et lui envoie la tête de son oncle, 191. — 195, 379, 389, 391, 393, 423, 473, 477, 479; II, 37, 267, 369, 379, 405, 419, 425, 477, 521, 581, 591; III, 13, 227, 229, 417, 455, 509, 517, 531; IV, 49, 105, 113, 209, 215, 241, 375, 621; V, 7, 467, 655; VII, 117, 169, 287, 477.

Tour to Sheeraz. Voy. Scott Waring (E.).

Touran (Le) et les Touraniens, I, LVII, LXII, 23. — Le Touran devient l'apanage de Tour, fils de Feridoun, 139, 141. — 181, 205, 381; II, 5; IV, 9, 373, 383, 703; V, 111, 253, 601, 609, 683; VI, II, III, 95-101, 627; VII, 453, 457. — Voyez aussi Turcs. — Pour l'histoire du Touran, voyez Tour, fils de Feridoun, Pescheng, Afrasiab, Arjiasp, Sawek, Parmoudeh, Khakan (Le) de la Chine, Buek, Khakan des Turcs et de la Chine, Chine (La) et les Chinois.

Tours remplies d'archers et portées par des éléphants, IV, 19, 69, 725.

Traditions grecques (Les) relatives à Alexandre ont été recueillies en plusieurs collections, dont quelques-unes existent encore en grec et en latin, et dont une a été traduite du grec en arabe; usage qu'en a fait Firdousi, I, XLIX.

Traditions héroïques de la Perse. — Leur histoire est brièvement exposée dans la préface du Livre des Rois, I, III. — Pourquoi toutes les nations ont eu de semblables traditions, IV. — Forme que leur donne le peuple; ressources qu'elles offrent au point de vue historique, IV. — L'historien ne doit s'en servir qu'à défaut de documents écrits; elles sont

TABLE ANALYTIQUE

les seules sources auxquelles le poète épique puisse recourir, v. — Pourquoi les Persans étaient plus riches en traditions épiques que la plupart des peuples, vi. — Nouschirwan fait le premier recueillir ces traditions ; ce travail est repris par le Dihkan Danischwer, sur l'ordre de Yezdidjird, le dernier des Sassanides ; récit de Firdousi à ce sujet, vii. — Motifs de l'attachement des Dihkans pour les traditions et les souvenirs historiques de leur pays, viii. — Il est probable qu'aucun grand recueil de ces traditions n'existait avant le travail ordonné par Nouschirwan et Yezdidjird, x. — Les différents recueils de traditions persanes sont traduits en arabe par Ibn-al-Mokaffa ; d'autres Guèbres composent des ouvrages sur ces traditions. Usage qu'en firent les chroniqueurs arabes, xii. — Peu d'intérêt qu'elles inspiraient aux Arabes et aux populations qui s'étaient assimilées à eux ; motifs de cette indifférence, xiii. — Sentiment opposé qui se manifesta, dès le iiie siècle de l'hégire, dans les provinces orientales du khalifat ; causes de cette réaction, xiii. — Motifs politiques qui portèrent les gouverneurs de ces provinces à rechercher les traditions nationales, xv. — Goût de Mahmoud, fils de Sebekteghin, pour ces traditions. Il conçoit le projet de les réunir et de les faire mettre en vers ; matériaux qui lui sont envoyés de toutes parts, xix. — Il parvient à recueillir toutes celles qui existaient encore, xix. — Il cherche un homme capable de les rédiger ; un de ses poètes favoris lui présente Firdousi, xx. — De quelle façon ce dernier a employé les matériaux mis à sa disposition. D'après ses propres déclarations, il n'aurait fait que suivre les traditions, xlv. — Preuves, à l'appui de cette assertion, tirées de son poème de *Iousouf et Zouleikha*, xlvi. — Autres preuves du même fait, extraites de ses propres récits sur la manière dont il composait son ouvrage,

xlvii. — Si Firdousi s'était écarté des traditions persanes, il n'aurait pu que s'égarer dans celles des musulmans. Cette confusion n'existe pas dans son ouvrage, xlviii. — Les défauts, les lacunes mêmes de son récit, prouvent qu'il a suivi la tradition populaire ; sources auxquelles il a dû puiser pour l'histoire d'Alexandre le Grand, xlviii. — Silence de Firdousi sur la dynastie des Parthes ; ce qu'il faut en conclure, xlix. — Témoignages tirés des livres de Zoroastre ; différence qui existe entre la tradition religieuse et la tradition épique, au sujet des caractères des principaux personnages de la Perse ancienne, xlix. — Moïse de Khorène connaissait, un siècle avant Nouschirwan, des traditions persanes identiques à celles du *Livre des Rois*, l. — Le meilleur témoignage de la conformité du récit de Firdousi avec la tradition reçue de son temps est celui de l'auteur du *Modjmel-al-Tewarikh*, l. — Preuve tirée de la vénération des Parses pour Firdousi, liii. — Importance que le succès de son œuvre a donnée aux traditions nationales qu'il n'avait pas épuisées ; imitations qui en furent le résultat, liv. — Les poètes qui ont suivi Firdousi se sont attachés de préférence à la famille de Rustem. Analyse de quelques-uns de leurs poèmes et examen des traditions qui leur servent de base, lv-lxix. — Durée de l'impulsion donnée par Firdousi à la littérature épique. Les poètes de son école ont imité sa manière de reproduire les traditions nationales ; résultats qu'ils ont obtenus, lxx. — Décadence de la littérature épique, au vie siècle de l'hégire, et transformation des traditions héroïques en romans et en contes merveilleux, lxx. — Ces traditions ont parcouru le cercle entier des modifications qu'elles pouvaient subir, lxxvi. — Traditions concernant la famille de Rustem, III, ii. — Traditions relatives à la famille de Kaweh. Indications que ces dernières ont fournies aux chronologistes et aux historiens musulmans, II. — Les traditions qui formaient l'histoire populaire de la Perse devaient reposer sur des souvenirs antiques conservés dans les chants du peuple, et s'altérant graduellement par l'introduction d'aventures merveilleuses et romanesques, IV, II. — Le *Livre des Rois* doit être considéré comme la représentation exacte de la tradition persane telle qu'elle existait au xe siècle, II. — La continuité de la race royale de Perse à travers les dynasties qui se sont succédé est un trait de vanité nationale que les traditions ne perdent jamais de vue, V, II. — L'histoire de Dara, fils de Darab, est le seul endroit où la fable perse fait un emprunt à la fable européenne, II. — Inégalité qui apparaît dans l'abondance des traditions relatives aux Sassanides, VI. — La tradition perse est plus occupée des guerres contre les Turcs et les autres peuples touraniens que de celles contre les Romains, VI, II. — Causes de ce fait, II.

TRANSOXIANE (La). Voy. MAWERALNAHR.

TRÉSORS. — Formés par Keï Khosrou, IV, 247, 249. — Le trésor d'Iskender, roi de Roum, est enfoui, par son ordre, dans une montagne, près de Milad, V, 141, 143. — Celui de Djemschid est découvert par Bahram Gour et distribué par lui aux pauvres, 597-603. — Trésors formés par Khosrou Parviz, VII, 329, 331, 375.

TRICTRAC (Le), jeu, VII, 277. — Voyez aussi NARD.

TRÔNE (Le) de la reine Keïdafeh, V, 187. — (Le) appelé *Thak-Dis*, commencé par ordre de Feridoun et terminé par les soins de Khosrou Parviz, VII, 307-315.

TRUCHEMANS, III, 451, 453, 473, 475, 477, 481, 483. — Voyez aussi INTERPRÈTES.

TOGHRI, oiseau de proie envoyé par le Khakan de la Chine à Bahram Gour, et dont ce roi se servait pour la chasse, V, 619, 621.

TULLOH ROBERTSON (W.). Voyez ROOSTUM ZABOOLEE, etc.

TURCOMANS (Les), peuple, IV, 33.

TURCS (Les), peuple, I, 139, 145, 381, 391; V, VII, 247, 529, 617, 671, 677, 681, 683, 691; VI, II, III, VI, 185, 355, 357; VII, 285, 287, 439, 453, 467, 471, 479, 493. — de la Chine, IV, 375, 407; VI, 363. — (Pays des), I, 139, 141, 393, 405; V, 365, 369; VI, 363; VII, 423. — Voyez aussi TOURAN, etc., etc.

TURKESTAN (Pays des Turcs). Voyez TURCS et TOURAN.

U

UROSCOPIE, V, 127, 137, 139.

USAGES ET COUTUMES. — On répandait, sur la tête des personnes que l'on voulait honorer, des joyaux, des pièces d'or ou d'argent, ou simplement du musc mêlé à de l'ambre et du safran, I, 25, 53, 129, 169, 237, 327, 343, 345, 353, 355; II, 17, 19, 205, 213, 701; III, 265, etc. — Mélange du vin avec le musc et l'ambre, I, 341. — Dans les réjouissances publiques, on arrosait la terre avec de l'eau de roses et du vin, 343. — Les crinières des chevaux étaient trempées dans un mélange de musc, de safran et de vin, et l'on jetait sous leurs pas des pièces d'or et d'argent et du sucre, 129, 345; II, 203, 533. — On mêlait de l'or et de l'ambre et on les versait du haut des toits sur les têtes des grands, 203. — Les portes, les terrasses, les murs étaient tendus de tapisseries ou d'étoffes précieuses, 531, 533, 701; IV, 183. — Manifestations de la douleur, I, 161, 163, 425, 427, 431. — En re-

TABLE ANALYTIQUE

751

cevant une lettre, on la portait à son front pour honorer la personne qui l'envoyait, II, 257. — Avant de la lire on versait sur la soie du vin et du musc, I, 547. — Les chevaliers, en s'abordant ou avant d'entrer en lutte, se serraient la main pour éprouver leur force, 545, 551; IV, 625. — Les lances et les épées étaient, avant le combat, trempées dans le fiel ou le poison, II, 11; III, 77. — Une coutume des guerriers de l'Iran, II, 163, 165. — On se servait des étriers pour frapper son adversaire, 513. — On se présentait devant les rois ou les grands en tenant les mains croisées sur la poitrine, I, 495; II, 277; III, 513; VII, 363. — La récitation des chants héroïques était accompagnée de musique et de danses, I, xxix; III, 267. — Singuliers signes de réjouissance, III, 265. — Place des grands à la table des rois, IV, 613. — Voyez aussi Ambassadeurs, Astrologie, Bœufs et Buffles, Blanchisseur, Castes, Cérémonial, Chasse, Colonnes-frontières, Danse, Deuil, Embaumements, Ensevelissements et Funérailles, Feu, Gardiens, Jeux, Justice, Lettres, Lions, Litières, Lutte, Mariage, Monnaies, Musiciens, Musique, Outres, Pain, Papier, Passage et Péage des fleuves, Rideau royal, Roseau à ..., Sceaux, Sort, Supplices, etc., etc.

Ustad, fils de Pirouz, Sipehbed de Nouschirwan, VI, 205.

Ustukula, guerrier touranien de l'époque d'Afrasiab, IV, 75.

V

Vaisseaux et Barques, I, 51; II, 27; IV, 153, 173, 175, 177, 183; V, 159.

Varanes Ier (Bahram, fils d'Ormuzd), V, v.

Varanes II (Bahram, fils de Bahram), V, v.

Varanes III (Bahram, fils et petit-fils de Bahram), V, v.

Varanes IV (Bahram, fils de Schapour), V, v.

Varanes V (Bahram Gour), V, v; VI, 1.

Vases chinois, V, 185.

Ver (Histoire du) d'Heftwad, V, iv, 309. — La fille d'Heftwad, homme pauvre de la ville de Kudjaran, trouve, dans une pomme, un petit ver qui lui faisait filer deux fois plus de coton que ses compagnes, 309. — Elle révèle ce secret à son père qui abandonne son métier pour soigner son ver, 311. — Grâce à l'étoile du ver, Heftwad devient puissant et honoré; il tue l'émir de Kudjaran, qui voulait l'opprimer, et construit une forteresse sur la montagne voisine, 313. — Il se fait le chef des armées du ver, avec ses sept fils pour généraux, et envahit toutes les contrées, de la mer de Chine au Kirman, 313. — Ardeschir combat Heftwad et est défait, 315. — Il réunit ses troupes dispersées et établit son camp, 317. — Une flèche, lancée de la forteresse d'Heftwad, lui apporte un message l'engageant à abandonner son entreprise; il retourne dans le Fars, poursuivi par les ennemis qui dispersent son armée, et il s'enfuit, 319. — Deux jeunes gens lui donnent l'hospitalité et lui indiquent le moyen de renverser la fortune d'Heftwad, 321. — Ardeschir tue le ver d'Heftwad, 323. — Il fait mettre à mort Heftwad et son fils Schahoui, 329.

Vêtements, coiffures, chaussures, bijoux et parures. — L'art de se vêtir est inventé par Kaïoumors, I, 29. — Les premiers vêtements étaient faits de peaux de tigres, 29, 31. — Les hommes n'avaient, auparavant, que des feuilles pour se couvrir, 37. — Thahmouras invente le filage et le tissage de la laine, et en fait faire des habits, 43. — Djemschid invente les étoffes de tous genres et l'art de les préparer et de fabriquer des vêtements, 49. — 117, 131, 167, 169,

171, 179, 207, 213, 229, 235, 241, 243, 247, 267, 283, 285, 317, 339, 347, 375, 469, 473, 481, 487, 489, 493, 495, 501, 567; II, 125, 213, 223, 225, 269, 325, 333, 467, 539, 541, 575, 579, 703; III, 91, 101, 119, 133, 179, 209, 219, 223, 237, 267, 289, 309, 311, 313, 319, 345, 357, 365, 375, 407, 409, 485, 489, 495; IV, 115, 125, 213, 217, 229, 249, 275, 289, 303, 353, 355, 381, 529, 531, 555, 579, 585, 665, 675, 689, 713, 727; V, 11, 43, 83, 109, 111, 169, 365, 431, 571, 573, 619, 625, 643; VI, 65, 453, 457, 651, 655, 657, 661; VII, 19, 27, 65, 103, 135, 181, 207, 223-227, 299, 349, 379, 437, 447, 463, 465, 471, 475, 485.
Vin (Le), I, 53. — Rouge, du Zaboulistan, II, 57. — (Éloge du), IV, 277. — Interdiction du vin par Bahram Gour, et cause de cette interdiction, V, 577. — Le roi lève la prohibition qu'il avait portée contre le vin, 579. — VI, 541.
— Vin de dattes, VII, 65.
Virgile. — Caractère de son poëme épique, I, v.
Voix mystérieuses, V, 205, 221, 227, 257.
Voûte (La) céleste. — Sa formation, I, 9. — Son immuabilité; son influence sur l'humanité, 11. — Matière dont elle est faite; sa splendeur; son astre lumineux (le soleil), 13.
Vullers publie, en 1831, quelques passages du *Livre des Rois* de Firdousi, sous le titre de : « Fragmente über die Religion des Zoroaster, » I, LXXXIII. — Fait paraître, en 1833, une collection de fragments du même ouvrage, sous le titre de : « Chrestomathia Schahnamiana, » LXXXIV.

W

Wahl entreprend une traduction complète de Firdousi; il n'en paraît qu'un spécimen en vers blancs, avec le texte et des notes (dans les *Mines de l'Orient*, t. V, 109, 233, 351), I, LXXXII.
Wahr, nom de pays, III, 77, 117, 199, 209, 221.
Wallenbourg (De) entreprend une traduction du *Livre des Rois* en prose française; il n'en paraît que la traduction de la préface n° 2, sous le titre de *Notice sur le Schah-namé*, I, LXXXI.
Warazad, roi de Sipendjab, tué par Faramourz, fils de Rustem, II, 441, 443, 447.
Weiss Edlem (V.). Voy. Kei-Kawus in Masenderan et Sal und Rudabeh, etc.
Weston (Stephen). Voy. Episodes of the Schah-nameh.

Wilken fait imprimer, en 1807, dans ses *Institutiones linguæ Persicæ*, des fragments de l'histoire d'Alexandre, I, LXXXI.
Wiseh, Sipehbed de l'armée de Pescheng, roi du Touran, I, 389. — Afrasiab le charge de poursuivre Karen, chef de l'armée iranienne, qui a réussi à s'échapper de Dehistan, investie par ses troupes, après avoir tué Barman, fils de Wiseh, qui voulait s'opposer à son passage, 413. — Wiseh trouve son fils mort; sa douleur et sa colère à cette vue; il continue sa marche, 413. — Il atteint l'armée de Karen; il est battu et retourne vers Afrasiab, 415. — 421, 423.
Wisehgurd, ville du Touran, III, 429, 431, 509; VI, 89, 313.

Y

Yadjoudj et Madjoudj. — Les habitants d'une grande ville de l'Orient se plaignent à Iskender des ennuis que leur causent les gens de cette race, qui habitent la

TABLE ANALYTIQUE

montagne voisine et dont ils lui dépeignent la forme et les mœurs, V, 223. — Il fait élever un rempart pour fermer les défilés de la montagne, 225. — Mode de construction de ce rempart, 225. — Ses dimensions, 227. — Le pays est délivré de Yadjoudj et Madjoudj et devient habitable, 227.

YAWER, fils de Semkenan, noble iranien, contemporain de Keï Khosrou, IV, 21.

YELAN SINEH, un des officiers de Bahram Djoubineh, VI, 583, 613, 633, 637, 665, 669, 671, 675, 677, 683, 685; VII, 17, 57, 151, 153, 155, 163, 165, 173, 175, 193, 233, 245, 255, 257.

YÉMEN (Le), I, 121-135; III, 297; V, 157, 159. — Iskender se rend dans le Yémen; le roi de ce pays se présente devant lui, avec ses grands, et lui offre de riches présents, 243. — Iskender lui fait un accueil bienveillant, 243. — 429, 499, 505, 513, 519, 527; VI, 221, 475, 653.

YEZDEGIRD, roi de Perse, dernier souverain de la dynastie des Sassanides, charge le Dihkan Danischwer de continuer la recherche des traditions héroïques de la Perse, commencée par ordre de Nouschirwan, I, VII. — x; VI, 527. — Durée de son règne; son avénement; son discours aux grands, VII, 429. — Saad, fils de Wakkas, envahit l'Iran, sur l'ordre du khalife Omar; Yezdegird envoie Rustem contre lui, 431. — Ce prince écrit à son frère et lui annonce les malheurs qui attendent la famille des Sassanides, 433. — Il lui conseille de rassembler toutes ses richesses et de se retirer dans l'Aderbaïdjan, et lui envoie ses adieux pour sa mère qu'il ne doit plus revoir, 435. — Il lui prédit la ruine de la puissance de la Perse, la domination des Arabes, et toutes les calamités qui s'abattront sur l'Iran, 437. — Lettre de Rustem à Saad, fils de Wakkas, 441. — Réponse de Saad, fils de Wakkas, à la lettre de Rustem, 443. — Le chef arabe désigne Schobah Moghaïrah pour porter son message à Rustem, 445. — Entrevue de Schobah et de Rustem, 447. — Combat entre Rustem et Saad, fils de Wakkas; mort de Rustem, 449. — Yezdegird tient conseil avec les Iraniens et se rend dans le Khorasan, 451. — Lettre de Yezdegird à Mahoui Souri et aux Merzebans du Khorasan, 457. — Yezdegird arrive à Thous où il est reçu par Mahoui Souri, 465. — Mahoui Souri excite Bijen à faire la guerre à Yezdegird; le roi se réfugie dans un moulin, 467. — Mahoui apprend en quel lieu s'est retiré Yezdegird, 473. — Il ordonne au meunier de trancher la tête de son hôte; représentations que lui font les grands à ce sujet, 475. — Mahoui délibère avec ses confidents, 481. — Son fils lui conseille de ne pas laisser échapper l'occasion propice, 483. — Yezdegird est égorgé par le meunier Khosrou, 483. — Le corps est jeté dans la rivière par ordre de Mahoui, 485. — Des religieux le retirent de l'eau et l'ensevelissent, 485. — Paroles prononcées sur son cercueil, 487. — Il est déposé dans son tombeau, 489. — Mahoui Souri monte sur le trône, 491. — Son mauvais gouvernement, 493. — Il envoie des troupes contre Bijen, 493. — Bijen fait marcher son armée contre Mahoui Souri, 495. — Bijen livre bataille à Mahoui Souri et le tue, 497. — Les trois fils de Mahoui sont brûlés avec le cadavre de leur père, 501.

YEZDEGUERD, scribe de Nouschirwan, VI, 279, 281, 283, 285, 289, 317, 321, 327, 339, 399.

YEZDEGUERD le Méchant, roi de Perse, I, XXII; V, v. — Son frère Bahram, fils de Schapour, n'ayant pas d'enfant mâle, lui remet le pouvoir, 491. — Yezdeguerd monte sur le trône; durée de son règne; son discours d'avénement, 493. — Il devient injuste et tyrannique, 493. — Ses ministres conviennent entre eux de ne jamais lui parler de l'état du pays, 495. — Naissance de Bahram, fils de Yezdeguerd; horoscope du jeune prince, 495. — Le roi, sur le conseil des Mobeds, fait chercher, dans toutes les parties du monde, un précepteur pour son fils, 497. — Yezdeguerd charge Mondhir et Noman d'élever Bahram, 499. — Mondhir emmène le jeune prince dans le Yémen, 499. — Enfance de Bahram; à sept ans, il prie avec instance Mondhir de lui donner des maîtres pour s'instruire, 501. — Celui-ci fait venir du Souristan trois Mobeds très-savants et jouissant d'une grande réputation, 501. — Progrès rapides du jeune prince; les trois précepteurs sont renvoyés avec de riches présents, 503. — Bahram demande à Mondhir à acquérir des chevaux; Noman parcourt le désert et ramène cent chevaux de guerre, 503. — Bahram en choisit deux que Mondhir achète et lui offre, 505. — Il fait choix de deux belles esclaves roumies, dont l'une jouait du luth, 505. — Ce qui arriva, à la chasse, entre Bahram et la joueuse de luth, 507. — Bahram montre sa valeur à la chasse, 509. — Bahram retourne auprès de son père Yezdeguerd avec Noman, 511. — Noman revient dans le Yémen avec des présents et une lettre du roi pour son père, 513. — Bahram écrit également à Mondhir pour se plaindre de la conduite de son père à son égard, et confie à Noman ses secrets sur la mauvaise voie que suit le roi, 515. — Mondhir donne de bons conseils à Bahram, et met son trésor à sa disposition, 515. — Yezdeguerd fait enfermer Bahram; retour de Bahram auprès de Mondhir, 517. — Yezdeguerd va à Thous; il est tué par un cheval qui sort de l'eau, 519. — Les grands placent Khosrou sur le trône, 523. — Bahram Gour apprend la mort de son père, 527. — Il demande l'aide de Mondhir pour soutenir les droits de sa famille, 527. — Mondhir ordonne à Noman de réunir une armée; l'Iran est en proie aux troubles, 529. — Lettre des Iraniens à Bahram et sa réponse, 529. — Bahram Gour se rend à Djehrem, et les Iraniens vont à sa rencontre, 533. — Il les interroge sur leurs intentions, et ils lui déclarent qu'ils ne veulent pas de lui comme roi, 537. — Les Iraniens consultent le sort à plusieurs reprises pour le choix d'un roi; le nom de Bahram est toujours le premier, 537. — Mondhir demande aux Iraniens le motif qui leur fait écarter le jeune prince du trône; ceux-ci lui montrent les nombreuses victimes de la cruauté de Yezdeguerd, 539. — Bahram parle aux Iraniens de son aptitude pour la royauté, 539. — Il leur propose de placer la couronne entre deux lions, et de la donner à celui qui ira la prendre, 541. — Les Iraniens acceptent cette proposition, 543. — Bahram saisit la couronne au milieu des lions, 543. — Il s'assied sur le trône et place la couronne sur sa tête; Khosrou lui rend hommage, 549. — 555, 557, 561, 655; VI, 5, 17, 19, 23, 35, 355.

YEZDEGUERD, fils de Bahram Gour, roi de Perse, VI, 1, 111, 61. — Son père lui remet la couronne et meurt, 81. — Son avénement; durée de son règne; ses derniers moments, 85. — Il laisse le trône à son fils Hormuz, 85. — Sa mort, 87. — 89. — Voyez aussi YEZDEGIRD.

YOGUIS (Le roi des), VI, 65, 67, 69, 71.
YOUNIS (La religion des), V, 119.

Z

ZABOUL., ville, IV, 443, 445, 723. — (Fleuve de), V, 9.

ZABOULISTAN (Le), province de la Perse, I, XXXV, 231, 235, 237, 239, 243, 315,

TABLE ANALYTIQUE

323, 355, 395, 415, 417, 419, 437, 447, 481; II, 7, 13, 253, 581; III, 77; IV, 223, 225, 231, 253, 443, 571, 577, 583-587, 603, 629, 631, 635, 641, 645, 647, 665, 675, 689, 695, 699, 727; V, 7, 11, 13, 15, 267, 673; VI, 109, 111, 131; VII, 273, 435.

ZAD FARROUKH, chef des écuries de Hormuzd, roi de Perse. VI, 579.

ZADSCHEM, père de Pescheng, roi du Touran, I, 389, 391; II, 425; III, 233; IV, 21, 43, 49, 69, 107.

ZAL, fils de Sam, I, XIX, LX, LXI, LXVIII. — Sa naissance; il vient au monde avec des cheveux blancs, 217. — Colère de son père à sa vue, 219. — Il le fait exposer sur le mont Alborz, 219. — Le Simourgh aperçoit l'enfant, l'emporte dans son nid et en prend soin, 221. — Sam voit son fils en songe, 221. — Les Mobeds, auxquels il raconte son rêve, lui conseillent de chercher Zal, 223. — Nouveau rêve de Sam, 223. — Il se met en marche vers les montagnes, découvre le nid du Simourgh et voit son fils, sans pouvoir parvenir jusqu'à lui, 225. — Le Simourgh l'aperçoit; il fait connaître à Zal le nom de son père et le motif qui l'amène en ce lieu, 225. — Zal refuse de quitter le Simourgh; celui-ci le console, lui donne une de ses plumes comme talisman et le dépose devant son père, 227. — Sam exprime sa reconnaissance au Simourgh, donne à son fils le nom de Zal-Zer et, après l'avoir revêtu d'habits magnifiques, l'emmène avec lui, 229. — Minoutchehr apprend l'histoire de Sam et de Zal-Zer, 229. — Il charge un de ses fils d'inviter ces deux princes à se rendre à la cour; accueil qu'il leur fait; sympathie que lui inspire Zal-Zer; recommandations qu'il adresse à son père, à son sujet, 231. — Celui-ci apprend au roi le motif pour lequel il avait exposé son fils, comment Zal avait été recueilli et nourri par le Simourgh et comment il lui avait été rendu, 233. — Retour de Zal dans le Zaboulistan; Minoutchehr lui donne l'investiture de diverses contrées de l'extrême Orient, 235. — Sam et son fils prennent congé du roi, 237. — Sam se dispose à marcher contre les Kerguesars et le Mazenderan et confie son royaume à Zal, 237. — Départ de Sam et séparation des deux princes, 241. — Zal va visiter Mihrab, roi de Kaboul, 241. — Ce roi était de la race de Zohak l'Arabe et payait tribu à Sam; il va à la rencontre de Zal et le ramène avec lui dans sa capitale, 243. — Quelqu'un fait à Zal le portrait d'une fille de Mihrab, 243. — Le jeune prince s'éprend d'amour pour cette personne; le roi de Kaboul l'invite à visiter sa maison; il refuse; motif qu'il donne de ce refus, 245. — Mihrab se rend à l'appartement de ses femmes, 247. — Il fait devant elles l'éloge de Zal; Roudabeh, sa fille, conçoit une violente passion pour ce prince; elle révèle son amour à ses esclaves et tient conseil avec elles à ce sujet, 249. — Les esclaves de Roudabeh vont voir Zal-Zer, 253. — Celui-ci les aperçoit et envoie à leur rencontre un de ses esclaves, 253. — Entretien de l'esclave et des jeunes filles, 255. — Le jeune page raconte à son maître le sujet de cet entretien. Celui-ci envoie de riches cadeaux aux esclaves de Roudabeh, qui recommandent le secret à son messager, 257. — Zal se rend auprès des jeunes filles; l'une d'elles lui dépeint la beauté de sa maîtresse, 259. — Zal leur demande de lui procurer le moyen de voir la princesse, 259. — Elles lui promettent de s'y employer, 261. — Retour des esclaves auprès de Roudabeh, 261. — Elles lui font le plus vif éloge de la beauté du jeune roi; la princesse lui fait dire de se préparer à la voir, 263. — Zal va voir Roudabeh, 265. — Il pénètre dans son palais par escalade; elle le conduit dans son ap-

95.

partement, 267. — Leur entretien; leurs serments réciproques, 269. — Zal consulte les Mobeds au sujet de Roudabeh, 269. — Ceux-ci lui conseillent de soumettre la question à son père, 273. — Zal écrit à Sam pour lui exposer sa situation, 275. — Le messager rencontre Sam à la chasse et lui remet la lettre de Zal, 277. — Trouble de Sam à la lecture de cette lettre; ses incertitudes au sujet de la réponse qu'il doit faire à son fils; il consulte les Mobeds, 279. — Ceux-ci, après avoir cherché le secret des astres, lui font connaître l'heureux résultat réservé à cette union, 279. — Il fait répondre à son fils qu'il va se rendre dans l'Iran pour prendre les ordres du roi à son sujet, 281. — Joie du jeune prince à cette nouvelle, 281. — Il en informe sa fiancée, 283. — Sindokht apprend ce que sa fille a fait, 283. — Reproches qu'elle lui adresse, 285. — Roudabeh lui révèle son amour pour Zal et la réponse que Sam avait faite à son fils au sujet de leur union, 287. — Mihrab apprend l'aventure de sa fille, 289. — Fureur du roi à cette nouvelle; Sindokht parvient à l'apaiser, 291. — Doutes de Mihrab au sujet du consentement de Sam et de Minoutchehr à l'union de Zal et de sa fille, 291. — Sindokht lui remet la réponse de Sam à la lettre de son fils, 293. — Il ordonne à Sindokht de lui amener sa fille, 293. — Roudabeh se présente devant son père qui lui signifie sa volonté, 295. — Minoutchehr apprend l'aventure de Zal et de Roudabeh; il assemble les Mobeds et leur expose la situation, 295. — Ceux-ci lui conseillent d'agir suivant les inspirations de sa sagesse; il mande Sam auprès de lui, 297. — Sam vient voir Minoutchehr, 299. — Il lui fait le récit de sa campagne contre les Kerguesars et les peuples du Mazenderan, 299. — Minoutchehr donne à Sam l'ordre de brûler les palais de Mihrab et de massacrer ce roi et toute sa famille, 303. — Sam part pour aller combattre Mihrab, 303. — Zal va à sa rencontre; plaintes qu'il adresse à son père, 305. — Sam, touché de compassion, lui promet de lui donner une lettre pour le roi Minoutchehr, 307. — Zal va en ambassade auprès de Minoutchehr, 309. — Lettre de Sam à ce roi; il lui rappelle ses hauts faits et, entre autres, son combat contre le dragon du Kaschaf; il lui expose la douleur de Zal et la promesse qu'il lui avait faite de ne pas s'opposer à sa volonté, 313. — Il intercède en sa faveur auprès du roi; départ de Zal pour l'Iran, 315. — Colère de Mihrab contre Sindokht, 315. — Celle-ci lui propose de se rendre auprès de Sam avec de magnifiques présents; Mihrab y consent, 317. — Sam accueille Sindokht, 319. — Son entretien avec cette princesse, 321. — Il la console et lui donne connaissance de la démarche qu'il a faite auprès de Minoutchehr, 323. — Sindokht le prie de venir à Kaboul; il y consent, 325. — La reine prend congé de Sam, 325. — Ce prince lui fait présent de tout ce qu'il possède à Kaboul et lui renouvelle ses promesses, 327. — Zal porte la lettre de Sam à Minoutchehr; le roi accueille Zal avec bonté et lui accorde l'objet de sa demande, 327. — Il ordonne aux astrologues de consulter les astres; les astrologues lui font connaître qu'il naîtra de Zal et de Roudabeh un héros glorieux, 329. — Les Mobeds mettent Zal à l'épreuve en lui posant des énigmes, 329. — Zal répond aux Mobeds, 331. — Il montre sa vaillance devant Minoutchehr, 335. — Félicitations que lui adresse le roi, 337. — Cadeaux magnifiques qu'il lui fait, 339. — Réponse de Minoutchehr à la lettre de Sam; départ de Zal; il envoie des messagers à son père et à Mihrab.

TABLE ANALYTIQUE

339. — Joie du roi de Kaboul et de sa famille; préparatifs dans le palais et dans le royaume pour recevoir Zal, 341. — Zal arrive auprès de Sam; ce prince lui raconte la démarche de Sindokht et la prière qu'elle lui a faite de venir la visiter à Kaboul, 343. — Plaisir qu'éprouve Zal à ce récit, 343. — Sam envoie prévenir Mihrab de son arrivée; le roi de Kaboul va au-devant de Sam et de Zal et les ramène avec lui dans sa capitale; Sindokht sort de son palais à leur rencontre, 345. — Mariage de Zal et de Roudabeh; fêtes célébrées à cette occasion, 347. — Départ de Sam pour le Seïstan; Zal ne tarde pas à le suivre avec Roudabeh, Mihrab et Sindokht, 347. — Sam leur donne une fête; Mihrab retourne seul à Kaboul; Sam abandonne son royaume à son fils et part pour combattre les Kerguesars et les peuples de l'Occident, 349. — Roudabeh éprouve les douleurs de l'enfantement, 349. — Zal, effrayé, invoque le Simourgh; le Simourgh apparait immédiatement, lui annonce la naissance d'un fils, la manière dont il naîtra, et lui indique comment Roudabeh devra être délivrée, 351. — Il félicite Zal, lui laisse une de ses plumes et s'envole; naissance du fils de Zal; on lui donne le nom de Rustem; origine de ce nom, 353. — On fabrique un enfant de soie de la taille de Rustem et on l'envoie à Sam monté sur un cheval et armé de la lance et de la massue, 353. — Joie de Sam à la vue de cette image de son petit-fils; fêtes célébrées dans tout l'empire à l'occasion de la naissance de Rustem; Sam écrit à son fils pour le féliciter et lui recommander d'avoir le plus grand soin de l'enfant, 355. — Enfance de Rustem, 357. — Sam va voir Rustem; Zal va au-devant de son père avec Mihrab et Rustem, 357. — Plaisir qu'éprouve Sam en voyant son petit-fils et en entendant les louanges que l'enfant lui adresse, 359. — Il passe un mois en fêtes entre Zal et son fils, 359. — Il se dispose à retourner dans son royaume; conseils qu'il adresse à son fils avant de le quitter, 361. — Rustem tue l'éléphant blanc du roi (son père), 363. — Zal apprend ce que Rustem a fait et le félicite sur son courage et sa force, 365. — Il l'invite à se préparer à venger le sang de son bisaïeul Neriman, 365. — Il lui raconte comment ce prince avait trouvé la mort devant la forteresse inabordable du mont Sipend, 367; — comment Sam, fils de Neriman, avait tenté, sans succès, de s'emparer de cette place; Zal indique à son fils le stratagème qu'il devra employer pour y pénétrer, 367. — Rustem part pour le mont Sipend déguisé en marchand de sel, 369. — Il est introduit dans la place et en massacre la garnison pendant la nuit, 371. — Il découvre le trésor de la forteresse, 371. — Il écrit à Zal pour lui annoncer sa victoire, 373. — Joie de ce prince; réponse qu'il fait à son fils, 373. — Rustem enlève le trésor, livre aux flammes le château de mont Sipend et retourne auprès de son père, 375. — Lettre de Zal à Sam, 375. — Réponse de ce prince à son fils, 377. — Derniers moments de Minoutchehr, 377. — Ses conseils à son fils, 379. — Il lui recommande de rechercher l'aide de Zal, de Sam et de Rustem, 381. — Mort de Minoutchehr, 381. — Afrasiab, fils de Pescheng, roi du Touran, envoie deux généraux contre Zal; on apprend que Sam est mort et que Zal s'occupe à lui élever un tombeau, 395. — Schemasas passe le Djihoun et marche vers le Seïstan; Khazarwan s'avance jusqu'à l'Hirmend, 415. — Mihrab envoie un messager à Schemasas pour se concilier les bonnes grâces de ce général, et un autre messager à Zal pour le prévenir de l'approche des Turcs et lui deman-

der du secours, 417. — Zal vient en aide à Mihrab, 417. — Rencontre des deux armées ennemies; combat entre Zal et Khazarwan, 419. — Ce dernier est tué; déroute des Turcs; ils rencontrent, dans leur fuite, l'armée de Karen, fils de Kaweh, 421. — Ils sont massacrés, à l'exception de Schemasas et de quelques hommes, 423. — Afrasiab assassine Newder, 423. — Zal apprend la mort de ce roi, 425. — Il jure de le venger, 427. — A la nouvelle de ses préparatifs, les Iraniens prisonniers d'Afrasiab tremblent pour leurs jours, 427. — Ils supplient Aghrirez de les délivrer; celui-ci promet de les remettre aux troupes de Zal dès qu'elles seront près de Sari, 429. — Les prisonniers envoient un message à Zal, 429. — Celui-ci confie à Keschwad le commandement de son armée; à l'approche de ce général, Aghrirez se retire, laissant à Sari tous les prisonniers que Keschwad ramène dans le Zaboulistan, 431. — Afrasiab apprend la conduite de son frère et lui en fait des reproches, 431. — Réponse d'Aghrirez; fureur d'Afrasiab qui tue son frère, 433. — Zal marche contre Afrasiab; celui-ci va à sa rencontre; combats d'avant-postes, 433. — Les fils de Newder sont reconnus incapables de lui succéder; on choisit pour le remplacer Zew, fils de Thahmasp, de la famille de Feridoun, 435. — Une grande famine épuise les deux armées en présence depuis cinq mois; Afrasiab propose à Zew d'oublier les vieilles haines et de se partager équitablement la terre; sa proposition est acceptée, 437. — Division de la terre entre les Turcs et les Iraniens; Zew ramène son armée dans le Fars; Zal se retire dans le Zaboulistan, 437. — Mort de Zew, 439. — Son fils Guerschasp lui succède, 441. — Mort de Guerschasp; à cette nouvelle, Pescheng ordonne à Afrasiab de marcher contre l'Iran, 441. — Terreur des Iraniens; reproches qu'ils adressent à Zal; ce prince leur promet le secours de son fils Rustem, 443. — Entretien de Zal et de son fils à ce sujet; fières paroles de Rustem, 445. — Il demande à son père une énorme massue et un cheval capable de le porter, 447. — Zal ordonne qu'on lui apporte la massue de Sam et fait passer devant lui tous les troupeaux de chevaux du Zaboulistan et quelques-uns du Kaboul; Rustem s'empare du poulain Raksch, 447. — Il le dompte et le monte, 451. — Zal conduit son armée contre Afrasiab, 451. — Celui-ci vient camper sur le bord de la rivière de Reï; Zal fait connaître à ses troupes l'existence de Keï Kobad, prince de la famille de Feridoun, et ordonne à Rustem de l'amener du mont Alborz, 453. — Rustem arrive au palais de Keï Kobad; accueil qu'il en est fait, 455. — Il expose le but de sa mission, 457. — Keï Kobad se fait connaître à Rustem qui s'acquitte du message de son père, 459. — Le songe de Keï Kobad, 459. — Keï Kobad et Rustem partent pour rejoindre l'armée; Kaloun le Turc veut s'opposer à leur passage; Rustem le tue et disperse ses troupes, 461. — Ils arrivent auprès de Zal, 463. — Keï Kobad monte sur le trône; il se prépare à combattre les Turcs, 465. — Rencontre des deux armées ennemies, 465. — Rustem prie son père de lui désigner Afrasiab qu'il veut attaquer; Zal lui donne le signalement de ce prince et cherche à le détourner de son dessein; Rustem défie Afrasiab, 467. — Combat de Rustem et d'Afrasiab; ce dernier est vaincu et prend la fuite; son armée est taillée en pièces, 469. — Les Turcs regagnent le Djihoun; Rustem se rend auprès du roi Keï Kobad qui le place, ainsi que Zal, à ses côtés, 471. — Afrasiab se rend auprès de son père, lui fait le récit de sa lutte avec Rustem et l'engage à traiter avec Keï Kobad, 471. — Pescheng demande la paix, 477. — Keï Kobad lui accorde sa demande, 479. — Rustem reçoit l'investiture des pays situés entre le Zaboulistan et la mer de Sind et des cadeaux magnifiques; de superbes présents sont envoyés à Zal, 481. — Keï Kaous, successeur de Keï Kobad, conçoit le projet de porter la guerre dans le Mazenderan, 489. — Désolation des grands du royaume à cette nouvelle, 491. — Ils envoient un messager à Zal pour le prier de dissuader le roi de ce funeste projet, 491. — Zal se rend auprès du roi; les grands vont au-devant de lui, 493. — Ils le remercient de s'être rendu à leurs désirs et vont avec lui chez le roi, 495. — Zal donne conseil à Kaous; il l'engage à ne rien entreprendre contre le Mazenderan, 495. — Il lui montre les périls d'une pareille expédition, 497. — Kaous persiste dans sa résolution et demande à Zal d'être, avec Rustem, le gardien de l'Iran, 497. — Zal prend congé du roi, le cœur plein de tristesse, et reçoit les adieux des grands, 499. — Kaous part pour le Mazenderan; il confie à Milad le pays d'Iran et lui recommande de recourir à Zal et à Rustem au moment du danger, 499. — L'armée arrive devant le mont Asprous et s'établit en ce lieu; sur l'ordre du roi, Gniv s'empare de la ville de Mazenderan et la brûle; beauté de cette ville et richesses qu'elle renfermait, 501. — Le roi du Mazenderan apprend la dévastations commises par les Iraniens; il appelle le Div blanc à son aide, 503. — Celui-ci fait pleuvoir, pendant la nuit, des pierres et des javelots sur les Iraniens; leur vue s'obscurcit, ils se dispersent et sont faits prisonniers, 503. — Reproches du Div blanc à Keï Kaous; douze mille Divs armés de poignards sont commis à la garde des prisonniers, 505. — Le butin et les Ira-

niens captifs sont emmenés à la cour du roi de Mazenderan, 505. — Message de Kaous pour Zal et pour Rustem, 507. — Zal ordonne à son fils de se préparer à venger, sur les Divs et le Mazenderan, la défaite et la captivité de Kaous et des Iraniens, 507. — Il l'engage à choisir, pour se rendre dans le Mazenderan, celui des deux chemins qui est le plus court, mais où il rencontrera des dangers de toute sorte, 509. — Rustem jure de ramener les Iraniens encore vivants et de punir leurs oppresseurs, 509. — Il fait ses adieux à Zal et à Roudabeh, 511. — Les sept aventures de Rustem; première aventure : Raksch combat un lion, 511. — Deuxième aventure : Rustem trouve une source, 513. — Troisième aventure : Rustem combat un dragon, 517. — Quatrième aventure : Rustem tue une magicienne, 521. — Cinquième aventure : Aulad tombe au pouvoir de Rustem, 525. — Celui-ci lui promet de lui donner le Mazenderan s'il veut le guider vers l'endroit où Kaous est retenu prisonnier, 529. — Aulad accepte cette proposition, 529. — Ils arrivent à l'entrée du pays de Mazenderan, 531. — Sixième aventure : Combat de Rustem contre le div Arzeng, 533. — Il le tue et extermine son armée; il se fait conduire à la ville où se trouve le roi Kaous, 533. — Entrevue de Rustem et de Kaous; le roi engage Rustem à combattre le Div blanc; il lui indique le lieu de sa résidence, 535. — Septième aventure : Rustem tue le Div blanc, 537. — Il revient auprès de Kaous et reçoit ses actions de grâces et ses bénédictions, 541. — Les Iraniens se répandent dans le Mazenderan et le ravagent, 543. — Kaous écrit une lettre au roi de ce pays pour l'inviter à venir reconnaître sa suzeraineté et à lui payer le tribut, 543. — Le roi du Mazenderan refuse de se soumettre et fait répondre à Kaous qu'il part pour le combattre et pour dévaster l'Iran, 547. — Rustem va chez le roi du Mazenderan avec un message, 549. — Colère du roi à la lecture de la lettre de Kaous; réponse hautaine et menaçante qu'il fait au messager, 553. — Celui-ci retourne auprès du roi de l'Iran et lui rend compte de sa mission, 553. — Combat de Kaous contre le roi du Mazenderan, 555. — Un grand de ce pays sort des rangs et défie les Iraniens, 555. — Rustem se présente pour le combattre et le tue, 557. — Les deux armées en viennent aux mains, 559. — Rustem attaque le roi du Mazenderan et le frappe de sa lance; celui-ci se change en un quartier de roche, 561. — Rustem enlève la pierre, sans aide, et va la jeter devant la tente du roi, 563. — Il force le roi du Mazenderan à reprendre sa forme naturelle et le conduit devant Kaous; celui-ci lui reproche ses anciennes souffrances et le fait couper en morceaux, 563. — Rustem demande pour Aulad l'investiture du Mazenderan; Kaous confère la couronne à Aulad et quitte le pays, 565. — Kaous retourne dans l'Iran et congédie Rustem, 567 — Marche triomphale du roi de l'Iran à travers son royaume; il comble Rustem de présents magnifiques et lui renouvelle l'investiture du Nimrouz, 567.—Départ de Rustem; puissance de Kaous et prospérité de son royaume, 569. — Suite de l'histoire de Rustem, II, 23-71. — Histoire de Sohrab, fils de Rustem, 73-183. — Zal va au-devant de Rustem ramenant dans le Zaboulistan le corps de Sohrab qu'il avait tué sans le connaître, 185. — Sa douleur à la vue du cercueil de son petit-fils, 185. — Rustem montre à Zal et aux grands le corps de Sohrab, 187. — Il lui bâtit un tombeau, 187. — 251, 253, 327, 351, 405, 407, 475, 561, 563, 567; III, 53, 57, 157, 187, 329, 351, 353,

357, 363, 401, 407, 419; IV, 17. — Keï Khosrou ayant pris la vie en dégoût et fermant son palais aux Iraniens, les grands appellent Zal et Rustem, 223. — Ceux-ci réunissent les sages et les astrologues du Zaboulistan et du Kaboul, 225.—Les deux princes se rendent à la cour de Khosrou; Zal fait des représentations au roi, 229. — Keï Khosrou répond à Zal, 233. — Mécontentement de Zal et des Iraniens en entendant les paroles du roi, 235. — Reproches de Zal à Keï Khosrou, 237. — Réponse du roi et repentir de Zal, 239. — Khosrou annonce aux Iraniens ses dernières volontés, 243. — 245, 249. — Zal demande au roi une investiture pour Rustem, 251. — Le roi accorde à Rustem le brevet demandé par son père, 253. — Keï Khosrou donne la royauté à Lohrasp, 257. — Stupeur et colère des Iraniens; Zal se fait leur interprète et proteste contre l'élévation au trône d'un homme inconnu, 257. — Les Iraniens l'approuvent et refusent l'obéissance, si Lohrasp est placé au-dessus d'eux, 259. — Khosrou répond que Lohrasp descend de Houscheng et qu'il possède toutes les qualités qui font les bons rois; Zal se soumet et reconnaît Lohrasp comme roi, 259. — Les grands suivent son exemple, 261. — Keï Khosrou se rend dans la montagne où doit se terminer sa vie; les principaux chefs de l'armée l'accompagnent, 265. — Il engage bientôt ses compagnons à le quitter; Zal, Rustem et Gouderz reviennent sur leurs pas, 267. — Les autres continuent d'avancer avec le roi, 267. — Disparition de Keï Khosrou, 269. — Ses compagnons sont ensevelis dans la neige, 271. — Inquiétudes de Zal, de Rustem et de Gouderz à leur sujet, 271. — Des hommes envoyés dans la montagne retrouvent leurs corps et les rapportent à leurs familles, 273. — Lohrasp apprend la disparition de

TABLE ANALYTIQUE

Khosrou; il rassemble les chefs de l'armée et leur demande de suivre, à son égard, les recommandations de Khosrou; Zal promet obéissance en son nom et au nom de Rustem, 273. — Gouderz, interrogé par Lohrasp, approuve les paroles de Zal, 275. — 443, 445, 573, 583. — Bahman, fils d'Isfendiar, envoyé en mission, par son père, auprès de Rustem, rencontre Zal, 585. — Celui-ci lui fait connaître que son fils est à la chasse, et, sur ses instances, le fait conduire auprès de Rustem, 587. — Tentative de Bahman contre Rustem, 589. — Rustem fait dire à Zal de tout préparer dans son palais pour recevoir magnifiquement Isfendiar, 597. — Zewareh va porter à Zal les recommandations de Rustem, 599. — Rustem fait à Zal l'éloge d'Isfendiar, 605. — 613. — Isfendiar déprécie Zal, 613. — Rustem lui reproche de parler ainsi et fait l'éloge de ses ancêtres, 615. — 625, 631, 633. — Zal apprend que Rustem va se battre avec Isfendiar, 639. — Il lui montre tous les malheurs qui peuvent résulter de ce combat et lui conseille de l'éviter à tout prix, 639. — Rustem lui répond qu'il a tout essayé, mais en vain, pour arriver à ce but, 641. — Il lui promet d'épargner la vie d'Isfendiar, de s'emparer de lui et de lui donner la couronne à la place de Guschtasp, 643. — Zal désapprouve les paroles de son fils, 643. — Combat de Rustem et d'Isfendiar, 645. — Rustem envoie Zewareh dire à Zal qu'il est grièvement blessé et qu'il le prie de voir s'il a un remède pour ses blessures, 657. — 659. — Rustem tient conseil avec sa famille, 663. — Zal lui propose d'appeler le Simourgh à son aide, 665. — Le Simourgh se rend à l'appel de Zal, 665. — Isfendiar reproche à Rustem d'avoir eu recours à l'art magique de Zal pour le guérir, 673. — 675, 681. — Douleur de Zal en apprenant que son fils a mor-

tellement blessé Isfendiar; autre motif de son désespoir, 683. — 695. — Naissance de Scheghad, fils de Zal; les astrologues prédisent qu'il détruira la race de Sam, 703. — Zal envoie son fils chez le roi de Kaboul, 703. — Celui-ci donne sa fille en mariage à Scheghad; le jeune prince, blessé de ce que son frère exigeait une redevance du Kaboul, complote, avec le roi de ce pays, contre la vie de Rustem, 707. — Il feint de se prendre de querelle avec son beau-père et se rend auprès de Zal à qui il conte ses griefs, 709. — Rustem promet à son frère de punir le roi du Kaboul, 711. — Celui-ci fait creuser des fosses dans la réserve de chasse; Rustem et Zewareh y tombent et sont mortellement blessés, 711. — Rustem tue Scheghad et meurt, 715. — Zal apprend la mort de son fils; Faramourz apporte le cercueil de Rustem et le place dans un tombeau, 719. — Il marche avec une armée pour venger Rustem et met à mort le roi du Kaboul, 723. — La perte de son fils rend folle Roudabeh, 727. — Elle revient à la raison et donne tous ses trésors aux pauvres, 729. — Bahman fait connaître aux grands et à l'armée son intention de venger la mort d'Isfendiar, V, 5. — Il part avec une armée pour le Seistan, 7. — Il charge Zal de chaînes, 9. — Il livre au pillage le palais de ce prince et son royaume, 11. — Faramourz combat Bahman et perd la vie, 11. — Beschouten intercède en faveur de Zal, 15. — Le roi rend la liberté à Zal, 15. — Lamentations de Roudabeh; inquiétude que ses paroles inspirent à Beschouten; il persuade à Bahman de retourner dans l'Iran, 17. — VII, 383.

ZARASP, fils de Minoutchehr, I, 231.

ZARASP. Voy. aussi ZERASP.

ZARK (Pays, rivière et ville de), VII, 471, 473, 485.

ZABOUI, Mobed de la cour de Mahoui, gouverneur du Khorasan, pour Yezdeguerd, dernier roi sassanide, VII, 475.

ZAWEH (Monts), montagnes faisant partie du massif de l'Alborz, I, 405.

ZEÏBI-KHOSROU, ville fondée par Kesra Nouschirwan, à l'imitation d'Antioche, VI, 217.

ZEÏNI, poëte de la cour de Mahmoud le Ghaznévide, cité, I, xx.

ZEM, ville de l'Iran, II, 527, 529; III, 509; IV, 29, 35; VI, 313, 355. — (Torrent de), II, 21.

ZEND-AVESTA (Le), IV, 23, 187, 195, 267, 367, 369, 375, 377, 391, 431, 439, 443, 453, 575, 635, 675; V, 29, 43, 93, 297, 451, 471; VI, 141, 151, 203, 223, 245, 275, 573; VII, 39, 75, 143, 187.

ZENDEH REZM, fils du roi de Semengan et oncle de Sohrab, II, 127, 129, 131, 145.

ZENGOUÏ, noble iranien du temps de Khosrou Parviz, VII, 163, 275.

ZENGOUÏ, noble chinois de l'époque de Khosrou Parviz, VII, 217.

ZENGOULEH, noble touranien de l'époque d'Afrasiab, III, 441, 565, 571, 573.

ZENGUEH, fils de Schaweran, noble iranien, contemporain de Keï Kaous et de Keï Khosrou, I, 559; II, 19, 51, 59, 61, 63, 251, 287, 289, 291, 293, 295, 297, 299, 301, 327, 405, 565, 587, 601, 603, 609, 639, 679; III, 15, 105, 273, 373, 399, 423, 439, 539, 565, 577, 579; IV, 19.

ZERASP, prince iranien, IV, 259. — (La famille de), 211, 229. — (Le fils de), 17.

ZERASP, le cavalier, noble perse de l'époque de Nouschirwan, VI, 477.

ZERASP, fils de Thous, II, 573, 617, 619, 623, 625, 627, 631, 639, 641, 647; III, 9, 11, 13.

ZERBANOU, fille de Rustem, I, LXVIII.

ZERDEHSCHT, IV, 213.

ZERDOUSCHT, fondateur du culte du feu, paraît et Guschtasp adopte sa religion, IV, 363. — Ce roi propage la doctrine de Zerdouscht et fonde des temples du feu, 363. — 365. — Zerdouscht engage Guschtasp à refuser le tribut à Ardjasp, 367. — Le roi du Touran rassemble les Mobeds, leur parle de Zerdouscht et de la religion nouvelle que vient d'embrasser le roi de l'Iran, 367. — Il propose d'écrire à ce prince pour l'engager à éloigner Zerdouscht, et à revenir aux anciennes croyances, sous peine de se voir renversé du trône et pendu au gibet, 369. — Lettre d'Ardjasp à Guschtasp, 369. — Il lui reproche d'avoir accueilli un vieux magicien, d'avoir embrassé sa doctrine et détruit la religion de ses ancêtres, 371. — Il l'adjure de se séparer de cet imposteur, lui promet tous les trésors qu'il pourra désirer et le menace, s'il repousse ses conseils, de dévaster l'Iran, 373. — Guschtasp appelle auprès de lui Zerdouscht, Zerir, Djamasp et les grands du royaume, et leur demande conseil, 375. — Zerir et Isfendiar s'écrient qu'il faut soumettre par le fer quiconque refuse de reconnaître Zerdouscht comme prophète; Zérir demande à son frère la permission de répondre à Ardjasp, 377. — Lettre de Zerir au roi du Touran, 379. — 391. — Guschtasp envoie Isfendiar dans tous les pays pour les convertir à la religion de Zerdouscht, 429. — Les rois du monde font connaître à Guschtasp qu'ils ont reçu la vraie foi, et demandent le Zend-Avesta qui leur est envoyé, 431. — Mort de Zerdouscht, 455. — 507, 621, 635, 637, 675; V, 93; VI, 65, 151; VII, 31, 39, 75, 181. — (La ceinture de), V, 431. — (La foi ou la religion de), 555, 557; VI, 223. — Voy. aussi ZOROASTRE.

ZERDOUSCHT-NAMEH (Vie de Zoroastre), légende parse, I, LXXIX.

ZERDUHSCHT, grand Mobed, empoisonné par ordre de Hormuzd, fils de Nouschirwan, VI, 551, 553, 555.

TABLE ANALYTIQUE

Zereh (Lac ou mer de), II, 9; IV, IV, 151, 153, 157, 173, 175, 177, 183, 193.

Zerir, fils de Lohrasp, I, xxxviii; IV, 281. — Lohrasp le charge d'aller à la recherche de son frère Guschtasp qui avait quitté, en colère, la cour du roi son père, 283. — Zerir ramène Guschtasp, 285. — 327. — Le Kaïsar demande à Lohrasp un tribut pour l'Iran, 343. — Le roi s'étonne de cette soudaine ambition du Kaïsar et en demande la cause à l'envoyé de Roum; celui-ci lui fait connaître la présence, à la cour du Kaïsar, d'un vaillant cavalier qui a délivré l'empire de deux monstres, 345. — Au portrait qui lui est fait de ce héros, Lohrasp reconnaît Guschtasp, 347. — Il envoie Zerir porter un message au Kaïsar, 347. — Zerir arrive à la cour de Roum et feint de ne pas reconnaître son frère; il invite le Kaïsar à céder son trône au roi de l'Iran ou à se préparer au combat, 349. — Le Kaïsar répond qu'il est toujours prêt à commencer la guerre, et Zerir prend congé de lui, 351. — Guschtasp offre au Kaïsar d'aller trouver Zerir et d'obtenir de lui ce qu'il désire; Zerir accueille son frère avec tendresse et lui apprend que leur père lui abandonne le trône et la couronne de l'Iran, 351. — Les Iraniens quittent le pays de Roum et retournent dans leur pays; Lohrasp vient au-devant de ses fils et les ramène dans son palais, 355. — Guschtasp et Zerir adoptent la doctrine de Zerdouscht, 363. — Lettre d'Ardjasp, roi du Touran, au roi de l'Iran, à ce sujet, 369. — Guschtasp consulte son frère et Djamasp, 375. — Zerir s'écrie qu'il faut soumettre par le fer quiconque refuse de reconnaître Zerdouscht comme prophète; il demande à son frère la permission d'écrire au roi du Touran, 377. — Guschtasp approuve la réponse faite par Zerir à Ardjasp; il la remet aux messagers et les congédie avec défense de remettre les pieds dans l'Iran, 377. — Teneur de la lettre de Zerir à Ardjasp, 379. — 381, 387. — Djamasp prédit à Guschtasp le sort de Zerir, 391. — 393. — Le roi songe à tenir son frère éloigné du combat pour conjurer son funeste destin, 395. — Djamasp lui représente que sa présence à la tête de l'armée est indispensable au succès des armes iraniennes, et que, d'ailleurs, ce qui doit se faire est comme accompli, 395. — Le roi confie à Zerir le commandement du centre de son armée, 397. — 405. — Mort de Zerir, 407. — Il est tué par Bidirefsch, 409. — Le roi apprend la mort de son frère; il veut s'élancer sur le champ de bataille; Djamasp le retient, 411. — Guschtasp promet sa fille Homaï à celui qui vengera Zerir, 411. — Isfendiar apprend la mort de Zerir; il harangue ses troupes, 413. — Il attaque les Turcs; Nestour, fils de Zerir, s'élance sur le champ de bataille et cherche à arriver jusqu'au corps de son père, 415. — Il y parvient et, après avoir exhalé sa douleur, il se rend auprès de Guschtasp et demande vengeance, 417. — Le roi se dispose à aller au combat, 417. — Les grands s'y opposent; il donne son cheval à Nestour, 419. — Nestour et Isfendiar tuent Bidirefsch et vengent Zerir, 419. — 425, 427, 565, 585, 603, 693. — (Famille de), IV, 17.

Zerkouscn, ville du pays d'Ahwaz, bâtie par Daru, fils de Darab, V, 63.

Zerwan, chambellan de Nouschirwan, VI, 295, 297, 299, 301, 303, 305.

Zew, fils de Thahmasp, roi de Perse. — Après la mort de Newder, ses fils Thous et Gustehem ayant été reconnus incapables de lui succéder, Zew est appelé à le remplacer, I, 435. — Son avénement; son âge; durée de son règne; usage qu'il fait de son pouvoir, 435. — Une grande famine vient épuiser les armées des Turcs et des Iraniens qui, depuis cinq mois, se livraient des combats journaliers; les deux peuples conviennent d'oublier leurs vieilles haines et de se partager équitablement la terre, 437. — Zew conduit son armée dans le Fars; la terre redevient féconde, 437. — Mort de Zew, 439. — Son fils Guerschasp lui succède, 441. — 443, 453, 497; IV, 231.

ZEWAREH, fils de Zal, II, 31, 51, 65, 67, 71, 115, 147, 157, 159, 175, 183, 185, 251, 453, 469, 471, 581; III, 157, 357, 363, 419, 437, 455; IV, 21, 71, 571, 573, 585, 587, 589, 591, 593, 597, 599, 609, 645, 651, 653, 655, 657, 659, 663, 683, 711, 715, 719, 721. — (Les deux fils de), I, LXVIII.

ZIREK, le Mobed, révèle à Zohak le sort qui lui est réservé et le traitement que lui fera subir Feridoun, I, 77.

ZOHAK, roi des Arabes et usurpateur du trône de Perse, I, VII, XXXVII, LVII. — Son père, Merdas, 55. — Zohak était aussi appelé Peiverasp; signification de ce nom en pehlewi, 57. — Iblis lui suggère la pensée de se débarrasser de son père et de s'emparer du trône, 57. — Il l'amène à consentir à être son complice, et tend un piège au roi qui tombe dans une fosse profonde et se tue, 59. — Zohak monte sur le trône à la place de son père; nouvelle ruse imaginée par Iblis, 59. — Iblis se présente à Zohak comme cuisinier et l'amène, par degrés, à se nourrir de viandes de toute sorte, 61. — Le roi, charmé de ses talents, lui promet de lui accorder l'objet de ses désirs; grâce que sollicite Iblis; deux serpents noirs sortent des épaules du roi, 63. — Le démon se présente au roi sous la forme d'un médecin et lui conseille de nourrir ses serpents de cervelles d'homme; secret dessein que cachait ce conseil, 63. — Les guerriers de l'Iran viennent rendre hommage à Zohak et lui offrent le trône de Djemschid; ce prince, abandonné de la fortune, s'enfuit et lui laisse le pouvoir, 65. — Au bout de cent ans, Zohak se saisit du roi et le fait scier en deux, 65. — Zohak s'empare du trône de Perse; durée et caractère de son règne; les filles de Djemschid; jeunes gens sacrifiés chaque nuit pour nourrir les serpents des épaules du roi, 69. — Deux nobles Parsis, Irmaïl et Guirmaïl, forment le projet de s'introduire auprès du roi et de sauver chaque jour une des victimes, 69. — Stratagème qu'ils emploient; ils arrachent à la mort, chaque mois, trente jeunes gens qui deviennent les ancêtres des Curdes; excès de Zohak, 71. — Il voit en rêve celui qui devait être Feridoun; terreur que lui inspire cette vision, 73. — Il rassemble tous les Mobeds de son royaume, leur raconte le songe qu'il avait eu, et leur ordonne de lui révéler l'avenir qui l'attend; frayeurs et hésitations des Mobeds, 75. — Un d'entre eux, Zirek, lui prédit la naissance de Feridoun et lui fait connaître le motif de la haine que ce héros concevra pour lui; terreur du roi qui fait chercher dans le monde entier les traces de Feridoun, 77. — Naissance de Feridoun; la vache Purmajeh; Abtin, père de Feridoun, est mis à mort par ordre du roi; son épouse Firanek confie son fils au gardien de la vache Purmajeh, 79. — Cet homme nourrit Feridoun pendant trois ans du lait de la vache; Firanek, fuyant les recherches de Zohak, se réfugie avec son fils sur le mont Elborz; meurtre de la vache Purmajeh par Zohak, 81. — Feridoun questionne sa mère sur son lignage; elle lui fait connaître l'ancêtre de sa race, le sort de son père, sa propre histoire et le meurtre de la vache merveilleuse, sa nourrice, 83. — Le désir de la vengeance s'allume dans le cœur de Feridoun; conseils que lui donne sa mère, 85. — Histoire de Zohak et de Kaweh le forgeron; le roi réunit tous les grands de son royaume pour en faire un appui à sa domination, et les invite à déclarer qu'il s'est toujours conformé aux règles de la vérité, du bien et de la justice, 85. — Kaweh se présente devant le roi et demande que le dernier de ses fils lui soit rendu, 87. — Zohak satisfait à son désir et le prie de confirmer la déclaration des grands; Kaweh refuse et déchire la déclaration; il arbore, au bout d'une lance, son tablier de forgeron et soulève le peuple en faveur de Feridoun, 89. — Les révoltés se dirigent vers le palais de Feridoun; l'étendard de Kaweh (*Kaweiani direfsch*); Feridoun informe sa mère de sa résolution de combattre Zohak, 91. — Il se fait fabriquer une lourde massue, 93. — Il se met en marche pour attaquer Zohak, 93. — Un ange vient lui enseigner l'art de la magie; ses deux frères complotent sa mort; son art magique le préserve; il campe sur les bords du Tigre et sous la ville de Baghdad, 95. — Le gardien du fleuve refuse de lui envoyer des barques pour effectuer son passage; il traverse le Tigre à cheval, suivi de son armée, et se dirige sur Beit-al-Mukaddes, demeure de Zohak, 97. — Il pénètre dans le palais de ce roi et voit les filles de Djemschid, 99. — Elles lui apprennent que Zohak est allé dans l'Hindoustan pour y pratiquer la magie, s'efforcer de prévenir la mauvaise fortune qui lui a été prédite, et guérir les douleurs, sans cesse renaissantes, que lui causent les deux serpents, 101. — Ce qui se passa entre Feridoun et le lieutenant de Zohak, 103. — Celui-ci court raconter au roi ce qu'il avait vu et entendu; fureur de Zohak, 105. — Il revient, en toute hâte, à la tête d'une armée formidable; le peuple de la ville prend parti pour Feridoun, 107. — Le roi quitte son armée et pénètre secrètement dans le palais; Feridoun le saisit et l'enchaîne, sur le conseil du bienheureux Serosch, 109. — Il rétablit l'ordre dans la ville, 109. — Il reçoit des présents des grands et leur distribue des dignités; il quitte la ville, avec son armée, emmenant Zohak lié et jeté ignominieusement sur le dos d'un chameau, 111. — Le Serosch lui apparaît de nouveau et lui conseille de porter son captif jusqu'au mont Demawend, 111. — Feridoun obéit à ce conseil et attache Zohak sur un rocher du mont Demawend, 113. — 115, 117, 243, 273, 295, 303, 323, 361, 417, 489; II, 405; III, 247, 551; IV, 113, 215, 219, 241, 581, 617, 717; V, 7, 79, 237, 269; VI, 139; VII, 41, 73, 77, 307, 383, 477.

Zoroastre, I, xlviii, xlix, lix, lxi, lxxix, lxxxiii; IV, 1. — Voy. aussi Zerdouscht.

FIN DE LA TABLE ANALYTIQUE.

Contraste insuffisant

NF Z 43-120-14

Texte détérioré — reliure défectueuse

www.ingramcontent.com/pod-product-compliance
Lightning Source LLC
Chambersburg PA
CBHW061732300426
44115CB00009B/1190